Recommended by Teachers
Trusted by Toppers

All in One

हिंदी 'अ'

CBSE कक्षा 10

सभी खंडों की अध्ययन सामग्री | अभ्यास प्रश्न | बोर्ड व प्रतिदर्श प्रश्न-पत्र

AF814300

लेखकगण
ऋतिका खरबंदा
प्रमोद मौर्य

arihant
SUCCESS AND NOTHING LESS

arihant
SUCCESS AND NOTHING LESS

अरिहन्त प्रकाशन

(स्कूल डिवीज़न सीरीज़)

卐 रजि. कार्यालय

'रामछाया' 4577/15, अग्रवाल रोड, दरिया गंज, नई दिल्ली-110002
फोन: 011-47630600, 43518550; फैक्स: 011-23280316

मुख्य कार्यालय

कालिन्दी, टी०पी० नगर, मेरठ (यूपी)-250002 फोन: 0121-7156203, 7156204

卐 शाखा कार्यालय

आगरा, अहमदाबाद, बरेली, बंगलुरु, चेन्नई, दिल्ली, गुवाहाटी, हैदराबाद, जयपुर, झाँसी, कोलकाता, लखनऊ, नागपुर तथा पुणे

卐 PO No : TXT-XX-XXXXXXX-X-XX

Published by Arihant Publications (India) Ltd.

'अरिहन्त' की पुस्तकों के बारे में अधिक जानकारी के लिए हमारी वेबसाइट
www.arihantbooks.com पर लॉग इन करें या info@arihantbooks.com पर सम्पर्क करें।

Follow us on

卐 मूल्य ₹ 400.00

प्रोडक्शन टीम

पब्लिशिंग मैनेजर	कवर डिज़ाइनर	इनर डिज़ाइनर
महेन्द्र सिंह रावत, केशव मोहन	सलमान	अंकित प्रजापति
प्रोजेक्ट हैड	*पेज लेआउट*	*प्रूफ रीडर*
मोहित महरोल	रवि सागर, दिवाकर गौड़	दीपक, शिवानी

Index *cum* Study Planner

खंड 'ग': पाठ्यपुस्तक (क्षितिज भाग–2)
पूरक पाठ्यपुस्तक (कृतिका भाग–2)

पद्य भाग

गद्य भाग

पूरक पाठ्यपुस्तक

नवीनतम पाठ्यक्रम

कक्षा 10वीं हिंदी –'अ' (कोड सं.002) परीक्षा हेतु पाठ्यक्रम विनिर्देशन

- भारांक – 80 (वार्षिक बोर्ड परीक्षा) + 20 (आंतरिक परीक्षा)

निर्धारित समय – 3 घंटे **वार्षिक बोर्ड परीक्षा हेतु भार विभाजन** **भारांक – 80**

			विषय वस्तु	उप भार	कुलभार
			खंड – क (अपठित बोध)		
1	अपठित गद्यांश व काव्यांश पर बोध, चिंतन, विश्लेषण, सराहना पर आधारित बहुविकल्पीय, अतिलघुत्तरात्मक एवं लघुत्तरात्मक प्रश्न।				14
	(अ)		एक अपठित गद्यांश लगभग 250 शब्दों का, इसके आधार पर एक अंकीय तीन बहुविकल्पीय प्रश्न (1×3=3), अतिलघूत्तरात्मक व लघूत्तरात्मक प्रश्न (2×2=4) पूछे जाएँगे।	7	
	(ब)		एक अपठित काव्यांश लगभग 120 शब्दों का, इसके आधार पर एक अंकीय तीन बहुविकल्पीय प्रश्न (1×3=3), अतिलघूत्तरात्मक व लघूत्तरात्मक प्रश्न (2×2=4) पूछे जाएँगे।	7	
			खंड – ख (व्यावहारिक व्याकरण)		
2	व्याकरण के लिए निर्धारित विषयों पर विषय वस्तु का बोध, भाषिक बिंदु/संरचना आदि पर अतिलघूत्तरात्मक/लघूत्तरात्मक प्रश्न। (1×16) (कुल 20 प्रश्न पूछे जाएँगे, जिनमें से केवल 16 प्रश्नों के उत्तर देने होंगे।)				16
	1		रचना के आधार पर वाक्य भेद (1×4=4) (5 में से 4 प्रश्न करने होंगे)	4	
	2		वाच्य (1×1=4) (5 में से 4 प्रश्न करने होंगे)	4	
	3		पद परिचय (1×1=4) (5 में से 4 प्रश्न करने होंगे)	4	
	4		अलंकार– (अर्थालंकार : उपमा, रूपक, उत्प्रेक्षा, अतिशयोक्ति, मानवीकरण) (1×1=4) (5 में से 4 प्रश्न करने होंगे)	4	
3			**खंड – ग (पाठ्यपुस्तक एवं पूरक पाठ्यपुस्तक)**		30
	(अ)		**गद्य खंड (क्षितिज भाग–2)**	11	
		1	क्षितिज से निर्धारित पाठों में से गद्यांश के आधार पर विषयवस्तु का ज्ञान, बोध, अभिव्यक्ति आदि पर एक अंकीय पाँच बहुविकल्पीय प्रश्न पूछे जाएँगे। (1×5)	5	
		2	क्षितिज से निर्धारित पाठों में से विषयवस्तु का ज्ञान, बोध, अभिव्यक्ति आदि पर तीन प्रश्न पूछे जाएँगे। (विकल्प सहित 25-30 शब्द–सीमा वाले 4 में से 3 प्रश्न करने होंगे। (2×3)	6	
	(ब)		**काव्य खंड (क्षितिज भाग–2)**	11	
		1	क्षितिज से निर्धारित कविताओं में से काव्यांश के आधार पर एक अंकीय पाँच बहुविकल्पीय प्रश्न पूछे जाएँगे। (1×5)	5	
		2	क्षितिज से निर्धारित कविताओं के आधार पर विद्यार्थियों का काव्यबोध परखने हेतु तीन प्रश्न पूछे जाएँगे। (विकल्प सहित 25-30 शब्द–सीमा वाले 4 में से 3 प्रश्न करने होंगे) (2×3)	6	

	(स)	**पूरक पाठ्यपुस्तक (कृतिका भाग– 2)**	8	
		कृतिका से निर्धारित पाठों पर आधारित दो प्रश्न पूछे जाएँगे। (विकल्प सहित 50-60 शब्द–सीमा वाले 3 में से 2 प्रश्न करने होंगे) (4×2)	8	
4		खंड – घ (राचनात्मक लेखन)		
	(i)	विभिन्न विषयों और संदर्भों पर विद्यार्थियों के तर्कसंगत विचार प्रकट करने की क्षमता को परखने के लिए संकेत बिंदुओं पर आधारित समसामयिक एवं व्यावहारिक जीवन से जुड़े हुए तीन विषयों में से किसी एक विषय पर 120 शब्दों में अनुच्छेद लेखन।	6	
	(ii)	अभिव्यक्ति की क्षमता पर केंद्रित औपचारिक अथवा अनौपचारिक विषयों में से किसी एक विषय पर लगभग 100 शब्दों में पत्र।	5	**20**
	(iii)	रोजगार से संबधित रिक्ति के लिए लगभग 80 शब्दों में स्ववृत्त लेखन अथवा विविध विषयों पर आधारित लगभग 80 शब्दों में औपचारिक ई-मेल लेखन	5	
	(iv)	विषय से संबंधित लगभग 40 शब्दों के अंतर्गत विज्ञापन लेखन अथवा संदेश लेखन लगभग 40 शब्दों में (शुभकामना, पर्व–त्योहारों एवं विशेष अवसरों पर दिए जाने वाले संदेश)	4	
		कुल		80
		आंतरिक मूल्यांकन		20
	(अ)	सामयिक आकलन	5	
	(ब)	बहुविध आकलन	5	
	(स)	पोर्टफोलियो	5	
	(द)	श्रवण एवं वाचन	5	
		कुल		100

निर्धारित पुस्तकें

1. **क्षितिज, भाग–2** एन.सी.ई.आर.टी., नई दिल्ली द्वारा प्रकाशित नवीनतम संस्करण
2. **कृतिका, भाग–2** एन.सी.ई.आर.टी., नई दिल्ली द्वारा प्रकाशित नवीनतम संस्करण

नोट – निम्नलिखित पाठों से प्रश्न नहीं पूछे जाएँगे

क्षितिज, भाग–2	काव्य खंड	• देव–सवैया, कवित्त (पूरा पाठ) • गिरिजाकुमार माथुर – छाया मत छूना (पूरा पाठ) ऋतुराज – कन्यादान (पूरा पाठ)
	गद्य खंड	• महावीर प्रसाद द्विवेदी – स्त्री–शिक्षा के विरोधी, कुतर्कों का खंडन (पूरा पाठ) • सर्वेश्वर दयाल सक्सेना – मानवीय करुणा की दिव्य चमक (पूरा पाठ)
कृतिका, भाग–2		• एही ठैयाँ झुलनी हेरानी हो रामा! (पूरा पाठ) • जॉर्ज पंचम की नाक (पूरा पाठ)

Allinone®
संपूर्ण अध्ययन। संपूर्ण अभ्यास। संपूर्ण मूल्यांकन

खंड 'क' : अपठित बोध

अध्याय

1

अपठित गद्यांश

अपठित गद्यांश का अर्थ

गद्य का वह अंश जिसका अध्ययन पहले नहीं किया गया हो, अपठित गद्यांश कहलाता है। प्राय: अपठित गद्यांश का उद्देश्य किसी विषय को समझना, भाषा और शैली के बीच के संबंधों को खोजना तथा विद्यार्थियों की अवबोध क्षमता को परखना होता है।

अपठित गद्यांश के अंतर्गत विद्यार्थियों को गद्यांश के भावार्थ (मूल भाव) को समझकर उसका सावधानीपूर्वक, गंभीरता व गहनता से अध्ययन करना अत्यंत आवश्यक है।

अपठित गद्यांश को हल करते समय ध्यान रखने योग्य बातें

- सर्वप्रथम दिए गए अपठित गद्यांश को दो-तीन बार ध्यानपूर्वक पढ़कर उसके मूल भाव को आत्मसात् (समझना) करना चाहिए।
- गद्यांश में दी गई महत्त्वपूर्ण सूचनाओं को रेखांकित करते रहना चाहिए। इससे **विषयवस्तु** व पठन कौशल वाले प्रश्नों को हल करने में आसानी होती है।
- **भाषिक संरचना** एवं **व्याकरण** संबंधी प्रश्नों के लिए गद्यांश में दिए गए कठिन शब्दों, मुहावरों आदि को रेखांकित करना चाहिए।
- **शीर्षक संबंधी** प्रश्न पर विशेष ध्यान देना चाहिए तथा पूरे गद्यांश को पढ़ने व समझने के पश्चात् ही उचित शीर्षक का चयन करना चाहिए।
- गद्यांश में कथनों अथवा कथन/कारण पर आधारित बहुविकल्पीय प्रश्न को हल करने के लिए कथनों के मुख्य उद्देश्य या उनके केन्द्र बिन्दु को समझें, इसके पश्चात् ही सही कथन अथवा कथनों को चयनित करें।
- अंत में एक बार सभी प्रश्नों के उत्तरों को पुन: ध्यानपूर्वक पढ़कर जाँच लेना चाहिए।

साधित उदाहरण

निम्नलिखित गद्यांशों को पढ़कर उन पर आधारित प्रश्नों के उत्तर दीजिए

सैंपल गद्यांश 1

पाठक आमतौर पर रूढ़िवादी होते हैं, वे सामान्यत: साहित्य में अपनी मर्यादाओं की स्वीकृति या एक स्वप्न-जगत में पलायन चाहते हैं। साहित्य एक झटके में उन्हें अपने आस-पास के उस जीवन के प्रति सचेत करता है, जिससे उन्होंने आँखें मूँद रखी थीं। शुतुरमुर्ग अफ्रीका के रेगिस्तानों में नहीं मिलते, वे हर जगह बहुतायत में उपलब्ध हैं। प्रौद्योगिकी के इस दौर का नतीजा जीवन के हर गोशे में नक़द फ़सल के लिए बढ़ता हुआ पागलपन है और हमारे राजनीतिज्ञ, सत्ता के दलाल, व्यापारी, नौकरशाह- सभी लोगों को इस भगदड़ में नहीं पहुँचने, जैसा दूसरे करते हैं वैसा करने, चूहादौड़ में शामिल होने और कुछ-न-कुछ हासिल कर लेने को जिए जा रहे हैं। हम थककर साँस लेना और अपने चारों ओर निहारना, हवा के पेड़ में से गुज़रते वक़्त पत्तियों की मनहर लय-गतियों को और फूलों के जादुई रंगों को, फूली सरसों के चमकदार पीलेपन को, लिखे मैदानों की घनी हरीतिमा को मर्मर ध्वनि के सौंदर्य, हिमाच्छादित शिखरों की भव्यता, समुद्र तट पर पछाड़ खाकर बिखरती हुई लहरों के घोष को देखना-सुनना भूल गए हैं।

कुछ लोग सोचते हैं कि पश्चिम का आधुनिकतावाद और भारत तथा अधिकांश तीसरी दुनिया के नव-औपनिवेशिक चिंतन के साथ अपनी जड़ों

से अलगाव, व्यक्तिवादी अजनबियत में हमारा अनिवार्य बे-लगाम धँसाव, अचेतन के बिंब, बौद्धिकता से विद्रोह, यह घोषणा कि दिमाग अपनी रस्सी के अंतिम सिरे पर है, यथार्थवाद का विध्वंस, काम का ऐन्द्रिक सुख मात्र रह जाना और मानवीय भावनाओं का व्यावसायीकरण तथा निम्नस्तरीय-करण इस अंधी घाटी में आ फँसने की वजह है। लेकिन वे भूल जाते हैं कि आधुनिकीकरण इतिहास की एक सच्चाई है, जो नई समस्याओं को जन्म देने और विज्ञान को अधिक जटिल बनाने के बावजूद, एक तरह से, मानव जाति की नियति है।

मेरा सुझाव है कि विवेकहीन आधुनिकता के बावजूद आधुनिकता की दिशा में धैर्यपूर्वक सुयोजित प्रयास होने चाहिए। एक आलोचक किसी नाली में भी झाँक सकता है, पर वह नाली-निरीक्षक नहीं होता। लेखक का कार्य दुनिया को बदलना नहीं, समझना है, साहित्य क्रांति नहीं करता; वह मनुष्यों का दिमाग बदलता है और उन्हें क्रांति की आवश्यकता के प्रति जागरूक बनाता है। **CBSE SQP 2020 Modified**

I. गद्यांश में 'शुतुरमुर्ग' की संज्ञा किसे दी गई है?

(क) लेखक, जो संसार को समझना चाहता है

(ख) राजनीतिज्ञ, जो अपना स्वार्थ साधना चाहता है

(ग) पाठक, जो सपनों की दुनिया में रहना चाहता है

(घ) नौकरशाह, जो दूसरों जैसा बनने की होड़ में शामिल है

उत्तर (ग) **पाठक, जो सपनों की दुनिया में रहना चाहता है** गद्यांश में शुतुरमुर्ग की संज्ञा 'पाठक, जो सपनों की दुनिया में रहना चाहता है' को दी गई है क्योंकि ऐसे लोग रूढ़िवादी होते हैं।

II. 'नक़द फ़सल के लिए बढ़ता हुआ पागलपन' से आशय है?

(क) लोग तुरंत व अधिक-से-अधिक लाभ कमाना चाहते हैं

(ख) लोग प्रकृति को समय नहीं देना चाहते हैं

(ग) लोग थके हुए हैं पर विश्राम नहीं करना चाहते

(घ) लोग भौतिकवादी तथा अमीर लोगों की नकल करना चाहते हैं

उत्तर (क) **लोग तुरंत व अधिक-से-अधिक लाभ कमाना चाहते हैं** 'नकद फसल के लिए बढ़ता हुआ पागलपन' से आशय यह है कि लोग तुरंत व अधिक-से-अधिक लाभ कमाना चाहते हैं।

III. लेखक के अनुसार साहित्य क्या कार्य करने के लिए प्रेरित करता है? **दक्षता आधारित प्रश्न**

(क) लोगों को यथार्थ से अवगत कराकर बदलाव लाने के लिए

(ख) लोगों को जीवन की समस्याओं को भुलाकर आगे बढ़ते जाने के लिए

(ग) लोगों को यथार्थवाद का विध्वंस करने के लिए

(घ) लोगों को भावनाओं व ऐन्द्रिक सुख से ऊपर उठकर कार्य करने के लिए

उत्तर (क) **लोगों को यथार्थ से अवगत कराकर बदलाव लाने के लिए** लेखक के अनुसार साहित्य लोगों को यथार्थ से अवगत कराकर बदलाव लाने के लिए कार्य करने हेतु प्रेरित करता है, ताकि मनुष्य जागरूक बन सके।

IV. आधुनिकता की दिशा में सुयोजित प्रयास क्यों होने चाहिए?

उत्तर आधुनिकता की दिशा में सुयोजित प्रयास इसलिए होने चाहिए, क्योंकि आधुनिकता होने की प्रक्रिया सदा से ही मानव सभ्यता का अंग रही है।

V. उपरोक्त गद्यांश में किसके महत्त्व को बताया गया है और लेखक ने इसके बारे में क्या बताया है?

उत्तर उपरोक्त गद्यांश में साहित्य के महत्त्व को बताया गया है। इसमें लेखक बताना चाहता है कि साहित्य किस प्रकार मनुष्य को क्रांति की आवश्यकता हेतु जागरूक करता है। यह उन्हें जीवन की गतिविधियों से परिचित कराता है और आधुनिकता के प्रति सकारात्मक पहलू को अपने जीवन में लाने के लिए कहता है।

सैंपल गद्यांश 2

वर्तमान युग कंप्यूटर का युग है। यदि भारतवर्ष पर नज़र दौड़ाकर देखें तो हम पाएँगे कि जीवन के लगभग सभी क्षेत्रों में कंप्यूटर का प्रवेश हो गया है। बैंक, रेलवे-स्टेशन, हवाई-अड्डे, डाकखाने, बड़े-बड़े उद्योग-कारखाने, व्यवसाय हिसाब-किताब तथा रुपये गिनने तक की मशीनें कंप्यूटरीकृत हो गई हैं। आज भी कंप्यूटर का प्रारंभिक प्रयोग है तथा आने वाला समय इसके विस्तृत फैलाव का संकेत दे रहा है। प्रश्न उठता है कि कंप्यूटर आज की ज़रूरत है? इसका उत्तर है—कंप्यूटर जीवन की मूलभूत अनिवार्य वस्तु तो नहीं है, किंतु इसके बिना आज की दुनिया अधूरी जान पड़ती है। सांसारिक गतिविधियों, परिवहन और संचार उपकरणों आदि का ऐसा विस्तार हो गया है कि उन्हें सुचारु रूप से चलाना अत्यंत कठिन होता जा रहा है।

पहले मनुष्य जीवन-भर में यदि सौ लोगों के संपर्क में आता था, तो आज वह दो-हज़ार लोगों के संपर्क में आता है। पहले वह दिन में पाँच-दस लोगों से मिलता था, तो आज पचास-सौ लोगों से मिलता है। पहले वह दिन में काम करता था, तो आज रातें भी व्यस्त रहती हैं। आज व्यक्ति के संपर्क बढ़ रहे हैं, व्यापार बढ़ रहे हैं, गतिविधियाँ बढ़ रही हैं, आकांक्षाएँ बढ़ रही हैं तथा साधन बढ़ रहे हैं।

इस अनियंत्रित गति को सुव्यवस्था देने की समस्या आज की प्रमुख समस्या है। कहते हैं आवश्यकता आविष्कार की जननी है। इस आवश्यकता ने अपने अनुसार निदान ढूँढ़ लिया है।

कंप्यूटर एक ऐसी स्वचालित प्रणाली है जो कैसी भी अव्यवस्था को व्यवस्था में बदल सकती है। हड़बड़ी में होने वाली मानवीय भूलों के लिए कंप्यूटर रामबाण औषधि है। क्रिकेट के मैदान में अंपायर की निर्णायक भूमिका हो या लाखों-करोड़ों की लंबी-लंबी गणनाएँ, कंप्यूटर पलक झपकते ही आपकी समस्या हल कर सकता है। पहले इन कामों को करने वाले कर्मचारी हड़बड़ाकर काम करते थे, एक भूल से घबराकर और अधिक गड़बड़ी करते थे। परिणामस्वरूप काम कम, तनाव अधिक होता था। अब कंप्यूटर की सहायता से काफी सुविधा हो गई है।

I. वर्तमान युग कंप्यूटर का युग क्यों है?

(क) क्योंकि कंप्यूटर के बिना जीवन की कल्पना असंभव सी हो गई है

(ख) क्योंकि कंप्यूटर ने पूरे विश्व के लोगों को अलग कर दिया है

(ग) क्योंकि कंप्यूटर जीवन की अनिवार्य मूलभूत वस्तु बन गई है

(घ) क्योंकि कंप्यूटर मानव सभ्यता के सभी अंगों का अभिन्न अवयव बन चुका है

उत्तर (क) **क्योंकि कंप्यूटर के बिना जीवन की कल्पना असंभव सी हो गई है** गद्यांश के आधार पर कह सकते हैं कि वर्तमान युग कंप्यूटर का युग है, क्योंकि कंप्यूटर के बिना जीवन की कल्पना करना असंभव सा हो गया है। इसके बिना दुनिया अधूरी जान पड़ती है।

II. कंप्यूटर के प्रयोग से पहले अधिक तनाव क्यों होता था?

(क) लंबी-लंबी गणनाएँ करनी पड़ती थीं

(ख) गलतियाँ होने के डर से कर्मचारी घबराए हुए रहते थे

(ग) क्रिकेट मैचों में गलत निर्णय का ख़तरा रहता था

(घ) मानवीय भूलों के कारण बड़ी दुर्घटनाएँ होती थीं

उत्तर (ख) **गलतियाँ होने के डर से कर्मचारी घबराए हुए रहते थे**
कंप्यूटर के प्रयोग से पहले अधिक तनाव इसलिए होता था, क्योंकि पहले इन पर काम करने वाले कर्मचारी हड़बड़ाकर काम करते थे, एक भूल से घबराकर और अधिक गड़बड़ी करते थे। इसके परिणामस्वरूप काम कम और तनाव अधिक होता था।

III. निम्नलिखित कथनों पर विचार कीजिए।

1. हमारे जीवन के हर क्षेत्र में कंप्यूटर की सहायता से काम किया जाने लगा है।
2. कंप्यूटर हमारे जीवन की मूलभूत अनिवार्य वस्तु बन गया है।
3. परिवहन के साधनों, संचार के उपकरणों, सांसारिक गतिविधियाँ इतनी बढ़ गई हैं कि इन्हें सुचारु रूप से चलाने के लिए कंप्यूटर का प्रयोग आवश्यक हो गया है। **दक्षता आधारित प्रश्न**

उपर्युक्त कथनों में से कौन-सा/से कथन सही हैं/है?

(क) केवल 1 (ख) केवल 2

(ग) 1 और 3 (घ) 2 और 3

उत्तर (ग) **1 और 3** वर्तमान समय में बैंक, रेलवे स्टेशन, हवाई अड्डे, कारखाने, चिकित्सा आदि के अतिरिक्त अनेक कार्य करने में कंप्यूटर की मदद लेकर काम को आसान बना लिया है। आज भी रोटी, कपड़ा और मकान मनुष्य की सबसे पहली और अनिवार्य आवश्यकता है, क्योंकि इनके बिना जीवन संभव नहीं है। इसके अतिरिक्त आज मनुष्य की जरूरतें पूरी करने के लिए उपलब्ध साधनों का इतना अधिक विस्तार हुआ है कि इनके सुचारु संचालन हेतु कंप्यूटर का प्रयोग आवश्यक है।

IV. (क) कंप्यूटर कैसी प्रणाली है?

उत्तर कंप्यूटर एक ऐसी स्वचालित प्रणाली है जो कैसी भी अव्यवस्था को व्यवस्था में बदल सकती है।

(ख) कंप्यूटर का उपयोग किस क्षेत्र में किया जाता है?

उत्तर कंप्यूटर का उपयोग बैंकिंग, रेलवे, हवाई अड्डों, व्यापारिक संस्थानों, उद्योगों, वित्तीय संगठनों और अन्य क्षेत्रों में किया जाता है।

V. गद्यांश के अनुसार, कंप्यूटर क्या है?

उत्तर कंप्यूटर एक ऐसी स्वचालित प्रणाली है, जो कैसी भी अव्यवस्था को व्यवस्था में बदल सकती है। हड़बड़ी में होने वाली मानवीय भूलों के लिए कंप्यूटर रामबाण औषधि है। क्रिकेट के मैदान में अंपायर की निर्णायक भूमिका हो या लाखों-करोड़ों की लंबी-लंबी गणनाएँ, सभी कार्य सरलता से हो जाते हैं।

अभ्यास प्रश्न

बहुविकल्पीय व वर्णनात्मक प्रश्नों सहित

गद्यांश 1

हमारे देश में हिंदी फिल्मों के गीत अपने आरंभ से ही आम दर्शकों के सुख-दुःख के साथी रहे हैं। वर्तमान समय में हिंदी फिल्मों के गीतों ने आम जन के हृदय में लोकगीतों सी आत्मीय जगह बना ली है। जिस तरह से एक जमाने में लोकगीत जनमानस के सुख-दु:ख, आकांक्षा, उल्लास और उम्मीद को स्वर देते थे, आज फिल्मी गीत उसी भूमिका को निभा रहे हैं। इतना ही नहीं देश की विविधता को एकता के सूत्र में बाँधने में हिंदी फिल्मों का योगदान सभी स्वीकार करते हैं। हिंदी भाषा की शब्द संपदा को समृद्ध करने का जो काम राजभाषा विभाग तत्सम शब्दों की सहायता से कर रहा है, वही कार्य फिल्मी गीत और संवाद लिखने वाले विविध क्षेत्रीय भाषाओं के मेल से करते हुए दिखाई पड़ रहे हैं।

यह गाने जन-जन के गीत इसी कारण बन सके, क्योंकि इनमें राजनीति के उतार-चढ़ाव की अनुगूँजों के साथ देहाती, कस्बायी और नए बने शहरों का देशज जीवन दर्शन भी आत्मसात किया जाता रहा है। भारत की जिस गंगा-जमुनी संस्कृति का महिमामंडन बहुधा होता है, उसकी गूँज भी इन गीतों में मिलती है। आजादी की लड़ाई के दौरान लिखे प्रदीप के गीत हों या स्वाधीनता प्राप्ति के साथ ही होने वाले देश के विभाजन की विभीषिका, सभी को भी इन गीतों में बहुत संवेदनशील रूप से व्यक्त किया गया है। हिंदी फिल्मी गीतों के इस संसार में हिंदी-उर्दू का 'झगड़ा' भी कभी पनप नहीं सका। प्रदीप, नीरज जैसे शानदार हिंदी कवियों, इंदीवर तथा शैलेन्द्र जैसे श्रेष्ठ गीतकारों और साहिर, कैफी, मजरूह जैसे मशहूर शायरों को हिंदी सिनेमा में हमेशा एक ही बिरादरी का माना जाता रहा है। यह सिनेमा की इस दुनिया की ही खासियत है कि एक तरफ गीतकार साहिर ने 'कहाँ हैं कहाँ हैं/मुहाफिज खुदी के/जिन्हें नाज है हिंद पर/वो कहाँ हैं' लिखा तो दूसरी तरफ उन्होंने ही 'संसार से भागे फिरते हो/ भगवान को तुम क्या पाओगे !/ये भोग भी एक तपस्या है/तुम प्यार के मारे क्या जानोगे / अपमान रचयिता का होगा/ रचना को अगर ठुकराओगे!' जैसी पंक्तियाँ भी रची हैं।

परवर्तियों में गुलजार ऐसे गीतकार हैं जिन्होंने उर्दू, हिंदी, पंजाबी, राजस्थानी के साथ पुरबिया बोलियों में मन को मोह लेने वाले गीतों की रचना की है। बंदिनी के 'मोरा गोरा अंग लइले, मोहे श्याम रंग दइदे', 'कजरारे-कजरारे तेरे कारे-कारे नयना!', 'यारा सिली सिली रात का ढलना' और 'चप्पा चप्पा चरखा चले' जैसे गीतों को रचकर उन्होंने भारत की साझा संस्कृति को मूर्तिमान कर दिया है। वस्तुत: भारत में बनने वाली फिल्मों में आने वाले गीत उसे विश्व-सिनेमा में एक अलग पहचान देते हैं।। ये गीत सही मायने में भारतीय संस्कृति की खूबसूरती को अभिव्यक्त करते हैं। **CBSE SQP 2023 Modified**

प्रश्न

I. हिंदी फिल्मी गीतों और लोकगीतों में क्या समानता है?

(क) ये जनमानस के रीति-रिवाजों और कल्पनाओं को स्वर देते हैं।

(ख) ये जनमानस के जीवन के अनुभवों और विचारों को स्वर देते हैं।

(ग) ये जनमानस के सुख-दु:ख, उल्लास और उम्मीद को स्वर देते हैं।

(घ) ये जनमानस के जीवन के यथार्थ और कठोरताओं को स्वर देते हैं।

II. हिंदी भाषा की शब्द संपदा को समृद्ध करने का कार्य फिल्मी गीतों ने किस प्रकार किया?

(क) राजभाषा विभाग के सहयोग से

(ख) विविध क्षेत्रीय भाषाओं के मेल से

(ग) विविध भाषाओं की फिल्मों को प्रोत्साहित करके

(घ) विविध भाषाओं की फिल्मों को हतोत्साहित करके

III. 'हिंदी फिल्मी गीतों के इस संसार में हिंदी-उर्दू का 'झगड़ा' भी कभी पनप नहीं सका।' इस कथन के पक्ष में निम्नलिखित में से कौन-सा /से तर्क सही है/हैं?

1. यहाँ हिंदी कवियों और उर्दू शायरों को एक ही बिरादरी का माना जाता है।
2. ये गीतकार उर्दू, तत्सम प्रधान हिंदी और क्षेत्रीय भाषाओं में समान रूप से गीत लिखते हैं।
3. इन गीतकारों में प्रतिस्पर्धा का भाव नहीं है। **दक्षता आधारित प्रश्न**

(क) 1 सही है (ख) 2 सही है

(ग) 3 सही है (घ) 1 और 2 सही हैं

IV. हिंदी फिल्मों के गाने किसके गीत बन गए हैं?

V. हिंदी फिल्मों के गीतों ने भारतीय जीवन-शैली को आम दर्शकों से कैसे जोड़ा है?

गद्यांश 2

लोकमन अपनी स्मृतियों में अतीत के इतिहास को सुरक्षित रखता है। जब वह अपनी स्मृतियों की अभिव्यक्ति कथाओं और गीतों के माध्यम से करता है तो वह साक्ष्य के रूप में आने वाली पीढ़ियों तक सुरक्षित रहती हैं।

लोक-गायक सीधी-सरल प्रतिक्रियाओं एवं अभिव्यंजना को सभ्यता और शिष्टता के कृत्रिम आवरण से ढँके बिना उसकी सहज अभिव्यक्ति करता है, इसलिए उसमें आडंबर नहीं, सत्यता का अंश दिखाई देता है। लोकभाषाओं में रचे लोकगीतों के अध्ययन से भारतीय स्वतंत्रता-संग्राम के विभिन्न प्रसंगों के बहुआयामी पक्षों को नए संदर्भों में विश्लेषित करके अज्ञान और अनसुलझे रहस्य सुलझाए जा सकते हैं।

लोक-साहित्य या लोक-गीत युग की धड़कनों के साथ-साथ, तत्कालीन मानवीय संघर्ष और वेदनाओं को जानने के बेहतर माध्यम हो सकते हैं, क्योंकि लोक-गीतों के रचयिता किसी सामाजिक-राजनीतिक चेतना या संगठनों से जुड़े न होकर, मानव मात्र की वेदना की सीधी अभिव्यक्ति करते हैं। यह वजह है कि स्वाधीनता संग्राम के दौरान 'आल्हा' अपने असाधारण प्रभाव के कारण लोक के बीच स्थान बन पाए। आल्हा लोक की जीवन शक्ति और ऊर्जा का महाकाव्य हैं।

यद्यपि आल्हा की मूल गायकी बनाफरी बुंदेली में है, लेकिन बुंदेली में उसकी कई वर्णन शैलियाँ हैं। यही नहीं बैसवाड़ी, कन्नौजी, अवधी, भोजपुरी, बघेली, ब्रजी, कौरवी आदि लोक भाषाओं में भी अलग-अलग वर्णन शैलियों की श्रृंखला है जिनमें उस जनपद की भाषाएँ, मुहावरे और मिजाज व लोक संस्कृति और लोक चेतना इतनी घुलमिल गई है कि वह उस लोक की अपनी कथा बन गई है। ये परंपरा लोक कवि जगनिक के आल्हा गायन से प्रारम्भ हुई। **CBSE SQP 2023 Modified**

I. स्वतंत्रता संघर्ष के संदर्भ में लोकगीतों की विशेषता नहीं है

(क) ये विविध प्रसंगों के बहुआयामी पक्षों को नए संदर्भों में विश्लेषित करते हैं।

(ख) ये अतीत के अज्ञात और अनसुलझे रहस्य सुलझाते हैं।

(ग) तत्कालीन मानवीय संघर्ष और वेदनाओं को जानने के बेहतर माध्यम हो सकते हैं।

(घ) लोक-गीतों के रचयिता सामाजिक-राजनीतिक चेतना या संगठनों से जुड़े होते हैं।

II. निम्नलिखित कथनों पर आल्हा के संदर्भ में विचार कीजिए

1. विविध जनपदों की लोक संस्कृति और लोक चेतना के मेल से विशिष्ट रूप विकसित हुआ है।
2. आल्हा की गायकी मूलतः बैसवाड़ी, कन्नौजी, अवधी, बघेली, आदि लोक भाषाओं में है।
3. भारतीय लोकगीतों में आल्हा गायन परंपरा कवि जगनिक से पूर्व से विद्यमान है।
4. बुंदेलों में आल्हा गायन की कई वर्णन शैलियाँ विद्यमान हैं।

दक्षता आधारित प्रश्न

(क) 1 और 2 सही हैं

(ख) 2 और 3 सही हैं

(ग) 3 और 4 सही हैं

(घ) 1 और 4 सही हैं

III. कथन (A) और कारण (R) को पढ़कर उपयुक्त विकल्प चुनिए

कथन (A) लोकगीत अतीत में मानव मात्र के संघर्ष और वेदनाओं को जानने के बेहतर माध्यम हो सकते हैं।

कारण (R) लोकगीतों के रचयिता किसी सामाजिक-राजनीतिक चेतना या संगठनों से नहीं जुड़े होते हैं। **दक्षता आधारित प्रश्न**

(क) कथन (A) गलत है, किंतु कारण (R) सही है।

(ख) कथन (A) और कारण (R) दोनों गलत हैं।

(ग) कथन (A) सही है और कारण (R) कथन (A) की सही व्याख्या है।

(घ) कथन (A) सही है, किंतु कारण (R) कथन (A) की सही व्याख्या नहीं है।

IV. (क) लोकमन क्या सुरक्षित रखता है?

(ख) लोकमन अपनी स्मृतियों की अभिव्यक्ति किसके माध्यम से करता है?

V. लोक गायक किस प्रकार की अभिव्यक्ति करता है?

गद्यांश 3

इक इतालवी कहावत है, "ईश्वर करे कि आपके दु:ख उतने ही अल्पायु रहें, जितने कि आपके नव वर्ष के संकल्प होते हैं।" हर कोई स्वस्थ रहना चाहता है, सफल होना चाहता है, लेकिन क्या हर कोई इसकी पात्रता रखता है? आपको जीवन में वह नहीं मिलता, जो आप चाहते हैं; बल्कि वह मिलता है, जिसके आप योग्य होते हैं या जिसके पात्र होते हैं। अपनी इच्छा को पात्रता में कैसे बदल सकते हैं? इच्छा के साथ जब 'निरंतर निर्देशित स्व-प्रेरित प्रयास' जुड़ जाता है, तब वह पात्रता बन जाती है। थॉमस एडीसन ने कहा है, "प्रतिभावान होने में 1 प्रतिशत प्रेरणा और 99 प्रतिशत प्रयास होता है।" मेरे एक मित्र ने एक बार टिप्पणी की थी, "यदि मैं उतना समझदार नहीं हूँ, जितने कि अन्य लोग हैं तो मैं इसमें कुछ नहीं कर सकता। यह तो ईश्वर की गलती है। मैं यदि भावनात्मक रूप से उतना दृढ़ नहीं हूँ, तो भी मैं क्या कर सकता हूँ? यह तो मेरे लालन-पालन में हुई गलती है, लेकिन यदि मैं अन्य लोगों से ज्यादा प्रयास नहीं करता हूँ तो इसमें कोई बहाना नहीं चलेगा, क्योंकि यह तो मेरी ही गलती है।"

नव वर्ष में लिए गए संकल्प कभी फरवरी का मुँह भी नहीं देख पाते। सफलता के रहस्यों में एक रहस्य है कि हम 'सेल्फ स्टार्टर' बनें, न कि 'किक स्टार्टर।' केवल स्व-प्रेरणा ही उस प्रेरणा को बनाए रखती है। पीटर ड्रकर का कहना है, "इससे अधिक निरर्थक कुछ और नहीं है कि उस कार्य को बड़ी कुशलतापूर्वक किया जाए, जिसे किया ही नहीं जाना चाहिए था।" **CBSE SQP 2023 Modified**

I. किसके अभाव में नए साल के संकल्प अल्पायु रह जाते हैं?
- (क) पारिवारिक सहयोग के
- (ख) आर्थिक संपन्नता के
- (ग) सामाजिक रुतबे के
- (घ) दृढ़ इच्छाशक्ति के

II. कथन (क) हमें अपने लक्ष्य की प्राप्ति हेतु अनवरत प्रयासरत रहना चाहिए।
कथन (ख) कई बार उचित समय की प्रतीक्षा हेतु स्वयं को निष्क्रिय भी करना पड़ता है।
उपर्युक्त कथनों के आधार पर सही विकल्प का चयन कीजिए
दक्षता आधारित प्रश्न
- (क) कथन (क) और (ख) दोनों सही हैं।
- (ख) कथन (क) सही है, कथन (ख) गलत है।
- (ग) कथन (क) गलत है, कथन (ख) सही हैं।
- (घ) कथन (क) और कथन (ख) दोनों गलत हैं।

III. उपर्युक्त गद्यांश का मुख्य संदेश क्या है?
- (क) कुशलतापूर्वक और सच्ची निष्ठा से कार्य करें
- (ख) भाग्यवाद छोड़ें और कर्मवाद अपनाएँ
- (ग) आत्मविश्वासी और ईमानदार बनें
- (घ) समझदार और भावुक बनें

IV. स्व-प्रेरणा क्या है?

V. व्यक्ति की पात्रता किस प्रकार उसकी सफलता में मदद कर सकती है?

गद्यांश 4

मशीनों के आगमन से अनेक परिवर्तन आए। हमारी पीढ़ी ने मशीनों को इंसानों से कंप्यूटर के हवाले होते देखा है। परिवर्तन ही संसार का नियम है। आग के आविष्कार द्वारा मनुष्य का जीवन बदला और पहिये के आविष्कार से मानव सभ्यताओं ने जन्म लिया और अब वर्तमान में चैट जी.पी.टी. और बॉर्ड जैसी कृत्रिम बुद्धिमत्ता/आर्टिफिशयल इंटेलिजेंस या एआई आधारित प्लेटफार्म आया है, जिसने दुनिया में हाहाकार मचा दिया। यह समझना महत्वपूर्ण है कि कृत्रिम बुद्धिमत्ता और मानव बुद्धि के बीच सबसे बड़ा अंतर मानवता का है। एआई भविष्य में जो भी करने वाला है, वह आज के इंसान की सोच को ही प्रतिबिंबित करेगा।

चैट जी.पी.टी. एक कृत्रिम बुद्धिमत्ता (एआई) चैटबॉट है। इसका पूरा नाम चैट जेनरेटिव प्री-ट्रेंड ट्रांसफार्मर है। यह चैटबॉट अपने डेटाबेस में अरबों पाठ, वार्तालाप और लेख संग्रहीत करता है, और एक एलगोरिदम के माध्यम से उनका विश्लेषण करता है। एलगोरिदम, जिसे ट्रांसफॉर्मर नेटवर्क कहा जाता है, मानव मस्तिष्क के काम करने के तरीके की नकल करने का प्रयास करता है। जब आप चैट जी.पी.टी. से कोई प्रश्न पूछते हैं, तो यह चैटबॉट अपने डेटाबेस से प्रासंगिक जानकारी ढूँढता है, और इसे आपकी भाषा में लिखित या मौखिक रूप में प्रस्तुत करता है। चैट जी.पी.टी. और इस जैसे दूसरे एआई प्लेटफॉर्म की खासियत यह है कि आपके हर सवाल का जवाब ये सेकंड्स में दे सकते हैं। यद्यपि यह विभिन्न भाषाओं में उपलब्ध है, किन्तु यह अंग्रेजी में ज्यादा सटीक है।

इसका प्रयोग गूगल सर्च, भाषा-अनुवाद, कविताएँ, कहानियाँ, कोड या गाने लिखना, रेसिपी बनाना, नौकरी ढूँढना, अन्य समस्याओं का समाधान ढूँढना आदि विभिन्न उद्देश्यों के लिए कर सकते हैं यह मैत्रीपूर्ण और विनम्रता से आपको दिलचस्प और मनोरंजक जानकारी देता है।

ऐसी आशंकाएँ हैं कि चैट जी.पी.टी. आने से कई नौकरियों पर संकट के बादल घिर गये है तथा स्कूल, कॉलेज, एग्जाम, पर्चे, कोचिंग, अस्पताल, लैब और तकनीक से जुड़े हर तबके पर इसका असर पड़ने वाला है। दुनिया भर में लगभग तीस करोड़ लोगों की नौकरी इससे प्रभावित हो सकती है जो कि भविष्य के लिए एक अच्छा संकेत नहीं है।

I. कथन (A) **कृत्रिम बुद्धिमत्ता के कारण दुनिया में बेरोजगारी बढ़ेगी, ऐसी आशंकाएँ हैं।**
कारण (R) **क्योंकि चैट जी.पी.टी. एक कृत्रिम बुद्धिमत्ता (एआई) चैटबॉट है,जो हर सवाल का जवाब सेकंड्स में दे सकता हैं।** **दक्षता आधारित प्रश्न**

उपर्युक्त कथन और कारण के आधार पर सही विकल्प चुनिए
- (क) कथन (A) सही है और कारण (R) उसकी सही व्याख्या है।
- (ख) कथन (A) और कारण (R) दोनों गलत हैं।
- (ग) कथन (A) सही है, किंतु कारण (R) उसकी गलत व्याख्या है।
- (घ) कथन (A) गलत है, किंतु कारण (R) उसकी सही व्याख्या है।

II. हमारी पीढ़ी ने मशीनों को इंसानों से कंप्यूटर के हवाले होते देखा है। कथन को पढ़कर सही विकल्प का चयन कीजिए।
1. पहले मशीनों को इंसानों के द्वारा चलाया जाता था।
2. अब कंप्यूटर के द्वारा ही मशीन को चलाया जा रहा है।
3. वर्तमान में मनुष्य सम्पूर्ण रूप से कंप्यूटर पर निर्भर हो गया है।

कूट

(क) कथन 1 और 2 सही हैं।

(ख) कथन 1, 2 और 3 सही हैं।

(ग) कथन 1 और 3 सही हैं।

(घ) कथन 2 और 3 सही हैं।

III. कृत्रिम बुद्धिमत्ता के कारण प्रभावित होने वाले तत्त्व नहीं है

(क) मानवीय संवेदनाएँ (ख) रोजगार

(ग) स्कूल, कॉलेज (घ) चैट जी.पी.टी.

IV. (क) गद्यांश के अनुसार, कृत्रिम बुद्धिमत्ता में किसका अभाव होता है?

(ख) कृत्रिम बुद्धिमत्ता भविष्य में क्या करेगी?

V. गद्यांश के अनुसार, एलगोरिदम क्या है?

गद्यांश 5

उन्नीसवीं सदी में एक प्रसिद्ध फ्रांसीसी मनोचिकित्सक हुए एमिल कुए। उन्होंने आत्म-सम्मोहन के आधार पर स्वास्थ्य लाभ की एक नई विधि की खोज की थी, जो खूब चर्चित हुई। उनका सूत्र था— 'दिन-ब-दिन मैं बेहतर और बेहतर होता जा रहा हूँ।' यह एक प्रयोग था, जो ध्यान के नियम पर आधारित था। कुए ने हजारों लोगों को इस वाक्य को बार-बार दोहराने के लिए कहकर ठीक किया। जब भी किसी विचार पर ध्यान केंद्रित किया जाता है, तो यह स्वत: उसे जीवंत बना देता है। विचार इतना प्रभावशाली होता है कि शरीर उसका अनुसरण करता है और वही भाव महसूस करने लगता है।

विचार और शरीर बहुत गहराई से जुड़े हैं। अधिकांश लोग दु:ख में जीते हैं या बीमारी को आश्रय देते हैं, क्योंकि उन्होंने अपने प्रति निराशावादी रवैया विकसित कर लिया है। हमारा अचेतन मन जो कुल मन का 90 प्रतिशत हिस्सा होता है, हमारे विचारों को साकार करता है। यदि हम स्वस्थ विचारों की खेती करेंगे, तो सकारात्मक ऊर्जा उत्पन्न करेगा और यदि हम नकारात्मकता से भरे रहेंगे, तो बीमारी पैदा करके वह हमारा समर्थन करेगा। एक बार जब इसे पूरी तरह से समझ लिया जाता है, तो हम शरीर व मन में स्वस्थ तरंगें पैदा करके अपनी बीमारियों को काफी हद तक ठीक कर सकते हैं।

जब शारीरिक और मानसिक घाव भर जाते हैं, तब व्यक्ति स्वस्थ रहता है। कई बीमारियाँ शारीरिक से अधिक मानसिक होती हैं। लोग आस-पास की दवा की दुकान से दवाएँ तो खरीदते हैं पर स्वास्थ्य क्लब में जाकर स्वस्थ रहने की कला नहीं सीखते। लोग बीमारी में निवेश करते हैं, स्वास्थ्य में नहीं। स्वास्थ्य को आदत बनाना चाहिए। **CBSE 2024 Modified**

I. 'हम स्वस्थ विचारों की खेती करेंगे, तो मन सकारात्मक ऊर्जा उत्पन्न करेगा।' – पंक्ति का आशय है

(क) स्वस्थ मन से खेती करने पर अच्छी फसल होगी।

(ख) स्वस्थ मन से काम करने पर सफलता प्राप्त होगी।

(ग) स्वस्थ शरीर के लिए स्वस्थ मन आवश्यक है।

(घ) स्वस्थ विचार ही शरीर को स्वस्थ रखते हैं।

II. हमारे विचारों को साकार रूप देने का कार्य किया जाता है

(क) मस्तिष्क द्वारा (ख) चेतन मन द्वारा

(ग) अचेतन मन द्वारा (घ) कर्मेंद्रियों द्वारा

III. 'लोग बीमारी में निवेश करते हैं, स्वास्थ्य में नहीं'- से क्या अभिप्राय है?

(क) लोग स्वस्थ रहने से अधिक बीमारी से बचने के तरीके ढूँढ़ते हैं।

(ख) लोग चिकित्सा में पैसा खर्च करते हैं, स्वास्थ्य सुधार के तरीकों में नहीं।

(ग) इलाज के लिए अच्छी स्वास्थ्य सुविधाएँ ढूँढ़ते हैं।

(घ) स्वास्थ्य बीमा न कराके लोग चिकित्सा में निवेश करते हैं।

IV. उन्नीसवीं सदी के प्रसिद्ध फ्रांसीसी मनोचिकित्सक कौन थे? उन्होंने किस विधि की खोज की थी?

V. गद्यांश के अनुसार, लोगों में एकाकीपन क्यों बढ़ रहा है?

गद्यांश 6

भारतीय वैज्ञानिक परंपरा विश्व की सबसे पुरानी परम्पराओं में से एक है। भारतीय विज्ञान में प्राचीन समय में विज्ञान के क्षेत्र में सुश्रुत व चरक, नागार्जुन आर्यभट्ट, ब्रह्मगुप्त और आर्यभट्ट द्वितीय आदि की खोजों का बहुत महत्त्वपूर्ण योगदान है।

वर्तमान में विज्ञान ने बहुत प्रगति कर ली है। पूरे संसार में वैज्ञानिक नित्य-नई खोज और आविष्कार कर रहे हैं। यह वैज्ञानिकों की ही देन है कि आज हम घर बैठे टेलिविजन पर चाँद को देख पा रहे हैं।

हाल ही में, भारतीय अंतरिक्ष अनुसंधान संगठन (इसरो) ने चंद्रमा के दक्षिणी ध्रुव पर चंद्रयान -3 को सफलतापूर्वक उतारा। एक सप्ताह बाद ही भारत ने सूर्य का अध्ययन करने के लिए एक और मिशन शुरू किया जिसकी सफलतापूर्वक लैंडिंग ने दुनिया में उन सभी देशों की आँखें खोल दी हैं जिन्हें अभी भी इसरो की दक्षता पर संदेह था। इस मिशन का नाम आदित्य L1 है, जो अपने लक्ष्य पर पहुँचकर सूर्य का अध्ययन कर रहा है।

आदित्य L1 भारत का पहला सौर मिशन है। आदित्य L1 पृथ्वी से 1.5 मिलियन किमी दूर सन-अर्थ लैग्रेंजियन पॉइंट 1 (L1) पर स्थित है, जहाँ से यह सूर्य के वायुमंडलीय और चुंबकीय क्षेत्र का अध्ययन करेगा। यह पृथ्वी के निकटतम तारे की निगरानी करेगा और सूर्य के वायुमंडल के तापमान, घनत्व और रसायन विज्ञान आदि को समझने में मदद करेगा। आदित्य L1 में सूर्य के विभिन्न पहलुओं का अध्ययन करने के लिए सात वैज्ञानिक उपकरण हैं।

आदित्य L1 मिशन भारत के अंतरिक्ष अनुसंधान कार्यक्रम हेतु एक महत्वपूर्ण उपलब्धि है। यह उपलब्धि वैज्ञानिकों के समर्पण और परिश्रम को दर्शाती है। एक बार फिर से इसरो ने पूरी दुनिया में अपना लोहा मनवाकर भारत को गौरवान्वित किया है।

I. 'आदित्य L1' की सफलता का श्रेय मुख्य रूप से किसको जाता है?

(क) सरकार को (ख) देशवासियों को

(ग) इसरो को (घ) युवा पीढ़ी को

II. कथन (A) पूरे संसार में वैज्ञानिक नित्य-नई खोज और आविष्कार कर रहे हैं।

कारण (R) देश को विकसित करने तथा जनकल्याण के लिए सभी देश के वैज्ञानिक सदैव अग्रसर रहते हैं।

उपर्युक्त कथन और कारण के आधार पर सही विकल्प चुनिए

(क) कथन (A) सही है और कारण (R) उसकी सही व्याख्या है।

(ख) कथन (A) और कारण (R) दोनों गलत हैं।

(ग) कथन (A) सही है, किंतु कारण (R) उसकी गलत व्याख्या है।

(घ) कथन (A) गलत है, किंतु कारण (R) उसकी सही व्याख्या है।

III. आदित्य L1 पृथ्वी से ………………… किमी दूर सन-अर्थ लैग्रेंजियन पॉइंट 1 पर स्थित है।

(क) 1.5 मिलियन (ख) 11.5 मिलियन

(ग) 2.5 मिलियन (घ) 10.5 मिलियन

IV. (क) परिश्रम सफलता की क्या है?

(ख) 'आदित्य L1' को सफलता कैसे प्राप्त हुई?

V. 'आदित्य L1 का अंतरिक्ष में क्या कार्य है?

गद्यांश 7

तकनीक की एक विशेषता यह होती है कि जब वह सबके पास पहुँच जाती है, तो अपनी हैसियत खो देती है। व्यापार जगत पर नई तकनीक के लिए दबाव बनने लगते हैं और समाज भी उसके लिए तैयार हो जाता है। टी.वी. के साथ भी कुछ ऐसा ही हो रहा है। समाज से बेशक टेलीविजन खत्म नहीं हुआ, लेकिन जिस अर्थ में इसको हमारे समाज ने परिभाषित किया था, उस अर्थ में यह अपना वजूद काफी तेजी से खो रहा है। टी. वी. का परंपरागत रूप वह है, जिसमें कुछ चैनल होते हैं। एक निश्चित समय पर उनके कार्यक्रम होते हैं और उन कार्यक्रमों को देखने के लिए आपको उस समय उसके सामने बैठना होता है। बदलते समय के साथ जो कुछ हम टी.वी. पर देखते थे, वह अब हमें अपने मोबाइल, लैपटॉप, टैबलेट पर भी देखने को मिलता है।

अकसर जब हम भविष्य की कल्पना करते हैं, तो हमारे आस-पास जो भी कुछ उपलब्ध होता है, उसी के आधार पर आगे की सुध लेते हैं। किसने सोचा था कि स्मार्टफोन नाम की एक चीज आएगी और सब कुछ बदल जाएगा। आज जो टेलीविजन-सेट बाजार में मिलतें हैं, वे सब स्मार्टफोन की नकल करते दिखाई देते हैं। उन्हें कहा भी स्मार्ट टी.वी. ही जाता है। वे तेजी से स्मार्टफोन का व्याकरण और गणित अपनाते जा रहे हैं। पारंपरिक टी.वी. हमारी जरूरतों पर पूरा नहीं उतर रहा है, इसलिए धीरे-धीरे विदा हो रहा है। हमारी यात्रा जिस जगह पहुँच चुकी है, वहाँ किसी भी 'बुद्धू-बक्से' को तब तक स्वीकार नहीं किया जा सकता, जब तक वह स्मार्ट न हो जाए।

CBSE 2024 Modified

I. गद्यांश के आधार पर परंपरागत टेलीविजन के वजूद खोने का कारण है

(क) क्षेत्रीय भाषाओं में प्रसारण की सुविधा का न होना।

(ख) अंतर्राष्ट्रीय कार्यक्रमों के प्रसारण की सुविधा का न होना।

(ग) सीमित चैनलों पर आने वाले सीमित कार्यक्रम।

(घ) सीमित चैनलों पर निश्चित समय पर आने वाले कार्यक्रम।

II. गद्यांश के अनुसार, भविष्य की कल्पना का आधार क्या होता है?

(क) अतीत की उपलब्धि

(ख) वर्तमान की उपलब्धि

(ग) विकसित देशों की उपलब्धि

(घ) विकासशील देशों की उपलब्धि

III. निम्नलिखित कथन तथा कारण को ध्यान से पढ़िए तथा उचित विकल्प का चयन कर लिखिए **दक्षता आधारित प्रश्न**

कथन सबके पास पहुँचने पर तकनीक अपना मूल्य खोने लगती है।

कारण लोग उससे बेहतर तकनीक की उम्मीद करने लगते हैं।

(क) कथन तथा कारण दोनों गलत हैं।

(ख) कारण सही है, लेकिन कथन गलत है।

(ग) कथन सही है, लेकिन कारण, कथन की गलत व्याख्या करता है।

(घ) कथन तथा कारण दोनों सही हैं तथा कारण, कथन की सही व्याख्या करता है।

IV. टी.वी पर कार्यक्रम देखने के लिए आपको क्या करना पड़ता है?

V. तकनीक का अस्तित्व कब समाप्त हो जाता है?

गद्यांश 8

'घर' जैसा छोटा-सा शब्द भावात्मक दृष्टि से बहुत विशाल होता है। इस आधार पर मकान, भवन, फ्लैट, कमरा, कोठी, बंगला आदि इसके समानार्थी बिल्कुल भी नहीं लगते हैं, क्योंकि इनका सामान्य संबंध दीवारों, छतों और बाहरी व आंतरिक साज-सज्जा तक सीमित होता है, जबकि घर प्यार-भरोसे और रिश्तों की मिठास से बनता है। एक आदर्श घर वही है, जिसमें प्रेम व भरोसे की दीवारें, आपसी तालमेल की छतें, रिश्तों की मधुरता के खिले-खिले रंग, स्नेह, सम्मान व संवेदनाओं की सज्जा हो। घर में भावात्मकता है, वह भावात्मकता, जो संबंधों को महकाकर परिवार को जोड़े रखती है।

यह बात हमें अच्छी तरह याद रखनी चाहिए कि जब रिश्ते महकते हैं, तो घर महकता है, प्यार अठखेलियाँ करता है, तो घर अठखेलियाँ करता है, रिश्तों का उल्लास घर का उल्लास होता है, इसलिए रिश्ते हैं, तो घर हैं और रिश्तों के बीच बहता प्रेम घर की नींव है। यह नींव जितनी मजबूत होगी, घर उतना ही मजबूत होगा।

न जाने क्यों, आज का मनुष्य संवेदनाओं से दूर होता जा रहा है, उसके मन की कोमलता, कठोरता में बदल रही। दिन-रात कार्य में व्यस्त रहने और धनोपार्जन की अति तीव्र लालसा से उसके अंदर मशीनियत बढ़ रही है, इसलिए उसके लिए घर के मायने बदल रहे हैं, उसकी अहमियत बदल रही है, इसी कारण आज परिवार में आपसी कलह, द्वंद्व आदि बढ़ रहे हैं। आज की पीढ़ी प्राइवेसी (वैयक्तिकता) के नाम पर एकाकीपन में सुख खोज रही है। उसकी सेवा 'मेरा कमरा, मेरी दुनिया' तक सिमट गई है। एक छत के नीचे रहते हुए भी हम एकाकी होते जा रहे हैं। काश, सब घर की अहमियत समझें और अपना अहं हटाकर घर को घर बनाए रखने का प्रयास करें।

CBSE SQP 2022 Modified

I. भावात्मक दृष्टि से घर जैसे छोटे-से शब्द की 'विशालता' में निहित है/हैं

कथन पढ़कर सही विकल्प का चयन कीजिए

1. प्रेम, विश्वास, नातों का माधुर्य व संवेदनाएँ।
2. आकर्षक बनावट, सुंदर लोग, वैभव व संपन्नता।
3. सुंदर रंग संयोजन, आंतरिक सजावट एवं हरियाली।
4. स्नेह, सम्मान, सरसता, संवेदनाएँ, संपन्नता व साज-सज्जा।

दक्षता आधारित प्रश्न

कूट

(क) केवल 1 सही है (ख) 1 और 2 सही हैं

(ग) 2 और 3 सही हैं (घ) 3 और 4 सही हैं

II. **सामान्य रूप में मकान, भवन, फ्लैट, कमरा, कोठी आदि शब्दों का संबंध किससे होता है?**

(क) हृदय की भावनाओं से (ख) वैभव और समृद्धि से

(ग) स्थानीय सुविधाओं से (घ) बनावट व सजावट से

III. **कथन** (A) **आदमी के अंदर संवेदनाओं की जगह मशीनियत बढ़ती जा रही है।**

कारण (R) **व्यस्तता और अर्थोपार्जन की अति महत्त्वाकांक्षा ने उसे यहाँ तक पहुँचा दिया है।** **दक्षता आधारित प्रश्न**

(क) कथन (A) गलत है, किंतु कारण (R) सही है।

(ख) कथन (A) और कारण (R) दोनों गलत हैं।

(ग) कथन (A) सही है और कारण (R) कथन (A) की सही व्याख्या करता है।

(घ) कथन (A) सही है, किंतु कारण (R) कथन (A) की सही व्याख्या नहीं करता है।

IV. **(क) आज का मनुष्य किससे दूर होता जा रहा है?**

(ख) आज मनुष्य के मन की कोमलता किसमें बदलती जा रही है?

V. **गद्यांश के अनुसार, 'घर' और 'मकान' में क्या अन्तर है?**

गद्यांश 9

मानव सभ्यता पर औद्योगिक क्रांति की धमक अभी थमी भी नहीं कि एक नई तकनीकी क्रांति ने अपने आने की घोषणा कर दी है। 'नैनो-तकनीक' के समर्थक दावा करते हैं कि जब यह अपने पूरे वजूद से आएगी तो धरती का नामो-निशान मिट जाएगा और नैनो रोबोट की स्वनिर्मित फौज पूरी तरह क्षत-विक्षत शव को पलक झपकते ही चुस्त-दुरुस्त इंसान में तब्दील कर देगी।

दूसरी ओर नैनो-तकनीक की असीमित शक्ति से आशंकित इसके विरोधी इसे मिस्र के पिरामिडों में सोई ममियों से भी ज्यादा अभिशप्त समझते हैं। इन दोनों अतिवादी धारणाओं के बीच इतना अवश्य कहा जा सकता है कि हम तकनीकी क्रांति के एक सर्वथा नए मुहाने पर आ पहुँचे हैं, जिसके बाद उद्योग, चिकित्सा, दूरसंचार, परिवहन सहित हमारे जीवन में शामिल तमाम तकनीकी जटिलताएँ अपने पुराने अर्थ खो देंगी। इस अभूतपूर्व तकनीकी बदलाव के सामाजिक-सांस्कृतिक निहितार्थ क्या होंगे, यह देखना सचमुच दिलचस्प होगा।

आदमी ने कभी सभ्यता की बुनियाद पत्थर के बेडौल हथियारों से डाली थी, अनगढ़ शिलाओं को छीलकर उन्हें कुल्हाड़ों और भालों की शक्ल में ढाला और इस उपलब्धि ने उत्पादकता की दृष्टि से उसे दूसरे जंतुओं की तुलना में लाभ की स्थिति में ला खड़ा किया। औज़ारों को बेहतर बनाने का यह सिलसिला आगे कई विस्मयकारी मसलों से गुज़रा और औद्योगिक क्रांति ने तो मनुष्य को मानो प्रकृति के नियंत्रक की भूमिका सौंप दी।

तकनीकी कौशल की हतप्रभ कर देने वाली इस यात्रा में एक बात ऐसी है, जो पाषाण युग के बेढब हथियारों से चमत्कारी माइक्रोचिप निर्माण तक एक जैसी बनी रही। हम अपने औजार, कच्चे माल को तराशकर बनाते हैं। यह सर्वविदित तथ्य है कि सारे पदार्थ परमाणुओं से मिलकर बने हैं, लेकिन पदार्थों के गुण इस बात पर निर्भर करते हैं कि उनमें परमाणुओं को किस तरह सजाया गया है। कार्बन के परमाणुओं की एक खास बनावट से कोयला तैयार होता है, तो दूसरी खास बनावट उन्हें हीरे का रूप दे देती है। परमाणु और अणुओं को इकाई मानकर मनचाहा उत्पाद तैयार करना ही 'नैनो-तकनीक' का सार है। **CBSE 2020 Modified**

प्रश्न

I. **नैनो-तकनीक के विरोधी द्वारा इसे मिस्र के पिरामिडों में सोई ममियों से भी ज्यादा अभिशप्त क्यों माना गया?**

(क) यह तकनीक संपूर्ण मानव जाति के लिए हानिकारक सिद्ध हो सकती है

(ख) यह तकनीक विकास के नए प्रतिमान स्थापित करेगी

(ग) यह तकनीक कौशल को बढ़ाने के बजाय घटा देगी

(घ) यह तकनीक नए युग में चार चाँद लगा देगी

II. **'नैनो एक तकनीक है।' इस कथन के पक्ष में निम्नलिखित में से कौन-सा/से तर्क सही है/हैं?**

1. तकनीक के क्षेत्र में मनुष्य को सर्वाधिक महत्त्व प्रदान करना।
2. परमाणु और अणुओं को मूलभूत इकाई मानकर इच्छानुसार उत्पाद तैयार करना।
3. परमाणु और अणुओं में भेद न करते हुए इनका प्रयोग उत्पाद बनाने में करना। **दक्षता आधारित प्रश्न**

कूट

(क) कथन 1 सही है

(ख) कथन 1 व 2 सही हैं

(ग) कथन 2 सही है

(घ) कथन 2 व 3 सही हैं

III. **निम्नलिखित कथनों पर नैनो-तकनीक के महत्त्व के संदर्भ में विचार कीजिए**

1. यह ऐसी तकनीक है, जो मनुष्य की सोच की सीमा बढ़ा देगी।
2. यह मनुष्य के विकास के लिए अत्यंत आवश्यक है।
3. यह मनुष्य को केवल विनाश की ओर ले जाएगी।
4. यह ऐसी तकनीक है, जो मनुष्य की सोच को सीमित कर देगी।

दक्षता आधारित प्रश्न

कूट

(क) 1 सही है (ख) 1 और 2 सही हैं

(ग) 2 और 3 सही हैं (घ) 3 और 4 सही हैं

IV. **किसको इकाई मानकर मनचाहा उत्पाद तैयार करना 'नैनो-तकनीक' है?**

V. **'नैनो-तकनीक' के समर्थक क्या दावा करते हैं?**

गद्यांश 10

एशिया के उच्च पर्वतीय क्षेत्र को सेंट्रल एशियन माउंटेन रीजन भी कहा जाता है। इसमें हिमालयन,कराकोरम और हिंदुकुश पर्वत श्रृंखलाएँ आती हैं, जो चीन से लेकर अफगानिस्तान तक फैली हैं। इस क्षेत्र में करीब 55 हजार हिमनद हैं, जिनमें पेयजल का जितना भंडार है उतना उत्तरी और दक्षिणी ध्रुवों के अतिरिक्त पृथ्वी पर एक साथ पेयजल कहीं नहीं है। इन हिमनदों से पिघला हुआ जल एशिया की दस सबसे बड़ी नदियों को जीवन देता है, जिन पर करीब दो करोड़ लोगों की आबादी निर्भर रहती है।

बढ़ते तापमान की वजह से इन सभी पर खतरा मंडरा रहा है। संयुक्त राष्ट्र विकास कार्यक्रम यानी यूएनडीपी के मुताबिक शेष दुनिया के मुकाबले हिमालयी क्षेत्र में तापमान करीब दोगुनी रफ्तार से बढ़ रहा है, जिसकी वजह से पर्वतों पर जमी बर्फ पिघल रही है और बर्फबारी हो रही है। यदि समय रहते वैश्विक तापमान में लगभग 1.5 फीसदी की कमी नहीं की गई, तो इस शताब्दी के अंत तक दक्षिण एशिया के पहाड़ों पर जो बर्फ जमा है, उसका आधा या फिर दो-तिहाई हिस्सा गायब हो जाएगा।

पिघलते हिमनदों की वजह से बिजली आपूर्ति भी प्रभावित हो रही है। पिछले साल भारत ने गंगा नदी पर नए पनबिजली संयंत्र के निर्माण पर रोक लगा दी थी, ताकि निचले इलाकों में नदियों के पानी के बहाव को बनाए रखा जा सके और नदियाँ सूखने न पाएँ। ग्लेशियरों के पिघलने की दर को कम करने के तरीके ढूँढने के बावजूद तमाम वैज्ञानिक भविष्य को लेकर बहुत चिंतित हैं। जीवाश्म-ईंधनों के जरिए लोग उन गैसों को वायुमंडल में छोड़ते हैं, जो पृथ्वी के चारों ओर ग्रीनहाउस की तरह काम करती हैं और धरती गर्म होने लगती है। कोयला, तेल और गैस जलाने पर कालिख और पार्टिकुलेट मैटर छोड़ते हैं। हवा के जरिए ये प्रदूषक बर्फ पर जम जाते हैं और बर्फ तेजी से गर्म होकर पिघलने लगती है।

CBSE 2023 Modified

I. विश्व में सर्वाधिक पीने योग्य जल का भंडार कहाँ उपलब्ध है?

(क) नदियों में
(ख) दोनों ध्रुवों पर
(ग) हिमालय पर
(घ) हिंदुकुश पर्वत पर

II. जीवनदायिनी नदियों पर खतरे के बादल क्यों मंडरा रहे हैं?

(क) तापमान में वृद्धि के कारण
(ख) जनसंख्या वृद्धि के कारण
(ग) अज्ञानता के कारण
(घ) वैमनस्यता के कारण

III. गंगा नदी पर नए पनबिजली संयंत्रों के निर्माण पर प्रतिबंध क्यों लगाना पड़ा?

(क) नदियाँ प्रदूषित न हों
(ख) वर्षा समय पर हो
(ग) बाढ़ को रोका जा सके
(घ) नदियों का प्रवाह बना रहे

IV. (क) एशिया के उच्च पर्वतीय क्षेत्र को क्या कहा जाता है?

(ख) एशिया के उच्च पर्वतीय क्षेत्र में कौन-सी पर्वत श्रृंखलाएँ आती हैं?

V. गंगा नदी पर नए पनबिजली संयन्त्र के निर्माण पर रोक क्यों लगाई गई?

गद्यांश 11

अंतर्राष्ट्रीय श्रम संगठन के अनुसार, बाल श्रम को इस प्रकार परिभाषित किया गया है—''वह काम जो बच्चों को उनके बचपन, उनकी क्षमता और उनकी गरिमा से वंचित करता है और जो शारीरिक और मानसिक विकास के लिए हानिकारक है।''

एक सामाजिक बुराई के रूप में संदर्भित, भारत में बाल श्रम एक अनिवार्य मुद्दा है जिससे देश वर्षों से निपट रहा है। लोगों का मानना है कि बाल-श्रम जैसी सामाजिक कुरीति को समाप्त करने का दायित्व सिर्फ सरकार का है। यदि सरकार चाहे तो कानून का पालन न करने वालों एवं कानून भंग करने वालों को सजा देकर बाल-श्रम को समाप्त कर सकती है, किंतु वास्तव में ये केवल सरकार की जिम्मेदारी नहीं है, बल्कि इसे सभी सामाजिक संगठनों, मालिकों और अभिभावकों द्वारा भी समाधित करना चाहिए।

हमारे घरों में, ढाबों में, होटलों में, कल-कारखानों में अनेक बाल-श्रमिक मिल जाएँगे, जो कड़ाके की ठंड और तपती धूप की परवाह किए बिना काम करते हैं। विकासशील देशों में गरीबी और उच्च स्तर की बेरोजगारी बाल श्रम का मुख्य कारण है। बाल मजदूरी इंसानियत के लिए अपराध है, जो समाज के लिए श्राप बनती जा रही है तथा जो देश की वृद्धि और विकास में बाधक के रूप में बड़ा मुद्दा है। हमें सोचना होगा कि सभ्य समाज में यह अभिशाप क्यों मौजूद है? जिस उम्र में बच्चों को सही शिक्षा मिलनी चाहिए, खेल-कूद के माध्यम से अपने मस्तिष्क का विकास करना चाहिए उस उम्र में बच्चों से काम करवाने से बच्चों का शारीरिक, मानसिक, बौद्धिक और सामाजिक विकास रुक जाता है। शिक्षा का अधिकार मूल अधिकार होता है। शिक्षा से किसी भी बच्चे को वंचित रखना अपराध माना जाता है।

आज आवश्यकता इस बात की है कि सरकारी स्तर से लेकर व्यक्तिगत स्तर तक सभी लोग इसके प्रति सजग रहें और बाल-श्रम के कारण बच्चों का बचपन न छिन जाए, इसके लिए कुछ सार्थक पहल करें। आम आदमी को भी बाल मजदूरी के विषय में जागरूक होना चाहिए और अपने समाज में इसे होने से रोकना चाहिए। बाल श्रम को खत्म करना केवल सरकार का ही कर्त्तव्य नहीं है, बल्कि हमारा भी कर्त्तव्य है कि हम इस अभियान में सरकार का पूरा साथ दें। **CBSE Term I 2021 Modified**

I. घरों में, ढाबों में, होटलों में, कल-कारखानों में अनेक बाल-श्रमिकों को काम करता देखकर भी हम उदासीन क्यों बने रहते हैं?

(क) हम केवल अपने बारे में ही सोचते हैं
(ख) हम जागरूक बनना नहीं चाहते
(ग) हम उनकी सहायता करना नहीं चाहते
(घ) हम संवेदना शून्य हो चुके हैं

II. गद्यांश के आधार पर बताइए कि बाल-श्रम को रोकने के लिए सार्थक प्रयास क्यों किए जाने चाहिए?

(क) बाल-श्रम के कारण बच्चों का बचपन छिन जाता है
(ख) बाल-श्रम के कारण वे जल्दी बड़े हो जाते हैं
(ग) बाल-श्रम के कारण बच्चों को घर पर ही रहना पड़ता है
(घ) बाल-श्रम के कारण बच्चों को विद्यालय आना नहीं पड़ता

III. 'बाल-श्रम जैसे सामाजिक अभिशाप से देश को नुकसान होता है।' इस कथन के पक्ष में निम्नलिखित में से कौन-सा/से कथन सही है/हैं?

1. बाल-श्रम एक बच्चे को बचपन के सभी लाभों से दूर रखता है।
2. बाल-श्रम से देश का आने वाला कल अंधकार की ओर जाने लगता है।
3. बच्चों का शारीरिक, मानसिक और सामाजिक विकास अवरुद्ध हो जाता है।

दक्षता आधारित प्रश्न

(क) 1 सही है
(ख) 2 सही है
(ग) 1 और 2 सही हैं
(ख) 1 और 3 सही हैं

IV. (क) गद्यांश के अनुसार, बालश्रम क्या है?
(ख) बालश्रम के बारे में लोगों की क्या राय है?

V. बालश्रम क्या है? संक्षेप में वर्णन कीजिए।

गद्यांश 12

अपनी सभ्यता का जब मैं अवलोकन करता हूँ, तब लोगों को काम के संबंध की उनकी विचारधारा के अनुसार उन्हें विभाजित करने लगता हूँ। एक वर्ग में वे लोग आते हैं, जो काम को उस घृणित आवश्यकता के रूप में देखते हैं, जिसकी उनके लिए उपयोगिता केवल धन अर्जित करना है। वे अनुभव करते हैं कि जब दिनभर का श्रम समाप्त हो जाता है, तब वे जीना सचमुच शुरू करते हैं और अपने आप में होते हैं। जब वे काम में लगे होते हैं, तब उनका मन भटकता रहता है। काम को वे उतना महत्त्व देने का कभी विचार नहीं करते, क्योंकि केवल आमदनी के लिए ही उन्हें काम की आवश्यकता है। दूसरे वर्ग के लोग अपने काम को आनंद और आत्मपरितोष पाने के एक सुयोग के रूप में देखते हैं। वे धन इसलिए कमाना चाहते हैं, ताकि अपने काम में अधिक एकनिष्ठता के साथ समर्पित हो सकें। जिस काम में वे संलग्न होते हैं, वे उस काम की पूजा करते हैं।

पहले वर्ग में केवल वे लोग ही नहीं आते हैं, जो बहुत कठिन और अरुचिकर काम करते हैं। उसमें बहुत-से संपन्न लोग भी सम्मिलित हैं, जो वास्तव में कोई काम नहीं करते हैं। ये सभी धन को ऐसा कुछ समझते हैं, जो उन्हें काम करने के अभिशाप से बचाता है।

इसके सिवाय कि उनका भाग्य अच्छा रहा है, वे अन्यथा उन कारखानों के मजदूरों की तरह ही हैं, जो अपने दैनिक काम को जीवन का सबसे बड़ा अभिशाप समझते हैं। उनके लिए काम कोई घृणित वस्तु है और धन वांछनीय, क्योंकि काम से छुटकारा पाने के साधन का प्रतिनिधित्व यही धन करता है।

यदि काम को वे टाल सकें और फिर भी धन प्राप्त हो जाए, तो खुशी से यही करेंगे। जो लोग काम में अनुरक्त हैं तथा उसके प्रति समर्पित हैं, ऐसे कलाकार, विद्वान् और वैज्ञानिक दूसरे वर्ग में सम्मिलित हैं। वस्तुओं को बनाने और खोजने में वे हमेशा दिलचस्पी रखते हैं। इसके अंतर्गत परंपरागत कारीगर भी आते हैं, जो किसी वस्तु को रूप देने में गर्व और आनंद का वास्तविक अनुभव करते हैं। अपनी मशीनों को ममत्वभरी सावधानी से चलाने और उनका रख-रखाव करने वाले कुशल मिस्त्री और इंजीनियर इसी वर्ग से संबंधित हैं। **CBSE 2020 Modified**

I. दूसरे वर्ग के लोग धन क्यों कमाना चाहते हैं?
(क) क्योंकि यही उनका एकमात्र उद्देश्य होता है
(ख) क्योंकि धन से ही इच्छाओं की पूर्ति होती है
(ग) क्योंकि वे अपने काम से अधिक एकनिष्ठता के साथ समर्पित हो सकें
(घ) क्योंकि वे दिनभर की थकान मिटा सकें

II. दूसरे वर्ग के लोगों के विषय में कौन-सा कथन सही नहीं है?
(क) वे काम में अनुरक्त रहते हैं
(ख) वे काम के प्रति समर्पित होते हैं
(ग) वे वस्तुओं को रूप देने में आनंद का अनुभव करते हैं
(घ) वे काम से छुटकारा पाना चाहते हैं

III. **कथन** (A) काम करना कुछ लोगों के लिए घृणित है।
कारण (R) जो काम की तुलना में धन को प्राथमिकता देते हैं।

दक्षता आधारित प्रश्न

कूट
(क) कथन (A) गलत है, किंतु कारण (R) सही है।
(ख) कथन (A) और कारण (R) दोनों ही गलत हैं।
(ग) कथन (A) सही है और कारण (R) कथन (A) की सही व्याख्या है।
(घ) कथन (A) सही है, किंतु कारण (R) कथन (A) की सही व्याख्या नहीं है।

IV. पहले वर्ग के लोग किसे घृणित आवश्यकता के रूप में देखते हैं?

V. कार्य के प्रति समर्पित लोगों में कौन-कौन सम्मिलित हैं?

गद्यांश 13

पर्यावरण नैतिकता से अभिप्राय है वे विषय, सिद्धांत और दिशा-निर्देश, जो मनुष्य और पर्यावरण के बीच की क्रियाओं और प्रतिक्रियाओं को दर्शाते हैं। मानव-केंद्रित विचारधारा के अनुसार, मनुष्य प्रकृति का स्वामी है और वह इसे मनचाहे रूप में प्रयोग कर सकता है। इसके विपरीत, पृथ्वी और प्रकृति केंद्रित विचारधारा के अनुसार, पृथ्वी हमारी जननी है। अत: हमें पृथ्वी का आदर करना चाहिए। पहले मत के अनुसार, पृथ्वी केवल एक ग्रह है इसलिए हमें वैज्ञानिक तकनीक द्वारा प्रौद्योगिकी का निरंतर विकास करना होगा और पर्यावरण के अपघटन को रोकना होगा ताकि एक स्वच्छ एवं स्वस्थ पर्यावरण और बेहतर भविष्य की नींव रखी जा सके।

साम्राज्यवाद, उपनिवेशवाद, आधिपत्य के लिए संघर्ष, विश्वयुद्ध आदि ने अपने-अपने ढंग से पर्यावरण को संकट में डाला है। आज फिर आधुनिक प्रौद्योगिकी की सहायता से बड़े पैमाने पर औद्योगिक उत्पादन के लिए प्रकृति के शोषण ने संपूर्ण विश्व में पर्यावरणीय संकट पैदा कर दिया है, जो घातक सिद्ध हो सकता है। यह विवादास्पद है कि विकास आधारित प्रौद्योगिकी वरदान है या विनाश का कारण।

I. मानव-केंद्रित विचारधारा में निहित है कथन पढ़कर सही विकल्प का चयन कीजिए

दक्षता आधारित प्रश्न

1. पृथ्वी पर वैज्ञानिक तकनीक द्वारा प्रौद्योगिकी का निरंतर विकास करना।

2. पर्यावरण के अपघटन को रोकना।
3. बड़े पैमाने पर औद्योगिक उत्पादन करना।
4. मनुष्य द्वारा पृथ्वी का मनचाहे रूप से प्रयोग करना।

कूट

(क) केवल 1 सही है (ख) 1 और 2 सही हैं
(ग) 2 और 3 सही हैं (घ) 3 और 4 सही हैं

II. पर्यावरण नैतिकता से क्या अभिप्राय है?

(क) वे विषय, सिद्धांत और दिशा-निर्देश, जो मनुष्य और पर्यावरण के बीच की केवल क्रियाओं को दर्शाते हैं।
(ख) वे विषय, सिद्धांत और दिशा-निर्देश, जो मनुष्य और पर्यावरण के बीच केवल प्रतिक्रियाओं को दर्शाते हैं।
(ग) वे विषय, सिद्धांत और दिशा-निर्देश, जो मनुष्य और पर्यावरण के बीच की क्रियाओं और प्रतिक्रियाओं को दर्शाते हैं।
(घ) वे विषय, सिद्धांत और दिशा-निर्देश, जो मनुष्य और पर्यावरण के बीच तुलना को दर्शाते हैं।

III. 'पृथ्वी हमारी जननी है' यह विचारधारा है

(क) मानव केंद्रित (ख) पृथ्वी और प्रकृति केंद्रित
(ग) प्रौद्योगिकी केंद्रित (घ) मानव और प्रौद्योगिकी केंद्रित

IV. मानव केंद्रित विचारधारा के अनुसार, प्रकृति का स्वामी कौन है?

V. आधुनिक प्रौद्योगिकी ने प्रकृति पर कैसे संकट पैदा कर दिया है?

गद्यांश 14

अच्छा नागरिक बनने के लिए भारत के प्राचीन विचारकों ने कुछ नियमों का प्रावधान किया है। इन नियमों में वाणी और व्यवहार की शुद्धि, कर्त्तव्य और अधिकार का समुचित निर्वाह, शुद्धतम पारस्परिक सद्भाव और सेवा की भावना आदि नियम बहुत महत्त्वपूर्ण माने गए हैं।

ये सभी नियम यदि एक व्यक्ति के चारित्रिक गुणों के रूप में भी अनिवार्य माने जाएँ, तो उसका अपना जीवन सुखी और आनंदमय हो सकता है। सभी गुणों का विकास एक बालक में यदि उसकी बाल्यावस्था से ही किया जाए तो वह अपने देश का श्रेष्ठ नागरिक बन सकता है। इन गुणों के कारण वह अपने परिवार, आस पड़ोस, विद्यालय में अपने सहपाठियों एवं अध्यापकों के प्रति यथोचित व्यवहार कर सकेगा।

वाणी एवं व्यवहार की मधुरता सभी के लिए सुखदायक होती है, समाज में हार्दिक सद्भाव की वृद्धि करती है, किंतु अहंकारहीन व्यक्ति ही स्निग्ध वाणी और शिष्ट व्यवहार का प्रयोग कर सकता है। अहंकारी और दंभी व्यक्ति सदा अशिष्ट वाणी और व्यवहार का अभ्यासी होता है, जिसका परिणाम यह होता है कि ऐसे आदमी के व्यवहार से समाज में शांति और सौहार्द का वातावरण नहीं बनता।

जिस प्रकार एक व्यक्ति समाज में रहकर अपने व्यवहार से कर्त्तव्य और अधिकार के प्रति सजग रहता है, उसी तरह देश के प्रति भी उसका व्यवहार कर्त्तव्य और अधिकार की भावना से भावित रहना चाहिए। उसका कर्त्तव्य हो जाता है कि न तो वह स्वयं कोई ऐसा काम करे और न ही दूसरों को करने दे, जिसमें देश के सम्मान, संपत्ति और स्वाभिमान को ठेस लगे। समाज एवं देश में शांति बनाए रखने के लिए धार्मिक सहिष्णुता भी बहुत आवश्यक है। यह वृत्ति तभी आ सकती है जब व्यक्ति संतुलित व्यक्तित्व का हो। वह आंतरिक व बाहरी संघर्ष से परे सामाजिकता की अनुभूति से परिपूर्ण व्यक्तित्व होना चाहिए। **CBSE Term I 2021 Modified**

I. गद्यांश के संदर्भ में अच्छा नागरिक बनने के लिए नियमों का प्रावधान आवश्यक है, क्योंकि यह **दक्षता आधारित प्रश्न**

(क) स्वतंत्रता को बढ़ावा देता है, जिससे वातावरण को शांति से परिपूर्ण करता है।
(ख) व्यक्तित्व को निखारकर जीवन को आमोद-प्रमोद से परिपूर्ण करता है।
(ग) व्यक्तित्व को निखारकर जीवन को सुख और मंगलकामना से परिपूर्ण करता है।
(घ) व्यक्ति को अहंकार, स्निग्ध वाणी और शिष्ट व्यवहार से परिपूर्ण करता है।

II. वाणी एवं व्यवहार की मधुरता सभी के लिए सुखदायक होती है। इस कथन के लिए उपयुक्त तर्क है

(क) देश के सम्मान, संपत्ति और स्वाभिमान को ठेस पहुँचती है।
(ख) देश व समाज में शांति और सौहार्द का वातावरण नहीं बनता।
(ग) कर्त्तव्य और अधिकार का समुचित निर्वाह बहुत आवश्यक है।
(घ) समाज में हार्दिक सद्भाव की वृद्धि और सुख की प्रतिष्ठा होती है।

III. कथन (A) **व्यक्ति को स्निग्ध वाणी और शिष्ट व्यवहार का प्रयोग करना चाहिए।**

कारण (R) **व्यक्ति के ऐसे व्यवहार से समाज में शान्ति और सौहार्दपूर्ण वातावरण बनता है।** **दक्षता आधारित प्रश्न**

(क) कथन (A) तथा कारण (R) दोनों गलत हैं।
(ख) कथन (A) गलत है, किंतु कारण (R) सही है।
(ग) कथन (A) सही है, किंतु कारण (R) कथन (A) की सही व्याख्या नहीं करता है।
(घ) कथन (A) और कारण (R) दोनों सही हैं तथा कारण (R) कथन (A) की सही व्याख्या करता है।

IV. अहंकारी और दंभी व्यक्ति कैसा होता है और इसका क्या परिणाम होता है?

V. संतुलित व्यक्तित्व वाला व्यक्ति कौन होता है? स्पष्ट कीजिए।

गद्यांश 15

जल मानव की मूल आवश्यकता है। जल के बिना न तो मनुष्य का जीवन संभव है, न ही वह किसी कार्य को संचालित कर सकता है। जल से ही सब कुछ पैदा हुआ है। जन्म से मरण तक मनुष्य के जीवन में सभी कर्मकांडों, यज्ञों आदि में जल का बहुत महत्त्व है। जल दिव्य गुणयुक्त है। इसका ठीक प्रयोग शरीर व मन को स्वस्थ बनाता है, परिणामतः हमारे चेहरे पर एक मुसकुराहट होती है। जल के अभाव में मनुष्य के प्राण कंठ तक आ जाते हैं और सभी काम अधूरे रह जाते हैं। जल के अभाव में सृष्टि की कल्पना भी नहीं की जा सकती। जल को सम्मान का पर्यायवाची भी माना जाता है।

मनुष्य के शरीर में 70% जल की मात्रा है। पशु-पक्षियों का जीवन जल से निर्धारित है। पेड़-पौधों की जल की आवश्यकता मौसम पर निर्भर है। पेड़-पौधे जितना जल लेते हैं, वे वातावरण में उसे रिसने की क्रिया द्वारा छोड़ते भी हैं। इससे जलवायु में भी सुधार होता है। इस प्रकार, जीवन में जल का बहुत महत्त्व है। जल ही जीवन है या कहिए जीवन ही जल है। जल को पीने व सिंचाई के लिए देना भी एक पुण्य का कार्य माना गया है। जल प्यासे के गले से उतरकर उसे मौत के मुँह से बचा लेता है। इन सभी दृष्टिकोणों से जल की उपयोगिता मनुष्य के लिए बढ़ जाती है।

I. मनुष्य के लिए जल ········· महत्त्वपूर्ण है।
रिक्त स्थान के लिए उचित विकल्प का चयन कीजिए
(क) पीने हेतु
(ख) सिंचाई हेतु
(ग) पेड़-पौधों एवं जलवायु के संतुलन हेतु
(घ) उपर्युक्त सभी

II. गद्यांश के आधार पर बताइए कि मानव जीवन में जल की क्या उपयोगिता है?
(क) जल मानव की मूल आवश्यकता है
(ख) जल के अभाव में जीवन की कल्पना नहीं की जा सकती
(ग) जल यज्ञों में अत्यंत महत्त्वपूर्ण है
(घ) उपर्युक्त सभी

III. **कथन** (A) पेड़-पौधों के द्वारा जलवायु में सुधार होता है।
कारण (R) पेड़-पौधे रिसने की क्रिया द्वारा जल को वातावरण में छोड़ते है। **दक्षता आधारित प्रश्न**

कूट
(क) कथन (A) गलत है, किंतु कारण (R) सही है।
(ख) कथन (A) और कारण (R) दोनों गलत हैं।
(ग) कथन (A) सही है और कारण (R) कथन (A) की सही व्याख्या है।
(घ) कथन (A) सही है, किंतु कारण (R) कथन (A) की सही व्याख्या नहीं है।

IV. गद्यांश के अनुसार, किसे सृष्टि का जन्मदाता माना गया है और क्यों?

V. पेड़-पौधों का क्या महत्त्व है? स्पष्ट कीजिए।

गद्यांश 16

आदमी की पहचान उसकी भाषा से होती है और भाषा संस्कार से बनती है। जिसके जैसे संस्कार होंगे, वैसी उसकी भाषा होगी। जब कोई आदमी भाषा बोलता है, तो साथ में उसके संस्कार भी बोलते हैं। यही कारण है कि भाषा शिक्षक का दायित्व बहुत गुरुतर और चुनौतीपूर्ण है। परंपरागत रूप में शिक्षक की भूमिका इन तीन कौशलों—बोलना, पढ़ना और लिखना तक सीमित कर दी गई है। केवल यांत्रिक कौशल किसी जीती-जागती भाषा का उदाहरण नहीं हो सकते हैं।

सोचना और महसूस करना दो ऐसे कारक हैं, जिनमें भाषा सही आकार पाती है। इनके बिना भाषा, भाषा नहीं है, इनके बिना भाषा संस्कार नहीं बन सकती, इनके बिना भाषा युगों-युगों का लंबा सफर तय नहीं कर सकती, इनके बिना कोई भाषा किसी देश या समाज की धड़कन नहीं बन सकती। केवल संप्रेषण ही भाषा नहीं है। दर्द और मुस्कान के बिना कोई भाषा जीवंत नहीं हो सकती। भाषा हमारे समाज के निर्माण, विकास, अस्मिता, सामाजिक व सांस्कृतिक पहचान का भी महत्त्वपूर्ण साधन है। भाषा के बिना मनुष्य पूर्ण नहीं है। भाषा में ही हमारे भाव, राज्य, संस्कार, प्रांतीयता झलकती है। इस झलक का संबंध व्यक्ति की मानवीय संवेदना और मानसिकता से भी होता है। जिस व्यक्ति के जीवन का उद्देश्य और मानसिकता जिस स्तर की होगी, उसकी भाषा के शब्द और मुख्यार्थ भी उसी स्तर के होंगे। साहित्यकार ऐसी भाषा को आधार बनाते हैं, जो उनके पाठकों एवं श्रोताओं की संवेदना के साथ एकाकार करने में समर्थ हों।

प्रश्न

I. **कथन** (A) जब कोई आदमी बोलता है, तो साथ में उसके संस्कार भी बोलते हैं।
कारण (R) भाषा शिक्षक का दायित्व बहुत चुनौतीपूर्ण होता है, क्योंकि उसे कौशलों का विकास करना होता है। **दक्षता आधारित प्रश्न**
(क) कथन (A) तथा कारण (R) दोनों गलत हैं।
(ख) कथन (A) गलत है, किंतु कारण (R) सही है।
(ग) कथन (A) सही है, किंतु कारण (R) उसकी गलत व्याख्या करता है।
(घ) कथन (A) तथा कारण (R) दोनों सही हैं तथा कारण (R) कथन (A) की सही व्याख्या करता है।

II. 'दर्द और मुस्कान के बिना भाषा जीवंत नहीं हो सकती।' लेखक द्वारा ऐसा कथन दर्शाता है
(क) यथार्थ की समझ
(ख) सामाजिक समरसता
(ग) साहित्य-प्रेम
(घ) भाषा कौशल

III. भाषा तब सही आकार पाती है, जब
(क) मनुष्य निरंतर उसका अभ्यास करता रहता है।
(ख) भाषा को सरकारी समर्थन भी प्राप्त होता है।
(ग) भाषा सामाजिक संस्थाओं से प्रोत्साहन प्राप्त करती है।
(घ) भाषायी कौशलों के साथ मनुष्य सोचता और महसूस भी करता है।

IV. गद्यांश के अनुसार भाषा क्या है और भाषा किससे बनती है?

V. गद्यांश के अनुसार, साहित्यकार किसका परिचायक होता है?

गद्यांश 17

साहित्य को समाज का प्रतिबिंब माना गया है अर्थात् समाज का पूर्णरूप साहित्य में प्रतिबिंबित होता रहता है। अनादि काल से साहित्य अपने इसी धर्म का पूर्ण निर्वाह करता चला आ रहा है। वह समाज के विभिन्न रूपों का चित्रण कर एक ओर तो हमारे सामने समाज का यथार्थ चित्र प्रस्तुत करता है और दूसरी ओर अपनी प्रखर मेधा और स्वस्थ कल्पना द्वारा समाज के विभिन्न पहलुओं का विवेचन करता हुआ यह भी बताता है कि मानव समाज की सुख-समृद्धि, सुरक्षा और विकास के लिए कौन-सा मार्ग उपादेय है? एक आलोचक के शब्दों में—"कवि वास्तव में, समाज की व्यवस्था, वातावरण, धर्म-कर्म, रीति-नीति तथा सामाजिक शिष्टाचार या लोक व्यवहार से ही अपने काव्य के उपकरण चुनता है और उनका प्रतिपादन अपने आदर्शों के अनुरूप करता है।"

साहित्यकार उसी समाज का प्रतिनिधित्व करता है, जिसमें वह जन्म लेता है। वह अपनी समस्याओं का सुलझाव, अपने आदर्श की स्थापना अपने समाज के आदर्शों के अनुरूप ही करता है। जिस सामाजिक वातावरण में उसका जन्म होता है, उसी में उसका शारीरिक, बौद्धिक और मानसिक विकास भी होता है। अत: यह कहना सर्वथा असंभव और अविवेकपूर्ण है कि साहित्यकार समाज से पूर्णत: निरपेक्ष या तटस्थ रहकर साहित्य सृजन करता है। वाल्मीकि, तुलसी, सूर, भारतेंदु, प्रेमचंद आदि का साहित्य इस बात का सर्वाधिक सशक्त प्रमाण है कि साहित्यकार समाज से घनिष्ठ रूप से संबंध रखता हुआ ही साहित्य सृजन करता है। समाज की अवहेलना करने वाला साहित्य क्षणजीवी होता है।

प्रश्न

I. साहित्य समाज का प्रतिबिंब है, क्योंकि यह

(क) समाज की वास्तविकता का द्योतक है।
(ख) समाज में लोक व्यवहार का समर्थक है।
(ग) व्यक्ति की समस्याओं का निदान करता है।
(घ) साहित्य को दिशा प्रदान करता है।

II. साहित्य की क्षणभंगुरता का कारण होगा

(क) सामाजिक अवज्ञा (ख) सामाजिक समस्या
(ग) सामाजिक सद्भाव (घ) सामाजिक समरसता

III. निम्नलिखित कथन (A) तथा कारण (R) को ध्यानपूर्वक पढ़कर दिए गए विकल्पों में से कोई एक सही विकल्प चुनकर लिखिए

कथन (A) कवि अपने काव्य के उपकरणों का प्रतिपादन अपने आदर्शों के अनुरूप करता है।

कारण (R) कवि हृदय अत्यधिक संवेदनशील होता है एवं सदैव देशहित चाहता है।

(क) कथन (A) तथा कारण (R) दोनों गलत हैं।
(ख) कथन (A) गलत है, किंतु कारण (R) सही है।
(ग) कथन (A) सही है, किंतु कारण (R) उसकी गलत व्याख्या करता है।
(घ) कथन (A) तथा कारण (R) दोनों सही हैं तथा कारण (R) कथन (A) की सही व्याख्या करता है।

IV.(क) प्रस्तुत गद्यांश में किसके बीच पारस्परिक संबंध बताया गया है?
(ख) समाज का पूर्ण रूप किसमें प्रतिबिंबत होता रहता है?

V. गद्यांश के अनुसार साहित्य की क्षणभंगुरता का कारण क्या होगा?

गद्यांश 18

इसरो ने चंद्रयान-3 अभियान को सफल बनाने के लिए जिस दक्षता का परिचय दिया, वह पूरी दुनिया के लिए एक मिसाल है। इस अभियान की बारीकियों में जाकर उसे सफल बनाने का जैसा काम किया, वैसा अन्य क्षेत्रों में भी इसलिए किया जाना चाहिए, क्योंकि कई बार निर्माण कार्यों की गुणवत्ता या फिर उनकी डिजाइन दोयम दर्जे की रहती है।

चंद्रयान-3 की सफलता के पीछे चंद्रयान-2 की असफलता से लिए गए सबक भी हैं। 2019 में जब चंद्रयान-2 अपना अभियान पूरा नहीं कर पाया था, तब देशवासियों को निराशा हुई थी। कुछ देशों के लोगों ने तो इसरो का मज़ाक उड़ाते हुए यहाँ तक कहा था कि भारत एक गरीब देश है और उसे पहले अपनी बुनियादी समस्याओं को दूर करना चाहिए। यह भी कहा गया था कि आखिर भारत चाँद पर जाने का सपना ही क्यों देख रहा है? इसरो ने इन सभी आलोचकों के मुँह बंद कर दिए। इन आलोचकों को इस पर ध्यान देना चाहिए कि भारत एक ओर जहाँ गरीबी से पार पाने की हर संभव कोशिश कर रहा है, वहीं विज्ञान एवं तकनीकी क्षेत्र में भी अपने कदम तेजी से बढ़ा रहा है। वास्तव में यही वह उपाय है, जिससे वह आत्मनिर्भर बन सकता है। सरकार ने वर्तमान कालखंड को अमृतकाल का नाम दिया है और यह संकल्प लिया है कि 2047 तक भारत को विकसित देश बनाना है।

प्रश्न

I. 'चंद्रयान-3 की सफलता के पीछे चंद्रयान-2 की असफलता से लिए गए सबक भी हैं'।

कथन पढ़कर सही विकल्प का चयन कीजिए

(i) असफलता से हम सीख लेते हैं।
(ii) असफलता हमें सोचने पर विवश करती है।
(iii) सफल होने के लिए असफलता आवश्यक है।
(iv) सफल होने के लिए गुणवत्ता आवश्यक नहीं है।

कूट

(क) कथन (i) सही है।
(ख) कथन (i) और (ii) सही हैं।
(ख) कथन (ii) और (iii) सही हैं।
(घ) कथन (iii) और (iv) सही हैं।

II. 'बुनियादी सुविधाओं' से क्या आशय है?

(क) बिजली, पानी, सड़कें (ख) स्कूल, कॉलेज, अस्पताल
(ग) भोजन, कपड़ा, मकान (घ) शिक्षा, स्वास्थ्य, रोजगार

III. कथन (A) आत्मनिर्भर बनने के लिए अंतरिक्ष के क्षेत्र में कदम बढ़ाना आवश्यक है।

कारण (R) भारत को 2047 तक विकसित राष्ट्र बनाना है।

(क) कथन (A) गलत है, किंतु कारण (R) सही है।
(ख) कथन (A) और कारण (R) दोनों गलत हैं।
(ग) कथन (A) सही है और कारण (R) कथन (A) की सही व्याख्या है।
(घ) कथन (A) सही है, किंतु कारण (R) कथन (A) की सही व्याख्या नहीं है।

IV. प्रस्तुत गद्यांश के अनुसार, चंद्रयान-3 की सफलता में सबसे महत्त्वपूर्ण भूमिका किसकी है?

V. गद्यांश के अनुसार, भारत सरकार का क्या संकल्प है?

गद्यांश 19

राष्ट्रीय पाठ्यक्रम फ्रेमवर्क 2023 में प्रस्तावित बदलाव स्कूली शिक्षा के स्वरूप और उसके द्वारा विद्यार्थियों के शैक्षिक विकास की दृष्टि से बहुत महत्त्वपूर्ण रचनात्मक, सुविचारित और सकारात्मक है। इसमें पहला सबसे महत्त्वपूर्ण बदलाव सीखने के कौशलों पर बल देना है। नए फ्रेमवर्क में इस बात पर बल है कि विद्यार्थी के न केवल ज्ञान में बढ़ोतरी हो बल्कि वह नया ज्ञान अर्जित करने के कौशल, ज्ञान को जीवन में लागू करने और सॉफ्ट स्किल्स व पेशेवर कौशल अर्जित करके समाज के लिए अधिक उपयोगी नागरिक बन सके। पाठ्यक्रम में विभिन्न मूल्यों पर भी बल दिया गया है। इनमें लोकतान्त्रिक मूल्यों का सम्मान, पर्यावरण की रक्षा, गरिमा, विविधता की सराहना, जीवदया, समानता आदि शामिल हैं। दूसरा महत्त्वपूर्ण बदलाव विद्यार्थियों को विषय चुनने में छूट देना है। विद्यार्थियों को सीखने की आजादी देने व उन्हें करियर में फँसे रहने की बजाय, अपनी रुचियों को आगे बढ़ाने की सुविधा दी गई है।

तीसरा महत्त्वपूर्ण बदलाव सीखने में भाषाओं और उनमें भी भारतीय भाषाओं पर बल देना है। इस प्रस्ताव में भारतीय भाषाओं पर बल देने से एक तो विद्यार्थियों को अपनी भाषाएँ सीखने का अवसर मिलेगा, साथ ही भारत की अन्य भाषाओं को सीखने से उन्हें भारत से गहन परिचय प्राप्त करने में मदद मिलेगी।

प्रश्न

I. सीखने के कौशलों पर बल दिया जाना क्यों आवश्यक है?

(क) विदेशों से प्रतिस्पर्धा के लिए

(ख) कौशल परिवर्तन के लिए

(ग) सामाजिक लाभ के लिए

(घ) व्यक्ति के संपूर्ण विकास के लिए

II. अपनी रुचि के अनुसार विषय चयन करने को महत्त्वपूर्ण बदलाव क्यों माना गया है?

(क) विद्यालयी शिक्षा का उपयोग होगा

(ख) विद्यार्थी रुचिपूर्ण तरीके से सीख सकेंगे

(ग) बच्चों में मानसिक तनाव बढ़ रहा है

(घ) परंपरागत रूप को बदलने के लिए

III. कथन (A) सभी को भारतीय भाषाएँ सीखनी चाहिए।
कारण (R) इससे विभिन्न संस्कृतियों का ज्ञान हो सकेगा।

(क) कथन (A) गलत है, किंतु कारण (R) सही है।

(ख) कथन (A) और कारण (R) दोनों गलत हैं।

(ग) कथन (A) सही है और कारण (R) कथन (A) की सही व्याख्या है।

(घ) कथन (A) सही है, किंतु कारण (R) कथन (A) की सही व्याख्या नहीं है।

IV. राष्ट्रीय पाठ्यक्रम फ्रेमवर्क 2023 कैसी शिक्षा पर बल देता है

V. 'लोकतांत्रिक मूल्यों' से क्या अभिप्राय है?

गद्यांश 20

शरीर का खाद्य भोजनीय पदार्थ है और मस्तिष्क का खाद्य, साहित्य। यदि हम अपने मस्तिष्क को निष्क्रिय और कालांतर में निर्जीव-सा नहीं करना चाहते तो साहित्य का सतत सेवन करना चाहिए और उसमें नवीनता लाने के लिए उसका उत्पादन भी करना चाहिए; पर याद रखिए बुरे साहित्य से मस्तिष्क भी पीड़ित होकर रोगी हो जाता है। मस्तिष्क का बलवान और शक्ति संपन्न होना अच्छे साहित्य पर ही निर्भर करता है। अतएव यह बात स्पष्ट है कि मस्तिष्क के पर्याप्त विकास का एकमात्र साधन अच्छा साहित्य है।

यदि हमें सभ्यता की दौड़ में अन्य जातियों की बराबरी करनी है तो सत्साहित्य का उत्पादन और प्राचीन साहित्य की रक्षा करनी चाहिए और यदि हम अपनी वर्तमान दयनीय दशा में रहना चाहते हैं तो साहित्य सम्मेलन के दिखावे को बंद कर देना चाहिए। आँख उठाकर जरा दूसरे देशों और जातियों की ओर तो देखिए! साहित्य ने वहाँ के समाज की दशा ही बदल दी है; शासन प्रबंध में बड़े-बड़े उथल-पुथल कर डाले हैं। हमें अपनी ही भाषा और उसी के साहित्य को प्रधानता देनी चाहिए, क्योंकि अपने देश और जाति का कल्याण अपनी भाषा के साहित्य की उन्नति से ही हो सकता है। ज्ञान, विज्ञान, धर्म और राजनीति की भाषा सदैव लोकभाषा ही होनी चाहिए। अतएव अपनी भाषा के साहित्य का विकास करना हमारा परम धर्म है।

प्रश्न

I. उपर्युक्त गद्यांश में शारीरिक और मानसिक स्वास्थ्य के लिए पौष्टिक भोजन और .... साहित्य की बात कही गई है।

(क) अच्छे (ख) नवीन

(ग) जातिप्रधान (घ) भाषाप्रधान

II. (i) साहित्य सम्मेलनों में सदैव दिखावे वाली बातें होती हैं।

(ii) प्राचीन और वर्तमान का सत्साहित्य ही भविष्य का निर्णायक है।

(iii) साहित्य के विकास का कार्य मात्र एक भाषा पर ही निर्भर होता है।

उपर्युक्त गद्यांश के आधार पर साहित्यकार के मूल विचारों वाला विकल्प चुनिए

(क) केवल (i) (ख) केवल (ii)

(ग) (i) और (iii) दोनों (घ) (ii) और (iii) दोनों

III. साहित्यकार द्वारा अन्य देशों का उल्लेख क्यों किया गया है?

(क) अपने समाज को ललकारने के लिए

(ख) पाठकों में ईर्ष्या की भावना उत्पन्न करने के लिए

(ग) अपनी शासन व्यवस्था को चुनौती देने के लिए

(घ) स्वदेशी साहित्य का महत्त्व स्थापित करने के लिए

IV. भविष्य में स्वयं को सजीव बनाए रखने के लिए साहित्य में क्या होना चाहिए?

V. श्रेष्ठ साहित्य का विकास कब संभव होगा? स्पष्ट कीजिए।

उत्तरमाला (अभ्यास प्रश्न)

गद्यांश 1

I. (ग) **ये जनमानस के सुख-दुःख, उल्लास और उम्मीद को स्वर देते हैं।** वर्तमान समय में हिंदी फिल्मों के गीतों और लोकगीतों ने आम जन के हृदय में आत्मीय जगह बना ली है। यह गीत लोगों के सुख-दुःख के क्षणों, उल्लास आदि में एक उम्मीद की किरण जगाते हैं। ये देश की विविधता को एक सूत्र में बाँधने में सहायक हैं।

II. (ख) **विविध क्षेत्रीय भाषाओं के मेल से** हिंदी भाषा की शब्द संपदा को समृद्ध करने का कार्य फिल्मी गीतों ने 'विविध क्षेत्रीय भाषाओं के मेल से' किया है। फिल्मी गीतों ने क्षेत्रीय भाषाओं के विकास में महत्त्वपूर्ण भूमिका निभाई है।

III. (घ) **1 और 2 सही हैं।** चूंकि हिंदी कवियों और उर्दू शायरों को एक ही बिरादरी का माना जाता है। ये गीतकार अपने गीत को लिखते समय विभिन्न भाषाओं व शब्दों के मेल द्वारा गीतों की रचना करते हैं।

IV. हिंदी फिल्मों के गाने जन-जन के गीत बन गए हैं तथा इन गीतों में राजनीति-अनुगूँजों के साथ देहाती, कस्बायी और शहरों की जीवन दर्शन को आत्मसात् किया जाता रहा है।

V. हिंदी फिल्मों के गीतों ने भारतीय जीवन-शैली को आम दर्शकों के साथ एकता के सूत्र में बाँधा है, क्योंकि ये गीत विभिन्न सामाजिक और सांस्कृतिक प्रतिबिम्बों को साझा करते हैं और विभिन्न वर्गों और समुदायों के बीच समरसता को बढ़ावा देते हैं।

गद्यांश 2

I. (घ) **लोक-गीतों के रचयिता सामाजिक-राजनीतिक चेतना या संगठनों से जुड़े होते हैं।** गद्यांश के अनुसार, उपर्युक्त विशेषता स्वतंत्रता के संदर्भ में लोकगीतों की विशेषता नहीं है।
स्वतंत्रता संघर्ष के संदर्भ में लोकगीत अतीत के अज्ञात और अनसुलझे रहस्य सुलझाते हैं तथा तत्कालीन मानवीय संघर्ष और वेदनाओं को जानने के बेहतर माध्यम हो सकते हैं।

II. (घ) **1 व 4 सही हैं** आल्हा के संदर्भ में विविध जनपदों की लोक संस्कृति और लोक चेतना के मेल से विशिष्ट रूप विकसित हुआ है एवं बुंदेलों में आल्हा गायन की कई वर्णन शैलियाँ विद्यमान हैं।

III. (ग) **कथन (A) सही है और कारण (R) कथन (A) की सही व्याख्या है।** चूँकि लोकगीत अतीत में मानव मात्र के संघर्ष और वेदनाओं को जानने के बेहतर माध्यम हो सकते हैं, इसलिए लोकगीतों के रचयिता किसी सामाजिक-राजनीतिक चेतना या संगठनों से नहीं जुड़े होते हैं।

IV. (क) लोकमन अपनी स्मृतियों में अतीत के इतिहास को सुरक्षित रखता है।
(ख) लोकमन अपनी स्मृतियों की अभिव्यक्ति कथाओं और गीतों के माध्यम से करता है।

V. लोक गायक सीधी-सरल प्रतिक्रियाओं एवं अभिव्यंजना को सभ्यता और शिष्टता के कृत्रिम आवरण से छाँके बिना उसकी सहज अभिव्यक्ति करता है, इसलिए उसमें आडंबर नहीं सत्यता का अंश दिखाई देता है।

गद्यांश 3

I. (घ) **दृढ़ इच्छाशक्ति के** दृढ़ इच्छाशक्ति के अभाव में नए साल के संकल्प अल्पायु रह जाते हैं। जब इच्छाशक्ति मजबूत होती है, तब कठिन-से-कठिन कार्य भी आसानी से हो जाते हैं।

II. (ख) **कथन (क) सही है, कथन (ख) गलत है।** हमें अपने लक्ष्य की प्राप्ति हेतु अनवरत प्रयासरत रहना चाहिए। जबकि उचित समय की प्रतीक्षा हेतु हमें स्वयं को सक्रिय रखना चाहिए निष्क्रिय नहीं।

III. (ख) **भाग्यवाद छोड़ें और कर्मवाद अपनाएँ** "भाग्यवाद छोड़ें और कर्मवाद अपनाएँ" गद्यांश का मुख्य संदेश है। मनुष्य को भाग्य की अपेक्षा कर्म करने में प्रयासरत रहना चाहिए।

IV. स्व-प्रेरणा वह आंतरिक ऊर्जा है, जो हमें अपने लक्ष्यों की दिशा में आगे बढ़ने के लिए प्रेरित करती है।

V. व्यक्ति की पात्रता उसे अपनी क्षमताओं को पहचानने और उन्हें विकसित करने के लिए प्रेरित करती है। इसके लिए निरंतर प्रयास और संवेदनशीलता की आवश्यकता होती है। गद्यांश के अनुसार, इच्छा के साथ जब 'निरंतर निर्देशित स्व-प्रेरित प्रयास' जुड़ जाता है, तब पात्रता बन जाती है।

गद्यांश 4

I. (क) **कथन (A) सही है और कारण (R) उसकी सही व्याख्या है।** कृत्रिम बुद्धिमत्ता के कारण दुनिया में बेरोजगारी बढ़ेगी, ऐसी आशंकाएँ हैं, क्योंकि चैट जी.पी.टी. एक कृत्रिम बुद्धिमत्ता (एआई) चैटबॉट है, जो हर सवाल का जवाब सेकंड्स में दे सकता है।

II. (क) **कथन 1 और 2 सही हैं।** पहले मशीनों को इंसानों के द्वारा चलाया जाता था, परंतु अब तकनीक ने इतना विकास कर लिया है कि अब इंसान घर बैठे ही कंप्यूटर के द्वारा मशीन को चला रहा है।

III. (घ) **चैट जी.पी.टी.।** कृत्रिम बुद्धिमत्ता के कारण प्रभावित होने वाले तत्त्व चैट जी.पी.टी. नहीं है, क्योंकि चैट जी.पी.टी. एक कृत्रिम बुद्धिमत्ता (एआई) चैटबॉट है जिसका पूरा नाम चैट जेनरेटिव प्री-ट्रेंड ट्रांसफार्मर है।

IV. (क) गद्यांश के अनुसार, कृत्रिम बुद्धिमत्ता में मानवता का अभाव होता है।
(ख) कृत्रिम बुद्धिमत्ता भविष्य में मानव की सोच को प्रतिबिंबित करेगी।

V. एलगोरिदम, जिसे ट्रांसफॉर्मर नेटवर्क कहा जाता है, मानव मस्तिष्क के काम करने के तरीके की नकल करने का प्रयास करता है और वैसे ही कार्य करता है। एलगोरिदम, चैटबॉट के डेटाबेस में अरबों पाठ, वार्तालाप और लेखों का विश्लेषण करता है।

गद्यांश 5

I. (ग) **स्वस्थ शरीर के लिए स्वस्थ मन आवश्यक है।** गद्यांश के अनुसार, यदि हमारे मन में स्वस्थ विचार उत्पन्न होंगे, तो हमारा मन भी स्वस्थ रहेगा तथा सकारात्मक ऊर्जा उत्पन्न करेगा। ऐसा करने से हम शारीरिक व मानसिक दोनों रूप से स्वस्थ रहेंगे।

II. (ग) **अचेतन मन द्वारा**-गद्यांश के अनुसार, हमारा अचेतन मन जो कुल मन का 90% हिस्सा होता है, वह हमारे विचारों को साकार रूप देने का कार्य करता है।

III. (ख) **लोग चिकित्सा में पैसा खर्च करते हैं, स्वास्थ्य सुधार के तरीकों में नहीं**-गद्यांश के अनुसार, लोग बीमारी में आस- पास की दुकानों से दवाएँ लेकर पैसा खर्च करते हैं, लेकिन वे अपने स्वास्थ्य में सुधार करने के लिए स्वास्थ्य क्लब में जाकर स्वस्थ रहने की कला सीखने में पैसा खर्च नहीं करते हैं।

IV. उन्नीसवीं सदी के प्रसिद्ध फ्रांसीसी मनोचिकित्सक एमिल थे। उन्होंने आत्म-सम्मोहन के आधार पर स्वास्थ्य लाभ की एक नई विधि की खोज की थी।

V. गद्यांश के अनुसार, लोगों के जीवन में एकाकीपन अर्थात् अकेलापन बढ़ने का कारण उनका अपने प्रति निराशावादी रवैया विकसित करना है। लोग दु:ख में जीकर बीमारी को आश्रय देते हैं, जिससे वे अपने प्रति निराशावादी हो जाते हैं और उनमें एकाकीपन की भावना बढ़ जाती है।

गद्यांश 6

I. (ग) **इसरो को** आदित्य L1' की सफलता का श्रेय इसरो को जाता है। इसरो के वैज्ञानिकों के कठोर परिश्रम के द्वारा यह संभव हुआ है।

II. (क) **कथन (A) सही है और कारण (R) उसकी सही व्याख्या है।** संसार में वैज्ञानिक नित्य-नई खोज और आविष्कार कर रहे हैं। वैज्ञानिक अपने देशहित और जनकल्याण के बारे में सोचकर ही खोज और आविष्कार करते हैं तथा नई उपलब्धियों को प्राप्त करके देश का गौरव बढ़ाते हैं।

III. (क) **1.5 मिलियन** गद्यांश के अनुसार, आदित्य L1 पृथ्वी से 1.5 मिलियन किमी दूर सन-अर्थ लैग्रेंजियन पॉइंट 1 (L1) पर स्थित है।

IV. (क) परिश्रम ही सफलता की कुंजी है।

(ख) 'आदित्य L1' को सफलता इसरो के वैज्ञानिकों के कठोर परिश्रम के द्वारा प्राप्त हुई है।

V. 'आदित्य L1' अंतरिक्ष में अपने लक्ष्य पर पहुँचकर सूर्य का अध्ययन कर रहा है। यह सूर्य के वायुमंडलीय और चुंबकीय क्षेत्र का अध्ययन करेगा। यह पृथ्वी के निकटतम तारे की निगरानी करेगा और सूर्य के वायुमंडल के तापमान, घनत्व और रसायन विज्ञान आदि को समझने में मदद करेगा।

गद्यांश 7

I. (घ) **सीमित चैनलों पर निश्चित समय पर आने वाले कार्यक्रम** गद्यांश के अनुसार, परंपरागत टेलीविजन अपना वजूद इसलिए खो रहा है, क्योंकि उसमें कुछ चैनल ही होते हैं और एक निश्चित समय पर ही कार्यक्रम आने के कारण हमें उसी समय उसके सामने बैठना होता है।

II. (ख) **वर्तमान की उपलब्धि** हमारे भविष्य की कल्पना का आधार वर्तमान की उपलब्धियों पर निर्भर करता है। वर्तमान में जो हमारे आस-पास उपलब्ध होता है। उसी के आधार पर हम आगे की सुध लेते हैं।

III. (घ) **कथन तथा कारण दोनों सही हैं तथा कारण, कथन की सही व्याख्या करता है।** गद्यांश के अनुसार, कोई भी तकनीक जब सभी तक पहुँच जाती है, तो वह अपना मूल्य खोने लगती है, क्योंकि लोग तब उससे भी बेहतर तकनीक की उम्मीद करने लगते हैं।

IV. टी.वी पर कार्यक्रम देखने के लिए उस समय उसके सामने बैठना होता है।

V. तकनीक जब सबके पास पहुँच जाती है, तो उसका अस्तित्व समाप्त हो जाता है अर्थात् तकनीक का महत्त्व तब कम हो जाता है जब इसका उपयोग सभी के द्वारा किया जाता है, क्योंकि तब यह केवल एक उपकरण बनकर रह जाता है और नवीनतम तकनीकी विकास के साथ इसकी विशेषताएँ नकारात्मक रूप से प्रभावित होती हैं।

गद्यांश 8

I. (क) **केवल 1 सही है** घर वही कहलाता है, जिसमें घर के सभी सदस्यों में प्रेम, एक-दूसरे पर विश्वास, रिश्तों में मधुरता व संवेदनाएँ होती हैं। साथ ही एक-दूसरे का सम्मान व सभी सदस्यों की भावनाओं को महत्त्व दिया जाता है।

II. (घ) **बनावट व सजावट से** सामान्य रूप में मकान, भवन, फ्लैट, कमरा, कोठी, बंगला आदि बाहरी बनावट व सजावट तथा प्रतिष्ठा के प्रतीक तो हो सकते हैं, परंतु घर का स्थान नहीं ले सकते।

III. (ग) **कथन (A) सही है और कारण (R) कथन (A) की सही व्याख्या करता है।** आज आदमी के मन में प्रेम और संवेदनाओं की जगह मशीनियत बढ़ती जा रही है। मनुष्य के जीवन की व्यस्तता और अर्थोपार्जन की दिन-प्रतिदिन बढ़ती हुई महत्त्वाकांक्षा ने उसे यहाँ तक पहुँचा दिया है। इस कारण मनुष्य एक मशीन के समान भावी संवेदनाओं से रहित हो गया है।

IV. (क) आज का मनुष्य संवेदनाओं से दूर होता जा रहा है।

(ख) आज मनुष्य के मन की कोमलता कठोरता में बदलती जा रही है।

V. गद्यांश के अनुसार, 'मकान' और 'घर' में भावनात्मक दृष्टि से अंतर है। मकान या भवन का सामान्य संबंध दीवारों, छतों और बाहरी व आंतरिक साज-सज्जा तक सीमित है, जबकि घर प्यार-भरोसे और रिश्तों की मिठास से बनता है। एक आदर्श घर वही है, जिसमें प्रेम, भरोसा, आपसी तालमेल, रिश्तों में मधुरता, स्नेह सम्मान और संवेदनाओं की सज्जा हो।

गद्यांश 9

I. (क) **यह तकनीक संपूर्ण मानव जाति के लिए हानिकारक सिद्ध हो सकती है** नैनो-तकनीक के विरोधी द्वारा इसे मिस्र के पिरामिडों में सोई ममियों से भी ज्यादा अभिशप्त इसलिए माना गया, क्योंकि यह तकनीक संपूर्ण मानव जाति के लिए हानिकारक सिद्ध हो सकती है।

II. (ग) **कथन (2) सही है** गद्यांश के अनुसार परमाणु और अणुओं को मूलभूत इकाई मानकर इच्छानुसार उत्पाद तैयार करना ही नैनो-तकनीक है।

III. (क) **1 सही है** गद्यांश के अनुसार नैनो-तकनीक के महत्त्व के संदर्भ में यह कथन सही है कि यह ऐसी तकनीक है, जो मनुष्य की सोच की सीमा बढ़ा देगी। अन्य तीनों विकल्प नैनो-तकनीक के महत्त्व के संबंध में गलत हैं।

IV. परमाणु और अणुओं को इकाई मानकर मनचाहा उत्पाद तैयार करना 'नैनो-तकनीक' है। इसे पिरामिडों में सोई मतियों से भी ज्यादा अभिशप्त समझा गया है।

V. 'नैनो-तकनीक' के समर्थक दावा करते हैं कि जब यह अपने पूरे प्रभाव से आएगी, तो धरती का नामो-निशान मिट जाएगा और नैनो रोबोट की स्वनिर्मित फौज पूरी तरह क्षत-विक्षत शव को पलक झपकते ही चुस्त-दुरुस्त इंसान में बदल देगी।

गद्यांश 10

I. (ख) **दोनों ध्रुवों पर** विश्व में सर्वाधिक पीने योग्य जल का भंडार उत्तरी व दक्षिणी दोनों ध्रुवों पर उपलब्ध है। इस क्षेत्र में करीब 55 हजार हिमनद हैं, जिनमें पेयजल का जितना भंडार है उतना उत्तरी और दक्षिणी ध्रुवों के अतिरिक्त पृथ्वी पर एक साथ पेयजल कहीं नहीं है।

II. (क) **तापमान में वृद्धि के कारण** जीवनदायिनी नदियों पर खतरे के बादल तापमान में वृद्धि के कारण मंडरा रहे हैं। संयुक्त राष्ट्र विकास कार्यक्रम अर्थात् यूएनडीपी के अनुसार शेष दुनिया के मुकाबले हिमालयी क्षेत्र में तापमान लगभग दोगुनी रफ्तार से बढ़ रहा है, किसके कारण से पर्वतों पर जमी बर्फ पिघल रही है और बर्फबारी हो रही है।

III. (घ) **नदियों का प्रवाह बना रहे** गंगा नदी पर नए पनबिजली संयंत्रों के निर्माण पर प्रतिबंध नदियों का प्रवाह बनाए रखने के लिए लगाना पड़ा है।

IV. (क) एशिया के उच्च पर्वतीय क्षेत्र को सेंट्रल एशियन माउंटेन रीजन कहा जाता है।

(ख) एशिया के उच्च पर्वतीय क्षेत्र में हिमालयन, कराकोरम और हिंदु कुश पर्वत श्रृंखलाएँ आती हैं।

V. गंगा नदी पर नए पनबिजली संयन्त्र के निर्माण पर रोक इसलिए लगाई गई, जिससे निचले इलाकों में नदियों के पानी के बहाव को बनाए रखा जा सके और नदियाँ सूखने न पाएँ। गंगा नदी भारतीय सभ्यता और परंपराओं का एक महत्वपूर्ण हिस्सा है और इसे धार्मिक रूप से भी महत्त्वपूर्ण माना जाता है। इस निर्णय द्वारा नदी का प्राकृतिक संरक्षण होगा।

गद्यांश 11

I. (घ) **हम संवेदना शून्य हो चुके हैं** घरों में, ढाबों में, होटलों में, कल-कारखानों में अनेक बाल- श्रमिकों को काम करता देखकर भी हम उदासीन बने रहते हैं, क्योंकि हम संवेदना शून्य हो चुके हैं। उनके प्रति हम कोई संवेदना व्यक्त नहीं करते हैं, हमें उनके प्रति सार्थक पहल करनी चाहिए।

II. (क) **बाल-श्रम के कारण बच्चों का बचपन छिन जाता है** गद्यांश के अनुसार, बाल-श्रम को रोकने के लिए सार्थक प्रयास किए जाने चाहिए, क्योंकि बाल-श्रम के कारण बच्चों का बचपन छिन जाता है। उनका मानसिक व शारीरिक विकास भी नहीं हो पाता है। अत: इसे रोकना अत्यंत आवश्यक है।

III. (ख) 2 **सही है** बाल-श्रम जैसे सामाजिक अभिशाप से देश को यह नुकसान होता है कि बाल-श्रम से देश का आने वाला कल अंधकार की ओर जाने लगता है। बाल-श्रम समाज के लिए शाप बन जाता है, जो देश की वृद्धि और विकास में बाधक है।

IV. (क) गद्यांश के अनुसार, बालश्रम सामाजिक बुराई है।

(ख) बालश्रम के बारे मे लोगों की राय है कि बाल-श्रम को समाप्त करने का दायित्व सिर्फ सरकार का है।

V. बालश्रम वह काम है, जो बच्चों को उनके बचपन, उनकी क्षमता और उनकी गरिमा से वंचित करता है और जो शारीरिक और मानसिक विकास के लिए हानिकारक है। बालश्रम एक सामाजिक और मानवाधिकारिक समस्या है, जो बच्चों के अधिकारों का उल्लंघन करती हैं। बालश्रम के प्रमुख कारकों में गरीबी, अशिक्षा, सामाजिक असमानता और आनुवंशिक प्रकृति की समस्याएँ शामिल हो सकती हैं। इसे रोकने के लिए सरकार, सामाजिक संगठन और अन्य संगठन निरंतर प्रयास कर रहे हैं।

गद्यांश 12

I. (ग) **क्योंकि वे अपने काम से अधिक एकनिष्ठता के साथ समर्पित हो सकें** दूसरे वर्ग के लोग धन इसलिए कमाना चाहते हैं, क्योंकि वे अपने काम से अधिक एकनिष्ठता के साथ समर्पित हो सकें। ये लोग काम को पूजा मानते हैं तथा उसे महत्त्व देते हैं।

II. (घ) **वे काम से छुटकारा पाना चाहते हैं** दूसरे वर्ग के लोगों के विषय में यह कथन सही नहीं है कि वे काम से छुटकारा पाना चाहते हैं, क्योंकि वे लोग काम से छुटकारा नहीं पाना चाहते, बल्कि काम को आनंद के साथ करते हैं।

III. (ग) **कथन (A) सही है और कारण (R) कथन (A) की सही व्याख्या है।** काम करना कुछ लोगों के लिए घृणित है, क्योंकि वे काम की तुलना में धन को प्राथमिकता देते हैं। वे कार्य को पूर्णनिष्ठा से नहीं करते हैं।

IV. पहले वर्ग के लोग काम को घृणित आवश्यकता के रूप में देखते हैं तथा ये लोग काम से ज्यादा धन को अधिक महत्त्व देते हैं।

V. कार्य के प्रति समर्पित लोगों के वर्ग में कलाकार, विद्वान, वैज्ञानिक, परंपरागत कारीगर, कुशल मिस्त्री और इंजीनियर लोग आते हैं, क्योंकि इन वर्गों के लोग वस्तुओं को बनाने और सीखने में रुचि लेते हैं। ये धन से अधिक अपने काम को महत्त्व देते हैं।

गद्यांश 13

I. (ख) **1 और 2 सही हैं** गद्यांश के अनुसार, मानव-केंद्रित विचारधारा में निहित हैं—पृथ्वी पर वैज्ञानिक तकनीक द्वारा प्रौद्योगिकी का निरंतर विकास करना तथा पर्यावरण के अपघटन को रोकना, जिससे पर्यावरण स्वस्थ व स्वच्छ रहे।

II. (ग) **वे विषय, सिद्धांत और दिशा-निर्देश, जो मनुष्य और पर्यावरण के बीच की क्रियाओं और प्रतिक्रियाओं को दर्शाते हैं** प्रस्तुत गद्यांश में पर्यावरण नैतिकता से अभिप्राय है वे विषय, सिद्धांत और दिशा-निर्देश, जो मनुष्य और पर्यावरण के बीच की क्रियाओं और प्रतिक्रियाओं को दर्शाते हैं।

III. (ख) **पृथ्वी और प्रकृति केंद्रित** प्रस्तुत गद्यांश में बताया गया है कि पृथ्वी और प्रकृति केंद्रित विचारधारा के अनुसार, पृथ्वी हमारी जननी है, हमें इसका आदर करना चाहिए।

IV. मानव केंदित विचारधारा के अनुसार, प्रकृति का स्वामी मनुष्य है, क्योंकि वह जैसे चाहे वैसे प्रकृति का प्रयोग कर सकता है।

V. गद्यांश के अनुसार, आज प्रौद्योगिकी की सहायता से बड़े पैमाने पर औद्योगिक उत्पादन के लिए प्रकृति के शोषण ने सम्पूर्ण विश्व तथा प्रकृति पर पर्यावरणीय संकट पैदा कर दिया है, जो भविष्य में सभी प्राणियों के लिए घातक सिद्ध हो सकता है।

गद्यांश 14

I. (ख) **व्यक्तित्व को निखारकर जीवन को आमोद-प्रमोद से परिपूर्ण करता है** गद्यांश के अनुसार, भारत के प्राचीन विद्वानों ने अच्छा नागरिक बनने के लिए कुछ नियम बनाए हैं। यदि कोई व्यक्ति इन नियमों को अपनाता है, तो उसके व्यक्तित्व में एक निखार आ जाता है और उसका जीवन सुखपूर्वक व्यतीत होता है।

II. (घ) **समाज में हार्दिक सद्भाव की वृद्धि और सुख की प्रतिष्ठा होती है** गद्यांश के अनुसार, वाणी तथा व्यवहार की मधुरता सभी के लिए सुखदायक होती है, क्योंकि इससे समाज में अच्छी भावना का विकास होता है और सुख की स्थापना होती है अर्थात् सभी खुशी से रहते हैं।

III. (घ) **कथन (A) और कारण (R) दोनों सहीं हैं तथा कारण (R) कथन (A) की सही व्याख्या करता है।** गद्यांश के अनुसार, वाणी में स्निग्धता एवं व्यवहार में शिष्टता रखने वाले व्यक्ति से प्रत्येक व्यक्ति मेल-जोल बढ़ाना चाहता है। इससे वाद-विवाद बढ़ने की संभावना नहीं रहती है, जिससे समाज में शांति और सौहार्दपूर्ण वातावरण बना रहता है।

IV. अहंकारी और दंभी व्यक्ति सदा अशिष्ट वाणी और व्यवहार का अभ्यासी होता है। इसका परिणाम समाज में अशांति और शत्रुता का वातावरण उत्पन्न हो जाता है।

V. संतुलित व्यक्तित्व वाला व्यक्ति वह होता है, जिसके अंदर सामाजिकता होती है और उसके मन में आंतरितक व बाहरी संघर्ष नहीं होता अर्थात् उसके मन में सभी के प्रति सहिष्णुता का भाव होता है। सहिष्णुता समाज में एकता, समानता और शांति को बनाए रखने में मदद करती है।

गद्यांश 15

I. (घ) **उपर्युक्त सभी** मानव के लिए जल विभिन्न रूपों में महत्त्वपूर्ण है; जैसे—पीने के पानी एवं सिंचाई हेतु, जन्म से लेकर मृत्यु तक के अनेक क्रिया-कलाप हेतु, पेड़-पौधों एवं जलवायु के संतुलन हेतु आदि।

II. (घ) **उपर्युक्त सभी** जल मानव की मूल आवश्यकता माना जाता है, इसके अभाव में मनुष्य के जीवन की कल्पना नहीं की जा सकती है। मनुष्य के जीवन में जन्म से मरण तक सभी कर्मकांडों, यज्ञों आदि में जल अत्यंत महत्त्वपूर्ण है।

III. (ग) **कथन (A) सही है और कारण (R) कथन (A) की सही व्याख्या है** गद्यांश के अनुसार, पेड़-पौधे जितना जल लेते हैं, वे वातावरण में उसे रिसने की क्रिया द्वारा छोड़ते हैं, जिससे जलवायु में भी सुधार होता है।

IV. गद्यांश के अनुसार, जल को सृष्टि का जन्मदाता माना गया है, क्योंकि जल मानव की मूलभूत आवश्यकता है। मनुष्य का जीवन जल के बिना संभव नहीं है।

V. गद्यांश के अनुसार, पेड़-पौधों का बहुत महत्त्व है। इनसे जलवायु संतुलित रहती है। ये वर्षा कराने में सहायक होते हैं, जिससे भूमिगत जल स्तर बढ़ता है। अर्थात् पेड़-पौधे जल, हवा और धरती के तीनों तत्त्वों के संतुलन को बनाए रखने में महत्त्वपूर्ण भूमिका निभाते हैं। पेड़-पौधे ऑक्सीजन प्रदान करते हैं व कार्बन-डाईऑक्साइड को शोषित करते हैं, और वायुमंडलीय वातावरण को प्रदूषण रहित करने में मदद करते हैं।

गद्यांश 16

I. (ग) **कथन (A) सही है, किंतु कारण (R) उसकी गलत व्याख्या करता है।** गद्यांश के अनुसार जब कोई आदमी बोलता है, तो साथ में उसके संस्कार भी बोलते हैं। दूसरी ओर एक भाषा शिक्षक की जिम्मेदारी बहुत चुनौतीपूर्ण होती है, क्योंकि उसे भाषा कौशल के ज्ञान के अतिरिक्त सोचने और महसूस करने की क्षमता का भी विकास करना होता है,जिससे बालक एक आदर्श नागरिक बने।

II. (क) **यथार्थ की समझ।** गद्यांश के अनुसार, भाषा का अर्थ केवल आदान-प्रदान करना नहीं होता है। भाषा का अर्थ है—विचारों के साथ संवेदनाओं को भी महसूस करना। किसी भाषा को बिना महसूस किए बोलना संप्रेषण मात्र ही है। व्यक्ति अपने सुख-दुःख भाषा के माध्यम से ही व्यक्त करता है।

III. (घ) **भाषायी कौशलों के साथ मनुष्य सोचता और महसूस भी करता है।** गद्यांश के अनुसार, भाषा का अर्थ है विचारों के साथ संवेदनाओं का अनुभव करना। किसी भाषा को बिना महसूस किए बोलना मात्र संचार है।

IV. गद्यांश के अनुसार, अपने मनोभाव को व्यक्त करने का साधन भाषा है और भाषा संस्कार से बनती है।

V. गद्यांश के अनुसार, साहित्यकार जन सामान्य की अस्मिता का परिचायक होता है। साहित्यकार ऐसी भाषा को आधार बनाते हैं, जो उनके पाठकों और श्रोताओं की संवेदनाओं के साथ जुड़ने में सक्षम हो।

गद्यांश 17

I. (क) **समाज की वास्तविकता का द्योतक है।** गद्यांश के अनुसार साहित्य समाज का प्रतिबिंब है, क्योंकि यह समाज के विभिन्न रूपों का चित्रण कर समाज का यथार्थवादी चित्र प्रस्तुत करता है और अपनी प्रखर बुद्धि एवं स्वस्थ कल्पना द्वारा समाज के विभिन्न पहलुओं का विश्लेषण भी करता है।

II. (क) **सामाजिक अवज्ञा।** गद्यांश के अनुसार साहित्यकार समाज से घनिष्ठ संबंध रखते हुए साहित्य का सृजन करता है। समाज की उपेक्षा करने वाला साहित्य क्षणभंगुर होता है।

III. (ग) **कथन (A) सही है, किंतु कारण (R) उसकी गलत व्याख्या करता है।** गद्यांश के अनुसार कवि अपने काव्य के उपकरणों का प्रतिपादन अपने आदर्शों के अनुरूप करता है। कवि समाज की व्यवस्था, वातावरण, धर्म-कर्म, रीति-नीति तथा सामाजिक शिष्टाचार या लोक व्यवहार से ही अपने काव्य के उपकरण चुनता है। कवि हृदय में देशहित की भावना मुख्य होती है।

IV. (क) प्रस्तुत गद्यांश में समाज एवं साहित्य के बीच पारस्परिक संबंध बताया गया है।

(ख) समाज का पूर्ण रूप साहित्य में प्रतिबिंबत होता रहता है।

V. गद्यांश के अनुसार, साहित्य की क्षणभंगुरता का कारण सामाजिक अवज्ञा होगी। साहित्यकार समाज से घनिष्ठ संबंध रखते हुए साहित्य का सृजन करता है। समाज की उपेक्षा करने वाला साहित्य क्षणभंगुर होता है। जब समाज में साहित्य के महत्त्व और गरिमा को नकार दिया जाता है और साहित्य लिखने और पढ़ने के महत्व को नजर अंदाज कर दिया जाता है, तो ऐसी स्थिति में साहित्य क्षणभंगुर होता है।

गद्यांश 18

I. (ख) **कथन (i) और (ii) सही हैं।** गद्यांश के अनुसार असफलता से हम सीख लेते हैं अर्थात् यदि हम अपनी असफलता से उबर जाए, तो हमें निराशा ही मिलेगी, परंतु यदि हम सोच-समझकर असफलता के कारण का पता लगाएँ और की गई गलतियों को दोबारा न करें, तो एक दिन सफलता अवश्य मिलेगी।

II. (ग) **भोजन, कपड़ा, मकान।** गद्यांश के अनुसार 'बुनियादी सुविधाओं' में बुनियाद शब्द का अर्थ आधार है। अत: बुनियादी सुविधाओं से तात्पर्य उन सुविधाओं या साधनों से है, जो मनुष्य-जीवन का आधार हैं।

III. (ग) **कथन (A) सही है और कारण (R) कथन (A) की सही व्याख्या है।** आत्मनिर्भर बनने के लिए अंतरिक्ष के क्षेत्र में कदम बढ़ाना आवश्यक है। भारत को 2047 तक विकसित राष्ट्र बनाना है। गद्यांश के अनुसार भारत सरकार का संकल्प है कि 2047 तक भारत को विकसित देश बनाना है। जिसके लिए विज्ञान एवं तकनीकी क्षेत्र ही एकमात्र ऐसा माध्यम है, जिससे भारत आत्मनिर्भर और विकसित बन सकता है।

IV. प्रस्तुत गद्यांश के अनुसार चन्द्रयान-3 की सफलता में सबसे महत्त्वपूर्ण भूमिका वैज्ञानिकों की है।

V. गद्यांश के अनुसार, भारत सरकार का संकल्प है कि 2047 तक भारत को विकसित देश बनाना है, जिसके लिए विज्ञान एवं तकनीकी क्षेत्र ही एकमात्र ऐसा माध्यम है, जिससे भारत आत्मनिर्भर और विकसित बन सकता है। यह संकल्प भारत सरकार के विकास के लिए महत्त्वपूर्ण है।

गद्यांश 19

I. (घ) **व्यक्ति के संपूर्ण विकास के लिए।** गद्यांश के अनुसार राष्ट्रीय पाठ्यक्रम फ्रेमवर्क 2023 का उद्देश्य केवल विद्यार्थी के ज्ञान में बढ़ोतरी करना ही नहीं, अपितु बालक में सीखने के कौशलों पर बल देना है। जिससे बालक अपनी सोच, रचनात्मकता और समस्या-समाधान कौशल का विकास करके, उसे जीवन में ढालकर एक अच्छा नागरिक बन सके।

II. (ख) **विद्यार्थी रुचिपूर्ण तरीके से सीख सकेंगे।** गद्यांश के अनुसार, अपनी रुचि के अनुसार विषय का चयन करने से छात्र रुचिपूर्वक विषय को पढ़ेंगे और रुचिपूर्वक पढ़ा गया विषय मस्तिष्क में स्थायी हो जाता है।

III. (ग) **कथन (A) सही है और कारण (R) कथन (A) की सही व्याख्या है।** गद्यांश के अनुसार, सभी को भारतीय भाषाएँ सीखनी चाहिए। इससे विभिन्न संस्कृतियों का ज्ञान हो सकेगा, अर्थात् अन्य भारतीय भाषाएँ सीखने से भारतीय संस्कृति के बारे में गहनता से जान पाएँगे।

IV. राष्ट्रीय पाठ्यक्रम फ्रेमवर्क 2023 बाल-केंद्रित शिक्षा के दृष्टिकोण पर बल देता है।

V. गद्यांश के अनुसार, 'लोकतांत्रिक मूल्यों' से अभिप्राय लोकतंत्र के महत्त्व को बताना है। यहाँ लोकतांत्रिक मूल्य' का अर्थ है—राज्य और नागरिकों की कार्रवाई के वे सिद्धांत जो सरकार की एक राजनीतिक प्रणाली के रूप में समाज और लोकतंत्र को बनाए रखते हैं।

गद्यांश 20

I. (क) **अच्छे।** गद्यांश के अनुसार, शारीरिक और मानसिक स्वास्थ्य के लिए पौष्टिक भोजन और अच्छे साहित्य की बात कही गई है, क्योंकि बुरे साहित्य से मस्तिष्क पर बुरा प्रभाव पड़ता है।

II. (घ) **(ii) और (iii) दोनों।** गद्यांश के अनुसार, प्राचीन और वर्तमान सत्साहित्य से ही भविष्य की दशा में सुधार होगा। सत्साहित्य से समाज में बदलाव संभव है तथा साहित्य की उन्नति या अवनति साहित्य की भाषा पर ही निर्भर करती है। यदि साहित्य की भाषा अच्छी होगी तो वह उन्नति की ओर लेकर जाएगी और यदि भाषा बुरी होगी तो वह अवनति की ओर ले जाएगी तथा साहित्य सम्मेलनों में साहित्य तथा साहित्यकारों को प्रोत्साहित किया जाता है।

III. (घ) **स्वदेशी साहित्य का महत्त्व स्थापित करने के लिए।** गद्यांश में साहित्यकार का उद्देश्य यह बताना है कि जैसे दूसरे देश साहित्य में अपनी भाषा को सम्मान और प्राथमिकता देते हैं, वैसे ही हमें भी अपनी भाषा और उसके साहित्य को प्राथमिकता देनी चाहिए, क्योंकि अपनी भाषा के साहित्य की उन्नति से ही हमारा, हमारे देश का, हमारी जाति का हित और कल्याण हो सकता है।

IV. भविष्य में स्वयं को सजीव बनाए रखने के लिए साहित्य में नवीनता होनी चाहिए।

V. गद्यांश के अनुसार, जब लोगों के द्वारा प्रत्येक क्षेत्र में अपनी स्वदेशीय भाषा में साहित्य का निर्माण होता रहेगा, तभी श्रेष्ठ साहित्य का विकास संभव हो सकेगा। जब लोग अपनी मूल भाषा में साहित्य रचते हैं, तो उनके विचार और भावनाएँ साहित्य में सटीक रूप से प्रतिबिंबित होते हैं। इससे भाषा समृद्ध होती है और उसे समृद्ध साहित्य की भूमिका मिलती है।

स्व-मूल्यांकन

गद्यांश 1

नेहरू के संबंध में लोगों के मानस-पटल पर जो चित्र अंकित हैं, उनमें नेहरू ऐसे व्यक्ति के रूप में विद्यमान हैं जो वैभव में पले, जिन्हें सदा मोटर और हवाई-जहाज़ की सुविधाएँ प्राप्त रहीं, जिनको नेतृत्व पैदायशी हक के रूप में मिल गया, जिन्होंने कभी धन का अभाव जाना ही नहीं। नेहरू के ये चित्र ध्यान में आते ही नहीं कि पिता की मोटर और बग्घी है, किंतु नेहरू धूप में गाँव-गाँव पैदल घूम रहे हैं; थकान के बाद चाय पीने को मन करता है तो जेब में इतने पैसे नहीं कि पाँच-सात साथी चाय पी सकें। विदेशों में प्रचार के लिए डाक-व्यय मुश्किल से ही जुट पाता है। घर में कर्ज़ बढ़ गया है–चुकाने के लिए माता और पत्नी के ज़ेवर, चाँदी के बरतन और कीमती क्रॉकरी कलकत्ते के बाज़ार में चुपके-चुपके ले जाई गई हैं। माता-पिता की मृत्यु हो गई है और क्षय से पीड़ित पत्नी विदेश में पड़ी है। देश में दमन-चक्र चल रहा था, स्वयं जेल में बंद चिंता से छटपटा रहे थे। किंतु कर्मयोगी नेहरू ने जेल की नौ वर्ष की इस यातना-भरी अवधि में ही विश्व-साहित्य की अमर कृतियाँ रचीं।

मानसिक वेदनाओं का लंबा इतिहास! आज़ादी मिली, तो देश के टुकड़े हो गए; आदमी जानवर बन गया, लाखों इंसानों के लंबे काफ़िले कुटुंबियों की बेकफ़न लाशों को छोड़कर राजधानी आ गए। अहिंसा, सत्य, प्रेम, त्याग–सारा दर्शन और आदर्श ध्वस्त हो गए और गाँधी की हत्या कर दी गई है। भारत गणतंत्र की डगर पर डगमग कदमों से चलना सीख ही रहा था कि चीन ने भारत के गले में मित्रता की एक बाँह डाले-डाले, दूसरे हाथ से कमर में छुरा भोंक दिया। इन परिस्थितियों में भी उस कर्मयोगी ने साहस का परित्याग नहीं किया।

प्रश्न

I. नेहरू के विषय में देशवासियों की धारणा थी कि वे
(क) देश का प्रधानमंत्री बनने का स्वप्न देखते थे
(ख) जन्मजात वैभवशाली एवं सुविधासंपन्न व्यक्ति थे
(ग) प्रधानमंत्री बनकर तानाशाही करना चाहते थे
(घ) पुस्तकें लिखकर आमदनी बढ़ाना चाहते थे

II. **कथन** (A) भारत गणतंत्र की डगर पर डगमग कदमों से चलना सीख रहा था।
कारण (R) चीन ने भारत के गले में मित्रता की एक बाँह डाले-डाले, दूसरे हाथ से कमर में छुरा भोंक दिया।
(क) कथन (A) गलत है, किंतु कारण (R) सही है।
(ख) कथन (A) और कारण (R) दोनों ही गलत हैं।
(ग) कथन (A) सही है और कारण (R) कथन (A) की सही व्याख्या है।
(घ) कथन (A) सही है, किंतु कारण (R) कथन (A) की सही व्याख्या नहीं है।

III. विभिन्न समस्याओं से जूझते हुए भी उनका योगदान किस क्षेत्र में था?
(क) नवयुवकों में देश-प्रेम के भाव जगाना
(ख) अशिक्षित समाज में शिक्षा का प्रचार-प्रसार
(ग) अहिंसा के आधार पर आज़ादी के लिए प्रयास
(घ) नौ वर्ष तक जेल में रहकर अमर कृतियों की रचना

IV. देश में क्या चल रहा था और कौन बन्द जेल में चिंता से छटपटा रहा था?

V. आपके अनुसार, प्रस्तुत गद्यांश का उपर्युक्त शीर्षक क्या हो सकता है और क्यों?

गद्यांश 2

शिक्षा ही मानव को मानव के प्रति मानवीय भावनाओं से पोषित करती है। शिक्षा से मनुष्य अपने परिवेश के प्रति जाग्रत होकर कर्त्तव्याभिमुख हो जाता है। 'स्व' से 'पर' की ओर अग्रसर होने लगता है। निर्बल की सहायता करना, दुःखियों के दुःख दूर करने का प्रयास करना, दूसरों के दुःख से दुःखी हो जाना और दूसरों के सुख से स्वयं सुख का अनुभव करना जैसी बातें एक शिक्षित मानव में सरलता से देखने को मिल जाती हैं।

इतिहास, साहित्य, राजनीतिशास्त्र, समाजशास्त्र, दर्शनशास्त्र इत्यादि पढ़कर विद्यार्थी विद्वान् ही नहीं बनता, वरन् उसमें एक विशिष्ट जीवन-दृष्टि,

रचनात्मकता और परिपक्वता का सृजन भी होता है। शिक्षित सामाजिक परिवेश में व्यक्ति अशिक्षित सामाजिक परिवेश की तुलना में सदैव ही उच्च स्तर पर जीवनयापन करता है। आज आधुनिक युग में शिक्षा का अर्थ बदल रहा है। शिक्षा भौतिक आकांक्षा की पूर्ति का साधन बनती जा रही है। व्यावसायिक शिक्षा के अंधानुकरण में छात्र सैद्धांतिक शिक्षा से दूर होते जा रहे हैं, जिसके कारण रूस की क्रांति, फ्रांस की क्रांति, अमेरिका की क्रांति, समाजवाद, पूँजीवाद, राजनीतिक व्यवस्था, सांस्कृतिक मूल्यों आदि की सामान्य जानकारी भी व्यावसायिक शिक्षा ग्रहण करने वाले छात्रों को नहीं है। यह शिक्षा का विशुद्ध रोज़गारोन्मुखी रूप है। शिक्षा के प्रति इस प्रकार का संकुचित दृष्टिकोण अपनाकर विवेकशील नागरिकों का निर्माण नहीं किया जा सकता।

प्रश्न

I. निम्नलिखित में से प्रस्तुत गद्यांश का सर्वाधिक उपयुक्त शीर्षक क्या होगा?
   (क) शिक्षा का दुरुपयोग
   (ख) शिक्षा का महत्त्व
   (ग) शिक्षित व्यक्ति और शिक्षा
   (घ) आधुनिक शिक्षा व्यवस्था

II. विद्यार्थी में नवीन जीवन-दृष्टि का निर्माण ……
   रिक्त स्थान के लिए उचित विकल्प चुनकर वाक्य पूरा कीजिए
   (क) विभिन्न प्रकार की यात्राओं से होता है।
   (ख) विभिन्न प्रकार की पुस्तकों के अध्ययन से होता है।
   (ग) दूसरों की सहायता करने से होता है।
   (घ) अपने परिवेश के प्रति जागरूक होने से होता है।

IV. मानवीय भावनाओं को कौन पोषित करता है? इससे मनुष्य पर क्या प्रभाव पड़ता है?

III. व्यावसायिक शिक्षा का दुष्परिणाम किस रूप में सामने आता है?
   (क) व्यावसायिक शिक्षा ग्रहण करने वाले छात्रों को सामान्य विषयों की जानकारी न होना
   (ख) व्यावसायिक शिक्षा ग्रहण कर आत्मनिर्भर न बनना
   (ग) व्यावसायिक शिक्षा द्वारा रोजगारोन्मुखी न बनना
   (घ) उपर्युक्त में से कोई नहीं

V. शिक्षा के द्वारा मानव की सामाजिक जागरूकता में कैसे वृद्धि होती है?

गद्यांश 3

सवेरे हम अपनी मंज़िल काठमांडू की ओर बढ़े। पहाड़ी खेतों में मक्के और अरहर की फसलें लहरा रही थीं। छोटे-छोटे गाँव और परकोटे वाले घर बहुत सुंदर लग रहे थे। शाम होते-होते हम काठमांडू पहुँच गए। आज काठमांडू पर लिखते हुए अँगुलियाँ काँप रहीं हैं। वैसे ही जैसे पच्चीस अप्रैल को काठमांडू की धरती काँप उठी थी। न्यूज़ चैनल जब धरहरा स्तंभ को भरभराकर गिरते दिखा रहे थे, मेरा मन बैठा जा रहा था। क्या हुआ होगा धरहरा के इर्दगिर्द फेरी लगाकर सामान बेचने वालों का और उस बाँसुरी वादक का जिसके सुरों ने मन मोह लिया था? और वे पर्यटक जो धरहरा के सौंदर्य में बिंधे उसका सौंदर्य निहारते। सब कुछ जानते हुए भी मन यही कह रहा है कि सब ठीक हो। रात को हम बाज़ार गए।

बाज़ार इलेक्ट्रॉनिक सामानों से अटा पड़ा था और दुकानों की मालकिनें मुस्तैदी से सामान बेच रही थीं। हमारे हिमालयी क्षेत्रों की तरह यहाँ भी अर्थव्यवस्था का आधार औरतें हैं। क्योंकि पहाड़ों पर पर्याप्त ज़मीन नहीं होती और रोज़गार के साधन भी बहुत नहीं होते, सो घर के पुरुष नीचे मैदानी इलाकों में कमाने जाते हैं और घर परिवार की सारी ज़िम्मेदारी महिलाएँ उठाती हैं।

यहाँ गाँव की महिलाएँ खेती और शहर की महिलाएँ व्यवसाय सँभालती हैं। मैंने देखा वे बड़ी कुशलता से व्यावसायिक दाँव-पेंच अपना रही थीं। हम पोखरा होते हुए लौट रहे थे।

रास्ते भर हिमाच्छादित चोटियाँ आँख मिचौली खेलती रहीं। राह में अनेक छोटे-बड़े नगर-गाँव और कस्बे आते रहे। नेपाली औरतें घरों में काम करती नज़र आ रही थीं। मक्का कटकर घर आ चुकी थी। उसके गुच्छे घर के बाहर खूँटियों के सहारे लटके नज़र आ रहे थे। अब हम काली नदी के साथ-साथ चल रहे थे।

प्रश्न

I. फेरीवाले और बाँसुरी वादक के लिए लेखक क्यों दुःखी है?
   (क) भूकंप में वे नहीं बचे होंगे
   (ख) उनका काम-धंधा ठप्प हो गया होगा
   (ग) उनकी मुलाकात को कुछ समय ही हुआ था
   (घ) उनसे अच्छी दोस्ती हो गई थी

II. नेपाल में अर्थव्यवस्था का आधार औरतें हैं।
   कथन पढ़कर सही विकल्प का चयन कीजिए
   1. पुरुष रोजगार के लिए बाहर जाकर काम करते हैं।
   2. महिलाएँ अधिक जिम्मेदार होती हैं।
   3. महिलाएँ पुरुषों पर कम विश्वास करती हैं।
   4. महिलाएँ मोल-भाव अच्छी तरह करती हैं।

   कूट
   (क) कथन 1 सही है
   (ख) कथन 1 व 2 सही है
   (ग) कथन 2 व 3 सही है
   (घ) कथन 3 व 4 सही है

III. गद्यांश के लिए उपयुक्त शीर्षक होगा
   (क) काठमांडू की यात्रा
   (ख) पर्यटन और नेपाल
   (ग) बाज़ार सँभालती नेपाली औरतें
   (घ) भूकंप के बाद का शहर

IV. लेखक की अँगुलियाँ क्यों काँप रही थीं तथा लेखक दुःखी और हताश क्यों था?

V. लेखक के अनुसार, नेपाल की गाँव व शहरी महिलाओं का वर्णन कीजिए।

गद्यांश 4

मनुष्य ने अपने स्वार्थ के लिए प्रकृति का दोहन कर प्राकृतिक संतुलन ही नहीं, बल्कि स्त्रियों के साथ अन्याय कर, स्त्री-पुरुष के लिंगानुपात को घटाने का अमानवीय कार्य भी किया है। लिंगानुपात में आई भारी गिरावट का मुख्य कारण कन्या भ्रूण हत्या है। गर्भस्थ शिशु के लिंग परीक्षण के पश्चात् कन्या भ्रूण होने की स्थिति में उसे माँ के गर्भ में ही मार दिया जाता है। विदेशी आक्रमणों और समाज में पर्दा-प्रथा, सती-प्रथा जैसी कुप्रथाओं के कारण महिलाओं को शिक्षा से वंचित किया जाने लगा तथा धार्मिक और सामाजिक रूप से पुरुषों को अधिक महत्त्व दिया जाने लगा एवं महिलाओं को घर तक

सीमित कर दिया गया है, जिससे संतान के रूप में नर शिशु की कामना करने की गलत परंपरा समाज में विकसित हो गई। इसका अन्य महत्त्वपूर्ण कारण दहेज प्रथा भी है।

किसी भी देश की प्रगति तब तक संभव नहीं है, जब तक वहाँ की महिलाओं को प्रगति के पर्याप्त अवसर न मिलें। जिस देश में महिलाओं का अभाव हो, उसके विकास की कल्पना कैसे की जा सकती है? कन्या भ्रूण हत्या को समाप्त करने में महिलाओं की भूमिका सर्वाधिक महत्त्वपूर्ण हो सकती है। अतः इसके लिए महिला शिक्षा पर विशेष ध्यान देना होगा।

प्रश्न

I. संतान के रूप में नर शिशु की कामना करने की गलत परंपरा के कारणों में निहित है/हैं

1. महिलाओं को घर तक सीमित रखना।
2. दहेज प्रथा का प्रचलन होना।
3. विदेशी आक्रमणों का होना।
4. प्रकृति का दोहन करना।

कूट

(क) केवल 1 सही है
(ख) 1 और 2 सही हैं
(ग) 2 और 3 सही हैं
(घ) 3 और 4 सही हैं

II. विदेशी आक्रमणों से महिलाओं की स्थिति पर क्या प्रभाव पड़ा?

(क) महिलाओं को शिक्षा से वंचित किया जाने लगा
(ख) महिलाओं को अधिक महत्त्व दिया जाने लगा
(ग) देश में महिलाओं का अभाव होने लगा
(घ) महिलाओं को प्रगति के अवसर मिलने लगे

III. देश की प्रगति का संबंध किससे बताया गया है?

(क) मनुष्य की स्वार्थ पूर्ति से
(ख) कन्या भ्रूण हत्या से
(ग) महिलाओं को प्रगति के प्राप्त अवसर से
(घ) महिलाओं को दहेज के लिए प्रताड़ित करने से

IV. (क) भारतीय समाज में लिंगानुपात का मुख्य कारण क्या है?
(ख) समाज को लिंगानुपात से बचने के लिए क्या करना चाहिए।

V. समाज में महिलाओं की स्थिति दयनीय क्यों है?

गद्यांश 5

हम एक ऐसे युग में जी रहे हैं, जहाँ एक तरफ भौतिक समृद्धि अपनी ऊँचाई पर है तो दूसरी तरफ चारित्रिक पतन की गहराई है। आधुनिकीकरण में उलझा मानव सफलता की नित-नई परिभाषाएँ खोजता रहता है और अपनी अंतहीन इच्छाओं के रेगिस्तान में भटकता रहता है। ऐसे समय में सच्ची सफलता और सुख-शांति की प्यास से व्याकुल व्यक्ति अनेक मानसिक रोगों का शिकार बनता जा रहा है। हममें से कितने लोगों को इस बात का ज्ञान है कि जीवन में सफलता प्राप्त करना और सफल जीवन जीना, यह दोनों दो अलग-अलग बातें हैं। यह जरूरी नहीं कि जिसने अपने जीवन में साधारण कामनाओं को हासिल कर लिया हो, वह पूर्णतः संतुष्ट और प्रसन्न भी हो। अतः हमें गंभीरतापूर्वक इस बात को समझना चाहिए कि इच्छित फल को प्राप्त कर लेना ही सफलता नहीं है। जब तक हम अपने जीवन में नैतिक व आध्यात्मिक मूल्यों का सिंचन नहीं करेंगे, तब तक यथार्थ सफलता पाना हमारे लिए मुश्किल ही नहीं, अपितु असंभव कार्य हो जाएगा, क्योंकि बिना मूल्यों के प्राप्त सफलता केवल क्षणभंगुर सुख के समान रहती है। यदि आप असफलता से निराश हो चुके हैं और ऐसा सोच रहे हैं कि सब कुछ यहीं खत्म हो गया तो आपको सफल व्यक्तियों के बारे में पढ़ना चाहिए। निराश और उत्साहहीन करने वाले हर विचार हमें पीछे की ओर धकेलते हैं। निराश हो जाना अथवा हिम्मत हारकर उत्साहहीन होकर बैठ जाना स्वयं के प्रति एक अपराध है। हमें अपने आपमें स्फूर्ति तथा मन में उत्साह भरते हुए स्वयं पर विश्वास करना चाहिए।

प्रश्न

I. जीवन में क्या आवश्यक नहीं है?

(क) सफलताओं को प्राप्त करने के बाद कोई असफल न हुआ हो
(ख) जीवन में हर मुकाम हासिल हो गया हो
(ग) जिसने जीवन में अपनी सामान्य इच्छाओं की पूर्ति कर ली हो, वह संतुष्ट और प्रसन्न भी हो
(घ) जो भौतिक रूप से समृद्ध है, वह आध्यात्मिक रूप से भी समृद्ध हो

II. गद्यांश के अनुसार वास्तविक सफलता क्या है?

(क) हर प्रकार की भौतिक व आध्यात्मिक सुख-सुविधाओं को प्राप्त करना
(ख) जीवन में नैतिक व आध्यात्मिक मूल्यों को सिंचित करना
(ग) जीवन में सभी प्रकार की साधारण कामनाओं को हासिल करना
(घ) अपने लक्ष्य को प्राप्त करके उस पर अमल करना

III. **कथन** (A) मनुष्य मानसिक रोगों का शिकार होता जा रहा है।
कारण (R) मनुष्य अपने कार्य से असंतुष्ट रहता है।

कूट

(क) कथन (A) गलत है, किंतु कारण (R) सही है
(ख) कथन (A) तथा कारण (R) दोनों गलत हैं
(ग) कथन (A) सही है और कारण (R) कथन (A) की सही व्याख्या करता है
(घ) कथन (A) सही है, किंतु कारण (R) कथन (A) की सही व्याख्या नहीं करता है

IV. हमें किसकी चिंता नहीं करनी चाहिए और क्यों?

V. गद्यांश के अनुसार, हम कैसे युग में जी रहे हैं?

अध्याय 2

अपठित काव्यांश

अपठित काव्यांश का अर्थ

कविता (काव्य) का वह अंश, जिसका पहले कभी अध्ययन नहीं किया गया हो, अपठित काव्यांश कहलाता है। अपठित काव्यांश का उद्देश्य काव्य-पंक्तियों में प्रयुक्त शब्दों के अर्थ जानना, भाव समझना, विश्लेषण करना, काव्य सौंदर्य को समझना, भाषा—शैली को पहचानना आदि में विद्यार्थियों की क्षमता को परखना होता है। अपठित काव्यांश के अंतर्गत विद्यार्थियों को काव्य-पंक्तियों के भावार्थ (मूल भाव) व केंद्रीय भाव को समझकर उसका सावधानीपूर्वक, गंभीरता व गहनता से अध्ययन करना अत्यंत आवश्यक है।

अपठित काव्यांश को हल करते समय ध्यान रखने योग्य बातें

- सर्वप्रथम दिए गए अपठित काव्यांश को दो-तीन बार ध्यानपूर्वक पढ़कर उसके मूलभाव को आत्मसात् (समझना) करना चाहिए।
- काव्यांश में दिए गए **महत्त्वपूर्ण संदर्भों** को रेखांकित करते रहना चाहिए।
- कवि के विचारों को ध्यान में रखकर अपने उत्तर को लिखना चाहिए।
- **भाषिक संरचना** एवं **व्याकरण** संबंधी प्रश्नों के लिए काव्यांश में दिए गए कठिन शब्दों को रेखांकित करना चाहिए।
- बहुविकल्पीय प्रश्नों में सभी प्रश्नों को ध्यानपूर्वक पढ़ने व समझने के पश्चात् ही उसके उत्तर का चुनाव करना चाहिए।
- काव्यांश पर आधारित कथन व कथन/कारण वाले बहुविकल्पीय प्रश्नों को हल करने हेतु सर्वप्रथम उनके केन्द्र बिन्दु व मुख्य उद्देश्य को समझना चाहिए। इसके पश्चात् ही सही विकल्प का चयन करना चाहिए।
- अंत में एक बार सभी प्रश्नों के उत्तर को ध्यानपूर्वक पढ़कर जाँच लेना चाहिए।

साधित उदाहरण

निम्नलिखित काव्यांशों को पढ़कर उन पर आधारित प्रश्नों के उत्तर दीजिए

सैंपल काव्यांश 1

देश के आजाद होने पर बिता लंबी अवधि
अब असह्य इस दर्द से हैं धमनियाँ फटने लगीं
व्यर्थ सीढ़ीदार खेतों में कड़ी मेहनत किए
हो गया हूँ और जर्जर, बोझ ढोकर थक गया
अब मरूँगा तो जलाने के लिए मुझको,
अरे! दो लकड़ियाँ भी नहीं होंगी सुलभ इन जंगलों से।
वन कहाँ हैं? जब कुल्हाड़ों की तृषा है बढ़ रही
काट डाले जा रहे हैं मानवों के बंधु तरुवर
फूल से, फल से, दलों से, मूल से, तरु-छाल से
सर्वस्व देकर जो मनुज को लाभ पहुँचाते सदा
कट रहे हैं ये सभी वन,
पर्वतों की दिव्य शोभा हैं निरंतर हो रही विद्रूप,
ऋतुएँ रो रहीं गगनचुंबी वन सदा जिनके हृदय से
फूटते झरने, नदी बहती सुशीतल नीर की
हर पहर नित चहकते हैं कूकते रहते विहग
फूल पृथ्वी का सहज शृंगार करते हैं जहाँ।

CBSE Term I 2021

प्रश्न

I. अंत्येष्टि के लिए लकड़ियाँ सुलभ न होने का कारण है

(क) वन काटे जा रहे हैं

(ख) वर्षा के अभाव में वनों का सूखना

(ग) वन महोत्सव

(घ) मुनाफाखोरी

उत्तर (क) **वन काटे जा रहे हैं** अंत्येष्टि के लिए लकड़ियाँ सुलभ न होने का कारण वन काटे जाना है। इतनी अधिक मात्रा में वन काटे जा रहे हैं कि मनुष्य के अंतिम संस्कार के लिए भी लकड़ियाँ उपलब्ध नहीं हो पा रही हैं।

II. कथन (A) **पेड़ों को मानव बंधु कहा गया है।**

कारण (R) **पेड़ों से प्राप्त होने वाले फूल, फल, पत्ती तथा जड़ व तना भी सब कुछ मनुष्य के लिए लाभदायक हैं।**

दक्षता आधारित प्रश्न

(क) कथन (A) गलत है, किंतु कारण (R) सही है।

(ख) कथन (A) और कारण (R) दोनों गलत हैं।

(ग) कथन (A) तथा कारण (R) दोनों सही हैं तथा कारण (R) कथन (A) की सही व्याख्या है।

(घ) कथन (A) सही है, किंतु कारण (R) कथन (A) की सही व्याख्या नहीं है।

उत्तर (ग) **कथन (A) तथा कारण (R) दोनों सही हैं तथा कारण (R) कथन (A) की सही व्याख्या है।** पेड़ों को मानव-बंधु इसलिए कहा गया है, क्योंकि पेड़ हमें अपना सर्वस्व देते हैं। पेड़ से प्राप्त होने वाले फूल, फल, पत्ती तथा जड़ व तना भी सब कुछ मनुष्य के लिए लाभदायक हैं। इसलिए वे मानव-बंधु के समान हैं।

III. इस कविता में क्या प्रेरणा दी गई है?

(क) स्वच्छता की
(ख) स्वार्थी बनने की
(ग) वन-कटाई की
(घ) वन-संरक्षण की

उत्तर (घ) **वन संरक्षण की** प्रस्तुत कविता में कवि ने पेड़ों के अंधाधुंध कटने से वनों के समाप्त होने की चिंता व्यक्त की है। उसने वनों के न होने से होने वाले नुकसानों के प्रति मनुष्य को सचेत किया है। अत: कविता में कवि ने वन का संरक्षण करने की प्रेरणा दी है।

IV. वन क्यों समाप्त होते जा रहे हैं तथा कवि को असह्य पीड़ा क्यों हो रही है?

उत्तर वृक्षों को लगातार काटे जाने से वन समाप्त होते जा रहे हैं तथा वनों के समाप्त होने से कवि को असह्य पीड़ा हो रही है।

V. 'जब कुल्हाड़ों की तृषा है बढ़ रही' पंक्ति का आशय स्पष्ट कीजिए।

उत्तर 'जब कुल्हाड़ों की तृषा है बढ़ रही 'पंक्ति का आशय है—पेड़ों को काटकर भी मन का तृप्त न होना। मनुष्यों ने अपने स्वार्थों की पूर्ति हेतु पेड़ों को काट डाला है, लेकिन अब भी उनकी संतुष्टि नहीं हुई है। वह इस कार्य में निरंतर लगे हुए हैं।

सैंपल काव्यांश 2

निर्मल तेरा नीर, अमृत के सम उत्तम है,
शीतल मंद सुगंध पवन हर लेता श्रम है,
षट्ऋतुओं का विविध दृश्य युत अद्‌भुत क्रम है,
हरियाली फर्श नहीं मखमल से कम है,
शुचि-सुधा सींचता रात में, तुझ पर चंद्रप्रकाश है।
हे मातृभूमि, दिन में तरणि, करता तम का नाश है।
सुरभित, सुंदर सुखद सुमन तुझ पर खिलते हैं,
भाँति-भाँति के सरस, सुधोपम फल मिलते हैं,
औषधियाँ हैं प्राप्त एक से एक निराली,
खानें शोभित कहीं धातु वर रत्नों वाली,
जो आवश्यक होते हमें, मिलते सभी पदार्थ हैं।
हे मातृभूमि वसुधा! धरा, तेरे नाम यथार्थ हैं।
क्षमामयी, दयामयी है, तू क्षेममयी है,
सुधामयी, वात्सल्यमयी तू प्रेममयी है,
विभवशालिनी, विश्वपालिनी, दुखहर्त्री है,
हे शरणदायिनी देवी! तू करती सबका त्राण है।
हे मातृभूमि! संतान हम, तू जननी, तू प्राण है।

CBSE 2024

प्रश्न

I. शीतल-सुगंधित पवन व्यक्ति पर क्या प्रभाव डालती है?

(क) वह उसकी श्रम करने की क्षमता हर लेती है।

(ख) वह उसे श्रम करने से रोक लेती है।

(ग) वह उसे विश्राम करने पर विवश कर देती है।

(घ) वह उसकी थकान को दूर भगा देती है।

उत्तर (घ) **वह उसकी थकान को दूर भगा देते हैं।** शीतल सुगंधित पवन व्यक्ति के श्रम से उपजी उसकी थकान को दूर भगाती है तथा उसे आराम पहुँचाती है।

II. धरती की 'हरियाली' की तुलना किससे की गई है?

(क) कोमल-मखमली कपड़े से

(ख) कोमल-समतल धरा से

(ग) रंग-बिरंगे कपड़े से

(घ) हरी-भरी धरा से

उत्तर (क) **कोमल-मखमली कपड़े से** प्रस्तुत काव्यांश में कवि ने हरियाली की तुलना कोमल मखमली कपड़े से की है।

III. कथन और कारण पर विचार करते हुए सही विकल्प चुनिए

कथन धरती को जननी कहा गया है। **दक्षता आधारित प्रश्न**

कारण धरती से प्राप्त जल अमृत समान होता है।

(क) कथन सही है, किंतु कारण गलत है।

(ख) कथन गलत है, किंतु कारण सही है।

(ग) कथन और कारण दोनों सही हैं और कथन कारण की सही व्याख्या है।

(घ) कथन और कारण दोनों सही हैं, परंतु कारण कथन की सही व्याख्या नहीं है।

उत्तर (घ) **कथन और कारण दोनों सही हैं, परंतु कारण कथन की सही व्याख्या नहीं है।** प्राचीन-काल से ही धरती को धरा अथवा जननी कहा जाता है तथा धरती से प्राप्त होने वाला जल अमृत समान होता है, क्योंकि जल अमूल्य निधि है। जल के बिना जीवन संभव नहीं है। इसलिए कारण कथन की सही व्याख्या नहीं करता है।

IV. 'दिन में तरणि, करता तम का नाश है।' पंक्ति में 'तरणि' से क्या तात्पर्य है?

उत्तर उपर्युक्त पंक्ति में 'तरणि' से तात्पर्य सूर्य से है। यह तम अर्थात् अंधकार का नाश करता है।

V. पद्यांश में मातृभूमि की किस विशेषता का उल्लेख है?

उत्तर (क) पद्यांश में मातृभूमि की विशेषता का उल्लेख किया गया है कि मातृभूमि समृद्ध, सुखदायक और उत्तम गुणों से युक्त है। इसे शुद्ध, अमृतमय, शीतल और सुगंधित बताया गया है। इसकी सजीवता, समृद्धि और उपलब्ध धरोहरों की स्तुति की गई है। इसके अतिरिक्त, मातृभूमि को क्षमामयी, दयामयी, सुधामयी, वात्सलयमयी और प्रेममयी भी बताया गया है, जो उसके नागरिकों के प्रति उसकी प्रेमभावना और सहानुभूति को दर्शाता है यह भारत माता जो सभी की रक्षा करती हैं और संतानों के लिए जननी और प्राण है।

अभ्यास प्रश्न

बहुविकल्पीय व वर्णनात्मक प्रश्नों सहित

निम्नलिखित काव्यांशों को ध्यानपूर्वक पढ़कर इनसे संबंधित पूछे गए प्रश्नों के उत्तर दीजिए

काव्यांश 1

हम धरती के बेटे बड़े कमेरे हैं।
भरी थकन में सोते फिर भी—
उठते बड़े सवेरे हैं।।
धरती की सेवा करते हैं
कभी न मेहनत से डरते हैं
लू हो चाहे ठण्ड सयानी
चाहे झर-झर बरसे पानी
ये तो मौसम हैं हमने
तूफ़ानों के मुँह फेरे हैं।
खेत लगे हैं अपने घर से
हमको गरज नहीं दफ्तर से
दूर शहर से रहने वाले
सीधे-सादे, भोले-भाले
रखवाले अपने खेतों के
जिनमें बीज बिखेरे हैं।
हाथों में लेकर हल-हँसिया
गाते नई फ़सल के रसिया
धरती को साड़ी पहनाते
दूर-दूर तक भूख मिटाते
मुट्ठी पर दानों को रखकर
कहते हैं बहुतेरे हैं
हम धरती के बेटे बड़े कमेरे हैं।
भरी थकन में सोते फिर भी—
उठते बड़े सवेरे हैं।।

CBSE SQP 2023

प्रश्न

I. 'हम धरती के बेटे बड़े कमेरे हैं।' से आशय है

(क) हम धरती के बहुत परिश्रमी बेटे हैं
(ख) हम धरती के बहुत आलसी बेटे हैं
(ग) हम धरती के बहुत बुद्धिमान बेटे हैं
(घ) हम धरती के बहुत अज्ञानी बेटे हैं

II. कवि ने किसानों को 'फसलों का रसिया' क्यों कहा है?

(क) किसान फसलों को उगाते हैं।
(ख) किसान फसलों को काटते हैं।
(ग) किसान फसलों से प्रेम करते हैं।
(घ) किसान फसलों को बेच देते हैं।

III. कथन (A) **हमारे घर खेतों के पास स्थित होते हैं।**
कारण (R) **हमारे घर शहरों से दूर होते हैं।**

(क) कथन (A) गलत है, किंतु कारण (R) सही है।
(ख) कथन (A) और कारण (R) दोनों गलत हैं।
(ग) कथन (A) और कारण (R) दोनों सही हैं तथा कारण (R) कथन (A) की सही व्याख्या है।
(घ) कथन (A) और कारण (R) दोनों सही हैं, किंतु कारण (R) कथन (A) की सही व्याख्या नहीं है।

IV. किसान किसकी सेवा करते हैं और किससे नहीं डरते है?

V. 'धरती को साड़ी पहनाते' पंक्ति का आशय स्पष्ट कीजिए।

काव्यांश 2

उड़ चल हारिल लिये हाथ में
यही अकेला ओछा तिनका
उषा जाग उठी प्राची में

कैसी बाट, भरोसा किन का!
शक्ति रहे तेरे हाथों में
छूट न जाय यह चाह सृजन की
शक्ति रहे तेरे हाथों में
रुक न जाय यह गति जीवन की!
ऊपर ऊपर ऊपर ऊपर
बढ़ा चीर चल दिग्मंडल
अनथक पंखों की चोटों से
नभ में एक मचा दे हलचल!
तिनका तेरे हाथों में है
अमर एक रचना का साधन
तिनका तेरे पंजे में है
विधना के प्राणों का स्पंदन!
काँप न यद्यपि दसों दिशा में
तुझे शून्य नभ घेर रहा है
रुक न यद्यपि उपहास जगत का
तुझको पथ से हेर रहा है!
ऊषा जाग उठी प्राची में
आवाहन यह नूतन दिन का
उड़ चल हारिल लिये हाथ में
एक अकेला पावन तिनका!

CBSE SQP (Additional Set) 2023

प्रश्न

I. **कथन** (A) **और कारण** (R) **को पढ़कर उपयुक्त विकल्प चुनिए**
कथन (A) **ऊपर ऊपर ऊपर ऊपर, बढ़ा चीर चल दिग्मंडल।**
कारण (R) **अनथक पंखों की चोटों से, नभ में एक मचा दे हलचल!** **दक्षता आधारित प्रश्न**

(क) कथन (A) गलत है, किंतु कारण (R) सही है।
(ख) कथन (A) और कारण (R) दोनों गलत हैं।
(ग) कथन (A) सही है और कारण (R) कथन (A) की सही व्याख्या है।
(घ) कथन (A) सही है, किंतु कारण (R) कथन (A) की सही व्याख्या नहीं है।

II. **काव्यांश की किन पंक्तियों में भय और अपमान से मुक्त रहने की प्रेरणा दी गई है?**

(क) तिनका पथ की धूल स्वयं तू, है अनंत की पावन धूली
किंतु आज तूने नभ पथ में, क्षण में बद्ध अमरता छू ली।
(ख) शक्ति रहे तेरे हाथों में, छूट न जाय यह चाह सृजन की
शक्ति रहे तेरे हाथों में, रुक न जाय यह गति जीवन की!
(ग) काँप न यद्यपि दसों दिशा में, तुझे शून्य नभ घेर रहा है
रुक न यद्यपि उपहास जगत का, तुझको पथ से हेर रहा है!
(घ) तिनका तेरे हाथों में है, अमर एक रचना का साधन
तिनका तेरे हाथों में है, विधना के प्राणों का स्पंदन!

III. **काव्यांश से प्राप्त हो रहे संदेश के आधार पर काव्यांश की पंक्तियों का मिलान कीजिए और इसी आधार पर सही विकल्प चुनिए**

(i) **आत्मविश्वास का संदेश**	(अ) **उषा जाग उठी प्राची में, आवाहन यह नूतन दिन!**
(ii) **नवजागरण का संदेश**	(आ) **अनथक पंखों की चोटों से, नभ में एक मचा दे हलचल!**
(iii) **कर्मठता का संदेश**	(इ) **उषा जाग उठी प्राची में, कैसी बाट, भरोसा किन का!**

दक्षता आधारित प्रश्न

(क) (i) (अ), (ii) (आ), (ii) (इ)
(ख) (i) (आ), (ii) (अ), (ii) (इ)
(ग) (i) (इ), (ii) (अ), (iii) (आ)
(घ) (i) (अ), (ii) (इ), (ii) (आ)

IV. **हारिल पक्षी अपने पंजों में क्या दबाए हुए है और वह आसमान में क्या संकल्प लिए रहता है?**

V. **ऊषा जाग उठी प्राची में आवाहन यह नूतन दिन का उड़ चल हारिल लिये हाथ में एक अकेला पावन तिनका!**
उपर्युक्त पंक्तियों का अर्थ स्पष्ट कीजिए।

काव्यांश 3

मधुर! बादल, और बादल, और बादल आ रहे हैं,
और संदेशा तुम्हारा बह उठा है, ला रहे हैं।
गरज में पुरुषार्थ उठता, बरस में करुणा उतरती,
उग उठी हरीतिमा क्षण-क्षण नया शृंगार करती।
बूँद-बूँद मचल उठी हैं, कृषक-बाल लुभा रहे हैं,
नेह! संदेशा तुम्हारा बह उठा है, ला रहे हैं।
तड़ित की तह में समाई मूर्ति दृग झपका उठी है,
तार-तार की धारा तेरी, बोल जी के गा उठी हैं।
पंथियों से, पंछियों से नीड़ के रुख जा रहे हैं,
मधुर! बादल, और बादल, और बादल आ रहे हैं।
झाड़ियों का झूमना, त्रस्त-वल्लरी का लहलहाना,
प्रवित मिलने के इशारे, सजल छुपने का बहाना।
तुम नहीं आए, न आवो, छवि तुम्हारी ला रहे हैं,
मधुर! बादल, और बादल, और बादल छा रहे हैं।
और संदेशा तुम्हारा बह उठा है, ला रहे हैं।

—माखनलाल चतुर्वेदी

CBSE SQP (Additional Set) 2023

प्रश्न

I. **कथन** (A) **गरजते हुए बादल किसानों के लिए बारिश का संदेश ला रहे हैं।**
कारण (R) **अत्यधिक बारिश कृषि उत्पादों के लिए अनुकूल परिवेश का निर्माण करती है।**

उपर्युक्त कथन और कारण के आधार पर सही विकल्प पहचानिए

दक्षता आधारित प्रश्न

(क) कथन (A) गलत है, किंतु कारण (R) सही है।

(ख) कथन (A) और कारण (R) दोनों गलत हैं।

(ग) कथन (A) सही है और कारण (R) कथन (A) की सही व्याख्या है।

(घ) कथन (A) सही है, किंतु कारण (R) कथन (A) की सही व्याख्या नहीं है।

**II. 'तड़ित की तह में समाई मूर्ति दृग झपका उठी है,
तार-तार की धार तेरी, बोल जी के गा उठी हैं।'
उपर्युक्त पंक्तियों में मेघ किसकी ओट में अपनी आँखें झपका रहा है?**

(क) झूमती हुई झाड़ियों की (ख) बिजली की परतों की

(ग) नीले आसमान की (घ) पानी की बूँदों की

**III. गरज में पुरुषार्थ उठता, बरस में करुणा उतरती,
उग उठी हरीतिमा क्षण-क्षण नया शृंगार करती।
रेखांकित शब्दों के आधार पर उपर्युक्त पंक्तियों में ……….. अलंकार है।**

(क) श्लेष (ख) उपमा

(ग) अनुप्रास (घ) मानवीकरण

IV. कविता में कवि बादलों के द्वारा किसके आने का आह्वान कर रहा है और बादल किसके लिए संदेश ला रहे हैं?

V. उपर्युक्त कविता का मुख्य विषय क्या है?

काव्यांश 4

हाथ हैं दोनों सधे-से
गीत प्राणों के रुँधे-से
और उसकी मूठ में, विश्वास
जीवन के बँधे-से
धकधकाती धरणि थर थर
उगलता अंगार अंबर
भुन रहे तलुवे, तपस्वी-सा
खड़ा वह आज तन कर
शून्य-सा मन, चूर है तन
पर न जाता वार खाली
चल रही उसकी कुदाली।
वह सुखाता खून पर-हित
वाह रे साहस अपरिमित
युगयुगों से वह खड़ा है
विश्व-वैभव से अपरिचित
जल रहा संसार धू-धू
कर रहा वह वार कह 'हूँ'
साथ में संवेदना के
स्वेद-कण पड़ते कभी चू
कौन-सा लालच? धरा की
शुष्क छाती फाड़ डाली
चल रही उसकी कुदाली।
भूमि से रण ठन गया है
वक्ष उसका तन गया है
सोचता मैं, देव अथवा
यंत्र मानव बन गया है
शक्ति पर सोचो जरा तो
खोदता सारी धरा जो
बाहुबल से कर रहा है
इस धरणि को उर्वरा जो

CBSE 2023

प्रश्न

I. 'और उसकी मूठ में, विश्वास' इस वाक्य में 'उसकी' संबोधन किसके लिए आया है?

(क) संपन्न वर्ग (ख) शोषक वर्ग

(ग) युवा वर्ग (घ) श्रमजीवी वर्ग

II. किसान-मजदूरों ने धरती को उपजाऊ कैसे बनाया?

(क) आधुनिक तकनीक द्वारा (ख) रासायनिक उर्वरक डालकर

(ग) पूरी शक्ति से खुदाई करके (घ) जैविक खाद का प्रयोग करके

**III. कथन (A) किसान-मजदूर देवता या मशीनी-मानव तुल्य है।
कथन (R) अग्नि से जलते धरती-अंबर के बीच वह सीना तान युगयुगों से परिश्रम कर रहा है।**

दक्षता आधारित प्रश्न

(क) कथन (A) गलत है, किंतु कारण (R) सही है।

(ख) कथन (A) और कारण (R) दोनों गलत हैं।

(ग) कथन (A) सही है और कारण (R) कथन (A) की सही व्याख्या करता है।

(घ) कथन (A) सही है और कारण (R) कथन (A) की सही व्याख्या नहीं है।

IV. प्रस्तुत कविता में कवि ने मजदूर के साहस को क्या कहा और क्यों कहा?

V. कवि ने किसान मजदूर को तपस्वी-सा क्यों कहा?

काव्यांश 5

'फसल' किसान के कच्चे-अधपके
सपनों की लहलहाती आस है
यह उसके हृदय की गहराइयों में
अंकुरित एक विश्वास है
यह विश्वास है—
ढही हुई दीवार की चिनाई का
अट्ठारह पार कर चुकी बेटी की सगाई का
परचूनिए की उधारी चुकाने का
मन के सपनों को नए परिधान पहनाने का
इसी विश्वास की सलामती के लिए
वह मूँदता है आँखें
दिन में न जाने कितनी बार...
और दुआएँ प्रेषित करता है ऊपर तक
भरोसे और आशंका की रस्साकशी में
न जाने कितनी बार वह जागता है नींद से
और जगा देना चाहता है उस परमात्मा को भी
जिसके बारे में सुनता आया है कि सभी कुछ उसके ही हाथ है...
और इसीलिए जब फसल सोंधियाती है
असल में, किसान के सपने सोंधियाते हैं
और फसल घर आ जाने पर, सपने पक जाते हैं...

CBSE SQP 2022

प्रश्न

**I. फसल को किसानों के कच्चे-अधपके सपनों की लहलहाती आस कहने का कारण है
कथन पढ़कर सही विकल्प का चयन कीजिए**

दक्षता आधारित प्रश्न

(i) फसल देखकर बैंकों से सस्ते ब्याज पर ऋण सरलता से मिल जाना।

(ii) **फसल से किसान के स्वप्नों की संबद्धता और भावनात्मक लगाव होना।**

(iii) **फसल से जुड़े निराई, सिंचाई, कटाई, गहाई, भंडारण आदि के सपने देखना।**

(iv) **फसल से ही जीवन की आवश्यक इच्छाओं के साकार होने की संभावना जुड़ी होना।**

कूट

(क) कथन (i) और (ii) सही हैं

(ख) कथन (ii) और (iii) सही हैं

(ग) कथन (ii) और (iv) सही हैं

(घ) कथन (iii) और (iv) सही हैं

II. 'भरोसे और आशंका की रस्साकशी में' पंक्ति के आधार पर किसान की मनोदशा से जुड़ा सही विकल्प है

(क) ईश्वर पर अटूट विश्वास कि वे फसल को कोई हानि नहीं होने देंगे

(ख) ईश्वर पर विश्वास, किंतु फसल की कुशलता को लेकर मन आशंकित रहना

(ग) परिश्रम पर पूर्ण विश्वास, किंतु 'भाग्य में क्या लिखा है' इससे सदा आशंकित रहना

(घ) स्वयं पर भरोसा करना, किंतु प्राकृतिक आपदाओं की आशंका से सदैव भयभीत रहना

III. किसान के हृदय की गहराइयों में अंकुरित हुए विश्वास की परिधि में आते/आती हैं

(क) कुछ पाकर सामाजिक कार्य करने की इच्छाएँ

(ख) अति आवश्यक कार्य एवं मन के भावात्मक सपने

(ग) आधुनिक कृषि यंत्र आदि जुटा लेने की अभिलाषाएँ

(घ) कठिन समय के लिए कुछ बचाकर रखने की योजनाएँ

IV. किसान के भविष्य का निर्माण कौन करता है? इसकी कुशलता के लिए किसान क्या करता है?

V. कविता के अनुसार, किसान अपनी फसल से किस प्रकार से जुड़ा रहता है?

काव्यांश 6

सच हम नहीं, सच तुम नहीं, सच है महज संघर्ष ही।।
संघर्ष से हटकर जिए तो क्या जिए हम या कि तुम
जो नत हुआ, वह मृत हुआ, ज्यों वृंत से झरकर कुसुम
जो पंथ भूल रुका नहीं,
जो हार देख झुका नहीं,
जिसने मरण को भी लिया हो जीत, है जीवन वही।
सच हम नहीं...
ऐसा करो जिससे न प्राणों में कहीं जड़ता रहे।
जो है जहाँ चुपचाप अपने आपसे लड़ता रहे।
जो भी परिस्थितियाँ मिलें,
काँटे चुभें, कलियाँ खिलें,
टूटे नहीं इनसान, बस संदेश यौवन का यही।।
सच हम नहीं...
अपने हृदय का सत्य अपने आप हमको खोजना।
अपने नयन का नीर अपने आप हमको पोंछना।
आकाश सुख देगा नहीं,
धरती पसीजी है कहीं।
हर एक राही को भटककर ही दिशा मिलती रही।।
सच हम नहीं... **CBSE SQP 2022**

प्रश्न

I. इस कविता के केंद्रीय भाव हेतु दिए गए कथनों को पढ़कर सबसे सही विकल्प चुनिए **दक्षता आधारित प्रश्न**

1. **प्रतिकूलता के विरुद्ध जूझते हुए बढ़ना ही जीवन की सच्चाई है।**
2. **परिस्थितियों से समझौता करके जोखिमों से बचना ही उचित है।**
3. **लक्ष्य-संधान हेतु मार्ग में भटक जाने का भय त्याग देना चाहिए।**
4. **जीवन में 'अपने छाले, खुद सहलाने' का दर्शन अपनाना चाहिए।**

कूट

(क) केवल कथन 2 सही है

(ख) कथन 1 और 3 सही हैं

(ग) कथन 1, 3 और 4 सही हैं

(घ) कथन 1, 2, 3 और 4 सही हैं

II. 'आकाश सुख देगा नहीं, धरती पसीजी है कहीं।' का अर्थ है कि

(क) आकाश और धरती दोनों में संवेदनशीलता नहीं है

(ख) ईश्वर उदार है अत: वही सुख देता है, वही पसीजता है

(ग) जुझारु बनकर स्वयं ही जीवन के दु:ख दूर किए जा सकते हैं

(घ) सामूहिक प्रयत्नों से ही संकट की स्थिति से निकला जा सकता है

III. अपने आपसे लड़ने का अर्थ है

(क) अपनी अच्छाइयों व बुराइयों से भली-भाँति परिचित होना

(ख) किसी मुद्दे पर दिल और दिमाग का अलग-अलग सोचना

(ग) अपने किसी गलत निर्णय के लिए स्वयं को संतुष्ट कर लेना

(घ) अपनी दुर्बलताओं की अनदेखी न करके उन्हें दृढ़ता से दूर करना

IV. (क) कविता के अनुसार, मृत्यु को जीतने का आशय क्या है?

(ख) मृत्यु को जीतने के लिए मनुष्य को क्या करना होगा?

V. कवि के अनुसार युवावस्था हमें क्या सिखाती है? **Modified**

काव्यांश 7

जब भोर में पहुँचा था मेड़ पर
अरहर और मसूर तुषार से जल गई थी खेत पर
शाम तक हरी-भरी खेत की फसलें-रात के तुषार में मर गई थीं
गेहूँ भी बर्बाद हो गया, घबराहट से चेहरा हो गया पीला
सपने सब बिखर गए अब तो रास्ता कँटीला
जीभ सूख गई-गर्दन लटक गई पूरे साल की कल्पना यात्रा
एक रात में भटक गई
और मायूस होकर घर आया

पत्नी ने उत्साहित होकर
अगले माह बेटी के पक्कयात का याद दिलाया
भीतर से माँ बोली
बेटा समय किसने देखा है
जितना जल्दी कर दो वही चोखा है
अब और नहीं सुनूँगी तुम्हारी बात
बस इसी साल फसल आने पर
कर देना नातिन के पीले हाथ
किसान फिर चकराकर
अंदर से रोया
पर ऊपर से मुस्कुराया
दूध का गिलास हाथ से छूट गया
सपनों के काँच का महल
बस रात भर में टूट गया
अब कैसे चुकेगा कर्ज़
अब कैसे निभेगा पिता और बेटे का फर्ज़ **CBSE 2014**

प्रश्न

I. पत्नी ने पति को याद दिलाया था

(क) आभूषण बनवाने का वायदा
(ख) बेटी की शादी की पक्कयात
(ग) नए बीज बोने का इरादा
(घ) नए मकान की संरचना का सपना

II. 'समय किसने देखा है' किसान की माँ के इस कथन का क्या आशय है?

(क) समय यूँ ही बीत जाता है
(ख) समय बड़ा बलवान है
(ग) समय की गति अनिश्चित है
(घ) समय पर काम होना चाहिए

III. काव्यांश के आधार पर काव्यांश की पंक्तियों का मिलान कीजिए और इसी आधार पर सही विकल्प चुनिए **दक्षता आधारित प्रश्न**

(i)	डर का संदेश	(अ)	कर देना नातिन के पीले हाथ।
(ii)	खुशी का संदेश	(आ)	गेहूँ भी बर्बाद हो गया, घबराहट से चेहरा हो गया पीला।
(iii)	विवाह का संदेश	(इ)	अगले माह बेटी के पक्कयात का याद दिलाया।

कूट

(क) (i) (आ), (ii) (अ), (iii) (इ)
(ख) (i) (आ), (ii) (इ), (iii) (अ)
(ग) (i) (इ), (ii) (आ), (iii) (अ)
(घ) (i) (अ), (ii) (इ), (iii) (आ)

IV.(क) किसान की पूरे साल की कल्पना क्या थी?
(ख) एक ही रात मे किसान की कल्पना का क्या हुआ?

V. कवि के अनुसार, किसान का चेहरा पीला क्यों पड़ गया था?

काव्यांश 8

हमीं ने दिया शांति संदेश, सुखी होते देकर आनंद।
विजय लोहे की नहीं, धर्म की रही धरा पर धूम।
यवन को दिया दया का दान, चीन को मिली धर्म की दृष्टि।
मिला था स्वर्ण भूमि को रत्न, शील को सिंहल को भी सृष्टि।
किसी का हमने छीना नहीं, प्रकृति का रहा पालना यहीं।
हमारी जन्मभूमि थी यहीं, कहीं से हम आए थे नहीं।
जातियों का उत्थान, पतन, आँधियाँ, झड़ी, प्रचंड समीर।
खड़े देखा, झेला हँसते, प्रलय में पले हुए हम वीर।
चरित के पूत भुजा में शक्ति, नम्रता रही सदा संपन्न।
हृदय के गौरव में था गर्व, किसी को देख न सके विपन्न।
हमारे संचय में था दान, अतिथि थे सदा हमारे देव।
वचन में सत्य, हृदय में तेज, प्रतिज्ञा में रहती थी टेव।

CBSE 2024

प्रश्न

I. 'आँधियाँ, झड़ी, प्रचंड समीर' पंक्ति में 'आँधियाँ और प्रचंड समीर' प्रतीकार्थ हैं

(क) देश में समय-समय पर आई प्राकृतिक आपदाओं का।
(ख) देश में समय-समय पर भारतीयों द्वारा प्रदर्शित वीरता का।
(ग) देश में समय-समय पर भारतीयों में आए पतन का।
(घ) देश में समय-समय पर आए भीषण संकटों का।

II. 'विजय केवल लोहे की नहीं, धर्म की रही धरा पर धूम' का आशय है

(क) धरती पर अस्त्र-शस्त्रों से विजय प्राप्त की जाती है, धर्म से नहीं।
(ख) धर्म के मार्ग पर चलकर ही लोगों को जीता जा सकता है।
(ग) धर्म के मार्ग पर चलकर ही लोगों को जीता जा सकता है, अस्त्र-शस्त्रों से नहीं।
(घ) धरती पर धर्म की ध्वजा फहरानी चाहिए अस्त्र-शस्त्रों की नहीं।

III. कथन और कारण पर विचार करते हुए सही विकल्प चुनकर लिखिए **दक्षता आधारित प्रश्न**

कथन भारत सदा से एक शांतिप्रिय देश रहा है।

कारण भारत ने कभी विदेशी आक्रमणों का डटकर सामना नहीं किया।

(क) कथन सही है, किंतु कारण गलत है।
(ख) कथन गलत है, किंतु कारण सही है।
(ग) कथन और कारण दोनों सही हैं और कारण, कथन की सही व्याख्या करता है।
(घ) कथन एवं कारण दोनों सही हैं, किंतु कारण, कथन की सही व्याख्या नहीं है।

IV. कविता के अनुसार, 'हमने' शब्द किसके लिए प्रयुक्त हुआ है?

V. प्रस्तुत कविता के अनुसार, भारतीय शक्तिशाली होते हुए भी कैसे हैं?

काव्यांश 9

सौदागर कुछ भी खरीद सकते हैं, पर क्या वह जानता है?
दुनिया में सभी चीज़ें खरीदी नहीं जातीं!
महँगा पलंग खरीद सकते हैं पर नींद नहीं
व्यंजन खरीद सकते हैं पर भूख नहीं
संवेदना का मूल्य कहाँ रहा
तभी तो किसी ने कहा
सपने वे बड़े नहीं होते,
जो सोने के बाद आते हैं, सपने वे बड़े होते हैं, जो सोने नहीं देते।
अपने वे नहीं होते, जो रोने के बाद आते हैं,
अपने वे होते हैं, जो रोने नहीं देते।
आपने कभी-कहीं देखा?
संवेदना स्टोर्स, अपनत्व सेंटर, अहसास कॉर्नर,
यह सब दिल के अंदर रखा जाता है,
जो न बेचा जाता है और न खरीदा जाता है।
हम आज सुविधा के लिए सब कुछ खरीदना चाहते हैं
पर तैयार नहीं
असुविधाओं के लिए
हम समर्थ हैं,
हेलिकॉप्टर से केदारनाथ-बद्रीनाथ जा सकते हैं।
पर क्या ईश्वर के करीब आ सकते हैं?
अमीरी का टेंशन उसी समय तक है
जब तक गरीबी है।
अगर रोते चेहरे पर सैकड़ों खर्चकर मुसकान आएगी
तो उस दिन आपकी खरीदारी सफल हो जाएगी। **CBSE 2014**

प्रश्न

I. "सपने वे बड़े होते हैं, जो सोने नहीं देते।" का आशय है

(क) बड़े सपने इंसान को सोने नहीं देते हैं
(ख) श्रेष्ठ विचार व्यक्ति को चेतनता प्रदान करते हैं
(ग) महान लक्ष्य मानव को निरंतर कर्मशील बनाए रखते हैं
(घ) बड़े सपनों से नींद बाधित होती है

II. कथन (A) और कारण (R) को पढ़कर उपयुक्त विकल्प चुनिए।

कथन (A) **कविता में उसी व्यक्ति को अपना माना गया है।**

कारण (R) **जो कवि के साथ रोता है।** **दक्षता आधारित प्रश्न**

(क) कथन (A) गलत है, किंतु कारण (R) सही है।
(ख) कथन (A) और कारण (R) दोनों गलत हैं।
(ग) कथन (A) सही है और कारण (R) कथन (A) की सही व्याख्या है।
(घ) कथन (A) सही है, किंतु कारण (R) कथन (A) की सही व्याख्या नहीं है।

III. खरीदारी की सफलता ………… आधारित है।

(क) सुख-सुविधा के साधन जुटाने पर
(ख) जीवन की असुविधाओं को दूर करने पर
(ग) दुःखी व्यक्ति के चेहरे पर मुसकान लाने पर
(घ) थके राहगीर को छाया देने पर

IV. कविता के अनुसार, सौदागर पैसे से क्या खरीद सकता है और क्या नहीं खरीद सकता?

V. पद्यांश के अनुसार, आज का समर्थ व्यक्ति केदारनाथ-बद्रीनाथ जाकर भी क्या प्राप्त नहीं कर सकता है?

काव्यांश 10

रात में जब सोया था
सोते-सोते एक सपना बोया था
बस एक दो हफ़्ते में
तैयार होगी अरहर खेतों में
और कटेगी मसूर बिकेगी बाज़ार में
हो जायेगी रहन मुक्त सब ज़मीन
जो बच पायेगा
उसके कुछ हिस्से से मकान बन जायेगा
फिर मार्च के महीने में
जवान बेटी का रिश्ता तय करना है
बस कुछ दिन के बाद आयेगा चैत्र और वैशाख
और गेहूँ की फसलें बेचकर
चुकाऊँगा कर्ज़ और बचा लूँगा साख
बस फिर क्या एक ही काम और करना है
बुड्ढे, बुड्ढी को साथ लेकर चारों धाम की यात्रा करना है
उनको दिया वायदा भी पूरा हो जायेगा
मरने से पहले बेटा तीरथ करा दो
यह सपना भी पूरा हो जायेगा
और देर रात सोया था इन सपनों के साथ **CBSE 2015**

प्रश्न

I. प्रस्तुत काव्यांश में किसान के सपने की महत्त्वपूर्ण बात थी। कथन पढ़कर सही विकल्प का चयन कीजिए

1. सुंदर सपने को देखना
2. अरहर और मसूर का तैयार होना
3. अन्न को बेचकर प्राप्त राशि से जमीन को गिरवी से छुड़ाना आदि कल्पनाएँ
4. माँ-बाप को तीर्थ-यात्रा कराना **दक्षता आधारित प्रश्न**

कूट

(क) कथन 1 व 4 सही हैं (ख) कथन 1 व 2 सही हैं
(ग) कथन 2 व 3 सही हैं (घ) कथन 3 व 4 सही हैं

II. काव्यांश से प्राप्त हो रहे संदेश के आधार पर काव्यांश की पंक्तियों का मिलान कीजिए और इसी आधार पर सही विकल्प चुनिए

दक्षता आधारित प्रश्न

(i)	आशावादी	(अ)	बस फिर क्या एक ही काम और करना है। बुड्ढे-बुड्ढी को साथ लेकर चारों धाम की यात्रा करना है।
(ii)	आत्मसम्मान बचाना	(आ)	रात में जब सोया था, सोते-साते सपना बोया था।
(iii)	वचन निभाना	(इ)	बस कुछ दिन बाद आयेगा चैत्र और वैशाख और गेहूँ की फसलें बेचकर चुकाऊँगा कर्ज और बचा लूँगा साख।

(क) i-अ, ii-इ, iii-आ (ख) i-आ, ii-इ, iii-अ

(ग) i-इ, ii-अ, iii-आ (घ) i-अ, ii-आ, iii-इ

III. "बस फिर क्या एक ही काम और करना है", पंक्ति में कौन-से महत्त्वपूर्ण काम की बात कही गई है?

(क) कर्ज चुकता करना

(ख) गेहूँ की फसल बोना

(ग) माँ-बाप को तीर्थयात्रा कराना

(घ) बिटिया का ब्याह रचाना

IV. कवि ने किसान की किस स्थिति का चित्रण किया है?

V. प्रस्तुत कविता में किसान किस दशा का परिचायक है?

काव्यांश 11

बहुत कठिन है भले-बुरे का, भेद आज कर पाना।
सहज-बोध के गंतव्यों का, दुर्लभ हुआ सुझाना।
सबके मन में ललक बलवती, ऊपर उठ पाने की।
किंतु बढ़ी है भूख और भी,सब कुछ खा जाने की।।
गिरा दूसरों को राहों में, बढ़ो दौड़ मंजिल की।
रही न किंचित चाह किसी की, साथी को संबल की।।
स्वार्थ-सिद्धि ही साध्य सभी विध कैसे लक्ष्य मिलेगा।
कब तक जन-मानस विवेक को, यों ही सहज छलेगा।।
ऐसे संभव नहीं धरा पर, सहज-बोध का वर्षण।
तड़पेगी पल-पल मानवता, हो न सकेगा तर्पण।।
बैर-भाव को त्याग सभी बढ़, सृजन-पंथ अपनायें।
व्यक्ति दौड़ में फिसल रहे जो, उनको विहँस उठायें **CBSE 2015**

प्रश्न

I. कवि की अभिलाषा है कि

(क) हम मनमुटाव छोड़कर सृजन के कार्य करें

(ख) प्रगति की दौड़ में आगे बढ़ते चलें

(ग) शोषितों के उद्धार करने वाले बनें

(घ) दुखियों के दु:खों का निदान करें

II. काव्यांश की किन पंक्तियों में दौड़ में पीछे छूट रहे व्यक्ति को हँसाने के लिए अर्थात् सहारा देने के लिए कहा गया है?

दक्षता आधारित प्रश्न

(क) सबके मन में ललक बलबती, ऊपर उठ पाने की।
किंतु बढ़ी है भूख और भी, सब कुछ खा जाने की।।

(ख) स्वार्थ-सिद्धि की साध्य सभी विध कैसे लक्ष्य मिलेगा।
कब तक जन-मानस विवेक को, यों ही सहज छलेगा।।

(ग) बैर-भाव को त्याग सभी बढ़ सृजन-पंथ अपनायें।
व्यक्ति दौड़ में फिसल रहे जो, उनको विहँस उठायें।।

(घ) बहुत कठिन है भले-बुरे का, भेद आज कर पाना।
सहज बोध के गंतव्यों का, दुर्लभ हुआ सुझाना।।

III. "स्वार्थ-सिद्धि ही साध्य सभी विध" में......... अलंकार है।

(क) उपमा (ख) श्लेष

(ग) अनुप्रास (घ) यमक

IV. (क) प्रस्तुत कविता में मानव के तड़पते रहने का कारण क्या है?

(ख) मनुष्य को लक्ष्य की प्राप्ति कब तक नहीं हो सकती?

V. प्रस्तुत कविता में कवि के अनुसार, आज के युग में क्या पहचान पाना कठिन है?

काव्यांश 12

शहर की इस भागती-दौड़ती ज़िंदगी में
सुबह होते ही शुरू हो जाती है दौड़।
हर कोई भाग रहा लेकर अपनी दुपहिया, तिपहिया
कोई कार में सवार तो कोई पैदल ही निकल पड़ा,
अपने गंतव्य की ओर।
चारों ओर हैं आवाज़ें कहीं मोटरों के हॉर्न की,
कहीं टैंपो, रिक्शा और ठेलों की ठेलमठेल
कहीं ट्रकों की दूर तक लंबी कतार
तो कहीं रेलगाड़ियों की गड़गड़ाहट का शोर।
होती है उठापटक, छोटे-बड़े सामान की
कोई बँधा तो कोई खुला
कोई इस हाथ में तो कोई उस हाथ में
हर तरफ धुंध है, चेहरे भी धुंधलाए-से
कोई इंतज़ार करता है अपनों का
तो कोई डूबा है विछोह के गम में
कोई मुसकुराया है कि घर अपने आया है
इसी बीच कोई मिलता है, तो कोई बिछुड़ता है
कोई रोता है, तो कोई सिसकता है
कोई झिझकता है, तो कोई ठिठकता है।

प्रश्न

I. उपर्युक्त कविता का मुख्य विषय .... का वर्णन करता है।

(क) शहर का जीवन व्यस्तताओं से भरा हुआ होता है

(ख) मनुष्य को जीवन में भागदौड़ करते रहना चाहिए

(ग) शहर का जीवन शांत होता है

(घ) ध्वनि प्रदूषण से बचना चाहिए

II. धुँधले चेहरों से क्या अर्थ है?

(क) लोग व्यस्त जीवन से ऊब गए हैं

(ख) लोगों के चेहरे स्पष्ट नहीं दिख रहे हैं

(ग) लोगों के सामने धुँध छाई हुई है

(घ) लोगों के चेहरे थके हुए से हैं

III. कथन (A) जिंदगी में सुबह होते ही दौड़ शुरू हो जाती है।
कारण (R) हर कोई अपने गंतव्य तक पहुँचना चाहता है।

दक्षता आधारित प्रश्न

(क) कथन (A) गलत है, किंतु कारण (R) सही है।

(ख) कथन (A) तथा कारण (R) दोनों गलत हैं।

(ग) कथन (A) सही है और कारण (R) कथन (A) की सही व्याख्या है।

(घ) कथन (A) सही है, किंतु कारण (R) कथन (A) की सही व्याख्या नहीं है।

IV. शहर में सुबह होते ही क्या शुरू हो जाता है तथा शहरी लोग किस ओर भाग रहे हैं?

V. 'होती है उठापटक, छोटे-बड़े सामान की' प्रस्तुत पंक्ति में 'छोटे-बड़े सामान की उठापटक' किसका प्रतीक है?

काव्यांश 13

जब बचपन तुम्हारी गोद में
आने से कतराने लगे,
जब माँ की कोख से झाँकती ज़िंदगी
बाहर आने से घबराने लगे,
समझो कुछ गलत है।

जब तलवारें फूलों पर, जोर आजमाने लगे
जब मासूम आँखों में खौफ़ नजर आने लगे
समझो कुछ गलत है।

जब किलकारियाँ सहम जाएँ
जब तोतली बोलियाँ, खामोश हो जाएँ, समझो ....
कुछ नहीं, बहुत कुछ गलत है
क्योंकि जोर से बारिश होनी चाहिए थी,
पूरी दुनिया में, हर जगह, टपकने चाहिए थे आँसू,
रोना चाहिए था ऊपर वाले को,
आसमाँ से फूट-फूट कर,
शर्म से झुकनी चाहिए थी इंसानी सभ्यता
की गर्दनें, शोक का नहीं, सोच का वक्त है
मातम नहीं, सवालों का वक्त है
अगर इसके बाद भी सर उठा कर
खड़ा हो सकता है इंसान
समझो कि बहुत कुछ गलत है।

प्रश्न

I. 'जब तलवारें फूलों पर जोर आजमाने लगें',
'जब मासूम आँखों में खौफ नजर आने लगे'
उपर्युक्त पंक्तियों में .... पर होने वाले अत्याचार की बात की जा रही है।

(क) महिलाओं (ख) वृद्धों

(ग) बच्चों (घ) युवाओं

II. कुछ भी गलत नहीं है, यदि

(क) बचपन गोद में आने लगे

(ख) बच्चों पर अत्याचार होने लगे

(ग) बालश्रम बढ़ जाए

(घ) उपर्युक्त में से कोई नहीं

III. माँ की कोख से झाँकती जिंदगी को घबराहट हो रही है, क्योंकि–
प्रस्तुत कथन के आधार, पर सही विकल्प का चयन कीजिए

1. **बाहर का मौसम अनुकूल है।**
2. **उसे माँ ने बाहर की वास्तविकता बताई है।**
3. **उसे बाहर किसी असुरक्षा का आभास हो रहा है।**
4. **समाज में अपनी सुरक्षा को लेकर आश्वस्त नहीं है।**

कूट **दक्षता आधारित प्रश्न**

(क) केवल 2 सही है

(ख) 1 और 3 सही हैं

(ग) 3 और 4 सही हैं

(घ) 1, 2, 3 और 4 सही हैं

IV. (क) कवि के अनुसार किन पर अत्याचार हो रहा है?
(ख) अत्याचार के कारण क्या हो रहा है?

V. कवि के अनुसार, बहुत कुछ गलत कब होता है?

काव्यांश 14

एक दिन तने ने भी कहा था,
जड़?
जड़ तो जड़ ही है,
जीवन से सदा डरी रही है,
और यही है उसका सारा इतिहास
कि ज़मीन में मुँह गड़ाए पड़ी रही है;
लेकिन मैं ज़मीन से ऊपर उठा,
बाहर निकला, बढ़ा हूँ
इसी से तो तना हूँ
एक दिन डालों ने भी कहा था
तना?
किस बात पर है तना?
जहाँ बिठाल दिया गया था वहीं पर है बना,
प्रगतिशील जगती में तिल भर नहीं डोला है,
खाया है, मोटाया है, सहलाया चोला है,
लेकिन हम तने से फूटीं,
दिशा-दिशा में गईं
ऊपर उठीं, नीचे आईं,
हर हवा के लिए ढोल बनीं, लहराईं
इसी से तो डाल कहलाईं
एक दिन पत्तियों ने भी कहा था,

डाल?
डाल में क्या है कमाल?
माना वह झूमी है, झुकी, डोली है
ध्वनि प्रधान दुनिया में
एक शब्द भी वह कभी बोली है?
लेकिन हम हर-हर स्वर करती हैं,
मर्मर स्वर मर्म भरा भरती हैं
नूतन हर वर्ष हुई,
पतझर में झर
बहार-फूट फिर छहरती हैं,
विथकित-चित्त पंथी का
शाप-ताप हरती हैं।

प्रश्न

I. इस कविता के केंद्रीय भाव हेतु दिए गए कथनों को पढ़कर सही विकल्प चुनिए **दक्षता आधारित प्रश्न**

1. जड़ें सदैव जमीन के ऊपर रहती हैं।
2. मनुष्य सदैव अपनी ही उन्नति के मार्ग पर अग्रसर रहता है।
3. इस मार्ग में अनेक लोग आते हैं।
4. सफलता के लिए सहभागिता की आवश्यकता होती है।

कूट

(क) कथन 1 सही है
(ख) कथन 1 और 2 सही हैं
(ग) कथन 2, 3 और 4 सही हैं
(घ) कथन 1, 2, 3 और 4 सही हैं

II. 'लेकिन हम हर-हर स्वर करती हैं', का अर्थ है कि

(क) हवा चलने पर पत्तियाँ हिलती हैं
(ख) हवा से ध्वनि उत्पन्न होती है
(ग) पत्तियाँ हिलने से हर की ध्वनि उत्पन्न होती है
(घ) पत्तियाँ एक शब्द भी नहीं बोलती

III. काव्यांश से प्राप्त हो रहे संदेश के आधार पर काव्यांश की पंक्तियों का मिलान कीजिए और इसी आधार पर सही विकल्प चुनिए

(i)	अहंकार का संदेश	(अ)	नूतन हर वर्ष हुई, पतझर में झर
(ii)	चारों तरफ फैलने का संदेश	(ब)	लेकिन मैं जमीन से ऊपर उठा, बाहर निकला, बढ़ा हूँ
(iii)	नवजागरण का संदेश	(स)	दिशा-दिशा में गईं, ऊपर उठीं, नीचे आईं

(क) i-स, ii-अ, iii-ब (ख) i-ब, ii-स, iii-अ
(ग) i-अ, ii-ब, iii-स (घ) i-ब, ii-अ, iii-स

IV. (क) प्रस्तुत कविता में पत्तियाँ, डाल को उसकी किस कमी के बारे में बता रही हैं?

(ख) कविता के अनुसार कौन झूमती हुई सभी दिशाओं में घूमती रहती है?

V. तने ने जड़ को निर्जीव क्यों कहा?

काव्यांश 15

वैराग्य छोड़ बाँहों की विभा सँभालो
चट्टानों की छाती से दूध निकालो।
है रुकी जहाँ भी धार शिलाएँ तोड़ो,
पीयूष चंद्रमाओं को पकड़ निचोड़ो
चढ़ तुंग शैल शिखरों पर सोम पियो रे।
योगियों नहीं, विजयी के सदृश जियो रे।
छोड़ो मत अपनी आन, सीस कट जाए,
मत झुको अनय पर, भले व्योम फट जाए
दो बार नहीं यमराज कंठ धरता है,
मरता है जो, एक ही बार मरता है।
तुम स्वयं मरण के मुख पर चरण धरो रे।
जीना हो तो मरने से नहीं डरो रे।
स्वातंत्र्य जाति की लगन व्यक्ति की धुन है,
बाहरी वस्तु यह नहीं, भीतरी गुण है।
नत हुए बिना जो अशनि-घात सहती है।

प्रश्न

I. 'युवकों को आदर्श जीवन जीना चाहिए।' इसके लिए कथन पढ़कर सही विकल्प का चयन कीजिए **दक्षता आधारित प्रश्न**

1. युवकों के मन में जोश भरा होना चाहिए।
2. युवकों में देशभक्ति की भावना जागृत होनी चाहिए।
3. युवकों को अपनी युवावस्था का सदुपयोग करना चाहिए।
4. युवाओं को पराक्रमी वीर के समान होना चाहिए।

कूट

(क) 1 और 2 सही हैं (ख) 2 और 3 सही हैं
(ग) 2, 3 और 4 सही हैं (घ) 1, 2, 3 और 4 सही हैं

II. उपर्युक्त काव्यांश की किन पंक्तियों में मृत्यु की चिंता या भय न करने की प्रेरणा दी गई है?

(क) स्वातंत्र्य जाति की लगन व्यक्ति की धुन है,
बाहरी वस्तु यह नहीं, भीतरी गुण है।
(ख) वैराग्य छोड़ बाँहों की विभा सँभालो,
चट्टानों की छाती से दूध निकालो।
(ग) तुम स्वयं मरण के मुख पर चरण धरो रे,
जीना हो तो मरने से नहीं डरो रे।
(घ) है रुकी जहाँ भी धार शिलाएँ तोडो,
पीयूष चंद्रमाओं को पकड़ निचोड़ो।

III. कवि के अनुसार कौन-सी जाति स्वाधीनतापूर्वक जीवित रह पाती है?

(क) जो जाति झुकना जानती है
(ख) जो तलवारों की चोट का सामना करने पर भी हार नहीं मानती
(ग) जो तलवारों की चोट का सामना करने पर हार मान लेती है
(घ) उपर्युक्त में से कोई नहीं

IV. (क) कवि के अनुसार प्रत्येक संकट का सामना कैसे करना है?

(ख) हमें बहादुर बनने के लिए क्या करना चाहिए?

V. भारत के युवाओं को कैसा जीवन जीना चाहिए?

काव्यांश 16

मत काटो तुम ये पेड़, हैं ये लज्जावसन
इस माँ वसुंधरा के, इस संहार के बाद
अशोक की तरह सचमुच, तुम बहुत पछताओगे
बोलो फिर किसकी गोद में सिर छिपाओगे
शीतल छाया फिर कहाँ से पाओगे?
कहाँ से पाओगे फिर फल?
कहाँ से मिलेगा।
शस्य-श्यामला को सींचनेवाला जल?
रेगिस्तानों में तब्दील हो जाएँगे खेत
बरसेंगे कहाँ से घुमड़कर बादल?
थके हुए मुसाफिर
पाँएगे कहाँ से श्रमहारी छाया?

प्रश्न

I. कथन (A) और कारण (R) पर विचार करते हुए सही विकल्प चुनिए

कथन (A) खेत रेगिस्तानों में तब्दील हो जाएँगे।

कारण (A) पेड़ों को नहीं काटना चाहिए, क्योंकि ये धरती माँ के वस्त्र हैं।

(क) कथन (A) गलत है, किंतु कारण (R) सही है।
(ख) कथन (A) और कारण (R) दोनों ही गलत हैं।
(ग) कथन (A) और कारण (R) दोनों सही हैं तथा कारण (R), कथन (A) की सही व्याख्या करता है।
(घ) कथन (A) सही है, किंतु कारण (R) गलत है।

II. काव्यांश की किन पंक्तियों में पेड़-पौधों के नाश के बाद पछताने की बात की गई है?

(क) थके हुए मुसाफिर/पाएँगे कहाँ से श्रमहारी छाया?
(ख) शस्य-श्यामला को सींचने वाला जल?/रेगिस्तानों में तब्दील हो जाएँगे खेत।
(ग) इस माँ वसुंधरा के इस संहार के बाद/अशोक की तरह सचमुच, तुम बहुत पछताओगे।
(घ) शीतल छाया फिर कहाँ से पाओगे? कहाँ से पाओगे फिर फल?

III. काव्यांश का उपयुक्त शीर्षक क्या हो सकता है?

(क) पेड़-पौधों का संहार (ख) अगर वृक्ष काटोगे
(ग) वृक्ष मत काटो (घ) धरती के लज्जावसन-वृक्ष

IV. प्रस्तुत पद्यांश में 'शस्य-श्यामला' किसको कहा गया है तथा इसको सींचने के लिए किसकी आवश्यकता है?

V. प्रस्तुत पद्यांश में 'लज्जावसन' से क्या तात्पर्य है तथा यहाँ 'लज्जावसन' किसके लिए प्रयुक्त हुआ है?

काव्यांश 17

जिस राम के गुण आप गाते हैं
जिस अर्जुन पर आप मुग्ध हैं
बताओ तो दोस्तों!
उनके जो-जो चित्र
आपकी आस्था और विश्वास के हैं
वे राजमहलों के हैं
या वनवास के हैं?
मित्रों!
जब स्वयं रामचंद्र
राजमहलों की रेशमी जूतियाँ उतारकर
नंगे पाँव वन में पधारे थे
तभी से वे महिमावान हो गए
राजकुमार तो थे ही
अब वे भगवान हो गए।
जटाधारी राम हों
या वन-वन भटकते पांडव
सबके गौरवशाली चरित्र वन के हैं
ताड़का का वध हो
या जटायु का संस्कार
केवट का मिलन हो
या शबरी से प्यार
भरत से मिलन का हेतु हो
या लंका का सेतु हो
सब वन के ही शृंगार हैं
राम के चौदह वर्ष हों
या पांडवों के तेरह वर्ष
दोनों ने महिमा की पूँजी
वन से ही उगाही थी।
सोने की लंका वनवासी राम ने
ही ढहाई थी
जुए की खाई में गिरे पांडवों ने
दुर्योधन की जंघा तोड़ने की
शक्ति वनवास से ही पाई थी।

I. काव्यांश की किन पंक्तियों में रामचंद्र को राजकुमार से भगवान बनाने की बात कही गई है?

(क) जिस राम के गुण आप गाते हैं, जिस अर्जुन पर आप मुग्ध हैं
(ख) आपकी आस्था और विश्वास के है, वे राजमहलों के हैं या वनवास के हैं
(ग) जब स्वयं रामचंद्र, राजमहलों की रेशमी जूतियाँ उतारकर, नंगे पाँव वन में पधारे थे
(घ) तभी से वे महिमावान हो गए, राजकुमार तो थे ही, अब वे भगवान हो गए

II. कथन (A) और कारण (R) को पढ़कर उपयुक्त विकल्प चुनिए।

कथन (A) सोने की लंका वनवासी राम ने ही ढहाई थी।

कारण (R) वन प्रवास के दौरान ही रामचंद्र ने अनेक महान कर्म किए।

दक्षता आधारित प्रश्न

(क) कथन (A) सही है, किंतु कारण (R) गलत है
(ख) कथन (A) गलत है और कारण (R) सही है
(ग) कथन (A) और कारण (R) दोनों गलत हैं
(घ) कथन (A) और कारण (R) दोनों सही हैं

III. प्रस्तुत कविता में किसके महत्त्व को उजागर किया गया है? कथन पढ़कर सही विकल्प को चुनिए।

(i) वनवास के संघर्षपूर्ण जीवन को
(ii) राम और पांडव के
(iii) जटायु और केवट के

कूट

(क) केवल कथन (i) सही है
(ख) केवल कथन (ii) सही है
(ग) केवल कथन (iii) सही है
(घ) कथन (ii) और (iii) सही हैं

IV. (क) प्रस्तुत पद्यांश में 'रेशमी जूतियाँ' किस परिस्थिति की परिचायक हैं?

(ख) प्रस्तुत पद्यांश में कष्ट के लिए कौन-सा शब्द प्रयुक्त हुआ है?

V. काव्यांश के अनुसार, महापुरुषों का चरित्र गौरवशाली कहाँ रहकर हुआ है?

काव्यांश 18

जब एक साथ मिल कर खेलते हैं,
एक-दूसरे के दुःख-सुख झेलते हैं;
कभी रूठते हैं, मनाते हैं,
और फिर गले लगकर मुस्कुराते हैं।
जब हम बतियाते हैं- एक हो जाते हैं
भाषा-भूषा हमें पास लाते हैं;
पर बिना शब्दों के भी जोड़ते हैं संगीत के स्वर
जिससे होंठ गुनगुनाते हैं, पाँव थिरक जाते हैं।
हम तब भी एक होते हैं,
जब प्रकृति की गोद में होते हैं।
दीन-दुनिया से परे, चैन की नींद सोते हैं,
और सुनहरे सपनों की दुनिया सँजोते हैं।
हम तब भी एक होते हैं,
जब भय से सहम जाते हैं।
अपने मन के दरवाज़े बंद भी कर लें,
पर स्वयं को दूसरे से जुड़ा पाते हैं।
एक होने का यह भाव बड़ा अजीब है,
इसी भाव में यीशु का यश, अल्लाह का ताबीज़ है।
गुरु की वाणी है, रामनाम का बीज है,
यह परंपरा और संस्कृति की चीज़ है।

प्रश्न

I. गद्यांश के अनुसार, संगीत के स्वर बजने पर क्या होता है?

(क) हम सब मन से अलग हो जाते हैं
(ख) होंठ गुनगुनाते और पाँव थिरकते हैं
(ग) मन के दरवाज़े खुलते हैं
(घ) कर्त्तव्य के प्रति सजग होते हैं

II. कथन (A) और कारण (R) को पढ़कर उपयुक्त विकल्प चुनिए।

कथन (A) एक होने के भाव अजीब हैं।

कारण (R) क्योंकि हम सभी का मान करते हैं।

(क) कथन (A) सही है, किंतु कारण (R) सही नहीं है।
(ख) कथन (A) गलत है, किंतु कारण (R) सही है।
(ग) कथन (A) और कारण (R) दोनों गलत हैं।
(घ) कथन (A) और कारण (R) दोनों सही हैं।

III. दीन-दुनिया से परे, चैन की नींद सोते हैं,
और सुनहरे सपनों की दुनिया सँजोते हैं।
रेखांकित शब्दों के आधार पर उपर्युक्त पंक्तियों में अलंकार है

(क) रूपक (ख) अनुप्रास (ग) श्लेष (घ) यमक

IV. काव्यांश में भूषा का अर्थ क्या है?

V. काव्यांश के अनुसार, हम एक साथ मिलकर क्या-क्या करते हैं?

काव्यांश 19

जनता? हाँ, मिट्टी की अबोध मूरतें वही,
जाड़े-पाले की कसक सदा सहने वाली,
जब अंग-अंग में लगे साँप हों चूस रहे,
तब भी न कभी मुँह खोल दर्द कहने वाली।
मानो, जनता हो फूल जिसे एहसास नहीं,
जब चाहो तभी उतार सजा लो दोनों में;
अथवा कोई दुधमुँही जिसे बहलाने के
जंतर-मंतर सीमित हों चार खिलौनों में।
लेकिन, होता भूडोल, बवंडर उठते हैं,
जनता जब कोपाकुल हो भृकुटी चढ़ाती है;
दो राह, समय के रथ का घर्घर-नाद सुनो,
सिंहासन खाली करो कि जनता आती है।
हुंकारों से महलों की नींव उखड़ जाती,
साँसों के बल से ताज हवा में उड़ता है;
जनता की रोके राह, समय में ताब कहाँ?
वह जिधर चाहती, काल उधर ही मुड़ता है।
सबसे विराट् जनतंत्र जगत् का आ पहुँचा,
तैंतीस कोटि-हित सिंहासन तैयार करो;
अभिषेक आज राजा का नहीं, प्रजा का है,
तैंतीस कोटि जनता के सिर पर मुकुट धरो।
आरती लिए तू किसे ढूँढता है मूरख,
मंदिरों, राजप्रासादों में, तहखानों में?
देवता कहीं सड़कों पर मिट्टी तोड़ रहे,
देवता मिलेंगे खेतों में खलिहानों में।

प्रश्न

I. कथन (A) और कारण (R) को पढ़कर उपयुक्त विकल्प चुनिए।
कथन (A) "अथवा कोई दूधमुँही जिसे बहलाने के जंतर-मंतर सीमित हों चार खिलौने में" कथन का भाव है।
कारण (R) भारतीय जनता बहुत सीधी है, उसे बहलाना कठिन नहीं है। दक्षता आधारित प्रश्न
(क) कथन (A) सही है, किंतु कारण (R) गलत है
(ख) कथन (A) सही है और कारण (R) कथन (A) की सही व्याख्या करता है
(ग) कथन (A) गलत है, किंतु कारण (R) सही है
(घ) कथन (A) और कारण (R) दोनों गलत हैं

II. लेकिन, होता भूडोल, बवंडर उठते हैं,
जनता जब कोपाकुल हो भृकुटी चढ़ाती है।
उपर्युक्त पंक्तियों के आधार पर जनता के क्रोध का क्या परिणाम होता है?
(क) भ्रांति (ख) शांति (ग) क्रांति (घ) अशांति

III. 'प्रजा का अभिषेक होने' का क्या तात्पर्य है?
(क) जनता के हाथ में सत्ता सौंपना
(ख) राजाओं को अपदस्थ करना
(ग) जनता स्वयं अपने शासक का चुनाव नहीं करती है
(घ) 'क' और 'ग' दोनों

IV. प्रस्तुत पद्यांश में कवि ने आम आदमी को क्या कहा है और क्यों कहा?

V. कवि ने भारतीय जनता की सहनशीलता का वर्णन किस रूप में किया है?

काव्यांश 20

क्या कुटिल व्यंग्य! दीनता वेदना से अधीर,
आशा से जिनका नाम रात-दिन जपती है,
दिल्ली के वे देवता रोज कहते जाते,
'कुछ और धरो धीरज, किस्मत अब छपती है।'
किस्मतें रोज छप रहीं, मगर जलधार कहाँ?
प्यासी हरियाली सूख रही है खेतों में,
निर्धन का धन पी रहे लोभ के प्रेत छिपे,
पानी विलीन होता जाता है रेतों में।
हिल रहा देश कुत्सा के जिन आघातों से,
वे नाद तुम्हें ही नहीं सुनाई पड़ते हैं?
निर्माणों के प्रहरियो! तुम्हें ही चोरों के काले
चेहरे क्या नहीं दिखाई पड़ते हैं?
तो होश करो, दिल्ली के देवो, होश करो,
सब दिन तो यह मोहिनी न चलने वाली है,
होती जाती हैं गर्म दिशाओं की साँसें,
मिट्टी फिर कोई आग उगलने वाली है।

I. काव्यांश से प्राप्त हो रहे संदेश के आधार पर काव्यांश की पंक्तियों भाग (अ) का भाग (ब) से उचित मिलान कीजिए और इसी आधार पर सही विकल्प चुनिए दक्षता आधारित प्रश्न

भाग (अ)	भाग (ब)
A. शक्तिशाली लोभी वर्ग, निर्धन व शोषित वर्ग के धन पर नजर लगाए हुए है।	(i) कुछ और धरो धीरज, किस्मत अब छपती है।
B. गरीबों के प्रति कुटिल व्यंग्य	(ii) मिट्टी फिर कोई आग उगलने वाली है।
C. परिवर्तन होने की चेतावनी	(iii) निर्धन का धन पी रहे लोभ के प्रेत छिपे।

	A	B	C
(क)	(ii)	(i)	(iii)
(ख)	(iii)	(ii)	(i)
(ग)	(iii)	(i)	(ii)
(घ)	(i)	(ii)	(iii)

II. तो होश करो, दिल्ली के देवो, होश करो,
सब दिन तो यह मोहिनी न चलने वाली है।
उपर्युक्त पंक्ति में "दिल्ली के देवो" कौन हैं? दक्षता आधारित प्रश्न
(क) सरकारी कर्मचारी
(ख) शक्तिशाली शासक
(ग) बड़े व्यापारी
(घ) प्रभावशाली लोग

III. निर्माण के प्रहरी अनदेखी करते हैं
(क) वैभवशाली लोगों की
(ख) दिल्ली के देवो की
(ग) हरे भरे खेतों की
(घ) चारों ओर भ्रष्टाचारियों की

IV. 'मिट्टी फिर कोई आग उगलने वाली है' का क्या अर्थ है?

V. शक्तिशाली लोभी वर्ग किस पर नजर लगाए रहते हैं?

उत्तरमाला (अभ्यास प्रश्न)

काव्यांश 1

I. (क) **हम धरती के बहुत परिश्रमी बेटे हैं** उपर्युक्त कथन से कवि का आशय है कि हम इस धरती के बहुत परिश्रमी बेटे हैं तथा अपनी मेहनत के बल पर स्वयं के जीवन को सार्थक बना सकते हैं।

II. (ग) **किसान फसलों से प्रेम करते हैं।** कवि ने किसानों को 'फसलों का रसिया' इसलिए कहा है, क्योंकि किसान फसलों से प्रेम करते हैं। जिस तरह रसिया (रास रचाने वाला) प्रेम का परिचायक है, उसी प्रकार किसान भी अपनी फसलों को रसिया की तरह प्रेम करते हैं।

III. (घ) **कथन (A) और कारण (R) दोनों सही हैं, किंतु कारण (R) कथन (A) की सही व्याख्या नहीं है।** कथन के अनुसार किसान के घर खेतों के पास हैं इसलिए उन्हें दफ्तर जाने की आवश्यकता नहीं है, जबकि कारण उपर्युक्त कथन की व्याख्या नहीं करता है।

IV. कवि के अनुसार, किसान धरती की सेवा करते हैं और मेहनत करने से नहीं डरते हैं।

V. कविता में 'धरती को साड़ी पहनाते' पंक्ति का आशय है कि हम किसानों ने धरती को फसलों के आवरण से ढक दिया है। जिस तरह एक नारी साड़ी पहनकर अपना शरीर ढकती है, उसी प्रकार किसान धरती पर फसल उगाकर धरती को फसलों के आवरण से ढक देता है।

काव्यांश 2

I. (ग) **कथन (A) सही है और कारण (R) कथन (A) की सही व्याख्या है।** प्रस्तुत पंक्तियों में जहाँ एक ओर कदम-कदम बढ़ाकर दिशाओं के घेरे को चीरकर आगे बढ़ने की बात कही गई है, वहीं दूसरी ओर अपनी प्रतिभा का फैलाव ऐसा करने की बात कही गई है, जिससे आकाश में हलचल मच जाए।

II. (ग) **"काँप न यद्यपि दसों दिशा में, तुझे शून्य नभ घेर रहा है रुक न यद्यपि उपहास जगत का, तुझको पथ से हेर रहा है"।** इन पंक्तियों में भय और अपमान से मुक्त रहने की प्रेरणा दी गई है।

III. (ग) **i-इ, ii-अ, iii-आ**

(i)	आत्मविश्वास का संदेश	(इ)	उषा जाग उठी प्राची में, कैसी बाट, भरोसा किन का!
(ii)	नवजागरण का संदेश	(अ)	उषा जाग उठी प्राची में, आवाहन यह नूतन दिन!
(iii)	कर्मठता का संदेश	(आ)	अनथक पंखों की चोटों से, नभ में एक मचा दे हलचल!

IV. हारिल पक्षी अपने पंजों में तिनका दबाए हुए है और वह आसमान में असीम उड़ान का संकल्प लिए रहता है।

V. पंक्तियों में कवि कहता है कि पूर्व दिशा में उषा का आगमन हो चुका है। एक नया दिन आ गया है और नए दिन की चुनौतियाँ हमारे सामने हैं। हमें हारिल की तरह अकेले ही इन चुनौतियों का सामना करने के लिए हाथ में तिनका लेकर प्रगति के पथ पर चलना होगा।

काव्यांश 3

I. (घ) **कथन (A) सही है, किंतु कारण (R) कथन (A) की सही व्याख्या नहीं है।** प्रस्तुत पंक्तियों के अनुसार गरजते हुए बादल किसानों के लिए बारिश का संदेश लेकर आते हैं, जबकि अत्यधिक वर्षा उत्पादों के लिए अनुकूल नहीं प्रतिकूल परिवेश का निर्माण करती है।

II. (ख) **बिजली की परतों की** प्रस्तुत पंक्तियों में मेघ बिजली की परतों की ओट में अपनी आँखें झपका रहा है। अर्थात् कवि वर्णन कर रहा है कि बादल तड़ित (बिजली) के साए में छिपकर देख रहे हैं।

III. (घ) **मानवीकरण** प्रस्तुत पंक्तियों में मानवीकरण अलंकार है, क्योंकि यहाँ प्रकृति का मानवीय भावनाओं के साथ वर्णन है।

IV. कविता में कवि बादलों के द्वारा बारिश के आने का आह्वान कर रहा है और बादल किसानों के लिए बारिश का संदेश ला रहे हैं?

V. उपर्युक्त कविता का मुख्य विषय 'बादलों के आगमन से प्रकृति के उत्साह' का मोहक वर्णन करना है। कवि ने बताया है कि जब बादल आते हैं, तो प्रकृति उनके आगमन का स्वागत करती हुई प्रतीत होती है अर्थात् प्रकृति में विभिन्न परिवर्तन होते हैं।

काव्यांश 4

I. (घ) **श्रमजीवी वर्ग** 'और उसकी मूठ में , विश्वास' इस वाक्य में 'उसकी' संबोधन श्रमजीवी वर्ग के लिए आया है।

II. (ग) **पूरी शक्ति से खुदाई करके** किसान-मजदूरों ने धरती को उपजाऊ पूरी शक्ति से खुदाई करके बनाया है।

III. (क) **कथन (A) गलत है, किंतु कारण (R) सही है।** युगों-युगों से किसान-मजदूर शोषण का शिकार होता आया है। चिलचिलाती धूप में वह औरों के हित के लिए अपना पसीना बहाकर धरती का सीना चीरता रहा है, किंतु आज वह शोषक-वर्ग की असलियत पहचान गया है। इसलिए वह उसके विरोध में उठ खड़ा होने का साहस भी रखता है।

IV. प्रस्तुत कविता में कवि ने मजदूर के साहस को अपरिमित कहा, क्योंकि किसान विश्व वैभव से अपरिचित है।

V. कवि ने किसान मजदूर को तपस्वी-सा इसलिए कहा है, क्योंकि वह विपरीत परिस्थितियों में भी तनकर खड़ा रहता है। वह विपरीत परिस्थितियों से घबराता नहीं है और उसका डटकर सामना करता है।

काव्यांश 5

I. (ग) **कथन (ii) और (iv) सही हैं** जब किसान की फसल लहलहाती है तो किसान ने जिस उद्‌देश्य से फसल बोई थी, वह उद्‌देश्य और सपने किसान को पूर्ण होते दिखाई देते हैं। अत: फसल से किसान के भावनात्मक संबंध जुड़े रहते हैं।

II. (ख) **ईश्वर पर विश्वास, किंतु फसल की कुशलता को लेकर मन आशंकित रहना** 'भरोसे और आशंका की रस्साकशी में' पंक्ति के अनुसार किसान को ईश्वर पर तो पूर्ण विश्वास है फिर भी उसके मन में एक अनजान भय फसल की कुशलता को लेकर दिन-रात बना रहता है और उसकी सलामती की वह दिन-रात ईश्वर से प्रार्थना करता है।

III. (ख) **अति आवश्यक कार्य एवं मन के भावात्मक सपने** जब फसल खेत में लहलहाती है तब किसान के मन में अपने सपने और अधूरे कार्य पूर्ण होने की आशा जागृत होने लगती है। उसे लगने लगता है कि उसके अत्यावश्यक कार्य व मन के भावात्मक सपने साकार होने लगे हैं।

IV. किसान के भविष्य का निर्माण 'फसल' करती है और इसकी कुशलता के लिए किसान मन-ही-मन ईश्वर से प्रार्थना करता है।

V. कविता के अनुसार, किसान खेतों में बीज बोने से लेकर फसल के पकने और कटने तक फसल के साथ भावनात्मक रूप से जुड़ा रहता है, क्योंकि किसान की अच्छी फसल उसके अच्छे भविष्य का निर्णायक होती है।

काव्यांश 6

I. (ग) **कथन 1, 3 और 4 सही हैं** मनुष्य को प्रतिकूल परिस्थितियों में कठिनाइयों का सामना करते हुए हमेशा आगे बढ़ते रहना चाहिए, जो परिस्थितियों से समझौता करने का जोखिम लेता है, वह अपने लक्ष्य से भटक जाता है। अत: लक्ष्य-संधान हेतु मार्ग में भटक जाने का भय त्याग देना चाहिए। मनुष्य को अपनी परेशानियों का समाधान स्वयं ही ढूँढना चाहिए।

II. (ग) **जुझारु बनकर स्वयं ही जीवन के दु:ख दूर किए जा सकते हैं** प्रस्तुत पंक्ति का अर्थ है कि जुझारु बनकर स्वयं ही जीवन के दु:ख दूर किए जा सकते हैं। प्रतिकूल परिस्थितियों में आपकी कोई सहायता नहीं करेगा, आप स्वयं हिम्मत से जीवन के कष्टों का सामना करके अपने जीवन के दु:खों को दूर कर सकते हैं।

III. (घ) **अपनी दुर्बलताओं की अनदेखी न करके उन्हें दृढ़ता से दूर करना** अपने आपसे लड़ने का अर्थ है—अपनी दुर्बलताओं की अनदेखी न करके उन्हें दृढ़ता से दूर करना। आप अपनी कमजोरी को अच्छी तरह से जानते हो और जीवन में सफल होने के लिए आपको अपनी कमजोरियों से डरने के बजाय उन्हें दूर कर लक्ष्य की ओर बढ़ना चाहिए।

IV. (क) कविता के अनुसार, मृत्यु को जीतने का आशय जीवन व जीवन के बाद भी आदर्श रूप में स्मरण किया जाना है।

(ख) मृत्यु को जीतने के लिए मनुष्य को सत्कर्म और लोगों की भलाई करनी होगी, ताकि संसार में उसका यश और कीर्ति सदैव बनी रहें।

V. कवि के अनुसार युवावस्था हमें सिखाती है कि हमें प्रतिकूल परिस्थितियों के आगे घुटने नहीं टेकने चाहिए, बल्कि उनका डटकर सामना करना चाहिए तथा स्वयं को चैतन्य, गतिशील, आत्म-आलोचक व आशावादी बनाए रखना चाहिए।

काव्यांश 7

I. (ख) **बेटी की शादी की पक्कयात** किसान की पत्नी ने उसे अगले माह में बेटी की शादी की पक्कयात होने की बात याद दिलाई थी।

II. (क) **समय यूँ ही बीत जाता है** किसान की माँ के कथन से उनका आशय है कि समय यूँ ही बीत जाता है। अत: काम जितनी शीघ्रता से पूरा हो जाए, उतना ही अच्छा है।

III. (ख) **i-आ, ii-इ, iii-अ**

(i)	डर का संदेश	(आ)	गेहूँ भी बर्बाद हो गया, घबराहट से चेहरा हो गया पीला।
(ii)	खुशी का संदेश	(इ)	अगले माह बेटी के पक्कयात का याद दिलाया।
(iii)	विवाह का संदेश	(अ)	कर देना नातिन के पीले हाथ।

IV. (क) किसान की पूरे साल की कल्पना थी कि वह पिता व बेटे का फर्ज निभाएगा व महाजन का कर्ज चुकाएगा।

(ख) एक ही रात में किसान की कल्पना पर पानी फिर गया अर्थात् उसकी आकांक्षा पूरी न हो सकी।

V. कवि के अनुसार, किसान सुबह उठकर अपने खेत में पहुँचा, तो उसने देखा कि पाले के कारण उसकी पूरी फसल नष्ट हो गई है। यह देखकर घबराहट और आकुलता से उसका चेहरा पीला पड़ गया।

काव्यांश 8

I. (क) **देश में समय-समय पर आई प्राकृतिक आपदाओं का** काव्यांश के अनुसार, आँधियाँ और प्रचंड समीर प्रकृति के विकराल रूप के घोतक हैं, परंतु प्रकृति सदा एक-सी नहीं रहती। यह समय-समय पर आपदाओं में परिवर्तित हो जाती है।

II. (ग) **धर्म के मार्ग पर चलकर ही लोगों को जीता जा सकता है, अस्त्र - शस्त्रों से नहीं।** काव्यांश के अनुसार, धर्म का मार्ग एकमात्र ऐसा मार्ग होता है, जिस पर चलकर व्यक्ति सभी का हृदय जीत सकता है। अस्त्र-शस्त्र के प्रयोग से वह केवल जनमानस में भय उत्पन्न कर सकता है।

III. (क) **कथन सही है, किंतु कारण गलत है।** काव्यांश के अनुसार, भारत सदैव से एक शांतिप्रिय राष्ट्र रहा है तथा भारत ने सभी विदेशी आक्रमणकारियों का डटकर सामना किया है।

IV. कविता के अनुसार, 'हमने' शब्द भारतवासियों के लिए प्रयुक्त हुआ है।

V. प्रस्तुत कविता के अनुसार, भारतीय शक्तिशाली होते हुए भी विनम्र हैं। भारत ऐतिहासिक और सांस्कृतिक विरासत का एक रत्न है, जिसकी प्रतिष्ठा और शक्ति दुनिया भर में पहचानी जाती है। भारतीय समाज में विनम्रता का महत्त्व बहुत अधिक है, जो समाज की सामाजिक, धार्मिक और सांस्कृतिक परंपराओं में पाया जाता है। यहाँ के लोग एक-दूसरे के साथ सम्मान से पेश आते हैं और अपने रिश्तों में विनम्रता बनाए रखते हैं।

काव्यांश 9

I. (ग) **महान लक्ष्य मानव को निरंतर कर्मशील बनाए रखते हैं** "सपने वे बड़े होते हैं, जो सोने नहीं देते" अर्थात् महान लक्ष्य सदैव व्यक्ति में नए उत्साह का संचार करते हैं, जिससे वह निरंतर लक्ष्य प्राप्ति की दिशा में कर्मशील बना रहता है।

II. (घ) **कथन (A) सही है, किंतु कारण (R) कथन (A) की सही व्याख्या नहीं है।** कवि के अनुसार, कविता में उसी व्यक्ति को अपना माना गया है, जो व्यक्ति धनवान हो अथवा नहीं, परंतु वह इच्छाओं के अतिरिक्त किसी रोते चहरे पर मुस्कान लाए अथवा उसके प्रति संवेदना भाव हो।

III. (ग) **दु:खी व्यक्ति के चेहरे पर मुसकान लाने में** काव्यांश के अंत में कहा गया है कि यदि आपकी खरीदारी से किसी दु:खी या अभावग्रस्त व्यक्ति के चेहरे पर मुसकान आ जाए, तो आपकी खरीदारी सफल सिद्ध हो जाएगी।

IV. कविता के अनुसार, सौदागर पैसे से आभूषण, साड़ियाँ, किताबें , उपहार आदि अनेक चीजें खरीद सकता है, परंतु वह नींद और भूख नहीं खरीद सकता।

V. पद्यांश के अनुसार, आज का समर्थ व्यक्ति केदारनाथ-बद्रीनाथ जाकर भी परमेश्वर की परम कृपालुता को प्राप्त नहीं कर सकता है अर्थात् आज का समर्थ व्यक्ति भले ही केदारनाथ-बद्रीनाथ जैसे दुर्गम तीर्थस्थलों पर आसानी से पहुँच जाए, परंतु यह आवश्यक नहीं कि वह ईश्वर के करीब पहुँचकर उनकी कृपा प्राप्त कर सके।

काव्यांश 10

I. (घ) **कथन 3 व 4 सही हैं** प्रस्तुत काव्यांश में किसान के सपने की महत्त्वपूर्ण बात की गई है, क्योंकि काव्यांश में किसान द्वारा अन्न को बेचकर प्राप्त राशि से माँ-बाप को तीर्थ-यात्रा करा देना व गिरवी जमीन को छुड़वाने आदि कल्पनाओं की महत्त्वपूर्ण बात है।

II. (ख) **i-आ, ii-इ, iii-अ**

(i) आशावादी	(आ)	रात में जब सोया था, सोते-साते सपना बोया था।
(ii) आत्मसम्मान बचाना	(इ)	बस कुछ दिन बाद आयेगा चैत्र और वैशाख और गेहूँ की फसलें बेचकर चुकाऊँगा कर्ज और बचा लूँगा साख।
(iii) वचन निभाना	(अ)	बस फिर क्या एक ही काम और करना है, बुड्ढे-बुड्ढी को साथ लेकर चारों धाम की यात्रा करना है।

III. (ग) **माँ-बाप को तीर्थयात्रा कराना** काव्यांश में स्पष्ट रूप से कहा गया है कि माँ-बाप को तीर्थयात्रा कराकर उनको दिया गया वचन पूरा करना है।

IV. कवि ने किसान की वास्तविक स्थिति का चित्रण किया है। किसान खेत में बोई जाने वाली फसल पर पूर्ण रूप से निर्भर रहता है।

V. प्रस्तुत कविता में किसान ऋणमुक्त की दशा का परिचायक है, क्योंकि कविता में किसान फसल के बाजार में बिकने पर प्राप्त राशि से महाजनों के ऋण से मुक्ति पाने की कल्पना कर रहा है।

काव्यांश 11

I. (क) **हम मनमुटाव छोड़कर सृजन के कार्य करें** कवि की अभिलाषा है कि हमें बैर-भाव को त्यागकर सृजन के पथ पर अग्रसर होना चाहिए।

II. (ग) **बैर-भाव को त्याग सभी बढ़ सृजन-पंथ अपनायें।**
व्यक्ति दौड़ में फिसल रहे जो, उनको विहँस उठायें।।
प्रस्तुत पंक्तियाँ आपसी द्वेष को त्यागकर नव-निर्माण की ओर एवं पीछे छूट रहे लोगों को सहारा देने की ओर संकेत करती हैं।

III. (ग) **अनुप्रास** प्रस्तुत काव्य पंक्ति में 'स' वर्ण की आवृत्ति हुई है। अत: यहाँ अनुप्रास अलंकार है।

IV. (क) प्रस्तुत कविता में मानव के तड़पते रहने का कारण स्वार्थपरता का एकमात्र लक्ष्य होना है।

(ख) जब तक मनुष्य स्वार्थ सिद्धि में लगा रहेगा, तब तक मनुष्य को अपने लक्ष्य की प्राप्ति नहीं हो सकती।

V. प्रस्तुत कविता में कवि के अनुसार आज के युग में सज्जन-दुर्जन के अंतर की पहचान कर पाना कठिन है, क्योंकि सभी लोग स्वार्थ की पूर्ति करने में लगे हुए हैं।

काव्यांश 12

I. (क) **शहर का जीवन व्यस्तताओं से भरा हुआ होता है**
प्रस्तुत कविता में कवि ने शहर के व्यस्त जीवन के बारे में बताया है। शहर के लोगों का जीवन भाग-दौड़ से भरा होता है। शहर की सड़कों पर उनके वाहनों का शोर उनकी व्यस्ततम जिंदगी के बारे में संकेत करता है।

II. (घ) **लोगों के चेहरे थके हुए से हैं** धुंधले चेहरों से अर्थ है कि भागदौड़ भरी जिंदगी के कारण लोगों के चेहरे थके हुए से हो गए हैं।

III. (ग) **कथन (A) सही है और कारण (R) कथन (A) की सही व्याख्या है** शहर की भागती दौड़ती जिंदगी में सुबह होते ही दौड़ शुरू हो जाती है। हर कोई अपने गंतव्य तक पहुँचना चाहता है।

IV. शहर में सुबह होते ही भागदौड़ शुरू हो जाती है तथा शहरी लोग अपने गंतव्य की ओर भाग रहे हैं।

V. 'होती है उठापटक, छोटे-बड़े सामान की' प्रस्तुत पंक्ति में छोटे-बड़े सामान की उठापटक ''दैनिक जीवन के क्रियाकलाप'' के आरंभ होने का प्रतीक है। कवि के अनुसार, प्रत्येक व्यक्ति अपने-अपने काम में इतना व्यस्त हो जाता है कि केवल उनके द्वारा किए जाने जाने वाले काम की ही आवाज चारों ओर सुनाई पड़ती है।

काव्यांश 13

I. (ग) **बच्चों** प्रस्तुत पंक्तियों में बच्चों पर होने वाले अत्याचार की बात की जा रही है, जिसके कारण उनका बचपन समाप्ति की कगार पर पहुँच गया है।

II. (क) **बचपन गोद में आने लगे** काव्यांश में कहा गया है कि जब बचपन गोद में आने लगे अर्थात् उनके भीतर समाया हुआ खौफ व डर समाप्त हो जाए तो कुछ भी गलत नहीं है।

III. (ग) **3 और 4 सही हैं** माँ की कोख से झाँकती ज़िंदगी को घबराहट इसलिए हो रही है, क्योंकि उसे बाहर किसी असुरक्षा का आभास हो रहा है तथा वह समाज में अपनी सुरक्षा को लेकर आश्वस्त नहीं है।

IV. (क) कवि के अनुसार, बच्चों पर अत्याचार हो रहा है।

(ख) अत्याचार के कारण बच्चों का बचपन समाप्ति की ओर पहुँच गया है।

V. कवि के अनुसार, बहुत कुछ गलत तब है, जब हमें यह आभास होता है कि बचपन समाप्ति की ओर हो, बच्चों की किलकारियों की गूँज खामोश हो जाए और मासूम बच्चे सहम जाएँ।

काव्यांश 14

I. (ग) **कथन 2, 3 और 4 सही हैं** काव्यांश में सहभागिता के महत्त्व को प्रतिपादित किया गया है अर्थात् मनुष्य अपने जीवन में उन्नति के मार्ग पर सदैव अग्रसर रहता है और इस मार्ग में अनेक लोग आते हैं, जिनकी वह सहायता लेता है, क्योंकि सफलता के लिए सहभागिता की आवश्यकता होती है।

II. (ग) **पत्तियाँ हिलने से हर की ध्वनि उत्पन्न होती है** 'लेकिन हम हर-हर स्वर करती हैं।' पंक्ति का आशय हवा चलने पर पत्तियों के हिलने से हर की ध्वनि उत्पन्न होने से हैं।

III. (ख) **i-ब, ii-स, iii-अ**

(i)	अहंकार का संदेश	(ब)	लेकिन मैं जमीन से ऊपर उठा, बाहर निकला, बढ़ा हूँ
(ii)	चारों तरफ फैलने का संदेश	(स)	दिशा-दिशा में गईं, ऊपर उठीं, नीचे आईं
(iii)	नवजागरण का संदेश	(अ)	नूतन हर वर्ष हुई, पतझर में झर

IV. (क) प्रस्तुत कविता में पत्तियाँ, डाल को उसकी न बोल पाने की कमी के बारे में बता रही हैं।

(ख) कविता के अनुसार, डाली झूमती हुई सभी दिशाओं में घूमती रहती है।

V. तने ने जड़ को निर्जीव इसलिए कहा है, क्योंकि वह हमेशा जमीन के नीचे अँधेरे में पड़ी रहती है और उसने कभी भी जमीन से बाहर निकलकर विश्व को नहीं देखा है। वह एक ही स्थान पर जीवन पर्यंत स्थिर होकर जमी रहती है।

काव्यांश 15

I. (घ) **1, 2, 3 और 4 सही हैं** भारत के युवाओं को जोश से भरा होना चाहिए। उनमें देशभक्ति की भावना जागृत होनी चाहिए तथा उन्हें युवावस्था का सदुपयोग करना चाहिए। युवाओं को एक पराक्रमी वीर के समान जीवन जीना चाहिए न की योगियों की तरह।

II. (ग) **तुम स्वयं मरण के मुख पर चरण धरो रे,**
जीना हो तो मरने से नहीं डरो रे।

प्रस्तुत पंक्तियों में जीवन में मरने से न डरने की बात कही गई है कि यदि हमें जीना है तो मृत्यु से नहीं डरना चाहिए।

III. (ख) **जो तलवारों की चोट का सामना करने पर भी हार नहीं मानती** कवि के अनुसार, संसार में केवल वही जाति स्वाधीनतापूर्वक जीवित रह पाती है, जो तलवारों की चोट का सामना करने पर भी हार नहीं मानती अर्थात् झुकना नहीं जानती।

IV. (क) कवि के अनुसार, प्रत्येक संकट का सामना बहादुरी से करना है।

(ख) हमें बहादुर बनने के लिए प्रत्येक मुसीबतों का सामना करने के लिए तैयार रहना चाहिए।

V. भारत के युवाओं को साहस भरा और सम्मानपूर्वक जीवन जीना चाहिए। मनुष्य को कभी भी पराधीनता की जिंदगी नहीं जीनी चाहिए, चाहे उसे कितनी ही विपत्तियों का सामना करना पड़ जाए। स्वाधीन रहने के लिए और अपने स्वाभिमान को बचाने के लिए उसे हमेशा तैयार रहना चाहिए।

काव्यांश 16

I. (ग) **कथन (A) और कारण (R) दोनों सही तथा कारण (R) कथन (A) की सही व्याख्या करता है।** काव्यांश के अनुसार, इस धरती माँ के लज्जा स्वरूप वस्त्र अर्थात् पेड़ों को मत काटो यदि पेड़ों को काटेंगे, तो खेत-खलिहान रेगिस्तान में बदल जाएँगे।

II. (ग) **इस माँ वसुंधरा के इस संहार के बाद/अशोक की तरह सचमुच तुम बहुत पछताओगे।** यहाँ कवि ने पेड़-पौधों के नाश के लिए संहार पद का प्रयोग किया है। युद्ध में भयंकर नरसंहार देखकर अशोक को पश्चाताप हुआ था।

III. (घ) **धरती के लज्जावसन-वृक्ष** काव्यांश का उपयुक्त शीर्षक धरती के लज्जावसन-वृक्ष हैं।

IV. प्रस्तुत पद्यांश में 'शस्य-श्यामला' हरी-भरी धरती' को कहा गया है तथा इसको सींचने के लिए जल की आवश्यकता है।

V. प्रस्तुत पद्यांश में 'लज्जावसन' से तात्पर्य है लज्जा ही जिसका वसन (वस्त्र) हो अर्थात् जिस प्रकार वस्त्र नारी की लज्जा को ढकने का कार्य करते हैं, उसी तरह वृक्ष भी पृथ्वी की लज्जा को ढकते हैं। यहाँ लज्जावसन वृक्ष के लिए प्रयुक्त हुआ है। वृक्षों के अभाव में पृथ्वी निर्वस्त्र प्रतीत होती है।

काव्यांश 17

I. (घ) **तभी से वे महिमावान हो गए, राजकुमार तो थे ही, अब वे भगवान हो गए** काव्यांश की पंक्तियाँ 'तभी से वे महिमावान हो गए, राजकुमार तो थे ही, अब वे भगवान हो गए।' में रामचंद्र को राजकुमार से भगवान बनाने की बात कही गई है।

II. (घ) **कथन (A) और कारण (R) दोनों सही हैं** इस कविता का संदेश यह है कि कठिनाइयों का सामना करके ही मनुष्य महान बनता है; जैसे— सोने की लंका वनवासी राम ने ही ढहाई थी तथा वन प्रवास के दौरान ही रामचंद्र ने अनेक महान कर्म किए।

III. (क) **केवल कथन (i) सही है।** प्रस्तुत कविता में वनवास में रहकर उठाए गए संघर्षों और कठिनाइयों के महत्त्व को उजागर किया गया है।

IV. (क) प्रस्तुत पद्यांश में 'रेशमी जूतियाँ' 'सुख' की परिस्थिति की परिचायक हैं।

(ख) प्रस्तुत पद्यांश में कष्ट के लिए 'नंगे पाँव' शब्द प्रयुक्त हुआ है।

V. काव्यांश के अनुसार, महापुरुषों का गौरवपूर्ण चरित्र वन के संघर्षपूर्ण जीवन में रहकर बना है अर्थात् मनुष्य का चरित्र कष्टों व कठिनाई पूर्ण जीवन में रहकर ही निखरता है।

काव्यांश 18

I. (ख) **होंठ गुनगुनाते और पाँव थिरकते हैं** कवि कहना चाहता है कि संगीत भी हमें जोड़ने का कार्य करता है अर्थात् संगीत के माध्यम से हम एक-दूसरे के मनोभावों को समझ लेते हैं और हम सब मन से आपस में जुड़ जाते हैं। संगीत से हमारे होंठ गुनगुनाने लगते हैं और पाँव थिरकने लगते हैं।

II. (घ) **कथन (A) और कारण (R) दोनों सही हैं।** एक होने के भाव अजीब हैं, क्योंकि हम सभी का मान करते हैं।

III. (ख) **अनुप्रास** प्रस्तुत पंक्ति में 'स' वर्ण की आवृत्ति के कारण अनुप्रास अलंकार है।

IV. काव्यांश में भूषा का अर्थ 'वेश-भूषा' है। यह वेश-भूषा मनुष्यों के बीच अपनत्व का संबंध स्थापित करती है।

V. काव्यांश के अनुसार, हम एकसाथ मिलकर एक-दूसरे के दुःख-सुख सहन करते हैं, एक-दूसरे को मनाते हैं और आपस में गले लगकर मुसकुराते हैं। पद्यांश में कवि वसुधैव कुटुम्बकम्'के बारे में संबोधित कर रहें अर्थात् कवि बताना चाह रहे हैं कि हम सभी को एकसाथ मिलकर रहना चाहिए।

काव्यांश 19

I. (क) **कथन (A) सही है, किंतु कारण (R) गलत है** "अथवा कोई दुधमुँही जिसे बहलाने के जंतर-मंतर सीमित हो चार खिलौने में" कथन का भाव है कि जनता दूध मुँही बच्ची नहीं है कि इसे दो चार खिलौने देकर बहला दो। जनता का हृदय तो सेवा और प्रेम से जीता जा सकता है।

II. (ग) **क्रांति** कवि का कहना है कि जनता को सीधी-सादी समझकर उसकी उपेक्षा करना सही नहीं है। जब यही जनता क्रोधित हो जाती है, तो उसका परिणाम क्रांति के रूप में सामने आता है।

III. (घ) **'क' और 'ग' दोनों** 'प्रजा का अभिषेक होने' का तात्पर्य जनता के हाथ में सत्ता सौंपने से है अर्थात् जनता स्वयं अपने शासक का चुनाव नहीं करती है।

IV. प्रस्तुत पद्यांश में कवि ने आम आदमी को 'देवता' कहा है, क्योंकि वह देवता के समान सरल स्वभाव वाला है। उसके आचरण में छल-प्रपंच के लिए कोई स्थान नहीं है।

V. कवि ने भारतीय जनता की तुलना मिट्टी से बनी मूर्तियों से की है। जिस प्रकार मिट्टी की मूर्तियाँ कभी प्रतिकार नहीं करती हैं, उसी प्रकार भारतीय जनता भी सभी अत्याचारों को चुपचाप सहती रहती है, उसका कोई विरोध नहीं करती ।

काव्यांश 20

I. (ग) (iii) (i) (ii)

A. (iii) निर्धन का धन पी रहे लोभ के प्रेत छिपे शक्तिशाली लोभी वर्ग, निर्धन व शोषित वर्ग के धन पर नजर लगाए हुए हैं।

B. (i) कुछ और धरो धीरज, किस्मत अब छपती है। इस पंक्ति में कवि ने गरीबों के प्रति कुटिल व्यंग्य किया है।

C. (ii) मिट्टी फिर कोई आग उगलने वाली है। इस पंक्ति के माध्यम से कवि ने परिवर्तन होने की चेतावनी दी है।

II. (ख) **शक्तिशाली शासक** काव्यांश में कवि ने दो वर्गों के मध्य की स्थिति को वर्णित किया है। अत: दिल्ली के देवता का संबोधन शक्तिशाली वर्ग अर्थात् शोषक वर्ग को दिया गया है।

III. (घ) **चारों ओर भ्रष्टाचारियों की** काव्यांश में कवि ने कहा है कि निर्माण के प्रहरियों अर्थात् शोषक वर्ग को ही चोरों के काले चेहरे दिखाई नहीं देते।

IV. 'मिट्टी फिर कोई आग उगलने वाली है।' का अर्थ है- अब शोषित वर्ग परिवर्तन चाहता है और वह एकजुट होकर विरोध करने के लिए तत्पर है।

V. शक्तिशाली लोभी वर्ग, निर्धन व शोषित वर्ग के धन पर नज़र लगाए रहते हैं, जिसके कारण निर्धन वर्ग पर्याप्त सुविधाओं को न पाकर अत्यंत ही दयनीय स्थिति में पहुँच जाता है। परिणामस्वरूप, गरीब अकसर आर्थिक संकट और उत्पीड़न का शिकार होते हैं। ऐसी व्यवस्थाएँ सामाजिक और आर्थिक असमानता को बढ़ाती हैं और समाज में विकास के मार्ग में बाधाएँ पैदा करती हैं।

स्व-मूल्यांकन

काव्यांश 1

कोलाहल हो, या सन्नाटा, कविता सदा सृजन करती है,
जब भी आँसू हुआ पराजित, कविता सदा जंग लड़ती है।
जब भी कर्ता हुआ अकर्ता, कविता ने जीना सिखलाया
यात्राएँ जब मौन हो गईं कविता ने चलना सिखलाया।
जब भी तम का जुल्म चढ़ा है, कविता नया सूर्य गढ़ती है,
जब गीतों की फसलें लुटतीं शीलहरण होता कलियों का,
शब्दहीन जब हुई चेतना तब-तब चैन लुटा गलियों का।
जब कुर्सी का कंस गरजता, कविता स्वयं कृष्ण बनती है।
अपने भी हो गए पराए, यूँ झूठे अनुबंध हो गए
घर में ही वनवास हो रहा यूँ गूँगे संबंध हो गए।

प्रश्न

I. काव्यांश के आधार पर बताइए कि कविता कैसी स्थिति में सृजक की भूमिका निभाती है?
(क) हर परिस्थिति में
(ख) गुणों की सराहना करती है
(ग) मौन यात्रा कराती है
(घ) कवि का विश्वास दृढ़ करती है

II. काव्यांश की किन पंक्तियों में जीने और चलने की प्रेरणा दी गई है?
(क) कोलाहल हो या सन्नाटा, कविता सदा सृजन करती है,
जब भी आँसू हुआ पराजित, कविता सदा जंग लड़ती है।
(ख) अपने भी हो गए पराए, यूँ झूठे अनुबंध हो गए,
घर में ही वनवास हो रहा, यूँ गूँगे संबंध हो गए।
(ग) जब भी कर्ता हुआ अकर्ता, कविता ने जीना सिखलाया,
यात्राएँ जब मौन हो गईं, कविता ने चलना सिखलाया।
(घ) जब गीतों की फसलें लुटतीं, शीलहरण होता कलियों का,
शब्दहीन जब हुई चेतना तब-तब, चैन लुटा गलियों का।

III. जब निराशा और अंधकार पाँव पसारता है, तब प्रेरणा
कथन पढ़कर सही विकल्प का चयन कीजिए
1. स्वयं से मिलती है। 2. समस्याओं से मिलती है।
3. लोगों से मिलती है। 4. कविता से मिलती है।

कूट
(क) केवल 1 सही है (ख) केवल 2 सही है
(ग) केवल 3 सही है (घ) केवल 4 सही है

IV. कविता सृजन कब करती है?

V. गलियों में चैन लुटने से क्या आशय है? स्पष्ट कीजिए।

काव्यांश 2

नहीं कटेंगे जंगल इसके,
और न जल हो कमती।
होगी हवा न दूषित इसकी,
और न धरती परती।
इस धरती पर चमन खिला देंगे
इस धरती को स्वर्ग बना देंगे।
नहीं भूख से तड़पे कोई,
और न हो बीमारी।
बम गोलों से मरे न कोई
रहे न माँ दुखियारी
इस धरती को अमन दिला देंगे
इस धरती को स्वर्ग बना देंगे
घर-आँगन सब साफ चकाचक
गाँव शहर सब न्यारा।
सुंदर साफ सजी धरती का
अद्‌भुत लगे नजारा।
इस धरती पर अलख जगा देंगे
इस धरती को स्वर्ग बना देंगे
अनपढ़ रहे न रामू-रधिया,
और न नानी-दादी।
सबने मिलकर इस धरती पर
की शिक्षा को फैलाने
की तैयारी।

प्रश्न

I. प्रस्तुत कविता का संदेश है
(क) जंगलों की सुरक्षा (ख) देश की सुरक्षा
(ग) धरती की सुरक्षा (घ) परिवार की सुरक्षा

II. **कथन** (A) कविता में धरती को नर्क बनाने की बात कही गई है।
कारण (R) कोई भी व्यक्ति भूख से नहीं मरेगा।

कूट
(क) कथन (A) गलत है, किंतु कारण (R) सही है
(ख) कथन (A) सही, किंतु कारण (R) गलत है
(ग) कथन (A) व कारण (R) दोनों सही हैं
(घ) कथन (A) एवं कारण (R) दोनों गलत हैं

III. 'स्वर्ग' का पर्याय है
(क) उन्मुक्त (ख) भूपति
(ग) सुरधाम (घ) धरती

IV. कविता के अनुसार, किसका नजारा अद्‌भुत लग रहा है और क्यों?

V. कविता का शीर्षक स्पष्ट कीजिए।

काव्यांश 3

कोई नहीं पराया, मेरा घर सारा संसार है।
मैं न बँधा हूँ देश-काल की जंग लगी जंजीर में,
मैं न खड़ा हूँ जाति-पाँति की ऊँची-नीची भीड़ में,
मेरा धर्म न कुछ स्याही शब्दों का एक गुलाम है,
मैं बस कहता हूँ कि प्यार है तो घट-घट में राम है,
मुझसे तुम न कहो मंदिर-मस्जिद पर मैं सर टेक दूँ,
मेरा तो आराध्य आदमी देवालय हर द्वार है।
कोई नहीं पराया, मेरा घर सारा संसार है।
कहीं रहे कैसे भी, मुझको प्यारा यह इंसान है,
मुझको अपनी मानवता पर बहुत-बहुत अभिमान है,
अरे नहीं देवत्व, मुझे तो भाता है मनुजत्व ही,
और छोड़कर प्यार, नहीं स्वीकार मुझे अमरत्व भी,
मुझे सुनाओ तुम न स्वर्ग-सुख की सुकुमार कहानियाँ,
मेरी धरती सौ-सौ स्वर्गों से ज्यादा सुकुमार है।
कोई नहीं पराया, मेरा घर सारा संसार है।

प्रश्न

I. कवि द्वारा स्वयं को देशकाल की सीमाओं से न बँधे कहने का कारण है कथन पढ़कर सही विकल्प का चयन कीजिए
1. वह किसी बंधन में बँधने के लिए बाध्य नहीं है।
2. वह समस्त संसार से प्रेम करता है।
3. उसके लिए समस्त संसार घर के समान है
4. वह विश्व-बंधुत्व की भावना से ओत-प्रोत है।

कूट
(क) 1 और 2 सही हैं (ख) 2 और 3 सही हैं
(ग) 3 और 4 सही हैं (घ) 2, 3 और 4 सही हैं

II. कविता के माध्यम से कवि क्या संदेश देना चाहता है?
(क) हमें आपस में बैर-भाव न रखकर, प्रेम-भाव से रहना चाहिए
(ख) हमें समाज में बैर-भाव रखना चाहिए
(ग) हमें सदैव स्वर्ग-सुख की कामना करनी चाहिए
(घ) हमें मंदिर मस्जिद जाना चाहिए

III. **कथन** (A) मेरी यह धरती सौ-सौ स्वर्ग से भी अधिक सुकुमार है।
कारण (R) मुझे स्वर्ग की कहानियाँ नहीं सुनना।

कूट
(क) कथन (A) गलत है, किंतु कारण (R) सही है।
(ख) कथन (A) और कारण (R) दोनों गलत हैं।
(ग) कथन (A) सही है और कारण (R) कथन (A) की सही व्याख्या है।
(घ) कथन (A) सही है, किंतु कारण (R) कथन (A) की सही व्याख्या नहीं है।

IV. प्रस्तुत कविता के अनुसार, कवि क्या नहीं सुनना चाहता है और क्यों?

V. "मेरा तो आराध्य आदमी देवालय हर द्वार है" पंक्ति का आशय स्पष्ट कीजिए।

काव्यांश 4

हँस लो दो क्षण खुशी मिली गर
वरना जीवन-भर क्रंदन है।
किसका जीवन हँसी-खुशी में
इस दुनिया में रहकर बीता?
सदा-सर्वदा संघर्षों को
इस दुनिया में किसने जीता?
खिलता फूल म्लान हो जाता
हँसता-रोता चमन-चमन है।
कितने रोज चमकते तारे
कितने रह-रह गिर जाते हैं,
हँसता शशि भी छिप जाता है
जब सावन घन घिर आते हैं।
उगता-ढलता रहता सूरज
जिसका साक्षी नील गगन है।
आसमान को छूने वाली,
वे ऊँची-ऊँची मीनारें।
मिट्‌टी में मिल जाती हैं
वे छिन जाते हैं सभी सहारे।
दूर तलक धरती की गाथा
मौन मुखर कहता कण-कण है।
यदि तुमको मुसकान मिली तो
मुसकाओ सबके संग जाकर।
यदि तुमको सामर्थ्य मिला तो
थामो सबको हाथ बढ़ाकर।
झाँको अपने मन-दर्पण में
प्रतिबिंबित सबका आनन है।

प्रश्न

I. कविता में संसार की किस वास्तविकता को प्रस्तुत किया गया है?
(क) संसार की अमरता को
(ख) संसार की नश्वरता को
(ग) संसार की विषमता को
(घ) संसार की शाश्वतता को

II. **कथन** (A) प्रस्तुत काव्यांश में धरती का कण-कण सबके साथ मुस्कुराने तथा सहारा देने को कह रहा है।
कारण (R) एक दिन ऐसा आता है, जब सभी सहारे दूर हो जाते हैं।
(क) कथन (A) गलत है, किंतु कारण (R) सही है।
(ख) कथन (A) और कारण (R) दोनों गलत हैं।
(ग) कथन (A) सही है और कारण (R) कथन (A) की सही व्याख्या है।
(घ) कथन (A) सही है, किंतु कारण (R) कथन (A) की सही व्याख्या नहीं है।

III. 'झाँकों अपने मन-दर्पण में' में कौन-सा अलंकार है?
(क) रूपक अलंकार (ख) उपमा अलंकार
(ग) मानवीकरण अलंकार (घ) यमक अलंकार

IV. कविता के अनुसार, कवि क्षणभर खुशी मिलने पर क्या करने को कह रहा है और क्यों?

V. प्रस्तुत कविता का उचित शीर्षक क्या है? स्पष्ट कीजिए।

काव्यांश 5

मैं हूँ उनके साथ खड़ी जो
सीधी रखते अपनी रीढ़।
कभी नहीं जो तज सकते हैं
अपना न्यायोचित अधिकार,
कभी नहीं जो सह सकते हैं
शीश नवाकर अत्याचार,
एक अकेले हो या उनके
साथ खड़ी हो भारी भीड़;
मैं हूँ उनके साथ खड़ी जो
सीधी रखते अपनी रीढ़।
निर्भय होकर घोषित करते
जो अपने उद्‌गार-विचार
जिनकी जिह्वा पर होता है
उनके अंतर का अंगार,
नहीं जिन्हें चुप कर सकती है
आततायियों की शमशीर;
मैं हूँ उनके साथ खड़ी जो
सीधी रखते अपनी रीढ़।
नहीं झुका करते जो दुनिया
से करने को समझौता,
ऊँचे से ऊँचे सपनों को
देते रहते जो न्योता,
दूर देखती जिनकी पैनी आँख
भविष्यत् का तम चीर;
मैं हूँ उनके साथ खड़ी जो
सीधी रखते अपनी रीढ़।

प्रश्न

I. काव्यांश में कवि ने कैसे व्यक्तियों की बात की है?
(क) जो व्यक्ति आलसी व स्वार्थी होते हैं
(ख) जो व्यक्ति अपने स्वाभिमान को नहीं छोड़ते
(ग) जो व्यक्ति अहंकारी व दुर्जन होते हैं
(घ) जो व्यक्ति परोपकार पर विश्वास नहीं करते

II. उपर्युक्त काव्यांश की किन पंक्तियों में अत्याचार को सहन न करने के संकल्प पर विश्वास जताया गया है?
(क) मैं हूँ उनके साथ खडी जो, सीधी रखते अपनी रीढ़
(ख) निर्भय होकर घोषित करते, जो अपने उद्‌गार विचार
(ग) कभी नहीं जो सह सकते है, शीश नवाकर अत्याचार
(घ) ऊँचे से ऊँचे सपनों को, देते रहते जो न्योता

III. 'दुनिया के सामने वे लोग नहीं झुकते'
कथन पढ़कर सही विकल्प का चयन कीजिए
1. जो अपनी रीढ़ की हड्डी सीधी रखते हैं।
2. जो आक्रोश व्यक्त करने वाले होते हैं।
3. जो स्वाभिमानी होते हैं।
4. जो अत्याचारी लोगों का साथ देने वाले होते हैं।

कूट
(क) 1 और 2 सही हैं
(ख) 1 और 3 सही हैं
(ग) 2 और 3 सही हैं
(घ) 3 और 4 सही हैं

IV. प्रस्तुत कविता में कवि किसके साथ खड़ा है और क्यों?

V. प्रस्तुत कविता का केंद्रीय भाव क्या है? स्पष्ट कीजिए।

Allinone
संपूर्ण अध्ययन | संपूर्ण अभ्यास | संपूर्ण मूल्यांकन

खंड 'ख' : व्यावहारिक व्याकरण

अध्याय 1

वाक्य भेद (रचना के आधार पर)

अपने मन के भावों और विचारों को प्रकट करने के लिए तथा उन्हें दूसरों तक पहुँचाने के लिए हम वाक्यों का प्रयोग करते हैं। वाक्य विभिन्न शब्दों (पदों) के योग से बनता है। वाक्य में प्रयुक्त प्रत्येक शब्द का अपना अलग अर्थ होता है। वाक्य बड़ा हो या छोटा, किसी-न-किसी विचार या भाव को पूर्णत: व्यक्त करने में सक्षम होता है।

1.1 वाक्य की परिभाषा

दो या दो से अधिक शब्दों का सार्थक व व्यवस्थित समूह जिसमें कर्ता व क्रिया प्रयुक्त हों तथा जो पूरा आशय (अर्थ) प्रकट कर सके, **वाक्य** कहलाता है; जैसे—

- छात्र पुस्तक पढ़ रहा है।
- पिता के ठीक विपरीत थी, हमारी बेपढ़ी-लिखी माँ।
- बाबू जी भी दो-चार गोरखपुरिए पैसे खरीद लेते थे।
- नेताजी सुंदर लग रहे थे।

उपर्युक्त वाक्यों में शब्द समूह व्याकरण के नियमों के अनुसार व्यवस्थित भी हैं और सार्थक भी। अत: ये सभी वाक्य सही हैं।

वाक्य के अंग

वाक्य के दो अंग होते हैं

(i) उद्देश्य वाक्य में जिसके **विषय** में कुछ कहा जाए, उसे उद्देश्य कहते हैं।

(ii) विधेय वाक्य में **उद्देश्य के विषय** में, जो कुछ कहा जाए, उसे विधेय कहते हैं।

उद्देश्य तथा विधेय से संबंधित कुछ महत्त्वपूर्ण उदाहरण निम्नलिखित है

- श्याम ने बाज़ार से फल लिए।
- बच्चे पतंग उड़ा रहे हैं।
- पानवाले ने साफ़ बता दिया था। (पाठ-नेताजी का चश्मा)
- नवाब साहब ने फिर एक बार हमारी ओर देख लिया। (पाठ-लखनवी अंदाज़)

दिए गए उदाहरणों में उद्देश्य एवं विधेय इस प्रकार हैं

उद्देश्य	विधेय
• श्याम ने	बाज़ार से फल लिए।
• बच्चे	पतंग उड़ा रहे हैं।
• पानवाले ने	साफ़ बता दिया था।
• नवाब साहब ने	फिर एक बार हमारी ओर देख लिया।

वाक्य के भेद

सामान्यत: दो दृष्टियों से वाक्यों के भेद किए जाते हैं

1. अर्थ की दृष्टि से
2. रचना की दृष्टि से

1. अर्थ की दृष्टि से (आठ भेद)

अर्थ की दृष्टि से वाक्य के आठ भेद किए जाते हैं

(i) विधानवाचक (ii) निषेधवाचक
(iii) आज्ञावाचक (iv) प्रश्नवाचक
(v) विस्मयवाचक (vi) संदेहवाचक
(vii) इच्छावाचक (viii) संकेतवाचक

2. रचना की दृष्टि से (तीन भेद)

रचना की दृष्टि से वाक्य के तीन भेद किए जाते हैं

(i) सरल वाक्य
(ii) मिश्र वाक्य
(iii) संयुक्त वाक्य

नोट केवल रचना की दृष्टि से वाक्य भेद ही पाठ्यक्रम में शामिल किए गए हैं। अत: यहाँ केवल उन्हीं का विस्तारपूर्वक वर्णन किया जा रहा है। रचना की दृष्टि से वाक्य भेद समझने से पहले उपवाक्य को जानना आवश्यक है।

उपवाक्य

उपवाक्य, वाक्य का अंश होता है, जिसमें उद्देश्य और विधेय होते हैं। अतः पदों का ऐसा समूह, जिसका अपना अर्थ हो, जो सामान्यतया एक वाक्य का भाग हो तथा जिसमें उद्देश्य एवं विधेय सम्मिलित हों, **उपवाक्य** कहलाता है। जो उपवाक्य, वाक्य से अलग होकर भी पूर्ण अर्थ प्रकट करे, उसे **प्रधान उपवाक्य** तथा जो उपवाक्य प्रधान (मुख्य) उपवाक्य के बिना पूर्ण अर्थ न दे, उसे **आश्रित (गौण) उपवाक्य** कहते हैं। उदाहरणार्थ–यदि बस आ जाए, तो मैं चल पड़ूँ। यहाँ 'तो मैं चल पड़ूँ' प्रधान उपवाक्य है तथा 'यदि बस आ जाए' आश्रित उपवाक्य है।

उपवाक्य तीन प्रकार के होते हैं

(i) **संज्ञा उपवाक्य** जो आश्रित उपवाक्य प्रधान उपवाक्य की क्रिया के कर्ता, कर्म अथवा क्रिया पूरक के रूप में प्रयुक्त हों, उन्हें संज्ञा उपवाक्य कहते हैं। संज्ञा उपवाक्य के आरंभ में **कि** शब्द होता है; जैसे–
- मैं नहीं जानता **कि** वह कहाँ है?
- माँ ने बचपन में ही घोषित कर दिया था **कि** लड़का हाथ से गया।

उपर्युक्त वाक्यों में 'वह कहाँ है', 'लड़का हाथ से गया' संज्ञा उपवाक्य हैं।

(ii) **विशेषण उपवाक्य** जो आश्रित उपवाक्य प्रधान उपवाक्य के संज्ञा या सर्वनाम पद की विशेषता बताते हैं, वे विशेषण उपवाक्य कहलाते हैं; जैसे–
- वह लड़का, **जो** कल रोया था, आज नहीं आया है।
- वे फल कहाँ हैं, जिन्हें आप लाए थे।

उपर्युक्त वाक्यों में 'जो कल रोया था', 'जिन्हें आप लाए थे,' विशेषण उपवाक्य हैं। विशेषण उपवाक्य कभी आरंभ में और कभी अंत में आते हैं।

(iii) **क्रियाविशेषण उपवाक्य** जो आश्रित उपवाक्य प्रधान उपवाक्य की क्रिया की विशेषता बताते हैं, वे क्रियाविशेषण उपवाक्य कहलाते हैं; जैसे–
- **जब** आग लगती है, तभी धुआँ उठता है।
- **जब** वह हमारी ओर देखते, तब हम कुछ लजाकर और मुस्कुराकर आइना नीचे रख देते थे।

उपर्युक्त वाक्यों में 'जब आग लगती है', 'जब वह हमारी ओर देखते' क्रियाविशेषण उपवाक्य हैं।

रचना के आधार पर वाक्य के भेद

(i) सरल वाक्य/साधारण वाक्य

जिन वाक्यों में केवल एक ही उद्देश्य और एक ही विधेय होता है, **सरल या साधारण वाक्य** कहलाते हैं। इनमें एक ही मुख्य क्रिया होती है तथा कोई भी आश्रित वाक्य नहीं होता है; जैसे—
- वर्षा हो रही है।
- माँ ने खाना बनाया।
- ड्राइवर भी बेचैन हो रहा था। *(पाठ-नेताजी का चश्मा)*
- बाल पक गए थे। *(पाठ-बालगोबिन भगत)*
- गाड़ी छूट रही थी।

उपर्युक्त सभी वाक्यों में रेखांकित पदों में मुख्य क्रिया और कर्ता एक ही हैं। अतः ये सभी सरल वाक्य हैं।

(ii) मिश्र वाक्य

जिस वाक्य में एक प्रधान उपवाक्य होता है तथा एक या एक से अधिक आश्रित उपवाक्य होते हैं, वे **मिश्र वाक्य** कहलाते हैं; जैसे—
- अध्यापक ने कहा कि कल विद्यालय बंद रहेगा।
- वह लड़का मेरा मित्र है, जो पेड़ के पास खड़ा है।
- मोर ऐसा पक्षी है, जिसका नृत्य सभी देखना चाहते हैं।
- यह वही पुस्तक है, जिसे मैं ढूँढ रहा था।
- यह वही लड़का है, जो कल दौड़ में प्रथम आया था।

उपर्युक्त उदाहरणों में रेखांकित अंश मुख्य उपवाक्य को दर्शा रहे हैं, जबकि शेष भाग 'गौण' या 'आश्रित' उपवाक्य हैं। आश्रित उपवाक्य को मुख्य उपवाक्य से क्रमशः 'कि', 'जो', 'जिसका' एवं 'जिसे' द्वारा जोड़ा गया है। अतः ये सभी मिश्र वाक्य के उदाहरण हैं।

मुख्य और आश्रित उपवाक्यों को पहचानना

- वाक्य में मुख्य उपवाक्य की क्रिया ही मुख्य क्रिया होती है।
- वाक्यों में आए आश्रित उपवाक्यों का आरंभ सामान्यतया समुच्चयबोधक शब्दों से होता है; जैसे—जिसने, कि, जिन्हें, जिसमें, जो, जिसको, जहाँ, जब, क्योंकि, यदि, तब, परंतु आदि।
- आश्रित उपवाक्य वाक्यों के आरंभ, मध्य या अंत में भी आते हैं; जैसे—
  (i) जिसने बालक की जान बचाई, वह युवती पालम कॉलोनी में रहती है।
  (ii) वह युवती, जिसने बालक की जान बचाई, पालम कॉलोनी में रहती है।

(iii) संयुक्त वाक्य

जिस वाक्य में दो या दो से अधिक सरल या मिश्र वाक्य परस्पर किसी अव्यय या योजक शब्द (और, या, तथा, एवं, परंतु, अथवा, इसलिए, अतः, फिर भी, किंतु, लेकिन, पर आदि) से जुड़े हों, उसे **संयुक्त वाक्य** कहते हैं। संयुक्त वाक्य में प्रयुक्त वाक्य एक-दूसरे पर आश्रित नहीं होते हैं; जैसे—
- दिल्ली चलो और तुम मुझे खून दो। *(पाठ-नेताजी का चश्मा)*
- पानवाले के लिए यह एक मज़ेदार बात थी, लेकिन हालदार साहब के लिए चकित और द्रवित करने वाली। *(पाठ-नेताजी का चश्मा)*
- बुढ़ापा आ गया था, किंतु टेक जवानी वाली थी। *(पाठ-बालगोबिन भगत)*

उपर्युक्त सभी वाक्यों में रेखांकित पद योजक शब्द हैं, जो दो वाक्यों को मिलाने का कार्य कर रहे हैं। अतः ये सभी वाक्य संयुक्त वाक्य के उदाहरण हैं।

वाक्य रूपांतरण अथवा रचनांतरण (परिवर्तन)

वाक्य रूपांतरण (परिवर्तन) का शाब्दिक अर्थ है—वाक्य के रूप को परिवर्तित कर देना। किसी वाक्य में अर्थ परिवर्तन किए बिना उसकी संरचना में परिवर्तन की प्रक्रिया **वाक्य रूपांतरण** कहलाती है अर्थात् एक प्रकार के वाक्य को दूसरे प्रकार के वाक्यों में बदलना वाक्य परिवर्तन या वाक्य रचनांतरण कहलाता है।

वाक्य परिवर्तन की प्रक्रिया में इस बात पर विशेष ध्यान देना चाहिए कि वाक्य का केवल प्रकार बदला जाए, अर्थ या काल आदि नहीं।

वाक्य परिवर्तन करते समय ध्यान रखने योग्य बातें

वाक्य परिवर्तन करते समय निम्नलिखित बातें ध्यान रखनी चाहिए
- केवल वाक्य की रचना बदलनी चाहिए, वाक्य का अर्थ नहीं।
- सरल वाक्यों को मिश्र या संयुक्त वाक्य बनाते समय कुछ संबंधबोधक अव्यय अथवा योजक शब्द जोड़े जाते हैं; जैसे–क्योंकि, कि, और, इसलिए, तब आदि।
- संयुक्त एवं मिश्र वाक्यों को सरल वाक्यों में बदलते समय योजक शब्दों या संबंधबोधक अव्ययों का लोप (हटाना) किया जाना चाहिए।

रचना की दृष्टि से वाक्य परिवर्तन

- साधारण वाक्य से संयुक्त वाक्य
- साधारण वाक्य से मिश्र वाक्य
- संयुक्त वाक्य से साधारण वाक्य
- संयुक्त वाक्य से मिश्र वाक्य
- मिश्र वाक्य से साधारण वाक्य
- मिश्र वाक्य से संयुक्त वाक्य

साधारण वाक्य से संयुक्त वाक्य में रूपांतरण

साधारण वाक्य	संयुक्त वाक्य
बालक रोते-रोते चुप हो गया।	बालक रोया और चुप हो गया।
कठोर बनकर भी सहृदय रहो।	कठोर बनो, परंतु सहृदय रहो।
आलसी होने के कारण वह विफल हुआ।	वह आलसी था, इसलिए विफल हुआ।
अस्वस्थ रहने के कारण वह परीक्षा में सफल न हो सका।	वह अस्वस्थ था, इसलिए परीक्षा में सफल न हो सका।
सायंकाल होते ही पक्षी अपने-अपने घोंसलों में लौट गए।	सायंकाल हुआ और पक्षी अपने-अपने घोंसलों में लौट गए।
हालदार का प्रश्न सुनकर वह हँसा।	उसने हालदार का प्रश्न सुना और वह हँस पड़ा। *(पाठ-नेताजी का चश्मा)* **CBSE 2014**
उनकी बगल में बैठे-बैठे आइने में अपना मुँह निहारा करते थे।	वह उनकी बगल में बैठते और आइने में अपना मुँह निहारा करते थे। *(पाठ-माता का अँचल)*
थोड़ी देर बाद फिर लड़कों की मंडली जुट जाती थी।	थोड़ी देर होती और फिर लड़कों की मंडली जुट जाती। *(पाठ-माता का अँचल)*

साधारण वाक्य से मिश्र वाक्य में रूपांतरण

साधारण वाक्य	मिश्र वाक्य
स्वावलंबी व्यक्ति सदा सुखी रहते हैं।	जो व्यक्ति स्वावलंबी होते हैं, वे सदा सुखी रहते हैं।
वह जूते खरीदने के लिए बाज़ार गया।	वह इसलिए बाज़ार गया, क्योंकि उसे जूते खरीदने थे।
तुम उससे मिलने वहाँ चले जाओ।	तुम वहाँ चले जाओ, जहाँ उससे मिलना है।
निर्दयी मनुष्य राक्षस के समान है।	जो मनुष्य निर्दयी है, वह राक्षस के समान है।
अच्छे छात्र गुरु की आज्ञा मानते हैं।	जो छात्र अच्छे होते हैं, वे गुरु की आज्ञा मानते हैं।
ज्ञान-चक्षु खुल गए! मैंने उन्हें पहचान लिया।	जब ज्ञान-चक्षु खुले, तब मैंने उन्हें पहचान लिया। **CBSE 2015**
हालदार साहब जीप में बैठकर चले गए।	जैसे ही जीप आई, हालदार साहब उसमें बैठकर चले गए। *(पाठ-नेताजी का चश्मा)*
सच बोलने वाले व्यक्ति को कोई नहीं डरा सकता।	जो व्यक्ति सच बोलता है, उसे कोई नहीं डरा सकता।

संयुक्त वाक्य से साधारण/सरल वाक्य में रूपांतरण

संयुक्त वाक्य	साधारण वाक्य
अध्यापक बाहर गए और बच्चे शोर मचाने लगे।	अध्यापक के बाहर जाते ही बच्चे शोर मचाने लगे।
वर्षा होने लगी, इसलिए वह देर से घर पहुँचा।	वर्षा होने के कारण वह देर से घर पहुँचा।
उसने मेहनत की और सफल हुआ।	वह मेहनत करने से सफल हुआ।
विपत्ति आती है और अपने भी साथ छोड़ देते हैं।	विपत्ति आने पर अपने भी साथ छोड़ देते हैं।
हम कल यहाँ से जाएँगे और ताजमहल देखेंगे।	हम कल यहाँ से जाकर ताजमहल देखेंगे।
खिड़की के बाहर देखा और दीर्घ श्वास लिया।	उसने खिड़की के बाहर देखकर दीर्घ श्वास लिया। *(पाठ- लखनवी अंदाज)*
चपरासी को हुक्म हुआ और कमरे के सब दरवाजे बंद कर दिए गए।	चपरासी को हुक्म देते ही कमरे के सब दरवाजे बंद कर दिए गए।

संयुक्त वाक्य से मिश्र वाक्य में रूपांतरण

संयुक्त वाक्य	मिश्र वाक्य
तुम सच बोलते हो, इसलिए महान हो।	तुम महान हो, क्योंकि सच बोलते हो।
आपने कठिन परिश्रम किया और सफलता प्राप्त की।	आप इसलिए सफल हो गए, क्योंकि आपने कठिन परिश्रम किया।
सुनील ने आपबीती सुनाई और सुनने वाले रो पड़े।	सुनील ने ऐसी आपबीती सुनाई कि सुनने वाले रो पड़े।
रात हुई और आकाश में तारों का मेला लग गया।	आकाश में तारों का मेला लग गया, क्योंकि रात हो गई थी।
उससे मिल लेना, परंतु प्रतीक्षा करनी पड़ेगी।	यदि उससे मिलना हो, तो प्रतीक्षा करनी पड़ेगी।
उन्होंने मूर्ति को देखा और रुक गए।	जैसे ही उन्होंने मूर्ति को देखा, वैसे ही वे रुक गए। *(पाठ-नेताजी का चश्मा)* **CBSE 2013**
चौराहा आया और आँखें मूर्ति की ओर उठ गईं।	जैसे ही चौराहा आया, वैसे ही आँखें मूर्ति की ओर उठ गईं। *(पाठ-नेताजी का चश्मा)* **CBSE 2014**
गश्त लगती रही और लाट की नाक चली गई।	जब गश्त लग रही थी तभी लाट की नाक चली गई।

मिश्र वाक्य से साधारण/सरल वाक्य में रूपांतरण

मिश्र वाक्य	साधारण वाक्य
यह वही छात्र है, जिसने प्रथम स्थान प्राप्त किया था।	यह प्रथम स्थान प्राप्त करने वाला छात्र है।
उसने कहा कि वह बहुत बुद्धिमान है।	उसने स्वयं को बुद्धिमान कहा।
जब तक डॉक्टर पहुँचा, रोगी मर चुका था।	डॉक्टर के पहुँचने तक रोगी मर चुका था।

मिश्र वाक्य	साधारण वाक्य
जो प्रतिदिन व्यायाम करते हैं, वे स्वस्थ रहते हैं।	प्रतिदिन व्यायाम करने वाले स्वस्थ रहते हैं।
जो व्यक्ति परिश्रम करते हैं, उन्हें सफलता अवश्य मिलती है।	परिश्रम करने वाले व्यक्ति को सफलता अवश्य मिलती है।
कातिक आया नहीं कि बालगोबिन भगत की प्रभातियाँ शुरू हुईं।	कातिक आते ही बालगोबिन भगत की प्रभातियाँ शुरू हो गईं।
जिन बालकों ने शोर मचाया था, वे पकड़ लिए गए हैं।	शोर मचाने वाले बालक पकड़ लिए गए हैं।
मैंने एक आदमी देखा, जो बहुत बीमार था।	मैंने एक बहुत बीमार आदमी देखा।

मिश्र वाक्य से संयुक्त वाक्य में रूपांतरण

मिश्र वाक्य	संयुक्त वाक्य
सीमा इसलिए विद्यालय नहीं गई, क्योंकि वह बीमार है।	सीमा बीमार है, इसलिए वह विद्यालय नहीं गई।
जो व्यक्ति धनी है, वह प्रत्येक वस्तु खरीद सकता है।	वह धनी व्यक्ति है, इसलिए प्रत्येक वस्तु खरीद सकता है।
यद्यपि वह पंडित है, फिर भी हठी है।	वह पंडित है, किंतु हठी है।
जब रावण मारा गया, तो विभीषण को राजगद्दी मिली।	रावण मारा गया और विभीषण को राजगद्दी मिली।
जब सभा समाप्त हुई, तो सब लोग चले गए।	सभा समाप्त हुई और सब लोग चले गए।
जो तोता पिंजड़े में है, वह दाल खा रहा है।	तोता पिंजड़े में है और दाल खा रहा है।

मिश्र वाक्य	संयुक्त वाक्य
मोहन खिलाड़ी है, जो कभी फेल नहीं होता।	मोहन खिलाड़ी है और वह कभी फेल नहीं होता।
जब सुबह हुई, तो भौंरे गुनगुनाने लगे।	सुबह हुई और भौंरे गुनगुनाने लगे।

साधारण वाक्य से संयुक्त वाक्य और संयुक्त से मिश्र वाक्य में रूपांतरण

साधारण वाक्य	संयुक्त वाक्य	मिश्र वाक्य
उनकी शर्त मानकर वह भारत आए।	उन्होंने उनकी शर्त मान ली और वह भारत आ गए।	वह भारत इसलिए आ गए, क्योंकि उन्होंने उनकी शर्त मान ली।
जाड़ा आते ही एक काली कमली ऊपर से ओढ़े रहते।	जाड़ा आता और वे एक काली कमली ऊपर से ओढ़े रहते।	जैसे ही जाड़ा आता वैसे ही वे एक काली कमली ऊपर से ओढ़े रहते।
सुनते ही सभी हताश होकर झुँझलाने लगे।	सुनकर सब हताश हो गए और झुँझलाने लगे।	जैसे ही सभी ने सुना वैसे ही सभी हताश होकर झुँझलाने लगे।
मूर्तिकार ने सुनकर जवाब दिया।	मूर्तिकार ने सुना और जवाब दिया।	जैसे ही मूर्तिकार ने सुना वैसे ही उसने जवाब दिया।
हालदार साहब चौराहे पर रुककर मूर्ति को देखते थे।	हालदार साहब चौराहे पर रुकते थे और मूर्ति को देखते थे।	जैसे ही चौराहा आता हालदार साहब रुककर, मूर्ति को देखते थे।
मूर्तिकार कोशिश करके असफल रहा होगा।	मूर्तिकार ने कोशिश की होगी और असफल रहा होगा।	यद्यपि मूर्तिकार असफल रहा, फिर भी उसने कोशिश की होगी।

अभ्यास प्रश्न

बहुविकल्पीय व वर्णनात्मक प्रश्नों सहित

बहुविकल्पीय प्रश्न

निम्नलिखित प्रश्नों को पढ़कर सही विकल्पों का चयन कीजिए।

1. 'रसूलन और बतूलन जब गाती हैं, तब अमीरुद्दीन को खुशी मिलती है।' इस वाक्य का सरल वाक्य होगा CBSE SQP 2023

(i) रसूलन और बतूलन के गायन से अमीरुद्दीन को खुशी मिलती है।
(ii) रसूलन और बतूलन जैसे ही गाती हैं अमीरुद्दीन को खुशी मिलती है।
(iii) रसूलन और बतूलन गाती हैं और अमीरुद्दीन को खुशी मिलती है।
(iv) रसूलन और बतूलन के गीतों से अमीरुद्दीन को खुशी मिलती है।

2. 'दूसरी बार जब हालदार साहब उधर से गुजरे तो उन्हें मूर्ति में कुछ अंतर दिखाई दिया।' इस मिश्रित वाक्य का संयुक्त वाक्य होगा। CBSE SQP 2023

(i) जैसे ही दूसरी बार हालदार साहब उधर से गुजरे, उन्हें मूर्ति में कुछ अन्तर दिखाई दिया।
(ii) दूसरी बार उधर से गुजरते समय हालदार साहब को मूर्ति में कुछ अन्तर दिखाई दिया।
(iii) दूसरी बार हालदार साहब उधर से गुजरे और उनको मूर्ति में कुछ अंतर दिखाई दिया।
(iv) जब भी हालदार साहब उधर से गुजरते हैं मूर्ति में अन्तर दिखाई देता है।

3. निम्नलिखित वाक्यों में से मिश्र वाक्य का उदाहरण है CBSE SQP 2023

(i) अजमेर से पहले पिताजी इंदौर में थे।
(ii) हुड़दंग तो इतना मचाया कि कॉलेज वालों को थर्ड इयर भी खोलना पड़ा।
(iii) हमने हुड़दंग मचाया और कॉलेज वालों ने थर्ड इयर खोल दिया।
(iv) हमारे हुड़दंग मचाने के कारण कॉलेज वालों को थर्ड इयर भी खोलना पड़ा।

4. निम्नलिखित वाक्यों में मिश्र वाक्य कौन-सा है? CBSE 2023

(i) इस कार्य की ऋषि जमदग्नि ने बहुत निंदा की और परशुराम को प्रायश्चित करने को कहा।
(ii) चाँदनी रात की कांति दर्शाने के लिए देव दूध में फेन जैसे पारदर्शी बिंब काम में लेते हैं।
(iii) कहना न होगा कि आज के समय में भी ऐसी परजीवी संस्कृति को देखा जा सकता है।
(iv) बिना कथ्य के कहानी नहीं लिखी जा सकती, परंतु एक स्वतंत्र रचना के रूप में इस रचना को पढ़ा जा सकता है।

5. 'जो शब्द सबसे कम समझ आते हैं, वे दो शब्द हैं सभ्यता और संस्कृति।' इस वाक्य का रचना की दृष्टि से वाक्य-भेद होगा CBSE 2024

(i) संयुक्त वाक्य (ii) साधारण वाक्य
(iii) सरल वाक्य (iv) मिश्र वाक्य

6. मुझे पुरस्कार मिलने की आशा है। (रचना की दृष्टि से वाक्य का भेद बताइए।)

(i) सरल वाक्य (ii) मिश्रवाक्य
(iii) संयुक्त वाक्य (iv) विधानवाचक वाक्य

7. मैंने एक दुबला-पतला व्यक्ति देखा। दक्षता आधारित प्रश्न

वाक्य के मिश्रित वाक्य में बदले रूप को पहचानिए।

(i) दुबले-पतले एक व्यक्ति को मैंने देखा।
(ii) मैंने उस व्यक्ति को देखा, जो दुबला-पतला था।
(iii) एक दुबले-पतले व्यक्ति को मेरे द्वारा देखा गया।
(iv) मैंने एक व्यक्ति देखा और वह दुबला-पतला था।

8. निम्नलिखित में से संयुक्त वाक्य को पहचानिए। दक्षता आधारित प्रश्न

(i) खेतों में बारिश का पानी भर रहा है।
(ii) घर से निकलते ही बारिश शुरू हो गई।
(iii) उसने छत पर जाते ही पतंग पकड़ ली।
(iv) कल रक्षाबंधन है और बाज़ार खुला रहेगा।

9. 'बादल घिर आए और वर्षा होने लगी।' रचना के आधार पर वाक्य भेद है CBSE SQP Term I 2021

(i) सरल वाक्य (ii) मिश्र वाक्य
(iii) संयुक्त वाक्य (iv) साधारण वाक्य

10. 'आग का आविष्कार जिस आदमी ने किया होगा, वह महान आविष्कारक होगा।' इस वाक्य का सरल वाक्य होगा CBSE 2024

(i) जिसने आग का आविष्कार किया, वह महान आविष्कारक होगा।
(ii) आग का आविष्कार करने वाला व्यक्ति महान आविष्कारक रहा होगा।
(iii) वह महान आविष्कारक होगा, जिसने आग का आविष्कार किया होगा।
(iv) आग का आविष्कार करने वाला, जो भी हो कोई महान व्यक्ति था।

11. 'न तो तुम वहाँ जा सके, न ही मैं।' इसका सरल वाक्य होगा CBSE SQP 2022

(i) तुम और मैं दोनों ही वहाँ नहीं जा सके।
(ii) तुम भी वहाँ नहीं जा सके और मैं भी वहाँ नहीं जा सका।
(iii) यद्यपि तुम और मैं वहाँ जा सकते थे, फिर भी नहीं जा सके।
(iv) चूँकि तुम वहाँ नहीं जा सके, इसलिए मैं भी वहाँ नहीं जा सका।

12. 'एक चश्मेवाला है, जिसका नाम कैप्टन है।' सरल वाक्य में बदलिए। CBSE SQP (Additional Set) 2023

(i) चश्मेवाले का नाम कैप्टन है।
(ii) एक चश्मे वाला है और उसका नाम कैप्टन है।
(iii) जो चश्मे वाला है, उसका नाम कैप्टन है।
(iv) जिसका नाम कैप्टन है वह चश्मेवाला है।

13. मैं भी युवा थी और शीला अग्रवाल की जोशीली बातों ने रगों में बहते खून को लावे में बदल दिया था। मिश्र वाक्य में बदलिए। CBSE SQP (Additional Set) 2023

(i) मैं युवा थी और शीला अग्रवाल की जोशीली बातों ने रगों में बहते खून को लावे में बदल दिया था।
(ii) युवावस्था में शीला अग्रवाल की जोशीली बातों ने मेरी रगों में बहते खून को लावे में बदल दिया था।
(iii) शीला अग्रवाल की बातें जोशीली थीं अत: उसने युवावस्था में मेरी रगों में बहते खून को लावे में बदल दिया था।
(iv) मैं जब युवा थी तब शीला अग्रवाल की जोशीली बातों ने रगों में बहते खून को लावे में बदल दिया था।

14. निम्नलिखित में से कौन-सा संयुक्त वाक्य नहीं है? दक्षता आधारित प्रश्न

(i) मोबिन यहाँ आ रहा है मगर तुम मेले में जा रहे हो।
(ii) मुझे वह डिब्बा लाकर दो जिसमें मोतियों वाली माला है।
(iii) सामने से बिल्ली आ रही थी, परंतु चूहा वहीं पर बैठा रहा।
(iv) कल बहुत वर्षा हुई फिर भी तालाब में ज्यादा पानी नहीं भरा।

15. निम्नलिखित में से कौन-से वाक्य में विशेषण आश्रित उपवाक्य है? दक्षता आधारित प्रश्न

(i) मैं चाहती हूँ कि यहाँ वृक्षारोपण किया जाए।
(ii) जिस कुर्सी पर सोम बैठा था, वह टूटी हुई थी।
(iii) वीर जब नदी किनारे पहुँचा तब सूर्योदय हो रहा था।
(iv) जैसे-जैसे अँधेरा होने लगा, बगीचे में बहुत-से जुगनू चमकने लगे।

16. निम्नलिखित वाक्यों में संयुक्त वाक्य कौन-सा है? CBSE 2023

(i) यशपाल सामंती वर्ग पर कटाक्ष करते हैं, जो वास्तविकता से बेखबर एक बनावटी जीवन-शैली का आदी है।
(ii) यशपाल की रचनाओं में आम आदमी के सरोकारों की उपस्थिति है।
(iii) सामाजिक विषमता, राजनैतिक पाखंड और रूढ़ियों के खिलाफ़ उनकी रचनाएँ मुख्य हैं।
(iv) काशी आज भी संगीत के स्वर पर जगती है और उसी की थापों पर सोती है।

17. निम्नलिखित में मिश्रित वाक्य है

(i) बालक रोया और चुप हो गया।
(ii) कठोर बनो, परंतु सहृदय रहो।
(iii) वह आलसी था, इसलिए विफल हुआ।
(iv) वह इसलिए बाज़ार गया, क्योंकि उसे जूते खरीदने थे।

18. हालदार साहब जीप से उतरे और पानवाले की दुकान की ओर चल पड़े- रचना के आधार पर वाक्य भेद होगा CBSE Term I 2021

(i) सरल वाक्य
(ii) संयुक्त वाक्य
(iii) मिश्र वाक्य
(iv) जटिल वाक्य

19. उसने अदालत में कहा कि वह निर्दोष है। दक्षता आधारित प्रश्न
इस वाक्य का सरल वाक्य में रूपांतरित रूप पहचानिए

(i) उसने अदालत में स्वयं को निर्दोष बताया।
(ii) वह अदालत आया और बोला कि वह निर्दोष है।
(iii) उसने अदालत में आते ही कहा कि वह निर्दोष है।
(iv) वह अदालत आया, लेकिन उसने खुद को निर्दोष बताया।

20. पूनम ने एक पतंग देखी जो पचरंगी थी। दक्षता आधारित प्रश्न
इस वाक्य का सरल वाक्य में रूपांतरण किस प्रकार होगा?

(i) जब पूनम ने एक पतंग देखी तब वह पचरंगी थी।
(ii) पूनम ने एक पतंग देखी और वह पचरंगी थी।
(iii) जो पतंग पूनम ने देखी वह पचरंगी थी।
(iv) पूनम ने एक पचरंगी पतंग देखी।

21. निम्नलिखित में से किस वाक्य में रेखांकित भाग संज्ञा आश्रित उपवाक्य है? दक्षता आधारित प्रश्न, CBSE 2024

(i) <u>यदि शिखा जल्दी उठ जाती</u>, तो उसे गरम पूड़ियाँ मिलती हैं।
(ii) <u>जो पेड़ की डाल पर बैठा है</u>, वह दूधराज पक्षी है।
(iii) यह तो वही शहर है, <u>जहाँ बहुत-से कारखाने हैं।</u>
(iv) मुझे तो पहले से पता था कि <u>वह नर्तक बनेगा।</u>

22. 'मालिक ने कहा कि <u>कल छुट्टी रहेगी।</u>' (रेखांकित उपवाक्य का भेद है)

(i) क्रिया विशेषण उपवाक्य
(ii) सर्वनाम उपवाक्य
(iii) विशेषण उपवाक्य
(iv) आश्रित उपवाक्य

23. तुम घर गए और वह रोने लगी। (सरल वाक्य में परिवर्तित कीजिए।)

(i) तुम घर गए तब वह रोने लगी।
(ii) तुम घर पहुँचे और वह रोने लगी।
(iii) तुम्हारे घर जाते ही वह रोने लगी।
(iv) उपर्युक्त में से कोई नहीं

24. 'उस स्थान पर ऊपर से करील की घनी छाँह थी और चारों ओर तेज धूप के वृत्त।' इस वाक्य का सरल वाक्य होगा दक्षता आधारित प्रश्न, CBSE 2024

(i) उस स्थान पर ऊपर से करील की घनी छाँह भी थी और उसके साथ धूप भी थी।
(ii) वहाँ जो स्थान था वह ऊपर से करील की घनी छाँह और धूप के वृत्त से युक्त था।
(iii) उस स्थान पर ऊपर से करील की घनी छाँह के साथ चारों ओर से तेज धूप के वृत्त भी थे।
(iv) वहाँ चारों ओर तेज धूप के वृत्त थे और ऊपर से करील की घनी छाँह भी थी।

25. **पदक जीतने के लिए तुम्हें अभ्यास करना होगा।**

इस वाक्य को मिश्र वाक्य में परिवर्तित करने पर कौन-सा विकल्प सही होगा? **दक्षता आधारित प्रश्न**

(i) पदक तुम्हें मिलेगा, लेकिन अभ्यास करना पड़ेगा।
(ii) तुम अभ्यास करो, ताकि पदक जीत सको।
(iii) तुम अभ्यास करो और पदक जीत जाओ।
(iv) अभ्यास करो अन्यथा पदक नहीं जीतोगे।

26. **निम्नलिखित वाक्य का सरल वाक्य कौन-सा होगा?**

'जो हमारे नाना थे वे तो वहीं बालाजी के मंदिर में बड़े प्रतिष्ठित शहनाईवाज़ रह चुके हैं।' **CBSE 2023**

(i) हमारे नाना जो थे वे तो वहीं बालाजी के मंदिर में बड़े प्रतिष्ठित शहनाईवाज़ रह चुके हैं।
(ii) हमारे नाना तो वहीं बालाजी के मंदिर में बड़े प्रतिष्ठित शहनाईवाज रह चुके हैं।
(iii) वे हमारे नाना ही तो हैं जो बालाजी के मंदिर में बड़े प्रतिष्ठित शहनाईवाज़ रह चुके हैं।
(iv) जो बालाजी का मंदिर है उसमें रह चुके प्रतिष्ठित शहनाईवाज हमारे नाना ही तो हैं।

27. **कथन (क) यह इकाई कविताएँ गुनगुनाने के बारे में है। कथन (ख) यह इकाई इस बारे में है कि कविताओं को कैसे गुनगुनाया जाए।** **CBSE SQP (Additional Set) 2023**

उपर्युक्त कथनों के आधार पर सही विकल्प चुनिए।

(i) कथन (क) उपवाक्य और कथन (ख) मिश्र वाक्य है।
(ii) कथन (क) सरल और कथन (ख) संयुक्त वाक्य है।
(iii) कथन (क) संयुक्त और कथन (ख) मिश्र वाक्य है।
(iv) कथन (क) सरल और कथन (ख) मिश्र वाक्य है।

28. **निम्नलिखित वाक्यों में से संयुक्त वाक्य पहचानकर नीचे दिए गए विकल्पों में से सर्वाधिक उपयुक्त उत्तर वाला विकल्प चुनकर लिखिए** **CBSE 2024**

1. लेखक को संस्कृति का बँटवारा करने वाले लोगों पर आश्चर्य होता है।
2. जिसे बाजार कहा जा सके वैसा उस कस्बे में एक ही बाजार था।
3. मूर्ति कपड़े नहीं बदल सकती है, लेकिन चश्मा तो बदल ही सकती है।
4. उसने दुकान के नीचे पान थूका और अपनी काली - लाल बत्तीसी दिखाकर बोला।

कूट

(i) कथन 1 और 2 सही हैं।
(ii) कथन 2 व 3 सही हैं।
(iii) कथन 3 व 4 सही हैं।
(iv) कथन 1 और 4 सही हैं।

29. **निम्नलिखित वाक्यों में सरल वाक्य पहचानकर नीचे दिए गए सबसे सही विकल्प को चुनिए।**

1. राजकुमार ने भाई को मार डाला और स्वयं राजा बन गया।
2. वह अमीर होने पर भी सुखी नहीं है।
3. वक्त निकल जाता है पर बात याद रहती है।
4. पैसा साध्य न होकर साधन है।

कूट

(i) केवल कथन 1 सही है। (ii) कथन 2 व 4 सही हैं।
(iii) कथन 3 व 4 सही हैं। (iv) कथन 1, 2, 3 व 4 सही हैं।

30. **निम्नलिखित वाक्यों में मिश्र वाक्य पहचानकर नीचे दिए गए विकल्पों में से सर्वाधिक सही विकल्प चुनिए।** **CBSE SQP (Additional Set) 2023**

1. जो व्यक्ति परिश्रम करता है वह सफल होता है।
2. मैं कल बाजार जाऊँगा और कोट खरीदूँगा।
3. जैसे ही पर्दा उठा लोग मंत्रमुग्ध हो गए।
4. गंगटोक मेहनतकश बादशाहों का शहर कहा जाता है।

(i) 1 और 2 सही हैं। (ii) 2 और 3 सही हैं।
(iii) 1 और 3 सही हैं। (iv) 2 और 4 सही हैं।

31. **सूची I को सूची II से सुमेलित कीजिए और सही विकल्प का चयन कीजिए** **CBSE (Additional Set) 2023**

	सूची I		सूची II
A.	मजदूर खूब मेहनत करता है, परन्तु उसे लाभ नहीं मिलता है।	1.	मिश्र वाक्य
B.	जो बिना भेदभाव सभी के कल्याण हेतु जीवन उत्सर्ग कर देता है। वही सच्चा नेता होता है।	2.	सरल वाक्य
C.	खाँ साहब ने शहनाई को हमेशा इबादत की तरह बजाया।	3.	संयुक्त वाक्य

	A	B	C		A	B	C
(i)	1	2	3	(ii)	3	1	2
(iii)	1	3	2	(iv)	2	1	3

32. **सूची I को सूची II से सुमेलित कीजिए और सही विकल्प का चयन कीजिए।** **CBSE SQP 2023**

	सूची I		सूची II
A.	सुरेश के आ जाने से सब प्रसन्न हो गए।	1.	मिश्र वाक्य
B.	मैं युवा थी और शीला अग्रवाल की जोशीली बातों ने रगों में बहते खून को लावे में बदल दिया था।	2.	सरल वाक्य
C.	कुछ लोग इसलिए दान करते हैं कि उनका नाम हो।	3.	संयुक्त वाक्य

	A	B	C		A	B	C
(i)	1	2	3	(ii)	2	3	1
(iii)	1	3	2	(iv)	2	1	3

33. सूची I और सूची II के सही मिलान वाला विकल्प पहचानिए **CBSE SQP (Additional Set) 2023**

सूची I		सूची II
A. सरल वाक्य	1.	मैंने अभ्यास किया इसलिए सफलता मिली।
B. संयुक्त वाक्य	2.	यदि जाँच की होती तो खराब सामान न आता।
C. मिश्र वाक्य	3.	शिक्षार्जन मेरे लिए मजेदार अनुभव रहा।

	A	B	C		A	B	C
(i)	1	2	3	(ii)	2	1	3
(iii)	3	1	2	(iv)	3	2	1

34. मुझे प्रथम आना था .... नहीं आ सकी।
उपर्युक्त वाक्य में संयुक्त वाक्य बनाने के लिए उचित संयोजक चुनिए। **CBSE SQP (Additional Set) 2023**

(i) एवं (ii) वरन
(iii) बल्कि (iv) लेकिन

35. (क) पेड़ पर चिड़िया बैठी है और वह कुछ गा रही है। (संयुक्त वाक्य) **CBSE SQP (Additional Set) 2023**

(ख) .... ही चिड़िया पेड़ पर बैठी .... ही गाने लगी। (मिश्र वाक्य)

कोष्ठक में दिए गए निर्देशानुसार वाक्यों को पूरा करने के लिए सही विकल्प चुनिए

(i) (क) और (ख) ज्यों, त्यों
(ii) (क) ताकि, (ख) जैसे, तैसे
(iii) (क) इसलिए, (ख) जो, वो
(iv) (क) कि, (ख) जहाँ, वहाँ

अतिलघु/लघु उत्तरीय प्रश्न

1. वाक्य की परिभाषा देते हुए उसके अंगों के नाम बताइए।

2. रचना की दृष्टि से वाक्य के कितने भेद हैं?

3. रचना के आधार पर किस प्रकार के वाक्य में आश्रित उपवाक्य प्रयुक्त होते हैं?

4. जिस वाक्य में क्रिया या विधेय एक ही हो, उसे क्या कहते हैं? **CBSE 2016, 12**

5. उपवाक्य किसे कहते हैं?

6. संयुक्त वाक्यों की पहचान किस प्रकार की जा सकती है?

अथवा

जिस वाक्य में दो या दो से अधिक स्वतंत्र उपवाक्य समुच्चयबोधक अव्यय द्वारा जुड़े होते हैं, वह क्या कहलाता है? **CBSE 2014, 12**

7. प्रधान व आश्रित उपवाक्य किसे कहते हैं?

8. जिस वाक्य में एक स्वतंत्र उपवाक्य होता है तथा अन्य उपवाक्य उस पर आश्रित होते हैं, उसे क्या कहते हैं? **CBSE 2012**

9. निम्नलिखित वाक्यों में मुख्य उपवाक्य तथा गौण या आश्रित उपवाक्य छाँटिए

(i) उसने कहा कि मैं निर्दोष हूँ।
(ii) उसने उस घर को खरीदा, जो उसके मित्र का था।
(iii) जो अच्छे खिलाड़ी होते हैं, उन्हें सब चाहते हैं।
(iv) मैंने कहा था कि तुम कल आ जाना।
(v) जो विद्वान् होते हैं, वे विनयी होते हैं।
(vi) यह वही लड़का है जिसके पैर में चोट लगी थी।
(vii) आप समय पर पहुँच जाएँगे या फ़ोन पर याद दिलवाऊँ?
(viii) उसने संदेश भेजा है कि वह देर से आएगा।
(ix) यह परिधान बहुत सुंदर है, परंतु महँगा है।
(x) आपका वह मित्र कहाँ है, जो कल दिल्ली से आया था?

10. निम्नलिखित वाक्यों को सरल/साधारण वाक्यों में बदलिए

(i) मूर्तिकार ने सुना और जवाब दिया। **CBSE 2020**
(ii) उसने मुझसे कहा कि माँ को बुलाओ।
(iii) जब तक मेरा मित्र नहीं आएगा, मैं कहीं नहीं जाऊँगा।
(iv) जैसे ही बच्चे को खिलौना मिला वह चुप हो गया।
(v) उन्होंने जेब से चाकू निकाला और खीरा काटने लगे। **CBSE 2020**
(vi) वे दिल्ली में बीमार रहे और पता नहीं चला। **CBSE 2020**
(vii) वह बेइमान है, अत: शीघ्र पकड़ा जाएगा।
(viii) ज्यों ही वह घर पहुँचा,उस पर उसके पिता बरस पड़े। **CBSE 2016**
(ix) श्याम परोपकारी आदमी है, इसलिए उसे सभी पूछते हैं।
(x) चुनाव के परिणाम निकल आए हैं, इसलिए कल नई सरकार बनेगी।
(xi) जब सावन-भादो आते हैं, तब दर्जिन की आवाज़ पूरे इलाके में गूँजती है। **CBSE 2017**
(xii) वे उन सब लोगों से मिले, जो मुझे जानते थे।
(xiii) डलिया में आम हैं, दूसरे फलों के साथ आम रखे हैं। **CBSE 2017**
(xiv) गुरुदेव आराम से कुर्सी पर लेटे हुए थे और प्राकृतिक सौंदर्य का आनंद ले रहे थे। **CBSE 2018**
(xv) रात हुई और आकाश में तारों के असंख्य दीप जल उठे। **CBSE 2019**
(xvi) जो व्यक्ति परिश्रमी होता है, वह अवश्य सफल होता है।

11. निम्नलिखित वाक्यों को संयुक्त वाक्यों में बदलिए

(i) पत्थर की मूर्ति पर चश्मा असली था। **CBSE 2020**
(ii) उसने स्टेडियम जाकर क्रिकेट मैच देखा।
(iii) कम रोशनी में पढ़ने के कारण विद्यार्थी अपनी आँखें गँवा बैठा।

(iv) उसके एक इशारे पर लड़कियाँ कक्षा से बाहर निकलकर नारे लगाने लगीं। **CBSE 2020**

(v) मेरी जो गाय काली है, वह खेत में चर रही है।

(vi) यदि वह तेज़ दौड़ता, तो जीत जाता।

(vii) जैसे ही बत्ती हरी हुई वैसे ही सारे वाहन चल पड़े। **CBSE 2020**

(viii) शहर में भूकंप आने पर तबाही मच गई।

(ix) राहुल कल यहाँ आया, उसने निखिल से बात की, वह चला गया। **CBSE 2016, 13**

(x) कल शादी के कार्यक्रम में होने वाले शोर के कारण हम पढ़ नहीं सकेंगे।

(xi) आषाढ़ की एक सुबह एक मोर ने मल्हार के नापियाउऽऽ-पियाउऽऽ को सुर दिया था। **CBSE 2017**

(xii) अँधेरा होते-होते चौदह घंटों बाद कूजन-कुंज का दिन खत्म हो जाता है।

(xiii) शर्मीला पीलक पेड़ के पत्तों में छिपकर बोलता है।

(xiv) मुझे अपनी पत्नी और पुत्र की मृत्यु के साथ ही फ़ादर के शब्दों से झरती शांति भी याद आ रही है।

(xv) मैंने उस व्यक्ति को देखा, जो पीड़ा से कराह रहा था। **CBSE 2019**

12. निम्नलिखित वाक्यों को मिश्र वाक्यों में बदलिए

(i) काशी में संगीत आयोजन की एक प्राचीन एवं अद्‌भुत परंपरा है।

(ii) शीला ने एक पुस्तक माँगी और वह उसे मिल गई।

(iii) मन्नू जी की साहित्यिक उपलब्धियों के लिए उन्हें अनेक पुरस्कार प्राप्त हो चुके हैं।

(iv) मेहनत करने पर भी गरीबों को रोटी नहीं मिलती।

(v) नीरजा ने कहानी सुनाई और नमिता रो पड़ी।

(vi) हालदार साहब को उधर से गुजरते समय मूर्ति में कुछ अंतर दिखाई दिया। **CBSE 2020**

(vii) उसने मुझसे मामा जी के घर चलने के लिए कहा।

(viii) सच्चे आदमी को कभी कोई कमी नहीं रहती। **CBSE 2016**

(ix) उस गाँव के चारों ओर जंगल था और वह डाकुओं का गढ़ था।

(x) वे रिश्ता बनाकर तोड़ते नहीं थे।

(xi) भुजंगा शाम को तार पर बैठकर पतिंगों को पकड़ता रहता है। **CBSE 2017**

(xii) कश्मीरी गेट के निकल्सन कब्रगाह में उनका ताबूत उतारा गया।

(xiii) पान वाले के लिए यह मजेदार बात थी, लेकिन हालदार साहब के लिए चकित कर देने वाली।

(xiv) मॉरिशस की स्वच्छता देखकर मन प्रसन्न हो गया। **CBSE 2018**

13. रचना के आधार पर वाक्य भेद बताइए

(i) पिताजी की इच्छा थी, इसलिए मैं आपसे मिलने चला आया। **CBSE 2015**

(ii) वह ज्वर से पीड़ित होने के कारण स्कूल नहीं आया।

(iii) राजू मेरे घर आया था, क्योंकि उसे संस्कृत पढ़नी थी। **CBSE 2015**

(iv) जिन बच्चों ने शोर मचाया था, उन्हें पकड़ लिया गया है।

(v) यद्यपि वह मंत्री बन गया है, फिर भी उसका व्यवहार पूर्ववत् है।

(vi) इतना दहेज दिया कि देखने वालों ने दाँतों तले अँगुली दबा ली। **CBSE 2016**

(vii) रमेश के हाथ में चोट लग गई है, इसलिए वह स्कूल नहीं जा सकेगा।

(viii) पिताजी के जीवन का यह सिद्धांत था कि व्यक्ति को समाज में विशिष्ट बनकर रहना चाहिए। **CBSE 2014**

(ix) मुझे खेलना अच्छा लगता है और तुम्हें गाना अच्छा लगता है।

(x) मैं तुम्हारा मित्र हूँ, इसलिए मुझे तुम अपने साथ ले चलो।

(xi) पीलक जितना शर्मीला होता है उतनी ही इसकी आवाज़ भी शर्मीली है। **CBSE 2017**

(xii) पंख वाले चींटे या दीमक वर्षा के दिनों में निकलते हैं। **CBSE 2017**

14. निम्नलिखित वाक्यों में रेखांकित उपवाक्य का उपभेद बताइए

(i) मैं उन सभी को जानता हूँ, जिन्हें शक के दायरे में रखा गया है। **CBSE 2012**

(ii) यह वही स्थान है, जहाँ पर कल रात कोहरे के कारण दुर्घटना हुई थी।

(iii) सबसे बड़ी बात है कि काशी के पास बिस्मिल्ला खाँ हैं।

(iv) यह तुम्हें भ्रम है कि वह अमीर है।

(v) जब तुम जाओगे तभी मैं जाऊँगा।

(vi) वह कौन-सी पुस्तक है, जो आपको बहुत पसंद है। **CBSE 2019**

(vii) माँ ने कहा कि शाम को जल्दी घर आ जाना।

(viii) बालगोबिन जानते हैं कि अब बुढ़ापा आ गया। **CBSE 2018**

15. निम्नलिखित वाक्यों में अव्यय (योजक शब्द) छाँटकर अलग लिखिए

(i) वह कल इलाहाबाद गए और आज वापस आ गए।

(ii) माँ ने बचपन में ही घोषित कर दिया था कि लड़की बहुत प्रतिभावान होगी।

(iii) वे रिश्ता बनाते थे, तो तोड़ते नहीं थे।

(iv) उनके मुख से सांत्वना के जादू भरे दो शब्द सुनना एक ऐसी रोशनी से भर देता था, जो किसी गहरी तपस्या से उत्पन्न होती है।

(v) पिता और भाइयों के लिए बहुत लगाव मन में नहीं था, लेकिन वो स्मृति में अकसर डूब जाते।

16. निम्नलिखित वाक्यों को सरल/साधारण वाक्यों में बदलिए

(i) बादल घिर आए और वर्षा होने लगी। **CBSE 2013**

(ii) मेरे बगीचे में हरी घास है, उस घास पर बच्चे खेलते रहते हैं।

(iii) मैं चाहता हूँ कि मैं अपनी संतान को योग्य बनाऊँ।

(iv) नवाब साहब ने तौलिया झाड़ा और सामने बिछा लिया।

(v) वह ऐसे चल रही थी, जैसे कोई बीमार चल रहा हो।

(vi) होरी गरीब किसान है और उसके पास बैल नहीं हैं। **CBSE 2013**

(vii) मेरे पास एक किताब है जो बहुत रुचिकर है। **CBSE 2014**

(viii) शिक्षक कक्षा में आए और उन्होंने पढ़ाना शुरू कर दिया।

(ix) उनको पूरा-पूरा विश्वास था कि ठाकुर साहब मेंबर बन जाएँगे। **CBSE 2016**

(x) बढ़ती जनसंख्या पर अंकुश नहीं लगाया गया तो मुसीबतों का पहाड़ टूट पड़ेगा। **CBSE 2016**

(xi) यह मेरी पुस्तक है। इसे सब पसंद करते हैं।

(xii) भगत सिंह, जो एक क्रांतिकारी देशभक्त था, स्वतंत्रता की वेदी पर बलि हो गया।

(xiii) मेरी सहेली जो गाँव में रहती है उसने मुझे उपहार दिया है।

(xiv) वह घर गया और सो गया।

(xv) जो कवि लोकप्रिय होता है, उसका सम्मान सभी करते हैं।

17. निम्नलिखित वाक्यों को संयुक्त वाक्यों में बदलिए

(i) वह चौराहे पर खड़ा होकर उसकी प्रतीक्षा करने लगा।

(ii) धनी होने पर भी उसमें अभिमान नहीं है। **CBSE 2013**

(iii) मैंने जब विशाल की बात सुनी, तो मैं उस पर नाराज़ हो उठी।

(iv) जादूगर का जादू देखकर दर्शक दंग रह गए। **CBSE 2020**

(v) गरीब को लूटने के अतिरिक्त उसने हत्या भी कर दी।

(vi) मेहनती होने के कारण वह हार स्वीकार नहीं करता।

(vii) उन्होंने जैसे ही शहनाई बजानी शुरू की, सब उसकी ध्वनि में मगन हो गए। **CBSE 2014**

(viii) वह गाड़ी चलाने के साथ-साथ मोबाइल पर बात भी करता है।

(ix) स्त्री-पुरुषों ने मिलकर आज़ादी के लिए लंबा संघर्ष किया।

(x) उपदेशक मंच पर बैठकर उपदेश देने लगा। **CBSE 2014**

(xi) जो अपने भाई साहब से मिलने आए हैं, उन्हें मैं जानता भी नहीं। **CBSE 2016**

(xii) मेहनती श्वेता अपनी कक्षा में हमेशा प्रथम आती है।

(xiii) यह विद्वान् है। तुम नितांत मूर्ख हो।

(xiv) वह खाना खाते ही खेलने चला गया।

(xv) वह फल खरीदने के लिए बाज़ार गया।

18. निम्नलिखित वाक्यों को मिश्र वाक्यों में बदलिए

(i) प्रतापी राजा अब निरंकुश हो गया है। **CBSE 2013**

(ii) मेरे घर के पास एक बहुत पुराना बरगद का पेड़ है।

(iii) खीरे के स्वाद के आनंद में नवाब साहब की पलकें मुँद गईं। **CBSE 2020**

(iv) उसने अपने को निर्दोष घोषित किया।

(v) धन आते ही घमंड हो जाता है। **CBSE 2013**

(vi) सूर्य उदित हुआ और चारों ओर प्रकाश फैल गया।

(vii) प्रतिस्पर्द्धा में प्रथम आने वाले छात्र को बुलाओ। **CBSE 2014**

(viii) वह बहुत विनम्र है और सर्वत्र सम्मान प्राप्त करती है।

(ix) वह गाँव गया और वहाँ बीमार हो गया। **CBSE 2015**

(x) अनेक संस्थाएँ जनसंख्या वृद्धि को नियंत्रित करने के लिए कार्यरत् हैं।

(xi) सर्वदयाल ने शीत से बचने के लिए हाथ जेब में डाला तो कागज़ का एक टुकड़ा निकल आया। **CBSE 2016**

(xii) वह उच्च शिक्षा प्राप्त करने के लिए विदेश गया।

(xiii) अध्यक्ष महोदय के आते ही सभा आरंभ होगी।

(xiv) किसान ने पकी फसल काट ली।

(xv) उसने मेरी बात मानी और सफल हो गया।

19. निम्नलिखित वाक्यों में रेखांकित उपवाक्य का उपभेद बताइए

(i) <u>मुझे विश्वास है</u> कि आज तुम्हें नौकरी अवश्य मिल जाएगी। **CBSE 2012**

(ii) <u>आज इस बात की आवश्यकता है</u> कि मानव प्रकृति की ओर मुड़े।

(iii) मैं वहीं जा रहा हूँ, <u>जहाँ से तुम आए हो।</u>

(iv) मैंने सोचा <u>वह जरूर आएगा।</u> **CBSE 2012**

(v) <u>उसने अपनी कार खड़ी ही की थी</u> कि आग लग गई।

(vi) तुम आ जाना <u>फिर साथ-साथ चलेंगे।</u>

(vii) यहाँ मुख्य अतिथि बैठेंगे और <u>उधर दूसरे लोग बैठेंगे।</u> **CBSE 2012**

(viii) वह जानता था <u>कि मैं यह कार्य नहीं करूँगा।</u>

(ix) <u>जो कक्षा में प्रथम आया है</u>, वह मेरा भाई है।

(x) <u>छात्र ने बस्ता उठाया</u> और पढ़ने चला गया। **CBSE 2013**

व्याख्या सहित उत्तर

बहुविकल्पीय प्रश्न

1. (i) रसूलन और बतूलन के गायन से अमीरुद्दीन को खुशी मिलती है।
2. (iii) दूसरी बार हालदार साहब उधर से गुजरे और उनको मूर्ति में कुछ अंतर दिखाई दिया।
3. (ii) हुड़दंग तो इतना मचाया कि कॉलेज वालों को थर्ड ईयर भी खोलना पड़ा।
4. (iii) कहना न होगा कि आज के समय में भी ऐसी परजीवी संस्कृति को देखा जा सकता है।
5. (iv) मिश्र वाक्य
6. (i) सरल वाक्य
7. (ii) मैंने उस व्यक्ति को देखा, जो दुबला-पतला था।
8. (iv) कल रक्षाबधंन है और बाज़ार खुला रहेगा।
9. (iii) संयुक्त वाक्य
10. (ii) आग का आविष्कार करने वाला व्यक्ति महान आविष्कारक रहा होगा।
11. (i) तुम और मैं दोनों ही वहाँ नहीं जा सके।
12. (i) चश्मेवाले का नाम कैप्टन है।
13. (iv) मैं जब युवा थी तब शीला अग्रवाल की जोशीली बातों ने रगों में बहते खून को लावे में बदल दिया था।
14. (ii) मुझे वह डिब्बा लाकर दो जिसमें मोतियों वाली माला है।
15. (ii) जिस कुर्सी पर सोम बैठा था, वह टूटी हुई थी।
16. (iv) काशी आज भी संगीत के स्वर पर जगती है और उसी की थापों पर सोती है।
17. (iv) वह इसलिए बाज़ार गया, क्योंकि उसे जूते खरीदने थे।
18. (ii) संयुक्त वाक्य
19. (i) उसने अदालत में स्वयं को निर्दोष बताया।
20. (iv) पूनम ने एक पचरंगी पतंग देखी।
21. (iv) मुझे तो पहले से पता था कि वह नर्तक बनेगा।
22. (i) क्रिया विशेषण उपवाक्य
23. (iii) तुम्हारे घर जाते ही वह रोने लगी।
24. (iii) उस स्थान पर ऊपर से करील की घनी छाँह के साथ चारों ओर से तेज धूप के वृत्त भी थे।
25. (ii) तुम अभ्यास करो, ताकि पदक जीत सको।
26. (ii) हमारे नाना तो वहीं बालाजी के मंदिर में बड़े प्रतिष्ठित शहनाईवाज़ रह चुके हैं।
27. (iv) कथन (क) सरल और कथन (ख) मिश्र वाक्य है।
28. (iii) 3 और 4 सही हैं।
29. (ii) कथन 2 व 4 सही हैं।
30. (iii) 1 और 3 सही हैं।
31. (ii) 3, 1, 2
32. (ii) 2, 3, 1
33. (iii) 3, 1, 2
34. (iv) लेकिन
35. (i) (क) और (ख) ज्यों, त्यों

अतिलघु/लघु उत्तरीय प्रश्न

1. शब्दों का ऐसा सार्थक और व्यवस्थित समूह जिसमें कर्ता व क्रिया प्रयुक्त हों तथा जो पूरा आशय (अर्थ) प्रकट कर सके, वाक्य कहलाता है। वाक्य के निम्न दो अंग होते हैं
   (i) **उद्देश्य** वाक्य में जिसके विषय में कुछ कहा जाए, उसे उद्देश्य कहते हैं।
   (ii) **विधेय** वाक्य में उद्देश्य के विषय में जो कुछ कहा जाए, उसे विधेय कहते हैं।
2. रचना की दृष्टि से वाक्य के तीन भेद हैं
   (i) सरल वाक्य
   (ii) संयुक्त वाक्य
   (iii) मिश्र वाक्य
3. रचना के आधार पर मिश्र वाक्य में आश्रित उपवाक्य प्रयुक्त होते हैं।
4. जिस वाक्य में केवल एक ही उद्देश्य और एक ही विधेय होता है तथा एक ही मुख्य क्रिया होती है, वह सरल अथवा साधारण वाक्य कहलाता है।

   जैसे—नैना हँसती है।

   उपर्युक्त वाक्य में एक ही क्रिया (हँसती है) है। अत: यह एक सरल वाक्य है।
5. उपवाक्य, वाक्य का अंश होता है, जिसमें उद्देश्य और विधेय दोनों होते हैं। अत: पदों का ऐसा समूह, जिसका अपना अर्थ हो, जो सामान्यतया एक वाक्य का भाग हो तथा जिसमें उद्देश्य एवं विधेय सम्मिलित हों, उपवाक्य कहलाता है।
6. जिस वाक्य में दो या दो से अधिक सरल या स्वतंत्र उपवाक्य समुच्चयबोधक अव्यय या योजक शब्दों से जुड़े हों, उसे संयुक्त वाक्य कहते हैं। इसकी पहचान और, एवं, तथा, या, परंतु आदि योजक शब्दों से होती है।
7. जो उपवाक्य वाक्य से अलग होकर भी पूर्ण अर्थ प्रकट करे, उसे प्रधान उपवाक्य तथा जो उपवाक्य प्रधान (मुख्य) उपवाक्य के बिना पूर्ण अर्थ न दे, उसे आश्रित उपवाक्य कहते हैं।
8. जिस वाक्य में एक स्वतंत्र उपवाक्य होता है तथा अन्य उपवाक्य उस पर आश्रित होते हैं, उसे मिश्र या मिश्रित वाक्य कहते हैं; जैसे-क्योंकि हमें तैरना था इसलिए हम नदी पर गए।
9. (i) मुख्य उपवाक्य—उसने कहा
   आश्रित उपवाक्य—मैं निर्दोष हूँ।
   (ii) मुख्य उपवाक्य—उसने उस घर को खरीदा
   आश्रित उपवाक्य—उसके मित्र का था।
   (iii) मुख्य उपवाक्य—उन्हें सब चाहते हैं
   आश्रित उपवाक्य—अच्छे खिलाड़ी होते हैं

(iv) मुख्य उपवाक्य—मैंने कहा था
आश्रित उपवाक्य—तुम कल आ जाना
(v) मुख्य उपवाक्य—वे विनयी होते हैं
आश्रित उपवाक्य—विद्वान होते हैं।
(vi) मुख्य उपवाक्य—यह वही लड़का है।
आश्रित उपवाक्य—जिसके पैर में चोट लगी थी।
(vii) मुख्य उपवाक्य—आप समय पर पहुँच जाएँगे।
आश्रित उपवाक्य—फोन पर याद दिलवाऊँ।
(viii) मुख्य उपवाक्य—उसने संदेश भेजा है।
आश्रित उपवाक्य—वह देर से आएगा।
(ix) मुख्य उपवाक्य—यह परिधान बहुत सुंदर है।
आश्रित उपवाक्य—महँगा है।
(x) मुख्य उपवाक्य—आपका वह मित्र कहाँ है।
आश्रित उपवाक्य—कल दिल्ली से आया था।

10. (i) मूर्तिकार ने सुनकर जवाब दिया।
(ii) उसने मुझसे माँ को बुलाने के लिए कहा।
(iii) अपने मित्र के आने तक मैं कहीं नहीं जाऊँगा।
(iv) खिलौना मिलते ही बच्चा चुप हो गया।
(v) वह जेब से चाकू निकालकर खीरा काटने लगा।
(vi) उनके दिल्ली में बीमार रहने का पता नहीं चला।
(vii) बेइमान होने के कारण वह शीघ्र पकड़ा जाएगा।
(viii) उसके घर पहुँचते ही उसके पिता उस पर बरस पड़े।
(ix) परोपकारी होने के कारण श्याम को सभी पूछते हैं।
(x) चुनाव के परिणाम आ जाने के कारण कल नई सरकार बनेगी।
(xi) सावन-भादों आने पर दर्जिन की आवाज़ पूरे इलाके में गूँजती है।
(xii) वे मुझे जानने वाले सभी लोगों से मिले।
(xiii) डलिया में आम दूसरे फलों के साथ रखे हैं।
(xiv) गुरुदेव आराम से कुर्सी पर लेटकर प्राकृतिक सौंदर्य का आनंद ले रहे थे।
(xv) रात होते ही आकाश में तारों के असंख्य दीप जल उठे।
(xvi) परिश्रमी व्यक्ति अवश्य सफल होता है।

11. (i) मूर्ति पत्थर की थी, लेकिन उस पर चश्मा असली था।
(ii) वह स्टेडियम गया और क्रिकेट मैच देखने लगा।
(iii) विद्यार्थी ने कम रोशनी में पढ़ाई की और अपनी आँखें गँवा बैठा।
(iv) उसके एक इशारे पर लड़कियाँ कक्षा से बाहर निकलीं और नारे लगाने लगीं।
(v) मेरी गाय काली है और वह खेत में चर रही है।
(vi) वह तेज़ दौड़ता और जीत जाता।
(vii) बत्ती हरी हुई और सारे वाहन चल पड़े।
(viii) शहर में भूकंप आया और तबाही मच गई।
(ix) राहुल कल यहाँ आया था और निखिल से बात करके चला गया।
(x) कल शादी के कार्यक्रम में शोर होगा और हम पढ़ नहीं सकेंगे।
(xi) आषाढ़ की एक सुबह हुई और उस सुबह एक मोर ने मल्हार के नापियाउऽऽ-पियाउऽऽ को सुर दिया था।
(xii) अँधेरा होता जाता है और चौदह घंटों बाद कूजन कुंज का दिन समाप्त हो जाता है।
(xiii) शर्मीला पीलक पेड़ के पत्तों में छिप जाता है और फिर बोलता है।
(xiv) मुझे अपनी पत्नी और पुत्र की मृत्यु याद आ रही है और फादर के शब्दों से झरती शांति भी याद आ रही है।
(xv) मैंने एक व्यक्ति को देखा और वह पीड़ा से कराह रहा था।

12. (i) काशी में जो संगीत आयोजन की परंपरा है, वह प्राचीन एवं अद्‌भुत है।
(ii) शीला ने जो पुस्तक माँगी, वह उसे मिल गई।
(iii) मन्नू जी ने साहित्यिक उपलब्धियाँ प्राप्त की, जिसके लिए उन्हें अनेक पुरस्कार मिले।
(iv) उन गरीबों को रोटी नहीं मिलती, जो मेहनत भी करते हैं।
(v) नीरजा ने ऐसी कहानी सुनाई कि नमिता रो पड़ी।
(vi) जब हालदार साहब उधर से गुजरे तब उन्हें मूर्ति में कुछ अंतर दिखाई दिया।
(vii) उसने मुझसे कहा कि मामा जी के घर चलो।
(viii) जो आदमी सच्चे होते हैं, उन्हें कभी कोई कमी नहीं रहती।
(ix) उस गाँव के चारों ओर जो जंगल था, वह डाकुओं का गढ़ था।
(x) यदि वह रिश्ता बनाते थे तो उसे तोड़ते नहीं थे।
(xi) जब भुजंगा शाम को तार पर बैठता है, तब वह पतिंगों को पकड़ता रहता है।
(xii) जो कश्मीरी गेट का निकल्सन कब्रगाह है, उसमें उनका ताबूत उतारा गया।
(xiii) जो बात पान वाले के लिए मज़ेदार थी वह बात हालदार साहब के लिए चकित कर देने वाली थी।
(xiv) जैसे ही मॉरिशस की स्वच्छता देखी वैसे ही मन प्रसन्न हो गया।

13. (i) संयुक्त वाक्य (ii) सरल वाक्य
(iii) संयुक्त वाक्य (iv) मिश्र वाक्य
(v) मिश्र वाक्य (vi) मिश्र वाक्य
(vii) संयुक्त वाक्य (viii) मिश्र वाक्य
(ix) संयुक्त वाक्य (x) संयुक्त वाक्य
(xi) मिश्र वाक्य (xii) सरल वाक्य

14. (i) विशेषण उपवाक्य (ii) विशेषण उपवाक्य
(iii) संज्ञा उपवाक्य (iv) संज्ञा उपवाक्य
(v) क्रिया विशेषण उपवाक्य
(vi) प्रधान उपवाक्य
(vii) आश्रित उपवाक्य
(viii) आश्रित संज्ञा उपवाक्य

15. (i) और (ii) कि (iii) तो
(iv) जो (v) लेकिन

16. (i) बादल घिरने पर वर्षा होने लगी।
(ii) मेरे बगीचे की हरी घास पर बच्चे खेलते रहते हैं।
(iii) मैं अपनी संतान को योग्य बनाना चाहता हूँ।
(iv) नवाब साहब ने तौलिया झाड़कर सामने बिछा लिया।
(v) वह किसी बीमार की तरह चल रही थी।
(vi) गरीब किसान होरी के पास बैल नहीं हैं।
(vii) मेरे पास एक बहुत रुचिकर किताब है।

(viii) शिक्षक ने कक्षा में आकर पढ़ाना शुरू कर दिया।
(ix) उनको ठाकुर साहब के मेंबर बनने पर पूरा विश्वास था।
(x) बढ़ती जनसंख्या पर अंकुश नहीं लगाने पर मुसीबतों का पहाड़ टूट पड़ेगा।
(xi) मेरी पुस्तक को सब पसंद करते हैं।
(xii) एक क्रांतिकारी देशभक्त, भगत सिंह स्वतंत्रता की वेदी पर बलि हो गया।
(xiii) मेरी गाँव में रहने वाली सहेली ने मुझे उपहार दिया है।
(xiv) वह घर जाकर सो गया।
(xv) लोकप्रिय कवि का सम्मान सभी करते हैं।

17. (i) वह चौराहे पर खड़ा हो गया और उसकी प्रतीक्षा करने लगा।
(ii) वह धनी है, लेकिन उसमें अभिमान नहीं है।
(iii) मैंने विशाल की बात सुनी और मैं उस पर नाराज़ हो उठी।
(iv) दर्शकों ने जादूगर का जादू देखा और दंग रह गए।
(v) उसने गरीब को लूटा, और उसकी हत्या कर दी।
(vi) वह मेहनती है, इसीलिए वह हार स्वीकार नहीं करता।
(vii) उन्होंने शहनाई बजानी शुरू की और सब उसकी ध्वनि में मग्न हो गए।
(viii) वह गाड़ी चलाता है और साथ-साथ मोबाइल पर बात करता है।
(ix) स्त्री-पुरुष मिले और उन्होंने आज़ादी के लिए लंबा संघर्ष किया।
(x) उपदेशक मंच पर बैठा और वह उपदेश देने लगा।
(xi) वे अपने भाई साहब से मिलने आए हैं, लेकिन मैं उन्हें जानता भी नहीं।
(xii) श्वेता मेहनती है, इसलिए कक्षा में हमेशा प्रथम आती है।
(xiii) यह विद्वान् है और तुम नितांत मूर्ख हो।
(xiv) उसने खाना खाया और खेलने चला गया।
(xv) उसे फल खरीदने थे, इसलिए वह बाज़ार गया।

18. (i) जो राजा पहले प्रतापी था, अब निरंकुश हो गया है।
(ii) मेरे घर के पास जो बरगद का पेड़ है, वह बहुत पुराना है।
(iii) जैसे ही नवाब साहब ने खीरे का आनंद लिया वैसे ही उनकी पलके मुँद गई।
(iv) उसने कहा कि मैं निर्दोष हूँ।
(v) जब धन आता है, तब घमंड हो जाता है।
(vi) जैसे ही सूर्य उदित हुआ, वैसे ही चारों ओर प्रकाश फैल गया।
(vii) उस छात्र को बुलाओ, जो प्रतिस्पर्द्धा में प्रथम आया है।
(viii) जो सर्वत्र सम्मान प्राप्त करती है, वह बहुत विनम्र है।
(ix) जैसे ही वह गाँव गया, वह बीमार हो गया।
(x) अनेक संस्थाएँ हैं, जो जनसंख्या वृद्धि को नियंत्रित करने के लिए कार्यरत् हैं।
(xi) जब सर्वदयाल ने शीत से बचने के लिए हाथ जेब में डाला, तब कागज़ का एक टुकड़ा निकल आया।
(xii) उसे उच्च शिक्षा प्राप्त करनी थी, तो वह विदेश गया।
(xiii) जब अध्यक्ष महोदय आएँगे, तब सभा आरंभ होगी।
(xiv) जो फसल पक गई थी, वह किसान ने काट ली।
(xv) जब उसने मेरी बात मानी, तब वह सफल हो गया।

19. (i) प्रधान उपवाक्य (ii) प्रधान उपवाक्य
(iii) क्रियाविशेषण उपवाक्य (iv) संज्ञा उपवाक्य
(v) प्रधान उपवाक्य (vi) क्रियाविशेषण उपवाक्य
(vii) प्रधान उपवाक्य (viii) संज्ञा उपवाक्य
(ix) विशेषण उपवाक्य (x) प्रधान उपवाक्य

स्व-मूल्यांकन

बहुविकल्पीय प्रश्न

निम्नलिखित प्रश्नों को पढ़कर सही विकल्पों का चयन कीजिए।

1. जैसे ही सूर्योदय हुआ, फूल खिल उठे। (सरल वाक्य में परिवर्तित कीजिए।)
(i) सूर्योदय होने पर फूल खिल उठे।
(ii) जैसे ही सूर्योदय हुआ वैसे ही फूल खिल उठे।
(iii) जब सूर्योदय हुआ तब फूल खिल उठे।
(iv) उपर्युक्त में से कोई नहीं।

2. निम्नलिखित में मिश्रित वाक्य है
(i) चौकीदार आकर डंडा घुमाकर चला गया।
(ii) जैसे ही चौकीदार आया वैसे ही वह डंडा घुमाकर चला गया।
(iii) चौकीदार आया और डंडा घुमाकर चला गया।
(iv) उपर्युक्त में से कोई नहीं।

3. विद्या से ज्ञान बढ़ता है तथा सम्मान मिलता है। रचना की दृष्टि से वाक्य का भेद बताइए।
(i) सरल वाक्य
(ii) संयुक्त वाक्य
(iii) विधान वाक्य
(iv) मिश्र वाक्य

4. निम्नलिखित में सरल वाक्य है
(i) वह परिश्रम करने से सफल हुआ।
(ii) उसने परिश्रम किया तब सफल हुआ।
(iii) जैसे ही उसने परिश्रम किया वैसे ही वह सफल हुआ।
(iv) इनमें से कोई नहीं।

5. यह तुम्हें भ्रम है कि <u>वह अमीर</u> है।
(i) संज्ञा उपवाक्य
(ii) आश्रित उपवाक्य
(iii) प्रधान उपवाक्य
(iv) सर्वनाम उपवाक्य

अतिलघु/लघु उत्तरीय प्रश्न

1. रचना की दृष्टि से वाक्य के भेदों के नाम बताइए।

2. मुख्य उपवाक्य और आश्रित उपवाक्य में अंतर सोदाहरण स्पष्ट कीजिए।

3. संयुक्त वाक्य किसे कहते हैं? उदाहरण सहित स्पष्ट कीजिए।

4. निम्नलिखित वाक्यों में रेखांकित उपवाक्य का उपभेद बताइए
(i) लगता है कि <u>वह बहुत खुश है।</u>
(ii) माँ ने कहा है कि <u>सुबह जल्दी उठा करो।</u>
(iii) आज इस बात की आवश्यकता है कि <u>मानव प्रकृति की ओर मुड़े।</u>
(iv) तुम खाना खा लेना, <u>क्योंकि तुम्हें विद्यालय जाना है।</u>
(v) मैंने सोचा <u>वह जरूर आएगा।</u>

5. रचना के आधार पर निम्नलिखित वाक्यों के भेद बताइए
(i) सुबह हो गई और चिड़िया गाने लगी।
(ii) बच्चा खाना खाकर सो गया।
(iii) जो देश के लिए मर-मिटता है, वही सच्चा देशभक्त होता है।
(iv) वह नौकर भाग गया, जो मेरे घर काम करता था।
(v) अध्यापक के मारने से बालक रूठ गया।

6. निम्नलिखित वाक्यों को सरल/साधारण वाक्यों में बदलिए
(i) वह कल आया और आज चला गया।
(ii) उसने एक पुस्तक खरीदी और मुझे दे दी।
(iii) जैसे उसका रहस्य खुला वह भाग खड़ा हुआ।
(iv) राणा प्रताप का घोड़ा चेतक था और वे उसे बहुत प्यार करते थे।
(v) जब शेर दिखाई दिया, तो सब लोग डर गए।

7. निम्नलिखित वाक्यों को संयुक्त वाक्यों में बदलिए
(i) जल्दी से जाकर किताब लाओ।
(ii) उस सेना में कई शक्तिशाली सिपाही हैं।
(iii) परीक्षा समाप्त होते ही छात्र कारावास की कारागार से मुक्त हुए।
(iv) मुख्य अतिथि के आने पर कार्यक्रम शुरू हुआ।
(v) नकल करने के कारण विद्यार्थी कक्षा में पकड़ा गया।

8. निम्नलिखित वाक्यों को मिश्र वाक्यों में बदलिए
(i) मेरे पाठ्यक्रम में 'गोदान' उपन्यास है। इसके लेखक मुंशी प्रेमचंद हैं।
(ii) तुहिना ने दरवाज़ा खोला। तुहिना ने वहाँ सामान बिखरा देखा।
(iii) नीरज घर आए और सभी प्रसन्न हुए।
(iv) देश की रक्षा करने वालों को राष्ट्रपति द्वारा पुरस्कार दिए जाते हैं।
(v) तुम गाड़ी चलाओ और इधर-उधर मत देखो।

9. निम्नलिखित वाक्यों में मुख्य उपवाक्य तथा गौण या आश्रित उपवाक्य छाँटिए
(i) जिस पुस्तक की तुम प्रशंसा कर रहे थे, वह अच्छी है।
(ii) ज्यों ही रात के बारह बजे, बिजली चली गई।
(iii) यद्यपि वह मंत्री है, फिर भी विनयी है।
(iv) मेरा उद्देश्य है कि मैं गरीबों की सेवा करूँ।
(v) गीता में कहा गया है कि मैं मनुष्य-मात्र की सेवा करूँ।

10. निम्नलिखित वाक्यों में से अव्यय (योजक शब्द) छाँटकर लिखिए
(i) मेरे पिताजी चाहते थे कि मैं एक अच्छा वकील बनूँ।
(ii) बच्चों ने खाना खाया और सो गए।
(iii) पढ़ाई करो या फिर सो जाओ।
(iv) मेरा मित्र बहुत ईमानदार है, पर वह लालची है।
(v) आज वर्षा हो रही थी, इसलिए वह नहीं आया।

अध्याय 2

वाच्य

वाच्य के द्वारा क्रिया के रूप परिवर्तन का बोध होता है। 'वाच्य' से वाक्य में कर्ता, कर्म अथवा क्रिया में से किसी एक की प्रधानता का पता चलता है। साथ ही क्रिया के लिंग, वचन, पुरुष का बोध होता है। वाच्य के द्वारा कर्ता, कर्म व भाव की अवधारणा स्पष्ट होती है।

2.1 वाच्य की परिभाषा

वाच्य का शाब्दिक अर्थ है—'बोलने का विषय'। वाच्य शब्द अंग्रेजी के 'Voice' का हिंदी पर्याय है। अत: क्रिया के जिस रूप से यह पता चले कि क्रिया का मुख्य विषय कर्ता है, कर्म है अथवा भाव है, उसे **वाच्य** कहते हैं; जैसे—

- **नेताजी** सुंदर लग रहे थे। (इस वाक्य में नेताजी कर्ता को दर्शाते हैं।)
- बालगोबिन भगत **खेतीबाड़ी** कर रहे हैं। (इस वाक्य में खेतीबाड़ी कर्म को दर्शाती है।)
- उससे **रोया** नहीं जाता। (इस वाक्य में रोया भाव को दर्शाता है।)

वाच्य के भेद

वाच्य के मुख्यतया दो भेद होते हैं—**कर्तृवाच्य** और **अकर्तृवाच्य**। अकर्तृवाच्य के भी दो भेद होते हैं, जिन्हें कर्मवाच्य और भाववाच्य के नाम से जाना जाता है।

वाच्य
- 1. कर्तृवाच्य
- 2. अकर्तृवाच्य
  - (i) कर्मवाच्य
  - (ii) भाववाच्य

1. कर्तृवाच्य

क्रिया के रूपांतर से जब वाक्य में **कर्ता की प्रधानता** का बोध होता है अर्थात् जब क्रिया का संबंध कर्ता से हो, तो वह वाच्य **कर्तृवाच्य** कहलाता है। कर्तृवाच्य में कर्म की प्रधानता न होकर कर्ता की प्रधानता होती है। क्रिया के लिंग, वचन तथा पुरुष भी कर्ता के अनुसार ही लगाए जाते हैं; जैसे—

- बालक सोता है।
- बच्चे खेलते हैं।
- गीता खाती है।
- राजीव पुस्तक पढ़ता है।
- हालदार साहब ने पान खाया।

पहले वाक्य में 'बालक' एकवचन है और क्रिया (सोता) का रूप भी एकवचन में है।
दूसरे वाक्य में 'बच्चे' बहुवचन है और क्रिया (खेलते) का रूप भी बहुवचन में है।
तीसरे वाक्य में 'गीता' स्त्रीलिंग है और क्रिया (खाती) भी स्त्रीलिंग है।
चौथे वाक्य में 'राजीव' पुल्लिग है और क्रिया (पढ़ता) भी पुल्लिग है।
पाँचवें वाक्य में 'हालदार साहब' पुल्लिग है और क्रिया (खाया) भी पुल्लिग है।
अत: स्पष्ट है कि जिन वाक्यों में क्रिया कर्ता के अनुसार होती है, वहाँ कर्तृवाच्य होता है।

2. अकर्तृवाच्य

क्रिया के रूपांतर से जब वाक्य में कर्ता की प्रधानता नहीं होती, तो इस प्रकार के वाच्य को **अकर्तृवाच्य** कहते हैं। अकर्तृवाच्य के दो भेद होते हैं

(i) कर्मवाच्य

क्रिया के जिस रूपांतर से वाक्य में **कर्म की प्रधानता** का बोध होता है, उसे कर्मवाच्य कहते हैं। कर्मवाच्य के अंतर्गत कर्ता की प्रधानता न होकर कर्म की प्रधानता होती है। वाक्य में कर्म की प्रधानता होने पर क्रिया के लिंग, वचन एवं पुरुष कर्म के अनुसार ही होते हैं अर्थात् जब क्रिया का संबंध कर्म से हो, तो वह वाक्य **कर्मवाच्य** होता है; जैसे—

- रीना द्वारा गीत गाया गया।
- रोगी को दवाई दे दी गई है।
- छात्र द्वारा पुस्तक पढ़ी जा रही है।
- ड्राइवर द्वारा ज़ोर से ब्रेक मारा गया।

इन वाक्यों में कर्म की प्रधानता है और क्रिया का रूप कर्म के आधार पर ही है। पहले वाक्य में 'गीत' पुल्लिग के साथ 'गाया गया' क्रिया पुल्लिग है। दूसरे वाक्य में 'दवाई' स्त्रीलिंग व तीसरे वाक्य में 'पुस्तक' स्त्रीलिंग के अनुसार ही क्रियाएँ भी स्त्रीलिंग हैं। चौथे वाक्य में 'ड्राइवर' पुल्लिग के अनुसार क्रिया पुल्लिग है। अत: स्पष्ट है कि जब क्रिया कर्म के अनुसार होती है, तो कर्मवाच्य होता है।

(ii) भाववाच्य

क्रिया के जिस रूपांतर से वाक्य में कर्ता या कर्म के स्थान पर **'क्रिया' या 'भाव' की प्रधानता** होती है, उसे **भाववाच्य** कहते हैं। ऐसे वाक्यों में क्रिया के लिंग, वचन तथा पुरुष 'भाव' के अनुसार होते हैं। ऐसे वाक्यों में पुल्लिंग, एकवचन तथा अन्य पुरुष का रूप सामने आता है। क्रिया की निर्भरता भाव पर रहती है; जैसे—

- उससे पढ़ा नहीं जाता।
- अब मुझसे सहा नहीं जाता।
- सोहन से चला नहीं जाता।
- बच्चों से लिखा नहीं जाता है।

उपर्युक्त वाक्यों में कर्ता है, परंतु वाक्यों में क्रिया स्वयं प्रधान है। क्रिया निश्चित भाव पर निर्भर है। ऐसे वाक्य 'भाववाच्य' होते हैं।

वाच्य परिवर्तन

कर्तृवाच्य से कर्मवाच्य में परिवर्तन

कर्मवाच्य सकर्मक क्रियाओं वाले वाक्यों में होता है। किसी कर्तृवाच्य वाले वाक्य से कर्मवाच्य वाले वाक्य में परिवर्तन के लिए निम्नलिखित बातों पर ध्यान देना आवश्यक है

- कर्ता के साथ 'से', 'के द्वारा' अथवा 'द्वारा' विभक्ति लगाकर कर्मवाच्य बनाया जा सकता है।
- परिवर्तन करते समय क्रिया के केवल रूप में परिवर्तन आता है। क्रिया के काल में परिवर्तन नहीं होता।
- कर्तृवाच्य की प्रधान क्रिया को सामान्य भूतकाल की क्रिया के रूप में परिवर्तित किया जाता है और उसके काल को कर्म के वचनानुसार बदला जाता है।
- कर्तृवाच्य की प्रधान क्रिया में 'जाना' क्रिया के उचित रूप को स्थान दिया जाता है।

कर्तृवाच्य से कर्मवाच्य में परिवर्तन

कर्तृवाच्य	कर्मवाच्य
सीता खाना खाती है।	सीता के द्वारा खाना खाया जाता है।
जवानों ने आतंकवादियों को मारा।	जवानों द्वारा आतंकवादी मारे गए।
यह लेख मेरी माँ ने लिखा है।	यह लेख मेरी माँ के द्वारा लिखा गया है।
तुम फूल तोड़ोगे।	तुम्हारे द्वारा फूल तोड़ा जाएगा।
वह गिने-चुने फ्रेमों को नेताजी की मूर्ति पर फिट कर देता है।	उसके द्वारा गिने-चुने फ्रेम नेताजी की मूर्ति पर फिट कर दिए जाते हैं। *(पाठ-नेताजी का चश्मा)* **CBSE 2013**
उसने भगत को दुनियादारी से निवृत्त कर दिया था।	उसके द्वारा भगत को दुनियादारी से निवृत्त कर दिया गया था। *(पाठ-बालगोबिन भगत)* **CBSE 2014**
नवाब साहब ने जेब से चाकू निकाला और खीरे छीलने शुरू कर दिए।	नवाब साहब द्वारा जेब से चाकू निकाला गया और खीरे छीलने शुरू कर दिए गए। *(पाठ-लखनवी अंदाज़)*

कर्तृवाच्य से भाववाच्य में परिवर्तन

'भाववाच्य' में अकर्मक क्रियाएँ होती हैं अर्थात् ऐसे वाक्यों में कर्म नहीं होता। कर्तृवाच्य वाक्यों से 'भाववाच्य' वाक्यों के निर्माण में निम्नलिखित बातों पर ध्यान देना आवश्यक है

- कर्तृवाच्य वाक्यों में आए कर्ता के साथ 'से' अथवा 'द्वारा' विभक्ति जोड़कर 'भाववाच्य' वाक्य बनाए जाते हैं।
- कर्तृवाच्य में वाक्य की क्रिया को ही वाक्य का कर्ता बना दिया जाता है।
- 'जाना' क्रिया के रूप कर्तृवाच्य के काल भेद के अनुसार जुड़कर 'भाववाच्य' वाक्य का निर्माण करते हैं।
- 'भाववाच्य' वाक्यों में क्रिया सदा अन्य पुरुष, पुल्लिंग तथा एकवचन में रहती है।

कर्तृवाच्य से भाववाच्य में परिवर्तन

कर्तृवाच्य	भाववाच्य
युवराज पढ़ रहा है।	युवराज द्वारा पढ़ा जा रहा है।
मछली पानी में तैरती है।	मछली से पानी में तैरा जाता है।
मैं अब नहीं चल पाता।	मुझसे अब नहीं चला जाता।
पक्षी घोंसलों में सोते हैं।	पक्षियों द्वारा घोंसलों में सोया जाता है।
पानवाला नया पान खा रहा था।	पानवाले द्वारा नया पान खाया जा रहा था। *(पाठ-नेताजी का चश्मा)* **CBSE 2015**
सारा संसार निस्तब्धता में सोया है।	सारे संसार द्वारा निस्तब्धता में सोया जा रहा है।
इस बार उन्होंने गले नहीं लगाया।	इस बार उनके द्वारा गले नहीं लगाया गया।

वाच्य संबंधी स्मरणीय तथ्य

- कर्तृवाच्य में क्रिया का संबंध कर्ता से होता है।
- कर्मवाच्य में क्रिया का संबंध कर्म से होता है।
- भाववाच्य में क्रिया स्वयं प्रधान होती है।
- भाववाच्य में एक से अधिक क्रिया पद होते हैं।
- सहायक क्रिया के रूप में 'जाना' क्रिया के रूपों का प्रयोग होता है तथा मुख्य क्रिया अकर्मक होती है।

अभ्यास प्रश्न

बहुविकल्पीय व वर्णनात्मक प्रश्नों सहित

बहुविकल्पीय प्रश्न

निम्नलिखित प्रश्नों को पढ़कर सही विकल्पों का चयन कीजिए

1. निम्नलिखित में से कौन-सा कर्तृवाच्य का सही विकल्प है?

(i) नवाब साहब ने सतृष्ण आँखों से खीरे की फाँकों की ओर देखा।
(ii) नवाब साहब से खीरे की फाँकों की ओर देखा गया।
(iii) नवाब साहब द्वारा सतृष्ण आँखों से खीरे की फाँकों की ओर देखा गया।
(iv) नवाब साहब सतृष्ण आँखों से खीरे की फाँकों को देखते रहे।

2. शिष्या ने डरते-डरते खाँ साहब को टोका। (वाच्य का प्रकार बताइए।)

(i) कर्मवाच्य (ii) कर्तृवाच्य
(iii) भाववाच्य (iv) विधानवाच्य

3. 'जमदग्नि ने अपनी कामधेनु गाय देने से मना कर दिया।' वाक्य किस वाच्य-भेद का उदाहरण है? CBSE 2023

(i) भाववाच्य (ii) मुख्यवाच्य
(iii) कर्तृवाच्य (iv) कर्मवाच्य

4. नवाब साहब ने संगति के लिए उत्साह नहीं दिखाया। (कर्म वाच्य में बदलिए। CBSE SQP (Additional Set) 2023

(i) नवाब साहब द्वारा संगति के लिए उत्साह नहीं दिखाया गया।
(ii) नवाब साहब संगति के लिए उत्साहित नहीं थे।
(iii) क्योंकि नवाब साहब संगति नहीं करना चाहते थे, अत: उन्होंने उत्साह नहीं दिखाया।
(iv) नवाब साहब द्वारा संगति के लिए उत्साह दिखाया जाता है।

5. 'माँ द्वारा बेटी को परंपरा से हटकर सीख दी गई।' उदाहरण है CBSE 2024

(i) कर्तावाच्य का (ii) कर्मवाच्य का
(ii) कर्तृवाच्य का (iv) भाववाच्य का

6. 'हम इस खुले मैदान में दौड़ सकते हैं।' उपर्युक्त वाक्य को भाववाच्य में बदलिए CBSE SQP (Additional Set) 2023

(i) हम दौड़ सकते हैं इस खुले मैदान में।
(ii) हम इस खुले मैदान में दौड़ सकेंगे।
(iii) हमसे इस खुले मैदान में दौड़ा जाएगा।
(iv) हमसे इस खुले मैदान में दौड़ा जा सकता है।

7. 'निराला ने फागुन के प्रभाव को अभिव्यक्त किया है।' वाक्य में वाच्य है CBSE 2024

(i) कर्मवाच्य (ii) भाववाच्य
(iii) कर्तृवाच्य (iii) कर्मवाच्य और कर्तृवाच्य दोनों

8. महात्मा गाँधी ने विश्व को शान्ति का संदेश दिया। उपर्युक्त वाक्य में वाच्य है CBSE SQP (Additional Set) 2023

(i) कर्मवाच्य (ii) भाववाच्य
(iii) कर्तृवाच्य (iv) कर्तृवाच्य और कर्मवाच्य दोनों

9. पुलिस द्वारा लाठीचार्ज किया गया। (कर्तृवाच्य में परिवर्तित कीजिए।)

(i) पुलिस द्वारा लाठीचार्ज किया जा सकता है।
(ii) पुलिस द्वारा लाठीचार्ज किया जाता है।
(iii) पुलिस ने लाठीचार्ज किया।
(iv) उपर्युक्त में से कोई नहीं

10. 'लेखक ने सरकारी नौकरी से त्याग-पत्र दे दिया।' इस वाक्य का वाच्य पहचानकर लिखिए CBSE 2024

(i) कर्तावाच्य (ii) कर्मवाच्य
(iii) भाववाच्य (iv) कर्तृवाच्य

11. निम्नलिखित वाक्य में किसका/किनका प्रयोग कर्म के अनुसार हुआ है? CBSE SQP 2023

शालिनी द्वारा ये निबंध लिखे गए हैं।

(i) केवल वचन (ii) केवल क्रिया
(iii) वचन और लिंग (iv) तीनों-क्रिया, वचन और लिंग

12. निम्नलिखित वाक्य का कर्तृवाच्य में रूपांतरण किस प्रकार होगा? CBSE SQP 2023

बच्चों द्वारा आम के बगीचे ढूँढे जा रहे हैं।

(i) बच्चे आम के बगीचे ढूँढ सकते हैं।
(ii) बच्चों ने आम के बगीचे ढूँढ लिए।
(iii) बच्चों से आम के बगीचे ढूँढे गए।
(iv) बच्चे आम के बगीचे ढूँढ रहे हैं।

13. 'धान के पानी-भरे खेतों में बच्चे उछल रहे हैं।' उदाहरण है CBSE SQP 2023

(i) भाववाच्य (ii) कर्तृवाच्य
(iii) कर्मवाच्य (iv) विचारवाच्य

14. उसके द्वारा उछलकर पतंग पकड़ ली गई। (कर्तृवाच्य में परिवर्तित कीजिए।)

(i) वह उछला और उसने पतंग पकड़ी।
(ii) उसने उछलकर पतंग पकड़ ली।
(iii) जैसे ही वह उछला उसने पतंग पकड़ ली।
(iv) उपर्युक्त में से कोई नहीं

15. **'आदमी द्वारा आग का आविष्कार किया गया।' वाक्य में प्रयुक्त वाच्य पहचानिए**

(i) कर्मवाच्य (ii) भाववाच्य
(iii) कर्तृवाच्य (iv) इनमें से कोई नहीं

16. **निम्नलिखित वाक्य का कर्मवाच्य रूप क्या होगा?**
सानिया ने सबको पुरस्कार दिए। दक्षता आधारित प्रश्न

(i) सानिया द्वारा सबको पुरस्कार मिल गए।
(ii) सानिया द्वारा सबको पुरस्कार दिए गए।
(iii) सानिया सबको पुरस्कार दे रही है।
(iv) सानिया से सबको पुरस्कार मिले।

17. **निम्नलिखित वाक्यों के वाच्य को पहचानिए**
(क) रोज सड़क पर कूड़ा फेंका जा रहा है। दक्षता आधारित प्रश्न
(ख) चलो, अब पढ़ा जाए।

(i) (क) कर्मवाच्य (ख) भाववाच्य
(ii) (क) कर्तृवाच्य (ख) भाववाच्य
(iii) (क) कर्मवाच्य (ख) कर्मवाच्य
(iv) (क) कर्तृवाच्य (ख) कर्मवाच्य

18. **पहलवान से दौड़ा नहीं जाता।** दक्षता आधारित प्रश्न
इस वाक्य में कौन-सा वाच्य है?

(i) कर्मवाच्य (ii) भाववाच्य
(iii) कर्तावाच्य (iv) कर्तृवाच्य

19. **निम्नलिखित में से कौन-सा कर्तृवाच्य का उदाहरण है?** CBSE Term I 2021

(i) कुछ लोगों द्वारा पेड़ काटे जा रहे हैं।
(ii) चोर को मौके पर ही पुलिस ने पकड़ लिया।
(iii) नीले आसमान में पक्षियों से उड़ा जाता है।
(iv) चलो, अब चला जाए।

20. **पक्षी बाग छोड़कर नहीं उड़े।**
उपर्युक्त वाक्य को भाववाच्य में बदलिए CBSE Term I 2021

(i) पक्षी बाग छोड़कर नहीं उड़ सके।
(ii) पक्षियों से बाग छोड़कर उड़ा नहीं गया।
(iii) पक्षी बाग छोड़कर नहीं उड़ सकते।
(iv) पक्षियों से बाग छोड़कर उड़ा नहीं जाता।

21. **चिड़ियों से उड़ा नहीं जाता। (वाच्य का प्रकार बताइए।)**

(i) कर्मवाच्य (ii) कर्तृवाच्य
(iii) भाववाच्य (iv) इनमें से कोई नहीं

22. **दिलीप दौड़ा। (भाववाच्य में परिवर्तित कीजिए।)**

(i) दिलीप दौड़कर गया। (ii) दिलीप दौड़ा और गया।
(iii) दिलीप से दौड़ा गया। (iv) इनमें से कोई नहीं

23. **'दादी जी पढ़ नहीं सकतीं।' इसका भाववाच्य होगा**

(i) दादी जी कुछ भी पढ़ नहीं पाएँगी। CBSE SQP 2022
(ii) दादी जी से पढ़ा नहीं जा सकेगा।
(iii) दादी जी से पढ़ा नहीं जा सकता।
(iv) दादी जी कुछ भी पढ़ नहीं पाती हैं।

24. **सभी लोग मिलकर बगीचे में घूमने जा रहे हैं।**
दक्षता आधारित प्रश्न
यह वाक्य कर्तृवाच्य का उदाहरण है, क्योंकि इसमें क्रिया का प्रयोग '..............' के लिंग और वचन के अनुसार हुआ है।

(i) लोग (ii) घूमने
(iii) बगीचे (iv) मिलकर

25. **मुझसे यह दृश्य नहीं देखा जाएगा।** दक्षता आधारित प्रश्न
इस वाक्य का कर्तृवाच्य रूप पहचानिए

(i) मैं यह दृश्य नहीं देखता हूँ।
(ii) मैं यह दृश्य नहीं देख सकूँगा।
(iii) मेरे द्वारा यह दृश्य नहीं देखा जाएगा।
(iv) मेरे द्वारा यह दृश्य नहीं देखा जाता है।

26. **निम्नलिखित वाक्यों में 'कर्मवाच्य' पहचानकर नीचे दिए गए विकल्पों में से सर्वाधिक उपयुक्त उत्तर वाला विकल्प चुनकर लिखिए** CBSE 2024

1. कमलेश्वर ने आत्मकथा, यात्रा-वृत्तांत और संस्मरण भी लिखे हैं।
2. मधु कांकरिया ने कोलकाता विश्वविद्यालय से अर्थशास्त्र में एम. ए. किया।
3. उनके द्वारा युवावर्ग की समस्याओं को केंद्र में रखा गया।
4. रुद्र जी द्वारा अध्यापन और संपादन दोनों कार्य किए गए।

कूट
(i) कथन 1 और 2 सही हैं।
(ii) कथन 2 और 3 सही हैं।
(iii) कथन 3 और 4 सही हैं।
(iv) कथन 1, 3 और 4 सही हैं।

27. **निम्नलिखित वाक्यों में भाववाच्य का उदाहरण है**

1. माता जी मिठाई बना सकती हैं। CBSE SQP 2023
2. मुझसे बैठा नहीं जाता।
3. भगवान द्वारा हमारी रक्षा की जाती है।
4. गर्मियों में छत पर सोया जाता है।

(i) 1 और 2 सही हैं
(ii) 2 और 3 सही हैं
(iii) 1 और 4 सही हैं
(iv) 2 और 4 सही हैं

28. **निम्नलिखित वाक्यों में कर्मवाच्य का उदाहरण है**
CBSE SQP (Additional Set) 2023

1. मैंने एक घायल व्यक्ति को अस्पताल पहुँचाया।
2. अरविंद द्वारा स्वर्ण पदक जीता गया।
3. प्रवासी पक्षियों द्वारा उड़ा जाता है।
4. नेताजी द्वारा देश के लिए अपना सब कुछ त्याग दिया गया।

(i) 1 और 2 सही हैं
(ii) 2 और 3 सही हैं
(iii) 1 और 4 सही हैं
(iv) 2 और 4 सही हैं

29. 'उससे तैरा नहीं जाएगा।' यह भाववाच्य का उदाहरण है।
कारण **CBSE SQP (Additional Set) 2023**

(क) क्रिया का भाव प्रधान है तथा अकर्मक क्रिया है।
(ख) क्रिया पुल्लिंग, एकवचन और अन्य पुरुष में दी गई है।
(ग) भाववाच्य क्रिया का रचना सूत्र–अकर्मक + आ + आना दिया गया है।

उपर्युक्त वाक्य के लिए सबसे उचित कारण वाला विकल्प चुनिए
(i) केवल (क) और (ख) सही हैं
(ii) केवल (क) और (ग) सही हैं
(iii) केवल (क) और (ग) सही हैं
(iv) केवल (क) सही है

30. सूची 1 को सूची 2 से सुमेलित कीजिए और सही विकल्प का चयन कीजिए **CBSE SQP (Additional Set) 2023**

सूची I	सूची II
A. फूलों से सुगंध आती है।	1. भाववाच्य
B. दादाजी प्रतिदिन योग करते हैं।	2. कर्तृवाच्य
C. पथिक को अवश्य जाना होगा।	3. कर्मवाच्य

कूट

	A	B	C		A	B	C
(i)	1	2	3	(ii)	2	3	1
(iii)	1	3	2	(iv)	2	1	3

31. सूची 1 को सूची 2 से सुमेलित कीजिए और सही विकल्प का चयन कीजिए **CBSE SQP 2023**

सूची I	सूची II
A. गर्मियों में लोग खूब नहाते हैं।	1. भाववाच्य
B. गोपाल से पत्र लिखा जाता है।	2. कर्तृवाच्य
C. धूप में चला नहीं जाता।	3. कर्मवाच्य

कूट

	A	B	C		A	B	C
(i)	1	2	3	(ii)	2	3	1
(iii)	1	3	2	(iv)	2	1	3

32. सूची 1 को सूची 2 के साथ सुमेलित कीजिए और सही विकल्प का चयन कीजिए **CBSE 2024**

सूची I	सूची II
A. अब उनसे टहला नहीं जाता।	1. कर्तृवाच्य
B. उससे गीत नहीं गाया गया।	2. भाववाच्य
C. मैंने एक लंबी कविता लिखी।	3. कर्मवाच्य

कूट

	A	B	C		A	B	C
(i)	2	3	1	(ii)	1	2	3
(iii)	3	2	1	(iv)	1	3	2

33. (क) रोबिन से सुना भी न जा सका। **दक्षता आधारित प्रश्न**
(ख) रोबिन सुन न सका।
उपर्युक्त वाक्यों में, वाक्य (क) ………………… है और वाक्य (ख) उसका रूपांतरित ………………… रूप है।
(i) कर्मवाच्य, कर्तृवाच्य (ii) भाववाच्य, कर्तृवाच्य
(iii) कर्तृवाच्य, भाववाच्य (iv) कर्तृवाच्य, कर्मवाच्य

34. (क) चलो साथियों, स्वच्छता अभियान में भाग लें। **दक्षता आधारित प्रश्न**
(ख) चलो साथियों, स्वच्छता अभियान में भाग लिया जाए।
उपर्युक्त वाक्यों में (क) ………………… वाक्य है और (ख) वाक्य उसका रूपांतरित रूप ………………… है।
(i) कर्तृवाच्य, भाववाच्य
(ii) कर्मवाच्य, भाववाच्य
(iii) कर्तृवाच्य, कर्मवाच्य
(iv) भाववाच्य, कर्तृवाच्य

35. 'वाच्य' पर आधारित निम्नलिखित पाँच प्रश्नों में से किन्हीं चार प्रश्नों के उत्तर दीजिए **CBSE SQP (Additional Set) 2023**
(क) इस कड़कती धूप में मजदूर द्वारा भोजन भी नहीं किया जाता।
(ख) इस कड़कती धूप में अब और नहीं चला जाता।
कथन (क) कर्मवाच्य है क्योंकि इसमें ………………… है और
कथन (ख) भाववाच्य है क्योंकि इसमें ………………… है।
(i) कर्म की प्रधानता, कर्ता अनुपस्थित
(ii) कर्ता अनुपस्थित, कर्ता उपस्थित
(iii) कर्म अनुपस्थित, कर्ता उपस्थित
(iv) कर्ता उपस्थित, कर्म प्रधान

अतिलघु/लघु उत्तरीय प्रश्न

1. वाच्य किसे कहते हैं? उदाहरण सहित समझाइए।
2. वाच्य के कितने भेद हैं?
3. कर्मवाच्य किसे कहते हैं?
4. किस वाच्य में क्रिया सदा अन्य पुरुष एकवचन में होती है?
5. कर्तृवाच्य में किसकी प्रधानता होती है?
6. भाववाच्य में क्रिया सदैव किस प्रकार की होती है? **CBSE 2012**
7. कर्मवाच्य में क्रिया के लिंग, वचन और पुरुष किसके अनुसार रहते हैं?
8. निम्नलिखित वाक्यों में वाच्य भेद बताइए
   (i) छुट्टियों में दो और रेलगाड़ियाँ चलाई जाएँगी।
   (ii) इस जगह सारी रात कैसे रहा जाएगा? **CBSE 2016**
   (iii) मैं यह भाषा नहीं पढ़ा सकूँगा।
   (iv) रमेश से अब उठा नहीं जा रहा। **CBSE 2012**
   (v) निष्ठावान कर्मयोगियों द्वारा ही सदा ऐसे काम किए जाते हैं।

9. निम्नलिखित वाक्यों को कर्तृवाच्य में परिवर्तित कीजिए

(i) माँ द्वारा भिखारी को भोजन दिया गया। CBSE 2020

(ii) भाई साहब के द्वारा मुझे पतंग दी गई।

(iii) माँ के द्वारा बचपन में ही घोषित कर दिया गया था।

(iv) पुलिस के द्वारा चेतावनी दी गई। CBSE 2020

(v) बिहारी द्वारा शृंगारपरक दोहे लिखे गए।

(vi) दुकानदार द्वारा उचित मूल्य लिया गया। CBSE 2020

(vii) गाइड द्वारा हमें सब कुछ समझा दिया गया।

(viii) तुमसे चुप नहीं रहा जाता। CBSE 2020

(ix) लड़की के द्वारा आँगन में सोया जा रहा था।

(x) उससे उठा-बैठा नहीं जाता।

(xi) क्या तुम्हारे द्वारा इंद्रधनुष देखा गया है?

(xii) विद्यार्थियों द्वारा परीक्षा दी गई। CBSE 2020

(xiii) मजदूरों से पत्थर नहीं तोड़े जा रहे हैं।

(xiv) परीक्षा के बारे में अध्यापक द्वारा क्या कहा गया? CBSE 2020

(xv) फाख्ताओं द्वारा गीतों को सुर दिया जाता है।

(xvi) दो-तीन पक्षियों द्वारा अपनी-अपनी लय में एकसाथ कूदा जा रहा था।

(xvii) पक्षियों द्वारा संगीत का अभ्यास किया जाता है।

(xviii) दर्द के कारण उससे चला नहीं जाता। CBSE 2017

(xix) बुलबुल द्वारा रात्रि-विश्राम अमरूद की डाल पर किया जाता है।

(xx) गाँधीजी द्वारा विश्व को सत्य और अहिंसा का संदेश दिया गया। CBSE 2019

(xxi) जिस आदमी ने पहले-पहल आग का आविष्कार किया होगा, वह कितना बड़ा आविष्कारक होगा।

10. निम्नलिखित वाक्यों को कर्मवाच्य में परिवर्तित कीजिए

(i) गीता नहीं लिखती।

(ii) पानवाले ने साफ़ बता दिया था।

(iii) नेताजी ने देश के लिए अपना सब कुछ त्याग दिया। CBSE 2020, 16

(iv) हम इतने कष्टों को सहन नहीं करेंगे।

(v) हालदार साहब ने चश्मे वाले की देशभक्ति का सम्मान किया।

(vi) हम स्वामी जी को नहीं भूल सकते। CBSE 2014, 13

(vii) वह कालीन बुनता है। CBSE 2020

(viii) संगीता मनमोहक चित्र बनाती है।

(ix) अवनि चाय बना रही है।

(x) कवि ने एक कविता सुनाई।

(xi) मैं दीपावली पर मिट्टी के दीए जलाऊँगी। CBSE 2020

(xii) नवाब साहब ने हमारी ओर देखकर कहा कि खीरा लज़ीज होता है।

(xiii) फुरसत में मैना खूब रियाज करती है।

(xiv) बालगोबिन भगत प्रभातियाँ गाते थे। CBSE 2019

(xv) तुम पढ़ क्यों नहीं सकते? CBSE 2020

(xvi) सात सुरों को यह गजब की विविधता के साथ प्रस्तुत करती है। CBSE 2017

(xvii) पान कहीं आगे खा लेंगे।

(xviii) हालदार साहब ने पान खाया। CBSE 2019

(xix) मई महीने में शीला अग्रवाल को कॉलेज वालों ने नोटिस थमा दिया। CBSE 2018

11. निम्नलिखित वाक्यों को भाववाच्य में परिवर्तित कीजिए

(i) आओ, अब चलते हैं। CBSE 2020

(ii) बूढ़े व्यक्ति प्रतिदिन टहलते हैं।

(iii) चोट लगने के बाद वह खड़ा नहीं हो सकता।

(iv) सर्दियों में गर्म पानी से नहाते हैं।

(v) बीमार युवक चल नहीं पा रहा।

(vi) मच्छरों के कारण हम रातभर सो न सके।

(vii) बस की खिड़की से न झाँकें। CBSE 2020

(viii) बच्चा ज़ोर-ज़ोर से रो रहा था।

(ix) दर्द के कारण वह खड़ा ही नहीं हुआ। CBSE 2020

(x) वह चुप नहीं रहता।

(xi) चलो, अब सोते हैं।

(xii) कछुआ दौड़ नहीं सकता।

(xiii) हर्षिता पैदल चल नहीं सकती। CBSE 2020

(xiv) चोट के कारण वह बैठ नहीं सकती।

(xv) तुम दिनभर कैसे बैठोगे?

(xvi) खिलाड़ी दौड़ नहीं सका। CBSE 2019

(xvii) दादाजी प्रतिदिन पार्क में टहलते हैं।

(xviii) खबर सुनकर वह चल भी नहीं पा रही थी। CBSE 2018

(xix) बीमारी के कारण वह यहाँ न आ सका।

(xx) घायल हंस उड़ न पाया। CBSE 2019

12. निम्नलिखित वाक्यों में निर्देशानुसार वाच्य परिवर्तन कीजिए

(i) लड़कों के द्वारा अपना कमरा साफ़ किया गया। *(कर्तृवाच्य में)* CBSE 2016

(ii) माला ने गाना गाया। *(कर्मवाच्य में)*

(iii) राजा प्रजा का पालन करता है। *(कर्मवाच्य में)*

(iv) अभी दिनेश टहल नहीं सकता। *(भाववाच्य में)*

(v) रतनसिंह ने जंगल में भ्रमण किया। *(कर्मवाच्य में)* CBSE 2015

(vi) आपके द्वारा सुंदर लेख लिखा गया। *(कर्तृवाच्य में)* CBSE 2015

(vii) नगेंद्र से भली-भाँति तैरा गया। *(कर्तृवाच्य में)*

(viii) वे रो न सके। *(भाववाच्य में)*

(ix) हिरण अब नहीं दौड़ता। *(भाववाच्य में)* CBSE 2015

(x) रमेश नहाया। *(भाववाच्य में)*

(xi) मैं अब चल नहीं पाता। *(भाववाच्य में)*

(xii) डाकुओं ने चौकी लूट ली। *(कर्मवाच्य में)*

(xiii) चिड़िया से उड़ा नहीं जाता। *(कर्तृवाच्य में)*

(xiv) रेखा रस्सी नहीं कूदती। *(भाववाच्य में)* CBSE 2012

(xv) मैंने ही यह पुस्तक लिखी है। *(कर्मवाच्य में)*

(xvi) मुझसे यह काम नहीं हो सकता। *(कर्तृवाच्य में)*
(xvii) अध्यापक ने हमें आज नया पाठ पढ़ाया। *(कर्मवाच्य में)*
(xviii) मैं बैठ नहीं सकता। *(भाववाच्य में)*
(xix) मैं यह भाषा नहीं पढ़ा सकूँगा। *(कर्मवाच्य में)*
(xx) उसके द्वारा हमें मूर्ख समझा जाता है। *(कर्तृवाच्य में)*
(xxi) रोगी से दवाई नहीं खाई जा रही है। *(कर्तृवाच्य में)*
(xxii) बच्चे खेलेंगे। *(भाववाच्य में)*
(xxiii) माँ ने पुत्र को सुला दिया। *(कर्मवाच्य में)*
(xxiv) रातभर कैसे जागा जाएगा? *(कर्तृवाच्य में)*
(xxv) हमने नहीं गाया। *(भाववाच्य में)*

13. निम्नलिखित वाक्यों में वाच्य पहचानकर भेद बताइए

(i) मुझसे बोझ उठाया नहीं जाता।
(ii) राष्ट्रपति कल भाषण देंगे।
(iii) मेरा मित्र समस्या पर विचार कर रहा है।
(iv) अमित से दौड़ा नहीं जाता।
(v) बच्चे फुटबॉल खेल रहे हैं।
(vi) बालक द्वारा कविता पढ़ी गई थी।
(vii) हम आज रात यहीं ठहरेंगे।
(viii) चलो, ठंडे पानी से नहाया जाए। **CBSE 2012**
(ix) कल देर रात तक पढ़ा गया।
(x) देशद्रोही को देश निकाला दिया जाता था।
(xi) बच्चों से शोर नहीं मचाया गया। **CBSE 2012**
(xii) ईश्वर हम सबकी रक्षा करते हैं। **CBSE 2012**
(xiii) सरकार द्वारा शिक्षा पर बहुत व्यय किया जाता है।
(xiv) मूर्तिकार ने बड़ी सुंदर मूर्तियाँ बनाई हैं। **CBSE 2012**
(xv) बीमारी के कारण उससे उठा भी नहीं जाता।
(xvi) रमेश से अब उठा नहीं जा रहा। **CBSE 2012**
(xvii) छुट्टियों में दो और रेलगाड़ियाँ चलाई जाएँगी।
(xviii) इस जगह सारी रात कैसे रहा जाएगा? **CBSE 2012**
(xix) मनुष्य केवल कर्म कर सकता है।
(xx) बालक को भोजन दिया गया है।

14. निम्नलिखित वाक्यों में वाच्य भेद तर्क सहित बताइए

(i) ड्राइवर द्वारा ज़ोर से ब्रेक मारे गए।
(ii) आज हमें गणित पढ़ाया गया।
(iii) आओ! सोया जाए।
(iv) निष्ठावान कर्मयोगियों द्वारा ही सदा ऐसे काम किए जाते हैं।
(v) रातभर कैसे जागा जाएगा?
(vi) मोहन पुस्तक पढ़ रहा है।
(vii) अध्यापक ने विद्यार्थी को पढ़ाया।
(viii) मैं बैठ नहीं सकता।

व्याख्या सहित उत्तर

बहुविकल्पीय प्रश्न

1. (i) नवाब साहब ने सतृष्ण आँखों से खीरे की फाँकों की ओर देखा।
2. (ii) कर्तृवाच्य
3. (iii) कर्तृवाच्य
4. (i) नवाब साहब द्वारा संगति के लिए उत्साह नहीं दिखाया गया।
5. (ii) कर्मवाच्य का
6. (iv) हमसे इस खुले मैदान में दौड़ा जा सकता है।
7. (i) कर्मवाच्य
8. (iii) कर्तृवाच्य
9. (iii) पुलिस ने लाठीचार्ज किया।
10. (iv) कर्तृवाच्य
11. (ii) केवल क्रिया
12. (iv) बच्चे आम के बगीचे ढूंढ़ रहे हैं।
13. (ii) कर्तृवाच्य
14. (ii) उसने उछलकर पतंग पकड़ ली।
15. (i) कर्मवाच्य
16. (ii) सानिया द्वारा सबको पुरस्कार दिए गए।
17. (ii) (क) कर्तृवाच्य (ख) भाववाच्य
18. (ii) भाववाच्य
19. (ii) चोर को मौके पर ही पुलिस ने पकड़ लिया।
20. (ii) पक्षियों से बाग छोड़कर उड़ा नहीं गया।
21. (iii) भाववाच्य
22. (iii) दिलीप से दौड़ा गया।
23. (iii) दादी जी से पढ़ा नहीं जा सकता।
24. (i) लोग
25. (ii) मैं यह दृश्य नहीं देख सकूँगा।
26. (iii) कथन 3 और 4 सही हैं।
27. (iv) 2 और 4 सही हैं
28. (iv) 2 और 4 सही हैं
29. (i) केवल (क) और (ख) सही हैं।
30. (i) 1 2 3
31. (ii) 2 3 1
32. (i) 2 3 1
33. (ii) भाववाच्य, कर्तृवाच्य
34. (i) कर्तृवाच्य, भाववाच्य
35. (i) कर्म की प्रधानता, कर्ता अनुपस्थित

अतिलघु/लघु उत्तरीय प्रश्न

1. वाच्य का शाब्दिक अर्थ है—'बोलने का विषय'। अतः क्रिया के जिस रूप से यह पता चले कि क्रिया का मुख्य विषय कर्ता है, कर्म है अथवा भाव है, उसे 'वाच्य' कहते हैं।

उदाहरण

(i) राम खाना खाता है। *(कर्तृवाच्य)*

(ii) राम के द्वारा खाना खाया जाता है। *(कर्मवाच्य)*

(iii) रोहन से चला नहीं जाता। *(भाववाच्य)*

2. वाच्य के दो भेद हैं—कर्तृवाच्य एवं अकर्तृवाच्य। अकर्तृवाच्य के भी दो भेद होते हैं—कर्मवाच्य एवं भाववाच्य।

3. क्रिया के जिस रूपांतरण से वाक्य में कर्म की प्रधानता का बोध हो, तो वह वाक्य कर्मवाच्य कहलाता है; जैसे—
शिकारियों के द्वारा जाल बिछाया जाता है।

4. भाववाच्य में क्रिया सदा अन्य पुरुष एकवचन में होती है।

5. जब क्रिया का संबंध कर्ता से हो, तो वाक्य कर्तृवाच्य कहलाता है। इसमें कर्ता की प्रधानता होती है।

6. जब क्रिया स्वयं प्रधान हो, तो वाक्य भाववाच्य कहलाता है। इसमें क्रिया सदैव अकर्मक होती है।

7. कर्मवाच्य में क्रिया के लिंग, वचन और पुरुष कर्म के अनुसार रहते हैं।

8. (i) **कर्मवाच्य** इस वाक्य में 'रेलगाड़ियाँ' कर्म हैं और कर्म की प्रधानता होने के कारण क्रिया का लिंग उसी के अनुसार है, इसलिए यहाँ कर्मवाच्य है।

(ii) **भाववाच्य** इस वाक्य में 'रहा जाएगा' भाव को प्रदर्शित कर रहा है, इसलिए यहाँ भाववाच्य है।

(iii) **कर्तृवाच्य** इस वाक्य में कर्ता की प्रधानता है। क्रिया का संबंध कर्ता से है। क्रिया के लिंग, वचन तथा पुरुष भी कर्ता के अनुरूप हैं, इसलिए यहाँ कर्तृवाच्य है।

(iv) **भाववाच्य** इस वाक्य में मुख्य क्रिया 'उठना' है तथा यह अकर्मक है। अतः यहाँ भाव की प्रधानता है, इसलिए यहाँ भाववाचक है।

(v) **कर्मवाच्य** इस वाक्य में 'ऐसे काम' कर्म है और कर्म की प्रधानता होने के कारण क्रिया का लिंग एवं वचन भी उसी के अनुसार है, इसलिए यहाँ कर्मवाच्य है।

9. (i) माँ ने भिखारी को भोजन दिया।

(ii) भाई साहब ने मुझे पतंग दी।

(iii) माँ ने बचपन में ही घोषित कर दिया था।

(iv) पुलिस ने चेतावनी दी।

(v) बिहारी ने श्रृंगारपरक दोहे लिखे।

(vi) दुकानदार ने उचित मूल्य लिया।

(vii) गाइड ने हमें सब कुछ समझा दिया।

(viii) तुम चुप नहीं रह सकते।

(ix) लड़की आँगन में सो रही थी।

(x) वह उठ-बैठ नहीं सकता है।

(xi) क्या तुमने इंद्रधनुष देखा है?

(xii) विद्यार्थियों ने परीक्षा दी।

(xiii) मजदूर पत्थर नहीं तोड़ पा रहे हैं।

(xiv) परीक्षा के बारे में अध्यापक ने क्या कहा?

(xv) फाख्ता गीतों को सुर देते हैं।

(xvi) दो-तीन पक्षी अपनी-अपनी लय में एकसाथ कूद रहे थे।

(xvii) पक्षी संगीत का अभ्यास करते हैं।

(xviii) दर्द के कारण वह चल नहीं सकता।

(xix) बुलबुल रात्रि-विश्राम अमरूद की डाल पर करती है।

(xx) गाँधीजी ने विश्व को सत्य और अंहिसा का संदेश दिया।

(xxi) जिस आदमी ने पहले-पहल आग का आविष्कार किया वह कितना बड़ा आविष्कारक होगा।

10. (i) गीता के द्वारा लिखा नहीं जाता।

(ii) पानवाले द्वारा साफ़ बता दिया गया था।

(iii) नेताजी द्वारा देश के लिए अपना सब कुछ त्याग दिया गया।

(iv) हमारे द्वारा इतने कष्ट सहन नहीं किए जाएँगे।

(v) हालदार साहब द्वारा चश्मे वाले की देशभक्ति का सम्मान किया गया।

(vi) हमारे द्वारा स्वामी जी को नहीं भुलाया जा सकता।

(vii) उसके द्वारा कालीन बुना जाता है।

(viii) संगीता द्वारा मनमोहक चित्र बनाया जाता है।

(ix) अवनि के द्वारा चाय बनाई जा रही है।

(x) कवि द्वारा एक कविता सुनाई गई।

(xi) दीपावली पर मेरे द्वारा मिट्टी के दीए जलाए जाएँगें।

(xii) नवाब साहब द्वारा हमारी ओर देखकर कहा गया कि खीरा लज़ीज होता है।

(xiii) मैना द्वारा फुरसत में खूब रियाज किया जाता है।

(xiv) बालगोबिन भगत के द्वारा प्रभातियाँ गाई गईं।

(xv) तुम्हारे द्वारा पढ़ा क्यों नहीं जाता?

(xvi) सात सुरों को इसके द्वारा गजब की विविधता के साथ प्रस्तुत किया जाता है।

(xvii) पान कहीं आगे खाया जाएगा।

(xviii) हालदार साहब द्वारा पान खाया गया।

(xix) मई महीने में शीला अग्रवाल को कॉलेज वालों के द्वारा नोटिस थमा दिया गया।

11. (i) आइए, अब चला जाए।

(ii) बूढ़े व्यक्तियों द्वारा प्रतिदिन टहला जाता है।

(iii) चोट लगने के बाद उससे खड़ा नहीं हुआ जाता।

(iv) सर्दियों में गर्म पानी से नहाया जाता है।

(v) बीमार युवक से चला नहीं जाता।

(vi) मच्छरों के कारण हमसे रातभर सोया नहीं गया।

(vii) बस की खिड़की से झाँका नहीं जाता।

(viii) बच्चे द्वारा ज़ोर-ज़ोर से रोया जा रहा था।

(ix) दर्द के कारण उससे खड़ा नहीं हुआ गया।

(x) उससे चुप नहीं रहा जाता।

(xi) चलो, अब सोया जाए।

(xii) कछुए से दौड़ा नहीं जाता।

(xiii) हर्षिता से पैदल चला नहीं जाता।

(xiv) चोट के कारण उससे बैठा नहीं जाता।

(xv) तुम्हारे द्वारा दिन भर कैसे बैठा जाएगा?
(xvi) खिलाड़ी से दौड़ा नहीं गया।
(xvii) दादाजी द्वारा प्रतिदिन पार्क में टहला जाता है।
(xviii) खबर सुनकर उससे चला भी नहीं जा रहा था।
(xix) बीमारी के कारण उससे यहाँ नहीं आया गया।
(xx) घायल हंस से उड़ा न जा सका।

12. (i) लड़कों ने अपना कमरा साफ़ किया।
(ii) माला के द्वारा गाना गाया गया।
(iii) राजा के द्वारा प्रजा का पालन किया जाता है।
(iv) अभी दिनेश से टहला नहीं जाता।
(v) रतनसिंह द्वारा जंगल में भ्रमण किया गया।
(vi) आपने सुंदर लेख लिखा।
(vii) नगेंद्र भली-भाँति तैरा।
(viii) उनसे रोया नहीं गया।
(ix) हिरण से अब दौड़ा नहीं जाता।
(x) रमेश द्वारा नहाया गया।
(xi) मुझसे अब चला नहीं जाता।
(xii) डाकुओं द्वारा चौकी लूट ली गई।
(xiii) चिड़िया उड़ नहीं पाती।
(xiv) रेखा से रस्सी नहीं कूदी जाती।
(xv) मेरे द्वारा ही यह पुस्तक लिखी गई है।
(xvi) मैं यह काम नहीं कर सकता।
(xvii) अध्यापक के द्वारा हमें आज नया पाठ पढ़ाया गया।
(xviii) मुझसे बैठा नहीं जाता।
(xix) मुझसे यह भाषा नहीं पढ़ाई जा सकेगी।
(xx) वह हमें मूर्ख समझता है।
(xxi) रोगी दवाई नहीं खा रहा है।
(xxii) बच्चों से खेला जाएगा।
(xxiii) माँ के द्वारा पुत्र को सुला दिया गया।
(xxiv) रातभर कैसे जागोगे?
(xxv) हमसे गाया नहीं गया।

13. (i) भाववाच्य (ii) कर्तृवाच्य (iii) कर्तृवाच्य
(iv) भाववाच्य (v) कर्तृवाच्य (vi) कर्मवाच्य
(vii) कर्तृवाच्य (viii) भाववाच्य (ix) भाववाच्य
(x) कर्मवाच्य (xi) भाववाच्य (xii) कर्तृवाच्य
(xiii) कर्मवाच्य (xiv) कर्तृवाच्य (xv) भाववाच्य
(xvi) भाववाच्य (xvii) कर्मवाच्य (xviii) भाववाच्य
(xix) कर्तृवाच्य (xx) कर्मवाच्य

14. (i) **कर्मवाच्य** इस वाक्य में मुख्य क्रिया 'ब्रेक मारना' है तथा यह सकर्मक है। यहाँ कर्म की प्रधानता है।
(ii) **कर्मवाच्य** इस वाक्य में 'गणित' कर्म है और कर्म की प्रधानता होने के कारण क्रिया का लिंग उसी के अनुसार है।
(iii) **भाववाच्य** इस वाक्य में 'सोया' मुख्य क्रिया है तथा 'जाए' सहायक क्रिया है। मुख्य क्रिया अकर्मक है।
(iv) **कर्मवाच्य** इस वाक्य में 'ऐसे काम' कर्म है और कर्म की प्रधानता होने के कारण क्रिया का लिंग एवं वचन भी उसी के अनुसार है।
(v) **भाववाच्य** इस वाक्य में 'जागा' क्रिया प्रमुख है। 'जाएगा' क्रिया का प्रयोग सहायक क्रिया के रूप में हुआ है। मुख्य क्रिया अकर्मक है।
(vi) **कर्तृवाच्य** इस वाक्य में कर्ता की प्रधानता है। क्रिया के लिंग, वचन तथा पुरुष भी कर्ता के अनुसार ही आए हैं।
(vii) **कर्तृवाच्य** इस वाक्य में कर्ता की प्रधानता है। क्रिया का संबंध कर्ता से है। क्रिया के लिंग, वचन तथा पुरुष भी कर्ता के अनुसार ही आए हैं।
(viii) **कर्तृवाच्य** इस वाक्य में 'मैं' कर्ता की प्रधानता है। क्रिया के लिंग, वचन तथा पुरुष भी कर्ता के अनुसार हैं।

स्व-मूल्यांकन

बहुविकल्पीय प्रश्न

निम्नलिखित प्रश्नों को पढ़कर सही विकल्पों का चयन कीजिए

1. किसान खेतों में कीटनाशक दवाइयों का छिड़काव करते हैं। (कर्मवाच्य में परिवर्तित कीजिए।)

(i) किसानों ने खेतों में कीटनाशक दवाई का छिड़काव किया।
(ii) किसानों द्वारा खेतों में कीटनाशक दवाइयों का छिड़काव किया जाता है।
(iii) किसानों से खेतों में कीटनाशक दवाइयों का छिड़काव करवाया जाता है।
(iv) उपर्युक्त में से कोई नहीं

2. (क) पानवाले ने देशभक्त का मज़ाक उड़ाया।

(ख) पानवाले द्वारा देशभक्त का मज़ाक उड़ाया गया।

उपर्युक्त वाक्यों के आधार पर सही विकल्प पहचानिए

(i) (क) कर्मवाच्य का उदाहरण है
(ख) उसका कर्तृवाच्य में रूपांतरण है
(ii) (क) कर्तृवाच्य का उदाहरण है
(ख) उसका कर्तृवाच्य में रूपांतरण है
(iii) (क) कर्तृवाच्य का उदाहरण है
(ख) उसका भाववाच्य में रूपांतरण है
(iv) (क) भाववाच्य का उदाहरण है
(ख) उसका कर्मवाच्य में रूपांतरण है।

3. निम्नलिखित में से भाववाच्य वाला वाक्य छाँटिए

(i) उन्होंने जिंदगी भर अपने लिए कुछ नहीं माँगा।
(ii) गोरा रंग पिताजी की कमजोरी थी।
(iii) उन्होंने रसोई को भटियार खाना कहा।
(iv) पिताजी से यह देखा नहीं गया।

4. निम्नलिखित में से कर्मवाच्य नहीं है।

(i) गीता के द्वारा लिखा नहीं जाता।
(ii) पानवाले के द्वारा साफ़ बता दिया गया था।
(iii) पान कहीं आगे खाया जाए।
(iv) आइए, अब चला जाए।

5. बालगोबिन भगत ने प्रभातियाँ शुरू कर दीं। (वाच्य का प्रकार बताइए।) (पाठ-बालगोबिन भगत)

(i) कर्तृवाच्य (ii) भाववाच्य
(iii) कर्मवाच्य (iv) इनमें से कोई नहीं

अतिलघु/लघु उत्तरीय प्रश्न

1. कर्मवाच्य किसे कहते हैं?

2. कर्तृवाच्य में क्रिया किसके अनुसार प्रयुक्त होती है?

3. कर्मवाच्य में क्रिया सदैव किस प्रकार की होती है?

4. वाच्य को परिभाषित कीजिए।

5. निम्नलिखित वाक्यों में वाच्य का भेद बताइए

(i) दुकानदार बेईमानी कर रहा था।
(ii) हमारे द्वारा गृहकार्य किया गया।
(iii) अध्यापक ने बच्चों की परीक्षा ली।
(iv) राधा से रातभर कैसे पढ़ा जाएगा?
(v) कोयल डाल पर बैठी है।

6. निम्नलिखित वाक्यों को निर्देशानुसार परिवर्तित कीजिए

(i) बालिका सो रही है। *(भाववाच्य में)*
(ii) रमा से खाया नहीं जाएगा। *(कर्तृवाच्य में)*
(iii) हरीश निबंध पढ़ता है। *(कर्मवाच्य में)*
(iv) हमारे द्वारा पूजा की गई। *(कर्तृवाच्य में)*
(v) पेटू लोग दिनभर खाना खा सकते हैं। *(भाववाच्य में)*

7. निम्नलिखित वाक्यों को कर्तृवाच्य में परिवर्तित कीजिए

(i) रमेश से कहानी सुनाई गई।
(ii) बढ़ई द्वारा कुर्सी बनाई गई।
(iii) उसके द्वारा नौकर को बुलाया गया।
(iv) इस मैदान में सब छात्रों को एकत्र किया जाए।
(v) मुंबई आतंकी हमले की सरकार द्वारा पूरी जाँच की गई।

8. निम्नलिखित वाक्यों को कर्मवाच्य में परिवर्तित कीजिए

(i) वह परीक्षा की तैयारी कर रहा है।
(ii) हमने सुंदर दृश्य देखे।
(iii) उसने गरीब व्यक्ति की सहायता की।
(iv) उसने पौधों को पानी दिया।
(v) यशपाल जी ने लखनवी अंदाज़ में कहानी की रचना की।

9. निम्नलिखित वाक्यों को भाववाच्य में परिवर्तित कीजिए

(i) वह अपना काम पूरा नहीं करता।
(ii) रोहन सबकी सेवा करता है।
(iii) वह बात समझ नहीं पाया।
(iv) बच्चे खेत में उछल रहे हैं।
(v) मैं सोच नहीं सकता।

10. निम्नलिखित वाक्यों में वाच्य भेद तर्क सहित बताइए

(i) बालक कुत्तों को लड़ाते हैं।
(ii) वह सवेरे नहीं उठता।
(iii) मैं कहानी सुनाता हूँ।
(iv) रोगी उठता नहीं है।
(v) वे आई होंगी।

अध्याय 3

पद-परिचय

वर्णों का सार्थक समूह 'शब्द' कहलाता है, किंतु जब उन्हीं शब्दों को विभक्तियों के साथ वाक्य में प्रयुक्त किया जाता है, तब वे शब्द 'पद' कहलाते हैं। जैसे-राम, पुस्तक, बच्चे आदि शब्द हैं। इसे वाक्य में प्रयुक्त करने पर ये शब्द पद बन जाते हैं; जैसे—

- राम पढ़ता है।
- उसने नई पुस्तक खरीदी।
- बच्चे खेल रहे हैं।

3.1 पद-परिचय की परिभाषा

पद-परिचय से अभिप्राय है—पदों का विश्लेषण। वाक्य में प्रयुक्त पदों का व्याकरणिक परिचय देना **पद-परिचय** कहलाता है। दूसरे शब्दों में अन्य शब्दों के साथ किसी वाक्य में प्रयुक्त संज्ञा, सर्वनाम, विशेषण, क्रियाविशेषण, संबंधबोधक, समुच्चयबोधक अथवा विस्मयादिबोधक आदि शब्दों का जिस रूप में प्रयोग हुआ है, उन्हें स्पष्ट करना ही पद-परिचय है।

किसी पद का परिचय देने के लिए उस शब्द अथवा पद का भेद, उपभेद, लिंग, वचन, कारक, कर्ता आदि के संबंध का परिचय दिया जाता है।

पद-परिचय के भेदों का उदाहरण सहित विवरण

1. **संज्ञा** भेद (जातिवाचक, व्यक्तिवाचक एवं भाववाचक), लिंग, वचन, कारक, क्रिया तथा अन्य शब्दों से उसका संबंध।

   उदाहरण गौरव हास्य की एक पुस्तक पढ़ता है।
   गौरव व्यक्तिवाचक संज्ञा, पुल्लिंग, एकवचन, कर्ता कारक
   हास्य की भाववाचक संज्ञा, पुल्लिंग, एकवचन, संबंध कारक
   पुस्तक जातिवाचक संज्ञा, स्त्रीलिंग, एकवचन, कर्म कारक

2. **सर्वनाम** भेद (पुरुषवाचक, निश्चयवाचक, अनिश्चयवाचक, संबंधवाचक, प्रश्नवाचक एवं निजवाचक), लिंग, वचन, कारक या अन्य शब्दों से उसका संबंध।

   उदाहरण मैं तुमसे कुछ पूछूँगा।
   मैं पुरुषवाचक सर्वनाम (उत्तम पुरुष), एकवचन, पुल्लिंग, कर्ता कारक
   तुमसे पुरुषवाचक सर्वनाम (मध्यम पुरुष), स्त्रीलिंग-पुल्लिंग दोनों लिंगों में संभव, एकवचन, करण कारक
   कुछ अनिश्चयवाचक सर्वनाम, पुल्लिंग, एकवचन, कर्म कारक

3. **विशेषण** भेद (गुणवाचक, संख्यावाचक, परिमाणवाचक एवं सार्वनामिक), लिंग, वचन, कारक, विशेषणानुसार विशेष्य।

   उदाहरण मेरे बगीचे में दो नीले फूल हैं।
   दो संख्यावाचक विशेषण (निश्चित), 'फूल' विशेष्य
   नीले गुणवाचक विशेषण, बहुवचन, पुल्लिंग

4. **क्रिया** भेद (अकर्मक एवं सकर्मक), धातु, वाच्य, काल (भूतकाल, वर्तमानकाल एवं भविष्यत् काल—उपभेद सहित), लिंग, वचन, कर्ता, कर्म आदि से संबंध।

   उदाहरण जब वह स्टेशन पहुँचा, तब गाड़ी चल रही थी।
   पहुँचा अकर्मक क्रिया, सामान्य भूतकाल, पुल्लिंग, एकवचन, कर्तृवाच्य
   चल रही थी सकर्मक क्रिया, अपूर्ण भूतकाल, स्त्रीलिंग, एकवचन, कर्तृवाच्य (संयुक्त क्रिया भी)

5. **क्रियाविशेषण** भेद (स्थानवाचक, कालवाचक, रीतिवाचक एवं परिमाणवाचक), उस क्रिया का निर्देश, जिसकी विशेषता बताई जा रही है।

   उदाहरण जब खाओ, कम बोलो।
   जब कालवाचक क्रियाविशेषण 'खाओ' क्रिया का विशेषण
   कम परिमाणवाचक क्रियाविशेषण 'बोलो' क्रिया का विशेषण

6. **संबंधबोधक** जिन पदों अथवा उपवाक्यों का संबंध बताया जा रहा है।

   उदाहरण वह खुशी के मारे चीख पड़ा।
   के मारे कारणवाचक संबंधबोधक अव्यय (संबंधी शब्द 'खुशी')

7. **समुच्चयबोधक** भेद (संयोजक एवं विभाजक), जोड़ने वाले शब्दों अथवा वाक्यों का निर्देश।

   उदाहरण वह आया और मैं चला गया।
   और समुच्चयबोधक, समानाधिकरण

8. **विस्मयादिबोधक** भाव (हर्ष, शोक, घृणा, भय, विस्मय, क्रोध आदि) जिस किसी को भी प्रकट कर रहा है, उसका निर्देश।

उदाहरण अहा! कितना सुंदर दृश्य है।

अहा! विस्मयादिबोधक (हर्षसूचक)

9. **निपात** (स्वीकृतिबोधक, नकारबोधक, निषेधात्मक, प्रश्नबोधक, विस्मयादिबोधक, तुलनाबोधक, अवधारणाबोधक, आदरबोधक, बलप्रदायक) इनके प्रयोग से वाक्य का समग्र (संपूर्ण/पूरा) अर्थ प्रभावित होता है।

उदाहरण सुरेश ने ही मुझे मारा।

ही निपात (बलप्रदायक)

पद-परिचय के अन्य उदाहरण

नीचे रेखांकित शब्दों के पद-परिचय दिए जा रहे हैं

- **निरंतर कार्य करने से ही सफलता मिलती है।**

  निरंतर रीतिवाचक क्रियाविशेषण, 'कार्य करने' क्रिया की विशेषता बता रहा है।

  कार्य करने क्रिया

  ही निपात (बल प्रदायक)

  मिलती है क्रिया, एकवचन, स्त्रीलिंग

- **ईमानदारी बहुत दुर्लभ वस्तु है।**

  ईमानदारी भाववाचक संज्ञा, स्त्रीलिंग, एकवचन,

  है होना क्रिया का कर्ता

- **काला घोड़ा तेज़ भागता है।**

  काला गुणवाचक विशेषण, एकवचन, पुल्लिंग

  घोड़ा जातिवाचक संज्ञा, पुल्लिंग, एकवचन, विशेष्य, कर्ता कारक

  तेज रीतिवाचक क्रियाविशेषण, 'भागना' क्रिया की विशेषता बता रहा है

  भागता है क्रिया, पुल्लिंग, एकवचन, वर्तमान काल, निश्चयार्थ, कर्तृवाच्य

- **एवरेस्ट संसार का सबसे ऊँचा शिखर है।**

  एवरेस्ट व्यक्तिवाचक संज्ञा, एकवचन, पुल्लिंग

- **वह शर्बत पी रहा था।**

  शर्बत संज्ञा, एकवचन, पुल्लिंग, कर्म कारक

  पी रहा था सकर्मक क्रिया, पुल्लिंग, एकवचन अपूर्ण भूतकाल

- **मैं आज भी देश पर अपने प्राण न्योछावर करने को तैयार हूँ।**

  मैं पुरुषवाचक सर्वनाम, एकवचन, पुल्लिंग, उत्तम पुरुष, कर्ता कारक

  देश पर जातिवाचक संज्ञा, पुल्लिंग, एकवचन, अधिकरण कारक

- **विनीता ने पुस्तक दी।**

  दी सकर्मक क्रिया, सामान्य भूतकाल

- **यह पुस्तक मेरी है, मैं इसे पढ़ सकता हूँ।**

  पढ़ सकता हूँ सकर्मक क्रिया, पुल्लिंग, एकवचन, कर्तृवाच्य, वर्तमानकाल

- **वह नित्य विद्यालय जाता है।**

  नित्य क्रियाविशेषण, 'जाना' क्रिया की विशेषता बता रहा है। कालवाचक, पुल्लिंग, एकवचन

- **दीपक ने जीवन को बुरी तरह मारा।**

  मारा सकर्मक क्रिया, पुल्लिंग, एकवचन, भूतकाल

- **वाह भई! यह आइडिया भी ठीक है।**

  वाह भई! विस्मयादिबोधक अव्यय, प्रसन्नतासूचक

- **चौराहे की अधिकांश दुकानें बंद थीं।**

  अधिकांश अनिश्चय संख्यावाचक विशेषण, बहुवचन, 'दुकानें' विशेष्य का विशेषण

- **ठंडी पुरवाई चल रही थी।**

  ठंडी गुणवाचक विशेषण, स्त्रीलिंग, एकवचन, 'पुरवाई' विशेष्य का विशेषण

- **करीब तीस कोस पर गंगा थी।**

  गंगा व्यक्तिवाचक संज्ञा, एकवचन, स्त्रीलिंग

- **हमने भी उनके सामने की बर्थ पर बैठकर आत्मसम्मान में आँखें चुरा लीं।**

  हमने उत्तम पुरुषवाचक सर्वनाम, बहुवचन, पुल्लिंग कर्ता कारण

- **स्वाद के आनंद में पलकें मुँद गईं।**

  मुँद गईं सकर्मक क्रिया, बहुवचन, भूतकाल, निश्चयार्थ, कर्मवाच्य, कर्मणि प्रयोग

- **मैं उस पवित्र ज्योति की याद में श्रद्धानत हूँ।**

  पवित्र गुणवाचक विशेषण, पुल्लिंग, एकवचन, 'ज्योति' विशेष्य का विशेषण

- **नेताजी की बगैर चश्मे वाली मूर्ति बुरी लगती है।**

  नेताजी की जातिवाचक संज्ञा, पुल्लिंग, एकवचन, संबंध कारक

  बुरी भाववाचक संज्ञा, स्त्रीलिंग, एकवचन

- **बालगोबिन भगत मँझोले कद के गोरे-चिट्टे आदमी थे।**

  बालगोबिन भगत व्यक्तिवाचक संज्ञा, पुल्लिंग, एकवचन, कर्ता कारक

  मँझोले गुणवाचक विशेषण (आकारबोधक), पुल्लिंग, एकवचन, 'कद' विशेष्य की विशेषता बताने वाला

  गोरे-चिट्टे गुणवाचक विशेषण (रंगबोधक) पुल्लिंग, 'आदमी' शब्द की विशेषता बताने वाला

- **वाह! भई खूब! क्या आइडिया है?**

  वाह! विस्मयादिबोधक (हर्षसूचक)

- **उसे वैसे ही प्रेम की दरकार होती है।**

  उसे पुरुषवाचक सर्वनाम (अन्य पुरुष), एकवचन, पुल्लिंग

- **वह उसे दी गई।**

  वह पुरुषवाचक सर्वनाम (अन्य पुरुष), एकवचन

- **चपरासी को हुक्म हुआ और कमरे के सब दरवाज़े बंद कर दिए गए।**

  और समुच्चयबोधक, समानाधिकरण

प्रयोग की विशिष्टता के कारण पद-परिचय में भिन्नता

एक ही शब्द को अनेक रूपों में प्रयुक्त किया जा सकता है। वाक्य में प्रयोग के आधार पर उस शब्द का पद-परिचय भी परिवर्तित हो जाता है।

ऐसे ही शब्दों के कुछ उदाहरण निम्नवत् हैं

ऐसा/ऐसे ऐसे व्यक्ति को कौन पसंद करेगा? *(सर्वनाम के रूप में)*
ऐसा भी संभव है। *(संज्ञा के रूप में)*
ऐसे ईमानदार बहुत कम हैं। *(विशेषण के रूप में)*
वैसे नहीं, ऐसे बोलो। *(क्रियाविशेषण के रूप में)*

कुछ चाय में कुछ गिरा है। *(सर्वनाम के रूप में)*
कुछ होशियार हैं, कुछ बुद्धू हैं। *(संज्ञा के रूप में)*
मैंने बहुत कुछ पढ़ा है। *(क्रियाविशेषण के रूप में)*
कुछ बच्चे अभी तक खेल रहे हैं। *(विशेषण के रूप में)*

एक एक ने यह दिया। *(सर्वनाम के रूप में)*
एक केला मुझे भी चाहिए। *(विशेषण के रूप में)*

आज 'आज' उत्तर प्रदेश का एक समाचार-पत्र है। *(संज्ञा के रूप में)*
क्रिकेट मैच आज होगा। *(क्रियाविशेषण के रूप में)*

वह वह मेरी बहन है। *(सर्वनाम के रूप में)*
वह लड़की मेरी बहन है। *(सार्वनामिक विशेषण के रूप में)*

यह यह मेरा कमरा है। *(सर्वनाम के रूप में)*
यह कमरा मेरा है। *(सार्वनामिक विशेषण के रूप में)*

अच्छा अच्छों के साथ रहा करो। *(संज्ञा के रूप में)*
मीरा अच्छी लड़की है। *(विशेषण के रूप में)*
सचिन अच्छा खेलता है। *(क्रियाविशेषण के रूप में)*

कोई कोई तुम्हें पूछ रहा है। *(सर्वनाम के रूप में)*
कोई लड़का उठकर चला जाए। *(विशेषण के रूप में)*

आप आप इधर आएँ। *(मध्यम पुरुषवाचक सर्वनाम के रूप में)*
आप एक प्रसिद्ध लेखक भी थे। *(अन्य पुरुषवाचक सर्वनाम के रूप में)*

अभ्यास प्रश्न

बहुविकल्पीय व वर्णनात्मक प्रश्नों सहित

बहुविकल्पीय प्रश्न

निम्नलिखित प्रश्नों को पढ़कर रेखांकित पद के परिचय के संबंध में सही विकल्पों का चयन कीजिए

1. कार्लमार्क्स ने अपना सारा जीवन दुःख में बीता दिया।
(i) व्यक्तिवाचक संज्ञा, पुल्लिंग, एकवचन, कर्ता कारक
(ii) जातिवाचक संज्ञा, पुल्लिंग, एकवचन, कर्ता कारक
(iii) अनिश्चयवाचक सर्वनाम, व्यक्तिवाचक संज्ञा, एकवचन, कर्म कारक
(iv) उपर्युक्त में से कोई नहीं

2. हम कल दिल्ली जा रहे हैं। रेखांकित पद का परिचय है CBSE SQP Term I 2021
(i) जातिवाचक संज्ञा, एकवचन, पुल्लिंग, कर्ता कारक
(ii) व्यक्तिवाचक संज्ञा, एकवचन, पुल्लिंग, अधिकरण कारक
(iii) व्यक्तिवाचक संज्ञा, एकवचन, पुल्लिंग, कर्म कारक
(iv) जातिवाचक संज्ञा, एकवचन, पुल्लिंग, अपादान कारक

3. 'शर्माजी उसकी बातें सुनकर ठहाके मारकर हँसने लगे।' रेखांकित पद का परिचय होगा CBSE 2024
(i) रीतिवाचक क्रियाविशेषण, 'हँसने लगे' क्रिया की विशेषता
(ii) कालवाचक क्रियाविशेषण, 'हँसने लगे' क्रिया की विशेषता
(iii) स्थानवाचक क्रियाविशेषण, 'हँसने लगे' क्रिया की विशेषता
(iv) परिमाणवाचक क्रियाविशेषण, 'हँसने लगे' क्रिया की विशेषता

4. हम देहरादून घूमने गए। रेखांकित पद का परिचय है CBSE SQP 2023
(i) संज्ञा, प्रथम पुरुष, पुल्लिंग, बहुवचन, कर्ता
(ii) सर्वनाम, उत्तम पुरुष, पुल्लिंग, बहुवचन, कर्ता
(iii) सर्वनाम, प्रथम पुरुष, पुल्लिंग, एकवचन, कर्ता
(iv) सर्वनामिक विशेषण, प्रथम पुरुष, पुल्लिंग, बहुवचन, कर्ता

5. शशि दसवीं कक्षा में पढ़ती है। रेखांकित पद का परिचय है CBSE SQP 2023
(i) विशेषण, संख्यावाचक, स्त्रीलिंग, एकवचन, 'कक्षा' विशेष्य
(ii) क्रियाविशेषण, परिमाणवाचक, 'पढ़ना' क्रिया
(iii) विशेषण, गुणवाचक, स्त्रीलिंग, एकवचन, 'कक्षा' विशेष्य
(iv) विशेषण, संख्यावाचक, स्त्रीलिंग, बहुवचन, 'कक्षा' विशेष्य

6. अपने उस्ताद बिस्मिल्ला खाँ है। रेखांकित वाक्य का पद-परिचय है CBSE 2023
(i) अन्यपुरुषवाचक सर्वनाम, पुल्लिंग, एकवचन, कर्ता कारक
(ii) निजवाचक सर्वनाम, पुल्लिंग, एकवचन, कर्ता कारक
(iii) सार्वनामिक विशेषण,'उस्ताद' विशेष्य, पुल्लिंग, एकवचन
(iv) सार्वनामिक विशेषण, 'उस्ताद' विशेष्य, स्त्रीलिंग, बहुवचन

7. मैं तेज़ चलता हूँ।
(i) अकर्मक क्रिया, पुल्लिंग, एकवचन, धातु 'चल'
(ii) सकर्मक क्रिया, पुल्लिंग, एकवचन, धातु, 'तेज़'
(iii) कालवाचक विशेषण, स्त्रीलिंग, एकवचन, धातु 'चल'
(iv) स्थानवाचक विशेषण, पुल्लिंग, बहुवचन, धातु 'चल'

8. **वह स्कूल से अभी-अभी आया है। रेखांकित पद का परिचय है** CBSE SQP 2023

(i) संज्ञा, जातिवाचक, एकवचन, पुल्लिंग, करण कारक
(ii) संज्ञा, व्यक्तिवाचक, एकवचन, पुल्लिंग, अपादान कारक
(iii) संज्ञा, जातिवाचक, बहुवचन, पुल्लिंग, अपादान कारक
(iv) संज्ञा, जातिवाचक, एकवचन, पुल्लिंग, अपादान कारक

9. **वह मेरी बात पर बहुत हँसा। रेखांकित पद का परिचय है** CBSE SQP 2023

(i) परिमाणवाचक क्रियाविशेषण, हँसना क्रिया का विशेषण
(ii) विशेषण, संख्यावाचक, स्त्रीलिंग, एकवचन, 'हँसना' विशेष्य
(iii) विशेषण, परिमाणवाचक, स्त्रीलिंग, एकवचन, 'हँसना' विशेष्य
(iv) विशेषण, परिमाणवाचक, पुल्लिंग, एकवचन, 'हँसना' विशेष्य

10. **वह कौन है?**

(i) संबंधवाचक सर्वनाम, एकवचन
(ii) निजवाचक सर्वनाम, बहुवचन
(iii) निश्चयवाचक सर्वनाम, द्विवचन
(iv) प्रश्नवाचक सर्वनाम, एकवचन

11. **यह बालक बहुत मेधावी है** CBSE Term I 2021

(i) निश्चयवाचक सर्वनाम, एकवचन, पुल्लिंग, कर्ता कारक
(ii) जातिवाचक संज्ञा, बहुवचन, पुल्लिंग, कर्ता कारक
(iii) सार्वनामिक विशेषण, एकवचन, पुल्लिंग, विशेष्य 'बालक'
(iv) गुणवाचक विशेषण, एकवचन, पुल्लिंग, विशेष्य 'बालक'

12. **निम्नलिखित वाक्यों में भाववाच्य का उदाहरण वाक्य नहीं है** CBSE 2024

(i) इस मोर से उड़ा नहीं जाता।
(ii) मोहित बहुत सुरीला गा पाता है।
(iii) दादाजी से पैदल चला नहीं जाता।
(iv) चलो, अब यहाँ से चला जाए।

13. **योग्य पिता की संतान भी योग्य होती है। रेखांकित पद का परिचय है** CBSE SQP 2023

(i) संज्ञा, जातिवाचक, स्त्रीलिंग, एकवचन
(ii) संज्ञा, व्यक्तिवाचक, स्त्रीलिंग, एकवचन
(iii) संज्ञा, जातिवाचक, पुल्लिंग, एकवचन
(iv) विशेषण, गुणवाचक, स्त्रीलिंग, एकवचन, 'पिता' विशेष्य

14. **'भारतीय वैज्ञानिकों ने चंद्रयान-3 का सफल प्रक्षेपण किया।' रेखांकित पद का परिचय है।** CBSE SQP (Additional Set) 2023

(i) जातिवाचक संज्ञा, बहुवचन, स्त्रीलिंग, कर्ता कारक
(ii) जातिवाचक संज्ञा, बहुवचन, पुल्लिंग, कर्म कारक
(iii) जातिवाचक संज्ञा, बहुवचन, पुल्लिंग, कर्ता कारक
(iv) जातिवाचक संज्ञा, बहुवचन, स्त्रीलिंग, कर्म कारक

15. **'रेखा नित्य दौड़ने जाती है।' रेखांकित पद का परिचय है** CBSE SQP (Additional Set) 2023

(i) गुणवाचक विशेषण, एकवचन, पुल्लिंग, 'दौड़ने जाती है' क्रिया की विशेषता
(ii) रीतिवाचक क्रिया विशेषण, एकवचन, पुल्लिंग, 'दौड़ने जाती है' क्रिया की विशेषता
(iii) अव्यय, स्थानवाचक क्रिया विशेषण, 'दौड़ने जाती है' क्रिया की विशेषता
(iv) अव्यय, कालवाचक क्रिया विशेषण, 'दौड़ने जाती है' क्रिया की विशेषता

16. **मैं अपनी मातृभूमि पर मर मिटूँगी।**

(i) सकर्मक क्रिया, स्त्रीलिंग, एकवचन, वर्तमान काल
(ii) अकर्मक क्रिया, स्त्रीलिंग, एकवचन, भविष्यत्काल
(iii) अकर्मक क्रिया, पुल्लिंग, बहुवचन, भविष्यत्काल
(iv) सकर्मक क्रिया, स्त्रीलिंग, एकवचन, भविष्यत्काल

17. **वाह! भारत मैच जीत गया।** CBSE Term I 2021

(i) समुच्चयबोधक अव्यय
(ii) विस्मयादिसूचक अव्यय, शोकसूचक भाव की अभिव्यक्ति
(iii) संबंधबोधक अव्यय
(iv) विस्मयादिसूचक अव्यय, प्रसन्नतासूचक भाव की अभिव्यक्ति

18. **'अहा! बाग में कैसे मीठे फल लगे हैं।' रेखांकित पद का परिचय है** CBSE SQP (Additional Set) 2023

(i) जातिवाचक संज्ञा, स्त्रीलिंग, पुल्लिंग, एकवचन
(ii) जातिवाचक संज्ञा, पुल्लिंग, एकवचन, अधिकरण कारक
(iii) व्यक्तिवाचक संज्ञा, पुल्लिंग, एकवचन, अधिकरण कारक
(iv) भाववाचक संज्ञा, पुल्लिंग, एकवचन, करण कारक

19. **शीला अग्रवाल को कॉलेज वालों ने नोटिस दे दिया।**

(i) जातिवाचक संज्ञा, स्त्रीलिंग एकवचन, उत्तम पुरुष
(ii) व्यक्तिवाचक संज्ञा, स्त्रीलिंग एकवचन, उत्तम पुरुष
(iii) व्यक्तिवाचक संज्ञा, स्त्रीलिंग, एकवचन, अन्य पुरुष
(iv) जातिवाचक संज्ञा, स्त्रीलिंग, एकवचन, मध्यम पुरुष

20. **निम्नलिखित वाक्य में रेखांकित पद का परिचय क्या होगा? जो वहाँ बागवानी कर रहा है वह मेरा भतीजा है।** दक्षता आधारित प्रश्न

(i) निश्चयवाचक सर्वनाम, अन्य पुरुष, पुल्लिंग, एकवचन, कर्ता कारक, 'बागवानी' क्रिया का कर्ता
(ii) संबंधवाचक सर्वनाम, अन्य पुरुष, पुल्लिंग, एकवचन, कर्ता कारक, 'बागवानी' क्रिया का कर्ता
(iii) अनिश्चयवाचक सर्वनाम, मध्यम पुरुष, पुल्लिंग, एकवचन, कर्म कारक
(iv) संबंधवाचक सर्वनाम, प्रथम पुरुष, पुल्लिंग, एकवचन, कर्म कारक

21. **समीर कहता है कि मैं निलेश की पुस्तकें पढ़ सकता हूँ।** दक्षता आधारित प्रश्न

रेखांकित पद के परिचय के लिए उचित विकल्प पहचानिए

(i) जातिवाचक संज्ञा, स्त्रीलिंग, बहुवचन, संबंधकारक, 'पढ़ सकता हूँ' क्रिया का कर्म
(ii) व्यक्तिवाचक संज्ञा, स्त्रीलिंग, बहुवचन, कर्ता कारक, 'समीर कहता है' कर्ता का कर्म
(iii) व्यक्तिवाचक संज्ञा, पुल्लिंग, एकवचन, संप्रदान कारक, 'कहता है कि' कर्म का विशेषण
(iv) जातिवाचक संज्ञा, पुल्लिंग, एकवचन, अपादान कारक, 'मैं निलेश की' कर्ता का क्रियापद

22. यह पुस्तक तुम्हें बापू के अमूल्य गुणों की जानकारी कराएगी। दक्षता आधारित प्रश्न

रेखांकित पद से सही परिचय का चुनाव कीजिए

(i) गुणवाचक विशेषण, बहुवचन, अन्य पुरुष, पुल्लिंग
(ii) गुणवाचक विशेषण, एकवचन, अन्य पुरुष, स्त्रीलिंग
(iii) परिमाणवाचक विशेषण, बहुवचन, उत्तम पुरुष, स्त्रीलिंग
(iv) अनिश्चित संख्यावाचक विशेषण, एकवचन, उत्तम पुरुष, पुल्लिंग

23. हमारी आधुनिक जीवन-शैली के कारण प्रदूषण और अधिक बढ़ रहा है। दक्षता आधारित प्रश्न

वाक्य में रेखांकित भाग का पद परिचय क्या होगा?

(i) अकर्मक क्रिया, पुल्लिग, एकवचन, वर्तमानकाल, कर्मवाच्य
(ii) सकर्मक क्रिया, स्त्रीलिंग, बहुवचन, वर्तमानकाल, कर्मवाच्य
(iii) सकर्मक क्रिया, पुल्लिग, बहुवचन, भविष्यत्काल, कर्मवाच्य
(iv) अकर्मक क्रिया, स्त्रीलिंग, एकवचन, भविष्यत्काल, कर्मवाच्य

24. डूबते व्यक्ति को तिनके का सहारा पर्याप्त है।

उपर्युक्त वाक्य में रेखांकित पद का परिचय पहचानिए दक्षता आधारित प्रश्न

(i) जातिवाचक संज्ञा, पुल्लिग, बहुवचन, कर्म कारक
(ii) व्यक्तिवाचक संज्ञा, पुल्लिग, एकवचन, कर्म कारक
(iii) गुणवाचक विशेषण, पुल्लिग, एकवचन, विशेष्य 'व्यक्ति'
(iv) सार्वनामिक विशेषण, पुल्लिग, एकवचन, विशेष्य 'तिनका'

25. 'हम आज भी देश पर प्राण न्योछावर करने हेतु तैयार रहते हैं।' **रेखांकित पद का परिचय है** CBSE SQP (Additional Set) 2023

(i) पुरुषवाचक सर्वनाम, मध्यम पुरुष, एकवचन, स्त्रीलिंग, कर्म कारक
(ii) पुरुषवाचक सर्वनाम, अन्य पुरुष, बहुवचन, पुल्लिंग, कर्ता कारक
(iii) पुरुषवाचक सर्वनाम, उत्तम पुरुष, बहुवचन, पुल्लिंग, कर्ता कारक
(iv) पुरुषवाचक सर्वनाम, उत्तम पुरुष, एकवचन, स्त्रीलिंग, कर्ता कारक

26. 'नवाब साहब खीरे की तैयारी और इस्तेमाल से थक कर लेट गए', में रेखांकित पद का परिचय है CBSE 2024

(i) जातिवाचक संज्ञा, एकवचन, पुल्लिग, 'कर्ता' कारक
(ii) व्यक्तिवाचक संज्ञा, एकवचन, पुल्लिग, 'संबंध' कारक
(iii) जातिवाचक संज्ञा, एकवचन, पुल्लिग, संबंध कारक
(iv) व्यक्तिवाचक संज्ञा, एकवचन, पुल्लिग, कर्ता कारक

27. महक जल्दी घर पहुँच गई। CBSE SQP (Additional Set) 2023

वाक्य में रेखांकित पद का परिचय पहचानिए

(i) अकर्मक क्रिया, पुल्लिग, बहुवचन, भूतकाल
(ii) अकर्मक क्रिया, स्त्रीलिंग, एकवचन, भूतकाल
(iii) सकर्मक क्रिया, पुल्लिग, एकवचन, वर्तमानकाल
(iv) सकर्मक क्रिया, स्त्रीलिंग, एकवचन, वर्तमानकाल

28. वह मुझे अपने गाँव बुला रहा है, इसलिए मैंने टिकट बना ली। दक्षता आधारित प्रश्न

उत्तम पुरुषवाचक सर्वनाम, स्त्रीलिंग/पुल्लिंग, एकवचन, कर्ता कारक उपर्युक्त पद-परिचय के लिए उचित विकल्प पहचानिए।

1. वह
2. मुझे
3. अपने
4. मैंने

(i) 1 और 2
(ii) 2 और 4
(iii) केवल 3
(iv) केवल 4

29. सूरज नौवीं कक्षा में पढ़ता है। दक्षता आधारित प्रश्न

1. 'सूरज' व्यक्तिवाचक संज्ञा, पुल्लिंग, एकवचन, अधिकरण कारक, 'पढ़ता है' क्रिया का कर्ता
2. 'नौवीं' निश्चित संख्यावाचक विशेषण, स्त्रीलिंग, एकवचन, विशेष्य 'कक्षा'
3. 'कक्षा' समूहवाचक संज्ञा, पुल्लिंग, बहुवचन, संप्रदान कारक, विशेषण 'नौवीं'
4. 'पढ़ता है' सकर्मक क्रिया, स्त्रीलिंग, एकवचन, भविष्यत् काल, 'सूरज' कर्ता, कर्तृवाच्य

निम्नलिखित में से सही पद-परिचय वाला विकल्प चुनिए

(i) 3 और 4
(ii) 2 और 3
(iii) 1 और 3
(iv) 1 और 2

30. अनमोल (अविनाश से): ब्रजेश कैसा लड़का है?
अविनाश (अनमने ढंग से) : वह लड़का .... बातें बनाता है।

निम्नलिखित पद-परिचय के आधार पर रिक्त स्थान के लिए उचित पद चुनिए

अनिश्चित संख्यावाचक विशेषण, 'बातें' विशेषण का विशेष्य, बहुवचन CBSE SQP (Additional Set) 2023

(i) बेसिर पैर की
(ii) अटपटी
(iii) विचित्र
(iv) बहुत

31. राकेश झटपट यह कार्य कर लेगा। CBSE SQP (Additional Set) 2023

रीतिवाचक क्रियाविशेषण, 'कर लेगा' क्रिया की विशेषता बताने वाला

उपर्युक्त पद-परिचय वाक्य के किस पद के लिए है?

(i) राकेश
(ii) झटपट
(iii) यह कार्य
(iv) कर लेगा

32. बार-बार बुलाने के बाद भी वह नहीं आया।

रेखांकित पद के परिचय को पूरा करने के लिए उचित विकल्प चुनिए दक्षता आधारित प्रश्न

.... क्रियाविशेषण, बुलाने .... का द्योतक

(i) परिमाणवाचक, के परिमाण
(ii) कालवाचक, के समय
(iii) स्थानवाचक, के स्थान
(iv) रीतिवाचक, की रीति

33. अमित के लिए थोड़ी मिठाई लेकर आइए। **CBSE SQP (Additional Set) 2023**

रेखांकित पद के परिचय को पूरा करने के लिए उचित विकल्प चुनिए

.... विशेषण, '...............' विशेष्य का विशेषण, ..., बहुवचन।

(i) अनिश्चित परिमाणवाचक, मिठाई, स्त्रीलिंग
(ii) निश्चित परिमाणवाचक, मिठाई, स्त्रीलिंग
(iii) सार्वनामिक, मिठाई, पुल्लिंग
(iv) गुणवाचक, मिठाई, पुल्लिंग

34. सूची I को सूची II के साथ सुमेलित कीजिए और सही विकल्प का चयन कीजिए।

सूची I	सूची II
A. शिकारी ने शेर को बंदूक से मारा।	1. पुरुषवाचक सर्वनाम
B. ये भ्रष्टाचार के प्रबल विरोधी है।	2. करण कारक
C. यह विनय की पुस्तक है।	3. निश्चयवाचक सर्वनाम

कूट

	A	B	C		A	B	C
(i)	2	1	3	(ii)	3	1	2
(iii)	2	3	1	(iv)	1	2	3

35. सूची I को सूची II के साथ सुमेलित कीजिए और सही विकल्प का चयन कीजिए।

सूची I	सूची II
A. हमें भारत में जयचंदों पर कड़ी नज़र रखनी चाहिए।	1. जातिवाचक संज्ञा
B. उसने विद्यार्थी को पुस्तक दी।	2. संप्रदान कारक
C. मैदान में लड़के खेल रहे हैं।	3. बहुवचन

कूट

	A	B	C		A	B	C
(i)	2	1	3	(ii)	1	3	2
(iii)	2	3	1	(iv)	1	2	3

अतिलघु/लघु उत्तरीय प्रश्न

1. पद से क्या अभिप्राय है?

2. पद-परिचय से आप क्या समझते हैं?

3. शब्द से आप क्या समझते हैं?

4. पद-परिचय के लिए व्याकरण से संबंधित किन-किन विषयों का पूर्ण ज्ञान अनिवार्य है?

5. संज्ञा का पद-परिचय देते समय किन-किन बिंदुओं का समावेश किया जाना चाहिए?

6. सर्वनाम का पद-परिचय देते समय किन-किन बिंदुओं का समावेश किया जाना चाहिए?

7. वाक्य में पद-परिचय के परिवर्तित होने का क्या कारण होता है?

8. निम्नलिखित वाक्यों के रेखांकित पदों का पद-परिचय दीजिए

(i) यह लड़की बहुत चालाक है।
(ii) परिश्रम के बिना धन प्राप्त नहीं होता।
(iii) कल मैंने लालकिला देखा।
(iv) भागकर जाओ और बाज़ार से कुछ लाओ।
(v) किसी विदुषी से बातचीत करने से ज्ञान बढ़ता है।
(vi) हम कल ताजमहल देखने जाएँगे।
(vii) आकाश जूस पी रहा है।
(viii) शीला मुझे पिछले वर्ष इसी मैदान में मिली थी।
(ix) वीर युवक सबकी प्रशंसा प्राप्त करता है।
(x) वह किसे पीट रही है?
(xi) मनुष्य केवल भोजन करने के लिए जीवित नहीं रहता है, बल्कि वह अपने भीतर की सूक्ष्म इच्छाओं की तृप्ति भी चाहता है। **CBSE 2017**
(xii) आज विज्ञान व परमाणु-युग में सबसे नाजुक प्रश्न शांति ही है। **CBSE 2017**
(xiii) मानव को इंसान बनाना अत्यंत ही कठिन कार्य है, लेकिन असंभव नहीं।

9. निम्नलिखित रेखांकित पदों का व्याकरणिक परिचय दीजिए

(i) वे लोग दिल्ली जाएँगे। **CBSE 2016**
(ii) पशु नदी में नहा रहे हैं।
(iii) शाबाश! तुमने बहुत अच्छा कार्य किया।
(iv) मैं प्रतिदिन व्यायाम करता हूँ।
(v) सतीश घर को चला गया। **CBSE 2016**
(vi) नेताजी की बगैर चश्मे वाली मूर्ति बुरी लगती है।
(vii) आप अभी से धीरे-धीरे चलते हैं।
(viii) जगतसिंह प्रतिदिन पढ़ता है।
(ix) आप वहाँ क्या कर रहे थे?
(x) रजनी माला बना रही थी। **CBSE 2014**

10. निम्नलिखित वाक्यों में रेखांकित शब्दों का पद-परिचय दीजिए

(i) तुम्हारी पुस्तकें मैंने अलमारी में रख दी हैं। **CBSE 2016**
(ii) हरीश की किताबें अस्त-व्यस्त रहती हैं।
(iii) आज बगीचे में मनमोहक फूल खिले थे। **CBSE 2015**
(iv) आशिमा दसवीं कक्षा में पढ़ती है। **CBSE 2020**
(v) वाह! तुमने अच्छा काम किया। **CBSE 2020**
(vi) शिक्षक के साथ एक शिष्य भी आता है।

(vii) तुम किस कक्षा में पढ़ते हो।
(viii) वीरों की सदा जीत होती है।
(ix) बच्चे की मुस्कान मनमोहक होती है। **CBSE 2020**
(x) प्रत्येक का अपना महत्त्व होता है। **CBSE 2020**
(xi) चलते-चलते लड़खड़ाने पर सहयोगी उसे सँभालते हैं।
(xii) मैंने उसे एक पुस्तक दी। **CBSE 2016**
(xiii) उसने मेरे कान में धीरे से कहा।
(xiv) उनकी अंगुलियाँ खँजड़ी पर लगातार चल रही थी।
(xv) बाग में कुछ महिलाएँ बैठी थीं। **CBSE 2020**
(xvi) मुझे अपनी पत्नी और पुत्र की मृत्यु याद आ रही है।
(xvii) एक शर्त रखी कि मैं भारत जाऊँगा। **CBSE 2020**
(xviii) नहीं जानता, बस मन में यह था।
(xix) आजकल प्रदूषण तेज़ी से फैल रहा है। **CBSE 2020**
(xx) वक्त काटने के लिए खीरे खरीदे होंगे।
(xxi) नवाब साहब थककर लेट गए। (पाठ-लखनवी अंदाज़)
(xxii) मेदा भी मेरा कमज़ोर है। (पाठ-लखनवी अंदाज़) **CBSE 2020**
(xxiii) मैं स्वयं पत्र लिखूँगा।

11. निम्नलिखित वाक्यों में रेखांकित पद का भेद बताइए

(i) बच्चे उधर खेल रहे हैं। **CBSE 2012**
(ii) वह कल मेला देख सकता है। **CBSE 2012**
(iii) परिश्रम के बिना धन प्राप्त नहीं होता।
(iv) गाड़ी धीमी गति से चल रही थी।
(v) पाप से घृणा करो पापी से नहीं। **CBSE 2012**
(vi) आप चुप रहिए।
(vii) केंद्र सरकार ने मामला निपटाया। **CBSE 2016**
(viii) भारत औद्योगिक विकास कर रहा है।
(ix) वह किसका मकान है?
(x) रवि रोज़ सवेरे दौड़ता है।
(xi) रवि छत पर खड़ा है।
(xii) मैं चाहता हूँ तुम विद्वान् बनो।
(xiii) विज्ञान का विद्यार्थी न्यूटन के गुरुत्वाकर्षण से परिचित है।
(xiv) तुम सदा सत्य बोलो।
(xv) वह भावुक व्यक्ति है।
(xvi) द्वार पर कोई भिखारी खड़ा है।
(xvii) रमेश यहाँ रहता है।
(xviii) वे घर पहुँच चुके हैं।
(xix) मैंने उसे एक पुस्तक दी। **CBSE 2019**
(xx) सुरभि विद्यालय से अभी-अभी आई है। **CBSE 2019**
(xxi) उसने मेरी बातें ध्यानपूर्वक सुनी।
(xxii) शाबाश! तुमने बहुत अच्छा काम किया। **CBSE 2019**
(xxiii) वहाँ दस छात्र बैठे हैं।
(xxiv) परिश्रम के बिना सफलता नहीं मिलती। **CBSE 2019**
(xxv) अपने गाँव की मिट्टी छूने के लिए मैं तरस गया। **CBSE 2018**
(xxvi) दादी जी प्रतिदिन समाचार-पत्र पढ़ती हैं।
(xxvii) रोहन यहाँ नहीं आया था।
(xxviii) वे मुंबई जा चुके हैं। **CBSE 2019**
(xxix) परिश्रमी अंकिता अपना काम समय से पूरा कर लेती है।

व्याख्या सहित उत्तर

बहुविकल्पीय प्रश्न

1. (i) व्यक्तिवाचक संज्ञा, पुल्लिंग, एकवचन, कर्ताकारक
2. (iii) व्यक्तिवाचक संज्ञा, एकवचन, पुल्लिंग, कर्म कारक
3. (i) रीतिवाचक क्रियाविशेषण, 'हँसने लगे' क्रिया की विशेषता
4. (ii) सर्वनाम, उत्तम पुरुष, पुल्लिंग, बहुवचन, कर्ता
5. (i) विशेषण, संख्यावाचक, स्त्रीलिंग, एकवचन, 'कक्षा' विशेष्य
6. (i) अन्यपुरुषवाचक सर्वनाम, पुल्लिंग, एकवचन, कर्ता कारक।
7. (i) अकर्मक क्रिया, पुल्लिग, एकवचन, धातु 'चल'
8. (iv) संज्ञा, जातिवाचक, एकवचन, पुल्लिंग, अपादान कारक
9. (i) परिमाणवाचक क्रिया विशेषण, हँसना क्रिया का विशेष्य
10. (iv) प्रश्नवाचक सर्वनाम, एकवचन
11. (iii) सार्वनामिक विशेषण, एकवचन पुल्लिंग, विशेष्य 'बालक'
12. (ii) मोहित बहुत सुरीला गा पाता है।
13. (i) संज्ञा, जातिवाचक, स्त्रीलिंग, एकवचन
14. (iii) जातिवाचक संज्ञा, बहुवचन, पुल्लिग, कर्ता कारक
15. (iv) अव्यय, कालवाचक क्रिया विशेषण, 'दौड़ने जाती है' क्रिया की विशेषता
16. (ii) अकर्मक क्रिया, स्त्रीलिंग, एकवचन, भविष्यत् काल
17. (iv) विस्मयादिसूचक अव्यय, प्रसन्नतासूचक भाव की अभिव्यक्ति
18. (ii) जातिवाचक संज्ञा, पुल्लिंग, एकवचन, अधिकरण कारक
19. (iii) व्यक्तिवाचक संज्ञा, स्त्रीलिंग, एकवचन, अन्य पुरुष
20. (ii) संबंधवाचक सर्वनाम, अन्य पुरुष, पुल्लिंग, एकवचन, कर्ता कारक, 'बागवानी' क्रिया का कर्ता
21. (i) जातिवाचक संज्ञा, स्त्रीलिंग, बहुवचन, संबंधकारक, 'पढ़ सकता हूँ' क्रिया का कर्म
22. (i) गुणवाचक विशेषण, बहुवचन, अन्य पुरुष, पुल्लिग
23. (i) अकर्मक क्रिया, पुल्लिग, एकवचन, वर्तमानकाल, कर्मवाच्य
24. (iii) गुणवाचक विशेषण, पुल्लिग, एकवचन, विशेष्य 'व्यक्ति'
25. (iii) पुरुषवाचक सर्वनाम, उत्तम पुरुष, बहुवचन, पुल्लिग, कर्ता कारक
26. (i) जातिवाचक संज्ञा, एकवचन, पुल्लिग, 'कर्ता' कारक
27. (ii) अकर्मक क्रिया, स्त्रीलिंग, एकवचन, भूतकाल

28. (ii) 2 और 4

29. (iv) 1 और 2

30. (iv) बहुत

31. (ii) झटपट

32. (iv) रीतिवाचक, की रीति

33. (i) अनिश्चित परिमाणवाचक, मिठाई, स्त्रीलिंग

34. (iii) 2 3 1

35. (iv) 1 2 3

अतिलघु/लघु उत्तरीय प्रश्न

1. शब्दों को जब व्याकरणिक नियमों अथवा विभक्तियों के साथ बाँधते हुए वाक्य में प्रयोग किया जाता है, तब उन्हें पद कहते हैं।

2. किसी वाक्य में प्रयुक्त संज्ञा, सर्वनाम, विशेषण, क्रियाविशेषण, संबंधबोधक, समुच्चयबोधक अथवा विस्मयादिबोधक आदि शब्दों का जिस रूप में प्रयोग हुआ है, उन्हें स्पष्ट करना ही पद-परिचय है।

3. वर्णों का सार्थक समूह शब्द कहलाता है।

4. पद-परिचय के लिए संज्ञा, सर्वनाम, विशेषण, क्रिया, क्रियाविशेषण, कारक, काल, अव्यय आदि व्याकरण से संबंधित विषयों का पूर्ण ज्ञान अनिवार्य है।

5. संज्ञा का पद-परिचय देते समय संज्ञा के भेद, लिंग, वचन, कारक, क्रिया तथा अन्य शब्दों से उसके संबंध का समावेश किया जाना चाहिए।

6. सर्वनाम का पद-परिचय देते समय सर्वनाम के भेद, लिंग, वचन, कारक तथा अन्य शब्दों से उसके संबंध का समावेश किया जाना चाहिए।

7. एक ही शब्द को अनेक रूपों में प्रयुक्त किया जा सकता है, जिस कारण प्रयोग के आधार पर पद का पद-परिचय परिवर्तित हो जाता है।

जैसे—

वह बहुत अच्छा लड़का है। (विशेषण के रूप में)

अच्छों के साथ अच्छा होता है। (संज्ञा के रूप में)

8. (i) **लड़की** जातिवाचक संज्ञा, स्त्रीलिंग, एकवचन, कर्ता कारक

चालाक है गुणवाचक विशेषण, स्त्रीलिंग, एकवचन, कर्ता का विशेषण

(ii) **परिश्रम** भाववाचक संज्ञा, पुल्लिंग, एकवचन, करण कारक (धन पाने का साधन)

के बिना संबंधबोधक, भिन्नतावाचक, इसका संबंध 'होता' क्रिया से है।

धन जातिवाचक संज्ञा, पुल्लिग, कर्मवाच्य

प्राप्त 'होता' क्रिया का पूरक

होता सकर्मक क्रिया, अपूर्ण सामान्य वर्तमान काल, 'हो' धातु, कर्तृवाच्य, 'प्राप्त' क्रिया का पूरक

(iii) **कल** कालवाचक क्रियाविशेषण

लालकिला व्यक्तिवाचक संज्ञा, एकवचन, पुल्लिग, कर्म कारक

देखा 'देखना' क्रिया का भूतकाल

(iv) **भागकर** पूर्णकालिक क्रिया, रीतिवाचक क्रियाविशेषण

बाजार से जातिवाचक संज्ञा, पुल्लिग, एकवचन, अपादान कारक

कुछ अनिश्चयवाचक सर्वनाम, पुल्लिग, एकवचन, कर्म कारक

(v) **किसी** सार्वनामिक विशेषण, स्त्रीलिंग, एकवचन

बढ़ता है सकर्मक क्रिया, कर्तृवाच्य, वर्तमानकाल

(vi) **हम** पुरुषवाचक सर्वनाम, उत्तम पुरुष, बहुवचन, पुल्लिग, कर्ता कारक

ताजमहल व्यक्तिवाचक संज्ञा, एकवचन, पुल्लिग, कर्म कारक

देखने जाएँगे क्रिया का कर्ता, 'देखना' क्रिया का भविष्यत् काल

(vii) **आकाश** व्यक्तिवाचक संज्ञा, एकवचन, पुल्लिग, कर्ता कारक

जूस द्रव्यवाचक संज्ञा, एकवचन, पुल्लिग, कर्म कारक

पी रहा है क्रिया, तात्कालिक वर्तमानकाल

(viii) **शीला** व्यक्तिवाचक संज्ञा, एकवचन, स्त्रीलिंग, कर्ता कारक

मैदान जातिवाचक संज्ञा, एकवचन, पुल्लिग

(ix) **वीर** विशेषण, पुल्लिग, एकवचन

युवक जातिवाचक संज्ञा, पुल्लिग, एकवचन, कर्ता कारक

(x) **वह** पुरुषवाचक सर्वनाम, अन्य पुरुष, एकवचन, स्त्रीलिंग, कर्ता कारक

किसे प्रश्नवाचक सर्वनाम, पुल्लिग अथवा स्त्रीलिंग, एकवचन, कर्म कारक

पीट रही है क्रिया, तात्कालिक वर्तमानकाल

(xi) **मनुष्य** जातिवाचक संज्ञा, बहुवचन, पुल्लिंग

वह निश्चयवाचक सर्वनाम, एकवचन, पुल्लिंग

सूक्ष्म अनिश्चित संख्यावाचक विशेषण, स्त्रीलिंग

चाहता है सकर्मक क्रिया, वर्तमान काल, एकवचन, पुल्लिंग, कर्तृवाच्य

(xii) **आज** अव्यय, क्रिया-विशेषण, कालवाचक

विज्ञान जातिवाचक संज्ञा, पुल्लिंग

नाज़ुक गुणवाचक विशेषण, 'प्रश्न' विशेष्य का विशेषण

शांति संज्ञा, स्त्रीलिंग, एकवचन

(xiii) **मानव को** जातिवाचक संज्ञा, बहुवचन, पुल्लिंग

कठिन गुणवाचक विशेषण, एकवचन, पुल्लिंग

कार्य संज्ञा, एकवचन, पुल्लिग

लेकिन अव्यय, समुच्चयबोधक

9. (i) **वे** अन्य पुरुषवाचक सर्वनाम, बहुवचन, पुल्लिग, कर्ता कारक, 'जाएँगे' क्रिया के लिए कर्ता

(ii) **नहा रहे हैं** सकर्मक क्रिया, बहुवचन, पुल्लिग, तात्कालिक वर्तमानकाल, निश्चयार्थ, कर्तृवाच्य

(iii) **शाबाश!** हर्षसूचक विस्मयादिबोधक

(iv) **मैं** उत्तम पुरुषवाचक सर्वनाम, एकवचन, पुल्लिग, कर्ता कारक

(v) **सतीश** व्यक्तिवाचक संज्ञा, पुल्लिग, एकवचन, कर्ता कारक

(vi) **नेताजी जी** जातिवाचक संज्ञा, पुल्लिग, एकवचन, संबंध कारक

(vii) **धीरे-धीरे** रीतिवाचक क्रियाविशेषण, 'चलते हैं' क्रिया की विशेषता बताने वाला

(viii) **जगतसिंह** व्यक्तिवाचक संज्ञा, पुल्लिंग, एकवचन, कर्ता कारक

(ix) **वहाँ** स्थानवाचक क्रिया विशेषण, 'कर रहे थे' क्रिया की विशेषता बताने वाला

(x) **रजनी** व्यक्तिवाचक संज्ञा, स्त्रीलिंग, एकवचन, कर्ता कारक

10. (i) **तुम्हारी** पुरुषवाचक सर्वनाम (मध्यम पुरुष), स्त्रीलिंग, एकवचन, संबंध कारक

(ii) **किताबें** जातिवाचक संज्ञा, स्त्रीलिंग, बहुवचन

(iii) **मनमोहक** गुणवाचक विशेषण, पुल्लिंग, 'फूल' विशेष्य के लिए प्रयुक्त

(iv) **आशिमा** व्यक्तिवाचक संज्ञा, स्त्रीलिंग, एकवचन

(v) हर्षसूचक, विस्मयादिबोधक अव्यय, एकवचन

(vi) **एक** संख्यावाचक विशेषण, पुल्लिंग, 'शिष्य' विशेष्य का विशेषण।

(vii) **तुम** पुरुषवाचक सर्वनाम, पुल्लिंग, एकवचन

(viii) **सदा** कालवाचक क्रिया-विशेषण, अव्यय, स्त्रीलिंग, एकवचन

(ix) **मुस्कान** जातिवाचक संज्ञा स्त्रीलिंग, एकवचन

(x) **अपना** निजवाचक सर्वनाम, एकवचन, पुल्लिग

(xi) **चलते-चलते** रीतिवाचक क्रिया-विशेषण, बहुवचन, लड़खड़ाने क्रिया की विशेषता।

(xii) **दी** सकर्मक क्रिया, भूतकाल, एकवचन, स्त्रीलिंग

(xiii) **धीरे से** रीतिवाचक क्रियाविशेषण, 'कहना' क्रिया की विशेषता बताने वाला

(xiv) **लगातार** रीतिवाचक क्रिया विशेषण, 'चल रही थी' क्रिया की विशेषता बताना

(xv) **बैठी थीं** सकर्मक क्रिया, बहुवचन, स्त्रीलिंग, कर्ता कारक

(xvi) **अपनी** निजवाचक सर्वनाम, एकवचन, स्त्रीलिंग

(xvii) **भारत** व्यक्तिवाचक संज्ञा, एकवचन

(xviii) **नहीं जानता** क्रिया विशेषण, 'जानने' क्रिया की विशेषता बता रहा है, पुरुषवाचक, एकवचन

(xix) **प्रदूषण** जातिवाचक संज्ञा, पुल्लिंग, बहुवचन, कर्ता कारक

(xx) **खरीदे होंगे** सकर्मक क्रिया, भविष्यकाल, पुल्लिंग, कर्तृवाच्य

(xxi) **थककर** क्रिया विशेषण, 'लेटना' क्रिया की विशेषता बता रहा है, पुल्लिग, एकवचन

(xxii) **मेरा** उत्तम पुरुषवाचक सर्वनाम, एकवचन, संबंध कारक

(xxiii) **स्वयं** निजवाचक सर्वनाम, एकवचन, पुल्लिग

11. (i) **उधर** क्रियाविशेषण (स्थानवाचक)

(ii) **देख सकता** क्रिया (सकर्मक, संयुक्त क्रिया)

(iii) **के बिना** संबंधबोधक अव्यय

(iv) **धीमी गति** क्रियाविशेषण (रीतिवाचक), 'चल रही थी' क्रिया की विशेषता बताने वाला

(v) **पाप** संज्ञा (भाववाचक)

(vi) **आप** सर्वनाम (पुरुषवाचक), मध्यमपुरुष, एकवचन, पुल्लिग या स्त्रीलिंग

(vii) **निपटाया** क्रिया (सकर्मक), भूतकाल, निश्चयार्थ

(viii) **औद्योगिक** विशेषण (गुणवाचक), पुल्लिग, 'विकास' विशेष्य हेतु प्रयुक्त

(ix) **किसका** सर्वनाम (प्रश्नवाचक), पुल्लिग, एकवचन

(x) **रवि** व्यक्तिवाचक संज्ञा, पुल्लिग, एकवचन, कर्ता कारक।

(xi) **रवि** व्यक्तिवाचक संज्ञा, पुल्लिग, एकवचन

(xii) **मैं** सर्वनाम (पुरुषवाचक) पुल्लिंग, एकवचन

(xiii) **विद्यार्थी** जातिवाचक संज्ञा, पुल्लिग, एकवचन

(xiv) **सदा** कालवाचक क्रियाविशेषण

(xv) **भावुक** विशेषण (गुणवाचक) पुल्लिग, एकवचन

(xvi) **कोई** सर्वनाम (अनिश्चयवाचक) पुल्लिंग, एकवचन

(xvii) **यहाँ** स्थानवाचक क्रियाविशेषण

(xviii) **वे** सर्वनाम (अन्य पुरुष) पुल्लिग, बहुवचन

(xix) **दी** सकर्मक क्रिया

(xx) **विद्यालय से** जातिवाचक संज्ञा, स्त्रीलिंग, एकवचन, अपादान कारक

(xxi) **ध्यानपूर्वक** क्रिया-विशेषण, एकवचन, पुल्लिग

(xxii) **तुमने** पुरुषवाचक सर्वनाम (मध्यम पुरुष), स्त्रीलिंग-पुल्लिग दोनों लिंग में संभव, एकवचन, कर्ता कारक

(xxiii) **दस** संख्यावाचक विशेषण (निश्चित) छात्र (विशेष्य)

(xxiv) **के बिना** संबंधबोधक अव्यय

(xxv) **गाँव की** जातिवाचक संज्ञा, एकवचन, पुल्लिग, संबंधकारक
मिट्टी जातिवाचक संज्ञा, स्त्रीलिंग, एकवचन
मैं उत्तम पुरुषवाचक सर्वनाम, कर्ता कारक, पुल्लिग, एकवचन
तरस पुल्लिग, एकवचन, भाववाचक संज्ञा
गया अकर्मक क्रिया, एकवचन, पुल्लिग

(xxvi) **पढ़ती हैं** सकर्मक क्रिया, कर्तृवाच्य, स्त्रीलिंग, सामान्य वर्तमानकाल।

(xxvii) **यहाँ** स्थानवाचक क्रिया विशेषण, पुल्लिग एकवचन।

(xxviii) **वे** सर्वनाम, अन्य पुरुष, बहुवचन।

(xxix) **परिश्रमी** गुणवाचक विशेषण, एकवचन, स्त्रीलिंग।

स्व-मूल्यांकन

बहुविकल्पीय प्रश्न

निम्नलिखित प्रश्नों को पढ़कर सही विकल्पों का चुनाव कीजिए

1. हम देश पर सर्वस्व न्योछावर करने को तैयार हो जाते हैं।
(i) सकर्मक क्रिया, पुल्लिग, बहुवचन, कर्तृवाच्य, वर्तमानकाल
(ii) द्विकारक क्रिया, पुल्लिग, एकवचन, कर्तृवाच्य, वर्तमानकाल
(iii) अकर्मक क्रिया, पुल्लिग, बहुवचन, कर्मवाच्य, भूतकाल
(iv) बहुकारक क्रिया, पुल्लिग, एकवचन, भाववाच्य, वर्तमानकाल

2. वहाँ अत्यधिक लोग जमा हो गए थे।
(i) गुणवाचक, विशेषण, पुल्लिग, बहुवचन, 'लोग' का विशेषण
(ii) संख्यावाचक विशेषण, स्त्रीलिंग, बहुवचन, 'जमा' का विशेषण
(iii) संख्यावाचक विशेषण, पुल्लिग, बहुवचन, 'लोग' का विशेषण
(iv) संख्यावाचक विशेषण, पुल्लिग, एकवचन, 'लोग' का विशेषण

3. हिमालय विश्व का सबसे ऊँचा पर्वत है।
(i) व्यक्तिवाचक संज्ञा, पुल्लिग, बहुवचन, संबंधकारक
(ii) जातिवाचक संज्ञा, पुल्लिग, एकवचन, संबंधकारक
(iii) जातिवाचक संज्ञा, स्त्रीलिंग, एकवचन, संबंधकारक
(iv) उपर्युक्त में से कोई नहीं

4. यह लड़की बहुत मेधावी है।
(i) जातिवाचक संज्ञा, स्त्रीलिंग, एकवचन, कर्ता कारक
(ii) व्यक्तिवाचक संज्ञा, स्त्रीलिंग, एकवचन, कर्म कारक
(iii) व्यक्तिवाचक संज्ञा, पुल्लिग, एकवचन, कर्ता कारक
(iv) जातिवाचक संज्ञा, पुल्लिग, एकवचन, कर्म कारक

5. हम पार्क में टहलने गए।
(i) जातिवाचक संज्ञा, एकवचन, पुल्लिग, अधिकरण कारक
(ii) व्यक्तिवाचक संज्ञा, बहुवचन, पुल्लिग, करण कारक
(iii) जातिवाचक संज्ञा, एकवचन, स्त्रीलिंग, करण कारक
(iv) जातिवाचक संज्ञा, बहुवचन, पुल्लिग, अधिकरण कारक

अतिलघु/लघु उत्तरीय प्रश्न

1. शब्द और पद में अंतर स्पष्ट कीजिए।

2. पद-परिचय देते समय किन बातों का ध्यान रखना चाहिए?

3. पद-परिचय के भेद बताइए।

4. विशेषण व क्रियाविशेषण का पद-परिचय देते समय किन-किन बिंदुओं का समावेश किया जाना चाहिए?

5. निम्नलिखित वाक्यों में रेखांकित पदों का पद-परिचय दीजिए
(i) स्कूल जाने से पहले नाश्ता कर लो।
(ii) बालगोबिन भगत मँझोले कद के गोरे चिट्टे आदमी थे।
(iii) तुम प्रयत्न करो अन्यथा विफल हो जाओगे।
(iv) हमारे खाने-पीने के तरीके हमारी सभ्यता है।

6. निम्नलिखित वाक्यों में रेखांकित पदों का भेद लिखिए
(i) मैं कभी-कभी गृह कार्य नहीं भी करता।
(ii) पेड़ों से पत्ते झड़ने लगे हैं।
(iii) यह पैंट मेरे भाई ने भेजी है।
(iv) शीला अग्रवाल ने साहित्य का दायरा बढ़ाया।

7. रेखांकित वाक्यों का व्याकरणिक परिचय दीजिए
(i) पुस्तकालय में रमेश पढ़ रहा था।
(ii) विकास कलकत्ता से आया है।
(iii) हालदार साहब भावुक हैं।
(iv) काशी में संगीत आयोजन की प्राचीन व अद्भुत परंपरा है।

अध्याय

4

अलंकार

4.1 अलंकार का अर्थ

'अलंकार' दो शब्दों 'अलम्' तथा 'कार' से मिलकर बना है। अलंकार अर्थ 'अलंकृत करना' अर्थात् 'सजाना' है। प्रसिद्ध संस्कृत आचार्य वामन ने अपनी रचना 'अलंकार शास्त्र' में अलंकार को परिभाषित करते हुए लिखा है—'अलंकृतिरलंकार:' अर्थात् जो किसी को अलंकृत करे, वह अलंकार है।

जिस प्रकार गहने स्वर्ण के बने होते हैं और पहनने वाले की शोभा बढ़ाते हैं, उसी प्रकार काव्य में अलंकार सुंदर वर्णों एवं अर्थों से निर्मित होते हैं तथा ये काव्य को आकर्षक बनाते हैं। कवि अपनी कविता को जिन विविध वर्णों, शब्दों व अर्थ-योजनाओं से सजाता है, उन्हें **अलंकार** कहते हैं।

अलंकार के भेद

अलंकार के मुख्यत: तीन भेद होते हैं

1. शब्दालंकार

ध्वनि के आधार पर काव्य में उत्पन्न विशिष्टता अथवा साज-सज्जा 'शब्दालंकार' की सृष्टि करते हैं। जिस रचना में शब्दों के कारण सौंदर्य उत्पन्न होता है, वहाँ 'शब्दालंकार' होता है। शब्दालंकार वर्णगत, शब्दगत तथा वाक्यगत होते हैं। अनुप्रास, यमक, श्लेष इत्यादि प्रमुख 'शब्दालंकार' हैं।

2. अर्थालंकार

ऐसे शब्द, जो वाक्य में प्रयुक्त होकर उसके अर्थ को चमत्कृत या अलंकृत करते हैं, **अर्थालंकार** कहलाते हैं। 'अर्थालंकार' की एक विशेषता यह है कि यदि वाक्य से किसी शब्द को हटाकर उसकी जगह उसके पर्याय शब्द को रखा जाए, तब भी अलंकार की प्रवृत्ति में कोई अंतर नहीं आता है अर्थात् 'अर्थालंकार' की निर्भरता शब्द पर न होकर शब्द के अर्थ पर होती है। उपमा, रूपक, उत्प्रेक्षा, अतिशयोक्ति, मानवीकरण इत्यादि प्रमुख अर्थालंकार हैं।

3. उभयालंकार

'शब्द' तथा 'अर्थ' दोनों पर समान रूप से आश्रित रहने वाले अलंकार को 'उभयालंकार' कहा जाता है। जहाँ काव्य में शब्दालंकार (शब्द) और अर्थालंकार (अर्थ) दोनों की विशेषताएँ पाई जाती हैं, वहाँ 'उभयालंकार' होता है।

शब्दालंकार

मुख्यत: शब्दालंकार के अंतर्गत अनुप्रास, यमक व श्लेष अलंकार सम्मिलित किए जाते हैं, परंतु पाठ्यक्रम में केवल **श्लेष अलंकार** ही सम्मिलित किया गया है।

श्लेष अलंकार

श्लेष का अर्थ है—चिपका हुआ। जब किसी शब्द का प्रयोग किसी काव्य पंक्ति में एक ही बार किया जाता है, पर उसके एक से अधिक अर्थ निकलते हैं, वहाँ श्लेष अलंकार होता है। यह शब्द काव्य-पंक्ति में एक से अधिक बार भी आ सकता है।

उदाहरण

(i) रहिमन पानी राखिए, बिन पानी सब सून।
पानी गए न ऊबरे, मोती मानुष चून।।

- इन काव्य पंक्तियों में 'पानी' कई अर्थों को स्पष्ट करता है। 'पानी' का अर्थ यहाँ मोती, मनुष्य तथा चून से संबद्ध है। मोती के अर्थ में पानी 'चमक' के लिए, मनुष्य के संदर्भ में 'आत्म-सम्मान' तथा चून (आटा) के अर्थ में 'गीलापन' के लिए आया है। अत: 'पानी' यहाँ श्लेष अलंकार के रूप में मौजूद है।

(ii) माया महाठगिनि हम जानी।
तिरगुन फाँस लिए कर डोलै, बोलै मधुरी बानी।

- इन काव्य पंक्तियों में 'तिरगुन' शब्द में श्लेष अलंकार है। इसके दो अर्थ हैं— पहला सत, रज एवं तम नामक तीन गुण तथा दूसरा तीन धागों वाली रस्सी। दोनों प्रकार के अर्थ प्रसंग के आधार पर संगत अर्थ प्रदान करते हैं।

अर्थालंकार

अर्थालंकार के अंतर्गत उत्प्रेक्षा, अतिशयोक्ति व मानवीकरण अलंकार को सम्मिलित किया गया है।

1. उत्प्रेक्षा अलंकार

'उत्प्रेक्षा' का अर्थ है—किसी वस्तु के संभावित रूप की उपेक्षा करना। जहाँ पर उपमेय और उपमान में गुण-धर्म की समानता के कारण उपमेय में उपमान की संभावना प्रकट की जाती है। वहाँ उत्प्रेक्षा अलंकार होता है।

अर्थ को चमत्कारपूर्ण तथा आकर्षक बनाने के लिए 'उत्प्रेक्षा' अलंकार का प्रयोग काव्य में किया जाता है। उत्प्रेक्षा अलंकार में 'मानो', 'जानो', 'जनु', 'मनु' इत्यादि शब्दों का प्रयोग होता है।

उदाहरण

(i) फूले कास सकल महि छाई।
जनु बरसा रितु प्रकट बुढ़ाई।।

- इन काव्य पंक्तियों में 'कास के फूल' (उपमेय) में वर्षा ऋतु के बुढ़ापे (उपमान) की संभावना प्रस्तुत की गई है। यहाँ 'कास का फूल' प्रस्तुत तथा 'वर्षा ऋतु का बुढ़ापा' अप्रस्तुत के रूप में है। प्रस्तुत में अप्रस्तुत की संभावना प्रकट की गई है। अत: यहाँ उत्प्रेक्षा अलंकार है।

(ii) झुक कर मैंने पूछ लिया
खा गया मानो झटका।

- इन काव्य पंक्तियों में 'पूछना' (उपमेय) में 'झटका खाना' (उपमान) की संभावना प्रस्तुत की गई है। अत: यहाँ 'उत्प्रेक्षा अलंकार' है।

2. अतिशयोक्ति अलंकार

जब किसी व्यक्ति, वस्तु आदि के रूप, गुण की अत्यंत प्रशंसा करते हुए कोई बात बहुत बढ़ा- चढ़ाकर अथवा लोक-सीमा का उल्लंघन करके कही जाए, तब वहाँ 'अतिशयोक्ति अलंकार' होता है।

उदाहरण

(i) ''हनुमान की पूँछ में, लगन न पाई आग।
सारी लंका जरि गई, गए निशाचर भाग''

- यहाँ हनुमान की पूँछ में आग लगने के पहले ही सारी लंका का जलना और राक्षसों के भागने का बढ़ा- चढ़ाकर वर्णन होने से अतिशयोक्ति अलंकार है।

(ii) देख लो साकेत नगरी है यही,
स्वर्ग से मिलने गगन में जा रही।

- इन काव्य पंक्तियों में साकेत नगरी की तुलना स्वर्ग की समृद्धि से बढ़ा-चढ़ाकर वर्णन करने के कारण यहाँ अतिशयोक्ति अलंकार है।

3. मानवीकरण अलंकार

जहाँ जड़ वस्तुओं अर्थात् प्रकृति पर मानवीय चेष्टाओं का आरोप किया जाता है, वहाँ **'मानवीकरण अलंकार'** होता है।

उदाहरण

(i) आ रही रवि की सवारी।
नव किरण का रथ सजा है,
कलि-कुसुम से पथ सजा है,
बादलों-से अनुचरों ने स्वर्ण की पोशाक धारी।

- इन काव्य पंक्तियों में 'सूर्य' (रवि) का मानवीकरण करके उसकी एक ऐसे राजा से कल्पना की गई है, जो धरती पर उतरने की तैयारी में है। इसमें 'बादलों' को अनुचर कहा गया है।

(ii) फूल हँसे कलियाँ मुसकाई

- यहाँ फूलों का हँसना, कलियों का मुसकुराना मानवीय चेष्टाएँ हैं अर्थात् यहाँ फूलों की तुलना मानव से कर दी गई है।

अभ्यास प्रश्न

बहुविकल्पीय व वर्णनात्मक प्रश्नों सहित

बहुविकल्पीय प्रश्न

निम्नलिखित प्रश्नों को पढ़कर सही विकल्पों का चयन कीजिए

1. अलंकार से तात्पर्य है

(i) अलंकृत करना
(ii) भाव को प्रभावी अभिव्यक्ति देना
(iii) काव्य को आकर्षक बनाना
(iv) उपर्युक्त सभी

2. 'हनुमान की पूँछ में लगन न पाई आग। लंका सिगरी जल गई, गए निसाचर भाग।।' इस पंक्ति में अंलकार है CBSE 2024

(i) उत्प्रेक्षा (ii) अतिशयोक्ति
(iii) यमक (iv) श्लेष

3. नीचे लिखी काव्य-पंक्तियों में अलंकार है CBSE 2023

''सिर फट गया उसका वहीं
मानो अरुण रंग का घड़ा।''

(i) अतिशयोक्ति (ii) श्लेष
(iii) उत्प्रेक्षा (iv) मानवीकरण

4. 'कहीं साँस लेते हो घर-घर भर देते हो' पंक्ति में निहित अलंकार है CBSE SQP 2023

(i) उपमा (ii) रूपक
(iii) यमक (iv) मानवीकरण

5. निम्नलिखित वाक्यों में से किस वाक्य में स्थानवाचक क्रियाविशेषण का प्रयोग हुआ है? CBSE 2024

(i) पानवाला खुशी से पान बनाने लगा।
(ii) कैप्टन बाजार में फेरी लगाता था।
(iii) वे लोग प्रतिवर्ष कुछ नया करते थे।
(iv) उसकी कार अचानक झटके से रुक गई।

6. ''अर्थ बिना कब पूर्ण हैं, शब्द, सकल जग-काज। अर्थ अगर आ जाए, तो ठाठ-बाट औ राज।।'' इस दोहे में प्रयुक्त अलंकार है CBSE SQP 2022

(i) श्लेष (ii) उत्प्रेक्षा
(iii) मानवीकरण (iv) अतिशयोक्ति

7. 'लेटी है श्रांत-क्लांत, निश्चल! CBSE 2024
तापस बाला गंगा निर्मल।'
इन पंक्तियों में कौन-सा अलंकार प्रयुक्त हुआ है?

(i) यमक (ii) श्लेष
(iii) उत्प्रेक्षा (iv) मानवीकरण

8. ''कैसे कलुषित प्राण हो गए। CBSE SQP 2022
मानो मन पाषाण हो गए।'' इन काव्य-पंक्तियों में प्रयुक्त अलंकार है

(i) श्लेष (ii) उत्प्रेक्षा
(iii) मानवीकरण (iv) अतिशयोक्ति

9. 'उस काल मारे क्रोध के, तन काँपने उसका लगा। मानो हवा के जोर से, सोता हुआ सागर जगा।' में अलंकार है CBSE SQP 2023

(i) उत्प्रेक्षा (ii) रूपक
(iii) श्लेष (iv) उपमा

10. किसी की प्रशंसा में लोक-सीमा का उल्लंघन किस अलंकार में होता है?

(i) उत्प्रेक्षा (ii) मानवीकरण
(iii) अतिशयोक्ति (iv) उपमा

11. निम्नलिखित काव्य-पंक्तियों में अलंकार है CBSE 2023

''चारु चंद्र की चंचल किरणें
खेल रही है जल-थल में''

(i) अतिशयोक्ति (ii) श्लेष
(iii) अनुप्रास (iv) मानवीकरण

12. 'सीवन को उधेड़ कर देखोगे क्यों मेरी कंथा की?' उपर्युक्त पंक्ति में निहित अलंकार है दक्षता आधारित प्रश्न

(i) श्लेष (ii) अतिशयोक्ति
(iii) उत्प्रेक्षा (iv) अनुप्रास

13. ''कहती हुई यों उतरा के नेत्र जल से भर गए।
हिमकणों से पूर्ण मानो हो गए पंकज नए।।'' इन काव्य-पंक्तियों में प्रयुक्त अलंकार है CBSE SQP 2022

(i) श्लेष (ii) उत्प्रेक्षा
(iii) मानवीकरण (iv) अतिशयोक्ति

14. 'पानी टपके कच्चे सकोरे, व्यर्थ प्रयास हो रहे मेरे' पंक्ति में कौन-सा अलंकार है?

(i) श्लेष (ii) यमक
(iii) उपमा (iv) उत्प्रेक्षा

15. निम्नलिखित में उत्प्रेक्षा अलंकार है CBSE SQP 2023

(i) बादल, गरजो!
(ii) घेर घेर घोर गगन, धाराधर ओ!
(iii) ललित ललित, काले घुँघराले
(iv) चित्रकूट जनु अचल अहेरी।

16. ''आगे आगे नाचती गाती बयार चली।'' इस काव्य -पंक्ति में कौन-सा अलंकार है? **CBSE 2023**

(i) मानवीकरण (ii) अतिशयोक्ति
(iii) श्लेष (iv) उत्प्रेक्षा

17. सोहत ओढ़े पीत पटु, श्याम सलौने गात।
मानो नीलमणि शैल पर, आतप पर्यौ प्रभात।।
उपरोक्त काव्य-पंक्तियों में कौन-सा अलंकार है?

(i) रूपक (ii) उत्प्रेक्षा
(iii) उपमा (iv) श्लेष

18. ''एक दिवस सूरज ने सोची, छुट्टी ले लेने की बात।
सोचा कुछ पल सुकूँ मिलेगा, चलने दो धरती पर रात।।''
इन काव्य-पंक्तियों में प्रयुक्त अलंकार है **CBSE SQP 2022**

(i) श्लेष (ii) उत्प्रेक्षा
(iii) मानवीकरण (iv) अतिशयोक्ति

19. 'अंबर पनघट में डुबो रही, तारा घट उषा नागरी।' - इस पंक्ति में कौन-सा अलंकार प्रयुक्त हुआ है? **CBSE 2024**

(i) यमक (ii) मानवीकरण
(iii) श्लेष (iv) उत्प्रेक्षा

20. पद्मावती सब सखी बुलाई, मनु फुलवारि सबै चलि आई।
उपरोक्त पंक्ति में प्रयुक्त अलंकार का नाम पहचानिए **दक्षता आधारित प्रश्न**

(i) श्लेष अलंकार
(ii) उपमा अलंकार
(iii) उत्प्रेक्षा अलंकार
(iv) अतिशयोक्ति अलंकार

21. नीचे लिखी काव्य-पंक्ति में अलंकार है
''प्रियतम बतला दे, लाल मेरा कहाँ है?'' **CBSE 2023**

(i) अतिशयोक्ति (ii) उत्प्रेक्षा
(iii) श्लेष (iv) मानवीकरण

22. निम्नलिखित काव्य-पंक्तियों में से कौन-सी काव्य-पंक्ति मानवीकरण अलंकार का उदाहरण है? **CBSE 2024**

(i) है टूट पड़ा भू पर अंबर
(ii) पुरइनि पात रहत जल भीतर, ता रस देह न दागी।
(iii) कै पग में पनही न हती, कहँ लै गजराजहु ठाढ़े महावत।
(iv) फूटे हैं आमों में बौर, भौंर वन-वन टूटे हैं।

23. निम्नलिखित विकल्पों में से मानवीकरण अलंकार को पहचानिए। **दक्षता आधारित प्रश्न**

(i) हाय फूल-सी कोमल बच्ची, हुई राख की थी ढेरी।
(ii) हनुमान की पूँछ, में, लगन न पाई आग।
लंका सगरी जल गई, गए निसाचर भाग।
(iii) बीती विभावरी जाग री,
अंबर पनघट में डुबो रही,
तारा-घट उषा-नागरी।
(iv) चरण-कमल बंदौ हरिराई।

24. 'सूरदास अबला हम भोरी, गुर चाँटी ज्यों पागी' में अलंकार है .... **CBSE SQP (Additional Set) 2023**

(i) उत्प्रेक्षा अलंकार
(ii) श्लेष अलंकार
(iii) यमक अलंकार
(iv) अनुप्रास अलंकार

25. कथन (A) प्रियतम बतला दो लाल मेरा कहाँ है? **CBSE SQP (Additional Set) 2023**
कारण (R) लाल के दो अर्थ होने के कारण इस पंक्ति में श्लेष अलंकार है।

(i) कथन (A) गलत है, किंतु कारण (R) सही है।
(ii) कथन (A) सही है, किंतु कारण (R) गलत है।
(iii) कथन (A) और कारण (R) दोनों गलत हैं।
(iv) कथन (A) और कारण (R) दोनों सही हैं।

26. कथन (A) आगे-आगे नाचती-गाती बयार चली।
कारण (R) बयार के नाचने के कारण यहाँ मानवीकरण अलंकार है।

(i) कथन (A) सही है किंतु कारण (R) गलत है।
(ii) कथन (A) और कारण (R) दोनों सही है।
(iii) कथन (A) और कारण (R) दोनों गलत हैं।
(iv) कथन (A) गलत है किंतु कारण (R) सही हैं।

27. (क) फूले कास सकल महि छाई। जनु रसा रितु प्रकट बुढ़ाई।। **CBSE SQP (Additional Set) 2023**
(ख) मानो माई घन घन अंतर दामिनी।
(ग) उषा सुनहरे तीर बरसाती, जय लक्ष्मी-सी उदित हुई।
उपर्युक्त पंक्तियों में प्रयुक्त अलंकारों को पहचानकर उचित विकल्प चुनिए।

(i) (क) और (ख) में श्लेष और (ग) में अतिशयोक्ति अलंकार है।
(ii) (क) और (ख) में उत्प्रेक्षा और (ग) में मानवीकरण अलंकार है।
(iii) (क) में श्लेष, (ख) में उत्प्रेक्षा और (ग) में अतिशयोक्ति अलंकार है।
(iv) (क) में मानवीकरण, (ख) में श्लेष और (ग) में उत्प्रेक्षा अलंकार है।

28. सूची I और सूची II के सही मिलान वाला विकल्प चुनिए। **CBSE SQP (Additional Set) 2023**

	सूची I		सूची II
A.	कढ़त साथ ही म्यान तें, असि रिपु तन ते प्रान।	1.	मानवीकरण अलंकार
B.	गुलाब खिलकर बोला-मैं आग का गोला नहीं, प्रीत की कविता हूँ।	2.	श्लेष अलंकार
C.	मधुबन की छाती को देखो, सूखी इसकी कितनी कलियाँ।	3.	अतिशयोक्ति अलंकार

	A	B	C		A	B	C
(i)	2	1	3	(ii)	1	3	2
(iii)	3	2	1	(iv)	3	1	2

29. सूची 1 को संबंधित अलंकार से सुमेलित कीजिए और सही विकल्प का चयन कीजिए **CBSE SQP (Additional Set) 2023**

	सूची I		सूची II
A.	अभी समय भी नहीं, थकी सोई है मेरी मौन व्यथा।	1.	अतिशयोक्ति
B.	रहिमन पानी राखिए, बिन पानी सब सून। पानी गए न ऊबरे, मोती मानुष चून।।	2.	मानवीकरण
C.	छुअत टूट रघुपतिह न दोसू। मुनि बिनु काज करिअकत रोसू।।	3.	श्लेष

	A	B	C		A	B	C
(i)	1	2	3	(ii)	2	3	1
(iii)	1	3	2	(iv)	2	1	3

30. निम्नलिखित में से कौन-सा विकल्प गलत सुमेलित है? **CBSE SQP (Additional Set) 2023**

(i) सुनत जोग लागत है ऐसौ, ज्यौं करुई ककरी-उत्प्रेक्षा अलंकार

(ii) पानी परात को हाथ छुयो नहिं, नैनन के जल सों पग धोए। -अतिशयोक्ति अलंकार

(iii) मनका मनका डार दे मन का मनका फेर-श्लेष अलंकार

(iv) जो रहीम गति दीप की, कुल कपूत गति सोय/ बारे उजियारे करै, बढ़े अँधेरो होय।। श्लेष अलंकार

अतिलघु/लघु उत्तरीय प्रश्न

1. रेखांकित काव्यांशों में निहित अलंकार का नाम लिखिए।

(i) सुनत जोग लागत है ऐसो ज्यों करूई ककरी।

(ii) खिलखिला रही थी कलियाँ सारी, ठहाके लगा रहा था परिवेश।

(iii) इतना रोया था मैं उस दिन ताल-तलैया सब भर डाले।

(iv) जो नत हुआ, वह मृत हुआ, ज्यों वृंत से झर कर कुसुम

2. श्लेष अलंकार का एक उदाहरण लिखिए।

3. उत्प्रेक्षा अलंकार का एक उदाहरण लिखिए।

4. मानवीकरण अलंकार का एक उदाहरण लिखिए।

5. अलंकार किसे कहते हैं?

6. 'शब्दालंकार' तथा 'अर्थालंकार' में अंतर स्पष्ट कीजिए।

7. श्लेष अलंकार की परिभाषा दीजिए।

8. उत्प्रेक्षा अलंकार किसे कहते हैं?

9. ''देख लो साकेत नगरी है यही, स्वर्ग से मिलने गगन जा रही है।'' इस काव्य पंक्तियों में अलंकार बताइए। **CBSE 2024 Modified**

10. 'फूल हँसे कलियाँ मुसकाई' में अलंकार है

11. 'सुबरन को खोजत फिरत कवि, व्यभिचारी, चोर।' में अलंकार बताइए। **CBSE SQP 2023 Modified**

12. ''इधर उठाया धनुष क्रोध में और चढ़ाया उस पर बाण। धरा, सिंधु, नभ काँपे सहसा, विकल हुए जीवों के प्राण।।'' इन काव्य-पंक्तियों में प्रयुक्त अलंकार है **CBSE SQP 2022 Modified**

13. 'मेघ आए बड़े बन-ठन के सँवर के' पंक्ति में निहित अलंकार बताइए।

14. 'राणा ने सोचा इस पार तब तक चेतक था उस पार' किस अलंकार का उदाहरण है?

15. जहाँ उपमेय में उपमान की सम्भावना या कल्पना प्रकट की जाए, वहाँ कौन-सा अलंकार होता है? **CBSE SQP (Modified) 2023**

16. पड़ी अचानक नदी अपार, घोड़ा कैसे उतरे पार।
राणा ने सोचा इस पार, तब तक चेतक था उस पार।। **CBSE SQP (Modified) 2024**
उपर्युक्त पंक्तियों में कौन-सा अलंकार है।

व्याख्या सहित उत्तर

बहुविकल्पीय प्रश्न

1. (iv) उपर्युक्त सभी

2. (ii) अतिशयोक्ति

3. (iii) उत्प्रेक्षा

4. (iv) मानवीकरण

5. (ii) कैप्टन बाजार में फेरी लगाता था।

6. (i) श्लेष

7. (iv) मानवीकरण

8. (ii) उत्प्रेक्षा

9. (i) उत्प्रेक्षा

10. (iii) अतिशयोक्ति

11. (iii) अनुप्रास

12. (i) श्लेष

13. (ii) उत्प्रेक्षा

14. (i) श्लेष

15. (iv) चित्रकूट जनु अचल अहेरी।

16. (i) मानवीकरण

17. (ii) उत्प्रेक्षा

18. (iii) मानवीकरण

19. (ii) मानवीकरण

20. (iii) उत्प्रेक्षा अलंकार

21. (iii) श्लेष

22. (ii) पुरइनि पात रहत जल भीतर, ता रस देह न दागी

23. (iii) बीती विभावरी जाग री,
अंबर पनघट में डुबो रही,
तारा-घट उषा-नागरी।

24. (i) उत्प्रेक्षा अलंकार

25. (iv) कथन (A) और कारण (R) दोनों सही हैं।

26. (ii) कथन (A) और कारण (R) दोनों सही हैं।

27. (ii) (क) और (ख) में उत्प्रेक्षा और (ग) में मानवीकरण अलंकार है।

28. (iv) 3 1 2

29. (ii) 2 3 1

30. (iii) मनका मनका डार दे मन का मनका फेर-श्लेष अलंकार

अतिलघु/लघु उत्तरीय प्रश्न

1. (i) उत्प्रेक्षा अलंकार
(ii) मानवीकरण अलंकार
(iii) अतिशयोक्ति अलंकार
(xi) उत्प्रेक्षा अलंकार

2. गुन ते लेत रहीम जन, सलिल कूप से काढ़ि।
कूपहु से कहुँ होत है, मन काहू को बाढ़ि।।
इसमें 'गुन' शब्द दो अर्थों में आया है—'रस्सी' तथा 'मानव स्वभाव।' इसके द्वारा दो भिन्न अर्थ प्रदान करने के कारण यहाँ श्लेष अलंकार है।

3. ''प्रकृति नदी प्रेमोपहार हित ऊषा अरुण राग लेकर
सिंदूर-बिंदु माल देती है, उदित हुआ हो ज्यों दिनकर''

इस काव्यांश में सिंदूर-बिंदु (उपमेय) में प्रात:काल उदित हो रहे दिनकर (उपमान) की संभावना व्यक्त की गई है। अत: इसमें उत्प्रेक्षा अलंकार है।

4. ''तुम नृशंस नृप से जगति पर चढ़ अनियंत्रित
करते हो संसृति को उत्पीड़ित, पद मर्दित।''

इस काव्यांश में 'प्रकृति' को नृप के रूप में मानवीकृत किया गया है। अत: यहाँ मानवीकरण अलंकार है।

5. कवि अपनी कविता को जिन विविध वर्णों, शब्दों व अर्थ-योजनाओं से सजाता है, उन्हें अलंकार कहते हैं।

6. जिस रचना में 'शब्दों' के कारण सौंदर्य उत्पन्न होता है, वहाँ 'शब्दालंकार' होता है, जबकि जिस रचना में अर्थ के कारण सौंदर्य उत्पन्न होता है, वहाँ 'अर्थालंकार' होता है।

7. जब किसी शब्द का प्रयोग किसी काव्य पंक्ति में एक ही बार किया जाता है, परंतु उसके एक से अधिक अर्थ निकलते हैं, वहाँ श्लेष अलंकार होता है।

8. जहाँ पर उपमेय में उपमान की संभावना प्रकट की जाती है, वहाँ 'उत्प्रेक्षा अलंकार' होता है।

9. ''देख लो साकेत नगरी है यही, स्वर्ग से मिलने गगन जा रही है।''
इस काव्य पंक्तियों में अतिशयोक्ति अलंकार है।

10. 'फूल हँसे कलियाँ मुसकाई' में मानवीकरण अलंकार है।

11. 'सुबरन को खोजत फिरत कवि, व्यभिचारी, चोर।' में श्लेष अलंकार है।

12. ''इधर उठाया धनुष क्रोध में और चढ़ाया उस पर बाण।
धरा, सिंधु, नभ काँपे सहसा, विकल हुए जीवों के प्राण।।''
इन काव्य-पंक्तियों में अतिशयोक्ति अलंकार है।

13. 'मेघ आए बड़े बन-ठन के सँवर के' पंक्ति में मानवीकरण अलंकार है।

14. 'राणा ने सोचा इस पार तब तक चेतक था उस पार' अतिशयोक्ति अलंकार का उदाहरण है।

15. जहाँ उपमेय में उपमान की सम्भावना या कल्पना प्रकट की जाए, वहाँ उत्प्रेक्षा अलंकार होता है।

16. पड़ी अचानक नदी अपार, घोड़ा कैसे उतरे पार।
राणा ने सोचा इस पार, तब तक चेतक था उस पार।।
उपर्युक्त पंक्तियों में अतिशयोक्ति अलंकार है।

स्व-मूल्यांकन

बहुविकल्पीय प्रश्न

1. 'सन्देसनि मधुबन-कूप भरे' में कौन-सा अलंकार है?
(i) उपमा
(ii) अतिशयोक्ति
(iii) अनुप्रास
(iv) उपर्युक्त में से कोई नहीं

2. "पट-पीत मानहुँ तड़ित रुचि, सुचि नौमि जनक सुतावर।"
उपर्युक्त पंक्ति में अलंकार है
(i) श्लेष (ii) अतिशयोक्ति
(iii) उत्प्रेक्षा (iv) मानवीकरण

3. 'नवजीवन दो घनश्याम हमें' में अलंकार है
(i) यमक (ii) श्लेष
(iii) वीप्सा (iv) अनुप्रास

4. 'सो जनु हमरे हिय माथें काढ़ा।' प्रस्तुत पंक्ति में ...... अलंकार है।
(i) श्लेष (ii) मानवीकरण
(iii) उत्प्रेक्षा (iv) अतिशयोक्ति

5. जहाँ जड़ वस्तुओं में मानवीय चेष्टाओं का आरोप हो, वहाँ अलंकार होता है
(i) उपमा (ii) उत्प्रेक्षा
(iii) रूपक (iv) मानवीकरण

6. अलंकार का नाम बताइए
"हनुमान की पूँछ में लगन न पाई आग।
लंका सिगरी जल गई, गए निसाचर भाग।"
(i) अतिशयोक्ति (ii) मानवीकरण
(iii) उत्प्रेक्षा (iv) श्लेष

7. अलंकार का नाम बताइए।
"प्रिय-प्रवास की बात चलत ही,
सूखी गया तिय कोमल गात।"
(i) अतिशयोक्ति अलंकार
(ii) यमक अलंकार
(iii) उत्प्रेक्षा अलंकार
(iv) रूपक अलंकार

8. सूची I को सूची II के साथ सुमेलित करते हुए सही विकल्प का चयन कीजिए।

	सूची I		सूची II
A.	संदेसनि मधुबन -कूप भरे	1.	मानवीकरण अलंकार
B.	गुर चांटी ज्यों पागी	2.	अतिशयोक्ति अलंकार
C.	संध्या-सुदंरी उतर रही है	3.	उत्प्रेक्षा

	A	B	C		A	B	C
(i)	1	2	3	(ii)	2	3	1
(iii)	2	1	3	(iv)	3	2	1

अतिलघु/लघु उत्तरीय प्रश्न

1. रेखांकित अंशों में प्रयुक्त अलंकार के नाम लिखिए।
(i) <u>मधुर मृदु मंजुल मुख मुसकान।</u>
(ii) <u>बरसत बारिद बूँद</u> गहि चाहत चढ़न अकास।
(iii) यह देखिए, <u>अरविंद से शिशु वृंद</u> कैसे सो रहे।
(iv) नभ पर <u>चमचम चपला चमकी।</u>
(v) <u>रघुपति राघव राजा राम।</u>
(vi) पावस ऋतु थी पर्वत प्रदेश,
<u>पल-पल परिवर्तित प्रकृति-वेश।</u>

2. अलंकार के कितने भेद हैं?

3. अतिशयोक्ति अलंकार किसे कहते हैं?

4. मानवीकरण अलंकार से आप क्या समझते हैं?

5. "बिन घनस्याम धाम-धाम ब्रज मण्डल में, उधौ नित बसति बहार बरसा की है।" इस पंक्ति में प्रयुक्त अलंकार कौन-सा है?

6. "रहिमन पानी राखिए बिन पानी सब सून।
पानी गए न ऊबरे मोती मानस चून।।"
उपर्युक्त दोहे में कौन-सा अलंकार है?

7. "बाँधा था विधु को किसने, इन काली जंजीरों से।
मणिवाले फणियों का मुख क्यों भरा हुआ हीरों से।"
इन काव्य-पंक्तियों में कौन-सा अलंकार है?

Allinone
संपूर्ण अध्ययन। संपूर्ण अभ्यास। संपूर्ण मूल्यांकन

खंड 'ग' : पाठ्यपुस्तक व पूरक पाठ्यपुस्तक

अध्याय 1

पद सूरदास

कविता का सार

सूरदास द्वारा रचित 'सूरसागर' के 'भ्रमरगीत' से यहाँ चार 'पद' लिए गए हैं, जिनमें गोपियों का श्रीकृष्ण के प्रति अनन्य प्रेम भाव प्रकट हुआ है। जब श्रीकृष्ण मथुरा चले गए थे, तब उन्होंने अपने मित्र उद्धव के माध्यम से गोपियों की पीड़ा कम करने के लिए निर्गुण ब्रह्म एवं योग का संदेश भेजा, किंतु गोपियाँ श्रीकृष्ण से प्रेम करती थीं, इसलिए उन्हें यह संदेश पसंद नहीं आया।

पहले पद में गोपियों ने व्यंग्य करते हुए उद्धव को भाग्यशाली कहा है, क्योंकि वे श्रीकृष्ण के सान्निध्य में रहने के बावजूद उनसे प्रेम नहीं करते साथ ही उन्होंने श्रीकृष्ण के प्रति अपने प्रेम की तुलना गुड़ व चींटी से की है।

दूसरे पद में श्रीकृष्ण के आने की जो आशा थी वह अब गोपियों के मन में ही रह गई, भाव को वर्णित किया है तथा श्रीकृष्ण द्वारा योग-संदेश भेजने का भी वर्णन है।

तीसरे पद में गोपियों ने श्रीकृष्ण को हारिल पक्षी के समान बताया है तथा योग का संदेश उन्हें कड़वी ककड़ी के समान लगता है।

चौथे पद में श्रीकृष्ण के राजनीतिज्ञ होने की बात कही गई है तथा गोपियों द्वारा उद्धव को राजधर्म याद दिलाया गया है।

कवि परिचय

हिंदी साहित्य की भक्तिकालीन काव्यधारा के कवि सूरदास का जन्म 1478 ई. में सीही नामक गाँव में हुआ था। कुछ विद्वान उनका जन्मस्थान मथुरा के निकट रुनकता या रेणुका क्षेत्र को मानते हैं। सूरदास मंदिर में भजन-कीर्तन करते थे, जिसके कारण उनकी ख्याति जगह-जगह फैल गई। सूरदास जन्म से नेत्रहीन थे या बाद में नेत्रहीन हुए इसके निश्चित प्रमाण नहीं मिलते।

सूरदास के तीन लोकप्रिय ग्रंथ—सूरसागर, साहित्य लहरी और सूरसारावली हैं। सूरदास ने कृष्णलीला संबंधी पदों की रचना सूरसागर में की, जो कि उनकी लोकप्रियता का प्रमुख आधार है। सूरदास की भाषा सहज, स्वाभाविक व माधुर्य से परिपूर्ण ब्रजभाषा है, जिनमें अलंकारों का प्रयोग अत्यंत सुंदर ढंग से किया गया है। सूरदास का निधन 1583 ई. में पारसौली में हुआ था।

पदों का भावार्थ

पहला पद

ऊधौ, तुम हौ अति बड़भागी।
अपरस रहत सनेह तगा तैं, नाहिन मन अनुरागी।
पुरइनि पात रहत जल भीतर, ता रस देह न दागी।
ज्यौं जल माहँ तेल की गागरि, बूँद न ताकौं लागी।
प्रीति-नदी मैं पाउँ न बोरयौ, दृष्टि न रूप परागी।
'सूरदास' अबला हम भोरी, गुर चाँटी ज्यौं पागी।।

ऊधौ–उद्धव; **हौ**–हो; **अति**–बहुत; **बड़भागी**–भाग्यवान; **अपरस**–अछूता; **सनेह**–स्नेह; **तगा**–धागा/बंधन; **नाहिन**–नहीं; **अनुरागी**–प्रेम से भरा हुआ; **पुरइनि पात**–कमल का पत्ता; **दागी**–दाग/धब्बा; **ज्यौं**–जैसे; **माहँ**–बीच में; **ताकौं**–उसको; **प्रीति-नदी**–प्रेम की नदी; **पाउँ**–पैर; **बोरयौ**–डुबोया; **परागी**–मुग्ध होना; **अबला**–बेचारी नारी; **भोरी**–भोली; **गुर चाँटी ज्यौं पागी**–जिस प्रकार चींटी गुड़ में लिपटती है।

भावार्थ

प्रस्तुत पद में गोपियाँ व्यंग्य करते हुए उद्धव से कहती हैं कि हे उद्धव! तुम बहुत भाग्यवान हो, जो अभी तक श्रीकृष्ण के साथ रहते हुए भी उनके प्रेम के बंधन से अछूते हो और न ही तुम्हारे मन में श्रीकृष्ण के प्रति प्रेमभाव उत्पन्न हुआ है।

गोपियाँ उद्धव की तुलना कमल के पत्तों व तेल के गागर से करते हुए कहती हैं कि जिस प्रकार कमल के पत्ते जल में रहते हुए भी जल से अछूते रहते हैं और तेल की मटकी पर पानी की एक भी बूँद नहीं ठहरती है, उसी प्रकार श्रीकृष्ण के साथ रहने पर भी तुम्हारे ऊपर उनके प्रेम तत्त्व का कोई प्रभाव नहीं पड़ा। तुमने प्रेम रूपी नदी में कभी पाँव नहीं डुबोया है और न ही तुम्हारी दृष्टि कृष्ण के रूप-सौंदर्य पर मुग्ध हुई, लेकिन हे उद्धव! हम तो भोली-भाली अबलाएँ हैं, हमें तो तुम्हारी तरह कोई ज्ञान नहीं है। जिस प्रकार चींटियाँ गुड़ से चिपक जाती हैं, ठीक उसी प्रकार हम भी श्रीकृष्ण के प्रेम में उलझ (लिपट) गई हैं।

दूसरा पद

मन की मन ही माँझ रही।
कहिए जाइ कौन पै ऊधौ, नाहीं परत कही।
अवधि अधार आस आवन की, तन मन बिथा सही।
अब इन जोग सँदेसनि सुनि-सुनि, बिरहिनि बिरह दही।
चाहति हुतीं गुहारि जितहिं तैं, उत तैं धार बही।
'सूरदास' अब धीर धरहिं क्यौं, मरजादा न लही।

शब्दार्थ माँझ–अंदर में; अवधि–समय; अधार–आधार; आस–आशा; आवन–आने की; बिथा–व्यथा/दुःख; जोग सँदेसनि–योग के संदेशों को; बिरहिनि–वियोग में जीने वाली; बिरह दही–विरह की आग में जल रही हैं; हुतीं–थीं; गुहारि–रक्षा के लिए पुकारना; जितहिं तैं–जहाँ से; उत तैं–उधर से; धार–योग की धारा; धीर–धैर्य; धरहिं–धारण करें/रखें; मरजादा–मर्यादा; लही–रही।

भावार्थ

गोपियाँ उद्धव से कहती हैं कि हमारे मन की अभिलाषाएँ हमारे मन में ही रह गईं, क्योंकि हम श्रीकृष्ण से यह कह नहीं पाईं कि हम उनसे कितना प्रेम करती हैं। हे उद्धव! अब तुम ही बताओ हम अपनी यह व्यथा किसे जाकर कहें? अब तक उनके आने की आशा ही हमारे जीने का आधार थी। उसी आशा के आधार पर हमने अपने तन-मन के दुःखों को सहन किया था। अब उनके द्वारा भेजे गए योग के संदेश को सुनकर हमारी वह एकमात्र आशा भी समाप्त हो गई है। हम जहाँ से श्रीकृष्ण के विरह की वेदना से अपनी रक्षा करने के लिए आशा कर रही थीं, उधर से ही योग की धारा बहती चली आ रही है अर्थात् श्रीकृष्ण ने ही तुम्हें ज्ञान उपदेश देने के लिए हमारे पास भेज दिया है। सूरदास गोपियों के माध्यम से कह रहे हैं—अब जब श्रीकृष्ण ने ही सभी मर्यादाओं का त्याग कर दिया, तो भला हम धैर्य धारण कैसे कर सकती हैं?

तीसरा पद

हमारैं हरि हारिल की लकरी।
मन क्रम बचन नंद-नंदन उर, यह दृढ़ करि पकरी।
जागत सोवत स्वप्न दिवस-निसि, कान्ह-कान्ह जकरी।
सुनत जोग लागत है ऐसौ, ज्यौं करुई ककरी।
सु तौ ब्याधि हमकौं लै आए, देखी सुनी न करी।
यह तौ 'सूर' तिनहिं लै सौंपो, जिनके मन चकरी।।

शब्दार्थ हरि–श्रीकृष्ण; हारिल–ऐसा पक्षी, जो अपने पैरों में लकड़ी दबाए रहता है; लकरी–लकड़ी; क्रम–कार्य; नंद-नंदन–नंद का पुत्र कृष्ण; दृढ़–मज़बूती से/दृढ़तापूर्वक; उर–हृदय; पकरी–पकड़ी; दिवस-निसि–दिन-रात; जकरी–रटती रहती हैं; जोग–योग का संदेश; करुई–कड़वी; ककरी–ककड़ी; सु–वह; ब्याधि–रोग; तिनहिं–उनको; मन चकरी–जिनका मन स्थिर नहीं रहता।

भावार्थ

गोपियाँ उद्धव से कहती हैं कि हमारे श्रीकृष्ण तो हमारे लिए हारिल पक्षी की लकड़ी के समान हैं। जिस प्रकार हारिल पक्षी उड़ते हुए अपने पैरों में दबाई लकड़ी को इस विश्वास के साथ पकड़े रहता है कि वह गिरेगा नहीं, उसी प्रकार हमने भी मन, वचन और कर्म से श्रीकृष्ण को दृढ़तापूर्वक अपने हृदय में बसाया हुआ है। हम तो जागते-सोते, सपने में और दिन-रात कान्हा-कान्हा रटती रहती हैं। हमें तो तुम्हारा योग साधना का संदेश सुनते ही ऐसा लगता है, जैसे मुँह में कड़वी ककड़ी चली गई हो। योग रूपी जिस बीमारी को तुम हमारे लिए लाए हो, उसे हमने न तो पहले कभी देखा है, न उसके बारे में सुना है और न ही कभी इसका योग किया है। सूरदास गोपियों के माध्यम से कहते हैं कि इस योग को तो तुम उन्हीं को जाकर सौंप दो, जिनका मन चकरी के समान चंचल है। हमारा मन तो स्थिर है, वह तो सदैव श्रीकृष्ण के प्रेम में ही रमा रहता है।

चौथा पद

हरि हैं राजनीति पढ़ि आए।
समुझी बात कहत मधुकर के, समाचार सब पाए।
इक अति चतुर हुते पहिलैं ही, अब गुरु ग्रंथ पढ़ाए।
बढ़ी बुद्धि जानी जो उनकी, जोग-संदेस पठाए।
ऊधौ भले लोग आगे के, पर हित डोलत धाए।
अब अपनै मन फेर पाइहैं, चलत जु हुते चुराए।
ते क्यौं अनीति करैं आपुन, जे और अनीति छुड़ाए।
राज धरम तौ यहै 'सूर', जो प्रजा न जाहिं सताए।।

शब्दार्थ पढ़ि आए–पढ़कर/सीखकर आए; मधुकर–भौंरा, गोपियों द्वारा उद्धव के लिए प्रयुक्त संबोधन; हुते–थे; पठाए–भेजा; आगे के–पहले के; पर हित–दूसरों की भलाई के लिए; डोलत धाए– घूमते-फिरते थे; फेर–फिर से; पाइहैं–चाहिए; आपुन–अपनों पर; अनीति–अन्याय।

भावार्थ

उद्धव की तुलना भ्रमर से करती हुई गोपियाँ उद्धव से कहती हैं कि हम तुम्हारी बातें सुनकर ही श्रीकृष्ण के मन की बात को समझ गई थीं। गोपियाँ व्यंग्यपूर्वक उद्धव से कहती हैं कि श्रीकृष्ण पहले से ही बहुत चतुर चालाक थे, अब मथुरा पहुँचकर शायद उन्होंने राजनीति शास्त्र भी पढ़ लिया है, जिससे वे और अधिक बुद्धिमान हो गए हैं, जो उन्होंने तुम्हारे द्वारा जोग (योग) का संदेश भेजा है। हे उद्धव! पहले के लोग बहुत भले थे, जो दूसरों की भलाई करने के लिए दौड़े चले आते थे, लेकिन तुमने हमारे पास आकर कौन-सी भलाई की है। गोपियाँ कहती हैं कि अब श्रीकृष्ण बदल गए हैं। वे मथुरा जाते समय हमारा मन अपने साथ ले गए थे, अब हमें वो वापस चाहिए। श्रीकृष्ण तो दूसरों को अन्याय से बचाते हैं, फिर हमारे लिए योग का संदेश भेजकर हम पर अन्याय क्यों कर रहे हैं? सूरदास के शब्दों में गोपियाँ कहती हैं कि हे उद्धव! राजधर्म तो यही कहता है कि प्रजा के साथ अन्याय नहीं करना चाहिए और न ही सताना चाहिए। इसलिए कृष्ण को योग का संदेश वापस लेकर स्वयं दर्शन के लिए आना चाहिए।

NCERT फोल्डर

पाठ्यपुस्तक (क्षितिज भाग-2) के प्रश्नोत्तर

प्र.1 गोपियों द्वारा उद्धव को भाग्यवान कहने में क्या व्यंग्य निहित है? CBSE 2014, 12, 10

उत्तर गोपियों द्वारा उद्धव को भाग्यवान कहने में यह व्यंग्य निहित है कि तुम तो बहुत दुर्भाग्यशाली हो, जो श्रीकृष्ण के साथ रहते हुए भी अभी तक उनसे प्रेम नहीं कर सके। नहीं तो उनका रूप ही ऐसा है कि कठोर हृदय वाले व्यक्ति के मन में भी उनके प्रति प्रेम उत्पन्न हो जाए। तुमने कभी प्रेम को जाना ही नहीं, इसलिए कृष्ण के प्रेम के धागे से दूर रहे हो।

प्र.2 उद्धव के व्यवहार की तुलना किस-किस से की गई है? CBSE 2012, 11

उत्तर गोपियों ने उद्धव के व्यवहार की तुलना निम्नलिखित दो तत्त्वों से की है

(i) एक पानी के अंदर रहने वाले कमल के उस पत्ते से, जो पानी के अंदर रहते हुए भी पानी से अछूता रहता है।

(ii) दूसरा जल में रखी हुई तेल की मटकी से की है जिस पर जल की एक बूँद भी ठहर नहीं पाती अर्थात् उस पर जल का कोई प्रभाव नहीं पड़ता।

प्र.3 गोपियों ने किन-किन उदाहरणों के माध्यम से उद्धव को उलाहने दिए हैं? दक्षता आधारित प्रश्न

अथवा

'सूरदास' के पद के आधार पर लिखिए कि गोपियों ने किन उदाहरणों के माध्यम से उद्धव को उलाहने दिए हैं? CBSE 2019, 10

उत्तर गोपियों ने निम्नलिखित उदाहरणों के माध्यम से उद्धव को उलाहने दिए हैं

(i) जिस प्रकार पानी के अंदर रहने वाला कमल का पत्ता पानी एवं कीचड़ से अछूता रहता है, उसी प्रकार तुम श्रीकृष्ण के साथ रहते हुए भी उनके प्रेम से अछूते हो।

(ii) वे कृष्ण से अपेक्षा करती थीं कि वे उनके प्रेम की मर्यादा को रखेंगे। वे उनके प्रेम का बदला प्रेम से देंगे, किंतु उन्होंने योग-संदेश भेजकर प्रेम की मर्यादा ही तोड़ डाली।

प्र.4 उद्धव द्वारा दिए गए योग के संदेश ने गोपियों की विरह अग्नि में घी का काम कैसे किया? CBSE 2013, 12, 11, 10

उत्तर गोपियाँ श्रीकृष्ण के प्रेम और विरह में पहले से ही व्याकुल हो रही थीं। उन्हें आशा थी कि श्रीकृष्ण मथुरा से शीघ्र ही वापस लौट आएँगे, किंतु जब श्रीकृष्ण ने उनके लिए उद्धव के माध्यम से योग का संदेश भेजा तो इसने गोपियों की विरह अग्नि में घी का काम किया, क्योंकि वे तो श्रीकृष्ण के दर्शन करना चाहती थीं।

प्र.5 'मरजादा न लही' के माध्यम से कौन-सी मर्यादा न रहने की बात की जा रही है? CBSE 2016

उत्तर कृष्ण ने गोपियों के प्रेम के महत्त्व को ठीक से नहीं समझा, इसी का परिणाम था कि उन्होंने गोपियों को प्रेम का संदेश भिजवाने की अपेक्षा उद्धव से योग का संदेश भिजवाया। यह गोपियों के प्रेम का अपमान था। गोपियों के प्रेम का तिरस्कार करके कृष्ण ने प्रेम की मर्यादा को तोड़ा।

प्र.6 कृष्ण के प्रति अपने अनन्य प्रेम को गोपियों ने किस प्रकार अभिव्यक्त किया है? दक्षता आधारित प्रश्न

उत्तर कृष्ण के प्रति अपने अनन्य प्रेम को अभिव्यक्त करते हुए गोपियों ने कहा है कि

(i) वे श्रीकृष्ण के प्रेम में उसी तरह बँधी हुई हैं, जैसे चींटियाँ गुड़ से चिपकी रहती हैं।

(ii) उनके लिए श्रीकृष्ण तो हारिल पक्षी की लकड़ी के समान हैं, जिन्हें उन्होंने मन, कर्म और वचन से अपने हृदय में बसाया हुआ है।

(iii) वे तो जागते-सोते, सपने में और दिन-रात कान्हा-कान्हा रटती रहती हैं।

प्र.7 गोपियों ने उद्धव से योग की शिक्षा कैसे लोगों को देने की बात कही है? CBSE 2012, 11, 10

उत्तर गोपियों ने उद्धव से योग की शिक्षा ऐसे लोगों को देने की बात कही है, जिनका मन चकरी के समान चंचल है। उनका मन तो सदैव श्रीकृष्ण के प्रेम में ही रमा रहता है, इसलिए उन्हें योग की आवश्यकता नहीं है। यहाँ पर श्रीकृष्ण पर ही चंचल होने संबंधी व्यंग्य किया गया है, क्योंकि वे मथुरा जाकर उन्हें भूल गए थे।

प्र.8 प्रस्तुत पदों के आधार पर गोपियों का योग-साधना के प्रति दृष्टिकोण स्पष्ट कीजिए। CBSE 2012, 11

उत्तर यहाँ गोपियों का योग-साधना के प्रति नकारात्मक दृष्टिकोण दिखाई देता है। उन्हें श्रीकृष्ण से अनन्य प्रेम था। उनके अनुसार, योग-साधना का महत्त्व तो उनके लिए होता है, जो जीवन से प्यार करते हैं। वे तो केवल श्रीकृष्ण से प्यार करती हैं। अतः वे योग को तुच्छ वस्तु समझती हैं। इसीलिए वे कहती हैं योग का संदेश उन्हें सौंप दो जिनके मन चंचल हैं।

प्र.9 गोपियों के अनुसार राजा का धर्म क्या होना चाहिए? CBSE 2012, 11

***अथवा* गोपियाँ श्रीकृष्ण को राजा का क्या कर्त्तव्य याद दिलाती हैं?** CBSE Diksha

उत्तर गोपियों के अनुसार, राजा का परम धर्म यह है कि वह अन्याय का विरोध करे और अपनी प्रजा को हर प्रकार के अन्याय से दूर रखें। जो राजा अपनी प्रजा पर अन्याय करता है या उसे अन्याय से नहीं बचाता, उसे राजा होने का कोई अधिकार नहीं है। उसे अपनी प्रजा को नहीं सताना चाहिए।

प्र.10 गोपियों को कृष्ण में ऐसे कौन-से परिवर्तन दिखाई दिए, जिनके कारण वे अपना मन वापस लेने की बात कहती हैं?

CBSE 2012, 11, 10

उत्तर श्रीकृष्ण द्वारा भेजे गए योग के संदेश को सुनकर गोपियों को लगने लगा है कि वे उन्हें भूल गए हैं। वे पहले तो प्रत्येक व्यक्ति को अन्याय से बचाते थे, अब वे उन पर ही अन्याय कर रहे हैं। वे तो पहले ही बहुत चतुर थे। अब तो उन्होंने राजनीति को भी पढ़ लिया है, जिससे उनकी बुद्धि बहुत बढ़ गई है। इन परिवर्तनों के कारण गोपियाँ अपना मन वापस लेने के लिए कहती हैं।

प्र.11 गोपियों ने अपने वाक्चातुर्य के आधार पर ज्ञानी उद्धव को परास्त कर दिया, उनके वाक्चातुर्य की विशेषताएँ लिखिए।

उत्तर गोपियों के वाक्चातुर्य की प्रमुख विशेषताएँ इस प्रकार हैं

(i) गोपियाँ व्यंग्य के माध्यम से उद्धव से कहती हैं कि तुम तो बहुत भाग्यवान हो जो श्रीकृष्ण के साथ रहते हुए भी उनके प्रेम में नहीं डूब सके।

(ii) गोपियाँ श्रीकृष्ण के प्रेम में डूबी हैं, इसलिए उनकी ज्ञान की बातों को वे नहीं समझ पाती हैं। उनके लिए तो योग कड़वी ककड़ी के समान है।

इस प्रकार, गोपियाँ अपने तीखे व्यंग्य द्वारा निर्गुण ब्रह्म व उद्धव के ज्ञान व योग का उपहास उड़ाती हैं।

प्र.12 संकलित पदों को ध्यान में रखते हुए सूर के 'भ्रमरगीत' की विशेषताएँ बताइए।

***अथवा* पठित पदों के आधार पर सूरदास के भ्रमरगीत की मुख्य विशेषताओं पर प्रकाश डालिए।** **CBSE Diksha**

उत्तर सूरदास मधुर तथा कोमल भावनाओं का मार्मिक चित्रण करने वाले महाकवि हैं। सूर के 'भ्रमरगीत' में अनुभूति और शिल्प दोनों का ही संयोग हुआ है। इसकी मुख्य विशेषताएँ इस प्रकार हैं

(i) श्रीकृष्ण के प्रेम की उदात्तता को प्रकट किया गया है, जिससे अछूता रहना कठिन है।

(ii) श्रीकृष्ण की भक्ति को सांसारिक भवबाधा से मुक्ति का मार्ग बताया है।

(iii) श्रीकृष्ण की आराधना के माध्यम से सगुण एवं निर्गुण का भेद प्रकट करते हुए सगुण भक्ति को निर्गुण भक्ति से श्रेष्ठ सिद्ध करने का प्रयास किया है।

(iv) श्रीकृष्ण के माध्यम से जनता का शोषण करने वाले शासकों पर कटाक्ष किया है।

(v) 'भ्रमरगीत' एक भाव-प्रधान गीतिकाव्य है।

(vi) 'भ्रमरगीत' का कला-पक्ष अत्यंत सशक्त, प्रभावशाली और रमणीय है।

(vii) शुद्ध साहित्यिक ब्रजभाषा का प्रयोग हुआ है।

(viii) अनुप्रास, उपमा, दृष्टांत, रूपक, अतिशयोक्ति अलंकारों का सुंदर प्रयोग किया गया है।

(ix) 'भ्रमरगीत' की रचना 'पद' छंद में हुई है। इसके पद स्वयं में स्वतंत्र भी हैं और परस्पर संबंधित भी हैं।

(x) सूरदास कवि होने के साथ-साथ सुप्रसिद्ध गायक भी थे। यही कारण है कि 'भ्रमरगीत' में भी संगीतात्मकता का गुण सहज ही दृष्टिगत होता है।

रचना और अभिव्यक्ति

प्र.13 गोपियों ने उद्धव के सामने तरह-तरह के तर्क दिए हैं, आप अपनी कल्पना से और तर्क दीजिए। **दक्षता आधारित प्रश्न**

उत्तर गोपियाँ उद्धव के सामने श्रीकृष्ण के प्रेम को प्रमाणित करने के लिए निम्नलिखित अन्य तर्क दे सकती थीं

(i) यदि श्रीकृष्ण के लिए योग इतना महत्त्वपूर्ण था, तो उन्होंने हमसे प्रेम क्यों किया?

(ii) जब हम श्रीकृष्ण से प्रेम करती हैं, तो निर्गुण ब्रह्म का ध्यान कैसे कर सकती हैं?

प्र.14 उद्धव ज्ञानी थे, नीति की बातें जानते थे; गोपियों के पास ऐसी कौन-सी शक्ति थी, जो उनके वाक्चातुर्य में मुखरित हो उठी?

उत्तर उद्धव ज्ञानी थे, नीति की बातें जानते थे। इसके विपरीत गोपियाँ सीधी-सादी, भोली-भाली थीं। उन्हें दुनिया की बातों से अधिक मतलब नहीं था। वे तो केवल श्रीकृष्ण के प्रेम रस में डूबी हुई थीं। यही वह शक्ति थी, जो उनके वाक्चातुर्य में मुखरित हो उठी और जिसने ज्ञानी उद्धव को भी परास्त कर दिया।

प्र.15 गोपियों ने यह क्यों कहा कि "हरि अब राजनीति पढ़ आए हैं?" क्या आपको गोपियों के इस कथन का विस्तार समकालीन राजनीति में नज़र आता है? स्पष्ट कीजिए। **दक्षता आधारित प्रश्न**

उत्तर जब श्रीकृष्ण ने उद्धव के द्वारा गोपियों के लिए उनके प्रेम के बदले योग का संदेश भेजा, तो गोपियों को लगा कि हरि अब राजनीति पढ़ आए हैं। गोपियों के इस कथन का विस्तार समकालीन राजनीति में स्पष्ट रूप से नज़र आता है। आज की राजनीति में नेता जनता को उनकी मुख्य माँगों से भटकाकर किसी और मुद्दे में लगाने का प्रयास करते हैं। नेता भोली-भाली जनता को धर्म तथा जाति के नाम पर मूर्ख बनाने का कार्य कर रहे हैं। वे भारतीय जनता का भावनात्मक शोषण करते हैं।

अभ्यास प्रश्न

बहुविकल्पीय व वर्णनात्मक प्रश्नों सहित

कविता पर आधारित बहुविकल्पीय प्रश्न

निम्नलिखित प्रश्नों के सर्वाधिक उपयुक्त विकल्पों का चयन कीजिए

1. अष्टछाप के कवियों की संख्या कितनी थी? **CBSE Diksha**

(i) आठ (ii) नौ
(iii) दस (iv) बारह

2. निम्नलिखित में से सूरदास की काव्य-भाषा कौन-सी है? **CBSE Diksha**

(i) भोजपुरी (ii) बुंदेली
(iii) ब्रज (iv) अवधी

3. उद्धव द्वारा दी गई योग संबंधी शिक्षा को गोपियाँ कैसा बताती हैं? **CBSE SQP Term I**

(i) हारिल की लकड़ी के समान
(ii) गुड़ के समान मीठी
(iii) राजधर्म योग्य
(iv) कड़वी ककड़ी के समान

4. गोपियों के अनुसार, किसने राजनीति की शिक्षा प्राप्त कर ली है?

(i) कंस ने (ii) नंद ने
(iii) श्रीकृष्ण ने (iv) उद्धव ने

5. "अब इन जोग सँदेसनि सुनि सुनि, बिरहिनि बिरह दही।" श्रीकृष्ण के द्वारा योग के संदेश को सुनकर गोपियाँ .... में जल रही हैं। **दक्षता आधारित प्रश्न**

(i) ईर्ष्या
(ii) विरह की ज्वाला
(iii) क्रोध की ज्वाला
(iv) पश्चाताप की ज्वाला

6. 'भ्रमरगीत' का मूल प्रेरणास्रोत कौन-सा पुराण है? **CBSE Diksha**

(i) श्रीमद्भागवत पुराण (ii) नारद पुराण
(iii) शिव पुराण (iv) हरिवंश पुराण

7. 'भ्रमरगीत' में कौन-सा रस प्रमुख है? **CBSE Diksha**

(i) श्रृंगार (ii) वीर
(iii) हास्य (iv) करुण

8. गोपियों को उद्धव का शुष्क संदेश पसंद न आने का मुख्य कारण था **CBSE SQP 2022**

(i) उद्धव के कठोर शब्द एवं अति कटु व्यवहार
(ii) उद्धव में वाक्पटुता की कमी एवं हृदयहीनता
(iii) गोपियों का प्रेम मार्ग के स्थान पर ज्ञान मार्ग को पसंद करना
(iv) गोपियों का ज्ञान मार्ग के स्थान पर प्रेम मार्ग को पसंद करना

9. कृष्ण द्वारा चुराई गई अपनी किस वस्तु को गोपियाँ वापस लेना चाहती हैं?

(i) माखन (ii) धन
(iii) मन (iv) दही

10. सूरदास के पद 'अबला हम भोरी, गुर चाँटी ज्यौं पागी' से गोपियाँ क्या कहना चाहती हैं? **CBSE 2023**

(i) हम भोली हैं, चींटी और गुड़ हैं
(ii) जैसे चींटी गुड़ ले जाते नहीं थकती, हम भी नहीं थकते
(iii) चींटी गुड़ पर अपने प्राण त्याग देती है
(iv) भोली गोपियाँ श्रीकृष्ण के प्रेम में डूबी हैं जैसे चींटी का गुड़ से प्रेम है

11. सूरदास के गुरु कौन थे? **CBSE Diksha**

(i) वल्लभाचार्य (ii) मध्वाचार्य
(iii) नंददास (iv) विट्ठलदास

12. सूरदास के पदों में उद्भव की तुलना किससे नहीं की गई है? **CBSE 2024**

(i) तेल की गगरी
(ii) हारिल पक्षी की लकड़ी
(iii) मधुकर
(iv) कमलपात (कमल-पात)

13. गोपियों के अनुसार, श्रीकृष्ण ने किस मर्यादा का पालन नहीं किया?

(i) प्रेम की मर्यादा (ii) लोक-लाज की मर्यादा
(iii) सामाजिक मर्यादा (iv) ये सभी

14. गोपियाँ उद्धव से योग रूपी व्याधि को किसे देने के लिए कहती हैं? **दक्षता आधारित प्रश्न**

(i) स्थिर मन वाले व्यक्ति को
(ii) ज्वर पीड़ित व्यक्ति को
(iii) अस्थिर मन वाले व्यक्ति को
(iv) शारीरिक रूप से विकलांग व्यक्ति को

15. निम्नलिखित में से किस पद में गोपियों की व्यंग्य विदग्धता के दर्शन नहीं होते हैं? **CBSE SQP (Additional Set) 2023**

(i) उद्धव, तुम हो अति बड़भागी।
(ii) मन क्रम बचन नंद-नंदन उर, यह दृढ़ करि पकरी।
(iii) सु तौ ब्याधि हमकौं लै आए, देखी सुनी न करी।
(iv) इक अति चतुर हुते पहिलैं ही, अब गुरु ग्रंथ पढ़ाए।

16. गोपियाँ उद्धव को बड़भागी क्यों कह रही हैं? **CBSE SQP Term I 2021**

(i) उनसे ईर्ष्या कर (ii) उनसे खीझ कर
(iii) उन पर व्यंग्य कर (iv) उन पर क्रोध कर

17. गोपियों ने 'करुई ककरी' किसे कहा है? **CBSE Diksha**

(i) उद्धव को (ii) श्रीकृष्ण को

(iii) अपने जीवन को (iv) योग को

18. 'सूरदास के पद' के आधार पर बताइए कि गोपियों ने व्यंग्य कसते हुए किसे भाग्यशाली कहा है? **CBSE SQP Term I 2021**

(i) श्रीकृष्ण को (ii) उद्धव को

(iii) सूरदास को (iii) स्वयं को

19. गोपियों के अनुसार, श्रीकृष्ण अपने किस कार्य द्वारा उन पर अन्याय कर रहे हैं?

(i) बिना बताए मथुरा जाकर

(ii) राजधर्म की बातें करके

(iii) रोज-रोज उनके स्वप्न में आकर

(iv) योग का संदेश भिजवाकर

20. गोपियों ने किस प्रकार श्रीकृष्ण को अपने हृदय में बसाया हुआ है?

(i) मन से (ii) वचन से

(iii) कर्म से (iv) ये सभी

21. "हरि हैं राजनीति पढ़ि आए" का तात्पर्य स्पष्ट कीजिए **CBSE SQP Term I 2021**

(i) कृष्ण राजा बन गए और राज्य की नीति सीख ली।

(ii) कृष्ण राजनीति के कारण योग का प्रचार कर रहे हैं।

(iii) कृष्ण अब पहले से अधिक बुद्धिमान हो गए हैं।

(iv) कृष्ण अब और चतुर, छली और धोखा देने में माहिर हो गए हैं।

22. उद्धव-गोपी संवाद से युक्त काव्य को किस काव्य परंपरा के नाम से जाना जाता है? **CBSE Diksha**

(i) उद्धव शतक परंपरा (ii) भ्रमरगीत काव्य परंपरा

(iii) भ्रमरगीत सार (iv) गोपी संवाद

उत्तर 1. (i) आठ

2. (iii) ब्रज

3. (iv) कड़वी ककड़ी के समान

4. (iii) श्रीकृष्ण ने

5. (ii) विरह की ज्वाला

6. (i) श्रीमद्‌भागवत पुराण

7. (i) शृंगार

8. (iv) गोपियों का ज्ञान मार्ग के स्थान पर प्रेम मार्ग को पसंद करना

9. (iii) मन

10. (iv) भोली गोपियाँ श्रीकृष्ण के प्रेम में डूबी हैं जैसे चींटी का गुड़ से प्रेम है

11. (i) वल्लभाचार्य

12. (iii) मधुकर

13. (i) प्रेम की मर्यादा

14. (iii) अस्थिर मन वाले व्यक्ति को

15. (iii) सु तौ ब्याधि हमकौं लै आए, देखी सुनी न करी।

16. (iii) उन पर व्यंग्य कर

17. (iv) योग को

18. (ii) उद्धव को

19. (iv) योग का संदेश भिजवाकर

20. (iv) ये सभी

21. (iv) कृष्ण अब और चतुर, छली और धोखा देने में माहिर हो गए हैं।

22. (ii) भ्रमरगीत काव्य परंपरा

काव्यांश पर आधारित बहुविकल्पीय प्रश्न

निम्नलिखित काव्यांश को पढ़कर प्रश्नों के सर्वाधिक उपयुक्त विकल्पों का चयन कीजिए

1. ऊधौ, तुम हौ अति बड़भागी।
अपरस रहत सनेह तगा तैं, नाहिन मन अनुरागी।
पुरइनि पात रहत जल भीतर, ता रस देह न दागी।
ज्यौं जल माहँ तेल की गागरि, बूँद न ताकौं लागी।
प्रीति-नदी मैं पाउँ न बोरयौ, दृष्टि न रूप परागी।
'सूरदास' अबला हम भोरी, गुर चाँटी ज्यौं पागी।।

(क) गोपियाँ कृष्ण के प्रेम में .... डूबी रहती हैं।

(i) चींटियों की भाँति

(ii) पत्तों की भाँति

(iii) अनुभूति की भाँति

(iv) योगी की भाँति

(ख) गोपियाँ उद्धव को बड़भागी कहती हैं, क्योंकि ....।

(i) वे कृष्ण के सखा हैं

(ii) वे कृष्ण को गोपियों का संदेश देते हैं

(iii) वे कृष्ण के समीप रहते थे, फिर भी उनका मन कृष्ण के प्रति आसक्त नहीं हुआ

(iv) वे उनके विरह में व्याकुल नहीं होते

(ग) प्रस्तुत काव्यांश में गोपियों ने स्वयं को क्या कहा है?

(i) अबला (ii) भोली

(iii) (i) और (ii) दोनों (iv) अनुरागी

(घ) 'दृष्टि न रूप परागी' के माध्यम से गोपियों ने क्या व्यंग्य किया है?

(i) कृष्ण का रूप सौंदर्य गोपियों को याद नहीं है।

(ii) उद्धव ने कृष्ण के रूप सौंदर्य को नहीं देखा।

(iii) कृष्ण ने उद्धव को पारखी नहीं बनाया।

(iv) उद्धव श्रीकृष्ण के रूप सौंदर्य के पारखी नहीं हैं।

(ङ) गोपियों ने उद्धव की तुलना किससे की है?

(i) कमल के पत्तों से

(ii) तेल की गागर से

(iii) (i) और (ii) दोनों

(iv) गुड़ के समान

उत्तर (क) (i) चींटियों की भाँति

(ख) (iii) वे कृष्ण के समीप रहते थे, फिर भी उनका मन कृष्ण के प्रति आसक्त नहीं हुआ

(ग) (iii) (i) और (ii) दोनों

(घ) (iv) उद्धव श्रीकृष्ण के रूप सौंदर्य के पारखी नहीं हैं।

(ङ) (iii) (i) और (ii) दोनों

2. निम्नलिखित पठित पद्यांश पर आधारित बहुविकल्पी प्रश्नों के सर्वाधिक उपयुक्त विकल्प चुनकर लिखिए

मन की मन ही माँझ रही।
कहिए जाइ कौन पै ऊधौ, नाहीं परत कही।
अवधि अधार आस आवन की, तन मन बिथा सही।
अब इन जोग सँदेसनि सुनि-सुनि, बिरहिनि बिरह दही
चाहति हुतीं गुहारि जितहिं तै, उत तैं धार बही।
'सूरदास' अब धीर धरहिं क्यौं, मरजादा न लही।। **CBSE 2024**

(क) गोपियों को अपना धैर्य टूटता हुआ-सा क्यों लग रहा था?
(i) विरहाग्नि के और बढ़ जाने के कारण।
(ii) उद्धव के योग ज्ञान को सुन-सुनकर।
(iii) उद्धव के धीरज से प्रभावित होकर।
(iv) अपने प्रति कृष्ण के शुष्क व्यवहार से।

(ख) 'सूरदास' के इस 'पद' की भाषा है
(i) ब्रज भाषा (ii) अवधी भाषा
(iii) पूरबी बोली (iv) मिश्रित भाषा

(ग) गोपियाँ अब तक व्यथा को कैसे सहन कर रही थीं? **दक्षता आधारित प्रश्न**
(i) एक-दूसरे के दु:ख के सहारे
(ii) अतीत की मधुर स्मृतियों के सहारे
(iii) कृष्ण के आने की आस में
(iv) ज्ञान के मार्ग का अनुसरण करके

(घ) सूरदास के 'पद' के अनुसार किसके मन की कौन-सी बात मन में ही रह गई? **दक्षता आधारित प्रश्न**
(i) उद्धव की, ज्ञान देने की
(ii) कृष्ण की, संदेश भेजने की
(iii) गोपियों की, कृष्ण से मिलन की
(iv) उद्धव की, कृष्ण से भक्ति की

(ङ) गोपियों की विरहाग्नि और अधिक प्रदीप्त क्यों हो जाती है?
(i) कृष्ण के संदेश भेजने से
(ii) उद्धव के आ जाने से
(iii) उद्धव के योग-संदेश से
(iv) गोपियों के परस्पर दु:ख से

उत्तर (क) (iv) अपने प्रति कृष्ण के शुष्क व्यवहार से।
(ख) (i) ब्रज भाषा
(ग) (iii) कृष्ण के आने की आस में
(घ) (iii) गोपियों की, कृष्ण से मिलन की
(ङ) (iii) उद्धव के योग - संदेश से

3. हरि हैं राजनीति पढ़ि आए।
समुझी बात कहत मधुकर के, समाचार सब पाए।
इक अति चतुर हुते पहिलैं ही, अब गुरु ग्रंथ पढ़ाए।
बढ़ी बुद्धि जानी जो उनकी, जोग-संदेस पठाए।
ऊधौ भले लोग आगे के, पर हित डोलत धाए।
अब अपनै मन फेर पाइ हैं, चलत जु हुते चुराए।
ते क्यौं अनीति करैं आपुन, जे और अनीति छुड़ाए।
राज धरम तौ यहै 'सूर', जो प्रजा न जाहिं सताए।।

(क) गोपियों के अनुसार कृष्ण ने गोपियों पर किस प्रकार के अन्याय करने की बात की है?
(i) राजनीति पढ़ना
(ii) उद्धव को भेजना
(iii) निर्गुण ब्रह्म व योग का संदेश भेजना
(iv) मन फेर लेना

(ख) 'ऊधौ भले लोग आगे के' पर हित डोलत धाए' इस पंक्ति का क्या आशय है? **दक्षता आधारित प्रश्न**
(i) पहले के लोग धूर्त थे, जो दूसरों की भलाई नहीं करते थे
(ii) दूसरों की भलाई न करने वाला
(iii) पहले के लोग भले थे, जो दूसरों की भलाई के लिए दौड़े चले आते थे
(iv) उपर्युक्त सभी

(ग) गोपियाँ राजधर्म की बात किससे कहती हैं?
(i) कृष्ण से (ii) उद्धव से
(iii) हरि से (iv) स्वयं से

(घ) गोपियाँ उद्धव की बात सुनकर निराश हो जाती हैं, क्योंकि
(i) उद्धव श्रीकृष्ण के आने का समाचार लाए थे।
(ii) उद्धव उनके लिए श्रीकृष्ण द्वारा भिजवाया गया योग का संदेश लेकर आए थे।
(iii) उद्धव श्रीकृष्ण से मिलन की सूचना लाए थे।
(iv) उद्धव श्रीकृष्ण का संदेश नहीं लाए थे।

(ङ) गोपियों ने श्रीकृष्ण को राजा के कौन-से कर्त्तव्य बताए हैं?
(i) राजा किसी भी स्थिति में प्रजा को परेशान नहीं करता
(ii) प्रजा को दु:खी नहीं करता
(iii) अन्याय का विरोध करता है
(iv) उपर्युक्त सभी

उत्तर (क) (iii) निर्गुण ब्रह्म व योग का संदेश भेजना
(ख) (iii) पहले के लोग भले थे, जो दूसरों की भलाई के लिए दौड़े चले आते थे
(ग) (ii) उद्धव से
(घ) (ii) उद्धव उनके लिए श्रीकृष्ण द्वारा भिजवाया गया योग का संदेश लेकर आए थे
(ङ) (iv) उपर्युक्त सभी

काव्यबोध पर आधारित प्रश्नोत्तर

निम्नलिखित प्रश्नों के उत्तर संक्षेप में दीजिए

1 'गुर चाँटी ज्यौं पागी' कहकर गोपियाँ अपनी और कृष्ण की किस दशा का बोध करा रही हैं? CBSE 2014, 11

उत्तर प्रस्तुत पंक्ति में गोपियों ने अपनी दशा को चींटियों की भाँति बताया है। जिस प्रकार चींटियाँ गुड़ से चिपकी रहती हैं और वहीं अपने प्राण त्याग देती हैं, उसी प्रकार गोपियाँ भी श्रीकृष्ण के प्रेम में डूबी रहती हैं। वे अपने प्रिय कृष्ण के लिए अपना सर्वस्व न्योछावर करने की मानसिक स्थिति में हैं।

2. 'प्रीति-नदी मैं पाउँ न बोरयौ' पंक्ति का आशय स्पष्ट कीजिए। CBSE 2016, 11

उत्तर प्रस्तुत काव्य-पंक्ति का आशय यह है कि उद्धव तो श्रीकृष्ण रूपी प्रेम की नदी के पास ही रहते हैं, फिर भी उन्होंने उस प्रेम की नदी में अपना पैर कभी नहीं डुबोया अर्थात् श्रीकृष्ण के पास, उनके सान्निध्य में रहते हुए भी उद्धव उनके प्रेम से प्रभावित नहीं हुए।

3. गोपियाँ उद्धव की बातें सुनकर निराश क्यों हो गईं? CBSE 2012

उत्तर गोपियाँ उद्धव की बातें सुनकर निराश इसलिए हो गईं, क्योंकि उद्धव को देखकर उन्हें लगा था कि वे श्रीकृष्ण के आने का समाचार लेकर आए हैं, लेकिन उद्धव तो उनके लिए श्रीकृष्ण द्वारा भिजवाया गया योग का संदेश लेकर आए थे। वह योग का संदेश गोपियों को एक ऐसी बीमारी के समान लगा, जिसे गोपियों ने न पहले कभी देखा था और न ही सुना था।

4. 'मन की मन ही माँझ रही' का भाव स्पष्ट करते हुए इसमें निहित अलंकार को स्पष्ट कीजिए। दक्षता आधारित प्रश्न

उत्तर गोपियाँ सोचती थीं कि जब कृष्ण वापस वृंदावन आएँगे, तब वे उन्हें विरह-वियोग में झेले अपने सारे कष्टों की बातें और अपनी चरम संवेदना को सुनाएँगी, लेकिन उद्धव द्वारा निर्गुण भक्ति एवं ज्ञान का संदेश लेकर आने से उनकी मन की बातें मन में ही रह गईं। प्रस्तुत काव्य-पंक्ति में अनुप्रास अलंकार उपस्थित है, क्योंकि यहाँ 'म' वर्ण की पुनरावृत्ति हुई है।

5. गोपियाँ विरह की आग में क्यों जल रही हैं?

उत्तर श्रीकृष्ण के भेजे गए निर्गुण ब्रह्म एवं योग के संदेश को सुनकर गोपियाँ विरह की आग में जल रही हैं। वे जिधर से भी श्रीकृष्ण के विरह से उत्पन्न ज्वाला से बचने हेतु अपनी रक्षा करने के लिए पुकारती हैं, वहीं से योग की धारा बहती चली आती है।

6. गोपियों ने श्रीकृष्ण के प्रति अपने एकनिष्ठ प्रेम को किन उदाहरणों के द्वारा स्पष्ट किया है? CBSE SQP 2023

***अथवा* गोपियों द्वारा श्रीकृष्ण को 'हारिल की लकड़ी' बताने में क्या आशय निहित है?**

***अथवा* हारिल की लकड़ी किसे और क्यों कहा गया है?** CBSE 2011

***अथवा* हारिल पक्षी की क्या विशेषता होती है?** CBSE Diksha

उत्तर उद्धव द्वारा योग का संदेश दिए जाने पर गोपियों ने श्रीकृष्ण को हारिल की लकड़ी के समान कहा है। इसका आशय यह है कि जिस प्रकार हारिल पक्षी अपने पैरों में लकड़ी को दृढ़तापूर्वक दबाए रहता है, सोते-जागते, उठते-बैठते उसे छोड़ता नहीं है, उसे मजबूती से पकड़े रहता है। उसी प्रकार गोपियों ने भी मन, कर्म और वाणी से श्रीकृष्ण को अपने हृदय में बसा लिया है। वे श्रीकृष्ण को ही अपने जीवन का आधार मानती हैं। गोपियों का मन श्रीकृष्ण में ही स्थिर हो गया है। वे श्रीकृष्ण से एकनिष्ठ प्रेम करती हैं।

7. "जागत सोवत स्वप्न दिवस-निसि, कान्ह-कान्ह जकरी।" इस पंक्ति द्वारा गोपियों की किस मन:स्थिति का वर्णन किया गया है? दक्षता आधारित प्रश्न

उत्तर प्रस्तुत पंक्ति के अनुसार, गोपियाँ जागते-सोते, दिन-रात प्रत्येक क्षण श्रीकृष्ण के नाम को रटती रहती हैं। वे उनके दिल एवं दिमाग से एक पल के लिए भी दूर नहीं हो पाते हैं। उनकी मन:स्थिति किसी भी प्रकार के अन्य तर्कों को सुनने एवं समझने की नहीं है। उनकी मानसिक स्थिति अपने प्रियतम की याद में स्वयं के अस्तित्व को मिटा देने वाली प्रेयसी की तरह है।

8. गोपियाँ योग की व्याख्या किस प्रकार करती हैं?

***अथवा* गोपियों ने योग की आवश्यकता कैसे लोगों के लिए बताई है?** CBSE Diksha

उत्तर श्रीकृष्ण ने उद्धव के माध्यम से गोपियों को जो जोग अर्थात् योग का संदेश भिजवाया था, उस योग के संदेश को गोपियाँ पसंद नहीं करतीं, उन्होंने योग को ऐसी बीमारी बताया है, जिसका नाम सुनते ही उन्हें ऐसा लगा, जैसे कड़वी ककड़ी मुँह में चली गई हो। इसीलिए उन्होंने कहा कि हे उद्धव! तुम इस योग को उन्हीं को सौंप देना, जिनका मन चकरी के समान चंचल है।

9. सूरदास ने 'मधुकर' शब्द का प्रयोग किसके लिए किया है? CBSE 2015

उत्तर सूरदास ने 'मधुकर' शब्द का प्रयोग उद्धव के लिए किया है। मधुकर का शाब्दिक अर्थ है—भ्रमर अथवा भँवरा। गोपियों ने व्यंग्य के रूप में उद्धव को 'मधुकर' कहकर संबोधित किया है, क्योंकि उद्धव, श्रीकृष्ण का ज्ञान रूपी संदेश लेकर आए थे।

10 गोपियों को ऐसा क्यों लगता है कि श्रीकृष्ण की बुद्धि अब और बढ़ गई है? CBSE 2016

***अथवा* 'हरि हैं राजनीति पढ़ि आए।
समुझी बात कहत मधुकर के, समाचार सब पाए।'? कृष्ण किस प्रकार की राजनीति कर रहे हैं? गोपियाँ श्रीकृष्ण से क्यों नाराज़ हैं?** CBSE SQP (Additional Set) 2023

उत्तर गोपियाँ श्रीकृष्ण को अपना सब कुछ मानकर उन पर विश्वास करती थीं। उन्हें स्वप्न में भी आभास नहीं था कि श्रीकृष्ण स्वयं न आकर उनके लिए प्रेम के स्थान पर योग का संदेश भेजेंगे। इसीलिए उन्हें लगता है कि श्रीकृष्ण पहले से ही बहुत चतुर थे, लेकिन अब उन्होंने राजनीति का ग्रंथ भी पढ़ लिया है, जिसके कारण उनकी बुद्धि बहुत अधिक बढ़ गई है। इसलिए उन्होंने तुम्हारे (उद्धव) द्वारा योग का संदेश भेजा है।

11. गोपियों का मन किसने चलते समय चुरा लिया था? अब वे क्या चाहती हैं? CBSE 2014

उत्तर गोपियों का मन मथुरा जाते समय श्रीकृष्ण ने चुरा लिया था। अब वे चाहती हैं कि श्रीकृष्ण उन्हें उनका मन वापस लौटा दें, ताकि उन्हें विरह की व्यथा (वेदना/दु:ख) न सहनी पड़े। गोपियाँ कहती हैं कि श्रीकृष्ण यदि हमारा मन हमें आकर लौटा देंगे, तो हम इस वेदना को सहन कर लेंगी।

12. गोपियों ने योग संदेश सुनकर कृष्ण पर अनेक आरोप लगाए और आशंकाएँ व्यक्त कीं। आपके अनुसार श्रीकृष्ण ने योग संदेश क्यों भिजवाया होगा?

उत्तर गोपियों ने जब उद्धव द्वारा कृष्ण के योग-संदेश को सुना तो कृष्ण को उलाहना दिया। मेरे अनुसार श्रीकृष्ण नहीं चाहते थे कि गोपियाँ दिन-रात श्रीकृष्ण को याद करके विरह व्यथा को सहन करें एवं अपने शरीर को कष्ट दें। इसलिए श्रीकृष्ण ने उद्धव के द्वारा गोपियों को निर्गुण ब्रह्म की उपासना करने के लिए शुष्क ज्ञान अथवा योग का संदेश भेजा।

13. सूरदास के 'भ्रमरगीत' का उद्देश्य स्पष्ट कीजिए।

उत्तर 'भ्रमरगीत' के अंतर्गत गोपियाँ प्रेम में निमग्न भक्ति की प्रतीक हैं, जो मनुष्य रूप में साकार भगवान श्रीकृष्ण के प्रति पूरी तरह समर्पित हैं। सूरदास ने उद्धव की निर्गुण भक्ति पर गोपियों की सगुण भक्ति की विजय को प्रतिबिंबित करने के लिए, निर्गुण भक्ति की अपेक्षा सगुण भक्ति को श्रेष्ठ बताने के लिए भ्रमरगीत की रचना की।

14. सूरदास की काव्य-भाषा की दो प्रमुख विशेषताएँ बताइए। **CBSE 2014**

उत्तर सूरदास की काव्य-भाषा की प्रमुख विशेषताएँ निम्न हैं

(i) उनका काव्य सरल, सरस तथा गीतात्मक है।
(ii) उनके काव्य में ब्रजभाषा का निखरा हुआ तथा सुंदर रूप उपस्थित होता है।
(iii) उनके काव्य में वियोग-श्रृंगार रस की प्रधानता है।
(iv) उनके काव्य की रचना 'पद' छंद में हुई है।

15. 'हमारै हरि हारिल की लकड़ी' पद में 'करुई-ककरी' का उपमान किसके लिए प्रयुक्त हुआ है और क्यों?

उत्तर प्रस्तुत पद में कवि ने 'करुई-ककरी' उपमान का प्रयोग योग साधना के लिए किया है, क्योंकि गोपियाँ कृष्ण से अत्यधिक प्रेम करती हैं और उनकी भक्ति में पूर्णत: तल्लीन हैं। साथ ही कृष्ण ही उनके लिए मुक्ति का एकमात्र साधन हैं, इसलिए उन्हें योग साधना का मार्ग कड़वी ककड़ी की तरह प्रतीत होता है।

16. 'राज धरम तौ यहै 'सूर', जो प्रजा न जाहि सताए' पंक्ति में गोपियों की कौन-सी आकांक्षा निहित है? **दक्षता आधारित प्रश्न**

उत्तर प्रस्तुत पंक्ति में गोपियाँ कृष्ण को राजधर्म का स्मरण करवाते हुए कहती हैं कि प्रजा को सताना या उन पर अत्याचार करना राजधर्म नहीं है। राजा का कर्त्तव्य प्रजा की रक्षा करना तथा प्रजा के हित के लिए सदैव तत्पर रहना है। इस उक्ति के पीछे उनकी यह आकांक्षा निहित है कि कृष्ण स्वयं गोपियों से मिलने के लिए उनके पास आएँ और उनकी विरह व्यथा को दूर करें।

17. सूरदास किस भक्ति-मार्ग के समर्थक थे? प्रमाणित कीजिए।

उत्तर सूरदास सगुण भक्ति के समर्थक थे। उन्होंने उद्धव द्वारा योग साधना का मार्ग अपनाने के माध्यम से निर्गुण भक्ति मार्ग पर कटाक्ष किया है। सगुण भक्ति को हारिल की लकड़ी और निर्गुण भक्ति को कड़वी ककड़ी के रूप में प्रस्तुत करके सगुण भक्ति को श्रेष्ठ सिद्ध करने का प्रयास किया है।

18. प्रस्तुत पदों के आधार पर गोपियों की विशेषताएँ लिखिए।

उत्तर प्रस्तुत पदों में सूरदास ने गोपियों के चरित्र की निर्भीकता, वाक्पटुता, निश्चल प्रेमिका, नारी सुलभ लज्जा, चंचलता आदि विशेषताओं को उद्घाटित किया है। अपने चरित्र की इन्हीं विशेषताओं के कारण वे उद्धव को योग-साधना का संदेश देने पर उनकी साधना पद्धति को तुच्छ सिद्ध कर देती हैं।

19. "बुद्धि की चतुराई प्रेम में बाधक है।" सूरदास के पद के आधार पर इस कथन की विवेचना कीजिए। **दक्षता आधारित प्रश्न**

उत्तर भ्रमरगीत के प्रस्तुत पदों में सूरदास ने प्रेम में बुद्धि की चतुराई को गोपियों के तर्कों द्वारा व्यर्थ सिद्ध किया है। गोपियाँ उद्धव से कहती हैं कि प्रेम अनुभूति का विषय है, उसमें सरलता, निश्छलता और सर्वस्व समर्पण की आवश्यकता होती है। तर्क-शक्ति के आधार पर प्रेम नहीं किया जाता, इसलिए गोपियाँ कृष्ण से उनका मन वापस करने के लिए कहती हैं। अत: बुद्धि की चतुराई प्रेम में बाधक है।

20. उद्धव, गोपियों की मनोदशा क्यों नहीं समझ सके?

उत्तर उद्धव प्रेममार्ग के स्थान पर ज्ञानमार्ग को महत्त्व देते हैं, जिस कारण वे गोपियों के आदर्श प्रेम को समझने का प्रयास नहीं करते। इस अनभिज्ञता और दर्प के कारण वे गोपियों की मनोदशा को समझ नहीं सके।

21. गोपियों ने कृष्णभक्ति का महत्त्व बताने के लिए किन प्रतीकों का प्रयोग किया है?

उत्तर गोपियों ने कृष्णभक्ति का महत्त्व बताने के लिए प्रेम-नदी, गुड़-चींटी, हारिल की लकड़ी आदि प्रतीकों का प्रयोग किया है। जिनके माध्यम से वे स्पष्ट करना चाहते हैं कि कृष्ण भक्ति ही इस सांसारिक भवबाधा से मुक्ति का एकमात्र साधन है।

22. श्रीकृष्ण को प्रेम-नदी कहने से कवि का क्या आशय है?

उत्तर श्रीकृष्ण को प्रेम-नदी कहने से कवि का आशय यह है कि कृष्ण रूपी प्रेम नदी अर्थात् कृष्ण भक्ति में जो व्यक्ति नहीं डूबा उसका जीवन व्यर्थ है। वह व्यक्ति प्रेम सरसता एवं आनंद की अनुभूति से वंचित रह गया है। कृष्ण भक्ति की इस नदी में उतरकर मनुष्य सार्थक हो सकता है।

23. 'ऊधौ, तुम हौ अति बड़भागी' पद के आधार पर स्पष्ट कीजिए कि गोपियाँ स्वयं को उद्धव से किस रूप में अलग मानती हैं? **दक्षता आधारित प्रश्न**

उत्तर प्रस्तुत पद में गोपियाँ उद्धव की तुलना जलमग्न तेल से भरी हुई मटकी व कमल के पत्तों से व स्वयं की तुलना गुड़ से चिपकी हुई चींटी से करती हैं। जिसके द्वारा वह स्पष्ट करना चाहती हैं कि एक ओर वे कृष्ण भक्ति में अपना सर्वस्व न्योछावर करने के लिए तत्पर हैं, वहीं वे कृष्ण भक्ति की महिमा से अनभिज्ञ हैं। इसी आधार पर वे स्वयं को उद्धव से अलग मानती हैं।

24. कृष्ण के किस कार्य को गोपियाँ अन्याय मानती हैं? **दक्षता आधारित प्रश्न**

उत्तर गोपियाँ कृष्ण की अनन्य प्रेमिका हैं। श्रीकृष्ण से एक क्षण का वियोग भी वे सहन नहीं कर सकती हैं। कृष्ण उनकी विरह वेदना से भली-भाँति परिचित होते हुए भी उनसे मिलने न आकर उन्हें योग साधना का मार्ग अपनाने का संदेश उद्धव द्वारा भिजवाते हैं। श्रीकृष्ण के इस कार्य को गोपियाँ अन्याय मानती हैं।

25. गोपियों ने उद्धव से योग की शिक्षा कैसे लोगों को देने की बात कही है?

उत्तर उद्धव द्वारा गोपियों को योग की शिक्षा देने पर, गोपियाँ उन्हें कहती हैं कि योग की शिक्षा वे उन व्यक्तियों को दें जिनका मन अस्थिर है। उनका मन तो श्रीकृष्ण की भक्ति में पूर्णत: स्थिर है, इसलिए उन्हें योग साधना की शिक्षा की आवश्यकता नहीं है।

26. क्या आप सूरदास के समान उद्धव को भाग्यशाली मानते हैं या नहीं? अपनी कल्पना शक्ति के आधार पर सही तर्क देकर स्पष्ट कीजिए।

उत्तर मैं सूरदास के समान उद्धव को भाग्यशाली नहीं मानता, क्योंकि उद्धव को गोपियों की भाँति श्रीकृष्ण से प्रेम करने या प्रेम रस में डूबने का सौभाग्य प्राप्त नहीं हुआ। उद्धव की अपेक्षा गोपियाँ सौभाग्यशाली हैं, जो श्रीकृष्ण के प्रेम में डूबकर सर्वस्व न्योछावर करने के लिए तत्पर हैं।

स्व-मूल्यांकन

कविता पर आधारित बहुविकल्पीय प्रश्न

निम्नलिखित प्रश्नों के सर्वाधिक उपयुक्त विकल्पों का चयन कीजिए।

1. जागत सोवत स्वप्न दिवस-निसि, कान्ह-कान्ह जकरी।
सुनत जोग लागत है ऐसौ, ज्यौं करुई ककरी।

कथन (क) गोपियाँ प्रेम मार्ग के स्थान पर ज्ञान मार्ग को पसंद करती हैं।

कथन (ख) गोपियाँ अपने आराध्य श्रीकृष्ण से अनन्य प्रेम करती हैं।

कथन (ग) श्रीकृष्ण से वियोग कराने वाला योग उन्हें किसी भी मूल्य पर स्वीकार नहीं है।

'पद' कविता की पंक्तियों के आधार पर कौन-सा/से कथन सही है/हैं? **दक्षता आधारित प्रश्न**

(i) केवल कथन (क) सही है।
(ii) केवल कथन (ख) सही है।
(iii) केवल कथन (क) और (ग) सही हैं।
(iv) केवल कथन (ख) और (ग) सही हैं।

2. कमल के पत्ते व जल का उदाहरण निम्नलिखित में से किसके लिए प्रयुक्त हुआ है?

(i) गोपियों के लिए
(ii) उद्धव के लिए
(iii) श्रीकृष्ण के लिए
(iv) स्वयं कवि के लिए

काव्यांश पर आधारित बहुविकल्पीय प्रश्न

निम्नलिखित काव्यांश को पढ़कर प्रश्नों के सर्वाधिक उपयुक्त विकल्पों का चयन कीजिए।

1. ऊधौ, तुम हौ अति बड़भागी।
अपरस रहत सनेह तगा तैं, नाहिन मन अनुरागी।
पुरइनि पात रहत जल भीतर, ता रस देह न दागी।
ज्यौं जल माहँ तेल की गागरि, बूँद न ताकौं लागी।
प्रीति-नदी मैं पाउँ न बोरयौ, दृष्टि न रूप परागी।
'सूरदास' अबला हम भोरी, गुर चाँटी ज्यौं पागी।।

(क) गोपियों को किसके प्रेम में आसक्ति है?

(i) मथुरा-प्रेम (ii) उद्धव-प्रेम
(iii) संगीत-प्रेम (iv) कृष्ण-प्रेम

(ख) तेल की गागरी पर क्या स्थिर नहीं रहती?

(i) कमल के पत्ते (ii) जल की बूँद
(iii) गागरी (iv) तेल

(ग) गोपियाँ उद्धव के कृष्ण-प्रेम से विरक्त रहने की तुलना .... करती हैं।

(i) कमल के पत्ते से (ii) नीम के पत्ते से
(iii) आम के पत्ते से (iv) पीपल के पत्ते से

(घ) उद्धव श्रीकृष्ण से किस बंधन से अछूते हैं?

(i) योग के बंधन (ii) ज्ञान के बंधन
(iii) मित्र के बंधन (iv) प्रेम के बंधन

(ङ) गोपियों ने उद्धव के सम्मुख कृष्ण के प्रति अपने प्रेम को किस प्रकार प्रकट किया है? **दक्षता आधारित प्रश्न**

(i) कृष्ण के योग संदेश को अपनाकर
(ii) गुड़-चींटी के उदाहरण के माध्यम से
(iii) कृष्ण से निर्गुण प्रेम करके
(iv) उपर्युक्त सभी

काव्यबोध पर आधारित प्रश्नोत्तर

निम्नलिखित प्रश्नों के उत्तर संक्षेप में दीजिए।

I. गोपियाँ किस मार्ग में विश्वास रखती थीं? सूरदास के पदों के आधार पर स्पष्ट कीजिए। **दक्षता आधारित प्रश्न**

II. गोपियों की विरहाग्नि और अधिक क्यों बढ़ जाती है?

III. 'जिनके मन चकरी' पंक्ति का आशय स्पष्ट करते हुए बताइए कि यहाँ किस पर क्या व्यंग्य किया गया है तथा क्यों?

IV. "चाहति हुतीं गुहारि जितहिं तैं, उत तैं धार बही।" पंक्ति का आशय स्पष्ट कीजिए। **दक्षता आधारित प्रश्न**

राम-लक्ष्मण-परशुराम संवाद

अध्याय 2

तुलसीदास

कविता का सार

'राम-लक्ष्मण-परशुराम संवाद' तुलसीदास जी द्वारा रचित 'रामचरितमानस' के 'बालकांड' का अंश है। सीता स्वयंवर में श्री राम द्वारा शिव-धनुष को भंग करने के पश्चात् परशुराम का अत्यंत क्रोधावस्था में राजा जनक के दरबार में आना और राम-लक्ष्मण के साथ हुए उनके संवाद को प्रस्तुत किया गया है।

प्रथम काव्यांश में शिव धनुष खंडित होने व परशुराम के क्रोधित होने का वर्णन किया गया है।

दूसरे काव्यांश में लक्ष्मण के संवाद करने व लक्ष्मण की व्यंग्य भरी बातों से परशुराम के क्रोध का और अधिक बढ़ जाने का वर्णन है।

तीसरे काव्यांश में लक्ष्मण का परशुराम की शक्ति पर व्यंग्य करने का भाव निहित है।

चौथे काव्यांश में परशुराम का विश्वामित्र से संवाद है। जिसमें परशुराम विश्वामित्र द्वारा लक्ष्मण को समझाने का संकेत देते हैं, जो अपने कुल के लिए घातक बन रहा है।

पाँचवें काव्यांश में लक्ष्मण-परशुराम संवाद में परशुराम के क्रोध करने पर विश्वामित्र मन-ही-मन हँसते हैं, क्योंकि परशुराम अभी तक राम-लक्ष्मण को सामान्य क्षत्रिय समझ रहे हैं।

छठे काव्यांश में लक्ष्मण द्वारा परशुराम के शील स्वभाव के विषय में बताते हुए गुरु के ऋण से मुक्त होने की बात करने का वर्णन किया गया है।

कवि परिचय

गोस्वामी तुलसीदास का जन्म 1532 ई. में उत्तर प्रदेश के बाँदा ज़िले के राजापुर गाँव में हुआ था। कुछ विद्वान इनका जन्म स्थान सोरों (ज़िला एटा) भी मानते हैं। बचपन में ही इनके माता-पिता से उनका बिछोह हो गया था। तुलसीदास जी मानव मूल्यों के उपासक कवि थे। अपने गुरु की कृपा से इन्हें रामभक्ति का मार्ग मिला था।

अपनी काव्य प्रतिभा के बल पर इसी मार्ग का अनुसरण करते हुए तुलसीदास ने अपनी लेखनी के द्वारा अपने आराध्य देव मर्यादा पुरुषोत्तम श्रीराम के माध्यम से नीति, स्नेह, शील, विनय, त्याग जैसे उदात्त आदर्शों को प्रतिष्ठित किया। रामभक्ति पर आधारित रामचरितमानस इनकी सर्वश्रेष्ठ रचना है। कवितावली, गीतावली, दोहावली, कृष्णगीतावली, विनयपत्रिका इत्यादि इनकी महत्त्वपूर्ण रचनाएँ हैं।

अवधी के साथ-साथ ब्रजभाषा पर भी इनका समान अधिकार था। 1623 ई. में काशी में प्रभु राम के इस अनन्य भक्त का देहावसान हो गया था।

काव्यांशों का भावार्थ

काव्यांश 1

नाथ संभुधनु भंजनिहारा। होइहि केउ एक दास तुम्हारा।।
आयेसु काह कहिअ किन मोही। सुनि रिसाइ बोले मुनि कोही।।
सेवकु सो जो करै सेवकाई। अरिकरनी करि करिअ लराई।।
सुनहु राम जेहि सिवधनु तोरा। सहसबाहु सम सो रिपु मोरा।।
सो बिलगाउ बिहाइ समाजा। न त मारे जैहहिं सब राजा।।
सुनि मुनिबचन लखन मुसुकाने। बोले परसुधरहि अवमाने।
बहु धनुही तोरी लरिकाईं। कबहुँ न असि रिस कीन्हि गोसाईं।।
येहि धनु पर ममता केहि हेतू। सुनि रिसाइ कह भृगुकुलकेतू।।

दोहा

रे नृपबालक कालबस बोलत तोहि न सँभार।
धनुही सम त्रिपुरारिधनु बिदित सकल संसार।। **CBSE 2013**

शब्दार्थ संभु–शंभु/शिव; धनु–धनुष; भंजनिहारा–भंग करने वाला/तोड़ने वाला; केउ–कोई; आयेसु–आज्ञा; काह–क्या; मोही–मुझे; रिसाइ–क्रोध करना; कोही–क्रोधी; अरिकरनी–शत्रु का काम; लराई–लड़ाई; जेहि–जिसने; सम–समान; सो–वह; रिपु–शत्रु; बिलगाउ–अलग होना; बिहाइ–छोड़कर; जैहहिं–जाएँगे; अवमाने–अपमान करना; लरिकाईं–बचपन में; कबहुँ–कभी; असि–ऐसा; रिस–क्रोध; कीन्हि–किया; गोसाईं–स्वामी/महाराज; येहि–इस; भृगुकुलकेतू–भृगुकुल की पताका अर्थात् परशुराम; नृपबालक–राजपुत्र/राजा का बेटा; त्रिपुरारि–शिवजी; बिदित–जानता है; सकल–सारा।

भावार्थ

सीता स्वयंवर में शिव-धनुष खंडित हो जाने पर परशुराम क्रोधित हो जाते हैं एवं धनुष तोड़ने वाले का नाम बताने का आग्रह करते हैं। परशुराम के क्रोध को देखकर जब जनक के दरबार में सभी लोग भयभीत हो गए, तो श्रीराम ने आगे बढ़कर कहा—हे नाथ! भगवान शिव के धनुष को तोड़ने वाला आपका ही कोई दास होगा। राम के वचन सुनकर क्रोधित परशुराम बोले—सेवक वह कहलाता है, जो सेवा का कार्य करता है। शत्रुता का काम करके तो लड़ाई ही मोल ली जाती है।

हे राम! जिसने भगवान शिवजी के इस धनुष को तोड़ा है, वह सहस्रबाहु के समान मेरा शत्रु है। वह इस समाज (सभा) को छोड़कर तुरंत अलग हो जाए, नहीं तो यहाँ उपस्थित सभी राजा मारे जाएँगे। परशुराम के इन क्रोधपूर्ण वचनों को सुनकर लक्ष्मण जी मुस्कुराए और परशुराम का अपमान करते हुए बोले—हे गोसाईं! बचपन में हमने ऐसे छोटे-छोटे बहुत-से धनुष तोड़ डाले थे, किंतु तब तो आपने ऐसा क्रोध कभी नहीं किया। इसी धनुष पर आपकी इतनी ममता क्यों है?

लक्ष्मण की व्यंग्य भरी बातें सुनकर परशुराम क्रोधित स्वर में बोले— अरे राजा के पुत्र! मृत्यु के वश में होने से तुझे यह भी होश नहीं कि तू क्या बोल रहा है? तू सँभलकर नहीं बोल पा रहा है। समस्त विश्व में विख्यात भगवान शिव का यह धनुष क्या तुझे बचपन में तोड़े हुए धनुषों के समान ही दिखाई देता है?

काव्यांश 2

लखन कहा हसि हमरे जाना। सुनहु देव सब धनुष समाना।।
का छति लाभु जून धनु तोरें। देखा राम नयन के भोरें।।
छुअत टूट रघुपतिहु न दोसू। मुनि बिनु काज करिअ कत रोसू।।
बोले चितै परसु की ओरा। रे सठ सुनेहि सुभाउ न मोरा।।
बालकु बोलि बधौं नहि तोही। केवल मुनि जड़ जानहि मोही।।
बाल ब्रह्मचारी अति कोही। बिस्वबिदित क्षत्रियकुल द्रोही।।
भुजबल भूमि भूप बिनु कीन्ही। बिपुल बार महिदेवन्ह दीन्ही।।
सहसबाहुभुज छेदनिहारा। परसु बिलोकु महीपकुमारा।। **CBSE 2019**

दोहा

मातु पितहि जनि सोचबस करसि महीसकिसोर।
गर्भन्ह के अर्भक दलन परसु मोर अति घोर।।

शब्दार्थ हसि-हँसकर; हमरे-मेरे; सुनहु-सुनो; छति-क्षति/नुकसान; जून-पुराना; तोरें-तोड़ने में; भोरें-धोखे में; छुअत टूट-छूते ही टूट गया; रघुपतिहु-राम का; दोसू-दोष/गलती; काज-कारण; रोसु-क्रोध; चितै-देखकर; परसु-फरसा; सठ-दुष्ट; सुनेहि-सुना है; सुभाउ-स्वभाव; बधौं-वध करता हूँ; तोही-तुझे; बिस्वबिदित-दुनिया में प्रसिद्ध; भुजबल-भुजाओं के बल से; भूप-राजा; बिपुल-बहुत; महिदेवन्ह-ब्राह्मणों को; छेदनिहारा-काट डाला; बिलोकु-देखकर; महीपकुमारा-राजकुमार; गर्भन्ह-गर्भ के; अर्भक-बच्चा; दलन-कुचलने वाला।

भावार्थ

लक्ष्मण जी हँसकर परशुराम से बोले—हे देव! सुनिए, मेरी समझ के अनुसार तो सभी धनुष एक समान ही होते हैं।

लक्ष्मण श्रीराम की ओर देखकर बोले—इस धनुष के टूटने से क्या लाभ है तथा क्या हानि, यह बात मेरी समझ में नहीं आई है। यह धनुष तो श्रीराम के छूते ही टूट गया। फिर इसमें श्रीराम का क्या दोष है? मुनिवर! आप तो बिना किसी कारण के क्रोध कर रहे हैं।

लक्ष्मण की व्यंग्य भरी बातों को सुनकर परशुराम का क्रोध और बढ़ गया और वह अपने फरसे की ओर देखकर बोले—अरे दुष्ट! क्या तूने मेरे स्वभाव के विषय में नहीं सुना? मैं तुझे बालक समझकर नहीं मार रहा हूँ। अरे मूर्ख! क्या तू मुझे केवल मुनि समझता है? मैं बाल ब्रह्मचारी और अत्यंत क्रोधी स्वभाव का व्यक्ति हूँ।

मैं पूरे विश्व में क्षत्रिय कुल के घोर शत्रु के रूप में प्रसिद्ध हूँ। मैंने अपनी इन्हीं भुजाओं के बल से पृथ्वी को कई बार राजाओं से रहित करके उसे ब्राह्मणों को दान में दे दिया था। हे राजकुमार! मेरे इस फरसे को देख, जिससे मैंने सहस्रबाहु की भुजाओं को काट डाला था।

अरे बालक! तू मुझसे भिड़कर अपने माता-पिता को चिंता में मत डाल। अपनी मौत को न बुला। मेरा फरसा बहुत भयंकर है। यह गर्भों में पल रहे बच्चों का भी नाश कर डालता है।

काव्यांश 3

बिहसि लखनु बोले मृदु बानी। अहो मुनीसु महाभट मानी।।
पुनि पुनि मोहि देखाव कुठारु। चहत उड़ावन फूँकि पहारू।।
इहाँ कुम्हड़बतिआ कोउ नाहीं। जे तरजनी देखि मरि जाहीं।।
देखि कुठारु सरासन बाना। मैं कछु कहा सहित अभिमाना।।
भृगुसुत समुझि जनेउ बिलोकी। जो कछु कहहु सहौं रिस रोकी।।
सुर महिसुर हरिजन अरु गाई। हमरे कुल इन्ह पर न सुराई।।
बधें पापु अपकीरति हारे। मारतहू पा परिअ तुम्हारे।।
कोटि कुलिस सम बचनु तुम्हारा। ब्यर्थ धरहु धनु बान कुठारा।।

दोहा

जो बिलोकि अनुचित कहेउँ छमहु महामुनि धीर।
सुनि सरोष भृगुबंसमनि बोले गिरा गंभीर।। **CBSE 2012**

शब्दार्थ बिहसि-हँसकर; मृदु-कोमल; बानी-बोली; मुनीसु-महामुनि; महाभट-महान योद्धा; कुठारु-फरसा/कुल्हाड़ा; इहाँ-यहाँ; कुम्हड़बतिआ-सीताफल/कुम्हड़ा का छोटा फल; तरजनी-अँगूठे के पास की अँगुली; सरासन बाना-धनुष-बाण; भृगुसुत-भृगुवंशी; महिसुर-ब्राह्मण; हरिजन-ईश्वर भक्त; सुराई-वीरता दिखाना; अपकीरति-अपयश; पा-पैर; कुलिस-वज्र/कठोर; सरोष-क्रोध में भरकर; गिरा-वाणी।

भावार्थ

परशुराम के क्रोधित वचनों को सुनकर लक्ष्मण अत्यंत कोमल वाणी में हँसकर बोले—मुनिवर! आप तो अपने आप को बहुत बड़ा योद्धा समझते हैं और बार-बार मुझे फरसा दिखाते हैं। मुझे तो ऐसा लगता है कि आप फूँक से पहाड़ उड़ाना चाहते हैं, परंतु मुनिवर! यहाँ पर कोई

भी कुम्हड़े के छोटे फल के समान नहीं है, जो तर्जनी उँगली को देखते ही मर जाए। मुनि जी! मैंने आपके हाथ में फरसा और धनुष-बाण देखकर ही अभिमानपूर्वक आपसे कुछ कहा था।

मैं आपको भृगुवंशी समझकर और आपके कंधे पर जनेऊ देखकर अपने क्रोध को सहन कर रहा हूँ। हमारे कुल की यह परंपरा है कि हम देवता, ब्राह्मण, भगवान के भक्त और गाय, इन सभी पर वीरता नहीं दिखाया करते, क्योंकि इन्हें मारने से पाप लगता है और इनसे हार जाने पर अपकीर्ति होती है। इसलिए यदि आप मुझे मार भी दें तो भी मैं आपके पैर ही पड़ूँगा। हे महामुनि! आपका तो एक-एक वचन ही करोड़ों वज्रों के समान कठोर है। आपने व्यर्थ में ही फरसा और धनुष धारण किया हुआ है।

यदि मैंने आपको देखकर कुछ गलत कह दिया हो, तो हे धैर्यवान महामुनि! मुझे क्षमा कर दीजिएगा। लक्ष्मण के यह व्यंग्य-वचन सुनकर भृगुवंशी परशुराम क्रोध में आकर गंभीर स्वर में बोलने लगे।

काव्यांश 4

कौसिक सुनहु मंद येहु बालकु। कुटिलु कालबस निज कुल घालकु।।
भानुबंस राकेस कलंकू। निपट निरंकुसु अबुधु असंकू।।
कालकवलु होइहि छन माहीं। कहौं पुकारि खोरि मोहि नाहीं।।
तुम्ह हटकहु जौ चहहु उबारा। कहि प्रतापु बलु रोषु हमारा।।
लखन कहेउ मुनि सुजसु तुम्हारा। तुम्हहि अछत को बरनै पारा।।
अपने मुहु तुम्ह आपनि करनी। बार अनेक भाँति बहु बरनी।।
नहि संतोषु त पुनि कछु कहहू। जनि रिस रोकि दुसह दुख सहहू।।
बीरब्रती तुम्ह धीर अछोभा। गारी देत न पावहु सोभा।। **CBSE 2016**

दोहा

सूर समर करनी करहिं कहि न जनावहिं आपु।
बिद्यमान रन पाइ रिपु कायर कथहिं प्रतापु।।

शब्दार्थ **कौसिक**–विश्वामित्र; **कुटिलु**–दुष्ट; **कालबस**–मृत्यु के वशीभूत; **घालकु**–घातक; **भानुबंस**–सूर्यवंशी; **राकेस कलंकू**–चंद्रमा का कलंक; **निपट**–पूरी तरह; **निरंकुसु**–जिस पर किसी का वश न चले; **अबुधु**–नासमझ; **असंकू**–शंकारहित; **कालकवलु**–काल का ग्रसित/मृत; **छन माहीं**–क्षण भर में; **खोरि**–दोष; **हटकहु**–रोको; **उबारा**–बचाना; **सुजसु**–सुयश/सुकीर्ति; **करनी**–काम; **बरनी**–वर्णन किया; **दुसह**–असह्य; **बीरब्रती**–वीरता का व्रत धारण करने वाला; **अछोभा**–क्षोभरहित; **गारी**–गाली; **सूर**–शूरवीर; **समर**–युद्ध; **रन**–युद्ध; **प्रतापु**–प्रताप की डींग मारना।

भावार्थ

परशुराम लक्ष्मण की व्यंग्य भरी बातों को सुनकर अत्यधिक क्रोधित हो गए और वह विश्वामित्र से बोले—हे विश्वामित्र! यह बालक (लक्ष्मण) बहुत कुबुद्धि और दुष्ट है। यह काल (मृत्यु) के वश में आकर अपने कुल का घातक बन रहा है।

यह सूर्यवंशी बालक चंद्रमा पर लगे हुए कलंक के समान है। मुझे यह पूरी तरह उद्दंड, मूर्ख और निडर लगता है। अभी मैं क्षणभर में इसे मार डालूँगा। मैं अभी से यह बात कह रहा हूँ, बाद में मुझे दोष मत दीजिएगा। यदि आप इसे बचाना चाहते हैं, तो इसे मेरे प्रताप, बल और क्रोध के विषय में बताकर अधिक बोलने से मना कर दीजिए।

अभी भी लक्ष्मण नहीं माने और परशुराम को क्रोध दिलाते हुए बोले—हे मुनिवर! आपका सुयश आपके रहते हुए दूसरा कौन वर्णन कर सकता है? आप तो अपने ही मुँह से अपनी करनी और अपने विषय में अनेक बार अनेक प्रकार से वर्णन कर चुके हैं। यदि इतना सब कुछ कहने के बाद भी आपको संतोष नहीं हुआ हो, तो कुछ और कह दीजिए। अपने क्रोध को रोककर असह्य दु:ख को सहन मत कीजिए। आप वीरता का व्रत धारण करने वाले, धैर्यवान और क्षोभरहित हैं, आपको गाली देना शोभा नहीं देता। जो शूरवीर होते हैं, वे अपनी करनी युद्ध में दिखाते हैं, बातों से अपना वर्णन नहीं करते। शत्रु को युद्ध में उपस्थित पाकर भी अपने प्रताप की व्यर्थ बातें करने वाला कायर ही हो सकता है।

काव्यांश 5

तुम्ह तौ कालु हाँक जनु लावा। बार बार मोहि लागि बोलावा।।
सुनत लखन के बचन कठोरा। परसु सुधारि धरेउ कर घोरा।।
अब जनि देइ दोसु मोहि लोगू। कटुबादी बालकु बधजोगू।।
बाल बिलोकि बहुत मैं बाँचा। अब येहु मरनिहार भा साँचा।।
कौसिक कहा छमिअ अपराधू। बाल दोष गुन गनहिं न साधू।।
खर कुठार मैं अकरुन कोही। आगे अपराधी गुरुद्रोही।।
उतर देत छोड़ौं बिनु मारे। केवल कौसिक सील तुम्हारे।।
न त येहि काटि कुठार कठोरे। गुरहि उरिन होतेउँ श्रम थोरे।।

दोहा

गाधिसूनु कह हृदय हसि मुनिहि हरियरे सूझ।
अयमय खाँड़ न ऊखमय अजहुँ न बूझ अबूझ।।

शब्दार्थ **कालु**–काल/मृत्यु; **हाँक**–आवाज़ लगाना; **जनु**–जैसे; **सुधारि**–सुधारकर; **कर**–हाथ; **कटुबादी**–कड़वे वचन बोलने वाला; **बधजोगू**–मारने योग्य; **बाँचा**–बचाया; **मरनिहार**–मरने वाला; **साँचा**–सच में ही; **खर**–दुष्ट; **अकरुन**–जिसमें दया और करुणा न हो; **गुरहि**–गुरु के; **उरिन**–ऋण से मुक्त; **गाधिसूनु**–गाधि के पुत्र अर्थात् विश्वामित्र; **हरियरे**–हरा ही हरा; **अयमय**–लोहे की बनी हुई; **खाँड़**–तलवार; **ऊखमय**–गन्ने से बनी हुई; **अजहुँ**–अब भी।

भावार्थ

लक्ष्मण परशुराम से बोले—मुझे ऐसा लग रहा है मानो आप काल को हाँक (आवाज़) लगाकर बार-बार उसे मेरे लिए बुला रहे हैं। लक्ष्मण जी के ऐसे कठोर वचन सुनते ही परशुराम का क्रोध और बढ़ गया। उन्होंने अपने भयानक फरसे को घुमाकर अपने हाथ में ले लिया और बोले—अब लोग मुझे दोष न दें।

इतने कड़वे वचन बोलने वाला यह बालक मारे जाने योग्य है। परशुराम के क्रोध को देखकर विश्वामित्र उठ खड़े हुए और बोले— अपराध क्षमा कीजिए। बालकों के दोष और गुण को साधु लोग नहीं गिना करते। तब परशुराम ने कहा कि ये मेरा दुष्ट फरसा है, मैं स्वयं दया रहित और क्रोधी हूँ, उस पर यह गुरुद्रोही मेरे सामने उत्तर दिए जा रहा है।

हे विश्वामित्र! केवल आपके शील के कारण ही मैं इसे मारे बिना छोड़ रहा हूँ, नहीं तो इसे इस कठोर फरसे से काटकर थोड़े ही परिश्रम से गुरु के ऋण से मुक्त हो जाता।

परशुराम के वचन सुनकर विश्वामित्र ने अपने हृदय में हँसकर सोचा—मुनि परशुराम चारों ओर विजयी होने के कारण ये राम और लक्ष्मण को साधारण क्षत्रिय ही समझ रहे हैं। मुनि अब भी नहीं समझ रहे हैं कि राम-लक्ष्मण सामान्य वीर न होकर बहुत पराक्रमी योद्धा हैं। मुनि परशुराम जी अज्ञानियों की तरह इनके प्रभाव को समझ नहीं पा रहे हैं।

काव्यांश 6

कहेउ लखन मुनि सीलु तुम्हारा। को नहि जान बिदित संसारा।।
माता पितहि उरिन भये नीके। गुररिनु रहा सोचु बड़ जी के।।
सो जनु हमरेहि माथे काढ़ा। दिन चलि गये ब्याज बड़ बाढ़ा।।
अब आनिअ ब्यवहरिआ बोली। तुरत देउँ मैं थैली खोली।।
सुनि कटु बचन कुठार सुधारा। हाय हाय सब सभा पुकारा।
भृगुबर परसु देखाबहु मोही। बिप्र बिचारि बचौं नृपद्रोही।।
मिले न कबहूँ सुभट रन गाढ़े। द्विजदेवता घरहि के बाढ़े।।
अनुचित कहि सबु लोगु पुकारे। रघुपति सयनहि लखनु नेवारे।।

दोहा

लखन उतर आहुति सरिस भृगुबरकोपु कृसानु।
बढ़त देखि जल सम बचन बोले रघुकुलभानु।।

शब्दार्थ सीलु–शील-स्वभाव; बिदित–पता है; उरिन–ऋणमुक्त; भये–हो गए; नीकें–भली प्रकार; हमरेहि–मेरे ही; ब्यवहरिआ–हिसाब लगाने वाले को; बिप्र–ब्राह्मण; सुभट–बड़े-बड़े योद्धा; द्विजदेवता–ब्राह्मण; सयनहि–आँख के इशारे से; नेवारे–मना किया; कृसानु–अग्नि; रघुकुलभानु–रघुवंश के सूर्य श्रीरामचंद्र।

भावार्थ

लक्ष्मण ने परशुराम से कहा—हे मुनि! आपके शील स्वभाव के बारे में कौन नहीं जानता? वह संपूर्ण संसार में प्रसिद्ध है। आप माता-पिता के ऋण से तो अच्छी तरह मुक्त हो गए। अब केवल गुरु का ऋण शेष रह गया है, जिसका आपके जी पर बड़ा बोझ है।

शायद यह ऋण हमारे ही माथे पर था। बहुत दिन बीत गए, इस पर ब्याज भी बहुत चढ़ गया होगा। अब किसी हिसाब करने वाले को बुला लाइए, तो मैं तुरंत ही थैली खोलकर सारी धनराशि दे देता हूँ। लक्ष्मण के कटु वचन सुनकर जब परशुराम ने अपना फरसा सँभाला तो सारी सभा हाय-हाय करके पुकारने लगी।

लक्ष्मण बोले—हे भृगुश्रेष्ठ! आप मुझे फरसा दिखा रहे हैं, पर हे राजाओं के शत्रु! मैं ब्राह्मण समझकर आपको बचा रहा हूँ। मुझे लगता है आपको कभी युद्ध के मैदान में वीर योद्धा नहीं मिले हैं। हे ब्राह्मण देवता! आप घर में ही अपनी वीरता के कारण अत्यधिक खुश हो रहे हैं। लक्ष्मण के ऐसे वचन सुनकर सभा में उपस्थित सभी लोग 'यह अनुचित है, यह अनुचित है' कहकर पुकारने लगे। यह देखकर श्रीराम ने लक्ष्मण को आँखों के इशारे से रोक दिया।

लक्ष्मण के उत्तर परशुराम की क्रोधाग्नि में आहुति के समान कार्य कर रहे थे। इस क्रोधाग्नि को बढ़ते देख रघुवंशी राम, जल के समान शांत करने वाले वचनों का प्रयोग करते हुए परशुराम जी से लक्ष्मण को क्षमा करने की विनती करने लगे।

NCERT फोल्डर

पाठ्यपुस्तक (क्षितिज भाग-2) के प्रश्नोत्तर

प्र.1 परशुराम विश्वामित्र से लक्ष्मण की शिकायत किन शब्दों में करते हैं? **CBSE 2020**

उत्तर परशुराम विश्वामित्र से लक्ष्मण की शिकायत करते हुए कहते हैं कि यह बालक मंदबुद्धि लगता है और काल के वश में आकर अपने ही कुल का नाश करने वाला है। इसकी स्थिति उसी समान है जैसे सूर्यवंशी होने पर भी चंद्रमा में कलंक है। यह संपूर्ण रूप से निडर, उद्दंड और मूर्ख है, इसे भविष्य का ज्ञान तक नहीं है। यह क्षण भर में काल को प्राप्त हो जाएगा, फिर आप मुझे दोष मत दीजिएगा।

प्र.2 परशुराम के क्रोध करने पर राम और लक्ष्मण की जो प्रतिक्रियाएँ हुईं, उनके आधार पर दोनों के स्वभाव की विशेषताएँ अपने शब्दों में लिखिए। **CBSE 2013, 12, 09**

अथवा **'राम-लक्ष्मण-परशुराम संवाद' के आधार पर राम और लक्ष्मण के स्वभाव की विशेषताएँ लिखिए।** **CBSE 2016, 11**

अथवा **'धनुष को तोड़ने वाला कोई तुम्हारा दास होगा'-के आधार पर राम के स्वभाव पर टिप्पणी कीजिए।** **CBSE 2017**

उत्तर राम-लक्ष्मण के स्वभाव की विशेषताएँ

राम राम स्वभाव से कोमल और विनयशील हैं। उनके मन में बड़ों के प्रति श्रद्धा और आदर है। वे गुरुजनों के सामने झुकना अपना धर्म समझते हैं। वे महाक्रोधी परशुराम के बिना बात क्रोधित होने पर भी स्वयं को उनका दास कहते हैं। उनके वचन अग्नि में जल के समान शीतल थे। इस प्रकार, वे परशुराम का भी दिल जीत लेते हैं।

लक्ष्मण लक्ष्मण, राम से एकदम विपरीत स्वभाव के हैं। वह शीघ्र ही क्रोधित हो जाते हैं। उनके कड़वे वचनों ने परशुराम के क्रोध को और अधिक भड़का दिया। यहाँ तक कि सभा के लोग भी उनके व्यवहार को अनुचित कहने लगते हैं। लक्ष्मण के वचन अग्नि में घी के समान हैं। लक्ष्मण वीर, साहसी और निडर हैं, इसलिए परशुराम के क्रोध और फरसे से वह नहीं डरते। बावजूद इसके लक्ष्मण अपने अग्रज राम का आदर करते हैं और उन पर आई विपदा का सामना स्वयं करने के लिए तैयार रहते हैं। साथ-ही-साथ वह अपने कुल की लोक-मर्यादाओं का भी पालन करने वाले हैं।

प्र.3 लक्ष्मण और परशुराम के संवाद का जो अंश आपको सबसे अच्छा लगा हो, उसे अपने शब्दों में संवाद शैली में लिखिए।

उत्तर लक्ष्मण-परशुराम संवाद का निम्नलिखित अंश सबसे अधिक रोचक है

लक्ष्मण हे मुनि! हमारे लिए तो सभी धनुष एक समान हैं।

परशुराम यह कोई साधारण धनुष नहीं है, यह शिवजी का धनुष है।

लक्ष्मण यह पुराना धनुष तो छूने मात्र से ही टूट गया। श्रीराम ने तो इसको नया समझा था।

परशुराम हे मूर्ख बालक! तुम्हें अब कोई मुझसे नहीं बचा सकता।

लक्ष्मण यह तो छूने से ही टूट गया, भला इसमें श्रीराम का क्या दोष?

परशुराम मैं तुझे बालक समझकर नहीं मार रहा, तुम मेरे क्रोध को नहीं जानते। मैंने अनेक बार इस पृथ्वी को क्षत्रियों से विहीन कर दिया है।

प्र.4 परशुराम ने अपने विषय में सभा में क्या-क्या कहा, निम्न काव्यांश के आधार पर लिखिए

बाल ब्रह्मचारी अति कोही। बिस्वबिदित क्षत्रियकुल द्रोही।।
भुजबल भूमि भूप बिनु कीन्ही। बिपुल बार महिदेवन्ह दीन्ही।।
सहसबाहुभुज छेदनिहारा। परसु बिलोकु महीपकुमारा।।
मातु पितहि जनि सोचबस करसि महीसकिसोर।
गर्भन्ह के अर्भक दलन परसु मोर अति घोर।।

***अथवा* 'राम-लक्ष्मण-परशुराम संवाद' में परशुराम ने अपने विषय में जो कहा उसे अपने शब्दों में लिखिए।** दक्षता आधारित प्रश्न

उत्तर परशुराम ने सभा में कहा कि मैं बाल ब्रह्मचारी हूँ और अत्यंत क्रोधी स्वभाव का हूँ। सारी दुनिया जानती है कि मैं क्षत्रिय कुल का नाश करने वाला हूँ। मैंने अपनी भुजाओं के बल से अनेक बार इस पृथ्वी को राजाओं से रहित कर दिया था और जीती हुई पृथ्वी ब्राह्मणों को दान में दे दी थी। मैंने इस फरसे से सहस्रबाहु की भुजाओं को काट डाला था। मेरा यह फरसा इतना भयानक है कि इसे देखने मात्र से स्त्रियों के गर्भस्थ शिशु भी नष्ट हो जाते हैं।

प्र.5 लक्ष्मण ने वीर योद्धा की क्या-क्या विशेषताएँ बताईं? CBSE SQP (Additional Set) 2023, CBSE 2013

***अथवा* 'राम-लक्ष्मण-परशुराम संवाद' के आधार पर संक्षेप में लिखिए कि परशुराम की क्रोधपूर्ण बातें सुनकर लक्ष्मण ने उन्हें शूरवीर की क्या पहचान बताई?** CBSE Diksha

उत्तर लक्ष्मण ने वीर योद्धा की निम्नलिखित विशेषताएँ बताईं

- वीर योद्धा अपनी वीरता का बखान अपने मुँह से नहीं करते।
- अपने बल का बखान करना तो कायरों का काम है।
- वीर व्यक्ति धैर्यवान और क्रोध रहित होता है।
- वीर योद्धा अपशब्द नहीं बोलते हैं।
- वीर योद्धा अपना प्रताप युद्ध में दिखाते हैं।

प्र.6 साहस और शक्ति के साथ विनम्रता हो तो बेहतर है। इस कथन पर अपने विचार लिखिए। CBSE SQP 2023

उत्तर साहस और शक्ति एक योद्धा के अनिवार्य गुण हैं। यदि इन गुणों के साथ विनम्रता हो तो अकारण ही होने वाला कोई विवाद या युद्ध नहीं हो पाता। विनम्र व्यक्ति अपनी विनम्रता से शत्रु के क्रोध को शांत कर देता है। क्रोध क्षणिक होता है, एक बार शांत होने पर विवेक जाग्रत होता है और अनर्थ होने से बच जाता है।

परशुराम और लक्ष्मण दोनों के उदाहरण हमारे सामने हैं। परशुराम पराक्रमी हैं, किंतु स्वयं को महापराक्रमी, बाल ब्रह्मचारी, क्षत्रिय कुल घातक कहना उनके घमंड को दर्शाता है। लक्ष्मण का साहस हमें भला लगता है, किंतु वह भी अपनी सीमाएँ तोड़ देते हैं। धीरे-धीरे वह बहुत उग्र, कठोर और असहज हो जाते हैं। इस कारण सभी सभाजन उसके विरुद्ध हो जाते हैं। दूसरी ओर रामचंद्र शक्ति और साहस के साथ विनम्रता का भी परिचय देते हैं, इसलिए वे परशुराम सहित सबका दिल जीत लेते हैं।

प्र.7 भाव स्पष्ट कीजिए

(क) बिहसि लखनु बोले मृदु बानी।
अहो मुनीसु महाभट मानी।।
पुनि पुनि मोहि देखाव कुठारु।
चहत उड़ावन फूँकि पहारू।।

(ख) इहाँ कुम्हड़बतिया कोउ नाहीं।
जे तरजनी देखि मरि जाहीं।।
देखि कुठारु सरासन बाना।
मैं कछु कहा सहित अभिमाना।। CBSE 2016

(ग) गाधिसूनु कह हृदय हसि मुनिहि हरियरे सूझ।
अयमय खाँड़ न ऊखमय अजहुँ न बूझ अबूझ।।

उत्तर (क) लक्ष्मण हँसकर कोमल वाणी में परशुराम से बोले—हे मुनि! आप तो माने हुए योद्धा निकले। आप तो मुझे अपना फरसा बार-बार ऐसे दिखा रहे हैं, जैसे फूँक मारकर पहाड़ उड़ा देंगे।

(ख) लक्ष्मण क्रोध के वशीभूत मुनि परशुराम को यह बताना चाहते हैं कि हम सीताफल नहीं हैं, जो आपकी तर्जनी दिखाने मात्र से डर जाएँगे। इसलिए हम दोनों भाइयों को कमजोर समझने की भूल न करें। वह उन्हें यह भी सूचित करते हैं कि वह तो उनका फरसा और धनुष-बाण देखकर ही अभिमान सहित उनसे बातें कर रहे थे। इसे मुनिवर कायरता न समझ लें।

(ग) विश्वामित्र परशुराम की नासमझी पर मन-ही-मन मुस्कुराते हैं। वे सोचते हैं कि जिस प्रकार सावन के अंधे को चारों ओर हरा-ही-हरा दिखाई देता है ठीक उसी प्रकार परशुराम राम और लक्ष्मण को साधारण क्षत्रिय बालक समझ रहे हैं। वह इनके बल और पराक्रम को नहीं जानते। ये दोनों लौहमयी तलवार हैं गन्ने की बनी तलवार नहीं हैं, जो जीभ पर जाते ही गल जाए, किंतु परशुराम लोहे से बनी खाँड (तलवार) को गन्ने से बनी चीनी समझ रहे हैं।

प्र.8 पाठ के आधार पर तुलसी के भाषा सौंदर्य पर दस पंक्तियाँ लिखिए।

उत्तर प्रस्तुत पाठ 'रामचरितमानस' के 'बालकांड' से संकलित है। इसमें तुलसी ने शुद्ध-साहित्यिक अवधी भाषा का प्रयोग करते हुए चौपाई-दोहा-छंद शैली अपनाई है। भाषा सरल, सरस और मधुर है। इस काव्य पाठ में वीर रस एवं रौद्र रस की अनुभूति जगह-जगह होती है।

लक्ष्मण के कथनों में व्यंजना शक्ति परिलक्षित होती है। पद्य में अलंकार अपने सहज एवं स्वाभाविक रूप से प्रयुक्त हुए हैं। अनुप्रास अलंकार की छटा सर्वत्र विद्यमान है। उपमा, उत्प्रेक्षा, रूपक, अनुप्रास

भी स्थान-स्थान पर द्रष्टव्य हैं, जो भाषा को और अधिक अलंकृत करते हैं। शब्द चयन भी अवसर के अनुकूल है, जो सूक्ष्म-से-सूक्ष्म भावों को वहन करने में पूर्णतया सफल है। कोमलकांत पदावली के प्रयोग से पद्य में संगीतात्मकता और गेयता का गुण आ गया है।

प्र.9 इस पूरे प्रसंग (राम-लक्ष्मण-परशुराम संवाद) में व्यंग्य का अनूठा सौंदर्य है। उदाहरण के साथ स्पष्ट कीजिए। **दक्षता आधारित प्रश्न**

उत्तर सर्वप्रथम जब श्रीराम ने कहा कि धनुष भंग करने वाला आपका कोई सेवक ही होगा, तब परशुराम जी ने व्यंग्यपूर्ण स्वर में कहा कि शत्रुता का कार्य करने में कोई सेवकाई नहीं होती।

लक्ष्मण और परशुराम जी के मध्य के संवाद तो व्यंग्य के उत्कृष्ट उदाहरण हैं। लक्ष्मण ने परशुराम जी से कहा कि सभी धनुष एक जैसे होते हैं, आप अकारण ही क्रोधित हो रहे हैं। तब परशुराम ने अपना फरसा दिखाया और कहा—कठोर बोलने वाला यह बालक अब मारे जाने योग्य है। इस पर लक्ष्मण ने व्यंग्य किया कि बार-बार फरसा दिखाकर आप क्या सिद्ध करना चाहते हैं? क्या आप फूँक से पहाड़ उड़ाना चाहते हैं? यहाँ कोई भी कुम्हड़े (सीताफल) के छोटे फल के समान नहीं है, जो तर्जनी उँगली को देखते ही मर जाए।

इसी प्रकार, जब बार-बार परशुराम जी अपनी वीरता का बखान करने लगे, तब लक्ष्मण उनकी वीरता पर व्यंग्य करते हुए उन्हें कायर कहने से भी नहीं चूकते। इस प्रकार, हम कह सकते हैं कि इस पूरे प्रसंग में व्यंग्य का अनुपम सौंदर्य विद्यमान है।

प्र.10 निम्नलिखित पंक्तियों में प्रयुक्त अलंकार पहचान कर लिखिए

(क) बालकु बोलि बधौं नहि तोही।

(ख) कोटि कुलिस सम बचनु तुम्हारा।

(ग) तुम्ह तौ कालु हाँक जनु लावा।
बार-बार मोहि लागि बोलावा।।

(घ) लखन उतर आहुति सरिस भृगुबरकोपु कृसानु।
बढ़त देखि जल सम बचन बोले रघुकुलभानु।।

उत्तर (क) यहाँ 'ब' वर्ण की आवृत्ति के कारण अनुप्रास अलंकार है ।

(ख) यहाँ 'उपमा अलंकार' है, क्योंकि परशुराम के वचनों की तुलना कठोर वज्र से की गई है। 'सम' वाचक शब्द है। 'कोटि कुलिस' में अनुप्रास अलंकार विद्यमान है।

(ग) परशुराम की हुँकार में काल की संभावना व्यक्त की गई है, अतः यहाँ उत्प्रेक्षा अलंकार है। इसमें 'जनु' वाचक शब्द है। 'बार-बार' में पुनरुक्तिप्रकाश अलंकार है।

(घ) 'कोपु कृसानु' में रूपक अलंकार है, क्योंकि कृसानु में कोपु (क्रोध रूपी अग्नि) का अभेद आरोप है। 'जल सम वचन' में उपमा अलंकार है, क्योंकि राम के वचनों की तुलना शीतल जल से की गई है।

रचना और अभिव्यक्ति

प्र.11 "सामाजिक जीवन में क्रोध की जरूरत बराबर पड़ती है। यदि क्रोध न हो, तो मनुष्य दूसरे के द्वारा पहुँचाए जाने वाले बहुत-से कष्टों की चिर-निवृत्ति का उपाय ही न कर सके।" आचार्य रामचंद्र शुक्ल का यह कथन इस बात की पुष्टि करता है कि "क्रोध हमेशा नकारात्मक भाव लिए नहीं होता, बल्कि कभी-कभी सकारात्मक भी हो जाता है।" इसके पक्ष या विपक्ष में अपना मत प्रकट कीजिए।

उत्तर **क्रोध के पक्ष में** जीवन में क्रोध की बराबर आवश्यकता पड़ती है, क्योंकि

- क्रोध अन्याय का प्रतिकार करता है।
- क्रोध मनुष्य को आत्मसम्मान के भाव से भर देता है।
- क्रोध हममें उत्साह का संचार करता है।
- क्रोध कष्टों से निवृत्ति कराता है।
- क्रोध हमारे व्यक्तित्व का परिचायक है।

क्रोध के विपक्ष में गीता में 'क्रोध' के बारे में कहा गया है

"क्रोधात् भवति सम्मोहः सम्मोहात् स्मृति विभ्रमः।
स्मृति भृंशात् बुद्धि नाशः, बुद्धिनाशात् प्रणश्यति।।"

अर्थात् क्रोध करने से मनुष्य मोह में, संशय में पड़ जाता है। सम्मोह से स्मृति भ्रमित हो जाती है, स्मृति भ्रमित होने से बुद्धि का नाश होता है और बुद्धि नष्ट होने से मनुष्य स्वयं नष्ट हो जाता है। *इस प्रकार*,

- क्रोध हमारे मन व शरीर पर दुष्प्रभाव डालता है।
- क्रोध हमें अहंकार से भर देता है।
- क्रोध में मनुष्य अविवेकी बन जाता है।
- क्रोध में किसी के प्रति न्याय नहीं हो पाता।

प्र.12 अपने किसी परिचित या मित्र के स्वभाव की विशेषताएँ लिखिए।

उत्तर विद्यार्थी स्वयं करें।

प्र.13 दूसरों की क्षमताओं को कम नहीं समझना चाहिए–इस शीर्षक को ध्यान में रखते हुए एक कहानी लिखिए।

उत्तर विद्यार्थी स्वयं करें।

प्र.14 उन घटनाओं को याद करके लिखिए जब आपने अन्याय का प्रतिकार किया हो।

उत्तर विद्यार्थी अपना अनुभव लिखें।

प्र.15 अवधी भाषा आज किन-किन क्षेत्रों में बोली जाती है?

उत्तर अवधी भाषा वर्तमान में लखनऊ, इलाहाबाद, फैज़ाबाद, मिर्जापुर, जौनपुर, फतेहपुर तथा आसपास के क्षेत्रों में बोली जाती है।

पाठेतर सक्रियता

- **तुलसी की अन्य रचनाएँ पुस्तकालय से लेकर पढ़ें।**

उत्तर विद्यार्थी स्वयं करें।

- **दोहा और चौपाई के वाचन का एक पारंपरिक ढंग है। लय सहित इनके वाचन का अभ्यास कीजिए।**

उत्तर विद्यार्थी स्वयं करें।

- **कभी आपको पारंपरिक रामलीला अथवा रामकथा की नाट्य प्रस्तुति देखने का अवसर मिला होगा, उस अनुभव को अपने शब्दों में लिखिए।**

उत्तर विद्यार्थी स्वयं करें।

- **इस प्रसंग की नाट्य प्रस्तुति करें।**

उत्तर विद्यार्थी स्वयं करें।

- **कोही, कुलिस, उरिन, नेवारे-इन शब्दों के बारे में शब्दकोश में दी गई विभिन्न जानकारियाँ प्राप्त कीजिए।**

उत्तर विद्यार्थी स्वयं करें।

अभ्यास प्रश्न

बहुविकल्पीय व वर्णनात्मक प्रश्नों सहित

कविता पर आधारित बहुविकल्पीय प्रश्न

निम्नलिखित प्रश्नों के सर्वाधिक उपयुक्त विकल्पों का चयन कीजिए।

1. परशुराम ने अपने फरसे से किसकी भुजाओं को काट डाला था?
(i) सहस्रबाह (ii) ब्राह्मण
(iii) शत्रुओं (iv) क्षत्रिय

2. 'बाल दोष गुन गनहिं ना साधु'-यह कथन किसका है?
(i) परशुराम का (ii) विश्वामित्र का
(iii) राम का (iv) लक्ष्मण का

3. लक्ष्मण के अनुसार, निम्नलिखित में से क्या वीर योद्धा की विशेषता है?
(i) अपनी वीरता का बखान करना
(ii) युद्ध क्षेत्र में अपना प्रताप अथवा कौशल दिखाना
(iii) अपशब्द बोलना
(iv) अधीर व क्रोधी स्वभाव

4. निम्नलिखित में से परशुराम की विशेषता क्या नहीं है?
(i) क्षत्रिय कुल का संरक्षक
(ii) ब्राह्मण कुलोत्पन्न
(iii) क्रोधी एवं अहंकारी
(iv) बाल ब्रह्मचारी

5. 'कुम्हड़बतिआ' की विशिष्टता क्या है?
(i) तीव्र प्रहार से मुरझा जाती है
(ii) अत्यधिक शीत लहर से मुरझा जाती है
(iii) शस्त्र दिखाने मात्र से भयभीत हो जाती है
(iv) तर्जनी अँगुली के संकेत मात्र से मुरझा जाती है

6. 'राम-लक्ष्मण-परशुराम संवाद' कविता के संदर्भ में शिव-धनुष टूटने की आवाज सुन परशुराम ने क्रोधित होते हुए पूछा कि धनुष किसने तोड़ा? इसका उत्तर किसने और क्या दिया? **CBSE 2022**
(i) लक्ष्मण ने कहा कि शिव-धनुष उन्होंने ही तोड़ा है।
(ii) लक्ष्मण ने कहा कि शिव-धनुष राम ने तोड़ा है।
(iii) राम ने कहा कि शिव-धनुष तोड़ने वाला आपका ही कोई सेवक होगा।
(iv) राम ने कहा कि शिव-धनुष को भंग करने वाला और कोई नहीं मैं ही हूँ।

7. परशुराम द्वारा लक्ष्मण को मारने के लिए फरसा उठाने पर सभा में उपस्थित लोगों की क्या प्रतिक्रिया हुई? **दक्षता आधारित प्रश्न**
(i) सभाजन शांतिपूर्वक बैठे रहें
(ii) एक-एक करके सभी लोग सभा से जाने लगें
(iii) सभाजन हा-हाकार मचाने लगें
(iv) सभाजन प्रसन्न मुद्रा में बैठे रहें

8. परशुराम के क्रोध को किसके समान बताया गया है? **CBSE Diksha**
(i) अग्नि के समान (ii) जल के समान
(iii) घी के समान (iv) वायु के समान

9. 'क्षत्रिय कुल द्रोही' किसे कहा जाता है? **CBSE Diksha**
(i) राम को (ii) परशुराम को
(iii) विश्वामित्र को (iv) लक्ष्मण को

10. 'कौसिक' कहकर किसे संबोधित किया गया है? **CBSE Diksha**
(i) विश्वामित्र को (ii) जनक को
(iii) उपस्थितराजाओं को (iv) वशिष्ठ को

11. परशुराम ने लक्ष्मण को कैसा बालक कहा है? **CBSE Diksha**
(i) दुष्ट और उद्दंड (ii) साहसी और बुद्धिमान
(iii) वीर और निडर (iv) डरपोक और कायर

12. माता-पिता से कौन उऋण हो चुके थे? **CBSE Diksha**
(i) परशुराम (ii) विश्वामित्र
(iii) राम (iv) लक्ष्मण

13. राम का स्वभाव कैसा था? **CBSE Diksha**
(i) विनम्र (ii) वाचाल
(iii) उद्दंड (iv) क्रोधी

14. 'जल सम बचन' किसके थे?
(i) राम के (ii) लक्ष्मण के
(iii) विश्वामित्र के (iv) परशुराम के

15. परशुराम के क्रोध का मूल कारण क्या था? **दक्षता आधारित प्रश्न**
(i) लक्ष्मण की व्यंग्यपूर्ण उक्तियाँ
(ii) शिव धनुष का टूटना
(iii) शिव धनुष का पुराना पड़ जाना
(iv) उपर्युक्त सभी कथन सत्य हैं

16. लखन उतर आहुति सरिस, भृगुबरकोपु कृसानु।
बढ़त देखि जल सम बचन, बोले रघुकुलभानु।।
कथन (क) श्रीराम लक्ष्मण को चुप रहने का आदेश देते हैं।
कथन (ख) वीर योद्धा अपने मुँह से अपनी प्रशंसा करते हैं।
कथन (ग) श्रीराम के वचनों ने परशुराम की क्रोधाग्नि में शीतल जल का काम किया है।
कविता की पंक्तियों के आधार पर कौन-सा/से कथन सही है/हैं?
दक्षता आधारित प्रश्न
(i) केवल कथन (क) सही है।
(ii) केवल कथन (ख) सही है।
(iii) कथन (क) और (ग) सही हैं।
(iv) कथन (ख) और (ग) सही हैं।

उत्तर 1. (i) सहस्रबाहु

2. (ii) विश्वामित्र का

3. (ii) युद्ध क्षेत्र में अपना प्रताप अथवा कौशल दिखाना

4. (i) क्षत्रिय कुल का संरक्षक

5. (iv) तर्जनी अँगुली के संकेत मात्र से मुरझा जाती है

6. (iii) राम ने कहा कि शिव-धनुष तोड़ने वाला आपका ही कोई सेवक होगा

7. (iii) सभाजन हा-हाकार मचाने लगें

8. (i) अग्नि के समान

9. (ii) परशुराम को

10. (i) विश्वामित्र को

11. (i) दुष्ट और उद्दंड

12. (i) परशुराम

13. (i) विनम्र

14. (i) राम के

15. (ii) शिव धनुष का टूटना

16. (iii) कथन (क) और (ग) सही हैं

काव्यांश पर आधारित बहुविकल्पीय प्रश्न

निम्नलिखित काव्यांश को पढ़कर प्रश्नों के सर्वाधिक उपयुक्त विकल्पों का चयन कीजिए

1. नाथ संभुधनु भंजनिहारा। होइहि केउ एक दास तुम्हारा।।
आयेसु काह कहिअ किन मोही। सुनि रिसाइ बोले मुनि कोही।।
सेवकु सो जो करै सेवकाई। अरिकरनी करि करिअ लराई।।
सुनहु राम जेहि सिवधनु तोरा। सहसबाहु सम सो रिपु मोरा।।
सो बिलगाउ बिहाइ समाजा। न त मारे जैहहिं सब राजा।।
सुनि मुनि बचन लखन मुसुकाने। बोले परसुधरहि अपमाने।।
बहु धनुही तोरी लरिकाईं। कबहुँ न असि रिस कीन्हि गोसाईं।।
येहि धनु पर ममता केहि हेतू। सुनि रिसाइ कह भृगुकुलकेतू।।
रे नृप बालक काल बस बोलत तोहि न सँभार।
धनुही सम त्रिपुरारि धनु बिदित सकल संसार।। **CBSE 2024**

(क) राम ने स्वयं को परशुराम का सेवक क्यों बताया?
(i) वे परशुराम के क्रोध से डर गए थे।
(ii) वे परशुराम का क्रोध शांत करना चाहते थे।
(iii) वे उनसे उम्र में बहुत ही छोटे थे।
(iv) वे व्यंग्य में उनसे ऐसा कह रहे थे।

(ख) परशुराम के क्रोध का क्या कारण था? **दक्षता आधारित प्रश्न**
(i) सभा में उन्हें न बुलाया जाना।
(ii) उनके गुरु शिव का धनुष टूटना।
(iii) लक्ष्मण की धृष्टता से भरी बातें।
(iv) राम की अभिमान से भरी बातें।

(ग) लक्ष्मण ने शिवधनुष की तुलना अन्य धनुषों से क्यों की?
(i) परशुराम का क्रोध शांत करने के लिए।
(ii) परशुराम का क्रोध और भड़काने के लिए।
(iii) परशुराम के प्रति अपने व्यंग्यात्मक लहजे के कारण।
(iv) शिवधनुष का अन्य धनुषों के जैसा होने के कारण।

(घ) परशुराम की बातें सुनकर लक्ष्मण मुस्कुराने क्यों लगे?
(i) स्वयं पर नियंत्रण न रखने के कारण
(ii) परशुराम के क्रोध को गंभीरता से न लेने के कारण
(iii) परशुराम के क्रोध को भड़काने के लिए
(iv) परशुराम के आत्मप्रशंसात्मक वचनों को सुनकर

(ङ) परशुराम ने राम के विनम्र वचनों का उत्तर कैसे दिया?
(i) विनम्रतापूर्वक
(ii) क्रोधपूर्वक
(iii) शांतिपूर्वक
(iv) तटस्थ भाव

उत्तर (क) (ii) वे परशुराम का क्रोध शांत करना चाहते थे।
(ख) (ii) उनके गुरु शिव का धनुष टूटना।
(ग) (iii) परशुराम के प्रति अपने व्यंग्यात्मक लहजे के कारण
(घ) (iv) परशुराम के आत्मप्रशंसात्मक वचनों को सुनकर
(ङ) (ii) क्रोधपूर्वक

2. लखन कहा हसि हमरे जाना। सुनहु देव सब धनुष समाना।।
का छति लाभु जून धनु तोरें। देखा राम नयन के भोरें।।
छुअत टूट रघुपतिहु न दोसू। मुनि बिनु काज करिअ कत रोसू।।
बोले चितै परसु की ओरा। रे सठ सुनेहि सुभाउ न मोरा।।
बालकु बोलि बधौं नहिं तोही। केवल मुनि जड़ जानहि मोही।।
बाल ब्रह्मचारी अति कोही। बिस्व बिदित क्षत्रियकुल द्रोही।।
भुजबल भूमि भूप बिनु कीन्ही। बिपुल बार महिदेवन्ह दीन्ही।।
सहसबाहुभुज छेदनिहारा। परसु बिलोकु महीपकुमारा।।
मातु पितहि जनि सोचबस करसि महीसकिसोर।
गर्भन्ह के अर्भक दलन परसु मोर अति घोर।।
CBSE SQP (Additional Set) 2023

(क) सारा संसार महाबाहु परशुराम को ······· के रूप में जानता है।
(i) ऋषि भृगु के शिष्य
(ii) क्षत्रियों को बचाने वाले
(iii) ऋषि विश्वामित्र के भक्त
(iv) क्षत्रियों का संहार करने वाले

(ख) परशुराम क्रोधित होने पर भी ······· की वजह से लक्ष्मण पर आक्रमण नहीं कर रहे थे। **दक्षता आधारित प्रश्न**
(i) श्रीराम
(ii) गुरु विश्वामित्र
(iii) लक्ष्मण के क्रोधित होने
(iv) लक्ष्मण को बालक समझने

(ग) कथन (क) परशुराम ने सहस्रबाहु को छोड़कर सभी राजाओं का फरसे से वध कर डाला था।
कथन (ख) परशुराम ने पृथ्वी को राजाओं से रहित कर दिया था। **दक्षता आधारित प्रश्न**
दिए गए कथनों के लिए सही विकल्प पहचानिए
(i) कथन (क) सही है और कथन (ख) उसका गलत कारण है।
(ii) कथन (क) सही है और कथन (ख) उसका सही कारण है।
(iii) कथन (क) गलत और कथन (ख) सही है।
(iv) कथन (क) और कथन (ख) दोनों सही हैं।

(घ) लक्ष्मण के अनुसार, धनुष तोड़ने में राम का कोई दोष नहीं था, क्योंकि ....।

(i) धनुष को चलाने पर वह स्वयं ही टूट गया था।

(ii) धनुष तोड़ने के लिए कहा गया था।

(iii) धनुष हाथ लगाते ही टूट गया था।

(iv) धनुष बहुत पुराना हो गया था।

(ङ) परशुराम बार-बार लक्ष्मण को फरसा क्यों दिखा रहे थे?

(i) दरबार के दूसरे लोगों को चेतावनी देने के लिए

(ii) अपना क्रोधी इतिहास बताने के लिए

(iii) दरबारियों को वहाँ से भगाने के लिए

(iv) लक्ष्मण को डराने के लिए

उत्तर (क) (iv) क्षत्रियों का संहार करने वाले

(ख) (iv) लक्ष्मण को बालक समझने

(ग) (iii) कथन (क) गलत और कथन (ख) सही है।

(घ) (iii) धनुष हाथ लगाते ही टूट गया था।

(ङ) (iv) लक्ष्मण को डराने के लिए

3. बिहसि लखनु बोले मृदु बानी। अहो मुनीसु महाभट मानी।।
पुनि पुनि मोहि देखाव कुठारु। चहत उड़ावन फूँकि पहारू।।
इहाँ कुम्हड़बतिआ कोउ नाहीं। जे तरजनी देखि मरि जाहीं।।
देखि कुठारु सरासन बाना। मैं कछु कहा सहित अभिमाना।।
भृगुसुत समुझि जनेउ बिलोकी। जो कुछु कहहु सहौं रिस रोकी।।
सुर महिसुर हरिजन अरु गाई। हमरे कुल इन्ह पर न सुराई।।
बधें पापु अपकीरति हारें। मारतहू पर परिअ तुम्हारें।।

CBSE SQP 2023

(क) परशुराम बार-बार अपना कुठार किसे और क्यों दिखा रहे थे?

(i) राम को भयभीत करने के लिए

(ii) लक्ष्मण को भयभीत करने के लिए

(iii) विश्वामित्र को भयभीत करने के लिए

(iv) महाराज जनक को भयभीत करने के लिए

(ख) निम्नलिखित पंक्तियों में से किस पंक्ति से लक्ष्मण के शक्तिशाली होने का पता चलता है? **दक्षता आधारित प्रश्न**

(i) बिहसि लखनु बोले मृदु बानी।
अहो मुनीसु महाभट मानी।।

(ii) पुनि पुनि मोहि देखाव कुठारु।
चहत उड़ावन फूँकि पहारू।।

(iii) देखि कुठारु सरासन बाना।
मैं कछु कहा सहित अभिमाना।।

(iv) इहाँ कुम्हड़बतिआ कोउ नाहीं।
जे तरजनी देखि मरि जाहीं।।

(ग) रघुकुल में किन-किन के प्रति अपनी वीरता का प्रदर्शन नहीं किया जाता है?

(i) देवता, ब्राह्मण, ईश्वर भक्त और गाय पर

(ii) स्त्रियों, बच्चों, ईश्वर भक्त और गाय पर

(iii) देवता, राजा, वीर योद्धा और स्त्रियों पर

(iv) स्त्रियों, बच्चों, राजा और गाय पर

(घ) 'बिहसि लखन बोले मृदु बानी। अहो मुनीसु महाभट मानी' यह कथन .... का उदाहरण है।

(i) व्यंग्य का (ii) हास्य का

(iii) क्रोध का (iv) वैराग्य का

(ङ) उपर्युक्त पद्यांश में लक्ष्मण के चरित्र की कौन-सी विशेषता उजागर होती है?

(i) वीरता (ii) धैर्य

(iii) शिष्टता (iv) विनम्रता

उत्तर (क) (ii) लक्ष्मण को भयभीत करने के लिए

(ख) (iv) इहाँ कुम्हड़बतिआ कोउ नाहीं।
जे तरजनी देखि मरि जाहीं।।

(ग) (i) देवता, ब्राह्मण, ईश्वर भक्त और गाय पर

(घ) (i) व्यंग्य का

(ङ) (i) वीरता

4. कौसिक सुनहु मंद येहु बालकु। कुटिल कालबस निज कुल घालकु ।।
भानुबंस राकेस कलंकू । निपट निरंकुसु अबुधु असंकू ।।
कालकवलु होइहि छन माहीं । कहौं पुकारि खोरि मोहि नाहीं ।।
तुम्ह हटकहु जौ चहहु उबारा । कहि प्रताप बल रोषु हमारा ।।
लखन कहेउ मुनि सुजसु तुम्हारा । तुम्हहि अछत को बरनै पारा ।।
अपने मुहु तुम्ह आपनि करनी । बार अनेक भाँति बहु बरनी ।।
नहि संतोष त पुनि कछु कहहू । जनि रिस रोकि दुसह दुख सहहू ।।
बीरब्रती तुम्ह धीर अछोभा । गारी देत न पावहु सोभा ।।
सूर समर करनी करहिं कहि न जनावहिं आपु ।
विद्यमान रन पाइ रिपु कायर कथहिं प्रतापु ।

CBSE SQP Term I 2021

(क) लक्ष्मण ने वीरों और कायरों की जो पहचान बताई है उसके अनुसार क्या सहीं नहीं है?

(i) वीर अपने मुँह से अपनी प्रशंसा नहीं करते, कायर ही अपनी प्रशंसा करते हैं।

(ii) वीर अपना पराक्रम युद्ध क्षेत्र में दिखाते हैं। कायर केवल डींगे हाँकते हैं।

(iii) वीर धैर्यवान होते हैं, जबकि कायरों में अधीरता होती है।

(iv) वीर शत्रु के समक्ष प्रताप का वर्णन करते हैं, जबकि कायर नहीं करते।

(ख) क्रोध में भरकर परशुराम ने लक्ष्मण को क्या कहा है?

(i) सूर्यवंश में चंद्रमा के समान कलंकी

(ii) चंद्रवंश में सूर्य के समान प्रतापी

(iii) सूर्यवंश में उदित बाल सूर्य

(iv) चंद्रवंश के कलंकी चंद्रमा

(ग) परशुराम ने विश्वामित्र से किस प्रकार लक्ष्मण को समझाने की बात कही है? **दक्षता आधारित प्रश्न**

(i) सहस्रबाहु के वध के वर्णन द्वारा

(ii) अपने प्रताप, बल और क्रोध के वर्णन द्वारा

(iii) अपने प्रताप, बल और यश के वर्णन द्वारा

(iv) पृथ्वी को क्षत्रिय विहीन करने की घटना के वर्णन द्वारा

(घ) लक्ष्मण के अनुसार, परशुराम के मुँह से अपशब्द शोभा नहीं देते, क्यों?

(i) वे ब्राह्मण और संन्यासी हैं।

(ii) वे तपस्वी और अवतारी हैं।

(iii) वे वीर और धीर हैं।

(iv) वे शिव के भक्त हैं।

(ङ) लक्ष्मण ने परशुराम से कहा, "आपके रहते आपका सुयश और कौन बता सकता है?"ऐसा कहने के पीछे मंतव्य है

(i) सम्मानजनक (ii) व्यंग्यात्मक
(iii) रोषपूर्ण (iv) उपेक्षापूर्ण

उत्तर (क) (iv) वीर शत्रु के समक्ष प्रताप का वर्णन करते हैं, जबकि कायर नहीं करते।

(ख) (i) सूर्यवंश में चंद्रमा के समान कलंकी

(ग) (ii) अपने प्रताप, बल और क्रोध के वर्णन द्वारा

(घ) (iii) वे वीर और धीर हैं।

(ङ) (ii) व्यंग्यात्मक

5. तुम्ह तौ कालु हाँक जनु लावा। बार बार मोहि लागि बोलावा।।
सुनत लखन के बचन कठोरा। परसु सुधारि धरेउ कर घोरा।।
अब जनि देइ दोसु मोहि लोगू। कटुबादी बालकु बधजोगू।।
बाल बिलोकि बहुत मैं बाँचा। अब येहु मरनिहार भा साँचा।।
कौसिक कहा छमिअ अपराधू। बाल दोष गुन गनहिं न साधू।।
खर कुठार मैं अकरुन कोही। आगे अपराधी गुरुद्रोही।।
उतर देत छोड़ौं बिनु मारे। केवल कौसिक सील तुम्हारे।।
न त येहि काटि कुठार कठोरे। गुरहि उरिन होतेउँ श्रम थोरे।।

(क) काव्यांश के आधार पर बताइए कि लक्ष्मण के किस कथन से उनकी निडरता का परिचय मिलता है? दक्षता आधारित प्रश्न

(i) परशुराम से यह कहना कि बार-बार आवाज लगाकर काल को मेरे लिए बुला रहे हो
(ii) कड़वे कथन बोलने से
(iii) अपराध करने से
(iv) उपर्युक्त में से कोई नहीं

(ख) परशुराम ने लक्ष्मण को कैसे बालक की संज्ञा दी है?

(i) कटु बोलने वाले (ii) मृदु बोलने वाले
(iii) अहंकारी वचन वाले (iv) निर्भयी

(ग) 'अब जनि देइ दोसु मोहि लोगू। कटुवादी बालकु बध जोगू' यह कथन ······ का उदाहरण है।

(i) हास्य का (ii) रौद्र का (iii) वैराग्य (iv) अद्‌भुत

(घ) परशुराम लक्ष्मण पर क्यों क्रोधित हो गए?

(i) लक्ष्मण के कठोर वचन सुनकर
(ii) लक्ष्मण की व्यंग्य भरी बातें सुनकर
(iii) (i) और (ii) दोनों
(iv) शिव धनुष टूटने से

(ङ) काव्यांश के आधार पर बताइए कि परशुराम के क्रोध को देखकर कौन खड़ा हुआ? दक्षता आधारित प्रश्न

(i) लक्ष्मण (ii) श्रीराम
(iii) विश्वामित्र (iv) सभा जन

उत्तर (क) (i) परशुराम से यह कहना कि बार-बार आवाज़ लगाकर काल को मेरे लिए बुला रहे हो

(ख) (i) कटु बोलने वाला

(ग) (ii) रौद्र का

(घ) (iii) (i) और (ii) दोनों

(ङ) (iii) विश्वामित्र

काव्यबोध पर आधारित प्रश्नोत्तर

निम्नलिखित प्रश्नों के उत्तर संक्षेप में दीजिए

1. परशुराम के क्रोध का मूल कारण क्या था? स्पष्ट कीजिए। CBSE 2014, 10

उत्तर सीता स्वयंवर के दौरान राम ने राजा जनक के दरबार में रखे धनुष को उठाकर उस पर प्रत्यंचा चढ़ाने की कोशिश की। इसी क्रम में वह धनुष उनसे टूट गया। उस धनुष का टूटना ही परशुराम के क्रोध का मूल कारण था, क्योंकि वास्तव में, वह धनुष भगवान शिव का था और परशुराम शिवजी के अनन्य भक्त थे।

2. जब परशुराम ने शिव धनुष को तोड़ने वाले के विषय में पूछा, तो श्रीराम ने सीधा उत्तर न देकर यह क्यों कहा कि–"नाथ शिवजी के धनुष को तोड़ने वाला आपका ही कोई सेवक होगा?"

उत्तर श्रीराम परशुराम के क्रोधी स्वभाव से परिचित थे। वे जानते थे कि परशुराम के क्रोध को केवल विनम्रता से ही शांत किया जा सकता है और ऋषि होने के कारण उन्हें त्रुटियों के लिए क्षमा करना भी आता है। इसी कारण श्रीराम ने उनके पूछने पर सीधा उत्तर न देकर यह कहा कि नाथ शिवजी के धनुष को तोड़ने वाला आपका ही कोई सेवक होगा।

3. परशुराम ने सहस्रबाहु को अपना शत्रु क्यों माना? CBSE 2016

अथवा **सहस्रबाहु कौन था? परशुराम ने उसे अपना शत्रु क्यों माना?** CBSE Diksha

उत्तर परशुराम ने सहस्रबाहु को अपना शत्रु इसलिए माना, क्योंकि एक बार सहस्रबाहु शिकार खेलता हुआ परशुराम के पिता जमदग्नि के आश्रम में आया और ऋषि जमदग्नि से कामधेनु (सभी कामनाओं को पूरा करने वाली) गाय की माँग की। ऋषि ने सहस्रबाहु को गाय देने से मना कर दिया। इस पर उसने कामधेनु गाय का बलपूर्वक अपहरण कर लिया। इससे क्रोधित होकर परशुराम ने सहस्रबाहु की सेना को समाप्त कर दिया और उसका वध कर डाला।

4. स्वयंवर स्थल पर धनुष तोड़ने वाले को परशुराम ने किस प्रकार धमकाया? CBSE 2016

उत्तर परशुराम शिव भक्त थे, इसलिए उन्होंने शिवधनुष तोड़ने वाले को धमकाते हुए कहा कि जिस किसी ने भगवान शिव के इस धनुष को तोड़ा है, वह सहस्रबाहु के समान ही मेरा शत्रु है। यदि शिव के धनुष को तोड़ने वाला इस सभा से अलग नहीं हुआ, तो सभा में उपस्थित सभी राजा मेरे हाथों मारे जाएँगे।

5. लक्ष्मण कौन थे तथा उन्हें परशुराम जी से वाद-विवाद करना क्यों आवश्यक हो गया? CBSE 2015

उत्तर लक्ष्मण श्रीराम के छोटे भाई थे। अपने बड़े भाई श्रीराम के प्रति उनकी अपार श्रद्धा थी। परशुराम सभा में आकर राम पर अकारण ही क्रोध कर रहे थे और उन्हें शिवधनुष भंग करने का अपराधी सिद्ध करने पर तुले हुए थे। अपने बड़े भाई का पक्ष लेने हेतु लक्ष्मण के लिए परशुरामजी से वाद-विवाद करना आवश्यक हो गया था।

6. लक्ष्मण ने अपनी व्यंग्योक्ति द्वारा परशुराम को विनम्रतापूर्वक क्या कहा? पाठ के आधार पर स्पष्ट कीजिए। CBSE 2015

उत्तर लक्ष्मण ने अपनी व्यंग्योक्ति द्वारा परशुराम को विनम्रतापूर्वक कहा कि श्रीराम ने तो केवल शिव के पुराने धनुष को मात्र छुआ था, अब यदि वह छूने मात्र से ही टूट गया, तो इसमें उनका कोई दोष नहीं है।

लक्ष्मण ने अपने इस कथन को सत्य ठहराने के लिए इसी प्रकार के कई व्यंग्य कथनों का प्रयोग किया।

7. 'रामचरितमानस' के लक्ष्मण-परशुराम के वाद-विवाद का कारण संक्षेप में लिखिए। **CBSE 2013**

उत्तर 'रामचरितमानस' में लक्ष्मण-परशुराम के वाद-विवाद का कारण सीता-स्वयंवर में शिवधनुष का खंडित होना था। शिवधनुष के भंग होने को परशुराम अपने गुरु शिव का अपमान समझते हैं और इस पर क्रोधित होते हैं, परंतु लक्ष्मण को उस धनुष के टूट जाने में कोई लाभ-हानि नजर नहीं आती। उनके अनुसार, श्रीराम ने तो केवल उस धनुष को छुआ ही था, वह उनके छूने से ही टूट गया। इसमें उनका कोई दोष नहीं। अत: परशुराम के क्रोधित होने का कोई कारण ही नहीं है। इसी संदर्भ में लक्ष्मण-परशुराम का वाद-विवाद हुआ।

8. ''मातु पितहि जनि सोचबस करसि महीस किसोर''-पंक्ति का आशय स्पष्ट कीजिए। **दक्षता आधारित प्रश्न**

उत्तर लक्ष्मण की व्यंग्यपूर्ण उक्तियों से परशुराम का क्रोध बढ़ने लगता है और वे लक्ष्मण को चेतावनी देते हुए कहते हैं कि अरे राजकुमार तू अपने माता-पिता के विषय में सोचकर स्वयं को वश में कर ले अर्थात् यदि मैंने क्रोधवश तेरा वध कर दिया, तो तेरे माता-पिता की दशा चिंतनीय हो जाएगी।

9. परशुराम द्वारा लक्ष्मण से उनके फरसे की ओर देख लेने की बात कहने के पीछे उनका क्या उद्देश्य था? **दक्षता आधारित प्रश्न**

उत्तर परशुराम लक्ष्मण को भयभीत करने के उद्देश्य से सहस्रबाहु की भुजाओं को काटने वाले फरसे की ओर देखने के लिए कहते हैं, जिससे लक्ष्मण भयभीत होकर उनके क्रोध को जागृत कर बढ़ाने वाली व्यंग्योक्तियों को बोलना बंद कर दें, अन्यथा वे उनका वध कर देंगे।

10. परशुराम अपने फरसे के बारे में क्या कहते हैं? उनके कथन से उनके स्वभाव की किस विशेषता की जानकारी प्राप्त होती है? **CBSE 2013**

उत्तर परशुराम ने अपने फरसे के विषय में बताते हुए कहा कि मेरे इस फरसे ने सहस्रबाहु की भुजाओं को काट डाला था। मेरा यह फरसा बहुत भयानक है। इसकी कठोर आवाज तो गर्भ के बच्चों का भी नाश करने वाली है। परशुराम के इन कथनों से उनके अहंकारी, अभिमानी तथा क्रोधी स्वभाव की जानकारी मिलती है।

11. परशुराम के वक्तव्य में असमानता और विरोधाभास किस प्रकार प्रकट होता है? **दक्षता आधारित प्रश्न**

उत्तर परशुराम ने लक्ष्मण पर क्रोध दिखाते हुए कहा कि वह उसका वध इसलिए नहीं कर रहे हैं, क्योंकि वह एक बालक है। उसका वध करने से उनकी वीरता कलंकित होगी। इसके विपरीत जब वह कहते हैं कि उनके फरसे की कठोर आवाज तो गर्भ के बच्चों का भी नाश कर देती है, तब वह अपनी ही बात का विरोध करते हुए दिखाई देते हैं। अत: परशुराम का वक्तव्य असमानता और विरोधाभास प्रकट करता है।

12. ''हम भी कोई कुम्हड़े के छोटे फल नहीं हैं, जो तर्जनी उँगली को देखते ही मर जाएँगे।''-लक्ष्मण ने ऐसा क्यों कहा?

उत्तर परशुराम बार-बार लक्ष्मण को अपना फरसा दिखाकर डरा रहे थे। इसलिए लक्ष्मण ने परशुराम से कहा कि हे मुनि! आप तो अपने को बहुत बड़ा योद्धा समझते हैं। मुझे तो ऐसा लगता है कि आप फूँक से पहाड़ उड़ाना चाहते हैं।

यदि ऐसा है तो हम भी कुम्हड़े के छोटे फल नहीं हैं, जो तर्जनी उँगली को देखते ही मर जाएँगे। इस प्रकार, लक्ष्मण इस कथन के द्वारा परशुराम से यह कहना चाहते हैं कि वह उन्हें कमज़ोर समझने की भूल न करें।

13. लक्ष्मण ने परशुराम की अहंकार से भरी हुई बातों को सहने का क्या कारण बताया? **दक्षता आधारित प्रश्न**

अथवा **लक्ष्मण क्रोध को रोककर परशुराम के कठोर वचनों को सह रहे थे—इस संबंध में लक्ष्मण ने अपने कुल की क्या मर्यादाएँ बताईं?** **CBSE 2013**

उत्तर लक्ष्मण, परशुराम के कठोर वचनों को सुनकर भी अपने क्रोध को रोक रहे थे, क्योंकि यह उनके कुल की मर्यादा के अनुरूप था। अपने कुल की मर्यादाएँ बताते हुए उन्होंने कहा कि देवता, ब्राह्मण, भगवान के भक्त और गाय पर हमारे कुल के व्यक्ति वीरता नहीं दिखाया करते हैं। इन्हें मारने से पाप लगता है और इनसे हार जाने से अपयश मिलता है। अत: यदि आप मुझे मारेंगे, तो भी मैं आपके पैर ही पड़ूँगा।

14. परशुराम ने 'कौसिक' कहकर किसे संबोधित किया है? उनका 'कौसिक' को संबोधित करने का क्या कारण हो सकता है?

उत्तर परशुराम ने ऋषि विश्वामित्र को 'कौसिक' कहकर संबोधित किया है, क्योंकि विश्वामित्र राम एवं लक्ष्मण के गुरु थे और केवल वे ही लक्ष्मण को कटु वचन बोलने से मना कर सकते थे। इसके अतिरिक्त विश्वामित्र परशुराम तथा लक्ष्मण दोनों के स्वभाव से भी भली-भाँति परिचित थे।

15. परशुराम ने लक्ष्मण की शिकायत विश्वामित्र से ही क्यों की? पठित पाठ के संदर्भ में स्पष्ट कीजिए। **CBSE 2013**

उत्तर परशुराम ने लक्ष्मण की शिकायत विश्वामित्र से ही की, क्योंकि विश्वामित्र ही लक्ष्मण को स्वयंवर सभा में अपने साथ लाए थे और वे उनके गुरु भी थे। परशुराम को लगा होगा कि अपने गुरु द्वारा समझाने पर लक्ष्मण उनके साथ विवाद नहीं करेंगे और उनके क्रोध से भी बच जाएँगे।

16. शूरवीर और कायर में क्या अंतर है? पठित पाठ के आलोक में स्पष्ट कीजिए। **CBSE 2013**

उत्तर 'राम-लक्ष्मण-परशुराम संवाद' पाठ में लक्ष्मण ने शूरवीर और कायर की विशेषताएँ बताते हुए, उनके मध्य अंतर स्पष्ट किया है। शूरवीर व्यक्ति स्वयं अपने मुख से अपनी प्रशंसा नहीं करते हैं, वे युद्धभूमि में अपनी वीरता का प्रमाण युद्ध कौशल से देते हैं; जबकि शत्रु को युद्धभूमि में उपस्थित देखकर भी युद्ध न कर केवल बातों से अपनी शक्ति और सामर्थ्य की डींग मारने वाले कायर होते हैं।

17. **"तुम्ह तौ कालु हाँक जनु लावा। बार-बार मोहि लागि बोलावा"—इस पंक्ति में छिपा व्यंग्य स्पष्ट कीजिए।** दक्षता आधारित प्रश्न

उत्तर उक्त पंक्ति के माध्यम से लक्ष्मण परशुराम से यह कहते हैं कि वे उनके लिए मृत्यु को हाँक (आवाज़) लगा-लगा कर बुला रहे हैं। लक्ष्मण के ऐसा कहने का तात्पर्य यह है कि परशुराम के द्वारा अपने पराक्रम की डींग हाँकने और फरसा दिखाकर बार-बार डराने-धमकाने से वे डरने वाले नहीं हैं, क्योंकि वे एक वीर बालक हैं। लक्ष्मण के द्वारा कही गई इस पंक्ति से उनकी वीरता तथा निडरता व्यक्त होती है।

18. **'राम लक्ष्मण परशुराम संवाद' कविता के आधार पर लिखिए कि रघुकुल में किस-किस पर वीरता का प्रदर्शन नहीं किया जाता और क्यों?** CBSE 2024

उत्तर 'राम-लक्ष्मण-परशुराम संवाद' कविता में लक्ष्मण ने अपने रघुकुल की उस परंपरा का वर्णन किया है जिसके अनुसार, देवता, ब्राह्मण, भगवान, भक्त और गाय पर वीरता नहीं दिखाई जाती, क्योंकि इन्हें मारने से पाप लगता है और इनसे हारने पर अपकीर्ति होती है।

19. **'गाधिसूनु' किसे कहा गया है? वे मुनि की किस बात पर मन ही मन मुस्करा रहे थे?** CBSE 2016

उत्तर 'राम-लक्ष्मण-परशुराम संवाद' में ऋषि विश्वामित्र को 'गाधिसूनु' कहकर संबोधित किया गया है। जब परशुराम ने विश्वामित्र से यह कहा कि मैं केवल आपके कारण ही लक्ष्मण का वध नहीं कर रहा हूँ, तो विश्वामित्र मन-ही-मन हँसने लगे, क्योंकि उनके अनुसार परशुराम श्रीराम और लक्ष्मण को साधारण क्षत्रिय ही समझ रहे हैं, जबकि ये दोनों बालक लोहे की बनी हुई तलवारें हैं, गन्ने की नहीं, जो मुँह में लेते ही गल जाएँगी।

20. **'भृगुसुत' तथा 'गाधिसूनु' शब्द यहाँ किन-किन के लिए प्रयुक्त हुए हैं? 'राम-लक्ष्मण-परशुराम संवाद' पाठ के आधार पर स्पष्ट कीजिए।** दक्षता आधारित प्रश्न

उत्तर 'राम-लक्ष्मण-परशुराम संवाद' प्रसंग के अंतर्गत 'भृगुसुत' शब्द का प्रयोग परशुराम तथा 'गाधिसूनु' का प्रयोग विश्वामित्र के लिए किया गया है। जब परशुराम फरसा दिखाते हुए अपने पराक्रम का स्वयं बखान कर लक्ष्मण को डराना चाहते हैं, तो लक्ष्मण उनसे कहते हैं—मैंने तो आपको भृगुवंशी समझकर और यज्ञोपवीत (जनेऊ) पहने हुए देख अपने क्रोध को सह लिया। वस्तुत: परशुराम जमदग्नि के पुत्र और भृगु ऋषि के पौत्र थे। ऋषि गाधि का पुत्र होने के कारण ही विश्वामित्र को 'गाधिसूनु' कहा गया है।

21. **"अयमय खाँड़ न ऊखमय" का तात्पर्य स्पष्ट कीजिए।** CBSE 2016, 13

उत्तर परशुराम जब विश्वामित्र से लक्ष्मण के बारे में कहते है कि इसे तो बस आपके शील के कारण छोड़ रहा हूँ, अन्यथा थोड़े परिश्रम से ही अपने फरसे से इसे मारकर मैं अपने गुरु के ऋण से मुक्त हो जाता, तब विश्वामित्र उनकी इस बात पर मन-ही-मन हँसते हुए सोचते हैं कि मुनि को हरा-ही-हरा सूझ रहा है। आगे वे राम-लक्ष्मण के बारे में सोचते हुए स्वयं से कहते हैं—'अयमय खाँड़ न ऊखमय' अर्थात् ये बालक लोहे की बनी तलवार हैं न कि गन्ने की खाँड, जो मुँह में लेते ही गल जाए। फिर भी परशुराम इन्हें पहचानने में भूल कर रहे हैं।

22. **'राम-लक्ष्मण-परशुराम संवाद' में किसकी उपमा लौहमयी खाँड़ से की गई है और क्यों?** CBSE 2013

उत्तर 'राम-लक्ष्मण-परशुराम संवाद' में राम व लक्ष्मण की उपमा लौहमयी खाँड़ से की गई है, क्योंकि वे कोई साधारण क्षत्रिय बालक नहीं थे। वह रघुकुल के परमवीर अति साहसी और तेजस्वी राजकुमार थे, बावजूद इसके इन दोनों भाइयों के युद्ध कौशल व वीरता से अनभिज्ञ परशुरामजी उन्हें पहचान नहीं पाए।

23. **लक्ष्मण द्वारा परशुराम के शील के संसार में प्रसिद्ध होने की बात में निहित व्यंग्य को स्पष्ट कीजिए।** दक्षता आधारित प्रश्न

उत्तर लक्ष्मण परशुराम के क्रोधी स्वभाव पर व्यंग्य करते हुए उनके शील स्वभाव के विश्व प्रसिद्ध होने की बात कहते हैं। वे परशुराम पर व्यंग्य करते हुए कहते हैं कि आपके शील स्वभाव अर्थात् क्रोध से संपूर्ण विश्व परिचित है। शीलवान व्यक्ति का चित्त शांत होता है, वह क्रोध नहीं करता। इस प्रकार यदि परशुराम स्वयं को शीलवान समझते हैं, तो यह अत्यंत ही हास्यास्पद है।

24. **'राम-लक्ष्मण-परशुराम संवाद' कविता के आधार पर मुनि विश्वामित्र के व्यवहार के औचित्य पर प्रकाश डालिए।** दक्षता आधारित प्रश्न

उत्तर 'राम-लक्ष्मण-परशुराम संवाद' में मुनि विश्वामित्र का व्यवहार परिस्थिति के अनुरूप था। उनका व्यवहार अत्यंत संयमित तथा शांत था। उन्होंने लक्ष्मण को परशुराम के क्रोध से बचाने के लिए, परशुराम के क्रोध को शांत करने का प्रयास किया और उन्हें यह स्मरण कराया कि अबोध बालकों को क्षमा करना ही साधु पुरुषों का धर्म है।

विश्वामित्र को दोनों भाइयों की वीरता व युद्ध-कौशल पर संदेह न था, जिस कारण वे इस बात पर मन-ही-मन हँस रहे थे कि मुनि परशुराम राम-लक्ष्मण को साधारण क्षत्रिय कुमार समझ रहे हैं। मुनिवर अभी तक इनके वास्तविक स्वरूप से परिचित नहीं हो पाए हैं।

25. **परशुराम की स्वभावगत विशेषताएँ क्या हैं? पाठ के आधार पर लिखिए।** CBSE 2016

अथवा **परशुराम के चरित्र की दो विशेषताओं का उल्लेख कीजिए।** CBSE 2014, 13

अथवा **काव्यांश के आधार पर परशुराम के स्वभाव की दो विशेषताओं पर सोदाहरण टिप्पणी कीजिए।** CBSE 2017

उत्तर प्रस्तुत संवाद के आधार पर परशुराम की स्वभावगत/ चारित्रिक विशेषताएँ निम्नलिखित हैं

(i) परशुराम मर्यादा का पालन करने वाले व्यक्ति हैं। बालक का वध न करने की बात कहना इस बात का प्रमाण है।

(ii) वे बाल ब्रह्मचारी तथा अत्यंत क्रोधी स्वभाव वाले हैं।

(iii) वे क्षत्रियों के घोर विरोधी हैं।

(iv) वे भगवान शिव के परम भक्त हैं।

(v) वे वीर, साहसी और दानी भी हैं। उन्होंने अनेक बार क्षत्रियों से धरती को जीतकर उसे ब्राह्मणों को दान में दे दिया।

26. **लक्ष्मण ने परशुराम के लिए कैसी व्यंग्यवाणी का सहारा लिया था? उसका परिणाम क्या हुआ था?** **CBSE 2015**

उत्तर परशुराम से संवाद के दौरान लक्ष्मण ने व्यंग्यपूर्ण बातों का सहारा लेकर उन्हें अत्यंत चुभने वाली और अपमानजनक बातें कहीं। उन्होंने शिवधनुष को सामान्य धनुष बताकर बचपन में ऐसे कितने ही धनुष तोड़ने की बात सुनाई। लक्ष्मण का कहना था धनुष काफी पुराना था। इसलिए वह श्रीराम के छूने मात्र से ही टूट गया। लक्ष्मण ने परशुराम की वाणी की तुलना वज्र से करते हुए उनके फरसे व धनुष को व्यर्थ सिद्ध किया। उन्हें स्वयं अपने प्रताप की डींग हाँकने वाला बताकर कायर प्रमाणित किया। उन पर शत्रु से डरकर युद्ध न करने और केवल घर में ही वीर होने का आरोप मढ़ा। लक्ष्मण के ऐसा कहने का परिणाम यह हुआ कि वहाँ उपस्थित सभी लोगों ने लक्ष्मण के व्यवहार को अनुचित कहा और अंतत: श्रीराम ने मधुर और संतुलित वाणी में विनती कर परशुराम की क्रोधाग्नि को शांत किया।

27. **राम, लक्ष्मण एवं परशुराम में से किसका व्यवहार आपको अधिक अच्छा लगता है? क्यों? तर्कसहित उत्तर दीजिए।** **CBSE 2013**

उत्तर हमें राम, लक्ष्मण एवं परशुराम में से श्रीराम का व्यवहार सबसे अधिक अच्छा लगता है, क्योंकि वह अत्यंत कोमल और विनम्र स्वभाव के हैं। वे विपरीत परिस्थिति में भी अपने मृदु व्यवहार का त्याग नहीं करते और परिस्थिति को सँभालने का प्रयास करते हैं। वे बड़ों का आदर करते हैं और उनकी आज्ञाओं का पालन करते हैं। उनका व्यवहार सभी प्राणियों के लिए प्रेरणादायी है। वे अपनी भूलों को स्वीकार कर क्षमा माँगने के लिए तैयार रहते हैं।

28. **परशुराम के क्रोध करने पर लक्ष्मण ने धनुष टूट जाने के लिए कौन-कौन से तर्क दिए?** **CBSE Diksha**

उत्तर सीता स्वयंवर के अवसर पर श्रीराम ने शिव जी के धनुष को तोड़ दिया था, जिससे परशुराम अत्यंत क्रोधित हो गए थे। तब लक्ष्मण ने धनुष टूट जाने के कारण बताते हुए कहा कि वह

(क) धनुष बहुत पुराना तथा जीर्ण था।

(ख) श्रीराम के छूते ही वह टूट गया।

(ग) लक्ष्मण की दृष्टि में सभी धनुष एक समान थे।

(घ) ऐसे पुराने धनुष के टूट जाने पर किसी तरह की लाभ-हानि की चिंता करना व्यर्थ है।

29. **'राम-लक्ष्मण-परशुराम संवाद' से आपको क्या शिक्षा मिलती है?**

उत्तर 'राम-लक्ष्मण-परशुराम संवाद' से हमें क्रोध से बचने की शिक्षा मिलती है। क्रोध सोचने की शक्ति को नष्ट कर देता है। क्रोधी व्यक्ति अच्छा-बुरा और उचित-अनुचित में भेद नहीं कर पाता। क्रोध से समस्याएँ सुलझने के बजाय और उलझ जाती हैं।

क्रोधी व्यक्ति दूसरों को डराने-धमकाने और अपना प्रभाव जमाने के लिए डींगें हाँकता है और फिर आगे चलकर वह अपने ही व्यवहार से हँसी और अपमान का पात्र बन जाता है। एक ओर क्रोधी स्वभाव वाले परशुराम और लक्ष्मण के व्यवहार को सभासद अनुचित मानते हैं, वहीं दूसरी ओर शांत चित्त राम अपने विवेक और मृदु वाणी से सबका दिल जीतकर स्थिति को सामान्य कर लेते हैं। अत: हमें राम के आचरण का अनुसरण करना चाहिए।

30. **'क्रोध से बात और अधिक बिगड़ जाती है।' 'राम-लक्ष्मण-परशुराम संवाद' कविता के आलोक में इस कथन की पुष्टि कीजिए।** **CBSE SQP 2022**

उत्तर क्रोध से बात और अधिक बिगड़ जाती है, क्योंकि क्रोध सोचने-समझने की शक्ति को नष्ट कर देता है। क्रोधी व्यक्ति अच्छा-बुरा और उचित-अनुचित में भेद नहीं कर पाता। उसका वाणी पर भी नियंत्रण नहीं होता। अत: वह विपक्षी को कटु व व्यंग्य वचन सुनाता है। 'राम-लक्ष्मण-परशुराम संवाद' कविता में परशुराम जी के क्रोध करने के कारण लक्ष्मण जी ने भी उनकी अवस्था व पद का ध्यान न रखकर उन्हें कठोर उत्तर दिया। शांत चित्त वाले श्रीराम ने अपने विवेक और मृदुल वाणी से सबका दिल जीतकर स्थिति को सामान्य किया अन्यथा लक्ष्मण और परशुराम के क्रोध से समस्याएँ सुलझने की बजाय और उलझ जातीं।

31. **परशुराम के प्रति लक्ष्मण के व्यवहार पर अपने विचार लिखिए।** **CBSE 2013**

उत्तर परशुराम के प्रति लक्ष्मण का व्यवहार उचित था। लक्ष्मण एक वीर, चतुर तथा तुरंत उत्तर देने में निपुण और सहज ही उत्तेजित हो जाने वाले युवक सिद्ध होते हैं। परशुराम के बड़बोलेपन और धमकियों पर वह निरंतर व्यंग्य बाणों की वर्षा करते दिखाई देते हैं। लक्ष्मण का यह व्यवहार कुछ समय तक तो रोचक लगता है, लेकिन अति उत्साह में आकर जब वह परशुराम पर तीखे, कटु और शिष्टता का उल्लंघन करने वाले व्यंग्य करने लगते हैं, तो सभासद इसे अनुचित कहने लगते हैं, तब राम को भी उन्हें चुप हो जाने का संकेत करना पड़ता है।

32. **'राम-लक्ष्मण-परशुराम संवाद' पाठ के आधार पर तुलसीदास के भाषा-सौंदर्य पर टिप्पणी कीजिए।** **CBSE Diksha**

उत्तर 'राम-लक्ष्मण-परशुराम संवाद' तुलसीदास द्वारा अवधी भाषा में रचित प्रकरण है, जिसमें उन्होंने दोहा-चौपाई छंद शैली का प्रयोग किया है। काव्य में वीर रस की प्रधानता है तथा व्यंग्योक्तियों के माध्यम से व्यंजना शैली की अभिव्यक्ति हुई है। 'सकल संसार', 'हसि हमरे', 'काज करिअ कत', 'बालकु बोलि' इत्यादि में अनुप्रास अलंकार है। 'सहस्रबाहु सम सो रिपु मोरा,' 'धनुही सम त्रिपुरारिधनु' में उपमा अलंकार है। 'रघुकुल भानु' में रूपक व 'सो जनु हमरेहि माथे काढ़ा' में उत्प्रेक्षा अलंकार है।

33. **परशुराम ने अपनी किन विशेषताओं के उल्लेख के द्वारा लक्ष्मण को डराने का प्रयास किया?** **CBSE 2019**

उत्तर परशुराम ने अपनी निम्नलिखित विशेषताओं का उल्लेख करते हुए लक्ष्मण को डराने का प्रयास किया

- परशुराम ने सभा में कहा कि मैं बाल ब्रह्मचारी हूँ और अत्यंत क्रोधी स्वभाव का हूँ।
- सारी दुनिया जानती है कि मैं क्षत्रिय कुल का नाश करने वाला हूँ।
- मैंने अपनी भुजाओं के बल से अनेक बार इस पृथ्वी को राजाओं से रहित कर दिया था और जीती हुई पृथ्वी ब्राह्मणों को दान में दी थी।
- मैंने इस फरसे से सहस्रबाहु की भुजाओं को काट डाला था। मेरा यह फरसा इतना भयानक है कि इसे देखने मात्र से स्त्रियों के गर्भस्थ शिशु भी नष्ट हो जाते हैं। तू मुझसे भिड़कर अपने माता-पिता को चिंता में मत डाल।

स्व-मूल्यांकन

कविता पर आधारित बहुविकल्पीय प्रश्न

निम्नलिखित प्रश्नों के सर्वाधिक उपयुक्त विकल्पों का चयन कीजिए

1. परशुराम ने लक्ष्मण की शिकायत किससे की?

(i) सभा में उपस्थित लोगों से (ii) राम से
(iii) लक्ष्मण की माँ से (iv) विश्वामित्र से

2. परशुराम के सुयश के विषय में लक्ष्मण द्वारा कहा गया निम्न में से कौन-सा कथन सही है? **दक्षता आधारित प्रश्न**

(i) आप वीरता का व्रत धारण करने वाले हैं।
(ii) आप क्षोभरहित हैं।
(iii) आपको गाली देना शोभा नहीं देता
(iv) उपर्युक्त सभी

3. छुअत टूट रघुपतिहु न दोसू। मुनि बिनु काज करिअ कत।
यह धनुष तो मात्र छूने से ही टूट गया इसमें ………… का दोष नहीं है।

(i) लक्ष्मण (ii) राम
(iii) जनक (iv) विश्वामित्र

काव्यांश पर आधारित बहुविकल्पीय प्रश्न

निम्नलिखित काव्यांश को पढ़कर प्रश्नों के सर्वाधिक उपयुक्त विकल्पों का चयन कीजिए

1. कहेउ लखन मुनि सीलु तुम्हारा। को नहि जान बिदित संसारा।।
माता पितहि उरिन भये नीकें। गुररिनु रहा सोचु बड़ जी कें।।
सो जनु हमरेहि माथें काढ़ा। दिन चलि गए ब्याज बड़ बाढ़ा।।
अब आनिअ ब्यवहरिआ बोली। तुरत देउँ मैं थैली खोली।।
सुनि कटु बचन कुठार सुधारा। हाय हाय सब सभा पुकारा।
भृगुबर परसु देखाबहु मोही। बिप्र बिचारि बचौं नृपद्रोही।।
मिले न कबहूँ सुभट रन गाढ़े। द्विजदेवता घरहि के बाढ़े।।
अनुचित कहि सबु लोगु पुकारे। रघुपति सयनहि लखनु नेवारे।।

(क) ब्याज देने के संदर्भ में लक्ष्मण ने किसके समक्ष प्रस्ताव रखा?

(i) सभा के (ii) परशुराम के
(iii) विश्वामित्र के (iv) ये सभी

(ख) लक्ष्मण के किन शब्दों से परशुराम पुनः क्रोधित हो गए?

(i) हे नृपद्रोही! मैं ब्राह्मण समझकर आपको बचा रहा हूँ
(ii) हे ब्राह्मण देवता लगता है रणधीर वीरों से आपका सामना कभी नहीं हुआ
(iii) (i) और (ii) दोनों
(iv) आप (परशुराम) ज्ञानी-महाज्ञानी है

(ग) **कथन (क)** परशुराम भृगु वंश में श्रेष्ठ भृगु ऋषि के वशंज थे।
कथन (ख) परशुराम पर उनके गुरु का ऋण बाकी था।
दिए गए कथनों के लिए सही विकल्प पहचानिए **दक्षता आधारित प्रश्न**

(i) कथन (क) सही है और कथन (ख) उसका गलत कारण है।
(ii) कथन (क) गलत है और कथन (ख) भी गलत है।
(iii) कथन (क) गलत और कथन (ख) सही है।
(iv) कथन (क) और कथन (ख) दोनों सही हैं।

(घ) काव्यांश के आधार पर बताइए कि किसकी बात सुनकर सभा में उपस्थित लोग 'यह अनुचित है' कहकर पुकारने लगे? **दक्षता आधारित प्रश्न**

(i) परशुराम की (ii) लक्ष्मण की
(iii) विश्वामित्र की (iv) श्रीराम जी की

(ङ) 'लखन उत्तर आहुति सरिस भृगुबरकोपु कृसानु' पंक्ति का भाव स्पष्ट कीजिए।

(i) लक्ष्मण के उत्तर परशुराम की क्रोधाग्नि में आहुति के समान कार्य कर रहे थे
(ii) श्रीराम के उत्तर परशुराम की क्रोधाग्नि में आहुति के समान कार्य कर रहे थे
(iii) परशुराम के वचन लक्ष्मण को क्रोधाग्नि में आहुति के समान लग रहे थे
(iv) उपर्युक्त में से कोई नहीं

काव्यबोध पर आधारित प्रश्न

निम्नलिखित प्रश्नों के उत्तर संक्षेप में दीजिए

I. धनुष टूटने के बाद परशुराम ने फरसे की ओर देखकर लक्ष्मण को न मारने का क्या तर्क दिया?
II. परशुराम विश्वभर में किस रूप में जाने जाते थे?
III. "मातु पितहि जनि सोचबस करसि महीसकिसोर" पंक्ति का भाव स्पष्ट कीजिए।
IV. लक्ष्मण के अनुसार, परशुराम अपशब्द कहते हुए शोभायमान क्यों नहीं हैं? **दक्षता आधारित प्रश्न**
V. "सूर समर करनी करहिं कहि न जनावहिं आपु" का भाव स्पष्ट कीजिए।
VI. लक्ष्मण ने सीता स्वयंवर में किस मुनि को चुनौती दी? क्यों और कैसे? **दक्षता आधारित प्रश्न**
VII. लक्ष्मण ने परशुराम को अपने साहस का परिचय दिया था। किसी एक उदाहरण के द्वारा इसकी पुष्टि कीजिए।
VIII. कौसिक ने परशुराम से किस आधार पर क्या प्रार्थना की?
IX. परशुराम ने लक्ष्मण के लिए किन-किन विशेषणों का प्रयोग किया था?

आत्मकथ्य जयशंकर प्रसाद

अध्याय 3

कविता का सार

'आत्मकथ्य' कविता सुप्रसिद्ध कवि 'जयशंकर प्रसाद' द्वारा रचित है। छायावादी शैली में लिखी इस कविता में कवि ने जीवन के यथार्थ को प्रकट करने के साथ-साथ उन अभावों का भी वर्णन किया है, जिन्हें उन्होंने स्वयं झेला था। सर्वप्रथम कवि ने अपनी कहानी सुनाकर स्वयं पर व्यंग्य किया है कि मेरा जीवन दुर्बलताओं से भरा हुआ है। मैं अपने जीवन की सच्चाइयों को उजागर करूँगा, तो लोग उसका मजाक उड़ाएँगे। कवि अपनी अधूरी स्मृतियों व भूली हुई बातों को पुन: याद नहीं करना चाहता। अंत में वह अपनी आत्मकथा बताने से बेहतर दूसरों की आत्मकथा सुनकर अपनी भोली आत्मकथा को मन में ही रहने देना चाहता है।

कवि परिचय

हिंदी साहित्य के छायावाद के आधार स्तंभ कवि जयशंकर प्रसाद का जन्म 1889 ई. में वाराणसी में हुआ था। इनकी शिक्षा आठवीं कक्षा से आगे नहीं हो पाई थी, जिसके कारण इन्होंने घर पर ही संस्कृत, हिंदी, फ़ारसी आदि भाषाओं का अध्ययन किया। आठ वर्ष की आयु में माता-पिता व बड़े भाई का निधन होने पर कष्टों को झेलते हुए वे काव्य-रचना करने लगे।

जयशंकर प्रसाद की प्रमुख रचनाएँ हैं—
चित्राधार, कानन-कुसुम, झरना, आँसू, लहर, कामायनी (काव्य); चंद्रगुप्त, स्कंदगुप्त, अजातशत्रु, ध्रुवस्वामिनी, राज्यश्री (नाटक); कंकाल, तितली, इरावती (उपन्यास); छाया, प्रतिध्वनि, आकाशदीप, आँधी, इंद्रजाल (कहानी-संग्रह)। उनकी भाषा सरल एवं सहज है, जो छोटे-छोटे वाक्यों में गंभीर भाव प्रकट करती है। उनकी भाषा-शैली ओज व माधुर्य गुण से ओत-प्रोत है। प्रकृति-प्रेम, देश-प्रेम उनके काव्य की विशेषता है। उनका निधन वर्ष 1937 में हुआ।

काव्यांशों का भावार्थ

काव्यांश 1

मधुप गुन-गुनाकर कह जाता कौन कहानी यह अपनी,
मुरझाकर गिर रहीं पत्तियाँ देखो कितनी आज घनी।
इस गंभीर अनंत-नीलिमा में असंख्य जीवन-इतिहास
यह लो, करते ही रहते हैं अपना व्यंग्य-मलिन उपहास
तब भी कहते हो-कह डालूँ दुर्बलता अपनी बीती।
तुम सुनकर सुख पाओगे, देखोगे-यह गागर रीती।
किंतु कहीं ऐसा न हो कि तुम ही खाली करने वाले—
अपने को समझो, मेरा रस ले अपनी भरने वाले।

शब्दार्थ **मधुप**-भौंरा, **घनी**-अधिक, **अनंत-नीलिमा**-विशाल नीला आकाश, **जीवन-इतिहास**-जीवन की कहानी, **व्यंग्य-मलिन**-गंदा मज़ाक, **उपहास**-मज़ाक, **दुर्बलता**-कमज़ोरी, **गागर रीती**-खाली घड़ा (ऐसा मन जिसमें भाव नहीं है)।

भावार्थ

कवि जयशंकर प्रसाद भौंरे के माध्यम से अपनी कथा का उल्लेख करते हुए कहते हैं कि मन रूपी भौंरा न जाने गुन-गुनाकर अपनी कौन-सी कहानी कह जाता है। कवि के जीवन को सुख पहुँचाने वाली खुशियाँ एक-एक करके उसका साथ छोड़कर चली गई हैं। अत: कवि संसार को नश्वर मानते हैं।

कवि के अनुसार, इस विशाल विस्तार वाले साहित्य रूपी आकाश में न जाने कितने महान पुरुषों ने अपने जीवन की कथाएँ लिखी हैं। उनकी आत्मकथा पढ़कर ऐसा प्रतीत होता है कि वह स्वयं अपना उपहास कराते हैं। मेरा यह जीवन अनंत अभावों और बुराइयों से भरा हुआ है। फिर भी मित्रों तुम मुझसे यह कहते हो कि मेरे जीवन में जो कमियाँ हैं, जो मेरे साथ घटित हुआ है, उसे मैं सबके सामने कह डालूँ। कविता में कवि ने जीवन की उस अवस्था का वर्णन किया है, जिसमें प्रत्येक व्यक्ति किसी-न-किसी कारण से दु:खी है।

कवि कहते हैं क्या तुम मेरी कहानी को सुनकर सुख प्राप्त कर सकोगे? मेरा जीवन तो खाली गागर के समान है, जिसमें कोई भाव नहीं है। कहीं तुम्हारा जीवन भी तो मेरी तरह भावों से खाली नहीं है और तुम मेरे भावों द्वारा अपने मन के खालीपन को भरना चाहते हो अर्थात् ऐसा तो नहीं है कि मेरे अभाव भरे खाली जीवन को देखकर तुम सुखी हो जाओ।

काव्यांश 2

यह विडंबना! अरी सरलते तेरी हँसी उड़ाऊँ मैं।
भूलें अपनी या प्रवंचना औरों की दिखलाऊँ मैं।
उज्ज्वल गाथा कैसे गाऊँ, मधुर चाँदनी रातों की।
अरे खिल-खिला कर हँसते होने वाली उन बातों की।
मिला कहाँ वह सुख जिसका मैं स्वप्न देखकर जाग गया।
आलिंगन में आते-आते मुसक्या कर जो भाग गया।

शब्दार्थ विडंबना-दुर्भाग्य, सरलते-सरल मन वाले, प्रवंचना-धोखा, उज्ज्वल गाथा-सुखभरी कहानी, आलिंगन-बाँहों में भरना, मुसक्या-मुसकुराकर।

भावार्थ

कवि कहता है कि अरे मेरे सरल मन वाले जीवन! यह तो दुर्भाग्य की बात होगी कि सरल मन वाले की मैं हँसी उड़ाऊँ। आत्मकथा की यह विडंबना है कि जीवन के सभी पहलू उसमें सरल रूप में होते हैं और लोग उन पहलुओं को जानकर उसका मजाक उड़ाते हैं, किंतु मैं इस पक्ष में नहीं हूँ। कवि अपने मित्रों से कहते हैं कि मैं तो अभी तक स्वयं दूसरों के द्वारा मिले धोखों को भूला नहीं, ऐसे में क्या मैं तुम्हारे सामने अपनी कमियाँ प्रकट करूँ या लोगों के छलकपटपूर्ण व्यवहार को एवं दुनिया द्वारा मिले धोखों को तुम्हें बताऊँ, जिसे सुनकर तुम मेरा मजाक बनाओ।

मैं उन मधुर चाँदनी रातों की उज्ज्वल गाथा को कैसे गाऊँ, जिसमें हँसते-खिलखिलाते हुए प्रिया के साथ बातें होती थीं। उन निजी क्षणों का वर्णन मैं कैसे कर सकता हूँ? कवि अपनी आत्मकथा बताते हुए कहता है कि मुझे जीवन में वह सुख कहाँ मिला, जिसका स्वप्न देखकर मैं जाग गया। सुख तो मेरी बाँहों में आने से पहले ही मुसकुराकर भाग गया मेरी अभिलाषाएँ कभी सफल नहीं हुईं, मुझे कभी सुख की प्राप्ति नहीं हुई।

काव्यांश 3

जिसके अरुण-कपोलों की मतवाली सुंदर छाया में।
अनुरागिनी उषा लेती थी निज सुहाग मधुमाया में।
उसकी स्मृति पाथेय बनी है थके पथिक की पंथा की।
सीवन को उधेड़ कर देखोगे क्यों मेरी कंथा की?
छोटे से जीवन की कैसे बड़ी कथाएँ आज कहूँ?
क्या यह अच्छा नहीं कि औरों की सुनता मैं मौन रहूँ?
सुनकर क्या तुम भला करोगे मेरी भोली आत्म-कथा?
अभी समय भी नहीं, थकी सोई है मेरी मौन व्यथा।

शब्दार्थ अरुण-कपोलों–लाल गाल, मतवाली–मस्त कर देने वाली, अनुरागिनी उषा-प्रेमभरी सुबह, मधुमाया–प्रेम से भरी हुई, पाथेय–सहारा, पथिक–यात्री, पंथा–रास्ता, सीवन–सिलाई, कंथा–गुदड़ी/अंतर्मन (जीवन की कहानी या मन के भाव), मौन–चुप, व्यथा–दुःख।

भावार्थ

कवि अपनी प्रिया के सौंदर्य का वर्णन करते हुए कहता है कि उसके लालिमायुक्त गालों को देखकर ऐसा लगता था जैसे उषा भी अपनी लालिमा उसी से लिया करती थी। आज मैं उसकी ही यादों का सहारा लेकर अपने जीवन के रास्ते की थकान दूर करता हूँ। वहीं यादें मुझ यात्री के जीवन का सहारा बन गई हैं।

कवि कहता है कि मेरे जीवन में सुख के ऐसे पल कभी नहीं आए, जिनसे तुम प्रेरित हो सको। इसलिए क्यों तुम मेरे जीवन की कहानी को खोलकर, उधेड़कर देखना चाहते हो। मेरे इस छोटे-से जीवन में अभावों की भरी बड़ी-बड़ी कथाएँ हैं। मैं अपने जीवन की उन सामान्य गाथाओं को कैसे कहूँ? मेरे लिए यही अच्छा रहेगा कि मैं दूसरे महान लोगों की कथाओं को सुनता रहूँ और अपने बारे में चुप रहूँ। मेरी भोली-भाली आत्मकथा को सुनकर तुम्हें कोई प्रेरणा प्राप्त नहीं होगी। मेरा दुःख इस समय शांत है। वह अभी थककर सोया है। इसलिए अभी आत्मकथा को लिखने का उचित समय नहीं आया है।

NCERT फोल्डर

पाठ्यपुस्तक (क्षितिज भाग–2) के प्रश्नोत्तर

प्र.1 कवि आत्मकथा लिखने से क्यों बचना चाहता है? **CBSE 2012, 11, 10**

अथवा आत्मकथ्य कविता में कवि आत्मकथा क्यों नहीं लिखना चाहते हैं? **CBSE Diksha**

उत्तर कवि अपनी आत्मकथा लिखने से इसलिए बचना चाहते हैं, क्योंकि उनका मानना है कि उसने अपने जीवन में कोई ऐसी उपलब्धि प्राप्त नहीं की है, जिसे वह दुनिया के सामने ला सके। उसके जीवन की कथा तो एक सामान्य व्यक्ति के जीवन की कथा है। उसमें ऐसा विशेष कुछ नहीं, जिससे लोग प्रेरणा प्राप्त कर सकें।

प्र.2 आत्मकथा सुनाने के संदर्भ में 'अभी समय भी नहीं' कवि ऐसा क्यों कहता है? **CBSE SQP 2023**

अथवा कवि आत्मकथा कहने या लिखने के लिए समय को उपयुक्त क्यों नहीं मानते? **दक्षता आधारित प्रश्न**

अथवा अभी समय नहीं कवि ने आत्मकथा सुनने के संदर्भ में ऐसा क्यों कहा? **CBSE Diksha**

उत्तर कवि को लगता है कि आत्मकथा सुनाने का सही समय अभी नहीं आया है, क्योंकि उसके इस छोटे-से जीवन में अभावों से भरी बड़ी-बड़ी कथाएँ हैं। वह अपने जीवन की उन सामान्य गाथाओं को

कैसे कहे? इसलिए अच्छा यही रहेगा कि वह दूसरे महान लोगों की कथाओं को सुनकर चुप रहें। इसके अतिरिक्त उसका दु:ख इस समय शांत है। वह अभी थककर सोया है।

प्र.3 स्मृति को 'पाथेय' बनाने से कवि का क्या आशय है?

CBSE 2019, 14, 12, 11, 10, CBSE Diksha

उत्तर कई बार सुखी जीवन की स्मृतियाँ मनुष्य के लिए उस समय सहारा बन जाती हैं, जब वह दु:खी होता है। आज कवि अपनी प्रिया की उन यादों का सहारा लेकर अपने जीवन के रास्ते की थकान दूर करता है। कवि उन मधुर क्षणों की स्मृतियों को किसी के साथ बाँटना नहीं चाहता, सिर्फ़ अपने दिल में सँजोकर रखना चाहता है। थके हुए यात्री की भाँति कवि अपना शेष जीवन अपनी पत्नी की यादों के सहारे बिताना चाहता है।

प्र.4 भाव स्पष्ट करें

(क) मिला कहाँ वह सुख जिसका मैं स्वप्न देखकर जाग गया।
आलिंगन में आते-आते मुसक्या कर जो भाग गया।

(ख) जिसके अरुण-कपोलों की मतवाली सुंदर छाया में।
अनुरागिनी उषा लेती थी निज सुहाग मधुमाया में।

उत्तर (क) कवि कहता है कि मुझे जीवन में वह सुख नहीं मिला, जिसका स्वप्न देखकर मैं जाग गया था। सुख तो मेरी बाँहों में आने से पहले ही मुसकुराकर भाग गया अर्थात् दूर चला गया।

(ख) कवि उन यादों का सहारा लेकर अपने जीवन के रास्ते की थकान दूर करता है, यही सुखद क्षण उसके जीवन का सहारा है। कवि अपनी प्रेयसी के सौंदर्य का वर्णन करते हुए कहता है कि उसकी प्रिया के लालिमायुक्त गालों को देखकर ऐसा लगता था जैसे प्रेम बिखेरती उषा उदित हो रही हो। अर्थात् कवि की प्रेयसी के लाल-लाल गाल सूर्य की लालिमा से भी बढ़कर सुंदर थे।

प्र.5 "उज्ज्वल गाथा कैसे गाऊँ, मधुर चाँदनी रातों की"– कथन के माध्यम से कवि क्या कहना चाहता है? **CBSE 2016, 13**

उत्तर कवि अपने जीवन की पिछली घटनाओं को याद करते हुए कहता है कि मैं उन मधुर चाँदनी रातों की उज्ज्वल गाथा को कैसे गाऊँ अर्थात् उन मधुर क्षणों को कैसे प्रकट करूँ, जिसमें हँसते-खिलखिलाते हुए प्रिया के साथ बातें होती थीं, क्योंकि वह सुख तो मेरी बाहों में आने से पहले ही मुसकुराकर मुझसे दूर चला गया। वे उन पलों को दूसरों के साथ बाँटना नहीं चाहता, बल्कि अपने तक सीमित रखना चाहता है।

प्र.6 'आत्मकथा' कविता की काव्यभाषा की विशेषताएँ उदाहरण सहित लिखिए। **दक्षता आधारित प्रश्न**

उत्तर जयशंकर प्रसाद छायावादी कवि हैं। प्रस्तुत कविता में उन्होंने सहज, सरल, खड़ी बोली एवं अलंकारों का प्रयोग किया है। जीवन में आए दु:खों का सरल एवं सहज वर्णन कर प्रसाद ने करुण रस का समावेश किया है। उन्होंने भावानुकूल शब्दों का प्रयोग करते हुए व्यक्तिगत अनुभूतियों के बड़े सुंदर एवं मार्मिक शब्द-चित्र खींचे हैं।

प्र.7 कवि ने जो सुख का स्वप्न देखा था, उसे कविता में किस रूप में अभिव्यक्त किया है? **CBSE 2012**

उत्तर कवि ने जो सुख का स्वप्न देखा था उसे उसने निम्न रूप में अभिव्यक्त किया है

"मिला कहाँ वह सुख जिसका मैं स्वप्न देखकर जाग गया।
आलिंगन में आते-आते मुसक्या कर जो भाग गया"।

अर्थात् कवि कहता है कि स्वप्न में उसने जिस सुख की कामना की थी, वह उसे प्राप्त नहीं हुआ और उसके पास आने से पहले ही वह दूर भाग गया।

रचना और अभिव्यक्ति

प्र.8 इस कविता के माध्यम से प्रसाद जी के व्यक्तित्व की जो झलक मिलती है, उसे अपने शब्दों में लिखिए। **दक्षता आधारित प्रश्न**

उत्तर प्रस्तुत कविता के अंतर्गत प्रसाद जी अपने विषय में अधिक बताना पसंद नहीं करते। इसलिए जब उनके मित्रों ने उनसे आत्मकथा लिखने के लिए कहा, तो उन्होंने यह सोचकर मना कर दिया कि उनके जीवन में ऐसी कोई महान उपलब्धि नहीं है, जिससे लोग प्रेरित हों और सुख प्राप्त कर सकें। यह एक महान कवि की महानता को प्रदर्शित करता है।

प्र.9 आप किन व्यक्तियों की आत्मकथा पढ़ना चाहेंगे और क्यों?

उत्तर 'मैं' कवि हरिवंशराय बच्चन की आत्मकथा पढ़ना चाहूँगा, क्योंकि उन्होंने अपने जीवन में आगे बढ़ने के लिए बहुत संघर्ष किया है। वह ऐसे सीमित कवियों में शामिल थे, जिन्होंने अंग्रेज़ी विषय के प्राध्यापक होने के बाद भी हिंदी में कविताएँ लिखीं।

प्र.10 कोई भी अपनी आत्मकथा लिख सकता है, उसके लिए विशिष्ट या बड़ा होना ज़रूरी नहीं। हरियाणा राज्य के गुड़गाँव में घरेलू सहायिका के रूप में काम करने वाली बेबी हालदार की आत्मकथा बहुतों के द्वारा सराही गई। आत्मकथात्मक शैली में अपने बारे में कुछ लिखिए।

उत्तर विद्यार्थी आत्मकथात्मक शैली में अपने विषय में लिखें। शब्दों का चयन सावधानीपूर्वक करें। वाक्य न तो बहुत ही लंबे हों और न ही बहुत छोटे। आत्मकथात्मक शैली के बारे में और अधिक जानने व समझने के लिए, विद्यार्थी उपर्युक्त बताई गई आत्मकथा को खोजकर पढ़ सकते हैं।

पाठेतर सक्रियता

प्र.11 "किसी भी चर्चित व्यक्ति का अपनी निजता को सार्वजनिक करना या दूसरों का उनसे ऐसी अपेक्षा करना सही है"–इस विषय के पक्ष-विपक्ष में कक्षा में चर्चा कीजिए।

उत्तर विद्यार्थी स्वयं करें।

प्र.12 बिना ईमानदारी और साहस के आत्मकथा नहीं लिखी जा सकती। गाँधीजी की आत्मकथा 'सत्य के प्रयोग' पढ़कर पता लगाइए कि उसकी क्या-क्या विशेषताएँ हैं?

उत्तर विद्यार्थी स्वयं करें।

अभ्यास प्रश्न

बहुविकल्पीय व वर्णनात्मक प्रश्नों सहित

कविता पर आधारित बहुविकल्पीय प्रश्न

निम्नलिखित प्रश्नों के सर्वाधिक उपयुक्त विकल्पों का चयन कीजिए

1. आत्मकथ्य कविता के लेखक हैं

(i) मुंशी प्रेमचंद (ii) सुमित्रानंदन पंत
(iii) जयशंकर प्रसाद (iv) महादेवी वर्मा

2. कवि ने कैसे जीवन की कामना की थी? **CBSE Diksha**

(i) सुखमय (ii) दुखमय
(iii) निराशाजनक (iv) उत्साहमय

3. 'आत्मकथ्य' कविता में कवि ने किसका चित्रण किया है? **CBSE Diksha**

(i) माँ का (ii) बहिन का
(iii) पुत्री (iv) प्रेयसी का

4. कवि किन लोगों की कथाओं को सुनकर चुप रहता है?

(i) महान लोगों की (ii) सामान्य लोगों की
(iii) भक्तजनों की (iv) इनमें से कोई नहीं

5. निम्नलिखित कथनों पर विचार कीजिए। **दक्षता आधारित प्रश्न**

1. कई बार सुखी जीवन की स्मृतियाँ मनुष्य के जीवन का सहारा बन जाती हैं।
2. सुख मेरी बाँहों में आने से पहले ही मुसकुराकर भाग गया।
3. कवि अपनी निर्धनता को देखकर बहुत दुःखी था।

इन कथनों में से कौन-सा/से कथन सही नहीं है/हैं?

(i) केवल 1 (ii) 1 और 2
(iii) केवल 3 (iv) 2 और 3

6. जयशंकर प्रसाद के अनुसार, संसार क्या है? **CBSE Diksha**

(i) जीवित (ii) नश्वर
(iii) क्षणिक (iv) परिवर्तनशील

7. "यह बिडंबना! अरी सरलते तेरी हँसी उड़ाऊँ मैं।
भूलें अपनी या प्रवंचना औरों को दिखलाऊँ मैं।"

कथन (क) कवि लोगों द्वारा ठगे गए हैं।
कथन (ख) कवि स्वयं को हँसी का पात्र मानते हैं।
कथन (ग) 'अरी सरलते' कवि के स्वभाव के लिए प्रयोग किया गया है। **CBSE SQP (Additional Set) 2023**

'आत्मकथ्य' कविता की पंक्तियों के आधार पर कौन-सा/से कथन सही है/हैं?

(i) केवल कथन (क) सही है।
(ii) केवल कथन (ख) सही है।
(iii) केवल कथन (क) और (ग) सही हैं।
(iv) केवल कथन (ख) और (ग) सही हैं।

8. कवि किसकी कथा सुनना चाहता है? **CBSE Diksha**

(i) अपनों की (ii) दूसरों की
(iii) सुप्त पीड़ा की (iv) वर्तमान की

9. 'आत्मकथ्य' कविता किस रस का पान करती है? **CBSE Diksha**

(i) शोक और श्रृंगार का
(ii) वीर और वीभत्स का
(iii) हास्य और रौद्र का
(iv) अद्‍भुत और भयानक का

10. 'गागर रीति' का अर्थ है

(i) खाली कटोरा (ii) खाली घड़ा
(iii) खाली जमीन (iv) खाली डब्बा

उत्तर 1. (iii) जयशंकर प्रसाद
2. (i) सुखमय
3. (iv) प्रेयसी का
4. (i) महान लोगों की
5. (iii) केवल 3
6. (ii) नश्वर
7. (iii) केवल कथन (क) और (ग) सही हैं।
8. (ii) दूसरों की
9. (i) शोक और श्रृंगार का
10. (ii) खाली घड़ा

काव्यांश पर आधारित बहुविकल्पीय प्रश्न

निम्नलिखित काव्यांशों को ध्यानपूर्वक पढ़कर उन पर पूछे गए प्रश्नों के उत्तर दीजिए

1. मधुप गुन-गुनाकर कह जाता कौन कहानी यह अपनी,
मुरझाकर गिर रहीं पत्तियाँ देखो कितनी आज घनी।
इस गंभीर अनंत-नीलिमा में असंख्य जीवन-इतिहास
यह लो, करते ही रहते हैं अपना व्यंग्य-मलिन उपहास
तब भी कहते हो-कह डालूँ दुर्बलता अपनी बीती।
तुम सुनकर सुख पाओगे, देखोगे-यह गागर रीती।
किंतु कहीं ऐसा न हो कि तुम ही खाली करने वाले—
अपने को समझो, मेरा रस ले अपनी भरने वाले।

(क) कवि पद्यांश में किसके माध्यम से अपनी कथा का उल्लेख करते हैं?

(i) तितली (ii) भौंरे
(iii) फूल (iv) चंद्रमा

(ख) **कथन (क)** कवि अपनी आत्मकथा लिखना नहीं चाहते।

कथन (ख) कवि का जीवन सामान्य मनुष्य की तरह दुर्बलताओं और विफलताओं से भरा हुआ है। **दक्षता आधारित प्रश्न**

दिए गए कथनों के लिए सही विकल्प पहचानिए

(i) कथन (क) सही है और कथन (ख) उसका गलत कारण है।
(ii) कथन (क) सही है और कथन (ख) उसका सही कारण है।
(iii) कथन (क) गलत और कथन (ख) सही है।
(iv) कथन (क) और कथन (ख) दोनों सही हैं।

(ग) कवि ने अपने मन को किसके समान बताया है?

(i) समुद्र के समान (ii) खाली गागर के समान
(iii) प्रकृति के समान (iv) इनमें से कोई नहीं

(घ) कवि के अनुसार, उसके खाली जीवन को देखकर किसे सुख प्राप्त होगा?

(i) पुत्र को (ii) माता-पिता को
(iii) मित्रों को (iv) पत्नी को

(ङ) निम्नलिखित कथनों पर विचार कीजिए **दक्षता आधारित प्रश्न**

1. कवि के जीवन की इच्छाएँ उचित वातावरण न पाकर मुरझाकर गिर रही हैं।
2. महान पुरुषों की कथाओं को पढ़कर ऐसा लगता है जैसे वह स्वयं का उपहास करते हैं।
3. कवि अपने जीवन में अनेक सुखों का आनंद ले चुके थे।

निम्न कथनों में से कौन-सा/से कथन सही है/हैं?

(i) केवल 1 (ii) 1 और 2
(iii) केवल 3 (iv) 2 और 3

उत्तर (क) (ii) भौंरे
(ख) (ii) कथन (क) सही है और कथन (ख) उसका सही कारण है।
(ग) (ii) खाली गागर के समान
(घ) (iii) मित्रों को
(ङ) (ii) 1 और 2

2. जिसके अरुण-कपोलों की मतवाली सुंदर छाया में।
अनुरागिनी उषा लेती थी निज सुहाग मधुमाया में।
उसकी स्मृति पाथेय बनी है थके पथिक की पंथा की।
सीवन को उधेड़ कर देखोगे क्यों मेरी कंथा की?
छोटे से जीवन की कैसे बड़ी कथाएँ आज कहूँ?
क्या यह अच्छा नहीं कि औरों की सुनता मैं मौन रहूँ?

(क) कवि किसकी यादों के सहारे अपनी थकान दूर करता है?

(i) प्रिया की (ii) मित्र की
(iii) परिजन की (iv) माता की

(ख) प्रिया के लालिमायुक्त गालों को देखकर क्या लगता है? **दक्षता आधारित प्रश्न**

(i) झरने बह रहे हैं
(ii) बादल बरस रहे हैं
(iii) प्रेम बिखेरती उषा उदित हो रही है
(iv) वसंत ऋतु का आगमन हो रहा है

(ग) पाथेय का अर्थ है

(i) तिनका (ii) यात्री (iii) सहारा (iv) दु:ख

(घ) कवि के अनुसार, उषा अपनी लालिमा किससे लिया करती थी?

(i) नीले समुद्र से (ii) प्रिया के गालों से
(iii) पेड़-पौधों से (iv) चंचल नेत्रों से

(ङ) निम्नलिखित कथन (A) कारण (R) को ध्यानपूर्वक पढ़िए उसके बाद दिए गए विकल्पों में से कोई एक सही विकल्प चुनकर लिखिए।

कथन (A) **आत्मकथा सुनाने का सही समय अभी नहीं आया है।**

कारण (R) **कवि के छोटे से जीवन में अभावों से भरी बड़ी-बड़ी कथाएँ हैं।** **दक्षता आधारित प्रश्न**

(i) कथन (A) तथा कारण (R) दोनों सही हैं तथा कारण (R) कथन (A) की सही व्याख्या करता है।
(ii) कथन (A) गलत है, लेकिन कारण (R) सही है।
(iii) कथन (A) तथा कारण (R) दोनों गलत हैं।
(iv) कथन (A) सही है, लेकिन कारण (R) उसकी गलत व्याख्या करता है।

उत्तर (क) (i) प्रिया की
(ख) (iii) प्रेम बिखेरती उषा उदित हो रही है
(ग) (iii) सहारा
(घ) (ii) प्रिया के गालों से
(ङ) (i) कथन (A) तथा कारण (R) दोनों सही हैं तथा कारण (R) कथन (A) की सही व्याख्या करता है।

काव्यबोध पर आधारित प्रश्नोत्तर

निम्नलिखित प्रश्नों के उत्तर संक्षेप में दीजिए

1. कवि मन रूपी भौंरे से क्या कह रहा है?

उत्तर कवि मन रूपी भौंरे से कहता है कि हे मेरे मन! तू गुनगुना कर कौन-सी कहानी कहने को कह रहा है? मेरे जीवन को सुख पहुँचाने वाली खुशियाँ एक-एक करके मेरा साथ छोड़कर चली गई हैं। मेरा जीवन अनंत अभावों और व्यथाओं से भरा हुआ है। इसमें ऐसा कुछ भी नहीं है, जिसे सुनकर लोग प्रेरित हो सकें।

2. "तुम सुनकर सुख पाओगे, देखोगे-यह गागर रीती"-इस पंक्ति में समाज के लोगों की किस मानसिकता या प्रवृत्ति की ओर संकेत है? स्पष्ट कीजिए। **दक्षता आधारित प्रश्न**

उत्तर प्रस्तुत पंक्ति लोगों की उस मानसिकता की ओर संकेत करती है, जिसमें सामान्यतया लोग किसी के निजी जीवन के बारे में जानकर उसको चर्चा का विषय बनाकर उसका मज़ाक बनाते हैं और रसानुभूति प्राप्त करते हैं। इसलिए कवि ने कहा है कि मेरा जीवन खाली गागर के समान है। जो लोग दूसरों के दु:ख में स्वयं को सुखी महसूस करते हैं, उन लोगों के लिए कवि आत्मकथा नहीं लिखना चाहता।

3. कविता में एक स्थान पर 'विडंबना' शब्द आया है। इसका प्रस्तुत कविता में क्या अर्थ है? **CBSE 2016**

उत्तर प्रस्तुत कविता में 'विडंबना' शब्द का अर्थ है—संशयात्मक स्थिति। कवि से जब आत्मकथा लिखने के लिए आग्रह किया जाता है, तो वह कहता है कि अपने इस अभावग्रस्त जीवन के लिए मैं अपने सरल, सहज व निष्कपट जीवन को दोष दूँ या दूसरों के स्वार्थी या छल-कपट पूर्ण आचरण को। इस संशयात्मक स्थिति के कारण भी वह अपनी आत्मकथा नहीं लिखना चाहता।

4. **'आत्मकथ्य' कविता की पंक्ति "यह विडंबना। अरी सरलते तेरी हँसी उड़ाऊँ मैं।" का भाव अपने शब्दों में स्पष्ट कीजिए।** CBSE 2023

उत्तर 'आत्मकथ्य' कविता में पंक्ति के माध्यम से बताया जाता है कि यह तो दुर्भाग्य की बात होगी कि सरल मन वाले की मैं हँसी उड़ाऊँ। मैं तो अभी तक स्वयं के स्वभाव को समझ नहीं पाया हूँ। अपने इस अभावग्रस्त जीवन के लिए मैं अपने सरल, सहज व निष्कपट जीवन को दोष दूँ या दूसरों के स्वार्थी या छल-कपटपूर्ण आचरण को दोष दूँ।

5. **"भूलें अपनी या प्रवंचना औरों की दिखलाऊँ मैं" पंक्ति का भाव स्पष्ट करके कवि की प्रकृति तथा प्रवृत्ति पर प्रकाश डालिए।** दक्षता आधारित प्रश्न

उत्तर प्रस्तुत पंक्ति में कवि कहता है कि क्या अपनी आत्मकथा के माध्यम से मैं अपनी भूलें और गलतियाँ उजागर करूँ या दूसरों द्वारा दिए गए धोखे को सबके सामने लाऊँ? वास्तव में, कवि दोनों ही स्थितियों में स्वयं को असहज अनुभव कर रहा है तथा बीती बातों को दोहराकर वह किसी का दिल नहीं दुखाना चाहता।

6. **कवि जयशंकर प्रसाद ने चाँदनी रातों की गाथा को उज्ज्वल क्यों कहा है? स्पष्ट कीजिए।** CBSE 2013

उत्तर कवि जयशंकर प्रसाद ने चाँदनी रातों की गाथा को उज्ज्वल कहा है, क्योंकि तब उसकी प्रिया उसके साथ थी और उन रातों में हँसते—खिलखिलाते हुए प्रिया के साथ बातें होती थीं। उसने अपनी प्रेमिका के साथ जो क्षण व्यतीत किए वह उज्ज्वल अर्थात् सुख प्रदान करने वाले थे।

7. **"सीवन को उधेड़ कर देखोगे क्यों मेरी कंथा की?" पंक्ति का आशय स्पष्ट कीजिए।**

अथवा **कवि ने सीवन को कंथा से ही क्यों जोड़ा? वह उसे उधेड़ने से किसे रोकते हैं और क्यों?** CBSE Diksha

उत्तर प्रस्तुत पंक्ति के माध्यम से कवि ने दूसरों के जीवन में घटित बातों को जानने के लिए उत्सुक लोगों पर व्यंग्य किया है। कवि प्रश्न करता है कि यदि उसने अपने असफल प्रेम की कथा को उद्घाटित किया, तो जिस प्रकार लोग कंथा अर्थात् रजाई की सीवन (सिलाई) उधेड़कर उसके भीतर की वस्तुओं को जानने का प्रयास करते हैं, उसी प्रकार तुम भी क्या मेरी असफल प्रेम कथा की सीवन उधेड़कर उसकी गहराइयों में जाने का प्रयास करोगे और मुझे उपहास का पात्र बनाओगे?

8. **एक तरफ़ कवि अपने जीवन को 'गागर रीती' के समान बताता है, तो दूसरी तरफ़ कहता है—"छोटे-से जीवन की कैसे बड़ी कथाएँ आज कहूँ?" कवि के मन की वास्तविक स्थिति को स्पष्ट कीजिए।**

अथवा **कवि को ऐसा क्यों लगता है कि उसकी आत्मकथा को पढ़कर किसी को सुख की अनुभूति नहीं होगी?** दक्षता आधारित प्रश्न

उत्तर कवि को अपने छोटे-से जीवन में अभावों से भरी बड़ी-बड़ी कथाएँ दिखाई पड़ रही हैं, इसलिए कवि ने अपने जीवन तथा मन को 'खाली गागर' के समान बताया है। कवि यह महसूस करता है कि उसकी अभाव भरी कहानियाँ किसी को खुशी तथा प्रेरणा नहीं दे सकतीं, इसलिए दूसरों के लिए उसका जीवन 'खाली गगरी' के अतिरिक्त कुछ और हो ही नहीं सकता। कवि दूसरी ओर यह कहता है कि अपने इस छोटे-से जीवन में घटित होने वाली बड़ी-बड़ी कहानियों का वर्णन आज किस प्रकार करूँ, क्योंकि यह जीवन छोटा है और इसमें दुःख और विडंबनाओं की कहानियाँ बहुत बड़ी-बड़ी हैं।

9. **अपनी बात कहने की अपेक्षा प्रसाद क्या करना अधिक उपयुक्त मानते हैं? 'आत्मकथ्य' कविता के आधार पर लिखिए।** CBSE 2016, 15

अथवा **कवि अंत में किस निष्कर्ष पर पहुँचता है?**

उत्तर अपनी बात कहने की अपेक्षा प्रसाद चाहते हैं कि वह संसार के अन्य महान व्यक्तियों की कथाओं एवं बातों को सुने, जिससे वह स्वयं तथा अन्य लोग भी प्रेरणा प्राप्त कर सकें, क्योंकि यदि वह अपनी बात कहेंगे तो इससे केवल हानि ही होगी। उसके जीवन में ऐसी कोई प्रेरणास्पद बातें नहीं हैं, जिसे लोगों को सुनकर लाभ हो। इसलिए वह औरों की बातें सुनना ही उपयुक्त समझता है।

10. **आत्मकथ्य कविता में कवि ने आत्मकथा के लिए किस विशेषण का प्रयोग किया है और क्यों?**

अथवा **कवि जयशंकर प्रसाद ने अपनी आत्मकथा के लिए 'भोली' विशेषण का प्रयोग क्यों किया है?** CBSE SQP (Additional Set) 2023

उत्तर आत्मकथ्य कविता में कवि प्रसाद ने आत्मकथा के लिए 'भोली' विशेषण का प्रयोग किया है। भोली विशेषण को प्रयोग करने का कारण है कि स्वयं जयशंकर प्रसाद का स्वभाव सरल, निष्कपट, ईमानदार है और उनके इन्हीं गुणों की अभिव्यक्ति उनकी आत्मकथा में होगी।

11. **'आत्मकथ्य' कविता में आई पंक्ति "थकी सोई है मेरी मौन व्यथा" पंक्ति का आशय स्पष्ट कीजिए।** CBSE 2014, 10

उत्तर प्रस्तुत काव्य-पंक्ति से आशय यह है कि कवि ने अपने जीवन में अनेक वेदनाओं को सहन किया है। अपनी वेदनाओं एवं पीड़ा को सहते-सहते कवि थक चुका है। अब वह अपनी वेदनाओं को मौन ही रखना चाहता है। उसकी वेदना एवं व्यथा अब अतीत बन चुकी है और वह अपने अतीत को कुरेद कर और दुःखी नहीं होना चाहता।

12. **प्रसाद जी 'आत्मकथ्य' में संकोच के शिकार क्यों हैं?** CBSE 2011

उत्तर प्रसाद जी 'आत्मकथ्य' में संकोच के शिकार हैं, क्योंकि उनके अनुसार उनके जीवन में बहुत अभाव हैं। उनके जीवन में ऐसा कुछ नहीं है, जिससे लोग प्रेरणा ले सकें और यदि उन्होंने आत्मकथा लिखी तो दुनिया उनके भोलेपन, निष्कपट व्यवहार, सरल व ईमानदार स्वभाव का मज़ाक उड़ाएगी। इसके अतिरिक्त, 'आत्मकथा' लिखने का एक परिणाम दूसरे लोगों के छल-कपटपूर्ण व्यवहार को उजागर करने के रूप में भी सामने आएगा, जिससे न कवि को लाभ होगा और न दूसरों को।

13. **"कविता में एक तरफ़ कवि द्वारा यथार्थ की स्वीकृति है, तो दूसरी तरफ़ एक महान कवि की विनम्रता भी।" इस कथन के पक्ष में अपनी राय लिखिए।** CBSE 2012

उत्तर कवि के मित्रों ने जब कवि से आत्मकथा लिखने के लिए कहा तो उसने ईमानदारी से अपने जीवन के घोर अभाव और यथार्थ को स्वीकार किया, किंतु उसने कहा कि मैंने अपने जीवन में कोई ऐसी महान् उपलब्धि प्राप्त नहीं की है, जिसे मैं दुनिया के सामने ला सकूँ। मेरे जीवन की कथा तो एक सामान्य व्यक्ति के जीवन की कथा है। उसमें विशेष कुछ नहीं, जिससे लोग प्रेरणा प्राप्त कर सकें। जो कवि के यथार्थ के साथ उनकी विनम्रता को भी प्रदर्शित करती है।

14. कवि अपने दिल को खोलकर क्यों नहीं दिखाना चाहता?

उत्तर कवि अपने दिल को खोलकर इसलिए नहीं दिखाना चाहता, क्योंकि उसके जीवन में सुख के पल कभी नहीं आए। उसके इस छोटे-से जीवन में अभावों से भरी बड़ी-बड़ी कथाएँ हैं, जिन्हें वह किसी से नहीं कहना चाहता। कवि अपने जीवन की दुर्बलताओं को नहीं कहना चाहता, क्योंकि उसे सुनकर किसी को भी सुख प्राप्त नहीं होगा, अपितु वह उनके मध्य हँसी का पात्र बनेगा।

15. कवि जयशंकर प्रसाद ने आत्मकथा न लिखने के लिए क्या-क्या कारण गिनाए हैं? किन्हीं तीन का उल्लेख कीजिए। **CBSE 2011**

अथवा **'आत्मकथ्य' कविता में कवि जयशंकर प्रसाद ने अपनी कथा न कहने के क्या कारण बताए?** **CBSE 2010**

अथवा **जयशंकर प्रसाद के जीवन के कौन-से अनुभव उन्हें आत्मकथा लिखने से रोकते हैं?** **CBSE 2018**

अथवा **मित्रों द्वारा प्रेरित किए जाने पर भी जयशंकर प्रसाद अपनी आत्मकथा क्यों नहीं लिखना चाहते थे?** **CBSE 2024**

उत्तर कवि जयशंकर प्रसाद ने आत्मकथा न लिखने के निम्नलिखित कारण बताए

(i) दुनिया में संवेदनहीन लोग बहुत हैं, जो दूसरों के दु:खों का मज़ाक उड़ाते हैं। कवि का जीवन भी अनेक दु:खों से भरा है और वह उनका मज़ाक बनना नहीं चाहता।

(ii) उसका जीवन भी एक सामान्य व्यक्ति की तरह सामान्य-सा ही है, जिसमें न अधिक रोचकता है और न ही प्रेरित करने की क्षमता।

(iii) कवि आत्मकथा कहकर अपने साथ छल-कपट करने वालों का पर्दाफ़ाश करना नहीं चाहता, क्योंकि न तो इससे कवि को लाभ है और न ही दूसरों को।

16. कवि ने 'आत्मकथ्य' कविता में क्या बताने का प्रयास किया है?

अथवा **'आत्मकथ्य' कविता में जीवन के किस पक्ष का वर्णन किया गया है?** **CBSE 2016**

उत्तर कवि ने इसमें अपने जीवन के यथार्थ और अभाव पक्ष की मार्मिक अभिव्यक्ति करते हुए यह बताने का प्रयास किया है कि उसके जीवन की कथा एक सामान्य व्यक्ति के जीवन की साधारण कथा है। उसमें ऐसा कुछ भी नहीं है, जिसे महान और रोचक मानकर लोग उसका आनंद ले सकें एवं उससे प्रेरणा ले सकें।

17. प्रसाद जी ने अपनी कविता का शीर्षक 'आत्मकथा' न लिखकर 'आत्मकथ्य' क्यों रखा है? **दक्षता आधारित प्रश्न**

उत्तर आत्मकथा में जीवन के आरंभ से लेकर लिखने के समय तक का वर्णन होता है। आत्मकथ्य का अर्थ है—स्वयं के बारे में कहने योग्य। प्रस्तुत कविता में कवि ने संपूर्ण जीवन वृत्तांत न बताकर, अपने जीवन के बारे में बहुत संक्षेप में उन्हीं पक्षों को स्पष्ट किया है, जिन्हें वह कहने योग्य समझता है, इसलिए इस कविता का शीर्षक आत्मकथा की जगह 'आत्मकथ्य' रखा गया है।

18. प्रस्तुत कविता में कवि का व्यंग्यात्मक दृष्टिकोण भी दिखाई देता है। स्पष्ट कीजिए। **दक्षता आधारित प्रश्न**

उत्तर प्रस्तुत कविता आत्मकथा में कवि जयशंकर प्रसाद ने दूसरों के व्यक्तित्व की कमियाँ व उनके निजी पलों को जानकर उनका मज़ाक बनाने वाले व्यक्तियों पर व्यंग्य किया है। कवि ऐसे लोगों पर व्यंग्य करते हुए ही कहता है कि मेरे व्यक्तित्व की दुर्बलताओं व रिक्तता को जानकर तुम सुख एवं आनंद की अनुभूति प्राप्त करोगे, इसलिए वह अपनी आत्मकथा नहीं लिखेगा।

19. प्रस्तुत काव्यांश के आधार पर कवि के व्यक्तित्व का वर्णन कीजिए।

अथवा **आत्मकथ्य कविता के माध्यम से जयशंकर प्रसाद जी के व्यक्तित्व की विशेषताएँ अपने शब्दों में लिखिए।** **CBSE Diksha**

उत्तर प्रस्तुत काव्यांश में कवि जयशंकर प्रसाद के भावुक, निष्कपट, सीधे-सादे व सरल गुणों से धनी व्यक्तित्व का पता चलता है। जो न तो अपने जीवन के निजी पलों को उजागर करके हँसी का पात्र बनना चाहता है और न ही दूसरों के छल-कपटपूर्ण आचरण को उजागर कर उन्हें निंदा का पात्र बनाना चाहता है।

20. 'आत्मकथ्य' कविता की प्रतीक योजना पर टिप्पणी कीजिए।

उत्तर 'आत्मकथ्य' कविता में कवि ने प्रतीकों का अत्यंत सुंदर प्रयोग करते हुए अपनी जीवन गाथा का वर्णन किया है। कवि ने मधुप अर्थात् भौरे को स्वयं के प्रतीक रूप में, मुरझाकर गिरने वाली पत्तियों को जीवन में समाप्त होती खुशियों के रूप में प्रयोग किया है। इसके अतिरिक्त मधुर चाँदनी रातों को अपनी प्रेमिका के बिताए गए सुखद पलों के प्रतीक रूप में प्रयोग किया है।

21. आत्मकथ्य कविता में कवि के दर्शन एक निराश, हतप्रभ और व्यथित हृदयी व्यक्ति के रूप में होते हैं। स्पष्ट कीजिए। **दक्षता आधारित प्रश्न**

उत्तर आत्मकथ्य कविता में स्वयं को अपने मित्रों व परिचितों द्वारा ठगा हुआ महसूस करता है, जिस कारण उसे अपने जीवन से खुशियाँ मुरझाती हुई पत्तियों के गिरने के समान प्रतीत होती हैं और उसे ऐसा लगने लगा है कि अब उसका जीवन खाली गागर के समान हो गया है। कवि की यह स्थिति उसके निराश, हतप्रभ व व्यथित हृदयी व्यक्ति के रूप में प्रकट होती है।

22. 'कवि जयशंकर प्रसाद ने आत्मकथ्य कविता में न चाहते हुए भी अपने जीवन के बारे में बहुत-सी घटनाओं का वर्णन किया है' स्पष्ट कीजिए। **दक्षता आधारित प्रश्न**

उत्तर आत्मकथ्य कविता में प्रसाद अपने जीवन की तुलना रिक्त गागर से करते हुए कहते हैं कि उनका जीवन अत्यंत छोटा है, उसमें लोगों को बताने लायक कुछ भी नहीं है, किंतु इसके उपरांत भी वे अपने परिचितों द्वारा ठगे जाने, प्रेमिका द्वारा उन्हें छोड़कर चले जाने, अपने सरल व निष्कपट स्वभाव व उनके जीवन में व्याप्त निराशा आदि का वर्णन करके न चाहते हुए भी अपने जीवन के बारे में बहुत-सी घटनाओं का वर्णन कर जाते हैं।

23. 'आत्मकथ्य' कविता का केंद्रीय भाव अपने शब्दों में स्पष्ट कीजिए। **CBSE 2018**

उत्तर छायावादी शैली में लिखी 'आत्मकथ्य' कविता के माध्यम से कवि जयशंकर प्रसाद ने आत्मकथा लिखने में असहमति प्रकट की है, क्योंकि उनका जीवन यथार्थ कष्टों व अभावों के अतिरिक्त और कुछ भी नहीं है और लोग इन्हें पढ़कर मजाक उडाएँगे, हँसेंगे व सुख का अनुभव करेंगे। कवि ने प्रस्तुत कविता में यह भी बताया है कि हम जिन सुखों की कल्पना करते हैं यथार्थ में वे बहुत कम ही मिल पाते हैं। कवि स्वयं के जीवन की कहानी को एक सामान्य व्यक्ति की कहानी बताते हुए उसका वर्णन करने में असहमति जताता है। जीवन के यथार्थ को स्वीकार करना अपने आप में महानता है। अत: वह अपनी आत्मकथा को बताने से बेहतर दूसरों की आत्मकथा सुनकर अपनी भोली आत्मकथा को मन में ही रहने देना चाहता है।

स्व-मूल्यांकन

कविता पर आधारित बहुविकल्पीय प्रश्न

निम्नलिखित प्रश्नों के सर्वाधिक उपयुक्त विकल्पों का चयन कीजिए

1. कवि की पीड़ा किस कारण शांत भाव से सोई हुई है?

(i) चलते रहने के कारण
(ii) जीवन में कुछ भी प्राप्त न कर पाने के कारण
(iii) विषम परिस्थितियों से थक हारकर
(iv) प्रेयसी का कवि के जीवन से चले जाने के कारण

2. निम्न में से सही कथन का चयन कीजिए

(i) कवि के जीवन में अभावों के अतिरिक्त कुछ नहीं है।
(ii) साहित्य रूपी आकाश में अनगिनत लोगों के जीवन का इतिहास अंकित है।
(iii) कवि की कहानी सामान्य व्यक्ति की कहानी जैसी ही है।
(iv) उपर्युक्त सभी।

3. मुरझाकर गिर रही पत्तियाँ देखो कितनी आज घनी।
इस गंभीर अनंत-नीलिमा में असंख्य जीवन-इतिहास।

कथन (क) कवि के जीवन में नकारात्मकता व निराशा का भाव है।

कथन (ख) कवि का मन अतीत की घटनाओं को गुन-गुना कर सुन रहा है।

कथन (ग) कवि आनंददायक भावों के मिट जाने की ओर संकेत करता है।

कविता की पंक्तियों के आधार पर कौन-सा/से कथन सही है/हैं?

दक्षता आधारित प्रश्न

(i) केवल कथन (क) सही है।
(ii) केवल कथन (ख) सही है।
(iii) कथन (क) और (ग) सही हैं।
(iv) कथन (ख) और (ग) सही हैं।

काव्यांश पर आधारित बहुविकल्पीय प्रश्न

निम्नलिखित काव्यांश को ध्यानपूर्वक पढ़कर पूछे गए प्रश्नों के उत्तर दीजिए

1. यह विडंबना! अरी सरलते तेरी हँसी उड़ाऊँ मैं।
भूलें अपनी या प्रवंचना औरों की दिखलाऊँ मैं।
उज्ज्वल गाथा कैसे गाऊँ, मधुर चाँदनी रातों की।
अरे खिल-खिला कर हँसते होने वाली उन बातों की।
मिला कहाँ वह सुख जिसका मैं स्वप्न देखकर जाग गया।
आलिंगन में आते-आते मुसक्या कर जो भाग गया।

प्रश्न

(क) पद्यांश के अनुसार, कवि को इस दुनिया से क्या मिला है?

(i) सम्मान (ii) अपनापन
(iii) धोखा (iv) सहयोग

(ख) कवि को किसकी प्राप्ति नहीं हुई?

(i) सुख की (ii) पुत्र की
(iii) धन की (iv) रोजगार की

(ग) कवि की चाँदनी रात में किसके साथ बातें होती थी?

(i) प्रिया के साथ (ii) पुत्र के साथ
(iii) मित्र के साथ (iv) चंद्रमा के साथ

(घ) **कथन** (क) कवि अपने जीवन की बड़ी-बड़ी कथाएँ कहना नहीं चाहते।

कथन (ख) कवि अपने अतीत की सुखद स्मृतियों के सहारे अपने शेष जीवन को गुजारना चाहते हैं। **दक्षता आधारित प्रश्न**

दिए गए कथनों के लिए सही विकल्प पहचानिए

(i) कथन (क) सही है और कथन (ख) उसका गलत कारण है।
(ii) कथन (क) सही है और कथन (ख) उसका सही कारण है।
(iii) कथन (क) गलत और कथन (ख) सही है।
(iv) कथन (क) और कथन (ख) दोनों सही हैं।

(ङ) निम्नलिखित कथनों पर विचार कीजिए

1. कवि की अभिलाषाएँ कभी सफल नहीं हुई।
2. मुझे जीवन में वह सुख कहाँ मिला, जिसका स्वप्न देखकर मैं जाग गया।
3. कवि सरल मन वाले लोगों का मजाक उड़ाता है।

इन कथनों में से कौन-सा/से कथन सही है/हैं?

(i) केवल 1 (ii) 1 और 2
(iii) केवल 3 (iv) 2 और 3

काव्यबोध पर आधारित प्रश्न

निम्नलिखित प्रश्नों के उत्तर संक्षेप में दीजिए

I. कवि का अपने जीवन के प्रति क्या दृष्टिकोण है और क्यों? **दक्षता आधारित प्रश्न**

II. कवि "सीवन को उधेड़कर देखना" किसे कह रहा है?

III. कवि ने ऐसा क्यों कहा कि उसकी आत्मकथा 'भोली' है? **दक्षता आधारित प्रश्न**

IV. कवि अपनी प्रिया को किस प्रकार याद करता है?

'उत्साह' तथा 'अट नहीं रही है'

सूर्यकांत त्रिपाठी 'निराला'

अध्याय 4

कविता का सार

सूर्यकांत त्रिपाठी 'निराला' रचित **'उत्साह'** कविता एक आह्वान गीत है। पहले पद्यांश में कवि ने बादलों को एक ओर तो पीड़ित-प्यासे लोगों की आकांक्षा को पूरा करने वाला बताया है तथा दूसरी ओर उन्हें विध्वंस (ध्वस्त, नष्ट), विप्लव (विद्रोह) और क्रांति चेतना का प्रतीक बताया है। दूसरे पद्यांश में कवि ने वातावरण में व्याप्त बेचैनी व लोगों के दु:खी मन का चित्रण किया है तथा बादलों से बरसकर तप्त धरती को ठंडा करने का आग्रह किया है। कवि 'निराला' इस कविता के माध्यम से नवचेतना और सामाजिक क्रांति लाना चाहते हैं।

'अट नहीं रही है' कविता में कवि ने फागुन के सौंदर्य और उल्लास का सजीव वर्णन किया है। फागुन मास की शोभा इतनी अधिक है कि इस सुंदरता से आँखें हट नहीं पा रही हैं।

कवि परिचय

छायावाद के प्रमुख आधार-स्तंभ सूर्यकांत त्रिपाठी 'निराला' का जन्म 1899 ई. में बंगाल के महिषादल में हुआ था। निराला की शिक्षा घर पर ही हुई, उन्होंने संस्कृत, बांग्ला, अंग्रेज़ी आदि भाषाओं का घर पर ही अध्ययन किया। रामकृष्ण परमहंस और विवेकानंद के विचारों से वह अत्यधिक प्रभावित थे। उनका पारिवारिक जीवन कष्ट और संघर्षों से भरा हुआ था। पिता, चाचा, पत्नी सभी की मृत्यु के पश्चात् उनकी पुत्री सरोज की भी मृत्यु हो गई।

उनकी प्रसिद्ध काव्य रचनाएँ हैं—अनामिका, परिमल, गीतिका, कुकुरमुत्ता, नए पत्ते आदि। अप्सरा, अलका, प्रभावती (उपन्यास); लिली, सखी, चतुरी चमार (कहानी संग्रह); प्रबंध पद्य, चाबुक (निबंध संग्रह)। छायावादी कवि निराला की भाषा में चित्रात्मकता, कोमलता, संगीतात्मकता, प्रकृति व प्रतीकों का कुशल प्रयोग हुआ है। उनकी कविताओं में मुक्तक छंद प्रयोग हुआ है। भाषा की सरलता, सहजता, संस्कृतनिष्ठ शब्दावली उनकी कविता की विशेषता है। कवि निराला का निधन वर्ष 1961 में हो गया था।

कविताओं का भावार्थ

उत्साह

1 बादल, गरजो! —
घेर घेर घोर गगन, धाराधर ओ!
ललित ललित, काले घुँघराले,
बाल कल्पना के-से पाले,
विद्युत-छबि उर में, कवि, नवजीवन वाले!
वज्र छिपा, नूतन कविता
फिर भर दो —
बादल गरजो!

शब्दार्थ **घोर**-भयंकर; **गगन**-आसमान; **धाराधर**-बादल; **ललित**-सुंदर; **विद्युत**- बिजली; **नवजीवन**-नया जीवन; **वज्र**-कठोर; **नूतन**-नई।

भावार्थ

उत्साह कविता के माध्यम से कवि निराला बादलों को संबोधित करते हुए कहते हैं कि हे बादल! तुम पीड़ित एवं प्यासे लोगों की प्यास मिटाने वाले एवं वज्र के समान कठोर हो। अत: कवि बादलों से खूब उमड़-घुमड़ कर ऊँची गरजना करने के साथ आकाश को घेरते हुए छा जाने का आग्रह करता है। कवि बादलों को संबोधित करते हुए कहता है— तुम्हारे सुंदर घुमावदार बाल (बादल) काले एवं घुँघराले हैं। ये कल्पना के विस्तार के समान घने हैं, जो अत्यंत दूर-दूर तक फैले हुए हैं। कवि 'निराला' बादलों को कहते हैं—हे बादलों! तुम्हारे हृदय में बिजली की चमक है और वज्र के समान कठोर गर्जना छिपी हुई है। तुम संसार को नया जीवन देने वाले हो अर्थात् कवि बादलों को क्रांति और परिवर्तन का प्रतीक मानता है। इसलिए वह कहता है कि तुम भीषण गर्जना करके आकाश में एक बार फिर नई कविता का संचार कर दो।

2 विकल विकल, उन्मन थे उन्मन
विश्व के निदाघ के सकल जन,
आए अज्ञात दिशा से अनंत के घन!
तप्त धरा, जल से फिर
शीतल कर दो— बादल गरजो!

शब्दार्थ विकल-बेचैन; उन्मन-उदास; निदाघ-गर्मी; सकल-सारे; अज्ञात-अनजान; अनंत-आकाश; तप्त-जलती; धरा-पृथ्वी।

भावार्थ

कवि बादलों से कहता है कि वातावरण में चारों ओर बेचैनी व्याप्त है और गर्मी के कारण लोगों के मन भी दु:खी हैं, इसलिए आकाश की अज्ञात (अनजान) दिशा से आए हुए लोगों के मन को सुख से भर देने वाले बादलों! आकाश को घेर-घेर कर गरजो। संसार के सभी प्राणी भयंकर गर्मी के कारण बेचैन और उदास हो रहे हैं। घने बादलों! तुम बरसकर गर्मी से तपती धरती को फिर से ठंडा करके लोगों को सुखी कर दो।

अट नहीं रही है

अट नहीं रही है
आभा फागुन की तन
सट नहीं रही है।
कहीं साँस लेते हो,
घर-घर भर देते हो,
उड़ने को नभ में तुम
पर-पर कर देते हो,
आँख हटाता हूँ तो
हट नहीं रही है।
पत्तों से लदी डाल
कहीं हरी, कहीं लाल,
कहीं पड़ी है उर में
मंद-गंध-पुष्प-माल,
पाट-पाट शोभा-श्री
पट नहीं रही है।

शब्दार्थ अट-समाना; आभा-सौंदर्य; पर-पंख; मंद-गंध-हल्की-हल्की खुशबू; उर-हृदय; पुष्प-माल-फूलों की माला; पाट-पाट-जगह-जगह; शोभा-श्री-सौंदर्य।

भावार्थ

प्रस्तुत कविता में फागुन माह के अद्वितीय सौंदर्य का वर्णन करते हुए कवि कहता है कि चारों ओर फागुन की शोभा तन में समा नहीं पा रही है।

इस समय चारों ओर फूल खिलते हैं, कवि कहता है, हे फागुन! तुम साँस लेते हो, तो उस साँस से तुम संपूर्ण प्रकृति को खूशबू से भर देते हो। वह सुगंध वातावरण में फैलकर हर घर को खूशबू से भर देती है। यह सब देखकर मन प्रसन्न हो उठता है और आकाश में उड़ना चाहता है।

इस वातावरण में पक्षी भी पंख फैलाकर आकाश में उड़ना चाहते हैं। फागुन का यह दृश्य इतना सुहावना है कि यदि मैं इन सबसे आँख हटाना भी चाहूँ तो हटा नहीं पाता हूँ।

इस समय डालियाँ कहीं लाल, तो कहीं हरे पत्तों से लदी हुई हैं। इन सबको देखकर ऐसा लगता है मानो फागुन के गले में सुगंध से मस्त कर देने वाली फूलों की माला पड़ी है। इस प्रकार, सभी-जगह फागुन का सौंदर्य बिखरा हुआ है और वह सौंदर्य समा नहीं पा रहा है।

NCERT फोल्डर

पाठ्यपुस्तक (क्षितिज भाग-2) के प्रश्नोत्तर

उत्साह

प्र.1 कवि बादल से फुहार, रिमझिम या बरसने के स्थान पर 'गरजने' के लिए कहता है, क्यों? CBSE 2012, 11, 10

***अथवा* बादलों की गर्जना का आह्वान कवि क्यों करना चाहता है? 'उत्साह' कविता के आधार पर स्पष्ट कीजिए।** CBSE Diksha

***अथवा* आपके पाठ्यक्रम की किस कविता में कवि ने बादल से फुहार, रिमझिम बरसने के स्थान पर गरजने के लिए कहा है? इस आह्वान का क्या कारण है? अपने शब्दों में लिखिए।** CBSE SQP 2023

उत्तर कवि निराला ने प्रस्तुत कविता में बादलों को क्रांति के सूचक के रूप में प्रस्तुत किया है। समाज में कभी-भी क्रांति बादलों की फुहार या रिमझिम बरसने अर्थात् कोमल या मृदु भावों से नहीं आती, अपितु उसके लिए गरजने अर्थात् विध्वंस की आवश्यकता होती है। इसलिए कवि नव-सृष्टि के निर्माण के लिए बादलों से गरजने के लिए कहता है। जिससे वे प्यासे-पीड़ित लोगों के जीवन में आशा, उत्साह तथा नई चेतना का संचार कर सके।

प्र.2 कविता का शीर्षक 'उत्साह' क्यों रखा गया है? CBSE 2011, 10

***अथवा* निराला द्वारा रचित कविता 'उत्साह' के शीर्षक की सार्थकता स्पष्ट कीजिए।** दक्षता आधारित प्रश्न

उत्तर 'उत्साह' एक आह्वान गीत है, जो बादलों को संबोधित करके लिखा गया है। कविता का शीर्षक 'उत्साह' इसलिए रखा गया होगा, क्योंकि बादल वर्षा करके पीड़ित-प्यासे जन की आकांक्षा को पूरा करके उनके जीवन में आशा, उत्साह तथा नई चेतना का संचार करते हैं। बादलों के बरसने से संपूर्ण सृष्टि उत्साहित एवं आनंदित हो जाती है।

प्र.3 कविता में बादल किन-किन अर्थों की ओर संकेत करता है? CBSE 2015, 12, 11, 10

उत्तर कविता में बादल निम्नलिखित अर्थों की ओर संकेत करता है

(i) बादल पीड़ित-प्यासे जन की इच्छा को पूरा करने की ओर संकेत करता है।

(ii) बादल मनुष्य जीवन में क्रांति लाने की ओर संकेत करता है।

(iii) बादल मनुष्य में उत्साह भाव का संचार करके उसे संघर्ष के लिए प्रेरित कर जीवन में नवीनता एवं परिवर्तन लाने की ओर संकेत करता है।

प्र.4 शब्दों का ऐसा प्रयोग जिससे कविता के किसी खास भाव या दृश्य में ध्वन्यात्मक प्रभाव पैदा हो, नाद-सौंदर्य कहलाता है। 'उत्साह' कविता में ऐसे कौन-से शब्द हैं, जिनमें नाद-सौंदर्य मौजूद है? छाँटकर लिखिए।

उत्तर उत्साह कविता में नाद-सौंदर्य उत्पन्न करने वाले शब्द निम्नलिखित हैं

(i) घेर घेर घोर गगन

(ii) ललित-ललित, काले घुँघराले

(iii) बाल कल्पना के से पाले

(iv) विकल विकल, उन्मन थे उन्मन

(v) शीतल कर दो-बादल, गरजो!

रचना और अभिव्यक्ति

प्र.5 जैसे बादल उमड़-घुमड़कर बारिश करते हैं, वैसे ही कवि के अंतर्मन में भी भावों के बादल उमड़-घुमड़कर कविता के रूप में अभिव्यक्त होते हैं। ऐसे ही कभी किसी प्राकृतिक सौंदर्य को देखकर अपने उमड़ते भावों को कविता में उतारिए।

उत्तर विद्यार्थी इसका उत्तर स्वयं लिखें। विद्यार्थियों की मदद के लिए 'नागार्जुन' की एक कविता दी जा रही है

धिन-धिन-धा धमक-धमक	मेघ बजे
मेघ बजे	पंक बना हरिचंदन
दामिनी यह गई दमक	मेघ बजे
तब बजे	हल का है अभिनंदन
मेघ बजे	मेघ बजे
धरती का हृदय धुला	धिन-धिन-धा धमक-धमक

पाठेतर सक्रियता

बादलों पर अनेक कविताएँ हैं। कुछ कविताओं का संकलन करें और और उनका चित्रांकन भी करें।

उत्तर विद्यार्थी स्वयं करें।

अट नहीं रही है

प्र.1 छायावाद की एक खास विशेषता है अंतर्मन के भावों का बाहर की दुनिया से सामंजस्य बिठाना। कविता की किन पंक्तियों को पढ़कर यह धारणा पुष्ट होती है? लिखिए।

उत्तर कविता की निम्न पंक्तियों को पढ़कर यह धारणा पुष्ट होती है

कहीं साँस लेते हो,	घर-घर भर देते हो,
उड़ने को नभ में तुम	पर-पर कर देते हो,
आँख हटाता हूँ तो	हट नहीं रही है!

प्र.2 कवि की आँख फागुन की सुंदरता से क्यों नहीं हट रही है? CBSE 2012, 11, 10

अथवा **फागुन की आभा कैसी है और 'अट नहीं रही है' कविता में उसकी स्थिति कैसी वर्णित हुई है? स्पष्ट कीजिए।** CBSE 2015

उत्तर फागुन के महीने में प्रकृति के सभी तत्त्वों पर एक विशेष प्रकार का सौंदर्य छा जाता है। चारों ओर फागुन का सौंदर्य बिखरा हुआ है, जिसे देखकर प्रकृति प्रेमी कवि का मन प्रसन्न हो उठता है। इस समय डालियाँ कहीं लाल, तो कहीं हरे-हरे पत्तों से लदी दिखाई देती हैं। चारों ओर फूल खिले हैं। इसी कारण कवि की आँख फागुन की सुंदरता से नहीं हट रही है।

प्र.3 प्रस्तुत कविता में कवि ने प्रकृति की व्यापकता का वर्णन किन रूपों में किया है?

उत्तर कवि ने प्रकृति की व्यापकता का वर्णन निम्न रूपों में किया है

(i) फागुन के प्राकृतिक सौंदर्य का प्रभाव नए-नए लाल, हरे पत्तों, फूलों के रूप में चारों ओर समाया हुआ है।

(ii) प्रकृति में चारों ओर उल्लास और सौंदर्य से कवि का मन प्रसन्न होकर आकाश में उड़ना चाहता है।

(iii) कवि प्रकृति की व्यापकता को देखकर इतना प्रसन्न हो जाता है कि वह चाहकर भी उससे अपनी आँखें नहीं हटा पाता।

प्र.4 फागुन में ऐसा क्या होता है, जो बाकी ऋतुओं से भिन्न होता है?

उत्तर फागुन में मौसम बहुत सुहावना हो जाता है। इस समय न अधिक सर्दी होती है, न अधिक गर्मी। प्रकृति इस समय धरती को हरा-भरा कर देती है। चारों ओर फूल खिल उठते हैं, जो सभी दिशाओं को सुगंध से भर देते हैं। बसंत ऋतु अपने पूर्ण यौवन पर होती है। प्रकृति की सुंदरता को देखकर मनुष्य, पशु-पक्षी आदि सभी का मन प्रसन्न हो जाता है।

प्र.5 इन कविताओं के आधार पर निराला के काव्य-शिल्प की विशेषताएँ लिखिए।

उत्तर निराला ने अपनी कविताओं में शिल्प संबंधी नए-नए प्रयोग किए। उनकी कविताओं में जहाँ एक ओर शृंगार रस है, वहीं दूसरी ओर ओज का स्वर भी है। संगीतात्मकता उनके काव्य की प्रमुख विशेषता है। उन्होंने तत्सम शब्दावली युक्त खड़ीबोली का प्रयोग किया है। अनुप्रास, उपमा तथा मानवीकरण अलंकारों के प्रयोग से कविता का सौंदर्य बढ़ा है।

रचना और अभिव्यक्ति

प्र.6 होली के आस-पास प्रकृति में जो परिवर्तन दिखाई देते हैं, उन्हें लिखिए।

उत्तर होली के आस-पास मौसम सुहावना हो जाता है। सर्दी कम हो जाती है। मंद-मंद वायु चलने लगती है। चारों ओर रंग-बिरंगे फूल खिलने लगते हैं। खेतों में हरियाली छाने लगती है। फसलें पकने लगती हैं। किसान अपनी पकी हुई फसलों को काटकर खलिहान में ले आते हैं। इस प्रकार प्रकृति में अनेक परिवर्तन दिखाई देने लगते हैं।

पाठेतर सक्रियता

प्र.7 फागुन में गाए जाने वाले गीत जैसे होरी, फाग आदि गीतों के बारे में जानिए।

उत्तर विद्यार्थी स्वयं करें।

अभ्यास प्रश्न

बहुविकल्पीय व वर्णनात्मक प्रश्नों सहित

कविता पर आधारित बहुविकल्पीय प्रश्न

निम्नलिखित प्रश्नों के सर्वाधिक उपयुक्त विकल्पों का चयन कीजिए

1. 'उत्साह' कविता में बादल किसका प्रतीक है?
(i) शांति का (ii) क्रांति का
(iii) स्थिरता का (iv) सुख का

2. 'उत्साह' कविता के कवि हैं **CBSE Diksha**
(i) जयशंकर प्रसाद
(ii) देवदत्त
(iii) सूर्यकांत त्रिपाठी 'निराला'
(iv) नागार्जुन

3. कवि ने बादलों के लिए किस विशेषण का प्रयोग किया है?
(i) अनंत (ii) नवजीवन वाले
(iii) ललित (iv) मनमोहक

4. कवि बादलों से किस प्रकार बरसने का आह्वान कर रहा है?
(i) गोल-गोल घूमकर (ii) धीरे-धीरे
(iii) आकाश को घेरकर (iv) तीव्र वेग में

5. कवि ने बादलों को किसकी कल्पना के समान पाले हुए माना है? **दक्षता आधारित प्रश्न**
(i) विद्युत की कल्पना
(ii) बाल कल्पना
(iii) आसमान की कल्पना
(iv) काले घुँघराले बालों की कल्पना

6. "कवि बादल से बरसने के स्थान पर गरजने को क्यों कहता है?"
(i) लोगों को डराने के लिए
(ii) परिवर्तन लाने के लिए
(iii) बारिश का संकेत देने के लिए
(iv) राहत देने के लिए

7. 'अट नहीं रही है' किस रस की कविता है? **CBSE Diksha**
(i) वीर रस (ii) करुण रस
(iii) श्रृंगार रस (iv) हास्य रस

8. कवि ने तप्त धरा के माध्यम से किस ओर संकेत किया है?
(i) जन सामान्य की पीड़ा (ii) जलवायु परिवर्तन
(iii) अत्यधिक गर्मी (iv) वैश्विक तपन

9. 'अट नहीं रही है' कविता में चारों तरफ किसकी सुंदरता फैली हुई है? **दक्षता आधारित प्रश्न**
(i) फागुन (ii) माघ
(iii) कार्तिक (iv) बैशाख

10. होली के आसपास प्रकृति में क्या परिवर्तन होते हैं? **CBSE Diksha**
(i) बसंत की बहार छा जाती है
(ii) रिमझिम फुहार पड़ती है
(iii) उमस भरी गर्मी पड़ने लगती है
(iv) तेज वर्षा होती है

11. कवि की आँखें किसकी ओर से नहीं हट पा रही हैं?
(i) प्रेयसी की ओर से
(ii) विशालकाय पर्वत की ओर से
(iii) प्राकृतिक सुंदरता की ओर से
(iv) काले-काले बादलों की ओर से

12. फागुन आते ही वन-उपवन में क्या परिवर्तन होने लगता है?
(i) पेड़ों के पत्ते गिरने लगते हैं
(ii) पेड़-पौधे मुरझाने लगते हैं
(iii) पेड़ों पर रंग-बिरंगे फूल खिलने लगते हैं
(iv) उपर्युक्त सभी

उत्तर 1. (ii) क्रांति का
2. (iii) सूर्यकांत त्रिपाठी 'निराला'
3. (ii) नवजीवन वाले
4. (iii) आकाश को घेरकर
5. (iv) काले घुँघराले बालों की कल्पना
6. (ii) परिवर्तन लाने के लिए
7. (iii) श्रृंगार रस
8. (i) जन सामान्य की पीड़ा
9. (i) फागुन
10. (i) बसंत की बहार छा जाती है
11. (iii) प्राकृतिक सुंदरता की ओर से
12. (iii) पेड़ों पर रंग-बिरंगे फूल खिलने लगते हैं

काव्यांश पर आधारित बहुविकल्पीय प्रश्न

निम्नलिखित काव्यांशों को पढ़कर प्रश्नों के सर्वाधिक उपयुक्त विकल्पों का चयन कीजिए

उत्साह

1. बादल, गरजो!-घेर घेर घोर गगन, धाराधर ओ!
ललित ललित, काले घुँघराले, बाल कल्पना के-से पाले,
विद्युत-छबि उर में, कवि, नवजीवन वाले!
वज्र छिपा, नूतन कविता
फिर भर दो-बादल गरजो!

(क) कवि बादलों से क्या आग्रह कर रहा है?

(i) बरसने का (ii) छाए रहने का
(iii) कड़कड़ाने का (iv) ये सभी

(ख) कवि के अनुसार बादलों के भीतर क्या छिपा हुआ है?

(i) बिजली की कड़क (ii) पानी
(iii) रहस्य (iv) काली घटा

(ग) कवि ने बादलों को किसके समान सुंदर बताया है?

(i) केशों के (ii) आसमान के
(iii) वर्षा के (iv) इनमें से कोई नहीं

(घ) **कथन (क)** बादल बाल कल्पनाओं के समान है।
कथन (ख) आकाश में बादलों का आकार और स्थान स्थिर नहीं होता है। **दक्षता आधारित प्रश्न**

दिए गए कथनों के लिए सही विकल्प पहचानिए

(i) कथन (क) सही है और कथन (ख) उसका गलत कारण है।
(ii) कथन (क) सही है और कथन (ख) उसका सही कारण है।
(iii) कथन (क) गलत और कथन (ख) सही है।
(iv) कथन (क) सही है और कथन (ख) आंशिक रूप से सही हैं।

(ङ) कवि के अनुसार, नूतन कविता कैसी होनी चाहिए?

(i) संपूर्ण संसार में जोश भर देने वाली
(ii) संपूर्ण संसार को नीरवता से भर देने वाली
(iii) संपूर्ण संसार का अंत कर देने वाली
(iv) उपर्युक्त में से कोई नहीं

उत्तर (क) (i) बरसने का
(ख) (i) बिजली की कड़क
(ग) (i) केशों के
(घ) (ii) कथन (क) सही है और कथन (ख) उसका सही कारण है।
(ङ) (i) संपूर्ण संसार में जोश भर देने वाली

2. विकल विकल, उन्मन थे उन्मन
विश्व के निदाघ के सकल जन,
आए अज्ञात दिशा से अनंत के घन!
तप्त धरा, जल से फिर
शीतल कर दो— बादल गरजो!

(क) काव्यांश के आधार पर बताइए कि संसार के सभी प्राणियों की स्थिति कैसी है? **दक्षता आधारित प्रश्न**

(i) गर्मी के कारण बेचैन और उदास हैं
(ii) गर्मी के कारण खुश हैं
(iii) वर्षा के कारण उत्साहित हैं
(iv) उपर्युक्त सभी

(ख) कवि गर्मी से तपती धरती को जल से भरकर शीतल करने का आग्रह किससे कर रहा है?

(i) स्वयं से (ii) बादलों से
(iii) चाँद से (iv) ये सभी

(ग) कवि ने बादलों को क्या कहकर पुकारा है?

(i) अज्ञात दिशा से आने वाले
(ii) बरसने वाले
(iii) ज्ञात दिशा से आने वाले
(iv) उपर्युक्त में से कोई नहीं

(घ) काव्यांश में प्रयुक्त 'विकल-विकल, उन्मन थे उन्मन' पद किसकी विकलता और उदासी को सूचित करता है?

(i) उदास बादलों की (ii) उदास प्राणियों की
(iii) (i) और (ii) दोनों (iv) स्वयं अपनी

(ङ) **कथन** (A) सामाजिक क्रांति लाने के लिए प्राणी में नवीन आशा तथा उत्साह का संचार होना आवश्यक है।
कारण (R) बादलों की गर्जना प्राणी में नवीन जीवन का संचार करती है तथा बदलाव हेतु प्रेरित करती है। **दक्षता आधारित प्रश्न**

(i) कथन (A) सही है और कारण (R) कथन (A) की सही व्याख्या है।
(ii) कथन (A) सही है, किंतु कारण (R) कथन (A) की सही व्याख्या नहीं है।
(iii) कथन (A) और कारण (R) दोनों ही गलत हैं।
(iv) कथन (A) गलत है, किंतु कारण (R) सही है।

उत्तर (क) (i) गर्मी के कारण बेचैन और उदास है
(ख) (ii) बादलों से
(ग) (i) अज्ञात दिशा से आने वाले
(घ) (i) उदास बादलों की
(ङ) (i) कथन (A) सही है और कारण (R) कथन (A) की सही व्याख्या है।

अट नहीं रही है

1. कहीं साँस लेते हो,
घर-घर भर देते हो,
उड़ने को नभ में तुम
पर-पर कर देते हो,
आँख हटाता हूँ तो
हट नहीं रही है।

पत्तों से लदी डाल
कहीं हरी, कहीं लाल,
कहीं पड़ी है उर में
मंद-गंध-पुष्प-माल,
पाट-पाट शोभा-श्री
पट नहीं रही है।

(क) कवि के घर को सुगंध से कौन भर देता है? **दक्षता आधारित प्रश्न**

(i) फागुन की हवा
(ii) पुष्पों की माला
(iii) डाल से गिरे पत्ते
(iv) बागों की हरियाली

(ख) कवि के अनुसार, हर घर फागुन में ……… की खुशबू से महक उठा है।

(i) हवा (ii) पत्तों (iii) फूलों (iv) बादलों

(ग) कवि को उसके आस-पास का प्राकृतिक सौंदर्य ……… लग रहा है।

(i) पवित्र (ii) नवीन
(iii) असीम (iv) विचित्र

(घ) 'कहीं पड़ी है उर में
मंद-गंध-पुष्प-माल,
पाट-पाट शोभा-श्री
पट नहीं रही है।'

किस पंक्ति में पुनरुक्ति अलंकार है? **दक्षता आधारित प्रश्न**

(i) कहीं पड़ी है उर में (ii) मंद-गंध-पुष्प-माल
(iii) पाट-पाट शोभा श्री (iv) पट नहीं रही है

(ङ) 'कहीं पड़ी है उर में'

इस पंक्ति में उर में क्या पड़ा है?

(i) सौंदर्य की माला (ii) आकाश के बादल
(iii) हरे और लाल पत्ते (iv) हल्की खुशबू वाले फूल

(च) कवि ने इस कविता का शीर्षक 'अट नहीं रही है' रखा है, क्योंकि फागुन का सौंदर्य ………। **दक्षता आधारित प्रश्न**

(i) प्रकृति में नहीं समा पा रहा है
(ii) कवि को प्राकृतिक लग रहा है
(iii) कवि को काल्पनिक लग रहा है
(iv) आसमान में नहीं समा पा रहा है

(छ) यह काव्यांश कवि के ……… प्रेम को दर्शाता है।

(i) देश (ii) कला
(iii) प्रकृति (iv) मानव

(ज) इस काव्यांश में ……… का मानवीकरण किया गया है।

(i) नभ (ii) घर
(iii) सावन (iv) फागुन

उत्तर (क) (i) फागुन की हवा
(ख) (iii) फूलों
(ग) (iii) असीम
(घ) (iii) पाट-पाट शोभा श्री
(ङ) (iv) हल्की खुशबू वाले फूल
(च) (i) प्रकृति में नहीं समा पा रहा है।
(छ) (iii) प्रकृति
(ज) (iv) फागुन

काव्यबोध पर आधारित प्रश्नोत्तर

निम्नलिखित प्रश्नों के उत्तर संक्षेप में दीजिए

1. ''वज्र छिपा नूतन कविता फिर भर दो बादल गरजो'' 'उत्साह' कविता की इन पंक्तियों में कवि क्या कहना चाहता है? अपने शब्दों में स्पष्ट कीजिए। **CBSE 2023**

उत्तर ''वज्र छिपा नूतन कविता फिर भर दो बादल गरजो'' 'उत्साह' कविता की इन पंक्तियों से आशय है कि जिस प्रकार बादलों में वज्र छिपा है, उसी प्रकार कवि भी अपनी नई कविता में अथवा भावनाओं में वज्र छिपाकर नवीन सृष्टि का निर्माण करके अर्थात् पूरे संसार को जोश से भर दे। बादल प्यासे-पीड़ित जन की प्यास बुझाते हैं तथा नई कल्पना करने वाले भी होते हैं।

2. बादलों के रूप-सौंदर्य का वर्णन कीजिए। **CBSE Term II 2022**

उत्तर बादल सुंदर, काले और घुँघराले बालों जैसे हैं। उनके हृदय में बिजली का निवास है। वे अपनी भयंकर गर्जना से उत्साह प्रकट करते हैं। ये वर्षा करके सभी को नया जीवन प्रदान करते हैं और साथ ही पीड़ित-प्यासे मनुष्यों की इच्छाओं को भी पूरा करते हैं।

3. कवि ने बादलों को ''मानव मन को सुख से भर देने वाले'' क्यों कहा है? **CBSE 2016, 12**

अथवा **कवि को बादल मन को सुख देने वाले क्यों लगते हैं?**

उत्तर कवि ने बादलों को 'मानव मन को सुख से भर देने वाले' इसलिए कहा है, क्योंकि जब बादल अपने हृदय में बिजली की चमक लिए हुए आते हैं और वर्षा करते हैं, तो भयंकर गर्मी से बेचैन और उदास धरती पर रहने वाला प्रत्येक प्राणी स्वयं को प्रसन्न और सुखी महसूस करने लगता है।

4. ''विद्युत-छबि उर में'' पंक्ति का अर्थ स्पष्ट कीजिए। **CBSE 2016, 10**

उत्तर प्रस्तुत काव्य-पंक्ति का अर्थ यह है कि बादलों के हृदय में बिजली की जो रेखा है, वह मानव समुदाय को नया जीवन देने वाली अद्भुत शक्ति है। वास्तव में, विद्युत यहाँ ऊर्जा और शक्ति का प्रतीक है, जो बादलों के हृदय में छिपा हुआ है। बादल इसी शक्ति का प्रयोग विप्लव एवं परिवर्तन लाने के लिए करता है, जिससे संपूर्ण जगत में नई स्फूर्ति एवं चेतना का संचार होता है।

5. बादलों के लिए नवजीवन विशेषण का प्रयोग किस संदर्भ में किया गया है? **CBSE 2016, 12**

उत्तर बादलों के लिए नवजीवन विशेषण का प्रयोग इसलिए किया गया है, क्योंकि बादल वर्षा कर सभी को नवजीवन प्रदान करते हैं। बादल वर्षा करके मुरझाई एवं निष्प्राण धरती में नया जीवन भर देते हैं। वे धरा की तप्तता (ताप/गर्मी) को समाप्त करके लोक जीवन के मार्ग को सुगम बनाते हैं। बादल, लोगों में नई स्फूर्ति एवं उत्साह का संचार करते हैं और अन्नदाता के जीवन को उमंगों से भर देते हैं।

6. 'उत्साह' कविता में कवि ने नई कविता करने वाले कवियों के लिए किस संबोधन का प्रयोग किया है? **दक्षता आधारित प्रश्न**

उत्तर 'उत्साह' कविता में कवि ने नई कविता करने वाले कवियों के लिए 'कवि नवजीवन वाले' संबोधन का प्रयोग किया है, क्योंकि महाकवि 'निराला' का मानना है कि सामाजिक क्रांति या परिवर्तन में साहित्य की भूमिका महत्त्वपूर्ण होती है। वे साहित्य को सामाजिक क्रांति का वाहक बनाने वाले कवियों से अपनी भावनाओं में वज्र छिपाकर पूरे संसार में जोश का पौरुषमय स्वर भरने का आग्रह करते हैं।

7. बादल के हृदय में क्या छिपा है तथा वह किसका प्रतीक है? **दक्षता आधारित प्रश्न**

उत्तर बादल के हृदय में वज्र के समान विनाश एवं विध्वंस का उपकरण छिपा हुआ है, जिससे नवीन सृष्टि का सृजन किया जा सके। यह नवजीवन का प्रतीक है। बादल प्यासे-पीड़ित जन की प्यास बुझाते हैं तथा नई कल्पना करने वाले भी होते हैं।

8. उन्मन और विकल कौन हैं और क्यों हैं? CBSE 2010

उत्तर उन्मन और विकल बादल हैं। पूरा जगत भयंकर गर्मी से परेशान है तथा जीव-जंतु आदि बेचैन हो रहे हैं। प्राणी जगत की यह दयनीय दशा बादलों से देखी नहीं जा रही है। यही कारण है कि बादलों का मन कहीं नहीं टिक रहा है। इसलिए बादल उन्मन और व्याकुल (विकल) हैं।

9. कवि ने बादलों को किस आकांक्षा को पूरा करने वाला बताया है? CBSE 2012

उत्तर कवि ने बादलों को गर्मी से पीड़ित-प्यासे जन की आकांक्षा को पूरा करने वाला तथा नई कल्पना एवं नए निर्माण के लिए क्रांति को संभव करने वाला बताया है। इस प्रकार बादल प्राणियों के जीवन में नई आशा और उत्साह का संचार करते हैं एवं संपूर्ण प्रकृति को नई उमंग एवं जोश से भर देते हैं।

10. कवि ने बादल को क्या-क्या कहा है और क्यों? CBSE 2010

उत्तर कवि ने बादल को कल्पना जैसे विस्तार के समान घने बाल वाले, नवजीवन देने वाले कवि के समान, अज्ञात दिशा से आए अनंत के घन इत्यादि कहा है। बादलों के हृदय में वज्र के समान विनाश और विध्वंस का उपकरण छिपा हुआ है, ताकि नवीन सृष्टि का निर्माण हो सके।

11. 'साँस लेना' किस स्थिति का परिचायक है?

उत्तर 'अट नहीं रही है' कविता में फागुन ऋतु में प्राकृतिक सौंदर्य पेड़-पौधों पर नए-नए फूल-पत्तों के उगने के रूप में अपनी शोभा को स्वच्छंद भाव से प्रकट कर रहा है। प्रकृति की इसी स्वच्छंदता को कवि ने 'साँस लेने' के रूप में प्रकट किया है।

12. 'उत्साह' कविता में निहित उद्देश्य को स्पष्ट कीजिए। दक्षता आधारित प्रश्न

उत्तर 'उत्साह' एक प्रतीकात्मक कविता है, जिसमें कवि निराला ने बादलों के माध्यम से सामाजिक विकृतियों का विरोध करने पर बल दिया है। उनका मानना है कि समाज में परिवर्तन केवल क्रांति के माध्यम से ही किया जा सकता है।

13. 'उत्साह' कविता में कवि निराला के व्यक्तित्व की कौन-सी विशेषता प्रकट होती है? दक्षता आधारित प्रश्न

उत्तर उत्साह कविता में कवि निराला द्वारा बादलों का अत्यंत मनोहारी चित्रण किया गया है, जो उनके प्रकृति प्रेमी व्यक्तित्व को उद्घाटित करता है। इसके अतिरिक्त उनके द्वारा बादलों के माध्यम से सामाजिक कुरीतियों का विरोध करने के द्वारा उनके विद्रोही व्यक्तित्व का भी पता चलता है।

14. 'अट नहीं रही है' कविता में "उड़ने को नभ में तुम पर-पर कर देते हो" के आलोक में बताइए कि फागुन लोगों के मन को किस तरह प्रभावित करता है? CBSE 2020

अथवा **फागुन में प्रकृति में होने वाले बदलाव मानव जीवन पर क्या प्रभाव डालते हैं?** CBSE SQP (Additional Set) 2023

उत्तर फागुन अर्थात् वसंत ऋतु के आगमन पर पेड़-पौधों पर नए-नए फूल-पत्ते उग आते हैं, जिससे चारों ओर हरियाली छा जाती है। प्रकृति का यह मनमोहक रूप कवि के हृदय में उत्साह एवं उमंग का संचार करता है, जिससे कवि का मन उत्साह एवं उमंग के पंख लगाकर कल्पना लोक के आकाश में उड़ने का करता है।

15. इस सत्र में पढ़ी गई किस कविता में कवि ने बादलों के विविध रूपों का चित्रण किया है? उनका वर्णन अपने शब्दों में कीजिए। CBSE Term II 2022

उत्तर इस सत्र में पढ़ी गई कविता में कवि ने बादलों के विविध रूपों का चित्रण किया है। यह कविता बादल रूप में आए दो अलग तरह के बदलावों को दर्शाती है। इस कविता के माध्यम से कवि बादलों के आने के ज़िक्र के जरिए, जीवन से निराश व हताश लोगों को उम्मीद देना चाहते हैं कि चाहे जो कुछ हो, लेकिन आपके जीवन में भी खुशहाली जरूर लौटेगी और आपके अच्छे दिन भी जरूर आएँगें।

कवि ने दूसरा संदेश यह दिया है कि जिस तरह बादल बेजान पौधों में नई जान डाल देते हैं वैसे ही मनुष्य को सारे दु:खों को भूलकर अपने जीवन की नई शुरुआत करनी चाहिए और जिंदगी में हमेशा आगे बढ़ते रहना चाहिए। मुख्य रूप से इस कविता के माध्यम से हमारे अंदर सोई हुई क्रांति को फिर से जगाने के लिए कहा है।

16. प्रकृति के सौंदर्य का जो चित्र 'अट नहीं रही है' कविता उपस्थित करती है, उसे अपने शब्दों में लिखिए। CBSE Term II 2022

अथवा **'अट नहीं रही है' कविता में कवि किसके सौंदर्य पर मोहित है? कारण सहित लिखिए।** CBSE SQP (Additional Set) 2023

उत्तर 'अट नहीं रही है' कविता में फागुन ऋतु का वर्णन किया गया है। फागुन का सौंदर्य अन्य ऋतुओं और महीनों से बढ़कर है। फागुन के समय पूरी प्रकृति खिल-सी जाती है। इस समय चारों ओर हरियाली हो जाती है, पेड़-पौधे बिल्कुल हरे-भरे हो जाते हैं व नए-नए फूल पत्ती आ जाती हैं। इस महीने में प्रकृति का एक अलग सौंदर्य देखने को मिलता है। हर तरफ फूलों की सुगंधित वायु बहती रहती है। हर तरफ इतनी सुंदरता नजर जाती है, जिसका आँखों में समा पाना भी मुश्किल है।

17. 'अट नहीं रही है' कविता में किसका वर्णन हुआ है और कवि ने उस सौंदर्य के बारे में क्या कहा है? CBSE 2023

अथवा **फागुन मास की सुंदरता को देखकर कवि को कैसा लगता है।** CBSE Diksha

अथवा **"अट नहीं रही है" पंक्ति द्वारा कवि क्या कहना चाहता है? 'अट नहीं रही है' कविता के आधार पर बताइए।** CBSE 2012

उत्तर 'अट नहीं रही है' कविता में कवि फागुन मास की मादकता प्रकृति की व्यापकता एवं सौंदर्य का वर्णन करते हुए प्रस्तुत पंक्ति के माध्यम से यह कहना चाहता है कि सब जगह सुंदरता फैली हुई है अर्थात् बिखरी हुई है। रंग- बिरंगे फूल-पत्ते इस तरह छा गए हैं कि मानो वे फागुन के तन में समा नहीं पा रहे हैं। फागुन के प्राकृतिक सौंदर्य को देखकर मन प्रसन्न हो जाता है और चाहकर भी हम उससे अपनी आँखों को नहीं हटा पाते हैं। फागुन का सौंदर्य बाहर प्रकट हो रहा है।

18. 'निराला' ने 'उत्साह' कविता के माध्यम से सामाजिक परिवर्तन के क्या संदेश दिए हैं? तर्कसंगत उत्तर दीजिए। CBSE Term II 2022

उत्तर उत्साह कविता कवि का उपध्वनि गीत है जिसके स्वर ओज है, क्रांति है। साहित्य के द्वारा समाज में चेतना का भाव आना संभव है। जीवन में सकारात्मकता को अपनाने का संदेश दिया है किसी कार्य की पूर्ति के लिए शरीर में ऊर्जा के संचार हेतु उत्साह होना आवश्यक है।

इस कविता में कवि चिड़िया के माध्यम से खुशी से जीने का संदेश हमें देते हैं कि हमें जो कुछ मिल जाए उसमें थोड़े से ही संतोष कर लेना चाहिए। अकेले रहकर भी उमंग से जीने का संदेश देते हुए कवि कहते हैं कि विपरीत परिस्थितियों में भी हमें साहस नहीं छोड़ना चाहिए।

19. 'अट नहीं रही है' कविता के आधार पर वसंत ऋतु की शोभा का वर्णन कीजिए। **CBSE 2019**

उत्तर 'वसंत ऋतु' की शोभा का वर्णन करते हुए कवि कहता है कि वसंत ऋतु में प्रकृति की सुंदरता अत्यधिक बढ़ गई है तथा चारों ओर फागुन की शोभा समाई हुई है। इस समय चारों ओर फूल खिलते हैं, फूलों की खुशबू प्रकृति को सुगंधित कर देती है। डालियाँ कहीं लाल तो कहीं हरे-फलों से लदी दिखाई देती हैं।

20. 'उत्साह' शीर्षक की सार्थकता पर प्रकाश डालिए। **CBSE 2024**

अथवा **'उत्साह' कविता के शीर्षक की सार्थकता तर्क सहित स्पष्ट कीजिए।** **CBSE SQP Term II 2021**

उत्तर किसी भी कार्य को उचित ढंग से करने के लिए उत्साह की आवश्यकता पड़ती है। प्रस्तुत कविता 'उत्साह' में भी कवि निराला ने समाज में नवीन परंपरा की स्थापना करने के लिए नई व भावी पीढ़ी में उत्साह जगाने का सफल प्रयास किया है। समाज में नए परिवर्तन के लिए युवा पीढ़ी में उत्साह का होना अत्यावश्यक है। प्रस्तुत कविता 'उत्साह' में कवि ने बादल के माध्यम से उस नई युवा पीढ़ी का आह्वान किया है, जो नवीन ऊर्जा व उत्साह से भरपूर हो। अत: अपनी विषय-वस्तु के आधार पर 'उत्साह' कविता का शीर्षक सार्थक है।

स्व-मूल्यांकन

कविता पर आधारित बहुविकल्पीय प्रश्न

निम्नलिखित प्रश्नों के सर्वाधिक उपयुक्त विकल्पों का चयन कीजिए

1. 'कहीं साँस लेते हो, घर-घर भर देते हो' पंक्ति में किसकी विशिष्टता व्यंजित हुई है?
 (i) हवा की
 (ii) फलों की
 (iii) नभ की
 (iv) फूलों की

2. फागुन कवि के मन को किस तरह प्रभावित करता है?
 (i) खुशनुमा वातावरण से उसका मन पक्षियों की तरह उड़ने लगता है।
 (ii) प्राकृतिक सौंदर्य देखकर उसका मन विचलित होने लगता है।
 (iii) पक्षियों की चहचाहट सुनकर उसका मन अस्थिर हो जाता है।
 (iv) उसका मन कल्पना लोक में विचरण करने लगता है।

3. विद्युत-छवि उर में, कवि नवजीवन वाले!
वज्र छिपा, नूतन कविता
फिर भर दो
बादल गरजो!

कथन (क) कवि बादलों में क्रांति का स्वर सुनता है।
कथन (ख) कवि बादलों का आह्वान मधुर राग सुनाने के लिए करते हैं।
कथन (ग) कवि बादलों के माध्यम से मानव को जीवन की नई प्रेरणाएँ देना चाहता है।

'उत्साह' कविता की पंक्तियों के आधार पर कौन-सा/से कथन सही है/हैं? **दक्षता आधारित प्रश्न**
 (i) केवल कथन (क) सही है।
 (ii) केवल कथन (ख) सही है।
 (iii) कथन (क) और (ग) सही हैं।
 (iv) कथन (ख) और (ग) सही हैं।

काव्यांश पर आधारित बहुविकल्पीय प्रश्न

निम्नलिखित काव्यांश को पढ़कर प्रश्नों के सर्वाधिक उपयुक्त विकल्पों का चयन कीजिए

1. विकल विकल, उन्मन थे उन्मन
विश्व के निदाघ के सकल जन,
आए अज्ञात दिशा से अनंत के घन!
तप्त धरा, जल से फिर
शीतल कर दो– बादल गरजो!

(क) **कथन (क)** बादलों को अनंत के घन कहा जाता है।
कथन (ख) बादलों के आगमन के लिए कोई दिशा निर्धारित नहीं होती है। **दक्षता आधारित प्रश्न**
दिए गए कथनों के लिए सही विकल्प पहचानिए
 (i) कथन (क) सही है और कथन (ख) उसका गलत कारण है।
 (ii) कथन (क) सही है और कथन (ख) उसका सही कारण है।
 (iii) कथन (क) गलत और कथन (ख) सही है।
 (iv) कथन (क) और कथन (ख) दोनों आंशिक रूप से सही हैं।

(ख) काव्यांश के अनुसार, सभी लोग बेचैन क्यों हैं?
 (i) अत्यधिक जलभराव के कारण
 (ii) अत्यधिक ताप के कारण
 (iii) आर्थिक विपन्नता के कारण
 (iv) वर्षा की तीव्रता के कारण

(ग) किसका मन विकल (व्याकुल) था?
 (i) संसार के सभी प्राणियों का (ii) बादलों का
 (iii) कवि का (iv) ये सभी

(घ) कवि के अनुसार, बादल कहाँ से आ रहे हैं?
 (i) आसमान के एक विशेष छोर से
 (ii) ईश्वर के घर से
 (iii) अनजान दिशा से
 (iv) धरा से

(ङ) कवि बादलों से क्या अनुरोध कर रहा है?
(i) प्राणियों के मन को विकल करने का
(ii) धरती को शीतल करने का
(iii) ज्ञात दिशा से आने का
(iii) धरा को तप्त करने का

2. अट नहीं रही है
आभा फागुन की तन
सट नहीं रही है।
कहीं साँस लेते हो,
घर-घर भर देते हो,
उड़ने को नभ में तुम
पर-पर कर देते हो,
आँख हटाता हूँ तो
हट नहीं रही है।
पत्तों से लदी डाल
कहीं हरी, कहीं लाल,
कहीं पड़ी है उर में
मंद-गंध-पुष्प-माल,
पाट-पाट शोभा-श्री
पट नहीं रही है।

(क) प्रकृति के तन में वसंत का सौंदर्य समा नहीं पा रहा है, क्योंकि
दक्षता आधारित प्रश्न
(i) प्रकृति का सीमित परिवेश है
(ii) सौंदर्य की अधिकता है
(iii) वसंत के प्रति अत्यधिक आकर्षण नहीं है
(iv) पेड़ फलों से लदे हुए हैं

(ख) हरे एवं लाल पत्तों से लदी डालियों को देखकर कवि को ऐसा लगता है, मानो
दक्षता आधारित प्रश्न
(i) संपूर्ण वातावरण में फूलों की खुशबू समा गई हो।
(ii) डालियाँ पत्तों के भार को वहन करने में असमर्थ हैं।
(iii) फागुन के गले में सुगंधित फूलों की माला पड़ी हो।
(iv) डालियाँ खुशी से झूम रही हैं।

(ग) कवि की आँख फागुन की सुंदरता से इसलिए नहीं हट रही हैं, क्योंकि
(i) फागुन का सौंदर्य अनूठा है।
(ii) फागुन का सौंदर्य फीका है।
(iii) फागुन का सौंदर्य कांतिहीन है।
(iv) फागुन का सौंदर्य अशोभनीय है।

(घ) वन के वैभव में क्या कूट-कूटकर भरा है?
(i) रंग-बिरंगे पत्ते
(ii) अपार जल
(iii) विशाल पर्वत एवं नदियाँ
(iv) शोभा और सौंदर्य

(ङ) फागुन अन्य ऋतुओं से किस प्रकार भिन्न होता है?
(i) सुहावने मौसम के कारण
(ii) पहाड़ों पर बर्फ जमने के कारण
(iii) नदियों में गर्म पानी बहने के कारण
(iv) पेड़-पौधों पर फूल मुरझाने है।

काव्यबोध पर आधारित प्रश्न

निम्नलिखित प्रश्नों के उत्तर संक्षेप में दीजिए

I. कवि बादलों से धरा को शीतल करने का आग्रह क्यों कर रहा है?
II. 'अट नहीं रही है' कविता में किसका वर्णन है और ऐसी कौन-सी चीज़ है, जो अट नहीं रही है? दक्षता आधारित प्रश्न
III. पेड़ों की डालियों के 'कहीं हरे और कहीं लाल' होने तथा उनके उर में 'मंद-गंध-पुष्प-माल' पड़े होने विषयक स्वरूप का वर्णन अपने शब्दों में कीजिए। दक्षता आधारित प्रश्न
IV. 'अट नहीं रही है' कविता में चारों ओर छाई सुंदरता देखकर कवि क्या करना चाहता है?

'यह दंतुरित मुसकान' तथा 'फसल'

नागार्जुन

अध्याय 5

कविता का सार

'नागार्जुन' द्वारा रचित कविता **'यह दंतुरित मुसकान'** के अंतर्गत कवि ने एक छोटे बालक की मनोहारी मुसकान का वर्णन किया है। बालक की मुसकान को अमूल्य माना गया है। बालक की मनोहारी मुसकान को देखकर उदासीन व्यक्ति के जीवन में भी रस भर जाता है, साथ ही बच्चे की कोमल दंतुरित मुसकान कठोर-से-कठोर हृदय को भी पिघला देती है। कविता में वात्सल्य भाव की भी अभिव्यक्ति की गई है।

'फसल' कविता में कवि ने अनेक तत्त्वों का उल्लेख किया है, जिसके सहयोग से फसल का निर्माण होता है। कविता में फसल के निर्माण में किसान की भूमिका व उसके परिश्रम को रेखांकित करने के साथ ही साथ मिट्टी, जल, सूर्य, हवा आदि सभी के योगदान को भी बताया है। प्रकृति व मनुष्य के परस्पर सहयोग का ही परिणाम 'फसल' है।

कवि परिचय

प्रगतिवादी विचारधारा के प्रतिनिधि कवि नागार्जुन का वास्तविक नाम वैद्यनाथ मिश्र था। उनका जन्म वर्ष 1911 में बिहार के दरभंगा जिले के सतलखा गाँव में हुआ। उनकी प्रारंभिक शिक्षा संस्कृत पाठशाला में हुई। वर्ष 1936 में उन्होंने श्रीलंका जाकर बौद्ध धर्म की दीक्षा ली और वर्ष 1938 में वे स्वदेश लौट आए।

नागार्जुन घुमक्कड़ और फक्कड़ स्वभाव के कारण प्रसिद्ध थे। नागार्जुन ने हिंदी और मैथिली भाषा में लेखन कार्य किया। युगधारा, सतरंगें पंखों वाली, हजार-हजार बाँहों वाली, तुमने कहा था, पुरानी जूतियों का कोरस आदि नागार्जुन की प्रमुख रचनाएँ हैं। बलचनमा, रतिनाथ की चाची, जमनिया का बाबा, उग्रतारा उनके प्रमुख उपन्यास हैं। मैथिली भाषा में काव्य रचना के लिए उन्हें 'साहित्य अकादमी पुरस्कार' प्राप्त हुआ।

नागार्जुन की भाषा सरल, सहज व प्रवाहमयी है। उनकी भाषा में तत्सम शब्दावली के साथ-साथ देशी, विदेशी शब्द व मुहावरों का भी प्रयोग हुआ है। नागार्जुन का देहांत वर्ष 1998 में हुआ था।

कविताओं का भावार्थ

यह दंतुरित मुसकान

1 तुम्हारी यह दंतुरित मुसकान
मृतक में भी डाल देगी जान
धूलि-धूसर तुम्हारे ये गात...
छोड़कर तालाब मेरी झोंपड़ी में खिल रहे जलजात
परस पाकर तुम्हारा ही प्राण,
पिघलकर जल बन गया होगा कठिन पाषाण
छू गया तुमसे कि झरने लग पड़े शेफालिका के फूल
बाँस था कि बबूल?

शब्दार्थ **दंतुरित**–बच्चे के नए-नए निकले दाँत, **मृतक**–मरा हुआ (उदास हृदय वाला व्यक्ति), **धूलि-धूसर**–धूल-मिट्टी में सने हुए, **गात**–शरीर, **जलजात**–कमल का फूल, **परस**–स्पर्श, **पाषाण**–पत्थर, **शेफालिका**–एक पौधे का नाम, **बबूल**–काँटेदार पेड़।

भावार्थ

कवि को बच्चे के नए-नए निकले दाँतों की मनमोहक मुसकान में जीवन का संदेश दिखाई देता है। इसलिए वह कहता है कि बच्चे के नए-नए निकले दाँतों की मनमोहक मुसकान को देखकर जिंदगी से निराश और उदासीन लोगों के हृदय भी प्रसन्नता से खिल उठते हैं।

बालक के धूल से सने हुए शरीर को देखकर कवि को ऐसा लग रहा है मानो कमल का सुंदर फूल तालाब को छोड़कर कवि की झोंपड़ी में आकर खिल रहा है। कवि कहता है शिशु की मुसकान इतनी निर्मल व पवित्र होती है कि पत्थर दिल वाले व्यक्ति ने भी जब शिशु का स्पर्श किया होगा, तो वह भी अपनी कठोरता को छोड़कर विनम्र बन गया होगा। बच्चे का स्पर्श इतना कोमल है कि बबूल से भी शेफालिका के फूल झड़ने लगते हैं अर्थात् कवि कहता है कि तुम्हारे स्पर्श से कठोर हृदय वाला भी सहृदय बन जाता है।

2 तुम मुझे पाए नहीं पहचान?
देखते ही रहोगे अनिमेष!
थक गए हो?
आँख लूँ मैं फेर?
क्या हुआ यदि हो सके परिचित न पहली बार?
यदि तुम्हारी माँ न माध्यम बनी होती आज
मैं न सकता देख
मैं न पाता जान
तुम्हारी यह दंतुरित मुसकान

शब्दार्थ अनिमेष–बिना पलक झपकाए लगातार देखना, फेर लूँ–हटा लूँ , परिचित–जाना-पहचाना, माध्यम–सहारा।

भावार्थ

कवि को बच्चे की मुसकान मनमोहक लगती है। जब बच्चा पहली बार किसी को देखता है, तो वह अजनबी की तरह उसे घूरता रहता है। इसी कारण कवि बच्चे से कहता है कि तुम मुझे पहचान नहीं पाए हो, इसी कारण लगातार बिना पलक झपकाए अजनबियों की तरह मुझे देख रहे हो।

कवि बच्चे से कहता है कि इस प्रकार लगातार देखते रहने से तुम थक गए होंगे, इसलिए मैं ही तुम्हारी ओर से अपनी आँखें हटा लेता हूँ। यदि तुम मुझे पहली बार में नहीं पहचान सके तो कोई बात नहीं। यदि तुम्हारी माँ तुम्हारे और मेरे बीच माध्यम का काम न करती, तो तुम मुझे देखकर हँसते नहीं और मैं तुम्हारे इन नए-नए निकले दाँतों वाली मुसकान को देखने का सौभाग्य प्राप्त न कर पाता।

3 धन्य तुम, माँ भी तुम्हारी धन्य!
चिर प्रवासी मैं इतर, मैं अन्य!
इस अतिथि से प्रिय तुम्हारा क्या रहा संपर्क
उंगलियाँ माँ की कराती रही हैं मधुपर्क
देखते तुम इधर कनखी मार
और होतीं जब कि आँखें चार
तब तुम्हारी दंतुरित मुसकान
मुझे लगती बड़ी ही छविमान!

शब्दार्थ चिर–लंबे समय से, प्रवासी–विदेश में रहने वाला, इतर–दूसरा, संपर्क–संबंध, मधुपर्क–शहद, घी, दही, जल और दूध को मिलाकर बनाया जाने वाला पदार्थ, जिसे कुछ लोग पंचामृत भी कहते हैं, कनखी–तिरछी नज़रों से देखना, छविमान–सुंदर।

भावार्थ

कवि बच्चे की मधुर मुसकान देखकर बच्चे की माँ के प्रति आभार प्रकट करता है और कहता है कि तुम धन्य हो और तुम्हारी माँ भी धन्य है, जो तुम्हें एक-दूसरे का साथ मिला है। हे प्रिय! मैं एक अतिथि हूँ। मुझसे तुम्हारी आत्मीयता कैसे हो सकती है? मैं तो सदैव तुम्हारे लिए अपरिचित ही रहा। तुम्हारे लिए तो तुम्हारी माँ की उँगलियों में ही आत्मीयता है, जिन्होंने तुम्हें पंचामृत पिलाया, इसलिए तुम उनका हाथ पकड़कर मुझे तिरछी नज़रों से देख रहे हो। जब तुम्हारी नजरें मेरी नजर से मिल जाती हैं, तब तुम मुसकुरा देते हो। उस समय तुम्हारे नए-नए निकले दाँतों वाली मधुर मुसकान मुझे बहुत ही प्रिय लगती है।

फसल

1 एक के नहीं, दो के नहीं,
ढेर सारी नदियों के पानी का जादू:
एक के नहीं, दो के नहीं,
लाख-लाख कोटि-कोटि हाथों के स्पर्श की गरिमा:
एक की नहीं दो की नहीं,
हज़ार-हज़ार खेतों की मिट्टी का गुण धर्म:

शब्दार्थ कोटि-कोटि–करोड़ों, स्पर्श–छूना, गरिमा–महिमा, गुण-धर्म–स्वभाव

भावार्थ

कवि ने फसल को प्रकृति और मनुष्य दोनों के पारस्परिक सहयोग का परिणाम बताया है। इसलिए वह कहता है कि फसल को पैदा करने में केवल एक-दो नदियाँ ही नहीं, अपितु अनेक नदियाँ अपना जल देकर उसकी सिंचाई करती हैं।

उसमें केवल एक-दो मनुष्यों का ही नहीं, अपितु लाखों-करोड़ों मनुष्यों का परिश्रम मिलता है और उसमें केवल एक-दो खेतों का ही नहीं, अपितु हजार-हजार खेतों की मिट्टी का गुण-धर्म मिलता है, तब खेतों में लहलहाती फसल पैदा होती है। इस प्रकार प्रकृति और मनुष्य दोनों के सहयोग से ही फसल का उत्पादन संभव होता है।

2 फसल क्या है?
और तो कुछ नहीं है वह
नदियों के पानी का जादू है वह
हाथों के स्पर्श की महिमा है
भूरी-काली-संदली मिट्टी का गुण-धर्म है
रूपांतर है सूरज की किरणों का
सिमटा हुआ संकोच है हवा की थिरकन का!

शब्दार्थ संदली–एक प्रकार की मिट्टी, रूपांतर–बदला हुआ रूप, संकोच–झिझक, थिरकन–नृत्य।

भावार्थ

कवि ने इस बात को स्पष्ट किया है कि फसल को पैदा करने में प्रकृति और मनुष्य दोनों का ही सहयोग होता है। इसी से सृजन संभव होता है, इसलिए कवि कहता है कि फसल का स्वयं कोई अस्तित्व नहीं है। वह तो नदियों द्वारा दिए गए उस पानी का जादू है, जिससे फसल की सिंचाई हुई थी। वह तो लाखों-करोड़ों मनुष्यों द्वारा किए गए परिश्रम की महिमा का फल है।

वह तो भूरी-काली-संदली मिट्टी की उपजाऊ शक्ति है, जिसमें फसल को बोया गया था। वह तो सूरज की किरणों का बदला हुआ रूप है, जिसके द्वारा फसल को रोशनी मिली। साथ ही इसमें हवा का भी समान सहयोग है। इस प्रकार इन सबके सहयोग से ही खेतों में लहलहाती फसल खड़ी होती है।

NCERT फोल्डर

पाठ्यपुस्तक (क्षितिज भाग-2) के प्रश्नोत्तर

यह दंतुरित मुसकान

प्र.1 बच्चे की दंतुरित मुसकान का कवि के मन पर क्या प्रभाव पड़ता है? CBSE 2012, 11

उत्तर कवि बच्चे के नए-नए निकले दाँतों की मधुर मुसकान पर मोहित हो जाता है। उसे लगता है कि यह मुसकान एक मृत व्यक्ति में भी प्राण डाल देगी। इस सुंदरता को देखकर तो कठोर-से-कठोर व्यक्ति का दिल भी पिघल जाएगा। उसे ऐसा लग रहा है मानो कमल का सुंदर फूल तालाब को छोड़कर उसकी झोंपड़ी में आकर खिल रहा है।

प्र.2 बच्चे की मुसकान और एक बड़े व्यक्ति की मुसकान में क्या अंतर है? दक्षता आधारित प्रश्न

उत्तर बच्चे की मुसकान में निश्छलता और मासूमियत होती है। उसके मन में किसी के लिए कोई दुर्भावना नहीं होती। उसकी मुसकुराहट में प्रसन्नता, प्रशंसा और मस्ती का भाव रहता है, जबकि बड़े व्यक्ति की मुसकान में चालाकी छिपी रहती है। उसमें स्वार्थ तथा किसी के प्रति दुर्भावना भी हो सकती है, इसलिए बच्चे की मुसकान की तुलना ईश्वर की मुसकान से की जाती है।

प्र.3 कवि ने बच्चे की मुसकान के सौंदर्य को किन-किन बिंबों के माध्यम से व्यक्त किया है? CBSE 2016, 12

उत्तर कवि ने बच्चे की मुसकान के सौंदर्य को निम्नलिखित बिंबों के माध्यम से व्यक्त किया है

(i) बच्चे के नए-नए निकले दाँतों की मधुर मुसकान तो एक मृत व्यक्ति में भी प्राणों का संचार कर देती है।

(ii) बच्चे के धूल से सने हुए शरीर को देखकर ऐसा लगता है मानो कमल का सुंदर फूल तालाब को छोड़कर झोंपड़ी में आकर खिल गया हो।

(iii) बच्चे का स्पर्श इतना कोमल है कि बाँस या बबूल से भी शेफालिका के फूल झड़ने लग जाएँगे।

प्र.4 भाव स्पष्ट कीजिए

(क) छोड़कर तालाब मेरी झोंपड़ी में खिल रहे जलजात।

(ख) छू गया तुमसे कि झरने लग पड़े शेफालिका के फूल बाँस था कि बबूल?

उत्तर (क) बच्चे के धूल से सने हुए शरीर और उसकी मनोरम मुस्कान को देखकर कवि को ऐसा लग रहा है, मानो कमल का सुंदर फूल तालाब को छोड़कर उसकी झोंपड़ी में आकर खिल गया हो।

(ख) कवि नए-नए निकले हुए दाँतों वाले बच्चे की मधुर मुसकान को देखकर सोचता है कि जिस बाँस या बबूल में कभी फूल नहीं खिलते हैं, यदि यह कोमल बच्चा उसका स्पर्श कर दे, तो उसमें से भी शेफालिका के फूल झड़ने लगेंगे।

रचना और अभिव्यक्ति

प्र.5 मुसकान और क्रोध भिन्न-भिन्न भाव हैं। इनकी उपस्थिति से बने वातावरण की भिन्नता का चित्रण कीजिए।

उत्तर मुसकान और क्रोध दोनों ही भिन्न-भिन्न भाव हैं। किसी व्यक्ति की मुसकान देखकर मन प्रसन्न हो उठता है, दुश्मन तक दोस्त बन जाते हैं। मुसकान बिगड़े काम तक बना देती है। इसके विपरीत क्रोध मनुष्य का सबसे बड़ा दुश्मन है। इससे संबंधों में कड़वाहट तथा आपसी दूरियाँ बढ़ जाती हैं, जिसके कारण मनुष्य अपना ही नुकसान कर लेता है।

प्र.6 दंतुरित मुसकान से बच्चे की उम्र का अनुमान लगाइए और तर्क सहित उत्तर दीजिए। दक्षता आधारित प्रश्न

उत्तर दंतुरित मुसकान से बच्चे की उम्र के विषय में यह अनुमान लगाया जा सकता है कि वह अधिक-से-अधिक डेढ़-दो वर्ष का रहा होगा। उसकी मुसकान उसकी अबोधता (भोलेपन) और निर्दोषता का भाव जगाती है। इस उम्र में बच्चा किसी अजनबी को देखकर अपने परिचित के पीछे छिप जाता है।

प्र.7 बच्चे से कवि की मुलाकात का जो शब्द-चित्र उपस्थित हुआ है, उसे अपने शब्दों में लिखिए।

उत्तर जब कवि बच्चे से मिला तो उसे लगा कि बच्चे के नए-नए निकले दाँतों की मधुर मुसकान तो मरे हुए व्यक्ति में भी प्राणों का संचार कर देगी। धूल से सने हुए उसके शरीर को देखकर कवि को ऐसा लगने लगता है, जैसे कमल का सुंदर फूल तालाब को छोड़कर उसकी झोंपड़ी में आकर खिल गया हो। बाँस और बबूल जैसे न खिलने वाले पेड़ों से भी शेफालिका के फूल झड़ने लगे होंगे। पहली बार जब बच्चे ने कवि को देखा, तो वह उसे घूरने लगा, क्योंकि बच्चा उसे पहचान नहीं पाया।

पाठेतर सक्रियता

प्र.8 आप जब भी किसी बच्चे से पहली बार मिलें, तो उसके हाव-भाव, व्यवहार आदि को सूक्ष्मता से देखिए और उस अनुभव को कविता या अनुच्छेद के रूप में लिखिए।

उत्तर विद्यार्थी स्वयं करें।

प्र.9 एन.सी.ई.आर.टी. द्वारा नागार्जुन पर बनाई गई फ़िल्म देखिए।

उत्तर छात्र अपने अध्यापकों या अभिभावकों की सहायता से एन.सी.ई.आर.टी. द्वारा नागार्जुन पर बनाई गई फ़िल्म देखें।

फसल

प्र.1 कवि के अनुसार फसल क्या है? CBSE 2012

अथवा **कवि नागार्जुन 'फसल' को क्या मानते हैं?** CBSE 2014

अथवा **कवि नागार्जुन फसल को किन तत्त्वों का परिणाम मानते हैं?** CBSE SQP (Additional Set) 2023

अथवा **'फसल' कविता में कवि ने फसल के बारे में क्या कहा है? फसल उपजाने में अपेक्षित तत्त्वों का उल्लेख कीजिए।** CBSE 2024

उत्तर कवि के अनुसार, फसल का स्वयं अपना कोई अस्तित्व नहीं है। वह

(i) नदियों के पानी का जादू है, जिससे फसल की सिंचाई हुई थी।

(ii) लाखों-करोड़ों मनुष्यों द्वारा किए गए परिश्रम की महिमा का फल है।

(iii) भूरी-काली-संदली मिट्टी का गुण-धर्म है, जिसमें फसल को बोया गया था।

(iv) सूरज की किरणों का बदला हुआ रूप है, जिसके द्वारा उसने फसल को अपनी रोशनी दी।

(v) हवा के बहाव का सहयोग है।

प्र.2 कविता में फसल उपजाने के लिए आवश्यक तत्त्वों की बात कही गई है। वे आवश्यक तत्त्व कौन-कौन-से हैं? दक्षता आधारित प्रश्न

उत्तर फसल उपजाने के लिए प्रकृति और मनुष्य दोनों के पारस्परिक सहयोग की बात की गई है, जो निम्नलिखित हैं

(i) केवल एक-दो नदियों का ही नहीं, अपितु अनेक नदियों का जल।

(ii) लाखों-करोड़ों मनुष्यों का परिश्रम।

(iii) केवल एक-दो खेतों का ही नहीं, अपितु हज़ार-हज़ार खेतों की मिट्टी का गुण-धर्म।

(iv) सूरज एवं हवा का सहयोग।

प्र.3 फसल को 'हाथों के स्पर्श की गरिमा' और 'महिमा' कहकर कवि क्या कहना चाहता है?

***अथवा* 'फसल' कविता में "हाथों के स्पर्श की गरिमा और महिमा" कहकर कवि क्या व्यक्त करना चाहता है? अपने शब्दों में लिखिए।** CBSE 2019

***अथवा* फसल 'हाथों के स्पर्श की गरिमा और महिमा' किस प्रकार है? विचार कीजिए।** CBSE SQP 2023

उत्तर कवि कहना चाहता है कि फसल केवल बीज, खाद, पानी, सूर्य और हवा के सहयोग से ही पैदा नहीं होती, अपितु इसमें किसान के परिवार के सभी सदस्यों का कठोर परिश्रम शामिल होता है। उनके कठोर परिश्रम के बिना फसल का उगना तथा फलना-फूलना संभव नहीं है। इसलिए उसने हज़ारों-लाखों व्यक्तियों के परिश्रम को 'हाथों के स्पर्श की गरिमा' और 'महिमा' कहकर उन्हें विशेष महत्त्व दिया है।

प्र.4 भाव स्पष्ट कीजिए

रूपांतर है सूरज की किरणों का

सिमटा हुआ संकोच है हवा की थिरकन का! CBSE 2013

उत्तर कवि के अनुसार, फसल का स्वयं का अपना कोई अस्तित्व नहीं है। वह तो सूरज की किरणों का परिवर्तित रूप है, जिसके द्वारा फसल को रोशनी मिली। साथ ही, इसमें हवा का भी समान सहयोग है। इनके सहयोग से ही खेतों में लहलहाती फसल खड़ी होती है। भाव यह है कि फसल को पैदा करने में सूर्य की किरणों एवं हवा का भी सहयोग होता है। सभी की मेहनत व परिश्रम से फसल का निर्माण होता है।

रचना और अभिव्यक्ति

प्र.5 कवि ने फसल को हज़ार-हज़ार खेतों की मिट्टी का गुण-धर्म कहा है।

(क) मिट्टी के गुण-धर्म को आप किस तरह परिभाषित करेंगे?

(ख) वर्तमान जीवन-शैली मिट्टी के गुण-धर्म को किस-किस तरह प्रभावित करती है?

(ग) मिट्टी द्वारा अपना गुण-धर्म छोड़ने की स्थिति में क्या किसी भी प्रकार के जीवन की कल्पना की जा सकती है?

(घ) मिट्टी के गुण-धर्म को पोषित करने में हमारी क्या भूमिका हो सकती है?

उत्तर (क) मिट्टी में अनेक आवश्यक तत्त्व पोटेशियम, नाइट्रोजन, फॉस्फोरस व अन्य खनिज इत्यादि होते हैं, जिन्हें ग्रहण करके फसल फलती-फूलती है। मिट्टी में प्राकृतिक रूप से पाए जाने वाले यही तत्त्व मिट्टी के गुण-धर्म हैं। मिट्टी के गुण-धर्म अर्थात् स्वभाव के कारण ही फसल का निर्माण संभव हो पाता है।

(ख) वर्तमान जीवन-शैली में खेतों को उजाड़कर कंकरीट के बड़े-बड़े जंगल खड़े किए जा रहे हैं। पहले जिस मिट्टी में सोना बरसाने वाली फसल उगा करती थी, आज उस पर बहुमंजिली इमारतें बनाई जा रही हैं। यदि मिट्टी का गुण-धर्म समाप्त हो गया, तो मानव का अस्तित्व ही संकट में पड़ जाएगा।

(ग) मिट्टी द्वारा अपना गुण-धर्म छोड़ने की स्थिति में जीवन बुरी तरह प्रभावित होगा। अधिकाधिक फसल लेने के लिए अनेक प्रकार की रासायनिक खादों का प्रयोग किया जा रहा है, जिससे मिट्टी के गुण-धर्म का स्वरूप बिगड़ने के परिणामस्वरूप इसका दुष्परिणाम अनेक प्रकार की बीमारियों एवं तनाव आदि के रूप में सामने आ रहा है।

(घ) मिट्टी के गुण-धर्म को पोषित कर मनुष्य और मनुष्यता को बचाया जा सकता है। इसमें हमारी भूमिकाएँ निम्न हो सकती हैं

(i) हम इस बात का विशेष ध्यान रखें कि मिट्टी के गुण-धर्म को किसी प्रकार का नुकसान न पहुँचने पाए।

(ii) हम पर्यावरण संतुलन तथा वातावरण को प्रदूषित होने से बचाने के लिए वृक्षों को अधिक-से-अधिक संख्या में लगा सकते हैं।

पाठेतर सक्रियता

प्र.6 इलेक्ट्रॉनिक एवं प्रिंट मीडिया द्वारा आपने किसानों की स्थिति के बारे में बहुत कुछ सुना, देखा और पढ़ा होगा। एक सुदृढ़ कृषि-व्यवस्था के लिए आप अपने सुझाव देते हुए अख़बार के संपादक को पत्र लिखिए।

उत्तर परीक्षा भवन
दिल्ली।
दिनांक 15 सितंबर, 20XX
सेवा में,
संपादक महोदय,
नवभारत टाइम्स,
बहादुरशाह जफर मार्ग,
दिल्ली-110002।

विषय सुदृढ़ कृषि-व्यवस्था के संदर्भ में।

महोदय,

मैं क.ख.ग., नरेला, दिल्ली का निवासी हूँ। महोदय मैं आपके पत्र के माध्यम से कृषकों की समस्याओं से लोगों को अवगत कराने और कृषि व्यवस्था को सुदृढ़ करने हेतु अपने सुझाव प्रकाशित कराना चाहता हूँ , जिससे इनकी स्थिति को सुधारने हेतु प्रभावी कदम उठाएँ जा सकें।

कृषि भारतीय अर्थव्यवस्था की रीढ़ है और इसकी स्थिति में दिन-प्रतिदिन ह्रास होता दिखाई दे रहा है। कृषकों को कृषि के क्षेत्र की विविध समस्याओं; जैसे— उन्नत किस्म के बीजों का अभाव, कृषि उपकरणों का अभाव, सिंचाई सुविधाओं की कमी, प्राकृतिक आपदाओं से होने वाली क्षति इत्यादि का कृषकों को सामना करना पड़ता है।

कृषि व्यवस्था से इन समस्याओं को दूर करने के लिए मेरे कुछ सुझाव हैं, जैसे कि ग्रामीण क्षेत्रों में एक निश्चित क्षेत्र के अंतर्गत कृषि सहायता केंद्र खोले जाएँ, जो कृषकों को उन्नत बीज, कीटनाशक दवाइयाँ, कृषि उपकरण मुहैया कराने के साथ ही उनके उचित प्रयोग से भी कृषकों को अवगत कराएँ। इसके अतिरिक्त कृषकों को ब्याज मुक्त या कम ब्याज पर ऋण उपलब्ध कराए जाएँ।

अत: उपर्युक्त सुझावों को व्यवहार में लाकर कृषि व्यवस्था को सुधारा जा सकता है और भारत की प्रगति में सहयोग किया जा सकता है।

धन्यवाद

भवदीय

क.ख.ग.

प्र.7 फसलों के उत्पादन में महिलाओं के योगदान को हमारी अर्थव्यवस्था में महत्त्व क्यों नहीं दिया जाता है? इस बारे में कक्षा में चर्चा कीजिए।

उत्तर विद्यार्थी अध्यापक की सहायता लेकर कक्षा में इस विषय पर चर्चा करें।

अभ्यास प्रश्न

बहुविकल्पीय व वर्णनात्मक प्रश्नों सहित

कविता पर आधारित बहुविकल्पीय प्रश्न

निम्नलिखित प्रश्नों के सर्वाधिक उपयुक्त विकल्पों का चयन कीजिए

1. कवि नागार्जुन किस विचारधारा के कवि हैं?
(i) प्रगतिवादी विचारधारा (ii) रहस्यवादी विचारधारा
(iii) प्रयोगवादी विचारधारा (iv) छायावादी विचारधारा

2. आधुनिक कबीर के नाम से किस कवि को जाना जाता है?
(i) अज्ञेय (ii) केदारनाथ सिंह
(iii) नागार्जुन (iv) मैथिलीशरण गुप्त

3. 'यह दंतुरित मुसकान' कविता में पहली बार कवि को देखने पर बच्चे की क्या प्रतिक्रिया हुई? दक्षता आधारित प्रश्न
(i) वह अत्यंत प्रसन्न हो गया
(ii) वह खुश होकर कवि की गोद में चला गया
(iii) वह कवि को अपलक देखने लगा
(iv) वह कवि को देखकर डर गया

4. कवि नागार्जुन का वास्तविक नाम क्या था? CBSE Diksha
(i) श्याम बिहारी मिश्र
(ii) वैद्यनाथ मिश्र
(iii) भवानीप्रसाद मिश्र
(iv) ऋतुराज

5. पठित कविता 'यह दंतुरित मुसकान' में मूलत: किस रस की प्रधानता है? CBSE Diksha
(i) वीर रस (ii) हास्य रस
(iii) वात्सल्य रस (iv) भयानक रस

6. 'छोड़कर तालाब मेरी झोंपड़ी में खिल रहे जलजात' पंक्ति में 'कमल' शब्द का प्रयोग किसके लिए किया गया है? दक्षता आधारित प्रश्न
(i) फूलों के लिए
(ii) बच्चे के लिए
(iii) सजावट के लिए
(iv) आर्थिक विपन्नता दर्शाने के लिए

7. शिशु को मधुपर्क का पान कौन कराता है?
(i) कवि (ii) माँ
(iii) बहन (iv) अतिथि

8. बच्चा कवि को कैसे देख रहा है?
(i) तिरछी नजरों से (ii) डर-डर कर
(iii) रोकर (iv) हँस-हँस कर

9. 'यह दंतुरित मुस्कान' में बच्चे के धूल – धूसरित शरीर को देखकर पिता को कैसा लगता है? CBSE 2024
(i) जैसे झोपड़ी कमल के फूल में रूपांतरित हो गई हो।
(ii) जैसे झोपड़ी में कमल का फूल खिल गया हो।
(iii) जैसे झोपड़ी के चारों ओर कमल खिल गए हों।
(iv) जैसे चारों तरफ कीचड़ और झोपड़ी कमल का फूल हो।

10. 'यह दंतुरित मुसकान' कविता में कवि ने स्वयं को 'प्रवासी' और 'अन्य' कहा है, क्योंकि वह CBSE SQP (Additional Set) 2023
(i) एक लंबे अंतराल के बाद घर आया है।
(ii) विदेश में स्थायी रूप से रहने लगा है।
(iii) उसका उस घर से कोई संबंध नहीं है।
(iv) शिशु और उसकी माँ से अपरिचित है।

11. 'यह दंतुरित मुस्कान' कविता में कवि को शिशु का धूल-धूसरित शरीर प्रतीत होता है **CBSE SQP 2023**
(i) स्नान करवाने योग्य।
(ii) वस्त्र-आभूषण से सजाने योग्य।
(iii) खिले हुए सुंदर कमल के समान।
(iv) मिट्‌टी से सने हुए पौधे के समान।

12. निम्नलिखित में से क्या फसल को उपजाने के लिए आवश्यक कारक तत्त्व नहीं है? **दक्षता आधारित प्रश्न**
(i) ओला वृष्टि (ii) नदियों का पानी
(iii) सूर्य का प्रकाश (iv) कृषकों का श्रम

13 'फसल' कविता में 'फसल' की श्रेष्ठ परिभाषा के साथ प्रकाश में आए अन्य बिंदु हैं **CBSE SQP 2023**
(i) जैविक खेती को प्रोत्साहन एवं कृषि विज्ञान की समझ द्वारा खेती
(ii) पर्यावरण संरक्षण तथा उपभोक्तावाद, प्रकृति और मनुष्य के संबंध
(iii) कृषि संस्कृति से निकटता, प्रकृति एवं मनुष्य के सहयोग से सृजन
(iv) कर्मवाद एवं भाग्यवाद, वैज्ञानिक तरीके से कृषि करने का आह्वान

14. 'फसल' कविता में कवि ने पाठकों को किस विषय से अवगत कराया है?
(i) शारीरिक परिश्रम से (ii) प्राकृतिक उपादानों से
(iii) वायु शुद्धता से (iv) फसल निर्माण से

15. कवि ने फसल को किसके स्पर्श की महिमा बताया है?
(i) पानी (ii) सूरज
(iii) हाथ (iv) मिट्‌टी

16. तब तुम्हारी दंतुरित मुसकान मुझे लगती बड़ी ही छविमान।
कथन (क) कवि शिशु की मुस्कान पर आनंद विभोर हो जाता है।
कथन (ख) कवि ने स्वयं को कठोर हृदय कहा है।
कथन (ग) कवि को शिशु की मुस्कान छविमान प्रतीत होती है।
'यह दंतुरित मुसकान' कविता की पंक्तियों के आधार पर कौन-सा/से कथन सही है/हैं? **दक्षता आधारित प्रश्न**
(i) केवल कथन (क) सही है।
(ii) केवल कथन (ख) सही है।
(iii) कथन (क) और (ग) सही हैं।
(iv) कथन (ख) और (ग) सही हैं।

उत्तर 1. (i) प्रगतिवादी विचारधारा
2. (iii) नागार्जुन
3. (iii) वह कवि को अपलक देखने लगा
4. (ii) वैद्‌यनाथ मिश्र
5. (iii) वात्सल्य रस
6. (ii) बच्चे के लिए
7. (ii) माँ
8. (i) तिरछी नजरों से
9. (ii) जैसे झोंपड़ी में कमल का फूल खिल गया हो।
10. (i) एक लंबे अंतराल के बाद घर आया है।
11. (iii) खिले हुए सुंदर कमल के समान।
12. (i) ओला वृष्टि
13. (iii) कृषि संस्कृति से निकटता, प्रकृति एवं मनुष्य के सहयोग से सृजन
14. (iv) फसल निर्माण से
15. (iii) हाथ
16. (iii) कथन (क) और (ग) सही हैं।

काव्यांश पर आधारित बहुविकल्पीय प्रश्न

निम्नलिखित काव्यांश को पढ़कर प्रश्नों के सर्वाधिक उपयुक्त विकल्पों का चयन कीजिए

यह दंतुरित मुसकान

1. तुम्हारी यह दंतुरित मुसकान
मृतक में भी डाल देगी जान
धूलि-धूसर तुम्हारे ये गात...
छोड़कर तालाब मेरी झोंपड़ी में खिल रहे जलजात
परस पाकर तुम्हारा ही प्राण,
पिघलकर जल बन गया होगा कठिन पाषाण
छू गया तुमसे कि झरने लग पड़े शेफालिका के फूल
बाँस था कि बबूल?

(क) काव्यांश के आधार पर बताइए कि बच्चे की मुस्कान किसे पिघलाने में समर्थ है?
(i) कठोर पत्थर को (ii) पहाड़ को
(iii) कठोर व्यक्ति के मन को (iv) संपूर्ण वातावरण को

(ख) झोंपड़ी में कमल खिलने का क्या तात्पर्य है? **दक्षता आधारित प्रश्न**
(i) झोंपड़ी का सुगंधित वातावरण
(ii) गरीबी में भी आनंद की अनुभूति
(iii) आर्थिक संपन्नता
(iv) झोंपड़ी में कमल के फूलों की सजावट

(ग) छोटे बच्चे की दंतुरित मुस्कान .... में जान डाल देती है।
(i) रोगी (ii) पक्षी
(iii) कमजोर (iv) मृतक

(घ) काव्यांश के अनुसार, शिशु का शरीर कैसा है?
(i) आभूषणों से युक्त (ii) कमल के फूलों से युक्त
(iii) सूर्य के समान आभायुक्त (iv) धूल से सना हुआ

(ङ) बच्चे के स्पर्श मात्र से क्या परिवर्तन हुआ? **दक्षता आधारित प्रश्न**
(i) कमल के फूल खिलने लगे
(ii) मृत व्यक्ति में प्राणों का संचार होने लगा
(iii) शेफालिका के फूल झड़ने लगे
(iv) बबूल के पत्ते गिरने लगे

उत्तर (क) (iii) कठोर व्यक्ति के मन को
(ख) (ii) गरीबी में भी आनंद की अनुभूति
(ग) (iv) मृतक
(घ) (iv) धूल से सना हुआ
(ङ) (iii) शेफालिका के फूल झड़ने लगे

2. तुम मुझे पाए नहीं पहचान?
देखते ही रहोगे अनिमेष!
थक गए हो?
आँख लूँ मैं फेर?
क्या हुआ यदि हो सके परिचित न पहली बार?
यदि तुम्हारी माँ न माध्यम बनी होती आज
मैं न सकता देख
मैं न पाता जान
तुम्हारी यह दंतुरित मुसकान
धन्य तुम माँ भी तुम्हारी धन्य!
चिर प्रवासी मैं इतर, मैं अन्य।

(क) कथन (A) और कारण (R) को पढ़कर उपर्युक्त विकल्प चुनिए
कथन (A) बालक का कवि को अपलक देखना उसकी जिज्ञासा को प्रकट करता है।
कारण (R) बालक कवि को पहचानने का प्रयास करता है। **दक्षता आधारित प्रश्न**
(i) कथन (A) सही है और कारण (R) कथन (A) की सही व्याख्या है।
(ii) कथन (A) सही है, किंतु कारण (R) कथन (A) की सही व्याख्या नहीं है।
(iii) कथन (A) और कारण (R) दोनों ही गलत हैं।
(iv) कथन (A) गलत है, किंतु कारण (R) सही है।

(ख) नन्हें बच्चे का कवि से परिचय किसने कराया?
(i) शिशु की माँ ने (ii) स्वयं कवि ने
(iii) कवि की माँ ने (iv) वहाँ उपस्थित लोगों ने

(ग) बच्चे द्वारा कवि को न पहचान पाने का क्या कारण था?
(i) बच्चा कवि को पहली बार देख रहा था
(ii) बच्चा कवि से पूर्णतः अपरिचित था
(iii) कवि प्रथम बार बच्चे से भेंट कर रहा था
(iv) उपर्युक्त सभी

(घ) यदि बच्चे की माँ माध्यम न बनती तो कवि क्या नहीं देख पाता?
(i) बच्चे की खिलखिलाहट
(ii) नए-नए दाँत निकलने वाले शिशु की मुस्कान
(iii) शिशु का आभायुक्त मुख
(iv) धूल से सने हुए शिशु को

(ङ) 'अनिमेष' का क्या अर्थ है? **दक्षता आधारित प्रश्न**
(i) एकटक देखना (ii) प्रसन्नतापूर्वक देखना
(iii) विनम्रतापूर्वक देखना (iv) पलक झपकाकर देखना

उत्तर (क) (i) कथन (A) सही है और कारण (R) कथन (A) की सही व्याख्या है।
(ख) (i) शिशु की माँ ने
(ग) (iv) उपर्युक्त सभी
(घ) (ii) नए-नए दाँत निकलने वाले शिशु की मुस्कान
(ङ) (i) एकटक देखना

फसल

1. एक के नहीं, दो के नहीं,
ढेर सारी नदियों के पानी का जादूः
एक के नहीं, दो के नहीं,
लाख-लाख कोटि-कोटि हाथों के स्पर्श की गरिमाः
एक की नहीं दो की नहीं,
हज़ार-हज़ार खेतों की मिट्टी का गुण धर्मः

(क) फसल के उगने में किसका योगदान रहता है? **दक्षता आधारित प्रश्न**
(i) अनेक व्यक्तियों के शारीरिक परिश्रम का
(ii) नदियों के जल का
(iii) खेतों की मिट्टी के गुणधर्म का
(iv) उपर्युक्त सभी

(ख) 'कोटि-कोटि हाथों के स्पर्श की गरिमा' से क्या अभिप्राय है?
(i) किसानों के शारीरिक परिश्रम द्वारा फसल निर्माण से
(ii) हाथों द्वारा बीजों को मिट्टी में रोपित करने से
(iii) मशीनों के स्थान पर मानव श्रम को ही महत्त्व देने से
(iv) उपर्युक्त में से कोई नहीं

(ग) 'एक के नहीं, दो के नहीं' पंक्ति की आवृत्ति क्यों की गई है?
(i) सामूहिकता के भाव को प्रकट करने के लिए
(ii) गणना करने के लिए
(iii) आलंकारिकता के लिए
(iv) आवृत्ति भाव उत्पन्न करने के लिए

(घ) 'फसल' कविता में कवि ने किस विषय में बताया है?
(i) फसल उत्पादन में मिट्टी की गुणवत्ता के सहयोग के विषय में
(ii) प्रकृति और मानव के परस्पर सहयोग के विषय में
(iii) किसानों के परिश्रम के विषय में
(iv) फसल उत्पादन में आवश्यक कारक तत्त्वों के विषय में

(ङ) कथन (A) और कारण (R) को पढ़कर उपर्युक्त विकल्प चुनिए
कथन (A) कवि ने फसलों को नदियों का जादू कहा है।
कारण (R) कृषक के अथक परिश्रम और कठोर परिश्रम के बिना फसल का उगना संभव नहीं है। **दक्षता आधारित प्रश्न**
(i) कथन (A) सही है और कारण (R) कथन (A) की सही व्याख्या है।
(ii) कथन (A) सही है, किंतु कारण (R) कथन (A) की सही व्याख्या नहीं है।
(iii) कथन (A) और कारण (R) दोनों ही गलत हैं।
(iv) कथन (A) गलत है, किंतु कारण (R) सही है।

उत्तर (क) (iv) उपर्युक्त सभी
(ख) (i) किसानों के शारीरिक परिश्रम द्वारा फसल निर्माण से
(ग) (i) सामूहिकता के भाव को प्रकट करने के लिए
(घ) (iv) फसल उत्पादन में आवश्यक कारक तत्त्वों के विषय में
(ङ) (i) कथन (A) सही है और कारण (R) कथन (A) की सही व्याख्या है।

2. फसल क्या है?
और तो कुछ नहीं है वह
नदियों के पानी का जादू है वह
हाथों के स्पर्श की महिमा है
भूरी-काली-संदली मिट्टी का गुण-धर्म है
रूपांतर है सूरज की किरणों का
सिमटा हुआ संकोच है हवा की थिरकन का! **CBSE 2023, 16**

(क) पद्यांश के आधार पर लिखिए की फसल क्या है?
(i) प्रकृति और मानव के श्रम का प्रतिफल
(ii) खेतों में उगने वाला अन्न आदि
(iii) नदियों के पानी का जादू आदि
(iv) खेतों के मिट्टी से उपजा अन्न आदि

(ख) फसल उपजाने के उपजाऊ तत्त्व हैं
(i) नदियों का जादू और मिट्टी
(ii) हाथों के स्पर्श की महिमा
(iii) सिमटा हुआ संकोच हवा की थिरकन का
(iv) मिट्टी, पानी, सूर्य, हवा और श्रम

(ग) मिट्टी के 'गुण-धर्म' से क्या अभिप्राय है? **दक्षता आधारित प्रश्न**
(i) मिट्टी के भिन्न-भिन्न प्रकार
(ii) मिट्टी के भिन्न-भिन्न रंग
(iii) मिट्टी की विशेषताएँ जो फसल उगाती हैं
(iv) अलग-अलग प्रदेशों की मिट्टी से है

(घ) 'हाथों के स्पर्श की महिमा है' से कवि का क्या अभिप्राय है?
(i) हाथों का प्यार पाकर फसल उगती है
(ii) किसान का परिश्रम खेती को शस्य श्यामला बनाता है
(iii) हाथों का महान स्पर्श सर्वोत्तम होता है
(iv) हाथों के स्पर्श की महिमा का गुणगान होता है

(ङ) 'रूपांतर है सूरज की किरणों का' का भाव है
(i) सिमटा हुआ संकोच किरणों में समा जाता है
(ii) सूरज की किरणों पर हवा थिरकती है और संकोच दूर होता है
(iii) सूरज की किरणें हवा पर सवार हो नीचे आती हैं
(iv) सूरज की ऊर्जा अन्न में परिवर्तित होकर हमें पोषित करती है

उत्तर (क) (i) प्रकृति और मानव के श्रम का प्रतिफल
(ख) (iv) मिट्टी, पानी, सूर्य, हवा और श्रम
(ग) (iii) मिट्टी की विशेषताएँ जो फसल उगाती हैं
(घ) (ii) किसान का परिश्रम खेती को शस्य श्यामला बनाता है
(ङ) (ii) सूरज की किरणों पर हवा थिरकती है और संकोच दूर होता है

काव्यबोध पर आधारित प्रश्नोत्तर

निम्नलिखित प्रश्नों के उत्तर संक्षेप में दीजिए

1. 'यह दंतुरित मुसकान' को स्पष्ट करते हुए बताइए कि वह मरे हुए, व्यक्ति में भी जान कैसे डाल देती है? **CBSE 2016, 14**

अथवा **बालक की दंतुरित मुसकान कवि को किस प्रकार से आकर्षित करती है?** **CBSE Diksha**

उत्तर 'यह दंतुरित मुसकान' कविता का तात्पर्य उस छोटे बच्चे की मुसकान से है, जिसके अभी-अभी दाँत निकले हैं। यह मुसकान इतनी मनोहर व प्रिय होती है कि मरे हुए व्यक्ति में भी जान डाल देती है अर्थात् जीवन से निराश, हताश तथा पूर्णत: उदासीन व्यक्ति के मन को प्रफुल्लता तथा ख़ुशी से भर देती है।

2. नए-नए निकले हुए दाँतों वाले बच्चे की मुसकान देखकर कवि को क्या लगता है? **CBSE 2012**

उत्तर कवि को लगता है कि नए-नए निकले हुए दाँतों वाले बच्चे की मुसकान मरे हुए व्यक्ति को भी जीवित कर देने की क्षमता रखती है। उसके धूल से सने शरीर को देखकर कवि को लगता है मानो कमल का सुंदर फूल तालाब को छोड़कर उसकी झोंपड़ी में आकर खिल गया हो। यह मुसकान इतनी मधुर और मोहक है कि इसमें कठोर हृदय को भी पिघला देने की शक्ति होती है।

3. बच्चा किसी को घूरकर क्यों देखता है? कवि बच्चे की ओर से आँखें फेर लेने को क्यों कहता है? **दक्षता आधारित प्रश्न**

उत्तर जब बच्चा पहली बार किसी को देखता है, तो वह उसे पहचान नहीं पाता और पहचान न पाने के कारण उसे घूरकर देखता है। कवि बच्चे की ओर से आँखें फेर लेने के लिए इसलिए कहता है, क्योंकि उसे लगता है कि पहचान न पाने के कारण बच्चा उसे लगातार घूर रहा है, जिसके कारण वह थक गया होगा।

4. "क्या हुआ यदि हो सके परिचित न पहली बार?" प्रस्तुत पंक्ति कवि क्यों कहता है? **दक्षता आधारित प्रश्न**

उत्तर बालक द्वारा कवि को एकटक देखने के कारण उसे यह अनुभूति हो जाती है कि बालक उसे पहचान नहीं पाया है, जिस कारण कवि कहता है कि क्या हुआ यदि तुम मुझे अपनी प्रथम भेंटवार्ता में नहीं पहचान सके।

5. यदि बच्चे की माँ उसका परिचय कवि से नहीं कराती, तो क्या होता?

उत्तर यदि बच्चे की माँ उसका परिचय कवि से नहीं कराती, तो बच्चा कवि को देखकर हँसता नहीं और कवि उसके नए-नए निकले दाँतों वाली मुसकान को देखने का सौभाग्य प्राप्त न कर पाता, क्योंकि माँ के परिचय कराने से पहले बच्चा कवि को पहचान नहीं पाया था, वह कवि से पहली बार मिल रहा था इसलिए उसकी माँ उन दोनों के बीच माध्यम बनी थी।

6. कवि द्वारा बालक और उसकी माँ को धन्य क्यों बताया गया है? **दक्षता आधारित प्रश्न**

उत्तर बालक की मनमोहक, चित्ताकर्षक, निराशा एवं हताशा में भी आशा का संचार करने वाली दंतुरित मुसकान के लिए धन्य बताया गया है। इसके अतिरिक्त बालक का अस्तित्व उसकी माँ के कारण है अर्थात् वही उसकी जन्मदात्री है।

कवि के प्रवास के दौरान वही उसका लालन-पालन करती है तथा उसी के प्रयास के कारण कवि को बालक की आकर्षक मुसकान के दर्शन भी हुए थे, इसीलिए कवि बालक के साथ-साथ उसकी माँ को भी धन्य मानता है।

7. कवि अपने आपको 'अन्य' क्यों बता रहा है? ऐसा कहने के पीछे कवि का किस प्रकार का भाव छिपा हुआ है?

उत्तर कवि अपनी घुमक्कड़ प्रवृत्ति के कारण अधिकांश समय अपने घर से दूर रहता है, जिस कारण से वह बालक के लिए अपरिचित-सा हो गया है। कवि एक अतिथि की तरह बहुत दिनों के बाद घर लौटा है। अपनी इसी स्थिति के कारण वह स्वयं को 'अन्य' बता रहा है, जो उसके अंतर्मन की पीड़ा, व्यथा और विवशता को प्रदर्शित कर रहा है।

8. 'यह दंतुरित मुसकान' कविता में 'बाँस और बबूल' किसके प्रतीक हैं? **CBSE 2020**

उत्तर 'यह दंतुरित मुस्कान' कविता में 'बाँस और बबूल' कठोर हृदय वाले व्यक्ति के प्रतीक हैं, क्योंकि कविता में यह बताया गया है कि बच्चे का स्पर्श इतना कोमल है कि बाँस या बबूल से भी शेफालिका के फूल झड़ने लगे होंगे अर्थात् बच्चे के स्पर्श से कठोर हृदय वाले भी सहृदय बन गए होंगे।

9. 'मधुपर्क' से क्या तात्पर्य है? कविता में इसका प्रयोग किस लिए हुआ है?

उत्तर मधुपर्क का सामान्य अर्थ दही, घी, शहद, जल और दूध के मिश्रण के रूप में किया जाता है, जिसे पंचामृत भी कहा जाता है। कविता में इसका प्रयोग बच्चे को जीवन देने वाला आत्मीयता की मिठास से युक्त माँ के प्यार के रूप में हुआ है।

10. "देखते तुम इधर कनखी मार और होतीं जब कि आँखें चार" पंक्ति में निहित भाव को स्पष्ट करते हुए बच्चे की मनोवैज्ञानिक प्रवृत्ति पर प्रकाश डालिए। 'दंतुरित मुसकान' के आधार पर उत्तर दीजिए। **दक्षता आधारित प्रश्न**

उत्तर कवि को शिशु की मुसकान अत्यंत मोहक लगती है। प्रस्तुत पंक्ति में कवि शिशु से कहता है कि जब तुम अपनी माँ के पास होते हो और तिरछी नज़र से मुझे देखते हो और तुम्हारी नज़रें मेरी नज़र से मिल जाती हैं व तुम मुसकुरा देते हो, तब तुम्हारा-मेरा स्नेह प्रकट होता है। इस प्रकार कवि बच्चे की बाल सुलभ प्रवृत्ति एवं उसकी निश्छल मुसकान को बताना चाहता है।

11. 'पिघलकर जल बन गया होगा कठिन पाषाण।' यह पंक्ति किस कविता से ली गई है और इसके माध्यम से कवि क्या कहना चाहता है? **CBSE SQP 2023**

उत्तर 'पिघलकर जल बन गया होगा कठिन पाषाण।' यह पंक्ति नागार्जुन द्वारा रचित 'यह दंतुरित मुसकान' कविता से ली गई है। इसके माध्यम से कवि ने शिशु की भोली मुसकान के प्रभाव का वर्णन किया है कि शिशुओं की मुसकान को देखकर तथा उन्हें छूकर पत्थर भी पिघलकर जल बन जाता है अर्थात् उन शिशुओं को छूकर पत्थर दिल वाले व्यक्ति भी अपनी कठोरता को छोड़कर विनम्र बन जाते हैं।

12. शिशु को बाहरी संसार से मिलाने में माँ की क्या भूमिका होती है?

उत्तर बालक के जीवन में उसकी माँ ही उसकी प्रथम गुरु होती है, जो उसे अन्य सांसारिक वस्तुओं, अपने-परायों आदि से परिचित कराती है। 'यह दंतुरित मुसकान' कविता में बालक कवि से अनजान था और उसे एकटक देखे जा रहा था। बालक को जब उसकी माँ कवि से परिचित करवाती है, तभी वह कवि को देखकर मुसकुराता है। कविता का यह भाव स्पष्ट करता है कि माँ ही शिशु को बाहरी संसार से परिचित करवाने में महत्त्वपूर्ण भूमिका निभाती है।

13. 'यह दंतुरित मुसकान' कविता में अपरिचित कवि ने नवजात शिशु के मौन से भी बहुत-सी बातें की हैं। वर्तमान संदर्भ में क्या कोई अपरिचित व्यक्ति शिशु के इतना समीप जाकर उसकी मोहकता का वर्णन कर सकता है? 'हाँ' या 'ना' का कारण समझाते हुए लिखिए। **CBSE SQP (Addtional Set) 2023**

उत्तर वर्तमान संदर्भ में कोई भी अपरिचित व्यक्ति शिशु के समीप जाकर उसकी मोहकता का वर्णन कर सकता है, क्योंकि शिशु की मुसकान में निश्छलता और मासुमियत होती है, जो कठोर से कठोर हृदय वाले व्यक्ति को भी पिघला देती है। जिससे भावुक होकर एक अपरिचित व्यक्ति भी शिशु की मोहकता का गुणगान करे बिना नहीं रह सकता है।

14. फसल के उत्पन्न एवं फलदायी होने में मनुष्य के हाथों की क्या महिमा है? **CBSE 2014**

उत्तर फसल के उत्पन्न एवं फलदायी होने में मनुष्य के हाथों की बहुत महिमा है। यहाँ 'मनुष्य के हाथ' मानव-श्रम का प्रतीक हैं। फसल उत्पन्न करने की प्रक्रिया में मनुष्य बहुत परिश्रम करता है। यदि वह परिश्रम कर फसल नहीं उपजाएगा, तो फसल अस्तित्व में नहीं आ सकती। अत: फसल उत्पन्न करने के लिए परिश्रम बहुत महत्त्वपूर्ण है।

15. शिशु के धूलि-धूसरित शरीर को देखकर कवि नागार्जुन ने क्या कल्पना की थी? **CBSE 2020**

उत्तर शिशु के धूलि-धूसरित शरीर को देखकर कवि नागार्जुन ने यह कल्पना की थी कि शिशु के धूल से सने हुए शरीर को देखकर ऐसा लग रहा है, मानो कमल का सुंदर फूल तालाब को छोड़कर मेरी झोंपड़ी में आकर खिल गया हो।

16. कवि ने शिशु की मुसकान को दंतुरित मुसकान क्यों कहा है? कवि के मन पर उस मुसकान का क्या प्रभाव पड़ा? **CBSE 2019**

उत्तर कवि ने शिशु की मुसकान को दंतुरित मुसकान इसलिए कहा है, क्योंकि कवि को बच्चे के नए-नए निकले दाँतों की मनमोहक मुसकान में जीवन का संदेश दिखाई देता है। वह शिशु की मधुर मुसकान पर मोहित हो जाता है। उसकी यह मुसकान कवि के मन पर गहरा प्रभाव डालती है, उसे लगता है कि यह मुसकान एक मृत व्यक्ति में प्राण डाल देगी अर्थात् इस मुसकान को देखकर तो जिंदगी से निराश और उदासीन लोगों के हृदय भी प्रसन्नता से खिल उठेंगे।

17. 'यह दंतुरित मुसकान' कविता का केंद्रीय भाव स्पष्ट कीजिए।

उत्तर 'यह दंतुरित मुसकान' कविता में कवि नागार्जुन ने अनेक बिंबों के माध्यम से छोटे बच्चे की मनोहारी मुसकान को देखकर हृदय में उमड़ने वाले भावों को प्रकट किया है। कवि वात्सल्य भाव को व्यक्त करते हुए बताता है कि शिशु का स्वभाव छल-कपट से रहित होता है, जो कठोर से कठोर पाषाण हृदय को भी पिघला देने की क्षमता रखता है। शिशु के दंतुरित मुसकान की शोभा तब और भी बढ़ जाती है जब उसके साथ नजरों का बाँकपन जुड़ जाता है।

18. 'फसल' कविता में कवि ने क्या संदेश दिया है? **CBSE 2016, 11**

***अथवा* समूह का हमारे जीवन में बहुत बड़ा योगदान है? 'फसल' कविता के माध्यम से स्पष्ट कीजिए।** **CBSE Diksha**

उत्तर इस कविता में कवि ने यह संदेश दिया है कि फसल को पैदा करने में प्रकृति (नदियों का पानी, मिट्टी का गुण-धर्म, सूर्य की रोशनी और हवा) और मनुष्य के परिश्रम दोनों का ही सहयोग होता है।

किसी एक का भी अभाव होने पर इससे हम अपेक्षित परिणाम प्राप्त नहीं कर सकते हैं। अत: प्रकृति और मनुष्य का परस्पर सहयोग ही फसलों के सृजन को संभव बनाता है।

19. 'एक के नहीं,-दो के नहीं' की बार-बार आवृत्ति कर कविता में किस प्रकार की विशेषता उत्पन्न की गई है?

उत्तर 'फसल' कविता में कवि द्वारा 'एक के नहीं, दो के नहीं' की बार-बार आवृत्ति के पीछे कवि ने सामूहिकता के भाव को प्रकट किया है। कवि कहता है कि फसल उत्पादन में अनेक नदियों, किसानों व हज़ारों खेती योग्य भूमि का योगदान है, किसी एक का नहीं। कवि ने इसके माध्यम से सामूहिकता की विशेषता को उत्पन्न किया है।

20. 'फसल' कविता हमें उपभोक्ता-संस्कृति के दौर में कृषि-संस्कृति के निकट ले जाती है। स्पष्ट कीजिए। **CBSE 2011**

उत्तर कवि ने कविता के माध्यम से फसल को किसान एवं उसके परिवार का परिश्रम, मिट्टी का गुण-धर्म और अनेक नदियों के जल का परिणाम बताया है।

उपभोक्तावादी संस्कृति के दौर में किसान की भूमिका, फसलों के उत्पादन में कृषक के परिश्रम की महत्ता को उजागर करने एवं उसकी विशिष्टताओं को सामने लाने के कारण ही यह कविता हमें कृषि-संस्कृति के निकट ले जाती है

स्व-मूल्यांकन

कविता पर आधारित बहुविकल्पीय प्रश्न

निम्नलिखित प्रश्नों के सर्वाधिक उपयुक्त विकल्पों का चयन कीजिए

1. फसल वस्तुतः किसके सहयोग का परिणाम है?
(i) प्रकृति और नदी के (ii) प्रकृति और मनुष्य के
(iii) नदी और सूरज के (iv) मनुष्य और मिट्टी के

2. फसल को थिरकना कौन सिखाता है?
(i) हाथ (ii) पानी
(iii) सूरज (iv) हवा

3. तुम मुझे पाए नहीं पहचान?
देखते ही रहोगे अनिमेष!
थक गए हो?
आँख लूँ मैं फेर?
शिशु पहली बार मिलने पर कवि को पहचान नहीं पाता है और ………… देखता रहता है। **दक्षता आधारित प्रश्न**
(i) रुक रुककर (ii) कठोर हृदय से
(iii) लगातार (iv) मुसकान रहित

काव्यांश पर आधारित बहुविकल्पीय प्रश्न

निम्नलिखित काव्यांश को पढ़कर प्रश्नों के सर्वाधिक उपयुक्त विकल्पों का चयन कीजिए

1. धन्य तुम, माँ भी तुम्हारी धन्य!
चिर प्रवासी मैं इतर, मैं अन्य!
इस अतिथि से प्रिय तुम्हारा क्या रहा संपर्क
उंगलियाँ माँ की कराती रही हैं मधुपर्क
देखते तुम इधर कनखी मार
और होतीं जब कि आँखें चार
तब तुम्हारी दंतुरित मुसकान
मुझे लगती बड़ी ही छविमान!

(क) प्रस्तुत काव्यांश में कवि स्वयं को क्या कहता है?
(i) भाग्यवान (ii) चिर प्रवासी
(iii) अतिथि (iv) (ii) और (iii) दोनों

(ख) कवि बच्चे का किससे संपर्क न होने की बात कर रहा है?
(i) स्वयं से (ii) प्रवासियों से
(iii) माँ से (iv) आस-पास के लोगों से

(ग) काव्यांश में किसकी आँखें चार होने की बात कही गई है?
(i) कवि और बच्चे की (ii) बच्चे और माँ की
(iii) कवि और पिता की (iv) कवि और बच्चे की माँ की

(घ) इस अतिथि से प्रिय तुम्हारा क्या रहा संपर्क
उँगलियाँ माँ की कराती रही हैं मधुपर्क
यह कथन ……………… का उदाहरण है।
(i) व्यंग्य (ii) वात्सल्य
(iii) क्रोध (iv) वैराग्य

(ङ) कवि को क्या छविमान लगता है?
(i) बच्चे और कवि का परस्पर एक-दूसरे को भावपूर्ण दृष्टि से देखना
(ii) बच्चे की दंतुरित मुस्कान
(iii) बच्चे द्वारा कवि को तिरछी नजरों से देखना
(iv) सभी कथन सत्य हैं

काव्यबोध पर आधारित प्रश्न

निम्नलिखित प्रश्नों के उत्तर संक्षेप में दीजिए

I. बच्चे की मुसकान कैसी है? कवि पर उसका क्या प्रभाव पड़ता है?
II. कवि अपने आपको 'अन्य' कहकर क्यों संबोधित करता है? **दक्षता आधारित प्रश्न**
III. "लाख-लाख कोटि-कोटि हाथों के स्पर्श की गरिमा" पंक्ति का आशय स्पष्ट कीजिए। **दक्षता आधारित प्रश्न**
IV. फसल नदियों के पानी का जादू किस प्रकार है? स्पष्ट कीजिए।

अध्याय 6

संगतकार

मंगलेश डबराल

कविता का सार

कवि 'मंगलेश डबराल' रचित प्रस्तुत कविता 'संगतकार' में मुख्य गायक का साथ देने वाले संगतकार की भूमिका के महत्त्व पर विचार किया गया है। संगतकार न केवल दृश्य माध्यम की प्रस्तुतियों में साथ देता है, बल्कि समाज और राष्ट्र के निर्माण व विकास में भी अहम भूमिका निभाता है।

पहले व दूसरे काव्यांश में कवि ने गायन में मुख्य गायक का साथ देने वाले संगतकार की भूमिका के महत्त्व को समझाया है।

तीसरे काव्यांश में कवि ने संगतकार के गुप्त सहयोग के द्वारा मुख्य गायक को सफल बनाने के कार्य का वर्णन किया है।

कवि परिचय

मंगलेश डबराल का जन्म 16 मई, 1948 को उत्तराखंड स्थित टिहरी गढ़वाल के काफलपानी गाँव में हुआ था। देहरादून से शिक्षा प्राप्त करने के पश्चात् ये दिल्ली आकर 'हिंदी पेट्रियट', 'प्रतिपक्ष' तथा 'आसपास' से जुड़ गए। तत्पश्चात् इन्होंने कला परिषद्, भारत भवन, भोपाल से प्रकाशित त्रैमासिक पूर्वाग्रह में सहायक संपादक का कार्यभार सँभाला।

पहाड़ पर लालटेन, घर का रास्ता, हम जो देखते हैं, आवाज़ भी एक जगह है तथा नए युग में शत्रु इनके प्रसिद्ध काव्य-संग्रह; लेखक की रोटी तथा कवि का अकेलापन गद्य संग्रह और एक बार आयोवा यात्रावृत्त है। इनकी कविताएँ कई विदेशी भाषाओं में भी अनूदित हैं। स्वयं डबराल को साहित्य अकादमी पुरस्कार, साहित्यकार सम्मान, पहल सम्मान, कुमार विमल स्मृति पुरस्कार, श्रीकांत वर्मा पुरस्कार आदि से विभूषित किया गया है। इनका देहांत वर्ष 2020 में हुआ था।

काव्यांशों का भावार्थ

काव्यांश 1

मुख्य गायक के चट्टान जैसे भारी स्वर का साथ देती
वह आवाज़ सुंदर कमज़ोर काँपती हुई थी
वह मुख्य गायक का छोटा भाई है
या उसका शिष्य
या पैदल चलकर सीखने आने वाला दूर का कोई रिश्तेदार

शब्दार्थ **मुख्य गायक**-वह गायक जिसकी आवाज़ सबसे अधिक और ज़ोर से सुनाई देती है; **कमज़ोर काँपती हुई**-धीमी और पतली; **शिष्य**-सीखने वाला छात्र; **रिश्तेदार**-संबंधी।

भावार्थ

प्रस्तुत कविता में मुख्य गायक का साथ देने वाले संगतकार की भूमिका के महत्त्व पर विचार किया गया है। मुख्य गायक की सफलता में अनेक लोगों ने महत्त्वपूर्ण भूमिका निभाई है। इसलिए कवि कहता है कि मुख्य गायक के चट्टान जैसे—गंभीर और दमदार स्वर का साथ देती हुई एक मधुर, कमज़ोर और काँपती हुई-सी आवाज़ सुनाई देती है, जो मुख्य गायक के छोटे भाई या उसके शिष्य या पैदल चलकर सीखने आने वाले दूर के किसी रिश्तेदार (सगे-संबंधी) की होगी।

काव्यांश 2

मुख्य गायक की गरज़ में
वह अपनी गूँज मिलाता आया है प्राचीन काल से
गायक जब अंतरे की जटिल तानों के जंगल में
खो चुका होता है या अपने ही सरगम को लाँघकर
चला जाता है भटकता हुआ एक अनहद में
तब संगतकार ही स्थायी को सँभाले रहता है
जैसे समेटता हो मुख्य गायक का पीछे छूटा हुआ सामान
जैसे उसे याद दिलाता हो उसका बचपन
जब वह नौसिखिया था **CBSE 2015, 13, 12**

शब्दार्थ **गरज़-ऊँची**-गंभीर आवाज़; **अंतरा**-स्थायी या टेक को छोड़कर गीत का चरण; **जटिल**-कठिन; **तान**-संगीत में स्वर का विस्तार; **सरगम**-संगीत के सात स्वरों का समूह; **अनहद**-बिना आघात की गूँज; **संगतकार**-गायन-वादन द्वारा मुख्य कलाकार का साथ देने वाला; **स्थायी**-बार-बार प्रयोग किया जाने वाला गायन-वादन का प्रारंभिक चरण; **नौसिखिया**-जिसने अभी सीखना आरंभ किया हो।

भावार्थ

संगतकार मुख्य गायक की आवाज़ में प्राचीन काल से ही अपनी गूँज मिलाता आया है। वह मुख्य गायक को आधार प्रदान करता है। उसके गायन की रिक्तता को भरता है।

जब मुख्य गायक स्थायी पंक्ति को छोड़कर अंतरे के रूप में गीत का अगला चरण पकड़ता है और जटिल तानों या अपने ही सरगम को लाँघकर एक ऊँचे स्वर में खो जाता है, तब संगतकार ही गाने की स्थायी पंक्ति को गाकर स्थिति को सँभालता है। यहाँ कवि ने गायन की उस स्थिति का वर्णन किया है, जहाँ मुख्य गायक गाते-गाते अलौकिक आनंद में डूब जाता है और उसे पास बैठे श्रोताओं की अनुभूति भी नहीं रहती। उस स्थिति में संगतकार मुख्य गायक और श्रोतागण के मध्य सेतु का कार्य करता हुआ कार्यक्रम में चार चाँद लगा देता है। उस समय ऐसा लगता है, जैसे वह मुख्य गायक का पीछे छूटा हुआ सामान समेट रहा हो, जैसे वह उसे उसका बचपन याद दिला रहा हो, जब वह संगीत सीख रहा था।

काव्यांश 3

तारसप्तक में जब बैठने लगता है उसका गला
प्रेरणा साथ छोड़ती हुई उत्साह अस्त होता हुआ
आवाज़ से राख जैसा कुछ गिरता हुआ
तभी मुख्य गायक को ढाँढ़स बँधाता
कहीं से चला आता है संगतकार का स्वर
कभी-कभी वह यों ही दे देता है उसका साथ
यह बताने के लिए कि वह अकेला नहीं है
और यह कि फिर से गाया जा सकता है
गाया जा चुका राग
और उसकी आवाज़ में जो एक हिचक साफ़ सुनाई देती है
या अपने स्वर को ऊँचा न उठाने की जो कोशिश है
उसे विफलता नहीं
उसकी मनुष्यता समझी जानी चाहिए। **CBSE 2016, 14, 13**

शब्दार्थ **तारसप्तक**-मध्य सप्तक से ऊपर का सप्तक; **अस्त होना**-कम होना/छिप जाना; **राख जैसा कुछ गिरता हुआ**-बुझता हुआ स्वर; **ढाँढ़स बँधाना**-तसल्ली देना/सांत्वना देना; **हिचक**-रुकावट; **विफलता**-असफलता; **मनुष्यता**-मानवीय गुणों से युक्त/मानवता।

भावार्थ

जब मुख्य गायक का गला ऊँचे स्वरों में गाते गाते थक जाता है, प्रेरणा उसका साथ छोड़ने लगती है या उसका उत्साह कम होने लगता है, आवाज़ बुझने लगती है, तभी मुख्य गायक को सांत्वना देता हुआ-सा कहीं से संगतकार का ऊँचा स्वर सुनाई देने लगता है। कभी-कभी मुख्य गायक को यह बताने के लिए कि वह अकेला नहीं है और जिस राग को गाया जा चुका है, उसे फिर से गाया जा सकता है, संगतकार अपने स्वर से उसका साथ देता है।

इस प्रकार, वह मुख्य गायक के उत्साह को बढ़ाता है। यह सब करते समय उसकी आवाज़ में एक हिचकिचाहट साफ़ सुनाई देती है। यह संगतकार की अपने स्वर को मुख्य गायक के स्वर से ऊँचा न उठाने की जो कोशिश है, वह उसकी विफलता नहीं बल्कि मानवीयता है, क्योंकि ऐसा करके संगतकार मुख्य नायक के प्रति अपना सम्मान प्रकट करता है। किसी भी क्षेत्र में नायक का साथ देने वाले ऐसे व्यक्तियों को कमज़ोर नहीं समझना चाहिए, क्योंकि इन्हीं के बल पर दूसरे लोग सफलता प्राप्त करते हैं।

NCERT फोल्डर

पाठ्यपुस्तक (क्षितिज भाग-2) के प्रश्नोत्तर

प्र.1 संगतकार के माध्यम से कवि किस प्रकार के व्यक्तियों की ओर संकेत करना चाह रहा है?

उत्तर संगतकार के माध्यम से कवि उन व्यक्तियों की ओर संकेत कर रहा है, जो किसी भी घटना या प्रसंग में किसी भी काल में मुख्य गायक का साथ देते हैं। उसे सफल बनाने के लिए स्वयं पृष्ठभूमि में रहते हैं। वे सहायक कलाकार की तरह स्वयं को महत्त्व न देकर मुख्य कलाकार के महत्त्व को बढ़ाने में अपनी पूरी शक्ति लगा देते हैं।

प्र.2 संगतकार जैसे व्यक्ति संगीत के अलावा और किन-किन क्षेत्रों में दिखाई देते हैं? **दक्षता आधारित प्रश्न**

उत्तर संगतकार जैसे व्यक्ति संगीत के अतिरिक्त नाटक, फ़िल्म, नृत्य, राजनीति, धर्म इत्यादि क्षेत्रों में दिखाई देते हैं। संगीत में संगतकार की तरह ही विभिन्न क्षेत्रों में सहायकों की भूमिका महत्त्वपूर्ण होती है। फ़िल्मों में मुख्य कलाकारों के साथ अनेक कलाकारों का योगदान होता है। राजनीति में शासक के कथनों को दोहराने अथवा उसकी हाँ में हाँ मिलाने वाले बहुत-से लोग होते हैं।

इसी प्रकार, धर्म के क्षेत्र में भी गुरु की शिक्षाओं को दोहराने वाले अथवा उनके द्वारा बताए गए मार्गों पर चलने वालों की लंबी कतार होती है।

प्र.3 संगतकार किन-किन रूपों में मुख्य गायक-गायिकाओं की मदद करते हैं?

***अथवा* मुख्य गायक को संगतकार कब-कब, कहाँ और किस प्रकार सँभालता है?** **CBSE 2015**

उत्तर गायन में संगतकारों की भूमिका अहम होती है। वे निम्नलिखित रूपों में मुख्य गायक-गायिकाओं की मदद करते हैं

- मुख्य गायक-गायिकाओं के गंभीर व दमदार स्वर के साथ अथवा उसके पीछे-पीछे सुमधुर हल्के स्वर लगाकर।

- उनके द्वारा प्रस्तुत की गई अंतरे की जटिल तानों के उलझाव में अपनी गूँज मिलाकर।
- उनके द्वारा सरगम को लाँघकर अनहद नाद के अलौकिक संसार में खो जाने की स्थिति में उनको सँभाल कर।
- तारसप्तक में ऊँचे स्वरों में गाने के दौरान मुख्य गायक अथवा गायिका का गला बैठ जाने पर उसे ढाँढ़स बँधाने हेतु अपने सुर लगाकर।
- मुख्य गायक-गायिकाओं को साथ होने का आभास दिलाने के लिए, ताकि वे स्वयं को अकेला न समझें, कभी-कभी यूँ ही स्वर लगाकर।

प्र.4 भाव स्पष्ट कीजिए

"और उसकी आवाज़ में जो एक हिचक साफ़ सुनाई देती है
या अपने स्वर को ऊँचा न उठाने की जो कोशिश है
उसे विफलता नहीं
उसकी मनुष्यता समझा जाना चाहिए।"

उत्तर संगतकार कभी भी स्वयं को मुख्य गायक से बढ़कर जताना नहीं चाहता। इसी कारण संगत करते समय वह अपनी आवाज़ को मुख्य गायक से हल्की रखता है। वह चाहता है कि लोगों के बीच मुख्य गायक की प्रतिभा का सिक्का जमा रहे। वह मुख्य गायक को आगे और स्वयं को पीछे रखता है। उसका यह प्रयास उसकी असफलता नहीं, बल्कि उसकी मनुष्यता एवं अनुशासित होने का परिचायक है।

प्र.5 किसी भी क्षेत्र में प्रसिद्धि पाने वाले लोगों को अनेक लोग तरह-तरह से अपना योगदान देते हैं। कोई एक उदाहरण देकर इस कथन पर अपने विचार लिखिए।

उत्तर सभी क्षेत्रों में ऐसे लोग मिल जाते हैं, जो अपना नाम पीछे रखकर मुख्य व्यक्ति को आगे बढ़ाने में जी-जान लगा देते हैं। मुख्य व्यक्ति की प्रसिद्धि में साथ देने वाले ऐसे लोगों का योगदान महत्त्वपूर्ण होता है।

बिल गेट्स, लक्ष्मी मित्तल या अंबानी बंधुओं की सफलता के पीछे मैनेजमेंट से जुड़े लोगों की पूरी फ़ौज है, जिनके बलबूते आज इनका व्यापार पूरे विश्व में छाया हुआ है, नि:संदेह यह अकेले व्यक्ति का प्रयास नहीं है। एक विद्यालय में प्रधानाचार्य की भूमिका महत्त्वपूर्ण होती है, परंतु क्या शिक्षकों के सहयोग के बिना वह कुछ कर सकता है? क्रिकेट की टीम में सफलता का श्रेय कैप्टन को ही दिया जाता है, लेकिन पूरी टीम के सहयोग के बिना जीत कभी संभव नहीं।

प्र.6 कभी-कभी तारसप्तक की ऊँचाई पर पहुँचकर मुख्य गायक का स्वर बिखरता नज़र आता है, उस समय संगतकार उसे बिखरने से बचा लेता है। इस कथन के आलोक में संगतकार की विशेष भूमिका को स्पष्ट कीजिए। दक्षता आधारित प्रश्न

अथवा **तारसप्तक में स्वर के आरोह न सँभाल पाने पर संगतकार मुख्य गायक की किस प्रकार सहायता करता है?** CBSE 2015

उत्तर तारसप्तक में ऊँचे स्वरों का प्रयोग किया जाता है। ऐसे में स्वरों का विस्तार करने अथवा स्वरों पर ठहरने के दौरान मुख्य गायक का स्वर अवरुद्ध होने लगता है अथवा बिखरता हुआ प्रतीत होता है। ऐसे विकट समय में संगतकार की भूमिका महत्त्वपूर्ण हो जाती है। वह बड़ी चतुराई और सिद्धहस्तता के साथ मुख्य गायक के स्वर में अपना स्वर मिलाकर उसके स्वर की कमी या बिखराव को छिपा लेता है, जिसका श्रोताओं को पता तक नहीं चल पाता। इस प्रकार, तारसप्तक में गाने के दौरान संगतकार की उपस्थिति अनिवार्य-सी हो जाती है।

प्र.7 सफलता के चरम शिखर पर पहुँचने के दौरान यदि व्यक्ति लड़खड़ाता है, तब उसे सहयोगी किस तरह सँभालते हैं? CBSE 2013

उत्तर कई बार ऐसा देखा जाता है कि सफलता के चरम शिखर पर पहुँचने के क्रम में व्यक्ति लड़खड़ा जाता है, किंतु यदि उस समय उसे सहारा देने वाला कोई सहयोगी मिल जाए, तो वह संभल जाता है। एक सच्चा सहयोगी उसे ही कहते हैं, जो अपने लड़खड़ाते साथी को सँभालने का काम करे।

सहयोगी विपरीत परिस्थितियों में अपने साथी को ढाँढ़स बँधाता है, उसे उसकी क्षमता से परिचित कराता है, उसे निरंतर प्रोत्साहित करता रहता है। यह बात जीवन के अनेक क्षेत्रों में देखी जा सकती है। विपरीत स्थिति में यदि अच्छे सहयोगी या सलाहकार न मिलें, तो व्यक्ति की सफलता संदिग्ध हो जाती है।

रचना और अभिव्यक्ति

प्र.8 कल्पना कीजिए कि आपको किसी संगीत या नृत्य समारोह का कार्यक्रम प्रस्तुत करना है, लेकिन आपके सहयोगी कलाकार किसी कारणवश नहीं पहुँच पाए

(क) ऐसे में अपनी स्थिति का वर्णन कीजिए।

(ख) ऐसी परिस्थिति का आप कैसे सामना करेंगे?

उत्तर (क) मेरे लिए उक्त स्थिति सचमुच शोचनीय व चुनौतीपूर्ण थी, क्योंकि पहले से चुने गए सहयोगी कलाकारों के साथ कार्यक्रम की प्रस्तुति करना आसान होता है। उन सहयोगियों के नहीं आने पर उनके स्थान पर दूसरा विकल्प ढूँढ पाना भी उतना आसान नहीं होता और नए सहयोगियों के मिलने पर भी कार्यक्रम की सफलता संदिग्ध बनी रहती है, किंतु कोई चारा न देख मैं सोच रहा था कि काश इस समय कामचलाऊ सहयोगी कलाकार ही मिल जाते जिनके सहारे में अपनी प्रस्तुति कर पाता।

(ख) ऐसी स्थिति का सामना अपने वाक्चातुर्य से करेंगे तथा अन्य उपस्थित कलाकारों का सहयोग लेकर कार्यक्रम प्रस्तुत करेंगे, ताकि श्रोताओं अथवा दर्शकों को शिकायत का मौका न मिल पाए।

प्र.9 आपके विद्यालय में मनाए जाने वाले सांस्कृतिक समारोह में मंच के पीछे काम करने वाले सहयोगियों की भूमिका पर एक अनुच्छेद लिखिए। दक्षता आधारित प्रश्न

उत्तर सांस्कृतिक समारोह में मंच के पीछे काम करने वाले सहयोगियों की भूमिका के बिना कार्यक्रम की प्रस्तुति अथवा दृश्य अभिनीत नहीं हो सकते। सहयोगी एक-एक उपकरण को सही जगह सजाकर प्रभावपूर्ण ढंग से मंच-सज्जा करते हैं। चाहे समय पर संगीत, प्रकाश अथवा ध्वनि की व्यवस्था करनी हो या उनका उचित उपयोग करना हो या फिर बीच-बीच में मंच पर उपस्थित कलाकारों की विभिन्न तरीके से सहायता करनी हो, उनकी भूमिका को नज़रअंदाज़ नहीं किया जा सकता।

हमारे विद्यालय में आयोजित सांस्कृतिक समारोह की प्रस्तुति के दिन सहयोगियों को पूर्ण समर्पण के साथ जी-तोड़ मेहनत करते देखा गया। इतना ही नहीं कुछ सहयोगी तो कई दिन पहले से ही कार्यक्रम की तैयारी में जुटे हुए थे। अत: सहयोगी सांस्कृतिक समारोह के अभिन्न अंग होते हैं।

प्र.10 किसी भी क्षेत्र में संगतकार की पंक्ति वाले लोग प्रतिभावान होते हुए भी मुख्य या शीर्ष स्थान पर क्यों नहीं पहुँच पाते होंगे?

उत्तर संगतकार की पंक्ति वाले लोग प्राय: शीर्ष स्थान पर इसलिए नहीं जा पाते, क्योंकि वे जीवनभर मुख्य कलाकारों की अपेक्षा स्वयं को निम्न स्तर पर रखते हैं। वे कभी मुख्य कलाकार बनने की कोशिश नहीं करते।

हमेशा उनकी कोशिश यही होती है कि मुख्य कलाकार अधिक प्रभावशाली बने और वे केवल उसकी सहायता करें। इसके अतिरिक्त, मुख्य कलाकार बनने के लिए कुछ आवश्यक संसाधनों की भी आवश्यकता होती है, जिनका संगतकारों के पास अभाव होता है।

पाठेतर सक्रियता

प्र.11 आप फ़िल्में तो देखते ही होंगे। अपनी पसंद की किसी एक फ़िल्म के आधार पर लिखिए कि उस फ़िल्म की सफलता में अभिनय करने वाले कलाकारों के अतिरिक्त और किन-किन लोगों का योगदान रहा?

उत्तर विद्यार्थी स्वयं करें।

प्र.12 आपके विद्यालय में किसी प्रसिद्ध गायक की गीत प्रस्तुति का आयोजन है

(क) इस संबंध पर सूचना पट के लिए एक नोटिस तैयार कीजिए।

(ख) गायक व उसके संगतकारों का परिचय देने के लिए आलेख (स्क्रिप्ट) तैयार कीजिए।

उत्तर (क)

सूचना

दिनांक : 10 दिसंबर, 20XX

समय : प्रात: 9 बजे

उदित नारायण का गायन समारोह

सर्वसामान्य को बड़े ही हर्ष के साथ सूचित किया जाता है कि भारत के सुप्रसिद्ध पार्श्व गायक उदित नारायण हमारे विद्यालय के मुख्य हॉल में दिनांक 15 दिसंबर, 20XX को सायं 7:00 बजे एक संगीतमय कार्यक्रम प्रस्तुत करने आ रहे हैं।

सभी शिक्षकों, छात्र-छात्राओं एवं कर्मचारियों को इस कार्यक्रम में सम्मिलित होने के लिए आमंत्रित किया जाता है। सभी आगंतुक अपने परिचय पत्र के साथ सांय 6:45 बजे तक अपना स्थान ग्रहण कर लें।

क. ख. ग

(सूचना विभाग)

(ख) छात्र स्वयं करें।

अभ्यास प्रश्न

बहुविकल्पीय व वर्णनात्मक प्रश्नों सहित

कविता पर आधारित बहुविकल्पीय प्रश्न

निम्नलिखित प्रश्नों के सर्वाधिक उपयुक्त विकल्पों का चयन कीजिए।

1. **संगतकार पाठ के अनुसार, संगतकार की मुख्य विशेषता क्या होती है?** **CBSE SQP 2023**

(i) उसकी मानवीयता
(ii) उसकी कलात्मक श्रेष्ठता
(iii) उसकी प्रतिभा प्रदर्शन की आकांक्षा
(iv) उसकी आत्म मुग्धता

2. **"या अपने ही सरगम को लाँघकर,**
चला जाता है भटकता हुआ एक अनहद नाद में।" **CBSE SQP (Additional Set) 2023**

गायन की असीम दुनिया में भटकने की संभावनाएँ .... के साथ होती हैं।

(i) संगतकार (ii) राग-रागिनी
(iii) मुख्य गायक (iv) स्वरों के समूह

3. **मुख्य गायक को ढाँढस बँधाने का कार्य संगतकार कैसे करता है?** **दक्षता आधारित प्रश्न**

(i) मुख्य गायक के स्वर-से-स्वर मिलाकर
(ii) मुख्य गायक को अकेले गाने की प्रेरणा देकर
(iii) तालियों द्वारा मुख्य गायक का उत्साहवर्धन करके
(iv) ठीक प्रकार से वाद्य यंत्र बजाकर

4. **निम्न में से क्या संगतकार के स्वर की विशेषता नहीं है?**

(i) मधुरता
(ii) कमजोर
(iii) आत्मविश्वास भरी आवाज
(iv) कंपनशील

5. **संगीत के स्थायित्व को सँभालते हुए संगतकार मुख्य गायक को उसके किस रूप की याद दिलाता है?**

(i) नौसिखिया (ii) गुरु
(iii) युवावस्था (iv) परिपक्व गायक

6. संगतकार की मनुष्यता का परिचायक क्या है?
(i) मुख्य गायक का सामान समेटना
(ii) श्रोतागणों का मनोरंजन करना
(iii) मुख्य गायक से मधुर गाना
(iv) अपने स्वर को जानबूझ कर मुख्य गायक से ऊँचा न उठाना

7. संगतकार की विफलता किसे नहीं समझा जाना चाहिए? **दक्षता आधारित प्रश्न**
(i) मुख्य गायक के स्वर में न गाना
(ii) अपने स्वर को तीव्र करना
(iii) अपने स्वर को ऊँचा न उठाना
(iv) मुख्य गायक का साथ न देना

8. मुख्य गायक की प्रेरणा कब साथ छोड़ने लगती है?
(i) जब वह बहुत लंबे समय से गा रहा होता है।
(ii) जब उसे पानी की आवश्यकता होती है।
(iii) जब वह उच्च स्वर में गाता है।
(iv) जब संगतकार अनुपस्थित होता है।

9. संगतकार मुख्य गायक के स्वर की तुलना में अपना स्वर धीमा क्यों रखता है? **दक्षता आधारित प्रश्न**
(i) मुख्य गायक के प्रति आदर की भावना होने के कारण
(ii) संगीत का पूर्ण ज्ञान न होने के कारण
(iii) मधुर स्वर का अभाव होने के कारण
(iv) गायन प्रतिभा की कमी होने के कारण

10. 'तारसप्तक में जब बैठने लगता है उसका गला' इस पंक्ति में 'उसका' शब्द किसके लिए प्रयोग किया गया है? **दक्षता आधारित प्रश्न**
(i) संगतकार के लिए
(ii) प्रधान गायक के लिए
(iii) गाने के इच्छुक संगीत प्रेमियों के लिए
(iv) वाद्ययंत्र बजाने वाले कलाकारों के लिए

उत्तर 1. (i) उसकी मानवीयता
2. (iii) मुख्य गायक
3. (i) मुख्य गायक के स्वर-से-स्वर मिलाकर
4. (iii) आत्मविश्वास भरी आवाज
5. (i) नौसिखिया
6. (iv) अपने स्वर को जानबूझ कर मुख्य गायक से ऊँचा न उठाना
7. (iii) अपने स्वर को ऊँचा न उठाना
8. (iii) जब वह उच्च स्वर में गाता है।
9. (i) मुख्य गायक के प्रति आदर की भावना होने के कारण
10. (ii) प्रधान गायक के लिए

काव्यांश पर आधारित बहुविकल्पीय प्रश्न

निम्नलिखित काव्यांश को पढ़कर प्रश्नों के सर्वाधिक उपयुक्त विकल्पों का चयन कीजिए

1. मुख्य गायक के चट्टान जैसे भारी स्वर का साथ देती
वह आवाज़ सुंदर कमज़ोर काँपती हुई थी
वह मुख्य गायक का छोटा भाई है
या उसका शिष्य
या पैदल चलकर सीखने आने वाला दूर का कोई रिश्तेदार

(क) मुख्य गायक की आवाज कैसी होती है?
(i) कर्कश (ii) पाषाण के समान कठोर
(iii) कमजोर (iv) चट्टान जैसी भारी

(ख) मुख्य गायक के स्वर से स्वर मिलाती आवाज किसकी होती है?
(i) मुख्य गायक के शिष्य की
(ii) मुख्य गायक के अनुज की
(iii) संगीत सीखने वाले कोई रिश्तेदार की
(iv) उपर्युक्त सभी

(ग) चट्टान जैसे भारी स्वर से क्या अभिप्राय है?
(i) कर्कश और कठोर स्वर
(ii) गंभीर और दमदार स्वर
(iii) तीखा और मृदु स्वर
(iv) कमजोर और पतला स्वर

(घ) निम्नलिखित में से क्या मुख्य गायक का साथ देने वाले गायक के स्वर की विशेषता नहीं है?
(i) दमदार (ii) कमजोर
(iii) कंपनयुक्त (iv) सुंदर

(ङ) कथन (क) संगतकार की आवाज में एक हिचक सुनाई देती है।
कथन (ख) संगतकार में आत्मविश्वास की कमी होती है।
दिए गए कथनों के लिए सही विकल्प पहचानिए **दक्षता आधारित प्रश्न**
(i) कथन (क) सही है और कथन (ख) उसका गलत कारण है।
(ii) कथन (क) सही है और कथन (ख) उसका सही कारण है।
(iii) कथन (क) गलत और कथन (ख) सही है।
(iv) कथन (क) और कथन (ख) दोनों आंशिक रूप से सही हैं।

उत्तर (क) (iv) चट्टान जैसी भारी
(ख) (iv) उपर्युक्त सभी
(ग) (ii) गंभीर और दमदार स्वर
(घ) (i) दमदार
(ङ) (ii) कथन (क) सही है और कथन (ख) उसका सही कारण है।

2. मुख्य गायक की गरज में
वह अपनी गूँज मिलाता आया है प्राचीन काल से
गायक जब अंतरे की जटिल तानों के जंगल में
खो चुका होता है
या अपने ही सरगम को लाँघकर
चला जाता है भटकता हुआ एक अनहद में
तब संगतकार ही स्थायी को सँभाले रहता है
जैसे समेटता हो मुख्य गायक का पीछे छूटा हुआ सामान
जैसे उसे याद दिलाता हो उसका बचपन
जब वह नौसिखिया था

(क) संगतकार किस स्थिति में स्थायी को सँभाले रखने का कार्य करता है? **दक्षता आधारित प्रश्न**
(i) जब मुख्य गायक के गायन की क्षमता क्षीण हो जाती है।
(ii) जब मुख्य गायक जंगल में खो जाता है।
(iii) जब मुख्य गायक अनहद में भटक जाता है।
(iv) जब मुख्य गायक संगीत के जटिल सुरों को गाने में असमर्थ होता है।

(ख) प्राचीन काल से ही संगतकार क्या कार्य करता आया है?
(i) मुख्य गायक की आवाज में अपना स्वर मिलाता आया है।
(ii) मुख्य गायक का पीछे छूटा हुआ सामान समेटता हुआ आया है।
(iii) मुख्य गायक के प्रभाव को क्षीण करता आया है।
(iv) मुख्य गायक को उसके बचपन की याद दिलाता आया है।

(ग) संगतकार की क्या भूमिका होती है?
(i) मुख्य गायक को उसके नौसिखिया रूप की याद दिलाना
(ii) मुख्य गायक के साथ आत्मविश्वास से भरे दमदार स्वर में गाना
(iii) मुख्य गायक के गायन के स्थायी को पकड़े रहना
(iv) मुख्य गायक को सरगम को लाँघने से रोकना

(घ) प्रस्तुत काव्यांश में किसके महत्त्व को बताया गया है? **दक्षता आधारित प्रश्न**
(i) मुख्य गायक के
(ii) संगतकार के
(iii) उच्च गुणवत्ता वाले वाद्ययंत्रों के
(iv) शास्त्रीय संगीतज्ञ के

(ङ) नौसिखिया किसे कहा गया है?
(i) वाद्ययंत्र बजाने वालों को
(ii) संगीत के सुरों को
(iii) मुख्य गायक को
(iv) संगतकार को

उत्तर (क) (iii) जब मुख्य गायक अनहद में भटक जाता है।
(ख) (i) मुख्य गायक की आवाज में अपना स्वर मिलाता आया है।
(ग) (iii) मुख्य गायक के गायन के स्थायी को पकड़े रहना
(घ) (ii) संगतकार के
(ङ) (iii) मुख्य गायक को

3. तारसप्तक में जब बैठने लगता है उसका गला
प्रेरणा साथ छोड़ती हुई उत्साह अस्त होता हुआ
आवाज़ से राख जैसा कुछ गिरता हुआ
तभी मुख्य गायक को ढाँढ़स बँधाता
कहीं से चला आता है संगतकार का स्वर
कभी-कभी वह यों ही दे देता है उसका साथ
यह बताने के लिए कि वह अकेला नहीं है
और यह कि फिर से गाया जा सकता है
गाया जा चुका राग
और उसकी आवाज़ में जो एक हिचक साफ़ सुनाई देती है
या अपने स्वर को ऊँचा न उठाने की जो कोशिश है
उसे विफलता नहीं
उसकी मनुष्यता समझा जाना चाहिए।

CBSE SQP (Additional Set) 2023

(क) 'आवाज से राख जैसा कुछ गिरता हुआ' से कवि का आशय है जब आवाज़
(i) में उत्साह और खनक आने लगती है।
(ii) लड़खड़ाने और मंद पड़ने लगती है।
(iii) निकलना अवरुद्ध हो जाता है।
(iv) द्रुत और तीव्रतर हो जाती है।

(ख) निम्नलिखित पंक्तियों में से किस पंक्ति से गायक के हतोत्साहित होने का पता चलता है
(i) स्वर को ऊँचा न उठाने की जो कोशिश है
(ii) तारसप्तक में जब बैठने लगता है उसका गला
(iii) कहीं से चला आता है संगतकार का स्वर
(iv) यह कि फिर से गाया जा सकता है

(ग) निम्नलिखित कथनों में से कौन-सा/से संगतकार के विषय में सही नहीं है/हैं?
(i) उत्साहहीन मुख्य गायक को ढाँढ़स बँधाता है।
(ii) कभी-कभी यूँ ही मुख्य गायक का साथ दे देता है।
(iii) उसकी आवाज में कभी कोई हिचक नहीं सुनाई देती है।
(iv) वह कभी मुख्य गायक को अकेला नहीं होने देता है।

(घ) कथन (A) और कारण (R) को पढ़कर उपयुक्त विकल्प चुनिए

कथन (A) संगतकार की आवाज में हिचक है और वह अपनी आवाज को ऊँचा नहीं उठने देने की कोशिश करता है।

कारण (R) संगतकार का त्याग उसकी मनुष्यता का परिचायक है। **दक्षता आधारित प्रश्न**

(i) कथन (A) सही है और कारण (R) कथन (A) की सही व्याख्या है।
(ii) कथन (A) सही है, किंतु कारण (R) कथन (A) की सही व्याख्या नहीं है।
(iii) कथन (A) और कारण (R) दोनों ही गलत हैं।
(iv) कथन (A) गलत है, किंतु कारण (R) सही है।

(ङ) 'संगतकार' कविता का केंद्रीय भाव है **दक्षता आधारित प्रश्न**

(i) सहयोगियों के प्रति संवेदनशीलता
(ii) सफल और असफल लोगों में अंतर
(iii) गायन कला की बारीकियाँ
(iv) मुख्य गायक के महत्त्व

उत्तर (क) (ii) लड़खड़ाने और मंद पड़ने लगती है।
(ख) (ii) तारसप्तक में जब बैठने लगता है उसका गला
(ग) (iii) उसकी आवाज में कभी कोई हिचक नहीं सुनाई देती है।
(घ) (i) कथन (A) सही है और कारण (R) कथन (A) की सही व्याख्या है।
(ङ) (i) सहयोगियों के प्रति संवेदनशीलता

अथवा

(क) संगतकार द्वारा अपनी आवाज को दबाए रखने के प्रयास को कवि ने 'मनुष्यता' मानने के लिए क्यों कहा है? **दक्षता आधारित प्रश्न**

(i) क्योंकि दूसरों को सफल बनाने के लिए त्याग करना मनुष्यता होती है।
(ii) क्योंकि गायन-कला पूर्णत: सीखकर भी ऊँचा न गाना मनुष्यता होती है।
(iii) क्योंकि अपने काम को अधिक शोर न मचाते हुए करना मनुष्यता होती है।
(iv) क्योंकि विफलता मिलने पर भी कर्त्तव्य पालन का प्रयास करना मनुष्यता होती है।

(ख) 'आवाज से राख जैसा कुछ गिरता हुआ'
इस पंक्ति में मुख्य गायक की किस स्थिति को बताया गया है? **दक्षता आधारित प्रश्न**

(i) शारीरिक रूप से थककर गिर जाना
(ii) बौद्धिक रूप से अविकसित रह जाना
(iii) मानसिक रूप से हारकर बिखर जाना
(iv) शैक्षणिक रूप से असफल होकर रुक जाना

(ग) 'फिर से गाया जा सकता है गाया हुआ राग'
इन पंक्तियों में कवि क्या कहना चाहता है? **दक्षता आधारित प्रश्न**

(i) जीवन में अधूरे रह गए कामों को फिर से किया जा सकता है।
(ii) जीवन में की गई गलतियों को पुन: प्रयास कर सुधारा जा सकता है।
(iii) जीवन में सफलता पाने के लिए किसी-न-किसी का साथ जरूरी होता है।
(iv) जीवन में सफल होने के लिए किसी और से त्याग करवाना आवश्यक होता है।

(घ) इस पद्यांश में चित्रित संगतकार के संदर्भ में कौन-सा कथन सबसे अधिक सही है? **दक्षता आधारित प्रश्न**

(i) उसके गायन में उत्साह है।
(ii) वह मुख्य गायक बनना चाहता है।
(iii) उसकी आवाज को मुख्य गायक उठाता है।
(iv) वह मुख्य गायक जितना ही योग्य गायक है।

(ङ) जब मनुष्य के सामने कोई ………… नहीं रह जाती, तब उसका हौसला समाप्त हो जाता है। **दक्षता आधारित प्रश्न**

(i) प्रेरणा (ii) योग्यता
(iii) संवेदना (iv) सफलता

(च) 'संगतकार' कविता में किसे मुख्य भूमिका प्रदान करने का प्रयास किया गया है? **दक्षता आधारित प्रश्न**

(i) जो अपना कर्म केवल सफलता के लिए करते हैं।
(ii) जो किसी भी कीमत पर जीवन में कभी असफल नहीं होते हैं।
(iii) जो स्वयं की सफलता का त्याग कर दूसरों का आधार बनते हैं।
(iv) जो असफलता को भी सफलता में बदलने की हिम्मत रखते हैं।

(छ) संगतकार की आवाज 'सुंदर' के साथ-साथ 'कमजोर' और 'काँपती' हुई है, क्योंकि …………। **दक्षता आधारित प्रश्न**

(i) उसमें संगीत के गुणों का अभाव है।
(ii) उसे दूर तक स्पष्ट नहीं सुना जा सकता है।
(iii) उसमें अपनी गायन कला के प्रति हिचक है।
(iv) उस पर मुख्य गायक न बनने के कर्तव्य का दबाव है।

(ज) संगतकार कभी-कभी यों ही क्यों साथ दे देता है? **दक्षता आधारित प्रश्न**

(i) शिष्य को प्रशिक्षण देने के लिए
(ii) नौसिखिए को राह दिखाने के लिए
(iii) अपने बिखरे सुरों को सँवारने के लिए
(iv) अपनी मौजूदगी का अहसास दिलाने के लिए

उत्तर (क) (i) क्योंकि दूसरों को सफल बनाने के लिए त्याग करना मनुष्यता होती है।
(ख) (iii) मानसिक रूप से हारकर बिखर जाना
(ग) (ii) जीवन में की गई गलतियों को पुन: प्रयास कर सुधारा जा सकता है।
(घ) (iv) वह मुख्य गायक जितना ही योग्य गायक है।
(ङ) (i) प्रेरणा
(च) (iii) जो स्वयं की सफलता का त्याग कर दूसरों का आधार बनते हैं
(छ) (iv) उस पर मुख्य गायक न बनने के कर्त्तव्य का दबाव है।
(ज) (iv) अपनी मौजूदगी का अहसास दिलाने के लिए

अथवा

(क) संगतकार किस प्रकार मुख्य गायक को यह अहसास दिलाता है कि वह अकेला नहीं है? **CBSE SQP 2022**

(i) मुख्य गायक के टूटते स्वर में अपना स्वर मिलाकर
(ii) मुख्य गायक के समान उच्च स्वर में गाकर
(iii) मुख्य गायक की प्रेरणा बनकर
(iv) मुख्य गायक के स्वर को ऊँचा उठाकर

(ख) संगतकार के स्वर में हिचक इसलिए सुनाई देती है, क्योंकि **CBSE SQP 2022**

(i) उसके स्वर में परिपक्वता का अभाव है।
(ii) उसमें प्रतिभा की कमी है।
(iii) वह मुख्य गायक का मान बनाए रखना चाहता है।
(iv) वह स्वयं को हीन समझता है।

(ग) तारसप्तक गाते समय मुख्य गायक का स्वर मंद क्यों पड़ जाता है? **CBSE SQP 2022**

(i) उसका उत्साह मंद पड़ जाता है।
(ii) उसकी प्रेरणा साथ छोड़ने लगती है।
(iii) उसका गला बैठने लगता है।
(iv) उपर्युक्त सभी

(घ) संगतकार की हिचक को उसकी मनुष्यता क्यों माना जाना चाहिए? **CBSE SQP 2022**

(i) क्योंकि वह मुख्य गायक के सम्मान को बढ़ाता है।
(ii) क्योंकि वह संगीत के क्षेत्र में प्रसिद्धि प्राप्त करने का इच्छुक नहीं है।
(iii) क्योंकि वह अपने कार्य का श्रेय लेना नहीं चाहता।
(iv) क्योंकि वह संगीत के क्षेत्र में धन कमाने की लालसा नहीं रखता।

(ङ) मुख्य गायक को ढाँढस कौन बँधाता है? **CBSE SQP 2022**

(i) संगीतकार (ii) श्रोतागण
(iii) संगतकार (iv) वाद्ययंत्रों की आवाज

उत्तर (क) (i) मुख्य गायक के टूटते स्वर में अपना स्वर मिलाकर
(ख) (iii) वह मुख्य गायक का मान बनाए रखना चाहता है।
(ग) (iv) उपर्युक्त सभी
(घ) (i) क्योंकि वह मुख्य गायक के सम्मान को बढ़ाता है।
(ङ) (iii) संगतकार

काव्यबोध पर आधारित प्रश्नोत्तर

निम्नलिखित प्रश्नों के उत्तर संक्षेप में दीजिए

1. मुख्य गायक का स्वर कैसा होता है? मुख्य गायक के स्वर का साथ देती संगतकार की आवाज़ कैसी होती है और क्यों? **CBSE 2013**

अथवा **मुख्य गायक और संगतकार की आवाज़ में अंतर स्पष्ट कीजिए।** **CBSE 2015**

उत्तर मुख्य गायक की आवाज़ गंभीर, दमदार एवं प्रभावी होती है। इसके विपरीत संगतकार की आवाज़ मुख्य गायक की आवाज़ की तुलना में कमज़ोर और काँपती हुई होती है, क्योंकि वह अपने स्वर को मुख्य गायक के स्वर से नीचे रखना चाहता है, किंतु मुख्य गायक की तरह संगतकार की आवाज भी मिठास भरी होती है। संगतकार कदम-कदम पर मुख्य गायक के स्वर में स्वर मिलाकर गायन को प्रभावशाली तथा सफल बनाता है।

2. 'संगतकार' कविता में कवि ने अंतरे को जटिल तान का जंगल क्यों कहा है? गायक उसमें कैसे खो जाता है? **CBSE 2015, 12**

अथवा **'संगतकार' कविता के संदर्भ में बताइए कि 'अंतरे की जटिल तानों के जंगल' का क्या अभिप्राय है?** **CBSE 2015**

उत्तर प्राय: बंदिशों (गीतों) के अंतरे में स्थायी की अपेक्षाकृत ऊँचे सुर प्रयोग में लाए जाते हैं। अंतरे की प्रस्तुति के दौरान ऊँचे-ऊँचे स्वरों वाले कठिन-कठिन सरगमों पर आधारित तानें भी प्रस्तुत की जाती हैं।

कवि ने अंतरे के विस्तार में कठिन से कठिन तानों के अधिकाधिक प्रयोग किए जाने के कारण ही अंतरे को जटिल तान का जंगल कहा है, जिसमें गायक खो जाता है। अंतरे के इसी विस्तार के क्रम में जब गायक सरगम को लाँघता हुआ अनहद नाद के ऐसे संसार में चला जाता है, जहाँ उसे स्वयं और दूसरों के होने का आभास भी नहीं होता।

3. जब मुख्य गायक अंतरे की जटिल तानों में खो जाता है तब संगतकार अपने कर्त्तव्य को कैसे पूरा करता है? **CBSE 2013**

अथवा **'मुख्य गायक के चट्टान जैसे भारी स्वर का साथ देती वह आवाज़ सुंदर कमज़ोर और काँपती हुई थी'**
उपर्युक्त पंक्तियों के आधार पर मुख्य गायक और संगतकार की एक-एक विशेषता लिखिए। **CBSE SQP (Additional Set) 2023**

उत्तर जब मुख्य गायक अंतरे की जटिल तानों में खो जाता है और अपने सुरों से भटक जाता है, तब संगतकार गायन के स्थायी को सँभालता है और गायन के मूल सुरों को पकड़े रखता है।

वह मुख्य गायक का साथ देकर कार्यक्रम को सफल बनाने में कोई कसर नहीं छोड़ता। इस प्रकार संगतकार अपना कर्त्तव्य बखूबी निभाता है।

4. 'संगतकार' कविता के संदर्भ में लिखिए कि संगतकार कौन होता है? उसके द्वारा किस प्राचीन परंपरा का निर्वाह किया जाता है? **CBSE 2024**

उत्तर 'संगतकार' कविता में 'आवाज से राख जैसा कुछ गिरता हुआ' मुख्य गायक के संदर्भ में कहा गया है। कवि यहाँ यह स्पष्ट करना चाहता है कि जब मुख्य गायक का स्वर बुझने लगता है और उसकी आवाज में पहले वाला उत्साह शेष नहीं रह जाता तब संगतकार ही अपनी कोमल आवाज की सहायता से मुख्य गायक को सांत्वना देता हुआ यह बताने का प्रयास करता है कि वह अकेला नहीं है।

5. संगतकार द्वारा स्थायी को सँभाले रखने की तुलना किन-किन बातों से की गई है और क्यों? **दक्षता आधारित प्रश्न**

उत्तर संगतकार द्वारा स्थायी को सँभाले रखने की तुलना मुख्य गायक के गायन के उपरांत पीछे छूटे हुए सामान को समेटने से की गई है, क्योंकि सुरों के साथ उसके सामान को सँभालना वह अपना दायित्व समझता है। इसके अतिरिक्त उसकी तुलना किसी नौसिखिए अर्थात् नए-नए सीखने वाले के सुरों में होने वाले भटकाव की याद दिलाने वाले से की है, जो उसके भटकाव को दूर करने में उसकी सहायता करते थे।

6. सप्तक का अर्थ बताते हुए उसके भेदों के नाम लिखिए। **CBSE 2016**

उत्तर संगीत में सात स्वरों के समूह को सप्तक कहा जाता है। ये सात स्वर हैं— षड्ज, ऋषभ, गंधार, मध्यम, पंचम, धैवत और निषाद। इन्हीं नामों के पहले अक्षर को लेकर क्रमश: इन्हें सा, रे, ग, म, प, ध और नि कहा गया है। सप्तक के तीन भेद हैं—मंद्रसप्तक, मध्यसप्तक और तारसप्तक।

7. तारसप्तक से क्या तात्पर्य है?

उत्तर संगीत में मुख्यत: सात स्वर होते हैं। इन्हीं सात स्वरों में आवाज़ को ऊँचा और नीचा करके गाया जाता है। आवाज़ की ऊँचाई-निचाई के आधार पर स्वरों के समूहों को तीन सप्तकों में विभाजित किया गया है—मंद्रसप्तक, मध्यसप्तक एवं तारसप्तक। सबसे ऊँचे स्वरों वाला सप्तक तारसप्तक कहलाता है। इसका स्थान मध्यसप्तक के बाद आता है।

8. **गायक का गला कब बैठने लगता है? उस समय उसकी मनः स्थिति कैसी होती है?**

उत्तर तारसप्तक में अत्यधिक उतार-चढ़ाव होने पर जब गायक इसे गाता है, तो उसका गला बैठने लगता है। उस समय उसकी प्रेरणा व उत्साह समाप्त होने लगती है और ऐसा लगने लगता है जैसे उसकी आवाज़ से राख की तरह कोई चीज़ गिर रही है अर्थात् उसमें निराशा एवं निरूत्साह का भाव संचारित हो रहा हो।

9. **गायकों को गायन के दौरान कौन-कौन-सी कठिनाइयों का सामना करना पड़ता है?** दक्षता आधारित प्रश्न

उत्तर गायकों को गायन के दौरान निम्नलिखित कठिनाइयों का सामना करना पड़ता है

(i) अत्यधिक उतार-चढ़ाव वाले रागों को गाते समय उनका गला बैठ जाता है।

(ii) गायन के दौरान जटिल तानों को गाते समय वह सरगम लाँघकर अनहद में भटक जाते हैं।

(iii) तारसप्तक जैसे रागों को गाते समय जब उनका गला बैठने लगता है, तो वे निराश एवं हताश होने लगते हैं।

10. **कभी-कभी संगतकार मुख्य गायक का साथ यों ही क्यों दे देता है?** दक्षता आधारित प्रश्न

उत्तर कभी-कभी संगतकार मुख्य गायक का साथ यों ही इसलिए देता है, क्योंकि वह मुख्य गायक को यह बताना चाहता है कि वह अकेला नहीं है। वह मुख्य गायक में उत्साह भरने लगता है कि जिस राग को गाया जा चुका है, उसे फिर से गाया जा सकता है।

11. **गाए जा चुके राग को फिर से गाने की पृष्ठभूमि किस प्रकार तैयार होती है?** दक्षता आधारित प्रश्न

उत्तर मुख्य गायक जब गायन के दौरान किसी राग को गा चुका होता है, तब संगतकार उस राग को पुनः गाकर सुरों को ऐसी जगह पर पहुँचा देता है, जहाँ से मुख्य गायक उस राग को फिर से गा सकता है। इस प्रकार संगतकार अपनी गायन शैली से गाए जा चुके राग के लिए पुनः गाने हेतु पृष्ठभूमि तैयार करता है।

12. **'संगतकार' कविता के आधार पर लिखिए कि मुख्य गायक के साथ संगतकार की भूमिका किन रूपों में होती है?** CBSE 2023

उत्तर मुख्य गायक के साथ संगतकार की भूमिका कई रूपों में होती है।

- मुख्य गायक के पीछे-पीछे सुमधुर हल्के स्वर लगाकर और गंभीर व दमदार के साथ जरूरी है।
- मुख्य गायक को साथ होने का आभास दिलाने के लिए ताकि वे स्वयं को अकेला न समझें।
- संगतकार ही मुख्य गायक की थकान भरी आवाज को सहारा देते हैं, जिससे गायन की प्रस्तुति में आद्योपांत स्थायी का स्वरूप कायम रहता है और मुख्य गायक सुर से भटक नहीं पाता।
- संगतकार के अभाव में मुख्य गायक की सफलता का मार्ग अवरुद्ध हो सकता है।

13. **'संगतकार' शब्द का अर्थ स्पष्ट करते हुए उसकी स्थिति और भूमिका पर प्रकाश डालिए।** CBSE 2013

अथवा **संगतकार किसे कहते हैं?** CBSE 2016

उत्तर मुख्य गायक के साथ गाने वाला अथवा वाद्य यंत्र बजाने वाला कलाकार या सहयोगी 'संगतकार' कहलाता है। मुख्य गायक के गायन की प्रस्तुति में संगतकार की स्थिति और भूमिका अत्यंत महत्त्वपूर्ण होती है। वह मुख्य गायक का साथ देकर गायन को पूर्ण करने में सहयोग करता है। उसकी सहायता के बिना मुख्य गायक अपना गायन प्रभावी ढंग से पूरा नहीं कर सकता।

14. **'संगतकार' किस प्रकार के व्यक्ति का प्रतीक है? 'संगतकार' कविता के आधार पर समझाइए।** CBSE 2013, 11

उत्तर संगतकार ऐसे व्यक्ति का प्रतीक है, जो स्वयं पृष्ठभूमि में रहकर संबद्ध व्यवस्था में महत्त्वपूर्ण भूमिका निभाता है और उसके सर्वाधिक प्रभावी व्यक्ति की सफलता में हर संभव सहयोग करता है।

उदाहरणार्थ—संगीत के कार्यक्रम की प्रस्तुति के दौरान संगतकार मुख्य गायक के स्वर में स्वर मिलाकर उसके गायन को प्रभावी व सफल बनाता है, किंतु उसे ऐसा करते समय सदा इसका ख्याल रखना होता है कि उसका स्वर मुख्य गायक के स्वर पर भारी न पड़ जाए।

15. **मुख्य गायक एवं संगतकार के मध्य जुड़ी कड़ी यदि टूट जाए, तो उसके क्या परिणाम हो सकते हैं? स्पष्ट कीजिए।** CBSE 2016, 13

उत्तर मुख्य गायक एवं संगतकार के मध्य जुड़ी कड़ी यदि टूट जाए, तो मुख्य गायक का गायन सफलतापूर्वक पूर्ण नहीं हो पाएगा। जब मुख्य गायक अपने सुरों से भटकने लगेगा या उसका गला बैठने लगेगा, तो स्थायी को कोई सँभालने वाला नहीं होगा और इससे मुख्य गायक का उत्साह क्षीण हो जाएगा।

16. **मुख्य गायक के साथ संगतकार का होना क्यों आवश्यक है?** CBSE 2013, 12

उत्तर मुख्य गायक के साथ संगतकार का होना आवश्यक है, क्योंकि मुख्य गायक अकेले गायन को पूर्ण करने में समर्थ नहीं होता। गायन में साथ देने के लिए सहायक गायकों के साथ-साथ कुछ आवश्यक वाद्य यंत्रों और उन्हें बजाने वालों की भी आवश्यकता पड़ती है।

संगतकार ही मुख्य गायक की थकान भरी आवाज़ को सहारा देते हैं, जिससे गायन की प्रस्तुति में आद्योपांत स्थायी का स्वरूप कायम रहता है और मुख्य गायक सुर से भटक नहीं पाता। संगतकार के अभाव में मुख्य गायक की सफलता का मार्ग अवरुद्ध हो सकता है।

17. **संगतकार की आवाज़ में एक हिचक-सी क्यों प्रतीत होती है?** CBSE 2016

उत्तर संगतकार की आवाज़ में हिचक-सी प्रतीत होने का कारण यह होता है कि वह यह सोचकर कभी खुला अथवा ज़ोरदार स्वर नहीं लगाता कि कहीं उसका स्वर मुख्य गायक के स्वर पर हावी न पड़ जाए।

वस्तुतः स्वर लगाने के दौरान अपनी सीमा को भली-भाँति समझने वाला संगतकार मुख्य गायक का सम्मान करते हुए ऐसा करता है। वह हर हाल में मुख्य गायक का सहयोग करना ही अपना कर्त्तव्य समझता है। संगतकार का दबा हुआ स्वर उसकी मानवता का परिचायक है।

18. संगतकार का दबा हुआ सुर उसकी पराजय का प्रतीक नहीं है, क्यों? **CBSE 2015**

***अथवा* संगतकार की आवाज़ में दिखाई देने वाली हिचकिचाहट क्या प्रदर्शित करती है?**

उत्तर संगतकार की आवाज़ की हिचकिचाहट उसकी कमज़ोरी को प्रदर्शित नहीं करती। वस्तुत: संगतकार अपनी पूरी आवाज़ से नहीं गाता। वह नहीं चाहता कि मुख्य गायक से उसकी आवाज़ तेज़ हो जाए, क्योंकि उसकी आवाज़ तेज़ होने से मुख्य गायक का प्रभाव क्षीण हो सकता है। साथ ही संगतकार के हृदय में मुख्य गायक के प्रति श्रद्धा की भावना भी है, जिससे मुख्य गायक की तुलना में वह अपनी आवाज़ को दबा हुआ रखता है।

19. "संगतकार का सामने न आना उसकी विफलता नहीं मनुष्यता है।" इस कथन से आप कहाँ तक सहमत हैं?

उत्तर मुख्य गायक की तरह संगतकार में भी प्रतिभा या साहस की कमी नहीं होती है। वह भी मुख्य गायक की तरह धन और प्रसिद्धि पा सकता है, किंतु वह किसी को पीछे धकेलकर आगे बढ़ने में विश्वास नहीं करता।

आज के युग में ऐसी मानसिकता रखने वाले व्यक्ति को विफल कहा जाता है, किंतु कवि ने उसकी विफलता को उसकी मनुष्यता कहकर पुकारा है। यह संगतकार की मनुष्यता ही है, जो मुख्य गायक को उसकी परेशानी में मदद करती है। मैं कवि के इस विचार से पूर्णत: सहमत हूँ।

20. 'संगतकार' कविता में कवि ने आम लोगों से क्या अपेक्षा की है? **CBSE 2020**

उत्तर संगतकार कविता में कवि ने आम लोगों से यह अपेक्षा की है कि वह किसी व्यक्ति को कम न समझें, क्योंकि प्रत्येक व्यक्ति की अपनी महत्ता है। इसलिए प्रतिभासंपन्न प्रभावशाली व्यक्ति को अपने से निम्न व्यक्ति का निरादर नहीं करना चाहिए, क्योंकि उसकी सफलता में अन्य सहायक व्यक्तियों की भी महत्त्वपूर्ण भूमिका होती है। इन व्यक्तियों की सहायता के बिना किसी भी क्षेत्र में महानतम उपलब्धि हासिल नहीं की जा सकती।

21. आपके अनुसार असली नायक कौन है–मुख्य गायक या संगतकार?

उत्तर संगीत के क्षेत्र में भी मुख्य गायक को ही नायक माना गया है, भले ही संगतकार ने उसकी प्रस्तुति को सफल बनाने में जी-जान लगा दी हो। वस्तुत: संगतकार भली-भाँति समझता है कि कार्यक्रम का मुख्य आकर्षण वह नहीं, बल्कि मुख्य गायक ही है। इसीलिए वह हल्की और कमज़ोर आवाज़ लगाकर मुख्य गायक की प्रस्तुति में सहयोग करता है और आवश्यकता पड़ने पर उसे विकट परिस्थितियों में भी सँभाले रखता है। इस प्रकार संगतकार स्वयं को पृष्ठभूमि में रखकर मुख्य गायक के प्रति पूरे मन से समर्पित रहता है।

22. संगतकार जैसे व्यक्ति की जीवन में क्या उपयोगिता होती है? स्पष्ट रूप से समझाइए। **CBSE 2014**

***अथवा* संगतकार जैसे व्यक्ति की संसार में क्या उपयोगिता है? 'संगतकार' कविता के आधार पर समझाइए।** **दक्षता आधारित प्रश्न**

उत्तर सभी के जीवन में संगतकार जैसे व्यक्ति की अत्यंत उपयोगिता होती है। आज जो भी प्रतिभासंपन्न प्रभावशाली व्यक्ति है, उसकी सफलता के पीछे केवल उसकी ही मेहनत नहीं होती। उसे बहुत-से लोगों की सहायता मिलती रहती है, तभी वह अपनी सफलता को बनाए रख पाता है।

उदाहरण के लिए, एक गायक को सफल बनाने में सहायक गायकों, वाद्य यंत्रों को बजाने वाले, निर्देशक आदि का योगदान रहता है। अत: संगतकार जैसे व्यक्तियों के बिना किसी भी क्षेत्र में महानतम उपलब्धि हासिल नहीं की जा सकती।

23. यह कविता संगतकार के अतिरिक्त और किन व्यक्तियों का महत्त्व बताने के लिए लिखी गई है?

उत्तर कवि ने संगतकार के महत्त्व को प्रतिपादित करते हुए दर्शाया है कि वह मुख्य गायक की सफलता के लिए कार्य करता है। इसी बहाने कवि ने उन व्यक्तियों का महत्त्व बताने के लिए भी यह कविता लिखी है, जो अपना महत्त्व दिखाए बिना दूसरों को सफलता दिलाने के लिए दिन-रात कार्य करते रहते हैं। समाज के हज़ारों-लाखों सफल व्यक्तियों की सफलता के पीछे संगतकार जैसे उन व्यक्तियों का ही योगदान होता है; *जैसे*—युद्ध क्षेत्र में सेनापति के साथ सिपाही, निर्माण कार्य में मिस्त्री के साथ मज़दूर, फ़िल्मों में नायक के साथ छोटे कलाकारों व अन्य अनेक लोग।

24. 'संगतकार' कविता का उद्देश्य स्पष्ट कीजिए। **CBSE 2016**

उत्तर 'संगतकार' कविता का मुख्य उद्देश्य मुख्य गायक का साथ देने वाले संगतकार अथवा नायक के सहयोगियों की भूमिका के महत्त्व पर प्रकाश डालना है।

इस कविता के माध्यम से कवि ने यह संवेदनशीलता विकसित करने का प्रयास किया है कि नायक की सफलता में सहायक प्रत्येक व्यक्ति का अपना विशेष महत्त्व है। उनके बिना नायक सफलता के चरम बिंदु पर नहीं पहुँच सकता। संगतकारों की विनम्रता मानवीयता का परिचायक है, इसे हमें उनकी कमज़ोरी नहीं, अपितु समर्पण और त्याग समझना चाहिए।

25. संगतकार की हिचकती आवाज़ उसकी विफलता क्यों नहीं है? **CBSE 2018**

उत्तर संगतकार की हिचकती आवाज़ उसकी विफलता इसलिए नहीं है, क्योंकि संगतकार की आवाज़ की हिचकिचाहट उसकी कमज़ोरी को प्रदर्शित नहीं करती। वस्तुत: संगतकार अपनी पूरी आवाज़ से नहीं गाता।

वह नहीं चाहता कि मुख्य गायक से उसकी आवाज़ तेज़ हो जाए, क्योंकि उसकी आवाज़ तेज़ होने से मुख्य गायक का प्रभाव क्षीण हो सकता है। साथ ही संगतकार के हृदय में मुख्य गायक के प्रति श्रद्धा की भावना भी है, जिससे मुख्य गायक की तुलना में वह अपनी आवाज़ को दबा हुआ रखता है।

26. संगतकार की मनुष्यता किसे कहा गया है? वह मनुष्यता कैसे बनाए रखता है? **CBSE 2019**

उत्तर मुख्य गायक को आगे और स्वयं को पीछे रखना ही संगतकार की मनुष्यता है। संगतकार कभी भी स्वयं को मुख्य गायक से बढ़कर जताना नहीं चाहता। इसलिए वह अपनी आवाज को मुख्य गायक से हल्की रखता है। वह चाहता है कि लोगों के बीच मुख्य गायक की प्रतिभा का सिक्का जमा रहे। इसी प्रकार वह अपनी मनुष्यता बनाए रखता है।

स्व-मूल्यांकन

कविता पर आधारित बहुविकल्पीय प्रश्न

निम्नलिखित प्रश्नों के सर्वाधिक उपयुक्त विकल्पों का चयन कीजिए

1. संगतकार मुख्य गायक का साथ क्यों देता है? **दक्षता आधारित प्रश्न**

(i) उसकी गायन शक्ति को बढ़ाने के लिए
(ii) उससे प्रतियोगिता करने की इच्छा से
(iii) उसके प्रभाव को कम करने के लिए
(iv) उससे संगीत शिक्षा प्राप्त करने के लिए

2. मुख्य गायक का उत्साह कब क्षीण पड़ने लगता है?

(i) उच्च स्वर में गाते समय
(ii) निम्न स्वर में गाते समय
(iii) मध्यम स्वर में गाते समय
(iv) अभ्यास करते समय

3. मुख्य गायक की गरज में वह अपनी गूँज मिलाता आया है।

कथन (क) मुख्य गायक आत्मविश्वास से भरा होता है।

कथन (ख) मुख्य गायक का स्वर भटकने पर संगतकार उससे स्वर मिलाता है।

कथन (ग) मुख्य गायक का संगीत की जटिलता में खो जाता है।

'संगतकार' कविता की पंक्तियों के आधार पर कौन-सा/से कथन सही है/हैं? **दक्षता आधारित प्रश्न**

(i) केवल कथन (क) सही है।
(ii) केवल कथन (ख) सही है।
(iii) कथन (क) और (ग) सही हैं।
(iv) कथन (ख) और (ग) सही हैं।

काव्यांश पर आधारित बहुविकल्पीय प्रश्न

निम्नलिखित काव्यांश को पढ़कर प्रश्नों के सर्वाधिक उपयुक्त विकल्पों का चयन कीजिए

1. तारसप्तक में जब बैठने लगता है उसका गला
प्रेरणा साथ छोड़ती हुई उत्साह अस्त होता हुआ
आवाज़ से राख जैसा कुछ गिरता हुआ
तभी मुख्य गायक को ढाँढ़स बँधाता
कहीं से चला आता है संगतकार का स्वर
कभी-कभी वह यों ही दे देता है उसका साथ
यह बताने के लिए कि वह अकेला नहीं है
और यह कि फिर से गाया जा सकता है
गाया जा चुका राग
और उसकी आवाज़ में जो एक हिचक साफ़ सुनाई देती है
या अपने स्वर को ऊँचा न उठाने की जो कोशिश है
उसे विफलता नहीं
उसकी मनुष्यता समझा जाना चाहिए।

प्रश्न

(क) कवि के अनुसार, संगतकार द्वारा अपने स्वर को ऊँचा न उठाए जाने को ········ समझना चाहिए।

(i) संगतकार की विफलता (ii) संगतकार में प्रतिभा की कमी
(iii) संगतकार की हिचक (iv) संगतकार की मनुष्यता

(ख) 'तारसप्तक' का क्या अर्थ है?

(i) सात स्वरों को उच्च स्वर में गाना
(ii) सात स्वरों को निम्न स्वर में गाना
(iii) सात स्वरों को मध्यम स्वर में गाना
(iv) सात स्वरों को सम स्वर में गाना

(ग) 'राख जैसा' किसे कहा गया है?

(i) मुख्य गायक के गायन को (ii) मुख्य गायक की प्रेरणा को
(iii) मुख्य गायक के बुझते स्वर को (iv) संगतकार की आवाज को

(घ) संगतकार मुख्य गायक का साथ 'यों ही' क्यों देता है?

(i) मुख्य गायक को मान-सम्मान देने के लिए
(ii) मुख्य गायक को अकेलेपन के अहसास से बचाने के लिए
(iii) यह बताने के लिए कि गाया हुआ स्वर पुनः गाया जा सकता है
(iv) उपर्युक्त सभी

(ङ) काव्यांश में 'मनुष्यता' शब्द से क्या अभिप्राय है?

(i) निःस्वार्थ त्याग (ii) साहस की कमी
(iii) अपनेपन की भावना (iv) ईमानदारी की भावना

काव्यबोध पर आधारित प्रश्न

निम्नलिखित प्रश्नों के उत्तर संक्षेप में दीजिए

I. मुख्य गायक की आवाज़ में कौन अपनी आवाज़ मिलाता आया है और क्यों? **दक्षता आधारित प्रश्न**

II. मुख्य गायक सरगम को लाँघकर कहाँ चला जाता है?

III. 'अनहद' में भटकने से क्या तात्पर्य है?

IV. 'जैसे समेटता हो मुख्य गायक का पीछे छूटा हुआ सामान' का भाव स्पष्ट कीजिए। **दक्षता आधारित प्रश्न**

V. कवि ने मुख्य गायक के बचपन का उल्लेख किस संदर्भ में किया है?

VI. 'संगतकार' पाठ के आधार पर एक अच्छे गायक की विशेषताएँ लिखिए।

VII. 'संगतकार' पाठ के आधार पर एक अच्छे संगतकार के गुणों का उल्लेख कीजिए। **दक्षता आधारित प्रश्न**

VIII. 'संगतकार' पाठ के आधार पर ईमानदारी, समर्पण व त्याग के महत्त्व को स्पष्ट कीजिए। **दक्षता आधारित प्रश्न**

IX. संगतकार जैसे व्यक्ति सर्वगुण-संपन्न होकर भी समाज की दृष्टि में महत्त्वपूर्ण क्यों नहीं माने जाते?

X. मुख्य गायक की सफलता का श्रेय संगतकार को न दिया जाना समाज की किस प्रवृत्ति का परिचायक है? इस प्रवृत्ति से क्या हानियाँ हैं?

नेताजी का चश्मा

स्वयं प्रकाश

अध्याय 7

पाठ की रूपरेखा प्रस्तुत पाठ 'नेताजी का चश्मा' में लेखक 'स्वयं प्रकाश' ने यह संदेश दिया है कि चारों ओर की सीमा से घिरे होने को ही देश नहीं कहा जाता बल्कि उसमें रहने वाले प्रत्येक नागरिक, प्रकृति, जीव-जंतु, पशु-पक्षी, पर्वत, पहाड़, झरने आदि से देश का निर्माण होता है तथा इन सभी से प्रेम करना एवं उनकी रक्षा करना ही देशभक्ति है। लेखक ने कैप्टन चश्मे वाले के माध्यम से एक ऐसे साधारण व्यक्ति के कार्य का वर्णन किया है, जो अभावग्रस्त ज़िंदगी व्यतीत करते हुए भी देशभक्ति की भावना रखता है। लेखक ने उन असंख्य देशभक्तों को स्मरण करने का प्रयास किया है, जिन्होंने देशहित के लिए कार्य किया और देशभक्तों को सम्मान दिलाने में अपना महत्त्वपूर्ण योगदान दिया।

लेखक परिचय

हिंदी के प्रसिद्ध कहानीकार 'स्वयं प्रकाश' का जन्म इंदौर (मध्य प्रदेश) में वर्ष 1947 में हुआ था। मैकेनिकल इंजीनियरिंग की शिक्षा प्राप्त करने के पश्चात् वह नौकरी के लिए राजस्थान आ गए। वे भोपाल में वसुधा पत्रिका के संपादन से भी जुड़े रहे हैं। 'सूरज कब निकलेगा', 'आएँगे अच्छे दिन भी', 'आदमी जात का आदमी', 'संधान' यह उनके तेरह कहानी संग्रहों में से उल्लेखनीय कहानी संग्रह हैं। इन्होंने उपन्यास की भी रचना की, जिनमें 'बीच में विनय' और 'ईंधन' प्रमुख उपन्यास हैं।

स्वयं प्रकाश ने अपनी कहानियों में मध्यवर्गीय जीवन का कुशल चित्रण किया है। उनकी कहानियों में आम आदमी पर हो रहे शोषण पर कटाक्ष (तीखा व्यंग्य) किया गया है। स्वयं प्रकाश की शैली प्रभावपूर्ण, रोचक, वर्णनात्मक है। उनकी भाषा में तत्सम व देशज शब्द मिलते हैं। आम बोलचाल के शब्दों का प्रयोग होने के कारण उनकी भाषा अत्यंत प्रभावशाली है।

पाठ का सार

हालदार साहब द्वारा कस्बे से गुज़रते हुए मूर्ति को देखना

प्रस्तुत कहानी में एक छोटे-से कस्बे का वर्णन किया गया है, जो बहुत बड़ा नहीं था। हालदार साहब हर पंद्रहवें दिन कंपनी के काम से इसी कस्बे से गुज़रते थे। कस्बे में कुछ पक्के मकान, एक छोटा-सा बाज़ार, बालक —बालिकाओं के दो विद्यालय, एक सीमेंट का छोटा-सा कारखाना, दो ओपन एयर (खुली छतवाले) सिनेमाघर तथा एक नगरपालिका थी। इसी कस्बे के मुख्य बाज़ार में मुख्य चौराहे पर नेताजी सुभाषचंद्र बोस की एक संगमरमर की मूर्ति लगी हुई थी। यह मूर्ति नगरपालिका के किसी उत्साही बोर्ड या प्रशासनिक अधिकारी ने लगवाई थी।

मूर्ति को देखकर ऐसा लगता था जैसे अच्छे मूर्तिकारों की जानकारी न होने व अच्छी मूर्ति की लागत का अनुमान और उपलब्ध बजट से अधिक होने के कारण काफी समय पत्र-व्यवहार आदि में लग गया होगा और बाद में कस्बे के हाई स्कूल के इकलौते ड्राइंग मास्टर मोतीलाल जी को यह कार्य सौंप दिया गया होगा, जिन्होंने इस कार्य को महीने भर में पूरा करने का विश्वास दिलाया होगा। यह मूर्ति दो फीट की थी और उसका चश्मा वास्तविक था। जब पहली बार हालदार साहब चौराहे पर पान खाने के लिए कस्बे से गुजरे तो मूर्ति को देखकर उनके चेहरे पर कौतुकभरी मुस्कान फैल गई, क्योंकि मूर्ति पत्थर की और चश्मा रियल वास्तविक था। हालदार साहब को मूर्ति बनाने वालों का यह नया विचार बहुत पसंद आया।

मूर्ति का चश्मा बदलने का कारण

हालदार साहब जब अगली बार कस्बे से गुज़रे तो उन्हें यह देखकर आश्चर्य हुआ कि इस बार नेताजी की मूर्ति पर दूसरा चश्मा लगा हुआ था। हालदार साहब ने पान वाले से इसका कारण पूछा, तो उसने बताया कि कैप्टन इन चश्मों को बदलता रहता है। हालदार साहब ने सोचा कि कैप्टन कोई भूतपूर्व सैनिक या नेताजी की आज़ाद हिंद फ़ौज का सिपाही होगा। इस संबंध में पूछने पर पान वाले ने कैप्टन चश्मे वाले का मज़ाक बनाते हुए कहा कि वह लँगड़ा क्या जाएगा फौज में।

उसी समय हालदार साहब ने देखा कि कैप्टन एक बेहद बूढ़ा मरियल-सा लँगड़ा आदमी है, जो सिर पर गाँधी टोपी और आँखों पर काला चश्मा लगाकर, एक हाथ में छोटी-सी संदूकची और दूसरे हाथ में बाँस पर टँगे बहुत-से चश्मे लिए एक गली से निकल रहा था तथा वह इधर-उधर घूमकर चश्मे बेच रहा था। यदि किसी ग्राहक ने मूर्ति के चश्मे जैसा फ्रेम माँगा तो वह उस फ्रेम को वहाँ से उतारकर ग्राहक को दे देता है और मूर्ति पर नया फ्रेम लगा देता है।

मूर्ति के चश्मे के पीछे की कहानी

हालदार साहब को पान वाले से यह जानकारी मिली कि मूर्तिकार समय कम होने के कारण मूर्ति का चश्मा बनाना भूल गया था, जिसके कारण मूर्ति को बिना चश्मे के ही लगा दिया गया। कैप्टन को नेताजी की बिना चश्मे वाली मूर्ति अच्छी नहीं लगती थी इसलिए वह मूर्ति पर चश्मा लगा दिया करता है। यदि किसी ग्राहक ने मूर्ति के चश्मे जैसा ही फ्रेम माँगा तो वह उस फ्रेम को वहाँ से उतारकर ग्राहक को दे देता है और मूर्ति पर नया फ्रेम लगा देता है। हालदार साहब लगभग दो साल तक मूर्ति पर लगे चश्मे को बदलते देखते रहे।

मूर्ति पर चश्मा नहीं होने का कारण

एक दिन जब हालदार साहब फिर उसी कस्बे से निकले, तो उन्होंने देखा कि बाज़ार बंद था और मूर्ति के चेहरे पर कोई चश्मा भी नहीं था। अगली बार भी उन्होंने मूर्ति को बिना चश्मे के देखा। उन्होंने पान वाले से इसका कारण पूछा, तो उसने उदास होकर धोती के सिरे से आँखें पोंछते हुए बताया —'कैप्टन मर गया।' हालदार साहब को यह सोचकर बहुत दुःख हुआ कि अब नेताजी की मूर्ति बिना चश्मे के ही रहेगी।

मूर्ति पर सरकंडे का चश्मा

पंद्रह दिन बाद जब हालदार साहब फिर उस कस्बे से निकले, तो उन्होंने सोचा कि अब वे मूर्ति को नहीं देखेंगे क्योंकि मूर्ति पर चश्मा नहीं होगा, किंतु मूर्ति को देखने की आदत के कारण जब उन्होंने चौराहे पर लगी हुई नेताजी की मूर्ति को देखा, तो उन्होंने जल्दी से गाड़ी रुकवाई और जीप से कूदकर तेज कदमों से मूर्ति के सामने जाकर खड़े हो गए। मूर्ति पर सरकंडे का बना हुआ चश्मा लगा हुआ था, जिसे शायद बच्चों ने बनाकर लगा दिया होगा। हालदार साहब यह देखकर भावुक हो गए और उनकी आँखों से आँसू निकलने लगे।

शब्दार्थ

शब्द	अर्थ
सिलसिला	क्रम
एक ठो	एक
सम्मेलन	सभा
उपलब्ध बजट	खर्च करने के लिए प्राप्त धन
ऊहापोह	अनिश्चय की स्थिति में मन में उत्पन्न होने वाला तर्क-वितर्क
प्रतिमा	मूर्ति
चिट्ठी-पत्री	पत्र-व्यवहार
स्थानीय	उसी क्षेत्र में रहने वाला
पटक देना	जल्दी बनाकर दे देना
बस्ट	वक्ष तक के भाग की बनाई गई आकृति/मूर्ति
कमसिन	कम उम्र
सराहनीय	प्रशंसा करने योग्य
खटकना	बुरा लगना
लक्षित किया	देखा
कौतुक भरी	उत्सुकता से भरी
दुर्दमनीय	जिसे दबाया न जा सके

शब्द	अर्थ
खुशमिज़ाज़	अच्छे स्वभाव वाला/प्रसन्नचित्त
गिराक	ग्राहक
किदर	किधर
आहत	दुःखी
दरकार	आवश्यकता
ओरिजिनल	मूल
द्रवित करने वाली	पिघलाने वाली
पारदर्शी	जिसके आर-पार देखा जा सके
नतमस्तक	विनीत भाव से सिर झुकाना
भूतपूर्व	पहले का
अवाक् रह जाना	आश्चर्यचकित रह जाना
प्रफुल्लता	खुशी
होम करना	सब कुछ लुटा देना
हृदयस्थली	बीच में स्थित प्रमुख स्थान
प्रतिष्ठापित	स्थापित
अटेंशन	सावधान की मुद्रा में
भावुक	भावों के वशीभूत होने वाला

NCERT फोल्डर

पाठ्यपुस्तक (क्षितिज भाग-2) के प्रश्नोत्तर

प्र.1 सेनानी न होते हुए भी चश्मे वाले को लोग कैप्टन क्यों कहते थे? CBSE 2012, 11, 10

उत्तर सेनानी न होते हुए भी चश्मे वाले को लोग कैप्टन इसलिए कहते थे, क्योंकि उसके अंदर देशभक्ति की भावना भरी हुई थी। वह स्वतंत्रता आंदोलन में भाग लेने वाले सेनानियों का सम्मान करता था। कस्बे के चौराहे पर नेताजी की बिना चश्मे वाली मूर्ति लगी थी। इसलिए उसे नेताजी की बिना चश्मे की मूर्ति दु:खी करती थी। चश्मे बेचने वाला कैप्टन उस मूर्ति को चश्मा पहना दिया करता था। उसकी देशभक्ति और नेताजी के प्रति सम्मान की भावना को देखकर लोग उसे कैप्टन कहते थे।

प्र.2 हालदार साहब ने ड्राइवर को पहले चौराहे पर गाड़ी रोकने के लिए मना किया था, लेकिन बाद में तुरंत रोकने को कहा

(क) हालदार साहब पहले मायूस क्यों हो गए थे?

(ख) मूर्ति पर सरकंडे का चश्मा क्या उम्मीद जगाता है? CBSE 2012, 11

अथवा **'नेताजी का चश्मा' पाठ में बच्चों द्वारा मूर्ति पर सरकंडे का चश्मा लगाना क्या प्रदर्शित करता है?** CBSE 2019

(ग) हालदार साहब इतनी-सी बात पर भावुक क्यों हो उठे? CBSE 2016, 10

उत्तर (क) कस्बे में लगी नेताजी की मूर्ति पर मूर्तिकार चश्मा लगाना भूल गया था। चश्मे बेचने वाला कैप्टन मूर्ति पर असली चश्मा लगाकर उस कमी को पूरा कर देता था। अब उसकी मृत्यु हो चुकी थी। हालदार साहब मूर्ति को बिना चश्मे के देखना नहीं चाहते थे, इसलिए वह पहले मायूस हो गए थे।

(ख) मूर्ति पर सरकंडे का चश्मा यह उम्मीद जगाता है कि लोगों में देशभक्ति की भावना अभी भी समाप्त नहीं हुई है। नई पीढ़ी के बच्चों ने भी कैप्टन से प्रेरणा ली है, इसलिए उन्होंने खेल-ही-खेल में सरकंडे से बना चश्मा मूर्ति पर लगा दिया होगा। इससे स्पष्ट होता है कि उनमें भी देशभक्ति की भावना है।

(ग) हालदार साहब ने कैप्टन की मृत्यु के पश्चात् जब नेताजी की मूर्ति पर सरकंडे से बनाया हुआ चश्मा लगा देखा, तो उन्हें बहुत प्रसन्नता हुई और वे भावुक हो उठे। उन्हें इसकी आशा नहीं थी कि मूर्ति पर चश्मा लगाने का कार्य कोई और भी कर सकता है। उन्हें यह विश्वास हो गया कि देशभक्ति की भावना भावी पीढ़ी के मन में भी है।

प्र.3 ***आशय स्पष्ट कीजिए***

"बार-बार सोचते, क्या होगा उस कौम का जो अपने देश की खातिर घर-गृहस्थी-जवानी-ज़िंदगी सब कुछ होम देने वालों पर भी हँसती है और अपने लिए बिकने के मौके ढूँढती है।" दक्षता आधारित प्रश्न

उत्तर हालदार साहब बार-बार सोचते रहे कि उस कौम का क्या होगा जो उन लोगों की हँसी उड़ाती है, जो अपने देश के लिए घर-गृहस्थी-जवानी, जिंदगी आदि सब कुछ त्याग देते हैं। वह उस स्वार्थी कौम पर दु:खी थे, जो देश के लिए अपना सब कुछ बलिदान कर देने वाले देशभक्तों का सम्मान करने की अपेक्षा उनके जीवन का मज़ाक बनाती है। जब अपना अवसर आता है, तो उनके लिए स्वार्थ ही महत्त्वपूर्ण हो जाता है। इसके लिए वे मर्यादा की सारी सीमा तक भूल जाते हैं।

प्र.4 पान वाले का एक रेखाचित्र प्रस्तुत कीजिए। CBSE 2015, 12, 11, 10

उत्तर कस्बे के चौराहे पर एक पान की दुकान थी। वह काला, मोटा और खुशमिज़ाज़ व्यक्ति था उसके सिर पर गिने-चुने बाल ही बचे थे। वह किसी बात की तह में जाए बिना उस पर टिप्पणी कर देता था। वह एक तरफ़ ग्राहक के लिए पान बनाता था, वहीं दूसरी ओर उसका मुँह पान से भरा रहता था। पान खाने के कारण उसके होंठ लाल तथा कहीं-कहीं काले पड़ गए थे। उसने अपने कंधे पर एक कपड़ा रखा हुआ था, जिससे रह-रहकर (थोड़े-थोड़े समय में) अपना चेहरा साफ़ करता रहता था। उसका स्वभाव व्यक्तिवादी था। वह कैप्टन का मजाक उड़ाता था, लेकिन कैप्टन के प्रति उसमें आत्मीयता के भाव थे। इसलिए कैप्टन की मृत्यु की बात बताकर उसकी आँखों में आँसू आ गए थे।

प्र.5 "वो लँगड़ा क्या जाएगा फ़ौज में। पागल है पागल!" कैप्टन के प्रति पान वाले की इस टिप्पणी पर अपनी प्रतिक्रिया लिखिए। CBSE 2011, 10

उत्तर कैप्टन के प्रति पान वाले की यह व्यंग्यात्मक टिप्पणी हर उस देशभक्त को दु:खी करती है, जो अपने देश को सब कुछ समझता है। इस प्रकार की बातें करने वाले लोग देशभक्ति को 'पागलपन' और देशभक्त को 'पागल' कहते हैं। ऐसी टिप्पणी देश एवं देशभक्तों का अपमान है, उनके बलिदान का अपमान है। वास्तव में तो पागलपन की हद तक देश के प्रति त्याग व समर्पण की भावना रखने वाला व्यक्ति श्रद्धा का पात्र है, उपहास का नहीं।

रचना और अभिव्यक्ति

प्र.6 निम्नलिखित वाक्य पात्रों की कौन-सी विशेषता की ओर संकेत करते हैं?

(क) हालदार साहब हमेशा चौराहे पर रुकते और नेताजी को निहारते।

(ख) पान वाला उदास हो गया। उसने पीछे मुड़कर मुँह का पान नीचे थूका और सिर झुकाकर अपनी धोती के सिरे से आँखें पोंछता हुआ बोला–साहब! कैप्टन मर गया।

(ग) कैप्टन बार-बार मूर्ति पर चश्मा लगा देता था।

उत्तर (क) हालदार साहब हमेशा चौराहे पर रुकते और नेताजी की मूर्ति को निहारते। इससे उनकी देशभक्ति और देशभक्तों के प्रति सम्मान की भावना का पता चलता है। नेताजी को पहनाए गए चश्मे के माध्यम से वे कैप्टन की देशभक्ति को देखकर खुश होते थे, जिनके लिए उनके मन में श्रद्धा थी।

(ख) कैप्टन की मृत्यु की बात पर पान वाले का उदास हो जाना और सिर झुकाकर आँसू पोंछना इस बात को प्रकट करता है कि पान वाले के हृदय में कैप्टन के प्रति गहरी आत्मीयता की भावना थी। उपर्युक्त घटना से पान वाले की संवेदनशीलता की भावना का पता चलता है।

(ग) कैप्टन द्वारा बार-बार मूर्ति पर चश्मा लगाना यह प्रकट करता है कि उसके मन में नेताजी, देशभक्तों तथा शहीदों के प्रति सम्मान की भावना थी। वह देश के लिए त्याग करने वाले लोगों के प्रति अपार श्रद्धा भाव रखता था।

प्र.7 जब तक हालदार साहब ने कैप्टन को साक्षात् देखा नहीं था, तब तक उनके मानस पटल पर उसका कौन-सा चित्र रहा होगा? **CBSE 2012, 11, 10**

उत्तर जब तक हालदार साहब ने कैप्टन को साक्षात् देखा नहीं था, तब तक उन्हें यह लगता था कि कैप्टन शायद नेताजी सुभाषचंद्र बोस का साथी है या आजाद हिंद फौज का भूतपूर्व सिपाही, जो नेताजी की मूर्ति को चश्मे के बिना नहीं देखना चाहता। आजाद हिंद फौज में काम करने वाला यह व्यक्ति हट्टा-कट्टा एवं स्वस्थ होगा।

प्र.8 कस्बों, शहरों, महानगरों के चौराहों पर किसी-न-किसी क्षेत्र के प्रसिद्ध व्यक्ति की मूर्ति लगाने का प्रचलन-सा हो गया है। **CBSE 2012, 11, 10**

(क) इस तरह की मूर्ति लगाने के क्या उद्देश्य हो सकते हैं?

(ख) आप अपने क्षेत्र के चौराहे पर किस व्यक्ति की मूर्ति स्थापित करवाना चाहेंगे और क्यों?

(ग) उस मूर्ति के प्रति आपके एवं दूसरे लोगों के क्या उत्तरदायित्व होने चाहिए? **दक्षता आधारित प्रश्न**

उत्तर (क) इस तरह की मूर्ति लगाने का प्रमुख उद्देश्य यह होता है कि उस महान् व्यक्ति की स्मृति हमारे मन में बनी रहे। हमें यह स्मरण रहे कि उस महापुरुष ने देश व समाज के हित के लिए किस तरह के महान् कार्य किए। उस व्यक्तित्व से प्रेरणा लेकर हम भी अच्छे कार्य करें, जिससे समाज व राष्ट्र का विकास हो।

(ख) मैं अपने क्षेत्र के चौराहे पर अपने क्षेत्र के एक प्रसिद्ध शिक्षाविद् की मूर्ति स्थापित करवाना चाहूँगा, क्योंकि प्रसिद्ध राजनीतिज्ञों, धार्मिक नेताओं की मूर्तियाँ तो हर कोई लगाना चाहता है, किंतु उन महान् व्यक्तियों की मूर्ति लगाने का विचार किसी को नहीं आता। समाज में होने वाले हर प्रकार के उच्च आदर्शों की स्थापना में शिक्षाविद् का बहुत बड़ा योगदान होता है।

(ग) उस मूर्ति के प्रति मेरे एवं दूसरे लोगों के निम्नलिखित उत्तरदायित्व होने चाहिए

(i) मूर्ति की स्थापना किसी ऐसी सड़क के निकट न की जाए, जिससे यातायात प्रभावित होता हो अथवा मूर्ति यातायात से प्रदूषित होती हो। हमारा यह उत्तरदायित्व है कि हम मूर्ति की गरिमा का ध्यान रखें।

(ii) उस महापुरुष के आदर्शों पर स्वयं चलें और सभी को चलने के लिए प्रेरित करें तथा महापुरुष के जन्मदिन पर श्रद्धांजलि अर्पित करें। मूर्ति को आधार बनाकर ऐसी कोई भी बात न कही जाए और न ही प्रकाशित की जाए, जिससे किसी धर्म, जाति अथवा संप्रदाय की भावनाओं को ठेस पहुँचे।

प्र.9 सीमा पर तैनात फ़ौजी ही देशप्रेम का परिचय नहीं देते। हम सभी अपने दैनिक कार्यों में किसी-न-किसी रूप में देशप्रेम प्रकट करते हैं; जैसे-सार्वजनिक संपत्ति को नुकसान न पहुँचाना, पर्यावरण संरक्षण आदि। अपने जीवन-जगत् से जुड़े ऐसे और कार्यों का उल्लेख कीजिए और उन पर अमल भी कीजिए। **दक्षता आधारित प्रश्न**

अथवा

अपने दैनिक कार्यों में किसी-न-किसी रूप में हम भी देश प्रेम की भावना को किस प्रकार प्रकट कर सकते हैं? **CBSE 2014**

उत्तर सच्चा देशभक्त वही होता है, जो अपने कार्यों से देश के प्रति सम्मान प्रकट करता है और देश के विकास के लिए कार्य करता है। उदाहरण के लिए; दुकानदार सामान में मिलावट न करके तथा माप-तोल में गड़बड़ न करके देशप्रेम का परिचय देता है।

छात्र सही तरह से शिक्षा ग्रहण करके, सार्वजनिक संपत्ति को नुकसान न पहुँचाकर जल संरक्षण, विद्युत संरक्षण कानून का पालन, देश की स्वच्छता का ध्यान रखकर अपने देशप्रेम का परिचय देता है। इसी प्रकार डॉक्टर, शिक्षक, कलाकार आदि सभी अपने कार्यों को सही तरह से करते हुए देशप्रेम का परिचय देते हैं।

प्र.10 निम्नलिखित पंक्तियों में स्थानीय बोली का प्रभाव स्पष्ट दिखाई देता है, आप इन पंक्तियों को मानक हिंदी में लिखिए।

कोई गिराक आ गया समझो। उसको चौड़े चौखट चाहिए। तो कैप्टन किदर से लाएगा? तो उसको मूर्ति वाला दे दिया। उदर दूसरा बिठा दिया। **CBSE 2012**

उत्तर यदि कोई ग्राहक आ गया। उसको चौड़े फ्रेम वाला चश्मा चाहिए, तो कैप्टन कहाँ से लाएगा? ऐसे में उसको मूर्ति वाला फ्रेम दे दिया और वहाँ दूसरा फ्रेम लगा दिया।

प्र.11 'भई खूब! क्या आइडिया है?' इस वाक्य को ध्यान में रखते हुए बताइए कि एक भाषा में दूसरी भाषा के शब्दों के आने से क्या लाभ होते हैं? **CBSE 2012**

उत्तर एक भाषा में दूसरी भाषा के शब्दों के आने से निम्नलिखित लाभ होते हैं

(i) इससे भाषा का सौंदर्य बढ़ जाता है एवं भाषा में प्रवाहमयता आ जाती है।

(ii) इससे पारस्परिक सहयोग का आदान-प्रदान होता है।

(iii) नए-नए शब्दों के आ जाने से नए शब्दों से परिचय होता है और शब्दकोश समृद्ध होता रहता है।

(iv) इससे भावनाओं एवं विचारों की सटीक अभिव्यक्ति होती है।

अभ्यास प्रश्न

बहुविकल्पीय व वर्णनात्मक प्रश्नों सहित

पाठ पर आधारित बहुविकल्पीय प्रश्न

निम्नलिखित प्रश्नों के सर्वाधिक उपयुक्त विकल्पों का चयन कीजिए

1. नेताजी की मूर्ति पर चश्मा लगाने का कार्य कौन करता था?

(i) हालदार साहब (ii) पान वाला
(iii) अध्यापक (iv) कैप्टन

2. कम्पनी के काम के सिलसिले में हर पंद्रहवें दिन कस्बे से कौन गुजरता था?

(i) हवलदार साहब (ii) मजिस्ट्रेट साहब
(iii) हालदार साहब (iii) डॉक्टर साहब

3. कस्बे के चौराहे पर किसकी मूर्ति लगी हुई थी?

(i) जवाहर लाल नेहरू (ii) शास्त्री जी
(iii) सुभाषचंद्र बोस (iv) सरदार पटेल

4. कथन (A) **कैप्टन को देखकर हालदार साहब अवाक् रह गए थे।**
कारण (R) **कैप्टन एक मरियल-सा लँगड़ा आदमी था।** दक्षता आधारित प्रश्न

(i) कथन (A) और कारण (R) दोनों गलत हैं।
(ii) कथन (A) गलत है, किंतु कारण (R) सही है।
(iii) कथन (A) सही है और कारण (R) उसकी सही व्याख्या है।
(iv) कथन (A) सही है, किंतु कारण (R) उसकी गलत व्याख्या है।

5. हालदार साहब भावुक क्यों हो गए?

(i) बिना चश्मे की मूर्ति देखकर
(ii) मूर्ति पर सरकंडे का चश्मा देखकर
(iii) कैप्टन की मृत्यु का समाचार सुनकर
(iv) पानवाले के व्यंग्य सुनकर

6. 'कैप्टन' कौन था? CBSE Diksha

(i) अवकाश प्राप्त सैनिक (ii) आजाद हिंद फौज का सिपाही
(iii) चश्मा विक्रेता (iv) नगरपालिका का सदस्य

7. 'नेताजी का चश्मा' एक ………… कहानी है।
रिक्त स्थान हेतु सही विकल्प चुनिए CBSE Diksha

(i) भाव प्रधान (ii) व्यंग्य प्रधान
(iii) दृश्य प्रधान (iv) सौंदर्य प्रधान

8. नेताजी की मूर्ति पर लगे सरकंडे के चश्मे को देखकर हालदार साहब की आँखें क्यों भर आईं? CBSE 2024

(i) सरकंडे से बना चश्मा उन्हें नेताजी की गरिमा के अनुरूप नहीं लगा।
(ii) नेताजी की मूर्ति के हिसाब से चश्मे का स्वरूप सही नहीं था।
(iii) चश्मे को देखकर उन्हें कैप्टन की याद आ गई थी।
(iv) बच्चों में नेताजी के प्रति सम्मान और देशभक्ति देखकर वे भावुक हो गए।

9. कैप्टन को क्या अच्छा नहीं लगता था? दक्षता आधारित प्रश्न

(i) लोगों द्वारा उसका मजाक उड़ाना
(ii) नेताजी की बिना चश्मे वाली मूर्ति देखना
(iii) हालदार साहब का मूर्ति को देखना
(iv) जगह-जगह घूमकर फ्रेम बेचना

10. बच्चों द्वारा मूर्ति पर कैसा चश्मा लगाया गया था?

(i) सरकंडे का (ii) लकड़ी का
(iii) काँच का (iv) काले रंग का

11. 'नेताजी का चश्मा' पाठ के माध्यम से लेखक ने पाठकों को क्या संदेश दिया है?

(i) देशभक्ति की भावना का
(ii) परस्पर प्रेम की भावना का
(iii) सामूहिक श्रम की भावना का
(iv) परोपकार की भावना का

12. क्या देखकर हालदार साहब के चेहरे पर कौतुक भरी मुस्कान फैल गई? दक्षता आधारित प्रश्न

(i) कैप्टन का हुलिया देखकर
(ii) पान वाले की बातें सुनकर
(iii) अध्यापक द्वारा बनाई गई विचित्र तस्वीर देखकर
(iv) पत्थर की मूर्ति पर असली चश्मा देखकर

13. 'कैप्टन चश्मे वाले' के संदर्भ में कौन-सा विकल्प सही है?

(i) वह आजाद हिंद फौज का सिपाही है।
(ii) वह नगरपालिका का सदस्य है।
(iii) वह एक सामान्य चश्मा विक्रेता है।
(iv) वह सेना का रिटायर्ड (सेवानिवृत्त) अधिकारी है।

14. हालदार साहब ने सोचा, 'आज वहाँ रुकेंगे नहीं, पान भी नहीं खाएँगे, मूर्ति की तरफ देखेंगे भी नहीं, सीधे निकल जाएँगे।' क्योंकि वे **CBSE SQP (Additional Set) 2023**

(i) नेताजी की मूर्ति पर चश्मा न होने के कारण नाराज थे।
(ii) पानवाले के हसोड़ व्यवहार से ऊब गए थे।
(iii) कैप्टन जैसे भले व्यक्ति की मृत्यु से दु:खी थे।
(iv) देशभक्तों के उपहास से आहत थे।

15. कस्बे से गुजरते समय हालदार साहब क्या करते थे?

(i) चौराहे पर रुककर पान खाते थे
(ii) मूर्ति पर चश्मा लगाते थे
(iii) पान वाले से कैप्टन के विषय में पूछते थे
(iv) पान वाले को अपने पदभार के विषय में बताते थे

16. मूर्ति बनाने का कार्य किसे सौंपा गया? **CBSE Diksha**

(i) ड्राइंग मास्टर को (ii) कलाकार को
(iii) दुकानदार को (iv) नगरपालिका के अध्यक्ष को

17. "नहीं साब! वो लँगड़ा क्या जाएगा फौज में। पागल है, पागल।" किसने कहा? **CBSE Diksha**

(i) पानवाले ने (ii) शहरवासियों ने
(iii) ड्राइवर ने (iv) हालदार साहब ने

18. कैप्टन के प्रति पान वाले के मन में कैसी भावना थी?

(i) प्रेम (ii) घृणा
(iii) उपेक्षा (iv) सम्मान

19. हालदार साहब की नज़र में कस्बे में मूर्ति लगाने का प्रयास सराहनीय क्यों था? **दक्षता आधारित प्रश्न**

(i) मूर्ति नेताजी की थी इसलिए
(ii) मूर्ति पर असली चश्मा था
(iii) मूर्ति लगाने की भावना महत्त्वपूर्ण थी
(iv) मूर्ति में नेताजी मासूम दिख रहे थे

उत्तर **1.** (iv) कैप्टन
2. (iii) हालदार साहब
3. (iii) सुभाषचंद्र बोस
4. (iii) कथन (A) सही है और कारण (R) उसकी सही व्याख्या है।
5. (ii) मूर्ति पर सरकंडे का चश्मा देखकर
6. (iii) चश्मा विक्रेता
7. (ii) व्यंग्य प्रधान
8. (iv) बच्चों में नेताजी के प्रति सम्मान और देशभक्ति देखकर वे भावुक हो गए।
9. (ii) नेताजी की बिना चश्मे वाली मूर्ति देखना
10. (i) सरकंडे का
11. (i) देशभक्ति की भावना का
12. (iv) पत्थर की मूर्ति पर असली चश्मा देखकर
13. (iii) वह एक सामान्य चश्मा विक्रेता है।
14. (iii) कैप्टन जैसे भले व्यक्ति की मृत्यु से दु:खी थे।
15. (i) चौराहे पर रुककर पान खाते थे
16. (i) ड्राइंग मास्टर को
17. (i) पानवाले ने
18. (iii) उपेक्षा
19. (iii) मूर्ति लगाने की भावना महत्त्वपूर्ण थी

गद्यांश पर आधारित बहुविकल्पीय प्रश्न

निम्नलिखित गद्यांशों को ध्यानपूर्वक पढ़कर पूछे गए प्रश्नों के सही विकल्प चुनिए

1. पूरी बात तो अब पता नहीं, लेकिन लगता है कि देश के अच्छे मूर्तिकारों की जानकारी नहीं होने और अच्छी मूर्ति की लागत अनुमान और उपलब्ध बजट से कहीं बहुत ज़्यादा होने के कारण काफी समय ऊहापोह और चिट्ठी-पत्री में बरबाद हुआ होगा और बोर्ड की शासनावधि समाप्त होने की घड़ियों में किसी स्थानीय कलाकार को ही अवसर देने का निर्णय किया होगा और अंत में कस्बे के इकलौते हाई स्कूल के इकलौते ड्राइंग मास्टर मान लीजिए, मोतीलाल जी को ही यह काम सौंप दिया गया होगा, जो महीने भर में मूर्ति बनाकर 'पटक देने' का विश्वास दिला रहे थे।

(क) गद्यांश के आधार पर बताइए कि मूर्ति बनाने का अवसर किसे देने का निर्णय किया गया होगा?

(i) स्थानीय कलाकार को (ii) मोतीलाल जी को
(iii) सरकारी कार्यालयों को (iv) इनमें से कोई नहीं

(ख) **कथन** (क) मूर्ति बनाने की अनुमानित लागत की अपेक्षा उपलब्ध बजट कम था।
कथन (ख) देश में कुशल मूर्तिकारों की जानकारी का अभाव था।
कथन (ग) स्थानीय कलाकार अधिक कुशल थे।
उपर्युक्त कथनों के लिए सही विकल्प का चयन कीजिए **दक्षता आधारित प्रश्न**

(i) कथन (क) सही है, किंतु (ख) और (ग) गलत हैं।
(ii) कथन (क) गलत है, किंतु (ख) और (ग) सही हैं।
(iii) कथन (क) और (ख) दोनों सही हैं, किंतु (ग) गलत है।
(iv) कथन (क), (ख) और (ग) तीनों सही हैं।

(ग) मूर्ति को देखकर कैसा लगता था? **दक्षता आधारित प्रश्न**

(i) किसी नए कलाकार को मूर्ति बनाने का कार्य सौंपा गया होगा
(ii) किसी पुराने व तजुर्बेकार को मूर्ति बनाने का कार्य सौंपा गया होगा
(iii) सरकारी अफसरों ने स्वयं ही मूर्ति को आकार दिया है
(iv) उपर्युक्त में से कोई नहीं

(घ) ······· का समय ऊहापोह और चिट्ठी में बर्बाद हुआ।

(i) विद्यालय (ii) जिलाधिकारी
(iii) नगरपालिका (iv) चश्मे वाले

(ङ) गद्यांश के आधार पर बताइए कि मोतीलाल जी ने मूर्ति बनाने का कार्य कब पूरा करने का विश्वास दिलाया?

(i) महीने भर में (ii) हफ्ते भर में
(iii) सप्ताह भर में (iv) इनमें से कोई नहीं

उत्तर (क) (i) स्थानीय कलाकार को

(ख) (iii) कथन (क) और (ख) दोनों सही हैं, किंतु (ग) गलत है।

(ग) (i) किसी नए कलाकार को मूर्ति बनाने का कार्य सौंपा गया होगा

(घ) (iii) नगरपालिका

(ङ) (i) महीने भर में

2. **हालदार साहब की आदत पड़ गई, हर बार कस्बे से गुजरते समय चौराहे पर रुकना, पान खाना और मूर्ति को ध्यान से देखना। एक बार जब कौतूहल दुर्दमनीय हो उठा तो पानवाले से पूछ लिया, क्यों भाई! क्या बात है, यह तुम्हारे नेताजी का चश्मा हर बार बदल कैसे जाता है? पानवाले के खुद के मुँह में पान ठुँसा हुआ था। वह एक काला, मोटा और खुशमिजाज आदमी था। हालदार साहब का प्रश्न सुनकर वह आँखों-ही-आँखों में हँसा। उसकी तोंद थिरकी। पीछे घूमकर उसने दुकान के नीचे पान थूका और अपनी लाल-काली बत्तीसी दिखाकर बोला, कैप्टन चश्मेवाला करता है।**
क्या करता है? हालदार साहब कुछ समझ नहीं पाए। चश्मा चेंज करता है। पानवाले ने समझाया। **CBSE SQP (Additional Set) 2023**

(क) हालदार साहब ने चौराहे पर रुकने की आदत क्यों डाली?
(i) उन्हें पानवाले के पान आकर्षित करते थे।
(ii) उन्हें पानवाले से बातें करना अच्छा लगता था।
(iii) उन्हें चश्मे के बदलते फ्रेम देखने में आनंद आता था।
(iv) उन्हें चश्मे के फ्रेम बदलने का कारण जानने की जिज्ञासा थी।

(ख) गद्यांश में हालदार साहब के लिए 'दुर्दमनीय' शब्द का प्रयोग किया गया है, क्योंकि ....।
(i) उनकी उत्सुकता बढ़ गई थी।
(ii) वे स्वयं पर नियंत्रण कर रहे थे।
(iii) वे पानवाले से प्रश्न करने में हिचकिचा रहे थे।
(iv) उनके लिए जिज्ञासा पर नियंत्रण करना कठिन हो गया था।

(ग) गद्यांश में पानवाले के .... और .... का सजीव वर्णन किया गया है।
(i) शारीरिक गठन, भाव-भंगिमाओं
(ii) भावनात्मक विचार, सदाचार
(iii) मानवीय विचारों, निपुणता
(iv) दैनिक अनुभव, स्फूर्ति

(घ) हालदार साहब को पानवाले की बात समझ में नहीं आ रही थी क्योंकि .... ।
(i) उन्हें पानवाले की बात पर विश्वास था
(ii) पानवाला आधा-अधूरा उत्तर दे रहा था।
(iii) पानवाले के मुँह में पान ठुँसा हुआ था।
(iv) उनके स्वभाव में थोड़ी नासमझी थी।

(ङ) कथन (क) कैप्टन द्वारा नेताजी का चश्मा बदलना पानवाले के लिए हास्य का विषय था।
कथन (ख) चश्मेवाले द्वारा नेताजी को चश्मा पहनाना देशभक्तों के प्रति सम्मान था।
कथन (ग) हालदार साहब के लिए चश्मे का बदलना व्यंग्य का विषय था। **दक्षता आधारित प्रश्न**

उपर्युक्त कथनों के लिए सही विकल्प का चयन कीजिए
(i) कथन (क) सही है, किंतु (ख) और (ग) गलत हैं।
(ii) कथन (क) गलत है, किंतु (ख) और (ग) सही हैं।
(iii) कथन (क) और (ख) दोनों सही हैं, किंतु (ग) गलत है।
(iv) कथन (क), (ख) और (ग) तीनों सही हैं।

उत्तर (क) (iv) उन्हें चश्मे के फ्रेम बदलने का कारण जानने की जिज्ञासा थी।

(ख) (iv) उनके लिए जिज्ञासा पर नियंत्रण करना कठिन हो गया था।

(ग) (i) शारीरिक गठन, भाव-भंगिमाओं

(घ) (iii) पानवाले के मुँह में पान ठुँसा हुआ था।

(ङ) (iii) कथन (क) और (ख) दोनों सही हैं, किंतु (ग) गलत है।

3. **जीप कस्बा छोड़कर आगे बढ़ गई तब भी हालदार साहब उस मूर्ति के बारे में ही सोचते रहे और अंत में इस निष्कर्ष पर पहुँचे कि कुल मिलाकर कस्बे के नागरिकों का यह प्रयास सराहनीय ही कहा जाना चाहिए। महत्त्व मूर्ति के रंग-रूप या कद का नहीं, उस भावना का है वरना तो देशभक्ति भी आजकल मजाक की चीज़ होती जा रही है।**
दूसरी बार जब हालदार साहब उधर से गुजरे तो उन्हें मूर्ति में कुछ अंतर दिखाई दिया। ध्यान से देखा तो पाया कि चश्मा दूसरा है। पहले मोटे फ्रेमवाला चौकोर चश्मा था, अब तार के फ्रेमवाला गोल चश्मा है। हालदार साहब का कौतूहल और बढ़ा। वाह भई क्या आइडिया है। मूर्ति कपड़े नहीं बदल सकती, लेकिन चश्मा तो बदल ही सकती है। **CBSE SQP 2023**

(क) 'जीप कस्बा छोड़कर आगे बढ़ गई' अर्थात
(i) जीप कस्बे से आगे की ओर बढ़ गई।
(ii) जीप कस्बे में रुककर आगे बढ़ गई।
(iii) जीप कस्बे में रुक गई।
(iv) जीप कस्बे में नहीं गई।

(ख) हालदार साहब किसके विषय में सोचते रहे?
(i) नेताजी के
(ii) मूर्ति के
(iii) चौराहे के
(iv) कस्बे के

(ग) 'वरना तो देशभक्ति भी आजकल मजाक की चीज होती जा रही है।' से आशय है
(i) आजकल देशभक्त होना संभव नहीं है।
(ii) आजकल देशभक्त होना हास्यास्पद हो गया है।
(iii) आजकल सभी देशभक्त हो गए हैं।
(iv) आजकल देशभक्ति की प्रासंगिकता नहीं है।

(घ) दूसरी बार जब हालदार साहब उधर से गुजरे तो उन्हें मूर्ति में क्या अंतर दिखाई दिया? **दक्षता आधारित प्रश्न**
(i) मूर्ति पर कोई चश्मा नहीं था।
(ii) मूर्ति पर पुराना चश्मा था।
(iii) मूर्ति पर एक नया चश्मा था।
(iv) मूर्ति छतिग्रस्त थी।

(ङ) 'नेताजी का चश्मा' पाठ क्या संदेश देता है?
(i) देशभक्ति के भाव पर व्यंग्य करता है।
(ii) देशभक्ति की प्रासंगिकता पर सवाल उठाता है।
(iii) देशभक्ति के महत्त्व को स्थापित करता है।
(iv) देशभक्ति के प्रति उम्मीद जगाता है।

उत्तर (क) (i) जीप कस्बे से आगे की ओर बढ़ गई।
(ख) (ii) मूर्ति के
(ग) (ii) आजकल देशभक्त होना हास्यास्पद हो गया है।
(घ) (iii) मूर्ति पर एक नया चश्मा था।
(ङ) (iv) देशभक्ति के प्रति उम्मीद जगाता है।

4. **अब हालदार साहब को बात कुछ-कुछ समझ में आई। एक चश्मेवाला है, जिसका नाम कैप्टन है। उसे नेताजी की बगैर चश्मेवाली मूर्ति बुरी लगती है, बल्कि आहत करती है, मानो चश्में के बगैर नेताजी को असुविधा हो रही हो। इसलिए वह अपनी छोटी-सी दुकान में उपलब्ध गिने - चुने फ्रेमों में से एक नेताजी की मूर्ति पर फिट कर देता है, लेकिन जब कोई ग्राहक आता है और उसे वैसे ही फ्रेम की दरकार होती है जैसा मूर्ति पर लगा है, तो कैप्टन चश्मेवाला मूर्ति पर लगा फ्रेम-संभवतः नेताजी से क्षमा माँगते हुए - लाकर ग्राहक को दे देता है और बाद में नेताजी को दूसरा फ्रेम लौटा देता है। वाह! भई खूब! क्या आइडिया है।**

लेकिन भाई! एक बात अभी भी समझ में नहीं आई। हालदार साहब ने पानवाले से फिर पूछा, नेताजी का ऑरिजिनल चश्मा कहाँ गया?

पानवाला दूसरा पान मुँह में ठूँस चुका था। दोपहर का समय था, 'दुकान' पर भीड़-भाड़ अधिक नहीं थी। वह फिर आँखों ही आँखों हँसा। उसकी तोंद थिरकी। कत्थे की डंडी फेंक, पीछे मुड़कर उसने नीचे पीक थूकी और मुस्कुराता हुआ बोला, मास्टर बनाना भूल गया। **CBSE 2024**

(क) पानवाला आँखों ही आँखों क्यों हँसा?
(i) ऑरिजिनल चश्में की बात पर, यह उसकी व्यंग्यात्मक हँसी थी।
(ii) वह हालदार साहब पर अपनी हँसी जाहिर नहीं होने देना चाहता था।
(iii) हालदार साहब उसको हँसते देखकर बुरा भी मान सकते थे।
(iv) आँखों ही आँखों हँसना पानवाले की बहुत पुरानी आदत थी।

(ख) 'मास्टर बनाना भूल गया।' - यहाँ मास्टर के संदर्भ में अनुपयुक्त विकल्प है
(i) मूर्तिकार
(ii) मोतीलाल
(iii) ड्रॉइंग टीचर
(iv) कैप्टन

(ग) ग्राहक नेताजी की मूर्ति पर लगे चश्मे का फ्रेम क्यों ले लेते थे?
(i) नेताजी के प्रति अपना सम्मान व्यक्त करने के लिए।
(ii) ग्राहक नेताजी के समान दिखना चाहते थे।
(iii) नेताजी पर लगे होने के कारण वह उन्हें पसंद आ जाता था।
(iv) कैप्टन अपने फ्रेमों को उसी मूर्ति पर लगा देता था।

(घ) 'अब हालदार साहब को बात कुछ-कुछ समझ में आई।' इस पंक्ति के संदर्भ में लिखिए कि हालदार साहब क्या समझ गए?
(i) मूर्ति के चश्मे के बार-बार बदले जाने का कारण।
(ii) मूर्ति की आँखों पर चश्मा न होने का कारण।
(iii) ग्राहकों द्वारा चश्मा न खरीदे जाने का कारण।
(iv) पानवाले और कैप्टन की परस्पर दोस्ती का कारण।

(ङ) 'कैप्टन मूर्ति से चश्मे का फ्रेम उतारते हुए उनसे क्षमा भी माँगता होगा' लेखक के इस अनुमान का क्या कारण रहा होगा?
(i) नेताजी के प्रति कैप्टन का अति विश्वास से भरा व्यवहार।
(ii) नेताजी के प्रति कैप्टन का दिखावे से भरा आचरण।
(iii) कैप्टन को यह लगना कि चश्मे के बिना नेताजी तकलीफ में हैं।
(iv) कैप्टन की सोच के बारे में लेखक का अनुमान सर्वथा गलत होना।

उत्तर (क) (i) ऑरिजिनल चश्में की बात पर, यह उसकी व्यंग्यात्मक हँसी थी।
(ख) (iv) कैप्टन
(ग) (ii) ग्राहक नेताजी के समान दिखना चाहते थे।
(घ) (i) मूर्ति के चश्में के बार-बार बदले जाने का कारण।
(ङ) (iii) कैप्टन को यह लगना कि चश्में के बिना नेताजी तकलीफ में हैं।

5. **पानवाला मुस्कुराकर बोला- नहीं साहब! वो लँगड़ा क्या जाएगा फौज में। पागल है पागल! वो देखो, वो आ रहा है। आप उसी से बात कर लो। फोटो-वोटो छपवा दो उसका कहीं।**
हालदार साहब को पानवाले द्वारा एक देशभक्त का इस तरह मजाक उड़ाया जाना अच्छा नहीं लगा। मुड़कर देखा तो अवाक् रह गए। एक बेहद बूढ़ा मरियल-सा लँगड़ा आदमी सिर पर गांधी टोपी और आँखों पर काला चश्मा लगाए एक हाथ में एक छोटी-सी संदूकड़ी और दूसरे हाथ में एक बाँस पर टँगे बहुत-से चश्में लिए अभी-अभी एक गली से निकला था और अब एक बंद दुकान के सहारे अपना बाँस टिका रहा था, तो इस बेचारे की दुकान भी नहीं। फेरी लगाता है। हालदार साहब चक्कर में पड़ गए। पूछना चाहते थे, इसे कैप्टन क्यों कहते हैं? क्या यही इसका वास्तविक नाम है? लेकिन पानवाले ने साफ बता दिया था कि अब वह इस बारे में और बात करने को तैयार नहीं। ड्राइवर भी बेचैन हो रहा था। काम भी था। हालदार साहब जीप में बैठकर चले गए। **CBSE 2023**

(क) पानवाले ने देशभक्त का मजाक क्या कहकर उड़ाया था? निम्नलिखित विशेषणों के आधार पर उचित विकल्प का चयन कर इस प्रश्न का उत्तर दीजिए **दक्षता आधारित प्रश्न**
1. लँगड़ा 2. बूढ़ा
3. पागल 4. मरियल।
कूट
(i) 1 और 2 (ii) 1 और 3
(iii) 1 और 4 (iv) 2 और 4

(ख) हालदार साहब अवाक् क्यों रह गए?
(i) एक मरियल से बूढ़े आदमी को देखकर
(ii) कल्पना से परे 'कैप्टन' नाम के विपरीत उसका हुलिया देखकर

(iii) एक बूढ़े को लाठी पकड़े चश्मा लगाए गाँधी जी के रूप में देखकर
(iv) एक चश्मे वाले दुकानदार को इस रूप में देखकर

(ग) कथन (A) और कारण (R) को पढ़कर उपयुक्त विकल्प चुनिए

कथन (A) पानवाले ने अपने मित्र कैप्टन के बारे में अनुपयुक्त भाषा का प्रयोग किया। **दक्षता आधारित प्रश्न**

कारण (R) पानवाले में संवेदनशीलता का अभाव था।

(i) कथन (A) गलत है, किंतु कारण (R) सही है
(ii) कथन (A) सही है, किंतु कारण (R) कथन (A) की गलत व्याख्या करता है
(iii) कथन (A) और कारण (R) दोनों सही हैं
(iv) कथन (A) और कारण (R) दोनों गलत हैं

(घ) 'फोटो-वोटो छपवा दो उसका कहीं' हालदार के सम्मुख पानवाले द्वारा कहा गया यह कथन चश्में वाले के प्रति दर्शाता है, उसकी

(i) संवेदना (ii) वेदना अनुभूति
(iii) सहानुभूति (iv) व्यंग्यात्मकता

(ङ) ड्राइवर की बेचैनी का कारण था

(i) देशभक्त कैप्टन में कोई रुचि नहीं होना
(ii) भूख लगना और घर जाने की जल्दी
(iii) उमस के कारण बेचैनी बढ़ना
(iv) हालदार साहब को गंतव्य पर पहुँचाने की जल्दी

उत्तर (क) (ii) 1 और 3
(ख) (ii) कल्पना से परे 'कैप्टन' नाम के विपरीत उसका हुलिया देखकर
(ग) (iii) कथन (A) और कारण (R) दोनों सही हैं
(घ) (iv) व्यंग्यात्मकता
(ङ) (iv) हालदार साहब को गंतव्य पर पहुँचाने की जल्दी

6. दो साल तक हालदार साहब अपने काम के सिलसिले में उस कस्बे से गुजरते रहे और नेताजी की मूर्ति पर बदलते हुए चश्मों को देखते रहे। कभी गोल चश्मा होता, तो कभी चौकोर, कभी लाल, कभी काला, कभी धूप का चश्मा, कभी बड़े काँचों वाला गोगो चश्मा...पर कोई-न-कोई चश्मा होता ज़रूर...उस धूल भरी यात्रा में हालदार साहब को कौतुक और प्रफुल्लता के कुछ क्षण देने के लिए। फिर एक बार ऐसा हुआ कि मूर्ति के चेहरे पर कोई भी, कैसा भी चश्मा नहीं था। उस दिन पान की दुकान भी बंद थी। चौराहे की अधिकांश दुकानें बंद थीं। अगली बार भी मूर्ति की आँखों पर चश्मा नहीं था।

(क) गद्यांश के आधार पर बताइए कि कस्बे से गुजरते हुए हालदार साहब किसकी मूर्ति को ध्यान से देखते थे?

(i) नेताजी की (ii) कैप्टन की
(iii) चश्मे वाले की (iv) इनमें से कोई नहीं

(ख) मूर्ति को देखकर हालदार साहब के मन में .... भाव उठते थे।

(i) कौतुक और प्रफुल्लता के (ii) आश्चर्य और चिंतन के
(iii) दुविधा और संशय के (iv) इनमें से कोई नहीं

(ग) गद्यांश के आधार पर बताइए कि नेताजी की मूर्ति पर कैसे चश्मे होते थे?

(i) कभी गोल
(ii) कभी चौकोर
(iii) कभी लाल
(iv) उपर्युक्त सभी

(घ) निम्न में से सही कथन का चयन कीजिए

(i) हालदार साहब कैप्टन से मिलने कस्बे में आते थे।
(ii) अगली बार मूर्ति की आँखों पर चश्मा नहीं था।
(iii) चौराहे की सभी दुकानें खुली थीं।
(iv) मूर्ति पर गोल चश्मा नहीं होता था।

(ङ) कितने साल तक हालदार साहब अपने काम के सिलसले में कस्बे से गुजरते रहे?

(i) दो साल (ii) तीन साल
(iii) चार साल (iv) दस साल

उत्तर (क) (i) नेताजी की
(ख) (i) कौतुक और प्रफुल्लता के
(ग) (iv) ये सभी
(घ) (ii) अगली बार मूर्ति की आँखों पर चश्मा नहीं था।
(ङ) (i) दो साल

7. कुछ नहीं पूछ पाए हालदार साहब। कुछ पल चुपचाप खड़े रहे, फिर पान के पैसे चुकाकर जीप में आ बैठे और रवाना हो गए। बार-बार सोचते, क्या होगा उस कौम का, जो अपने देश की खातिर घर-गृहस्थी, जवानी-जिंदगी सब कुछ होम देने वालों पर भी हँसती है और अपने लिए बिकने के मोके ढूँढती है। दुःखी हो गए। पंद्रह दिन बाद फिर उसी कस्बे से गुजरे। कस्बे में घुसने से पहले ही ख्याल आया कि कस्बे की हृदयस्थली में सुभाष की प्रतिमा अवश्य ही प्रतिष्ठापित होगी, लेकिन सुभाष की आँखों पर चश्मा नहीं होगा।...क्योंकि मास्टर बनाना भूल गया।...और कैप्टन मर गया। सोचा, आज वहाँ रुकेंगे नहीं, पान भी नहीं खाएँगे, मूर्ति की तरफ देखेंगे भी नहीं, सीधे निकल जाएँगे। ड्राइवर से कह दिया, चौराहे पर रुकना नहीं, आज बहुत काम है, पान आगे कहीं खा लेंगे। लेकिन आदत से मजबूर आँखें चौराहा आते ही मूर्ति की तरफ उठ गईं। कुछ ऐसा देखा कि चीखें, रोको! जीप स्पीड में थी, ड्राइवर ने जोर से ब्रेक मारे। रास्ता चलते लोग देखने लगे। जीप रुकते-न-रुकते हालदार साहब जीप से कूदकर तेज-तेज कदमों से मूर्ति की तरफ लपके और उसके ठीक सामने जाकर अटेंशन में खड़े हो गए। मूर्ति की आँखों पर सरकंडे से बना छोटा-सा चश्मा रखा हुआ था, जैसा बच्चे बना लेते हैं। हालदार साहब भावुक हैं। इतनी-सी बात पर उनकी आँखें भर आईं। **CBSE SQP 2022**

(क) हालदार साहब क्या सोचकर दुःखी हो गए?

(i) नेताजी की मूर्ति की आँखों पर चश्मा न देखकर
(ii) देशभक्ति का मजाक उड़ाने वाली बिकाऊ कौम को देखकर
(iii) घर-गृहस्थी, जवानी-जिंदगी आदि की बीती हुई बातें सोचकर
(iv) देश में अलग-अलग कौमों की विचारधारा में बहुत अंतर देखकर

(ख) 'सुभाषचंद्र बोस की मूर्ति की आँखों पर चश्मा नहीं होगा...।' हालदार साहब ऐसा क्यों सोच रहे थे? **दक्षता आधारित प्रश्न**

(i) कैप्टन के सारे चश्मे बिक जाने के कारण
(ii) कैप्टन के गंभीर रूप से बीमार हो जाने के कारण
(iii) मूर्तिकार मास्टर की भूल और कैप्टन की मृत्यु के कारण
(iv) नटखट बच्चों द्वारा चश्मा बार-बार उतार दिए जाने के कारण

(ग) हालदार साहब की आदत से मजबूर आँखों ने क्या किया?

(i) चौराहे पर आते ही पान की दुकान खोजने लगीं
(ii) उन्होंने कैप्टन का स्मरण किया और वे नम हो गईं
(iii) चौराहे पर आते ही स्वभावत: मूर्ति की ओर उठ गईं
(iv) बाँस पर चश्मे लगाकर उन्हें बेचते हुए कैप्टन को खोजने लगीं

(घ) हालदार साहब क्यों चीख पड़े? **दक्षता आधारित प्रश्न**

(i) पानवाले का बदला हुआ व्यवहार देखकर
(ii) नेताजी की मूर्ति पर सरकंडे का चश्मा लगा देखकर
(iii) नेताजी की मूर्ति के पास बहुत सारे बच्चों को एकत्र देखकर
(iv) ड्राइवर के द्वारा उनके आदेश का पालन न किए जाने के कारण

(ङ) सरकंडे से बना छोटा-सा चश्मा किस बात का प्रतीक था?

(i) राष्ट्रीय धरोहरों को संरक्षण देने का
(ii) हस्तकला के प्रति बढ़ रहे अनुराग का
(iii) देशभक्तों के प्रति श्रद्धा व सम्मान का
(iv) सरकंडे जैसी वनस्पति को संरक्षित करने का

उत्तर (क) (i) नेताजी की मूर्ति की आँखों पर चश्मा न देखकर
(ख) (iii) मूर्तिकार मास्टर की भूल और कैप्टन की मृत्यु के कारण
(ग) (iii) चौराहे पर आते ही स्वभावत: मूर्ति की ओर उठ गईं
(घ) (ii) नेताजी की मूर्ति पर सरकंडे का चश्मा लगा देखकर
(ङ) (iii) देशभक्तों के प्रति श्रद्धा व सम्मान का

विषयवस्तु पर आधारित प्रश्नोत्तर

निम्नलिखित प्रश्नों के उत्तर संक्षेप में दीजिए

1. हालदार साहब हर पंद्रहवें दिन उस कस्बे से क्यों गुज़रते थे?

उत्तर हालदार साहब को हर पंद्रहवें दिन कंपनी के काम के सिलसिले में जाना पड़ता था, जिसका रास्ता उस कस्बे से होकर गुज़रता था। इसीलिए वे उस कस्बे से गुज़रते थे, जहाँ उन्हें सुभाषचंद्र बोस की प्रतिमा दिखाई देती थी।

2. 'नेताजी का चश्मा' कहानी में चित्रित कस्बे का वर्णन कीजिए। **CBSE 2012**

उत्तर 'नेताजी का चश्मा' कहानी में चित्रित कस्बा बहुत बड़ा नहीं था। वहाँ कुछ पक्के मकान थे और एक छोटा-सा बाज़ार था। कस्बे में बालक-बालिकाओं के दो विद्यालय, सीमेंट का एक छोटा-सा कारखाना, दो ओपन एयर (खुली छत वाले) सिनेमाघर और एक नगरपालिका थी।

नगरपालिका हमेशा कुछ-न-कुछ काम करवाती रहती थी; जैसे—सड़क पक्की करवाना, कबूतरों की छतरी बनवाना, कवि सम्मेलन करवाना आदि।

3. लेखक ने मूर्ति के बनने में होने वाली देरी के लिए किसे उत्तरदायी ठहराया है और क्यों? **CBSE 2016**

उत्तर लेखक मूर्ति के बनने में होने वाली देरी के लिए शासन व्यवस्था पर कटाक्ष करता है एवं उसे उत्तरदायी ठहराते हुए कहता है कि कस्बे की नगरपालिका के बोर्ड या प्रशासनिक अधिकारियों को देश के अच्छे मूर्तिकारों की जानकारी नहीं होगी। संभवत: यही कारण है कि मूर्ति की लागत अनुमान और उपलब्ध बजट से बहुत ज़्यादा होने के कारण काफ़ी समय ऊहापोह (तर्क-वितर्क) और पत्र व्यवहार में बरबाद हुआ होगा।

4. 'नेताजी का चश्मा' पाठ में नगरपालिका की कार्यपद्धति पर व्यंग्य छिपा है, उसे अपने शब्दों में लिखिए। **CBSE 2016**

उत्तर 'नेताजी का चश्मा' पाठ में लेखक ने नगरपालिका की कार्यपद्धति पर व्यंग्य किया है कि नगरपालिका का बहुत सारा समय असमंजस में तथा चिट्ठी-पत्री जैसी औपचारिकताओं में नष्ट हो जाता है, जिसके कारण कार्य होने में देरी हो जाती है। अंत में जल्दबाज़ी में कार्य ठीक ढंग से भी नहीं किया जाता। तात्पर्य यह है कि नगरपालिका की कार्यपद्धति में औपचारिकता तथा दिखावे को ही अधिक महत्त्व दिया जाता है।

5. नेताजी की मूर्ति देखने में कैसी थी? **CBSE 2011, 10**

अथवा **'नेताजी का चश्मा' पाठ में वर्णित नेताजी की मूर्ति का वर्णन संक्षेप में अपने शब्दों में कीजिए।** **दक्षता आधारित प्रश्न**

उत्तर नेताजी सुभाषचंद्र बोस की मूर्ति संगमरमर की थी और यह टोपी की नोक से कोट के दूसरे बटन तक कोई दो फुट ऊँची थी, जिसे बस्ट कहते हैं। नेताजी सुंदर लग रहे थे, कुछ-कुछ मासूम और कमसिन। फ़ौजी वर्दी में नेताजी की मूर्ति को देखते ही उनके 'दिल्ली चलो', 'तुम मुझे खून दो ....' जैसे नारे याद आने लगते थे। केवल एक चीज़ की कमी थी, जो देखते ही खटकती थी, नेताजी की आँखों पर संगमरमर का चश्मा नहीं था। मूर्ति को एक असली चश्मा पहनाया गया था।

6. नेताजी की मूर्ति लगाने के कार्य को सफल और सराहनीय प्रयास क्यों कहा गया है? **CBSE 2011**

अथवा **किस दृष्टि से मूर्ति लगाने का प्रयास सफल और सराहनीय था?** **CBSE Diksha**

उत्तर सीमित समय एवं सीमित बजट के बावजूद नेताजी की मूर्ति को स्थापित किया गया। इससे पता चलता है कि समाज में अभी भी नेताजी जैसे देशभक्तों के प्रति लोगों के मन में सम्मान एवं श्रद्धा की भावना जीवित है। इसी कारण नेताजी की मूर्ति लगाने का कार्य एक सफल एवं सराहनीय कार्य था। इससे आगे की आने वाली पीढ़ियाँ भी देशभक्ति की भावना के साथ जुड़ी रहेंगी।

7. कैप्टन कौन था? उसे कौन-सी बात आहत करती थी? **CBSE 2011, 10**

उत्तर कैप्टन चश्मे बेचने वाला एक साधारण व्यक्ति था, जो फेरी लगाकर चश्मे बेचने का कार्य करता था। उसे इस बात से बहुत दु:ख होता था कि कस्बे के चौराहे पर लगी नेताजी सुभाषचंद्र बोस की मूर्ति बिना चश्मे की थी। चश्मा नेताजी की बहुत महत्त्वपूर्ण पहचान है, इसलिए वह नेताजी की आँखों पर चश्मा लगा देता था।

8. कैप्टन को नेताजी की मूर्ति में कौन-सी बात खटकती थी? उसने नेताजी की मूर्ति में खटकने वाली गलती को किस प्रकार दूर किया?

उत्तर कैप्टन को नेताजी की मूर्ति में यह बात खटकती थी कि मूर्ति के चेहरे पर चश्मा नहीं था। कैप्टन ने इस गलती को सुधारने के लिए अपने पास रखे हुए बहुत-से चश्मों के फ्रेम में से एक फ्रेम को नेताजी की मूर्ति के चेहरे पर लगा दिया, जिससे मूर्ति अपने वास्तविक रूप में सुंदर लगने लगी।

9. कैप्टन (चश्मे वाला) मूर्ति का चश्मा बार-बार क्यों बदल देता था? 'नेताजी का चश्मा' पाठ के आधार पर उत्तर दीजिए। CBSE 2012, 11, 10, 09

उत्तर कैप्टन को नेताजी की बगैर चश्मे वाली मूर्ति अच्छी नहीं लगती थी। इसलिए वह अपने पास रखे हुए गिने-चुने फ्रेमों में से एक फ्रेम नेताजी की मूर्ति को पहना देता था, लेकिन जब किसी ग्राहक को वैसा ही फ्रेम लेना होता, जैसा मूर्ति पर लगा हुआ रहता, तब कैप्टन मूर्ति पर लगा फ्रेम उतारकर ग्राहक को दे देता था और मूर्ति को दूसरा फ्रेम पहना देता था। इसी कारण कैप्टन मूर्ति का चश्मा बार-बार बदल देता था।

10. चश्मे वाला नेताजी से क्षमा क्यों माँगता था? CBSE 2016, 11

उत्तर जब किसी ग्राहक को वैसा ही फ्रेम चाहिए होता, जैसा मूर्ति पर लगा होता था, तब चश्मे वाला वह फ्रेम उतारकर ग्राहक को दे देता था और मूर्ति को दूसरा फ्रेम पहना देता था। नेताजी को पहुँचने वाले इस कष्ट या व्यवधान के लिए वह उनसे क्षमा माँग लिया करता था।

11. नेताजी सुभाषचंद्र बोस की मूर्ति के विषय में हालदार साहब को चकित और द्रवित कर देने वाली कौन-सी बात लगी? दक्षता आधारित प्रश्न

उत्तर जब हालदार साहब ने पान वाले से यह पूछा कि मूर्ति के चेहरे पर चश्मा क्यों नहीं है, तो पान वाले ने मज़ाक के लहज़े में उत्तर दिया कि मूर्तिकार चश्मा बनाना भूल गया था।

जो बात पानवाले के लिए मज़ाक थी, वही बात हालदार साहब के लिए चकित और द्रवित कर देने वाली थी, क्योंकि चश्मा नेताजी की एक महत्त्वपूर्ण निशानी है, जिसे भूल जाना बहुत बड़ी गलती थी।

12. हालदार साहब ने नेताजी की मूर्ति पर नित नए-नए चश्मे लगाने वाले 'कैप्टन' के विषय में पहली बार क्या सोचा था? बाद में उन्हें 'कैप्टन' के विषय में क्या जानकारी मिली? दक्षता आधारित प्रश्न

उत्तर हालदार साहब ने नेताजी की मूर्ति पर नित नए-नए चश्मे लगाने वाले 'कैप्टन' के विषय में पहली बार सोचा कि कैप्टन जरूर नेताजी का साथी या आजाद हिंद फौज का भूतपूर्व सिपाही होगा, वह हट्टा-कट्टा एवं स्वस्थ होगा, किंतु कैप्टन को देखने पर पता चला कि वह लँगड़ा और बहुत कमजोर बूढ़ा व्यक्ति था। उसके पास अपनी कोई दुकान नहीं थी जिस कारण वह फेरी लगाकर चश्मे बेचता था।

13. कैप्टन चश्मे वाले का एक रेखाचित्र प्रस्तुत कीजिए। CBSE 2016, 15

उत्तर कैप्टन चश्मे वाला किसी फौज का कैप्टन नहीं था और न ही वह नेताजी का साथी या आजाद हिंद फौज का भूतपूर्व सिपाही था। वह एक बेहद बूढ़ा मरियल-सा लँगड़ा आदमी था, जो सिर पर गाँधी टोपी और आँखों पर काला चश्मा लगाए एक हाथ में एक छोटी-सी संदूकची और दूसरे हाथ में एक बाँस पर टँगे बहुत-से चश्मे लिए इधर-उधर घूमकर बेचता फिरता था। उसमें देशभक्ति की भावना कूट-कूटकर भरी थी। इसलिए वह हमेशा नेताजी की मूर्ति पर कोई-न-कोई चश्मा अवश्य लगा दिया करता था।

14. हालदार साहब हमेशा चौराहे पर रुककर नेताजी की मूर्ति को क्यों निहारते थे? CBSE 2012, 11, 10

उत्तर हालदार साहब हमेशा चौराहे पर रुककर नेताजी की मूर्ति को इसलिए निहारते थे, क्योंकि मूर्ति का चश्मा बदलता रहता था। कभी गोल, कभी चौकोर, कभी लाल .... पर चश्मा जरूर होता था। नेताजी को पहनाए गए चश्मे के माध्यम से कैप्टन की देशभक्ति देखकर वे खुश होते थे, क्योंकि वे स्वयं देशभक्त थे।

15. एक बार फिर कस्बे से गुजरते हुए हालदार साहब को चौराहे की दुकानें तथा पान की दुकानें भी बंद मिलीं तो उन्हें क्या असुविधा हुई होगी तथा उन्होंने कैसा अनुभव किया होगा? CBSE 2016, 15

उत्तर हालदार साहब की आदत हो गई थी कि जब भी वह कस्बे से गुजरते तो चौराहे पर रुककर पान खाते, परंतु इस बार उन्हें चौराहे की दुकाने बंद मिलीं तो उन्हें आश्चर्य हुआ। पूछताछ करने पर मालूम हुआ कि कैप्टन मर गया है, तो वे अत्यंत दु:खी हुए। कुछ देर चुपचाप खड़े रहने के पश्चात् वे जीप में बैठकर वहाँ से रवाना हो गए।

16. हालदार साहब के द्वारा कैप्टन के बारे में पूछने पर पान वाला अपनी आँखें क्यों पोंछने लगा? CBSE 2012

उत्तर पानवाला एक हँसमुख एवं मजाकिया स्वभाव का व्यक्ति था। इसलिए वह हमेशा कैप्टन का मजाक उड़ाया करता था। इसके बावजूद, वह कैप्टन की देशभक्ति एवं उसके सरल व सहज व्यक्तित्व के कारण उसका सम्मान करता था। कैप्टन की मृत्यु हो जाने के कारण वह अत्यंत दु:खी था, इसलिए कैप्टन के बारे में पूछे जाने पर वह अपनी नम आँखों को पोंछने लगता है।

17. पान वाले के हँसोड़ स्वभाव के साथ-साथ उसके हृदय में संवेदना भी है, कैसे? स्पष्ट कीजिए। CBSE 2020, 10

अथवा **"पानवाला एक हँसमुख स्वभाव वाला व्यक्ति है, परंतु उसके हृदय में संवेदना भी है।" इस कथन पर अपने विचार व्यक्त कीजिए।** CBSE 2020

उत्तर पान वाला अपने हँसोड़ स्वभाव के कारण कैप्टन चश्मे वाले का मजाक बनाता है, परंतु कैप्टन की मृत्यु हो जाने पर पान वाला बहुत उदास भी हो जाता है। हालदार साहब ने जब कैप्टन के बारे में पूछा, तब पान वाले ने पहले अपनी धोती के सिरे से अपनी गीली आँखें पोंछी। इससे यह स्पष्ट होता है कि पान वाला एक सहृदय तथा संवेदनशील व्यक्ति है।

18. हालदार साहब चौराहे पर आकर रुकना नहीं चाहते थे। इसका क्या कारण था? दक्षता आधारित प्रश्न

उत्तर हालदार साहब चौराहे पर आकर इसलिए रुकना नहीं चाहते थे, क्योंकि कैप्टन की मृत्यु के बाद उन्हें चौराहे पर लगी नेताजी सुभाषचंद्र बोस की मूर्ति पर चश्मा लगा हुआ नहीं मिलता, साथ ही उन्हें वहाँ रुकते ही कैप्टन की याद आ जाती यह विचार उन्हें अत्यंत दु:खी कर देता।

19. हालदार साहब कैप्टन चश्मे वाले की मृत्यु पर दुःखी और विचलित क्यों हो गए? CBSE 2011

उत्तर हालदार साहब कैप्टन चश्मे वाले की मृत्यु पर दुःखी और विचलित इसलिए हो गए थे, क्योंकि कस्बे ने एक सच्चे देशभक्त को खो दिया था। वे सोच रहे थे कि कस्बे में पहले की तरह सुभाषचंद्र बोस की मूर्ति अवश्य होगी, परंतु कैप्टन की तरह मूर्ति को चश्मा पहनाने वाला कोई नहीं होगा और अब मूर्ति बिना चश्मे के ही देखने को मिलेगी।

20. मूर्ति के चेहरे पर सरकंडे का बना चश्मा लगा देखकर हालदार साहब की आँखें क्यों भर आईं? CBSE 2016, 10

उत्तर मूर्ति के चेहरे पर सरकंडे का बना चश्मा लगा देखकर हालदार साहब की आँखें इसलिए भर आईं, क्योंकि उन्हें महसूस हुआ कि देश के लिए बलिदान करने वालों के लिए अभी भी लोगों के मन में श्रद्धा का भाव है। ऐसी भावनाएँ रखने वाले लोगों का देश कभी भी गुलाम नहीं हो सकता।

21. हालदार साहब के चरित्र की कोई दो विशेषताएँ बताइए। CBSE 2011

उत्तर हालदार साहब के चरित्र की निम्न दो विशेषताएँ अत्यधिक उल्लेखनीय हैं

(i) हालदार साहब एक सहृदय तथा संवेदनशील व्यक्ति हैं।

(ii) हालदार साहब सच्चे देशभक्त हैं। किसी महापुरुष व देशप्रेमी का उपहास करना उनको अच्छा नहीं लगता था।

22. यदि हालदार साहब को नेताजी की मूर्ति पर चश्मा लगा नहीं मिलता, तो उनके मन में किस प्रकार का भाव आता? CBSE 2011, 10

उत्तर यदि हालदार साहब को नेताजी की मूर्ति पर चश्मा लगा नहीं मिलता, तो उन्हें इस बात का बहुत दुःख होता कि वर्तमान समय में लोगों के दिलों में देशभक्ति की भावना कम होती जा रही है। समाज में देशभक्ति तथा देशभक्त, दोनों का स्थान सिमटता जा रहा है। कैप्टन की मृत्यु के बाद नेताजी की मूर्ति पर चश्मा नहीं होने के बाद उनका यह भाव विश्वास में बदल जाता।

23. आपके विचार से 'पान वाला' या 'कैप्टन' में से असली लँगड़ा कौन है? तर्क सहित उत्तर दीजिए। दक्षता आधारित प्रश्न

उत्तर कैप्टन शारीरिक दृष्टि से लँगड़ा है। उसकी शारीरिक विकलांगता ईश्वर प्रदत्त है, लेकिन वह मानसिक दृष्टि से अत्यंत स्वस्थ है। उसके मन में देशभक्तों के प्रति अत्यंत सम्मान की भावना है। इसके विपरीत, पान वाले के मन में न तो देशभक्ति है और न ही देशभक्तों के प्रति सम्मान की भावना। वह मानसिक रूप से अस्वस्थ एवं विकलांग है। उसकी टिप्पणी प्रत्येक देशभक्त को दुःखी करती है। अतः मेरे विचार से असली या वास्तविक लँगड़ा 'पानवाला' ही है।

24. 'नेताजी का चश्मा' पाठ के आधार पर सिद्ध कीजिए कि किसी भी कार्य में उसके पीछे छिपी भावना ही अधिक महत्त्वपूर्ण होती है। CBSE 2011

उत्तर चश्मेवाला कैप्टन एक साधारण फेरी लगाने वाला देशभक्त था। कैप्टन की मृत्यु के दिन पान की दुकान सहित चौराहे की अधिकांश दुकानें बंद थीं। इससे लोगों में कैप्टन के प्रति सम्मान की भावना का पता चलता है। कैप्टन की देशभक्ति की भावना के कारण सभी उसका अत्यधिक सम्मान करते थे। एक सामान्य व्यक्ति के प्रति लोगों के मन में व्याप्त श्रद्धा, प्रेम एवं सम्मान की भावना से सिद्ध होता है कि किसी भी कार्य में उसके पीछे छिपी भावना ही अधिक महत्त्वपूर्ण होती है।

25. 'नेताजी का चश्मा' पाठ का संदेश क्या है? स्पष्ट कीजिए। CBSE 2019

***अथवा* 'नेताजी का चश्मा' पाठ का उद्देश्य स्पष्ट कीजिए।** CBSE 2010, 09

उत्तर 'नेताजी का चश्मा' पाठ के माध्यम से लेखक ने देशभक्ति की भावना का संदेश दिया है। देश के निर्माण व विकास की प्रक्रिया में प्रत्येक नागरिक अपने-अपने तरीके से सहयोग करता है। इस प्रक्रिया में बड़ों के साथ-साथ बच्चे भी शामिल हैं। देश के प्रत्येक नागरिक और इसकी सभी चीजों से प्यार करने वाला, देश की समृद्धि के लिए प्रयास करने वाला प्रत्येक व्यक्ति देशभक्त है।

26. नेताजी की मूर्ति की आँखों पर सरकंडे से बने चश्मे का होना आपके अनुसार किस बात का परिचायक है? CBSE SQP (Additional Set) 2023

उत्तर नेताजी की मूर्ति की आँखों पर सरकंडे से बने चश्मे का होना देश के प्रति श्रद्धा व सम्मान का परिचायक है। आज भी नई पीढ़ी में देशभक्ति की भावना समाप्त नहीं हुई है। अतः देश का भविष्य सुरक्षित है।

स्व-मूल्यांकन

पाठ पर आधारित बहुविकल्पीय प्रश्न

निम्नलिखित प्रश्नों के सर्वाधिक उपयुक्त विकल्पों का चयन कीजिए

1. कस्बे से गुजरते समय हालदार साहब क्या करते थे?

(i) चौराहे पर रुककर पान खाते थे।

(ii) मूर्ति पर चश्मा लगाते थे।

(iii) पान वाले से कैप्टन के विषय में पूछते थे।

(iv) पान वाले को अपने पदभार के विषय में बताते थे।

2. **कथन** (क) नेताजी की मूर्ति पर लगा सरकंडे का चश्मा बच्चों द्वारा लगाया गया था।

कथन (ख) देशभक्ति की भावना आज भी हमारी भावी पीढ़ी में समाप्त नहीं हुई है। **दक्षता आधारित प्रश्न**

कूट

(i) कथन (क) और कारण (ख) दोनों गलत हैं।

(ii) कथन (क) गलत है, किंतु कारण (ख) सही है।

(iii) कथन (क) सही है और कारण (ख) उसकी सही व्याख्या है।

(iv) कथन (क) सही है, किंतु कारण (ख) गलत व्याख्या है।

3. 'पान वाले के' संदर्भ में कौन-सा विकल्प सही नहीं है?

(i) वह हँसमुख व्यक्ति था।

(ii) वह ईर्ष्यालु व्यक्ति था।

(iii) वह खुशमिजाज व्यक्ति था।

(iv) वह संवेदनशील व्यक्ति था।

गद्यांश पर आधारित बहुविकल्पीय प्रश्न

निम्नलिखित गद्यांश को पढ़कर प्रश्नों के सर्वाधिक उपयुक्त विकल्पों का चयन कीजिए

1. बार-बार सोचते, क्या होगा उस कौम का जो अपने देश की खातिर घर-गृहस्थी-जीवन-जिंदगी सब कुछ छोड़ देने वालों पर भी हँसती है और अपने लिए बिकने के मौके ढूँढती है। दुःखी हो गए। पंद्रह दिन बाद फिर उसी कस्बे से गुजरे। कस्बे में घुसने से पहले ही ख्याल आया कि कस्बे कि हृदयस्थली में सुभाष की प्रतिमा अवश्य ही प्रतिष्ठापित होगी, लेकिन सुभाष की आँखों पर चश्मा नहीं होगा····! क्योंकि मास्टर बनाना भूल गया।···· और कैप्टन मर गया। सोचा, आज वहाँ रुकेंगे नहीं, पान भी नहीं खाएँगे, मूर्ति की तरफ़ देखेंगे भी नहीं, सीधे निकल जाएँगे। ड्राइवर से कह दिया, चौराहे पर रुकना नहीं, आज बहुत काम है, पान आगे कहीं खा लेंगे।

(क) गद्यांश के आधार पर बताइए कि हालदार साहब दुःखी क्यों थे?

(i) कैप्टन की मृत्यु से (ii) पान खाने से
(iii) पान न खाने से (iv) इनमें से कोई नहीं

(ख) प्रस्तुत गद्यांश में किसे संदेश देने का प्रयास किया गया है?

(i) युवा पीढ़ी को (ii) पानवाले को
(iii) कैप्टन को (iv) ये सभी

(ग) प्रस्तुत गद्यांश के आधार पर बताइए कि हमें किसका सम्मान करना चाहिए?

(i) कैप्टन का (ii) फौजी का
(iii) देशभक्तों का (iv) इनमें से कोई नहीं

(घ) देशभक्त अपना पूरा जीवन ········· समर्पित करते हैं।

(i) देश को (ii) ईश्वर को
(iii) कस्बे को (iv) इनमें से कोई नहीं

(ङ) प्रस्तुत गद्यांश के पाठ का तथा इसके लेखक का नाम बताइए।

(i) 'बालगोबिन भगत' (रामवृक्ष बेनीपुरी)

(ii) लखनवी अंदाज (यशपाल)

(iii) मानवीय करुणा की दिव्य चमक (सर्वेश्वर दयाल)

(iv) नेताजी का चश्मा (स्वयं प्रकाश)

विषयवस्तु पर आधारित प्रश्न

निम्नलिखित प्रश्नों के उत्तर संक्षेप में दीजिए

I. हालदार साहब जीप से कूदकर मूर्ति के सामने जाकर क्यों खड़े हो गए? **दक्षता आधारित प्रश्न**

II. कस्बे से गुज़रते समय हालदार साहब को किस चीज़ की आदत हो गई थी? **दक्षता आधारित प्रश्न**

III. हमारी सरकारी संस्थाएँ अकसर निर्णय लेने में देर कर देती हैं। प्रस्तुत पाठ के संदर्भ में इस कथन को स्पष्ट कीजिए।

IV. कैप्टन के प्रति पान वाले की मानसिकता पर टिप्पणी कीजिए।

बालगोबिन भगत

रामवृक्ष बेनीपुरी

अध्याय 8

पाठ की रूपरेखा 'रामवृक्ष बेनीपुरी' द्वारा रेखाचित्र शैली में रचित इस पाठ में लेखक ने एक ऐसे पात्र का चित्रण किया है, जो कबीर के आदेशों पर चलते हुए अपने जीवन का निर्वाह करता है। इसमें ग्रामीण परिवेश को चित्रित करने के साथ ग्रामीण संस्कृति को भी प्रस्तुत किया गया है। बालगोबिन भगत की बाह्य वेशभूषा से यह भी बताने का प्रयास किया गया है कि संन्यासी जीवन का आधार बाह्य वेशभूषा ही नहीं, अपितु मानवीय सरोकार है। बालगोबिन भगत के माध्यम से लेखक ने सामाजिक बुराइयों एवं रूढ़िवादी सोच पर प्रहार करते हुए मानवीय भावना को प्रतिपादित करने का प्रयास किया है।

लेखक परिचय

रामवृक्ष बेनीपुरी आधुनिक युग के निबंधकार हैं। इनका जन्म 1899 ई. में बिहार के मुजफ्फरपुर जिले के बेनीपुर गाँव में हुआ था। बचपन में ही इनके माता-पिता का निधन हो गया था। वर्ष 1920 में गाँधीजी के असहयोग आंदोलन में भाग लेने के दौरान वे कई बार जेल भी गए। अपना जीवन-यापन करने हेतु वे साहित्य कार्य में लग गए एवं बालक, युवक, योगी, नई धारा, जनवाणी, जनता आदि कई पत्र-पत्रिकाओं का संपादन किया।

रामवृक्ष बेनीपुरी ने कहानी, उपन्यास, नाटक, निबंध आदि गद्य विधाओं में भी लेखन कार्य किया। उनकी महत्त्वपूर्ण रचनाएँ—अंबपाली (नाटक), माटी की मूरतें (रेखाचित्र), चिता के फूल (कहानी), पैरों में पंख बाँधकर (यात्रा-वृत्तांत) आदि उल्लेखनीय हैं। उनकी शैली सरल, सहज व चित्रात्मक है। विशिष्ट शैलीकार होने के कारण उन्हें 'कलम का जादूगर' कहा जाता है। उनका देहावसान वर्ष 1968 में हुआ।

पाठ का सार

बालगोबिन भगत का बाह्य एवं आंतरिक व्यक्तित्व

बालगोबिन भगत लगभग साठ वर्ष के मँझौले कद के गोरे-चिट्टे व्यक्ति थे। उनके बाल सफेद और दाढ़ी लंबी थी। वे बहुत कम कपड़े पहनते थे, कमर पर एक लंगोटी मात्र और सिर पर कबीरपंथी टोपी लगाते थे। सर्दियों में वे एक काली कमली ओढ़ लेते थे, उनके मस्तक पर रामानंदी तिलक चमकता था तथा उनके गले में तुलसी की माला सुशोभित रहती थी। वे कबीर को ही अपना 'साहब' मानते थे, उन्हीं के गीतों को गाते और उन्हीं के द्वारा बताए गए मार्ग पर चलते थे। वे कभी झूठ नहीं बोलते थे और सबसे अच्छा व्यवहार करते थे। वे गृहस्थ होते हुए भी साधु की तरह लगते थे। उनका एक बेटा और पतोहू (पुत्रवधु) थी। थोड़ी-सी खेतीबाड़ी और एक साफ-सुथरा मकान था। उनका सबसे बड़ा गुण उनका मधुर कंठ और कबीर के प्रति अगाध श्रद्धा एवं प्रेम था। वे कभी किसी की चीज नहीं छूते थे, जो कुछ उनके खेत में पैदा होता था, उसे वे कबीरपंथी मठ में भेंट स्वरूप ले जाकर रख देते और वहाँ से प्रसादस्वरूप जो कुछ मिलता उतना ही घर लाकर उसी से अपनी गृहस्थी चलाते थे।

बालगोबिन भगत का संगीत के प्रति अगाध प्रेम

आषाढ़ की रिमझिम में जब समूचा गाँव हल व बैल लेकर खेतों में आ जाता था और बच्चे भी जब खेतों में उछल-कूद कर रहे होते थे, उसी समय सबके कानों में खेतों में रोपनी करते हुए बालगोबिन भगत की मधुर संगीत लहरी सुनाई देती। उनके कंठ से निकला संगीत का एक-एक शब्द सभी को मोहित कर देता था। भादों की आधी रात में भी दादुरों (मेंढक) की टर्र-टर्र और झिल्ली की झंकार से भी ऊपर बालगोबिन भगत का संगीत सुनाई पड़ता है। जब सारा संसार सोया होता है, तब बालगोबिन भगत का संगीत सभी को जगा देता है।

कार्तिक में बालगोबिन भगत की प्रभातियाँ (प्रात:काल में गाया जाने वाला गीत) प्रात:काल में ही आरंभ हो जाती और फागुन तक चलती है। माघ में दाँत किटकिटाने वाली भोर में उनकी अँगुलियाँ खँजड़ी (ढफली के ढंग का, परंतु आकार में उससे छोटा एक वाद्य यंत्र) पर चलना है। आरंभ कर देती हैं और गाते-गाते वे इतने मस्त हो जाते हैं कि उनके मस्तक पर श्रमबिंदु चमक पड़ते हैं। गर्मियों की उमस भरी शाम में वे मित्र-मंडली के साथ बैठकर संगीत में इस प्रकार लीन हो जाते थे कि उनका मन, तन पर हावी हो जाता था अर्थात् वे सब गाना गाते-गाते नृत्य भी करने लगते थे।

सुख-दु:ख से ऊपर बालगोबिन भगत का चरित्र

बालगोबिन भगत की संगीत साधना का चरम उत्कर्ष उस दिन देखने को मिला, जब लोगों को यह पता चला कि उनका पुत्र बीमारी के बाद चल बसा। लोग जब उनके घर पहुँचे तो देखा कि भगत ने मृत पुत्र को

चटाई पर लिटाकर एक सफेद कपड़े से ढक रखा है तथा उस पर कुछ फूल और तुलसीदल बिखेर दिए हैं। उसके सिरहाने एक चिराग जलाकर आसन जमाए हुए गीत गाए जा रहे हैं। घर में पतोहू रो रही है, जिसे गाँव की स्त्रियाँ चुप करा रही हैं। बालगोबिन भगत गाए जा रहे हैं और वे पतोहू को भी रोना भूलकर उत्सव मनाने को कह रहे हैं, क्योंकि आत्मा परमात्मा के पास चली गई है, जिसका शोक मनाना उनकी दृष्टि में व्यर्थ है।

बालगोबिन भगत का प्रचलित सामाजिक मान्यताओं को न मानना

बालगोबिन भगत कोई समाज सुधारक नहीं थे, किंतु अपने घर में उन्होंने समाज सुधारकों जैसा कार्य किया। उन्होंने समाज में प्रचलित मान्यताओं को न मानकर अपनी पतोहू से अपने पुत्र की चिता को आग दिलवाई। श्राद्ध की अवधि पूरी होने पर पतोहू के भाई को बुलाकर उसके साथ भेजते हुए कहा कि इसका पुनर्विवाह कर देना, अभी यह जवान है। पतोहू के मायके न जाने की जिद करने और यह कहने कि मेरे जाने के बाद आपकी देखभाल कौन करेगा? किंतु वे अपने निर्णय पर अटल रहे।

बालगोबिन भगत का अंतिम समय

बालगोबिन भगत की मृत्यु भी उनके व्यक्तित्व के अनुरूप शांत तरीके से हुई। करीब तीस कोस चलकर वे गंगा स्नान को गए और वहाँ साधु-संन्यासियों की संगत में जमे रहे, क्योंकि उन्हें स्नान की अपेक्षा साधु-संन्यासियों की संगत अधिक अच्छी लगती थी। वहाँ से लौटकर उन्हें बुखार आने लगा। तब भी उन्होंने अपना नित्य नियम दोनों समय का गीत, स्नान—ध्यान और खेतीबाड़ी देखना इत्यादि नहीं छोड़ा। लोगों ने नियमों में ढील देने और आराम करने को कहा तो वे हँसकर टालते रहे और शाम को भी गीत गाते रहे, किंतु उस दिन उनके गीतों में वह मधुरता नहीं थी। अगले दिन भोर में भगत का गीत न सुनाई देने पर लोगों ने जाकर देखा तो वह स्वर्ग सिधार चुके थे।

शब्दार्थ

शब्द	अर्थ
मँझौले	मध्यम अर्थात् न अधिक लंबे न अधिक छोटे
जटाजूट	लंबे बालों की जटाएँ
कमली	कंबल
रामानंदी चंदन	रामानंद संप्रदाय द्वारा लगाया जाने वाला चंदन
बेडौल	गंदी/भद्दी
गृहिणी	पत्नी
खरा व्यवहार रखना	स्पष्ट व्यवहार रखना
दो-टूक बात कहना	स्पष्ट कहना
खामखाह	बेकार में
व्यवहार में लाना	उपयोग करना
कुतूहल	जिज्ञासा
साहब	ईश्वर
कबीरपंथी मठ	कबीरदास के विचारों को बताने वाला स्थान
भेंट	धार्मिक स्थल पर श्रद्धापूर्वक चढ़ाया जाने वाला प्रसाद
सदा	सर्वदा/हमेशा
सजीव	जीवित
रोपनी	धान के पौधों को खेत में रोपना
कलेवा	प्रात: काल किया जाने वाला नाश्ता
मेंड़	खेत के किनारे बनी मिट्टी की ऊँची जगह
पुरवाई	पूरब दिशा से चलने वाली हवा
स्वर-तरंग	स्वर रूपी लहर
लिथड़े	मिट्टी में सने हुए
अधरतिया	आधी रात
दादुर	मेंढक
कोलाहल	शोर
पियवा	पिया
चिहुँक	खुशी से चिल्लाना

शब्द	अर्थ
अकस्मात्	अचानक
निस्तब्धता	सन्नाटा
प्रभाती	प्रात:काल में गाया जाने वाला गीत
पोखरे	तालाब
भिंडे	मिट्टी से बना ऊँचा स्थान
दाँत किटकिटाने वाली भोर	वह सुबह; जिसमें सर्दी के कारण दाँत किटकिटाने लगते हैं
लोही लगना	सुबह की लाली
कुहासा	कोहरा
आवृत	ढका हुआ
खँजड़ी	हाथों में लेकर बजाने वाला वाद्य यंत्र
सुरूर	नशा/जोश
उत्तेजित	जोश से भड़का हुआ
श्रमबिंदु	मेहनत के फलस्वरूप निकली पसीने की बूँदें
संझा	शाम के समय गाए जाने वाले भजन
तिहराती	तीसरी बार कहती
चरम उत्कर्ष	सबसे ऊपर
बोदा-सा	कम बुद्धि वाला
पतोहू	पुत्रवधू
सुभग	भाग्यवान
निवृत	मुक्त
तुलसीदल	तुलसी के पौधे का पत्ता
चिराग	दीपक
तल्लीनता	डूबना
विरहिनी	विरह में रहने वाली स्त्री
दलील	तर्क
संबल	सहारा

NCERT फोल्डर

पाठ्यपुस्तक (क्षितिज भाग-2) के प्रश्नोत्तर

प्र.1 खेतीबाड़ी से जुड़े गृहस्थ बालगोबिन भगत अपनी किन चारित्रिक विशेषताओं के कारण साधु कहलाते थे? CBSE 2012, 11, 10

उत्तर बालगोबिन भगत एक गृहस्थ थे, परंतु उनमें साधु कहलाने वाले गुण भी थे, जो निम्नलिखित हैं

(i) वे कबीर के आदर्शों पर चलते थे। वे दोनों समय गीत गाते, स्नान—ध्यान करते और ईश्वर की उपासना में स्वयं को लगाए रखते थे।

(ii) वे सत्य का पालन करते थे तथा कभी झूठ नहीं बोलते थे। वे सबसे खरा व्यवहार रखते थे।

(iii) वे किसी की चीज़ को छूते नहीं थे और बिना पूछे व्यवहार में नहीं लाते थे।

(iv) किसी से भी दो-टूक बात करने में संकोच नहीं करते थे, न किसी से झगड़ा करते थे।

(v) उनका सब कुछ 'साहब' का था। खेत में जो कुछ पैदा होता उसे कबीरपंथी मठ पर जाकर दे देते और प्रसाद स्वरूप जो मिलता उसे घर में लाते और उसी से गुजर-बसर करते थे।

प्र.2 भगत की पुत्रवधू उन्हें अकेले क्यों नहीं छोड़ना चाहती थी? CBSE 2015, 12, 11

उत्तर भगत की पुत्रवधू उन्हें अकेले इसलिए नहीं छोड़ना चाहती थी, क्योंकि पुत्र की मृत्यु के पश्चात् वे बिल्कुल अकेले पड़ गए थे और भगत की उम्र अधिक हो गई थी। इस आयु में वे किसी के सहारे के बिना नहीं रह सकते थे। यदि वह बालगोबिन भगत की बात मानकर अपने भाई के साथ चली गई, तो उनकी देखभाल करने वाला, उनके खाने-पीने का ध्यान रखने वाला कोई नहीं रहेगा। इसके अतिरिक्त यदि वह बीमार पड़ गए, तो उनकी सेवा करने वाला भी कोई नहीं होगा। यही सोचकर वह भगत जी को अकेला नहीं छोड़ना चाहती थी।

प्र.3 भगत ने अपने बेटे की मृत्यु पर अपनी भावनाएँ किस तरह व्यक्त कीं? CBSE 2012, 11, 10

उत्तर भगत का मानना था कि उनके बेटे की आत्मा परमात्मा से मिल गई है, विरहिनी अपने प्रेमी से जा मिली है यही सबसे आनंद का समय है। उन्होंने अपने मृत बेटे को आँगन में एक चटाई पर लिटाकर सफेद कपड़े से ढक दिया और कुछ फूल व तुलसी के पत्ते उस पर बिखेर दिए। सिरहाने पर एक चिराग जला दिया और उसके सामने ही एक आसन पर बैठकर गीत गाने लगे। यही नहीं, रोती हुई अपनी पतोहू से भी उत्सव मनाने को कहने लगे।

प्र.4 भगत के व्यक्तित्व और उनकी वेशभूषा का अपने शब्दों में चित्र प्रस्तुत कीजिए। CBSE 2012, 11, 10

उत्तर **व्यक्तित्व** बालगोबिन भगत दृढ़ निश्चयी तथा संतोषी स्वभाव के व्यक्ति थे, उनका अपनी इंद्रियों पर नियंत्रण था तथा भगत मँझौले कद के गोरे-चिट्टे व्यक्ति थे। उनकी आयु साठ वर्ष से अधिक थी। चेहरा सफेद बालों से जगमग रहता था। वे सदा सत्य बोलते थे और किसी से दो-टूक बात करने में संकोच नहीं करते थे।

वेशभूषा भगत बहुत कम कपड़े पहनते थे। वे कमर में एक लँगोटी और सिर पर कबीरपंथी टोपी पहनते तथा जाड़ों में वे एक काली कमली ओढ़े रहते थे। उनके मस्तक पर हमेशा चमकता हुआ रामानंदी चंदन लगा रहता और गले में तुलसी की जड़ों की एक माला रहती थी।

प्र.5 बालगोबिन भगत की दिनचर्या लोगों के अचरज का कारण क्यों थी? CBSE 2012, 11, 10

उत्तर बालगोबिन भगत सुबह उठकर स्नान करते और दोनों समय गीत गाते थे। वे हर वर्ष गंगा स्नान के लिए जाते और संत समागम में भाग लेते। वे कबीर को अपना 'साहब' मानते थे, उन्हीं के गीतों को गाते, उन्हीं के आदेशों का पालन करते थे। ईश्वर की आराधना में डूबे रहने के बाद भी वे अपनी गृहस्थी के कार्यों में लगे रहते थे। वे खेतीबाड़ी का काम भी देखते थे। इतनी आयु होने के बाद भी उनकी अनुशासित दिनचर्या लोगों के अचरज का कारण थी।

प्र.6 पाठ के आधार पर बालगोबिन भगत के मधुर गायन की विशेषताएँ लिखिए। CBSE Diksha, CBSE 2012, 11, 10

उत्तर बालगोबिन भगत प्रत्येक परिस्थिति और प्रत्येक मौसम में कबीर के पदों को अपने मधुर स्वर से सजीव कर देते थे। यह उनके मधुर गायन का ही प्रभाव था कि उमस भरी शाम में भी स्त्री-पुरुष अपने घरों से निकलकर उन्हें घेरकर बैठ जाते तथा उनके मधुर स्वर का आनंद लेते। जिस समय वह गा रहे होते, उनके साथ ही श्रोताओं के तन और मन भी नृत्यशील हो उठते। उनके मधुर गायन से सम्मोहित होकर लोग हर प्रकार की परेशानी को भूल जाते थे।

प्र.7 कुछ मार्मिक प्रसंगों के आधार पर यह दिखाई देता है कि बालगोबिन भगत प्रचलित सामाजिक मान्यताओं को नहीं मानते थे। पाठ के आधार पर उन प्रसंगों का उल्लेख कीजिए।

***अथवा* बालगोबिन भगत किन सामाजिक मान्यताओं को नहीं मानते थे?** CBSE Diksha

***अथवा* लेखक रामवृक्ष बेनीपुरी के अनुसार बालगोबिन भगत ने किस प्रकार प्रचलित सामाजिक मान्यताओं का खंडन किया?** CBSE 2016, 15, 14, 12

अथवा कैसे कह सकते हैं कि "बालगोबिन भगत का जीवनचरित सामाजिक रूढ़ियों की उपेक्षा करता है।" पाठ के आधार पर लिखिए? CBSE 2024

उत्तर कुछ ऐसे मार्मिक प्रसंग हैं, जिनके आधार पर यह कहा जा सकता है कि बालगोबिन भगत प्रचलित सामाजिक मान्यताओं को नहीं मानते थे, जो निम्नलिखित हैं

(i) बालगोबिन भगत ने अपने इकलौते जवान बेटे की मृत्यु पर शोक मनाने के स्थान पर कहा कि उनके पुत्र की आत्मा परमात्मा में जाकर लीन हो गई है, इसलिए इस बात का शोक नहीं करना चाहिए।

(ii) सामाजिक मान्यता है कि मृत शरीर को मुखाग्नि पुरुष वर्ग के हाथों दी जाती है, परंतु भगत ने अपने पुत्र का क्रियाकर्म स्वयं न करके अपनी पतोहू से ही आग दिलवाई।

(iii) जब भगत के पुत्र के श्राद्ध की अवधि पूरी हो गई, तो उन्होंने अपनी पतोहू के भाई को बुलाकर आदेश दिया कि इसे अपने घर ले जाओ और इसका दूसरा विवाह कर देना, क्योंकि इसकी आयु अभी बहुत कम है। जबकि हमारे समाज में विधवा विवाह को मान्यता नहीं दी गई है। वे अन्य साधुओं की तरह भिक्षा माँगकर खाने के विरोधी थे।

प्र.8 धान की रोपाई के समय समूचे माहौल को भगत की स्वर लहरियाँ किस तरह चमत्कृत कर देती थीं? उस माहौल का शब्द-चित्र प्रस्तुत कीजिए। **दक्षता आधारित प्रश्न**

उत्तर धान की रोपाई के समय भगत के मधुर कंठ से मन को मोह लेने वाली स्वर लहरियाँ धीरे-धीरे तेज होती जा रही थीं। इसे सुनकर खेलते हुए बच्चे झूमने लगते थे और मेंड़ पर खड़ी औरतों के काँपते होंठों से गुनगुनाने की आवाज निकलने लगती थी। हल चला रहे हलवाहों के पैर ताल से उठने लगते थे तथा रोपनी करने वालों की अँगुलियाँ एक निश्चित क्रम से चलने लगती थीं। बालगोबिन भगत के गाने से संपूर्ण सृष्टि मिठास में खो जाती है।

रचना और अभिव्यक्ति

प्र.9 पाठ के आधार पर बताइए कि बालगोबिन भगत की कबीर पर श्रद्धा किन-किन रूपों में प्रकट हुई है? **CBSE 2012, 11, 10**

उत्तर बालगोबिन भगत की कबीर पर श्रद्धा निम्न रूपों में प्रकट हुई है

(i) भगत कबीर को अपना 'साहब' मानते थे। उनके समान वे एक लंगोटी पहनते थे, सिर पर कबीरपंथियों वाली टोपी एवं जाड़ों में एक काली कमली ओढ़ लेते थे।

(ii) भगत कबीर के गीतों को गाते, उन्हीं के आदेशों पर चलते, सत्य बोलते तथा किसी से व्यर्थ में झगड़ा नहीं करते थे।

(iii) भगत के खेतों में जो कुछ पैदा होता था, वह सब उनके 'साहब' का था।

(iv) भगत कबीर की तरह सामाजिक बुराइयों का विरोध करते थे।

(v) कबीर गृहस्थ होकर भी सांसारिक मोह-माया से मुक्त थे। उसी प्रकार बालगोबिन भगत ने भी गृहस्थ जीवन में बँधकर भी साधु समान जीवन व्यतीत किया।

प्र.10 आपकी दृष्टि में भगत की कबीर पर अगाध श्रद्धा के क्या कारण रहे होंगे? **CBSE 2011, 10**

उत्तर मेरी दृष्टि में बालगोबिन भगत की कबीर पर अगाध श्रद्धा के निम्नलिखित कारण रहे होंगे

(i) कबीर का आडंबरों से रहित सादा जीवन।

(ii) सामाजिक कुरीतियों का विरोध करना।

(iii) ईश्वर के प्रति अनन्य प्रेम।

(iv) भक्ति से परिपूर्ण मधुर गीतों की रचना।

(v) आदर्शों को व्यवहार में उतारना।

प्र.11 गाँव का सामाजिक-सांस्कृतिक परिवेश आषाढ़ चढ़ते ही उल्लास से क्यों भर जाता है?

उत्तर आषाढ़ का महीना आते ही बारिश शुरू हो जाती है। ठंडी हवाएँ चलने लगती हैं, चारों ओर हरियाली छाने लगती है एवं फसलें लहलहाने लगती हैं। खेतों में पानी भर जाने से किसान धान की रोपाई करने लगते हैं। हर व्यक्ति प्रसन्न हो जाता है।

वर्षा के कारण मौसम अच्छा हो जाने से मनुष्य, पशु और पक्षी सभी प्रसन्न हो उठते हैं। इसी बीच त्योहार भी शुरू हो जाते हैं, जिससे वातावरण में खुशी-ही-खुशी दिखाई देने लगती है, इसलिए गाँव का सामाजिक–सांस्कृतिक परिवेश आषाढ़ के चढ़ते ही उल्लास से भरा जाता है।

प्र.12 "ऊपर की तस्वीर से यह नहीं माना जाए कि बालगोबिन भगत साधु थे।" क्या 'साधु' की पहचान पहनावे के आधार पर की जानी चाहिए? आप किन आधारों पर यह सुनिश्चित करेंगे कि अमुक व्यक्ति 'साधु' है? **दक्षता आधारित प्रश्न**

उत्तर मेरे विचार से व्यक्ति की महानता उसके आचार-विचार द्वारा तय होती है। कई बार गेरुए वस्त्र पहनने के बाद भी व्यक्ति साधु नहीं होता, क्योंकि वह मोह-माया और सांसारिक वासनाओं का त्याग नहीं कर पाता। कोई व्यक्ति साधु है या नहीं, यह इस बात से सुनिश्चित होगा कि वह व्यक्ति समाज, राष्ट्र और मनुष्यता के प्रति क्या सोच रखता है एवं समाज के आध्यात्मिक, सांस्कृतिक विकास में उसका क्या योगदान है।

प्र.13 'मोह और प्रेम में अंतर होता है।' भगत के जीवन की किस घटना के आधार पर इस कथन को सच सिद्ध करेंगे? **CBSE Diksha, CBSE 2012, 11, 10**

उत्तर भगत सांसारिक वस्तुओं से मोह नहीं करते थे। उन्हें अपने इकलौते पुत्र से प्रेम था, मोह नहीं। जब बीमारी के कारण उसकी मृत्यु हो गई तो उन्हें दु:ख तो हुआ, किंतु उन्होंने इसे प्रकृति का एक नियम माना। श्राद्ध की अवधि समाप्त होने पर उन्होंने अपनी पतोहू को दोबारा विवाह करने का आदेश दिया। इस प्रकार उन्होंने अपना कर्त्तव्य तो पूरा किया, किंतु मोह किसी से नहीं किया।

प्र.14 पाठ में ऋतुओं के सुंदर शब्द-चित्र उकेरे गए हैं। बदलते हुए मौसम को दर्शाते हुए चित्र/फोटो का संग्रह कर एक अलबम तैयार कीजिए।

उत्तर छात्र स्वयं करें।

प्र.15 पाठ में आषाढ़, भादों, माघ आदि में विक्रम संवत कलैंडर के मासों के नाम आए हैं। यह कलैंडर किस माह से आरंभ है? महीनों की सूची तैयार कीजिए।

उत्तर छात्र स्वयं करें।

प्र.16 कार्तिक के आते ही भगत 'प्रभाती' गाया करते थे। प्रभाती प्रात:काल गाए जाने वाले गीतों को कहते हैं। प्रभाती गायन का संकलन कीजिए और उसकी संगीतमय प्रस्तुति कीजिए।

उत्तर छात्र स्वयं करें।

प्र.17 इस पाठ में जो ग्राम्य संस्कृति की झलक मिलती है वह आपके आसपास के वातावरण से कैसे भिन्न है?

उत्तर छात्र स्वयं करें।

अभ्यास प्रश्न

बहुविकल्पीय व वर्णनात्मक प्रश्नों सहित

पाठ पर आधारित बहुविकल्पीय प्रश्न

1. बालगोबिन भगत की संगीत साधना का चरम उत्कर्ष किस दिन देखा गया? **दक्षता आधारित प्रश्न**

(i) जब वे बीमार थे।
(ii) जब उनके इकलौते बेटे की मृत्यु हुई।
(iii) जब वे धान की रोपाई कर रहे थे।
(iv) जब वे गंगा घाट पर जाते थे।

2. बेटे की मृत्यु के पश्चात् बालगोबिन भगत का आखिरी निर्णय क्या था? **CBSE SQP Term I**

(i) पतोहू का पुनर्विवाह करवाना
(ii) पतोहू को शिक्षा दिलवाना
(iii) पतोहू को घर से निकालना
(iv) पतोहू से घृणा करना

3. बेटे की मृत्यु पर बालगोबिन भगत ने पतोहू को क्या करने के लिए कहा?

(i) क्रियाकर्म हेतु आवश्यक सामग्री का प्रबंध करने के लिए
(ii) रोने के लिए
(iii) उत्सव मनाने के लिए
(iv) साफ-सफाई करने के लिए

4. बालगोबिन भगत अपने बेटे से अधिक प्यार इसलिए करते थे, क्योंकि ....। **दक्षता आधारित प्रश्न**

(i) वह उनका इकलौता बेटा था।
(ii) वह सुस्त तथा कम बुद्धि वाला था।
(iii) वह होशियार एवं तीक्ष्ण बुद्धि वाला था।
(iv) उन्हें पुत्र-मोह अधिक था।

5. 'बालगोबिन भगत के संदर्भ में निम्नलिखित में से कौन-सा विकल्प सही नहीं है?

(i) सामाजिक रूढ़ियों में विश्वास रखते थे।
(ii) वे जन्म-मृत्यु के संबंध में स्थिर थे।
(iii) वे सच्ची संगीत साधना करते थे।
(iv) वे किसी से दो टूक बात नहीं करते थे।

6. बालगोबिन भगत साधु की सभी परिभाषाओं पर किन गुणों के कारण खरे उतरते थे? **CBSE SQP 2022**

(i) मधुर गायन, खेतीबाड़ी करना, गाँधीवादी दर्शन, सारा समय पूजा-पाठ में बिताना
(ii) मृत्यु से न घबराना, हर समय भजन में लीन रहना, बेटे व बहू से बहुत प्रेम करना
(iii) सात्विक गृहस्थ जीवन, सत्यवादिता, शुद्ध व्यवहार, कबीर दर्शन से सज्जित आत्मा
(iv) आस्तिकता, समाजसेवा, प्रतिदिन मंदिर जाना, रास्ते में जो भी मिले, उसे उपदेश देना

7. आषाढ़ के महीने में बालगोबिन भगत क्या कार्य करते थे? **दक्षता आधारित प्रश्न**

(i) गंगा स्नान के लिए जाते (ii) प्रभातियाँ गाते
(iii) खँजड़ी बजाते (iv) धान की रोपाई करते

8. भगत गृहस्थ होते हुए भी वस्तुतः........थे।

(i) पाखंडी (ii) साधु
(iii) साहब (iv) धर्मगुरु

9. बालगोबिन भगत 'साहब' किसे मानते थे?

(i) कबीर को (ii) लेखक को
(iii) खँजड़ी को (iv) ग्रामीणवासी को

10. लेखक रामवृक्ष बेनीपुरी जी बालगोबिन भगत की किस विशेषता पर अत्यधिक मुग्ध थे? **CBSE SQP Term I**

(i) पहनावे पर (ii) व्यवहार पर
(iii) मधुर गान पर (iv) कार्यकुशलता पर

11. 'बालगोबिन भगत के जीवन से हमें क्या प्रेरणा मिलती है? **CBSE SQP 2023**

(i) आडंबर से दूर रहकर ईश्वर भक्ति करने की
(ii) कृषि आधारित जीवन व्यतीत करने की
(iii) सामाजिक रूढ़ियों का समर्थन करने की
(iv) पूजा-पाठ और यज्ञ आदि करने की

12. **कथन** (A) बाल गोबिन भगत ने अपने पुत्र की चिता को अग्नि अपनी पतोहू से दिलवाई।
कारण (R) बाल गोबिन भगत रूढ़ि विरोधी व नारी सम्मान के पक्षधर थे। **दक्षता आधारित प्रश्न**

उपर्युक्त कथन व कारण के लिए सही विकल्प का चयन कीजिए

(i) कथन (A) और कारण (R) दोनों गलत हैं।
(ii) कथन (A) गलत है, किंतु कारण (R) सही है।
(iii) कथन (A) सही है और कारण (R) उसकी सही व्याख्या है।
(iv) कथन (A) सही है, किंतु कारण (R) उसकी गलत व्याख्या है।

उत्तर **1.** (ii) जब उनके इकलौते बेटे की मृत्यु हुई।
2. (i) पतोहू का पुनर्विवाह करवाना
3. (iii) उत्सव मनाने के लिए
4. (ii) वह सुस्त तथा कम बुद्धि वाला था।
5. (i) सामाजिक रूढ़ियों में विश्वास रखते थे।
6. (iii) सात्विक गृहस्थ जीवन, सत्यवादिता, शुद्ध व्यवहार, कबीर दर्शन से सज्जित आत्मा
7. (iv) धान की रोपाई करते
8. (ii) साधु

9. (i) कबीर को

10. (iii) मधुर गान पर

11. (i) आडंबर से दूर रहकर ईश्वर भक्ति करने की

12. (iii) कथन (A) सही है और कारण (R) उसकी सही व्याख्या है।

गद्यांश पर आधारित बहुविकल्पीय प्रश्न

निम्नलिखित गद्यांशों को ध्यानपूर्वक पढ़कर पूछे गए प्रश्नों के सही विकल्प चुनिए

1. बालगोबिन भगत साधु थे। साधु की सब परिभाषाओं पर खरे उतरने वाले कबीर को 'साहब' मानते थे, उन्हीं के गीतों को गाते, उन्हीं के आदेशों पर चलते। कभी झूठ नहीं बोलते, खरा व्यवहार रखते। किसी से भी दो-टूक बात करने में संकोच नहीं करते, न किसी से खामखाह झगड़ा मोल लेते। किसी की चीज नहीं छूते, न बिना पूछे व्यवहार में लाते। इस नियम को कभी-कभी इतनी बारीकी तक ले जाते कि लोगों को कौतूहल होता! कभी वह दूसरे के खेत में शौच के लिए नहीं बैठते! वह गृहस्थ थे; लेकिन, उनकी सब चीज़ 'साहब' की थी। जो कुछ खेत में पैदा होता, सिर पर लादकर पहले उसे साहब के दरबार में ले जाते, जो उनके घर से चार कोस दूरी पर था-एक कबीरपंथी मठ से मतलब! वह दरबार में 'भेंट' रूप रख दिया जाकर 'प्रसाद' रूप में जो उन्हें मिलता, उसे घर लाते और उसी से गुजारा चलाते।

(क) बालगोबिन भगत कबीर के आदर्शों को मानते थे, तब लोगों के मन में क्या भाव आता था?

(i) प्रसन्नता (ii) भय
(iii) कौतुहल (iv) गर्व

(ख) बालगोबिन भगत के संबंध में कौन-सा कथन सत्य नहीं है?

(i) किसी से झगड़ा न करना।
(ii) सबसे खरा व्यवहार करना।
(iii) कबीर को साहब मानना।
(iv) उनका घर साहब के दरबार से छः कोस दूर होना।

(ग) 'इस नियम को कभी इतनी बारीकी तक ले जाते' पंक्ति का आशय है **दक्षता आधारित प्रश्न**

(i) किसी की चीज को नहीं छूते थे
(ii) बिना अनुमति के किसी की चीज का प्रयोग नहीं करते थे
(iii) (i) और (ii) दोनों
(iv) कबीर के संगीत नहीं गाते थे

(घ) गद्यांश के आधार पर बताइए कि भगत के खेत में जो कुछ पैदा होता है, वे उसे भेंट स्वरूप कहाँ दे आते थे?

(i) गरीबों में (ii) साहूकारों में
(iii) कबीरपंथी मठ में (iv) ये सभी

(ङ) बालगोबिन भगत को साधु कहा जाता था, क्योंकि ....।

(i) वे अहंकार नहीं करते थे।
(ii) वे किसी से झगड़ा नहीं करते थे।
(iii) वे हमेशा दूसरों की सहायता करते थे।
(iv) वे सच्चे साधुओं जैसे उत्तम आचार-विचार रखते थे।

उत्तर (क) (iii) कौतुहल
(ख) (iv) उनका घर साहब के दरबार से छः कोस दूर होना।
(ग) (iii) (i) और (ii) दोनों
(घ) (iii) कबीरपंथी मठ में
(ङ) (iv) वे सच्चे साधुओं जैसे उत्तम आचार-विचार रखते थे।

2. कार्तिक आया नहीं कि बालगोबिन भगत की प्रभातियाँ शुरू हुईं, जो फागुन तक चला करतीं। इन दिनों वह सबेरे ही उठते। न जाने किस वक्त जगकर वह नदी-स्नान को जाते-गाँव से दो मील दूर! वहाँ से नहा-धोकर लौटते और गाँव के बाहर ही, पोखरे के ऊँचे भिंडे पर, अपनी खँजड़ी लेकर जा बैठते और अपने गाने टेरने लगते। मैं शुरू से ही देर तक सोने वाला हूँ, किंतु एक दिन, माघ की उस दाँत किटकिटाने वाली भोर में भी, उनका संगीत मुझे पोखरे पर ले गया था। अभी आसमान के तारों के दीपक बुझे नहीं थे। हाँ, पूरब में लोही लग गई थी, जिसकी लालिमा को शुक्र तारा और बढ़ा रहा था। खेत, बगीचा, घर-सब पर कुहासा छा रहा था। सारा वातावरण अजीब रहस्य से आवृत्त मालूम पड़ता था। उस रहस्यमय वातावरण में एक कुश की चटाई पर पूरब मुँह, काली कमली ओढ़े, बालगोबिन भगत अपनी खँजड़ी लिए बैठे थे। उनके मुँह से शब्दों का ताँता लगा था, उनकी अँगुलियाँ खँजड़ी पर लगातार चल रही थीं। गाते-गाते इतने मस्त हो जाते, इतने सुरूर में आते, उत्तेजित हो उठते कि मालूम होता, अब खड़े हो जाएँगे। कमली तो बार-बार सिर से नीचे सरक जाती। मैं जाड़े से कँपकँपा रहा था, किंतु तारे की छाँव में भी उनके मस्तक के श्रमबिंदु, जब-तब, चमक ही पड़ते। **CBSE 2024**

(क) प्रभातियाँ किस समय गाया जाने वाला गीत है?

(i) भोर (ii) संध्या
(iii) मध्याह्न (iv) अपराह्न

(ख) 'उनके मुहँ से शब्दों का ताँता लगा था।'-का आशय है

(i) वह एक के बाद एक गीत गाए जा रहे थे।
(ii) वह लगातार प्रवचन दिए जा रहे थे।
(iii) वह लगातार लोगों को आशीर्वचन दे रहे थे।
(iv) वह किसी से लगातार बातें किए जा रहे थे।

(ग) गद्यांश में किस ऋतु का उल्लेख है?

(i) वसंत ऋतु
(ii) ग्रीष्म ऋतु
(iii) शीत ऋतु
(iv) वर्षा ऋतु

(घ) बालगोबिन की प्रभातियाँ कब तक चला करती थीं?

(i) फाल्गुन से कार्तिक तक
(ii) कार्तिक से फाल्गुन तक
(iii) फाल्गुन से आषाढ़ तक
(iv) कार्तिक से चैत्र तक

(ङ) भगत गाँव के बाहर पोखरे के ऊँचे भिंडे पर क्यों गाया करते थे? अनुपयुक्त विकल्प का चयन कीजिए **दक्षता आधारित प्रश्न**

(i) शांत और प्राकृतिक वातावरण के कारण।
(ii) ताकि गाँववालों को परेशानी न हो।
(iii) गाँव में अधिक शोर की मनाही थी।
(iv) उन्हें उस स्थान पर रोज गाने की आदत थी।

उत्तर (क) (i) भोर

(ख) (i) वह एक के बाद एक गीत गाए जा रहे थे।

(ग) (iii) शीत ऋतु

(घ) (ii) कार्तिक से फाल्गुन तक

(ङ) (iii) गाँव में अधिक शोर की मनाही थी।

3. इन सबके ऊपर, मैं तो मुग्ध था उनके मधुर गान पर जो सदा-सर्वदा ही सुनने को मिलते। कबीर के वे सीधे-सादे पद, जो उनके कंठ से निकलकर सजीव हो उठते।
आषाढ़ की रिमझिम है। समूचा गाँव खेतों में उतर पड़ा है। कहीं हल चल रहे हैं, कहीं रोपनी हो रही है। धान के पानी-भरे खेतों में बच्चे उछल रहे हैं। औरतें कलेवा लेकर मेंड पर बैठी हैं। आसमान बादल से घिरा; धूप का नाम नहीं। ठंडी पुरवाई चल रही। ऐसे ही समय आपके कानों एक स्वर-तरंग झंकार-सी कर उठी। यह क्या है—यह कौन है। यह पूछना न पड़ेगा। बालगोबिन भगत समूचा शरीर कीचड़ में लिथड़े, अपने खेत में रोपनी कर रहे हैं। उनकी अँगुली एक-एक धान के पौधे को, पंक्तिबद्ध खेत में बिठा रही है। उनका कंठ एक-एक शब्द को संगीत के जीने पर चढ़ाकर कुछ को ऊपर, स्वर की ओर भेज रहा है और कुछ को इस पृथ्वी की मिट्टी पर खड़े लोगों के कानों की ओर! बच्चे खेलते हुए झूम उठते हैं; मेंड पर खड़ी औरतों के होंठ काँप उठते हैं, वे गुनगुनाने लगती हैं; हलवाहों के पैर ताल से उठने लगते हैं; रोपनी करने वालों की अँगुलियाँ एक अज़ीब क्रम से चलने लगती हैं। बालगोबिन भगत का संगीत है या जादू। **CBSE SQP Term I 2021**

(क) धान की रोपनी करते समय बालगोबिन भगत गाते थे

(i) ईश्वर के भजन
(ii) सूरदास के पद
(iii) रामचरितमानस की चौपाइयाँ
(iv) कबीर के पद

(ख) लेखक किस बात पर सबसे अधिक मोहित थे?

(i) भगत के धान रोपने के कौशल पर
(ii) भगत के मधुर गान पर
(iii) भगत के सौम्य व्यवहार पर
(iv) भगत के निर्लिप्त स्वभाव पर

(ग) भगत और बाकी सब लोग बारिश के दिनों में धान की रोपनी क्यों कर रहे हैं? **दक्षता आधारित प्रश्न**

(i) धान की फसल छाया में ही होती है।
(ii) धान की रोपनी गीली मिट्टी में की जाती है।
(iii) गर्मी से राहत मिलने पर वे ज्यादा देर तक रोपनी कर सकेंगे।
(iv) बारिश के खुशनुमा मौसम में काम आनंददायक हो जाता है।

(घ) भगत के गाने का प्रभाव सभी पर अलग-अलग पड़ा। इनमें से किसका उल्लेख गद्यांश में नहीं हुआ है?

(i) बच्चे खेलते-खेलते अचंभित हो उठे।
(ii) हलवाहों के पैर ताल में उठने लगे।
(iii) स्त्रियों के होंठ काँप उठे, वे गुनगुनाने लगीं।
(iv) रोपनी करने वालों की अँगुलियाँ क्रम में चलने लगीं।

(ङ) लेखक ने कहा कि स्वर-तरंग के गूँजने पर यह पूछना नहीं पड़ेगा कि यह कौन है? सभी बालगोबिन भगत के स्वर को पहचान लेंगे, क्योंकि **दक्षता आधारित प्रश्न**

(i) भगत के संगीत का जादू सब पर छाया है।
(ii) भगत कभी-कभी स्टेज पर कार्यक्रम प्रस्तुत किया करते थे।
(iii) भगत का संगीत सदा-सर्वदा सुनने मिलता था।

उपरोक्त विकल्पों के आधार पर निम्नलिखित विकल्पों में से सही विकल्प का चयन कीजिए

(i) केवल (i) (ii) (i) और (iii) दोनों
(iii) (i) और (ii) दोनों (iv) (i), (ii) और (iii)

उत्तर (क) (iv) कबीर के पद

(ख) (ii) भगत के मधुर गान पर

(ग) (ii) धान की रोपनी गीली मिट्टी में की जाती है।

(घ) (i) बच्चे खेलते-खेलते अचंभित हो उठे।

(ङ) (ii) (i) और (iii) दोनों

4. वही पुराना स्वर, वही पुरानी तल्लीनता। घर में पतोहू रो रही है, जिसे गाँव की स्त्रियाँ चुप कराने की कोशिश कर रही हैं। किंतु बालगोबिन भगत गाए जा रहे हैं! हाँ गाते-गाते कभी-कभी पतोहू के नजदीक भी जाते और उसे रोने के बदले उत्सव मनाने को कहते। आत्मा परमात्मा के पास चली गई, विरहिनी अपने प्रेमी से जा मिली, भला इससे बढ़कर आनंद की कौन बात? मैं कभी-कभी सोचता, यह पागल तो नहीं हो गए। किंतु नहीं, वह जो कुछ कह रहे थे उसमें उनका विश्वास बोल रहा था-वह चरम विश्वास जो हमेशा ही मृत्यु पर विजयी होता आया है। **दक्षता आधारित प्रश्न**

(क) बालगोबिन अपनी बहू को प्रसन्न होने के लिए कह रहे हैं, क्योंकि ....।

(i) उन्हें अपने पुत्र से छुटकारा मिल गया है
(ii) पुत्र ने परमात्मा को प्राप्त कर लिया है
(iii) उन्होंने परमात्मा को देख लिया है
(iv) वह जिम्मेदारी से मुक्त हो गई है

(ख) लेखक को यह संदेह है कि भगत पागल हो गया है, क्योंकि वह ....।

(i) पुत्र को सफेद कपड़े से ढक रहा है
(ii) पुत्र की मृत्यु के बाद गा रहा है
(iii) बहू को मायके भेज रहा है
(iv) घर छोड़कर जा रहा है

(ग) किसके विचारों से प्रभावित होकर बालगोबिन अपने बेटे की मृत्यु को आनंद की बात मानते हैं? **दक्षता आधारित प्रश्न**

(i) गाँव वालों के (ii) एक संत के
(iii) समाज के (iv) लेखक के

(घ) 'विरहिनी अपने प्रेमी से जा मिली'
इस कथन में बालगोबिन के अनुसार विरहिनी कौन है?

(i) काया (ii) आत्मा
(iii) ईश्वर (iv) बहू

(ङ) 'वह चरम विश्वास जो हमेशा ही मृत्यु पर विजयी होता आया है।'

इस पंक्ति का सही अर्थ पहचानिए

(i) शरीर को एक दिन आत्मा से मिलना ही पड़ता है।

(ii) परिवार के सदस्य हमेशा के लिए चले जाते हैं।

(iii) पिता और पुत्र का संबंध इतना ही होता है।

(iv) आत्मा जाकर परमात्मा से मिलती है।

(च) 'बालगोबिन भगत' पाठ में बहू से पुत्र की चिता को आग दिलाना बालगोबिन भगत द्वारा .... है।

(i) संस्कारिता पर प्रवाह (ii) सामाजिकता पर प्रचार

(iii) रूढ़िवादिता पर प्रहार (iv) अंधविश्वास पर प्रमाण

(छ) 'बालगोबिन भगत' पाठ के अनुसार संन्यासी बनने के लिए कौन-सी बात महत्त्वपूर्ण है? **दक्षता आधारित प्रश्न**

(i) मानवीय गुणों का पालन करना

(ii) समाज के नियम तोड़ना

(iii) गृहस्थी का त्याग करना

(iv) वेश बदलना

(ज) 'उनकी सब चीज 'साहब' की थी।'

इस कथन से बालगोबिन के चरित्र की कौन-सी विशेषता पता चलती है?

(i) समर्पण (ii) व्याकुल

(iii) पराक्रमी (iv) सुशिक्षित

उत्तर (क) (ii) पुत्र ने परमात्मा को प्राप्त कर लिया है

(ख) (ii) पुत्र की मृत्यु के बाद गा रहा है

(ग) (ii) एक संत के

(घ) (ii) आत्मा

(ङ) (iv) आत्मा जाकर परमात्मा से मिलती है।

(च) (iii) रूढ़िवादिता पर प्रहार

(छ) (i) मानवीय गुणों का पालन करना

(ज) (i) समर्पण

विषयवस्तु पर आधारित प्रश्नोत्तर

निम्नलिखित प्रश्नों के उत्तर संक्षेप में दीजिए

1. बालगोबिन भगत गृहस्थ भी थे और सब चीज़ 'साहब' की मानते थे। वे दोनों बातों का पालन कैसे करते थे? **CBSE 2011**

उत्तर बालगोबिन भगत गृहस्थ थे। उनका अपना परिवार था। अपने परिवार के पालन-पोषण के लिए वे खेतीबाड़ी भी करते थे। बालगोबिन गृहस्थ होते हुए भी किसी साधु के समान थे। सब चीज़ 'साहब' (कबीर) की मानते थे। अपने खेत की पैदावार को सिर पर लादकर साहब के दरबार (कबीरपंथी मठ) में ले जाते। वहाँ से जो भेंट स्वरूप मिलता, उसे घर लाते तथा उसी से अपने परिवार का भरण-पोषण करते। इस प्रकार, वे दोनों बातों का पालन किया करते थे।

2. बालगोबिन भगत का अपनी पैदावार को कबीरपंथी मठ पर जाकर चढ़ा देना क्या प्रकट करता है?

अथवा **किन्हीं दो उदाहरणों द्वारा स्पष्ट कीजिए कि बालगोबिन भगत कबीरपंथी थे।** **CBSE SQP (Additional Set) 2023**

उत्तर बालगोबिन भगत का अपनी पैदावार को कबीरपंथी मठ पर जाकर चढ़ा देना यह प्रकट करता है कि वह कबीर के भक्त थे और उन्हीं को अपना 'साहब' मानते थे तथा अपनी सभी चीजों पर उनका अधिकार समझते थे। वह मानते थे कि जो कुछ पैदावार है वह उन्हीं की है। इसलिए खेत की पैदावार पर प्रथम अधिकार उन्हीं का है।

3. लेखक ने बालगोबिन भगत के संगीत को 'संगीत है या जादू' क्यों कहा है?

अथवा **बालगोबिन भगत के गीतों का खेतों में काम करते हुए और आते-जाते नर-नारियों पर क्या प्रभाव पड़ता था?** **CBSE 2020**

उत्तर लेखक ने भगत के संगीत को 'संगीत है या जादू' इसलिए कहा है, क्योंकि उनके मधुर कंठ को सुनकर बच्चे खेलते हुए झूम उठते हैं, मेंड़ पर खड़ी औरतों के होंठ हिलने लगते हैं अर्थात् वे भी इस मधुर स्वर को सुनकर गुनगुनाने लगती हैं। हलवाहों के पैर ताल से उठने लगते हैं। रोपनी करने वालों की अँगुलियाँ एक सुनिश्चित क्रम से चलने लगती हैं।

4. आपके विचार में बालगोबिन भगत के गीत-संगीत को किस नाम से पुकारा जा सकता है? **दक्षता आधारित प्रश्न**

उत्तर बालगोबिन भगत का गीत-संगीत केवल मनोरंजन के लिए या शांति पाने के लिए किया गया उपाय नहीं था। उनके लिए यह आत्मा को परमात्मा से मिलाने का एक महत्त्वपूर्ण साधन था। इसलिए जब वह मस्त होकर गाते थे, तो संगीत के स्वर मानो उनकी आत्मा की गहराइयों से उठते थे और वे सुनने वालों को अभिभूत कर देते थे। इसलिए उनके गीत-संगीत को भक्ति-भावना के रस में डूबा हुआ संगीत कहा जा सकता है।

5. कार्तिक मास से फाल्गुन मास तक बालगोबिन भगत की दिनचर्या क्या होती थी? **दक्षता आधारित प्रश्न**

उत्तर कार्तिक मास लगते ही बालगोबिन भगत की प्रभाती आरंभ हो जाती थी। यह प्रभाती कार्तिक मास से आरंभ होकर फाल्गुन मास तक चला करती थी। इस समय वे सुबह अँधेरे में ही उठते और गाँव से दो मील दूर नदी पर स्नान करने चले जाते थे। स्नान करने के पश्चात् वे गाँव के पोखर के ऊँचे भिंडे पर अपनी खँजड़ी बजाते हुए गीत गाते थे।

6. 'बालगोबिन भगत' पाठ के आधार पर ग्रामीण जीवन की सजीव झाँकी प्रस्तुत कीजिए। **CBSE 2011, 10**

उत्तर ग्रामीण जीवन प्रकृति के अधिक समीप होता है। प्रस्तुत पाठ के आधार पर हम कह सकते हैं कि आदमी और औरतें, दोनों कृषि कार्य एवं खेतीबाड़ी में अपना-अपना योगदान देते हैं। ग्रामीण व्यक्ति अधिकतर कार्य सामूहिक रूप में करते हैं। उदाहरण के लिए, जब बालगोबिन भगत गाते, तब गाँव के संगीत प्रेमी भी उनके साथ बैठ जाते और गायन में उनका साथ देते। इससे गाँवों में आपसी भाईचारे की भावना दृढ़ होती है।

7. गर्मियों के दिनों में बालगोबिन भगत के गीतों को सुनकर लोगों पर क्या प्रभाव पड़ता था? CBSE 2016

उत्तर गर्मियों के दिनों में बालगोबिन भगत अपनी मित्र मण्डली के साथ बैठकर संगीत में इस प्रकार लीन हो जाते थे कि उनका मन तन पर हावी हो जाता और कुछ समय बाद यह स्थिति होती थी कि बीच में खँजड़ी लिए हुए बालगोबिन भगत नृत्य कर रहे हैं और उनके साथ ही सबके तन और मन नृत्यशील हो उठे हैं। ऐसा लगता था मानो सारा आँगन ही नृत्य और संगीत से ओतप्रोत हो उठा है।

8. बालगोबिन भगत के बेटे के बारे में लेखक ने क्या बताया है? भगत उससे अधिक प्यार क्यों करते थे? CBSE 2011

अथवा **बालगोबिन भगत अपने सुस्त और बोदे से बेटे के साथ कैसा व्यवहार करते थे और क्यों?** CBSE 2019

अथवा **सुस्त और कमज़ोर व्यक्ति के संबंध में बालगोबिन भगत के क्या विचार थे? लगभग 25-30 शब्दों में उत्तर लिखिए।** दक्षता आधारित प्रश्न

उत्तर लेखक के अनुसार, बालगोबिन का एक बेटा था। वह सुस्त तथा बोदा अर्थात् मानसिक रूप से कमज़ोर-सा था। इसी कारण भगत उसे अधिक प्यार करते थे, क्योंकि वे सोचते थे कि ऐसे व्यक्तियों को अधिक सहानुभूति चाहिए। ऐसे व्यक्ति ही प्यार और निगरानी के अधिक हकदार होते हैं।

9. ''उनका बेटा बीमार है, इसकी ख़बर रखने की लोगों को कहाँ फुरसत''—कथन द्वारा लेखक क्या कहना चाहता है? CBSE 2012

उत्तर ''उनका बेटा बीमार है, इसकी ख़बर रखने की लोगों को कहाँ फुरसत''—कथन से लेखक यह कहना चाहता है कि बीमारी के समय गाँव वाले भगत के बेटे का हाल-चाल जानने भगत के घर नहीं गए, क्योंकि सभी अपनी-अपनी दिनचर्या में अत्यधिक व्यस्त रहते थे। साथ ही, भगत जी की सामान्य दिनचर्या से गाँव वालों को इसका पता ही नहीं चला।

10. 'किंतु मौत तो अपनी ओर सबका ध्यान खींचकर ही रहती है।' लेखक का ऐसा कहने का कारण क्या है?

उत्तर लेखक का ऐसा कहने का कारण यह है कि मृत्यु एक ऐसी वास्तविकता है, जो सभी का ध्यान अपनी ओर खींच लेती है। बालगोबिन भगत का बेटा बीमार था। लेखक के साथ अन्य लोगों को भी उसकी बीमारी का पता नहीं चल पाया, किंतु उसकी मृत्यु का समाचार सभी को मिल जाता है। इसलिए लेखक ने कहा है कि मौत तो अपनी ओर सबका ध्यान खींचकर ही रहती है।

11. बालगोबिन भगत के बेटे की मृत्यु का समाचार मिलने पर जब लेखक उनके घर पहुँचे, तब उन्होंने बालगोबिन भगत को क्या करते हुए देखा? CBSE 2016

अथवा **बेटे की मृत्यु होने पर भगत के किस भाव को देखकर लोगों को अचरज हुआ?** CBSE Diksha

उत्तर लेखक ने भगत के घर पहुँचने पर देखा कि उन्होंने अपने पुत्र के शव को आँगन में एक चटाई पर लिटाकर एक सफेद कपड़े से ढक रखा है और कुछ फूल और तुलसीदल शव पर बिखरा दिए हैं। उसके सिरहाने एक चिराग जलाकर वे तल्लीनतापूर्वक गीत गाए जा रहे हैं। गाते-गाते कभी-कभी वह पतोहू के करीब चले जाते और उसे रोने के बदले उत्सव मनाने को कहते।

12. बालगोबिन भगत अपने इकलौते पुत्र को बहुत मानते थे, फिर उसकी मृत्यु हो जाने पर उन्होंने दु:ख व्यक्त क्यों नहीं किया?

उत्तर बालगोबिन भगत अपने इकलौते पुत्र से बहुत प्यार करते थे। उन्होंने एक सुशील लड़की से अपने पुत्र का विवाह भी किया। जब बीमारी के कारण उसकी मृत्यु हो गई तो उन्हें इसका दु:ख तो बहुत हुआ, किंतु इसे दिल से नहीं लगाया।

उसे ईश्वर की इच्छा मानकर स्वीकार कर लिया। उनके अनुसार, आत्मा परमात्मा से जा मिली है, इसलिए दु:ख नहीं, उत्सव मनाना चाहिए। इसी विचारधारा के कारण उन्होंने अपना दु:ख व्यक्त नहीं किया।

13. बालगोबिन भगत द्वारा अपने इकलौते पुत्र की मृत्यु के समय पुत्रवधू से कही गई बातों का क्या अर्थ निकलता है?

अथवा **बालगोबिन भगत मृत्यु को आनंद का उत्सव क्यों मानते हैं? पाठ के आधार पर कोई दो कारण लिखिए।** दक्षता आधारित प्रश्न

उत्तर जिस समय बालगोबिन भगत के इकलौते पुत्र की मृत्यु हुई, तब उन्होंने अपनी पुत्रवधू से रोने को नहीं, बल्कि उत्सव मनाने को कहा। उनकी इस बात का यह अर्थ निकलता है कि आत्मा परमात्मा से अलग होकर इस धरती पर आती है और अपने प्रेमी (परमात्मा) के वियोग में तड़पती रहती है। जब मनुष्य की मृत्यु होती है, तो आत्मा का परमात्मा से पुनर्मिलन हो जाता है।

14. क्या आपकी दृष्टि में बालगोबिन भगत का अपनी पतोहू से किया गया व्यवहार उचित था? क्यों? CBSE SQP (Additional Set) 2023

उत्तर बालगोबिन भगत का अपनी पतोहू से किया गया व्यवहार उचित था, क्योंकि वे यह नहीं चाहते थे कि भारतीय समाज में फैली पुनर्विवाह न करने की सामाजिक मान्यताओं के कारण जिस प्रकार विधवाओं को घुट-घुटकर अपना बाकी जीवन जीना पड़ता है, उसी प्रकार उनकी पतोहू भी अपना आगे का जीवन व्यतीत करे। वह इन सामाजिक मान्यताओं में विश्वास नहीं करते थे। इसी कारण उन्होंने अपने पुत्र की मृत्यु के बाद अपनी पतोहू को उसके भाई के साथ भेज दिया, ताकि वह उसका पुर्नविवाह कर सकें।

15. 'बालगोबिन भगत' शीर्षक पाठ में किन सामाजिक रूढ़ियों पर प्रहार किया गया है? अपने शब्दों में लिखिए। CBSE 2023

अथवा **बालगोबिन भगत पतोहू के पुनर्विवाह के रूप में समाज की किस समस्या का समाधान प्रस्तुत करना चाहते हैं? स्पष्ट कीजिए।** CBSE 2012

उत्तर 'बालगोबिन भगत' शीर्षक पाठ में बालगोबिन भगत द्वारा सामाजिक रूढ़ियों पर प्रहार किया गया है। बालगोबिन भगत ने पतोहू के भाई को बुलाकर उसे पतोहू के पुनर्विवाह का आदेश दिया। यहाँ बालगोबिन भगत समाज में उपस्थित विधवाओं की समस्याओं की ओर ध्यान दे रहे हैं।

उन्होंने इस समस्या का समाधान विधवा पुनर्विवाह के रूप में प्रस्तुत किया है, क्योंकि भगत यह अवश्य समझते होंगे कि विधवा जीवन अत्यधिक कष्टदायक होता है।

16. बालगोबिन भगत की पुत्रवधू की ऐसी कौन-सी इच्छा थी जिसे वे पूरा न कर सके? कारण स्पष्ट कीजिए। **CBSE 2014**

उत्तर बालगोबिन भगत की पुत्रवधू की इच्छा थी कि वह अपने पति की मृत्यु के बाद बालगोबिन भगत के पास ही रहे, क्योंकि वह बुढ़ापे में अपने ससुर की सेवा करना चाहती थी, किंतु भगत उसकी इस इच्छा को पूरा न कर सके। भगत अपनी पुत्रवधू का पुनर्विवाह कराने के पक्ष में थे। यहाँ उनका समाज सुधारक वाला रूप दृष्टिगोचर होता है।

17. यह कैसे कहा जा सकता है कि बालगोबिन भगत की पतोहू एक आदर्श पतोहू थी? क्या आधुनिक समय में भी इस प्रकार का आदर्श प्रासंगिक माना जा सकता है? **CBSE 2014**

उत्तर बालगोबिन भगत की पतोहू में एक आदर्श पतोहू की झलक मिलती है, क्योंकि वह भावनात्मक रूप से अपने परिवार से जुड़ी हुई थी। उसे अपने पति के साथ-साथ अपने ससुर की चिंता भी थी। इसलिए वह उनके पास रुककर उनकी देखभाल करना चाहती थी। आधुनिक समय में इस प्रकार का व्यक्तित्व कम ही देखने को मिलता है, परंतु फिर भी इस प्रकार का आदर्श आज भी प्रासंगिक है।

18. 'यह थी उनकी आखिरी दलील'—बालगोबिन भगत की आखिरी दलील क्या थी? तर्क सहित उत्तर दीजिए।

उत्तर जब बालगोबिन भगत के इकलौते बेटे की मृत्यु हो गई तो उन्होंने श्राद्ध की अवधि पूरी हो जाने के बाद पतोहू के भाई को बुलाकर उसे, उसका (पतोहू) दूसरा विवाह कर देने का आदेश दिया। जब पतोहू उन्हें छोड़कर जाने के लिए तैयार नहीं हुई, तो उनकी आखिरी दलील यह थी कि तू जा, नहीं तो मैं ही इस घर को छोड़कर चल दूँगा। भगत ने यह दलील इसलिए दी, क्योंकि उनकी पतोहू की उम्र अभी बहुत कम थी। इसलिए वे उसका पुनर्विवाह करवाना चाहते थे।

19. बालगोबिन भगत की पुत्रवधू के चरित्र की विशेषताओं में से दो प्रमुख विशेषताओं का संक्षिप्त में उल्लेख कीजिए। **CBSE 2016, 15, 14**

उत्तर बालगोबिन भगत की पुत्रवधू की चारित्रिक विशेषताएँ निम्नलिखित हैं

(i) उनकी पुत्रवधू बहुत ही सुयोग्य, सुशील और घर की कुशल प्रबंधिका थी।

(ii) उसके मन में अपने बुजुर्गों के प्रति सम्मान एवं सेवा-भाव था। वह बालगोबिन भगत के साथ रहकर उनकी सेवा करना चाहती थी।

20. लेखक को बालगोबिन भगत का संगीत पोखरे पर कैसे ले गया था? **CBSE 2012**

उत्तर लेखक देर तक सोने वालों में शामिल है, परंतु दाँत किटकिटाने वाली भोर में भगत का मधुर संगीत लेखक को पोखरे तक ले गया। उनकी कार्तिक से लेकर फागुन तक की प्रभातियों में मधुर गान के साथ खँजड़ी की मिठास लेखक एवं अन्य लोगों को दाँत किटकिटाती ठंड में भी घरों से बाहर पोखर तक खींच लाती थी। उनके संगीत की यही प्रभावशीलता लेखक को पोखरे तक ले गई।

21. बालगोबिन भगत की मृत्यु किस प्रकार हुई?

उत्तर बालगोबिन भगत हर वर्ष की तरह इस बार भी तीस कोस दूर गंगा स्नान के लिए गए। जब वापस लौटे तो तबीयत कुछ खराब थी, किंतु उन्होंने अपना नेम-व्रत नहीं छोड़ा। भगत दोनों समय गीत, स्नान—ध्यान, खेतीबाड़ी आदि में लगे रहे। लोगों ने उन्हें थोड़ा आराम करने को कहा, किंतु वे हँसकर सभी की बातों को टालते रहे। उस दिन भी संध्या में उन्होंने गीत गाए। भोर में जब लोगों ने उनके गीतों का स्वर नहीं सुना तो जाकर देखने पर पता चला कि उनकी मृत्यु हो चुकी थी।

22. "किंतु मालूम हुआ जैसे तागा टूट गया हो माला का एक-एक दाना बिखरा हुआ।"—पंक्ति का आशय 'बालगोबिन भगत' पाठ के आधार पर समझाते हुए बताइए कि गाँव वालों को कैसे विदित हुआ, अब भगत नहीं रहे? **CBSE 2016, 15**

उत्तर प्रस्तुत पंक्ति से लेखक का आशय है कि जिस प्रकार माला का धागा टूटने पर उसका प्रत्येक मोती बिखरा हुआ दिखाई देता है, उसी प्रकार संध्या में जब बालगोबिन अपनी दिनचर्चा के अनुरूप भजन गा रहे थे, तो उनका प्रत्येक स्वर बिखरा हुआ प्रतीत होता। उसमें मधुरता व सुरों की लय का अभाव था, लेकिन फिर भी वे गीत गाए जा रहे थे। भोर के समय जब लोगों को उनके संगीत का स्वर सुनाई नहीं दिया, तो जाकर देखने पर मालूम हुआ, कि वे अब नहीं रहे।

23. गर्मियों की उमस भरी शाम को भी बालगोबिन भगत किस प्रकार शीतल और मनमोहक बना देते थे? **CBSE 2020**

उत्तर गर्मियों की उमस भरी शाम को भी बालगोबिन भगत अपने संगीत के स्वरों के माध्यम से शीतल और मनमोहक बना देते थे। वे अपने आँगन में अपनी मित्र मंडली के साथ बैठकर संगीत की सभा जुटा लेते थे तथा संगीत के माध्यम से ऐसे वातावरण की रचना करते, जिससे सभी श्रोता नृत्य और संगीत से ओतप्रोत हो जाते थे।

स्व-मूल्यांकन

पाठ पर आधारित बहुविकल्पीय प्रश्न

1. मृत्यु की पूर्व संध्या पर लेखक को बालगोबिन के गीत का स्वर कैसा लगा?

(i) कर्कश (ii) दमदार
(iii) बिखरा हुआ (iv) अपेक्षाकृत अधिक मधुर

2. बालगोबिन भगत के गीतों में ………… भाव व्यक्त होता था।

(i) विरह का (ii) ईश्वर भक्ति का
(iii) श्रृंगार का (iv) वैराग्य का

3. 'मन तन पर हावी हो जाता है।' से आशय है

(i) तन पर काबू न रहना
(ii) मन को भूल जाना
(iii) मन पर काबू रहना
(iv) तन की सुध भूलकर मन से भक्ति रस में डूबना

गद्यांश पर आधारित बहुविकल्पीय प्रश्न

निम्नलिखित गद्यांश को पढ़कर प्रश्नों के सर्वाधिक उपयुक्त विकल्पों का चयन कीजिए

1. बेटे के क्रियाकर्म में तूल नहीं किया; पतोहू से ही आग दिलाई उसकी। किंतु ज्यों ही श्राद्ध की अवधि पूरी हो गई, पतोहू के भाई को बुलाकर उसके साथ कर दिया, यह आदेश देते हुए कि इसकी दूसरी शादी कर देना। इधर पतोहू रो-रोकर कहती–मैं चली जाऊँगी तो बुढ़ापे में कौन आपके लिए भोजन बनाएगा, बीमार पड़े, तो कौन एक चुल्लू पानी भी देगा? मैं पैर पड़ती हूँ, मुझे अपने चरणों से अलग नहीं कीजिए! लेकिन भगत का निर्णय अटल था। तू जा, नहीं तो, मैं ही इस घर को छोड़कर चल दूँगा-यह थी उनकी आखिरी दलील और इस दलील के आगे बेचारी की क्या चलती? **CBSE 2015**

(क) बालगोबिन भगत ने पतोहू के भाई को क्या आदेश दिया?

(i) पतोहू के पुनर्विवाह का
(ii) पतोहू को अपने घर वापस ले जाने का
(iii) बेटे को मुखाग्नि देने का
(iv) घर से बाहर निकलने का

(ख) "मैं' चली जाऊँगी तो बुढ़ापे में कौन आपके लिए भोजन बनाएगा" कथन द्वारा पुत्रवधू के स्वभाव की किस विशेषता का पता चलता है? **दक्षता आधारित प्रश्न**

(i) कुशल प्रबंधिका
(ii) मधुरभाषी
(iii) कुटिल मानसिकता
(iv) बुजुर्गों के प्रति सेवा की भावना

(ग) बेटे के श्राद्ध अवधि पूरी होने पर भगत ने किसे बुलाया?

(i) पतोहू को (ii) बेटे की आत्मा को
(iii) पतोहू के भाई को (iv) पत्नी को

(घ) "तू जा, नहीं तो, मैं ही इस घर को छोड़कर चल दूँगा"-इस कथन से बालगोबिन भगत की किस चारित्रिक विशेषता का पता चलता है?

(i) जिद्दी (ii) दृढ़ निश्चयी
(iii) संकोची (iv) रुढ़ियों के समर्थक

(ङ) बालगोबिन भगत का कौन-सा निर्णय अटल था?

(i) पतोहू से बेटे के मृत शरीर को मुखाग्नि दिलाने का
(ii) पतोहू के भाई को घर बुलाने का
(iii) घर छोड़कर जाने का
(iv) पतोहू को उसके भाई के साथ भेजने का

विषयवस्तु पर आधारित प्रश्न

निम्नलिखित प्रश्नों के उत्तर संक्षेप में दीजिए

I. बालगोबिन भगत और संगीत के मध्य क्या संबंध था? **दक्षता आधारित प्रश्न**

II. बालगोबिन भगत पाठ के अंतर्गत किन-किन महीनों का वर्णन किया गया है तथा प्रत्येक महीने की एक विशेषता का वर्णन कीजिए।

III. "बालगोबिन भगत संन्यासी और गृहस्थ, दोनों का धर्म निभाते थे।" तर्क सहित इस कथन को स्पष्ट कीजिए। **दक्षता आधारित प्रश्न**

IV. "बालगोबिन भगत सच्चे अर्थों में कबीरपंथी समुदाय के अनुयायी थे।" इस कथन के पक्ष या विपक्ष में तर्कपूर्ण विचार व्यक्त कीजिए।

लखनवी अंदाज यशपाल

अध्याय 9

पाठ की रूपरेखा

प्रस्तुत पाठ में लेखक 'यशपाल' ने सामंती वर्ग की बनावटी जीवन-शैली पर कटाक्ष किया है, जो वास्तविकता से बेखबर कृत्रिम जीवन जीने का आदि है। ऐसा वर्ग सामान्य जनजीवन से कोसों दूर रहते हुए स्वयं को विशिष्ट श्रेणी का मानता है। ऐसा नहीं है कि आज समाज में सामंती वर्ग या ऐसी मानसिकता के व्यक्ति नहीं हैं। वे तो हर काल में रहते हैं। आज के समय में भी इस परजीवी संस्कृति (सामंती वर्ग की बनावटी शैली) के वाहकों को समाज में देखा जा सकता है। प्रस्तुत व्यंग्य इस बात को प्रमाणित करने के लिए लिखा गया है कि बिना किसी विचार के कहानी नहीं लिखी जा सकती, लेकिन इसे एक स्वतंत्र एवं मौलिक रचना के रूप में पढ़ा जा सकता है।

लेखक परिचय

यशपाल हिंदी के प्रसिद्ध उपन्यासकार, कहानीकार एवं निबंधकार हैं। उनका जन्म वर्ष 1903 में पंजाब के फिरोज़पुर छावनी में हुआ था। यशपाल की प्रारंभिक शिक्षा काँगड़ा में हुई तथा उन्होंने लाहौर के नेशनल कॉलेज से बी.ए. किया। इन्होंने क्रांतिकारियों के संपर्क में आकर असहयोग आंदोलन में भाग लिया तथा चंद्रशेखर आज़ाद, भगतसिंह व सुखदेव के साथ कार्य किया, जिसके कारण उन्हें कई बार जेल जाना पड़ा। उन्होंने कई बार विदेशों में भ्रमण किया था।

यशपाल जी ने आम आदमी की आर्थिक दुर्दशा, उसके जीवन की विडंबनाओं को अपनी कहानियों के माध्यम से प्रकट किया है। उनकी रचनाएँ समाज में फैली विषमता व रूढ़ियों पर प्रहार करती हैं। उनकी प्रमुख कहानियाँ हैं—पिंजरे की उड़ान, ज्ञानदान तर्क का तूफ़ान, फूलों का कुर्ता आदि। अमिता, झूठा सच, दिव्या उनके प्रमुख उपन्यास हैं। 'सिंहावलोकन' उनकी प्रमुख आत्मकथा है। उनका 'झूठ-सच' उपन्यास भारत के विभाजन की त्रासदी का मार्मिक दस्तावेज है।

'मेरी, तेरी उसकी बात' उपन्यास पर यशपाल को वर्ष 1976 में साहित्य अकादमी पुरस्कार मिला। यशपाल जी अपनी रचनाओं में सहज, सरल व आम बोलचाल की भाषा का प्रयोग करते हैं, जिसके कारण उनकी शैली वर्णनात्मक व चित्रात्मक है। यशपाल जी की मृत्यु वर्ष 1976 में हो गई थी।

पाठ का सार

सेकंड क्लास का टिकट लेने का उद्‌देश्य

लेखक नई कहानी लिखने व उस विषय के बारे में सोचने के लिए एकांत चाहता था। इसलिए उसने सेकंड क्लास का टिकट ले लिया। साथ ही, उसकी इच्छा यह भी थी कि वह रेल की खिड़की से मार्ग में आने वाले प्राकृतिक दृश्यों को देखकर कुछ सोच सके।

डिब्बे में नवाब साहब की उपस्थिति

जिस डिब्बे में लेखक चढ़ा, उसमें पहले से ही एक नवाब साहब पालथी मारे बैठे हुए थे। उनके सामने दो ताज़े खीरे तौलिए पर रखे हुए थे। लेखक के उस डिब्बे में चढ़ने पर नवाब साहब ने कोई उत्साह नहीं दिखाया। लेखक को लगा कि नवाब साहब उसके इस डिब्बे में आने से इसलिए खुश नहीं हैं, क्योंकि किसी सफ़ेदपोश के सामने खीरे जैसी साधारण खाद्य सामग्री खाने में उन्हें संकोच हो रहा था। लेखक ने भी सामने की बर्थ पर बैठकर आत्मसम्मान में उनकी ओर से दृष्टि हटा ली।

लेखक, नवाब साहब और खीरा

लेखक तिरछी नजरों से नवाबसाहब की ओर देख रहे थे कुछ देर गाड़ी की खिड़की से बाहर देखकर स्थिति पर गौर कर रहे थे। जब बहुत देर हो गई तो नवाब साहब को लगा कि वह खीरे किस प्रकार खाएँ, तब उन्होंने लेखक को खीरा खाने का निमंत्रण दिया, अचानक नवाब साहब का भाव परिवर्तन लेखक को अच्छा नहीं लगा, अत: जिसे लेखक ने धन्यवाद कहकर मना कर दिया।

लेखक द्वारा खीरा खाने के लिए मना करने पर नवाब साहब ने खीरों के नीचे रखे हुए तौलिए को झाड़कर सामने बिछाया, सीट के नीचे से लोटा उठाकर दोनों खीरों को खिड़की से बाहर धोया और तौलिए से पोंछ लिया। इसके बाद ज़ेब से चाकू निकालकर दोनों खीरों के सिर काटे, उन्हें घिसकर उनका झाग निकाला और बहुत सावधानी से छीलकर खीरों की फाँकों को करीने (तरीके) से तौलिए पर सजाया। उसके बाद उन्होंने उन फाँकों पर जीरा-मिला नमक और लाल मिर्च की सुर्खी बुरक दी। यह सब देखकर लेखक एवं नवाब साहब दोनों के मुँह में पानी आ रहा था।

नवाब साहब का खीरा खाने का विशिष्ट ढंग

यह सब करने के बाद नवाब साहब ने एक बार फिर से लेखक को खीरा खाने का निमंत्रण दिया। खीरा खाने की इच्छा होते हुए भी लेखक ने नवाब साहब को यह कहकर खीरा खाने से मना कर दिया कि उनका मेदा कमज़ोर है। क्योंकि वे पहले ही नवाब साहब को खीरा खाने से मना कर चुके थे।

नवाब साहब ने खीरों की फाकों को देखा और खिड़की से बाहर देखकर लम्बी श्वास ली फिर नवाब साहब ने फाँकों को आँख मूँदकर सूँघा, स्वाद का आनंद लिया और उन फाँकों को एक-एक करके खिड़की से बाहर फेंक दिया।

इसके बाद नवाब साहब ने लेखक की ओर देखते हुए तौलिए से हाथ और होंठ पोंछ लिए। लेखक को लगा जैसे वह उनसे कह रहे हैं कि यह है खानदानी रईसों का तरीका! इसके बाद लेखक को नवाब साहब के मुँह से भरे पेट की ऊँची डकार का स्वर भी सुनाई दिया।

'नई कहानी' का आधार

यह सब देखकर लेखक के ज्ञान चक्षु खुल जाते हैं और वे सोचते हैं कि जब खीरे की सुगंध और स्वाद की कल्पना मात्र से पेट भर जाने की डकार आ सकती है, तो बिना विचार, घटना और पात्रों के, लेखक की इच्छा मात्र से 'नई कहानी' क्यों नहीं बन सकती।

शब्दार्थ

शब्द	अर्थ
मुफ़स्सिल	नगर के इर्द-गिर्द के स्थान
उतावली	जल्दबाज़ी
फूँकार	सीटी की आवाज़ निकालना
एकांत	अकेला
नई कहानी	वर्ष 1960 के आस-पास लिखी गई कहानी
प्रतिकूल	विपरीत
निर्जन	खाली
सफ़ेदपोश	भला इंसान
पालथी मारे	टाँगें मोड़कर
विघ्न	बाधा
अपदार्थ वस्तु	सामान्य चीज़
संगति	मेल-मिलाप
किफ़ायत	मितव्ययिता/समझदारी से उपयोग करना
गवारा	अरुचिकर
मँझले दर्जे	दूसरे दर्जे
कनखियों	तिरछी नज़र
आदाब-अर्ज़	अभिवादन करने का एक ढंग
भाव-परिवर्तन	भावों का बदलना
गुमान	घमंड
लथेड़ लेना	शामिल करना
एहतियात	सावधानी

शब्द	अर्थ
करीने से	तरीके से
बुरक दी	छिड़क दी
स्फुरण	हिलना
रसास्वादन	आनंद
प्लावित	पानी भर जाना
पनियाती	रसीली
मेदा	आमाशय
तलब महसूस होना	इच्छा होना
सतृष्ण	प्यासी
वासना	कामना/इच्छा
तसलीम	सम्मान में
सिर खम कर लेना	सिर झुकाना
तहज़ीब	सभ्यता
नफ़ासत	स्वच्छता
नज़ाकत	कोमलता
नफ़ीस	बढ़िया
एब्स्ट्रैक्ट	सूक्ष्म या अमूर्त
उदर	पेट
तृप्ति	संतुष्टि
लज़ीज़	स्वादिष्ट
सकील	आसानी से न पचने वाला
ज्ञान-चक्षु	ज्ञानरूपी आँखें

NCERT फोल्डर

पाठ्यपुस्तक (क्षितिज भाग-2) के प्रश्नोत्तर

प्र.1 लेखक को नवाब साहब के किन हाव-भावों से महसूस हुआ कि वे उनसे बातचीत करने के लिए तनिक भी उत्सुक नहीं हैं? **CBSE 2012, 11, 10**

उत्तर लेखक को नवाब साहब के निम्न हाव-भावों से महसूस हुआ कि वे उनसे बातचीत करने के लिए तनिक भी उत्सुक नहीं हैं

(i) लेखक के उस डिब्बे में अचानक ही पहुँचने से नवाब साहब की आँखों में एकांत चिंतन में विघ्न (खलल) का असंतोष दिखाई दिया।

(ii) नवाब साहब ने लेखक की संगति के लिए भी उत्साह नहीं दिखाया, जिससे यह लग रहा था कि वे उससे बातचीत करने के लिए तनिक भी उत्सुक नहीं हैं।

(iii) नवाब साहब गाड़ी की खिड़की से बाहर देखते रहे।

प्र.2 नवाब साहब ने बहुत ही यत्न से खीरा काटा, नमक-मिर्च बुरका, अंततः सूँघकर ही खिड़की से बाहर फेंक दिया। उन्होंने ऐसा क्यों किया होगा? उनका ऐसा करना उनके कैसे स्वभाव को इंगित करता है? **दक्षता आधारित प्रश्न**

उत्तर नवाब साहब द्वारा बहुत ही यत्न से काटे गए खीरों को सूँघकर ही खिड़की से बाहर फेंकने से वह अपने नवाबी अंदाज़ को दिखाना चाहते थे। उनका यह बर्ताव स्वयं को खास दिखाने और लेखक पर अपनी अमीरी का रोब झाड़ने के लिए था। उनका ऐसा करना दंभ, मिथ्या-आडंबर, प्रदर्शन-प्रियता एवं उनके व्यावहारिक खोखलेपन की ओर इंगित करता है।

प्र.3 बिना विचार, घटना और पात्रों के भी क्या कहानी लिखी जा सकती है? यशपाल के इस विचार से आप कहाँ तक सहमत हैं? **CBSE 2012, 11, 10**

अथवा

'बिना विचार, घटना और पात्रों के, लेखक की इच्छा मात्र से कहानी बन सकती है।' इस पंक्ति में निहित व्यंग्य स्पष्ट कीजिए। **CBSE SQP (Additional Set) 2023**

उत्तर लेखक का यह कथन कि बिना विचार, घटना और पात्रों के भी क्या कहानी लिखी जा सकती है? यह नई कहानी आंदोलन के कथाकारों पर किया गया व्यंग्य है। इस व्यंग्य के माध्यम से वह स्पष्ट करना चाहते हैं कि कोई भी कहानी विचार, घटना व पात्रों के अभाव में उसी प्रकार नहीं लिखी जा सकती, जिस प्रकार खाद्य सामग्री को खाए बिना उसका रसास्वादन नहीं किया जा सकता, केवल खाने का अभिनय किया जा सकता है। विचार कहानी लेखन के लिए लेखक को प्रेरित करते हैं, घटनाएँ कथावस्तु को आगे बढ़ाने का कार्य करती हैं और पात्र कहानी में प्राणों का संचार करते हैं। यह कहानी के आवश्यक तत्त्व हैं, इनके बिना लिखी गई रचना को एक स्वतंत्र रचना कहा जा सकता है, लेकिन कहानी नहीं। अतः हम उनके विचार से सहमत हैं।

प्र.4 आप इस निबंध को और क्या नाम देना चाहेंगे?

उत्तर 'मैं' इस निबंध को 'आडंबरपूर्ण रईसी का प्रदर्शन' का नाम देना चाहूँगा/चाहूँगी, क्योंकि इसमें नवाब के आडंबरपूर्ण व्यवहार को दिखाया गया है।

रचना और अभिव्यक्ति

प्र.5 नवाब साहब द्वारा खीरा खाने की तैयारी का एक चित्र प्रस्तुत किया गया है। इस पूरी प्रक्रिया को अपने शब्दों में व्यक्त कीजिए। **CBSE 2011**

***अथवा* खीरा काटने में नवाब साहब की विशेषज्ञता का चित्रण अपने शब्दों में कीजिए।** **दक्षता आधारित प्रश्न**

उत्तर सेंकड क्लास के एकांत डिब्बे में बैठे नवाब साहब ने अपने सामने बिछे हुए तौलिए पर दोनों खीरों को रखा। उसके बाद पानी से उन्हें धोया। फिर उसे तौलिए से पोंछने के बाद अपनी ज़ेब से चाकू निकाला और दोनों खीरों के सिरों को काटकर उन्हें गोद लिया। तब नवाब साहब ने दोनों खीरों को बहुत सावधानी से छीला और उनकी फाँकें काटकर उसे तौलिए पर सजा दिया।

उसके बाद जीरा-मिला नमक और मिर्ची की सुर्खी खीरों की उन फाँकों पर बुरक दी। इसके बाद एक-एक करके उन फाँकों को उठाते गए और उन्हें सूंघकर खिड़की से बाहर फेंकते गए। यह सब करते समय उनका मुख खीरे के रसास्वादन की कल्पना से प्लावित हो रहा था।

प्र.6 खीरे के संबंध में नवाब साहब के व्यवहार को उनकी सनक कहा जा सकता है। आपने नवाबों की और भी सनकों और शौक के बारे में पढ़ा-सुना होगा। किसी एक के बारे में लिखिए। **CBSE 2012, 11, 10**

उत्तर नवाबों की बहुत-सी सनकें हैं, उसमें से पान-खाने की सनक सबसे अलग होती है। कुछ नवाब तो एक क्षण के लिए भी पान के बगैर नहीं रह सकते। वे जहाँ भी बैठेंगे, उनका पानदान उनके साथ रहेगा। बड़े आराम से वह पानदान में से पहले पान का पत्ता निकालेंगे और उसकी डंडी को बहुत यत्न से कैंची की मदद से काटेंगे।

इसके बाद पान को साफ़ कपड़े से या तो पोछेंगे या फिर उसे पानी से धोएँगे। इसके बाद चूने और कत्थे को पान में लगाएँगे। इलायची, सौंफ, गुलकंद आदि उसमें मिलाकर उसकी तह बनाकर (मोड़कर) बड़ी नज़ाकत से उसे मुँह में डालकर चबाना शुरू कर देंगे।

प्र.7 क्या सनक का कोई सकारात्मक रूप हो सकता है? यदि हाँ तो ऐसी सनकों का उल्लेख कीजिए। **CBSE 2014**

उत्तर ऐसा नहीं है कि सनक हमेशा नकारात्मक ही होती है। कई बार सनकें सकारात्मक भी होती हैं। ऐसी सनकों में से कुछ हैं—दिन में कई बार हाथ धोना, दिन में दो-तीन बार दाँत साफ करना, जूतों को हमेशा चमकाए रखना आदि।

इसके अतिरिक्त कुछ सनक ऐसी होती हैं, जिसे अति उत्साह का नाम भी दिया जा सकता है; जैसे—किसी बच्चे को अत्यधिक पढ़ने की सनक हो जाती है। इस तरह की सनकें जीवन में सफलता प्राप्ति के लिए अत्यधिक लाभप्रद होती हैं।

भाषा अध्ययन

प्र.8 निम्नलिखित वाक्यों में से क्रियापद छाँटकर क्रिया-भेद भी लिखिए

(क) एक सफ़ेदपोश सज्जन बहुत सुविधा से पालथी मारे बैठे थे।

उत्तर मारे बैठे थे—संयुक्त क्रिया

(ख) नवाब साहब ने संगति के लिए उत्साह नहीं दिखाया।

उत्तर दिखाया—सकर्मक क्रिया

(ग) खाली बैठे, कल्पना करते रहने की पुरानी आदत है।

उत्तर है—सहायक क्रिया

(घ) अकेले सफ़र का वक्त काटने के लिए ही खीरे खरीदे होंगे।

उत्तर खरीदे होंगे—संयुक्त क्रिया

(ङ) दोनों खीरों के सिर काटे और उन्हें गोदकर झाग निकाला।

उत्तर निकाला—सकर्मक क्रिया

(च) नवाब साहब ने सतृष्ण आँखों से नमक-मिर्च के संयोग से चमकती खीरे की फाँकों की ओर देखा।

उत्तर देखा—सकर्मक क्रिया

(छ) नवाब साहब खीरे की तैयारी और इस्तेमाल से थककर लेट गए।

उत्तर लेट गए—संयुक्त क्रिया

(ज) जेब से चाकू निकाला।

उत्तर निकाला—सकर्मक क्रिया

पाठेतर सक्रियता

प्र.9 'किबला शौक फरमाएँ', 'आदाब-अर्ज....शौक फरमाएँगे' जैसे कथन शिष्टाचार से जुड़े हैं। अपनी मातृभाषा के शिष्टाचार सूचक कथनों की एक सूची तैयार कीजिए।

उत्तर विद्यार्थी स्वयं करें।

प्र.10 'खीरा....मेदे पर बोझ डाल देता है' क्या वास्तव में खीरा अपच करता है? किसी भी खाद्य पदार्थ का पच-अपच होना कई कारणों पर निर्भर करता है। बड़ों से बातचीत कर कारणों का पता लगाइए।

उत्तर विद्यार्थी स्वयं करें।

प्र.11 खाद्य पदार्थों के संबंध में बहुत-सी मान्यताएँ हैं जो आपके क्षेत्र में प्रचलित होंगी, उनके बारे में चर्चा कीजिए।

उत्तर विद्यार्थी स्वयं करें।

प्र.12 पतनशील सामंती वर्ग का चित्रण प्रेमचंद ने अपनी एक प्रसिद्ध कहानी 'शतरंज के खिलाड़ी' में किया था और फिर बाद में सत्यजीत रे ने इस पर इसी नाम से एक फ़िल्म भी बनाई थी। यह कहानी ढूँढकर पढ़िए और संभव हो तो फ़िल्म भी देखिए।

उत्तर विद्यार्थी स्वयं करें।

अभ्यास प्रश्न

बहुविकल्पीय व वर्णनात्मक प्रश्नों सहित

पाठ पर आधारित बहुविकल्पीय प्रश्न

निम्नलिखित प्रश्नों के सर्वाधिक उपयुक्त विकल्पों का चयन कीजिए

1. 'मुफरिसल की पैसेंजर ट्रेन' से क्या आशय है?

(i) विशेष यात्रियों के लिए चलने वाली गाड़ी
(ii) बच्चों के मनोरंजन के लिए चलने वाली गाड़ी
(iii) दुर्गम रास्तों पर चलने वाली गाड़ी
(iv) केन्द्रस्थ नगर के इर्द-गिर्द स्थानों पर जाने वाली गाड़ी

2. डिब्बे में बैठे सज्जन को देखकर लेखक किस विषय में अनुमान करने लगे? **दक्षता आधारित प्रश्न**

(i) दूरी के विषय में
(ii) नवीन कहानी के विषय में
(iii) रेलवे कर्मचारियों के विषय में
(iv) नवाब साहब की असुविधा और संकोच के कारणों के विषय में

3. 'सीट के नीचे से लोटा उठाकर खीरों को खिड़की से बाहर धोया और तौलिए से पोंछ लिया। जेब से चाकू निकाला दोनों खीरों के सिर काटे और उन्हें गोदकर झाग निकाला। फिर खीरों को बहुत एहतियात से छीलकर फाँकों को करीने से तौलिए पर सजाते गए।' **CBSE SQP (Additional Set) 2023**

उपर्युक्त क्रियाकलापों से नवाब साहब क्या संप्रेषित करना चाहते थे?

(i) अनुशासित जीवन
(ii) सादगी से भरा जीवन
(iii) खानदानी रईसों का ढंग
(iv) ट्रेन में खीरे खाने का तरीका

4. अचानक रेल के डिब्बे में लेखक को देखकर नवाब की आँखों में कौन-सा भाव दिखाई दिया?

(i) गुस्सा (ii) असंतोष
(iii) खुशी (iv) प्रेम

5. नवाब साहब ने खीरे की तैयारी के बाद उसका क्या किया? **दक्षता आधारित प्रश्न**

(i) खिड़की से बाहर फेंक दिए।
(ii) साथ बैठ मुसाफिरों को दे दिए।
(iii) सारे स्वयं खा गए।
(iv) लेखक को दे दिए।

6. 'लखनवी अंदाज' पाठ में किस ओर संकेत किया गया है?

(i) पतनशील सामंती वर्ग पर व्यंग्य किया गया है।
(ii) लेखक ने बनावटी जीवन शैली पर बल दिया है।
(iii) दिखावे का प्रदर्शन करने की प्रवृत्ति पर बल दिया है।
(iv) खीरा बेचने वालों पर व्यंग्य किया गया है।

7. लेखक ने नवाब साहब से खीरा न खाने का क्या कारण बताया? **CBSE Diksha**

(i) अखाद्य वस्तु
(ii) खीरा मेदे पर जोर डालता है
(iii) पेट का भरा होना
(iv) अजनबियों से कुछ न लेना

8. लेखक नवाब साहब को कैसे देख रहे थे?

(i) प्रसन्नता से (ii) गुस्से से
(iii) दु:ख से (iv) कनखियों से

9. लेखक ने ट्रेन में सेकंड क्लास का टिकट क्यों खरीदा?

(i) अमीरी प्रदर्शन के लिए
(ii) नई कहानी के विषय में सोचने के लिए
(iii) आरामदायक सफर के लिए
(iv) पैसों की कमी के कारण

10. सतृष्ण आँखों से देखना' से क्या तात्पर्य है? **CBSE Diksha**

(i) भर जाने वाली नजरों से देखना
(ii) ललचाई नजरों से देखना
(iii) आँखें बंद कर के देखना
(iv) दूसरों की आँखों से देखना

11. 'आदाब अर्ज़' किस भाषा का शब्द है? **CBSE Diksha**

(i) हिंदी (ii) उर्दू
(iii) संस्कृत (iv) अंग्रेजी

उत्तर **1.** (iv) केंद्रस्थ नगर के इर्द-गिर्द स्थानों पर जाने वाली गाड़ी
2. (iv) नवाब साहब की असुविधा और संकोच के कारणों के विषय में
3. (iii) खानदानी रईसों का ढंग
4. (ii) असंतोष
5. (i) खिड़की से बाहर फेंक दिए।
6. (i) पतनशील सामंती वर्ग पर व्यंग्य किया गया है
7. (ii) खीरा मेदे पर जोर डालता है
8. (iv) कनखियों से
9. (ii) नई कहानी के विषय में सोचने के लिए
10. (ii) ललचाई नजरों से देखना
11. (ii) उर्दू

गद्यांश पर आधारित बहुविकल्पीय प्रश्न

निम्नलिखित गद्यांशों को ध्यानपूर्वक पढ़कर पूछे गए प्रश्नों के सही विकल्प चुनिए

1. गाड़ी छूट रही थी। सेकंड क्लास के एक छोटे डिब्बे को खाली समझकर, ज़रा दौड़कर उसमें चढ़ गए। अनुमान के प्रतिकूल डिब्बा निर्जन नहीं था। एक बर्थ पर लखनऊ की नवाबी नस्ल के एक सफ़ेदपोश सज्जन बहुत सुविधा से पालथी मारे बैठे थे। सामने दो ताज़े-चिकने खीरे तौलिए पर रखे थे। डिब्बे में हमारे सहसा कूद जाने से सज्जन की आँखों में एकांत चिंतन में विघ्न का असंतोष दिखाई दिया। सोचा, हो सकता है, यह भी कहानी के लिए सूझ की चिंता में हों या खीरे जैसी अपदार्थ (सामान्य/मामूली) वस्तु का शौक करते देखे जाने के संकोच में हों।

(क) नवाब साहब की आँखों में एकांत चिंतन में विघ्न दिखाई दिया क्योंकि ....।

(i) डिब्बे में लेखक सहसा आ गए थे।
(ii) वहाँ अत्यधिक शोर हो रहा था।
(iii) स्टेशन पर खीरे वाला दिखाई नहीं दे रहा था।
(iv) समय पर गाड़ी नहीं चल रही थी।

(ख) लेखक ट्रेन के किस डिब्बे में सफर कर रहा था?

(i) फर्स्ट क्लास (ii) अपर क्लास
(iii) थर्ड क्लास (iv) सेकंड क्लास

(ग) डिब्बे के बारे में लेखक का यह अनुमान था कि **दक्षता आधारित प्रश्न**

(i) डिब्बा निर्जन होगा।
(ii) डिब्बा भरा हुआ होगा।
(iii) डिब्बे में सीट नहीं मिल पाएगी।
(iv) डिब्बे में मधुर स्वभाव वाले मुसाफिरों का साथ मिलेगा।

(घ) डिब्बे में चढ़ते ही लेखक ने क्या देखा?

(i) दो ताजे खीरे (ii) इलाहबादी नवाब
(iii) अपदार्थ वस्तु (iv) सफ़ेदपोश सज्जन

(ङ) लेखक के अचानक डिब्बे में आ जाने से सज्जन की आँखों में क्या दिखाई दिया? **दक्षता आधारित प्रश्न**

(i) प्रसन्नता (ii) भावुकता
(iii) असंतोष (iv) क्रोध

उत्तर (क) (i) डिब्बे में लेखक सहसा आ गए थे।
(ख) (iv) सेकंड क्लास
(ग) (i) डिब्बा निर्जन होगा
(घ) (iv) सफ़ेदपोश सज्जन
(ङ) (iii) असंतोष

2. अनुमान के प्रतिकूल डिब्बा निर्जन नहीं था। एक बर्थ पर लखनऊ की नवाबी नस्ल के एक सफ़ेदपोश सज्जन बहुत सुविधा से पालथी मारे बैठे थे। सामने दो ताज़े-चिकने खीरे तौलिए पर रखे थे। डिब्बे में हमारे सहसा कूद जाने से सज्जन की आँखों में एकांत चिंतन में विघ्न का असंतोष दिखाई दिया। सोचा, हो सकता है, यह भी कहानी के लिए सूझ की चिंता में हों या खीरे जैसी अपदार्थ वस्तु

का शौक करते देखे जाने के संकोच में हों। नवाब साहब ने संगति के लिए उत्साह नहीं दिखाया। हमने भी उनके सामने ही बर्थ पर बैठकर आत्मसम्मान में आँखें चुरा लीं।

(क) लेखक ने नवाब साहब से आँखें चुरा लीं, क्योंकि ....।
 (i) डिब्बा पूरा खाली था
 (ii) नवाब साहब के एकांत चिंतन में विघ्न हो रहा था।
 (iii) नवाब साहब खीरा काट रहे थे
 (iv) वे एक-दूसरे को जानते थे

(ख) डिब्बे में पहले से कौन उपस्थित था?
 (i) नवाब साहब के मित्र
 (ii) नवाबी नस्ल के एक सफ़ेदपोश सज्जन
 (iii) लेखक के मित्र
 (iv) उपर्युक्त में से कोई नहीं

(ग) **कथन** (क) नवाब साहब लेखक से बात करने के लिए उत्सुक दिखाई दे रहे थे।
कथन (ख) लेखक के डिब्बे में प्रवेश करने पर नवाब साहब की आँखों में असंतोष के भाव थे।
कथन (ग) नवाब साहब ने खीरे समय व्यतीत करने के उद्देश्य से खरीदे थे। **दक्षता आधारित प्रश्न**
उपर्युक्त कथनों के लिए सही विकल्प का चयन कीजिए
 (i) कथन (क) सही है, किंतु (ख) और (ग) गलत हैं।
 (ii) कथन (क) गलत है, किंतु (ख) और (ग) सही हैं।
 (iii) कथन (क), (ख) सही हैं, किंतु (ग) गलत है।
 (iv) कथन (क), (ख) और (ग) तीनों सही हैं।

(घ) गद्यांश के आधार पर बताइए कि अपदार्थ वस्तु किसे कहा गया है?
 (i) खीरे को (ii) डिब्बे को
 (iii) गाड़ी को (iv) इनमें से कोई नहीं

(ङ) किसके सामने ताजे-चिकने खीरे तौलिए पर रखे थे
 (i) नवाबी नस्ल के सफ़ेदपोश सज्जन के
 (ii) लेखक के
 (iii) डिब्बे के
 (iv) उपर्युक्त में से कोई नहीं

उत्तर (क) (ii) नवाब साहब के एकांत चिंतन में विघ्न हो रहा था।
(ख) (ii) नवाबी नस्ल के एक सफ़ेदपोश सज्जन
(ग) (ii) कथन (क) गलत है, किंतु (ख) और (ग) सही हैं।
(घ) (i) खीरे को
(ङ) (i) नवाबी नस्ल के सफ़ेदपोश सज्जन के

3. नमक-मिर्च छिड़क दिए जाने से ताज़े खीरे की पनियाती फाँकें देखकर पानी मुँह में ज़रूर आ रहा था, लेकिन इनकार कर चुके थे। आत्मसम्मान निबाहना ही उचित समझा, उत्तर दिया, 'शुक्रिया, इस वक्त तलब महसूस नहीं हो रही, मेदा भी ज़रा कमज़ोर है, किबला शौक फरमाएँ।' नवाब साहब ने सतृष्ण आँखों से नमक-मिर्च के संयोग से चमकती खीरे की फाँकों की ओर देखा। खिड़की के बाहर देखकर दीर्घ निःश्वास लिया। खीरे की एक फाँक उठाकर होंठों तक ले गए। फाँक को सूँघा। स्वाद के आनंद में पलकें मूँद गईं। मुँह में भर आए पानी का घूँट गले से उतर गया, तब नवाब साहब ने फाँक को खिड़की से बाहर छोड़ दिया। नवाब साहब खीरे की फाँकों को नाक के पास ले जाकर, वासना से रसास्वादन कर खिड़की के बाहर फेंकते गए।

(क) गद्यांश के आधार पर बताइए कि लेखक ने क्या कहकर खीरा खाने से मना कर दिया? **दक्षता आधारित प्रश्न**
 (i) खीरा पसंद नहीं है
 (ii) इस समय इसकी इच्छा महसूस नहीं हो रही है
 (iii) मेरा मेदा भी ज़रा कमज़ोर है
 (iv) (ii) और (iii) दोनों

(ख) नवाब साहब ने खीरे की फाँकों को किस प्रकार देखा?
 (i) सतृष्ण आँखों से
 (ii) वितृष्ण आँखों से
 (iii) तृष्णता से
 (iv) इनमें से कोई नहीं

(ग) **कथन** (A) नवाब साहब ने खीरे की फाँकों को खिड़की के बाहर फेंक दिया था।
कारण (R) नवाब साहब को देखकर लेखक के ज्ञान चक्षु बंद हो गए थे। **दक्षता आधारित प्रश्न**
 (i) कथन (A) और कारण (R) दोनों गलत हैं।
 (ii) कथन (A) गलत है, किंतु कारण (R) सही है।
 (iii) कथन (A) सही है और कारण (R) उसकी सही व्याख्या है।
 (iv) कथन (A) सही है, किंतु कारण (R) उसकी गलत व्याख्या है।

(घ) नमक-मिर्च छिड़कर दिए गए खीरे की फाँकों को देखकर लेखक की क्या स्थिति थी?
 (i) लेखक उन्हें फेंकने को लालायित हो रहे थे
 (ii) लेखक उन्हें खाने को लालायित हो रहे थे
 (iii) लेखक उन्हें सूँघने को लालायित हो रहे थे
 (iv) उपर्युक्त में से कोई नहीं

(ङ) नवाब साहब ने न चाहते हुए भी खीरे खाने से मना कर दिया, क्योंकि ....। **दक्षता आधारित प्रश्न**
 (i) वे पहले ही खीरा खाने से इंकार कर चुके थे
 (ii) वे पहले ही खीरा खाने को हाँ कर चुके थे
 (iii) वे पहले ही खीरा फेंकने को तैयार हो चुके थे
 (iv) वे पहले ही खीरा खा चुके थे।

उत्तर (क) (iv) (ii) और (iii) दोनों
(ख) (i) सतृष्ण आँखों से
(ग) (iv) कथन (A) सही है, किंतु कारण (R) उसकी गलत व्याख्या है।
(घ) (ii) लेखक उन्हें खाने को लालायित हो रहे थे
(ङ) (i) वे पहले ही खीरा खाने से इंकार कर चुके थे

विषयवस्तु पर आधारित प्रश्नोत्तर

निम्नलिखित प्रश्नों के उत्तर संक्षेप में दीजिए

1. लेखक ने क्या सोचकर सेकंड क्लास का टिकट लिया? CBSE 2015, 12, 11, 10

अथवा **'लखनवी अंदाज़' पाठ के लेखक के द्वारा सेकंड क्लास का टिकट-ही खरीद लेने का कारण स्पष्ट कीजिए।** CBSE 2014

अथवा **'लखनवी अंदाज' पाठ के आधार पर बताइए कि लेखक ने यात्रा करने के लिए सेकंड क्लास का टिकट क्यों खरीदा?** CBSE 2019, 18

अथवा **लेखक के मन में द्वितीय श्रेणी में रेलगाड़ी की यात्रा करने का विचार क्यों आया?** CBSE Diksha

उत्तर लेखक भीड़ से बचना चाहता था। वह एकांत में रहकर सफ़र करना चाहता था, क्योंकि उसे अपनी नई कहानी के बारे में सोचना था। इसके साथ ही वह खिड़की से प्राकृतिक दृश्य भी देखना चाहता था, इसलिए लेखक ने सेकंड क्लास का टिकट लिया।

2. डिब्बा अनुमान के प्रतिकूल निर्जन क्यों नहीं था?

उत्तर जब लेखक रेलवे स्टेशन पहुँचा, तो उस समय गाड़ी छूट रही थी। लेखक सेकंड क्लास के एक डिब्बे को खाली समझकर दौड़कर उसमें चढ़ गया, क्योंकि सेकंड क्लास के डिब्बे में महँगे टिकट के कारण कम ही यात्री बैठते थे, किंतु वहाँ एक बर्थ पर लखनवी नवाबी अंदाज़ में एक सफ़ेदपोश सज्जन सुविधा से पालथी मारे बैठे हुए थे, इसलिए उसे डिब्बा अनुमान के प्रतिकूल लगा।

3. नवाब साहब ने अकेले डिब्बे में समय काटने के लिए क्या किया था? लेखक के उस डिब्बे में आ जाने से नवाब साहब को क्या परेशानी हो रही थी? दक्षता आधारित प्रश्न

उत्तर नवाब साहब ने अकेले डिब्बे में समय काटने के लिए दो ताज़े खीरे खरीदे थे, जिन्हें अकेले में खाकर वह अपना समय काट सकें। लेखक के उस डिब्बे में आ जाने से अब नवाब साहब को यह परेशानी हो रही थी कि वह किसी सफ़ेदपोश के सामने उन 'अपदार्थ' खीरों को किस प्रकार खाएँ।

4. "हमने भी उनके सामने की बर्थ पर बैठकर आत्मसम्मान में आँखें चुरा लीं।" इस वाक्य में किस आत्मसम्मान की बात कही गई है? CBSE 2016, 11

अथवा

'नवाब साहब ने संगति के लिए उत्साह नहीं दिखाया। हमने भी उनके सामने की बर्थ पर बैठकर आत्मसम्मान में आँखें चुरा लीं।' उपर्युक्त पंक्तियों के आधार पर बताइए कि लेखक और नवाब साहब ने एक-दूसरे के साथ ऐसा व्यवहार क्यों किया? दक्षता आधारित प्रश्न

उत्तर जब लेखक रेल के सेकंड क्लास के डिब्बे में चढ़ा, तो उसने नवाब साहब को पालथी मारे बैठे हुए देखा। लेखक को महसूस हुआ कि उसके अचानक इस डिब्बे में आ जाने से नवाब साहब की आँखों में एकांत चिंतन में विंघ्न का असंतोष दिखाई दे रहा है। लेखक को भी अपना आत्मसम्मान बहुत प्यारा था, इसलिए उसने भी अपनी ओर से नवाब साहब से परिचय पाने का कोई उत्साह नहीं दिखाया।

5. 'लखनवी अंदाज' पाठ में 'लेखक नवाब साहब के प्रति पूर्वाग्रह से ग्रसित थे।' इस पंक्ति का भाव स्पष्ट कीजिए। CBSE 2024

उत्तर 'लखनवी अंदाज' पाठ में 'लेखक साहब के प्रति पूर्वाग्रह से ग्रसित थे' प्रस्तुत पंक्ति से आशय है कि लेखक के अचानक डिब्बे में कूद जाने से नवाब-साहब की आँखों में एकांत चिंतन में विघ्न पड़ जाने का असंतोष भाव दिखाई दिया था। साथ ही लेखक के प्रति नवाब साहब ने संगति के लिए कोई विशेष उत्साह नहीं दिखाया था। इससे लेखक को स्वयं के प्रति नवाब साहब की उदासीनता का आभास हुआ।

6. नवाब साहब की असुविधा और संकोच के क्या कारण रहे होंगे? CBSE 2011, 10

उत्तर नवाब साहब की असुविधा एवं संकोच के निम्न कारण रहे होंगे

(i) नवाब साहब के सामने तौलिए पर दो खीरे रखे हुए थे। हो सकता है लेखक के कारण वे खीरे जैसी अपदार्थ वस्तु का शौक करते देखे जाने से संकोच में हों।

(ii) नवाब साहब ने किफ़ायत (मितव्ययिता) के विचार से सेकंड क्लास का टिकट खरीद लिया हो और अब यह नहीं चाहते हों कि शहर का कोई सफ़ेदपोश उन्हें सेकंड क्लास के डिब्बे में सफ़र करता देखे।

7. 'लखनवी अंदाज' पाठ में लेखक ने नवाब साहब की किस प्रकार की सनक का परिचय दिया है? ऐसी सनक के क्या-क्या परिणाम हो सकते हैं? उदाहरण के साथ स्पष्ट कीजिए। CBSE Term II 2022

अथवा **नवाब साहब की सनक नकारात्मक थी, किंतु हर सनक नकारात्मक नहीं होती। सोदाहरण सिद्ध कीजिए कि किस सनक को सकारात्मक कहा जा सकता है?** CBSE SQP 2023

उत्तर 'लखनवी अंदाज' पाठ में लेखक ने नवाब साहब के माध्यम से दिखावा पसंद लोगों की जीवन शैली का वर्णन किया है। इस पाठ के द्वारा उन्होंने खीरे के संबंध में नवाब साहब के व्यवहार को उनकी सनक बताया है सनक सकारात्मक और नकारात्मक दोनों रूप में हो सकती है। इस पाठ में लखनऊ के नवाब की सनक को नकारात्मक सनक कह सकते हैं। नकारात्मक सनक किसी व्यक्ति को समाज में हँसी का पात्र बना सकती है, वहीं सनक का सकारात्मक पक्ष व्यक्ति को रातों-रात प्रसिद्ध कर देता है। प्रसिद्ध व्यक्तियों की सफलता के पीछे उनकी सनक ही होती है। जैसे बिहार के दशरथ माँझी ने अपनी सनक के कारण ही पहाड़ काटकर ऐसा रास्ता बना दिया, जिससे तजीरगंज और अतरी के बीच की दूरी सिमटकर एक चौथाई रह गई अपनी सनक के कारण ही वे 'भारतीय माउटेन मैन' के नाम से जाने जाते हैं।

8. 'लखनवी अंदाज' पाठ के आधार पर बताइए कि नवाब साहब को खीरे खाने की तैयारी करते देख लेखक ने क्या सोचा? उसके मन में कौन-सी इच्छा जगी और नवाब साहब के पूछने पर उसने खाने से क्यों मना कर दिया? CBSE Term II 2022

उत्तर नवाब साहब को खीरा खाने की तैयारी में देखकर लेखक के मुँह में पानी भर आया। वह सोचने लगा कि यह खीरा कितना स्वादिष्ट है उनका मन भी खीरा खाने के लिए लालायित हो उठा। परन्तु पहले इंकार कर देने के कारण आत्मसम्मान की रक्षा के लिए लेखक ने खीरा खाने से इंकार कर दिया और बहाना बनाया कि उनका स्वास्थ्य सही नहीं है।

9. लेखक ने मुँह में पानी आने पर भी खीरा खाने से इनकार क्यों किया? CBSE 2011, 10, CBSE Diksha

उत्तर लेखक को अचानक से नवाब साहब का बदला हुआ व्यवहार अच्छा नहीं लगा। उन्होंने डिब्बे में चढ़ते समय लेखक के प्रति अरुचि प्रदर्शित की थी। इसीलिए लेखक ने खीरा खाने से इनकार कर दिया। नवाब साहब ने एक बार फिर लेखक से खीरा खाने के लिए कहा, परंतु लेखक ने आत्मसम्मान को बचाए रखने के लिए एक बार फिर मना कर दिया।

10. "शुक्रिया, इस वक्त तलब महसूस नहीं हो रही, मेदा भी ज़रा कमज़ोर है, किबला शौक फरमाएँ।" वाक्य में किस भाषा की शब्दावली प्रयुक्त हुई है और क्यों? CBSE 2016, 15

उत्तर प्रस्तुत वाक्य में लखनऊ की नवाबी भाषा एवं उर्दू शब्दावली का प्रयोग किया गया है। लेखक ने नवाब साहब को उन्हीं की नवाबी भाषा में उत्तर देने के लिए इस प्रकार की भाषा का प्रयोग किया था।

11. नवाब साहब ने खीरा न खाने का जो कारण बताया, क्या वह सही था? 'लखनवी अंदाज' पाठ के आधार पर कारण सहित लिखिए। CBSE Term II 2022

उत्तर नवाब साहब ने खीरा न खाने का जो कारण बताया, वह सही नहीं था, क्योकि उन्होंने कहा था कि खीरा मेदे पर बोझ डाल देता है अर्थात् स्वास्थ्य के लिए हानिकारक होता है। बल्कि वास्तविक कारण यह था कि नवाब साहब को लेखक के सामने खीरे जैसी अपदार्थ वस्तु खाने में संकोच हो रहा था, क्योंकि वह लेखक के सामने अपनी नवाबी शान दिखाना चाहते थे।

12. 'लेखक की तुलना में नवाब साहब अधिक शिष्ट और सभ्य थे।' 'लखनवी अंदाज' पाठ के आधार पर सोदाहरण बताइए। CBSE Term II 2022

उत्तर 'लेखक की तुलना में नवाब साहब अधिक शिष्ट और सभ्य थे', क्योंकि शुरुआती असहजता के बाद भी नवाब साहब ने लेखक को खीरा खाने का आग्रह किया तो लेखक ने मना कर दिया तथा आरंभ से ही नवाब साहब के प्रति लेखक का व्यवहार पूर्वग्रह से युक्त था। उसके बाद भी नवाब साहब ने लेखक से बातचीत की थी। इसलिए लेखक की तुलना में नवाब साहब अधिक शिष्ट और सभ्य थे।

13. नवाब साहब और लेखक दोनों की इच्छा खीरा खाने की थी, फिर भी उन्होंने खीरा क्यों नहीं खाया? CBSE 2024

उत्तर खीरा खाने की इच्छा होते हुए भी नवाब साहब ने खीरा इसलिए नहीं खाया, क्योंकि नवाब साहब में नवाबी अभिमान था, जिसके कारण वह खीरे को तुच्छ पदार्थ के रूप में दिखाते हुए उसे खिड़की से बाहर फेंक देते हैं। इससे वह यह प्रदर्शित करना चाहते थे कि नवाबी लोगों का खीरे जैसी छोटी चीजों को देखने और सूँघने मात्र से ही पेट भर जाता है।

14. क्या आपको नवाब साहब का व्यवहार सामान्य लगा? युक्तियुक्त उत्तर दीजिए। CBSE SQP 2023

उत्तर नहीं। नवाब साहब का व्यवहार सामान्य इसलिए नहीं लगा, क्योंकि नवाब साहब के द्वारा लेखक की उपेक्षा की गई थी।

नवाब साहब ने खीरे को छीलने, काटने और नमक बुरकने की प्रक्रिया की लेकिन उसे लेखक के सामने खीरा खाने में संकोच होता है और वह अपने नवाबी अंदाज में खीरे को बाहर फेंक देता है। नवाब के इस व्यवहार से लगता है कि वे आम लोगों जैसे कार्य एकांत में करना पसंद करते हैं। उन्हें लगता है कि किसी ने देख लिया तो उनकी शान में फर्क न आ जाए। आज का समाज भी दिखावा पसंद संस्कृति का आदी हो गया है।

15. "नवाब साहब खीरे खाने की तैयारी और इस्तेमाल से थककर लेट गए"–इस पंक्ति में निहित व्यंग्य स्पष्ट कीजिए। CBSE 2012

उत्तर प्रस्तुत पंक्ति के माध्यम से लेखक ने नवाब साहब पर यह व्यंग्य किया है कि नवाब साहब ने पूरे ज़ोर-शोर से खीरों को धोया, काटा, झाग निकाला, फाँक बनाकर जीरा-मिला हुआ नमक और लाल मिर्च बुरकाई, परंतु झूठी शान में आकर फाँकों को मात्र सूँघकर ही फेंक दिया और फिर पेट भर जाने का कृत्रिम अभिनय किया। इन सब वास्तविक शारीरिक श्रम एवं काल्पनिक स्वाद लेने के बाद नवाब साहब मानसिक रूप से संतुष्ट दिखाई देने की कोशिश करने लगे।

16. जब नवाब साहब ने खीरा खाया ही नहीं, तो उनकी ओर से डकार की आवाज किस प्रकार सुनाई दी? CBSE 2016

उत्तर नवाब साहब ने खीरे की फाँकों पर जीरा-नमक लगाया, उन पर मिर्च बुरक दी। इसके बाद उन्होंने सूँघकर उन फाँकों को एक-एक करके अपने डिब्बे की खिड़की से बाहर फेंक दिया, क्योंकि लेखक ने खीरे को स्वास्थ्य के लिए हानिकारक बताया था। खीरे को न खाने पर भी केवल उसे सूँघ लेने से ही नवाब साहब को परम संतुष्टि हो गई। इसी कारण खीरा न खाने पर भी उनकी ओर से डकार की आवाज सुनाई दी।

17. लेखक के ज्ञान-चक्षु किस प्रकार खुल गए? CBSE 2016

अथवा **'ज्ञान-चक्षु खुल गए! पहचाना-ये हैं नई कहानी के लेखक!' लेखक ने ऐसा क्यों सोचा? 'लखनवी अंदाज' पाठ के आधार पर 25-30 शब्दों में उत्तर लिखिए।** दक्षता आधारित प्रश्न

उत्तर जब लेखक ने नवाब साहब को खीरे को सूँघने मात्र से ही अपना पेट भर लेने और परम संतुष्टि पाने के बाद डकार लेते सुना, तो उसके ज्ञान-चक्षु यह सोचकर खुल गए कि यह तो बड़े आश्चर्य की बात है कि किसी प्रिय खाद्य वस्तु को बिना खाए भी परम संतुष्टि पाई जा सकती है और डकार भी ली जा सकती है। यदि ऐसा है तो फिर पात्र, घटना आदि की अनुपस्थिति में कहानी भी लिखी जा सकती है।

18. 'झूठी शान और दिखावे से अपना व्यक्तित्व ही धूमिल पड़ता है।' इस कथन को 'लखनवी अंदाज' कहानी के आधार पर उदाहरण सहित स्पष्ट कीजिए। CBSE 2023

उत्तर 'झूठी शान और दिखावे से अपना व्यक्तित्व ही धूमिल पड़ता है।' इस कथन से लेखक का आशय 'लखनवी अंदाज' कहानी के आधार पर लेखक ने नवाब साहब पर व्यंग्य किया है कि नवाब साहब पूरे जोर-शोर से खीरों को धोते हैं, काटते हैं, झाग निकालते हैं, फाँक काटकर जीरा मिला हुआ नमक और लाल-मिर्च बुरकते हैं, परंतु झूठी शान में आकर फाँकों को मात्र सूँघकर ही फेंक देते हैं और फिर पेट भर जाने का झूठा दिखावा करते हैं।

समाज के पतनशील सामंती वर्ग और उसकी बनावटी जीवन-शैली पर व्यंग्य किया है। नवाब बनावटी जीवन-शैली अपनाने में यकीन करते हैं और इसी में अपना पूरा जीवन व्यतीत कर देते हैं।

19. यह कहानी नवाब साहब के माध्यम से नवाबी परंपरा पर व्यंग्य है। स्पष्ट कीजिए। **CBSE 2012**

अथवा

'लखनऊ के नवाबी नस्ल के सफेद पोश सज्जन' में क्या व्यंग्य किया गया है? **दक्षता आधारित प्रश्न**

उत्तर लेखक ने इस कहानी के माध्यम से समाज के पतनशील सामंती वर्ग और उनकी बनावटी जीवन-शैली पर व्यंग्य किया है। नवाब बनावटी जीवन-शैली अपनाने में यकीन करते हैं और इसी में अपना पूरा जीवन बिता देते हैं। उन्हें जीवन के यथार्थ और कड़वी सच्चाइयों से कोई मतलब नहीं होता। ऐसे व्यक्तियों को समाज में कहीं भी देखा जा सकता है।

21. 'लखनवी अंदाज' के पात्र नवाब साहब के व्यवहार पर अपने विचार लिखिए। **CBSE 2019**

उत्तर 'लखनवी अंदाज' के पात्र नवाब साहब का व्यवहार पतनशील सामंती वर्ग और उनकी बनावटी जीवन-शैली पर व्यंग्य करता है। नवाब बनावटी जीवन-शैली अपनाने में विश्वास करते हैं और इसी में अपना पूरा जीवन बिता देते हैं। उन्हें जीवन के यथार्थ और कड़वी सच्चाइयों से कोई मतलब नहीं होता। नवाब साहब वास्तविकता से बेखबर कृत्रिम जीवन जीने में विश्वास करते हैं तथा स्वयं को सामान्य जीवन से कोसों दूर रखते हुए विशिष्ट श्रेणी का सदस्य मानते हैं।

22. 'लखनवी अंदाज' शीर्षक की सार्थकता तर्क सहित सिद्ध कीजिए। **CBSE SQP Term II 2021**

उत्तर 'लखनवी अंदाज' पाठ में लेखक के साथ यात्रा करते हुए एक लखनवी नवाब की बनावटी जीवन-शैली व उसके व्यवहार को दर्शाया गया है। नवाब साहब द्वारा लेखक के आने पर उनके प्रति उपेक्षा दिखाना, बड़े सलीके (तरीके) से खीरे को काटकर उस पर नमक-मिर्च बुरकना, लेखक को खीरा खाने के लिए पूछने पर उनके द्वारा खीरे से मेदा (आमाशय) कमजोर करता है, कहकर मना करना तथा खीरे को उठाकर केवल उसे सूँघकर उसके रसास्वादन का अनुभव करना और फिर खीरे की फाँकों को रेलगाड़ी की खिड़की से बाहर फेंक देना ये सब कार्य उनके सामंतशाही बनावटी जीवन-शैली को ही दर्शाते हैं। अत: दिए गए पाठ का शीर्षक 'लखनवी अंदाज' अपनी विषय-वस्तु के आधार पर सार्थक है।

स्व-मूल्यांकन

पाठ पर आधारित बहुविकल्पीय प्रश्न

निम्नलिखित प्रश्नों के सर्वाधिक उपयुक्त विकल्पों का चयन कीजिए

1. खाली बैठे, कल्पना करने की आदत किसकी थी?
(i) लेखक की (ii) खीरे वाले की
(iii) नवाब साहब की (iv) पाठक की

2. लेखक के ज्ञान-चक्षु किस प्रकार खुल गए?
(i) ट्रेन में मुसाफिरों की भीड़ देखकर
(ii) नवाब साहब के खीरा खाने की तैयारी देखकर
(iii) नवाब का व्यवहार देखकर
(iv) गंध और स्वाद की कल्पना मात्र से डकार लेता देखकर

3. नवाब साहब ने खिड़की के बाहर देखकर दीर्घ निःश्वास ली, क्योंकि .... **दक्षता आधारित प्रश्न**
(i) खिड़की से हवा आकर नमक-मिर्च न उड़ा दे।
(ii) उन्हें डर था कि लेखक खीरे की फाकों को बाहर न फेंक दे।
(iii) वे दिखावे के लिए फाँकों को खिड़की से बाहर फेंकना चाह रहे थे पर अंदर से ऐसा करना नहीं चाहते थे।
(iv) खिड़की के बाहर से धूल-मिट्टी उड़कर खीरों को खराब कर रही थी।

गद्यांश पर आधारित बहुविकल्पीय प्रश्न

निम्नलिखित गद्यांशों को ध्यानपूर्वक पढ़कर पूछे गए प्रश्नों के सही विकल्प चुनिए

1. हम गौर कर रहे थे, खीरा इस्तेमाल करने के इस तरीके को खीरे की सुगंध और स्वाद की कल्पना से संतुष्ट होने का सूक्ष्म, नफीस या एब्स्ट्रैक्ट तरीका ज़रूर कहा जा सकता है, परंतु क्या ऐसे तरीके से उदर की तृप्ति भी हो सकती है? नवाब साहब की ओर से भरे पेट की ऊँची डकार का शब्द सुनाई दिया और नवाब साहब ने हमारी ओर देखकर कह दिया, "खीरा लजीज़ होता है लेकिन होता है सकील, नामुराद मेदे पर बोझ डाल देता है।" ज्ञान-चक्षु खुल गए!

(क) खीरे के प्रयोग करने के तरीके को खीरे की ····· और ······· की कल्पना से संतुष्ट होने का सूक्ष्म तरीका कहा जा सकता है। **दक्षता आधारित प्रश्न**
(i) लजीज, सुपाच्य (ii) स्वाद, निःस्वाद
(iii) सुगंध, स्वाद (iv) बिसांद, गरल

(ख) नवाब साहब द्वारा डकार लेना क्या दर्शाता है?
(i) पेट भरना (ii) मन भरना (iii) स्वाद लेना (iv) ये सभी

(ग) नवाब साहब ने लेखक की ओर देखकर क्या कहा?
(i) खीरा लजीज़ होता है (ii) सुपाच्य नहीं होता
(iii) मेदे पर बोझ डालता है (iv) उपर्युक्त सभी

(घ) गद्यांश के आधार पर बताइए कि पेट भरे होने के लिए नवाब साहब की ओर से क्या शब्द सुनाई दिया?
(i) डकार (ii) लजीज़ (iii) नामुराद (iv) एब्स्ट्रैक्ट

(ङ) गद्यांश के आधार पर बताइए कि हम गौर कर रहे थे में 'हम' शब्द किसके लिए प्रयुक्त हुआ है? **दक्षता आधारित प्रश्न**
(i) पेट भरने के लिए (ii) लेखक के लिए
(iii) नवाब साहब के लिए (iv) इनमें से कोई नहीं

विषयवस्तु पर आधारित प्रश्न

निम्नलिखित प्रश्नों के उत्तर संक्षेप में दीजिए

I. नवाब साहब ने संगति के लिए उत्साह क्यों नहीं दिखाया?

II. "नवाब साहब की स्वाद के आनंद में पलकें मुँद गईं"- पंक्ति का आशय स्पष्ट कीजिए। **दक्षता आधारित प्रश्न**

III. नवाब साहब समाज के किस वर्ग का प्रतिनिधित्व करते हैं?

एक कहानी यह भी मन्नू भंडारी

अध्याय 10

पाठ की रूपरेखा

प्रस्तुत पाठ 'एक कहानी यह भी' 'मन्नू भंडारी' द्वारा रचित आत्मकथ्य है, जिसमें आत्मपरक शैली का प्रयोग किया गया है। लेखिका ने इसमें ऐसे व्यक्तियों और घटनाओं के विषय में लिखा है, जिनका संबंध उनके लेखकीय जीवन से रहा है। लेखिका ने अपने किशोर जीवन से जुड़ी घटनाओं और विशेष रूप से अपने पिताजी तथा कॉलिज की प्राध्यापिका शीला अग्रवाल के विषय में बताते हुए स्वतंत्रता आंदोलन का भी वर्णन किया है। लेखिका द्वारा स्वतंत्रता आंदोलन में की गई भागीदारी में उनका उत्साह, ओज, संगठन क्षमता और विरोध करने का स्वरूप प्रशंसनीय है।

लेखक परिचय

आधुनिक कथा साहित्य की जानी-मानी लेखिका मन्नू भंडारी का जन्म वर्ष 1931 में मध्य प्रदेश के मंदसौर जिले के भानपुर गाँव में हुआ था। अजमेर से इंटर पास कर इन्होंने कलकत्ता विश्वविद्यालय से स्नातक और बनारस हिंदू विश्वविद्यालय से हिंदी में एम.ए. किया। दिल्ली के मिरांडा हाउस कॉलिज में अध्यापन कार्य से अवकाश प्राप्त किया। वर्ष 15 नवम्बर, 2021 में इनका देहांत हो गया। उन्होंने फिल्म एवं टेलीविजन धारावाहिकों की पटकथा लेखिका के रूप में भी कार्य किया है। व्यास सम्मान व हिंदी अकादमी के 'शिखर सम्मान' सहित उन्हें भारतीय भाषा परिषद्, कोलकाता, राजस्थान संगीत नाटक अकादमी व उत्तर प्रदेश हिंदी संस्थान के द्वारा भी सम्मानित किया जा चुका है।

पाठ का सार

लेखिका की मध्य प्रदेश और अजमेर की यादें

लेखिका ने अपने जन्म स्थान गाँव भानपुरा, जिला मंदसौर (मध्य प्रदेश) के साथ-साथ राजस्थान स्थित अजमेर के ब्रह्मपुरी मोहल्ले के दो-मंजिले मकान से जुड़ी बहुत-सी बातों को याद किया है। अजमेर के इसी दो-मंजिले मकान में ऊपरी तल पर उनके पिता अव्यवस्थित ढंग से फैली-बिखरी पुस्तकों-पत्रिकाओं और अखबारों के बीच या तो कुछ लिखते रहते थे या 'डिक्टेशन' देते रहते थे।

नीचे के कमरों में उनकी माँ, भाई-बहन आदि रहते थे। हमारी माँ सवेरे से शाम तक सभी की इच्छाओं और पिताजी की आज्ञा का पालन करने में तत्पर रहती थीं।

पिता का अतीत एवं वर्तमान

लेखिका के पिता अजमेर आने से पहले मध्य प्रदेश के इंदौर में रहते थे, जहाँ उनकी बहुत प्रतिष्ठा थी। वह अनेक सामाजिक-राजनीतिक संगठनों से भी जुड़े थे। उन्होंने शिक्षा का न केवल उपदेश दिया, बल्कि बहुत-से विद्यार्थियों को अपने घर पर रखकर भी पढ़ाया है, जिसमें से कई तो बाद में ऊँचे-ऊँचे पदों पर भी पहुँचे। यह सब उनकी खुशहाली के दिनों की बात है, जब उनकी दरियादिली के चर्चे भी खूब होते थे। एक ओर वे बहुत कोमल और संवेदनशील तथा दूसरी ओर वे बहुत क्रोधी और अहंवादी व्यक्ति थे।

पिता का वर्तमान

लेखिका ने स्वीकार किया है कि उनके पिताजी अंदर से टूटे हुए व्यक्ति थे, जो एक बहुत बड़े आर्थिक झटके के कारण इंदौर से अजमेर आ गए थे और केवल अपने बलबूते पर उन्होंने अपने अधूरे अंग्रेज़ी-हिंदी शब्दकोश (विषयवार) को पूरा किया। इस कार्य ने उन्हें यश और प्रतिष्ठा तो बहुत दी, किंतु अर्थ नहीं दिया, जिससे उनकी आर्थिक स्थिति में कोई सुधार नहीं हुआ और उनकी सकारात्मक सोच नकारात्मक सोच में परिवर्तित होती चली गई, किंतु उनका अहं इस बात की अनुमति नहीं देता था कि वे अपने बच्चों को आर्थिक विवशता के विषय में बताएँ।

लेखिका के पिताजी का व्यक्तित्व

लेखिका को प्रतीत होता है कि उनके व्यक्तित्व में उनके पिता की कुछ कमियाँ और खूबियाँ तो अवश्य ही आ गई हैं, जिन्होंने चाहे-अनचाहे उनके भीतर कई ग्रंथियों को जन्म दे दिया। लेखिका का रंग काला है तथा बचपन में वे दुबली और मरियल-सी थीं। उनके पिता को गोरा रंग बहुत पसंद था। यही कारण है कि परिवार में लेखिका से दो साल बड़ी, खूब गोरी, स्वस्थ और हँसमुख बहन सुशीला से हर बात में उनकी तुलना की जाती थी। इससे लेखिका के भीतर हीन भावना उत्पन्न हो गई, जो आज तक है। इसी का परिणाम है कि इतना नाम और प्रतिष्ठा प्राप्त करने के पश्चात् भी जब उनकी लेखकीय उपलब्धियों की प्रशंसा की जाती है, तो लेखिका संकोच से सिमटने और गड़ने लगती हैं।

पिता से विपरीत स्वभाव वाली माँ

लेखिका की माँ का स्वभाव अपने पति जैसा नहीं था। वे एक अनपढ़ महिला थीं। वे अपने पति के क्रोध को चुपचाप सहते हुए स्वयं को घर के कामों में व्यस्त रखती थीं। अनपढ़ होने के बाद भी लेखिका की माँ धरती से भी अधिक धैर्य और सहनशक्ति वाली थी। उन्होंने अपने पति की हर ज्यादती (अत्याचार) को अपना भाग्य समझा। उन्होंने परिवार में किसी से कुछ नहीं माँगा, बल्कि जहाँ तक हो सका, दिया ही दिया है। इसका परिणाम यह हुआ कि सहानुभूतिवश भाई-बहनों का लगाव तो माँ के साथ था, किंतु लेखिका कभी उन्हें अपने आदर्श के रूप में स्वीकार न कर सकी।

लेखिका का परिवार और पास-पड़ोस

लेखिका पाँच भाई-बहनों में सबसे छोटी थीं। जिस समय उनकी सबसे बड़ी बहन का विवाह हुआ, उस समय लेखिका लगभग सात साल की थीं। अपने से दो साल बड़ी बहन सुशीला के साथ लेखिका ने लड़कियों के सारे खेल खेले। वैसे तो उन्होंने लड़कों वाले खेल भी खेले, किंतु भाई घर में कम रहा करते थे, इसलिए वह लड़कियों वाले खेल अधिक खेल सकीं। हाँ इतना जरूर था कि उस जमाने में घर की दीवारें घर तक ही समाप्त नहीं होती थी, बल्कि पूरे मोहल्ले तक फैली रहती थी। मोहल्ले के दूसरे घर भी परिवार का हिस्सा समझे जाते थे। उस समय पड़ोस का दायरा आज की तरह सीमित नहीं था। आज तो प्रत्येक व्यक्ति अपने आप में सिमट कर रह गया है।

40 के दशक में लड़कियों के विवाह की आयु एवं योग्यता

40 के दशक में लेखिका के परिवार में लड़कियों के विवाह की अनिवार्य योग्यता थी—सोलह वर्ष की उम्र और मैट्रिक तक की शिक्षा। वर्ष 1944 में लेखिका की बहन सुशीला ने यह योग्यता पाई और शादी करके कोलकाता चली गई। दोनों बड़े भाई भी आगे पढ़ाई करने के लिए कोलकाता चले गए। इन लोगों की छत्र-छाया के हटते ही पहली बार लेखिका को अपने वजूद का एहसास हुआ, जब पिताजी का ध्यान लेखिका की ओर गया।

पिताजी का लेखिका से आग्रह

जिस उम्र में लड़की को स्कूली शिक्षा के साथ सुघड़ गृहिणी (घर चलाने में कुशल) और कुशल पाक-शास्त्री बनने के नुस्खे सिखाए जाते थे, उस समय पिताजी का आग्रह रहा करता था कि लेखिका रसोई नामक भटियारखाने (रसोई के काम-काज) से दूर ही रहे, क्योंकि उनके अनुसार वहाँ रहना अपनी प्रतिभा और क्षमता को भट्टी में झोंकना था। पिताजी के पास कई पार्टियों, संगठनों के व्यक्ति आते और उनके बीच घंटों तक बहस हुआ करती थी। लेखिका जब चाय-पानी या नाश्ता देने के लिए जातीं, तो उनके पिताजी उन्हें यह कहते हुए बैठा लेते कि वह भी सुने और जाने कि देश में चारों ओर क्या हो रहा है।

लेखिका के जीवन में शीला अग्रवाल का महत्त्व

वर्ष 1945 में लेखिका ने हाई स्कूल पास करके सावित्री गर्ल्स हाईस्कूल, जो पिछले वर्ष ही कॉलिज बना था, उसमें फर्स्ट इयर में प्रवेश लिया। उस समय उनका परिचय शीला अग्रवाल से हुआ, जो हिंदी की प्राध्यापिका थीं। शीला अग्रवाल ने ही लेखिका का वास्तविक रूप में साहित्य से परिचय कराया और मात्र पढ़ने को, चुनाव करके पढ़ने में बदला, जिसका परिणाम यह हुआ कि लेखिका ने साहित्य जगत के कई प्रसिद्ध साहित्यकारों (प्रेमचंद, जैनेंद्र, अज्ञेय, यशपाल, भगवतीचरण आदि) को पढ़ा। शीला अग्रवाल ने न केवल लेखिका का साहित्यिक दायरा बढ़ाया, बल्कि घर की चारदीवारी के बीच बैठकर लेखिका ने देश की स्थितियों को जानने-समझने का जो सिलसिला शुरू किया था, उसे सक्रिय भागीदारी में बदल दिया, जिस कारण वह स्वाधीनता आंदोलन में भाग लेने लगीं।

स्वाधीनता आंदोलन और लेखिका के पिताजी

लेखिका के पिता यह तो चाहते थे कि वह उनकी उपस्थिति में घर में आए लोगों के बीच उठे-बैठे, जाने-समझे, किंतु उन्हें यह बर्दाश्त नहीं था कि लेखिका घर से बाहर निकलकर सड़कों पर लड़कों के साथ नारेबाज़ी करे। जब भी उन्हें इस बात का पता चलता, वे क्रोध में आग बबूला हो उठते थे। कई बार ऐसा होता कि कोई दकियानूसी (पुराने विचारों का समर्थन करने वाले) व्यक्ति पिताजी को भड़का देते। यह सुनकर वे बहुत गुस्सा हो जाते, किंतु जब उन्हें पता चलता कि उनकी पुत्री को लोग बहुत सम्मान देते हैं, तो वे गर्व से भर उठते।

प्रिंसिपल का पत्र और पिता का क्रोध

एक बार लेखिका के घर पर कॉलिज से प्रिंसिपल का पत्र आया, जिसमें उनकी शिकायत की गई थी। पत्र पढ़ते ही लेखिका के पिताजी नाराज हो गए, परंतु जब वह कॉलिज से लौटे तो उनके क्रोध का स्थान प्रशंसा ने ले लिया था। उन्हें यह जानकर बहुत खुशी हो रही थी कि उनकी पुत्री को कॉलिज में छात्राएँ इतना सम्मान देती हैं कि उनके एक बार कह देने पर अपनी कक्षाओं का बहिष्कार तक कर देती हैं।

वर्ष 1947 और लेखिका

वर्ष 1947 के मई माह में प्राध्यापिका शीला अग्रवाल को कॉलिज प्रशासन ने अनुशासनहीनता का आरोप लगाकर नोटिस दिया, जिसमें उन पर लड़कियों को भड़काने और अनुशासन भंग करने में सहयोग करने का आरोप लगाया गया था। इसके अतिरिक्त जुलाई माह में थर्ड ईयर की क्लासेज बंद करके लेखिका और एक दो अन्य छात्राओं के प्रवेश पर रोक लगा दी गई। इस बात पर लड़कियों ने कॉलिज से बाहर रहकर प्रशासन के निर्णय के विरुद्ध खूब प्रदर्शन किए। इसका परिणाम यह हुआ कि कॉलिज प्रशासन को थर्ड ईयर की क्लासेज़ पुनः शुरू करनी पड़ी। उस समय इस खुशी से भी बड़ी खुशी लेखिका को देश को स्वाधीनता मिल जाने की हुई थी।

शब्दार्थ

शब्द	अर्थ
सिलसिला	क्रम
निहायत	एकदम
डिक्टेशन	इमला
ओहदा	पद
दरियादिली	अति उदारता
अहंवादी	घमंडी
भग्नावशेष	खंडहर
बल-बूता	ज़ोर/ताकत
यश	नाम/ख्याति
अर्थ	धन-दौलत
विस्फारित	फैला हुआ
भागीदार	हिस्सेदार
हाशिए	किनारे
यातना	कष्ट
विश्वासघात	धोखा/द्रोह
शक्की	शक करने वाला
पितृ-गाथा	पिता की कथा
खूबी	अच्छाई
खामी	बुराई/कमी
बाना	वस्त्र तैयार करने हेतु चौड़ाई में भरे जाने वाला सूत
ग्रंथि	गाँठ/गिरह
मरियल	शक्तिहीन
अचेतन	संज्ञाशून्य
पर्त	परत/तह
तुक्का	बेकार उपाय
भन्नाना	झल्लाना
व्यथा	दु:ख
कुंठा	निराशाजन्य अतृप्त भावना
प्रतिच्छाया	प्रतिरूप/चित्र
अहसास	अनुभव/प्रतीति
आसन्न	संबंधित/जुड़ा हुआ
कदर	तरह
प्रवाह	बहाव
ज्यादती	अत्याचार
प्राप्य	प्राप्त करने योग्य
फ़रमाइश	अनुरोध
ज़िद	हठ
फर्ज	कर्त्तव्य
सहिष्णुता	सहनशीलता
पैतृक-पुराण	पिता से संबंधित कथा
दायरा	कार्य क्षेत्र
पाबंदी	प्रतिबंध
शिद्दत	प्रबलता/कठोरता
फ़्लैट	मकान
कल्चर	संस्कृति

शब्द	अर्थ
विच्छिन्न	अलग किया हुआ
संकुचित	सीमित
अंतराल	दो बिंदुओं के मध्य का समय
भाव-भंगिमा	मनोभावों को प्रकट करने वाला अंग संचालन
छत्र-छाया	सुखद आश्रय/शरण
सुघड़	कुशल
पाक	शास्त्री-भोजन बनाने का विशेषज्ञ
भटियारखाना	असभ्य लोगों की बैठक
भट्टी	चूल्हा
जमावड़ा	एक स्थान पर इकट्ठा हुए व्यक्तियों का समूह
शगल	काम धंधा/हॉबी
रोमानी	रोमांटिक
अहमियत	महत्त्व
मंथन	मथना
नैतिक	नीति से संबंधित
धारणा	व्यक्तिगत विश्वास
दमखम	ताकत
उन्माद	जुनून/सनक।
बवंडर	उपद्रव/आँधी-तूफ़ान
निषेध	मनाही
वर्जना	निषेध
वर्चस्व	दबदबा
कोप	क्रोध
आग-बबूला होना	अति क्रोधित होना
रौब	धाक/दबदबा
गद्गद	प्रसन्न
अवाक्	आश्चर्यचकित
हकीकत	सच्चाई
आह्वान	पुकार
थू-थू करना	निंदा करना
अंतरंग	घनिष्ठ
गर्मजोशी	जोशसहित
रिअली	वास्तव में
प्राउड	गर्व
मिस्ड	खोया
समथिंग	कुछ
धुआँधार	जोरदार
तारीफ़	प्रशंसा
झिझक	हिचक
अंतर्विरोध	मन की भावनाओं में विरोध
विशिष्ट	अलग
निषिद्ध	जिस पर रोक लगाई गई हो
चिर	प्राचीन
प्रतीक्षित	जिसकी प्रतीक्षा की गई हो
बिलाना	खोना

NCERT फोल्डर

पाठ्यपुस्तक (क्षितिज भाग-2) के प्रश्नोत्तर

प्र.1 लेखिका के व्यक्तित्व पर किन-किन व्यक्तियों का किस रूप में प्रभाव पड़ा? CBSE 2013, 12, 11

उत्तर लेखिका के व्यक्तित्व पर मुख्य रूप से दो व्यक्तियों का प्रभाव पड़ा

पिताजी का प्रभाव लेखिका के व्यक्तित्व को बनाने-बिगाड़ने में उनके पिताजी की बहुत बड़ी भूमिका रही है। एक ओर तो पिताजी के कारण ही लेखिका के मन में हीन ग्रंथियों का जन्म हुआ और उन्होंने ही लेखिका को शंकालु प्रवृत्ति का भी बनाया, तो दूसरी ओर उन्होंने ही लेखिका को विद्रोही व देश और समाज के प्रति जागरूक भी बनाया। पिताजी ने ही उन्हें रसोईघर और सामान्य गृहस्थी के कार्यों से दूर कर एक प्रबुद्ध व्यक्तित्व बना दिया। लेखिका को देश के प्रति जागरूक बनाने में उनके पिताजी का महत्त्वपूर्ण योगदान है।

हिंदी प्राध्यापिका का प्रभाव हिंदी प्राध्यापिका शीला अग्रवाल ने लेखिका को न केवल कुछ पढ़ने के बजाय, चुनकर पढ़ने की सीख दी, बल्कि उन्हें साहित्य की ओर प्रभावी रूप से उन्मुख भी किया। लेखिका को क्रियाशील, क्रांतिकारी और आंदोलनकारी बनाने में भी उनका गहरा प्रभाव जान पड़ता है।

शीला अग्रवाल ने अपनी जोशीली बातों से लेखिका के मन में बैठे संस्कारों को कार्य-रूप दे दिया। उन्होंने उन्हें इतना अधिक प्रेरित और उत्साहित किया कि उनके मन में देश-प्रेम की भावना प्रज्वलित हो उठी।

प्र.2 इस आत्मकथ्य में लेखिका के पिता ने रसोई को 'भटियारखाना' कहकर क्यों संबोधित किया है? CBSE 2020

उत्तर उनके पिता का मानना था कि चूल्हे के संपर्क में आकर उनकी बेटी की प्रतिभा नष्ट हो जाएगी एवं रोटी पकाने से उसमें देश तथा समाज की समझ विकसित नहीं होगी। अर्थात् वह वहाँ जाकर अपनी योग्यता को नष्ट कर देगी। संभवत: इसलिए लेखिका के पिता ने रसोई को 'भटियारखाना' कहकर संबोधित किया होगा।

प्र.3 वह कौन-सी घटना थी, जिसके बारे में सुनने पर लेखिका को न अपनी आँखों पर विश्वास हो पाया और न अपने कानों पर? दक्षता आधारित प्रश्न

उत्तर लेखिका के आंदोलनकारी व्यवहार से तंग आकर उनके कॉलिज की प्रिंसिपल ने लेखिका के पिताजी को लेखिका के विरुद्ध कड़ी अनुशासनात्मक कार्यवाही करने को बुलवाया। पिताजी पहले से ही मन्नू के विद्रोही रुख से परेशान रहते थे। उन्हें लगा कि जरूर इस लड़की ने इस बार कोई अपमानजनक कार्य किया होगा, जिस कारण उन्हें सिर झुकाना पड़ेगा, इसलिए वे अत्यधिक क्रोधित होकर कॉलिज गए।

कॉलिज में जाकर उन्हें पता चला कि उनकी बेटी तो सब लड़कियों की चहेती है। लड़कियाँ प्रिंसिपल की भी बात नहीं मानतीं, केवल उसी के संकेत पर चलती हैं।

यह सुनकर पिताजी गर्व से फूले न समाए। उन्होंने प्रिंसिपल को उत्तर दिया 'यह तो (स्वतंत्रता संग्राम में भाग लेना) पूरे देश की पुकार है, इस पर कोई कैसे रोक लगा सकता है भला?' लेखिका पिता के मुख से ऐसी प्रशंसा सुनकर विश्वास न कर पाई।

प्र.4 लेखिका की अपने पिता से वैचारिक टकराहट को अपने शब्दों में लिखिए। CBSE 2013

***अथवा* मन्नू भंडारी का अपने पिता से जो वैचारिक मतभेद था उसे अपने शब्दों में लिखिए।** CBSE 2019, 18

***अथवा* मन्नू भंडारी और उनके पिता के बीच मतभेद के दो कारण लिखिए।** CBSE 2019

उत्तर लेखिका की अपने पिता से वैचारिक टकराहट शुरू से थी। उनके पिता उनकी बड़ी बहन से हमेशा उनकी तुलना करते थे एवं बड़ी बहन की तारीफ करते थे, जिससे उनके मन में हीन-भावना आ गई थी। घर में राजनीतिक पार्टियों के लोगों का जमघट लगा रहता था। लेखिका के पिताजी उनसे वहाँ बैठकर सुनने को कहते थे कि इन दिनों देश में क्या-क्या हो रहा है?

वे उनके मन में विद्रोह और जागरण के स्वर तो भरना चाहते थे, किंतु उन्हें सामाजिक व राजनीतिक रूप से सक्रिय बनाने के पक्ष में नहीं थे। इसके अतिरिक्त लेखिका अंग्रेजों के विरुद्ध हड़तालों में जमकर नारेबाजी करती थीं और लड़कों के साथ सड़कों पर घूमती-फिरती थीं, जो उनके पिताजी को बर्दाश्त नहीं था। अपने पिताजी से विचारों की टकराहट का यह सिलसिला राजेंद्र यादव से लेखिका की शादी होने तक चलता रहा।

प्र.5 इस आत्मकथ्य के आधार पर स्वाधीनता आंदोलन के परिदृश्य का चित्रण करते हुए उसमें मन्नू जी की भूमिका को रेखांकित कीजिए। दक्षता आधारित प्रश्न

उत्तर स्वतंत्रता आंदोलन के दौरान पूरे देश में देशभक्ति की लहर दौड़ रही थी। युवकों के साथ-साथ युवतियाँ भी सड़कों पर आकर प्रभात-फेरियों एवं जुलूसों में बढ़-चढ़कर हिस्सा लेती थीं।

वर्ष 1945 में मन्नू जी दसवीं पास करके फर्स्ट इयर में गईं, तो उनकी भेंट प्रोफेसर शीला अग्रवाल से हुई। उनकी प्रेरणा और प्रोत्साहन से लेखिका ने तत्कालीन स्वतंत्रता आंदोलन में सक्रिय रूप से भाग लिया। मन्नू कॉलिज की लड़कियों को एकत्र कर मैदान में आकर नारे लगातीं।

उनके घर में भी राजनीतिक पार्टियों के लोगों की लंबी बहसें हुआ करतीं, जिसे सुनकर वह भी विद्यार्थियों को इकट्ठा कर जोशीले भाषण चौराहों पर दिया करती थीं, जिसकी डॉ. अंबालाल ने मन्नू जी के पिताजी से तारीफ भी की थी। इस प्रकार मन्नू जी ने छात्र-छात्राओं को अंग्रेज़ों के खिलाफ एकजुट करने का महत्त्वपूर्ण काम किया।

रचना और अभिव्यक्ति

प्र.6 **लेखिका ने बचपन में अपने भाइयों के साथ गिल्ली-डंडा तथा पतंग उड़ाने जैसे खेल भी खेले, किंतु लड़की होने के कारण उनका दायरा घर की चाहरदीवारी तक सीमित था। क्या आज भी लड़कियों के लिए स्थितियाँ ऐसी ही हैं या बदल गई हैं, अपने परिवेश के आधार पर लिखिए?** **दक्षता आधारित प्रश्न**

उत्तर यद्यपि लेखिका ने अपने भाई-बहनों के साथ गिल्ली-डंडा तथा पतंग उड़ाने के खेल भी खेले थे, किंतु उन दिनों लड़कियों के खेलों की सीमा घर तक ही थी, परंतु आज परिस्थितियाँ बदल गई हैं। खेलकूद के महत्त्व से भली-भाँति परिचित आज के माता-पिता अथवा अभिभावक लड़कों की तरह अपनी लड़कियों को भी तरह-तरह के खेलों से जुड़ने का समान अवसर प्रदान करते हैं।

आज अधिकतर विद्यालयों, महाविद्यालयों में लड़के-लड़कियाँ एक साथ पढ़ते हैं तथा वे साथ-साथ खेलने-कूदने व घूमने-फिरने के लिए भी स्वतंत्र हैं। आज लड़कियाँ घर की चाहरदीवारी से बाहर आ गई हैं। मैदानों में खेले जाने वाले क्रिकेट, टेनिस आदि खेलों में भी वे बढ़-चढ़कर हिस्सा लेती हैं। सानिया मिर्जा, सायना नेहवाल, मैरी कॉम, दीपिका पल्लिकल, दीपिका कुमारी आदि आज की लड़कियों की न सिर्फ पसंदीदा खिलाड़ी, बल्कि आदर्श भी हैं।

प्र.7 **मनुष्य के जीवन में आस-पड़ोस का बहुत महत्त्व होता है, परंतु महानगरों में रहने वाले लोग प्राय: 'पड़ोस कल्चर' से वंचित रह जाते हैं। इस बारे में अपने विचार लिखिए।** **CBSE 2014, 12**

उत्तर मनुष्य के जीवन में आस-पड़ोस का बहुत महत्त्व होता है। किसी भी मुश्किल में पड़ोसी ही सबसे पहले काम आता है, किंतु आज के शहरी जीवन में सबसे बड़ी विडंबना यही है कि कोई किसी से वास्ता नहीं रखता। पड़ोस के घर में बड़ी-से-बड़ी त्रासदी होने पर भी लोग अपने कार्यों में व्यस्त रहते हैं।

पति-पत्नी काम पर जाते हैं, उन्हें पड़ोसियों से मुलाकात करने का समय ही नहीं मिलता। बड़े शहरों में लोग 'पड़ोस कल्चर' से वंचित हैं। लोग अपनी कोठियों एवं फ्लैट में कैद होकर रह गए हैं, वे एक-दूसरे के लिए संवेदनशील नहीं रहे। इस कारण मनुष्य ने हृदय की उदारता, विशालता, हँसी-ठहाके, उल्लास आदि सब भुला दिए हैं।

प्र.8 **लेखिका द्वारा पढ़े गए उपन्यासों की सूची बनाइए और उन उपन्यासों को अपने पुस्तकालय में खोजिए।**

उत्तर
(i) सुनीता (जैनेंद्र)
(ii) शेखर: एक जीवनी (अज्ञेय)
(iii) नदी के द्वीप (अज्ञेय)
(iv) त्यागपत्र (जैनेंद्र)
(v) चित्रलेखा (भगवतीचरण वर्मा)

विद्यार्थी इन्हें खोजकर पढ़ें।

प्र.9 आप भी अपने दैनिक अनुभवों को डायरी में लिखिए।

उत्तर विद्यार्थी स्वयं करें।

भाषा अध्ययन

प्र.10 **इस आत्मकथ्य में मुहावरों का प्रयोग करके लेखिका ने रचना को रोचक बनाया है। रेखांकित मुहावरों को ध्यान में रखकर कुछ और वाक्य बनाएँ।**

(क) इस बीच पिताजी के एक निहायत दकियानूसी मित्र ने घर आकर अच्छी तरह पिताजी की लू उतारी।

(ख) वे तो आग लगाकर चले गए और पिताजी सारे दिन भभकते रहे।

(ग) बस अब यही रह गया है कि लोग घर आकर थू-थू करके चले जाएँ।

(घ) पत्र पढ़ते ही पिताजी आग-बबूला हो गए।

उत्तर (क) उस दिन मौका मिला, तो मैंने सभी के सामने श्याम सक्सेना की खूब लू उतारी।

(ख) अपने मित्र के जीवन में आग लगाना अत्यंत निम्न कर्म है।

(ग) जब दुर्गेश परीक्षा में नकल करते पकड़ा गया, तो लोगों ने उसकी खूब थू-थू की।

(घ) एक छोटे बच्चे को पिटते हुए देखकर प्रधानाध्यापक आग-बबूला हो गए।

पाठेतर सक्रियता

प्र.11 **इस आत्मकथा से हमें यह जानकारी मिलती है कि कैसे लेखिका का परिचय साहित्य की अच्छी पुस्तकों से हुआ। आप इस जानकारी का लाभ उठाते हुए अच्छी साहित्यिक पुस्तकें पढ़ने का सिलसिला शुरू कर सकते हैं। कौन जानता है कि आप में से ही कोई अच्छा पाठक बनने के साथ-साथ अच्छा रचनाकार भी बन जाए।**

उत्तर इसकी पहल आपको स्वयं करनी होगी।

प्र.12 **लेखिका के बचपन में लँगड़ी-टाँग, पकड़म-पकड़ाई और काली-टीलों आदि खेल शामिल थे। क्या आप भी यह खेल खेलते हैं। आपके परिवेश में इन खेलों के लिए कौन-से शब्द प्रचलन में हैं। इनके अतिरिक्त आप जो खेल खेलते हैं उन पर चर्चा कीजिए।**

उत्तर विद्यार्थी स्वयं करें।

प्र.13 **स्वतंत्रता आंदोलन में महिलाओं की भी सक्रिय भागीदारी रही है। उनके बारे में जानकारी प्राप्त कीजिए और उनमें से किसी एक पर प्रोजेक्ट तैयार कीजिए।**

उत्तर विद्यार्थी स्वयं करें।

अभ्यास प्रश्न

बहुविकल्पीय व वर्णनात्मक प्रश्नों सहित

पाठ पर आधारित बहुविकल्पीय प्रश्न

निम्नलिखित प्रश्नों के सर्वाधिक उपयुक्त विकल्पों का चयन कीजिए

1. लेखिका मन्नू भंडारी को लेखन की प्रेरणा किससे मिली?

(i) अपने पिता से (ii) हिंदी प्राध्यापिका से
(iii) (i) और (ii) दोनों (iv) अपनी माता से

2. लेखिका के पिता द्वारा लिखे गए शब्दकोश से उन्हें किसकी प्राप्ति हुई? **दक्षता आधारित प्रश्न**

(i) यश और प्रतिष्ठा की (ii) धन एवं संपदा की
(iii) सरकार द्वारा सम्मान की
(iv) मंगला पारितोष पुरस्कार की

3. लेखिका के पिता के स्वभाव को क्रोधी किसने बना दिया था?

(i) लंबी बीमारी ने (ii) स्वयं लेखिका ने
(iii) आर्थिक तंगी ने (iv) परिवार के सदस्यों ने

4. लेखिका को अपने अस्तित्व का अहसास कब हुआ? **दक्षता आधारित प्रश्न**

(i) आंदोलन में भाग लेने पर
(ii) पिता से बहस करने पर
(iii) बड़ी बहन तथा भाई की छत्र-छाया हटने पर
(iv) माँ से दूर जाने पर

5. लेखिका के पिता लेखिका को घर में होने वाली बहसों में बैठने के लिए कहते थे ………………। **दक्षता आधारित प्रश्न**

(i) ताकि लेखिका घर से बाहर न जाए
(ii) ताकि लेखिका देश में चल रही गतिविधियों को जाने-समझे
(iii) ताकि लेखिका पिता की विचारधारा से परिचित हो सके
(iv) ताकि लेखिका को किसी भी विषय पर जानकारी प्राप्त हो सके

6. 'एक कहानी यह भी' पाठ में लेखिका की दृष्टि में उनकी माँ का व्यक्तित्व आदर्श रूप नहीं था, क्योंकि **CBSE 2024**

(i) उनकी माँ अपने बच्चों से भेदभाव करती थीं।
(ii) उनकी माँ बहुत अधिक पढ़ी-लिखी नहीं थीं।
(iii) उन्हें उनका व्यक्तित्व काफी दबा-दबा सा लगता था।
(iv) उनकी माँ बहुत ही आक्रामक स्वभाव की थीं।

7. लेखिका के व्यक्तित्व पर सबसे ज्यादा किसका प्रभाव पड़ा?

(i) हिंदी की प्राध्यापिका का (ii) बड़ी बहन सुशीला का
(iii) लेखिका की माँ का (iv) लेखिका के पिता का

8. लेखिका ने अपनी माँ को कैसा बताया है?

(i) साधारण (ii) नासमझ
(iii) व्यक्तितव विहीन (iv) पराश्रित

9. 'एक कहानी यह भी' पाठ हमें …………

(i) समाज में पहचान बनाने का संदेश देता है।
(ii) समाज में आर्थिक स्थिति मजबूत करने की प्रेरणा देता है।
(iii) राजनैतिक कर्त्तव्यों का निर्वाह करने का संदेश देता है।
(iv) आंदोलन करने की प्रेरणा देता है।

10. शीला अग्रवाल किस विषय से जुडी थीं? **CBSE Diksha**

(i) गणित (ii) विज्ञान
(iii) अर्थशास्त्र (iv) हिंदी

11. लेखिका (मन्नू भंडारी) शीला अग्रवाल के संपर्क में कब आई? **CBSE Diksha**

(i) वर्ष 1945 में (ii) वर्ष 1946 में
(iii) वर्ष 1944 में (iv) वर्ष 1947 में

12. लेखिका के पिता रसोईघर को क्या कहते थे? **CBSE Diksha**

(i) पाकशाला (ii) रसूखदार
(iii) भोजनस्थल (iv) भटियारखाना

13. किससे प्रभावित होकर लेखिका ने स्वतंत्रता-आंदोलन में सक्रिय रूप से भाग लिया?

(i) डॉ. अंबालाल जी से
(ii) अपने पिताजी से
(iii) अपनी बहन सुशीला से
(iv) शीला अग्रवाल जी से

14. **कथन** (A) लेखिका के पिता शक्की स्वभाव के व्यक्ति थे।
कारण (R) लेखिका के पिता के साथ अपनों ने विश्वासघात किया था।

(i) कथन (A) और कारण (R) दोनों गलत हैं।
(ii) कथन (A) गलत है, किंतु कारण (R) सही है।
(iii) कथन (A) सही है और कारण (R) उसकी सही व्याख्या है।
(iv) कथन (A) सही है, किंतु कारण (R) उसकी गलत व्याख्या है।

उत्तर **1.** (iii) (i) और (ii) दोनों
2. (i) यश और प्रतिष्ठा की
3. (iii) आर्थिक तंगी ने
4. (iii) बड़ी बहन तथा भाई की छत्र-छाया हटने पर
5. (ii) ताकि लेखिका देश में चल रही गतिविधियों को जाने-समझे।
6. (ii) उनकी माँ बहुत अधिक पढ़ी लिखी नहीं थीं।
7. (iv) लेखिका के पिता का
8. (iii) व्यक्तित्व विहीन
9. (i) समाज में पहचान बनाने का संदेश देता है।
10. (iv) हिंदी

11. (i) वर्ष 1945 में

12. (iv) भटियारखाना

13. (iv) शीला अग्रवाल जी से

14. (iii) कथन (A) सही है और कारण (R) उसकी सही व्याख्या है

गद्यांश पर आधारित बहुविकल्पीय प्रश्न

निम्नलिखित गद्यांशों को ध्यानपूर्वक पढ़कर पूछे गए प्रश्नों के सही विकल्प चुनिए

1. **पर यह सब तो मैंने केवल सुना। देखा, तब तो इन गुणों के भग्नावशेषों को ढोते पिता थे। एक बहुत बड़े आर्थिक झटके के कारण वे इन्दौर से अजमेर आ गए थे, जहाँ उन्होंने अपने अकेले के बल-बूते और हौसले से अंग्रेजी-हिंदी शब्दकोश (विषयवार) के अधूरे काम को आगे बढ़ाना शुरू किया जो अपनी तरह का पहला और अकेला शब्दकोश था। इसने उन्हें यश और प्रतिष्ठा तो बहुत दी, पर अर्थ नहीं और शायद गिरती आर्थिक स्थिति ने ही उनके व्यक्तित्व के सारे सकारात्मक पहलुओं को निचोड़ना शुरू कर दिया। सिकुड़ती आर्थिक स्थिति के कारण और अधिक विस्फारित उनका अहं उन्हें इस बात तक की अनुमति नहीं देता था कि वे कम-से-कम अपने बच्चों को तो अपनी आर्थिक विवशताओं का भागीदार बनाएँ। नवाबी आदतें, अधूरी महत्त्वाकांक्षाएँ, हमेशा शीर्ष पर रहने के बाद हाशिए पर सरकते चले जाने की यातना क्रोध बनकर हमेशा माँ को कँपाती-थरथराती रहती थीं।**

(क) भग्नावशेषों को ढोने से क्या तात्पर्य है?

(i) टूटे फूटे खण्डहर महल
(ii) रुढ़िवादी सोच एवं विचार
(iii) पुरानी बातों को वर्तमान में लागू करना
(iv) भूरे रंग के अवशेषों को वहन करना

(ख) लेखिका के पिता अजमेर क्यों आए थे?

(i) व्यापार करने के लिए
(ii) आर्थिक हानि होने के कारण
(iii) बच्चों की पढ़ाई के कारण
(iv) अपनी संपत्ति को बेचने के लिए

(ग) लेखिका के पिताजी को .... यश और प्रतिष्ठा तो बहुत दी, किंतु अर्थ नहीं दिया। **दक्षता आधारित प्रश्न**

(i) समाज सुधार के कार्यों ने (ii) धार्मिक कार्यों ने
(iii) अंग्रेजी-हिंदी शब्दकोष ने (iv) हिंदी-अंग्रेजी शब्दकोष ने

(घ) लेखिका की माँ हमेशा भयभीत क्यों रहती थी?

(i) समाज के लोगों के डर के कारण
(ii) पिताजी के आर्थिक नुकसान के कारण
(iii) पिताजी के क्रोध के कारण
(iv) अपने भविष्य की चिंता के कारण

(ङ) लेखिका के पिता के क्रोध के क्या कारण बताए गए हैं?

(i) नवाबी आदतें
(ii) अधूरी महत्त्वाकांक्षाएँ
(iii) हमेशा शीर्ष पर रहने के बाद हाशिए पर चला जाना
(iv) उपर्युक्त सभी

उत्तर (क) (iii) पुरानी बातों को वर्तमान में लागू करना
(ख) (ii) आर्थिक हानि होने के कारण
(ग) (iii) अंग्रेजी-हिंदी शब्दकोष ने
(घ) (iii) पिताजी के क्रोध के कारण
(ङ) (iv) उपर्युक्त सभी

2. **पिता के ठीक विपरीत थीं हमारी बेपढ़ी-लिखी माँ। धरती से कुछ ज्यादा ही धैर्य और सहनशक्ति थी शायद उनमें। पिता जी की हर ज्यादती को अपना प्राप्य और बच्चों की हर उचित-अनुचित फरमाइश और जिद को अपना फर्ज समझकर बड़े सहज भाव से स्वीकार करती थीं वे। उन्होंने जिंदगी भर अपने लिए कुछ माँगा नहीं, चाहा नहीं...केवल दिया ही दिया। हम भाई-बहिनों का सारा लगाव (शायद सहानुभूति से उपजा) माँ के साथ था लेकिन निहायत असहाय मजबूरी में लिपटा उनका यह त्याग कभी मेरा आदर्श नहीं बन सका...न उनका त्याग, न उनकी सहिष्णुता। खैर, जो भी हो, अब यह पैतृक-पुराण यहीं समाप्त कर अपने पर लौटती हूँ।**

(क) लेखिका ने अपनी माँ की तुलना धरती से की, क्योंकि.........।

(i) वह बच्चों की फरमाइश पूरी करती थीं।
(ii) वह अत्यधिक सुंदर थीं।
(iii) वह अपने पति की ज्यादतियाँ सहती थीं।
(iv) वह धैर्यवान सहनशील थीं।

(ख) माँ सहज भाव से क्या स्वीकार करती थी?

(i) पिता जी की ज्यादती
(ii) अपने बच्चों की उचित-अनुचित माँग
(iii) सबकी आज्ञा का पालन
(iv) उपर्युक्त सभी

(ग) माँ का त्याग लेखिका के लिए आदर्श नहीं बन पाया, क्योंकि ....। **दक्षता आधारित प्रश्न**

(i) उनकी सहनशीलता व त्याग परिस्थितियों व मजबूरी से उपजे थे
(ii) लेखिका को माँ की आदतें पसंद नहीं थीं
(iii) माँ के प्रति परिवार संवेदनशील नहीं था
(iv) उनका त्याग मानवता के कल्याण के लिए नहीं था

(घ) लेखिका की माँ ने अपने पति से जिंदगी भर कुछ भी क्यों नहीं माँगा?

(i) वह बहुत धैर्यवान थी
(ii) जो मिल जाए उसे वह अपना प्राप्य समझती थी
(iii) लेने की कभी कामना नहीं करती थी
(iv) उपर्युक्त सभी

(ङ) प्रस्तुत गद्यांश में लेखिका किसके बारे में बात कर रही हैं? **दक्षता आधारित प्रश्न**

(i) अपनी माँ के विषय में
(ii) अपने परिवार के व्यवहार के बारे में
(iii) (i) और (ii) दोनों
(iv) अपने पड़ोस के विषय में

उत्तर (क) (iv) वह धैर्यवान सहनशील थीं।
(ख) (iv) उपर्युक्त सभी
(ग) (i) उनकी सहनशीलता व त्याग परिस्थितियों व मजबूरी से उपजे थे
(घ) (iv) उपर्युक्त सभी
(ङ) (i) अपनी माँ के विषय में

3. अपने से दो साल बड़ी बहिन सुशीला और मैंने घर के बड़े आँगन में बचपन के सारे खेल खेले–सतोलिया, लँगड़ी–टाँग, पकड़म–पकड़ाई, काली–टीलो .... तो कमरों में गुड्डे–गुड़ियों के ब्याह भी रचाए, पास–पड़ोस की सहेलियों के साथ। यों खेलने को हमने भाइयों के साथ गिल्ली–डंडा भी खेला और पतंग उड़ाने, काँच पीसकर माँजा सूतने का काम भी किया, लेकिन उनकी गतिविधियों का दायरा घर के बाहर ही अधिक रहता था और हमारी सीमा थी घर। हाँ, इतना ज़रूर था कि उस ज़माने में घर की दीवारें घर तक ही समाप्त नहीं हो जाती थीं, बल्कि पूरे मोहल्ले तक फैली रहती थीं। इसलिए मोहल्ले के किसी भी घर में जाने पर कोई पाबंदी नहीं थी, बल्कि कुछ घर तो परिवार का हिस्सा ही थे।

(क) लेखिका और उसकी बहन सुशीला का बचपन अपने भाइयों से कैसे अलग था? **दक्षता आधारित प्रश्न**
(i) वे लँगड़ी–टाँग, सतोलिया आदि खेलतीं, जबकि उनके भाई गिल्ली–डंडा, पतंग आदि खेलते।
(ii) वे घर के काम–काज करती थीं और उन्हें खेल खेलने की अनुमति नहीं थी।
(iii) उन्हें खेलने के लिए घर से बाहर जाने की अनुमति नहीं थी।
(iv) उनके और उनके भाइयों के बचपन में कोई अंतर नहीं था।

(ख) उपर्युक्त गद्यांश में लेखिका किस जमाने (समय) की तरफ संकेत कर रही हैं?
(i) 1960 के बाद के दशक की
(ii) वर्तमान समय की
(iii) आजादी (1947) के ठीक पूर्व के दशक की
(iv) आजादी (1947) के बाद के दशक की

(ग) गद्यांश के अनुसार उस जमाने में किस प्रकार की पाबंदी नहीं थी?
(i) मोहल्ले में किसी के भी घर जाने की
(ii) आंदोलन में भाग लेने की
(iii) नारे व हड़ताल करने की
(iv) उपर्युक्त सभी

(घ) सही कथन का चयन कीजिए
कथन (A) लेखिका की सीमा घर के अंदर थी।
कारण (R) लेखिका के भाइयों की गतिविधियों का दायरा घर के बाहर था। **दक्षता आधारित प्रश्न**
(i) कथन (A) और कारण (R) दोनों गलत हैं।
(ii) कथन (A) गलत है, किंतु कारण (R) सही है।
(iii) कथन (A) सही है, किंतु कारण (R) कथन (A) की सही व्याख्या नहीं है।
(iv) कथन (A) सही है और कारण (R) कथन (A) की सही व्याख्या है।

(ङ) गद्यांश के अनुसार घर किसका हिस्सा होते थे?
(i) समाज (ii) परिवार
(iii) मोहल्ले (iv) ये सभी

उत्तर (क) (iii) उन्हें खेलने के लिए घर से बाहर जाने की अनुमति नहीं थी।
(ख) (iii) आज़ादी (1947) के ठीक पूर्व के दशक की
(ग) (i) मोहल्ले में किसी के भी घर जाने की
(घ) (iv) कथन (A) सही है और कारण (R) कथन (A) की सही व्याख्या है।
(ङ) (ii) परिवार

4. आज तो मुझे बड़ी शिद्दत के साथ यह महसूस होता है कि अपनी जिंदगी खुद जीने के इस आधुनिक दबाव ने महानगरों के फ्लैट में रहने वालों को हमारे इस परंपरागत 'पड़ोस–कल्चर' से विच्छिन्न करके हमें कितना संकुचित, असहाय और असुरक्षित बना दिया है। मेरी कम–से–कम एक दर्जन आरंभिक कहानियों के पात्र इसी मोहल्ले के हैं जहाँ मैंने अपनी किशोरावस्था गुजार अपनी युवावस्था का आरंभ किया था। एक–दो को छोड़कर उनमें से कोई भी पात्र मेरे परिवार का नहीं है। बस इनको देखते–सुनते, इनके बीच ही मैं बड़ी हुई थी लेकिन इनकी छाप मेरे मन में कितनी गहरी थी, इस बात का अहसास तो मुझे कहानियाँ लिखते समय हुआ। इतने वर्षों के अंतराल ने भी उनकी भाव–भंगिमा, भाषा, किसी को भी धुँधला नहीं किया था और बिना किसी विशेष प्रयास के बड़े सहज भाव से वे उतरते चले गए थे।

(क) 'पड़ोस कल्चर' में व्यक्ति के अपने पड़ोसियों से .... और .... संबंध होते हैं।
(i) सीमित, विच्छिन्न (ii) कृपण, बहिरंग
(iii) उदार, घनिष्ठ (iv) अनुदार, संकीर्ण

(ख) गद्यांश के अनुसार पड़ोस कल्चर को सबसे अधिक नुकसान किसने पहुँचाया है? **दक्षता आधारित प्रश्न**
(i) मनुष्य की स्वार्थ भावना ने
(ii) पाश्चात्य सभ्यता और संस्कृति ने
(iii) महानगरों की फ्लैट संस्कृति ने
(iv) आधुनिकीकरण की प्रक्रिया ने

(ग) लेखिका की आरंभिक कहानियों के अधिकतर पात्रों का संबंध उनके मोहल्ले से है, क्योंकि **दक्षता आधारित प्रश्न**
(i) किशोर मन पर उनकी गहरी छाप थी।
(ii) मोहल्ले के लोग बहुत प्रिय थे।
(iii) अन्य लोगों के विषय में सीमित जानकारी थी।
(iv) मोहल्ले के लोग एक परिवार की तरह रहते थे।

(घ) कहानियाँ लिखते हुए लेखिका को किसका अहसास हुआ? **दक्षता आधारित प्रश्न**
(i) किशोरावस्था से जुड़ी हुई यादों का
(ii) अपने पड़ोसियों की बातों का
(iii) पात्रों के उच्च वर्ग के होने का
(iv) सामाजिक विषमता का

(ङ) फ्लैट संस्कृति का क्या परिणाम हुआ?

(i) हमारी सोच विस्तृत एवं व्यापक हुई
(ii) हम एक-दूसरे से दूर हो गए
(iii) हम स्वयं के विषय में सोचना भूल गए
(iv) उपर्युक्त सभी

उत्तर (क) (iii) उदार, घनिष्ठ
(ख) (iii) महानगरों की फ्लैट संस्कृति ने
(ग) (iv) मोहल्ले के लोग एक परिवार की तरह रहते थे।
(घ) (i) किशोरावस्था से जुड़ी हुई यादों का
(ङ) (ii) हम एक-दूसरे से दूर हो गए

5. **शीला अग्रवाल ने साहित्य का दायरा ही नहीं बढ़ाया था बल्कि घर की चारदीवारी के बीच बैठकर देश की स्थितियों को जानने-समझने का जो सिलसिला पिता जी ने शुरू किया था, उन्होंने वहाँ से खींचकर उसे भी स्थितियों की सक्रिय भागीदारी में बदल दिया। सन् 46-47 के दिन...वे स्थितियाँ, उसमें वैसे भी घर में बैठे रहना संभव था भला? प्रभात-फेरियाँ, हड़तालें, जुलूस, भाषण हर शहर का चरित्र था और पूरे दमखम और जोश-खरोश के साथ इन सबसे जुड़ना हर युवा का उन्माद। मैं भी युवा थी और शीला अग्रवाल की जोशीली बातों ने रगों में बहते खून को लावे में बदल दिया था। स्थिति यह हुई कि एक बवंडर शहर में मचा हुआ था और एक घर में। पिता जी की आजादी की सीमा यहीं तक थी कि उनकी उपस्थिति में घर में आए लोगों के बीच उठूँ-बैठूँ, जानूँ-समझूँ। हाथ उठा-उठाकर नारे लगाती, हड़तालें करवातीं, लड़कों के साथ शहर की सड़कें नापती लड़की को अपनी सारी आधुनिकता के बावजूद बर्दाश्त करना उनके लिए मुश्किल हो रहा था तो किसी की दी हुई आजादी के दायरे में चलना मेरे लिए। जब रगों में लहू की जगह लावा बहता हो तो सारे निषेध, सारी वर्जनाएँ और सारा भय कैसे ध्वस्त हो जाता है, यह तभी जाना और अपने क्रोध से सबको थरथरा देने वाले पिता जी से टक्कर लेने का जो सिलसिला तब शुरू हुआ था, राजेंद्र से शादी की,तब तक वह चलता ही रहा।**

(क) देश की आजादी के आंदोलन में लेखिका ने क्या-क्या कार्य किए थे?

(i) जुलूस में भाग लिया
(ii) भाषण दिया
(iii) विद्यालय में छात्राओं से हड़ताल करवाई
(iv) उपर्युक्त सभी

(ख) लेखिका के घर में कौन-सा बवंडर मचा हुआ था?

(i) लेखिका तथा उनके पिता के मध्य टकराहट होना
(ii) लेखिका के परिवार का उसके विरुद्ध होना
(iii) लेखिका के घर में खाने के लाले पड़ना
(iv) आर्थिक तंगी का बहुत अधिक बढ़ जाना

(ग) गद्यांश के अनुसार लेखिका के पिता उससे क्या चाहते थे?

(i) लेखिका उनकी उपस्थिति में घर आए लोगों के बीच उठे-बैठे।
(ii) लेखिका घर की चाहरदीवारी तक ही सीमित रहे।
(iii) देश में घट रही स्थितियों से अनजान बनी रहे।
(iv) लड़कों से अधिक बातचीत न करे।

(घ) **कथन (क)** लेखिका ने देश की आजादी के आंदोलन में सक्रिय रूप से भाग लिया।

कथन (ख) शीला अग्रवाल ने लेखन के प्रति लेखिका की रुचि पैदा की थी।

कथन (ग) लेखिका के पिताजी के मित्र की विचारधारा बड़ी ही सकुंचित थी।

उपर्युक्त कथनों के लिए सही विकल्प का चयन कीजिए

(i) कथन (क) सही है, किंतु (ख) और (ग) गलत हैं।
(ii) कथन (क) गलत है, किंतु (ख) और (ग) सही हैं।
(iii) कथन (क), (ख) सही हैं, किंतु (ग) गलत है।
(iv) कथन (क), (ख) और (ग) तीनों सही हैं।

(ङ) 'रंगों में खून की जगह लावा बहने' से क्या तात्पर्य है?

(i) अत्यधिक जोश एवं उत्साह होना
(ii) उग्रवादी विचारधारा का होना
(iii) संवेदनशील बने रहना
(iv) विरोधी स्वभाव का होना

उत्तर (क) (iv) उपर्युक्त सभी
(ख) (i) लेखिका तथा उनके पिता के मध्य टकराहट होना
(ग) (i) लेखिका उनकी उपस्थिति में घर आए लोगों के बीच उठे-बैठे।
(घ) (iv) कथन (क), (ख) और (ग) तीनों सही हैं।
(ङ) (i) अत्यधिक जोश एवं उत्साह होना

विषयवस्तु पर आधारित प्रश्नोत्तर

निम्नलिखित प्रश्नों के उत्तर संक्षेप में दीजिए

1. **'एक कहानी यह भी' पाठ में लेखिका का जन्म और यादों का सिलसिला कहाँ से आरंभ होता है और लेख में उनकी स्थिति किस रूप में अंकित है?** **CBSE 2015**

उत्तर 'एक कहानी यह भी' की लेखिका का जन्म मध्य प्रदेश के भानपुर गाँव में हुआ था, किंतु उनकी यादों का सिलसिला अजमेर के ब्रह्मपुरी मोहल्ले में स्थित उस दो-मंजिला मकान से प्रारंभ होता है, जिसकी ऊपरी मंजिल के कक्ष में लेखिका के पिता अव्यवस्थित रूप से रखी पुस्तकों-पत्रिकाओं व समाचार-पत्रों के मध्य पठन-पाठन करते रहते थे और नीचे अपनी माँ व भाई-बहनों के साथ लेखिका रहती थी।

2. **"एक ओर वे बेहद कोमल और संवेदनशील व्यक्ति थे तो दूसरी ओर बेहद क्रोधी और अहंवादी।" इस वाक्य द्वारा लेखिका ने अपने पिता के व्यक्तित्व के किस पक्ष को उभारने का प्रयत्न किया है?**

उत्तर इस वाक्य द्वारा लेखिका ने अपने पिता के व्यक्तित्व के उन पक्षों को उभारने का प्रयत्न किया है, जिनके कारण वह एक कोमल और संवेदनशील व्यक्ति से क्रोधी और अहंवादी बन गए थे। लेखिका स्पष्ट करती है कि उनके पिता आरंभ में कांग्रेस के साथ-साथ समाज-सुधार के कामों से भी जुड़े हुए थे।

उन्होंने घर पर रखकर आठ-दस विद्यार्थियों को पढ़ाया भी था। बाद में अपनों के हाथों विश्वासघात की चोट खाकर वे शक्की स्वभाव के हो गए, किंतु आर्थिक परेशानियों के बावजूद उन्होंने कभी अपने स्वाभिमान को नीचे नहीं गिरने दिया।

3. लेखिका मन्नू भंडारी के पिता किन गुणों के भग्नावशेषों को ढो रहे थे? **CBSE 2012**

उत्तर लेखिका ने अपने पिताजी के बारे में सुना था कि वे अजमेर आने से पहले आर्थिक रूप से खुशहाल थे और जरूरतमंदों की आवश्यकतानुसार मदद भी किया करते थे। उन दिनों उनकी दरियादिली के चर्चे भी कम नहीं थे। लेकिन जब उसने अपने पिता को देखा, तो वह ऐसे प्रतीत हो रहे थे; जैसे—हृदय की कोमलता, संवेदनशीलता, दरियादिली आदि गुणों के भग्नावशेषों को ढो रहे हों।

4. 'एक कहानी यह भी' पाठ के आधार पर लेखिका के पिताजी के सकारात्मक और नकारात्मक गुणों का उल्लेख कीजिए। **CBSE 2020**

उत्तर 'एक कहानी यह भी' पाठ के आधार पर लेखिका के पिताजी के गुणों का परिचय निम्नलिखित है

सकारात्मक गुण लेखिका के पिता अजमेर आने से पूर्व आर्थिक रूप से खुशहाल थे। वे जरूरतमंदों की आवश्यकता अनुसार सहायता भी करते थे। वे एक दरियादिल इंसान थे। किसी के भी दु:ख से द्रवित हो जाते थे। इस प्रकार उनमें संवेदनशीलता भी विद्यमान थी। अत: हृदय की कोमलता, संवेदनशीलता, दरियादिली जैसे सकारात्मक गुण उनमें थे।

नकारात्मक गुण खराब आर्थिक स्थिति के कारण लेखिका के पिता में नकारात्मक गुणों का समावेश हो गया था। सभी पर आँख मूँदकर विश्वास करने के उपरांत अपने ही लोगों द्वारा विश्वासघात किए जाने से उन्हें आघात पहुँचा और वे शक्की बन गए तथा छोटी-छोटी बातों पर क्रोध करते थे। अत: क्रोधी, अविश्वासी और शक्की स्वभाव उनके नकारात्मक गुणों को दर्शाता है।

5. अंतिम दिनों में मन्नू भंडारी के पिता का स्वभाव शक्की हो गया था, लेखिका ने इसके क्या कारण दिए? **दक्षता आधारित प्रश्न**

उत्तर लेखिका का मानना था कि उनके पिता की खराब आर्थिक स्थिति, उनके व्यक्तित्व में बढ़ता अहं का भाव व सभी पर आँख मूँदकर विश्वास करने के उपरांत अपने ही लोगों द्वारा विश्वासघात किए जाने से पहुँचा आघात आदि कारण थे, जिन्होंने उनके पिता को अंतिम दिनों में शक्की बना दिया था।

6. गिरती आर्थिक दशा ने मन्नू भंडारी के पिता के व्यक्तित्व पर क्या प्रभाव डाला? **CBSE 2012**

उत्तर लेखिका के पिता ने इंदौर से अजमेर आकर अंग्रेजी-हिंदी शब्दकोश को पूरा किया। इस शब्दकोश ने उन्हें यश और प्रतिष्ठा तो बहुत दी, किंतु धन नहीं। इससे उनकी पहले से ही बुरी आर्थिक स्थिति और बुरी हो गई, जिसने उनके व्यक्तित्व के सारे सकारात्मक पहलुओं को निचोड़ना शुरू कर दिया और वे क्रोधी व शक्की स्वभाव के हो गए।

7. लेखिका मन्नू भंडारी और उसकी बड़ी बहन के व्यक्तित्व में क्या अंतर था? **CBSE 2016, 13**

उत्तर लेखिका बचपन में काली, दुबली और मरियल-सी थी, जबकि उसकी बड़ी बहन सुशीला खूब गोरी, स्वस्थ और हँसमुख थी। लेखिका के पिता जिन्हें गोरा रंग पसंद था, सुशीला से हर बात में उसकी तुलना करते थे। पिता के इस व्यवहार ने लेखिका के भीतर हीन-भाव की ग्रंथि पैदा कर दी थी।

8. लेखिका मन्नू भंडारी के मन में उपजी हीनता की ग्रंथि का क्या दुष्परिणाम हुआ? पठित पाठ के आधार पर स्पष्ट कीजिए। **CBSE 2013, 10**

उत्तर पिता द्वारा लेखिका की अपनी बहन सुशीला से तुलना करने का यह दुष्परिणाम हुआ कि उसने लेखिका के मन में हीन-भावना भर दी। प्रतिष्ठा, सम्मान और नाम पाने के बाद भी उस हीन-भावना ने उसका पीछा नहीं छोड़ा। जब कोई उसकी प्रशंसा करने लगता है, तो वह संकोच से स्वयं को लज्जित अनुभव करने लगती और उसे अपनी उपलब्धि पर हमेशा शंका ही बनी रहती।

9. लेखिका को आज अपने पिता के किस स्वभाव की झलक स्वयं में दिखाई देती है? **दक्षता आधारित प्रश्न**

उत्तर लेखिका को अपने पिता के क्रोधी, अविश्वासी और शक्की स्वभाव की झलक स्वयं में दिखाई देती है। आज लेखिका का परिचय करवाते समय जब कोई कुछ विशेषता लगाकर उसकी लेखकीय उपलब्धियों का जिक्र करने लगता है, तो अपनी हीन-भावना के चलते वह अपनी किसी उपलब्धि पर भरोसा नहीं कर पाती है।

10. लेखिका को अपने पिता के कौन-कौन-से रूप अपने में दिखाई देते हैं? **दक्षता आधारित प्रश्न**

उत्तर लेखिका ने जब से होश सँभाला, तब से ही उसकी अपने पिताजी से किसी-न-किसी बात पर टक्कर ही चलती रही। आज लेखिका को यह लगता है कि उसके पिता न जाने कितने रूपों में उसके भीतर उपस्थित हैं। यह उपस्थिति कहीं कुंठाओं के रूप में है तो कहीं प्रतिक्रिया के रूप में और कहीं प्रतिच्छाया के रूप में है।

11. 'एक कहानी यह भी' की लेखिका ने अपनी माँ को 'व्यक्तित्वविहीन' क्यों कहा है? **CBSE 2014, 12**

उत्तर लेखिका की अनपढ़ माँ सवेरे से शाम तक परिवार के सभी सदस्यों की इच्छाओं और पिताजी की आज्ञाओं का पालन करने के लिए सदैव तत्पर रहती थीं। माँ का अपना कोई व्यक्तित्व नहीं था। इसी कारण लेखिका ने माँ को 'व्यक्तित्वविहीन माँ' कहा है।

12. लेखिका के भाई-बहनों का सारा लगाव माँ के साथ क्यों था?

उत्तर लेखिका की माँ उसके पिताजी के दुर्व्यवहार को अपना प्राप्य और बच्चों की हर उचित-अनुचित फरमाइश और जिद को पूरा करना अपना फर्ज समझकर बड़े सहज भाव से स्वीकार करती थीं। उन्होंने जीवनभर अपने लिए कुछ माँगा नहीं, चाहा नहीं केवल दिया ही दिया था। यही कारण था कि लेखिका के सभी भाई-बहनों का सारा लगाव माँ के साथ था, जो सहानुभूति से उपजा हो सकता था।

13. लेखिका मन्नू भंडारी ने अपनी माँ की तुलना धरती से क्यों की है? पठित पाठ से उदाहरण देकर स्पष्ट कीजिए। **दक्षता आधारित प्रश्न**

***अथवा* लेखिका मन्नू भंडारी ने 'अपनी माँ' और 'धरती' में क्या समानता बताई है?** **CBSE Diksha**

उत्तर लेखिका मन्नू भंडारी ने अपनी माँ की तुलना धरती से इसलिए की है, क्योंकि धरती की तरह उनमें भी असीम धैर्य और सहनशक्ति थी। उन्होंने भी धरती की तरह केवल देना ही सीखा था, किसी से कुछ

पाने की इच्छा नहीं रखी थी। इसलिए वह लेखिका के पिता द्वारा किए जाने वाले हर अत्याचार को अपना भाग्य तथा अपने बच्चों की उचित-अनुचित प्रत्येक माँग व हठ को अपना कर्त्तव्य समझकर अत्यंत सहजतापूर्ण स्वीकार कर लेती थीं।

14. लेखिका की माँ के चरित्र की कौन-सी विशेषताएँ उन्हें एक प्रताड़ित गृहिणी सिद्ध करती हैं? **CBSE 2013**

अथवा **पाठ के आधार पर मन्नू भंडारी की माँ के स्वभाव की विशेषताएँ लिखिए।** **CBSE 2019**

उत्तर लेखिका की माँ अपने पति के दुर्व्यवहार एवं विभिन्न कारणों से उपजे क्रोध को अपना प्राप्य और बच्चों की हर उचित-अनुचित फरमाइश और जिद को अपना फर्ज समझकर बड़े सहज भाव से स्वीकार करती थीं। उन्होंने जिंदगी भर अपने लिए कुछ नहीं चाहा, कुछ नहीं माँगा बल्कि अपने पति और बच्चों की खुशियों को ही अपने जीवन का उद्देश्य बना लिया था। उनका त्याग, धैर्य, सहिष्णुता तथा सहनशक्ति उनकी विवशता और मजबूरी के प्रतीक हैं। लेखिका की माँ की उपर्युक्त चारित्रिक विशेषताएँ उन्हें एक प्रताड़ित गृहिणी सिद्ध करती हैं।

15. "मन्नू भंडारी की माँ त्याग और धैर्य की पराकाष्ठा थीं– फिर भी लेखिका के लिए आदर्श न बन सकीं।" क्यों? **CBSE 2016, 13**

उत्तर "मन्नू भंडारी की माँ त्याग और धैर्य की पराकाष्ठा थीं, फिर भी वह लेखिका के लिए आदर्श न बन सकीं", क्योंकि लेखिका अपनी अनपढ़ माँ को असहाय और मजबूरी का प्रतीक मानती थी। लेखिका की दृष्टि में ऐसा त्याग नारी के कमजोर और प्रभावहीन व्यक्तित्व का परिचायक है।

16. लेखिका मन्नू भंडारी की कहानियों के अधिकांश पात्र कहाँ के थे? इससे किस तथ्य का बोध होता है? **CBSE 2014, CBSE Diksha**

उत्तर लेखिका मन्नू भंडारी की कहानियों के अधिकांश पात्र उनके आस-पड़ोस के हैं, जहाँ वे बचपन में रहती थीं। उस समय आस-पड़ोस का दायरा आज की तरह सीमित नहीं था सभी लोग एक परिवार की तरह मिल जुलकर रहते थे। इससे इस तथ्य का बोध होता है कि उस समय आस-पड़ोस का महत्त्व अधिक था।

17. लेखिका खेलों के महत्त्व से परिचित थी। कैसे?

अथवा **लेखिका ने बचपन में कौन-कौन से खेल खेले और किसके साथ खेले?** **CBSE 2012**

उत्तर लेखिका ने अपने से दो साल बड़ी बहन सुशीला के साथ घर के बड़े से आँगन में बचपन के सारे खेल खेले। उदाहरण के लिए, सतोलिया, लँगड़ी-टाँग, पकड़म-पकड़ाई, काली-टीलो। इसी तरह अपने पास-पड़ोस की सहेलियों के साथ कमरों में खेले जाने वाले खेल, जैसे—गुड्डे-गुड़ियों के ब्याह भी रचाए। उसने अपने भाइयों के साथ गिल्ली-डंडा, पतंग उड़ाना आदि खेल भी खेले। अत: कहा जा सकता है कि लेखिका खेलों के महत्त्व से परिचित थी।

18. पाठ के आधार पर उत्तर दीजिए कि लेखिका को अपने बचपन की कौन-कौन-सी बातें अभी तक याद हैं? **दक्षता आधारित प्रश्न**

उत्तर लेखिका को अपने बचपन की बातों में एक धुंधली-सी याद अपनी सबसे बड़ी बहन के विवाह की है। अपने से दो साल बड़ी बहन सुशीला से जुड़ी लगभग हर बात लेखिका को याद है। उसे उसके साथ घर के बड़े से आँगन में खेले जाने वाले बचपन के सारे खेल—सतोलिया, लँगड़ी-टाँग, पकड़म-पकड़ाई, काली-टीलो तथा कमरे में बैठकर खेले जाने वाले खेल गुड्डे-गुड़िया का विवाह बहुत अच्छी तरह याद है। उसे अपने भाइयों के साथ खेले जाने वाले लड़कों के खेल गिल्ली-डंडा, पतंग उड़ाना, काँच पीसकर माँजा सूतना आदि भी स्मरण हैं।

19. "लेकिन उनकी गतिविधियों का दायरा घर के बाहर ही अधिक रहता था और हमारी सीमा थी घर।" इस वाक्य द्वारा लेखिका ने किस ओर संकेत किया है? **CBSE 2016**

उत्तर उपर्युक्त कथन के माध्यम से लेखिका परोक्ष रूप से लड़के-लड़कियों के प्रति समाज के भेदभावपूर्ण दृष्टिकोण पर प्रकाश डालती है। समाज जहाँ एक ओर बचपन से ही लड़कों को आजादी प्रदान करता है, वहीं दूसरी ओर प्रारंभ से ही लड़कियों को तमाम नियम-कानूनों में बाँधकर, उसकी दुनिया घर-परिवार तक ही सीमित कर देता है।

20. बचपन और आज के समय की तुलना करते समय लेखिका को बड़ी शिद्दत के साथ क्या महसूस होता है?

उत्तर लेखिका ने अपने बचपन के समय की तुलना आज के समय से की है। आज उसे यह महसूस होता है कि अपनी जिंदगी खुद जीने के इस आधुनिक दबाव ने महानगरों के फ्लैट में रहने वालों को हमारे इस परंपरागत 'पड़ोस-कल्चर' से विच्छिन्न करके हमें कितना संकुचित, असहाय और असुरक्षित बना दिया है।

21. 'जीवन में सफल होने के लिए बाहरी रंग-रूप ही महत्त्वपूर्ण नहीं है।' 'एक कहानी यह भी' के आधार पर तर्कसंगत उत्तर दीजिए। **CBSE 2024**

उत्तर 'जीवन में सफल होने के लिए बाहरी रंग-रूप ही महत्त्वपूर्ण नहीं हैं।' 'एक कहानी यह पाठ के आधार पर यह बात पूर्णत: ठीक है लेखिका का रंग काला तथा बचपन से उसका दुबला व नरियल-सा होने के कारण उसके पिता द्वारा लेखिका की तुलना दो साल बड़ी बहन सुशीला से की जाती थी जो खूब गोरी, स्वस्थ व हसमुख थी जिसके कारण लेखिका के मन में हीन भावना उत्पन्न हो गई थी जबकि लेखिका अपनी लेखकीय उपलब्धियों के कारण प्रशंसा की पात्र रही है। लेखिका ने अपनी मेहनत व कठोर परिश्रम से नाम, सम्मान व प्रतिष्ठा प्राप्त की। बाद में लेखिका के पिताजी ने भी लेखिका को विद्रोही व देश और समाज के प्रति जागरूक व प्रबुद्ध यक्तित्व बनाया। स्पष्टत: सफलता केलिए बाहरी रंग-रूप ही महत्त्वपूर्ण नहीं है।

22. महानगरों में रहने वाले लोग प्राय: 'पड़ोस कल्चर' से वंचित क्यों रह जाते हैं? पाठ के आधार पर स्पष्ट कीजिए। **CBSE 2013**

अथवा **'एक कहानी यह भी' के संदर्भ में लिखिए कि वर्तमान पड़ोस-कल्चर में किन बातों का अभाव दृष्टिगोचर होता है?** **CBSE 2023**

उत्तर महानगरों में रहने वाले लोग प्राय: 'पड़ोस कल्चर' से वंचित रह जाते हैं, क्योंकि उनकी जीवन-शैली अति व्यस्त होती है। उनके पास न स्वयं के लिए समय होता है और न ही अपने परिवार के लिए। ऐसे में वे अपने आस-पड़ोस के लोगों से भी मिल नहीं पाते। वे धन कमाने की दौड़ में सबसे कटते चले जाते हैं।

23. लेखिका की एक दर्जन आरंभिक कहानियों के पात्र उसके मोहल्ले के क्यों हैं? **दक्षता आधारित प्रश्न**

उत्तर व्यक्ति अपने बचपन की स्मृतियों को आसानी से भुला नहीं पाता। उसे बचपन की एक-एक घटना जीवनभर याद आती रहती है। लेखिका के

साथ भी यही हुआ। वह अपने बचपन में जिनके साथ रहीं, उनसे इतनी अधिक प्रभावित हुईं कि उनकी कम-से-कम एक दर्जन आरंभिक कहानियों के पात्र उसी मोहल्ले के हैं, जहाँ लेखिका कभी रही थीं और उन्होंने अपनी किशोरावस्था गुजार अपनी युवावस्था का आरंभ किया था।

24. पहली बार पिताजी का ध्यान लेखिका की ओर केंद्रित होने पर उन्होंने लेखिका को क्या निर्देश दिए?

उत्तर जब लेखिका की बड़ी बहन सुशीला का विवाह हो गया और दोनों भाई पढ़ाई के लिए बाहर चले गए, तो उसके पिता का ध्यान लेखिका की ओर केंद्रित हुआ। उन्होंने लेखिका को रसोईघर से दूर ही रहने का निर्देश दिया। वे रसोई घर को भटियारखाना कहते थे।

25 वर्ष 1942 के बाद के दिनों में लेखिका के घर में किसके जमावड़े होते थे और वहाँ क्या होता था?

उत्तर लेखिका ने अपने घर में होने वाली गतिविधियों के विषय में बताते हुए कहा है कि उन दिनों घर में विभिन्न राजनैतिक पार्टियों के सदस्य आते थे और उनकी बैठकें हुआ करती थीं। इन बैठकों में देशभर में होने वाली घटनाओं पर जमकर बहसें होती थीं।

26. लेखिका मन्नू भंडारी के मन में राष्ट्रीय भावना जगाने में पिता की क्या भूमिका थी? सोदाहरण स्पष्ट कीजिए। **CBSE 2013**

उत्तर लेखिका मन्नू भंडारी के मन में राष्ट्रीयता की भावना जगाने में उनके पिता की मुख्य भूमिका रही। उनके घर में आए दिन विभिन्न राजनैतिक पार्टियों के जमावड़े और बहसें होती थीं। जब लेखिका चाय-पानी या नाश्ता देने जाती, तो उसके पिताजी उसे वहीं बैठने को कहते। वे चाहते थे कि लेखिका वहाँ बैठकर सुने और जाने कि देश में चारों ओर क्या कुछ हो रहा है। उस समय देश में नित नई-नई घटनाएँ घट रही थीं। इस प्रकार लेखिका ने घर पर रहकर ही देश के राजनैतिक परिदृश्य को समझने का प्रयास करना आरंभ कर दिया था।

27. 'एक कहानी यह भी' की लेखिका मन्नू भंडारी का साहित्य की अच्छी पुस्तकों से परिचय कैसे हुआ? **CBSE 2016, 12**

उत्तर हिंदी की प्राध्यापिका शीला अग्रवाल के संपर्क में आने के बाद मन्नू भंडारी का साहित्य की अच्छी पुस्तकों से परिचय हुआ। उन्होंने लेखिका को साहित्य की दुनिया में प्रवेश करवाया। मात्र पढ़ने को, चुनाव करके पढ़ने में बदला। खुद चुन-चुनकर किताबें दीं, जिससे उसे सही अर्थों में अध्ययन करना आ गया।

28. लेखिका ने 'मात्र पढ़ने को, चुनाव करके पढ़ने' में बदला तो क्या हुआ?

उत्तर लेखिका ने हिंदी की प्राध्यापिका शीला अग्रवाल से प्रेरणा पाकर पुस्तकों के मात्र पढ़ने को, चुनाव करके पढ़नें में बदला, जिससे उसकी साहित्य में रुचि दिन-प्रतिदिन बढ़ती गई। दो साल बीतते-बीतते लेखिका की साहित्य की दुनिया शरत्-प्रेमचंद से बढ़कर जैनेंद्र, अज्ञेय, यशपाल, भगवतीचरण वर्मा तक फैल गई और फिर तो फैलती ही चली गई।

29. युवावस्था में लेखिका को किस बात ने उन्मादित कर दिया था?

उत्तर लेखिका ने स्वाधीनता आंदोलन का वर्णन करते हुए बताया है कि उस समय प्रभात-फेरियाँ, हड़तालें, जुलूस, भाषण हर शहर में हुआ करते थे। सभी लोग इन आंदोलनों से जोश के साथ जुड़ना चाहते थे। लेखिका भी एक युवा होने के नाते इन गतिविधियों से जुड़ गई, क्योंकि प्राध्यापिका शीला अग्रवाल की जोशीली बातों ने उसकी रगों में बहते खून को लावे में बदल दिया था। स्वतंत्रता आंदोलन की इन्हीं बातों ने लेखिका को उन्मादित कर दिया था।

30. लेखिका मन्नू भंडारी के पिताजी ने उनकी आजादी की सीमा कहाँ तक निर्धारित की? **CBSE 2014**

उत्तर लेखिका मन्नू भंडारी के पिताजी ने उनकी आजादी की सीमा घर तक ही निर्धारित की हुई थी। वह यह तो चाहते थे कि लेखिका घर पर रहकर देश में घट रही गतिविधियों को जाने और समझे, परंतु वह यह कभी नहीं चाहते थे कि लेखिका घर के बाहर जाकर उन गतिविधियों में सक्रियतापूर्वक भाग ले।

31. देश की आजादी के संघर्ष में मन्नू भंडारी की सक्रिय भागीदारी को लेकर पिताजी के साथ उनके टकराव की स्थिति को अपने शब्दों में लिखिए। **CBSE 2013**

उत्तर मन्नू भंडारी के पिताजी को यह बिलकुल पसंद न था कि उनकी लड़की घर से बाहर निकलकर लड़कों की तरह स्वतंत्रता संग्राम में सक्रिय रूप से भागीदारी करे। वे अपनी बेटी को इतनी ही छूट देना उचित मानते थे कि वह उनकी उपस्थिति में घर में आए लोगों के मध्य उठ-बैठ सके और देश-विदेश की चर्चा को सुन-समझ सके, किंतु लेखिका उनकी अपेक्षाओं को ध्वस्त करती हुई शहर में हो रही हड़तालों, जुलूसों, प्रभात-फेरियों आदि में सक्रियता से भाग लेती थी। इन्हीं विरोधाभासी विचारधाराओं के कारण दोनों में टकराव की स्थिति बनी रहती थी।

32. लेखिका के कॉलिज की प्रिंसिपल द्वारा भेजे गए पत्र को पढ़कर लेखिका के पिताजी पर क्या असर हुआ? **दक्षता आधारित प्रश्न**

उत्तर लेखिका के पिताजी समझते थे कि उनकी पुत्री अपने कार्यों द्वारा उनका नाम ऊँचा करेगी, किंतु प्रिंसिपल का पत्र पढ़ते ही वह आग-बबूला हो गए उन्होंने क्रोधित होकर लेखिका से कहा "यह लड़की मुझे कहीं मुँह दिखाने लायक नहीं रखेगी, पता नहीं क्या-क्या सुनना पड़ेगा वहाँ जाकर! चार बच्चे पहले भी पढ़े, किसी ने ये दिन नहीं दिखाया।"

33. "हमारे आपके घरों की लड़कियों को शोभा देता है यह सब?" लेखिका के पिता के मित्र का यह वाक्य महिलाओं के प्रति समाज के कुछ लोगों की किस सोच की ओर संकेत करता है? **दक्षता आधारित प्रश्न**

उत्तर इस वाक्य द्वारा महिलाओं के प्रति समाज के कुछ लोगों की उस सोच की ओर संकेत किया गया है, जिसके अनुसार महिलाओं को घर में ही रहना चाहिए और सार्वजनिक रूप से होने वाले कार्यक्रमों में भाग नहीं लेना चाहिए, क्योंकि उनकी दृष्टि में ऐसा करने से परिवार की मान-मर्यादा कम हो जाती है।

34. "वे तो आग लगाकर चले गए और पिताजी दिनभर भभकते रहे।" लेखिका ने इस वाक्य द्वारा किस 'आग' की बात कही है? **दक्षता आधारित प्रश्न**

उत्तर आजाद हिंद फौज के मुकदमे के सिलसिले में की गई हड़ताल के दौरान अजमेर के मुख्य बाजार के चौराहे पर लेखिका ने भाषण दिया था। लेखिका के पिताजी से यही शिकायत करते हुए उनके एक मित्र ने कहा था कि मन्नू की मत मारी गई है। वह लड़कों के साथ

हड़ताल करवाती और हुड़दंग मचाती फिर रही है, जो उसे शोभा नहीं देता। अपने मित्र की इसी बात को सुनकर लेखिका के पिता आग-बबूला हो गए। इसी संदर्भ में लेखिका ने लिखा है—"वे तो आग लगाकर चले गए और पिताजी दिनभर भभकते रहे।"

35. लेखिका मन्नू भंडारी के भाषण की प्रशंसा किस व्यक्ति ने उनके पिताजी से की? उसका, उनके पिताजी पर कैसा प्रभाव पड़ा? बताइए। CBSE 2013

उत्तर लेखिका के पिता के बेहद अंतरंग और अभिन्न मित्र एवं अजमेर के सबसे प्रतिष्ठित और सम्मानित डॉ. अंबालाल जी ने लेखिका मन्नू भंडारी के भाषण की प्रशंसा उनके पिताजी से की। इस प्रकार अपनी बेटी की प्रशंसा सुनकर उनके पिताजी का क्रोध जाता रहा और उनके चेहरे का संतोष धीरे-धीरे गर्व में बदल गया।

36 "यू हैव मिस्ड समथिंग" वाक्य में किस बात को 'मिस' करने की बात कही गई होगी? दक्षता आधारित प्रश्न

उत्तर डॉ. अंबालाल जी ने लेखिका के पिता को कहा कि वह हमेशा घर में ही न बैठे रहें, बाहर भी निकला करें। यहाँ अंबालाल के कहने का आशय यह है कि यदि लेखिका के पिता घर से बाहर निकलते, तो अपनी बेटी का ओजस्वी भाषण सुन पाते। घर से बाहर न निकलने के कारण वह अपनी बेटी का भाषण नहीं सुन पाए। इस प्रकार, यहाँ अंबालाल जी के द्वारा लेखिका के भाषण को मिस करने की बात की गई है।

37 मन्नू भंडारी की ऐसी कौन-सी खुशी थी, जो 15 अगस्त, 1947 की खुशी में समाकर रह गई? CBSE 2016, 13

उत्तर वर्ष 1947 के मई महीने में कॉलिज वालों ने लड़कियों को भड़काने और कॉलिज का अनुशासन बिगाड़ने के आरोप में शीला अग्रवाल को नोटिस थमा दिया और हंगामा न हो, इसलिए जुलाई में थर्ड ईयर की क्लासेज़ बंद करके लेखिका सहित दो-तीन छात्राओं का प्रवेश निषिद्ध कर दिया।

इसके बाद उन्होंने बाहर रहकर भी इतना प्रबल विरोध किया कि अगस्त में थर्ड ईयर की क्लासेज़ खोलनी पड़ी। लेखिका की जीत की यह खुशी शताब्दी की सबसे बड़ी खुशी 15 अगस्त, 1947 के दिन मिली स्वतंत्रता की खुशी में समाकर रह गई।

38. महानगरों के 'फ्लैट-कल्चर' और लेखिका मन्नू भंडारी के परंपरागत 'पड़ोस कल्चर' में आपको क्या अंतर दिखाई देता है? विचार करके लिखिए। CBSE SQP 2023

उत्तर महानगरों के 'फ्लैट-कल्चर' में जीवन केवल अपने आप तक सिमटकर रह गया है, यहाँ एकाकीपन प्रिय होता जा रहा है, किसी को किसी से कोई मतलब नहीं है, ऐसा जीवन असहाय और असुरक्षित होता है। पड़ोस के घर में बड़ी-से-बड़ी त्रासदी होने पर भी लोग अपने कार्यों में व्यस्त रहते हैं। इसके विपरीत परंपरागत 'पड़ोस कल्चर' में घर की दीवारें पड़ोस तक फैली हुई थीं अर्थात् जीवन केवल अपने तक सिमटा हुआ नहीं था। सब अपनत्व के बंधन में बँधे थे, ऐसा जीवन अधिक आनंदपूर्ण व सुरक्षित था।

39. मन्नू भंडारी के पिता की कौन-कौन सी विशेषताएँ अनुकरणीय हैं? CBSE 2016

उत्तर मन्नू भंडारी के पिता इंदौर में रहते हुए कांग्रेस के साथ-साथ समाज सुधार के कार्यों से भी जुड़े थे। उन्हें पढ़ने-पढ़ाने का बहुत शौक था। वे न केवल आठ-दस विद्यार्थियों को अपने घर पर रखकर पढ़ाते थे, बल्कि उन्होंने स्वयं अंग्रेजी-हिंदी विषयवार शब्दकोश भी तैयार किया था। लड़कों के साथ-साथ वे लड़कियों को पढ़ाने पर भी जोर दिया करते थे। उनमें देशप्रेम की भावना भी कूट-कूटकर भरी थी। उनकी यही सारी विशेषताएँ अनुकरणीय हैं।

40. लेखिका मन्नू भंडारी के व्यक्तित्व को बनाने-बिगाड़ने में उनके पिता की क्या भूमिका रही? पाठ के आधार पर लिखिए। CBSE 2012

उत्तर लेखिका के व्यक्तित्व को बनाने-बिगाड़ने में उनके पिता की अत्यंत महत्त्वपूर्ण भूमिका रही

लेखिका के व्यक्तित्व को बनाने में पिताजी की भूमिका

(i) लेखिका को घर-गृहस्थी के कार्यों से दूर रख उसकी प्रतिभा व क्षमता को निखारने का अवसर दिया।

(ii) घर में होने वाले राजनैतिक पार्टियों के जमावड़े व बहसों के माध्यम से देश के राजनैतिक परिदृश्य से परिचित कराया।

(iii) उन्होंने लेखिका को देश-समाज में सक्रिय भागीदारी करने से कभी नहीं रोका।

लेखिका के व्यक्तित्व को बिगाड़ने में पिताजी की भूमिका

(i) बचपन में हर बात पर लेखिका की उसकी बड़ी बहन से तुलना ने लेखिका के मन में हीन-भावना को जन्म दिया।

(ii) पिताजी के अंतर्विरोधी आदर्शों के कारण ही लेखिका में विद्रोही प्रवृत्ति का जन्म हुआ।

(iii) पिताजी द्वारा बात-बात पर शक करने की आदत ने लेखिका को भी शक्की और क्रोधी बना दिया।

41 'एक कहानी यह भी' पाठ क्या संदेश देता है? CBSE 2012

अथवा 'एक कहानी यह भी' पाठ से हमें क्या शिक्षा मिलती है? CBSE 2014

उत्तर 'एक कहानी यह भी' पाठ हमें यह संदेश देता है कि हमें बाहरी रंग-रूप, सुंदरता आदि के आधार पर व्यक्ति का विश्लेषण नहीं करना चाहिए। खासतौर से हमें छोटे बच्चों के प्रति अपने व्यवहार को बहुत संयमित रखना चाहिए, क्योंकि उसका प्रभाव हमेशा के लिए बच्चों के व्यक्तित्व का अंग बन जाता है। इसके साथ ही हमें लड़कियों को लड़कों के समान आगे बढ़ने के सभी अवसर देने चाहिए, जिससे वे भी समाज में अपनी पहचान बना सकें तथा हमें अपने देश से प्रेम करते हुए सदैव देश के प्रति अपने कर्त्तव्यों का निर्वाह करना चाहिए।

42. 'धरती से कुछ ज़्यादा ही धैर्य और सहनशक्ति थी शायद उनमें।' 'एक कहानी यह भी' में लेखिका ने अपनी माँ की तुलना धरती से करते हुए उन्हें अति सहनशील बताया है। अपने निकट के किस व्यक्ति को आप यह स्थान देना चाहेंगे? कोई दो कारण लिखिए। CBSE SQP (Additional Set) 2023

उत्तर हम अपनी माँ को धरती के समान धैर्यवान एवं सहनशील होने का स्थान देना चाहेंगे, जिसके निम्नलिखित कारण हैं

(i) हमारी माँ घर के सदस्यों से कभी कुछ माँगती नहीं, बल्कि नि:स्वार्थ भाव से केवल उन्हें देती ही रहती हैं।

(ii) माँ सदैव अपने कष्टों को छुपाते हुए अपने बच्चों के कष्टों को दूर करने में अपना संपूर्ण जीवन व्यतीत करती हैं।

स्व-मूल्यांकन

पाठ पर आधारित बहुविकल्पीय प्रश्न

निम्नलिखित प्रश्नों के सर्वाधिक उपयुक्त विकल्पों का चयन कीजिए

1. 'एक कहानी यह भी' पाठ के आधार पर लेखिका की विशेषता क्या थी? **दक्षता आधारित प्रश्न**

(i) अपनी धुन की पक्की होना
(ii) मन में देशभक्ति की भावना होना
(iii) अपने विचारों को बेझिझक व्यक्त करने वाली
(iv) उपर्युक्त सभी

2. लेखिका के कॉलेज की प्रिंसिपल उससे परेशान क्यों थीं?

(i) लेखिका स्वाधीनता आंदोलन में भाग लेती थी
(ii) वह जुलूस निकालती थी
(iii) वह सभी छात्राओं को एकत्र करके भाषण देता थी।
(iv) उपर्युक्त सभी

3. (क) लेखिका के घर पर राजनीतिक पार्टियों के जमावड़े होते थे।
(ख) कॉलेज की प्रिंसिपल लेखिका से परेशान थीं।
(ग) लेखिका के पिता द्वारा माँ पर ज्यादती होते हुए देखकर बच्चों को उनसे सहानुभूति नहीं होती थी।

उपर्युक्त कथनों के लिए सही विकल्प का चयन कीजिए **दक्षता आधारित प्रश्न**

(i) कथन (क) सही है, किंतु (ख) और (ग) गलत हैं।
(ii) कथन (क) गलत है, किंतु (ख) और (ग) सही हैं।
(iii) कथन (क), (ख) सही है, किंतु (ग) गलत है।
(iv) कथन (क), (ख) और (ग) तीनों सही हैं।

गद्यांश पर आधारित बहुविकल्पीय प्रश्न

निम्नलिखित गद्यांश को पढ़कर प्रश्नों के सर्वाधिक उपयुक्त विकल्पों का चयन कीजिए

1. यश-कामना बल्कि कहूँ कि यश-लिप्सा, पिता जी की सबसे बड़ी दुर्बलता थी और उनके जीवन की धुरी था यह सिद्धान्त कि व्यक्ति को कुछ विशिष्ट बन कर जीना चाहिए...कुछ ऐसे काम करने चाहिए कि समाज में उसका नाम हो, सम्मान हो, प्रतिष्ठा हो, वर्चस्व हो। इसके चलते ही मैं दो-एक बार उनके कोप से बच गई थी। एक बार कॉलेज से प्रिंसिपल का पत्र आया कि पिताजी आकर मिलें और बताएँ कि मेरी गतिविधियों के कारण मेरे खिलाफ अनुशासनात्मक कार्रवाई क्यों न की जाए? पत्र पढ़ते ही पिता जी आग-बबूला। "यह लड़की मुझे कहीं मुँह दिखाने लायक नहीं रखेगी...पता नहीं क्या-क्या सुनना पड़ेगा वहाँ जाकर। चार बच्चे पहले भी पढ़े, किसी ने ये दिन नहीं दिखाया।" गुस्से से भन्नाते हुए ही वे गए थे। लौटकर क्या कहर बरपा होगा, इसका अनुमान था, सो मैं पड़ोस की एक मित्र के यहाँ जाकर बैठ गई।

(क) लेखिका के अनुसार, उनके पिता की सबसे बड़ी दुर्बलता क्या थी?
(i) यश की चाह
(ii) विशिष्ट बनकर जीने की इच्छा
(iii) समाज में प्रतिष्ठा बढ़ाने वाले काम
(iv) उपर्युक्त सभी

(ख) कॉलेज की प्रिंसिपल ने लेखिका के पिता को किस कारण पत्र लिखा?
(i) लेखिका की गतिविधियों की शिकायत करने के लिए
(ii) लेखिका की प्रशंसा करने के लिए
(iii) लेखिका द्वारा पढ़ाई-लिखाई न करने के लिए
(iv) विद्यालय में उपस्थित न होने के लिए

(ग) लेखिका के पिता जी आग-बबूला क्यों हो गए?
(i) प्रिंसिपल का पत्र पाकर जिसमें मन्नू को कॉलेज से निकालने की बात कही गई थी
(ii) लेखिका के द्वारा सड़कों पर प्रदर्शन करने से
(iii) लेखिका के मित्रों के घर आने-जाने से
(iv) लेखिका की पढ़ाई में रुचि न होने से

(घ) लेखिका पड़ोस की एक मित्र के घर जाकर बैठ गई, क्योंकि .....।
(i) वह लंबे समय से न मिल पाने पर मित्र से मिलने के लिए गई थी।
(ii) वह पिताजी के क्रोध से बचना चाहती थी।
(iii) वह अपनी माँ को ढूँढ़ने के लिए गई थी।
(iv) वह सामाजिक गतिविधियों पर चर्चा करने के लिए गई थी।

(ङ) प्रस्तुत गद्यांश में लेखिका का कैसा स्वभाव उभरकर आता है?
(i) डरपोक प्रवृत्ति वाला
(ii) समझदारी से काम लेने वाली
(iii) पिता का अनादर करने वाला
(iv) झगड़ालू प्रवृत्ति वाला

विषयवस्तु पर आधारित प्रश्न

निम्नलिखित प्रश्नों के उत्तर संक्षेप में दीजिए

I. रंग-रूप के आधार पर पिता द्वारा मन्नू जी की उनकी दीदी से तुलना करना कहाँ तक उचित है? **दक्षता आधारित प्रश्न**

II. लेखिका की माँ के चरित्र का अपने शब्दों में विश्लेषण कीजिए।

III. वर्ष 1945 के आस-पास के समय को लेखिका ने मूल्यों के मंथन का युग क्यों कहा है? **दक्षता आधारित प्रश्न**

IV. रगों में लहू की जगह लावा बहने का परिणाम क्या होता है? 'एक कहानी यह भी' पाठ के आधार पर बताइए।

V. "यह तो पूरे देश की पुकार है ......इस पर कोई कैसे रोक लगा सकता है भला?" इस कथन से लेखिका के पिता के व्यक्तित्व का कौन-सा पक्ष उजागर होता है? **दक्षता आधारित प्रश्न**

VI. मन्नू ने अजमेर के चौपड़ पर भाषण दिया था। इस पर उसके पिता के एक मित्र ने उनसे लेखिका की शिकायत की, जबकि दूसरे मित्र ने प्रशंसा। यदि आप मन्नू के पिता के मित्र होते तो क्या करते?

VII. 'एक कहानी यह भी' पाठ के आधार पर आजाद हिंद फौज के मुकदमें के सिलसिले में छात्रों की सक्रियता की सराहना कीजिए।

VIII. लेखिका के पिता विरोधाभास में जीते थे। उदाहरण देकर स्पष्ट कीजिए।

IX. लेखिका द्वारा प्रयोग की गई 'चिर प्रतीक्षित खुशी' को स्पष्ट कीजिए।

X. आपको मन्नू जी के व्यक्तित्व की कौन-सी दो विशेषताएँ प्रभावित करती हैं?

नौबतखाने में इबादत यतींद्र मिश्र

अध्याय 11

पाठ की रूपरेखा 'नौबतखाने में इबादत' पाठ प्रसिद्ध शहनाई वादक 'उस्ताद बिस्मिल्ला खाँ' पर रोचक शैली में लिखा गया व्यक्ति-चित्र है। 'यतींद्र मिश्र' ने बिस्मिल्ला खाँ के परिचय के साथ-साथ उनकी रुचियों, उनके अंतर्मन की बुनावट, संगीत साधना और लगन को संवेदनशील भाषा में प्रस्तुत किया है। उन्होंने यह भी स्पष्ट किया है कि संगीत एक आराधना है। इसका एक विधि-विधान है। संगीत एक शास्त्र है, केवल इससे परिचय ही पर्याप्त नहीं है, बल्कि इसे पूर्ण रूप से पाने के लिए उसका अभ्यास, गुरु-शिष्य परंपरा, पूर्ण तन्मयता, धैर्य और मंथन भी आवश्यक है।

लेखक परिचय

यतींद्र मिश्र का जन्म 12 अप्रैल, 1977 को उत्तर प्रदेश के अयोध्या में हुआ था। इन्होंने लखनऊ विश्वविद्यालय से हिंदी में एम.ए. किया यतींद्र वर्तमान में 'सहित' (अर्द्धवार्षिक) पत्रिका के संपादन के साथ-साथ स्वतंत्र लेखन से भी सक्रिय रूप से जुड़े हुए हैं। यह वर्ष 1999 से सांस्कृतिक न्यास 'विमला देवी फाउंडेशन' का संचालन कार्य भी बखूबी निभा रहे हैं।

इनके चार प्रसिद्ध काव्य-संग्रह हैं—'यदा-कदा', 'अयोध्या तथा अन्य कविताएँ', 'ड्योढ़ी पर आलाप' तथा 'विभास'। इन्होंने शास्त्रीय गायिका गिरिजा देवी के जीवनी रूप में 'गिरिजा' और प्रसिद्ध शहनाई वादक भारत रत्न बिस्मिल्लाह खाँ को समर्पित 'सुर की बारादरी' पुस्तक की रचना की। यह एक अच्छे फिल्म समीक्षक भी हैं। इन्हें भारतभूषण अग्रवाल कविता सम्मान, रजा पुरस्कार, राजीव गाँधी राष्ट्रीय एकता पुरस्कार, हेमंत स्मृति कविता पुरस्कार, तुराज सम्मान आदि से विभूषित किया जा चुका है।

पाठ का सार

बालक अमीरुद्दीन अर्थात् बिस्मिल्ला खाँ

अमीरुद्दीन की आयु अभी केवल छ: वर्ष और उसके बड़े भाई शम्सुद्दीन की आयु नौ वर्ष है। दोनों भाइयों के मामा बात-बात पर कल्याण, भैरवी, ललित, भीमपलासी और मुल्तानी रागों को गाते हैं। दोनों मामा सादिक हुसैन तथा अलीबख्श देश के जाने-माने शहनाई वादक हैं। जो विभिन्न रियासतों के दरबार में बजाने जाते हैं। उनकी दिनचर्या में बालाजी का मंदिर सबसे ऊपर आता है तथा उनके हर दिन की शुरुआत इसी की ड्योढ़ी (दहलीज) पर शहनाई बजाकर होती है। राग बजाना अलीबख्श के घर का खानदानी पेशा है, उनके अब्बाजान भी इसी मन्दिर की दहलीज पर शहनाई बजाया करते थे।

अमीरुद्दीन का जन्म

अमीरुद्दीन का जन्म बिहार के डुमराँव में एक संगीत प्रेमी परिवार में हुआ था। बालक अमीरुद्दीन 5-6 वर्ष डुमराँव में बिताकर अपने ननिहाल काशी (बनारस) आ गया। डुमराँव का इतिहास में कोई स्थान नहीं है, केवल इस तथ्य के अतिरिक्त कि शहनाई बजाने के लिए जिस रीड का प्रयोग होता है, रीड अंदर से पोली होती है, जिसके सहारे शहनाई को फूका जाता है। वह नरकट (एक प्रकार की घास) से बनाई जाती है और यह घास डुमराँव में मुख्यत: सोन नदी के किनारे पाई जाती है। अमीरुद्दीन के परदादा उस्ताद सलार हुसैन खाँ डुमराँव के निवासी थे।

संगीत की प्रेरणा

अमीरुद्दीन (बिस्मिल्ला खाँ) को 14 साल की उम्र में पुराने बालाजी के मंदिर के नौबतखाने में रियाज़ (अभ्यास) के लिए जाना पड़ता था। बालक अमीरुद्दीन को बालाजी मंदिर तक जाने का वह रास्ता पसंद था, जो रसूलन बाई और बतूलन बाई के यहाँ से होकर गुजरता था, क्योंकि उनके गानों को सुनकर उसे अत्यंत प्रसन्नता होती थी। अपने ढेरों साक्षात्कारों में बिस्मिल्ला खाँ साहब ने इस बात को स्वीकार किया है कि उन्हें अपने जीवन के आरंभिक दिनों में संगीत से लगाव इन्हीं गायिका बहनों के कारण हुआ।

सजदे में सुर की माँग

वैदिक इतिहास में शहनाई का कोई उल्लेख नहीं मिलता। लेकिन अवधि के पारम्परिक लोकगीतों एवं चैती में शहनाई का उल्लेख बार-बार मिलता है। इसे संगीत शास्त्रों के अंतर्गत 'सुषिर-वाद्यों' में गिना जाता है। अरब देश में फूँककर बजाए जाने वाले वाद्य को 'नय' बोलते हैं। शहनाई को 'शाहेनय' अर्थात् 'सुषिर वाद्यों में शाह' की उपाधि दी गई है। अस्सी बरस की आयु में भी वे यही सोचते रहते थे कि उनमें सुरों

को सलीके से बरतने का गुण कब आएगा। शहनाई की इसी मंगलध्वनि के नायक बिस्मिल्ला खाँ अस्सी बरस में सुर माँग रहे हैं। वे नमाज़ के बाद सजदे में एक सुर देने तथा सुर में वह तासीर (प्रभाव) पैदा करने की प्रार्थना करते हैं कि आँखों से सच्चे मोती की तरह आँसू निकल आएँ। मांगलिक विधि-विधानों में प्रयुक्त होने वाला यह वाद्य यंत्र दक्षिण भारतीय 'नागस्वरम्' वाद्ययंत्र के समान प्रभात की मंगलध्वनि का संपूरक भी है।

बिस्मिल्ला खाँ और मुहर्रम का संबंध

मुहर्रम के महीने में शिया मुसलमान हज़रत इमाम हुसैन एवं उनके कुछ वंशजों के प्रति दस दिनों की अजादारी (शोक) मनाते हैं। यह कहा जाता है कि बिस्मिल्ला खाँ के खानदान का कोई व्यक्ति मुहर्रम के दिनों में न तो शहनाई बजाता है, न ही किसी संगीत के कार्यक्रम में सम्मिलित होता है।

आठवीं तारीख को खाँ साहब खड़े होकर शहनाई बजाते हैं। इसी दिन वह दालमंडी में फातमान के करीब आठ किलोमीटर की दूरी तक पैदल रोते हुए, नौहा बजाते हुए जाते हैं। इस दिन कोई राग नहीं बजता। उनकी आँखें इमाम हुसैन और उनके परिवार के लोगों की शहादत में नम रहती हैं।

बिस्मिल्ला खाँ का फ़िल्मों और कचौड़ी के प्रति शौक

बिस्मिल्ला खाँ छुपकर नाना को शहनाई बजाते हुए सुनते थे। जब सब लोग रियाज़ के बाद अपनी जगह से उठकर चले जाते तब बिस्मिल्ला खाँ ढेरों छोटी-बड़ी शहनाइयों में से अपने नाना वाली शहनाई ढूँढते और एक-एक शहनाई को फेंककर खारिज (रद्द) करते जाते। बिस्मिल्ला खाँ सोचते कि 'लगता है मीठी वाली शहनाई दादा कहीं ओर रखते हैं।' उन्हें बचपन में फिल्मों का बहुत शौक था। उन दिनों थर्ड क्लास का टिकट छः पैसे में मिलता था। वह इसके लिए दो पैसे मामू से, दो पैसे मौसी से और दो पैसे नानी से लेकर घंटों लाइन में लगकर टिकट हासिल करते थे।

वह सुलोचना की फिल्मों के बहुत बड़े शौकीन थे। इधर सुलोचना की नई फिल्म सिनेमाहॉल में आई और उधर अमीरुद्दीन अपनी कमाई लेकर चले फिल्म देखने, जो बालाजी मंदिर पर रोज शहनाई बजाने से उन्हें मिलती थी।

इसी तरह वह कुलसुम की देशी घी में तली संगीतमय कचौड़ी के भी शौकीन थे। संगीतमय कचौड़ी इसलिए, क्योंकि कुलसुम जब कलकलाते घी में कचौड़ी डालती थी, तो उस समय छन्न से उठने वाली आवाज में उन्हें सारे आरोह-अवरोह दिख जाते थे।

बिस्मिल्ला खाँ और काशी

काशी में संगीत कार्यक्रम के आयोजन की परंपरा पिछले कई वर्षों से शहर के दक्षिण में लंका पर स्थित संकटमोचन मंदिर में चली आ रही थी। हनुमान जयंती के अवसर पर यहाँ पाँच दिनों तक शास्त्रीय एवं उपशास्त्रीय गायन-वादन की उत्कृष्ट सभा होती थी।

इसमें बिस्मिल्ला खाँ शहनाई वादन अवश्य करते थे। अपने मजहब के प्रति अत्यधिक समर्पित उस्ताद बिस्मिल्ला खाँ की काशी विश्वनाथ जी के प्रति भी अपार श्रद्धा थी। वे जब भी काशी से बाहर रहते, तब विश्वनाथ व बालाजी मंदिर की दिशा की ओर मुँह करके बैठते और थोड़ी देर ही सही, मगर उसी ओर शहनाई का प्याला घुमा दिया जाता था और भीतर की आस्था रीड़ के माध्यम से बाहर निकलती थी।

बिस्मिल्ला खाँ ने इस बात को स्वीकार किया है कि काशी की धरती को छोड़कर वह कहीं नहीं जा सकते, क्योंकि यहाँ गंगा मइया सहित बाबा विश्वनाथ व बालाजी का मंदिर है, जिसमें उनके खानदान की कई पीढ़ियों ने शहनाई बजाई है। उनके लिए शहनाई और काशी से बढ़कर इस धरती पर और कोई जन्नत नहीं।

काशी संस्कृति की पाठशाला है और यहाँ कलाधर हनुमान व नृत्य-विश्वनाथ हैं। काशी में हजारों सालों का इतिहास है। जिसमें पंडित कंठे महाराज, विद्याधरी, बड़े रामदास जी, मौजुद्दीन खाँ एवं इन रसिको से उपकृत होने वाला अपार जन समूह है। यह एक अलग काशी है, जिसकी अलग संस्कृति है। यहाँ की संस्कृति, संगीत, मंदिर, भक्ति, आस्था सब एक-दूसरे में घुल-मिल गए हैं, उन्हें अलग-अलग करके नहीं देखा जा सकता।

शहनाई के कारण सम्मान

बिस्मिल्ला खाँ और उनकी शहनाई दोनों एक-दूसरे के पर्याय थे। खाँ साहब को ताल मालूम था, राग मालूम था। एक बार उनकी किसी शिष्या ने उन्हें फटी तहमद पहनने के लिए टोकते हुए कहा कि इतनी प्रतिष्ठा और भारतरत्न जैसा सम्मान मिलने के बाद उनको फटी तहमद नहीं पहननी चाहिए।

बिस्मिल्ला खाँ का उत्तर था कि सम्मान उन्हें उनकी शहनाई के कारण मिला है न कि वस्त्र के कारण। उनका कहना था कि मालिक से यही दुआ है कि सुर न फटे, चाहे तहमद फट जाए, क्योंकि फटी तहमद तो सिल जाएगी।

बिस्मिल्ला खाँ का दर्द

बिस्मिल्ला खाँ को यह दुःख है कि अब काशी में पहले वाली मलाई बरफ, कचौड़ी-जलेबियाँ नहीं मिलतीं और न संगतियों के लिए गायकों के मन में पहले जैसा कोई आदर ही रहा। संगीत, साहित्य और शिष्टाचार की बहुत सारी परंपराएँ लुप्त हो गईं। एक सच्चे सुर साधक के रूप में खाँ साहब को इन सबकी कमी महसूस होती है।

अब घंटों रियाज़ को कोई नहीं पूछता। कजली, चैती और शिष्टाचार वाले पहले के समय को याद कर वे भावविभोर हो जाते हैं, जिसका आज अभाव है। इतनी जल्दी बहुत कुछ इतिहास बन चुका है। इसके उपरांत भी काशी की सुबह व शाम आज भी संगीत के स्वरों के साथ होती है। यह एक पावन भूमि है। यहाँ मरना भी मंगलदायक है। यह दो कौमों की एकता का प्रतीक है।

बिस्मिल्ला खाँ की मृत्यु

भारतरत्न से लेकर इस देश के ढेरों विश्वविद्यालयों की मानद उपाधियों से अलंकृत व संगीत नाटक अकादमी पुरस्कार एवं पद्मविभूषण जैसे अनेक सम्मानों से विभूषित बिस्मिल्ला खाँ का नब्बे वर्ष की भरी-पूरी आयु में 21 अगस्त, 2006 को स्वर्गवास हो गया। बिस्मिल्ला खाँ अपनी अजेय संगीत यात्रा के लिए भविष्य में हमेशा संगीत के नायक बने रहेंगे।

शब्दार्थ

शब्द	अर्थ
ड्योढ़ी	दहलीज़
नौबतखाना	प्रवेश द्वार के ऊपर मंगल ध्वनि बजाने का स्थान
राग	विशेष
सुर	लय से युक्त ध्वनि—समूह
भीमपलासी, मुलतानी	रागों के नाम
लिहाज	ख़याल
गोया	मानो/जैसे
मामाद्वय	दोनों मामा
रियासत	राज/शासन
रोज़नामचे	हर दिन का ब्यौरा लिखने वाली नोटबुक
विग्रह	मूर्ति
पेशा	व्यवसाय
ननिहाल	नाना का घर
रीड	वाद्ययंत्र की नाड़ी जिससे आवाज़ निकलती है
पोली	खोखली
वाद्य	साज़/बाजा
साहबज़ादा	पुत्र
मसलन	उदाहरणस्वरूप
रियाज़	अभ्यास
बोल—बनाव	शब्दों को विभिन्न सुरों में गाना या बजाना
मार्फ़त	द्वारा
आसक्ति	लगाव
अबोध	बोधरहित/छोटी
उकेरना	खींचना
वैदिक	वेद से संबद्ध
शास्त्रांतर्गत	शास्त्र के अंतर्गत
सुषिर	वाद्य—फूँककर बजाए जाने वाला वाद्ययंत्र
शृंगी	सींग से निर्मित एक साज़
मुरछंग	एक लोक बाजा/प्रभामंडल
संपूरक	अच्छी तरह भर लेने वाला
नेमत	ईश्वरीय
देन/धन	दौलत
सज़दा	ईश्वर के सामने सिर झुकाना
इबादत	उपासना
बख्शना	दान देना
तासीर	प्रभाव/गुण
मेहरबान	कृपालु
मुराद	चाह/माँग
ऊहापोह	उलझन
शरण	आश्रय
तिलिस्म	जादू
शिरकत	भाग लेना
शहादत	शहीदी
गमज़दा	दुःखपूर्ण
जुनून	उन्माद

शब्द	अर्थ
बदस्तूर	यथावत/तरीके से
कायम	विद्यमान
ज़िक्र	उल्लेख
नैसर्गिक	स्वाभाविक
खारिज़	रद्द करना
सम	जहाँ संगीत में लय का अंत हो
दाद	शाबाशी
हासिल	प्राप्त
मेहनताना	पारिश्रमिक
आरोह-अवरोह	संगीत में सुरों का उतार—चढ़ाव
रियाज़ी	अभ्यासी
उत्कृष्ट	उम्दा
मज़हब	धर्म
इस्तेमाल	प्रयोग
अकसर	प्रायः
पुश्त	पीढ़ी
तालीम	शिक्षा
अदब	शिष्टाचार
जन्नत	स्वर्ग
आनंदकानन	सुख का वन
रसिक	प्रेमी
उपकृत	एहसानमंद
तहज़ीब	शिष्टता
सिर चढ़कर बोलना	अत्यधिक प्रभावित करना
सरगम	सुरीली ध्वनियों का समूह
बेताला	लयरहित
परवरदिगार	ईश्वर
नसीहत	राय
सुबहानअल्लाह	पाक है ईश्वर
अलहमदुलिल्लाह	तमाम तारीफ़ ईश्वर के लिए
उपज	नई तान
करतब	कौशल
अज़ान	नमाज़
सतक	सप्तक/सात स्वरों की शृंखला
तहमद	लुंगी/एक वस्त्र
दुआ	प्रार्थना
खलना	खटकना
संगतिया	गाने—बजाने वालों की मंडली में शामिल व्यक्ति
लुप्त	गायब
थाप	तबले आदि पर हथेली से निकाला गया 'थप्प' का स्वर
मरण	मृत्यु
नायाब	दुर्लभ
कौम	वंश/जाति
अलंकृत	सुशोभित
जिजीविषा	जीने की इच्छा

NCERT फोल्डर

पाठ्यपुस्तक (क्षितिज भाग-2) के प्रश्नोत्तर

प्र.1 शहनाई की दुनिया में डुमराँव को क्यों याद किया जाता है? CBSE 2014, 12, 10

उत्तर शहनाई और डुमराँव दोनों एक-दूसरे के पर्याय हैं। शहनाई बजाने के लिए रीड का प्रयोग होता है। रीड अंदर से पोली (खोखली) होती है, जिसके सहारे शहनाई को फूँका जाता है। यह रीड एक प्रकार की घास 'नरकट' से बनाई जाती है, जो डुमराँव में सोन नदी के तट पर पाई जाती है। इसके अतिरिक्त उस्ताद बिस्मिल्ला खाँ का जन्म-स्थान भी डुमराँव है। इनके परदादा उस्ताद सलार हुसैन खाँ डुमराँव निवासी थे। अत: शहनाई की दुनिया में डुमराँव को याद किया जाता है।

प्र.2 बिस्मिल्ला खाँ को शहनाई की मंगलध्वनि का नायक क्यों कहा गया है? CBSE 2014, 13, 11, 08

***अथवा* मंगल ध्वनि का क्या अभिप्राय है? बिस्मिल्ला खान की 'शहनाई की मंगलध्वनि का नायक' क्यों कहा गया है? स्पष्ट कीजए।** SQP 2023-24

***अथवा* "बिस्मिल्ला खाँ हमेशा अपनी अजेय संगीत यात्रा के नायक रहेंगे।" कथन की पुष्टि कीजिए।** CBSE 2016, 12

उत्तर शहनाई मंगलध्वनि का वाद्य है। बिस्मिल्ला खाँ को शहनाई की मंगलध्वनि का नायक इसलिए कहा जाता है, क्योंकि शहनाई की ध्वनि मंगलदायी मानी जाती है, इसका वादन मांगलिक अवसरों पर किया जाता है। अस्सी बरस की सुर साधना के बाद भी उनको ऐसा लगता था कि अभी उनके शहनाई वादन में कुछ कमी रह गई है। वे साधना में इतने लीन हो जाते थे कि अपनी सुध-बुध खो देते थे। उनके सुरों में वो जादू था कि सुनने वाले मदहोश हो जाते थे। वे काशी के विश्वनाथ और बालाजी मंदिर में शहनाई पर मंगलध्वनि बजाते थे और खुदा से भी ऐसे सुर की प्रार्थना करते थे, जिससे लोगों का जीवन मंगलकारी हो।

प्र.3 सुषिर वाद्यों से क्या अभिप्राय है? शहनाई को 'सुषिर वाद्यों में शाह' की उपाधि क्यों दी गई होगी? दक्षता आधारित प्रश्न

उत्तर सुषिर वाद्यों से अभिप्राय—ऐसे वाद्यों से है, जिन्हें मुँह से फूँककर बजाया जाता है। ये वाद्य छेद वाले तथा अंदर से खोखले होते हैं। शहनाई को सुषिर वाद्य माना जाता है, क्योंकि इसे भी मुँह से फूँककर बजाया जाता है। इस वाद्य में रीड (नरकट) होती है। इसी के सहारे शहनाई को फूँका जाता है। अन्य वाद्ययंत्रों की तुलना में कहीं अधिक सुरीला तथा मंगलध्वनि का वाद्य होने के कारण शहनाई को 'शाहेनय' अर्थात् 'सुषिर वाद्यों में शाह' की उपाधि दी गई है।

प्र.4 आशय स्पष्ट कीजिए

(क) "फटा सुर न बख्शें। लुंगिया का क्या है, आज फटी है, तो कल सी जाएगी।"

(ख) "मेरे मालिक सुर बख्श दे। सुर में वह तासीर पैदा कर कि आँखों से सच्चे मोती की तरह अनगढ़ आँसू निकल आएँ।" दक्षता आधारित प्रश्न

उत्तर (क) जब एक शिष्या ने उस्ताद बिस्मिल्ला खाँ को फटी लुंगी (तहमद) पहनकर लोगों से मिलने पर टोका, तब उस्ताद बिस्मिल्ला खाँ ने कपड़ों को महत्त्व न देकर सुर की महत्ता दर्शाई। वे खुदा से यही विनती करते थे कि वह उन्हें फटा सुर न दे। फटा सुर होगा तो संगीत के क्षेत्र में कोई पूछने वाला नहीं। फटा कपड़ा तो सिल सकता है, परंतु फटा सुर नहीं। उनका मानना था कि आज गरीबी है, तो कल समृद्धि हो जाएगी, परंतु शहनाई की कला में कमी नहीं आनी चाहिए।

(ख) सुमधुर सुरों को सुनकर व्यक्ति इतना भाव-विभोर हो जाता है कि उसकी आँखों से आँसू निकल आते हैं। ये आँसू सच्चे मोती की तरह होते हैं। इनके निकल आने पर सुर की परीक्षा हो जाती है। बिस्मिल्ला खाँ नमाज़ के बाद सज़दे में खुदा से ऐसे ही सुर की माँग करते हैं। वे सुर को खुदा की नेमत (ईश्वररीय देन) मानते थे। उनके लिए सुरों से बढ़कर कोई चीज कीमती नहीं थी।

प्र.5 काशी में हो रहे कौन-से परिवर्तन बिस्मिल्ला खाँ को व्यथित करते थे? CBSE 2020

उत्तर काशी से बहुत-सी परंपराएँ लुप्त हो गई हैं। संगीत, साहित्य और अदब की परंपरा में धीरे-धीरे कमी आ गई है। अब काशी से धर्म की प्रतिष्ठा भी लुप्त होती जा रही है। वहाँ हिंदू और मुसलमानों में पहले जैसा भाईचारा नहीं है। पहले काशी खानपान की चीजों के लिए विख्यात हुआ करता था, परंतु अब उनमें परिवर्तन हुए हैं। काशी की इन सभी लुप्त होती परंपराओं के कारण बिस्मिल्ला खाँ दु:खी थे।

प्र.6 पाठ में आए किन प्रसंगों के आधार पर आप कह सकते हैं कि

(क) बिस्मिल्ला खाँ मिली-जुली संस्कृति के प्रतीक थे। CBSE 2012

(ख) वे वास्तविक अर्थों में सच्चे इंसान थे।

***अथवा* लेखक ने बिस्मिल्ला खाँ को वास्तविक अर्थों में सच्चा इंसान क्यों माना है?** CBSE 2019

***अथवा* आप कैसे कह सकते हैं कि बिस्मिल्ला खाँ एक सच्चे और अच्छे इंसान थे?** दक्षता आधारित प्रश्न

उत्तर (क) बिस्मिल्ला खाँ को अपने धर्म, उत्सवों एवं त्योहारों में गहरी आस्था थी। वे पाँचों समय नमाज़ अदा करते थे और मुहर्रम बड़ी श्रद्धा के साथ मनाते थे, लेकिन इन सबके बावजूद वे जीवनभर काशी स्थित विश्वनाथ एवं बालाजी के मंदिर में शहनाई बजाते रहे। काशी से बाहर रहते हुए भी वे शहनाई वादन का प्रारंभ विश्वनाथ व बालाजी के मंदिर की ओर शहनाई के प्याले को घुमाकर किया करते थे। उन्हें गंगा मइया से अत्यधिक लगाव था। दोनों धर्मों के प्रति उनकी सच्ची एवं गहरी आस्थापूर्ण भावना के कारण कहा जा सकता है कि वे मिली-जुली संस्कृति के प्रतीक थे।

(ख) बिस्मिल्ला खाँ ने कभी धार्मिक कट्टरता, क्षुद्रता एवं तंगदिली (ओछापन) नहीं दिखाई। वे काशी में रहकर काशी की परंपराओं को निभाते रहे। उन्होंने कभी खुदा से धन-समृद्धि नहीं माँगी। वे जीवनभर फटेहाल, सरल एवं नेकदिल बने रहे। ऊँचे-से-ऊँचे सम्मान पाकर भी वे हमेशा सरल बने रहे और स्वयं को सामान्य इंसान समझा। उनके लिए सुर वस्त्र, आभूषण और धन-दौलत से कहीं बढ़कर था। उन्होंने हमेशा मानवमात्र की भावनाओं का सम्मान किया। इसलिए कह सकते हैं कि वे वास्तविक अर्थों में सच्चे इंसान थे।

प्र.7 बिस्मिल्ला खाँ के जीवन से जुड़ी उन घटनाओं और व्यक्तियों का उल्लेख करें जिन्होंने उनकी संगीत साधना को समृद्ध किया। **CBSE 2012**

उत्तर बिस्मिल्ला खाँ के संगीत जीवन को अनेक लोगों ने समृद्ध किया। इनमें रसूलन बाई, बतूलन बाई, मामूजान अली बख्श खाँ, नाना, कुलसुम हलवाइन, अभिनेत्री सुलोचना इत्यादि प्रमुख हैं।

रसूलन बाई और बतूलन बाई की ठुमरी, टप्पे और दादरा को सुनकर उनके मन में संगीत की ललक जागी। बाद में वे अपने नाना को मधुर स्वर में शहनाई बजाते देखते थे, तो वे उनकी शहनाई को खोजा करते थे। मामूजान जब शहनाई बजाते-बजाते सम पर आते, तो बिस्मिल्ला खाँ धड़ से एक पत्थर जमीन पर मारकर दाद देते थे।

बिस्मिल्ला खाँ कुलसुम की कचौड़ी तलने की कला में भी संगीत का आरोह-अवरोह देखा करते थे। अभिनेत्री सुलोचना की फिल्मों के भी वे बहुत शौकीन थे। काशी स्थित बाबा विश्वनाथ व बालाजी के मंदिर में शहनाई बजाना उनकी संगीत-साधना का अहम् पहलू है। अस्सी बरस तक संगीत-साधना करने के बाद भी वे खुदा से यही इबादत करते थे कि खुदा उन्हें सुर बख्शे।

रचना और अभिव्यक्ति

प्र.8 बिस्मिल्ला खाँ के व्यक्तित्व की कौन-कौन-सी विशेषताओं ने आपको प्रभावित किया? **CBSE 2013, 12**

***अथवा* बिस्मिल्ला खाँ के व्यक्तित्व की कौन-कौन-सी विशेषताओं ने आपको प्रभावित किया? आप इनमें से किन विशेषताओं को अपनाना चाहेंगे? कारण सहित किन्हीं दो का उल्लेख कीजिए।** **CBSE Diksha, CBSE 2015**

उत्तर बिस्मिल्ला खाँ के व्यक्तित्व की निम्नलिखित विशेषताओं ने हमें प्रभावित किया, जिन्हें हम अपनाना चाहेंगे

धार्मिक सौहार्द बिस्मिल्ला खाँ सच्चे मुसलमान थे। वे पाँचों समय नमाज़ पढ़ते थे। मुहर्रम का उत्सव पूरी श्रद्धा से मनाते थे। फिर भी वे हिंदुओं की पवित्र नदी गंगा को मइया कहते थे। बाबा विश्वनाथ और बालाजी के मंदिर में नित्य शहनाई बजाया करते थे।

वे काशी से बाहर वादन करने के दौरान कुछ देर के लिए शहनाई के प्याले को बाबा विश्वनाथ व बालाजी की ओर घुमा दिया करते थे। उनका यह धार्मिक सौहार्द हमें सबसे अधिक प्रभावित करता है।

ईश्वर के प्रति आस्थावान बिस्मिल्ला खाँ नमाज़ पढ़ते हुए खुदा से सच्चे सुर की कामना करते थे। वे अपनी शहनाई की प्रशंसा को भी खुदा को समर्पित कर देते थे।

सादा जीवन जीने वाले बिस्मिल्ला खाँ को भारत के अनेक विश्वविद्यालयों ने मानद उपाधियाँ दीं। अन्य अनेक सम्मान मिले। फिर भी उन्हें गर्व और अभिमान छू नहीं पाया। भारतरत्न प्राप्त करने के बाद भी वे सरलता, सादगी और गरीबी का जीवन जीते रहे। यहाँ तक कि वे फटी तहमद पहने रहते थे।

रसिक और विनोदी स्वभाव बिस्मिल्ला खाँ बचपन से रसिक स्वभाव के थे। वे रसूलनबाई और बतूलनबाई की गायकी के रसिया थे। किशोरावस्था में वे कुलसुम हलवाइन और अभिनेत्री सुलोचना के प्रति आकृष्ट थे। वे जलेबी और कचौड़ी के बहुत शौकीन थे। वे बात करने में कुशल थे। जब उनकी शिष्या ने भारतरत्न का हवाला देकर उन्हें फटी तहमद न पहनने के लिए कहा, तो फट से बोले-ई भारतरत्न शहनईया पर मिला है, लुंगिया पर नाहीं।

प्र.9 मुहर्रम से बिस्मिल्ला खाँ के जुड़ाव को अपने शब्दों में लिखिए।

***अथवा* मुहर्रम और बिस्मिल्ला खाँ एक-दूसरे से कैसे संबंधित हैं?** **CBSE 2013**

उत्तर मुहर्रम के महीने में शिया मुसलमान हज़रत इमाम हुसैन एवं उनके वंशजों के प्रति शोक मनाते हैं। पूरे दस दिनों तक शोक मनाया जाता है। इन दिनों में खाँ साहब शहनाई नहीं बजाते थे, न कोई मंगलध्वनि और न ही कोई राग-रागिनी ही।

आठवें दिन दालमंडी से चलने वाले मुहर्रम के जुलूस में आठ किलोमीटर पैदल रोते हुए नौहा बजाते चलते थे। पूरे दस दिनों तक शोक मनाया जाता। खाँ साहब की आँखें इमाम हुसैन और उनके परिवारजनों की शहादत में नम रहती थीं।

प्र.10 बिस्मिल्ला खाँ कला के अनन्य उपासक थे, तर्कसहित उत्तर दीजिए।

उत्तर बिस्मिल्ला खाँ कला के अनन्य उपासक थे। वे अस्सी वर्षों तक लगातार शहनाई बजाते रहे। गंगा घाट पर बैठकर घंटों रियाज़ करते थे। वह इसे कला की साधना व उपासना की चीज मानते थे।

वे अंत तक खुदा से सच्चे सुर की माँग करते रहे कि शायद वह अब भी उन्हें कोई सच्चा सुर देगा, जिसे पाकर वे श्रोताओं की आँखों में आँसू ला देंगे। उन्होंने अंत तक अपने आप को पूर्ण नहीं माना। उन्होंने कभी भी अपनी कला को कमाई का माध्यम नहीं बनाया। उन्होंने जीवनभर संगीत साधना जारी रखी। जो उनके कला के अनन्य उपासक होने को सिद्ध करती है।

भाषा अध्ययन

प्र.11 निम्नलिखित मिश्र वाक्यों के उपवाक्य छाँटकर भेद भी लिखिए

(क) यह ज़रूर है कि शहनाई और डुमराँव एक-दूसरे के लिए उपयोगी हैं।

(ख) रीड अंदर से पोली होती है, जिसके सहारे शहनाई को फूँका जाता है।

(ग) रीड नरकट से बनाई जाती है जो डुमराँव में मुख्यत: सोन नदी के किनारों पर पाई जाती है।

(घ) उनको यकीन है, कभी खुदा यूँ ही उन पर मेहरबान होगा।

(ङ) हिरन अपनी ही महक से परेशान पूरे जंगल में उस वरदान को खोजता है, जिसकी गमक उसी में समाई है।

(च) खाँ साहब की सबसे बड़ी देन हमें यही है कि पूरे अस्सी बरस उन्होंने संगीत को संपूर्णता व एकाधिकार से सीखने की जिजीविषा को अपने भीतर ज़िंदा रखा।

उत्तर (क) (i) यह ज़रूर है। *(प्रधान उपवाक्य)*

(ii) शहनाई और डुमराँव एक-दूसरे के लिए उपयोगी हैं। *(संज्ञा उपवाक्य)*

(ख) (i) रीड अंदर से पोली होती है। *(प्रधान वाक्य)*

(ii) जिसके सहारे शहनाई को फूँका जाता है। *(विशेषण उपवाक्य)*

(ग) (i) रीड नरकट से बनाई जाती है। *(प्रधान उपवाक्य)*

(ii) जो डुमराँव में मुख्यत: सोन नदी के किनारों पर पाई जाती है। *(विशेषण उपवाक्य)*

(घ) (i) उनको यकीन है। *(प्रधान उपवाक्य)*

(ii) कभी खुदा यूँ ही उन पर मेहरबान होगा। *(संज्ञा उपवाक्य)*

(ङ) (i) हिरन अपनी ही महक से परेशान पूरे जंगल में उस वरदान को खोजता है। *(प्रधान उपवाक्य)*

(ii) जिसकी गमक उसी में समाई है। *(विशेषण उपवाक्य)*

(च) (i) खाँ साहब की सबसे बड़ी देन हमें यही है। *(प्रधान उपवाक्य)*

(ii) पूरे अस्सी बरस उन्होंने संगीत को संपूर्णता व एकाधिकार से सीखने की जिजीविषा को अपने भीतर ज़िंदा रखा। *(संज्ञा उपवाक्य)*

प्र.12 निम्नलिखित वाक्यों को मिश्रित वाक्यों में बदलिए

(क) इसी बालसुलभ हँसी में कई यादें बंद हैं।

(ख) काशी में संगीत आयोजन की एक प्राचीन एवं अद्‌भुत परंपरा है।

(ग) धत्! पगली ई भारतरत्न हमको शहनईया पे मिला है, लुंगिया पे नाहीं।

(घ) काशी का नायाब हीरा हमेशा से दो कौमों को एक होकर आपस में भाईचारे के साथ रहने की प्रेरणा देता रहा।

उत्तर (क) यही वह बालसुलभ हँसी है, जिसमें कई यादें बंद हैं।

(ख) काशी की यह प्राचीन एवं अद्‌भुत परंपरा है कि यहाँ संगीत आयोजन होते हैं।

(ग) धत्! पगली ई भारतरत्न जो हमको मिला है, ऊ शहनईया पे मिला है, लुंगिया पे नाहीं।

(घ) यह काशी का नायाब हीरा है, जो हमेशा से दो कौमों को एक होकर आपस में भाईचारे के साथ रहने की प्रेरणा देता रहा।

पाठेतर सक्रियता

प्र.13 कल्पना कीजिए कि आपके विद्यालय में किसी प्रसिद्ध संगीतकार के शहनाई वादन का कार्यक्रम आयोजित किया जा रहा है। इस कार्यक्रम की सूचना देते हुए बुलेटिन बोर्ड के लिए नोटिस बनाइए।

उत्तर

सूचना

संगीत कार्यक्रम का आयोजन

दिनांक 31 जुलाई, 20XX

समय प्रात: 6 बजे

सभी विद्यार्थियों को सूचित किया जाता है कि आगामी दिनांक 10 अगस्त, 20XX को विद्यालय के मुख्य हॉल में प्रसिद्ध संगीतकार उस्ताद अली खाँ का शहनाई वादन कार्यक्रम सायं 6 बजे प्रारंभ होगा। सभी विद्यार्थी, अध्यापक एवं कर्मचारी इसमें सादर आमंत्रित हैं।

क.ख.ग

(प्रधानाचार्य)

प्र.14 आप अपने मनपसंद संगीतकार के विषय में एक अनुच्छेद लिखिए।

उत्तर विद्यार्थी स्वयं करें।

प्र.15 हमारे साहित्य, कला, संगीत और नृत्य को समृद्ध करने में काशी (आज के वाराणसी) के योगदान पर चर्चा कीजिए।

दक्षता आधारित प्रश्न

उत्तर काशी अर्थात् वाराणसी हमेशा से संगीत, साहित्य एवं कला का प्रसिद्ध केंद्र रहा है। यह शिक्षा का भी बहुत महत्त्वपूर्ण केंद्र है, क्योंकि मदनमोहन मालवीय द्वारा स्थापित काशी अर्थात् बनारस हिंदू विश्वविद्यालय यहीं है।

इस विश्वविद्यालय से नामवर सिंह एवं काशीनाथ सिंह जैसे साहित्यकार निकले। शहनाई वादक उस्ताद बिस्मिल्ला खाँ जैसे विश्व प्रसिद्ध संगीतकार काशी की मिट्टी की ही उपज हैं। तबला वादक के क्षेत्र में कंठे महाराज, किशन महाराज, गोदई महाराज तथा गायन के क्षेत्र में बड़े रामदास जी, राजन मिश्र, साजन मिश्र, गिरिजा देवी, छन्नू मिश्र आदि विश्व प्रसिद्ध कलाकार बनारस घराना से ही संबंधित हैं।

प्र.16 काशी का नाम आते ही हमारी आँखों के सामने काशी की बहुत-सी चीजें उभरने लगती हैं, वे कौन-कौन-सी हैं?

उत्तर विद्यार्थी स्वयं करें।

अभ्यास प्रश्न

बहुविकल्पीय व वर्णनात्मक प्रश्नों सहित

पाठ पर आधारित बहुविकल्पीय प्रश्न

निम्नलिखित प्रश्नों के सर्वाधिक उपयुक्त विकल्पों का चयन कीजिए

1. बिस्मिल्ला खाँ को कुलसुम हलवाइन की कचौड़ी वाली दुकान पर जाना क्यों पसंद था? CBSE 2023

(i) उसकी कचौड़ियाँ बेहद स्वादिष्ट खस्ता होती थीं
(ii) उसका कचौड़ी बनाने का अनोखा अंदाज था
(iii) उसकी कचौड़ी का दाम बहुत वाजिब था
(iv) कचौड़ी तलते समय छन्न की आवाज में आरोह-अवरोह दिखता था

2. काशी में संगीत आयोजन की अद्भुत परंपरा की क्या विशेषता है?

(i) यहाँ संगीत का आयोजन पिछले कई वर्षों से होता आ रहा है।
(ii) हनुमान जयंती के अवसर पर यहाँ पाँच दिनों तक शास्त्रीय गायन के कार्यक्रम का आयोजन होता है।
(iii) (i) और (ii) दोनों
(iv) यहाँ संगीत को अधिक महत्त्व नहीं दिया जाता है।

3. बिस्मिल्ला खाँ को किस बात का पक्का यकीन था? दक्षता आधारित प्रश्न

(i) वे भारत रत्न प्राप्त कर लेंगे
(ii) ईश्वर उन्हें सच्चा सुर प्रदान करेगा
(iii) वे हिंदू-मुस्लिम को एक करने में सफल होंगे
(iv) उपर्युक्त सभी

4. बिस्मिल्ला खाँ पर रसूलन बाई तथा बतूलन बाई का क्या प्रभाव पड़ा?

(i) इनके कारण बिस्मिल्ला खाँ की संगीत में रुचि बढ़ी।
(ii) इनके द्वारा बिस्मिल्ला खाँ गलत रास्ते पर चल पड़े।
(iii) इनसे प्रेरणा लेकर बिस्मिल्ला खाँ पढ़ाई करने लगे।
(iv) इनके कारण बिस्मिल्ला खाँ को सच्चा सुर नहीं मिल सका।

5. बिस्मिल्ला खाँ साहब के संदर्भ में निम्नलिखित में से कौन-सा विकल्प सही नहीं है? CBSE SQP (Additional Set) 2023

(i) वे काशी, बाबा विश्वनाथ और गंगा मइया के प्रति अपार आस्था रखते थे।
(ii) वे पाँचों वक्त के नमाज़ी और मुहर्रम में नौहा बजाने वाले सच्चे मुसलमान थे।
(iii) वे खुदा से प्रसिद्धि और शोहरत की कामना करते थे।
(iv) वे खुदा से रियाज़ और कला में सच्चे सुर की कामना करते थे।

6. अमीरउद्दीन को रसूलनबाई और बातूलनबाई के घरवाला रास्ता क्यों पसंद था? CBSE SQP 2023

(i) संगीत के प्रति असीम रुचि के कारण।
(ii) संगीत में अरुचि के कारण।
(iii) वह छोटा रास्ता था।
(iv) वह रास्ता साफ-सुथरा था।

7. बिस्मिल्ला खाँ की शहनाई में क्या समाया हुआ था?

(i) उनके उस्ताद की नसीहतें
(ii) संगीत के सातों सुर
(iii) स्वयं परवरदिगार (ईश्वर)
(iv) उपर्युक्त सभी

8. 'नौबतखाने में इबादत' पाठ के आधार पर बताइए कि भीमपलासी और मुल्तानी क्या हैं? दक्षता आधारित प्रश्न

(i) एक मिट्टी के नाम (ii) खास तरह के व्यंजन
(iii) एक तरह का राग (iv) एक प्रकार की शहनाई

9. बिस्मिल्ला खाँ के लिए शहनाई और काशी ·········· था।

(i) आजीविका का साधन
(ii) जन्नत से बढ़कर
(iii) जीवन का आधार
(iv) सच्चा सुर

10. काशी विश्वनाथ के प्रति बिस्मिल्ला खाँ अपनी श्रद्धा किस प्रकार दर्शाते हैं?

(i) वे काशी की ओर मुँह करके बैठते हैं।
(ii) वे अपनी शहनाई का प्याला काशी की ओर घुमा देते हैं।
(iii) (i) और (ii) दोनों
(iv) वे अपना मुँह ढककर शहनाई बजाते हैं।

11. कथन (क) शहनाई को सभी वाद्य यंत्रों में 'शाहेनय' की उपाधि दी गई है।

कथन (ख) शहनाई का प्रयोग मांगलिक अवसरों पर होता है, इसकी धुन बड़ी ही मोहक होती है।

'नौबतखाने में इबादत' पाठ के आधार पर कथनों (क) व कारण (ख) के लिए सही विकल्प चुनिए दक्षता आधारित प्रश्न

(i) कथन (क) और कथन (ख) दोनों गलत हैं।
(ii) कथन (क) गलत है, किंतु कथन (ख) सही है।
(iii) कथन (क) सही है और कथन (ख) उसकी सही व्याख्या है।
(iv) कथन (क) सही है, किंतु कथन (ख) उसकी गलत व्याख्या है।

12. "धत्! पगली ई भारतरत्न हमको शहनईया पे मिला है, लुंगिया पे नाहीं।"

इस कथन के आधार पर बिस्मिल्ला खाँ के बारे में कौन-सी बात कही जा सकती है?

(i) वे हाजिरजवाब और खुशमिजाज इंसान थे।
(ii) वे कपड़ों से अधिक महत्त्व भारतरत्न को देते थे।
(iii) वे बहुत जल्दी क्रोधिक और नाराज़ हो जाते थे।
(iv) वे कला पर गर्व करते थे इसलिए इसे बेचते नहीं थे।

13. लेखक के अनुसार बिस्मिल्ला खाँ और काशी का संबंध .... का प्रतीक है।

(i) पवित्रता (ii) निराश्रिता
(iii) अन्योन्याश्रिता (iv) आध्यात्मिकता

14. वर्ष 2000 के बाद बिस्मिल्ला खाँ .... महसूस करते थे।

(i) काशी के स्वादिष्ट पकवानों से परहेज का दु:ख
(ii) काशी के मलाई बरफ वालों के प्रति सहानुभूति
(iii) काशी की परंपराओं और साहित्य के प्रति अरुचि
(iv) काशी की संस्कृतियों के इतिहास बन जाने का दु:ख

उत्तर **1.** (iv) कचौड़ी तलते समय छन्न की आवाज में आरोह-अवरोह दिखता था

2. (iii) (i) और (ii) दोनों

3. (ii) ईश्वर उन्हें सच्चा सुर प्रदान करेगा

4. (i) इनके कारण बिस्मिल्ला खाँ की संगीत में रुचि बढ़ी।

5. (iii) वे खुदा से प्रसिद्धि और शोहरत की कामना करते थे।

6. (i) संगीत के प्रति असीम रुचि के कारण।

7. (iv) उपर्युक्त सभी

8. (iii) एक तरह का राग

9. (ii) जन्नत से बढ़कर

10. (iii) (i) और (ii) दोनों

11. (iii) कथन (क) सही है और कथन (ख) उसकी सही व्याख्या है

12. (i) वे हाजिरजवाब और खुशमिजाज इंसान थे।

13. (iii) अन्योन्याश्रिता

14. (iv) काशी की संस्कृतियों के इतिहास बन जाने का दु:ख

गद्यांश पर आधारित बहुविकल्पीय प्रश्न

निम्नलिखित गद्यांशों को ध्यानपूर्वक पढ़कर उन पर पूछे गए प्रश्नों के उत्तर दीजिए

1. **वैदिक इतिहास में शहनाई का कोई उल्लेख नहीं मिलता। इसे संगीत शास्त्रांतर्गत 'सुषिर-वाद्यों' में गिना जाता है। अरब देश में फूँककर बजाए जाने वाले वाद्य जिसमें नाड़ी (नरकट या रीड) होती है, को 'नय' बोलते हैं। शहनाई को 'शाहेनय' अर्थात् 'सुषिर वाद्यों में शाह' की उपाधि दी गई है। सोलहवीं शताब्दी के उत्तरार्द्ध में तानसेन के द्वारा रची बंदिश, जो संगीत राग कल्पद्रुम से प्राप्त होती है, में शहनाई, मुरली, वंशी, शृंगी एवं मुरछंग आदि का वर्णन आया है। अवधी पारंपरिक लोकगीतों एवं चैती में शहनाई का उल्लेख बार-बार मिलता है। मंगल का परिवेश प्रतिष्ठित करने वाला यह वाद्य इन जगहों पर मांगलिक विधि-विधानों के अवसर पर ही प्रयुक्त हुआ है। दक्षिण भारत के मंगल वाद्य 'नागस्वरम्' की तरह शहनाई, प्रभाती की मंगलध्वनि का संपूरक है।**

(क) 'सुषिर-वाद्यों' से क्या तात्पर्य है?

(i) जो वाद्य देखने में सुंदर हो
(ii) जो मधुर ध्वनि उत्पन्न करते हो
(iii) जो फूँक कर बजाए जाने वाले हो
(iv) जो तबले के समान बजाए जाने वाले हो

(ख) शहनाई का उल्लेख कहाँ मिलता है?

(i) तानसेन द्वारा रची गई बंदिश
(ii) मुरली, वंशी, शृंगी के साथ
(iii) पारंपरिक लोकगीतों में
(iv) उपर्युक्त सभी

(ग) शहनाई की तुलना किससे की गई है?

(i) परंपरागत वाद्य यंत्रों से
(ii) दक्षिण भारत के मंगल वाद्य यंत्र से
(iii) उत्तर भारत के मधुर वाद्य यंत्र से
(iv) सुरविहीन वाद्य यंत्रों से

(घ) कथन (क) शहनाई की चर्चा वैदिक साहित्य में उपलब्ध नहीं है।
कथन (ख) अवधि के लोकगीतों में शहनाई का वर्णन किया गया है।
कथन (ग) शहनाई को सभी वाद्ययन्त्रों का सरताज माना गया है।
उपर्युक्त कथनों के लिए सही विकल्प का चयन कीजिए।

दक्षता आधारित प्रश्न

(i) कथन (क) सही है, किंतु (ख) और (ग) गलत हैं।
(ii) कथन (क) गलत है, किंतु (ख) और (ग) सही हैं।
(iii) कथन (क), (ख) सही हैं, किंतु (ग) गलत है।
(iv) कथन (क), (ख) और (ग) तीनों सही हैं।

(ङ) 'शाहेनय' किस वाद्य यंत्र को कहा जाता है?

(i) सितार को (ii) हारमोनियम को
(iii) शहनाई को (iv) तबले को

उत्तर (क) (iii) जो फूँक कर बजाए जाने वाले हो
(ख) (iv) उपर्युक्त सभी
(ग) (ii) दक्षिण भारत के मंगल वाद्य यंत्र से
(घ) (iv) कथन (क), (ख) और (ग) तीनों सही हैं।
(ङ) (iii) शहनाई को

2. **बिस्मिल्ला खाँ और शहनाई के साथ जिस एक मुस्लिम पर्व का नाम जुड़ा हुआ है, वह मुहर्रम है मुहर्रम का महीना वह होता है जिसमें शिया मुसलमान हजरत इमाम हुसैन एवं उनके कुछ वंशजों के प्रति अजादारी (शोक मनाना) मनाते हैं। पूरे दस दिनों का शोक। वे बताते हैं कि उनके खानदान का कोई व्यक्ति मुहर्रम के दिनों में न तो शहनाई बजाता है, न ही किसी संगीत के कार्यक्रम में शिरकत ही करता है। आठवीं तारीख उनके लिए खास महत्त्व की है। इस दिन खाँ साहब खड़े होकर शहनाई बजाते हैं व दालमंडी में फातमान के करीब आठ किलोमीटर की दूरी तक पैदल रोते हुए, नौहा बजाते जाते हैं। इस दिन कोई राग नहीं बजता। राग-रागनियों की अदायगी का निषेध है इस दिन।**

उनकी आँखें इमाम हुसैन और उनके परिवार के लोगों की शहादत में नम रहती हैं। अजादारी होती है। हजारों आँखें नया हजार बरस की परंपरा पुनर्जीवित। मुहर्रम संपन्न होता है। एक बड़े कलाकार का सहज मानवीय रूप ऐसे अवसर पर आसानी से दिख जाता है।

(क) मुहर्रम के महीने में मुसलमान क्या करते हैं?

(i) हजरत इमाम हुसैन एवं उनके वंशजों के प्रति शोक प्रकट करते हैं
(ii) मोहम्मद पैगंबर की याद में शोक मनाते हैं

(iii) मस्जिद को सजाकर खुशियाँ मनाते हैं
(iv) उपर्युक्त में से कोई नहीं

(ख) बिस्मिल्ला खाँ मुहर्रम के अवसर पर क्या नहीं करते थे?
(i) पैदल यात्रा न करना
(ii) संगीत कार्यक्रम में भाग लेना
(iii) शहनाई का निषेध न करना
(iv) दु:ख व्यक्त न करना

(ग) मुहर्रम के दिन किस-किस चीज का निषेध माना गया?
(i) राग-रागनियों की अदायगी का
(ii) दु:ख मनाने का
(iii) दान-दक्षिणा देना का
(iv) रोने का

(घ) गद्यांश के अनुसार मुहर्रम के अवसर पर बिस्मिल्ला खाँ का ········ और ········· रूप सामने आता है। **दक्षता आधारित प्रश्न**
(i) सहज मानवीय, धर्म के प्रति समर्पित
(ii) अप्राकृत, क्षुब्ध
(iii) उद्वेलित, विशृंखल
(iv) कलाकार विरोधी, आस्थावान

(ङ) बिस्मिल्ला खाँ की आँखें नम क्यों रहती हैं?
(i) मुहर्रम के दिन शहनाई न बजा पाने के कारण
(ii) इमाम हुसैन और उनके परिवार के लोगों की शहादत के कारण
(iii) लम्बी यात्रा से होने वाली थकान के कारण
(iv) दूसरों के दुख-दर्द देखने के कारण

उत्तर (क) (i) हजरत इमाम हुसैन एवं उनके वंशजों के प्रति शोक प्रकट करते हैं।
(ख) (ii) संगीत कार्यक्रम में भाग लेना
(ग) (i) राग-रागनियों की अदायगी का
(घ) (i) सहज मानवीय, धर्म के प्रति समर्पित
(ङ) (ii) इमाम हुसैन और उनके परिवार के लोगों की शहादत के कारण

3. सचमुच हैरान करती है काशी-पक्का महाल से जैसे मलाई बरफ गया, संगीत, साहित्य और अदब की बहुत सारी परंपराएँ लुप्त हो गईं। एक सच्चे सुर साधक और सामाजिक की भाँति बिस्मिल्ला खाँ साहब को इन सबकी कमी खलती है। काशी में जिस तरह बाबा विश्वनाथ और बिस्मिल्ला खाँ एक-दूसरे के पूरक रहे हैं, उसी तरह मुहर्रम-ताजिया और होली-अबीर, गुलाल की गंगा-जमुनी संस्कृति भी एक-दूसरे के पूरक रहे हैं। अभी जल्दी ही बहुत कुछ इतिहास बन चुका है। अभी आगे बहुत कुछ इतिहास बन जाएगा। फिर भी कुछ बचा है जो सिर्फ काशी में हैं। काशी आज भी संगीत के स्वर पर जगती और उसी की थापों पर सोती है। काशी में मरण भी मंगल माना गया है। काशी आनंदकानन है। सबसे बड़ी बात है कि काशी के पास उस्ताद बिस्मिल्ला खाँ जैसा लय और सुर की तमीज सिखाने वाला नायाब हीरा रहा है, जो हमेशा से दो कौसों को एक होने व आपस में भाईचारे के साथ रहने की प्रेरणा देता रहा।

(क) निम्न में से कौन-सी कमी बिस्मिल्ला खाँ को खलती है?
(i) मलाई बरफ की
(ii) संगीत और साहित्य की
(iii) अदब की परंपराओं की
(iv) उपर्युक्त सभी

(ख) लेखक ने किनको एक-दूसरे का पूरक माना है? **दक्षता आधारित प्रश्न**
(i) बाबा विश्वनाथ और बिस्मिल्ला खाँ
(ii) मुहर्रम-ताजिया और होली-अबीर
(iii) गंगा-जमुनी संस्कृति
(iv) उपर्युक्त सभी

(ग) गद्यांश के आधार पर काशी की सबसे बड़ी विशेषता क्या है?
(i) यह सबसे बड़ा धार्मिक स्थल है।
(ii) यह संगीत के स्वर पर जगती और सोती है।
(iii) यहाँ बिस्मिल्ला खाँ जैसे व्यक्ति हुए।
(iv) यहाँ विभिन्न संस्कृतियों का मेल है।

(घ) बिस्मिल्ला खाँ को काशी का नायाब हीरा कहा गया, क्योंकि ·············। **दक्षता आधारित प्रश्न**
(i) उन्होंने दो संस्कृतियों को महत्त्व नहीं दिया।
(ii) उन्होंने केवल मुस्लिम धर्म का प्रचार किया।
(iii) उन्होंने दो धर्मों के एक होने तथा भाईचारे की प्रेरणा दी।
(iv) उन्होंने शहनाई को संगीत में स्थान दिलाया।

(ङ) बिस्मिल्ला खाँ सांप्रदायिक सदभाव रखने में किस प्रकार सहायक है? **दक्षता आधारित प्रश्न**
(i) उनके लिए गंगा मैया का बहुत महत्त्व है।
(ii) वे हनुमान मंदिर में शहनाई बजाते हैं।
(iii) वे काशी की संस्कृति के पुजारी रहे हैं।
(iv) उपर्युक्त सभी

उत्तर (क) (iv) उपर्युक्त सभी
(ख) (iv) उपर्युक्त सभी
(ग) (ii) यह संगीत के स्वर पर जगती और सोती है।
(घ) (iii) उन्होंने दो धर्मों के एक होने तथा भाईचारे की प्रेरणा दी।
(ङ) (iv) उपर्युक्त सभी

4. अकसर कहते हैं–'क्या करें मियाँ, ई काशी छोड़कर कहाँ जाएँ, गंगा मइया यहाँ, बाबा विश्वनाथ यहाँ, बालाजी का मंदिर यहाँ, यहाँ हमारे खानदान के कई पुश्तों ने शहनाई बजाई है, हमारे नाना तो वहीं बालाजी मंदिर में बड़े प्रतिष्ठित शहनाईवाज़ रह चुके हैं। अब हम क्या करें, मरते दम तक न यह शहनाई छूटेगी न काशी। जिस जमीन ने हमें तालीम दी, जहाँ से अदब पाई, वो कहाँ और मिलेगी? शहनाई और काशी से बढ़कर कोई जन्नत नहीं इस धरती पर हमारे लिए।'

(क) 'ई काशी छोड़कर कहाँ जाएँ।'
इस कथन में बिस्मिल्ला खाँ की काशी के प्रति ········· की भावना व्यक्त हो रही है। **दक्षता आधारित प्रश्न**
(i) असमंजस (ii) विवशता
(iii) समर्पण (iv) त्याग

(ख) बिस्मिल्ला खाँ काशी छोड़कर नहीं जाना चाहते थे, क्योंकि .... ।

(i) काशी उनकी जन्मभूमि थी
(ii) वे काशी को आरामदेह शहर मानते थे
(iii) काशी में उनके परिवार की धरोहर थी
(iv) वे काशी की संस्कृति से घुले-मिले हुए थे

(ग) बिस्मिल्ला खाँ ने काशी को स्वर्ग क्यों कहा है? **दक्षता आधारित प्रश्न**

(i) काशी की भाषा और स्वच्छता के कारण
(ii) ज्ञानदान, कला और परंपराओं के कारण
(iii) काशी की वैदिक परंपरा और सुंदरता के कारण
(iv) पुश्तैनी मकान और मंदिरों की पवित्रता के कारण

(घ) बिस्मिल्ला खाँ काशी की धरती के प्रति ..... व्यक्त कर रहे हैं।

(i) कृतघ्नता (ii) कृतज्ञता
(iii) सहिष्णुता (iv) व्याकुलता

(ङ) काशी और शहनाई के बारे में सोचकर बिस्मिल्ला खाँ ....।

(i) फूले नहीं समाते थे (ii) हवाई किले बनाते थे
(iii) पानी-पानी हो जाते थे (iv) राई का पहाड़ बना देते थे

उत्तर (क) (iii) समर्पण
(ख) (iv) वे काशी की संस्कृति से घुले-मिले हुए थे
(ग) (ii) ज्ञानदान, कला और परंपराओं के कारण
(घ) (ii) कृतज्ञता
(ङ) (i) फूले नहीं समाते थे

विषयवस्तु पर आधारित प्रश्नोत्तर

निम्नलिखित प्रश्नों के उत्तर संक्षेप में दीजिए

1. अलीबख्श के घराने का खानदानी पेशा क्या था? मंदिरों में कौन-कौन से राग प्रायः गाए जाते थे। **CBSE 2016, 14**

उत्तर अलीबख्श के घराने का खानदानी पेशा शहनाई बजाने का था। उनके अब्बाजान भी बालाजी मंदिर की इसी ड्योढ़ी पर शहनाई बजाते थे। उस समय मंदिरों में प्रायः भीमपलासी, मुलतानी, कल्याण, ललित, भैरवी आदि राग गाए जाते थे।

2. अपने साक्षात्कारों में बिस्मिल्ला खाँ ने क्या स्वीकार किया है?

उत्तर अपने कई साक्षात्कारों में बिस्मिल्ला खाँ ने इस बात को स्वीकार किया है कि उन्हें अपने जीवन के आरंभिक दिनों में संगीत के प्रति लगाव रसूलन और बतूलन नामक गायिका बहनों को सुनकर हुआ है।

3. आप कैसे कह सकते हैं कि अमीरुद्दीन को बचपन में संगीत की प्रेरणा रसूलनबाई और बतूलनबाई से मिली? **दक्षता आधारित प्रश्न**

उत्तर उस्ताद बिस्मिल्ला खाँ चौदह वर्ष की आयु में काशी के पुराने बालाजी के मंदिर के नौबतखाने में रियाज़ के लिए जाते थे। वह रसूलनबाई और बतूलनबाई के घर के जिस रास्ते से होकर गुजरते थे उसी रास्ते से न जाने कितने तरह के बोल-बनाव, कभी ठुमरी, कभी टप्पे, कभी दादरा के माध्यम से ड्योढ़ी तक पहुँचते रहते थे। रसूलन और बतूलन का गायन सुनकर बिस्मिल्ला खाँ को बड़ी खुशी मिलती थी।
इस प्रकार, उन्हें अपने जीवन के आरंभिक दिनों में संगीत की प्रेरणा इन्हीं गायिका बहनों को सुनकर मिली थी।

4. बचपन में बिस्मिल्ला खाँ किस-किस से प्रभावित थे? **CBSE 2015**

अथवा **जीवन के आरंभिक दिनों में संगीत के प्रति बिस्मिल्ला खाँ की आसक्ति क्यों और कैसे हुई? 'नौबतखाने में इबादत' पाठ के आधार पर लिखिए।** **CBSE 2013, 12**

उत्तर निम्नलिखित घटनाओं से प्रभावित होकर बिस्मिल्ला खाँ संगीत के प्रति आसक्त हुए

(i) जब उनके नाना रियाज़ करते थे, तब वे छिपकर उन्हें देखते थे और उनके चले जाने के बाद उनकी 'मीठी वाली' शहनाई ढूँढते थे। उन्हें यह भी जानकारी थी कि उसके दोनों मामा जाने-माने शहनाई वादक हैं।

(ii) बचपन में बिस्मिल्ला खाँ पुराने बालाजी मंदिर में रियाज़ करने के लिए रसूलन और बतूलन, गायिका बहनों के यहाँ से होकर गुजरते थे। उनकी ठुमरी, टप्पे, दादरा आदि सुनकर उन्हें बहुत खुशी मिलती थी।

(iii) बिस्मिल्ला खाँ को कुलसुम की संगीतमय कचौड़ी बहुत पसंद थी। जब कलकलाते (घी में छन्न से उठने वाली आवाज) घी में कचौड़ी डाली जाती थी, उस समय उन्हें उसकी आवाज में संगीत के सारे आरोह-अवरोह दिख जाते थे।

5. सोलहवीं शताब्दी में कौन-कौन से सुषिर वाद्यों का प्रचलन था? 'नौबतखाने में इबादत' पाठ के आधार पर लिखिए।

उत्तर सोलहवीं शताब्दी के उत्तरार्द्ध में तानसेन के द्वारा रची गई बंदिश, जो संगीत राग कल्पद्रुम से प्राप्त होती है, में शहनाई, मुरली, वंशी, शृंगी एवं मुरछंग आदि का वर्णन आया है। इससे पता चलता है कि उस समय इन सुषिर वाद्यों का प्रचलन था।

6. मंगल का परिवेश प्रतिष्ठित करने वाला वाद्य शहनाई किन अवसरों पर प्रयुक्त हुआ है? **दक्षता आधारित प्रश्न**

उत्तर अवधी के पारंपरिक लोकगीतों एवं चैती में शहनाई का उल्लेख बार-बार मिलता है। मंगल का परिवेश प्रतिष्ठित करने वाला यह वाद्य इन स्थानों पर मांगलिक विधि-विधानों के अवसर पर ही प्रयुक्त हुआ है।

7. उस्ताद बिस्मिल्ला खाँ नमाज़ के बाद सज़दे में गिड़गिड़ाते हुए क्या प्रार्थना करते थे? **दक्षता आधारित प्रश्न**

उत्तर उस्ताद बिस्मिल्ला खाँ नमाज़ के बाद सज़दे में गिड़गिड़ाते हुए प्रार्थना करते थे कि मालिक उन्हें एक सुर दे और उनके सुर में वह तासीर पैदा करे कि आँखों से सच्चे मोती की तरह अनगढ़ आँसू निकल आएँ। उनको यकीन था कि कभी खुदा यूँ ही उन पर मेहरबान होगा।

8. बिस्मिल्ला खाँ शहनाई के लिए सर्वोच्च सम्मान पाकर भी नमाज के बाद सजदे में गिड़गिड़ाते – 'मेरे मालिक एक सुर बख्श दे।' –इससे उनकी कौन-सी दो विशेषताएँ उभरकर आती हैं? **CBSE 2023**

उत्तर बिस्मिल्ला खाँ शहनाई के लिए सर्वोच्च सम्मान पाकर भी नमाज के बाद सजदे में गिड़गिड़ाते 'मेरे मालिक एक सुर बख्श दें।' इस पंक्ति से उनकी दो विशेषताएँ उभर कर आती हैं, जो निम्न प्रकार हैं

(i) बिस्मिल्ला खाँ नमाज पढ़ते हुए खुदा से सच्चे सुर की कामना करते थे।

(ii) वे अपनी शहनाई की प्रशंसा को भी खुदा को समर्पित कर देते थे।

9. बिस्मिल्ला खाँ को खुदा के प्रति क्या विश्वास है?

उत्तर बिस्मिल्ला खाँ जब नमाज़ अदा करते, तो खुदा से एक सच्चे सुर की माँग करते। उन्हें इस बात का विश्वास भी था कि कभी खुदा उन पर मेहरबान होगा और अपनी झोली से सुर का फल निकालकर उनकी ओर उछालते हुए कहेगा, ले जा अमीरुद्दीन इसको खा ले और कर ले अपनी मुराद पूरी।

10. बिस्मिल्ला खाँ की तुलना कस्तूरी मृग से क्यों की गई है? CBSE 2020

अथवा **'हिरन अपनी ही महक से परेशान पूरे जंगल में उस वरदान को खोजता है, जिसकी गमक उसी में समाई है।'**
लेखक ने बिस्मिल्ला खाँ के लिए उपर्युक्त संदर्भ का प्रयोग क्यों किया है? 'नौबतखाने में इबादत' पाठ के आधार पर स्पष्ट कीजिए। CBSE SQP (Additional Set) 2023

उत्तर अपने शहनाई वादन से पूरी दुनिया को मदहोश करने वाले बिस्मिल्ला खाँ अस्सी वर्ष से नमाज अदा करने के बाद सज़दे में ईश्वर से एक सुर दान कर देने की प्रार्थना किया करते थे, क्योंकि उन्हें लगता था कि सातों सुरों को ठीक तरह से लगाना उन्होंने अब तक नहीं सीखा है। प्रस्तुत पाठ में लेखक ने उनकी तुलना कस्तूरी मृग (हिरन) से इसलिए की है, क्योंकि वह भी अपनी नाभि में समाई हुई कस्तूरी की महक से व्याकुल होकर उसे पूरे वन में खोजता फिरता है।

11. मुहर्रम के दिनों में बिस्मिल्ला खाँ क्या बजाते थे और कैसे? CBSE 2013

अथवा **बिस्मिल्ला खाँ मुहर्रम के दिनों में पूरे दस दिनों तक शोक किस प्रकार मनाते थे?** CBSE 2013

उत्तर बिस्मिल्ला खाँ अपने मज़हब के प्रति पूरी तरह समर्पित थे। अपने परिवार और मज़हब की परंपरा के अनुसार खाँ साहब पूरी श्रद्धा से मुहर्रम के शोक में शामिल होते थे। इस अवसर पर उनके खानदान का कोई भी व्यक्ति न तो शहनाई बजाता था और न ही संगीत के किसी कार्यक्रम में शामिल होता था। आठवीं तारीख के दिन खाँ साहब खड़े होकर शहनाई बजाते और दालमंडी में फातमान के करीब आठ किलोमीटर की दूरी तक पैदल रोते हुए, नौहा बजाते जाते थे। उस दिन राग-रागनियों की अदायगी का निषेध होता था।

12. बिस्मिल्ला खाँ जवानी के दिनों की कौन-सी बातें याद करते थे? दो का उल्लेख कीजिए। CBSE Diksha, CBSE 2014

उत्तर सुकून के क्षणों में बिस्मिल्ला खाँ अपनी जवानी के दिनों को याद करते थे। वे अपने रियाज को कम, उन दिनों के अपने जुनून को अधिक याद किया करते थे। उन्हें अपने अब्बाजान और उस्ताद कम याद आते थे, पर पक्का महाल की कुलसुम हलवाइन की कचौड़ी वाली दुकान व गीताबाली और सुलोचना जैसी अभिनेत्रियाँ अधिक याद आती थीं।

13. रियाज़ के बाद जब सब अपनी जगह से उठ जाते तो बालक बिस्मिल्ला खाँ क्या करते? दक्षता आधारित प्रश्न

उत्तर बिस्मिल्ला खाँ छुपकर नाना को शहनाई बजाते हुए सुनते और जब सब लोग रियाज़ के बाद अपनी जगह से उठकर चले जाते, वे जाकर ढेरों छोटी-बड़ी शहनाइयों में से अपने नाना वाली शहनाई को ढूँढने लगते।

14. बिस्मिल्ला खाँ बचपन में फिल्मों का टिकट किस प्रकार प्राप्त करते थे?

अथवा **फिल्मों के शौकीन अमीरुद्दीन फिल्म देखने के लिए किससे पैसे लेते थे?** CBSE 2014

उत्तर बिस्मिल्ला खाँ को बचपन में फिल्मों का बहुत शौक था। उस समय थर्ड क्लास के लिए छः पैसे का टिकट मिलता था। बिस्मिल्ला खाँ दो पैसे मामू से, दो पैसे मौसी से और दो पैसे नानी से लेकर घंटों लाइन में लगकर फिल्म का टिकट प्राप्त करते थे।

15. बालक बिस्मिल्ला खाँ बालाजी मंदिर में कमाई गई अठन्नी का क्या करते थे? दक्षता आधारित प्रश्न

उत्तर बालक बिस्मिल्ला खाँ को बालाजी मंदिर में शहनाई बजाने पर एक अठन्नी मेहनताने (पारिश्रमिक) के रूप में मिलती थी। जैसे ही अदाकारा सुलोचना की नई फिल्म सिनेमा हाल में आती, वैसे ही बालक बिस्मिल्ला खाँ अपनी कमाई लेकर फिल्म देखने चले जाते थे।

16. कुलसुम की देसी घी की बनी कचौड़ी को खाँ साहब 'संगीतमय कचौड़ी' क्यों कहते थे? काशी के जीवन में उनके आकर्षण की और क्या वस्तुएँ थीं? सोदाहरण लिखिए। CBSE 2016, 15

उत्तर कुलसुम के द्वारा कलकलाते देसी घी में कचौड़ी डालते ही छन्न-सी निकली आवाज में खाँ साहब को आरोह-अवरोह के सारे सुर साकार हो उठते दिखाई देते थे। इसी कारण वे उन्हें 'संगीतमय कचौड़ियाँ' कहा करते थे। काशी में मिलने वाली मलाई बरफ़ और जलेबी से भी उन्हें विशेष लगाव था।

17. बिस्मिल्ला खाँ के साथ सुलोचना की फिल्मों और कुलसुम की संगीतमय कचौड़ियों की यादें किस प्रकार जुड़ी थीं? दक्षता आधारित प्रश्न

उत्तर बिस्मिल्ला खाँ को बचपन में फिल्मों का बहुत शौक था। इधर सुलोचना की नई फिल्म सिनेमा हॉल में आई और उधर बिस्मिल्ला खाँ अपनी कमाई लेकर फिल्म देखने चले जाते थे, जो बालाजी मंदिर पर रोज शहनाई बजाने से उन्हें मिलती थी। इसके साथ ही कुलसुम हलवाइन की संगीतमय कचौड़ियों से उनकी यादें जुड़ी हुई थीं। कुलसुम हलवाइन जब कलकलाते घी में कचौड़ी डालती थी, उस समय छन्न से उठने वाली आवाज़ में उन्हें सारे आरोह-अवरोह दिख जाते थे।

18. बिस्मिल्ला खाँ को फिल्मों के अतिरिक्त और किस चीज़ का शौक था?

उत्तर बिस्मिल्ला खाँ को फिल्मों के अतिरिक्त कुलसुम हलवाइन की देसी घी वाली कचौड़ियाँ बहुत पसंद थी। वहाँ की संगीतमय कचौड़ी इसलिए पसंद थी, क्योंकि कुलसुम जब कलकलाते घी में कचौड़ी डालती थी, तब छन्न से उठने वाली आवाज में उन्हें आरोह-अवरोह के सारे स्वर दिख जाते थे।

19. सोदाहरण सिद्ध कीजिए कि बिस्मिल्ला खाँ रियाज़ी व स्वादी दोनों थे। CBSE 2013

अथवा **'खाँ साहब रियाज़ी और स्वादी दोनों रहे हैं।'**
उपर्युक्त पंक्ति के माध्यम से लेखक खाँ साहब के विषय में क्या बताना चाहता है? 'नौबतखाने में इबादत' पाठ के आधार पर स्पष्ट कीजिए। दक्षता आधारित प्रश्न

उत्तर बिस्मिल्ला खाँ रियाज़ी और स्वादी, दोनों थे। वह रोज बालाजी के मंदिर में रियाज़ करने जाते थे और उसी का परिणाम था कि वे आगे चलकर विश्वविख्यात शहनाई वादक बने। खाँ साहब, जब फिल्म

देखने जाते तो कुलसुम की देसी घी वाली दुकान की संगीतमय कचौड़ियाँ खाना नहीं भूलते थे। कचौड़ियों को तलने की आवाज में उन्हें सारे आरोह-अवरोह दिख जाते थे। उन्हें मलाई बरफ व जलेबी खाना भी बहुत पसंद था।

20. काशी में संकटमोचन मंदिर कहाँ स्थित है तथा वहाँ क्या-क्या होता है?

उत्तर काशी में संकटमोचन मंदिर शहर के दक्षिण में लंका में स्थित है। वहाँ हनुमान जयंती के अवसर पर पाँच दिनों तक शास्त्रीय एवं उपशास्त्रीय गायन-वादन की उत्कृष्ट सभा होती है। इसमें बिस्मिल्ला खाँ अवश्य ही रहते थे।

21. "मज़हब के प्रति समर्पित बिस्मिल्ला खाँ की श्रद्धा काशी विश्वनाथ के प्रति भी अपार थी।" 'नौबतखाने में इबादत' पाठ के आधार पर इस कथन की पुष्टि कीजिए। **Diksha CBSE**

अथवा **काशी विश्वनाथ के प्रति बिस्मिल्ला खाँ की श्रद्धा का सोदाहरण उल्लेख कीजिए।** **CBSE 2016, 10**

अथवा **काशी विश्वनाथ जी के प्रति खाँ साहब की भावनाएँ कैसी थीं? 'नौबतखाने में इबादत' पाठ के आधार पर उदाहरण देते हुए उत्तर लिखिए।** **दक्षता आधारित प्रश्न**

उत्तर बिस्मिल्ला खाँ काशी की संस्कृति में रचे-बसे थे। अपने मजहब के प्रति अत्यधिक समर्पित उस्ताद बिस्मिल्ला खाँ की श्रद्धा काशी विश्वनाथजी के प्रति भी उतनी ही थी। वे जब भी काशी से बाहर रहते थे, तब विश्वनाथ व बालाजी मंदिर की दिशा की ओर मुँह करके बैठते थे। यही नहीं, चाहे थोड़ी देर के लिए ही सही, मगर उसी ओर शहनाई का प्याला घुमा दिया जाता था और भीतर की आस्था रीड के माध्यम से बजती थी।

वे कहा करते थे कि काशी स्थित गंगा मइया, बाबा विश्वनाथ और बालाजी के मंदिर को छोड़कर भला वे और कहाँ रह सकेंगे, जो उनकी काशी विश्वनाथ के प्रति अपार श्रद्धा को अभिव्यक्त करती है।

22. काशी संस्कृति की पाठशाला है? 'नौबतखाने में इबादत' पाठ के आधार पर लिखिए।

अथवा **'नौबतखाने में इबादत' पाठ में काशी को संस्कृति की पाठशाला क्यों कहा गया है?** **CBSE 2024**

उत्तर काशी को संस्कृति की पाठशाला कहा गया है। यह शास्त्रों में आनंदकानन के नाम से प्रतिष्ठित है। यहाँ अति पावन नदी गंगा के साथ-साथ बाबा विश्वनाथ और बालाजी का प्रसिद्ध मंदिर अवस्थित है।

काशी का हजारों सालों का इतिहास है, जिसमें पंडित कंठे महाराज, विद्याधरी, बड़े रामदास जी, मौजुद्दीन खाँ, बिस्मिल्ला खाँ हैं तथा इन रसिकों से उपकृत होने वाला अपार जन-समूह है।

23. काशी के इतिहास में किन-किन व्यक्तियों को विशेष महत्ता दी गई है? 'नौबतखाने में इबादत' पाठ के आधार पर लिखिए। **CBSE 2015**

उत्तर काशी के इतिहास में तबला सम्राट पंडित कंठे महाराज, विद्याधरी, बड़े रामदास जी, मौजुद्दीन खाँ सहित प्रसिद्ध शहनाई वादक उस्ताद बिस्मिल्ला खाँ को विशेष महत्त्व दिया गया है। वहाँ के समृद्ध सांस्कृतिक विरासत को अक्षुण्ण रखने में इन विशिष्ट लोगों का महत्त्वपूर्ण योगदान है।

24. "यह एक अलग काशी है।" लेखक ने ऐसा क्यों कहा है?

उत्तर लेखक के अनुसार, यह एक अलग काशी है, जिसकी अलग तहज़ीब, अपनी बोली और अपने विशिष्ट लोग हैं। इनके अपने उत्सव तथा अपने गम हैं। इसी तरह इनके अपने सेहरे-बन्ने (सेहरे के समय गाया जाने वाला गीत) और अपने नौहे हैं। लेखक ने उक्त कथन के द्वारा काशी को अन्य स्थानों से अलग दिखाकर उसको विशिष्टता प्रदान की है।

25. बिस्मिल्ला खाँ के सादगीपूर्ण व्यवहार का एक उदाहरण दीजिए।

अथवा **खाँ साहब जैसे बड़े कलाकार का सहज और साधारण मानवीय रूप किस अवसर पर देखा जा सकता है? 'नौबतखाने में इबादत' पाठ के आधार पर उत्तर दीजिए।** **दक्षता आधारित प्रश्न**

उत्तर बिस्मिल्ला खाँ सादगी से रहने में विश्वास करते थे। एक बार फटी हुई तहमद पहनने पर उनकी एक शिष्या ने उन्हें टोकते हुए कहा था, "आपको भारतरत्न जैसा प्रतिष्ठित पुरस्कार भी मिल चुका है, यह फटी तहमद न पहना करें। अच्छा नहीं लगता, जब भी कोई आता है आप इसी फटी तहमद में सबसे मिलते हैं।" बिस्मिल्ला खाँ मुस्कुराकर प्यार से बोले कि उन्हें यह भारतरत्न उनकी शहनाई पर मिला है, न कि उस तहमद पर।

26. बिस्मिल्ला खाँ भौतिक सुख के लिए धन-दौलत बटोर सकते थे, किंतु उन्होंने ऐसा न करके संगीत की साधना के साथ-साथ सरल ढंग से जीवन-यापन किया। कैसे?

उत्तर विश्व प्रसिद्ध शहनाई वादक बिस्मिल्ला खाँ अपनी कला के बल पर बेशुमार धन-दौलत बटोर सकते थे, किंतु उन्होंने ऐसा न करके सरल ढंग से जीवन व्यतीत किया। भारतरत्न से सम्मानित होने के बावजूद उन्हें फटी तहमद पहनने में तनिक भी संकोच नहीं होता था। वे ईश्वर से भी धन-दौलत न माँगकर सुर दान करने की प्रार्थना करते थे।

इसी प्रकार, उन्होंने कभी भी काशी छोड़कर कहीं और बसने का प्रयास नहीं किया। उनके लिए जीवन में काशी और शहनाई से बढ़कर कोई जन्नत नहीं थी। दुनिया उनकी कला की प्रशंसा करती थी, तो वह सभी प्रशंसाओं को ईश्वर को अर्पित कर देते थे। उनमें यह सरलता अंतिम समय तक बनी रही।

27. काशी की कौन-सी दो बातें एक-दूसरे की पूरक रही हैं? **CBSE 2012**

उत्तर काशी सांस्कृतिक और ऐतिहासिक नगरी है। यहाँ हिंदू-मुसलमान एक परिवार की तरह एकता के सूत्र में बँधकर साथ-साथ रहते हैं। पाँचों वक्त नमाज़ पढ़ने वाले शहनाई वादक बिस्मिल्ला खाँ को अपने धर्म के साथ-साथ गंगा मइया, बाबा विश्वनाथ व बालाजी से भी विशेष लगाव था। काशी में बाबा विश्वनाथ और उस्ताद बिस्मिल्ला खाँ साहब एक-दूसरे के पूरक रहे हैं। इसी प्रकार, मुहर्रम-ताज़िया और होली-अबीर, गुलाल की गंगा-जमुनी संस्कृति भी एक-दूसरे के पूरक रहे हैं।

28. काशी के विषय में सबसे बड़ी बात क्या है?

उत्तर काशी के विषय में सबसे बड़ी बात यह है कि काशी के पास उस्ताद बिस्मिल्ला खाँ जैसा लय और सुर की तमीज़ सिखाने वाला एक ऐसा नायाब हीरा रहा है, जो हमेशा से दो कौमों (धर्मों) को एक होने व आपस में भाईचारे के साथ रहने की प्रेरणा देता रहा है।

29. 'नौबतखाने में इबादत' पाठ में किस प्रसिद्ध संगीतज्ञ की चर्चा की गई है? उनके स्वभाव और कार्यकलापों से सांप्रदायिक सद्भाव के क्षेत्र में हमें क्या शिक्षा मिलती है? लिखिए। **CBSE 2016, 13**

उत्तर प्रस्तुत पाठ में विश्व प्रसिद्ध शहनाई वादक उस्ताद बिस्मिल्ला खाँ की चर्चा की गई है। उनके स्वभाव और कार्यकलापों से हमें सांप्रदायिक सौहार्द तथा आपस में भाईचारे के साथ रहने की प्रेरणा मिलती है।

वे अपने मज़हब के साथ-साथ अन्य धर्मों का भी सम्मान करते थे। इसके अतिरिक्त, हमें उनके व्यक्तित्व से सादगी, विनम्रता तथा निरंतर सीखते रहने की प्रेरणा भी मिलती है।

30. आपके विचार से कौन-सी विशेषताएँ कलाकार को महानतम बनाती हैं? 'नौबतखाने में इबादत' पाठ के आधार पर स्पष्ट कीजिए। **CBSE 2016, 13**

उत्तर हमारे विचार से कलाकार को उसके गुण महानतम बनाते हैं। कला ईश्वर प्रदत्त होती है, परंतु एक महानतम कलाकार बनने के लिए निरंतर कठोर परिश्रम अनिवार्य है। चरित्र व रहन-सहन में सादगी, विनम्रता, कला के प्रति अनन्य भाव से समर्पण तथा मिलनसार व्यवहार भी एक महानतम कलाकार की विशेषताएँ हैं।

स्व-मूल्यांकन

पाठ पर आधारित बहुविकल्पीय प्रश्न

निम्नलिखित प्रश्नों के सर्वाधिक उपयुक्त विकल्पों का चयन कीजिए

1. बिस्मिल्ला खाँ की चारित्रिक विशेषता क्या है?

(i) वे एक सच्चे कला प्रेमी थे।
(ii) वे अपने धर्म एवं परंपरा के प्रति निष्ठावान थे।
(iii) वे भावुक स्वभाव के व्यक्ति थे।
(iv) उपर्युक्त सभी

2. **कथन (क)** काशी संगीत की थापों पर जागती और सोती है।
कथन (ख) बिस्मिल्ला खाँ घर की छत पर रियाज किया करते थे।
कथन (ग) काशी के संकटमोचन मंदिर में जन्माष्टमी के अवसर पर संगीत का आयोजन होता है। **दक्षता आधारित प्रश्न**

उपर्युक्त कथनों के लिए सही विकल्प का चयन कीजिए

(i) कथन (क) सही है, किंतु (ख) और (ग) गलत हैं।
(ii) कथन (क) गलत है, किंतु (ख) और (ग) सही हैं।
(iii) कथन (क), (ख) सही हैं, किंतु (ग) गलत है।
(iv) कथन (क), (ख) और (ग) तीनों सही हैं।

3. 'नौबतखाने में इबादत' पाठ में **दक्षता आधारित प्रश्न**

(i) नैतिकता पूर्ण जीवन जीने का संदेश दिया गया है।
(ii) ईमानदारी का जीवन जीने का संदेश दिया गया है।
(iii) सादगीपूर्ण जीवन जीने का संदेश दिया गया है।
(iv) भेद-भावपूर्ण जीवन जीने का संदेश दिया गया है।

गद्यांश पर आधारित बहुविकल्पीय प्रश्न

निम्नलिखित गद्यांश को पढ़कर प्रश्नों के सर्वाधिक उपयुक्त विकल्पों का चयन कीजिए

1. काशी संस्कृति की पाठशाला है। शास्त्रों में आनंदकानन के नाम से प्रतिष्ठित। काशी में कलाधर हनुमान व नृत्य-विश्वनाथ हैं। काशी में बिस्मिल्ला खाँ हैं। काशी में हजारों सालों का इतिहास है जिसमें पंडित कंठे महाराज हैं, विद्याधरी है बड़े रामदास जी हैं, मौजुद्दीन खाँ है व इन रसिकों से उपकृत होने वाला अपार जन-समूह है। यह एक अलग काशी है जिसकी अलग तहजीब है, अपनी बोली और अपने विशिष्ट लोग हैं। इनके अपने उत्सव हैं, अपना गम। अपना सेहरा-बन्ना और अपना नौहा। आप यहाँ संगीत को भक्ति से, भक्ति को किसी भी धर्म के कलाकार से,कजरी को चैती से, विश्वनाथ को विशालाक्षी से, बिस्मिल्ला खाँ को गंगाद्वार से अलग करके नहीं देख सकते।

(क) काशी को संस्कृति की पाठशाला कहा गया है

(i) काशी में कलाधर हनुमान व नृत्य विश्वनाथ हैं।
(ii) यह भारतीय संस्कृति की धरोहर है।
(iii) यहाँ भारतीय संस्कृति से जुड़े हुए लोग हुए हैं।
(iv) उपर्युक्त सभी

(ख) लेखक ने काशी के लोगों की क्या पहचान बताई है?

(i) काशी के लोग शिष्ट होते हैं।
(ii) काशी के लोग विशिष्ट बोली बोलते हैं।
(iii) (i) और (ii) दोनों
(iv) काशी में लोग हिंदू होते हैं।

(ग) गद्यांश के अनुसार सेहरा-बन्ना और नौहा ……… बजाए जाते हैं।

(i) उत्सव एवं गम के अवसर पर (ii) प्रतिदिन
(iii) विशेष दिन (iv) इनमें से कोई नहीं

(घ) प्रस्तुत गद्यांश में किस महान विभूति का उल्लेख हुआ है?

(i) रामदास (ii) मौजुद्दीन खाँ
(iii) पंडित कंठ महाराज (iv) ये सभी

(ङ) काशी की सांस्कृतिक विरासत को अक्षुण्ण रखने में किसने विशेष योगदान दिया?

(i) काशी के विशिष्ट लोगों ने (ii) हिंदू धर्म ने
(iii) मुस्लिम धर्म ने (iv) बिस्मिल्ला खाँ ने

विषयवस्तु पर आधारित प्रश्न

निम्नलिखित प्रश्नों के उत्तर संक्षेप में दीजिए

I. "मंदिर के विग्रहों को पता नहीं कितनी समझ है?" पाठ में यह बात किस संदर्भ में कही गई है? **दक्षता आधारित प्रश्न**

II. रसूलन बाई और बतूलनबाई सिद्धहस्त गायिका थीं। 'नौबतखाने में इबादत' पाठ के आधार पर सिद्ध कीजिए।

III. रसूलनबाई एवं बतूलनबाई के माध्यम से खाँ साहब का परिचय गायन की किन-किन शैलियों से हुआ? **दक्षता आधारित प्रश्न**

IV. तानसेन ने अपनी बंदिश में किन-किन वाद्य यंत्रों का वर्णन किया है? उस बंदिश का स्रोत भी बताइए।

V. खाँ साहब की पसंदीदा अदाकारा कौन थी? उसका नाम लेने का उन पर क्या असर होता था?

संस्कृति

भदंत आनंद कौसल्यायन

अध्याय 12

पाठ की रूपरेखा

'संस्कृति' नामक पाठ में लेखक ने सभ्यता और संस्कृति के अंतर को स्पष्ट किया है। साथ ही यह बताने का भी प्रयास किया है कि सभ्यता संस्कृति का ही परिणाम है, किंतु कुछ लोग संस्कृति के नाम पर समाज में भ्रम फैला रहे हैं।

लेखक को संस्कृति का बँटवारा करने वालों पर आश्चर्य होता है। जो मनुष्य के लिए कल्याणकारी नहीं है, वह न सभ्यता है और न संस्कृति। लेखक ने माना है कि मानव संस्कृति अविभाज्य वस्तु है।

लेखक परिचय

भदंत आनंद कौसल्यायन का जन्म 5 जनवरी, 1905 को पंजाब के अंबाला जिले के सोहाना गाँव में हुआ था। इनके बचपन का नाम हरनाम दास था। इन्होंने नेशनल कॉलिज, लाहौर से स्नातक किया और लाहौर में ही रहते हुए उर्दू में लेखन कार्य भी किया। कौसल्यायन जी ने स्वतंत्रता संग्राम में भी सक्रिय भूमिका निभाई। इन्हें वर्धा में लंबे समय तक गाँधीजी के साथ रहने का सुअवसर प्राप्त हुआ। कौसल्यायन संस्कृत, पाली, हिंदी, अंग्रेजी भाषाओं पर समान अधिकार रखते थे। ये श्रीलंका के विद्यालंकार विश्वविद्यालय में हिंदी के विभागाध्यक्ष भी रहे।

इनकी 20 से भी अधिक पुस्तकें प्रकाशित हैं, जिनमें भिक्षु के पत्र, जो भूल न सका, आह! ऐसी दरिद्रता, यदि बाबा ना होते, बहानेबाज़ी, कहाँ क्या देखा, रेल का टिकट, जो लिखना पड़ा, देश की मिट्‌टी बुलाती है, मनुस्मृति क्यों जलाई, राम कहानी राम की जुबानी, दर्शन : वेद से मार्क्स तक, बौद्ध धर्म एक बुद्धिवादी अध्ययन इत्यादि इनकी प्रसिद्ध पुस्तकें हैं। इन्होंने त्रिपिटक का हिंदी में अनुवाद भी किया। 'वाचस्पति' की उपाधि से विभूषित इस महान् बौद्ध भिक्षु का 22 जून, 1988 को नागपुर में महापरिनिर्वाण हो गया।

पाठ का सार

सभ्यता और संस्कृति

सभ्यता और संस्कृति दो ऐसे शब्द हैं, जिनका उपयोग सबसे अधिक होता है, लेकिन ये सबसे कम समझ में आते हैं। स्थिति तब और भी विकट हो जाती है जब इनके साथ अनेक विशेषणों का प्रयोग किया जाता है। लेखक ने इन शब्दों के अंतर को समझाने के लिए दो उदाहरण दिए हैं। पहला उदाहरण है—अग्नि के आविष्कार का और दूसरा सुई-धागे का।

अग्नि व सुई-धागे के द्वारा सभ्यता व संस्कृति को समझना

जब मानव का अग्नि से परिचय नहीं हुआ था, उस समय जिस व्यक्ति ने सबसे पहले अग्नि का आविष्कार किया होगा, वह बहुत बड़ा आविष्कर्ता रहा होगा। इसी प्रकार वह व्यक्ति भी बहुत बड़ा आविष्कर्ता रहा होगा, जिसने यह कल्पना की होगी कि लोहे के एक टुकड़े को घिसकर, उसके एक सिरे को छेदकर और उसमें धागा पिरोकर कपड़े के दो टुकड़े एक साथ जोड़े जा सकते हैं। वह योग्यता, प्रवृत्ति अथवा प्रेरणा जिसके बल पर आग व सुई-धागे का आविष्कार हुआ, वह व्यक्ति विशेष की संस्कृति है, जबकि उस संस्कृति द्वारा जो आविष्कार हुआ, अर्थात् जो चीज उसने अपने तथा दूसरों के लिए आविष्कृत की उसे सभ्यता कहा जा सकता है।

संस्कृति और सभ्यता में अंतर

एक सुसंस्कृत व्यक्ति किसी नई चीज की खोज करता है, किंतु उसकी संतान को खोज की गई वह चीज अपने पूर्वज से अपने आप मिल जाती है। इस संतान को सभ्य तो कहा जा सकता है, किंतु सुसंस्कृत नहीं।

उदाहरण के लिए, न्यूटन ने गुरुत्वाकर्षण के सिद्धांत का आविष्कार किया था, किंतु आज के युग के भौतिक विज्ञान के विद्यार्थी को गुरुत्वाकर्षण के अतिरिक्त कई अन्य बातों का भी ज्ञान है, जिनसे शायद न्यूटन अपरिचित ही रहे हों। आज के विद्यार्थी को न्यूटन से अधिक सभ्य तो कह सकते हैं, किंतु न्यूटन जितना सुसंस्कृत नहीं कह सकते।

सर्वस्व त्याग भी संस्कृति का हिस्सा

अग्नि अथवा सुई-धागे के आविष्कार में कदाचित पेट की भूख तथा शरीर को बचाने व सजाने की प्रवृत्ति प्रेरणा का एक कारण रही होगी। सचमुच सभ्यता का एक बड़ा अंश हमें ऐसे सुसंस्कृत व्यक्तियों से मिलता है, जिनकी चेतना पर स्थूल भौतिक कारणों का प्रभाव प्रधान

रहा है, किंतु उसका कुछ अंश निश्चय ही उन मनीषियों से प्राप्त हुआ है जिन्हें तथ्य विशेष की प्राप्ति भौतिक कारणों को छोड़कर अपने अंदर की सहज चेतना से प्राप्त हुई है। उदाहरणार्थ—आज वह व्यक्ति जिसका पेट भरा हुआ है और तन ढँका है, जब वह खुले आकाश के नीचे सोया हुआ रात के जगमगाते हुए तारों को देखता है तो उसे केवल इसलिए नींद नहीं आती, क्योंकि वह यह जानने के लिए परेशान होता है कि यह मोती भरा थाल (तारों से भरा आकाश) आखिर क्या है? इस दृष्टि से रात के तारों को देखकर न सो पाने वाला मनीषी हमारे आज के ज्ञान का प्रथम पुरस्कर्ता था।

केवल भौतिक प्रेरणा, ज्ञानेप्सा (ज्ञान प्राप्त करने की प्रबल आकांक्षा) ही मानव संस्कृति के माता-पिता नहीं हैं, जो योग्यता किसी व्यक्ति या किसी महामानव से सर्वस्व त्याग करवाती है, वह भी संस्कृति है। जो दूसरों के मुँह में कौर (टुकड़ा) डालने के लिए अपने मुँह के कौर को छोड़ देता है रोगी बच्चे को सारी रात गोद में लिए बैठी माता का बैठे रहना इसी चेतना से प्रेरित होता है।

रूस का भाग्यविधाता लेनिन अपनी डैस्क में रखे हुए डबल रोटी के सूखे टुकड़ों को स्वयं न खाकर दूसरों को खिला दिया करता था। संसार के मजदूरों को सुखी देखने का स्वप्न देखने वाले कार्ल मार्क्स ने अपना सारा जीवन दु:खों में बिता दिया। आज से ढाई हजार साल पहले सिद्धार्थ ने अपना घर केवल इसलिए त्याग दिया था कि किसी तरह अधिक पाने का लालच करने वाले व लड़ने वाले मनुष्य आपस में सुख शांति से रह सकें।

संस्कृति का परिणाम है सभ्यता

मानव की जो योग्यता आग व सुई-धागे का आविष्कार, तारों की जानकारी और किसी महामानव से सर्वस्व त्याग कराती है—वह संस्कृति है। सभ्यता हमारी संस्कृति का परिणाम है। हमारे खाने-पीने, ओढ़ने-पहनने के तरीके, हमारे गमनागमन (आने-जाने) के साधन, आपस में हानि पहुँचाने के तरीके आदि सभी सभ्यता हैं।

असंस्कृति व असभ्यता

मानव हित में काम न करने वाली संस्कृति का नाम, असंस्कृति है। जिन साधनों के बल पर वह दिन-रात आत्म-विनाश में जुटा रहता है, वह असभ्यता है।

यदि संस्कृति का नाता कल्याण की भावना से टूट जाएगा, तो वह असंस्कृति बन जाएगी, जिसका परिणाम असभ्यता ही होगा। वास्तव में, संस्कृति के नाम पर जिस कूड़े-करकट के ढेर का बोध होता है, वह न संस्कृति है और न रक्षा करने योग्य वस्तु। मानव संस्कृति कभी न बँटने वाली वस्तु है। इसका कल्याणकारी अंश अकल्याणकारी अंश की तुलना में सदा श्रेष्ठ और स्थायी है।

शब्दार्थ

शब्द	अर्थ
भौतिक	पंचभूत निर्मित/सांसारिक
आध्यात्मिक	आत्मा—परमात्मा से संबंधित
अग्नि	आग
साक्षात्	प्रत्यक्ष/आँखों के सामने
आविष्कर्ता	आविष्कार करने वाला
प्रवृत्ति	मन का किसी विषय की ओर झुकाव
परिष्कृत	जिसका परिष्कार किया गया हो/शुद्ध किया हुआ
अनायास	बिना प्रयास के/सुगमता से
गुरुत्वाकर्षण	पृथ्वी के द्वारा किसी वस्तु को अपने केंद्र की ओर खींचना
सिद्धांत	सत्य के रूप में ग्रहण किया गया निश्चित मत
अपरिचित	अनजान
कदाचित	कभी/शायद
शीतोष्ण	ठंडा और गरम
जननी	माता
निठल्ला	बेकार/अकर्मण्य
अंश	भाग
स्थूल	मूर्त
मनीषी	विद्वान/ विचारशील
पुरस्कर्ता	प्रारंभ करने वाला
ज्ञानेप्सा	ज्ञान प्राप्त करने की प्रबल आकांक्षा
कौर	ग्रास/टुकड़ा
भाग्यविधाता	भाग्य बनाने वाला
तृष्णा	प्यास/लोभ
वशीभूत	अधीन
परिणाम	नतीजा/फल
गमनागमन	यातायात/आना—जाना
अवश्यंभावी	जिसका होना निश्चित हो/अनिवार्य
रक्षणीय	रक्षा करने योग्य
प्रज्ञा	बुद्धि/विवेक
मैत्री	मित्रता
दलबंदी	दल अथवा गुट बनाना एवं उसका संगठन करना
अविभाज्य	अखंडित
श्रेष्ठ	सर्वोत्कृष्ट

NCERT फोल्डर

पाठ्यपुस्तक (क्षितिज भाग-2) के प्रश्नोत्तर

प्र.1 लेखक की दृष्टि में 'सभ्यता' और 'संस्कृति' की सही समझ अब तक क्यों नहीं बन पाई है? **CBSE 2013, 12**

उत्तर लेखक की दृष्टि में 'सभ्यता' और 'संस्कृति' शब्दों की सही समझ अब तक इसलिए नहीं बन पाई है, क्योंकि हम इन दोनों बातों को एक ही समझते हैं या एक-दूसरे में मिला लेते हैं। इन दोनों शब्दों के साथ अनेक विशेषण लगा देने से इनका अर्थ और अस्पष्ट हो जाता है। यह जानना आवश्यक है कि क्या यह एक चीज है अथवा दो चीजें हैं? और यदि दो हैं तो दोनों में अंतर क्या है? तभी सही बात समझ में आएगी।

प्र.2 आग की खोज एक बहुत बड़ी खोज क्यों मानी जाती है? इस खोज के पीछे रही प्रेरणा के मुख्य स्रोत क्या रहे होंगे? **CBSE 2015, 14, 13, 08**

अथवा **'संस्कृति' पाठ में लेखक ने आग की खोज को मानव-जीवन की शैली को परिवर्तित करने वाली और महान क्यों कहा है?** **CBSE 2014**

अथवा **मानव की आरंभिक खोजों यथा आग, पहिया आदि की खोज के पीछे क्या प्रेरणा रही होगी?' संस्कृति' पाठ के आधार पर लिखिए।** **CBSE 2024**

उत्तर आग की खोज मनुष्य की सबसे बड़ी आवश्यकता की पूर्ति करती है। इसने सभ्यता को नई दिशा दी है। आज सांस्कृतिक कार्यक्रमों से पहले दीप जलाया जाता है और खेलों में मशाल जलाई जाती है। आग की खोज के पीछे पेट की ज्वाला की प्रेरणा रही होगी। आग से चूल्हा जलाकर पेट की ज्वाला को शांत किया गया होगा। प्रकाश तथा गर्मी पाने की प्रेरणा भी मिली होगी। जब मांस को भूनकर खाने से स्वाद और स्वास्थ्य दोनों मिला, तब मनुष्य ने भोजन पकाना सीख लिया और वह पशुओं की श्रेणी से अलग नजर आने लगा। अत: आग की खोज मानव-जीवन की एक महान खोज है।

प्र.3 वास्तविक अर्थों में 'संस्कृत व्यक्ति' किसे कहा जा सकता है? **CBSE 2013, 12, 11**

अथवा **सच्चे अर्थों में 'संस्कृत व्यक्ति' किसे कहा जाता है? संस्कृति पाठ के आधार पर तर्क सहित लिखिए।** **CBSE SQP 2023**

उत्तर जो व्यक्ति अपनी बुद्धि और विवेक से समाज को किसी नए तथ्य से अवगत कराता है और अनुसंधान करता है, वह व्यक्ति ही वास्तविक अर्थों में संस्कृत व्यक्ति है। ऐसा व्यक्ति नए-नए आविष्कार करता है; जैसे—न्यूटन ने गुरुत्वाकर्षण का सिद्धांत खोजा। वह वास्तविक अर्थों में संस्कृत व्यक्ति है।

प्र.4 न्यूटन को संस्कृत मानव कहने के पीछे कौन-से तर्क दिए गए हैं? न्यूटन द्वारा प्रतिपादित सिद्धांतों एवं ज्ञान की कई दूसरी बारीकियों को जानने वाले लोग भी न्यूटन की तरह संस्कृत नहीं कहला सकते, क्यों? **दक्षता आधारित प्रश्न**

उत्तर संस्कृत मानव कहलाने के पीछे यह तर्क दिया गया है कि संस्कृत मानव वही है, जो नई खोजें करता है। किसी सिद्धांत को परिमार्जित या परिष्कृत करने वाले को संस्कृत मानव नहीं कहा जा सकता, क्योंकि वह पूर्व आविष्कृत सिद्धांत को ही आगे बढ़ा रहा है।

न्यूटन ने गुरुत्वाकर्षण के सिद्धांत का आविष्कार किया था, जो उनसे पहले किसी ने नहीं किया था। न्यूटन के सिद्धांत की कोई कितनी ही बारीकियाँ क्यों न जान ले, परंतु संस्कृत मानव कहलाने का अधिकारी उस सिद्धांत को प्रतिपादित करने वाला ही होगा इसलिए अन्य व्यक्ति न्यूटन से अधिक सभ्य हो सकते हैं, लेकिन संस्कृत नहीं।

प्र.5 किन महत्त्वपूर्ण आवश्यकताओं की पूर्ति के लिए सुई-धागे का आविष्कार हुआ होगा? **CBSE 2013, 12**

अथवा **सुई-धागे का आविष्कार किस आवश्यकता की पूर्ति के लिए हुआ होगा?** **CBSE Diksha**

उत्तर सुई-धागे का आविष्कार कपड़े सिलकर अपने तन को ढँककर स्वयं को सर्दी-गर्मी से बचाने के लिए हुआ होगा। इससे पूर्व मनुष्य जैसे-तैसे वृक्ष की छाल या पत्तों से तन को ढँकता था, किंतु उससे शरीर की रक्षा ठीक से नहीं हो पाती थी। अत: जब उसने सुई-धागे की खोज कर ली, तो उसके हाथ बहुत बड़ी तकनीक लग गई। शरीर की रक्षा और उसे सजाने की प्रवृत्ति को संतुष्ट करने के लिए आज भी लोग इस तकनीक का भरपूर उपयोग करते हैं।

प्र.6 "मानव संस्कृति एक अविभाज्य वस्तु है।" किन्हीं दो प्रसंगों का उल्लेख कीजिए, जब-

(क) मानव संस्कृति को विभाजित करने की चेष्टाएँ की गईं।

(ख) मानव संस्कृति ने अपने एक होने का प्रमाण दिया। **CBSE 2016, 12**

उत्तर (क) मानव संस्कृति एक है, लेकिन कई बार इसे धर्म-संप्रदाय आदि के आधार पर बाँटने की चेष्टाएँ की गईं; जैसे—भूतपूर्व प्रधानमंत्री श्रीमती इंदिरा गाँधी की हत्या के बाद देशभर में सिख विरोधी दंगों को फैलाकर हिंदू और सिख धर्मों को बाँटने की कोशिश की गई थी। इसी प्रकार, गोधरा में हुए हिंदू-मुस्लिम दंगों में भी मानव संस्कृति के अविभाज्य स्वरूप को हानि पहुँचाने की कोशिश की गई थी।

(ख) 'त्याग' संस्कृति का महान् गुण है, जिसे विश्वभर में हिंदू, मुस्लिम, सिख, ईसाई इत्यादि सभी धर्मों के लोग अपनाते हैं।

उदाहरण-कार्ल मार्क्स ने संसार के सभी मज़दूरों को सुखी देखने के लिए अपना सारा जीवन दु:खों एवं अभावों में बिता दिया। सिद्धार्थ (महात्मा बुद्ध) ने अपना घर केवल इसलिए त्याग दिया कि अधिक पाने की लालसा करने वाले व एक दूसरे को हानि पहुँचाने वाले मनुष्य सुखी रह सकें।

रसखान ने कृष्ण का गुणगान किया, तो बिस्मिल्ला खाँ ने बालाजी का आशीर्वाद लिया। इसी भाँति करोड़ों हिंदुओं द्वारा अजमेर शरीफ़ जाकर चिश्ती की दरगाह पर चादर चढ़ाया जाना भी मानव संस्कृति की अखंडता को प्रदर्शित करता है।

प्र.7 आशय स्पष्ट कीजिए

"मानव की जो योग्यता उससे आत्म-विनाश के साधनों का आविष्कार कराती है, हम उसे उसकी संस्कृति कहें या असंस्कृति?" **CBSE 2015**

उत्तर मनुष्य अपनी जिस प्रतिभा के आधार पर अपने अस्तित्व के समूल नाश हेतु विनाशकारी आविष्कार करता है, हम उसे संस्कृति नहीं कह सकते। यह तो असंस्कृति ही कही जा सकती है, जो मानवता विरोधी कार्यों को संपन्न करती है। इस प्रकार संस्कृति में केवल सकारात्मक पहलुओं का ही समावेश है, नकारात्मक का नहीं।

रचना और अभिव्यक्ति

प्र.8 **लेखक ने अपने दृष्टिकोण से सभ्यता और संस्कृति की एक परिभाषा दी है। आप सभ्यता और संस्कृति के बारे में क्या सोचते हैं, लिखिए।**

उत्तर मेरी सोच यह कहती है कि विचार एवं चिंतन की प्रकृति की विशेषता ही संस्कृति है। वह सूक्ष्म गुण है, वह हमारे मन और बुद्धि का गुण है, जो हमारी भाषा और प्रतिक्रियाओं में व्यक्त होती है।

दूसरे शब्दों में संस्कार संस्कृति के मूर्त रूप हैं। सभ्यता इसी संस्कृति का परिणाम है।

संस्कृति मन के भावों का परिष्कृत रूप है। इसमें परोपकार, सहिष्णुता तथा धैर्य का समावेश होता है। सभ्यता से हमारे रहन-सहन, खान-पान एवं वेशभूषा का परिचय मिलता है। इस प्रकार, संस्कृति आंतरिक वस्तु है, जबकि सभ्यता बाह्य।

भाषा अध्ययन

प्र.9 निम्नलिखित सामासिक पदों का विग्रह करके समास का भेद भी लिखिए।

गलत-सलत	आत्म-विनाश	महामानव
पद-दलित	हिंदू-मुस्लिम	यथोचित
सप्तर्षि	सुलोचना	

उत्तर

समस्त पद	विग्रह	समास
गलत-सलत	गलत ही गलत	अव्ययीभाव
आत्म-विनाश	स्वयं का विनाश	तत्पुरुष
महामानव	महान् है जो मानव	कर्मधारय
पद-दलित	पद से दलित	तत्पुरुष
हिंदू-मुस्लिम	हिंदू और मुस्लिम	द्वंद्व
यथोचित	जैसा उचित हो	अव्ययीभाव
सप्तर्षि	सप्त ऋषियों का समूह	द्विगु
सुलोचना	अच्छे नेत्रों वाली (सुंदरी)	कर्मधारय

पाठेतर सक्रियता

प्र.10 **"स्थूल भौतिक कारण ही आविष्कारों का आधार नहीं है।" विषय पर वाद-विवाद प्रतियोगिता का आयोजन कीजिए।**

उत्तर कक्षा में पक्ष-विपक्ष के आधार पर विद्यार्थियों को दो गुटों में बाँटकर इसका आयोजन कीजिए।

प्र.11 **उन खोजों और आविष्कारों की सूची तैयार कीजिए जो आपकी नजर में बहुत महत्त्वपूर्ण हैं।**

उत्तर विद्यार्थी स्वयं करें।

अभ्यास प्रश्न

बहुविकल्पीय व वर्णनात्मक प्रश्नों सहित

पाठ पर आधारित बहुविकल्पीय प्रश्न

निम्नलिखित प्रश्नों के सर्वाधिक उपयुक्त विकल्पों का चयन कीजिए

1. **लेखक के अनुसार सबसे कम समझ आने वाले किंतु सबसे अधिक उपयोग में आने वाले शब्द हैं** **CBSE Diksha**

(i) सभ्यता और समाज (ii) समाज और संस्कृति
(iii) संस्कृति और परंपरा (iv) सभ्यता और संस्कृति

2. **कथन** (A) सभ्यता साधन है जबकि संस्कृति साध्य है।
कारण (R) सभ्यता बताती है कि 'हमारे पास क्या है!' और संस्कृति बताती है कि 'हम क्या हैं!' **CBSE SQP (Additional Set) 2023**

(i) कथन (A) तथा कारण (R) दोनों गलत हैं।
(ii) कथन (A) गलत है, किंतु कारण (R) सही है।
(iii) कथन (A) सही है और कारण (R) उसकी सही व्याख्या है।
(iv) कथन (A) सही है, किंतु कारण (R) उसकी गलत व्याख्या है।

3. **मनुष्य की किस खोज ने सभ्यता को नई दिशा दी है?** **दक्षता आधारित प्रश्न**

(i) रेडियो की खोज
(ii) कंप्यूटर की खोज
(iii) आग की खोज
(iv) मोबाइल की खोज

4. **लेखक के अनुसार, कैसा व्यक्ति नए-नए आविष्कार करता है?**

(i) सुसंस्कृत व्यक्ति
(ii) अपव्ययी व्यक्ति
(iii) असभ्य व्यक्ति
(iv) स्वार्थी व्यक्ति

5. **लेखक के अनुसार, संस्कृति के किस गुण को सभी धर्मों के लोग अपनाते हैं?**

(i) बँटवारा (ii) त्याग (iii) ईर्ष्यालु (iv) विलासी

6. निम्नलिखित कथन कारण को ध्यानपूर्वक पढ़िए उसके बाद दिए गए विकल्पों में से कोई एक सही विकल्प चुनकर लिखिए

कथन (A) किसी सिद्धांत को परिमार्जित करने वाले को संस्कृत मानव नहीं कहा जा सकता।

कारण (R) मनुष्य पूर्व आविष्कृत सिद्धांत को ही आगे बढ़ा रहा है।

(i) कथन (A) तथा कारण (R) दोनों सही है तथा कारण (R) कथन (A) की सही व्याख्या करता है।
(ii) कथन (A) गलत है, लेकिन कारण (R) सही है।
(iii) कथन (A) तथा कारण (R) दोनों गलत हैं।
(iv) कथन (A) सही है, लेकिन कारण (R) उसकी गलत व्याख्या करता है।

7. संस्कृत व्यक्ति की संतान को संस्कृत नहीं माना जाता, क्योंकि........। **दक्षता आधारित प्रश्न**

(i) उन्हें अधिक परिश्रम करना पड़ा है।
(ii) उन्हें इसके लिए नई खोज करनी पड़ती है।
(iii) उन्हें वह खोज अपने पूर्वजों से प्राप्त हुई है।
(iv) उन्हें वह अनायास ही प्राप्त नहीं हुई है।

8. आत्म-विनाश शब्द में कौन-सा समास है?

(i) अव्ययीभाव समास (ii) तत्पुरुष समास
(iii) द्वन्द्व समास (iv) कर्मधारय समास

9. मजदूरों के लिए अपना सारा जीवन किसने दु:ख में बिता दिया? **CBSE Diksha**

(i) बराक ओबामा ने (ii) कार्ल मार्क्स ने
(iii) हिटलर ने (iv) नेपोलियन ने

10. आग के आविष्कार की प्रेरणा रही है **CBSE Diksha**

(i) पेट की ज्वाला
(ii) हृदय की ज्वाला
(iii) ईर्ष्या की ज्वाला
(iv) संताप की ज्वाला

11. मानव की जो योग्यता उसे आत्म-विनाश की ओर ले जाती है, वह है **CBSE 2023**

(i) संस्कृति (ii) असंस्कृति
(iii) सभ्यता (iv) असभ्यता

उत्तर 1. (iv) सभ्यता और संस्कृति
2. (iii) कथन (A) सही है और कारण (R) उसकी सही व्याख्या है।
3. (iii) आग की खोज
4. (i) सुसंस्कृत व्यक्ति
5. (ii) त्याग
6. (i) कथन (A) तथा कारण (R) दोनों सही है तथा कारण (R) कथन (A) की सही व्याख्या करता है।
7. (iii) उन्हें वह खोज अपने पूर्वजों से प्राप्त हुई है।
8. (ii) तत्पुरुष समास
9. (ii) कार्ल मार्क्स ने
10. (i) पेट की ज्वाला
11. (ii) असंस्कृति

गद्यांश पर आधारित बहुविकल्पीय प्रश्न

निम्नलिखित गद्यांशों को ध्यानपूर्वक पढ़कर उन पर पूछे गए प्रश्नों के लिए सही उत्तर का चयन कीजिए

1. जो शब्द सबसे कम समझ में आते हैं और जिनका उपयोग होता है सबसे अधिक; ऐसे दो शब्द हैं सभ्यता और संस्कृति।
इन दो शब्दों के साथ जब अनेक विशेषण लग जाते हैं, उदाहरण के लिए जैसे भौतिक-सभ्यता और आध्यात्मिक-सभ्यता, तब दोनों शब्दों का जो थोड़ा बहुत अर्थ समझ में आया रहता है, वह भी गलत-सलत हो जाता है। क्या यह एक ही चीज़ है अथवा दो वस्तुएँ? यदि दो हैं तो दोनों में क्या अंतर है? हम इसे अपने तरीके पर समझने की कोशिश करें।
कल्पना कीजिए उस समय की जब मानव समाज का अग्नि देवता से साक्षात् नहीं हुआ था। आज तो घर-घर चूल्हा जलता है। जिस आदमी ने पहले पहल आग का आविष्कार किया होगा, वह कितना बड़ा आविष्कर्ता होगा! अथवा कल्पना कीजिए उस समय की जब मानव को सुई-धागे का परिचय न था, जिस मनुष्य के दिमाग में पहले-पहल बात आई होगी कि लोहे के एक टुकड़े को घिसकर उसके एक सिरे को छेदकर और छेद में धागा पिरोकर कपड़े के दो टुकड़े एक साथ जोड़े जा सकते हैं, वह भी कितना बड़ा आविष्कर्ता रहा होगा।

(क) निम्न में से कौन-सा कथन सही हैं? **दक्षता आधारित प्रश्न**
(i) गद्यांश में मानव समाज का वर्णन किया है।
(ii) मनुष्य ने आग को घिसकर प्रयोग किया है।
(iii) गद्यांश में सभ्यता व संस्कृति के तत्त्वों को बताया है।
(iv) गद्यांश में आग व सुई-धागे के उदाहरण से सभ्यता व संस्कृति के अंतर को बताया है।

(ख) लेखक के अनुसार, मानव का किससे परिचय नहीं हुआ था?
(i) जल से (ii) वायु से
(iii) अग्नि से (iv) ईश्वर से

(ग) लेखक के अनुसार, किसके टुकड़े को घिसकर उसके सिरे को छेदकर उसमे धागा पिरोया जाता है? **दक्षता आधारित प्रश्न**
(i) लोहे के (ii) लकड़ी के
(iii) सोने के (iv) पीतल के

(घ) लेखक ने गद्यांश में किसके आविष्कार का उदाहरण दिया है?
(i) पानी और मिट्टी (ii) मोबाइल और टी.वी.
(iii) आग और सुई (iv) कंप्यूटर और रेडियो

(ङ) भौतिक शब्द का अर्थ है
(i) सांसारिक (ii) मन की प्रवृत्ति
(iii) आध्यात्मिक (iv) अधीनता

उत्तर (क) (iv) गद्यांश में आग व सुई-धागे के उदाहरण से सभ्यता व संस्कृति के अंतर को बताया है।
(ख) (iii) अग्नि से
(ग) (i) लोहे के
(घ) (iii) आग और सुई
(ङ) (i) सांसारिक

2. पहले उदाहरण में एक चीज़ है किसी व्यक्ति विशेष की आग का आविष्कार कर सकने की शक्ति और दूसरी चीज़ है आग का आविष्कार। इसी प्रकार दूसरे सुई-धागे के उदाहरण में एक चीज़ है सुई-धागे का आविष्कार कर सकने की शक्ति और दूसरी चीज़ है सुई-धागे का आविष्कार।

जिस योग्यता, प्रवृत्ति अथवा प्रेरणा के बल पर आग का व सुई-धागे का आविष्कार हुआ, वह है व्यक्ति विशेष की संस्कृति; और उस संस्कृति द्वारा जो आविष्कार हुआ, जो चीज़ उसने अपने तथा दूसरों के लिए आविष्कृत की, उसका नाम है सभ्यता। जिस व्यक्ति में पहली चीज़, जितनी अधिक व जैसी परिष्कृत मात्रा में होगी, वह व्यक्ति उतना ही अधिक व वैसा ही परिष्कृत आविष्कर्ता होगा।

(क) आविष्कार मनुष्य द्वारा किए गए किन प्रयासों का प्रतिफल होता है?
(i) नकारात्मक (ii) सकारात्मक
(iii) शून्य (iv) इनमें से कोई नहीं

(ख) लेखक के अनुसार, जीवन में किसका विशेष महत्त्व है?
(i) योग्यता (ii) प्रवृत्ति
(iii) प्रेरणा (iv) ये सभी

(ग) निम्न में आग शब्द के पर्यायवाची हैं
(i) समीर (ii) सुधा
(iii) व्योम (iv) कृशानु

(घ) **कथन (क)** वह योग्यता, प्रवृत्ति अथवा प्रेरणा जिसके बल पर आग व सुई धागे का आविष्कार हुआ है वह व्यक्ति विशेष की संस्कृति है।
कथन (ख) संस्कृति द्वारा जो आविष्कार हुआ है, उसे सभ्यता कहा जाता है।
कथन (ग) सभ्यता और भौतिकता ऐसे शब्द हैं जिनका उपयोग सबसे कम होता है। दक्षता आधारित प्रश्न
उपर्युक्त कथनों के लिए सही विकल्प का चयन कीजिए
(i) कथन (क) सही है, किंतु (ख) और (ग) गलत हैं।
(ii) कथन (क) गलत है, किंतु (ख) और (ग) सही हैं।
(iii) कथन (क) और (ख) सही हैं, किंतु (ग) गलत है।
(iv) कथन (क), (ख) और (ग) तीनों सही हैं।

(ङ) आग व सुई धागे का आविष्कार किसके परिणामस्वरूप हो पाया है?
(i) भक्तिभावना
(ii) मानवीय चेतना
(iii) शक्ति
(iv) (ii) और (iii) दोनों

उत्तर (क) (ii) सकारात्मक
(ख) (iv) ये सभी
(ग) (iv) कृशानु
(घ) (iii) कथन (क) और (ख) सही है, किंतु (ग) गलत है।
(ङ) (iv) (ii) और (iii) दोनों

3. एक संस्कृत व्यक्ति किसी नई चीज़ की खोज करता है; किंतु उसकी संतान को वह अपने पूर्वज से अनायास ही प्राप्त हो जाती है। जिस व्यक्ति की बुद्धि ने अथवा उसके विवेक ने किसी भी नए तथ्य का दर्शन किया, वह व्यक्ति ही वास्तविक संस्कृत व्यक्ति है और उसकी संतान जिसे अपने पूर्वज से वह वस्तु अनायास ही प्राप्त हो गई है, वह अपने पूर्वज की भाँति सभ्य भले ही बन जाए, संस्कृत नहीं कहला सकता।

एक आधुनिक उदाहरण लें। न्यूटन ने गुरुत्वाकर्षण के सिद्धांत का आविष्कार किया। वह संस्कृत मानव था। आज के युग का भौतिक विज्ञान का विद्यार्थी न्यूटन के गुरुत्वाकर्षण से तो परिचित है ही; लेकिन उसके साथ उसे और भी अनेक बातों का ज्ञान प्राप्त है, जिनसे शायद न्यूटन अपरिचित ही रहा। ऐसा होने पर भी हम आज के भौतिक विज्ञान के विद्यार्थी को न्यूटन की अपेक्षा अधिक सभ्य भले ही कह सकें; पर न्यूटन जितना संस्कृत नहीं कह सकते।

(क) वह व्यक्ति ही वास्तविक .... कहलाता है, जिसकी बुद्धि अथवा विवेक ने किसी नए तथ्य का दर्शन किया है।
(i) सभ्य व्यक्ति (ii) असभ्य व्यक्ति
(iii) संस्कृत व्यक्ति (iv) अशिक्षित व्यक्ति

(ख) कौन सुसंस्कृत नहीं कहलाता है?
(i) जिसे अनायास वस्तु प्राप्त हो जाए
(ii) अत्यधिक मेहनत करने वाला
(iii) कष्टों को सहन करने वाला
(iv) उपर्युक्त में से कोई नहीं

(ग) गुरुत्वाकर्षण के सिद्धांत का आविष्कार किसने किया?
(i) न्यूटन ने (ii) जयप्रसाद ने
(iii) भंदत आनंद कौसल्यायन ने (iv) रामधारी सिंह दिनकर ने

(घ) **कथन (क)** आज के युग के भौतिक विज्ञान के विद्यार्थी को गुरुत्वाकर्षण के अतिरिक्त कई अन्य बातों का भी ज्ञान है।
कथन (ख) आज के विद्यार्थी को न्यूटन के बराबर असंस्कृत नहीं कह सकते।
कथन (ग) आज के विद्यार्थियों का नाम इतिहास में लिखा जाता है। दक्षता आधारित प्रश्न
उपर्युक्त कथनों के लिए सही विकल्प का चयन कीजिए
(i) कथन (क) सही है, किंतु (ख) और (ग) गलत हैं।
(ii) कथन (क) गलत है, किंतु (ख) और (ग) सही हैं।
(iii) कथन (क) और (ख) सही है, किंतु (ग) गलत है।
(iv) कथन (क), (ख) और (ग) तीनों सही हैं।

(ङ) भौतिक विज्ञान के विद्यार्थी को किसके समान संस्कृत नहीं कह सकते?
(i) न्यूटन (ii) लेनिन
(iii) राजेन्द्र प्रसाद (iv) लेखक

उत्तर (क) (iii) संस्कृत व्यक्ति
(ख) (i) जिसे अनायास वस्तु प्राप्त हो जाए
(ग) (i) न्यूटन ने
(घ) (iii) कथन (क) और (ख) सही है, किंतु (ग) गलत है।
(ङ) (i) न्यूटन

4. आग के आविष्कार में कदाचित पेट की ज्वाला की प्रेरणा एक कारण रही। सुई-धागे के आविष्कार में शायद शीतोष्ण से बचने तथा शरीर को सजाने की प्रवृत्ति का विशेष हाथ रहा। अब कल्पना कीजिए उस आदमी की जिसका पेट भरा है, जिसका तन ढँका है, लेकिन जब वह खुले आकाश के नीचे सोया हुआ रात के जगमगाते तारों को देखता है, तो उसको केवल इसलिए नींद नहीं आती, क्योंकि वह यह जानने के लिए परेशान है कि आखिर यह मोती भरा थाल क्या है?

पेट भरने और तन ढँकने की इच्छा मनुष्य की संस्कृति की जननी नहीं है। पेट भरा और तन ढँका होने पर भी ऐसा मानव जो वास्तव में संस्कृत है, निठल्ला नहीं बैठ सकता। हमारी सभ्यता का एक बड़ा अंश हमें ऐसे संस्कृत आदमियों से ही मिला है, जिनकी चेतना पर स्थूल भौतिक कारणों का प्रभाव प्रधान रहा है, किंतु उसका कुछ हिस्सा हमें मनीषियों से भी मिला है। जिन्होंने तथ्य-विशेष को किसी भौतिक प्रेरणा के वशीभूत होकर नहीं, बल्कि उनके अपने अंदर की सहज संस्कृति के ही कारण प्राप्त किया है। रात के तारों को देखकर न सो सकने वाला मनीषी हमारे आज के ज्ञान का ऐसा ही प्रथम पुरस्कर्ता था। **CBSE 2016**

(क) लेखक ने 'मोती भरा थाल' का प्रयोग किसके लिए किया है?
(i) मोर के लिए
(ii) तारों से भरे आकाश के लिए
(iii) पेड़ों पर लदे फलों के लिए
(iv) जंगल के जानवरों के लिए

(ख) किसके कारण मानव कल्याण के उपायों को अपनी योग्यता से खोजने का प्रयास करता है?
(i) सभ्यता के कारण
(ii) संस्कृति के कारण
(iii) लालची प्रवृत्ति के कारण
(iv) उपरोक्त में से कोई नहीं

(ग) गद्यांश के आधार पर आवश्यकता किसकी जननी है?
(i) धन संपदा (ii) वेश-भूषा
(iii) साहित्य (iv) आविष्कार

(घ) निम्नलिखित कथन कारण को ध्यानपूर्वक पढ़िए उसके बाद दिए गए विकल्पों में से कोई एक सही विकल्प चुनकर लिखिए
कथन (A) मनुष्य की संस्कृति की जननी केवल पेट भरना व तन ढकना नहीं हैं।
कारण (R) भोजन व वस्त्र से परिपूर्ण होने पर भी सुसंस्कृत मानव बेकार नहीं बैठता। **दक्षता आधारित प्रश्न**
(i) कथन (A) तथा कारण (R) दोनों सही है तथा कारण (R) कथन (A) की सही व्याख्या करता है।
(ii) कथन (A) गलत है, लेकिन कारण (R) सही है।
(iii) कथन (A) तथा कारण (R) दोनों गलत हैं।
(iv) कथन (A) सही है, लेकिन कारण (R) उसकी गलत व्याख्या करता है।

(ङ) स्थूल का अर्थ है
(i) अमूर्त (ii) मूर्त
(iii) विद्वान (iv) टुकड़ा

उत्तर (क) (ii) तारों से भरे आकाश के लिए
(ख) (ii) संस्कृति के कारण
(ग) (iv) आविष्कार
(घ) (i) कथन (A) तथा कारण (R) दोनों सही है तथा कारण (R) कथन (A) की सही व्याख्या करता है।
(ङ) (ii) मूर्त

5. भौतिक प्रेरणा, ज्ञानेप्सा-क्या ये दो ही मानव संस्कृति के माता-पिता हैं? दूसरे के मुँह में कौर डालने के लिए जो अपने मुँह का कौर छोड़ देता है, उसको यह बात क्यों और कैसे सूझती है? रोगी बच्चे को सारी रात गोद में लिए जो माता बैठी रहती है, वह आख़िर ऐसा क्यों करती है? सुनते हैं कि रूस का भाग्यविधाता लेनिन अपनी डैस्क में रखे हुए डबल रोटी के सूखे टुकड़े स्वयं न खाकर दूसरों को खिला दिया करता था। वह आख़िर ऐसा क्यों करता था?

संसार के मज़दूरों को सुखी देखने का स्वप्न देखते हुए कार्ल मार्क्स ने अपना सारा जीवन दुःख में बिता दिया और इन सब से बढ़कर आज नहीं, आज से ढाई हज़ार वर्ष पूर्व सिद्धार्थ ने अपना घर केवल इसलिए त्याग दिया कि किसी तरह तृष्णा के वशीभूत लड़ती-कटती मानवता सुख से रह सके।

(क) भौतिक प्रेरणा, ज्ञानेप्सा मानव संस्कृति के क्या हैं?
(i) भाई-बहन (ii) माता-पिता
(iii) सगे-संबंधी (iv) साधु-संत

(ख) रूस का भाग्यविधाता कौन है?
(i) कार्ल मार्क्स (ii) डेविड
(iii) लेनिन (iv) डॉ. राजेन्द्र प्रसाद

(ग) सिद्धार्थ का परम लक्ष्य क्या था?
(i) अत्याचार करना
(ii) मानवता का उत्थान करना
(iii) अपनी इच्छाओं को पूरी करना
(iv) अधिक धनवान बनना

(घ) निम्नलिखित कथन कारण को ध्यानपूर्वक पढ़िए उसके बाद दिए गए विकल्पों में से कोई एक सही विकल्प चुनकर लिखिए
कथन (A) लेनिन अपनी डेस्क में रखे हुए डबल रोटी के सूखे टुकड़ों को स्वयं न खाकर दूसरों को खिला दिया करता था।
कारण (R) सभ्यता का एक बड़ा अंश हमें सुसंस्कृत व्यक्तियों से मिलता है। **दक्षता आधारित प्रश्न**
(i) कथन (A) तथा कारण (R) दोनों सही है तथा कारण कथन की सही व्याख्या करता है।
(ii) कथन (A) गलत है लेकिन कारण (R) सही है।
(iii) कथन (A) तथा कारण (R) दोनों गलत है।
(iv) कथन (A) सही है, लेकिन कारण (R) उसकी गलत व्याख्या करता है।

(ङ) लेखक के अनुसार, संसार के मजदूरों को सुखी देखने का स्वप्न किसका था?
(i) न्यूटन (ii) राजीव गाँधी
(iii) कार्ल मार्क्स (iv) नरेंद्र मोदी

उत्तर (क) (ii) माता-पिता

(ख) (iii) लेनिन

(ग) (ii) मानवता का उत्थान करना

(घ) (iv) कथन (A) सही है, लेकिन कारण (R) उसकी गलत व्याख्या करता है।

(ङ) (iii) कार्ल मार्क्स

विषयवस्तु पर आधारित प्रश्नोत्तर

निम्नलिखित प्रश्नों के उत्तर संक्षेप में दीजिए

1. जिस आदमी ने पहले पहले आग का आविष्कार किया, उसे लेखक ने आविष्कर्ता क्यों कहा है?

उत्तर आज आग की मदद से हम स्वादिष्ट खाना पका पाते हैं। कई कठोर वस्तुओं को गलाकर उन्हें नए-नए आकार देते हैं। इसका सहज ही अनुमान लगाया जा सकता है कि आग के आविष्कार से पूर्व का जीवन पशुवत् व कितना कष्टकारी रहा होगा। आग के आविष्कार ने मानव को पशु से अलग कर दिया, यही कारण है कि सबसे पहले जिस व्यक्ति ने आग का आविष्कार किया, उसे लेखक ने आविष्कर्ता कहा है।

2. लोहे के एक टुकड़े को घिसकर उसके एक सिरे को छेदकर उस छेद में धागा पिरोने को एक आविष्कार किस प्रकार कहा जा सकता है? दक्षता आधारित प्रश्न

उत्तर आज मानव के पास सुविधा के सभी साधन उपलब्ध हैं। पहले लोहे के टुकड़े को घिसकर उसके एक छेद में धागा पिरोना मनुष्य के लिए कितना मुश्किल रहा होगा, इस बात की कल्पना ही की जा सकती है। सबसे महत्त्वपूर्ण बात तो यह है कि उस व्यक्ति के दिमाग में यह विचार किस प्रकार आया और उसने इसकी मदद से धागा पिरोकर कपड़े के दो सिरों को जोड़ने की बात कैसे सोच ली। इस कार्य को किसी आविष्कार से कम नहीं कहा जा सकता।

3. आग और सुई-धागे के आविष्कार से पहले मनुष्य जीवन कैसे बिताता होगा? दक्षता आधारित प्रश्न

उत्तर आग और सुई-धागे के आविष्कार से पहले मनुष्य का जीवन बहुत कष्टकारी रहा होगा। वह रात में अँधेरे में रहता होगा, उसे जंगली जानवरों और कीड़ों आदि से अपनी रक्षा करने में बहुत कठिनाई होती होगी। कच्चा मांस और अन्न आदि खाकर वह पशु के समान अपना पेट तो भर लेता होगा, किंतु उसे खाद्य पदार्थों के स्वाद का मजा नहीं मिल पाता होगा। इसी प्रकार सुई-धागे के बिना वह दो चीजों को जोड़ने की कल्पना भी नहीं कर सकता होगा।

4. लेखक के अनुसार संस्कृति क्या है? संस्कृति की परिभाषा के आधार पर सांस्कृतिक विरासत किसे कहा जा सकता है? CBSE SQP (Additional Set) 2023

उत्तर लेखक के अनुसार मनुष्य जिस योग्यता, प्रवृत्ति या प्रेरणा के बल पर नए तथ्यों या विचारों की खोज करता है जैसे आग या सुई धागे का आविष्कार, वह संस्कृति है। जो संस्कृति हम पूर्वजों से (अनायास ही) प्राप्त करते हैं, उसे सांस्कृतिक विरासत कहते हैं।

5. आग व सुई-धागे के आविष्कार में संस्कृति क्या है?

उत्तर आग व सुई-धागे का आविष्कार व्यक्ति विशेष की जिस योग्यता, प्रवृत्ति अथवा प्रेरणा के बल पर हुआ है; वही योग्यता, प्रवृत्ति अथवा प्रेरणा संस्कृति है और इसी संस्कृति के द्वारा आविष्कार की गई वस्तुएँ—आग व सुई-धागे सभ्यता के उदाहरण हैं।

6. लेखक ने आग और सुई-धागों के आविष्कारों से क्या स्पष्ट किया है? 'संस्कृति' पाठ के आधार पर उत्तर दीजिए। CBSE 2016, 15

अथवा **"सभ्यता संस्कृति का परिणाम है।" पाठ के आधार पर स्पष्ट कीजिए।**

अथवा **लेखक के अनुसार सभ्यता और संस्कृति क्या है?** CBSE Diksha

उत्तर 'संस्कृति' पाठ के लेखक ने आग और सुई-धागे के आविष्कारों के माध्यम से सभ्यता और संस्कृति की अवधारणा को स्पष्ट करने का प्रयास किया है। लेखक के अनुसार आग अथवा सुई-धागे का आविष्कार करने वाली योग्यता, प्रवृत्ति अथवा प्रेरणा संबद्ध व्यक्ति विशेष की संस्कृति है, जबकि उसके द्वारा आविष्कृत वस्तु आग और सुई-धागा सभ्यता है। इस प्रकार लेखक ने सभ्यता को संस्कृति का परिणाम माना है।

7. आग व सुई-धागे के आविष्कार में सभ्यता क्या है? दक्षता आधारित प्रश्न

उत्तर सभ्यता संस्कृति का परिणाम है। संस्कृति व्यक्ति विशेष की योग्यता, प्रवृत्ति या प्रेरणा है, जिसके सहारे वह नए-नए तथ्यों को गढ़ता है, तथा विभिन्न प्रकार के आविष्कार करता है। अन्य आविष्कारों की तरह आग व सुई-धागे का आविष्कार भी संस्कृति की ही देन है, जिसके परिणामस्वरूप हम इनका उपयोग कर अपने जीवन को सुगम व सुखद बनाते हैं। अत: मानव द्वारा आग व सुई-धागे का उपयोग किया जाना सभ्यता का उदाहरण है।

8. 'संस्कृति' पाठ के अनुसार, आदमी के पहले आविष्कार क्या थे तथा मानव के लिए उनकी क्या उपयोगिता थी? CBSE 2012

उत्तर 'संस्कृति' पाठ के अनुसार, आदमी के पहले आविष्कार आग और सुई-धागा रहे होंगे। प्रारंभिक मानव के लिए इन आविष्कारों की बहुत अधिक उपयोगिता थी। इन्हीं आविष्कारों के परिणामस्वरूप मनुष्य ने भौतिक सुख-समृद्धि तथा विकास की ओर अपने कदम बढ़ाए। आग ने उसे पके हुए भोजन का स्वाद दिया, तो सुई-धागे ने वस्त्रों का निर्माण किया और उसके शरीर को प्रतिकूल कारकों से बचाने में सहायता की। धीरे-धीरे इन्हीं आविष्कारों से प्रेरणा पाकर उसने अपने जीवन को और भी सुगम और सुखमय बनाने वाले आविष्कार किए।

9. 'संस्कृति' पाठ में खुले आकाश के नीचे सोए पेट भरे और तन ढँके हुए व्यक्ति को नींद न आने का क्या कारण बताया गया है? दक्षता आधारित प्रश्न

उत्तर लेखक के अनुसार खुले आकाश के नीचे सोए पेट भरे और तन ढँके हुए व्यक्ति को नींद न आने का यह कारण हो सकता है कि वह इस बात को जानने के लिए परेशान हो कि आखिर यह मोती भरा थाल (तारों से भरा आकाश) क्या है? अत: उसके अंदर प्रकृति के अनजान तथ्यों को जानने की भूख ही उसे सोने नहीं दे रही और यह भूख व्यक्ति के अंदर की सहज संस्कृति के परिणामस्वरूप है।

10. केवल पेट भरने और तन ढँकने की इच्छा ही मनुष्य की संस्कृति की जननी क्यों नहीं है? **दक्षता आधारित प्रश्न**

उत्तर केवल पेट भरने और तन ढँकने की इच्छा ही मनुष्य की संस्कृति की जननी इसलिए नहीं है, क्योंकि भोजन व वस्त्र से तृप्त होने पर भी ऐसा मानव जो वास्तव में संस्कृत है, बेकार और निठल्ला नहीं बैठ सकता। वह अपने अंदर की सहज संस्कृति के कारण ज्ञानेप्सा व मानव कल्याण से जुड़े तथ्यों को अपनी योग्यता व प्रवृत्ति के बल पर खोज निकालने का प्रयास करेगा।

रात में तारों भरे आकाश के नीचे भरपेट भोजन किए और वस्त्रों से तन को ढके हुए व्यक्ति द्वारा केवल इस चिंता में न सो पाना कि आखिर यह मोती भरा थाल है क्या, संस्कृतिजन्य व्याकुलता ही है। इसके अतिरिक्त सर्वस्व त्याग की भावना भी मानव संस्कृति को जन्म देती है।

11. रात के तारों को देखकर न सोने वाले मनीषी को प्रथम पुरस्कर्ता क्यों कहा गया है? 'संस्कृति' पाठ के आधार पर उत्तर दीजिए। **CBSE 2016**

उत्तर 'संस्कृति' पाठ में एक ऐसे व्यक्ति की कल्पना की गई है जो भरपेट खाना खाकर और तन पर वस्त्र धारण कर तारों भरे आकाश के नीचे लेटा हुआ है, पर उसे बार-बार एक ही प्रश्न परेशान कर रहा है कि आखिर यह मोती भरा थाल है क्या?

वह इस प्रश्न का उत्तर जानने के लिए इतना व्याकुल रहता है कि उसे रातभर नींद नहीं आ पाती। लेखक ने रात के तारों को देखकर न सो पाने वाले उस मनीषी (मुनि) को प्रथम पुरस्कर्ता माना है, क्योंकि उसी की खोज के बाद आज आकाश के ग्रह-तारों के बारे में बहुत-सी जानकारियाँ जुटाई जा सकी हैं।

12. पाठ के आधार पर बताइए कि हमारी सभ्यता का एक बड़ा अंश हमें कैसे व्यक्तियों से मिला है? **दक्षता आधारित प्रश्न**

उत्तर हमारी सभ्यता का एक बड़ा अंश हमें ऐसे व्यक्तियों से मिला है, जिनकी चेतना पर मुख्य रूप से स्थूल भौतिक कारणों का ही प्रभाव रहा है। यहाँ स्थूल भौतिक कारण से तात्पर्य है मनुष्य की मूलभूत आवश्यताओं; जैसे—रोटी, कपड़ा और मकान से जुड़े हुए कारण। आग व सुई-धागे के आविष्कार के पीछे भी स्थूल भौतिक कारण ही प्रधान रहे हैं, क्योंकि ये आविष्कार भौतिक प्रेरणाजन्य हैं।

13. संसार में ज्ञान का प्रथम आविष्कारक किसे कहा जा सकता है और क्यों? 'संस्कृति' पाठ के आधार पर स्पष्ट कीजिए। **CBSE 2013**

उत्तर 'संस्कृति' पाठ के आधार पर संसार में ज्ञान का प्रथम आविष्कारक उसे कहा जा सकता है, जिसने किसी तथ्य अथवा वस्तु की खोज अपने अंदर की सहज प्रवृत्ति और संस्कृति के कारण की है, न की भौतिक प्रेरणा तथा कारकों के प्रभाव के कारण।

उसके कार्यों के पीछे कोई भौतिक प्रलोभन, स्वार्थ तथा अकल्याणकारी भावना नहीं होती। उदाहरणार्थ पेट भरा हुआ और अपने तन पर वस्त्र धारण किया हुआ वह व्यक्ति जो तारों भरे आकाश के नीचे इस चिंता में न सो पाया हो कि आखिर यह मोती भरा थाल है क्या, तो वह ज्ञान का प्रथम आविष्कारक है।

14. 'संस्कृति' निबंध में मानव की ज्ञान पाने की इच्छा और भौतिक प्रेरणा को किन उदाहरणों द्वारा स्पष्ट किया गया है? **CBSE 2014, 13**

उत्तर 'संस्कृति' निबंध में मानव की ज्ञान पाने की इच्छा उसकी उस प्रवृत्ति को माना है, जिसके प्रभावस्वरूप वह निठल्ला नहीं बैठ सकता। इसके लिए लेखक ने रात में तारों को देखकर न सो सकने वाले मनीषी का उदाहरण दिया है, जो इस चिंता में है कि आखिर यह मोतियों से भरा थाल है क्या? इसी प्रकार, भौतिक प्रेरणा को स्पष्ट करने के लिए लेखक ने आग और सुई-धागे के आविष्कार का उदाहरण दिया है।

15. 'संस्कृति' पाठ के आधार पर लिखिए कि मानव संस्कृति के वास्तविक जन्मदाता कौन हैं? उदाहरण सहित स्पष्ट कीजिए। **CBSE 2012**

अथवा **'संस्कृति' पाठ में लेखक ने मानव संस्कृति के जन्मदाता किसे कहा है?** **CBSE 2014**

उत्तर प्रस्तुत पाठ के आधार पर मानव संस्कृति के वास्तविक जन्मदाता भौतिक प्रेरणा, ज्ञानेप्सा तथा सर्वस्व त्याग की भावना है। आग और सुई-धागे के आविष्कार की प्रेरणा भौतिक है, चाँद-तारों के रहस्यों को जानना ज्ञानेप्सा तथा कल्याण की भावना के वशीभूत होकर लेनिन, कार्ल मार्क्स, सिद्धार्थ आदि के सदृश परहित के कार्य करना ही त्याग है।

16. पाठ के आधार पर सिद्ध कीजिए कि भौतिक प्रेरणा और ज्ञानेप्सा के अतिरिक्त अन्य तत्त्व भी मानव संस्कृति के माता-पिता हैं।

उत्तर भौतिक प्रेरणा और ज्ञानेप्सा के अतिरिक्त अन्य तत्त्व भी मानव संस्कृति के माता-पिता हैं। यदि ऐसा न होता तो माता अपने रोगी बच्चे को सारी रात गोद में लिए बैठी न रहती। कार्ल मार्क्स स्वयं दु:खी रहकर मजदूरों को सुखी देखने का स्वप्न न देखता। रूस का भाग्यविधाता लेनिन अपनी डैस्क में रखे हुए डबल रोटी के सूखे टुकड़ों को स्वयं खाता, दूसरों को न खिलाता। आज से ढाई हजार वर्ष पूर्व सिद्धार्थ तृष्णा के वशीभूत होकर लड़ती-कटती मानवता को सुखी करने के लिए अपना घर न त्यागते।

17. कार्ल मार्क्स ने क्या स्वप्न देखा था और उसका जीवन किस प्रकार बीता? **CBSE 2016**

उत्तर कार्ल मार्क्स विश्व का महान चिंतक था। उसने संसार के सारे मजदूरों को सुखी देखने का स्वप्न देखा था। इसी स्वप्न को पूरा करने के लिए उसने अपना सारा जीवन दु:ख में बिता दिया। इस प्रकार, कार्लमार्क्स में भौतिक प्रेरणा व ज्ञानेप्सा से पृथक् मानव कल्याणार्थ सर्वस्व त्याग की भावना से जुड़े सांस्कृतिक तत्त्व विद्यमान थे।

18. लेखक भदंत आनंद कौसल्यायन के अनुसार सिद्धार्थ ने अपना गृह-त्याग किस अपेक्षा से किया था? 'संस्कृति' पाठ के आधार पर लिखिए। **CBSE 2014**

उत्तर लेखक भदंत आनंद कौसल्यायन के अनुसार, अधिक पाने की लालसा में लड़ते-झगड़ते मनुष्यों को सुख देने की अभिलाषा से ही आज से ढाई हजार वर्ष पूर्व सिद्धार्थ (जो आगे चलकर गौतम बुद्ध कहलाए) ने गृह-त्याग किया था। मानवता का उत्थान करना ही उनका परम लक्ष्य था।

19. 'संस्कृति' पाठ के लेखक ने किन उदाहरणों के आधार पर 'संस्कृति' और 'सभ्यता' के स्वरूप को स्पष्ट किया है? किन्हीं तीन का उल्लेख कीजिए। **CBSE 2014, 10**

***अथवा* 'सभ्यता और संस्कृति' की सही समझ के विकास के लिए क्या किया जाना चाहिए। कोई दो उपाय बताइए।** **CBSE SQP (Additional Set) 2023**

उत्तर 'संस्कृति' पाठ में सभ्यता को संस्कृति का परिणाम बताया गया है, पाठ में संस्कृति और सभ्यता के स्वरूप को स्पष्ट करने के लिए दिए गए तीन उदाहरण निम्नलिखित हैं

(i) **आग का आविष्कार** वह योग्यता, प्रवृत्ति अथवा प्रेरणा संस्कृति है जिसके सहारे आग का आविष्कार हुआ है और संस्कृति द्वारा की गई आविष्कृत वस्तु आग की सभ्यता है।

(ii) **सुई-धागे का आविष्कार** वह योग्यता, प्रवृत्ति अथवा प्रेरणा व्यक्ति विशेष की संस्कृति है, जिसके बल पर सुई-धागे का आविष्कार किया गया और संस्कृति जन्य आविष्कृत वस्तु सुई-धागा सभ्यता का उदाहरण है।

(iii) **सिद्धार्थ का गृह-त्याग** सिद्धार्थ अर्थात् गौतम बुद्ध के द्वारा तृष्णा के वशीभूत लड़ती-कटती मानवता को सुख पहुँचाने के लिए किए गए गृह-त्याग की योग्यता अथवा प्रेरणा को संस्कृति तथा उनके द्वारा बताए गए मार्गों पर चलना सभ्यता है।

20. संस्कृति और सभ्यता क्या हैं? एक सभ्य तथा संस्कृत व्यक्ति में क्या अंतर है? पाठ के आधार पर उत्तर दीजिए। **CBSE 2013**

***अथवा* 'संस्कृति' पाठ के लेखक के अनुसार सभ्यता क्या है?** **CBSE 2016**

***अथवा* कौसल्यायन जी के अनुसार सभ्यता के अंतर्गत क्या-क्या समाहित है?** **CBSE 2017**

उत्तर मानव की जो योग्यता आग और सुई-धागे का आविष्कार, तारों की जानकारी तथा किसी महामानव से सर्वस्व (अपना सब कुछ) त्याग कराती है, वह संस्कृति है। जबकि हमारे खाने-पीने के तरीके, हमारे ओढ़ने-पहनने के तरीके, हमारे यातायात के साधन, हमारे लड़ने-झगड़ने के तरीके, यह सब हमारी सभ्यता है।

अपनी बुद्धि अथवा विवेक से किसी नई चीज को गढ़ने अथवा नए तथ्य का दर्शन करने वाला व्यक्ति संस्कृत कहलाता है और अपने पूर्वजों से उन वस्तुओं तथा तथ्यों को अनायास ही प्राप्त करने वाला व्यक्ति सभ्य कहलाता है।

21. संस्कृति का यदि कल्याण की भावना से नाता टूट जाएगा, तो क्या होगा? **दक्षता आधारित प्रश्न**

उत्तर संस्कृति का यदि कल्याण की भावना से नाता टूट जाएगा, तो वह असंस्कृति होकर ही रहेगी और ऐसी संस्कृति का परिणाम असभ्यता के अतिरिक्त और कुछ नहीं होगा। इस प्रकार, संस्कृति की अवधारणा सर्वथा सकारात्मक है। मानव या प्रकृति का विनाश करने की प्रवृत्तियों का इससे कोई संबंध नहीं है।

22. 'संस्कृति' पाठ के आधार पर 'जन-कल्याण' के क्या-क्या कार्य हो सकते हैं? स्पष्ट कीजिए। **CBSE 2013**

उत्तर 'संस्कृति' पाठ के आधार पर हम कह सकते हैं कि जन-कल्याण के अनेक कार्य हो सकते हैं; जैसे—दूसरों को भोजन कराना, समाज के निम्न तथा शोषित वर्ग के उत्थान के लिए प्रयास करना, पूरी मानव-जाति के हितों की रक्षा करना व उसके सुख के लिए प्रयत्न करना, सबके प्रति करुणा का भाव रखना, आपस में मैत्री भाव से रहना आदि।

23. 'संस्कृति' पाठ में संस्कृति-असंस्कृति में क्या अंतर बताया गया है? उदाहरण देकर स्पष्ट कीजिए। **दक्षता आधारित प्रश्न**

उत्तर 'संस्कृति' पाठ में संस्कृति को एक अविभाज्य वस्तु माना गया है। इसमें योग्यता, प्रेरणा, प्रवृत्ति, ज्ञानेप्सा, चिंतन, मनन, करुणा, सर्वस्व त्याग, बलिदान आदि गुणों का समावेश है। इसमें भौतिक प्रेरणा तथा ज्ञानेप्सा के साथ-साथ कल्याण की भावना भी निहित है। किंतु जब संस्कृति में से कल्याण की भावना को निकाल दिया जाता है, तो वह असंस्कृति बन जाती है। जो मनुष्य को विनाश की ओर ले जाती है।

उदाहरणार्थ—आग, सुई-धागे जैसे कल्याणकारी आविष्कार संस्कृति के परिणामस्वरूप हैं, जबकि किसी को कष्ट देने अथवा मारने की नई-नई विधियाँ ढूँढ़ निकालने की प्रवृत्ति असंस्कृति का उदाहरण है।

24. मानव संस्कृति के संदर्भ में आचरण का क्या महत्त्व है? 'संस्कृति' पाठ के आधार पर उत्तर दीजिए। **CBSE 2014**

उत्तर मानव संस्कृति के संदर्भ में आचरण का विशेष महत्त्व है, क्योंकि इसी के आधार पर यह तय होता है कि अमुक व्यक्ति कितना संस्कृत है। यदि व्यक्ति में मानवीय गुणों का समावेश है और वह मानव हित में विशेष तथ्यों की खोज करता है, तो वह संस्कृत है। इसके विपरीत यदि वह अपनी बुद्धि के सहारे मानव विरुद्ध व विनाशक तथ्यों का आविष्कार करता है, तो वह असंस्कृत कहलाता है।

25. 'संस्कृति' पाठ में लेखक ने किन महत्त्वपूर्ण बिंदुओं पर प्रकाश डाला है? **दक्षता आधारित प्रश्न**

***अथवा* 'संस्कृति' पाठ में लेखक ने क्या संदेश देने का प्रयास किया है?**

उत्तर 'संस्कृति' पाठ के माध्यम से लेखक ने संस्कृति और सभ्यता से जुड़े हुए महत्त्वपूर्ण बिंदुओं पर प्रकाश डालते हुए इन शब्दों के व्यापक अर्थ को समझाने की चेष्टा की है। लेखक ने अनेक उदाहरण देकर यह बताने का प्रयास किया है कि संस्कृति और सभ्यता दोनों अलग-अलग वस्तुएँ हैं।

मानव सभ्यता संस्कृति का ही परिणाम है और वह अविभाज्य है। इसे धर्म, जाति, रंग आदि के भेद पर बाँटा नहीं जाना चाहिए। लेखक को संस्कृति का बँटवारा करने वाले लोगों पर आश्चर्य होता है और दुःख भी। जो मनुष्य और मनुष्यता के लिए कल्याणकारी नहीं है, उसे न संस्कृति कहा जा सकता है और न ही सभ्यता।

स्व-मूल्यांकन

पाठ पर आधारित बहुविकल्पीय प्रश्न

निम्नलिखित प्रश्नों के सर्वाधिक उपयुक्त विकल्पों का चयन कीजिए

1. जो योग्यता तारों को जानने को विवश करती है, वह है

(i) सभ्यता (ii) साहित्य
(iii) काव्य (iv) संस्कृति

2. **कथन (क)** हमारे खाने-पीने, ओढ़ने-पहनने के तरीके आदि सभ्यता है।
कथन (ख) हमारे गमनागमन के साधनों की उचित व्यवस्था होनी चाहिए। **दक्षता आधारित प्रश्न**

कथन (ग) मानव को जो योग्यता आग व सुई-धागे का आविष्कार कराती है, वह संस्कृति है।

उपर्युक्त कथनों के लिए सही विकल्प का चयन कीजिए

(i) कथन (क) सही है, किंतु (ख) और (ग) गलत हैं।
(ii) कथन (क) गलत है, किंतु (ख) और (ग) सही हैं।
(iii) कथन (क) और (ख) सही हैं, किंतु (ग) गलत है।
(iv) कथन (क), (ख) और (ग) तीनों सही हैं।

3. संस्कृति का कल्याण की भावना से नाता टूट जाएगा, तो वह क्या कहलाएगी? **दक्षता आधारित प्रश्न**

(i) सभ्यता (ii) असंस्कृति
(iii) पुराण (iv) वेद

गद्यांश पर आधारित बहुविकल्पीय प्रश्न

निम्नलिखित गद्यांश को पढ़कर प्रश्नों के सर्वाधिक उपयुक्त विकल्पों का चयन कीजिए

1. संस्कृति के नाम से जिस कूड़े-करकट के ढेर का बोध होता है, वह न संस्कृति है न रक्षणीय वस्तु। क्षण-क्षण परिवर्तन होने वाले संसार में किसी भी चीज़ को पकड़कर बैठा नहीं जा सकता। मानव ने जब-जब प्रज्ञा और मैत्री भाव से किसी नए तथ्य का दर्शन किया है तो उसने कोई वस्तु नहीं देखी है, जिसकी रक्षा के लिए दलबंदियों की ज़रूरत है। मानव संस्कृति एक अविभाज्य वस्तु है और उसमें जितना अंश कल्याण का है, वह अकल्याणकर की अपेक्षा श्रेष्ठ ही नहीं स्थायी भी है।

(क) मानव की वह योग्यता जो आत्मविनाश के साधनों का आविष्कार कराती है, वह है

(i) सभ्यता
(ii) संस्कृति
(iii) असंस्कृति
(iv) साहित्य

(ख) जिन साधनों के बल पर मानव प्रतिदिन आत्मविनाश में जुटा है, वह है

(i) असंस्कृति (ii) कला
(iii) असभ्यता (iv) प्रतिक्रिया

(ग) दलबंदी का अर्थ है

(i) मित्रता (ii) भाग्य बनाने वाला
(iii) गुट बनाना (iv) विद्वान

(घ) निम्नलिखित कथनों पर विचार कीजिए

1. संस्कृति में विद्यमान कल्याणकारी अंश अकल्याणकारी की अपेक्षा अधिक श्रेष्ठ व स्थायी है।
2. यदि संस्कृति का नाता कल्याण की भावना से टूट जाएगा, तो वह असंस्कृति बन जाएगी।
3. मानव संस्कृति में द्वेष, स्वार्थ, अहित आदि गुण समाहित हैं।

उपर्युक्त कथनों में से कौन-सा/कौन-से कथन सत्य है/हैं? **दक्षता आधारित प्रश्न**

(i) केवल 1 (ii) 1 और 2
(iii) केवल 3 (iv) 1 और 3

(ङ) 'संस्कृति' पाठ में ………।

(i) मानव संस्कृति विभाजित वस्तु है
(ii) मानव संस्कृति एक अविभाज्य वस्तु है
(iii) मानव संस्कृति अवास्तविक वस्तु है
(iv) मानव संस्कृति दयनीय वस्तु है

विषयवस्तु पर आधारित प्रश्न

निम्नलिखित प्रश्नों के उत्तर संक्षेप में दीजिए

I. आग और सुई-धागे की तरह 'पहिये' के आविष्कार के आधार पर सभ्यता व संस्कृति की अवधारणा को स्पष्ट कीजिए।
II. परिष्कृत आविष्कर्ता से क्या तात्पर्य है? 'संस्कृति' पाठ के आधार पर स्पष्ट कीजिए। **दक्षता आधारित प्रश्न**
III. 'संस्कृति' पाठ के आधार पर न्यूटन की देन का उल्लेख कीजिए।
IV. कैसा मानव निठल्ला नहीं बैठ सकता? 'संस्कृति' पाठ के आधार पर कारण स्पष्ट करते हुए उत्तर लिखिए। **दक्षता आधारित प्रश्न**
V. लेखक ने मनीषियों को अन्य व्यक्तियों से किस प्रकार भिन्न माना है?
VI. लेखक ने रोगी बच्चे और माता का उदाहरण किस संदर्भ में दिया है?
VII. संस्कृति और सभ्यता में संबंध स्पष्ट कीजिए।
VIII. असभ्यता का संबंध कैसे साधनों से होता है? **दक्षता आधारित प्रश्न**
IX. 'मानव ने जब-जब प्रज्ञा और मैत्री भाव से किसी नए तथ्य का दर्शन किया है तो उसने कोई वस्तु नहीं देखी है' 'संस्कृति' पाठ के आधार पर इसका आशय स्पष्ट कीजिए।
X. संस्कृति को अविभाज्य वस्तु क्यों माना गया है?

माता का अँचल

शिवपूजन सहाय

अध्याय 1

पाठ की रूपरेखा

'देहाती दुनिया' उपन्यास से लिए गए इस अंश में ग्रामीण संस्कृति की झाँकी को दर्शाया गया है, जिसमें ग्रामीण क्षेत्र के विभिन्न चरित्रों तथा बच्चों के शैशव-काल के अनेक क्रिया-कलापों का अत्यंत मनोहरी ढंग से चित्रण किया गया है।

पाठ में भोलानाथ के चरित्र के माध्यम से माता-पिता का स्नेह और दुलार, बालकों के विभिन्न ग्रामीण खेल, लोकगीत और बच्चों की मस्ती एवं शैतानियों का वर्णन किया गया है। इसमें इस तथ्य को भी स्पष्ट किया गया है कि बच्चे का माँ से अधिक जुड़ाव होता है। भले ही वह अपने पिता के साथ अधिक समय बिताए, किंतु परेशानी के समय उसे माँ का आँचल ही शांति व सुरक्षा का अनुभव कराता है।

लेखक परिचय

आधुनिक हिंदी साहित्य के प्रसिद्ध साहित्यकार शिवपूजन सहाय का जन्म 1893 ई. में उनवाँस गाँव जिला भोजपुर (बिहार) में हुआ था। उनके बचपन का नाम भोलानाथ था। दसवीं की परीक्षा के बाद उन्होंने बनारस की अदालत में नौकरी की, उसके बाद वे अध्यापन कार्य में लग गए। उन्होंने असहयोग आंदोलन में भाग लेने के लिए सरकारी नौकरी छोड़ दी। शिवपूजन सहाय गद्य साहित्य के प्रमुख लेखक हैं। उन्होंने जागरण, हिमालय, माधुरी, बालक आदि पत्रिकाओं का संपादन किया। उनकी प्रमुख कृतियाँ देहाती दुनिया, वे दिन वे लोग, ग्राम सुधार, स्मृतिशेष आदि हैं। उन्होंने अपनी कृतियों में समाज में व्याप्त विडंबनाओं, समस्याओं आदि का चित्रण किया है तथा शोषण के प्रति अपनी आवाज़ उठाई है। उनकी भाषा सरल व सहज है। आँचलिक शब्दों के साथ तत्सम, तद्भव, अंग्रेज़ी आदि भाषाओं के शब्दों का प्रयोग उनकी रचनाओं में मिलता है। शिवपूजन सहाय का निधन वर्ष 1963 में हुआ था।

पाठ का सार

लेखक का अपने पिता से लगाव

लेखक का बचपन में अपने पिता से अत्यधिक लगाव था। लेखक पिता के साथ ही बाहर बैठक में सोता था, पिता के साथ ही उठता-बैठता व खाता-पीता था। इस प्रकार, सारा समय वह अपने पिता के साथ ही व्यतीत करता था। माँ के साथ लेखक का लगाव केवल दूध पीने तक का था। पिताजी सुबह-सुबह लेखक को नहलाकर अपने साथ पूजा में बिठाते थे तथा लेखक के माथे पर भी भभूत लगाते थे। लंबी-लंबी जटाओं तथा माथे पर भभूत का त्रिपुंड लगने से लेखक 'बम-भोला' जैसा लगता था, इसलिए प्यार से पिताजी उसे 'भोलानाथ' कहकर बुलाते थे, जबकि लेखक का नाम 'तारकेश्वरनाथ' था।

पूजा-पाठ के बाद पिताजी अपनी एक 'रामनाम बही' पर हज़ार बार राम-नाम लिखकर पाठ करने की पोथी के साथ बाँधकर रख देते। इसके बाद कागज के टुकड़े पर पाँच सौ बार राम नाम लिखकर आटे की गोलियाँ बनाते और गंगा नदी के किनारे जाकर मछलियों को आटे की गोलियाँ खिलाते और लौटते समय पेड़ की डालियों पर झूला झुलाते।

कभी-कभी बाबूजी और भोलानाथ के बीच कुश्ती भी होती। पिताजी पीठ के बल लेट जाते और भोलानाथ उनकी छाती पर चढ़कर उनकी लंबी-लंबी मूँछें उखाड़ने लगता, तो पिताजी हँसते-हँसते उसके हाथों को मूँछों से छुड़ाकर उन्हें चूम लेते थे। भोलानाथ के पिताजी उसे अपने हाथ से, फूल (एक धातु) के एक कटोरे में दूध और भात मिलाकर खिलाते थे।

माँ के साथ भोलानाथ का संबंध

जब भोलानाथ का पेट भर जाता तो उसके बाद भी माँ थाली में दही-भात मिलाकर तोता, मैना, कबूतर, हंस, मोर आदि के नाम से कौर बनाकर यह कहते हुए खिलाती जाती कि जल्दी खा लो, नहीं तो ये उड़ जाएँगे। भोलानाथ की माँ उसे अचानक पकड़ लेती और

एक चुल्लू कड़वा तेल (सरसों का तेल) उसके सिर पर डालती थी तथा उसकी नाभि और माथे पर काजल की बिंदी लगाकर, उसकी चोटी बनाकर तथा रंगीन कुर्ता पहनाकर कृष्ण-कन्हैया बना देती थी।

बच्चों की शैतानियाँ और खेल

भोलानाथ के घर पर बच्चे तरह-तरह के नाटक खेला करते थे, जिसमें चबूतरे के एक कोने को नाटक घर की तरह प्रयोग किया जाता था। बाबूजी की नहाने की छोटी चौकी को रंगमंच बनाया जाता था। उसी पर मिठाइयों की दुकान, चिलम के खोंचे पर कपड़े के थालों में ढेले के लड्डू, पत्तों की पूरी-कचौरियाँ, गीली मिट्टी की जलेबियाँ, फूटे घड़े के टुकड़ों के बताशे आदि मिठाइयाँ सजाई जातीं थीं। उसमें दुकानदार और खरीदार सभी बच्चे ही होते थे।

थोड़ी देर में मिठाई की दुकान हटाकर बच्चे घरौंदा बनाते थे। धूल की मेड़ दीवार बनती और तिनकों का छप्पर। दातून के खंभे, दियासलाई की पेटियों के किवाड़ आदि। इसी प्रकार के अन्य सामानों से बच्चे ज्योनार (दावत) तैयार करते थे।

बच्चों के खेल में पिता का भाग लेना

जब पंगत (सभी लोगों की पंक्ति) बैठ जाती थी, तब बाबूजी भी धीरे-से आकर जीमने (भोजन करने) के लिए बैठ जाते थे। उनको बैठते देखते ही बच्चे हँसते हुए घरौंदा बिगाड़कर भाग जाते थे। कभी-कभी बच्चे बारात का भी जुलूस निकालते थे, जिसमें कनस्तर का तंबूरा बजता और आम की गुठली को घिसकर शहनाई बजाई जाती थी। बारात के लौट आने पर बाबूजी जैसे ही दुल्हन का मुख निहारने लगते, वैसे ही बच्चे शर्माकर भाग जाते। थोड़ी देर बाद फिर लड़कों की मंडली जुट जाती और खेती करने का नाटक करते।

खेती करने के खेल में चबूतरा ही खेत बन जाता था, सिंचाई का जुगाड़ किया जाता था, दो बच्चे बैल बनकर मोट (चमड़े का बना थैला) खींचते थे। कंकड़ों के बीज बोए जाते थे और थोड़ी ही देर में फसल तैयार करके काट दी जाती थी।

इसी बीच बाबूजी का आकर पूछने पर कि इस साल की खेती कैसी रही भोलानाथ? इस प्रश्न पर बच्चे खेत-खलिहान छोड़कर हँसते हुए भाग जाते थे।

बच्चों द्वारा गुरु मूसन तिवारी को चिढ़ाना

एक दिन बच्चे आम खाने जब बाग में जाते हैं तभी जोर से बारिश होने लगती है व बिजली कौंधने लगती है, बच्चे किसी तरह पेड़ों से चिपककर अपनी जान बचाते हैं। बारिश के रुकते ही बाग में बहुत-से बिच्छू दिखाई देते हैं, जिन्हें देखकर डर से बच्चे वहाँ से भागने लगते हैं। तभी रास्ते में उन्हें मूसन तिवारी मिल जाते हैं। बैजू बहुत ढीठ था, वह उन्हें देखकर चिढ़ाने लगता है—'बुढ़वा बेईमान माँगे करैला का चोखा।' बाकी बच्चे भी बैजू के सुर-में-सुर मिलाकर चिल्लाना शुरू कर देते हैं।

इस पर मूसन तिवारी भड़ककर बच्चों को बुरी तरह खदेड़ना शुरू कर देते हैं। मूसन तिवारी पाठशाला पहुँचकर गुरुजी से बैजू और भोलानाथ की शिकायत करते हैं। गुरुजी चार लड़कों को बैजू और भोलानाथ को पकड़कर लाने का आदेश देते हैं। बैजू भाग जाता है और भोलानाथ को गुरुजी के सामने पेश किया जाता है।

गुरुजी भोलानाथ की अच्छी तरह खबर लेते हैं। बाबूजी को जब यह पता चलता है तो वह पाठशाला आकर गुरुजी की खुशामद करके भोलानाथ को छुड़ाकर अपने साथ ले आते हैं।

रास्ते में भोलानाथ को साथी लड़कों का झुंड मिल जाने पर उन्हें नाचते-गाते देखकर वह अपना रोना-धोना भूलकर बाबूजी की गोद से उतर जाता है तथा लड़कों की मंडली में मिलकर उनके साथ सुर अलापने लगता है।

भोलानाथ और साँप का तमाशा

एक बार बच्चे टीले पर जाकर चूहों के बिल में पानी डालने लगे। तब तक बिल में से एक साँप निकल आया, जिसे देखकर सभी बच्चे रोते-चिल्लाते भागने लगे। भागने या गिरने से भोलानाथ की सारी देह लहूलुहान हो गई। वह दौड़ता हुआ आया और घर में घुस गया। उस समय बाबूजी बैठक के बरामदे में हुक्का गुड़गुड़ा रहे थे। उन्होंने भोलानाथ को बहुत पुकारा, पर भोलानाथ उनकी आवाज़ अनसुनी करके माँ के पास जाकर उसके आँचल में छिप गया।

भोलानाथ को डर से काँपते देखकर माँ ज़ोर से रोने लगी और सब काम छोड़कर झटपट हल्दी पीसकर भोलानाथ के घावों पर लगाने लगी। भोलानाथ के मुँह से डर के कारण 'साँप' तक नहीं निकल पा रहा था। चिंता के मारे माँ का बुरा हाल था। इस बीच बाबूजी ने आकर भोलानाथ को गोद से लेना चाहा, किंतु भोलानाथ ने माँ के आँचल को नहीं छोड़ा।

शब्दार्थ

शब्द	हिंदी अर्थ
खरचे	व्यय
अँचल	आँचल
तड़के	सवेरे
लिलार	ललाट
भभूत	राख
झुँझलाकर	खीज कर
त्रिपुंड	माथे पर लगाए जाने वाला तीन आड़ी रेखाओं का तिलक

शब्द	हिंदी अर्थ
रमाने	लगाने
पोथी	धार्मिक ग्रंथ
विराजमान	उपस्थित
शिथिल	ढीला
पछाड़ना	हराना
उतान	पीठ के बल लेटना
गोरस	दूध
सानना	मिलाना

शब्द	हिंदी अर्थ
ठौर	स्थान
बोघना	भिगो देना
मरदुए	आदमी
महतारी	माता
काठ	लकड़ी
कड़वा तेल	सरसों का तेल
बोथना	लथपथ करना
बाट जोहना	प्रतीक्षा करना
सरकंडा	नुकीली घास
चँदोआ	छोटा शामियाना
मुँहड़े	ऊपर का गोल मुँह
आचमनी	पीने के काम आने वालाा चम्मच जैसा बर्तन
ज्योनार	दावत
पंगत	पंक्ति
जीमने	भोजन करना
तंबूरा	एक प्रकार का वाद्ययंत्र
अमोले	आम का उगता हुआ पौधा

शब्द	हिंदी अर्थ
कुल्हिए	मिट्‌टी का लोटा
ओहार	परदे के लिए डाला हुआ कपड़ा
मोट	चमड़े का बना थैला
कसोरे	मिट्‌टी का बना छिछला कटोरा
बरोही	पथिक
ठिठककर	चौंककर
रहरी	अरहर
छितराई	फैल गई
अँठई	कुत्ते के शरीर में चिपके रहने वाले छोटे कीड़े
बेतहाशा	अत्यधिक जोश से
चिरौरी	विनती
अलापना	बोलना
पराई पीर	दूसरों का दु:ख
छलनी होना	छिल जाना
ओसारा	बरामदा
अमनिया	शुद्ध/साफ़
कुहराम मचाना	हायतौबा करना।

NCERT फोल्डर

पाठ्यपुस्तक (कृतिका भाग-2) के प्रश्नोत्तर

प्र.1 प्रस्तुत पाठ के आधार पर यह कहा जा सकता है कि बच्चे का अपने पिता से अधिक जुड़ाव था, फिर भी विपदा के समय वह पिता के पास न जाकर माँ की शरण लेता है। आपकी समझ से इसकी क्या वजह हो सकती है? CBSE 2012, 11, 10

उत्तर लेखक का अपने पिता से अधिक जुड़ाव था, फिर भी विपदा के समय वह पिता के पास न जाकर माँ की शरण लेता है। मेरी समझ से इसकी निम्नलिखित वजह हो सकती हैं

(i) बच्चा किसी भी परेशानी में हो वह अपनी माँ के साथ रहकर ही सुरक्षित महसूस करता है। माँ के आँचल में उसे दु:खों का पता नहीं चल पाता और वह आराम से रहता है।

(ii) वह भावनात्मक रूप से अपनी माँ से अधिक जुड़ाव महसूस करता है, क्योंकि माँ बच्चे की भावनाओं को अच्छी तरह से समझती है।

(iii) बच्चे चाहे अपने पिता से कितना प्रेम करते हो या पिता अपने बच्चे को कितना भी प्रेम देता हो, परंतु विपदा के समय जो आत्मीय सुख बच्चे को माँ की छाया में प्राप्त होता है वह पिता से प्राप्त नहीं होता। उसे कोमलता, आत्मीयता, ममत्व की भावना माँ से ही प्राप्त होती है।

प्र.2 आपके विचार से भोलानाथ अपने साथियों को देखकर सिसकना क्यों भूल जाता है? CBSE 2012, 11, 10

उत्तर भोलानाथ अपने साथियों को देखकर सिसकना इसलिए भूल जाता है, क्योंकि

(i) बच्चों का स्वभाव होता है कि वह अपनी उम्र के बच्चों के साथ ही खेलना पसंद करते हैं। भोलानाथ को भी अपने साथियों के साथ तरह-तरह के खेल खेलना अच्छा लगता था। अत: वह अपने साथियों की मस्ती देखकर उसी में मग्न हो जाता, जिससे वह सिसकना भूल जाता था।

(ii) दूसरा मनोवैज्ञानिक कारण यह है कि यदि वह अपने साथियों के सामने रोना-सिसकना जारी रखता, तो वे उसकी हँसी उड़ाते और उसे अपने साथ लेकर खेलने के लिए नहीं जाते। इसलिए भोलानाथ अपने साथियों को देखकर सिसकना भूल जाता था।

प्र.3 आपने देखा होगा कि भोलानाथ और उसके साथी जब-तब खेलते-खाते समय किसी-न-किसी प्रकार की तुकबंदी करते हैं। आपको यदि अपने खेलों आदि से जुड़ी तुकबंदी याद हो तो लिखिए।

उत्तर (i) रामजी की चिड़िया, रामजी का खेत,
खाओ मेरी चिड़िया, भर-भर पेट।

(ii) घोड़ा है जमाल साई, पीछे देखो मार खाई।

(iii) आलू कचालू बेटा कहाँ गए थे?

(iv) अक्कड़-बक्कड़ बंबे बौ, अस्सी नब्बे पूरे सौ,
सौ में लगा धागा, चोर निकलकर भागा।

(v) पोशंपा भई पोशंपा, लाल किले में क्या किया?
सौ रुपये की घड़ी चुराई, आठ आने की रबड़ी खाई।

प्र.4 भोलानाथ और उसके साथियो के खेल और खेलने की सामग्री आपके खेल और खेलने की सामग्री से किस प्रकार भिन्न है? CBSE 2012, 11, 10

***अथवा* भोलानाथ और उसके दोस्तों के खेल आज के बच्चों के खेल से किस रूप में भिन्न है? आपको दोनों में से कौन-से खेल अधिक पसंद हैं और क्यों?** CBSE 2024

उत्तर भोलानाथ और उसके साथियो के खेल और खेलने की सामग्री हमारे खेल और खेलने की सामग्री से निम्नलिखित प्रकार से भिन्न है

(i) भोलानाथ और उसके साथियों के खेल सामूहिक रूप से मिल-जुलकर खेले जाते थे। उनके खेलने की सामग्री अधिकतर मिट्टी के खिलौने, लकड़ी, मिट्टी के घड़े के टुकड़े, धूल, पानी, पत्ते और कागज़ आदि होते थे, जो घर की अनुपयोगी वस्तुएँ होती थी। जबकि आज हम प्लास्टिक के आकर्षक खिलौनों से खेलते हैं, जो संगीत की धुन और बोलने की आवाज़ भी निकालते हैं।

(ii) टेलीविज़न के आने से हम कार्टून नेटवर्क, पोगो, डिजनी, निक आदि चैनल देखकर भी अपना मनोरंजन करते हैं। जबकि भोलानाथ अपने साथियों के साथ शारीरिक गतिविधियों वाले खेल खेलते थे।

(iii) आजकल डिजिटल प्रणाली पर आधारित इलेक्ट्रॉनिक खिलौनों द्वारा हम उन्हीं खेल सामग्रियों से खेलते हैं।

(iv) भोलानाथ जैसे बच्चों की खेलने की सामग्री आसानी से बिना पैसे खर्च किए ही प्राप्त हो जाती हैं, जबकि आज के बच्चों की सामग्री बाज़ार से खरीदनी पड़ती है।

प्र.5 पाठ में आए ऐसे प्रसंगों का वर्णन कीजिए जो आपके दिल को छू गए हो?

उत्तर छात्र स्वयं करें।

प्र.6 इस उपन्यास अंश में तीस के दशक की ग्राम्य संस्कृति का चित्रण है। आज की ग्रामीण संस्कृति में आपको किस तरह के परिवर्तन दिखाई देते हैं? दक्षता आधारित प्रश्न

उत्तर तीस के दशक की ग्राम्य संस्कृति में आपसी भाईचारा, सहयोग और आपसी प्रेम था। बच्चे अपने परिवार के सदस्यों के साथ अत्यंत घुले-मिले रहते थे। गाँव में बचपन से खेल-खेल में ही वैसी सभी बातों को सिखाया जाता था जिससे बच्चे बड़े होकर अपने कार्य क्षेत्र में प्रवीण हो सकें और व्यावहारिक भी बन सकें।

आज की ग्रामीण संस्कृति में निम्नलिखित परिवर्तन दिखाई देते हैं

(i) सादगी का स्थान चकाचौंध और बनावटीपन ने ले लिया है। व्यवहार और बातचीत में चालाकी तथा धूर्तता आ गई है।

(ii) सुख-दु:ख में परिवार के सदस्य पहले की तरह एक साथ एकत्र नहीं हो पाते हैं। अब संबंधों में अपनत्व का भाव नहीं रहा।

(iii) घरों में बच्चे अपने सगे-संबंधियों की जगह पर टेलीविज़न, मोबाइल फोन और वीडियो गेम को अधिक महत्त्वपूर्ण मानने लगे हैं।

प्र.7 पाठ पढ़ते-पढ़ते आपको भी अपने माता-पिता का लाड़-प्यार याद आ रहा होगा। अपनी इन भावनाओं को डायरी में अंकित कीजिए। दक्षता आधारित प्रश्न

उत्तर मुझे बचपन के वो दिन याद आ रहे हैं, जब मैं पाँच-छ: साल का था। इतना बड़ा होने पर भी मैं यही कोशिश करता था कि मुझे माँ या पिताजी की गोद मिले। मुझे बचपन की वह घटना भुलाए नहीं भूलती, जब मैं अपने साथियों के साथ घूमता हुआ अपनी कॉलोनी से बाहर चला गया था और वापस आते समय अपने साथियों से अलग होकर रास्ता भूल गया था।

बहुत देर तक मैं अपने घर और माता-पिता को ढूँढता रहा। जब मुझे अपना घर नहीं मिला, तो मैं एक पेड़ के नीचे बैठकर रोने लगा। बहुत देर बाद मुझे पिताजी दिखाई दिए, जो मुझे ढूँढ रहे थे। पिताजी को देखते ही मैं उनकी ओर दौड़ा और उनकी गोद में जाकर छिप गया। पिताजी की आँखों से भी खुशी के आँसू निकलने लगे। कुछ देर बाद मैं घर पर था और माँ मुझे प्यार करती और रोती जा रही थीं।

प्र.8 यहाँ माता-पिता का बच्चे के प्रति जो वात्सल्य व्यक्त हुआ है। उसे अपने शब्दों में लिखिए। दक्षता आधारित प्रश्न

उत्तर निम्नलिखित घटनाएँ माता-पिता के वात्सल्य को व्यक्त करती हैं

(i) भोलानाथ के पिता का सुबह-सवेरे उठकर भोलानाथ को भी नहलाकर अपने साथ पूजा पर बैठा लेना और उसके माथे पर भभूत का तिलक लगा देना। उनका उसे प्यार से 'भोलानाथ' कहकर पुकारना।

(ii) पिताजी द्वारा उसे अपने कंधों पर बिठाकर गंगाजी जाना, खेल-खेल में कुश्ती लड़ना।

(iii) पिताजी द्वारा भोलानाथ को अपने हाथ से, फूल के एक कटोरे में गोरस और भात सानकर खिलाना तथा माँ द्वारा तोता, मैना, कबूतर, हंस, मोर आदि के बनावटी नाम से कौर बनाकर खिलाना, माँ द्वारा भोलानाथ की चोटी गूँथना आदि।

(iv) साँप से डरकर भोलानाथ को काँपते देखकर पिताजी का तेज़ी से उसकी ओर आना तथा माँ का ज़ोर से रो पड़ना।

प्र.9 'माता का अँचल' शीर्षक की उपयुक्तता बताते हुए कोई अन्य शीर्षक दीजिए।

उत्तर किसी भी उपन्यास या कहानी का शीर्षक किसी घटना, पात्र, देश, काल या वातावरण पर आधारित होता है। 'माता का अँचल' शीर्षक भी उपन्यास की घटना पर ही आधारित है। इस कहानी में बालक भोलानाथ का अधिक जुड़ाव पिता के साथ दर्शाया गया है, परंतु जब वह साँप को देख कर डर जाता है तब वह पिता की अपेक्षा माता की गोद में छिपकर ही शांति व सुरक्षा का अनुभव करता है। जो शांति और प्रेम की छाया उसे अपनी माँ की गोद में जाकर मिली वह शायद उसे पिता से प्राप्त नहीं हो पाती। लेखक ने इसीलिए पिता-पुत्र के प्रेम को दर्शाते हुए भी इस कहानी का शीर्षक 'माता का अँचल' रखा है जो कि पूर्णत: उपयुक्त है। इस कहानी के अन्य शीर्षक हो सकते हैं—'माँ की ममता', क्योंकि कहानी में माँ का स्नेह प्रधान है। अत: यह शीर्षक उचित है।

प्र.10 **बच्चे माता-पिता के प्रति अपने प्रेम को कैसे अभिव्यक्त करते हैं?** CBSE 2012, 11, 10

उत्तर बच्चे माता-पिता के प्रति अपने प्रेम को निम्न प्रकार से अभिव्यक्त करते हैं

(i) बच्चे कई बार रूठकर दूर चले जाते हैं और पास नहीं आते, तब माता-पिता को अनुनय-विनय कर उन्हें मनाना पड़ता है।

(ii) बच्चे अपनी माता की गोद में छिप जाते हैं और बाहर निकलने को तैयार ही नहीं होते।

(iii) बच्चे पिताजी की गोद में चढ़ जाते हैं और उनकी छाती से इस प्रकार लिपट जाते हैं कि पिता का कठोर हृदय भी द्रवित हो उठता है।

(iv) बच्चे अपने माता-पिता के गाल पर प्यार करके भी प्रेम को अभिव्यक्त करते हैं।

प्र.11 **इस पाठ में बच्चों की जो दुनिया रची गई है, वह आपके बचपन की दुनिया से किस तरह भिन्न है?** CBSE 2012, 11, 10

उत्तर छात्र स्वयं करें।

प्र.12 **फणीश्वरनाथ रेणु और नागार्जुन की आँचलिक रचनाओं को पढ़िए।**

उत्तर छात्र स्वयं करें।

अभ्यास प्रश्न

वर्णनात्मक प्रश्नों सहित

विषयवस्तु पर आधारित प्रश्नोत्तर

- निम्नलिखित प्रश्नों के उत्तर संक्षेप में दीजिए

1. पाँच सौ बार कागज के छोटे-छोटे टुकड़ों पर राम नाम लिखकर आटे की गोलियों में लपेटते और उन गोलियों को लेकर गंगा जी की ओर चल पड़ते। उस समय भी हम उनके कंधे पर विराजमान रहते थे। ········ एक-एक आटे की गोलियाँ फेंककर मछलियों को खिलाने लगते ········। इन पंक्तियों के आधार पर भोलानाथ के पिता की चार चारित्रिक विशेषताएँ लिखिए। CBSE SQP 2023 (Additional Set)

उत्तर भोलानाथ के पिता की विशेषताएँ इस प्रकार हैं

(i) लेखक के पिता भगवान के परमभक्त थे।

(ii) वे सरल एवं भोले स्वभाव के व्यक्ति थे।

(iii) लेखक के पिता के मन में पुत्र के प्रति असीम वातसल्य था।

(iv) वे जीवों के प्रति दयाभाव रखने वाले थे।

2. भोलानाथ का पिता से कुश्ती लड़ना किस प्रकार होता था इस कुश्ती से किस प्रकार के संबंधों का पता चलता है? क्या इस प्रकार के संबंध आज भी कायम हैं? दक्षता आधारित प्रश्न

उत्तर कभी-कभी बाबूजी और भोलानाथ के बीच कुश्ती होती थी। उस कुश्ती में बाबूजी कमज़ोर पड़कर भोलानाथ के बल को बढ़ावा देते, जिससे भोलानाथ उन्हें हरा देता था। बाबूजी पीठ के बल लेट जाते और भोलानाथ उनकी छाती पर चढ़ जाता। जब वह उनकी लंबी-लंबी मूँछें उखाड़ने लगता, तो बाबूजी हँसते-हँसते मूँछें छुड़ाकर उसके हाथों को चूम लेते थे।

इस प्रकार की कुश्ती से पिता-पुत्र के बीच आत्मीय संबंधों (मधुर संबंधों) का पता चलता है। आज समाज में अधिक धन कमाने की अंधी दौड़ में पिता-पुत्र के बीच इस प्रकार के संबंध लुप्त होते जा रहे हैं। निर्धन वर्ग में तो इस प्रकार के संबंध फिर भी देखे जा सकते हैं, किंतु उच्चवर्गीय समाज में पिता के लिए इस प्रकार के खेलों हेतु समय निकालना बहुत कठिन है।

3. भोलानाथ की मइया उसको थोड़ा और खिलाने की हठ क्यों करती थी? वह उसके बाबूजी को क्या कहती थी? इससे माँ की कैसी छवि बनती है? दक्षता आधारित प्रश्न

उत्तर भोलानाथ के भरपेट खाना खाने के बाद भी उसकी माँ उसको थोड़ा और खिलाने का हठ करती थी। वह उसके बाबूजी को कहती थी कि आप तो चार-चार दाने के कौर बच्चे के मुँह में देते जाते हो, इससे वह थोड़ा खाने पर भी यह समझ लेता है कि बहुत खा चुका।

बच्चे को भर-मुँह कौर खिलाना चाहिए। माँ के हाथ से खाने पर बच्चों का पेट भी भरता है। माँ के ऐसे व्यवहार से स्पष्ट होता है कि वह अपने बच्चे के प्रति अत्यधिक ममत्व (ममता) के कारण चाहती है कि वह अधिक-से-अधिक खाए और वह मानसिक एवं शारीरिक रूप से शक्तिशाली एवं ऊर्जावान बने। इससे माँ का अपनत्व एवं अत्यधिक स्नेह झलकता है।

4. भोलानाथ के खाने के समय माता-पिता में नोंक-झोंक होती थी। आपको भी अपने बचपन का समय याद आता होगा, जब घर में माता-पिता के बीच नोंक-झोंक होती थी। ऐसे कुछ आप-बीते प्रसंगों का वर्णन कीजिए। CBSE 2016, 11

उत्तर जिस प्रकार भोलानाथ के माता-पिता के बीच नोंक-झोंक होती थी, वैसी ही हमारे बचपन में भी माता-पिता के बीच नोंक-झोंक होती थी। पिताजी किसी कारण हमें डाँटते तो माँ हमारा पक्ष लेती थी और माँ डाँटती तो पिताजी हमें प्यार करते। खाने के अतिरिक्त अन्य कामों जैसे-खेलने-कूदने तथा स्कूल जाने को लेकर भी माता-पिता के बीच नोंक-झोंक होती थी।

माँ हमें पढ़ने के लिए बैठने को कहती, तो पिताजी हमें घुमाने ले जाने के लिए कहते। वास्तव में उन दोनों के बीच होने वाली नोंक-झोंक हमारे प्रति उनके प्यार को ही प्रदर्शित करती थी। वे हमारी मानसिकता को भाँपकर उसी के अनुसार प्रतिक्रिया करते थे, जब दूसरा (माता-पिता में से) अन्य कार्य के लिए कहता।

5. भोलानाथ तथा उसके साथियों के खेल की सामग्री कैसी थी? वे कौन-कौन से खेल खेलते थे? **CBSE Diksha**

उत्तर भोलानाथ व उसके साथी खेल के लिए आँगन व खेतों पर पड़ी चीजों को ही अपने खेल का आधार बनाते थे। धूल की मेड़ दीवार और तिनकों का छप्पर, दातून के खंभे, दियासलाई की पेटियों के किवाड़, घड़े के मुँह की चूल्हा-चक्की, दीए की कड़ाही और पानी का घी, बालू की चीनी, ढेले के लडडू, पत्तों की पूरी-कचौरियाँ, गीली मिट्टी की जलेबियाँ आदि खेल की सामग्रियाँ होती थीं।

वे इनसे घरौंदा बनाते एवं हलवाई का खेल खेलते, शादी का खेल खेलते, खाना बनाने तथा खेत-खलिहान में खेती करने का आदि खेल खेलते थे।

6. "माता के आँचल में जो सुकुन मिलता है और कहीं नहीं।" कथन के संदर्भ में उदाहरण सहित अपने विचार लिखिए। **CBSE 2023**

अथवा **माता का प्रेम, पिता के प्रेम की अपेक्षा अधिक गहन होता है। 'माता के अँचल' पाठ के आधार पर विचार कीजिए।** **CBSE SQP 2023**

अथवा **भोलानाथ संकट के समय में अपने पिता के पास न जाकर माता के पास क्यों जाता है? 'माता का आँचल' पाठ के आधार पर स्पष्ट कीजिए।** **CBSE 2020**

उत्तर 'माता का आँचल' पाठ में बाल मनोविज्ञान को बहुत सुंदरता से चित्रित किया गया है। यद्यपि पिता शरीर से अधिक बलवान होते हैं तथा वह बालक को माँ की तुलना में अधिक सुरक्षा प्रदान कर सकते हैं, किंतु फिर भी संकट के समय बालक भोलानाथ पिता के पास न जाकर माता के पास जाता है। वह माँ की शरण लेना पसंद करता है, क्योंकि माँ की गोद में जैसी ममता होती है, स्नेह होता है वही उसके जख्मों को भरकर सुरक्षा दे सकती है। बालक भोलानाथ साँप के भय के कारण किसी सुरक्षित स्थान में छिप जाना चाहता था, जहाँ वह साँप से सुरक्षित रह सके। इसके लिए उसे सर्वाधिक उत्तम जगह माँ की गोद लगी। माँ का प्यार, दुलार व स्नेह उसे अधिक सुरक्षा प्रदान करता है।

7. लेखक के पिता का बच्चों के साथ खेल में शामिल होना क्या दर्शाता है? अपने शब्दों में स्पष्ट कीजिए। **दक्षता आधारित प्रश्न**

उत्तर लेखक अपने मित्रों के साथ अपनी रुचि और अपने ग्रामीण परिवेश के अनुसार खेल खेला करता था। वे कभी हलवाई का खेल खेलते, तो कभी घरौंदा बनाकर। कभी वे रसोई बनाते, शादी का खेल खेलते, खाना बनाने एवं खाने का खेल खेलते, तो कभी खेत-खलिहान में खेती करने का।

लेखक के पिता अपने बेटे को बहुत प्यार करते थे। उसकी एक-एक गतिविधि को वे बड़े गौर से देखा करते थे। जब उनका खेल पूरा होने लगता, तब वे बीच में ही पहुँच जाते और खेल का अंग बन जाते।

कुछ देर तक वे बच्चों के संग खेलते, उनके खेल की सराहना करते, बच्चों की प्रशंसा करते और इस तरह अपना भी मनोरंजन करते थे। वास्तव में, बच्चों के खेल में हिस्सेदारी करके वे उनका मनोबल बढ़ाते, उनके खेल की प्रशंसा करके उनका आत्मविश्वास बढ़ाते तथा उनके मनोरंजन को और बढ़ाने की कोशिश करते थे।

8. बच्चों द्वारा बारात कैसे निकाली जाती थी? उनके द्वारा सजाई गई बारात तथा शादी के कार्यक्रम का वर्णन करते हुए 'माता का अँचल' पाठ के आधार पर बताइए कि बाबू जी उनके इस कार्यक्रम में किस तरह सम्मिलित होते थे? छोटों के प्रति बाबू जी के प्रेम के इस उदाहरण से आप क्या प्रेरणा ग्रहण करते हैं? **CBSE 2016, 15**

उत्तर बच्चे कनस्तर का तंबूरा बजाकर, शहनाई बजाकर व टूटी चूहेदानी की पालकी बनाकर बारात निकालते थे। ये बच्चे स्वयं समधी बनकर बकरे पर चढ़कर चबूतरे के एक कोने से दूसरे कोने तक जाते। आँगन तक जाकर बारात फिर लौट आती थी। लौटते समय खटोली पर लाल कपड़ा डालकर उसमें दुलहिन को चढ़ा लिया जाता था। लौट आने पर बाबू जी भी इस कार्यक्रम में शामिल होते थे वह जैसे ही लाल कपड़ा उठाकर दुलहिन का मुख निहारने लगते तब सभी बच्चे हँसकर भाग जाते थे। बाबू जी का इस प्रकार छोटों के प्रति प्रेम उनके असीम वात्सल्य को दर्शाता है। वह भोले-भाले व स्नेही व्यक्ति थे, तभी वह बच्चों के नाटक में सम्मिलित हो जाते थे तो कभी प्रसन्न होकर बच्चों के खेल देखा करते थे।

9. 'फसल' को काटने के बाद उसे बाल-मंडली किस प्रकार ओसाती थी? बाद में बाबू जी आकर क्या प्रश्न करते थे? इस प्रश्न में निहित भाव को स्पष्ट करते हुए बताइए कि उस युग की बाल-मंडली द्वारा खेले जाने वाले खेलों में कौन-सी महत्त्वपूर्ण बात छिपी होती थीं? **दक्षता आधारित प्रश्न**

उत्तर 'फसल' को काटने के बाद बाल-मंडली उसे एक जगह पर रखकर पैरों से रौंद डालती थी। इसके बाद बच्चे कसोरे (मिट्टी का कटोरा) का सूप बनाकर फसल औसाते (अनाज को हवा में उड़ाकर दाने को भूसे से अलग करना) और मिट्टी के दीये के तराजू पर तौलकर राशि तैयार कर देते थे। बाद में बाबू जी आकर प्रश्न करते कि इस साल की खेती कैसी रही भोलानाथ? बाबू जी के आते ही सारे बच्चे उनके प्रश्न का उत्तर दिए बिना ही भाग खड़े होते थे।

बाल-मंडली द्वारा खेले जाने वाले खेलों में उस युग की छवि स्पष्ट नज़र आती है। उस समय बच्चों के खेल अपने बड़ों के क्रियाकलापों से प्रभावित होते थे और अधिकांश खेल सामूहिक रूप से खेले जाते थे। इससे बच्चे खेल-खेल में दैनिक जीवनोपयोगी कई बातें सीख जाते थे। इससे बड़ों और बच्चों के मध्य आत्मीय एवं घनिष्ठ संबंध स्थापित हो जाते थे, जिसका आधुनिक युग में नितांत अभाव नज़र आता है।

10. 'माता के अँचल' पाठ में भोलानाथ और उसके साथियों द्वारा मूसन तिवारी और खेत में दाना चुगती चिड़ियों के प्रति किया गया व्यवहार कहाँ तक उचित है? तर्क सहित अपने विचार व्यक्त कीजिए। **CBSE SQP (Additional) 2023**

उत्तर 'माता का अँचल' पाठ में भोलानाथ और उसके साथियों द्वारा मूसन तिवारी और खेत में दाना चुगती चिड़ियों के प्रति किया गया व्यवहार उचित नहीं है, क्योंकि मूसन तिवारी वृद्ध थे और आँखों से भी कम दिखाई देता था। उन्हें भोलानाथ और उसके मित्र बैजू के बहकावे में आकर चिढ़ाते थे तथा मकई के खेतों में दाना चुगती चिड़ियों के झुंड

को उड़ाने का कार्य भोलानाथ और उसकी मित्र मंडली करती थी, जो अनुचित था। इसकी अपेक्षा बच्चों को अपने से बड़े व वृद्ध लोगों का आदर करना चाहिए। अकारण किसी को सताना नहीं चाहिए और जीवों पर दया करनी चाहिए।

11. 'माता का अँचल' पाठ में ग्रामीण परिवेश का चित्रण किया गया है। आप ग्रामीण जीवन व शहरी जीवन में क्या अंतर पाते हैं? **दक्षता आधारित प्रश्न**

उत्तर 'माता का अँचल' पाठ में लेखक ने ग्रामीण परिवेश का चित्रण करते हुए वहाँ की जीवन शैली का उल्लेख किया है। जहाँ सामूहिक वातावरण है, लोगों के मध्य आत्मीयता की भावना है, लोग प्राकृति के करीब हैं, बच्चों आधुनिक यंत्रों मोबाइल फोन, कंप्यूटर इत्यादि पर समय व्यतीत करने की जगह शारीरिक खेल खेलते हैं। इसके विपरीत शहरों में लोग एकल जीवन यापन करने की प्रवृत्ति की ओर उन्मुख हो रहे हैं, लोगों के बीच आत्मीयता की कमी है, माता-पिता दोनों के रोजगार करने के कारण वे अपने बच्चों पर उतना ध्यान नहीं दे पाते, जितना ग्रामीण माता-पिता देते हैं। इस प्रकार ग्रामीण व शहरी जीवन में अत्यधिक अंतर दिखाई देता है।

12. 'माता का अंचल' नामक पाठ में लेखक ने तत्कालीन समाज के पारिवारिक परिवेश का जो चित्रण किया है, उसे अपने शब्दों में लिखिए। **CBSE 2019**

उत्तर 'माता का आँचल' पाठ में लेखक ने तत्कालीन समाज का चित्रण करते हुए वहाँ की जीवन-शैली का उल्लेख किया है। वहाँ सामूहिक वातावरण है, लोगों के मध्य आत्मीयता की भावना है, लोग प्रकृति के करीब हैं, बच्चे आधुनिक यंत्रों, मोबाइल फोन, कंप्यूटर इत्यादि पर समय व्यतीत करने की जगह शारीरिक खेल खेलते हैं। बच्चे अपने परिवार के सदस्यों से अत्यंत घुले-मिले रहते थे। उस समय बचपन से ही बच्चों को खेल-खेल में वैसी सभी बातों को सिखाया जाता था, जिससे बच्चे बड़े होकर अपने कार्यक्षेत्र में प्रवीण हो सकें और व्यावहारिक भी बन सकें।

13. 'माता का अँचल' पाठ के आधार पर स्तंभ (I) का स्तंभ (II) से सही मिलान कीजिए और प्रत्येक मिलान के लिए एक-एक वाक्य लिखिए। **दक्षता आधारित प्रश्न**

	स्तंभ I पाठ के वाक्य	स्तंभ II मूल विचार
(क)	पूजा-पाठ करने के बाद वह राम-राम लिखने लगते।	(i) बालसुलभ चंचलता
(ख)	महतारी के हाथ से खाने पर बच्चों का पेट भी भरता है।	(ii) प्यार, स्नेहपूर्ण व्यवहार
(ग)	एक टीले में जाकर हम लोग चूहों को उलीचने लगे।	(iii) धार्मिक प्रवृत्ति

उत्तर (क) (iii) (ख) (ii) (ग) (i)

(क) पूजा-पाठ करने के बाद पिताजी राम-राम लिखते थे। वे एक धार्मिक प्रवृत्ति के व्यक्ति हैं।

(ख) माँ बच्चे से प्यार करती है, इसलिए वह यह मानती है कि माँ के हाथ से खाने पर ही बच्चे का पेट भरता है।

(ग) बच्चों द्वारा टीले में जाकर चूहों पर पानी डालना बाल सुलभ चंचलता (शरारत) है।

14. 'माता का अँचल' पाठ में वर्णित बचपन और आज के बचपन में क्या अंतर है? क्या इस अंतर का प्रभाव दोनों बचपनों के जीवन मूल्यों पर पड़ा है? तर्क सहित स्पष्ट कीजिए। **CBSE SQP Term II 2022**

उत्तर 'माता का अँचल' पाठ में वर्णित बचपन और आज के बचपन में काफी परिवर्तन आ गया है। तत्कालीन बचपन में माता-पिता अपने बच्चों से बहुत प्रेम व स्नेह करते थे। दोनों में आत्मीय संबंध थे व सभी मिल-जुलकर रहते थे। सभी प्रकृति के करीब थे और बच्चे शारीरिक खेल खेलते थे।

इन सबके कारण बच्चे व्यावहारिक रूप से समझदार और अपने माता-पिता व बड़े-बुजुर्गों का सम्मान करते थे, परंतु आज का बचपन पहले की अपेक्षा बहुत भिन्न है। बच्चों के माता-पिता अपने-अपने कार्यों में व्यस्त रहते हैं तथा बच्चे भी बाहर खेलने के बजाय कंप्यूटर, वीडियो गेम तथा टी. वी. पर उलझे रहते हैं, जिसका विपरीत प्रभाव उनके स्वास्थ्य व संस्कारों पर पड़ा है। उनमें घुल-मिलकर रहने की प्रवृत्ति समाप्त हो गई है तथा व्यावहारिकता नष्ट होती जा रही है।

15. 'माता का अँचल' पाठ में भोलानाथ का अपने माता-पिता से बहुत लगाव है। बचपन में हर बच्चा एक पल के लिए भी माता-पिता का साथ नहीं छोड़ना चाहता है, किंतु माता-पिता के बूढ़े हो जाने पर इनमें से ही कुछ उन्हें साथ न रखकर वृद्धाश्रम में पहुँचा देते हैं। ऐसे लोगों को आप किन शब्दों में समझाएँगे? विचार करके लिखिए। **CBSE SQP 2023**

उत्तर भोलानाथ का अपने माता-पिता से बहुत अधिक लगाव था। बचपन में प्रत्येक बच्चा एक पल के लिए भी माता-पिता से अलग नहीं रह सकता, किंतु जब वही माता-पिता बूढ़े हो जाते हैं तो वह बच्चा उन्हें बोझ समझने लगता है। वह अपनी जिम्मेदारियों से दूर भागने लगता है।

आज बढ़ती उपभोक्तावादी सोच, एकल परिवार को प्राथमिकता, वैयक्तिकता का प्रभावित होना, संवेदनशीलता में कमी आना आदि माता-पिता को दूर रखने के प्रमुख कारण हैं। ऐसे लोगों को भावनात्मक रूप से समझाने की आवश्यकता है कि जैसा वे अपने माता-पिता के साथ कर रहे हैं, वैसा ही कल उनके साथ भी हो सकता है। वे अपने माता-पिता को वृद्धाश्रम भेजने से पूर्व उनके स्थान पर स्वयं को रखकर देखें, तब उन्हें संभवत: अनुभव होगा कि वे अनुचित कार्य कर रहे हैं।

16. 'बच्चे रोना-धोना, पीड़ा, आपसी झगड़े ज्यादा देर तक अपने साथ नहीं रख सकते हैं।' 'माता का अँचल' पाठ के आधार पर इस कथन को उदाहरण सहित स्पष्ट कीजिए। **CBSE 2020**

उत्तर 'माता का आँचल' पाठ में भोलानाथ और उसके मित्र बाग में बिच्छू को देखकर डर गए और भाग कर आ रहे थे कि रास्ते में उन्हें मूसन तिवारी मिल गया। भोलानाथ का मित्र बैजू उन्हें चिढ़ाकर बोला— 'बुढ़वा बेईमान लाँगे करैला का चोखा'। उसकी मित्र मंडली भी उन्हें चिढ़ाने लगी।

बैजू तो वहाँ से भाग गया, किंतु भोलानाथ पकड़ा गया। पाठशाला के गुरुजी ने भोलानाथ को बहुत डाँटा। जब यह बात उसके पिता को पता चली तो वे उसे पाठशाला से लेने गए। पिता को देखकर भोलानाथ जोर-जोर से रोने लगा, परंतु घर जाते समय पुन: अपनी मित्र मंडली को देखकर अपना रोना-धोना तथा पीड़ा को भूलकर उनमें जा मिला। इस घटना से स्पष्ट होता है कि बच्चे रोना-धोना, पीड़ा, आपसी झगड़े ज्यादा देर तक अपने साथ नहीं रख सकते हैं।

स्व-मूल्यांकन

निम्नलिखित प्रश्नों के उत्तर दीजिए

1. 'माता का अँचल' पाठ में लेखक और उसके कुछ साथियों को क्यों दंडित किया गया? क्या बच्चों को दंड देना उचित है? इस विषय के पक्ष या विपक्ष में तर्कपूर्ण उत्तर दीजिए।
2. भोलानाथ के माता-पिता उससे बहुत प्यार करते हैं। उदाहरण सहित इस कथन को स्पष्ट करते हुए बताइए कि क्या माता-पिता के प्रति बच्चों के भी कुछ कर्तव्य होते हैं? यदि हाँ, तो संक्षेप में उनका उल्लेख कीजिए। **दक्षता आधारित प्रश्न**
3. वर्तमान समय में खेल, मनोरंजन और शारीरिक विकास का नहीं, अपितु व्यवसाय का प्रतीक बन गए हैं। कैसे? बच्चों पर इसका क्या प्रभाव पड़ता है?
4. बच्चों में अनुकरण का गुण सर्वाधिक पाया जाता है। बच्चों में नैतिक मूल्यों का विकास करने में इस गुण का लाभ कैसे उठाया जा सकता है? स्पष्ट कीजिए। **दक्षता आधारित प्रश्न**
5. आधुनिक जीवन-शैली में हम भोलानाथ के समान प्रकृति का आनंद नहीं उठा पा रहे हैं। वर्तमान समय में हम प्रकृति का सामीप्य प्राप्त करने के लिए क्या उपाय कर सकते हैं? उदाहरण सहित स्पष्ट कीजिए। **दक्षता आधारित प्रश्न**

साना-साना हाथ जोड़ि... मधु कांकरिया

अध्याय 2

पाठ की रूपरेखा 'साना-साना हाथ जोड़ि .....' मधु कांकरिया द्वारा रचित एक यात्रा-वृत्तांत है, जिसमें भारत के पूर्वोत्तर राज्य सिक्किम की राजधानी गंतोक (गैंगटॉक) और हिमालय-यात्रा का वर्णन किया गया है।

लेखिका ने महानगरों की भाव शून्यता, भागम-भाग और यंत्रवत् जीवन की ऊब से बचने के लिए दूरस्थ स्थानों की यात्रा की है। इन्हीं यात्राओं के दौरान लेखिका को देश की विभिन्न संस्कृतियों, मनुष्यों और स्थानों को पहचानने और मिलने का अवसर मिला। इन अनुभवों को उन्होंने अपने यात्रा-वृत्तांतों में स्थान दिया है।

लेखक परिचय

हिंदी साहित्य की आधुनिक लेखिका मधु कांकरिया का जन्म वर्ष 1957 को कोलकाता शहर में हुआ। इन्होंने कलकत्ता (कोलकाता) विश्वविद्यालय से अर्थशास्त्र में एम. ए. तथा कंप्यूटर एप्लीकेशन में डिप्लोमा किया।

इन्होंने गद्य साहित्य संबंधी रचनाएँ लिखीं, जो इस प्रकार हैं—पत्ताखोर (उपन्यास), सलाम आखिरी, खुले गगन के लाल सितारे, बीतते हुए, अंत में ईशु, चिड़िया ऐसे मरती है, भरी दोपहरी के अँधेरे, दस प्रतिनिधि कहानियाँ, युद्ध और बुद्ध (कहानी-संग्रह), बादलों में बारूद (यात्रा-वृत्तांत)।

मधु कांकरिया की रचनाएँ विचारात्मक तथा संवेदना की दृष्टि से नवीन हैं। इनकी रचनाओं के विषय सामाजिक समस्याओं से संबंधित हैं; जैसे— संस्कृति, महानगर की घुटन और असुरक्षा के बीच युवाओं में बढ़ती नशे की आदत, लालबत्ती इलाकों की पीड़ा आदि।

पाठ का सार

गंतोक (गैंगटॉक) की रात्रि

लेखिका को गंतोक (गैंगटॉक) हर समय बहुत अच्छा लगता है, क्योंकि यहाँ के सभी लोग मेहनती हैं। लेखिका ने गैंगटॉक को मेहनती बादशाहों का शहर कहा है। यहाँ की रहस्यमयी सितारों भरी रात लेखिका को सम्मोहित-सी करती है। लेखिका ने यहाँ एक नेपाली युवती से प्रार्थना के बोल सीखे थे—''साना-साना हाथ जोड़ि, गर्दहु प्रार्थना। हाम्रो जीवन तिम्रो कौसेली।'' जिसका हिंदी में अर्थ है—छोटे-छोटे हाथ जोड़कर प्रार्थना कर रही हूँ कि मेरा सारा जीवन अच्छाइयों को समर्पित हो।

कंचनजंघा के दर्शन की प्रतीक्षा

सुबह लेखिका को यूमथांग के लिए निकलना था। आँख खुलते ही वह बालकनी की ओर भागती हैं, क्योंकि लोगों ने उन्हें बताया था कि यदि मौसम साफ़ हो, तो बालकनी से भी कंचनजंघा (हिमालय की तीसरी सबसे बड़ी चोटी) दिखाई देती है। आसमान हल्के-हल्के बादलों से ढका हुआ था, जिसके कारण लेखिका को कंचनजंघा की चोटी दिखाई नहीं पड़ी, किंतु सामने रंग-बिरंगे ढेर सारे फूल दिखाई दिए।

बौद्ध पताकाओं का यूमथांग में महत्त्व

गंतोक (गैंगटॉक) से 149 किमी की दूरी पर यूमथांग था। लेखिका के साथ चल रहे ड्राइवर-कम-गाइड जितेन नार्गे उन्हें बताता है कि यहाँ के सभी रास्तों में हिमालय की गहनतम घाटियाँ और फूलों से लदी वादियाँ मिलेंगी। आगे बढ़ने पर उन्हें एक स्थान पर एक कतार में लगी सफ़ेद बौद्ध पताकाएँ दिखाई देती हैं, ये शांति और अहिंसा की प्रतीक थीं, इन पताकाओं पर मंत्र लिखे हुए थे। नार्गे उन्हें बताता है कि जब भी किसी बुद्धिस्ट की मृत्यु होती है, उसकी आत्मा की शांति के लिए शहर से दूर किसी भी पवित्र स्थान पर एक सौ आठ श्वेत पताकाएँ फहरा दी जाती हैं। इसी प्रकार, शुभ अवसर पर भी रंगीन पताकाएँ फहरा दी जाती हैं और इन्हें उतारा नहीं जाता। ये स्वयं ही नष्ट हो जाती हैं।

लेखिका को यहाँ जगह-जगह पर दलाई लामा की तस्वीर दिखाई देती है। यहाँ तक कि वह जिस जीप में बैठी थी, उसमें भी दलाई लामा का चित्र लगा हुआ था।

कवी-लोंग स्टॉक

थोड़ा आगे चलने पर 'कवी-लोंग स्टॉक' स्थान आता है, जिसे देखते ही जितेन बताता है कि यहाँ 'गाइड' फ़िल्म की शूटिंग तथा तिब्बत के चीस-खे बम्सन ने लेपचाओं के शोमेन से कुंजतेक के साथ संधि-पत्र पर हस्ताक्षर हुए थे। लेखिका को एक कुटिया में घूमता हुआ चक्र दिखाई देता है, जिसके विषय में नार्गे उन्हें बताता है कि इसे 'धर्म चक्र' कहा जाता है। इसे लोग 'प्रेयर व्हील' भी कहते हैं। इसके विषय में यह मान्यता है कि इसे घुमाने से सभी पाप धुल जाते हैं।

प्रकृति की मनोरमता

कुछ और आगे चलने पर उन्हें कहीं-कहीं स्वेटर बुनती नेपाली युवतियाँ और पीठ पर भारी-भरकम कार्टन (गत्ते का बक्सा) ढोते हुए बौने से बहादुर नेपाली दिखाई देते हैं। आगे चलकर रास्ते वीरान, सँकरे और जलेबी की तरह घुमावदार होने लगे थे। उन्हें कहीं जलप्रपात दिखाई दे रहे थे, तो कहीं चाँदी की तरह चमकती तिस्ता नदी, जो सिलीगुड़ी से ही लगातार लेखिका के साथ चल रही थी।

जीप 'सेवन सिस्टर्स वॉटर फॉल' नामक स्थान पर रुकती है, जहाँ उन्हें एक विशाल और सुंदर झरना दिखाई देता है। उन्हें ऐसा महसूस हुआ जैसे उनके अंदर की बुराइयाँ (वासनाएँ) जल की निर्मल धारा में बह गई हो। सैलानियों ने कैमरों से उस स्थान के चित्र लेने शुरू कर दिए। लेखिका यहाँ के प्राकृतिक सौंदर्य में इतना खो गईं कि उनका दिल वहाँ से जाने को नहीं कर रहा था।

प्रकृति और पर्यावरण

आगे चलने पर लेखिका को हिमालय की रंग-बिरंगी चोटियाँ नए-नए रूपों में दिखाई देती हैं। इस स्थान को देखकर लेखिका को ऐसा लगता है, मानो स्वर्ग यहीं पर है। वहाँ पर लिखा था—'थिंक ग्रीन' जो प्रकृति और पर्यावरण के प्रति सजग होने की बात कह रहा था। लेखिका वहाँ के प्राकृतिक सौंदर्य से इतना प्रभावित होती हैं कि जीप के कुछ देर वहाँ रुकने पर वह थोड़ी दूर तक पैदल ही वहाँ के सौंदर्य को निहारने लगती हैं। उनकी यह मुग्धता पहाड़ी औरतों द्वारा पत्थरों को तोड़ने की आवाज़ से टूटती है।

भूख, मौत और जीवित रहने की जंग में शामिल स्त्रियाँ

लेखिका को यह देखकर बहुत दु:ख हुआ कि इतने सुंदर तथा प्राकृतिक स्थान पर भी भूख, मौत और जीवित रहने की जंग चल रही थी। वहाँ पर बॉर्डर रोड ऑर्गेनाइजेशन के एक कर्मचारी ने बताया कि जिन सुंदर स्थानों का दर्शन करने वह जा रही हैं, यह सब इन्हीं पहाड़ी महिलाओं द्वारा बनाए जा रहे हैं। यह काम इतना खतरनाक है कि ज़रा भी ध्यान चूका तो मौत निश्चित है। लेखिका को ध्यान आया कि एक स्थान पर सिक्किम सरकार का लगाया हुआ बोर्ड उन्होंने पढ़ा था, जिसमें लिखा था—'एवर वंडर्ड हू डिफाइंड डेथ टू बिल्ड दीज़ रोड्स।' वास्तव में, कितना कम लेकर भी ये पहाड़ी स्त्रियाँ समाज को कितना अधिक वापस कर देती हैं। ये पहाड़िन महिलाएँ घर का काम भी करती हैं; जैसे— गाय चराना, लकड़ियाँ काटकर लाना आदि।

पहाड़ी जीवन की कठोरता

जब जीप और ऊँचाई पर पहुँची तो सात-आठ वर्ष की उम्र के बहुत सारे बच्चे स्कूल से लौट रहे थे। जितेन (गाइड) उन्हें बताता है कि यहाँ तराई में एक ही स्कूल है, जहाँ तीन-साढ़े तीन किलोमीटर की पहाड़ी चढ़कर ये बच्चे स्कूल जाते हैं। पढ़ाई के अतिरिक्त ये बच्चे शाम के समय अपनी माँ के साथ मवेशियों को चराते हैं, पानी भरते हैं और जंगल से लकड़ियों के भारी-भारी गट्ठर ढोते हैं।

लायुंग के प्राकृतिक दृश्य तथा भारत का स्विट्ज़रलैंड

यूमथांग पहुँचने के लिए लायुंग में जिस मकान में लेखिका व उनके सहयात्री ठहरे थे, वह तिस्ता नदी के किनारे लकड़ी का एक छोटा-सा घर था। वहाँ का वातावरण देखकर उन्हें लगा कि प्रकृति ने मनुष्य को सुख-शांति, पेड़-पौधे, पशु सभी कुछ दिए हैं, किंतु हमारी पीढ़ी ने प्रकृति की इस लय, ताल और गति से खिलवाड़ करके अक्षम्य (क्षमा के योग्य न होने वाला) अपराध किया है। लायुंग की सुबह बेहद शांत और सुरम्य थी। लायुंग में एक सिक्कमी नवयुवक उन्हें बताता है कि प्रदूषण के चलते यहाँ बर्फ़बारी (स्नो-फॉल) लगातार कम होती जा रही है।

बर्फ़बारी देखने के लिए लेखिका अपने सहयात्रियों के संग लायुंग से 500 फीट की ऊँचाई पर स्थित 'कटाओ' नामक स्थान पर जाती हैं। जिसे भारत का स्विट्ज़रलैंड कहा जाता है। 'कटाओ' जाने का मार्ग बहुत दुर्गम था। रास्ते धुँध और फिसलन से भरे थे, जिनमें बड़े-बड़े शब्दों में चेतावनियाँ लिखी थीं—'इफ यू आर मैरिड, डाइवोर्स स्पीड', 'दुर्घटना से देर भली, सावधानी से मौत टली।'

कटाओ की सुंदरता

कटाओ पहुँचने के रास्ते में दूर से ही बर्फ़ से ढके पहाड़ दिखाई देने लगे थे। पहाड़ ऐसे लग रहे थे जैसे किसी ने उन पर पाउडर छिड़क दिया हो या साबुन के झाग चारों ओर फैला दिए हों। सभी यहाँ बर्फ़ पर कूदने लगे थे। लेखिका को लगा शायद ऐसी ही विभोर कर देने वाली दिव्यता के बीच हमारे ऋषि-मुनियों ने वेदों की रचना की होगी और जीवन के गहन सत्यों को खोजा होगा।

सैनिकों की वीरता के किस्से

वहाँ से आगे बढ़ने पर उन्हें मार्ग में इक्की-दुक्की फ़ौजी छावनियाँ दिखाई दी। वहाँ से थोड़ी ही दूर चीन की सीमा थी। जब लेखिका ने एक फ़ौजी से पूछा कि इतनी कड़कड़ाती ठंड (उस समय तापमान 15° सेल्सियस था) में आप लोगों को बहुत तकलीफ़ होती होगी, तो उसने उत्तर दिया—''आप चैन की नींद सो सकें, इसीलिए तो हम यहाँ पहरा दे रहे हैं।'' थोड़ी दूर एक फौज़ी छावनी पर लिखा था—'वी गिव अवर टुडे फॉर योर टुमारो।' लेखिका को भारतीय सैनिकों पर बहुत गर्व होता है।

सिक्किम में भारत प्रेम व सिक्किम से जुड़ी लोक मान्यताएँ

लेखिका यूमथांग में चिप्स बेचती हुई एक युवती से पूछती है—'क्या तुम सिक्किमी हो?' वह युवती उत्तर देती है—'नहीं, मैं इंडियन हूँ।' लेखिका को यह जानकर बहुत प्रसन्नता होती है कि सिक्किम के लोग भारत में मिलकर बहुत प्रसन्न हैं। लेखिका सोचती है काश! कश्मीर के साथ भी हमारे संबंध इसी प्रकार मैत्रीपूर्ण हो जाए।

जितेन उन्हें जानकारी देता है कि यहाँ पर एक पत्थर है, जिस पर गुरुनानक के पैरों के निशान हैं। कहा जाता है कि यहाँ गुरुनानक की थाली से थोड़े से चावल छिटककर बाहर गिर गए थे और जिस स्थान पर चावल छिटक गए थे, वहाँ चावल की खेती होती है।

खेदुम का महत्त्व

जितेन उन्हें बताता है कि तीन-चार किलोमीटर आगे 'खेदुम' नामक एक स्थान पर देवी-देवताओं का निवास है। सिक्किम के लोगों का विश्वास है, जो यहाँ गंदगी फैलाता है, उसकी मृत्यु हो जाती है। लेखिका के पूछने पर कि क्या तुम लोग पहाड़ों पर गंदगी नहीं फैलाते, तो वह उत्तर देता है—नहीं मैडम, हम लोग पहाड़, नदी, झरने इन सबकी पूजा करते हैं।

जितेन यूमथांग के विषय में एक जानकारी और देता है कि जब सिक्किम भारत में मिला तो उसके कई वर्षों बाद भारतीय सेना के कप्तान शेखर दत्ता के दिमाग में यह विचार आया कि केवल सैनिकों को यहाँ रखकर क्या होगा, घाटियों के बीच रास्ते निकालकर इस स्थान को टूरिस्ट स्पॉट बनाया जा सकता है। जिसकी खोज अभी भी जारी है और मनुष्य की कभी न समाप्त होने वाली खोज का नाम ही सौंदर्य है।

कुशल गाइड

हिमालय की संपूर्ण यात्रा में नार्गे ने पूर्ण कुशलता के साथ लेखिका और उसके साथियों का मार्ग निर्देशन किया। नार्गे को गैंगटॉक से लेकर हिमालय तक संपूर्ण ऐतिहासिक भौगोलिक स्थिति की पूरी जानकारी थी एवं उसे विभिन्न भाषाओं का ज्ञान था इस कारण वह यात्रियों की पसंद का पूरा ध्यान रख पाता था।

शब्दार्थ

शब्द	अर्थ	शब्द	अर्थ
ढलान	उतार	रफ़्ता-रफ़्ता	धीरे-धीरे
तराई	पहाड़ के नीचे की समतल भूमि	परिदृश्य	चारों ओर के दृश्य
झालर	लटकने वाला किनारा	कार्टन	गत्ते का डिब्बा
संधि-स्थल	मिलन बिंदु	वैभव	महिमा
मेहनतकश	परिश्रमी	शिद्दत	तीव्रता/प्रबलता/अधिकता
सम्मोहन	मोहित करने की क्रिया	सैलानी	घूमने वाला
कदर	तरह	पराकाष्ठा	चरम सीमा
स्थगित	रुका हुआ	अभिशप्त	शापित/अभियुक्त
चेतना	समझ	सरहद	सीमा
अतींद्रियता	इंद्रियों से परे	तामसिकता	तमोगुण से युक्त/कुटिल भाव
उजास	प्रकाश/उजाला	दुष्टवासना	बुरी इच्छा
बालकनी	छतदार बरामदा।	निर्मल	स्वच्छ
कपाट	द्वार/दरवाज़ा	सयानी	समझदार/चतुर
ठाकुरजी	भगवान	जन्नत	स्वर्ग
रकम-रकम	तरह-तरह के	निरंतर	लगातार
बहरहाल	हर हाल में	दुर्लभ	कठिन/मुश्किल
गहनतम	अति गहरी	चैरवेति-चैरवेति	चलते रहो, चलते रहो
गदराना	निखरना	एकात्म	एक हो जाना
जायज़ा	परीक्षण करना	तंद्रिल	नींद में होना
पताका	झंडी	वज़ूद	अस्तित्व
श्वेत	सफ़ेद	नृत्यांगना	नृत्य करने वाली
हिचकोले	हिलते-डुलते	नुपूर	घुँघरू
स्मारक	यादगार	अद्वितीय	जिसके समान दूसरा न हो/अनोखा
सुदीर्घ	बड़ा	निरपेक्ष	अलग रहने वाला/तटस्थ

शब्द	अर्थ	शब्द	अर्थ
कुदाल	फावड़े के समान खोदने का औज़ार	आवेश	जोश, गुस्सा
अकस्मात्	अचानक/अनायास	राम रोछो	अच्छा है
संजीदा	गंभीर	लम्हा	पल
दुसाध्य	जिसको साधना कठिन हो	रंगत	मोहकता
ठाठे	हाथ में पड़ने वाली गाँठे या निशान	ख्वाहिश	इच्छा/मनोकामना
यातना	पीड़ा	स्पॉट	भ्रमण-स्थल
रिपेईंग	कम लेना और ज़्यादा देना	विभोर	आनंदित
वर्बीला	बढ़े हुए पेट वाला	नायाब	अमूल्य/बेशकीमती
नरभक्षी	मनुष्यों को खाने वाला	संग्रह	इकट्ठा
परिधान	कपड़े/वेशभूषा	ऋण	कर्ज़
मद्धिम	धीमी/हल्की	खयाल	विचार
बोधिसत्व	जो बुद्धत्व प्राप्त करने का अधिकारी हो	तकलीफ़	कष्ट
सुकून	चैन/आराम	सिवाय	अतिरिक्त/अलावा
अक्षम्य	जो क्षमा के योग्य न हो।	तैनात	तैयार रहना
संकल्प	इरादा	सँकरा	कम खुला/पतला
हलाहल	विष/ज़हर	सफ़र	यात्रा
संक्रमण	मिलन/संयोग	अहसास	अनुभव
अवाक्	मौन	आबोहवा	हवा-पानी
गुडुप	निगल लेना		

NCERT फोल्डर

पाठ्यपुस्तक (कृतिका भाग-2) के प्रश्नोत्तर

प्र.1 झिलमिलाते सितारों की रोशनी में नहाया गंतोक (गैंगटॉक) लेखिका को किस तरह सम्मोहित कर रहा था?

उत्तर झिलमिलाते सितारों की रोशनी में नहाया गंतोक (गैंगटॉक) लेखिका के मन में सम्मोहन जगा रहा था। इसकी सुंदरता सुबह, शाम व रात को देखते ही बनती थी। वहाँ रात्रि के समय आसमान ऐसा प्रतीत हो रहा था मानो सारे तारे बिखरकर नीचे टिमटिमा रहे हों।

इस सुंदरता ने लेखिका पर ऐसा जादू कर दिया कि उसे सब कुछ ठहरा हुआ-सा, अर्थहीन, प्राणरहित लग रहा था। उसके भीतर-बाहर जैसे एक शून्य-सा व्याप्त हो गया था। उसे गंतोक (गैंगटॉक) शहर में सब कुछ सुंदर लग रहा था और इस सुंदरता में वह पूरी तरह खो गई थी।

प्र.2 गंतोक (गैंगटॉक) को 'मेहनतकश बादशाहों का शहर' क्यों कहा गया?

***अथवा* मेहनतकश बादशाहों का शहर किस शहर को कहा गया है और क्यों?** CBSE SQP 2023

उत्तर गंतोक (गैंगटॉक) पर्वतीय स्थल है। पर्वतीय क्षेत्र होने के कारण यहाँ की परिस्थितियाँ भी अत्यंत कठिन हैं। जिसे वहाँ के मेहनतकश लोगों ने अपनी मेहनत से सुरम्य बना दिया है, वहाँ सुबह, शाम, रात सब कुछ सुंदर प्रतीत होता है। यहाँ लोग भरपूर परिश्रम करते हैं, इसीलिए लेखिका ने गंतोक को 'मेहनतकश बादशाहों का शहर' कहा है।

प्र.3 कभी श्वेत तो कभी रंगीन पताकाओं का फहराना किन अलग-अलग अवसरों की ओर संकेत करता है? दक्षता आधारित प्रश्न

उत्तर एक कतार में लगी श्वेत बौद्ध पताकाएँ शांति व अहिंसा का प्रतीक हैं, इन पर मंत्र लिखे होते हैं। जब किसी बुद्धिस्ट की मृत्यु होती है, तो उसकी आत्मा की शांति के लिए शहर से दूर किसी पवित्र स्थान पर एक सौ आठ श्वेत पताकाएँ फहरा दी जाती हैं। इन्हें उतारा नहीं जाता, ये स्वयं नष्ट हो जाती हैं। इसके अतिरिक्त किसी शुभ कार्य को आरंभ करने पर रंगीन पताकाएँ लगाई जाती हैं। यह कार्य बौद्ध धर्म को मानने वालों के द्वारा किया जाता है।

प्र.4 जितेन नार्गे ने लेखिका को सिक्किम की प्रकृति, वहाँ की भौगोलिक स्थिति एवं जनजीवन के बारे में क्या महत्त्वपूर्ण जानकारियाँ दीं, लिखिए। दक्षता आधारित प्रश्न

उत्तर जितेन नार्गे ने लेखिका को सिक्किम के प्राकृतिक परिदृश्य, भौगोलिक स्थिति और जनजीवन के विषय में निम्न महत्त्वपूर्ण जानकारियाँ दीं हैं

प्राकृतिक परिदृश्य सिक्किम बहुत ही खूबसूरत पहाड़ी इलाका है, जहाँ जगह-जगह पर धूपी के खूबसूरत नुकीले पेड़ हैं। रास्ते वीरान, सँकरे, जलेबी की तरह घुमावदार हैं। थोड़ी-थोड़ी दूरी पर झरने बहते हैं।

भौगोलिक स्थिति गंतोक (गैंगटॉक) से 149 किमी की दूरी पर हिमालय की गहनतम घाटियाँ और फूलों से लदी वादियाँ यूमथांगमें देखने को मिलती हैं। सिक्किम प्रदेश चीन की सीमा से सटा है। पहले यह स्वतंत्र रजवाड़ा था, परंतु अब यह भारत का एक अंग है।

लोगों का जनजीवन यहाँ के लोग बड़े मेहनती हैं, यहाँ की स्त्रियाँ भी कठोर परिश्रम करती हैं। वे स्वेटर बुनती हैं, घर सँभालती हैं, खेती करती हैं और पत्थर तोड़-तोड़ कर सड़कें बनाती हैं।

वे चाय की पत्तियाँ चुनने बाग में जाती हैं। कई बार बच्चों को पीठ पर बँधी डोको (बड़ी टोकरी) में अपने साथ रखती हैं। यहाँ की स्त्रियाँ चटक रंग के कपड़े पहनना पसंद करती हैं और उनका परंपरागत परिधान 'बोकु' है। बच्चे पढ़ने के लिए तीन-चार किलोमीटर पहाड़ी चढ़कर स्कूल जाते हैं। शाम को वे अपनी माताओं के साथ काम करते हैं। उनका जीवन बहुत श्रमसाध्य है।

प्र.5 "साना-साना हाथ जोड़ि" पाठ की लेखिका को लोंग स्टॉक में धर्म चक्र को देखकर संपूर्ण भारत की सोच एक जैसी क्यों प्रतीत हुई? आपके विचार से अन्य कौन-सी बातों में भारत की आत्मा एक-सी प्रतीत होती है? **CBSE 2023**

अथवा **लोंग स्टॉक में घूमते हुए चक्र को देखकर लेखिका को पूरे भारत की आत्मा एक-सी क्यों दिखाई दी?** **CBSE 2012**

उत्तर लोंग स्टॉक के घूमते चक्र के बारे में जितेन ने बताया कि यह 'धर्म चक्र' है, इसको घुमाने से सारे पाप धुल जाते हैं। लेखिका को लगा कि मैदानी क्षेत्र में भी ऐसी अनेक मान्यताएँ और विश्वास प्रचलित हैं; जैसे—गंगा नदी को पतितपावनी माना जाता है। ऐसा माना जाता है कि गंगा नदी व्यक्ति को पाप-मुक्त कर देती है और उसे मोक्ष प्रदान करती है अर्थात् कहने का तात्पर्य यह है कि मैदान हो या पहाड़, वैज्ञानिक प्रगतियों के बावजूद इस देश की आत्मा एक जैसी है। यहाँ के लोगों की आस्थाएँ, अंधविश्वास, पाप-पुण्य की अवधारणाएँ और कल्पनाएँ एक जैसी हैं।

प्र.6 जितेन नार्गे की गाइड की भूमिका के बारे में विचार करते हुए लिखिए कि एक कुशल गाइड में क्या गुण होते हैं? **CBSE 2013, 12**

उत्तर जितेन नार्गे लेखिका का ड्राइवर-कम-गाइड था। उसमें प्राय: गाइड के वे सभी गुण विद्यमान थे, जो अपेक्षित होते हैं। एक कुशल गाइड को अपने क्षेत्र की प्राकृतिक एवं भौगोलिक स्थिति, विभिन्न स्थानों के महत्त्व तथा उनसे जुड़ी रोचक जानकारियों का ज्ञान होना चाहिए, जैसे कि जितेन ने कवी-लोंग स्टॉक में 'गाइड' फ़िल्म की शूटिंग होने की जानकारी दी। इससे पर्यटकों का मनोरंजन होता है और उनकी उस स्थान के प्रति रुचि बढ़ जाती है।

जितेन यद्यपि नेपाली है, लेकिन उसे सिक्किम के जनजीवन, संस्कृति तथा धार्मिक मान्यताओं का पूरा ज्ञान है। वहाँ की कठोर जीवन-स्थितियों से भी वह भली-भाँति परिचित है। ये एक कुशल गाइड के आवश्यक गुण हैं।

जितेन का सबसे अच्छा गुण है—मानवीय संवेदनाओं की समझ तथा परिष्कृत संवाद शैली। इस प्रकार, एक गाइड में आत्मविश्वास तथा पर्यटन-स्थल का पूर्ण ज्ञान होना आवश्यक है। साथ ही उसे व्यवहार कुशल, मृदुभाषी व अपनेपन से आकर्षित करने वाला होना चाहिए।

प्र.7 इस यात्रा-वृत्तांत में लेखिका ने हिमालय के जिन-जिन रूपों का चित्र खींचा है, उन्हें अपने शब्दों में लिखिए।

उत्तर इस यात्रा-वृत्तांत में लेखिका ने हिमालय के पल-पल परिवर्तित होते रूप के बारे में लिखा है। हिमालय को देखकर लेखिका की आत्मा व आँखें दोनों तृप्त हो जाती हैं। जैसे-जैसे ऊँचाई पर चढ़ते-चढ़ते हिमालय विशाल से विशालतम होता चला जाता है। छोटी-छोटी पहाड़ियाँ विशाल पर्वतों में बदलने लगती हैं। घाटियाँ गहराती हुई पाताल नापने लगती हैं।

वादियाँ चौड़ी होने लगती हैं, जिनके बीच रंग-बिरंगे फूल मुस्कुराते हुए नज़र आते हैं। चारों ओर प्राकृतिक सुषमा बिखरी नज़र आती है। जलप्रपात अत्यंत ऊँचाई से, पत्थरों के बीच वेग से जलधारा बनकर नीचे गिरते हुए मनमोहक प्रतीत होते हैं। हिमालय कहीं चटक हरे रंग का कालीन ओढ़े तो कहीं हल्का पीलापन लिए हुए प्रतीत होता है।

कहीं प्लास्टर उखड़ी दीवार की तरह पथरीला है, जो देखते-ही-देखते समाप्त हो जाता है मानो किसी ने जादू की छड़ी घुमा दी हो। कभी बादलों की एक मोटी चादर के रूप में सब कुछ बादलमय दिखाई देता है। लेखिका के लिए हिमालय सौंदर्य की कविता के साथ-साथ दर्शन भी बन गया था।

प्र.8 प्रकृति के उस अनंत और विराट् स्वरूप को देखकर लेखिका को कैसी अनुभूति होती है? **दक्षता आधारित प्रश्न**

उत्तर लेखिका प्रकृति के उस अनंत और विराट स्वरूप को देखकर एकदम मौन, किसी ऋषि की तरह शांत होकर वह पूरे परिदृश्य को अपने अंदर समेट लेना चाहती थी। वह रोमांचित व पुलकित थी। उसे लगता है कि प्रकृति उसे अपना परिचय दे रही है। वह उसे और समझदार बनाने के लिए अपने रहस्यों का उद्घाटन कर रही है। उसे लगता है कि जीवन की सार्थकता, स्वयं को झरनों और फूलों की सुंदर अनुभूतियों में विलीन कर देने में है। झरनों की भाँति निरंतर गतिशील रहना और फूलों की भाँति अपनी सुगंध फैलाना ही जीवन का सच्चा लक्ष्य है।

प्र.9 प्राकृतिक सौंदर्य के अलौकिक आनंद में डूबी लेखिका को कौन-कौन से दृश्य झकझोर गए?

अथवा **नदी, फूलों, वादियों और झरनों के स्वर्गिक सौंदर्य के बीच किन दृश्यों ने लेखिका के हृदय को झकझोर दिया? 'साना-साना हाथ जोड़ि' पाठ के आधार पर उत्तर दीजिए।** **CBSE SQP Term II 2022**

उत्तर प्राकृतिक सौंदर्य के आनंद में डूबी लेखिका को सड़क बनाने के लिए पत्थर तोड़ती सुंदर कोमलांगी, पहाड़ी औरतों का दृश्य झकझोर गया। उसने देखा कि अद्वितीय सौंदर्य से अनजान कुछ पहाड़ी औरतें पत्थरों पर बैठी पत्थर तोड़ रही थीं। उनके हाथों में कुदाल और हथौड़े थे और कई औरतों की पीठ पर डोको (बड़ी टोकरी) में उनके बच्चे भी बँधे थे। यह विचार उसके मन को बार-बार झकझोर रहा था कि नदी, फूलों, वादियों और झरनों के ऐसे स्वर्गिक सौंदर्य के साथ भूख, मौत, दैन्य और जिजीविषा की जंग जारी है। इसके अतिरिक्त, सीमा पर फ़ौजियों को तैनात देखकर लेखिका का मन उदास हो गया। यह विचार लेखिका की आत्मा को झकझोर गया कि कड़कड़ाती ठंड में भी फ़ौजी देश तथा देशवासियों की रक्षा के लिए तत्पर रहते हैं। हमें महानगरों में रहते हुए कभी यह ध्यान ही नहीं आता कि ये जवान हमारे लिए कितना कुछ करते हैं।

प्र.10 सैलानियों को प्रकृति की अलौकिक छटा का अनुभव करवाने में किन-किन लोगों का योगदान होता है? उल्लेख करें। CBSE 2013,12

उत्तर सैलानियों को प्रकृति की अलौकिक छटा का अनुभव कराने में अनेक लोगों का योगदान होता है। सबसे पहले इस कार्य में ट्रेवल एजेंसी की भूमिका रहती है, फिर उनके गाइड (मार्गदर्शक) की भूमिका शुरू होती है, जो पर्यटन स्थल की जानकारी देता है। जितेन नार्गे जैसे ड्राइवर-कम-गाइड के रूप में छोटे वाहन के चालक होते हैं।

इसके अतिरिक्त उनके ठहरने व खाने-पीने की व्यवस्था करने वाले होटल के कर्मचारी तथा अनेक अन्य लोग भी सैलानियों की सहायता करके अपना योगदान देते हैं। पर्यटन स्थल पर छोटी-छोटी अन्य सुविधाएँ; जैसे—बर्फ़ पर चलने के लिए लंबे बूट तथा अन्य ज़रूरी सामान, किराए पर लिए जाते हैं। हस्तशिल्प तथा कलाकृतियाँ बेचने वाले व फ़ोटोग्राफ़र आदि की भूमिका भी महत्त्वपूर्ण होती है।

प्र.11 "कितना कम लेकर ये समाज को कितना अधिक वापस लौटा देती हैं?" इस कथन के आधार पर स्पष्ट करें कि आम जनता की देश की आर्थिक प्रगति में क्या भूमिका है?

अथवा **"कितना कम लेकर ये, समाज को कितना अधिक वापस लौटा देती हैं", 'साना-साना हाथ जोड़ि' पाठ के इस कथन में निहित जीवनमूल्यों को स्पष्ट कीजिए और बताइए कि देश की प्रगति में नागरिक की क्या भूमिका है?** CBSE 2016

उत्तर लेखिका ने यह कथन उन पहाड़ी श्रमिक महिलाओं के विषय में कहा है, जो पहाड़ों के पत्थरों को तोड़कर रास्ता बनाने का कार्य कर रही है। ऐसा ही दृश्य वह पलामू और गुमला के जंगलों में देख चुकी थी, जहाँ बच्चे को पीठ पर बाँधे पत्तों (तेंदू के पत्तों) की तलाश में आदिवासी औरतें वन-वन घूमती फिरती हैं। उसे लगता है, ये सुंदरियाँ कितना कम लेकर समाज को बहुत अधिक लौटा देती हैं। यह बात हमारे देश की आम जनता पर भी लागू होती है। जो श्रमिक कठोर परिश्रम करके सड़कों, पुलों, रेलवे लाइनों का निर्माण करते हैं, खेतों में कड़ी मेहनत करके अन्न उपजाते हैं, उनके बदले में उन्हें बहुत कम मज़दूरी मिलती है, लेकिन उनका श्रम देश की प्रगति में बहुत सहायक होता है। वे कम प्रतिदान पाकर भी देश के विकास में अधिक योगदान देते हैं।

प्र.12 आज की पीढ़ी द्वारा प्रकृति के साथ किस तरह का खिलवाड़ किया जा रहा है? इसे रोकने में आपकी क्या भूमिका होनी चाहिए? CBSE 2013, 12

उत्तर आज की पीढ़ी स्वार्थपरक हो गई है। वह प्रकृति के साथ बहुत खिलवाड़ कर रही है। मनुष्य अपने लाभ के लिए वृक्षों की अंधाधुंध कटाई कर रहा है। वनों की समाप्ति के कारण जीव-जंतु भी समाप्त हो रहे हैं। कुछ पशु-पक्षियों की प्रजातियाँ तो विलुप्त भी हो चुकी हैं। मनुष्य द्वारा नदियों के जल को दूषित करने एवं पानी का गलत प्रयोग करने से कई स्थानों पर पानी की कमी तथा जल जीवों की संख्या में ह्रास हो रहा है। दिनोंदिन पेय जल संकट भी गहराता जा रहा है।

मनुष्य पहाड़ों को पर्यटन स्थल बनाकर वहाँ पर प्रदूषण फैला रहा है। इन सभी कारणों से प्रदूषण में वृद्धि हुई है। इसे रोकने के लिए गंभीर उपाय करने आवश्यक हैं; जैसे—प्रत्येक व्यक्ति पेड़ लगाए और बच्चे की तरह उसकी देखभाल करे। प्रकृति की रक्षा हेतु आवश्यक है कि हम नदियों में कूड़ा-करकट न डालें। अधिक पर्यटक स्थल न बनाएँ। सतत विकास की अवधारणा का अनुपालन करते हुए प्राकृतिक संसाधनों का उपयोग करें।

प्र.13 प्रदूषण के कारण स्नो-फॉल में कमी का ज़िक्र किया गया है। प्रदूषण के और कौन-कौन-से दुष्परिणाम सामने आए हैं? लिखिए।

अथवा **'साना-साना हाथ जोड़ि' पाठ में प्रदूषण के कारण हिमपात में कमी पर चिंता व्यक्त की गई है। प्रदूषण के और कौन-कौन से दुष्परिणाम सामने आए हैं? हमें इसकी रोकथाम के लिए क्या करना चाहिए?**

उत्तर लेखिका को उम्मीद थी कि उसे लायुंग में बर्फ देखने को मिलेगी, लेकिन सिक्किमी व्यक्ति ने बताया कि प्रदूषण के कारण न सिर्फ़ स्नो-फॉल कम हो गया है, बल्कि वातावरण में और भी अनेक प्रतिकूल परिवर्तन आ रहे हैं। इससे नदियों का जल प्रदूषित हो रहा है और जल प्रवाह की मात्रा कम हो रही है। भूमिगत जल का स्तर गिरता जा रहा है, जिसके फलस्वरूप पीने योग्य पानी की कमी सामने आ रही है। प्रदूषण के कारण वायु प्रदूषित हो रही है, जिससे मनुष्य अस्थमा, कैंसर तथा उच्च रक्तचाप जैसे अनेक रोगों से ग्रस्त हो रहा है। ध्वनि प्रदूषण से शांति भंग होती है। इससे बहरापन, अनिद्रा एवं मानसिक अस्थिरता जैसी अनेक बीमारियाँ होने लगती हैं।

मनुष्यों, पशु-पक्षियों एवं वनस्पतियों को स्वस्थ व जीवित रहने के लिए हमारे पर्यावरण का स्वच्छ रहना अति आवश्यक है। वनों की कटाई तथा नदियों में अपशिष्ट पदार्थों को बहने से रोककर, कारखानों की चिमनियों तथा वाहनों से निकलने वाले धुएँ का शोधन व उसकी मात्रा को कम कर तथा वृक्षारोपण को बढ़ावा देकर प्रदूषण की रोकथाम की जा सकती है।

प्र.14 'कटाओ' में किसी भी दुकान का न होना उसके लिए वरदान है। इस कथन के पक्ष में अपनी राय व्यक्त कीजिए।

अथवा **इस पाठ में कहा गया है कि कटाओ पर किसी दुकान का न होना वरदान है। ऐसा क्यों? भारत के अन्य प्राकृतिक स्थानों को वरदान बनाने में नवयुवकों की क्या भूमिका हो सकती है? स्पष्ट कीजिए।** दक्षता आधारित प्रश्न

अथवा **'कटाओ' पर किसी भी दुकान का न होना उसके लिए वरदान है। देश के पर्यटन स्थलों की दुर्दशा के संदर्भ में 'साना-साना हाथ जोड़ि' पाठ में आए इस वक्तव्य की समीक्षा कीजिए।** CBSE SQP (Additional Set) 2023

उत्तर 'कटाओ' सिक्किम की एक खूबसूरत किंतु अनजान-सी जगह है, जहाँ प्रकृति अपने पूर्ण वैभव के साथ दिखाई देती है।

कटाओ में किसी दुकान का न होना भी वहाँ के लिए वरदान है, क्योंकि अभी तक यह पर्यटन स्थल नहीं बना है। यदि दुकानों की कतार लग गई तो कटाओ का नैसर्गिक सौंदर्य नष्ट हो जाएगा। आबादी बढ़ेगी और पर्यटकों की भीड़ जमा होकर गंदगी तथा प्रदूषण फैलाएगी। लेखिका को केवल यही स्थान मिला, जहाँ पर वह स्नो-फॉल देख पाई, क्योंकि वहाँ प्रदूषण नहीं था। आज के नवयुवक विशेष अभियान चलाकर प्राकृतिक स्थानों को गंदगी-मुक्त करके अपना योगदान दे सकते हैं। वे दूसरों को जागरूक करने में भी महत्त्वपूर्ण भूमिका निभा सकते हैं।

प्र.15 प्रकृति ने जल संचय की व्यवस्था किस प्रकार की है?

उत्तर प्रकृति ने जल संचय की बड़ी अद्भुत व्यवस्था की है। वह सर्दियों में पर्वत शिखरों पर बर्फ़ के रूप में जल को एकत्र करके भंडारण करती है। हिममंडित पर्वतशिखर जल स्तंभ के समान है, जो गर्मियों में जलधारा प्रवाहित करके करोड़ों लोगों की प्यास बुझाते हैं। नदियों के रूप में बहती यह जलधारा अपने किनारे बसे नगर, गाँवों में जल संसाधन के रूप में तथा नहरों के द्वारा एक विस्तृत क्षेत्र में सिंचाई करती है और अंततः सागर में जाकर मिल जाती है।

सागर से जल-वाष्प बादल के रूप में उड़ते हैं, जो मैदानी क्षेत्रों में वर्षा और पहाड़ी क्षेत्रों में बर्फ़ के रूप में बरसते हैं। इस प्रकार जलचक्र द्वारा प्रकृति ने जल संचयन और वितरण की व्यवस्था कर रखी है।

प्र.16 देश की सीमा पर बैठे फ़ौजी किस तरह की कठिनाइयों से जूझते हैं? उनके प्रति हमारा क्या उत्तरदायित्व होना चाहिए?

अथवा **'साना-साना हाथ जोड़ि' के आधार पर लिखिए कि देश की सीमा पर सैनिक किस प्रकार की कठिनाइयों से जूझते हैं? उनके प्रति भारतीय युवकों का क्या उत्तरदायित्व होना चाहिए?** **CBSE 2019**

उत्तर देश की सीमा पर बैठे फौज़ी प्रकृति के प्रकोप को सहन करते हैं। देश की सीमा पर जहाँ तापमान शून्य से 15-20° सेल्सियस नीचे होता है, वहाँ कड़कड़ाती ठंड में भी वे पहरा देते हैं, जबकि हम वहाँ पाँच मिनट भी नहीं रुक सकते। वे गर्मी-सर्दी में भी प्रकृति का प्रकोप सहकर सीमा पर डटे रहते हैं, ताकि हम चैन की नींद सो सकें। ये जवान हर समय अपनी जान हथेली पर रखकर तूफ़ानों के बीच भूखे-प्यासे रहकर अपना कर्त्तव्य निभाते हैं। देश के रक्षक इन फौज़ियों के प्रति हमारा दायित्व है कि हम उनके प्रति स्नेह तथा सम्मान का भाव रखते हुए उन्हें हर प्रकार की सहायता दें। उनके परिवारों को किसी प्रकार का कष्ट या अभाव न हो, उनके बच्चों की शिक्षा ठीक प्रकार से हो, इस बात का ध्यान रखना हमारा भी उत्तरदायित्व होना चाहिए। साथ ही हमें सदा उनकी सलामती की दुआ करनी चाहिए।

अभ्यास प्रश्न

वर्णनात्मक प्रश्नों सहित

विषय वस्तु पर आधारित प्रश्नोत्तर

- **निम्नलिखित प्रश्नों के उत्तर संक्षेप में दीजिए**

1. 'सेवन सिस्टर्स वाटर फॉल' को देख लेखिका ने अपनी भावनाओं को कैसे अभिव्यक्त किया है? 'साना-साना हाथ जोड़ि ...' पाठ के आधार पर लिखिए। **CBSE 2020**

उत्तर 'सेवन सिस्टर्स वॉटर फॉल' को देखकर लेखिका वहाँ के प्राकृतिक सौंदर्य में इतना खो गई कि उनका दिल वहाँ से जाने को नहीं कर रहा था। लेखिका को उस झरने से जीवन-शक्ति का अनुभव हो रहा था। झरने का सौंदर्य देख लेखिका को ऐसा प्रतीत हुआ मानो वह स्वयं देश और काल की सीमाओं से दूर बहती धारा बनकर बह रही है। उसके नकारात्मक विचार निर्मल धारा में बह गए हैं। वह झरने की ध्वनि सुनना चाहती है तथा अनंत समय तक उसमें बहते रहना चाहती है।

2. यूमथांग के पर्वतीय अंचल के जनजीवन तथा पलामू और गुमला के जंगलों की किस समानता का वर्णन लेखिका ने किया है? पाठ के आधार पर उत्तर दीजिए। **CBSE 2016, 13**

उत्तर यूमथांग के पर्वतीय अंचल के जनजीवन तथा पलामू और गुमला के जंगलों में परिश्रम करने वाली स्त्रियों के जीवन की समानता का वर्णन किया है। पलामू और गुमला के जंगलों में पीठ पर बच्चे को कपड़े से बाँधकर आदिवासी युवतियाँ पत्तों की तलाश में वन-वन भटकती रहती हैं। सिक्किम में ये स्त्रियाँ हाथों में कुदाल और हथौड़े लेकर पत्थर तोड़ती रहती हैं। यह देखकर लेखिका को यही लगा कि चाहे सिक्किम हो या पलामू, आम ज़िंदगी की कहानी हर जगह एक-सी है। सारी मलाई एक तरफ़ और सारे आँसू, अभाव, यातना और वंचना एक तरफ़।

3. यूमथांग में चिप्स बेचती युवती से मिलकर लेखिका को क्यों अच्छा लगा? **दक्षता आधारित प्रश्न**

उत्तर यूमथांग में लेखिका ने चिप्स बेचती युवती से पूछा—"क्या तुम सिक्किमी हो?" तब उसने उत्तर दिया "नहीं, मैं इंडियन हूँ।" यह सुनकर लेखिका को अच्छा लगा, क्योंकि उसने अनुभव किया कि सिक्किम के लोग भारत में मिलकर बहुत प्रसन्न हैं। उनके लिए अपनी जाति, धर्म-क्षेत्र और संप्रदाय कोई मायने नहीं रखता, बल्कि उसके लिए राष्ट्र ही सब कुछ है। सिक्किम के लोगों ने पूरे मन से भारत को अपना देश मान लिया है। हर एक सिक्किमी व्यक्ति भारतीयों में इस प्रकार मिल गया है कि लगता ही नहीं, कभी सिक्किम भारत में नहीं था। चिप्स बेचती युवती के माध्यम से राष्ट्रीय एकता के इस स्वरूप को अनुभव कर लेखिका को अत्यंत प्रसन्नता हुई।

4. पहाड़ों पर पुरुषों की अपेक्षा स्त्रियों का जीवन अधिक कठिनाइयों से भरा है। उन कठिनाइयों का निवारण वे कर्त्तव्यप्रियता से ही करती हैं–सोदाहरण स्पष्ट कीजिए। **दक्षता आधारित प्रश्न**

उत्तर पहाड़ों पर पुरुषों की अपेक्षा स्त्रियों का जीवन अधिक कठिनाइयों से भरा होता है, क्योंकि घरेलू ज़िम्मेदारियों का भार स्त्रियों को ही वहन करना पड़ता है। घर के सभी सदस्यों के लिए पीने के पानी का प्रबंध करना, खाना बनाने के लिए ईंधन इकट्ठा करना, मवेशियों को चराना आदि काम स्त्रियों को ही करने पड़ते हैं। इसके लिए उन्हें काफ़ी परिश्रम करना पड़ता है। अपने परिवार की आर्थिक मदद के लिए, वे सड़कें बनाने जैसा दुसाध्य कार्य भी करती हैं।

इन सभी कामों के साथ-साथ उनकी मातृत्व साधना भी चलती रहती है, हमारे समाज में बच्चों के पालन-पोषण की प्राथमिक ज़िम्मेदारी स्त्रियों को ही निभानी पड़ती है। उन्हें पत्थर तोड़ने और सड़क बनाने

जैसे खतरनाक कामों को करते समय अपने बच्चों को भी पीठ पर बाँधकर सँभालना पड़ता है।

वे इन सभी कठिनाइयों का निवारण अत्यंत कर्त्तव्यप्रियता से करती हैं। भूख, मौत, दैन्य और ज़िंदा रहने की जंग में भी वे मुस्कुराती रहती हैं और अपने कर्त्तव्यों का सहज भाव से पालन करती रहती हैं। इस प्रकार की जीवन-शैली को उन्होंने स्वाभाविक तथा सहज रूप से अपना लिया है।

5. पर्वतीय क्षेत्रों पर होने वाली व्यावसायिक प्रगति और विकास का इन स्थलों तथा प्राकृतिक वातावरण पर क्या प्रभाव पड़ रहा है? इस प्रभाव को रोकने के लिए एक सजग नागरिक के रूप में हम क्या प्रयास कर सकते हैं? पठित पाठ के आधार पर उत्तर दीजिए। **दक्षता आधारित प्रश्न**

उत्तर पर्वतीय क्षेत्रों पर होने वाली व्यावसायिक प्रगति और विकास का इन स्थलों तथा प्राकृतिक वातावरण पर अत्यंत नकारात्मक प्रभाव पड़ रहा है।

विकास और प्रगति के नाम पर इन क्षेत्रों के प्राकृतिक संसाधनों का अंधाधुंध दोहन किया जा रहा है, जिसके कारण प्राकृतिक असंतुलन की स्थिति पैदा हो गई है।

इन क्षेत्रों में प्रदूषण अत्यंत तीव्र गति से बढ़ रहा है। प्रदूषण के चलते स्नो-फॉल लगातार कम होता जा रहा है और तापमान में असामान्य वृद्धि हो रही है। पहाड़ों की बर्फ़ तेज़ी से पिघल रही है, जिससे समुद्र के जलस्तर में बढ़ोतरी की संभावनाएँ ज़ोर पकड़ रही हैं। वहीं दूसरी ओर इन स्थानों का प्राकृतिक सौंदर्य और सुषमा भी अब पहले जैसी नहीं रही।

इस प्रभाव को रोकने के लिए एक सजग नागरिक के रूप में हम उल्लेखनीय प्रयास कर सकते हैं। हम लोगों को इन स्थलों के प्राकृतिक वातावरण की सुरक्षा के प्रति जागरूक करने में अहम भूमिका निभा सकते हैं। उन्हें सतत विकास का महत्त्व समझाकर प्राकृतिक संसाधनों के दुरुपयोग को नगण्य कर सकते हैं। हम स्थानीय लोगों की सहायता से इन स्थलों के लिए विशेष सफ़ाई अभियान चलाकर इन क्षेत्रों में फैली गंदगी को मिटा सकते हैं तथा साथ ही सैलानियों को भी इसके लिए प्रेरित कर सकते हैं। इस प्रकार हम पर्वतीय क्षेत्रों के प्रति अपना बहुमूल्य योगदान दे सकते हैं।

6. 'यात्राएँ विभिन्न संस्कृतियों से परिचित होने का अच्छा माध्यम है' 'साना-साना हाथ जोड़ि' यात्रा-वृत्तांत के आधार पर इस कथन की समीक्षा कीजिए। **CBSE 2020**

उत्तर उपरोक्त कथन पूर्णत: सत्य है। लेखिका जब सिक्किम राज्य की राजधानी गंतोक से होते हुए विभिन्न पर्वतीय प्रदेशों की यात्रा करती है, तो वह केवल वहाँ के प्राकृतिक सौंदर्य से ही परिचित नहीं होती, बल्कि वहाँ भाषा, रीति-रिवाज़, परंपराएँ, मान्यताओं व वहाँ के जीवन की विषमताओं से भी परिचित होती है। अपनी यात्रा के दौरान ही लेखिका को यूमथांग में एक स्थान पर कतार में लगी हुई बौद्ध पताकाओं के महत्त्व से परिचित होती है, जो किसी बुद्धिस्ट की मृत्यु पर उसकी आत्मा की शांति के लिए शहर से दूर किसी पवित्र स्थान पर फहराई जाती थी। इसी प्रकार एक अन्य स्थान पर लेखिका को वहाँ के लोगों की इस मान्यता का भी पता चलता है कि खेदुम नामक देवी-देवताओं के निवास स्थान पर गंदगी फैलाने से गंदगी फैलाने वाले की मृत्यु हो जाती है। अत: कहा जा सकता है कि यात्राएँ विभिन्न संस्कृतियों से परिचित होने का एक अच्छा माध्यम भी है।

7. 'साना - साना हाथ जोड़ि' पाठ के आधार पर लिखिए कि 'खेदुम' क्या है? इसके बारे में गैंगटोकवासियों का क्या विश्वास है? क्या उन्हें सही माना जा सकता है? तर्कसंगत उत्तर दीजिए। **CBSE 2024**

उत्तर 'साना-साना हाथ जोड़ि' पाठ में 'खेदुम' का वर्णन किया गया है। 'खेदुम' सिक्किम में एक किलोमीटर का एक ऐसा क्षेत्र है, जहाँ देवी-देवताओं का निवास माना जाता है। खेदुम के बारे में गैंगटोकवासियों का विश्वास है कि यहाँ पर जो गंदगी फैलाएगा, वह मर जाएगा। गैंगटोकवासियों के लिए यह स्थान पूजनीय है वे पहाड़, नदी, झरने आदि की पूजा करते हैं। यदि वे इन्हें गंदा करेंगे तो हम मर जाएँगे। हाँ यह बिलकुल सही है पहाड़, नदियाँ, झरने प्रकृति के उपहार हैं। हमें इन्हें गंदा नहीं करना चाहिए, चाहिए, इन्हें भविष्य के लिए सुरक्षित रखना चाहिए, क्योंकि हमारा जीवन इन्हीं पर निर्भर है।

8. "लोगों की मान्यताएँ प्रकृति के संरक्षण में सहायक होती हैं" 'साना-साना हाथ जोड़ि' पाठ के आधार पर इस कथन के पक्ष या विपक्ष में अपना मत दीजिए। **दक्षता आधारित प्रश्न**

उत्तर लोगों की परंपराएँ व मान्यताएँ बहुत हद तक प्रकृति को संरक्षित करने में सहायक होती हैं। प्राचीन काल में लोगों का पेड़ों को देवतुल्य समझकर उनकी पूजा करना, नदियों को जीवन उद्धारक समझते हुए उनका संरक्षण करना इसी मान्यता को सिद्ध करता है। 'साना-साना हाथ जोड़ि' पाठ में खेदुम स्थल की घटना भी इसी तथ्य का समर्थन करती हुई प्रतीत होती है। जहाँ पर उस स्थान को देवी-देवताओं का निवास मानकर यह कथा प्रचलित है कि वहाँ गंदगी फैलाने वाले की मृत्यु हो जाती है और इस डर से लोग वहाँ गंदगी नहीं फैलाते। वर्तमान समय में मनुष्य द्वारा अपनी भौतिक इच्छाओं की पूर्ति के लिए वृक्षों की अंधाधुंध कटाई करने, नदियों के जल को प्रदूषित करने आदि के कारण पर्यावरण में अत्यंत परिवर्तन हुए हैं, जो स्वयं मनुष्य के लिए भी हानिकारक हैं। ऐसी स्थिति को देखते हुए कहा जा सकता है कि लोगों की परंपराएँ प्रकृति को संरक्षित करने में सहायक होती हैं।

9. सिक्किम की युवती के कथन 'मैं इंडियन हूँ' से स्पष्ट होता है कि अपनी जाति, धर्म-क्षेत्र और संप्रदाय से अधिक महत्त्वपूर्ण राष्ट्र है। आप किस प्रकार राष्ट्र के प्रति अपने कर्त्तव्य निभाकर देश के प्रति अपना प्रेम प्रकट कर सकते हैं? समझाइए। **CBSE 2019**

***अथवा* अपने शहर को स्वच्छ और सुंदर बनाने में आप किस प्रकार योगदान कर सकते हैं? 'साना-साना हाथ जोड़ि' पाठ के आधार पर उत्तर दीजिए।** **CBSE 2016**

***अथवा* एक संवेदनशील युवा नागरिक के रूप में पर्यावरण-प्रदूषण को रोकने में आपकी क्या भूमिका हो सकती है? 'साना-साना हाथ जोड़ि' पाठ को दृष्टि में रखते हुए उत्तर दीजिए।** **CBSE 2016, 13**

उत्तर सिक्किम की युवती के कथन 'मैं इण्डियन हूँ' से स्पष्ट होता है कि अपनी जाति, धर्म, क्षेत्र और संप्रदाय से अधिक महत्त्वपूर्ण राष्ट्र है। सिक्किम के लोग भारत से मिलकर बहुत प्रसन्न हैं।

पहले सिक्किम एक स्वतंत्र रजवाड़ा था। तब वहाँ पर्यटन उद्योग भी इतना फला-फूला नहीं था, परंतु भारत में सिक्किम का विलय होने के पश्चात् यहाँ की स्थिति में सुधार हुआ है। सिक्किम के लोगों में पूरे मन से भारत को अपना देश मान लिया है। राष्ट्र के प्रति हम अपने कर्त्तव्य व देश प्रेम को इस प्रकार प्रकट कर सकते हैं

- हमें अपने राष्ट्र को हरा-भरा तथा प्रदूषण रहित बनाने के लिए अधिक-से-अधिक संख्या में पेड़ लगाने चाहिए और उनकी देखभाल करनी चाहिए।
- हमें सड़कों, गलियों तथा अन्य सार्वजनिक स्थलों पर कूड़ा-करकट नहीं डालना चाहिए। सभी को कूड़ा डालने के लिए कूड़ेदान के प्रयोग पर बल देना चाहिए।
- सभी प्रकार के प्रदूषणों को रोकने के लिए व्यक्तिगत स्तर पर प्रयास करने होंगे; जैसे-सार्वजनिक परिवहन प्रणाली का प्रयोग करना, नदियों में कूड़ा न फेंकना इत्यादि।
- हमें अपने दैनिक जीवन में पर्यावरण के अनुकूल (ईको-फ्रेंडली) सामग्री के प्रयोग को बढ़ावा देना होगा।
- समय-समय पर पर्यावरण संरक्षण के अभियान चलाने चाहिए साथ ही अपने आस-पास के लोगों को जागरूक करना चाहिए तथा प्रत्येक व्यक्ति को पर्यावरण की सुरक्षा के प्रति अपनी व्यक्तिगत जिम्मेदारी सुनिश्चित करनी चाहिए।
- देश के रक्षक फोजियों के प्रति हमारा कर्त्तव्य है कि हमें उनके प्रति प्रेम तथा सम्मान का भाव रखना चाहिए।
- हमें सतत विकास की अवधारणा का अनुपालन करते हुए प्राकृतिक संसाधनों का उपयोग कराना चाहिए।

10. "वहीं सुख, शांति और सुकून है, जहाँ अखंडित संपूर्णता है। पेड़, पौधे, पशु और आदमी सब अपनी-अपनी लय, ताल और गति में हैं। हमारी पीढ़ी ने प्रकृति की इस लय, ताल और गति से खिलवाड़ कर अक्षम्य अपराध किया है।" 'साना-साना हाथ जोड़ि' पाठ के आधार पर बताइए कि इस अक्षम्य अपराध का प्रायश्चित मनुष्य किस प्रकार कर सकता है? **CBSE SQP 2023**

उत्तर हमारी पीढ़ी स्वार्थपरक हो गई है। वह प्रकृति के साथ अनेक प्रकार के खिलवाड़ कर रही है। मनुष्य अपने लाभ के लिए वृक्षों का अंधाधुंध तरीके से दोहन कर रहा है। उसने प्रदूषण व वृक्षों के कटाव से पर्यावरणीय संतुलन बिगाड़ दिया है। इससे प्रकृति की लय, ताल और गति बिगड़ी है, जिसके भयावह परिणाम सामने आ रहे हैं। मनुष्य के ऐसे अपराध अक्षम्य हैं।

अत: उसे प्रायश्चित करने के लिए प्रकृति व पर्यावरण की कराह सुनकर उनके अनुकूल व्यवहार करना होगा। प्रत्येक व्यक्ति पेड़ लगाए और बच्चे की तरह उनकी देखभाल भी करे। प्रकृति की सुरक्षा हेतु आवश्यक है कि हम नदियों में कूड़ा-करकट न डालें, अधिक पर्यटन स्थल न बनाएँ तथा सतत विकास की अवधारणा का अनुपालन करते हुए प्राकृतिक संसाधनों का उपयोग करें।

हमें पर्यटन स्थलों की प्राकृतिक शुचिता को बनाए रखना होगा और प्रकृति मित्र बनकर प्लास्टिक और पॉलिथीन को ना कहना होगा।

11. 'साना-साना हाथ जोड़ि' पाठ के आधार पर स्तंभ (I) का स्तंभ (II) से सही मिलान कीजिए और प्रत्येक मिलान के लिए एक-एक वाक्य लिखिए। **CBSE SQP (Additional Set) 2023**

	स्तंभ I (पाठ के वाक्य)		स्तंभ II (मूल विचार)
(क)	आसमान उल्टा पड़ा था और सारे तारे बिखरकर नीचे टिमटिमा रहे थे।	(i)	अंधविश्वास, पाप-पुण्य और कल्पनाएँ
(ख)	विज्ञान की प्रगति के बाद भी देश की आत्मा एक जैसी ही है।	(ii)	बादलों की मोटी चादर से बादलमय आकाश का नजारा
(ग)	सब छू-मंतर.. जैसे जादू की छड़ी घुमाई गई हो।	(iii)	आश्चर्यजनक कल्पना की पराकाष्ठा

उत्तर क-(iii), ख-(i), ग-(ii)

(क) आसमान को देखकर लगता है कि जैसे आकाश उल्टा पड़ गया है और सारे तोरे नीचे टिमटिमा रहे हैं। यह आश्चर्यजनक कल्पना की चरम सीमा है।

(ख) विज्ञान की प्रगति के बाद भी देश की आत्मा एक जैसी है, यहाँ के लोगों की आस्थाएँ, अंधविश्वास पाप-पुण्य की अवधारणाएँ और कल्पनाएँ एक जैसी हैं।

(ग) लेखिका को बादलमय आकाश देखकर ऐसा लगता है कि सब कुछ छू-मंतर हो गया है, जैसे जादू की छड़ी घुमाई गई है।

स्व-मूल्यांकन

निम्नलिखित प्रश्नों के उत्तर दीजिए

1. पहाड़ी बच्चों और महानगरीय बच्चों की जीवन-शैली में आपको क्या भिन्नता दिखाई देती है? अपने विचार लिखिए तथा आपको अपनी तुलना में उन बच्चों के प्रति कैसी अनुभूति होती है? 'साना-साना हाथ जोड़ि' पाठ के आधार पर लिखिए। **दक्षता आधारित प्रश्न**
2. तिस्ता के पास ठहरे सभी सैलानियों ने इकट्ठा होकर रात का आनंद कैसे लिया? स्पष्ट कीजिए। **दक्षता आधारित प्रश्न**
3. कटाओ पहुँचने में लेखिका ने किन-किन कठिनाइयों का सामना किया? 'साना-साना हाथ जोड़ि' पाठ के आधार पर स्पष्ट कीजिए।
4. सैलानियों ने 'कटाओ' की सुंदरता का आनंद कैसे लिया? 'साना-साना हाथ जोड़ि' पाठ के आधार पर स्पष्ट कीजिए।
5. "मंज़िल से कहीं ज़्यादा रोमांचक होता है मंज़िल तक का सफ़र" इस कथन के आधार पर यूमथांग की घाटियों के सौंदर्य को स्पष्ट कीजिए।
6. खेदुम के लोगों की नदी, झरनों तथा पहाड़ों के बारे में क्या धारणा है? आप स्वयं इस विषय में क्या अनुभव करते हैं? लिखिए। **दक्षता आधारित प्रश्न**
7. पाठ के आधार पर सिद्ध कीजिए कि अंधविश्वास देश के हर हिस्से और समाज में व्याप्त है। यह हमारी प्रगति में किस प्रकार बाधक होता है? स्पष्ट कीजिए। **दक्षता आधारित प्रश्न**
8. शिक्षा के संदर्भ में यात्रा करना कितना लाभदायक सिद्ध हो सकता है? पाठ के संदर्भ में स्पष्ट कीजिए।
9. 'साना-साना हाथ जोड़ि' यात्रा वृत्तांत में वर्णित ऐसी घटना का उल्लेख कीजिए जिसने आपको बहुत प्रभावित किया हो। **दक्षता आधारित प्रश्न**
10. प्रकृति के विनाश के लिए मनुष्य स्वयं ही उत्तरदायी है। इस कथन के पक्ष या विपक्ष में उत्तर देते हुए अपने विचार प्रकट कीजिए।

मैं क्यों लिखता हूँ? अज्ञेय

अध्याय 3

पाठ की रूपरेखा

प्रसिद्ध साहित्यकार 'अज्ञेय' ने 'मैं क्यों लिखता हूँ' निबंध में यह स्पष्ट किया है कि रचनाकार की भीतरी विवशता ही उसे लेखन के लिए मजबूर करती है और लिखकर ही रचनाकार उससे मुक्त हो पाता है। अज्ञेय का यह मानना है कि प्रत्यक्ष अनुभव जब अनुभूति का रूप धारण करता है, तभी रचना पैदा होती है।

अनुभव के बिना अनुभूति नहीं होती, परंतु यह आवश्यक नहीं कि हर अनुभव अनुभूति बने। अनुभव जब भाव जगत् और संवेदना का हिस्सा बनता है, तभी वह कलात्मक अनुभूति में रूपांतरित होता है।

लेखक परिचय

प्रयोगवाद के प्रवर्तक सच्चिदानंद हीरानंद वात्स्यायन 'अज्ञेय' का जन्म वर्ष 1911 में उत्तर प्रदेश के देवरिया ज़िले के कसिया (कुशीनगर) क्षेत्र में हुआ था। इनकी प्रारंभिक शिक्षा जम्मू-कश्मीर में हुई तथा बी.एस.सी. लाहौर से उत्तीर्ण की।
स्वतंत्रता के पश्चात् हिंदी साहित्य, पत्रकारिता तथा कविताओं पर अज्ञेय जी का आधिपत्य था। कविता के अतिरिक्त उन्होंने कहानी, उपन्यास, यात्रा-वृत्तांत, निबंध, आलोचना आदि साहित्य की अनेक विधाओं में अपनी लेखनी का प्रयोग किया।

इनकी प्रमुख कृतियाँ हैं—भग्नदूत, चिंता, अरी ओ करुणा प्रभामय, इंद्रधनु रौंदे हुए ये, आँगन के पार द्वार (काव्य-संग्रह); शेखर: एक जीवनी, नदी के द्वीप (उपन्यास); विपथगा, शरणार्थी, जयदोल (कहानी-संग्रह); त्रिशंकु, आत्मनेद (निबंध); अरे यायावर रहेगा याद (यात्रा-वृत्तांत)।

अज्ञेय ने 'तार सप्तक' का संपादन किया, जिसका समकालीन हिंदी कविता में महत्त्वपूर्ण स्थान है। अज्ञेय जी को साहित्य अकादमी एवं ज्ञानपीठ पुरस्कार तथा कई अन्य राष्ट्रीय-अंतर्राष्ट्रीय पुरस्कारों से भी सम्मानित किया गया। वर्ष 1987 में उनका निधन हो गया।

पाठ का सार

लिखने का प्रश्न : अत्यंत कठिन

'मैं क्यों लिखता हूँ?' लेखक के अनुसार यह प्रश्न बहुत सरल प्रतीत होता है, पर यह बहुत कठिन भी है। इसका सच्चा तथा वास्तविक उत्तर लेखक के आंतरिक जीवन से संबंध रखता है। उन सबको संक्षेप में कुछ वाक्यों में बाँध देना आसान नहीं है।

लिखने का असली कारण

लेखक 'मैं क्यों लिखता हूँ?' प्रश्न का एक उत्तर देते हुए कहते हैं कि वह स्वयं जानना चाहता है कि वह आखिर किसलिए लिखता है। बिना लिखे हुए लेखक को इस प्रश्न का उत्तर नहीं मिल सकता। लिखकर ही वह उस आंतरिक प्रेरणा को, विवशता को पहचानता है, जिसके कारण उसने लिखा। लेखक को लगता है कि वह उस आंतरिक विवशता से मुक्ति पाने के लिए, तटस्थ (अलग) होकर उसे देखने और पहचान लेने के लिए लिखता है।

सभी लेखक का कृतिकार न होना

लेखक को ऐसा लगता है कि सभी लेखक कृतिकार नहीं होते तथा उनके सभी लेखन कृति भी नहीं होते। सभी लेखकों के लिखने के पीछे कोई न कोई अलग कारण होता है। कुछ लेखक ख्याति मिल जाने के बाद तो कुछ बाहरी विवशता से लिखते हैं। बाहरी विवशता संपादकों का आग्रह, प्रकाशक का तकाजा, आर्थिक आवश्यकता आदि के रूप में हो सकती है।

लेखक का स्वभाव और अनुशासन

लेखन में कृतिकार के स्वभाव और आत्मानुशासन का बहुत महत्त्व है। कुछ लेखक अभ्यंतर प्रेरणा से लिखते हैं एवं यह भेद बनाए रखते हैं कि उनकी कौन-सी कृति आंतरिक प्रेरणा का फल है और कौन-सी कृति बाहरी दबाव का परिणाम है। कुछ लेखक इतने आलसी होते हैं कि बिना बाहरी दबाव के लिख ही नहीं पाते; जैसे—प्रात:काल नींद खुल जाने पर भी कोई बिछौने (बिस्तर) पर तब तक पड़ा रहता है, जब तक घड़ी का अलार्म न बज जाए। इस प्रकार, कुछ लेखक बिना बाहरी दबाव के अलार्म

को सहायक यंत्र की तरह उपयोग में लेता है, जिससे उनका वास्तविकता से संबंध बना रहे। लेखक कहता है कि मुझे बाहरी यंत्र की आवश्यकता नहीं, मैं अपने आप ही उठ जाता हूँ। यदि अलार्म बज भी जाए तो कोई हानि नहीं होती है।

लेखक की भीतरी विवशता

लेखक की भीतरी विवशता का वर्णन करना बड़ा कठिन है। लेखक कहता है कि मैं विज्ञान का विद्यार्थी रहा हूँ और मेरी नियमित शिक्षा भी विज्ञान विषय में ही हुई है। इसलिए मुझे अणु का सैद्धांतिक ज्ञान पहले से ही है, जब हिरोशिमा में अणु बम गिरा, तब लेखक ने उससे संबंधित खबरें पढ़ीं, साथ ही उसके परवर्ती प्रभावों का विवरण भी पढ़ा। विज्ञान के इस दुरुपयोग के प्रति बुद्धि का विद्रोह स्वाभाविक था। लेखक ने इसके बारे में लेख आदि में कुछ लिखा भी, पर लेख में अनुभूति के स्तर पर जो विवशता होती है, वह बौद्धिक पकड़ से आगे की बात है।

हिरोशिमा के प्रभावितों से साक्षात्कार

एक बार लेखक को जापान जाने का अवसर मिला। वहाँ जाकर उसने हिरोशिमा और उस अस्पताल को भी देखा, जहाँ रेडियम पदार्थ से आहत लोग वर्षों से कष्ट पा रहे थे। इस प्रकार, लेखक को प्रत्यक्ष अनुभव हुआ। उसे लगा कि कृतिकार के लिए अनुभव से अनुभूति गहरी चीज़ है। यही कारण है कि हिरोशिमा में सब कुछ देखकर भी लेखक ने तत्काल कुछ नहीं लिखा। फिर एक दिन लेखक ने वहीं सड़क पर घूमते हुए देखा कि एक जले हुए पत्थर पर एक लंबी उजली छाया है।

उसकी समझ में आया कि विस्फोट के समय कोई व्यक्ति वहाँ खड़ा रहा होगा और विस्फोट से बिखरे हुए रेडियोधर्मी पदार्थ की किरणें उसमें रुद्ध हो गई होंगी और उन किरणों ने उसे भाप बनाकर उड़ा दिया होगा। इसी कारण पत्थर का वह छाया वाला अंश झुलसने से बन गया होगा। यह देखकर उसे लगा कि समूची ट्रेजडी (दु:खद घटना) जैसे पत्थर पर लिखी गई है।

लेखक का आश्चर्य

उस छाया को देखकर लेखक को जैसे एक थप्पड़-सा लगा। लेखक ने महसूस किया कि जैसे उसी क्षण अणु विस्फोट उसकी अनुभूति में आ गया और वह स्वयं हिरोशिमा के विस्फोट का भोक्ता बन गया।

अचानक एक दिन उसने भारत आकर हिरोशिमा पर एक कविता लिखी। यह कविता अच्छी है या बुरी, इससे लेखक को मतलब नहीं है। उसके लिए तो वह अनुभूतिजन्य सत्य है, जिससे वह यह जान गया कि कोई रचनाकार रचना क्यों करता है।

शब्दार्थ

शब्द	अर्थ
आंतरिक	भीतरी/मानसिक
संक्षेप	कम
स्पर्श	छूना
आभ्यंतर	भीतर का/अंदरूनी
विवशता	मजबूरी/लाचारी
उन्मेष	प्रकाश/दीप्ति
निमित्त	कारण
आत्मानुशासन	स्वयं अपनाए गए नियम
यंत्र	मशीन
कदाचित्	शायद
रेडियम-धर्मी तत्त्व	अतिरिक्त ऊर्जा व विकिरण निर्गत करने वाले तत्त्व
भेदन	तोड़ना
परवर्ती	बाद में

शब्द	अर्थ
तर्क संगति	तर्क परंपरा
अपव्यय	फिजूलखर्ची
व्यर्थ	बेकार
ज्वलंत	जलना
प्रत्यक्ष	साक्षात्
रुद्ध	बंद होना/फँसना
समूची	सारी
ट्रेजडी	दु:खद घटना
अवाक्	मौन/चुप्पी
सहसा	अचानक
क्षण	पल
भोक्ता	भोगने वाला
आकुलता	व्याकुलता/बेचैनी
प्रसूत	उत्पन्न

NCERT फोल्डर

पाठ्यपुस्तक (कृतिका भाग-2) के प्रश्नोत्तर

प्र.1 लेखक के अनुसार, प्रत्यक्ष अनुभव की अपेक्षा अनुभूति उनके लेखन में कहीं अधिक मदद करती है, क्यों?

उत्तर लेखक का कहना है कि प्रत्यक्ष अनुभव की अपेक्षा अनुभूति किसी भी लेखन में कहीं अधिक सहायक होती है, क्योकि लेखन कार्य मन के भीतर की वस्तु है, उसे ऊपरी या बाहरी वस्तु नहीं कहा जा सकता। लेखन के लिए आंतरिक अनुभूति, संवेदना तथा कल्पना का होना अनिवार्य है, न कि सिर्फ़ अनुभव का।

सच्चा लेखन भीतरी विवशता से पैदा होता है। जब तक रचनाकार का हृदय किसी अनुभव के कारण पूरी तरह संवेदित नहीं होता और उसमें अभिव्यक्त होने की पीड़ा नहीं होती, तब तक वह कुछ लिख नहीं पाता।

प्र.2 लेखक ने अपने आपको हिरोशिमा के विस्फोट का भोक्ता कब और किस तरह महसूस किया? **CBSE 2013**

उत्तर लेखक हिरोशिमा की घटनाओं के बारे में सुनकर तथा उनके कुप्रभावों को देखकर भी विस्फोट का भोक्ता नहीं बन पाया, परंतु एक दिन वह जापान के हिरोशिमा नगर की एक सड़क पर घूम रहा था।

अचानक उसकी नज़र एक पत्थर पर पड़ी। उस पत्थर पर एक मानव की छाया छपी हुई थी। वास्तव में, परमाणु विस्फोट के समय कोई मनुष्य उस पत्थर के पास खड़ा रहा होगा, रेडियोधर्मी किरणों ने उस आदमी को भाप की तरह उड़ाकर उसकी छाया पत्थर पर डाल दी थी। उसे देखकर लेखक के मन में पीड़ा से भरी अनुभूति जाग गई। उसके मन में विस्फोट का प्रत्यक्ष दृश्य साकार हो उठा। उस समय उसने स्वयं को विस्फोट का भोक्ता महसूस किया।

प्र.3 'मैं क्यों लिखता हूँ?' पाठ के आधार पर बताइए कि

(क) लेखक को कौन-सी बातें लिखने के लिए प्रेरित करती हैं?

(ख) किसी रचनाकार के प्रेरणा स्रोत किसी दूसरे को कुछ भी रचने के लिए किस तरह उत्साहित कर सकते हैं?

उत्तर (क) एक सच्चा लेखक आंतरिक स्तर पर संवेदनशील होता है। उसके अंतर्मन की अनुभूतियाँ ही उसे लिखने के लिए प्रेरित करती हैं। लेखक लिखकर ही अपनी आंतरिक विवशता को स्वयं पहचानता है तथा दूसरों को दिखाता है।

(ख) लेखन एक कला है। कभी-कभी यह बाह्य प्रेरणा स्रोतों से भी प्रभावित होती है। अपनी ख्याति के लिए, संपादकों के आग्रह अथवा आर्थिक आवश्यकताओं के कारण भी रचनाकार लिखने को प्रेरित होता है।

प्र.4 कुछ रचनाकारों के लिए आत्मानुभूति/स्वयं के अनुभव के साथ-साथ बाह्य दबाव भी महत्त्वपूर्ण होता है। ये बाह्य दबाव कौन-कौन-से हो सकते हैं?

उत्तर कुछ रचनाकारों के लिए आत्मानुभूति के साथ-साथ बाह्य दबाव भी महत्त्वपूर्ण होते हैं और वे प्रसिद्धि मिल जाने के बाद बाह्य विवशता के कारण भी लिखते हैं। ये बाह्य दबाव निम्नलिखित हो सकते हैं; जैसे—

- यदि कोई संपादक कुछ लिखने का अनुरोध करें।
- कुछ रचनाकार प्रकाशकों के तकाजे से लिखते हैं।
- कभी-कभी आर्थिक आवश्यकताएँ भी लेखन की विवशता बन जाती हैं।

प्र.5 क्या बाह्य दबाव केवल लेखन से जुड़े रचनाकारों को ही प्रभावित करते हैं या अन्य क्षेत्रों से जुड़े कलाकारों को भी प्रभावित करते हैं, कैसे? **दक्षता आधारित प्रश्न**

उत्तर बाहरी दबाव केवल लेखन से जुड़े रचनाकारों को ही प्रभावित नहीं करते अपितु ये सभी प्रकार के कलाकारों को भी प्रभावित करता है। उदाहरणत: अधिकतर गायक, नर्तक, अभिनेता, कलाकार आदि अपने दर्शकों, श्रोताओं, आयोजकों की माँग पर कला-प्रदर्शन करते हैं।

एक चित्रकार या मूर्तिकार जब किसी दूसरे चित्रकार अथवा मूर्तिकार को देखता है, जिसे सम्मान और आर्थिक लाभ भी प्राप्त होता दिखाई देता है, तो वह भी प्रभावित होकर अपनी प्रतिभा को दर्शाने का प्रयत्न और उसका व्यवसायीकरण करता है। फ़िल्म कलाकार को भी अक्सर पूँजीपतियों एवं राजनीतिक नेताओं के दबाव में कार्य करते देखा गया है। आज स्तरहीन श्रोताओं व दर्शकों की माँग पर मंच पर फूहड़ संगीत व अभिनय परोसने वाले कलाकारों की भी कमी नहीं है।

प्र.6 हिरोशिमा पर लिखी कविता लेखक के अंत: व बाह्य दोनों दबाव का परिणाम है, यह आप कैसे कह सकते हैं?

उत्तर हिरोशिमा पर लिखी गई कविता रचनाकार के अंत: व बाह्य दोनों दबावों का परिणाम है ऐसा इसलिए कहा जा सकता है, क्योंकि लेखक को जब जापान के हिरोशिमा नगर में घूमते समय एक जले हुए पत्थर पर मानव छाया दिखाई देती है, तो वह स्वयं को वहाँ अणु बम के विस्फोट के रूप में घटी अमानवीय घटना का भोक्ता महसूस करता है। यह दृश्य लेखक को अनुभव से अनुभूति के स्तर पर ले जाकर अर्थात् उसकी संवेदनाओं को जागृत करके उसे कविता लिखने के लिए विवश करता है। इसी दबाव के परिणाम स्वरूप लेखक ने यह कविता लिखी।

प्र.7 हिरोशिमा की घटना विज्ञान का भयानकतम दुरुपयोग है। आपकी दृष्टि में विज्ञान का दुरुपयोग कहाँ-कहाँ और किस तरह से हो रहा है? **दक्षता आधारित प्रश्न**

अथवा **आज विज्ञान का दुरुपयोग किस रूप में हमारे सामने आ रहा है? 'मैं क्यों लिखता हूँ?' पाठ के आधार पर उत्तर दीजिए।** **CBSE 2013, 12**

उत्तर आजकल विज्ञान का दुरुपयोग कई स्तरों पर किया जा रहा है। आज इसके द्वारा आतंकवादी संसार भर में बम-विस्फोट कर रहे हैं। उदाहरण स्वरूप अमेरिका की एक बहुमंज़िली इमारत को तहस-नहस करना, मुंबई में हुए बम-विस्फोट, आए दिन गाड़ियों में आग लगाना इत्यादि घटनाओं को लिया जा सकता है। आंतरिक रूप

से एक राष्ट्र दूसरे राष्ट्र को आतंकित व भयभीत करने की कोशिश कर रहा है। विज्ञान के ही कारण दिन-प्रतिदिन प्रदूषण बढ़ रहा है।

विज्ञान के दुरुपयोग से कन्या-भ्रूण हत्याएँ हो रही हैं, जिससे जनसंख्या का संतुलन बिगड़ रहा है। किसान कीटनाशक और ज़हरीले रसायन के माध्यम से फ़सलों का उत्पादन कर रहे हैं, जिससे लोगों का स्वास्थ्य खराब हो रहा है।

विज्ञान के उपकरणों के कारण वातावरण में गर्मी बढ़ रही है, बर्फ़ पिघलने का खतरा बढ़ रहा है। भयंकर दुर्घटनाएँ रोज़मर्रा का हिस्सा बन गई हैं। साइबर क्राइम भी विज्ञान से जन्मी समस्या है।

प्र.8 एक संवेदनशील युवा नागरिक की हैसियत से विज्ञान का दुरुपयोग रोकने में आपकी क्या भूमिका हो सकती है? CBSE 2016, 12

उत्तर एक संवेदनशील युवा नागरिक की हैसियत से विज्ञान का दुरुपयोग रोकने में हम निम्नलिखित भूमिका निभा सकते हैं।

- विज्ञान द्वारा प्रदत्त उपलब्धियों का प्रयोग मानव जाति के उत्थान के लिए करें।
- विद्युत शक्ति का प्रयोग उचित तरीके से करने पर बल दें।
- मुद्रण-यंत्रों का उपयोग अच्छे व समाज हितैषी समाचार-पत्रों व पुस्तकों को छापने के लिए करें।
- चिकित्सा क्षेत्र में हुई विज्ञान की नई खोजों के माध्यम से इलाज सबको मिले, इसे सुनिश्चित किया जाए।
- कृषि सुधार व उद्योग-धंधों की उन्नति में सहायक पद्धति एवं उपकरणों से नागरिकों को अवगत कराएँ।
- समाज को विकृत करने वाली फ़िल्मों व टी.वी. कार्यक्रमों का विरोध करें।
- भ्रूण हत्या आदि को अंजाम देने वाले डॉक्टरों के खिलाफ़ प्रमाण जुटाकर उनके बुरे कार्यों पर रोक लगाएँ।

अभ्यास प्रश्न

वर्णनात्मक प्रश्नों सहित

विषयवस्तु पर आधारित प्रश्नोत्तर

निम्नलिखित प्रश्नों के उत्तर संक्षेप में दीजिए

1. 'मैं क्यों लिखता हूँ' प्रश्न के उत्तर में लेखक क्या कारण बताता है? CBSE SQP 2023

उत्तर 'मैं क्यों लिखता हूँ' इस प्रश्न के उत्तर में लेखक कहते हैं कि मैं इसलिए लिखता हूँ, क्योंकि मैं स्वयं को जानना चाहता हूँ। बिना लिखे मैं स्वयं को नहीं जान सकता, लिखकर ही मैं अपने अभ्यंतर की विवशता को पहचान सकता हूँ और उससे मुक्त हो सकता हूँ, इसलिए मैं लिखता हूँ। लिखने के पीछे सभी लेखकों का कोई न कोई कारण होता है कुछ ख्याति मिल जाने के बाद कुछ बाहर की विवशता से लिखते हैं।

2. 'सभी लेखक कृतिकार नहीं होते और उनकी सभी रचनाएँ 'कृति' नहीं होती।'
'मैं क्यों लिखता हूँ' पाठ के आधार पर लेखक के दृष्टिकोण से 'कृति' का अर्थ स्पष्ट करते हुए संपादक, प्रकाशक और आर्थिक आवश्यकताओं की पूर्ति हेतु लिखने वाले लेखकों के बारे में बताइए। CBSE SQP (Additional Set) 2023

उत्तर लेखक द्वारा अपने मन की छटपटाहट को जब शब्दों में व्यक्त किया जाता है, तो इस प्रकार का लेखन 'कृति' कहलाता है अर्थात् सच्चा लेखन वह है, जिसे लेखक द्वारा आंतरिक दबाव में लिखा गया है। ऐसा लेखक कृतिकार कहलाता है, परंतु जब कुछ लेखक प्रसिद्ध हो जाते हैं, तो संपादक और प्रकाशक लेखक से कुछ लिखने के लिए आग्रह करते हैं और लेखक लेख लिख देते हैं। कभी-कभी लेखक अपनी आर्थिक आवश्यकताओं की पूर्ति के लिए भी लेख लिखते हैं, जिससे उन्हें पारिश्रमिक व ख्याति दोनों प्राप्त होते हैं। अत: सभी लेखक कृतिकार नहीं होते और न ही उनका समस्त लेखन कृति होता है।

3. पाठ के आधार पर बताइए कि एक लेखक के लिए स्वभाव और आत्मानुशासन का क्या महत्त्व होता है? दक्षता आधारित प्रश्न

अथवा **"कृतिकार के स्वभाव और आत्मानुशासन का बहुत महत्त्व होता है।" यह बात लेखक अज्ञेय जी ने किस प्रकार समझाई है?** CBSE 2012

उत्तर एक लेखक के लिए स्वभाव और आत्मानुशासन का बहुत महत्त्व है। कुछ लेखकों का स्वभाव ऐसा होता है कि वे बाहरी दबाव के बिना कुछ लिख ही नहीं पाते। यह दबाव भीतरी विवशता को प्रदर्शित करने के लिए होता है। ऐसे में बाहरी दबाव लेखक के लिए सहायक यंत्र के रूप में कार्य करता है। इस संबंध में लेखक का मत यह है कि उसे इस प्रकार के दबाव अथवा सहारे की कोई आवश्यकता नहीं है।

4. लेखक के अनुसार, कृतिकार के स्वभाव और अनुशासन पर बाहरी दबाव का क्या प्रभाव पड़ता है? दक्षता आधारित प्रश्न

उत्तर लेखक का मानना है कि रचनाओं के निर्माण में कृतिकार के स्वभाव और आत्मानुशासन का बहुत महत्त्व होता है। कुछ ऐसे आलसी जीव होते हैं कि बिना बाहरी दबाव के लिख ही नहीं पाते। इसी के सहारे उनके भीतर की विवशता स्पष्ट होती है।

इसका उदाहरण देते हुए लेखक कहता है कि जैसे प्रात:काल नींद खुल जाने पर भी कोई बिछौने पर तब तक पड़ा रहता, जब तक घड़ी का अलार्म न बज जाए।

5. ''मैं क्यों लिखता हूँ'' पाठ में वर्णित हिरोशिमा की घटना क्या थी? पूरे विश्व को ऐसी घटनाओं से कैसे बचाया जा सकता है? CBSE 2023

उत्तर 'मैं क्यों लिखता हूँ 'पाठ में हिरोशिमा की घटना मानव आकृति को देखकर उसके समक्ष द्वितीय विश्वयुद्ध की वह घटना चलायमान हो गई थी, जब हिरोशिमा व नागासाकी में परमाणु बम विस्फोट हुआ था, जिसने जापान को अत्यधिक नुकसान पहुँचाया था। साथ ही लेखक को मनुष्य द्वारा विज्ञान को मानवीयता विरोधी रूप में प्रयोग करने के कारण आत्मग्लानि का जो भाव महसूस हो रहा था, क्योंकि जिस विज्ञान का उपयोग मनुष्य की प्रगति एवं विकास के लिए किया जाना चाहिए, उसी का प्रयोग मानवीयता के विरोधी रूप में किया जा रहा था। इस संपूर्ण कृत्य के मनुष्य स्वयं ही जिम्मेदार हैं।

पूरे विश्व को ऐसी घटनाओं से निम्न कारणों से बचाया जा सकता है—

- विज्ञान द्वारा प्रदत्त उपलब्धियों का प्रयोग मानवजाति के उत्थान के लिए।
- विद्युत शक्ति का प्रयोग उचित तरीके से करने पर बल दें।
- कृषि सुधार व उद्योग-धन्धों की उन्नति में सहायक पद्धति एवं उपकरणों से नागरिकों को अवगत कराएँ।

6. 'मैं क्यों लिखता हूँ' पाठ के आधार पर अनुभव और अनुभूति का अंतर स्पष्ट करते हुए लिखिए कि लेखक ने अपनी जापान यात्रा के दौरान हिरोशिमा में सब कुछ देखकर भी तत्काल क्यों नहीं लिखा? अणु – विस्फोट की अनुभूति लेखक को कब हुई? CBSE 2024

उत्तर 'मैं क्यों लिखता हूँ ' पाठ में लेखक ने स्पष्ट किया है कि अनुभव की अपेक्षा अनुभूति किसी भी लेखन में कहीं अधिक सहायक होती है क्योंकि लेखन कार्य मन के भीतर की वस्तु है। जब तक हृदय में अनुभूति नहीं जगती लेखन कार्य करना संभव नहीं है, क्योंकि यही हृदय में संवेदना जागृत करती है और लेखन के लिए मजबूर करती है। लेखन ने अपनी जापान यात्रा के दौरान हिरोशिमा का दौरा किया था। इस प्रत्यक्ष अनुभूति ने लेखक के हृदय को हिलाकर रख दिया उसे ऐसा प्रतीत हुआ, मानो किसी ने उसे थप्पड़ मारा हो और उसके भीतर उस विस्फोट का भयानक दृश्य प्रज्वलित हो गया। एक दिन हिरोशिमा नगर की सड़क पर घूमते हुए अचानक लेखक की नजर एक पत्थर पर पड़ी। उस पत्थर पर मानव की छाया छपी हुई थी, उसे देखकर लेखक के मन में अनुभूति जग गई उसके मन में विस्फोट का प्रत्यक्ष दृश्य साकार हो उठा उस समय वह विस्फोट का भोक्ता बन गया और लेखक को उसके लिखने के लिए प्रेरित किया।

7. ''सैनिकों द्वारा ब्रह्मपुत्र नदी में बम फेंककर मछलियों को मारना'' वर्तमान में मनुष्य की किस प्रवृत्ति की ओर संकेत करता है? दक्षता आधारित प्रश्न

उत्तर सैनिकों द्वारा ब्रह्मपुत्र नदीं में बम फेंककर मछलियों को मारना मनुष्य की अतिक्रमण एवं संपूर्ण विश्व पर अपने प्रभुत्व को बनाए रखने की प्रवृत्ति की ओर संकेत करता है। मनुष्य की इसी प्रवृत्ति का परिणाम था कि हिरोशिमा व नागासाकी में बम विस्फोट किया गया। वर्तमान समय में मनुष्य अपने झूठे अहम् के कारण किसी भी सीमा तक जा सकता है। वह अपने कृत्य से होने वाली हानि का विश्लेषण नहीं करता, अपितु अपने अहम् के झूठे तुष्टीकरण के लिए मानवता विरोधी कार्य भी बिना किसी भय के कर देता है। मनुष्य की इसी प्रवृत्ति की ओर लेखक ने मछलियों के उदाहरण से संकेत किया है।

8. 'मैं क्यों लिखता हूँ', पाठ के आधार पर बताइए कि विज्ञान के दुरुपयोग से किन मानवीय मूल्यों की क्षति होती है? इसके लिए हम क्या कर सकते हैं? CBSE 2018

उत्तर आजकल विज्ञान का दुरुपयोग अनेक क्षेत्रों में दिखाई दे रहा है। आज इसके द्वारा आतंकवादी संसार भर में बम-विस्फोट कर रहे हैं। विज्ञान के ही कारण दिन-प्रतिदिन प्रदूषण बढ़ रहा है।

इसके दुरुपयोग से कन्या-भ्रूण हत्याएँ हो रही हैं, किसान कीटनाशक और ज़हरीले रसायन के माध्यम से फसलों का उत्पादन कर रहे हैं,

विज्ञान के उपकरणों के कारण वातावरण में गर्मी बढ़ रही है, बर्फ़ पिघलने का खतरा बढ़ रहा है। भयंकर दुर्घटनाएँ रोज़मर्रा का हिस्सा बन गई हैं। साइबर क्राइम भी विज्ञान से जन्मी समस्या है।

विज्ञान के दुरुपयोग को रोकने के लिए हम निम्नलिखित कार्य कर सकते हैं

- विज्ञान द्वारा प्रदत्त उपलब्धियों का प्रयोग मानव जाति के उत्थान के लिए करें।
- विद्युत शक्ति का प्रयोग उचित तरीके से करने पर बल दें।
- मुद्रण-यंत्रों का उपयोग अच्छे व समाज हितैषी समाचार-पत्रों व पुस्तकों को छापने के लिए करें।
- चिकित्सा क्षेत्र में हुई विज्ञान की नई खोजों के माध्यम से इलाज सबको मिले, इसे सुनिश्चित किया जाए।
- कृषि सुधार व उद्योग-धंधों की उन्नति में सहायक पद्धति एवं उपकरणों से नागरिकों को अवगत कराएँ।
- समाज को विकृत करने वाली फ़िल्मों व टीवी कार्यक्रमों का विरोध करें।
- भ्रूण हत्या आदि को अंजाम देने वाले डॉक्टरों के खिलाफ़ प्रमाण जुटाकर उनके बुरे कार्यों पर रोक लगाएँ।

9. रचनाकार की भीतरी विवशता ही उसे लेखन के लिए मजबूर करती है और लिखकर ही रचनाकार उससे मुक्त हो पाता है। 'मैं क्यों लिखता हूँ' पाठ के आधार पर हिरोशिमा घटना से जोड़ते हुए इस कथन की पुष्टि कीजिए। CBSE SQP 2023

उत्तर रचनाकार की भीतरी विवशता ही उसे लेखन के लिए मजबूर करती है, जोकि आंतरिक अनुभूति से उत्पन्न होती है। किसी घटना का अनुभव जब बहुत गहरा होता है, तब मन में संवेदनशीलता उत्पन्न होती है और यही अनुभूति अभिव्यक्ति का आधार बनती है।

अत: बाहरी दबाव की अपेक्षा लेखन के लिए आंतरिक अनुभूति कहीं अधिक प्रभावी है। रचनाकार ने हिरोशिमा की विभीषिका को पत्थर पर उतरी मनुष्य की छाया को देखकर महसूस किया और इसी अनुभूति के घनीभूत होकर उसने हिरोशिमा पर कविता लिख दी। अनुभूति के स्तर पर जो विवशता होती है, वह बौद्धिक पकड़ से आगे की बात है।

10. एक जिम्मेदार युवा नागरिक के रूप में अंतरिक्ष विज्ञान के प्रति अपने साथियों को प्रोत्साहित करने में आपकी भूमिका क्या और क्यों होनी चाहिए? 'मैं क्यों लिखता हूँ' पाठ के आलोक में स्पष्ट कीजिए। **CBSE SQP (Additional Set) 2023**

उत्तर एक जिम्मेदार युवा नागरिक के रूप में हमारा यह दायित्व है कि हम अपने साथियों को अंतरिक्ष विज्ञान के प्रति प्रोत्साहित करने के लिए समझाए कि असफलता ही सफलता की प्रथम सीढ़ी होती है। जिस प्रकार भारत के वैज्ञानिकों के लिए चंद्रयान-2 की असफलता चंद्रयान-3 की सफलता का आधार बनी। अपनी असफलता से दु:खी होकर बैठने के अतिरिक्त वैज्ञानिकों ने अपनी गलतियों से सीखा और चंद्रयान-3 को दक्षिण ध्रुव पर स्थापित करने में सफलता प्राप्त की, इस प्रकार, मनुष्य बाह्य प्रोत्साहन और दबाव से अपनी आंतरिक क्षमताओं का विकास करने के लिए प्रेरित होता है।

दूसरी ओर पाठ में वर्णित हिरोशिमा घटना में विज्ञान का दुरुपयोग किया गया, जहाँ बम-विस्फोट के द्वारा जापान को क्षति पहुँचाई गई, कितने ही लोगों की जानें गईं। अत: हमें विज्ञान की उपलब्धियों को मनुष्य के उत्थान के लिए प्रयोग में लाना चाहिए।

स्व-मूल्यांकन

निम्नलिखित प्रश्नों के उत्तर दीजिए

1. लेखक स्वयं द्वारा साहित्य सृजन का क्या कारण बताता है? 'मैं क्यों लिखता हूँ?' पाठ के आधार पर बताइए। **दक्षता आधारित प्रश्न**
2. लेखक किस विवशता को पहचानना चाहता है और क्यों? पाठ के आलोक में स्पष्ट कीजिए। **दक्षता आधारित प्रश्न**
3. लेखक ने आलसी लेखकों की कौन-सी प्रवृत्ति को उजागर किया है? संक्षेप में समझाइए।
4. लेखक, 'लेखक' और 'कृतिकार' में अंतर क्यों मानता है? स्पष्ट कीजिए।
5. लेखक ने ऐसा क्यों कहा कि "अनुभूति की विवशता बौद्धिक पकड़ से आगे की बात है।" पाठ 'मैं क्यों लिखता हूँ?' के आधार पर स्पष्ट कीजिए।
6. साहित्य सृजन के लिए अनुभूति अनुभव से अधिक महत्त्वपूर्ण तत्त्व है, क्यों और कैसे? 'मैं क्यों लिखता हूँ?' पाठ के आधार पर स्पष्ट कीजिए।
7. प्रत्यक्ष अनुभव और अनुभूति में अंतर स्पष्ट कीजिए।
8. 'मैं क्यों लिखता हूँ?' पाठ से उभरने वाले जीवन-मूल्यों का उल्लेख कीजिए। **दक्षता आधारित प्रश्न**
9. विज्ञान के किस दुरुपयोग से समस्त मानव जाति लज्जित हो रही है? 'मैं क्यों लिखता हूँ?' पाठ के आलोक में अपने स्वतंत्र विचार लिखिए। **दक्षता आधारित प्रश्न**
10. लेखक के स्थान पर स्वयं को रखकर बताइए कि यदि आप लेखन कार्य करते तो क्यों करते?

All in One

संपूर्ण अध्ययन | संपूर्ण अभ्यास | संपूर्ण मूल्यांकन

खंड 'घ' : लेखन

अध्याय

1

अनुच्छेद-लेखन

अनुच्छेद लेखन का अर्थ अनुच्छेद लेखन को **लघु निबंध** भी कहा जा सकता है। इसमें सीमित शब्दों का प्रयोग सुगठित एवं समग्र दृष्टिकोण से किया जाता है। शब्द संख्या सीमित होने के कारण अनुच्छेद लेखन में सभी महत्त्वपूर्ण बिंदुओं पर अपने विचार संक्षेप में सावधानीपूर्वक लिखे जाने चाहिए।

निबंध और अनुच्छेद लेखन में मुख्य अंतर यह है कि जहाँ निबंध में प्रत्येक बिंदु को अलग-अलग परिच्छेद (पैराग्राफ) में लिखा जाता है, वहीं अनुच्छेद लेखन में एक ही परिच्छेद में प्रस्तुत विषय को सीमित शब्दों में प्रस्तुत किया जाता है। इसके अतिरिक्त, निबंध की तरह भूमिका, मध्य भाग एवं उपसंहार जैसा विभाजन अनुच्छेद में करने की आवश्यकता नहीं होती।

अनुच्छेद लेखन में ध्यान रखने योग्य बातें

- यदि परीक्षा में अनुच्छेद लेखन के लिए **संकेत बिंदु** दिए गए हैं, तो सबसे पहले उन बिंदुओं को समझकर रूपरेखा बना लेनी चाहिए और उन्हीं बिंदुओं के आधार पर विषय को स्पष्ट करना चाहिए।
- अनुच्छेद लेखन में उदाहरण अथवा दृष्टांत के लिए कोई स्थान नहीं है। आवश्यकता होने पर उनकी ओर संकेत कर देना ही पर्याप्त होता है।
- अनुच्छेद लेखन के विषय को इस प्रकार लिखना चाहिए कि **संपूर्ण विषय** छोटे व अर्थवान वाक्यों के साथ दी गई शब्द सीमा में पूर्ण रूप से समाप्त हो जाए।
- विषय के विभिन्न पक्षों पर विचार करने के उपरांत **महत्त्वपूर्ण पक्षों** का चुनाव करके उनकी चर्चा करनी चाहिए।
- विषय की प्रस्तुति **प्रभावपूर्ण, कलात्मक** तथा **संक्षिप्त** होनी चाहिए।
- विषय के सभी प्रमुख **बिंदुओं का समावेश** अवश्य होना चाहिए।
- अनुच्छेद के अंत तक **विषय का निष्कर्ष** पूरी तरह स्पष्ट हो जाना चाहिए तथा विषय से संबंधित प्राप्त होने वाले संदेश आदि का भी उल्लेख किया जाना चाहिए।
- **मुहावरों** तथा **लोकोक्तियों** का प्रयोग अनुच्छेद को शक्ति प्रदान करता है तथा भावाभिव्यक्ति को प्रभावशाली बना देता है।

अभ्यास प्रश्न
(दक्षता आधारित प्रश्नों सहित)

पॉलीथिन थैलियों पर अनिवार्य प्रतिबंध

संकेत बिंदु

- पॉलीथिन थैलियों का प्रचलन, प्रसार
- प्रतिबंध की आवश्यकता
- सरकार और आम आदमी के सहयोग

आज प्लास्टिक बैग के उपयोग को मनुष्य ने अपनी आवश्यकताओं के अनुरूप बहुत उपयोगी मान लिया है। सबसे ज्यादा पॉलीथीन का प्रयोग किराने की दुकान पर तथा फल और सब्जियों की दुकान पर किया जाता है। भारत को प्लास्टिक मुक्त बनाने के लिए सरकार को अब नई संस्था को प्लास्टिक उत्पादन की मंजूरी नहीं देनी चाहिए, जिससे प्लास्टिक के उत्पादन को नियंत्रित किया जा सके। भारत को प्लास्टिक मुक्त बनाने के लिए सरकार को कड़े फैसले लेने की आवश्यकता है।

अनेक देशों की सरकारों द्वारा प्लास्टिक बैग का उपयोग प्रतिबंधित कर दिया गया है, क्योंकि इसके द्वारा ही सबसे ज्यादा प्लास्टिक प्रदूषण फैलता है। भारत जैसे कुछ देशों में इन प्रतिबंधों को सही ढंग से लागू नहीं किया गया है, किंतु यदि भारत को प्लास्टिक मुक्त बनाना है, तो सरकार को प्लास्टिक बैग के उपयोग को रोकने के लिए कड़े फैसले लेने ही होंगे। इसके साथ ही लोगों में प्लास्टिक कचरे के पर्यावरण पर नकारात्मक प्रभाव को लेकर जागरूकता फैलाने की भी आवश्यकता है। यह कार्य टेलीविजन और रेडियो व विज्ञापनों आदि के माध्यम से आसानी से किया जा सकता है।

हम चाहे जितना भी प्रयास कर लें, परंतु प्लास्टिक उत्पादों के उपयोग को पूर्ण रूप से बंद नहीं कर सकते। लेकिन हम चाहें तो इसके उपयोग को निश्चित रूप से कम जरूर कर सकते हैं। भारत को प्लास्टिक मुक्त करना मात्र सरकार की ही जिम्मेदारी नहीं है और सरकार अकेले इस विषय में कुछ भी नहीं कर सकती। एक जिम्मेदार नागरिक होने के नाते यह हमारा कर्त्तव्य है कि प्लास्टिक प्रदूषण को कम करने में हम भी अपना महत्त्वपूर्ण योगदान दें।

स्वतंत्रता का अमृत महोत्सव

CBSE SQP 2023

संकेत बिंदु

- भूमिका
- अमृत महोत्सव का अर्थ
- इस महोत्सव में होने वाले समारोह
- इस महोत्सव का महत्त्व
- निष्कर्ष

स्वतंत्रता के अमृत महोत्सव का शुभारंभ 25 मार्च, 2021 को किया गया। अमृत महोत्सव का अर्थ है— नए विचारों एवं आत्मनिर्भरता का अमृत। भारत की आजादी को पूर्ण रूप से 75 वर्ष पूरे होने के उपलक्ष्य में 75 हफ्तों का अमृत महोत्सव मनाने का निर्णय लिया गया। अमृत महोत्सव की शुरुआत साबरमती आश्रम से की गई थी तथा इसका समापन 15 अगस्त 2023 को किया गया। आजादी के अमृत महोत्सव के उपलक्ष्य में भारत सरकार ने हर प्रत्येक तिरंगा अभियान भी चलाया, जिसका उद्देश्य देशभर में देशभक्ति की भावना फैलाना है।

15 अगस्त, 2023 को स्वतंत्रता दिवस पर विभिन्न सांस्कृतिक कार्यक्रम का आयोजन किया गया, जिसमें देशभक्ति से संबंधित गीत, संगीत व नृत्य की प्रस्तुति दी गई। साथ ही मान्यवरों द्वारा देश को संबोधित करते हुए भाषण दिए गए। आजादी के इस अमृत महोत्सव कार्यक्रम में पद यात्रा को भी शामिल किया गया, जिसका नाम फ्रीडम मार्च रखा गया। इसमें लगभग 80 प्रतिभागियों ने भाग लिया। स्पष्टत: आजादी का अमृत महोत्सव देशवासियों के मन में देशप्रेम की भावना जगाने, उनमें प्रेरणा भरने व प्रगति के पथ पर प्रोत्साहित करने का माध्यम है।

अंतरिक्ष में भारत के बढ़ते कदम : चंद्रयान–3

CBSE SQP (Additional Set) 2023

संकेत बिंदु

- इसरो और उसका महत्त्व
- भारत की अंतरिक्ष परियोजनाएँ; जैसे—चंद्रयान, मंगलयान आदि; इन परियोजनाओं से लाभ, वर्तमान चुनौतियाँ, भविष्य की कार्य-योजना।

चंद्रयान-3 भारत का महत्त्वाकांक्षी एवं सफल चंद्र मिशन है। चंद्रयान-1 व चंद्रयान-2 के नक्शे कदम पर चलते हुए चंद्रयान-3 दक्षिणी ध्रुव में चंद्रमा की सतह पर सॉफ्ट लैंडिंग करने का इसरो व संपूर्ण भारत का सफल प्रयास है। यह मिशन भारतीय अंतरिक्ष अनुसंधान संगठन (ISRO) द्वारा 14 जुलाई, 2023 को आंध्र प्रदेश के श्री हरिकोटा के स्पेस सेंटर से सफलतापूर्वक लॉन्च किया गया था। इसका उद्देश्य चंद्रमा की सतह पर सॉफ्ट लैंडिंग का प्रदर्शन, रोवर के घूमने का प्रदर्शन, वैज्ञानिक प्रयोगों का संचालन करना है।

भारत की चंद्रयान, मंगलयान या आदित्य जैसी सफल परियोजनाएँ भारत को प्रौद्योगिकी के क्षेत्र में सफल अवसर प्रदान करती हैं। इन अंतरिक्ष मिशन के माध्यम से देश को तकनीकी और राजनीतिक लाभ ही नहीं, बल्कि आर्थिक और निवेश के संदर्भ में भी लाभ प्राप्त होगा। प्रौद्योगिकी प्रतिभा को आकर्षित करना और बनाए रखने की भारत की क्षमता में स्पष्ट दिखाई देता है। चंद्रयान, मंगलयान या आदित्य जैसे सफल मिशन यह सुनिश्चित करते हैं कि भारत को एक ऐसे गंतव्य के रूप में देखा जाए, जो अंतरिक्ष अनुसंधान और प्रौद्योगिकी के क्षेत्रों में गंभीर अवसर प्रदान करता है। भविष्य में यह मिशन युवा पीढ़ी में जोश भरकर देश को बेहतर व उज्ज्वल करने में महत्त्वपूर्ण भूमिका निभाएँगे।

जीवन का कठिन दौर और मानसिक मजबूती

CBSE SQP 2023

संकेत बिंदु

- मानसिक दृढ़ता से मुश्किल हालातों का सामना संभव
- कठिन हालातों से दो-दो हाथ की शक्ति
- अनेक संघर्षशील व्यक्तियों के उदाहरण
- मानसिक दृढ़ता का संकल्प

जीवन अप्रत्याशित मोड और चुनौतियों से भरा है। जीवन में कठिन समय अपरिहार्य है और इन कठिन समय के दौरान न केवल आपके भावनात्मक स्वास्थ्य की, बल्कि आपकी मानसिक शक्ति की भी परीक्षा होती है। यदि हम मानसिक रूप से दृढ़ होकर मुश्किल परिस्थितियों का सामना करें, तो हम निश्चित रूप से ऐसी परिस्थितियों पर सफलता प्राप्त कर सकते हैं।
मानसिक दृढ़ता हमें अपनी गलतियों से सीखने की योग्यता देती है। कभी-कभी हम जीवन में मिलने वाली लगातार असफलताओं से घबरा जाते हैं, जिससे हमारा मनोबल टूट जाता है और आत्मविश्वास अप्रत्याशित रूप से बहुत कम हो जाता है, लेकिन मनुष्य को हमेशा यह याद रखना चाहिए कि संघर्षों के बाद मिली सफलता की एक अलग ही खुशी होती है। अत: हमें सतत् प्रयासरत रहना चाहिए। असफलताएँ हमारे जीवन में हमारे लिए एक नई सीख लेकर ही आती हैं। अत: हमें हर बार और अधिक उत्साह से अपने लक्ष्य की प्राप्ति में जुट जाना चाहिए। एक चींटी बार-बार दीवार पर चढ़ने का प्रयास करती रहती है। वह कई बार असफल होने पर भी अपने कदम पीछे नहीं हटाती। अंतत: वह अपने प्रयास में सफल हो ही जाती है।

भारत के संघर्षशील व्यक्तियों में महात्मा गाँधी, भगत सिंह, जवाहरलाल नेहरू, राजा राममोहन राय, दयानंद सरस्वती आदि अनेक ऐसे व्यक्ति थे, जिन्होंने देश में व्याप्त अनेक बुराइयों को मिटाने व आजादी दिलाने में बहुत संघर्षरत प्रयास किया। इन्होंने अपने जीवन में अनेक कठिनाइयों का सामना किया। अत: हमें कठिन परिस्थितियों में भी मानसिक दृढ़ता का संकल्प लेना चाहिए तथा कभी कमजोर नहीं पड़ना चाहिए।

निष्पक्ष मीडिया सफल लोकतंत्र का आधार

CBSE 2024

संकेत बिंदु

- भूमिका
- अर्थ
- लोकतंत्र पर प्रभाव
- समस्याएँ
- समाधान

मीडिया सूचनाओं और आँकडों को संरक्षित एवं संप्रेषित करने वाला उपकरण अथवा सामूहिक संचार है। इसे लोकतंत्र का चतुर्थ स्तंभ भी कहा जाता है। निष्पक्ष पत्रकारिता का अर्थ है कि पत्रकार किसी भी खबर का तर्क दोनों तरफ से जनता तक पहुँचाएँ।

मीडिया एक स्वस्थ लोकतंत्र को आकार देने में एक महत्त्वपूर्ण भूमिका निभाता है। यह दुनियाभर में चल रही विभिन्न सामाजिक और राजनीतिक गतिविधियों के प्रति हमें जागरूक करता है तथा एक दर्पण की तरह निष्पक्ष होकर जीवन के कड़वें सत्य और कठोर वास्तविकताओं को प्रतिबिंबित करता है। राजनीतिक पहलुओं एवं लोकतंत्र में मीडिया महत्त्वपूर्ण भूमिका निभाता है। राजनेता अक्सर मीडिया से डरते हैं, क्योंकि मीडिया उनके भ्रष्टाचार, आपराधिक कार्यों और सत्ता के दुरुपयोग को उजागर करता है। नीति में सुधार एवं अधिकारियों को बदलने में भी मीडिया का विशेष योगदान रहा है।

हमारे संविधान में प्रत्येक भारतीय को अभिव्यक्ति की स्वतंत्रता है। यही कारण है कि भारतीय मीडिया अपने अधिकार क्षेत्र में सशक्त व उत्तरदायी मीडिया है। स्वतंत्रता प्राप्ति के पूर्व से अब तक भारतीय मीडिया ने भारत निर्माण में महत्त्वपूर्ण व निष्पक्ष भूमिका निभाई है। महात्मा गाँधी का कहना था कि पत्रकारिता (मीडिया) को हमेशा सामाजिक सरोकारों से जुड़ा होना चाहिए, चाहे इसके लिए कोई भी कीमत चुकानी पड़े, किंतु भारत में आज कितने ही अखबार व टी.वी. चैनल्स हैं, जो कई मानवीय व सामाजिक मूल्यों से सरोकार नहीं रखते, केवल पैसा कमाने के जरिए मात्र बनकर रह जाते हैं। अत: निष्पक्ष और निर्भीक खबरों को पाठकों, श्रोताओं व दर्शकों तक पहुँचाना ही पत्रकारिता की खास पहचान है। इसी से लोकतंत्र भी मजबूत होगा। मीडिया समाज का दर्पण होता है। पत्रकार की लेखनी समाज की गंदगी को दूर करती है और सफल लोकतंत्र के विकास में महत्त्वपूर्ण भूमिका निभाती है।

कृत्रिम बुद्धिमत्ता (आर्टिफिशियल इंटेलिजेंस) का दौर

CBSE Term II 2022

संकेत बिंदु

- कृत्रिम बुद्धिमत्ता क्या है? कैसे काम करती है?
- वर्तमान में इसका प्रचार-प्रसार अधिक कैसे हुआ?
- इसके लाभ और खतरे, हमारे जीवन पर प्रभाव

कृत्रिम बुद्धिमत्ता का शाब्दिक अर्थ कृत्रिम तरीके से विकसित की गई बौद्धिक क्षमता है। यह एक ऐसी तकनीक है, जिसमें एक कम्प्यूटर अपने प्रोग्राम में दिए जा रहे निर्देशों को समझने के बाद उन्हें संरक्षित करता है और उसके आधार पर भविष्य की जरूरतों को समझते हुए निर्णय लेता है तथा उसके अनुसार कार्य करता है। इसके माध्यम से अब मशीनों के बीच संवाद करना संभव हो गया है। इस तकनीक की सहायता से मशीनों द्वारा सीखने, समस्याओं को हल करने, तर्क करने, योजना बनाने आदि कार्य संपन्न किए जाते हैं।

जिस प्रकार मनुष्य अपने अनुभव से अपनी क्षमता को बेहतर करते हैं ठीक उसी प्रकार आर्टिफिशियल इंटेलिजेंस के प्रोग्राम भी हैं, जिसके माध्यम से मशीन भी सीखने का काम कर सकती है। कृत्रिम बुद्धिमत्ता हमें अपने काम को आसान बनाने के लिए विभिन्न तरह से हमारी मदद कर रही है, इसलिए इसका प्रचार-प्रसार अधिक हो रहा है।

इस तकनीक का सर्वाधिक महत्त्वपूर्ण उपयोग स्वास्थ्य क्षेत्र में हो सकता है। इस तकनीक से सर्जरी, पर्यवेक्षण आदि में मदद मिल सकती है, साथ ही ग्रामीण क्षेत्रों में भी इसकी मदद से इलाज किया जा

सकता है। वर्तमान में वित्तीय संस्थानों और बैंकिंग संस्थानों द्वारा डेटा को व्यवस्थित और प्रबन्धित करने के लिए इस तकनीक का उपयोग किया जाता है। आर्टिफिशियल इण्टेलिजेंस खनिज संसाधनों की खोज में भी मदद करता है। साथ ही ऊर्जा क्षेत्र में इसके सम्भावित उपयोग से बिजली सन्तुलन एवं उपयोग दक्षता में वृद्धि होती है।

आर्टिफिशियल इंटेलिजेंस का हमारे जीवन पर बहुत प्रभाव पड़ेगा, क्योंकि इसमें मनुष्य के स्थान पर मशीनों से काम लिया जाएगा। मशीनें स्वयं ही निर्णय लेंगी, जिससे मनुष्य की सहभागिता ही समाज से समाप्त हो जाएँगी। अत: इस प्रौद्योगिकी को अपनाने से पहले इस पर पर्याप्त शोध किया जाना चाहिए।

कंप्यूटर : आज की ज़रूरत

दक्षता आधारित प्रश्न

संकेत बिंदु

- कंप्यूटर का परिचय
- कंप्यूटर की उपयोगिता
- कंप्यूटर से होने वाली हानियाँ

कंप्यूटर वास्तव में, विज्ञान द्वारा विकसित एक ऐसा यंत्र है, जो कुछ ही क्षणों में लाखों-करोड़ों गणनाएँ कर सकता है। कंप्यूटर ने मानव जीवन को बहुत सरल बना दिया है। कंप्यूटर द्वारा रेलवे टिकटों की बुकिंग बहुत आसान और समय बचाने वाली हो गई है। आज किसी भी बीमारी की जाँच करने, स्वास्थ्य का पूरा परीक्षण करने, रक्त-चाप एवं हृदय गति आदि मापने में इसका भरपूर प्रयोग किया जा रहा है। रक्षा क्षेत्र में प्रयुक्त उपकरणों में कंप्यूटर का बेहतर प्रयोग उन्हें और भी उपयोगी बना रहा है। आज हवाई यात्रा में सुरक्षा का मामला हो या यान उड़ाने की प्रक्रिया, कंप्यूटर के कारण सभी जटिल कार्य सरल एवं सुगम हो गए हैं। संगीत हो या फ़िल्म, कंप्यूटर की मदद से इनकी गुणवत्ता को सुधारने में बहुत मदद मिली है। कंप्यूटर से कुछ हानियाँ भी हैं। कंप्यूटर पर आश्रित होकर मनुष्य आलसी प्रवृत्ति का बनता जा रहा है। कंप्यूटर के कारण बच्चे आजकल घर के बाहर खेलों में रुचि नहीं लेते और इस पर गेम खेलते रहते हैं। इस कारण उनका शारीरिक विकास ठीक से नहीं हो पाता। कंप्यूटर आज जीवन की आवश्यकता बन गया है। अत: इसका सही ढंग से प्रयोग कर हम अपने जीवन में प्रगति कर सकते हैं।

ग्लोबल वार्मिंग

CBSE SQP (Additional Set) 2023

संकेत बिंदु

- ग्लोबल वार्मिंग क्या है तथा कैसे होती है?
- दुष्परिणाम
- बचाव तथा उपसंहार

वैश्विक तापमान यानी ग्लोबल वार्मिंग आज विश्व की सबसे बड़ी समस्या बन चुकी है। इससे न केवल मनुष्य, बल्कि पृथ्वी पर रहने वाला प्रत्येक प्राणी त्रस्त है। 'ग्लोबल वार्मिंग' शब्द का अर्थ है—'संपूर्ण पृथ्वी के तापमान में वृद्धि होना।' हमारी पृथ्वी पर वायुमंडल की एक परत है, जो विभिन्न गैसों से मिलकर बनी है, जिसे ओज़ोन परत कहते हैं। ये ओज़ोन परत सूर्य से आने वाली पराबैंगनी तथा अन्य हानिकारक किरणों को पृथ्वी पर आने से रोकती है। मानवीय क्रियाओं द्वारा ओज़ोन परत में छिद्र हो जाने के कारण सूर्य की हानिकारक किरणें पृथ्वी के वातावरण में प्रवेश कर रही हैं।

परिणामस्वरूप पृथ्वी के तापमान में लगातार वृद्धि हो रही है। ग्लोबल वार्मिंग के कारण कई समुद्री तथा पृथ्वी पर रहने वाले जीव-जंतुओं की प्रजातियों के अस्तित्व पर खतरा छाया हुआ है, साथ ही मनुष्यों को भी स्वास्थ्य संबंधी समस्याओं का सामना करना पड़ रहा है। यदि समय रहते ग्लोबल वार्मिंग को रोकने के उपाय नहीं किए, तो हमारी पृथ्वी जीवन के योग्य नहीं रह जाएगी। इसे रोकने के लिए हमें प्रदूषण को कम करना होगा। साथ ही कार्बन डाइ-ऑक्साइड सहित अन्य गैसों के उत्सर्जन में कमी तथा वृक्षारोपण को बढ़ावा देना होगा, जिससे प्रकृति में पर्यावरण संबंधी संतुलन बना रहे।

विज्ञापन की बढ़ती हुई लोकप्रियता

दक्षता आधारित प्रश्न

संकेत बिंदु

- विज्ञापन की आवश्यकता
- विज्ञापनों से होने वाले लाभ
- विज्ञापनों से होने वाली हानियाँ

आज के युग को विज्ञापनों का युग कहा जा सकता है। आज सभी जगह विज्ञापन-ही-विज्ञापन नज़र आते हैं। बड़ी-बड़ी कंपनियाँ एवं उत्पादक अपने उत्पाद एवं सेवा से संबंधित लुभावने विज्ञापन देकर उसे लोकप्रिय बनाने का हर संभव प्रयास करते हैं। किसी नए उत्पाद के विषय में जानकारी देने, उसकी विशेषता एवं प्राप्ति स्थान आदि बताने के लिए विज्ञापन की आवश्यकता पड़ती है। विज्ञापनों के द्वारा किसी भी सूचना तथा उत्पाद की जानकारी, पूर्व में प्रचलित किसी उत्पाद में आने वाले बदलाव आदि की जानकारी सामान्य जनता को दी जा सकती है।

विज्ञापन का उद्देश्य जनता को किसी भी उत्पाद एवं सेवा की सही सूचना देना है, लेकिन आज विज्ञापनों में अपने उत्पाद को सर्वोत्तम तथा दूसरों के उत्पादों को निकृष्ट कोटि का बताया जाता है। आजकल के विज्ञापन भ्रामक होते हैं तथा मनुष्य को अनावश्यक खरीदारी करने के लिए प्रेरित करते हैं। अत: विज्ञापनों का यह दायित्व बनता है कि वे ग्राहकों को लुभावने दृश्य दिखाकर गुमराह नहीं करें, बल्कि अपने उत्पाद के सही गुणों से परिचित कराएँ। तभी उचित सामान ग्राहकों तक पहुँचेगा और विज्ञापन अपने लक्ष्य में सफल होगा।

मनपसंद फिल्म की समीक्षा

CBSE SQP (Additional Set) 2023

संकेत बिंदु

- प्रसिद्ध सिनेमाहॉल में सिनेमा देखने जाना
- घर आकर फिल्म के बारे में सब कुछ बताना
- स्वतंत्रता से अपने विचार व्यक्त करना
- पात्र, अभिनय, कलाकार, पटकथा, संगीत आदि सभी पर टिप्पणियाँ करना

सिनेमा आधुनिक युग में मनोरंजन का सबसे लोकप्रिय साधन बन गया है। कल मैं अपनी सहेली के साथ अपने घर के नजदीक प्रसिद्ध पी.वी.आर. सिनेमाहॉल में 'न्यूटन' फिल्म देखने गई। यह सामाजिक मुद्दे पर आधारित फिल्म थी, जिसके माध्यम से देश के लोगों को जागरुक करके उन्हें आगे बढ़ने के लिए प्रोत्साहित किया गया है। इस फिल्म ने मुझे बहुत प्रभावित किया। घर आते ही परिवार के सभी सदस्यों को मैंने इस फिल्म के विषय में बताया। फिल्म की कहानी छत्तीसगढ़ के एक जंगल दंडकारण्य के लोगों की है, जहाँ कभी वोटिंग मशीन नहीं होती है, इसलिए उन्हें समझाया जाता है कि यह वोटिंग मशीन एक खिलौना है। इसमें जो बटन अच्छा लगे उसे दबा दो, किंतु न्यूटन (राजकुमार राव) द्वारा इसका विरोध किया जाता है। वे लोगों को चुनाव का मतलब समझाने का प्रयास करते हैं, जिसके कारण उन्हें अनेक परेशानियों का सामना करना पड़ता है, क्योंकि नक्सल प्रभावित क्षेत्रों में चुनाव की प्रक्रिया आसान कार्य नहीं है, सदैव मौत का डर बना रहता है। यह जानते हुए भी वे वहाँ मतदान कराने की जिद्द ठान लेते हैं। इसी के इर्द-गिर्द कहानी को बुना गया है और लोगों को जागरूक करने का प्रयास किया गया है।

राजकुमार राव का अभिनय फिल्म में बेहतरीन रहा है। रघुवीर यादव, पंकज त्रिपाठी का शानदार अभिनय है। आत्मा सिंह का रौबीले ऑफिसर के रूप में बहुत अच्छा अभिनय रहा है। अंजलि पाटिल भी अपनी विशेष छाप छोड़ती हैं। संगीत, पटकथा सभी दृष्टि से 'न्यूटन' फिल्म सर्वश्रेष्ठ है।

साहित्य का महत्त्व

संकेत बिंदु

- साहित्य का सामर्थ्य
- देश की वास्तविक स्थिति का सजीव चित्रण
- साहित्यकारों द्वारा संस्कृति व सभ्यता को बचाने में योगदान

साहित्य सोते हुए मनुष्य को भी जागृत करने का सामर्थ्य रखता है। साहित्य कमज़ोर एवं शोषितों को उत्साहित करने का कार्य करता है। यह साहित्य ही है, जिसने कई बार हारी हुई लड़ाइयों को भी जीतने में मदद की है। कहा भी गया है कि 'साहित्य समाज का दर्पण' होता है। साहित्य देश की वास्तविक स्थिति का सजीव चित्रण करता है, जिससे प्रभावित होकर समाज के जागरूक लोग सामाजिक बुराइयों को पहचानकर, उनका कारण समझकर तथा उन्हें मिटाने के तरीके ढूँढकर उन्हें समाप्त कर देते हैं। जिस समय भारतीय संस्कृति और सभ्यता को दुष्प्रभावित करने का षड्यंत्र किया जा रहा था, उस समय कबीरदास, तुलसीदास, भूषण, प्रेमचंद, रामधारी सिंह 'दिनकर' आदि साहित्यकारों ने जनता को अपनी रचनाओं के माध्यम से शिक्षित एवं संवेदनशील बनाने का कार्य किया। राष्ट्रीयता एवं मानवीय मूल्यों की रक्षा करने में अनेक साहित्यकारों का महत्त्वपूर्ण योगदान रहा है। साहित्यकारों ने अपने राष्ट्रीय एवं नैतिक दायित्व को पहचाना तथा उसी के अनुसार कार्य किया। इस प्रकार कह सकते हैं कि साहित्यकार का सामाजिक उत्तरदायित्व होता है। समाज के हित की दृष्टि से लिखा गया साहित्य ही श्रेष्ठ साहित्य कहा जा सकता है।

पेड़ बचाएँ या घर बनाएँ

दक्षता आधारित प्रश्न

संकेत बिंदु

- पेड़ों का महत्त्व
- जनसंख्या वृद्धि और एकल परिवारों के कारण निवास की समस्या
- घर बनाते समय पेड़ों को सुरक्षित करने के उपाय

वृक्ष हमारे जीवन का अभिन्न अंग हैं। पेड़ हमें ऑक्सीजन प्रदान करते हैं पेड़ वह प्राणवायु है, जो जीवन को बनाए रखती है अर्थात् पेड़ पृथ्वी पर जीवन को कायम रखने में महत्त्वपूर्ण भूमिका निभाते हैं। पेड़ों का महत्त्व प्रकृति का हिस्सा होने से अधिक ग्रीन हाउस गैसों को कम करके जलवायु परिवर्तन से निपटने में सक्रिय रूप से सहायता करते हैं।

मानव जनसंख्या वृद्धि का पर्यावरण पर व्यापक प्रभाव पड़ता है। जनसंख्या में वृद्धि व एकल परिवार बढ़ने के कारण निवास की समस्या बढ़ी है, जिसके परिणामस्वरूप उपयोग में लाई जाने वाली जमीन व जंगलों का कटाव करके उसके स्थान पर घर स्थापित किए जा रहे हैं। जो भूमि प्रदूषण को बढ़ावा देते हैं। जनसंख्या वृद्धि से अधिक मात्रा में वाहनों का प्रयोग होता है, जो वायु प्रदूषण को बढ़ाता है। हम सभी लोगों का यह दायित्व है कि घरों का निर्माण करते समय पेड़ों को बेवजह न काटा जाए, यदि निर्माण कार्य में कोई वृक्ष काटा जाता है तो उसके बदले अन्य स्थान पर एक पेड़ अवश्य लगाना चाहिए। पेड़ धरती पर जीवन का प्रतीक है तथा पशु-पक्षियों के लिए प्राकृतिक घर है। आज के आधुनिक युग में वृक्षों को काटकर घर बनाने के अतिरिक्त उन्हें बचाना बहुत जरूरी है। हम सभी को वृक्षों की भूमिका व महत्त्व समझते हुए इसे सुरक्षित रखने की प्रतिज्ञा लेनी चाहिए।

साइबर युग, साइबर ठगी : सावधानियाँ एवं सुरक्षा उपाय

संकेत बिंदु

CBSE SQP 2023

- बढ़ते ऑनलाइन कार्य
- साइबर ठगी की बढ़ती घटनाएँ
- सावधानियाँ
- इससे बचने के उपाय

प्रारंभिक अवस्था से ही मनुष्य स्वभाव से एक अभिनव और आविष्कारशील रहा है। प्रौद्योगिकी के द्वारा काम को आसान बनाना मनुष्य की ही खोज है। प्रौद्योगिकी में उन्नति एक ओर उपयोगी है, तो दूसरी ओर विनाशकारी भी है। साइबर अपराध भी इन तकनीकी विकास का एक नकारात्मक पहलू है। इसके अंतर्गत व्यक्ति संगठन और समूह जैसी आपराधिक गतिविधियों को करने में शामिल हैं।

तेजी से डिजिटल हो रही दुनिया में साइबर क्राइम बढ़ रहे हैं। ऑनलाइन धोखाधड़ी, ब्लैकमेलिंग, धमकी, स्पैमिंग, हैकिंग आदि अनेक समस्याएँ आज आम हो गईं हैं। किसी व्यक्ति के खिलाफ उसके क्रेडिट कार्ड की जानकारी, गोपनीय डेटा और स्पैम ई-मेल भेजना आदि अपराध की श्रेणी में आता है। यह अपराध मुख्य रूप से पैसा कमाने के लिए किया जाता है।

यहाँ तक कि बहुत-से पढ़े-लिखे और ज्ञान से परिपूर्ण व्यक्ति भी इस तरह की गतिविधियों में शामिल होते हैं। अपने दिमाग का सकारात्मक तरीके से उपयोग करने के बजाय वे साइबर आपराधिक गतिविधियों में स्वयं को नियुक्त करते हैं, जिसके परिणामस्वरूप यह दिन-प्रतिदिन हमारे समाज और राष्ट्र के लिए एक बड़ा खतरा बनता जा रहा है।

बढ़ते साइबर अपराध से बचने के लिए सावधानी रखना अतिआवश्यक है। वर्तमान समय में इंटरनेट की दुनिया में प्रत्येक व्यक्ति कंप्यूटर और मोबाइल से जुड़ा है। आए दिन साइबर क्राइम में लगातार बढ़ोतरी हो रही है। कई बार लोग अनजाने में साइबर क्राइम का शिकार हो जाते हैं। साइबर ठगी से बचने के लिए यह आवश्यक है कि हम किसी भी अज्ञात लिंक पर क्लिक न करें, अनजान नंबरों से आई कॉल, ओटीपी वेरिफिकेशन को स्वीकार न करें, अपना डेबिट कार्ड, क्रेडिट कार्ड, सीवीवी, एटीएम पिन, नेट बैंकिंग का पासवर्ड शेयर न करें। इंटरनेट बैंकिंग का पासवर्ड मजबूत व सिक्योर बनाएँ, इंटरनेट मीडिया का उपयोग करते समय साइबर अपराधों से संबंधित किसी भी क्राइम पर साइबर हैल्पलाइन नंबर 1930 पर तत्काल शिकायत दर्ज कराए।

भारत में बाल मज़दूरी की समस्या

दक्षता आधारित प्रश्न

संकेत बिंदु

- बाल मज़दूरी का अर्थ
- बाल मज़दूरी के कारण
- बाल मज़दूरी को दूर करने के उपाय

'बाल मज़दूरी' से तात्पर्य ऐसी मज़दूरी से है, जिसके अंतर्गत 5 वर्ष से 14 वर्ष तक के बच्चे किसी संस्थान में कार्य करते हैं। जिस आयु में उन बच्चों को शिक्षा मिलनी चाहिए, उस आयु में वे किसी दुकान, रेस्टोरेंट पटाखे की फैक्टरी, हीरे तराशने की फैक्टरी, शीशे का सामान बनाने वाली फैक्टरी आदि में काम करते हैं।

भारत जैसे विकासशील देश में बाल मज़दूरी के अनेक कारण हैं। अशिक्षित व्यक्ति शिक्षा का महत्त्व न समझ पाने के कारण अपने बच्चों को मज़दूरी करने के लिए भेज देते हैं। जनसंख्या वृद्धि बाल मज़दूरी का दूसरा सबसे बड़ा कारण है। निर्धन परिवार के सदस्य पेट भरने के लिए छोटे-छोटे बच्चों को काम पर भेज देते हैं।

भारत में बाल मज़दूरी को गंभीरता से नहीं लिए जाने के कारण इसे प्रोत्साहन मिलता है। देश में कार्य कर रही सरकारी, गैर-सरकारी और निजी संस्थाओं की इस समस्या के प्रति गंभीरता दिखाई नहीं देती।

बाल मज़दूरी की समस्या का समाधान करने के लिए सरकार कड़े कानून बना सकती है। समाज के निर्धन वर्ग को शिक्षा प्रदान करके बाल मज़दूरी को प्रतिबंधित किया जा सकता है। जनसंख्या वृद्धि पर नियंत्रण कर भी बाल मज़दूरी को नियंत्रित किया जा सकता है।

ऐसी संस्थाओं को प्रोत्साहन दिया जाना चाहिए, जो बाल मज़दूरी का विरोध करती हैं या बाल मज़दूरी करने वाले बच्चों के लिए शिक्षा से जुड़े कार्यक्रम चलाती हैं।

ई-कचरा

संकेत बिंदु

- ई-कचरा से तात्पर्य
- चिंता का कारण
- निपटान के उपाय

ई-कचरा आधुनिक समय की एक गंभीर समस्या है। वर्तमान समय में विज्ञान और प्रौद्योगिकी के क्षेत्र में काफ़ी काम हो रहा है। इसके फलस्वरूप, आज नित नए-नए उन्नत तकनीक वाले इलेक्ट्रॉनिक यंत्रों का उत्पादन हो रहा है। जैसे ही बाज़ार में उन्नत तकनीक वाला उत्पाद आता है, वैसे ही पुराने यंत्र बेकार पड़ जाते हैं। इसी का नतीजा है कि आज कंप्यूटर, लैपटॉप, मोबाइल फोन, टीवी, रेडियो, प्रिंटर, आई-पोड्स आदि के रूप में ई-कचरा बढ़ता जा रहा है। एक अनुमान के अनुसार एक वर्ष में पूरे विश्व में लगभग 50 मिलियन टन ई-कचरा उत्पन्न होता है। यह अत्यंत चिंता का विषय है कि ई-कचरे का निपटान उस दर से नहीं हो पा रहा है, जितनी तेज़ी से यह पैदा हो रहा है। ई-कचरे को डालने या खुले में जलाने से पर्यावरण के लिए गंभीर समस्याएँ उत्पन्न हो गई हैं, क्योंकि इलेक्ट्रॉनिक यंत्रों में आर्सेनिक, कोबाल्ट, मरकरी, बेरियम, लिथियम, कॉपर, क्रोम, लेड आदि हानिकारक अवयव होते हैं। इनसे कैंसर जैसी गंभीर बीमारियों का खतरा कई गुना बढ़ गया है।

अब समय आ गया है कि ई-कचरे के उचित निपटान और पुन: चक्रण पर ध्यान दिया जाए अन्यथा पूरी दुनिया शीघ्र ही ई-कचरे का ढेर बन जाएगी। इसके लिए विकसित देशों को आगे आना होगा और विकासशील देशों के साथ अपनी तकनीकों को साझा करना होगा, क्योंकि विकसित देशों में ही ई-कचरे का उत्पादन अधिक होता है और वे जब-तब चोरी-छिपे विकासशील देशों में उसे भेजते रहते हैं। इस समस्या से निपटने के लिए पूरी दुनिया को एक होना होगा।

साँच को आँच नहीं

संकेत बिंदु

- सत्य बोलने का महत्त्व
- सत्य बोलने वालों के उदाहरण
- सत्य न बोलने का परिणाम

जो व्यक्ति सत्य बोलता है, उस पर कोई आँच नहीं आती अर्थात् उसे कोई भी नुकसान नहीं पहुँचा सकता। सत्य बोलने वाले व्यक्ति की समाज में जीते-जी बहुत प्रतिष्ठा होती है तथा मृत्यु के पश्चात् उसके यश में और वृद्धि हो जाती है। महात्मा गाँधी ने जीवनभर 'सत्य ही ईश्वर है' के सिद्धांत को अपनाया। संसार के कई व्यक्तियों का यह मानना है कि संसार की हर सफलता को सत्य के बल पर प्राप्त किया जा सकता है।

सत्य बोलने वाले को कदम-कदम पर संघर्ष करना पड़ता है, किंतु अंत में विजय उसे ही प्राप्त होती है। यह एक कटु सत्य है कि असत्य बोलने वालों को क्षणिक सफलता तो मिल जाती है, किंतु उनका अंत

बहुत बुरा होता है तथा अंततः पराजय का सामना उन्हें करना ही पड़ता है। इस विषय में सत्यवादी हरिश्चंद्र का जीवन साक्षात् प्रमाण है, जिन्होंने सत्य की रक्षा के लिए अनेक कष्ट सहे, किंतु सत्य को एक पल के लिए भी नहीं छोड़ा। अत: प्रत्येक व्यक्ति को अपने जीवन में सत्य के मार्ग पर चलना चाहिए, क्योंकि सत्य को अपनाकर ही हम अपने जीवन में शांति और संतोष प्राप्त कर सकते हैं। सत्य बोलकर हम इस समाज का कल्याण करने में अपनी सहायक भूमिका निभा सकते हैं।

कोरोना काल के सहयात्री

CBSE Term II 2022

संकेत बिंदु

- कोरोना महामारी का आरंभ और प्रसार
- गत दो वर्षों में जीवन का स्वरूप

कोरोना वायरस बहुत ही सूक्ष्म लेकिन प्रभावी वायरस है। विश्व स्वास्थ्य संगठन (WHO) ने कोरोना वायरस को महामारी घोषित कर दिया है। यह अनेक प्रकार के विषाणुओं का एक समूह है, जो स्तनधारियों और पक्षियों में रोग उत्पन्न करता है। कोरोना महामारी के वायरस को SARS-CoV-2 नाम दिया गया है।

ऐसे वायरस को पहले कभी नहीं देखा गया है। इस वायरस का संक्रमण दिसंबर, 2019 में चीन के वुहान शहर में शुरू हुआ था। डब्ल्यूएचओ के अनुसार, इसके संक्रमण के फलस्वरूप बुखार, जुकाम, साँस लेने में तकलीफ, नाक बहना और गले में खराश जैसी समस्याएँ उत्पन्न होती हैं। यह वायरस एक व्यक्ति से दूसरे व्यक्ति में फैलता है। इस समय कोरोना वायरस का कोई इलाज नहीं है, लेकिन इसमें बीमारी के लक्षण कम होने वाली दवाइयाँ दी जा सकती हैं। जब तक आप ठीक न हो जाएँ, तब तक आप दूसरों से अलग रहें। कुछ अस्पताल इसके इलाज में एंटीवायरल दवा का भी प्रयोग कर रहे हैं।

गत दो वर्षों में जीवन का स्वरूप उतना ही गंभीर था जितनी कि यह बीमारी। इस समय संपूर्ण भारत में लॉकडाउन लगा दिया गया था। सभी प्रकार के लेन-देन कार्य बंद हो गए तथा लोगों ने स्वयं को घरों में बंद कर लिया था। सभी कर्मचारी घर से ही काम कर रहे थे। इस महामारी के दौरान शैक्षाणिक प्रक्रिया को भी ऑनलाइन कर दिया गया था। बच्चों ने इलेक्ट्रॉनिक माध्यम के द्वारा घर पर रहकर ही पढ़ना शुरू कर दिया था तथा परीक्षाएँ भी ऑनलाइन ही संचालित की गई थी।

स्वास्थ्य मंत्रालय ने कोरोना वायरस से बचने के लिए दिशा-निर्देश जारी किए हैं। इनके अनुसार, हाथों को बार-बार साबुन से धोना चाहिए तथा अल्कोहल आधारित हैंड रब का इस्तेमाल करना चाहिए। खाँसते और छींकते समय नाक और मुँह को रूमाल या टिश्यू पेपर से ढँककर रखें। जिन व्यक्तियों में कोल्ड और फ्लू के लक्षण हों, उनसे दूरी बनाकर रखें। माँसाहारी भोजन के सेवन से बचें तथा जंगली जानवरों के संपर्क में आने से बचना चाहिए। यदि आप स्वस्थ हैं, तो आपको मास्क की आवश्यकता नहीं है। यदि आप कोरोना वायरस से संक्रमित किसी व्यक्ति की देखभाल कर रहे हैं, तो आपको उसे मास्क पहनाना होगा। जिन लोगों को बुखार, कफ या साँस लेने में तकलीफ होती हैं, उन्हें मास्क पहनना चाहिए और तुरंत डॉक्टर के पास जाना चाहिए।

हरित ऊर्जा : सुरक्षित भविष्य

CBSE 2024

संकेत बिंदु

- भूमिका
- अर्थ
- प्रभाव
- समस्याएँ
- समाधान

हरित ऊर्जा (Green Energy) एक ऐसी ऊर्जा है, जिसके प्रयोग द्वारा हम पर्यावरण में बढ़ रहे प्रदूषण को नियंत्रित कर सकते हैं। हरित ऊर्जा के संसाधनों का उपयोग करके पर्यावरण प्रदूषण को कम करने के साथ परंपरागत ऊर्जा के स्रोतों को भी बचाया जा सकता है। हरित ऊर्जा शब्द का प्रयोग नवीकरणीय स्रोतों से प्राप्त ऊर्जा के लिए प्रयुक्त किया जाता है। हरित ऊर्जा पर्यावरण के लिए महत्त्वपूर्ण है, क्योंकि यह जीवाश्म ईंधन के नकारात्मक प्रभावों को अधिक पर्यावरण-अनुकूल विकल्पों से बदल देती है।

जनसंख्या वृद्धि के कारण संसाधनों की कमी होती जा रही है, इन संसाधनों की कमी को पूरा करने के लिए परंपरागत ऊर्जा के संसाधनों का प्रयोग करके पर्यावरण प्रदूषण में वृद्धि कर रहे हैं। बढ़ते प्रदूषण के प्रभाव को कम करने के लिए ग्रीन ऊर्जा एक मुख्य ऊर्जा स्रोत है, इसलिए इसे वर्तमान में स्वच्छ ऊर्जा के नाम से भी जाना जाता है। यह नवीकरणीय स्रोत मौसम की स्थिति या दिन के समय के कारण उतार चढ़ाव के अधीन हैं। यह रुक-रुक कर ग्रिड स्थिरता के लिए समस्याएँ व चुनौतियाँ खड़ी करता है। कम उत्पादन अवधि के दौरान उपयोग के लिए चरम उत्पादन के अतिरिक्त ऊर्जा को संग्रहीत करने के लिए प्रभावी ऊर्जा भंडारण समाधान की आवश्यकता होती है। स्पष्टतः हरित ऊर्जा दुनिया के कई हिस्सों की ऊर्जा जरूरतों के लिए कम लागत वाले समाधान का प्रतिनिधित्व करता है। इसमें सुधार तभी होगा, जब लागत में गिरावट जारी रहेगी तथा विकासशील देशों में हरित ऊर्जा की पहुँच बढ़ेगी।

आलस्य : मनुष्य का सबसे बड़ा शत्रु

संकेत बिंदु

- आलस्य और मनुष्य जीवन
- आलस्य के नुकसान
- सफलता पाने के लिए आलस्य को त्यागना आवश्यक

आलस्य दु:ख, दरिद्रता, रोग परतंत्रता, अवनति आदि का जनक है। आलस्य के रहते हुए मनुष्य को विकास और उसके ज्ञान में वृद्धि का प्रश्न ही नहीं उठता। आलस्य को राक्षसी प्रवृत्ति की पहचान कहा जाता है। स्वास्थ्य की दृष्टि से प्रात:काल की शुद्ध वायु अत्यंत आवश्यक है। आलसी व्यक्ति इस हवा का आनंद भी नहीं उठा पाते और प्रात:कालीन भ्रमण एवं व्यायाम के अभाव में उनका शरीर रोगग्रस्त हो जाता है।

आलसी विद्यार्थी पूरा वर्ष सोकर गुज़ारता है और परिणाम आने पर सबसे आँखें चुराता है।

आलस्य मनुष्य की इच्छाशक्ति को कमज़ोर बनाकर उसे असफलता के गर्त में धकेल देता है। आलसी को छोटे-से-छोटा काम भी पहाड़ के समान कठिन लगने लगता है और वह इससे छुटकारा पाने के लिए तरह-तरह के बहाने तलाशने लगता है।

आलस्य का त्याग करने से मनुष्य को अपने लक्ष्य को निश्चित समय में प्राप्त करने में सफलता मिलती है। जीवन में वही व्यक्ति सफलता प्राप्त कर सकता है, जो आलस्य को पूरी तरह त्यागकर कर्म के सिद्धांत को अपना ले। इस प्रकार मनुष्य का सबसे बड़ा शत्रु आलस्य ही है। यह मनुष्य को पतन के मार्ग पर ले जाता है और कुछ ही समय में मनुष्य का नाश कर देता है। अत: इसका त्याग करने में ही मनुष्य का कल्याण निहित है।

मेरे जीवन का लक्ष्य

दक्षता आधारित प्रश्न

संकेत बिंदु

- जीवन में लक्ष्य की आवश्यकता
- आपका लक्ष्य क्या है?
- लक्ष्य क्यों हैं?
- बनकर क्या करेंगे?

जीवन में निश्चित सफलता के लिए एक निश्चित लक्ष्य का होना भी अत्यंत आवश्यक है। जिस तरह निश्चित गंतव्य तय किए बिना, चलते रहने का कोई अर्थ नहीं रह जाता, उसी तरह लक्ष्य विहीन जीवन भी निरर्थक होता है।

एक व्यक्ति को अपनी योग्यता एवं रुचि के अनुरूप अपने लक्ष्य का चयन करना चाहिए। जहाँ तक मेरे जीवन के लक्ष्य की बात है, तो मुझे बचपन से ही पढ़ने-लिखने का शौक रहा है, इसलिए मैं एक शिक्षक बनना चाहता हूँ। शिक्षा मनुष्य के व्यक्तित्व का विकास करती है और इस प्रक्रिया में शिक्षक की भूमिका सर्वाधिक महत्त्वपूर्ण होती है।

मैं शिक्षक बनकर समाज हित में ग्रामीण क्षेत्र में नियुक्ति प्राप्त करना चाहूँगा, क्योंकि ग्रामीण क्षेत्रों में अच्छे एवं समर्पित शिक्षकों का अभाव है। एक आदर्श शिक्षक के रूप में मैं धार्मिक कट्टरता, प्राइवेट ट्यूशन, नशाखोरी आदि से बचाने हेतु सभी छात्रों का उचित मार्गदर्शन करूँगा। मैं सही समय पर विद्यालय जाऊँगा और अपना कार्य पूर्ण ईमानदारी से करूँगा। शिक्षण को प्रभावी बनाने के लिए सहायक सामग्रियों का भरपूर प्रयोग करूँगा, साथ ही छात्रों को हमेशा अच्छे कार्य करने के लिए प्रेरित करूँगा।

छात्रों पर नियंत्रण रखने के लिए शैक्षणिक मनोविज्ञान का अच्छा ज्ञान प्राप्त करूँगा। मुझे आज के समाज की आवश्यकताओं का ज्ञान है, इसलिए मैं इस उद्देश्य की पूर्ति हेतु छात्रों को उनके नैतिक कर्तव्यों का ज्ञान कराऊँगा। अत: मेरे जीवन का लक्ष्य होगा आदर्श शिक्षक बनकर समाज की सेवा करना तथा देश के विकास में योगदान देना।

योग और छात्र जीवन

CBSE SQP (Additional Set) 2023

संकेत बिंदु

- योग का वास्तविक अर्थ
- छात्र जीवन में स्वास्थ्य और अनुशासन का महत्त्व
- योग स्वास्थ्य और एकाग्रता का उत्तम माध्यम

योग शब्द संस्कृत की 'यजु' धातु से बना है। महर्षि पतंजलि ने योगशास्त्र में कहा है—'योगश्चित्त्वृत्ति निरोध:। अत: योग जीवन में मन व चित्त को नियंत्रित करने में सहायता करता है।

स्वस्थ रहने का मुख्य साधन योग है। योग का मनुष्य के जीवन में बहुत महत्त्व है। छात्रों के स्वास्थ्य व उन्हें अनुशासन में रखने के लिए योग विशेष रूप से लाभकारी है। यह अवसाद, तनाव व रोगों को दूर करने में सहायता करता है और छात्र जीवन में छात्र के आत्मसम्मान व आत्मविश्वास को बढ़ाने व जीवन की गुणवत्ता में सुधार लाता है।

योग का उद्देश्य शरीर, मन एवं आत्मा के बीच संतुलन स्थापित करना होता है। यह मन शांत एवं स्थिर रखता है, तनाव को दूर कर सोचने की क्षमता, आत्मविश्वास एवं एकाग्रता को बढ़ाता है। नियमित रूप से योग करने से शरीर स्वस्थ तो रहता ही है, साथ ही यदि कोई रोग है तो इसके द्वारा उसका उपचार भी किया जा सकता है।

कुछ रोगों में तो दवा से अधिक लाभ योग करने से होता है। तमाम शोधों से यह प्रमाणित हो चुका है कि योग संपूर्ण जीवन की चिकित्सा पद्धति है। पश्चिमी देशों में भी योग के प्रति लोगों का आकर्षण बढ़ रहा है और लोग तेज़ी से इसे अपना रहे हैं। योग की बढ़ती लोकप्रियता एवं महत्त्व का ही प्रमाण है कि संयुक्त राष्ट्र संघ ने भी योग का समर्थन करते हुए 21 जून को योग दिवस घोषित कर दिया है।

वर्तमान परिवेश में योग न सिर्फ़ हमारे लिए लाभकारी है, बल्कि विश्व के बढ़ते प्रदूषण एवं मानवीय व्यस्तताओं से उपजी समस्याओं के निवारण में इसकी सार्थकता और भी बढ़ गई है।

पुस्तकें पढ़ने की आदत

संकेत बिंदु

- पढ़ने की घटती प्रवृत्ति
- कारण और हानि
- पढ़ने की आदत से लाभ

पुस्तकें हमारे जीवन का एक महत्त्वपूर्ण अंश है। पुस्तकों के अध्ययन से हम भिन्न-भिन्न प्रकार के ज्ञान अर्जित करने में सक्षम होते हैं। पुस्तकें विद्यालयी विद्यार्थियों से लेकर बुजुर्गों तक सभी के लिए एक उपयोगी साधन है। विद्यार्थियों का ज्ञानार्जन पुस्तकों द्वारा संभव होता है, वहीं बुजुर्गों के लिए समय व्यतीत एवं मनोरंजन के साधन रूप में पुस्तकें कार्य करती हैं।

वर्तमान दौर में तकनीकों का प्रसार इस हद तक हो चुका है कि आज पुस्तकों का स्थान मोबाइल फोन, लैपटॉप, आईपैड, टैबलेट आदि ने ले

लिया है। इनका आकर्षण इतना अधिक हो गया है कि लोगों ने पुस्तकों को पढ़ना बहुत कम कर दिया है। आज पुस्तकें न पढ़ने का कारण विविध प्रकार के इलेक्ट्रॉनिक उपकरण हैं।

इन उपकरणों के कारण लोग भले ही कुछ ज्ञान अर्जित कर लेते हैं, परंतु समय का जो दुरुपयोग आज का युवा वर्ग कर रहा है उसको भर पाना असंभव प्रतीत होने लगा है। पुस्तक पढ़ने की आदत से हम नित दिन अध्ययनशील रहते हैं। इससे पढ़ने में नियमितता बनी रहती है तथा हम मानसिक रूप से भी स्वस्थ बने रहते हैं। अत: हमें सदैव पुस्तक पढ़ने की आदत बनानी चाहिए।

सोशल मीडिया : जागरूकता आवश्यक

CBSE 2024

संकेत बिंदु

- भूमिका
- वर्तमान स्थिति
- जागरूकता की आवश्यकता क्यों
- प्रभाव

सोशल मीडिया आज हमारे जीवन का अभिन्न अंग बन चुका है। इसके बिना जीवन की कल्पना करना मुश्किल प्रतीत होता है। केवल एक बटन दबाते ही हमें संसार के किसी भी कोने की जानकारी प्राप्त हो जाती है। सोशल मीडिया बहुत सशक्त माध्यम है। वर्तमान समय में सोशल मीडिया के द्वारा उपयोगकर्ताओं को एक-दूसरे के साथ जुड़ने के अधिक मजबूत व व्यापक तरीके मिलते हैं। सोशल मीडिया के माध्यम से व्यापार को अपने उत्पाद व सेवाओं का प्रचार करने, नए ग्राहकों को आकर्षित करने, उपयोगकर्ताओं के साथ संवाद स्थापित करने का अवसर मिलता है।

वर्तमान में फेसबुक, ट्विटर, यू-ट्यूब आदि सोशल मीडिया का व्यापक उपयोग शिक्षक, प्रोफेसर व छात्रों के बीच काफी लोकप्रिय हो गया है। इससे छात्र व शिक्षक एक-दूसरे से जुड़ सकते हैं और इसका उपयोग सकारात्मक रूप से कर सकते हैं, किंतु सीमित समय में बहुत सारी सामग्री के उपलब्ध होने व अधिक अवधि तक इसके प्रयोग करने से यह लोगों को बाधित करके उनके मानसिक स्वास्थ्य को प्रभावित कर सकता है। सोशल मीडिया की अन्य समस्या यह है कि यह वास्तविकता से अलग करके लोगों को झूठी और असत्य जानकारी पहुँचा सकता है। सोशल मीडिया के महत्त्वपूर्ण लाभों का उपयोग करते हुए हमें जागरूक होकर इसके सकारात्मक व नकारात्मक प्रभावों को देखते हुए औजार के रूप में उपयोग करना चाहिए।

अकेला चना भाड़ नहीं फोड़ सकता

CBSE SQP (Additional Set) 2023

संकेत बिंदु

- अकेले व्यक्ति द्वारा बड़ा कार्य करने में असक्षमता
- समान विचारधारा वाले व्यक्तियों को एकजुट करना
- एकता से अर्जित उपलब्धि के उदाहरण
- बड़े स्तर का बदलाव लाना।

'अकेला चना भाड़ नहीं फोड़ सकता' प्रसिद्ध लोकोक्ति का अर्थ है-कोई भी बड़ा कार्य करने के लिए सहयोग और संगठन की आवश्यकता होती है। अकेला व्यक्ति किसी भी बड़े कार्य को करने में सक्षम नहीं होता। आपसी आत्मीयता, प्रेम, स्नेह, एक-दूसरे के सहयोग की भावना आदि से ही किसी बड़े कार्य को सफलतापूर्वक संपन्न किया जा सकता है। परस्पर सहयोग की भावना से ही व्यक्ति व समाज की उन्नति संभव है।

यदि समान विचारधारा या धारणा वाले व्यक्ति किसी बड़े कार्य को एकजुट होकर करते हैं, तो वह उस कार्य को सरलता से उत्साह व उमंग के साथ संपन्न कर पाएँगे। जैसे- जब पानी की बूँदें मिलकर धारा बन जाती है, तो वे अपने लिए रास्ता बनाने के लिए बड़े-बड़े पर्वतों को भी काट डालती हैं और समुद्र तक जा पहुँचती है अर्थात् जो पानी एक कण के रूप में असमर्थ और तुच्छ था वह सागर के रूप में संगठित होकर विराट व शक्तिशाली बन जाता है।

ठीक इसी प्रकार व्यक्ति भी एक कण की तरह है और उसका एकजुट होकर कार्य करना सागर की शक्ति का रूप धारण कर लेता है। अकेला व्यक्ति प्रगति तो दूर अपने अस्तित्व की रक्षा भी नहीं कर सकता। आज मजदूर या कर्मचारी के संगठन से ही वे अपनी माँग मनवाने में सफल होते हैं। अत: यह निश्चित है कि अकेला व्यक्ति चाहे कितना ही बलवान, बुद्धिमान, धनवान क्यों न हो संगठन के बिना सफल नहीं हो सकता।

मेरे सपनों का भारत

संकेत बिंदु

- भारत के बारे में मेरे विचार
- सांप्रदायिकता आदि से मुक्त उन्नत भारत की चाह
- सुखी समृद्ध भारत

भारत देश मुझे अपने प्राणों से भी अधिक प्रिय है। मुझे अपने भारतीय होने पर गर्व का अनुभव होता है। मेरा देश संसार के सभी देशों से निराला है और संसार के सब देशों से प्यारा है। मैं भारत को विश्व के शक्तिशाली देश के रूप में देखना चाहता हूँ।

मैं ऐसे भारत का सपना देखता हूँ, जो भ्रष्टाचार, शोषण और हिंसा से मुक्त हो। मेरे सपनों का भारत 'सुशिक्षित भारत' है। उसमें अनपढ़ता, निरक्षरता और बेरोज़गारी का कोई स्थान नहीं है। मैं चाहता हूँ कि हमारे देश के नियोजक ऐसी शिक्षा लागू करें, जिसके बाद व्यवसाय या नौकरियाँ सुरक्षित हों।

कोई भी व्यक्ति अशिक्षित न हो और कोई भी शिक्षित बेरोज़गार न हो। मैं चाहता हूँ कि भारत सांप्रदायिक दंगों-झगड़ों से दूर रहे। सब में आपसी भाईचारा और प्रेम का संबंध हो। राष्ट्रीय एकता का संचार हो। जो सम्मान भारत का प्राचीन काल में था वही सम्मान मैं पुन: उसे प्राप्त कराना चाहता हूँ।

मैं फिर से रामराज्य की कल्पना करता हूँ, जिसमें सभी लोगों को जीने के समान अवसर प्राप्त हो सकें। भारत एक बार फिर 'सोने की

चिड़िया' बन जाए। मेरे सपनों का भारत वह होगा, जो राजनीतिक आध्यात्मिक, सांस्कृतिक, आर्थिक और वैज्ञानिक आदि विभिन्न दृष्टियों से उन्नति के पथ पर अग्रसर होगा। भावी भारत के सपनों की पूर्णता के लिए आवश्यक है कि हमारे देश का प्रत्येक नागरिक देश की प्रत्येक कुरीति को समूल नष्ट करने का दृढ़ संकल्प करें।

जब मैं नाटक के संवाद भूल गया/गई

CBSE 2023

संकेत बिंदु

- नाटक प्रस्तुति
- पहली बार मंच पर
- अध्यापिका/अध्यापक और मित्रों द्वारा उत्साहवर्धन
- सफलतापूर्वक समाप्ति और सराहना

नाटक एक ऐसी अभिनय-परक विधा है, जिसमें सम्पूर्ण मानव जीवन का रोचक एवं कोतूहलपूर्ण वर्णन करता है। नाटक दृश्य कला का भेद है, यह अभिनय गद्य विद्या है। यह एक ऐसा साहित्य रूप है, जिसमें रंगमंच पर पात्रों के द्वारा किसी कथा का प्रदर्शन होता है। यह प्रदर्शन संवाद, नृत्य, गीत आदि के माध्यम से प्रस्तुत किया जाता है। नाटक में अनेक अंक होते हैं व इसमें पात्रों की अधिकता रहती है। नाटक दर्शकों पर पूर्ण प्रभाव छोड़ता है। हिंदी रंगमंचीय नाटकों का प्रारम्भ भारतेंदु हरिश्चंद्र के काल से माना जाता है। मुझे भी अपने विद्यालय की ओर से नाटक प्रस्तुत करने का अवसर प्रदान हुआ, जिसमें मेरे विद्यालय के 12 विद्यार्थियों ने प्रतियोगिता में भाग लिया।

जब में पहली बार प्रस्तुति के लिए मंच पर गया तो मेरे पैर कापने लगे और मुझे थोड़ी घबराहट भी महसूस होने लगी, लेकिन फिर भी मैंने अपने हौसले को बनाए रखा। अपनी प्रस्तुति मैंने संपूर्ण आत्मविश्वास के साथ देनी शुरू की।

चूँकी यह पहली बार था, जब मैं मंच पर गया था, इससे पहले मैंने कभी मंच पर किसी भी कार्यक्रम की प्रस्तुति नहीं दी थी। प्रस्तुति देते समय मैं अपने नाटक के संवाद भूल गया, लेकिन फिर भी दर्शकों के सामने मैंने अपने नाटक की प्रस्तुति को जस से तस नहीं होने दिया। नाटक की प्रस्तुति समाप्त होते ही दर्शकों की तालियों से पूरे हॉल में तालियों की आवाज गूँज उठी। नाटक का प्रारंभ होने से पूर्व ही अध्यापिका/अध्यापक और हमारे विद्यालय से देखने आए छात्र-छात्राओं व मित्रों ने हमारा उत्साहवर्धन किया, जिससे हमें इसे पूरा करने में आनंद आने लगा।

पहली बार मंच पर प्रस्तुति करके जो साहस हमें मिला वह हमारे लिए अनमोल था। नाटक की समाप्ति भी अच्छे ढंग से हुई साथ ही हमारे अध्यापकगण, सहपाठियों ने भी हमारा साहस बनाए रखा। उनके साहस बनाने से जहाँ हमारे पैर डगमगाएँ भी तो वहाँ हम सँभल गए। नाटक की समाप्ति बहुत सफलतापूर्वक हुई और हम अपनी नाटक की प्रस्तुति में द्वितीय स्थान पर रहे। अतिथिगण ने हमारे नाटक की सराहना की व उनकी बातों से भी हम लोग बहुत प्रेरित हुए। पहली बार मंच पर नाटक करके अब ऐसा महसूस हो रहा है कि आगे कितने भी नाटक करने पड़े मैं नही घबराऊँगा।

बुरा जो देखन मैं चला, बुरा न मिलिया कोय

CBSE SQP 2023

संकेत बिंदु

- दूसरों की कमियाँ देखना स्वाभाविक प्रवृत्ति
- इस प्रवृत्ति का समाज पर प्रभाव
- अपने अंदर झाँकना आवश्यक
- आत्मनिरीक्षण का संकल्प

'बुरा जो देखन मैं चला, बुरा न मिलिया कोय' कबीरदास जी के इस दोहे का अर्थ है कि जब मैंने संसार में बुरे व्यक्ति अर्थात् दुष्ट आत्माओं की खोज की तो अंत में मुझे कोई बुरा नहीं मिला, जब मैंने अपनी अंतरात्मा को अंदर से झिंझोड़ा तो पाया कि इस संसार में मुझसे अधिक बुरा कोई नहीं है, इसका आशय यह है कि जब व्यक्ति स्वयं का भीतर से साक्षात्कार करवाता है तो उसे यह ज्ञान होता है कि अच्छाई व बुराई अंदर ही निहित होती हैं, उसे बाहर खोजने की कोई आवश्यकता नहीं है। मानव स्वभाव से अंतर्मुखी कम तथा बहिर्मुखी अधिक होता है। वह अंदर झाँकने, समझने और सुधार करने की बजाय बाहरी दिखावे पर अधिक ध्यान देता है। वह दूसरे लोगों की कमियाँ निकालने, उन्हें बिना माँगे सलाह देने तथा छोटी-छोटी कमियों पर उन्हें हीन दिखाने की मानसिकता से ग्रस्त रहता है। इसी अहम भाव के चलते वह स्वयं को संसार का सबसे गुणी तथा अन्य लोगों को दीन-हीन समझने लगता है। अपने इस स्वभाव के कारण मानव न केवल अपनी चंद खूबियों का बखान करता है, बल्कि दूसरों की कमियों को ढूँढता रहता है। ऐसा करके उसे अपार संतुष्टि एवं आत्म सुख मिलता है। हमेशा औरों में दुर्गुणों को ढूँढने के कारण मानव कभी किसी को भी अपना नहीं मानता। उसकी इस बुरी प्रवृत्ति के चलते अपना मानने वाले उसके सच्चे मित्र भी उससे दूरी बना लेते हैं।

इस प्रकार के भावों से न तो व्यक्ति का और न ही समाज का भला होता है, बल्कि मन में कटुता आ जाती है और यही भाव एक दिन उसके विनाश का कारण बनता है। हमारी भारतीय संस्कृति दिलों में अच्छाई को ढूँढने का संदेश देती है तभी तो हम भारतवासी विभिन्न धर्म, जाति, मत, मजहब, क्षेत्र, भाषा में बँटे होने के उपरांत भी सभी को अपना मानते हैं। वहीं यदि एक क्षेत्र, धर्म, जाति के लोगों में अन्य जाति, धर्म या क्षेत्र के लोगों में दोष देखने की प्रवृत्ति होती है तो यह उन्माद को जन्म देती है, जिससे एक जाति या क्षेत्र का व्यक्ति दूसरे जाति, क्षेत्र के व्यक्ति को अच्छा नहीं लगता तथा मन-ही-मन व उसे अपना शत्रु मानने लगता है।

ज्ञानी लोग कभी दूसरों में बुराई का दर्शन नहीं करते, ऐसा केवल अज्ञानी ही करते हैं, जिनमें थोड़ा-बहुत विवेक और ज्ञान होता है। वह दूसरे लोगों की अच्छाई व सद्‌गुणों के दर्शन भी करते हैं, लोगों के बीच उनकी प्रशंसा करते हैं तथा जीवन में उन गुणों को अपनाने का प्रयास करते हैं। मानव में अच्छे-बुरे दोनों गुण होते हैं, एक सज्जन व्यक्ति दूसरे में अवगुण देखकर मित्र भाव से उनके दुर्गुणों को सुधारकर उसे सही राह पर लौट आने की प्रेरणा देता है।

परहित सरिस धर्म नहिं भाई अथवा परोपकार ही सच्चा धर्म है

CBSE 2024

संकेत बिंदु

- सूक्ति से तात्पर्य
- मानव एवं पशु में अंतर
- परोपकारियों के उदाहरण
- भारतीय संस्कृति में परोपकार का महत्त्व

गोस्वामी तुलसीदास ने कहा है कि

परहित सरिस धर्म नहिं भाई।
परपीड़ा सम नहिं अधमाई।।

अर्थात् परहित (परोपकार) के समान दूसरा कोई धर्म नहीं है और दूसरों को पीड़ा (कष्ट) देने के समान कोई अन्य नीचता या नीच कर्म नहीं है। पुराणों में भी कहा गया है, 'परोपकार: पुण्याय पापाय परपीड़नम्' अर्थात् दूसरों का उपकार करना सबसे बड़ा पुण्य तथा दूसरों को कष्ट पहुँचाना सबसे बड़ा पाप है।

परोपकार की भावना से शून्य मनुष्य पशु तुल्य होता है, जो केवल अपने स्वार्थों की पूर्ति तक ही स्वयं को सीमित रखता है। मनुष्य जीवन बेहतर है, क्योंकि मनुष्य के पास विवेक है। उसमें दूसरों की भावनाओं एवं आवश्यकताओं को समझने तथा उसकी पूर्ति करने की समझ है। इसी कारण मनुष्य सर्वश्रेष्ठ प्राणी है।

इस दुनिया में महात्मा बुद्ध, ईसा मसीह, दधीचि ऋषि, अब्राहम लिंकन, मदर टेरेसा, बाबा आम्टे जैसे अनगिनत महापुरुषों के जीवन का उद्देश्य परोपकार ही था। भारतीय संस्कृति में भी इस तथ्य को रेखांकित किया गया है कि मनुष्य को उस प्रकृति से प्रेरणा लेनी चाहिए, जिसके कण-कण में परोपकार की भावना व्याप्त है। भारतीय संस्कृति में इसी भावना के कारण पूरी पृथ्वी को एक कुटुंब माना गया है तथा विश्व को परोपकार संबंधी संदेश दिया गया है।

गया समय फिर हाथ नहीं आता

संकेत बिंदु

- समय ही जीवन है
- समय का सदुपयोग
- समय के दुरुपयोग से हानि

महापुरुषों ने कहा है, "समय बहुत मूल्यवान है। एक बार निकल जाने पर यह कभी वापस नहीं आता।" वास्तव में, समय ही जीवन है। इसकी गति को रोकना असंभव है। संसार में अनेक उदाहरण हैं, जो समय की महत्ता को प्रमाणित करते हैं। जिसने समय के मूल्य को नहीं पहचाना, वह हमेशा पछताया है। इसके महत्त्व को पहचानकर इसका सदुपयोग करने वाले व्यक्तियों ने अपने जीवन में लगातार सफलता प्राप्त की। जो व्यक्ति समय मिलने पर भी अपने जीवन में कुछ नहीं कर पाते, वे जीवन में असफल रहते हैं।

जो विद्यार्थी पूरे वर्ष पढ़ाई नहीं करते, वे फेल होने पर पछताते हैं। तब यह उक्ति कि 'अब पछताए होत क्या जब चिड़िया चुग गई खेत' चरितार्थ होती है। विद्यार्थी को समय का मूल्य पहचानते हुए हर पल का सदुपयोग करना चाहिए, क्योंकि जो समय को नष्ट करता है, एक दिन समय उसे नष्ट कर देता है। महान् पुरुषों ने समय का सदुपयोग किया और अपने जीवन में सफल हुए। स्वामी दयानंद, महात्मा गांधी, जवाहरलाल नेहरू, मदर टेरेसा आदि इसके ज्वलंत प्रमाण हैं। अत: हमें समय की महत्ता को समझते हुए इसका सदुपयोग करना चाहिए।

पर्यावरण संरक्षण : समय की माँग

CBSE Term II 2022

संकेत बिंदु

- मानव और पर्यावरण में अटूट संबंध
- संरक्षण की आवश्यकता क्यों?
- संरक्षण की योजनाओं का प्रभाव
- सुझाव

मानव और पर्यावरण में एक अटूट संबंध है। यह दोनों एक-दूसरे पर निर्भर हैं। पर्यावरण के बिना मानव का कोई अस्तित्व नहीं है और मानव के बिना पर्यावरण भी अधूरा है। हम सभी जीव एक पर्यावरण में रहते हैं। पर्यावरण में अनेक पेड़-पौधे, जीव-जंतु, जलवायु आदि है, जो हमारे लिए अति आवश्यक है।

पर्यावरण संरक्षण की आवश्यकता हमें इसलिए होती है, क्योंकि पर्यावरण संरक्षण वायु, जल और भूमि प्रदूषण को कम करता हैं। बायोडायवर्सिटी की सुरक्षा सुनिश्चित करने के लिए पर्यावरण संरक्षण का बहुत अधिक महत्त्व है। पर्यावरण संरक्षण सभी के सतत् विकास के लिए भी महत्त्वपूर्ण है। हमारे ग्रह को ग्लोबल वार्मिंग जैसे हानिकारक प्रभावों से बचाने के लिए भी पर्यावरण संरक्षण महत्त्वपूर्ण है।

भारत ऐसा पहला देश है जिसने अपने संविधान में पर्यावरण सुरक्षा संरक्षण संबंधी प्रावधान किया। पर्यावरण (संरक्षण) अधिनियम 1986 में लागू हुआ। इस अधिनियम में 26 धाराएँ हैं। विभिन्न स्रोतों से पर्यावरण प्रदूषकों के उत्सर्जन या निर्वहन जैसे विभिन्न पहलुओं में पर्यावरण की गुणवत्ता के लिए मानक निर्धारित करते हैं।

- घर की खाली जमीन, बालकनी, छत पर पौधे लगाएँ।
- ऑर्गेनिक खाद, गोबर खाद या जैविक खाद का उपयोग करें।
- खिड़की के पर्दे हटाएँ, दिन में सूरज की रोशनी से काम चलाए।

एक भारत, श्रेष्ठ भारत

CBSE Term II 2022

संकेत बिंदु

- योजना का प्रारंभ कब?
- ऐसी योजनाओं की आवश्यकता क्यों?
- विद्यालयों में इसे कार्य रूप में कैसे लाया गया?
- प्रभाव

"एक भारत श्रेष्ठ भारत" एक ऐसी नई और प्रभावशाली योजना है जो भारत सरकार द्वारा शुरू की गई है। भारत के प्रधानमंत्री श्री नरेन्द्र मोदी ने राष्ट्रीय एकता दिवस (31 अक्टूबर, 2015) को सरदार वल्लभभाई पटेल के जन्म दिवस पर इस नई पहल को शुरू करने की घोषणा की थी।

ऐसी योजनाओं की आवश्यकता इसलिए है जिससे कि विभिन्न संस्कृतियों के लोगों में आपसी समझ और बंधन को बढ़ाया जा सके, जिससे भारत की एकता व अखण्डता मजबूत होगी। यह शिक्षा मंत्रालय की एक पहल है। इस योजना के माध्यम से एक राज्य के लोगों को अन्य राज्यों की परंपरा, संस्कृति और अन्य प्रथाओं के रूप में लाया गया, जिससे बच्चों को इसकी सम्पूर्ण जानकारी प्राप्त हो सकें। इससे ये बच्चों के बीच समझ और संबंध को बढ़ाएगा। जिससे भारत की एकता और अखण्डता में वृद्धि होगी। एक भारत, श्रेष्ठ भारत योजना का निम्न प्रकार से प्रभाव पड़ता है। इस योजना से नागरिकों की सहभागिता बढ़ी है तथा कचरा मुक्त वातावरण बना है एवं शौचालयों की सुविधा भी उपलब्ध कराई गई है। अंततः हम कह सकते हैं कि यह योजना न केवल नागरिकों को स्वच्छता संबंध आदतें अपनाने बल्कि हमारे देश की छवि स्वच्छता के लिए तत्परता से काम कर रहे देश के रूप में बनाने में भी मदद करेगी।

ऑनलाइन शिक्षा : शिक्षा जगत में नवीन क्रांति

CBSE Term II 2022

संकेत बिंदु

- वर्तमान परिप्रेक्ष्य में अनिवार्यता
- सकारात्मक प्रभाव
- कमियाँ
- सुझाव

ऑनलाइन शिक्षा एक ऐसा माध्यम है, जिसके द्वारा शिक्षक घर बैठे इंटरनेट के माध्यम से देश के किसी भी कोने से विद्यार्थियों को पढ़ा सकते हैं। इसके अंतर्गत शिक्षक और विद्यार्थी उपयुक्त समय का चुनाव कर इंटरनेट के द्वारा एक-दूसरे से जुड़ जाते हैं।

कुछ समय पहले तक ऑनलाइन शिक्षा उच्च शिक्षा ग्रहण करने वाले विद्यार्थियों तक ही सीमित थी, परंतु वर्तमान में कोरोना महामारी के दौरान लॉकडाउन के अंतर्गत सभी विद्यालय, महाविद्यालय आदि शैक्षणिक संस्थान बंद होने पर प्राथमिक शिक्षा ग्रहण करने वाले विद्यार्थी भी ऑनलाइन शिक्षा के माध्यम से शिक्षा ग्रहण करने लगे।

ऑनलाइन शिक्षा के अंतर्गत विभिन्न एप्स जैसे-जूम, गूगल आदि विभिन्न माध्यमों की सहायता से वीडियो क्रॉन्फ्रेंसिंग करके शिक्षक एक साथ कई विद्यार्थियों को घर बैठे शिक्षा प्रदान कर रहे हैं। इसके माध्यम से विद्यार्थी विषय को भली-भाँति समझ रहे हैं और यदि किसी विषय से संबंधित उन्हें कोई समस्या होती है, तो शिक्षक तुरंत उस समस्या का समाधान कर देते हैं। साथ ही विभिन्न विषयों से संबंधित शैक्षिक सामग्री जैसे-वर्कशीट, नोट्स आदि उपलब्ध कराकर विद्यार्थियों की जिज्ञासाओं को शांत किया जा रहा है, जिससे विद्यार्थी अपनी शिक्षा को निरंतर जारी रख सकते हैं।

ऑनलाइन शिक्षा से समय की बचत होती है तथा विद्यार्थी की एकाग्रता क्षमता में वृद्धि होती है। अधिकांश लोग सीमित आय वाले हैं। उनके लिए मँहगे स्मार्टफोन खरीदना आसान नहीं है। इसके साथ सभी जगह इंटरनेट की गुणवत्ता अच्छी न होने के कारण ऑनलाइन शिक्षा बाधित होती है। शिक्षा ग्रहण करने हेतु विद्यार्थियों को अधिक समय तक फोन देखना पड़ता है, जिसके कारण आँखों में दर्द, माइग्रेन आदि शारीरिक समस्याएँ उत्पन्न होने का भय बना रहता है तथा मानसिक विकास भी अवरुद्ध होता है। ऑनलाइन शिक्षा के सीमित और संतुलित उपयोग पर बल देना आवश्यक है।

इंटरनेट : सूचनाओं की खान

CBSE 2023

संकेत बिंदु

- तकलीक का अद्भुत वरदान
- इंटरनेट क्रांति
- सूचना स्रोत
- प्रयोग के लिए सजगता

इंटरनेट हमारे लिए एक वरदान है। इसने जीवन के हर क्षेत्र में अपना योगदान दिया है; जैसे—चिकित्सा, कृषि, अंतरिक्ष यान, विज्ञान आदि। यहाँ तक की देश के रक्षादलों की कार्यवाही में इंटरनेट का बहुत बड़ा योगदान है।

पहले लोगों के शौक खेलना, पढ़ना, संगीत सुनना, चित्र बनाना, फोटोग्राफी आदि हुआ करते थें, परन्तु आज के समय में उनके शौक के बारे में पूछे तो हर दस में से सात लोगों का जवाब इंटरनेट सर्फिंग होगा और कमाल की बात तो यह है कि इंटरनेट के माध्यम से खेलने, पढ़ने, संगीत सुनने और चित्र बनाने जैसे शौक भी पूरे किए जा सकते हैं।

इंटरनेट को कोई जादू तो कोई विज्ञान का चमत्कार, तो कोई ज्ञान का सुपर हाईवे कहता है। आप जो भी कहिए, लेकिन इस बात में कोई संदेह नहीं है कि इंटरनेट क्रांति की देन है। यह इंटरनेट न केवल मानव के लिए अति आवश्यक व उपयोगी सिद्ध हुआ है, बल्कि संचार में गति एवं विविधता के माध्यम से इसने दुनिया को बिल्कुल बदलकर रख दिया है।

इंटरनेट से सारी दुनिया हमारी मुट्ठी में आ गई है। बस एक बटन दबाते ही सबकुछ क्षण में हमारी आँखों के सामने उपस्थित हो जाता है। इंटरनेट ने दुनिया के सभी लोगों को आपस में जोड़ दिया है। ज्ञान के क्षेत्र में भी अद्भुत क्रांति आ गई है। ज्ञान, विज्ञान, खेल, शिक्षा, संगीत, कला, फिल्म, चिकित्सा आदि सबकी जानकारी इंटरनेट पर उपलब्ध है।

इंटरनेट जितना लाभकारी है उतने ही इससे नुकसान भी जुड़े हैं। इसमें धोखाधड़ी, स्कैमिंग और हैकिंग आदि शामिल हैं। इंटरनेट मनोरंजन के अलग-अलग स्रोत प्रदान करता है और इसके इस्तेमाल को नियंत्रित करना बहुत मुश्किल है। इंटरनेट छात्रों की शिक्षा व एकाग्रता को भी नुकसान पहुँचाता है। जरूरत से ज्यादा इंटरनेट का प्रयोग करने से अनेक स्वास्थ्य संबंधित समस्याएँ भी उत्पन्न होती है। इंटरनेट तनाव, अवसाद, उत्पादकता और कई अधिक समस्याओं का कारण है। ई-मेल खातों, बैंक खातों और मोबाइल से किसी की निजी जानकारी निकालने के लिए हैकिंग इन दिनों काफी सामान्य हो चुकी हैं। इंटरनेट के उपयोग ने हमें एक-दूसरे से अलग-अलग व अकेला कर दिया है।

आज की बचत कल का सुख

संकेत बिंदु
- बचत का अर्थ एवं स्वरूप
- दु:खदायक स्थितियों में बचत का महत्त्व
- वर्तमान और भविष्य को सुरक्षित करना

वर्तमान आय का वह हिस्सा, जो तत्काल व्यय (खर्च) नहीं किया गया और भविष्य के लिए सुरक्षित कर लिया गया 'बचत' कहलाता है। पैसा सब कुछ नहीं रहा, परंतु इसकी ज़रूरत हमेशा सबको रहती है। आज हर तरफ़ पैसों का बोलबाला है, क्योंकि पैसों के बिना कुछ भी नहीं। आज ज़िंदगी और परिवार चलाने के लिए पैसे की ही अहम भूमिका होती है। आज के समय में पैसा कमाना जितना मुश्किल है, उससे कहीं अधिक कठिन है। पैसे को अपने भविष्य के लिए सुरक्षित बचाकर रखना, क्योंकि अनाप-शनाप खर्च और बढ़ती महँगाई के अनुपात में कमाई के स्रोतों में कमी होती जा रही है, इसलिए हमारी आज की बचत ही कल हमारे भविष्य को सुखी और समृद्ध बना सकने में अहम भूमिका निभाएगी।

जीवन में अनेक बार ऐसे अवसर आ जाते हैं, जैसे आकस्मिक दुर्घटनाएँ हो जाती हैं, रोग या अन्य शारीरिक पीड़ाएँ घेर लेती हैं, तब हमें पैसों की बहुत आवश्यकता होती है।

हमारी आज की छोटी-छोटी बचत या धन निवेश ही हमें भविष्य में आने वाले तमाम खर्चों का मुफ़्त समाधान कर देती हैं। आज की थोड़ी-सी समझदारी आने वाले भविष्य को सुखद बना सकती है। बचत करना एक अच्छी आदत है, जो हमारे वर्तमान के साथ-साथ भविष्य के लिए भी लाभदायक सिद्ध होती है। किसी ज़रूरत या आकस्मिक समस्या के आ जाने पर बचाया गया पैसा ही हमारे काम आता है। संक्षेप में कह सकते हैं कि बचत करके हम अपने भविष्य को सँवार सकते हैं।

जब आवत संतोष धन, सब धन धूरि समान **CBSE 2023**

संकेत बिंदु
- मानव इच्छाओं का कोई अंत नहीं
- संतोष धन ही सच्चा धन
- संतुष्टि और प्रसन्नता
- लालसा नियंत्रण

मानव एक संवेदनशील प्राणी है। वह सदैव अपनी इच्छापूर्ति में लगा रहता है, मगर इच्छाएँ कभी पूर्ण नहीं होती। इच्छाओं, आकांक्षाओं का एक अनवरत क्रम चलता रहता है। यह आकांक्षाएँ ही दुखों का कारण हैं। महात्मा बुद्ध ने कहा था 'इच्छाएँ दुखों का मूल कारण हैं' अर्थात् सच्चा सुख पाने के लिए जरूरी भी है कि इच्छाओं का दमन किया जाए। इसी कारण भारतीय संस्कृति व दर्शन के अनुसार, 'संतोष को अपनाने पर बल दिया गया है। 'संतोष-धन को पाकर इच्छाओं से छुटकारा सम्भव है।

आज हर मनुष्य पैसों के पीछे भाग रहा है, जिसके कारण मनुष्य का मन अशांत रहता है और वह अपना जीवन अंधकार में धकेल देता है। उस व्यक्ति को यह पता नहीं चलता कि धन से हम वस्तु को खरीद सकते हैं, लेकिन मन की शांति को कभी नहीं खरीद सकते हैं। यदि हमकों मन की शांति चाहिए तो हमें जीवन में संतोष रखना होगा। जब हमारे जीवन में संतोष रूपी धन आ जाएगा तो हमारा मन शांत रहेगा और हमारी जिंदगी खुशियों सें भर जाएगी।

मनुष्य जब संतोष रूपी धन प्राप्त कर लेता है, तब उसे अन्य किसी प्रकार के धन की कामना नहीं रहती। जब संतोष आ जाता है, तो सारी इच्छाएँ और लोभ स्वयं समाप्त हो जाते हैं। संतोष आ जाने से ऐसी आनंदमयी दशा हो जाती है, जिसमें न ईर्ष्या होती है न द्वेष, न असंतोष होता है न अशांति, न लोभ होता है न लालच जीवन बस सुखी, संतुष्ट, चिन्तारहित व आनंद से भरपूर हो जाता है।

संतुष्ट व्यक्ति इस संसार में सुखी जीवन व्यतीत कर सकता है, जो सुख ईमानदारी से कमाई की रोटी खाकर जिंदगी व्यतीत करने से मिलता है, वह लोभ और लालच द्वारा कमाई गई रोटी से नहीं मिल सकता। एक संतुष्ट व्यक्ति भिखारी होते हुए भी शहनशाह होता है, जबकि एक धनवान से धनवान व्यक्ति सब कुछ होते हुए भी दु:खी होता है। कबीर कहते हैं—

"जिसको कुछ न चाहि, सोई शहनशाह।"

वर्तमान समय में संतोष की बहुत अधिक आवश्कता है। आज सर्वत्र अराजकता, अतृप्ति, वैमनस्य का बोलबाला है। ऐसे वातावरण में संतोष रूपी वास्तविक धन ही सच्ची शांति ला सकता है। आधुनिक समय में व्यक्ति पैसे की एक ऐसी अंधी दौड़ में लगा है कि साधारण व्यक्ति लखपति बनना चाहता है, लखपति व्यक्ति करोड़पति बनने के लिए उत्सुक है और करोड़पति अरबपति बनने का सपना संजोए हुए है। ऐसे में यदि संतोष का दामन थाम लिया जाए, तो सब समस्याओं का समाधान हो सकता है। कबीर ने कहा है—

साँई इतना दीजिए, जा में कुटुंब समाय।
मैं भी भूखा न रहूँ साधुन भी भूखा न जाय।।

स्व-मूल्यांकन

निम्नलिखित विषयों पर दिए गए संकेत बिंदुओं के आधार पर अनुच्छेद लिखिए

1. सूचना प्रौद्योगिकी : वर्तमान और भविष्य

संकेत बिंदु
- प्राचीन काल में सूचना प्रौद्योगिकी
- औद्योगिक विकास में सहायक
- सामाजिक विकास में सहायक

2. आधुनिक काल में डिजिटल साक्षरता का महत्त्व

संकेत बिंदु
- व्यापार, स्कूल, सरकारी काम इत्यादि ऑनलाइन कर पाना
- इंटरनेट पर हर प्रकार की जानकारी आसानी से उपलब्ध होना
- इंटरनेट के प्रयोग से आत्मनिर्भर हो पाना

3. अंतरिक्ष में जीवन की कल्पना

संकेत बिंदु
- मनुष्य का जीवन पहेली की तरह
- मनुष्य की खोजी प्रवृत्ति
- अंतरिक्ष में जीवन की संभावना की तलाश

4. शिक्षा-व्यवस्था में परीक्षा का महत्त्व

संकेत बिंदु
- परीक्षा के विषय में समझ
- शिक्षा-व्यवस्था में परीक्षा की भूमिका
- परीक्षा का छात्रों की योग्यता से संबंध
- परीक्षा के दौरान छात्रों की मनोदशा
- परीक्षा के परिणामों का विद्यार्थी पर सकारात्मक व नकारात्मक प्रभाव

5. वर्तमान शिक्षा पद्धति की कमियाँ

संकेत बिंदु
- सही शिक्षा और उचित मार्गदर्शन का महत्त्व
- उचित शिक्षा पद्धति की आवश्यकता
- वर्तमान शिक्षा पद्धति के दोष

6. बच्चों के विकास में समाज की भूमिका

संकेत बिंदु
- बच्चों के लिए समाज का महत्त्व
- बच्चों के विकास में समाज का सकारात्मक व नकारात्मक प्रभाव
- बच्चों के लिए आदर्श समाज की परिकल्पना
- उपसंहार

7. कोशिश करने वालों की हार नहीं होती

संकेत बिंदु
- दी गई पंक्ति की व्याख्या
- प्रयास की सफलता में भूमिका
- प्रयास से प्राप्त सफलता का एक उदाहरण
- उपसंहार

8. 'जहाँ चाह वहाँ राह'

संकेत बिंदु
- इच्छाशक्ति का महत्त्व
- इच्छाएँ और जीवन मूल्य (स्वाभिमान, संतोष, सत्य आदि)
- चाह से राह का निर्माण

9. वही मनुष्य जो मनुष्य के लिए मरे

संकेत बिंदु
- दी गई पंक्ति की व्याख्या
- मनुष्य की एक-दूसरे पर निर्भरता
- वर्तमान परिवेश में मानवता और परोपकार
- मानव धर्म की आवश्यकता, इससे जुड़ा कोई दोहा

10. शहरों में यातायात के विभिन्न साधन

संकेत बिंदु
- यातायात के विभिन्न साधन
- मेट्रो रेल, बस सेवा एवं अन्य
- नागरिकों को होने वाली असुविधाएँ
- पर्यावरण को होने वाले नुकसान

11. सारे जहाँ से अच्छा हिंदोस्ताँ हमारा

संकेत बिंदु
- भारत : सर्वश्रेष्ठ देश
- संस्कृति, सभ्यता और नैतिक मूल्य अत्यंत प्रभावशाली
- भौगोलिक तथा लोकतंत्र की दृष्टि से श्रेष्ठता

12. जनसंख्या वृद्धि की समस्या/बढ़ती जनसंख्या

संकेत बिंदु
- जनसंख्या वृद्धि के कारण : निरक्षरता तथा निर्धनता
- धार्मिक और सामाजिक रीति-रिवाज़ों की भूमिका
- सरकार तथा युवा वर्ग द्वारा इससे निपटने पर ज़ोर

13. राष्ट्रभाषा हिंदी

संकेत बिंदु
- संविधान में स्थान
- हिंदी जानने के लाभ
- संपर्क भाषा बनाने हेतु सुझाव

14. 'राष्ट्र के प्रति विद्यार्थियों का कर्त्तव्य'

संकेत बिंदु
- विद्यार्थी का स्वरूप
- सुरक्षित राष्ट्र की कामना
- विद्यार्थी का कर्त्तव्य
- राष्ट्रप्रेमी विद्यार्थी

15. 'समय नियोजन'

संकेत बिंदु
- समय नियोजन का अर्थ
- समय नियोजन की जीवन में महत्ता
- समय नियोजन के लाभ

पत्र लेखन

अध्याय 2

पत्र लेखन का अर्थ पत्र लेखन एक आवश्यक कौशल है। अपने विचारों एवं भावों की अभिव्यक्ति के लिए पत्र-लेखन का प्रयोग किया जाता है। अपने सगे-संबंधियों, पदाधिकारियों, मित्रों, संपादकों आदि से जोड़ने की कला **पत्र लेखन** कहलाती है। पत्र लेखन हमारे जीवन का महत्त्वपूर्ण अंग है, जो लोगों को समाज से जोड़कर रखता है।

पत्र के प्रकार

पत्र के सामान्यत: दो प्रकार होते हैं

1. औपचारिक पत्र (Formal Letters)
2. अनौपचारिक पत्र (Informal Letters)

पत्र के अंग

पत्र को जिस क्रम में लिखा जाता है, वे **पत्र के अंग** कहलाते हैं। सामान्यत: किसी भी पत्र में निम्नलिखित अंग होते हैं

शीर्षक या प्रारंभ

पत्र में सर्वप्रथम शीर्षक के रूप में पत्र लिखने वाले अर्थात् प्रेषक का नाम व पता लिखा जाता है। तत्पश्चात् पत्र लिखने की तिथि (दिनांक) का उल्लेख किया जाता है।

परीक्षा में पूछे गए औपचारिक एवं अनौपचारिक पत्र में नाम का उल्लेख न होने पर परीक्षा भवन लिखा जाता है। यह सब पत्र के बाएँ ओर सबसे ऊपर लिखा जाता है। औपचारिक पत्रों के अंतर्गत विषय का उल्लेख सीमित शब्दों में स्पष्ट रूप से किया जाता है, जबकि अनौपचारिक पत्रों में इसका उल्लेख नहीं होता।

संबोधन का उल्लेख

पत्र में संबोधन का महत्त्वपूर्ण स्थान होता है। औपचारिक पत्र के अंतर्गत 'मान्यवर', 'महोदय' आदि सूचक शब्दों का प्रयोग किया जाता है तथा अनौपचारिक पत्र के अंतर्गत 'पूजनीय', 'स्नेहमयी' 'प्रिय' आदि सूचक शब्दों का प्रयोग किया जाता है।

अभिवादन अथवा शिष्टाचार संबंधी शब्दों का उल्लेख

पत्र में संबोधन के अनुरूप ही अभिवादन या शिष्टाचार संबंधी शब्दों का प्रयोग किया जाता है। अनौपचारिक पत्रों में बड़ों के लिए प्रणाम, नमस्कार, सादर चरण-स्पर्श तथा छोटों के लिए आशीर्वाद, शुभाशीष, चिरंजीव रहो आदि शब्द-सूचक का प्रयोग किया जाता है। औपचारिक पत्रों में इसका प्रयोग नहीं किया जाता।

विषय-वस्तु

विषय-वस्तु पत्र लेखन का महत्त्वपूर्ण अंग है। इसे पत्र का मुख्य भाग भी कहते हैं। इस भाग में अपने भावों एवं विचारों को प्रकट किया जाता है।

समाप्ति अथवा अंत

पत्र के अंत में अपने विषय में लिखते हुए पत्र को समाप्त किया जाता है। औपचारिक पत्र में धन्यवाद लिखते हुए 'भवदीय', 'प्रार्थी', 'आज्ञाकारी' आदि शब्द-सूचक का प्रयोग किया जाता है तथा अनौपचारिक पत्र में 'प्यारा', 'स्नेहाकांक्षी', 'हितैषी', 'शुभाकांक्षी' इत्यादि शब्दों का प्रयोग किया जाता है। औपचारिक व अनौपचारिक दोनों पत्रों के अंत में यदि परीक्षा में, पूछे गए पत्र में नाम व पता का उल्लेख न किया गया हो, तब वहाँ क. ख. ग. का प्रयोग किया जाता है।

पत्र लिखते समय ध्यान रखने योग्य बातें

- पत्र लिखते समय लिखने वाले तथा पत्र प्राप्त करने वाले का नाम व पता, दिनांक के साथ लिखा जाना चाहिए।
- पत्र का विषय स्पष्ट होना चाहिए तथा अनावश्यक बातों को पत्र में नहीं लिखना चाहिए।
- पत्र लिखते समय क्रमबद्धता का विशेष ध्यान दिया जाना चाहिए।
- पत्र का आकार संक्षिप्त होना चाहिए तथा विषय के अनुकूल होना चाहिए। कम शब्दों में अधिक बात कहने की कोशिश करनी चाहिए।
- पत्र की भाषा सरल, सामान्य, मधुर एवं आदर सूचक एवं शुद्ध होनी चाहिए।
- पत्र अधूरा नहीं होना चाहिए अर्थात् पत्र को इस प्रकार समाप्त किया जाना चाहिए कि पत्र का संदेश स्पष्ट हो सके।

1. औपचारिक पत्र

प्रधानाचार्य, पदाधिकारियों, व्यापारियों, ग्राहकों, पुस्तक विक्रेता, संपादक आदि को लिखे गए पत्र **औपचारिक पत्र** कहलाते हैं। औपचारिक पत्र उन लोगों को लिखे जाते हैं, जिनसे हमारा निजी या पारिवारिक संबंध नहीं होता है।

औपचारिक पत्रों को निम्नलिखित वर्ग में विभाजित किया जा सकता है।

1. पत्र/प्रार्थना-पत्र आवेदन 2. शिकायती पत्र 3. संपादकीय पत्र 4. व्यावसायिक पत्र 5. कार्यालयी पत्र

औपचारिक पत्र के संबोधन, अभिवादन तथा अभिनिवेदन

पत्र के प्रकार	पत्र पाने वाले	संबोधन	अभिवादन	अभिनिवेदन
आवेदन-पत्र/प्रार्थना-पत्र	प्रधानाचार्य, संबंधित अधिकारी	महोदय, महोदया, मान्यवर	–	आपका, कृपाकांक्षी, भवदीय
कार्यालयी पत्र	संबंधित अधिकारी	मान्यवर, महोदय	–	भवदीय, विनीत
संपादकीय पत्र	संपादक	महोदय, महोदया	–	भवदीय/भवदीया, प्रार्थी
शिकायती पत्र	संबंधित अधिकारी	महोदय, महोदया	–	भवदीय, भवदीया, प्रार्थी
व्यावसायिक पत्र	पुस्तक विक्रेता, बैंक प्रबंधक, व्यावसायिक संस्था	श्रीमान, महोदय	–	भवदीय, आपका

औपचारिक पत्र का प्रारूप

प्रश्न अपने क्षेत्र में फैली हुई गंदगी व समुचित सफाई व्यवस्था न होने की ओर ध्यान दिलाते हुए स्वास्थ्य अधिकारी को शिकायती-पत्र लिखिए।

1. प्रेषक { परीक्षा भवन,
दिल्ली।

2. दिनांक { **दिनांक** 20 अगस्त, 20XX

3. प्राप्तकर्ता { सेवा में,
श्रीमान स्वास्थ्य अधिकारी,
दिल्ली नगर निगम,
दिल्ली - 110001।

4. विषय { **विषय** क्षेत्र में फैली गंदगी के संबंध में।

5. संबोधन { महोदय,

6. विषय-वस्तु { इस पत्र के माध्यम से मैं आपका ध्यान अपने क्षेत्र में चारों ओर फैली गंदगी की ओर आकर्षित करना चाहता हूँ। मैं आदर्श नगर का निवासी हूँ। यह क्षेत्र किसी समय सबसे अधिक साफ़-सुथरा क्षेत्र माना जाता था, किंतु आज इस क्षेत्र की दशा अत्यंत चिंताजनक है। जगह-जगह कूड़े के ढेर लगे हुए हैं, जिन पर मच्छर एवं मक्खियाँ भिनभिनाते रहते हैं। जिसके कारण हमारे क्षेत्र में रह रहे लोगों में मलेरिया तथा अन्य बीमारियों के फैलने का खतरा भी दिन-प्रतिदिन बढ़ता जा रहा है। हमारे क्षेत्र में गंदगी इतनी बढ़ गई है कि क्षेत्र से जाने वाले लोगों को नाक बंद करके निकलना पड़ता है इस कारण लोगों का जीना दूभर हो गया है।
अतः आपसे निवेदन है कि कृपया इस क्षेत्र की स्वास्थ्य सुरक्षा को ध्यान में रखते हुए बिना विलंब किए कोई महत्त्वपूर्ण कदम उठाया जाए। हम सभी क्षेत्रवासी आपके आभारी रहेंगे।

7. समाप्ति एवं अंत { धन्यवाद।
भवदीय

8. प्रेषक का नाम { क. ख. ग.

***नोट** प्रश्न में 'पता' नहीं होने पर 'पते के स्थान' पर परीक्षा भवन तथा 'नाम' नहीं होने पर नाम के स्थान पर क.ख.ग. लिखना चाहिए।*

अभ्यास प्रश्न

(दक्षता आधारित प्रश्नों सहित)

I. प्रार्थना-पत्र/आवेदन-पत्र

प्रार्थना-पत्र/आवेदन-पत्र विद्यालय के प्रधानाचार्य, संस्थाओं के प्रधान (प्रमुख) इत्यादि को लिखा जाता है। इसमें शालीन भाषा तथा शिष्ट शैली का प्रयोग किया जाता है। इन पत्रों में अभिवादन का अभाव होता है।

प्रार्थना-पत्र

1. दुर्घटनाग्रस्त हो जाने पर अवकाश हेतु प्रधानाचार्य जी को प्रार्थना-पत्र लिखिए। **CBSE 2012, 11**

उत्तर परीक्षा भवन,
दिल्ली।
दिनांक 16 मार्च, 20XX
सेवा में,
प्रधानाचार्य महोदय,
सरोजिनी स्मृति विद्यालय,
मोदीनगर।

विषय अवकाश हेतु प्रार्थना-पत्र।

महोदय,
विनम्र निवेदन है कि मैं आपके विद्यालय में दसवीं 'अ' का विद्यार्थी हूँ। कल मैं घर के किसी काम से बाहर गया था। आते समय बस से गिर जाने के कारण मेरे पैर में काफी चोट लगी है, जिसके कारण मैं चल पाने की स्थिति में नहीं हूँ।

वास्तव में, मेरे दाएँ पैर की हड्डी टूट गई है और उस पर प्लास्टर चढ़ा दिया गया है। डॉक्टर का कहना है कि यह प्लास्टर कम-से-कम तीन सप्ताह के बाद खुलेगा। अत: आपसे प्रार्थना है कि विद्यालय आने में मेरी असमर्थता को देखते हुए मुझे एक महीने का चिकित्सा हेतु अवकाश प्रदान किया जाए। इसके लिए मैं आपका सदैव आभारी रहूँगा।

सधन्यवाद।

आपका आज्ञाकारी शिष्य
क. ख. ग.
कक्षा-दसवीं 'अ'

2. पुस्तकालय में हिंदी के प्रसिद्ध लेखकों की पुस्तकें मँगवाने के लिए प्रधानाचार्य को एक प्रार्थना-पत्र लगभग 80-100 शब्दों में लिखिए।। **दक्षता आधारित प्रश्न, CBSE 2020**

उत्तर परीक्षा भवन,
दिल्ली।
दिनांक 12 मार्च, 20XX
सेवा में,
प्रधानाचार्य महोदय,
केंद्रीय विद्यालय,
जनकपुरी, दिल्ली।

विषय पुस्तकालय में हिंदी के प्रसिद्ध लेखकों की पुस्तकें मँगवाने के लिए पत्र।

महोदय,
सविनय निवेदन यह है कि मैं आपके विद्यालय की दसवीं 'अ' कक्षा का छात्र हूँ। इस पत्र के माध्यम से मैं आपका ध्यान हमारे विद्यालय के पुस्तकालय में हिंदी के प्रसिद्ध लेखकों की पुस्तकों के अभाव की ओर दिलाना चाहता हूँ। विद्यालय के पुस्तकालय में विभिन्न प्रकार की पुस्तकें हैं, लेकिन हिंदी के प्रसिद्ध लेखकों की पुस्तकें न के बराबर हैं। जो पुस्तकें उपलब्ध हैं, वे भी पिछले पाँच साल पुरानी हैं। हिंदी साहित्य के इतिहास को जानने-समझने के लिए प्रसिद्ध लेखकों की पुस्तकों की आवश्यकता होती है। ये पुस्तकें हिंदी के विद्यार्थियों के लिए बहुत उपयोगी हैं। इसलिए आपसे अनुरोध है कि हिंदी के प्रसिद्ध लेखकों की नवीन पुस्तकें मँगवाने की कृपा करें ताकि हिंदी साहित्य के विद्यार्थियों को असुविधा न हो और इन पुस्तकों के माध्यम से वे अपने ज्ञान में वृद्धि कर सकें।

धन्यवाद।

आपका आज्ञाकारी शिष्य
क.ख.ग.
कक्षा-दसवीं 'अ'

3. विद्यालय में 'योग और व्यायाम' की कक्षा को अनिवार्य रूप से सम्मिलित करने के लिए धन्यवाद देते हुए प्रधानाचार्य को लगभग 100 शब्दों में पत्र लिखिए। **दक्षता आधारित प्रश्न**

उत्तर परीक्षा भवन,
दिल्ली।
दिनांक 15 अप्रैल, 20XX
सेवा में,
श्रीमान प्रधानाचार्य जी,
केंद्रीय विद्यालय,
शालीमार बाग,
दिल्ली।

विषय योग और व्यायाम की कक्षा अनिवार्य रूप से सम्मिलित करने हेतु।

महोदय,
सविनय निवेदन यह है कि मैं आपके विद्यालय की कक्षा दसवीं 'अ' का छात्र हूँ। इस पत्र के माध्यम से मैं आपके द्वारा विद्यालय में अनिवार्य रूप से 'योग व व्यायाम' की कक्षाओं को सम्मिलित करने हेतु धन्यवाद देना चाहता हूँ। इन कक्षाओं के माध्यम से हम सभी छात्र स्वस्थ व सक्रिय महसूस करते हैं, साथ ही अपने मन को एकाग्र करके अधिक समय तक अपनी पढ़ाई पर ध्यान दे पा रहे हैं। योग व व्यायाम से हमारा तन व मन तो स्वस्थ रहेगा ही साथ ही यह हमारे संपूर्ण विकास में भी सहायक है।

आपके द्वारा 'योग व व्यायाम' की कक्षाओं को अनिवार्य करने हेतु हम सभी छात्र आपके सदैव आभारी रहेंगे।

सधन्यवाद।

आपका आज्ञाकारी शिष्य

क. ख. ग.

कक्षा-दसवीं 'अ'

4. आप जयपुर में रहने वाले चंद्रप्रकाश/चाँदनी हैं ओर हाल में ही आपने नया घर बनवाया है। उसके लिए बिजली का कनेक्शन लेने के लिए बिजली विभाग के अधिकारी को एक अनुरोध-पत्र लगभग 120 शब्दों में लिखिए। **CBSE Term II 2022**

उत्तर परीक्षा भवन,

दिल्ली।

दिनांक 23 फरवरी, 20XX

सेवा में,

विद्युत अधिकारी,

बिजली विभाग,

जयपुर।

विषय बिजली का नया कनेक्शन लेने के संबंध में।

श्रीमान जी,

सविनय निवेदन है कि मैंने हाल ही में अपना मकान बनाना आरंभ किया है। उस मकान के निर्माण हेतु मुझे बिजली कनेक्शन की आवश्यकता है। आपसे प्रार्थना है कि मुझे इस मकान के लिए बिजली का कनेक्शन अतिशीघ्र उपलब्ध कराया जाए। सभी जरूरी दस्तावेज संलग्न है।

आपसे निवेदन है कि इसे जल्द से जल्द लगवाने की कृपा करें। हम आपके आभारी रहेंगे।

धन्यवाद

प्रार्थी चंद्रप्रकाश

मकान नम्बर - 7

सेक्टर नम्बर - 84

पिन कोड - 110024

मोबाइल नंबर - XXXX246425

5. आपका नाम अनामिका / अनामय है। पिछले महीने आपने अपना घर बदला है। अपने बैंक खाते में पुराने पते के स्थान पर अपना नया पता बदलवाने के लिए संबंधित बैंक प्रबंधक को लगभग 100 शब्दों में एक पत्र लिखें। **CBSE 2024**

उत्तर परीक्षा भवन,

दिल्ली

दिनांक 20 अगस्त, 20XX

सेवा में,

शाखा प्रबंधक,

बैंक ऑफ बड़ौदा,

मॉडल टाउन,

दिल्ली।

विषय पुराने पते के स्थान पर नया पता बदलवाने हेतु।

महोदय,

सविनय निवेदन यह है कि मैं अनामिका आपके बैंक (बैंक ऑफ बड़ौदा) की खाताधारक हूँ। मेरा खाता क्रमांक 1542XXXXXX है। मैं आपको सूचित करना चाहती हूँ कि मेरी कंपनी द्वारा मेरा ट्रांसफर करने के कारण मैंने अपना घर बदला है। आपके बैंक में मेरा बचत खाता है, इसलिए अपने खाते में पुराने पते के स्थान पर अपना नया पता बदलवाने के लिए मैं आपसे अनुरोध करती हूँ।

आपसे निवेदन है कि शीघ्र ही मेरे नए पते को मेरे खाते में दर्ज करने की कृपा करें।

धन्यवाद।

भवदीय

अनामिका

पुराना पता : डी-14 मॉडल टाउन, दिल्ली।

नया पता : 454, राजौरी गॉर्डन, दिल्ली।

बैंक अकाउण्ट नंबर : 1542XXXXXX

मोबाइल नंबर : 9654XXXXXX

हस्ताक्षर - अनामिका

आवेदन-पत्र

प्राय: आवेदन-पत्र किसी उच्चाधिकारी को लिखे जाते हैं, अत: इनमें शिष्टता का प्रदर्शन किया जाना चाहिए। पत्र में सभी महत्त्वपूर्ण बातों को समाहित करना चाहिए, ध्यान रखना चाहिए कि कोई तथ्य छूट न जाए। पत्र तथ्यों पर आधारित होने चाहिए। तथ्यों की पुष्टि के लिए प्रमाण भी संलग्न किए जाने चाहिए।

1. झारखंड निवासी गंगाराम की ओर से रोजगार समाचार में विज्ञापित टी.जी.टी. (हिंदी) पद हेतु संक्षेप में शैक्षिक योग्यताओं, अनुभवों आदि का उल्लेख करते हुए जिला शिक्षाधिकारी, पटना के नाम आवेदन-पत्र।

ग्राम सिरसा

राँची, झारखंड

दिनांक 18 सितंबर, 20XX

सेवा में,

जिला शिक्षाधिकारी राँची

विषय टी.जी.टी. (हिंदी) पद हेतु आवेदन-पत्र।

मान्यवर,

'रोजगार समाचार' दिनांक 8 सितंबर, 20XX के माध्यम से मुझे पता चला है कि आपके अधीन सरकारी विद्यालयों में टी.जी.टी. (हिंदी) के पद रिक्त हैं तथा इन पदों के लिए आवेदन आमंत्रित किए गए हैं। मैं भी उक्त पदों के लिए अपना आवेदन प्रेषित कर रहा हूँ। मेरी शैक्षणिक योग्यताएँ, अनुभवों आदि का विवरण इस प्रकार है

- मैंने सी.बी.एस.ई. बोर्ड से 2011 में सेकेंडरी स्कूल परीक्षा द्वितीय श्रेणी में उत्तीर्ण की है।

- मैंने सी.बी.एस.ई. बोर्ड से 2013 में सीनियर सेकेंडरी स्कूल परीक्षा द्वितीय श्रेणी में उत्तीर्ण की है।
- मैंने वर्ष 2016 में दिल्ली विश्वविद्यालय से द्वितीय श्रेणी में स्नातक की उपाधि प्राप्त की है।
- इसके अतिरिक्त मैंने 2018 में दिल्ली विश्वविद्यालय से बी.एड. भी द्वितीय श्रेणी में किया है।
- मैं गत चार वर्षों से अपने गाँव के एक निजी स्कूल में हिंदी अध्यापक के रूप में कार्यरत हूँ।
- मैंने अपने विद्यार्थी जीवन में खेलकूद तथा अनेक सांस्कृतिक गतिविधियों में भी भाग लिया है।
- मेरी जन्मतिथि 20 जून, 20XX है तथा मेरी आयु XY वर्ष है।

आशा है आप मुझे साक्षात्कार में उपस्थित होने का अवसर प्रदान करेंगे।

आवेदन पत्र के साथ समस्त प्रमाण-पत्रों की फोटो प्रतियाँ संलग्न कर रहा हूँ। मैं आशा करता हूँ—कि इस पद हेतु आप मुझे सकारात्मक प्रत्युत्तर देंगे।

सधन्यवाद।

भवदीय

गंगाराम

2. **बैंकिंग सेवा भर्ती बोर्ड, नई दिल्ली के सचिव को लिपिक के पद के लिए अपनी योग्यताओं का विवरण देते हुए आवेदन-पत्र लिखिए।**

परीक्षा भवन,
दिल्ली।
दिनांक 14 फरवरी, 20XX

सेवा में,
प्रमुख सचिव,
बैंकिंग सेवा भर्ती बोर्ड,
नई दिल्ली।

विषय लिपिक पद हेतु।

महोदय,

'हिंदुस्तान' दैनिक पत्र दिनांक 12 सितंबर, 20XX के अंक में प्रकाशित विज्ञापन के अनुसार आपके यहाँ लिपिक पद के लिए आवेदन-पत्र आमंत्रित किए गए हैं। मैं भी इस पद के लिए प्रत्याशी के तौर पर स्वयं को प्रस्तुत करना चाहता हूँ। अपने संबंध में निम्नलिखित विवरण आपके समक्ष विचारार्थ प्रस्तुत कर रहा हूँ

नाम	— अभिषेक कुमार
पिता का नाम	— श्री कुंदनलाल साहा
जन्मतिथि	— 11 जुलाई, 19XX
पत्राचार का पता	— 729, नजफ़गढ़, नई दिल्ली — 110059

शैक्षिक योग्यता

(i) हाई स्कूल, राज. बाल उच्च विद्यालय, नजफ़गढ़—71%
(ii) सी.से. स्कूल, राज. बाल उच्च विद्यालय, नजफ़गढ़ —66%
(iii) बी.ए., दिल्ली विश्वविद्यालय, दिल्ली—68%
(iv) एम.ए., दिल्ली विश्वविद्यालय—61%

पाठेतर गतिविधियाँ

सांस्कृतिक एवं साहित्यिक गतिविधियों में सक्रिय रूप से भागीदारी।

मैं आशा करता हूँ कि लिपिक पद हेतु मेरी उम्मीदवारी पर आप सकारात्मक प्रत्युत्तर देंगे।

धन्यवाद।

भवदीय

क. ख. ग.

संलग्नक प्रमाण-पत्रों एवं अंक-पत्रों की फोटो प्रतियाँ; कुल संख्या-8।

II. शिकायती पत्र

किसी विशेष कार्य, समस्या अथवा घटना की शिकायत करते हुए, संबंधित अधिकारी को लिखा गया पत्र **शिकायती पत्र** कहलाता है। इसका स्वरूप प्रार्थना-पत्र की तरह ही होता है। इसकी भाषा शालीन होनी चाहिए।

1. **आपका नाम दिशा/दक्ष है। आपकी आयु मतदान करने योग्य हो गई है। आपने मतदान पहचान-पत्र बनवाने के लिए गरुण ऐप के द्वारा आवेदन कर दिया है, किंतु काफी समय के बाद भी आपका मतदाता पहचान-पत्र आपको नहीं मिला। मतदाता पहचान-पत्र के वितरण में देरी की शिकायत करते हुए अपने क्षेत्र के बी. एल. ओ. (ब्लॉक लेवल ऑफिसर) को पत्र लिखिए।** **CBSE SQP 2023**

उत्तर परीक्षा भवन,
दिल्ली।
दिनांक 25 फरवरी, 20XX

सेवा में,
ब्लॉक लेवल अधिकारी,
तिमारपुर,
दिल्ली।

विषय मतदाता पहचान-पत्र के वितरण में देरी हेतु।

महोदय,

मेरा नाम दिशा है तथा मैं तिमारपुर की निवासी हूँ। इस पत्र के माध्यम से मैं आपको यह बताना चाहती हूँ कि मेरी आयु मतदान करने के योग्य हो गई है। इसलिए मैंने गरुण ऐप के माध्यम से मतदाता पहचान-पत्र के लिए आवेदन किया था, किंतु अब काफी समय हो गया है और मेरे पास अभी तक कोई मतदाता पहचान-पत्र नहीं मिला है। मैंने कई बार ऐप के माध्यम से फीडबैक भी भेजा है, लेकिन अभी तक कोई जवाब मुझे नहीं मिल पाया है। इस बार मैं भी मतदान करने के लिए बहुत उत्सुक हूँ, लेकिन अभी तक इसका समाधान मुझे नहीं मिला है।

मैं यह जानना चाहती हूँ कि मेरे मतदाता पहचान-पत्र वितरण में देरी का क्या कारण है और इसके लिए मुझे और कितना इंतजार करना होगा। आपसे मेरी विनम्र प्रार्थना है कि मेरी इस शिकायत की ओर ध्यान देते हुए शीघ्र व आवश्यक कार्यवाही की जाए।

उचित कदम की प्रतिक्षा में,

सधन्यवाद।

भवदीया

दिशा।

2. **आपके मोहल्ले में आए दिन चोरियाँ हो रही हैं। उनकी रोकथाम के लिए थानाध्यक्ष को गश्त बढ़ाने हेतु पत्र लिखिए।**
CBSE 2010

अथवा **आपके मोहल्ले में विगत एक माह से चोरी की वारदातें होती आ रही हैं। थानाध्यक्ष महोदय को कई पत्र लिखने पर भी कोई सुधार नहीं हुआ है। अतः अपने ज़िले के पुलिस अधीक्षक/आयुक्त महोदय को पत्र लिखकर तुरंत कार्यवाही करने हेतु प्रार्थना कीजिए।** **दक्षता आधारित प्रश्न, CBSE 2014**

उत्तर परीक्षा भवन,
दिल्ली।
दिनांक 14 मार्च, 20XX
सेवा में,
श्रीमान थानाध्यक्ष महोदय,
सिविल लाइंस,
दिल्ली।
विषय मोहल्ले में अपराधों की रोकथाम हेतु।
महोदय,
मुझे बहुत ही खेद के साथ लिखने के लिए विवश होना पड़ रहा है कि पिछले एक माह से हमारे क्षेत्र में अपराधों की संख्या में एकाएक तेज़ी आ गई है। चोरी की घटनाएँ अत्यधिक बढ़ गई हैं, हर दिन कार, स्कूटर चोरी हो रहे हैं। हमारे क्षेत्र के कई घरों में चोरी की घटनाएँ हो चुकी हैं। दिन-दहाड़े चलते हुए राहगीरों को लूटा जा रहा है तथा विरोध करने पर गोली तक मार दी जाती है। पिछले ही सप्ताह एक 60 वर्ष के बुज़ुर्ग से उनकी पेंशन के दो हज़ार रुपये लूटकर उन्हें बुरी तरह घायल कर दिया गया। महिलाओं के गले से चेन खींचने और पर्स आदि छीनकर भागने की घटनाएँ तो आम हो गई हैं। इन सबसे हमारे क्षेत्र में बुरी तरह भय व्याप्त हो गया है।
आपसे विनम्र निवेदन है कि विषय की गंभीरता को देखते हुए मोहल्ले के निवासियों के लिए पर्याप्त सुरक्षा का प्रबंध करें और इस क्षेत्र में पुलिस की गश्त बढ़वाने की कृपा करें, ताकि बढ़ते हुए अपराधों पर रोक लगाई जा सके।
धन्यवाद सहित।
प्रार्थी
क. ख. ग.

3. **आपके क्षेत्र में अनधिकृत मकान बनाए जा रहे हैं, जिससे आपको तथा आपके पड़ोसियों को बहुत असुविधा हो रही है। इस समस्या की रोकथाम के लिए जिला अधिकारी को पत्र लिखिए।** **दक्षता आधारित प्रश्न**

उत्तर परीक्षा भवन,
दिल्ली।
दिनांक 16 नवंबर, 20XX
सेवा में,
जिला अधिकारी,
सिविल लाइंस,
दिल्ली।
विषय अनधिकृत मकान बनाने से उत्पन्न समस्याओं के समाधान हेतु।
महोदय,
मैं तिलक नगर दिल्ली का निवासी हूँ। महोदय हमारे क्षेत्र में कुछ लोग अनधिकृत रूप से अपने-अपने मकान बना रहे हैं। इन लोगों द्वारा मकान बनाते समय पड़ोसियों की सुविधाओं का बिल्कुल भी ध्यान नहीं रखा जाता।
मकान बनाने में उपयोग होने वाली सामग्री गलियों में अस्त-व्यस्त स्थिति में पड़ी रहती है, जिससे आने-जाने वाले लोगों को असुविधा होती हैं। साथ ही मकान बनाते समय धूल के कण उड़ते रहते हैं, जिससे लोगों को साँस लेने संबंधी परेशानियों का भी सामना करना पड़ रहा है। अनधिकृत रूप से मकान बनाने की शिकायत नगर निगम व क्षेत्रीय पुलिस अधिकारियों से भी की जा चुकी है, लेकिन उनकी ओर से कोई उचित कारवाई नहीं की गई है।
अतः सभी क्षेत्रवासियों का आपसे निवेदन है कि इस समस्या के समाधान हेतु उचित कार्यवाही करते हुए तत्काल अनधिकृत रूप से मकान बनाने वालों के खिलाफ दिशा-निर्देश जारी किए जाएँ।
धन्यवाद।
भवदीय
क. ख. ग.

4. **आपके क्षेत्र में डेंगू फैल रहा है। स्वास्थ्य अधिकारी को पत्र लिखकर उपयुक्त चिकित्सा व्यवस्था उपलब्ध कराने के लिए पत्र लिखिए।**
दक्षता आधारित प्रश्न, CBSE 2019

उत्तर परीक्षा भवन,
दिल्ली।
दिनांक 6 अप्रैल, 20XX
सेवा में,
स्वास्थ्य अधिकारी,
दरियागंज,
दिल्ली।
विषय चिकित्सा व्यवस्था उपलब्ध कराने हेतु।
महोदय,
मैं इस पत्र के माध्यम से आपका ध्यान स्वास्थ्य विभाग के लापरवाह रवैये की ओर दिलाना चाहता हूँ। हमारे क्षेत्र में तैनात स्वास्थ्य विभाग के कर्मचारी अपने कर्त्तव्य से विमुख हो गए हैं। वे कई-कई दिनों तक इधर नहीं आते। यदि थोड़ी देर के लिए आ भी जाते हैं, तो अपना कार्य नहीं करते, बल्कि इसके स्थान पर किसी हलवाई या चाट-पकौड़ी वाले की दुकान पर बैठकर नाश्ता आदि करके वापस चले जाते हैं। इससे समस्या यह आ गई है कि चारों ओर डेंगू के मरीज परेशान हो रहे हैं। उन्हें उचित स्वास्थ्य सुविधा नहीं मिल पा रही है। अनेक लोग सही समय पर सुविधा न मिलने के कारण दम भी तोड़ चुके हैं।
हमने स्वास्थ्य विभाग के अधिकारियों को अनेक बार अपनी समस्याओं से अवगत भी कराया है, किंतु उन पर कोई प्रभाव नहीं पड़ता। उनकी लापरवाही किसी की जान भी ले सकती है।

महोदय, आपसे विनम्र निवेदन है कि आप स्वयं अपने स्तर से इनकी जाँच कराने की कृपा करें, ताकि हमारी समस्याओं का निवारण किया जा सके।

धन्यवाद।

प्रार्थी

क. ख. ग.

III. संपादकीय पत्र

संपादक के नाम लिखे जाने वाले पत्र को **संपादकीय पत्र** कहा जाता है। ऐसे पत्र एक विशिष्ट शैली में लिखे जाते हैं। इस पत्र में कुछ भाग संपादक को संबोधित होता है, जबकि मुख्य विषय-वस्तु 'जन सामान्य' को लक्षित कर लिखी जाती है।

1. यातायात के नियमों का उल्लंघन करने वालों के विरुद्ध कड़ी कार्रवाई करने तथा दो अन्य सुझाव देते हुए सामाचार-पत्र के संपादक को लगभग 80-100 शब्दों में लिखिए।

अथवा **किसी प्रसिद्ध समाचार-पत्र के संपादक को 100 शब्दों में पत्र लिखिए, जिसमें बढ़ती ट्रैफिक दुर्व्यवस्था के बारे में जनता और प्रशासन को उनके दायित्व का निर्वाह करने के लिए प्रेरित किया गया हो।** **CBSE SQP (Additional Set) 2023**

उत्तर परीक्षा भवन,

दिल्ली।

दिनांक 14 मार्च, 20XX

सेवा में,

संपादक महोदय,

दैनिक जागरण,

दिल्ली।

विषय यातायात के नियमों का उल्लंघन करने वालों के विरुद्ध कार्रवाई हेतु।

महोदय,

इस पत्र के माध्यम से मैं आपका ध्यान यातायात के नियमों का उल्लंघन करने वालों की ओर आकृष्ट कराना चाहता हूँ। वाहन चालक यातायात के नियमों का खुला उल्लंघन करते हैं। सड़क पर प्राय: ट्रैफिक बत्तियों की व्यवस्था तो है, परंतु जल्दी व तीव्र गति से वाहन चलाने वाले लोग ट्रैफिक के नियमों का पालन नहीं करते हैं। उन्हें वहाँ रोकने-टोकने वाला भी कोई नहीं है। इस कारण आए दिन सड़क दुर्घटनाएँ होती रहती हैं। ट्रैफिक की इस दुर्व्यवस्था के विषय में जनता और प्रशासन दोनों को ही अपना दायित्व समझना होगा। इस संबंध में मैं दो सुझाव देना चाहता हूँ, ताकि यातायात के नियमों का उल्लंघन रोका जा सके।

(i) प्रात: 8 से 12 बजे तथा सायं 5 से 8 बजे तक सभी व्यस्त चौराहों पर यातायात पुलिस के सिपाही रहें व नियमों का उल्लंघन करने वालों का चालान करें।

(ii) चलते हुए वाहन में ड्राइवर द्वारा मोबाइल से बात करने पर तुरंत चालान कर देना चाहिए। ऐसा एक से अधिक बार होने पर चालक का ड्राइविंग लाइसेंस जब्त कर लिया जाना चाहिए।

अत: आपसे अनुरोध है कि यातायात के नियमों का उल्लंघन करने वालों के विरुद्ध कड़ी कार्यवाही की जाए ताकि दुर्घटनाओं को कम किया जा सके।

धन्यवाद।

भवदीय

क.ख.ग.

2. स्वरचित कविता प्रकाशित करवाने के लिए अनुरोध करते हुए किसी समाचार-पत्र के संपादक को पत्र लगभग 80-100 शब्दों में लिखिए। **CBSE 2020, 16**

उत्तर परीक्षा भवन,

दिल्ली।

दिनांक 11 मार्च, 20XX

सेवा में,

संपादक महोदय,

नवभारत टाइम्स,

नई दिल्ली।

विषय स्वरचित कविता को प्रकाशित करवाने हेतु।

महोदय,

मैं प्रत्येक दिन आपके दैनिक पत्र में लोगों की रचनाएँ पढ़ता हूँ जो बहुत प्रेरणादायक होती हैं। आपके पत्र में छपने वाली कविताओं को पढ़ते-पढ़ते अब मुझे भी कविता लिखने का अनुभव हो गया है। मैंने भी एक कविता लिखी है, जो मैं आपके पत्र नवभारत टाइम्स में प्रकाशित करवाना चाहता हूँ। मैं भी चाहता हूँ कि मेरी कविता अधिक-से-अधिक लोग पढ़ें तथा उससे प्रेरणा ग्रहण करें। इससे मुझे भी और कविताएँ लिखने की प्रेरणा मिलेगी।

आशा करता हूँ कि आप एक नए लेखक की बात को समझेंगे और मेरी कविता को अपने दैनिक पत्र नवभारत टाइम्स में स्थान अवश्य ही देंगे।

धन्यवाद।

भवदीय

क.ख.ग.

3. समाचार-पत्रों में विज्ञापनों की भरमार को कम करने और समसामयिक विषयों पर लेखन की आवश्यकता को दर्शाते हुए किसी दैनिक समाचार-पत्र के संपादक को पत्र लिखिए। **CBSE 2015**

उत्तर परीक्षा भवन,

दिल्ली।

दिनांक 17 अप्रैल, 20XX

सेवा में,

संपादक महोदय,

नवभारत टाइम्स,

नई दिल्ली।

विषय विज्ञापनों की भरमार कम करने एवं समसामयिक विषयों पर लेखन करने हेतु।

मैं इस पत्र के माध्यम से आपका ध्यान समाचार-पत्रों में छपने वाले विज्ञापनों की ओर आकर्षित करना चाहती हूँ। आजकल समाचार पत्रों में विज्ञापनों की भरमार रहती है, जिसके कारण समाज में घटित हो रही घटनाओं एवं समसामयिक विषयों के संदर्भ में जानकारी नहीं मिल पाती। इसके अतिरिक्त कुछ विज्ञापन तो भ्रामक होते हैं, जिन्हें पढ़कर लोग खासकर युवा पीढ़ी गुमराह होती है।

समाचार-पत्रों में दिन-प्रतिदिन की नित्य नवीन घटनाओं को प्रकाशित किया जाना चाहिए, जिससे पाठक वर्ग अधिक से अधिक जानकारी ग्रहण कर सकें एवं विज्ञापन विशेषकर भ्रामक विज्ञापनों से बच सकें।

अतः आपसे अनुरोध है कि इस विषय पर गंभीरतापूर्वक विचार करके उचित कदम उठाएँ। विज्ञापनों की भरमार को कम करके केवल उन्हीं विज्ञापनों को समाचार-पत्र में प्रकाशित किया जाए जो विश्वसनीय हों।

धन्यवाद।

भवदीया

क. ख. ग.

4. सार्वजनिक स्थलों पर बढ़ते हुए धूम्रपान तथा उसके कारण संभावित रोगों की ओर संकेत करते हुए किसी दैनिक समाचार-पत्र के संपादक को 80-100 शब्दों में पत्र लिखिए। **दक्षता आधारित प्रश्न**

उत्तर परीक्षा भवन,

दिल्ली।

दिनांक 9 मार्च, 20XX

सेवा में,

संपादक महोदय,

दैनिक अमर उजाला,

नई दिल्ली।

विषय सार्वजनिक स्थलों पर बढ़ते हुए धूम्रपान तथा उसके कारण होने वाले रोगों की ओर ध्यान आकर्षित कराने हेतु पत्र।

महोदय,

मैं आपके लोकप्रिय समाचार-पत्र के माध्यम से जनता तथा सरकार का ध्यान सार्वजनिक स्थलों पर बढ़ते हुए धूम्रपान तथा उसके कारण होने वाले रोगों की ओर आकर्षित कराना चाहता हूँ। वर्तमान समय में सार्वजनिक स्थलों पर धूम्रपान करना तीव्र गति से बढ़ता जा रहा है। धूम्रपान करना न सिर्फ धूम्रपान करने वाले के लिए हानिकारक है, अपितु जो धूम्रपान करने वाले के इर्द-गिर्द रहते हैं उन्हें भी अपनी चपेट में ले लेता है। धूम्रपान से होने वाली घातक बीमारियों से हम सभी अवगत है। धूम्रपान करने से कैंसर, टी.बी., उच्च रक्तचाप तथा अन्य कई घातक बीमारियों का खतरा बढ़ जाता है।

इस समस्या के समाधान हेतु केंद्र तथा राज्य सरकार ने सार्वजनिक क्षेत्र को धूम्रपान मुक्त बनाने के लिए कानून की व्यवस्था की थी, परंतु कुछ लोग इस कानून का पालन नहीं कर रहे हैं, जिससे सार्वजनिक स्थलों पर धूम्रपान न करने वाले लोग भी बुरी तरह प्रभावित हो रहे हैं। अतः आपसे अनुरोध है कि इस पत्र को अपने समाचार-पत्र में स्थान दें ताकि इस समस्या के समाधान के लिए सरकार द्वारा ठोस कदम उठाए जाएँ तथा धूम्रपान निषेध नियम का कठोरता से पालन किया जाए।

धन्यवाद।

भवदीय

क.ख.ग.

5. आप मनस्वी मौर्य/मनस्विता मालवीय हैं। बरसात के दिनों में दुर्घटना को दावत देते खुले पड़े सीवर लाइन के मेनहोलों के संदर्भ में दैनिक जागरण, अ. ब. स. नगर के संपादक को एक समाचार प्रकाशित करने का अनुरोध करते हुए लगभग 100 शब्दों में पत्र लिखिए। **CBSE SQP 2023**

उत्तर परीक्षा भवन,

दिल्ली।

दिनांक 18 जुलाई, 20XX

सेवा में,

मुख्य संपादक महोदय,

दैनिक जागरण,

अ.ब.स. नगर,

दिल्ली।

विषय खुले पड़े सीवर लाइन के मेनहोलों के संदर्भ में।

मान्यवर,

मैं आपके प्रतिष्ठित समाचार-पत्र के माध्यम से नगर निगम अधिकारियों तथा सरकार का ध्यान बरसात के दिनों में दुर्घटना को दावत देते खुले पड़े सीवर लाइन के मेनहोल की ओर आकर्षित कराना चाहती हूँ। आशा है कि आप मेरे पत्र को अपने प्रतिष्ठित समाचार-पत्र में प्रकाशित करेंगे। हमारा क्षेत्र एक घनी आबादी वाला क्षेत्र है।

यहाँ खुले पड़े सीवर लाइन के मेनहोल व नलियों से लोगों को बहुत परेशानी होती है। इसके कारण दिन-प्रतिदिन वहाँ दुर्घटनाएँ बढ़ती जा रही हैं। बरसात के दिनों में यह समस्या और अधिक बढ़ जाती है। इससे बीमारी फैलने का भी खतरा हो जाता है। यदि यही स्थिति रही तो हमारा क्षेत्र गंभीर बीमारियों की चपेट में आ जाएगा, जिसके शिकार अधिक संख्या में बच्चे और बूढ़े होंगे।

अतः मेरा नगर निगम अधिकारियों से विनम्र अनुरोध है कि वे इस ओर ध्यान दें तथा इस संबंध में आवश्यक एवं कठोर कदम उठाएँ, जिससे समस्या का उचित समाधान हो सके।

सधन्यवाद

भवदीय

मनस्वी मौर्य

6. आप दीप्ति/दीप हैं। किसी दैनिक समाचार-पत्र के संपादक को पत्र लिखकर नियमित स्कूल व्यवस्था पर लगभग 100 शब्दों में अपनी प्रसन्नता अभिव्यक्त कीजिए। **CBSE 2023**

उत्तर परीक्षा भवन,

दिल्ली।

दिनांक 20 अप्रैल, 20XX

सेवा में,

मुख्य संपादक, महोदय,
दैनिक जागरण,
नई दिल्ली।

विषय नियमित स्कूल की व्यवस्था कराने हेतु।

महोदय,
मैं आपके द्वारा संपादित समाचार-पत्र का दैनिक पाठक हूँ। विशेष रूप से मैं आपके द्वारा लिखित संपादकीय रोज पढ़ता हूँ। वे संपादकीय मुझ पर तथा मुझ जैसे अन्य पाठक पर गहरा प्रभाव डालते हैं। आदरणीय महोदय, मैं दसवीं कक्षा का छात्र हूँ तथा स्थानीय केन्द्रीय विद्यालय में पढ़ता हूँ। मुझे एक बात रोज परेशान करती है कि स्कूल में एक निश्चित योजना के अनुसार एक विशिष्ट वातावरण प्रस्तुत नहीं किया जाता है। मेरा आपसे अनुरोध है कि आप इस विषय पर एक संपादकीय लिखे, ताकि हम बच्चों का भविष्य बन सके।
आशा है कि आप मेरी बात पर ध्यान देगें।
भवदीय
दीप

IV. व्यावसायिक पत्र

व्यावसायिक संबंधों को सुनिश्चित करने के लिए जो पत्र लिखे जाते हैं, 'उन्हें **व्यावसायिक पत्र**' कहा जाता है। ऐसे पत्रों की भाषा स्पष्ट तथा आकर्षक होनी चाहिए, जिससे बातें पूर्णत: स्पष्टता के साथ संप्रेषित हो सकें। व्यावसायिक पत्रों में सामान मँगवाने, उसकी जानकारी, शिकायतें तथा शिकायतों के निवारण जैसे विषय होते हैं।

1. आपने एक ऑनलाइन शॉपिंग कंपनी के माध्यम से कुछ सामान खरीदा, लेकिन तय राशि के भुगतान के बाद भी आपको अपना सामान नहीं मिला। कंपनी प्रबंधक से इसकी शिकायत करते हुए पत्र लिखिए। **दक्षता आधारित प्रश्न**

उत्तर परीक्षा भवन,
दिल्ली।

दिनांक 14 मार्च, 20XX

सेवा में,
प्रबंधक महोदय,
ऑनलाइन सेवा कंपनी,
दिल्ली।

विषय खरीदे गए सामान की डिलीवरी न होने हेतु।

महोदय,
मुझे बहुत खेद के साथ आपको यह सूचित करना पड़ रहा है कि मैंने एक सप्ताह पूर्व आपकी वेबसाइट के माध्यम से ऑनलाइन खरीदारी की थी और तय राशि का भुगतान भी कर दिया था, लेकिन अब तक मुझे मेरा सामान नहीं मिला है। मैंने कई बार टेलीफ़ोन आदि के द्वारा आपकी कंपनी के अधिकारियों से संपर्क करने का प्रयास किया, परंतु सफलता न मिली। इसलिए मुझे विवश होकर आपको यह पत्र लिखना पड़ा।
मेरे द्वारा ऑर्डर किए गए सामान का विवरण निम्न है

सामान	संख्या
सैमसंग गैलेक्सी ग्रैंड	2
सोफा सैट	1
डबल बैड	1

आपसे अनुरोध है कि बिना विलंब किए मेरे ऑर्डर के अनुसार सामान पहुँचाने का प्रबंध करें।
धन्यवाद सहित।
भवदीय
क. ख. ग.

2. आपको कुछ पुस्तकों की आवश्यकता है, जो बाज़ार में उपलब्ध नहीं हैं। इस संदर्भ में प्रकाशक को पत्र लिखकर वीपीपी द्वारा पुस्तकें भेजने के लिए निवेदन कीजिए। **दक्षता आधारित प्रश्न**

उत्तर परीक्षा भवन,
दिल्ली।

दिनांक 25 अप्रैल, 20XX

सेवा में,
प्रबंधक महोदय,
अ. ब. स प्रकाशन,
मेरठ।

विषय वीपीपी द्वारा पुस्तकें भेजने हेतु।

महोदय,
मैं राजकीय प्रतिभा विकास विद्यालय, दिल्ली का दसवीं कक्षा का विद्यार्थी हूँ। मुझे निम्न पुस्तकों की शीघ्र आवश्यकता है। अत: आपसे अनुरोध है कि ये पुस्तकें यथाशीघ्र वीपीपी द्वारा भेजने का कष्ट करें। कृपया उचित शुल्क लगाकर बिल भी संलग्न कर दें।

	पुस्तकें	प्रतियाँ
1.	हिंदी व्याकरण	2 प्रति
2.	हिंदी गद्य	2 प्रति
3.	काव्य चंद्रिका	2 प्रति

आपसे अनुरोध है कि बिना विलंब किए वीपीपी द्वारा पुस्तकें पहुँचाने की कृपा करें।
धन्यवाद सहित।
भवदीया
क. ख. ग.

3. आप अजय जैन, गर्ग एंड सन्स कंपनी के मालिक हैं। उपभोक्ता द्वारा मँगवाए गए सामान की सूचना देते हुए उपभोक्ता को सामान की सूचना दीजिए। **दक्षता आधारित प्रश्न**

उत्तर गर्ग एंड संस कंपनी,
आगरा।

दिनांक 18 नवंबर, 20XX

सेवा में,
बैनारा उद्योग लि.,
राजा गार्डन,
दिल्ली।

महोदय,

आपको सूचित करते हुए हमें हर्ष हो रहा है कि हमने आपकी आकस्मिकता को पूरा करते हुए आपकी माँग के अनुसार एस.एस. सागर द्वारा बॉल बेयरिंग आपके पते पर भेज दी है। यह सामान लकड़ी की 15 पेटियों में पैक किया गया है।

आपके सामान का बीमा हमारे शिपिंग एजेंट मैकमोहन एंड ब्रदर्स कंपनी, कोलाबा, मुंबई द्वारा कराया गया है।

इस पत्र के साथ हम ₹ 15000 का बिल संलग्न कर रहे हैं, जिसका भुगतान आपको 90 दिनों के भीतर करना होगा।
आशा है आपका सामान समय पर एवं सुरक्षित पहुँच जाएगा।

धन्यवाद सहित।

भवदीय

अजय जैन
गर्ग एंड संस कंपनी

V. कार्यालयी पत्र

विभिन्न सरकारी कार्यालयों में पत्र के माध्यम से कार्य संपादित होते हैं। ऐसे पत्रों को **कार्यालयी पत्र** कहा जाता है। इन पत्रों में शालीनता तथा शिष्ट भाषा का प्रयोग किया जाता है।

1. किसी महत्त्वपूर्ण पत्र के प्राप्त न होने की शिकायत करते हुए अपने क्षेत्र के पोस्ट मास्टर को पत्र लिखिए। **CBSE 2012**

उत्तर परीक्षा भवन,
दिल्ली।
दिनांक 17 अप्रैल, 20XX
सेवा में,
डाकपाल महोदय,
केंद्रीय डाकघर, गोल मार्केट,
नई दिल्ली।
विषय डाक की अनुचित एवं अनियमित व्यवस्था के संदर्भ में।
महोदय,

इस पत्र के माध्यम से मैं आपका ध्यान इस ओर आकर्षित करना चाहता हूँ कि हमारे क्षेत्र 'गोल मार्केट' के निवासियों को पिछले कुछ दिनों से डाक नियमित रूप से नहीं मिल रही है। डाकिया या तो डाक देता ही नहीं या फिर वह कहीं भी फेंककर चला जाता है। जहाँ-तहाँ डाक फेंक देने से कोई भी बच्चा या व्यक्ति उसका दुरुपयोग करता है या फाड़कर फेंक देता है, जिससे डाक प्राप्त करने वाले व्यक्ति को भारी नुकसान होता है।

डाकिया के आने का कोई निश्चित समय भी नहीं है और वह ठीक से बात भी नहीं करता। उसकी लापरवाही के कारण क्षेत्र के लोगों को अत्यधिक नुकसान हो रहा है, जिसकी क्षतिपूर्ति होनी असंभव है। अतः आपसे निवेदन है कि इस क्षेत्र के डाकिए को आप उचित निर्देश दें, ताकि वह नियमित एवं व्यवस्थित तरीके से डाक का वितरण करे।

धन्यवाद।

भवदीय
क. ख. ग.

2. समस्त औपचारिकताएँ पूर्ण करने के बाद भी अभी तक आपको अपना 'पहचान पत्र' नहीं मिला है। इस समस्या के समाधान हेतु संबंधित अधिकारी को पत्र लिखिए। **दक्षता आधारित प्रश्न**

उत्तर परीक्षा भवन,
दिल्ली।
दिनांक 25 फरवरी, 20XX
सेवा में,
निदेशक महोदय,
कश्मीरी गेट,
दिल्ली।
विषय आधार पहचान पत्र न मिलने के संदर्भ में।
मान्यवर,

मैं पुरानी दिल्ली क्षेत्र का निवासी हूँ। मैं तीन महीने पूर्व ही संबंधित कार्यालय में 'आधार पहचान पत्र' से जुड़ी सारी औपचारिकताएँ पूर्ण कर चुका हूँ, परंतु अभी तक मुझे मेरा आधार कार्ड प्राप्त नहीं हुआ है। इस संबंध में मैं कई बार संबंधित कार्यालय के अधिकारियों से बात कर चुका हूँ, परंतु उनके द्वारा बार-बार आश्वासन दिए जाने के बाद भी मेरी समस्या का हल नहीं हो पाया है। आधार पहचान पत्र समय पर न मिलने के कारण मुझे और मेरे परिवार को जन-कल्याण संबंधी कई सरकारी योजनाओं के लाभ से वंचित होना पड़ रहा है।

मुझे आधार पहचान पत्र की अत्यंत आवश्यकता है। अतः आपसे निवेदन है कि स्थिति की गंभीरता को समझते हुए मुझे मेरा आधार पहचान पत्र शीघ्रता से दिलवाने का कष्ट करें।

सधन्यवाद।

भवदीय
क. ख. ग.

3. डाक विभाग के अधिकारी को डाकघर में जमा धनराशि पर मिलने वाले ब्याज दर में वृद्धि करने हेतु पत्र लिखिए। **दक्षता आधारित प्रश्न**

उत्तर परीक्षा भवन,
दिल्ली।
दिनांक 20 नवंबर, 20XX
सेवा में,
निदेशक महोदय,
डाक विभाग,
दिल्ली।
विषय ब्याज दरों में वृद्धि करने हेतु।
महोदय,

भारत की लगभग 65% जनता गाँवों में रहती है। गाँवों में अधिकतर किसान एवं मजदूर रहते हैं। अब लगभग सभी गाँवों में डाकघर खुल चुके हैं। पहले से ही गाँव के लोग डाकघर में विश्वास रखते हैं। महँगाई चरम सीमा पर पहुँच चुकी है। पेट्रोल, डीजल की कीमतें दिनों-दिन बढ़ रही हैं, बैंक की ब्याज दरों में लगातार बढ़ोतरी, लोन में बढ़ोतरी, तो फिर डाकघरों की ब्याज दरों में बढ़ोतरी क्यों नहीं जाती। गाँव के लोग डाकघरों में पैसा जमा करते हैं। डाकघर की ब्याज दरें कई वर्षों से पुरानी दरों पर ही पड़ी हुई हैं। अब डाक विभाग को इस ओर ध्यान देते हुए

गरीब जनता की भलाई के लिए डाकघरों की ब्याज दरों में बढ़ोतरी करनी चाहिए।

अत: मुझे आशा है कि आप इस ओर ध्यान देते हुए शीघ्रातिशीघ्र कोई विशेष कदम अवश्य उठाएँगे।

धन्यवाद।

भवदीय
क.ख.ग.

4. **आपके क्षेत्र के पार्क को कूड़ेदान बना दिया गया था। अब पुलिस की पहल और मदद से पुनः बच्चों के लिए खेल का मैदान बन गया है। अतः आप पुलिस आयुक्त को धन्यवाद पत्र लिखिए।** **CBSE 2018**

उत्तर परीक्षा भवन
दिल्ली।

दिनांक 10 फरवरी, 20XX

सेवा में,
पुलिस आयुक्त,
सिविल लाइंस,
दिल्ली।

विषय पार्क की स्थिति सुधरने से पुलिस आयुक्त को धन्यवाद हेतु पत्र।

महोदय,

मैं सिविल लाइंस क्षेत्र का निवासी हूँ। इस पत्र के माध्यम से मैं आपका आभार प्रकट करना चाहता हूँ। पिछले कुछ महीनों से हमारे क्षेत्र के पार्क की स्थिति बहुत ही दयनीय थी। जगह-जगह कूड़े का ढेर पड़ा हुआ था। लोगों को आने-जाने में बहुत सी समस्याओं का सामना करना पड़ रहा था। अपने क्षेत्र के सभी निवासियों से मैंने पार्क में कूड़ा न डालने की बात की, किंतु किसी ने मेरी बात नहीं मानी जिसके चलते हमारे क्षेत्र में बहुत-सी बीमारियाँ भी घर कर गई थीं। क्योंकि 'पार्क' का उचित उपयोग न होकर उसका दुरुपयोग हो रहा है जिसका हानिकारक प्रभाव हमारे ही क्षेत्र के निवासियों को सहन करना पड़ रहा था।

'पार्क' जो बच्चों के लिए खेल का मैदान होता है वह 'कूड़ेदान' के रूप में बदल गया है। समाज में रहने वाला कोई एक व्यक्ति इसका जिम्मेदार नहीं था, अपितु सभी लोग अपना कूड़ा उस पार्क में डालते थे। मेरे द्वारा कितना समझाने पर भी कोई नहीं माना। इसके लिए मैंने आपकी सहायता ली और वह कारगर सिद्ध हुई। आपके सहयोग के कारण एक माह से हमारे क्षेत्र के बच्चे पुन: उस पार्क में खेलने जा रहे हैं तथा लोगों को आने-जाने में भी अब कोई समस्या नहीं रही है। इसके लिए मैं आपका हार्दिक धन्यवाद करता हूँ। पार्क को पुन: खेल का मैदान बनाकर आपने हमारे क्षेत्र के निवासियों पर बहुत बड़ा उपकार किया है, इसके लिए मैं सदैव आपका आभारी रहूँगा।

धन्यवाद
भवदीय
क.ख.ग

5. **अपने नगर में बाढ़ एवं घनघोर वर्षा के बाद के जल-भराव एवं गंदगी के कारण संक्रमण रोग फैलने की आशंका को ध्यान में रखते हुए जिलाधिकारी को एक पत्र लिखिए।**

उत्तर परीक्षा भवन
वाराणसी (उत्तर प्रदेश)।

दिनांक 28 जून, 20XX

सेवा में,
जिलाधिकारी महोदय,
वाराणसी (उत्तर प्रदेश)

विषय जल-भराव व गंदगी के कारण होने वाले संक्रमण के संबंध में।

मान्यवर,

मैं आपका ध्यान वाराणसी नगरी में फैलने वाले संक्रमण की आशंका की ओर आकृष्ट करना चाहता हूँ। इधर हाल में हुई घनघोर वर्षा और बाढ़ के कारण न केवल पूरी नगरी जल-भराव के संकट से ग्रस्त है, बल्कि इसके साथ-साथ चारों ओर व्याप्त गंदगी के कारण यहाँ बस्तियों के लोगों का जीना भी दूभर हो गया है।

सड़े हुए पानी एवं कूड़े-कचरे से निकलने वाली असहाय दुर्गंध के परिणामस्वरूप लोगों ने कई सड़कों से आना-जाना तक छोड़ दिया है। ऐसी स्थिति में संपूर्ण क्षेत्रों में विभिन्न प्रकार के संक्रमण वाले रोगों के फैलने की प्रबल आशंका है।

अत: आपसे विनम्र निवेदन है कि पूरे नगर की स्वच्छता हेतु उचित दिशा में कदम उठाए जाएँ, ताकि संक्रमण वाले रोगों को फैलने का अवसर ही न मिल सके और लोगों के स्वास्थ्य की समुचित रक्षा हो सके।

धन्यवाद।
प्रार्थी
क.ख.ग.

2. अनौपचारिक पत्र

सगे-संबंधियों, मित्रों, रिश्तेदारों, परिचितों आदि को लिखे गए पत्र **अनौपचारिक पत्र** कहलाते हैं। इन्हें व्यक्तिगत पत्र भी कहा जाता है। इस प्रकार के पत्रों में व्यक्ति से संबंधित सुख-दु:ख, हर्ष, उत्साह आदि का वर्णन किया जाता है। अनौपचारिक पत्रों की भाषा आत्मीय व हृदय को स्पर्श करने वाली होती है।

अनौपचारिक पत्रों में आने वाले संबोधन, अभिवादन तथा अभिनिवेदन

पत्र पाने वाले के साथ संबंध	संबोधन	अभिवादन	अभिनिवेदन
अपने से बड़े संबंधी (माता, पिता, बड़ा भाई, बड़ी बहन, शिक्षक इत्यादि)	पूजनीया (माता), पूज्य (पिता), आदरणीय, पूजनीय, आदरणीया (माता, बहन)	चरण-स्पर्श, सादर प्रणाम	आज्ञाकारी, स्नेहाकांक्षी, प्यारा इत्यादि
अपने से छोटे संबंधी (छोटा भाई, छोटी बहन, पुत्र, पुत्री, भतीजा, भतीजी इत्यादि)	चिरंजीवी, प्रिय, केवल नाम	शुभाशीर्वाद, प्रसन्न रहो	शुभेच्छु, शुभाकांक्षी, हितैषी इत्यादि
मित्र, सहपाठी	प्रिय, मित्रवर, केवल नाम	सप्रेम नमस्कार, नमस्ते	तुम्हारा सहृदय, मित्र इत्यादि
विदेशी पत्र-मित्र	प्रिय, मित्र	नमस्ते	आपका, आपका मित्र
अपरिचित पुरुष	महाशय, श्रीमान (नाम), महोदय	नमस्ते, नमस्कार	भवदीय, भवदीया, हितैषी
अपरिचित महिला	महाशया, श्रीमती (नाम), महोदया	नमस्ते, नमस्कार	भवदीय, हितैषी

अनौपचारिक पत्र का प्रारूप

प्रश्न 'स्वच्छ भारत अभियान' में भाग लेने हेतु अपने मित्र को एक पत्र लिखिए।

1. प्रेषक का पता — परीक्षा भवन,
दिल्ली।

2. दिनांक — **दिनांक** 6 फरवरी, 20XX

3. संबोधन — प्रिय मित्र,

4. अभिवादन — सप्रेम नमस्कार!

5. विषय-वस्तु —

आशा करता हूँ कि तुम कुशल-मंगल होगे। मैं यह पत्र स्वच्छ भारत अभियान के संबंध में कुछ महत्वपूर्ण बातें बताने के विषय में लिख रहा हूँ।

प्रिय मित्र, मैं प्रधानमंत्री के स्वच्छता अभियान से बहुत प्रभावित हूँ। अपने आस-पास के परिवेश को सुंदर बनाने एवं स्वास्थ्य संबंधी परेशानियों से बचने के लिए स्वच्छता बहुत आवश्यक है। मैं चाहता हूँ कि इस अभियान में अपने क्षेत्र के युवा बढ़-चढ़कर भाग लें और क्षेत्र को साफ़-सुथरा रखने में अपना योगदान दें। इस कड़ी में, मैं तुम्हें 'स्वच्छ भारत अभियान' का हिस्सा बनने के लिए निमंत्रित करता हूँ। इसे युवा संगठन के अध्यक्ष का नहीं, अपितु अपने मित्र का स्नेहशील निमंत्रण समझना।

मुझे आशा ही नहीं वरन पूर्ण विश्वास है कि तुम इस निमंत्रण को स्वीकार करते हुए आगामी रविवार को इस अभियान का हिस्सा बनने के लिए संगठन के कार्यालय में अवश्य पधारोगे।

घर पर सभी बड़ों को मेरा प्रणाम कहना।

6. अभिनिवेदन — तुम्हारा मित्र

7. प्रेषक का नाम — क. ख. ग.

***नोट** प्रश्न में 'पता' नहीं होने पर 'पता के स्थान' पर 'परीक्षा भवन' तथा 'नाम' नहीं होने पर 'नाम के स्थान' पर 'क. ख. ग.' लिखना चाहिए।*

अभ्यास प्रश्न
(दक्षता आधारित प्रश्नों सहित)

1. आपका नाम दिशा/दक्ष है। आप अपने आस-पास अनेक अशिक्षित प्रौढ़ों को देखते हैं और उन्हें साक्षर बनाने हेतु कुछ प्रयास करते हैं। इस विषय में जानकारी देते हुए अपने मित्र मानव को पत्र लिखिए। **CBSE SQP 2023**

उत्तर परीक्षा भवन,
दिल्ली।
दिनांक 15 मई, 20XX
प्रिय मित्र मानव,
नमस्कार।

मैं यहाँ सकुशल हूँ आशा करता हूँ तुम भी सकुशल होंगे। मित्र तुम जानते ही हो कि हमारे देश भारत में अभी साक्षरता का प्रतिशत बहुत कम है, नई पीढ़ी तो साक्षर हो रही है, परंतु पुरानी अथवा प्रौढ़ पीढ़ी निरक्षर है। अपनी इस निरक्षरता के कारण उन्हें अपने जीवन के कार्यों; जैसे—बैंक में लेन-देन संबंधी कार्य, अपने किसी प्रियजन को पत्र लिखना आदि कार्यों हेतु किसी-न-किसी पर आश्रित होना पड़ता है। इस स्थिति को देखते हुए मैंने अपने घर में प्रौढ़ों को शिक्षित करने हेतु शाम 5 बजे से लेकर 8 बजे तक कक्षा का आयोजन किया है, जिससे मैं उन्हें यह भी बता सकूँ कि शिक्षा किस प्रकार उनके जीवन में बदलाव ला सकती है व उनके जीवन को सँवार सकती है।

प्रौढ़ साक्षरता मिशन के कार्य में सहयोग करके तथा विभिन्न शिक्षा संगठनों से जुड़कर व समुदाय में शिक्षा के महत्त्व को प्रचारित करके इस मिशन को सफल बनाने का प्रयास कर सकते हैं।

मैं आशा करता हूँ कि तुम भी प्रौढ़ साक्षरता के इस मिशन में सहयोग करने के लिए तैयार होंगे तथा इस मिशन को साथ में मिलकर अशिक्षित लोगों को साक्षर बनाने का कार्य करेंगे। आशा है तुम्हारा जवाब सकारात्मक होगा।

तुम्हारा प्रिय मित्र,
दक्ष

2. आप साची/सचिन हैं। आपने महसूस किया है कि आपके मित्र का स्वभाव, बोलने का तरीका दिन-प्रतिदिन उग्र होता जा रहा है। संयमित व्यवहार और मीठी वाणी का महत्त्व बताते हुए उसे लगभग 100 शब्दों में एक पत्र लिखिए **CBSE 2024**

उत्तर परीक्षा भवन,
दिल्ली।
दिनांक 15 मार्च, 20XX
प्रिय मित्र,
सस्नेह।

आशा करती हूँ कि तुम वहाँ सकुशल होंगे। मित्र मुझे यह जानकर बहुत आश्चर्य हुआ कि तुम्हारे बोलने का तरीका व स्वभाव दिन-प्रतिदिन उग्र होता जा रहा है। कलकत्ता में किसी अन्य विद्यार्थी से भी तुम्हारी अनबन हो गई थी। मित्र यह सब तुम्हारी कठोर वाणी के कारण हुआ है।

प्रिय मित्र, यदि तुम अपनी वाणी में सुधार करोगे और सबसे मीठा बोलोगे, तो निश्चय ही तुम सभी के चहेते (प्रिय) बन जाओगे। तुम्हें यह बात सर्वथा ध्यान रखनी चाहिए कि मनुष्य का परिचय उसके बोलने से ही होता है अर्थात् वाणी ही वह माध्यम है, जिसके द्वारा हम अपने व्यक्तित्व को उजागर करने के साथ अपनी सोच व विचार भी प्रस्तुत करते हैं। इसलिए हमें संयमित व्यवहार करना चाहिए तथा सदैव मीठी वाणी व अच्छे शब्दों का प्रयोग करना चाहिए, जिससे हम सामने वाले व्यक्ति पर अपनी छाप छोड़ सकें।

मित्र मुझे ज्ञात है कि तुम्हारा हृदय साफ है। अत: आशा करती हूँ कि तुम अपनी वाणी में मधुरता लाओगे तथा मेरी बात को भली-भाँति समझोगे।

तुम्हारी मित्र,
साची

3. आप पवन/पावनी हैं। आप छुट्टियों में गुजरात घूमने का कार्यक्रम बना रहे/रही हैं। सरदार पटेल की प्रतिमा भी देखना चाहते/ चाहती हैं। आपने जो कार्यक्रम बनाया है उसमें क्या सुधार हो सकता है, अपने चचेरे भाई को लगभग 100 शब्दों में पत्र लिखकर पूछिए। **CBSE 2023**

उत्तर परीक्षा भवन,
दिल्ली।
दिनांक 27 जून, 20XX
प्रिय भाई अभिनव,
नमस्ते।

मैं यहाँ सकुशल हूँ और आशा करता हूँ कि आप भी वहाँ सपरिवार स्वस्थ एवं प्रसन्न होंगे। मैं तुम्हारी कुशलता हेतु ईश्वर से कामना करता हूँ। भाई, मैं छुट्टियों में 15 दिन गुजरात घूमनें का कार्यक्रम बना रहा हूँ। गुजरात अपनी जीवंत संस्कृति, प्राकृतिक परिदृश्यों और स्वादिष्ट व्यंजनों के लिए मशहूर है। यहाँ पर घूमने के लिए बहुत-सी जगह हैं। अत: मैं यहाँ काकरिया झील जो पर्यटकों को बेहद आकर्षित करती है। 'रन ऑफ कच्छ' ये दुनिया का सबसे बड़ा नमक का रेगिस्तान है। सापुतारा हिल स्टेशन, सोमनाथ मंदिर, गिर नेशनल पार्क, पोरबंदर बीच और साथ ही सरदार पटेल की प्रतिमा भी देखना चाहता हूँ और मैं चाहता हूँ कि आप भी मेरे साथ चलें। प्रिय भाई मैं जानना चाहता हूँ कि जो मैंने यह कार्यक्रम बनाया है क्या यह छुट्टियों में घूमने के लिए उचित है? यदि नहीं है, तो इसमें आप सुधार करके मुझे भेज दीजिए। आपका आभारी रहूँगा। यदि आप भी साथ में चलो तो इससे अच्छी और क्या बात होगी। चाचाजी और चाचीजी को मेरा प्रणाम कहना।

आपका भाई
पवन

4. **छोटे-मोटे रोगों के लिए नाना जी द्वारा बताए गए प्राथमिक उपचार और घरेलू नुस्खों को लिखकर आपने अपनी एक छोटी-सी पुस्तिका बनाई है। इसमें से प्रति सप्ताह एक नुस्खे को 'नाना जी का खजाना' शीर्षक से समाचार-पत्र में प्रकाशित किया जाने लगा है। इस बारे में बताते हुए नाना जी को पत्र लिखिए।**

CBSE SQP (Additional Set) 2023

उत्तर परीक्षा भवन,
दिल्ली।
दिनांक 25 अप्रैल, 20XX
पूज्य नाना जी,
सादर प्रणाम।

आशा करती हूँ कि आप सकुशल होंगे। मुझे आपको यह बताते हुए अत्यंत प्रसन्नता हो रही है कि आपके द्वारा बताए गए छोटे-मोटे प्राथमिक उपचार और घेरलू नुस्खों को लिखकर मैंने एक छोटी-सी पुस्तिका बनाई है। इस पुस्तिका में सप्ताह के प्रति एक-नुस्खे को 'नाना जी का खजाना' शीर्षक से नवभारत टाइम्स समाचार-पत्र में प्रकाशित किया जाने लगा है।

आपके द्वारा बताए गए घरेलू नुस्खों व उपचार को लोगों तक पहुँचाने का यह तरीका उनके स्वस्थ एवं तंदरुस्त रहने में सहायक साबित होगा।

आपके मार्गदर्शन एवं सलाह के इंतजार में।
आपका स्नेहाकांक्षी
क.ख.ग.

5. **कुछ ही समय पूर्व संपन्न हुए विधानसभा चुनावों में आपके मामाजी द्वारा चुनाव जीतने पर क्षेत्र के मतदाताओं की अपेक्षाओं पर खरा उतरने की कामना करते हुए उन्हें बधाई पत्र लिखिए।**

दक्षता आधारित प्रश्न

उत्तर परीक्षा भवन,
दिल्ली।
दिनांक 22 मार्च, 20XX
पूज्य मामाजी,
सादर प्रणाम!

विधानसभा का चुनाव जीतने पर मेरी ओर से बहुत-बहुत बधाई। आपने विधानसभा का चुनाव पहली बार जीता है। आप अपने क्षेत्र के सम्माननीय व्यक्ति बन गए हैं। इससे न केवल आपका ही सम्मान बढ़ा है, बल्कि हमें भी उतना ही सम्मान मिला है। पूज्य मामाजी, विधायक बनने से आपको न केवल सम्मान मिला है, बल्कि इस क्षेत्र के लोगों की आकांक्षाओं पर खरा उतरने की ज़िम्मेदारी भी आप पर आ गई है।

आपने अपने प्रतिद्वंद्वी उम्मीदवार को पचास हज़ार से अधिक वोटों से पराजित किया है। इससे आपको यह समझ लेना चाहिए कि क्षेत्र की जनता ने आप पर बहुत अधिक विश्वास किया है। आपको उस विश्वास को बनाए रखना है। मैं ईश्वर से प्रार्थना करता हूँ कि इस कसौटी पर आप खरे उतरें और अपने क्षेत्रवासियों का दिल अपने कार्य और व्यवहार से जीत लें।

आपका भांजा
क. ख. ग.

6. **गुड़गाँव से आपके मित्र नरेंद्र ने आपको अपनी बहन की शादी पर आमंत्रित किया है, आप परीक्षाओं में व्यस्त होने के कारण जाने में असमर्थ हैं। अपनी असमर्थता व्यक्त करते हुए नरेंद्र को एक बधाई पत्र लिखें।** **दक्षता आधारित प्रश्न, CBSE 2014**

उत्तर परीक्षा भवन,
दिल्ली।
दिनांक 07 मार्च, 20XX
प्रिय मित्र नरेंद्र,
नमस्कार!

आशा है कि तुम स्वस्थ होगे और घर पर शादी की तैयारियाँ सुचारु रूप से चल रही होंगी। यह मेरे लिए अत्यंत हर्ष का विषय है कि तुमने मुझे अपनी बहन की शादी में आमंत्रित कर अपने परिवार की खुशियों में शामिल होने का अवसर दिया, लेकिन मुझे अत्यंत खेद के साथ यह कहना पड़ रहा है कि इस खुशी के अवसर पर मैं उपस्थित नहीं हो सकूँगा। इस समय मैं एक प्रतियोगी परीक्षा की तैयारी में व्यस्त हूँ और शादी वाले दिन ही मुझे परीक्षा में सम्मिलित होना है। अत: मित्र शादी में न आ सकने पर मैं तुमसे माफ़ी माँगता हूँ।

मैं भले ही आ न पाऊँ, लेकिन इस पत्र के माध्यम से दीदी के लिए शुभकामनाएँ भेज रहा हूँ। मेरी ओर से उन्हें विवाह की बहुत-बहुत बधाई। उनका नया सफ़र सुहावना हो और उन्हें अपने जीवनसाथी का भरपूर सहयोग मिले, ईश्वर से मेरी यही प्रार्थना है।

परीक्षा समाप्त होने के बाद मैं शीघ्र ही मिलने आऊँगा।
तुम्हारा मित्र
क. ख. ग.

7. **आपकी मित्र कृतिका ने राष्ट्रीय स्तर पर भाला फेंक प्रतियोगिता में प्रथम स्थान प्राप्त किया है। अब वह अंतर्राष्ट्रीय स्तर पर देश का प्रतिनिधित्व करने जा रही है। अपने मित्र को उसकी सफल-सुखद यात्रा हेतु मंगलकामना व्यक्त करते हुए लगभग 100 शब्दों में पत्र लिखिए।** **दक्षता आधारित प्रश्न**

उत्तर परीक्षा भवन,
दिल्ली।
दिनांक 10 मई, 20XX
प्रिय मित्र कृतिका,
नमस्कार।

आशा करती हूँ तुम वहाँ सकुशल होगी। मुझे आज यह जानकर बहुत खुशी हुई कि तुमने राष्ट्रीय स्तर पर भाला फेंक (जेवलिन थ्रो) प्रतियोगिता में प्रथम स्थान हासिल किया है और अब अंतर्राष्ट्रीय स्तर पर देश का प्रतिनिधित्व करने जा रही हो। हम सभी को तुम पर गर्व है कि तुमने न केवल अपने माता-पिता का बल्कि अपने जिले का नाम भी रोशन किया है। मेरी व मेरे परिवार की शुभकामनाएँ हैं कि तुम अंतर्राष्ट्रीय स्तर पर भी प्रथम स्थान प्राप्त करो और देश का नाम रोशन करो।

एक बार पुन: मेरी ओर से तुम्हें व तुम्हारे माता-पिता को ढेरों शुभकामनाएँ।
तुम्हारी मित्र
क.ख.ग.

8. **आपकी बड़ी बहन को चिकित्सा महाविद्यालय में प्रवेश प्राप्त हो गया है। इस सफलता के लिए बधाई-पत्र लगभग 80-100 शब्दों में लिखिए।** **CBSE 2020**

उत्तर परीक्षा भवन,
दिल्ली।
दिनांक 13 मार्च, 20XX
प्रिय दीदी,
सप्रेम नमस्ते।

मैं यहाँ कुशल मंगल हूँ और आशा करती हूँ कि आप भी वहाँ अच्छी होंगी। मुझे यह जानकर अत्यंत हर्ष हुआ कि आपको चिकित्सा महाविद्यालय में प्रवेश प्राप्त हो गया है। आपकी इस सफलता पर मैं आपको बधाई देना चाहूँगी। आखिरकार आपकी मेहनत रंग लाई और आपको सफलता प्राप्त हुई। ईश्वर आपको इसी प्रकार आगे भी सफल बनाए। मुझे पूर्ण विश्वास है कि भविष्य में आप इससे भी अधिक सफलता प्राप्त करोगी और एक कामयाब डॉक्टर बनकर समाज के समक्ष आदर्श प्रस्तुत करोगी। मैं भी आपकी तरह खूब मेहनत करके आपके ही चिकित्सा महाविद्यालय में दाखिला लूँगी। जैसे ही मेरी परीक्षा खत्म होगी, मैं आपसे अवश्य मिलने आऊँगी।

एक बार पुन: मेरी ओर से आपकी इस सफलता पर ढेर सारी शुभकामनाएँ।

आपकी छोटी बहन
क.ख.ग

9. **आपका नाम अनामिका / अनामय है। भाषा में सुधार हेतु नियमित समाचार पत्र-पत्रिकाएँ पढ़ने की आदत का महत्त्व बताते हुए छोटे भाई को लगभग 100 शब्दों में एक पत्र लिखिए।**

उत्तर परीक्षा भवन,
दिल्ली
दिनांक 15 अप्रैल, 20XX
प्रिय अनुज,
सस्नेह।

हम सब यहाँ सकुशल हैं, आशा करते हैं कि तुम भी वहाँ कुशलता से होंगे। मेरा आज तुम्हें यह पत्र लिखने का उद्देश्य समाचार पत्र-पत्रिकाओं को पढ़ने की आदत का महत्त्व बताना है। मनुष्य के जीवन में जैसे पढ़ाई-लिखाई, खेल-कूद व व्यायाम जरूरी है, उसी प्रकार विद्यार्थी जीवन में समाचार-पत्र का नियमित अध्ययन करना भी बहुत आवश्यक है। यह हमारे सामान्य ज्ञान को अपने शहर से लेकर अंतर्राष्ट्रीय स्तर तक बढ़ाता है, साथ ही यह हमारी भाषा में भी सुधार लाता है। नियमित समाचार पत्र-पत्रिकाओं के अध्ययन से हमें नित नए - नए शब्दों तथा उनके अर्थ व प्रयोग का ज्ञान होता है। इससे हमारी मौखिक व लिखित भाषा समृद्ध होती है।

अत: हमें जागरूक बनने व भाषा में सुधार के लिए नियमित रूप से समाचार पत्र-पत्रिकाओं को पढ़ने की आदत डालनी चाहिए। आशा करता हूँ कि तुम मेरी बातों पर गौर करोगे और रोज समाचार-पत्र पढ़ने की आदत डालोगे।

माताजी और पिताजी की ओर से आशीर्वाद शेष मिलने पर
तुम्हारा भाई
अनामय

10. **अपने प्रिय मित्र को पत्र लिखकर धन्यवाद दीजिए कि आड़े वक्त में उसने किस तरह आपका साथ दिया था।** **CBSE 2019**

उत्तर परीक्षा भवन,
दिल्ली।
दिनांक 6 अप्रैल, 20XX
प्रिय मित्र संभव,
सप्रेम नमस्कार!

आशा करता हूँ कि तुम वहाँ सकुशल होंगे। मैं भी अब विपरीत परिस्थितियों से उभर चुका हूँ। मित्र तुमने मेरी जो सहायता कि है उसके लिए मैं तुम्हारा बहुत आभारी हूँ। तुम जानते ही हो मैं कितनी विषम परिस्थितियों से गुजर रहा था। मेरी आर्थिक स्थिति भी ठीक नहीं थी। पत्नी का स्वास्थ्य भी खराब था। वह कई दिनों से अस्पताल में भर्ती थी। उसके इलाज के लिए मुझे पाँच हजार रुपयों की आवश्यकता थी। दो हजार रुपयों की व्यवस्था मैं कर चुका था, किंतु तीन हजार रुपयों की व्यवस्था मेरे लिए मुश्किल हो रहा था। तुमने तीन हजार रुपये उधार देकर मुझ पर बहुत बड़ा उपकार किया है।

मैंने अपने सभी सगे-संबंधियों से बात की, किंतु सभी ने मेरी सहायता करने से मना कर दिया।

मैं परेशान हो गया था, समझ नहीं आ रहा था कि क्या कँरु। ऐसे मुश्किल समय में एक तुम ही मेरे, प्रिय मित्र थे, जिसने मेरे आड़े वक्त में मेरी सहायता की। मैं जल्दी ही तुम्हारे रुपये लौटा दूँगा। तुम्हारे द्वारा आवश्यकता के समय मुझे दिए गए ऋण के लिए में दिल से तुम्हारा धन्यवाद करता हूँ।

तुम्हारा मित्र
क. ख. ग.

11. **पटाखों से होने वाले प्रदूषण के प्रति ध्यान आकर्षित करते हुए अपने मित्र को पत्र लिखिए।** **CBSE 2018**

उत्तर परीक्षा भवन,
दिल्ली।
दिनांक 19 अप्रैल, 20XX
प्रिय मित्र सौरवद्ध,
नमस्कार!

आशा करता हूँ कि तुम वहाँ सकुशल होंगे। मैं भी यहाँ अच्छा हूँ। मित्र इस वर्ष दिवाली पर तुम्हारा क्या कार्यक्रम है? दिवाली का पर्व हम सभी के जीवन में खुशियाँ लेकर आता है, किंतु यह अत्यंत ही दु:ख की बात है कि दिवाली पर होने वाली आतिशबाजियों व पटाखों के जलने के कारण वातावरण प्रदूषित तो होता ही है, साथ ही इससे कई लोगों की सेहत पर बहुत बुरा प्रभाव भी पड़ता है। दिवाली के उत्सव पर छोड़े जाने वाले तेज आवाज़ वाले पटाखे पर्यावरण पर कहर बरसाने के अतिरिक्त जन स्वास्थ्य को खतरे में डाल देते हैं। इसके कारण दिल के दौरे, रक्तचाप, दमा, एलर्जी, ब्रोंकाइटिस और निमोनिया जैसी स्वास्थ्य समस्याओं का खतरा बढ़ जाता है। पटाखों से निकलने वाला धुआँ फेफड़ों को बेकार कर देता है। इससे जान को भी खतरा हो सकता है।

इसलिए मैंने इस बार दिवाली के लिए यह प्रण लिया है कि मैं इस दिवाली पटाखों का प्रयोग न कर प्रदूषण रहित दिवाली मनाऊँगा। आशा करता हूँ कि तुम भी मेरा साथ दोगे और दिवाली पर एक भी पटाखे नहीं जलाओगे।

अंकल-आंटी को मेरा प्रणाम कहना।

तुम्हारा प्रिय मित्र
क.ख.ग

12. **आप श्रेयस राजपूत/श्रेयसी सिंह हैं। आप छात्रावास में रहते हैं। आपको अपने पिताजी से पता चला है कि आपकी माताजी पूरे परिवार का तो ध्यान रखती हैं, किंतु अपने स्वास्थ्य की अकसर अनदेखी करती हैं। माताजी को समझाते हुए लगभग 100 शब्दों में एक पत्र लिखिए।** **CBSE SQP 2023**

उत्तर परीक्षा भवन,
मेरठ।

दिनांक 10 नवंबर, 20XX

पूजनीय माताजी,
सादर चरण स्पर्श।

मैं यहाँ कुशलपूर्वक हूँ। मुझे पिताजी से पता चला है कि आप अपने स्वास्थ्य पर बिल्कुल ध्यान नहीं दे रही हैं। आप समय पर खाना नहीं खाती हैं, जिससे आपको काफी कमजोरी महसूस होती है। आप पूरे परिवार का अच्छे से ध्यान रखती हैं, सबकी जरूरतें पूरी करती हैं, लेकिन यदि आपका स्वास्थ्य खराब रहेगा तो आप सबका ध्यान कैसे रख पाएँगी। इसलिए मेरी आपसे प्रार्थना है कि आप समय पर भोजन करके समय पर दवाइयाँ लें, जिससे आप स्वस्थ रह सकें। पिताजी से कहना कि समय-समय पर मुझे आपके स्वास्थ्य के बारे में अवश्य बताते रहें।

ईश्वर आपको स्वस्थ रखे और आप दीर्घायु हों। मैं जल्दी आपके पास आऊँगा। आप अपना ध्यान रखना। पिताजी को सादर चरण स्पर्श और छोटी बहन को प्यार।

आपका पुत्र
श्रेयस राजपूत

13. **आपकी बहन कस्बे से अपनी पढ़ाई पूरी कर आगे शिक्षा के लिए बड़े नगर में गई है। नगर के वातावरण में संभावित परेशानियों की चर्चा करते हुए उनसे बचने के तरीके उसे पत्र द्वारा समझाइए।** **दक्षता आधारित प्रश्न, CBSE 2019**

उत्तर परीक्षा भवन,
दिल्ली।
दिनांक 5 अप्रैल, 20XX
प्रिय बहन,
सप्रेम नमस्कार!

मुझे अत्यधिक प्रशंसा है कि तुम अपनी आगे की पढ़ाई के लिए कस्बे से बाहर एक बड़े नगर गई हो। आशा है कि तुम अपनी पढ़ाई पर पूरा ध्यान दोगी, किंतु तुम्हारी बड़ी बहन होने के नाते मैं तुम्हें कुछ बातें बताना चाहती हूँ।

तुम एक छोटे कस्बे से निकल कर बड़े नगर में गई हो वहाँ तुम्हें अनेक परेशानियों का सामना करना पड़ सकता है; जैसे—वहाँ के नए माहौल, वातावरण के अनुरूप स्वयं को ढालना, अध्यापकों आदि से बातचीत कर पाने की समस्या, मित्र व सहपाठियों से बातचीत न कर पाने की समस्या, स्वास्थ्य संबंधी समस्याएँ, खाने-पीने से संबंधित समस्या आदि। देखो जब हम कहीं नई जगह जाते हैं, तो हमें अनेक समस्याओं का सामना करना पड़ता है।

हम एकदम से नई जगह में लोगों के साथ सामंजस्य स्थापित नहीं कर पाते, किंतु तुम सदैव इस बात पर ध्यान देना कि यदि हमें सफलता प्राप्त करनी है, तो हमें अनेक छोटी बड़ी समस्याओं का सामना करना पड़ता है। इन समस्याओं को दरकिनार कर हमें आगे बढ़ना है। अभी वह नगर तुम्हारे लिए नया है, तुम्हारा मन पढ़ाई में भी नहीं लगता होगा, क्योंकि तुम्हारे सहपाठी, तुम्हारे अध्यापक सब नए हैं, किंतु तुम अपने अध्यापकों से विषय आधारित मुद्दों पर चर्चा करो, अपने सहपाठियों से परीक्षा संबंधी विषयों पर चर्चा करो, जिससे तुम अध्यापकों व सहपाठी दोनों से ही मधुर संबंध बनाने में सफल होगी।

आशा करती हूँ कि तुम्हें मेरी ये बातें समझ में आई होंगी। तुम अपना ध्यान पढ़ाई में लगाओं और सफलता प्राप्त करो।

तुम्हारी बहन
क.ख.ग.

14. **आपका छोटा भाई अनुराग परीक्षा में नकल करता पकड़ा गया, जिसके लिए उसे दंडित किया गया। उसे समझाते हुए लगभग 100 शब्दों में पत्र लिखिए।** **CBSE 2020**

उत्तर परीक्षा भवन,
दिल्ली।
दिनांक 14 मार्च, 20XX
प्रिय अनुज,
सस्नेह।

हम यहाँ सब सकुशल हैं, आशा करते हैं कि तुम भी कुशलता से होंगे। कल ही तुम्हारे प्रधानाचार्य का पत्र मिला, जिसे पढ़कर बहुत दु:ख हुआ। पत्र में लिखा था कि तुम परीक्षा में नकल करते हुए पकड़े गए तथा तुम्हारे पास नकल की पर्ची भी मिली। यह बहुत दु:ख की बात है। इससे तो यही लगता है कि तुमने परिश्रम करना छोड़कर, नकल करने का तरीका अपना लिया है।

नकल करना गलत बात है। इससे तुम्हारी परिश्रम करने की आदत समाप्त हो जाएगी और परिश्रम के बिना कोई भी व्यक्ति जीवन में सफल नहीं हो सकता। मुझे आशा ही नहीं पूरा विश्वास है कि तुम भविष्य में इस गलती को कभी नहीं दोहराओगे। अपने परिश्रम व हिम्मत से जीवन में आगे बढ़ने की चेष्टा करोगे। आशा करता हूँ कि तुम मेरी बातों पर गौर करोगे और मेहनत करके अच्छे अंकों से परीक्षा में उत्तीर्ण होगे।

माताजी और पिताजी की ओर से आशीर्वाद। शेष मिलने पर।

तुम्हारा भाई
क.ख.ग.

15. आपका नाम सना/सोहम है और आपने बीते दो वर्षों में ऑनलाइन कक्षाओं के माध्यम से पढ़ाई की है। अपने मित्र को इस अनुभव की अच्छाइयों और सीमाओं से अवगत कराते हुए लगभग 120 शब्दों में एक पत्र लिखिए। **CBSE Term II 2022**

उत्तर परीक्षा भवन,

नई दिल्ली।

दिनांक 24 फरवरी, 20XX

प्रिय मित्र राहुल,

नमस्कार!

मैं आशा करता हूँ कि तुम वहाँ कुशल होंगे। मैं भी यहाँ कुशल हूँ। मुझे कल ही तुम्हारा पत्र मिला। जिसमें तुमने ऑनलाइन कक्षाओं के महत्त्व के बारे में पूछा था। पिछले दो वर्षों में जैसा कि तुम भी जानते ही हो कि सभी ने ऑनलाइन कक्षा के माध्यम से घर बैठे अपने विद्यालय के पाठ्यक्रम को पूरा किया है। इस महामारी के समय जब कोई भी विद्यालय नहीं खोला जा सकता था तब बच्चों की शिक्षा के लिए ऑनलाइन कक्षाओं में बच्चों को बराबर पढ़ाया गया। इससे बच्चों की पढ़ाई रूकी नहीं बल्कि चलती रही। इस माध्यम के चलते बच्चे अपनी समस्याओं को अध्यापकों से पूछ सकते थे इसलिए ऑनलाइन शिक्षा का बहुत महत्त्व है।

लेकिन मित्र इसके नुकसान भी है, क्योंकि इसमें बच्चा अकेला होता है एवं मोबाइल, लैपटॉप पर अपनी कक्षा लेता है तथा वह अपने अध्यापक और मित्रों से दूर हो जाता है और पढ़ाई करने में भी इतना मजा नहीं आता जितना स्कूल में आता था।

आशा करता हूँ तुम्हें ऑनलाइन शिक्षा का महत्त्व पता चल गया होगा। तुम भी ऑनलाइन क्लास के बारे में अपने अनुभव लिखना।

तुम्हारा मित्र

सोहम

स्व-मूल्यांकन

औपचारिक पत्र

1. आपका नाम सौरव कुमार है। आप दसवीं कक्षा के छात्र हैं। आपकी अंग्रेजी विषय की पढ़ाई समय पूरी न होने के कारण विषय की अतिरिक्त कक्षाएँ लगवाने हेतु प्रधानाचार्य को पत्र लिखिए।
2. विद्यालय के वार्षिकोत्सव में विद्यालय से उत्तीर्ण हुई विभिन्न प्रसिद्ध हस्तियों को सम्मानित करने का सुझाव देते हुए विद्यालय के प्रधानाचार्य को प्रार्थना-पत्र लिखिए।
3. आपके क्षेत्र में कुछ दिनों से असामाजिक तत्त्वों द्वारा चोरी व डकैती जैसी घटनाओं में वृद्धि हुई है। इस समस्या की शिकायत करते हुए क्षेत्रीय थानाध्यक्ष को सूचित कीजिए।
4. आपकी सोसायटी का चौकीदार आपको ड्यूटी के दौरान सोता हुआ मिला। उसकी शिकायत करते हुए सोसायटी के सचिव को पत्र लिखिए।
5. चेकबुक गुम हो जाने की शिकायत करते हुए पंजाब नेशनल बैंक, सहारनपुर के प्रबंधक को एक पत्र लिखिए।
6. युवाओं में दिन-प्रतिदिन होते नैतिक मूल्यों के ह्रास को केंद्रित करते हुए किसी प्रतिष्ठित समाचार-पत्र के संपादक को पत्र लिखिए।
7. बुजुर्गों के साथ दिन-प्रतिदिन बढ़ती दुर्घटनाओं के प्रति पुलिस को अवगत कराने हेतु किसी समाचार पत्र के संपादक को पत्र लिखिए।
8. आपने तत्कालीन परिस्थितियों पर आधारित कुछ कविताएँ लिखी हैं। इन कविताओं को समाचार-पत्र में प्रकाशित करने हेतु 'नवभारत टाइम्स' के संपादक को लगभग 120 शब्दों में पत्र लिखिए।
9. आप सरस्वती विद्या निकेतन विद्यालय में खेल अध्यापक हैं। विद्यालय में खेल सामग्रियों को मँगवाने के लिए किसी खेल सामग्री विक्रेता को पत्र लिखिए।
10. आप बाल भारती विद्यालय के प्रधानाचार्य हैं। आपने विद्यालय के पुस्तकालय के लिए पुस्तकें मँगवाई थीं, पुस्तक विक्रेता ने जो पुस्तकें भेजी थी उनकी स्थिति सही नहीं है। इसकी सूचना देते हुए पुस्तक विक्रेता को पत्र लिखिए।
11. आपका नाम प्रेम सिंह है। आप घूमने के लिए मसूरी जाना चाहते हैं। वहाँ के किसी होटल प्रबंधक से 3-4 दिन ठहरने का खर्च पूछने के लिए पत्र लिखिए।
12. आपके क्षेत्र में कुछ दिनों से पानी की आपूर्ति बाधित है। इसके संबंध में जल विभाग के अधिकारी को सूचना देते हुए पत्र लिखिए।
13. आपका मतदाता पहचान पत्र में नाम गलत छप गया है। उसे सही करवाने के लिए संबंधित अधिकारी को पत्र लिखिए।

अनौपचारिक पत्र

1. आपका मित्र धूम्रपान करता है। इस व्यसन के दोषों का उल्लेख करते हुए पत्र लिखकर उसे इससे मुक्त होने की सलाह दीजिए।
2. अपनी छोटी बहन को पत्र लिखिए, जिसमें विद्यालय के वार्षिकोत्सव का वर्णन किया गया हो।
3. कड़ी मेहनत और तैयारी करने के बाद भी राष्ट्रीय हॉकी टीम के लिए आपके मित्र/आपकी सहेली का चयन नहीं हो पाया है। उसकी हिम्मत बढ़ाने के लिए 100 शब्दों में एक पत्र लिखिए।
4. हाल में देखे हुए किसी नाटक की समीक्षा करते हुए अपने मित्र को पत्र लिखिए।
5. आपके मित्र द्वारा निर्धन छात्रों के लिए प्रारंभ किए गए 'शिक्षा सबका अधिकार' अभियान में प्राप्त हो रही सफलता के लिए बधाई देते हुए लगभग 100 शब्दों में पत्र लिखिए।

अध्याय 3

स्ववृत्त (बायोडाटा) लेखन

स्ववृत्त लेखन का अर्थ स्ववृत्त दो शब्दों से मिलकर बना है, स्व + वृत्त। 'स्व' का अर्थ है— स्वयं तथा 'वृत्त' का अर्थ है— परिचय, ब्यौरा (व्यक्ति विशेष का लेखा-जोखा, योग्यता, अनुभव, उपलब्धियाँ आदि)। इस प्रकार स्ववृत्त लेखन एक विशेष प्रकार का लेखन है, जिसमें किसी व्यक्ति विशेष के बारे में विशेष प्रयोजन को ध्यान में रखकर क्रमवार तरीके से सूचनाएँ संकलित की जाती हैं।

स्ववृत्त के पक्ष

स्ववृत्त के दो पक्ष होते हैं

1. स्ववृत्त के पहले पक्ष में वह उम्मीदवार होता है, जिसको केंद्र में रखकर सूचनाएँ संकलित की जाती हैं अर्थात् पहला पक्ष **उम्मीदवार** होता है।
2. स्ववृत्त के दूसरे पक्ष में नियोक्ता या वह संस्था होती है, जिसके प्रयोजन को ध्यान में रखकर सूचनाएँ एकत्रित की जाती हैं अर्थात् दूसरा पक्ष **नियोक्ता** होता है।

स्ववृत्त के अंग

जिस क्रमवार रूप में स्ववृत्त को लिखा जाता है, वे **स्ववृत्त के अंग** कहलाते हैं। सामान्यत: स्ववृत्त के निम्नलिखित अंग होते हैं

1. **व्यक्ति परिचय** स्ववृत्त में व्यक्ति परिचय के अंतर्गत निम्नलिखित सूचनाएँ संकलित की जाती हैं
   (i) उम्मीदवार का नाम
   (ii) माता-पिता का नाम
   (iii) जन्म तिथि
   (iv) पत्र-व्यवहार का पता
   (v) स्थायी पता
   (vi) मोबाइल नंबर
   (vii) ई-मेल पता
2. **शैक्षणिक योग्यता** शैक्षणिक योग्यताओं से संबंधित सूचनाएँ एक सारणी के रूप में प्रस्तुत की जाती हैं जिसमें डिग्री या परीक्षा का विवरण, स्कूल या कॉलेज का नाम, बोर्ड या विश्वविद्यालय का नाम, संबंधित परीक्षा का वर्ष, परीक्षा के विषय, प्राप्तांक प्रतिशत और श्रेणी का उल्लेख होना चाहिए।
3. **अनुभव का विवरण** उम्मीदवार यदि किसी बड़े पद के लिए आवेदन कर रहा है और वह बहुत अनुभवी है, तो अनुभव का ब्यौरा व्यक्ति परिचय के तुरंत बाद दिया जा सकता है। लेकिन उम्मीदवार कॉलेज के तुरंत बाद पढ़ाई करके रिक्त के लिए आवेदन करता है तो उसे व्यक्ति परिचय के बाद अपनी शैक्षणिक योग्यताओं की सारणी प्रस्तुत करनी चाहिए।
   (i) उच्च या बड़े पद के लिए अनुभवी व्यक्ति द्वारा व्यक्ति परिचय के तुरंत बाद।
   (ii) अध्ययन को पूर्ण करके निकलने वाला योग्यताधारी व्यक्ति परिचय के बाद अपनी शैक्षणिक योग्यताओं का उल्लेख करें।
4. **रुचि का उल्लेख** स्ववृत्त में उम्मीदवार को अपनी रुचि का उल्लेख विशेष तौर पर करना चाहिए जिससे नियोक्ता को उसके व्यक्तित्व की आंतरिक अभिरुचि ज्ञात हो सके।
5. **कार्येत्तर गतिविधियाँ** अपने कार्य के अतिरिक्त अन्य गतिविधियाँ, जैसे रुचि (हॉबी) आदि के माध्यम से उम्मीदवार के व्यक्तित्व के बारे में अधिक जानकारी प्राप्त हो जाती है जिससे आवेदित पद के लिए उसकी योग्यता को तय करना आसान हो जाता है। जैसे, यदि कोई अच्छा फुटबॉल खिलाड़ी है तो यह मान लिया जाता है कि उसमें टीम भावना अवश्य होगी या फिर आशुभाषण, वाद-विवाद प्रतियोगिता में, पुरस्कृत व्यक्ति में वाक्पटुता व संभाषण कला अथवा तुरंत प्रत्युत्तर देने की कला अवश्य होगी। अत: कार्येत्तर गतिविधियों का उल्लेख विशेष रूप से करना चाहिए।
6. **भाषा-ज्ञान** उम्मीदवार यदि एक से अधिक भाषाएँ लिखना, पढ़ना और बोलना जानता है, तो उसे स्ववृत्त में उनकी जानकारी अवश्य प्रस्तुत करनी चाहिए।
7. **संदर्भित व्यक्तियों का विवरण** स्ववृत्त में दो-तीन संदर्भित व्यक्तियों के नाम व पते अवश्य देने चाहिए, परंतु वे उम्मीदवार के रिश्तेदार न हों, लेकिन उसकी योग्यताओं व क्षमताओं से परिचित

हों। जिन लोगों के नाम व पते दिए जाएँ वे उम्मीदवार के क्षेत्र से संबंधित जाने-माने एवं प्रतिष्ठित व्यक्ति हों। वहीं वह उम्मीदवार जो कॉलेज से निकलकर पहली बार पेशे में प्रवेश कर रहे हैं, उन्हें अपने प्रिंसिपल या प्रोफेसरों के नाम व पते देने चाहिए। कॉलेज से तुरंत निकले उम्मीदवारों के संबंध में नियोक्ता द्वारा प्रिंसिपल व प्रोफेसरों की राय को महत्त्वपूर्ण माना जाता है, क्योंकि इन्होंने उम्मीदवार को विद्यार्थी के रूप में लंबे समय तक देखा-परखा होता है।

8. **उद्घोषणा** स्ववृत्त के अंत में अपने द्वारा उद्घोषणा दी जानी अति आवश्यक है, क्योंकि इसके द्वारा यह प्रमाणित किया जाता है कि उम्मीदवार के द्वारा दी गई जानकारी सत्य है।
9. **समापन या अंत** स्ववृत्त के अंत में दिनांक व स्थान लिखकर अपने हस्ताक्षर करके स्ववृत्त को पूर्ण किया जाता है।

आवेदन-पत्र

स्ववृत्त के साथ एक आवेदन-पत्र भी लिखा जाता है। आवेदन-पत्र के साथ उम्मीदवार अपना स्ववृत्त लगाता है और उसे नियोक्ता के पास प्रेषित कर देता है। स्ववृत्त में सारी जानकारियाँ दे दी जाती हैं लेकिन फिर भी अलग से आवेदन-पत्र लिखने की आवश्यकता होती है, क्योंकि स्ववृत्त अपनी योग्यताओं के अनुरूप पहले से ही बनाया हुआ होता है, जबकि आवेदन-पत्र विज्ञापन, पद एवं संबंधित संस्थान को लेकर लिखा जाता है।

आवेदन-पत्र का उद्देश्य

आवेदन-पत्र निम्नलिखित उद्देश्यों की पूर्ति के लिए लिखा जाता है

(i) आवेदन-पत्र से व्यक्ति अपनी नियुक्ति की इच्छा को प्रकट करता है, स्ववृत्त से नहीं।
(ii) वैयक्तिक स्पर्श के लिए।
(iii) भाषा ज्ञान एवं अभिव्यक्ति क्षमता का परिचय।
(iv) पद व संस्थान के प्रति गंभीरता का विश्वास जगाना।
(v) प्रत्येक विज्ञापन के लिए अलग।

आवेदन-पत्र की विषय-वस्तु

आवेदन-पत्र की विषय-वस्तु में मुख्यतः चार भाग होते हैं

1. **भूमिका** पहले खंड में उम्मीदवार विज्ञापन तथा विज्ञापित पद पर अपनी उम्मीदवारी की इच्छा प्रकट करता है।
2. **सक्षमता** दूसरे खंड में उम्मीदवार यह बताता है कि वह विज्ञापन में वर्णित योग्यताओं और आवश्यकताओं को पूरा करने में सक्षम है। इससे उम्मीदवार की भाषा-शैली तथा अभिव्यक्ति की क्षमता का भी परिचय मिल जाता है।
3. **पद एवं संस्थान के प्रति गंभीरता एवं अभिरुचि** तीसरे खंड में उम्मीदवार पद और संस्थान के प्रति अपनी गंभीरता और अभिरुचि को अभिव्यक्त करता है।
4. **उपसंहार** आवेदन-पत्र का चौथा खंड उपसंहार होता है। इसमें आवेदन-पत्र की विषय-वस्तु का औपचारिक समापन होता है। एक व्यक्ति (उम्मीदवार/आवेदक) किसी संस्था में नौकरी पाने के लिए स्ववृत्त तैयार करता है। इसमें वह ईमानदारी से अपने व्यक्तित्व, ज्ञान और अनुभवों को सीधी, सरल व सटीक भाषा में कंप्यूटर से मुद्रित कर सूचनाओं का अनुशासित प्रवाह करता है, लेकिन फिर भी संस्थान से बुलावा-पत्र न आने पर सामान्यतः आवेदन-पत्र की कमी महसूस की जाती है। अतः उम्मीदवार को स्ववृत्त के साथ एक आवेदन-पत्र लिखना भी आवश्यक होता है।

स्ववृत्त लेखन का प्रारूप

व्यक्तिगत परिचय

नाम	:	नरेंद्र कुमार
पिता का नाम	:	सुरेंद्र कुमार
माता का नाम	:	शबनम
जन्म तिथि	:	18 नवंबर, 1982
वर्तमान पता	:	डी 72 , पाकेट चार, मयूर विहार (फ़ेज एक) दिल्ली 110092
स्थायी पता	:	उपर्युक्त
टेलीफ़ोन नंबर	:	011-22718296
मोबाइल नंबर	:	9868234859
ई-मेल	:	85narendra@yahoo.com

शैक्षणिक योग्यताएँ

क्र.सं.	परीक्षा/डिग्री/डिप्लोमा	वर्ष	विद्यालय/बोर्ड/महाविद्यालय/विश्वविद्यालय	विषय	श्रेणी	प्रतिशत
1.	दसवीं कक्षा	1997	राजकीय विद्यालय सी.बी.एस.ई.	अंग्रेजी, हिंदी, विज्ञान, गणित, सामाजिक विज्ञान	प्रथम	93%
2.	बारहवीं	1999	राजकीय विद्यालय सी.बी.एस.ई.	अंग्रेजी, भौतिकी, रसायन विज्ञान, जीव-विज्ञान, गणित	प्रथम	95%
3.	बी.एस.सी. (ऑनर्स)	2002	हिंदू कॉलेज, दिल्ली विश्वविद्यालय,	कंप्यूटर साइंस	प्रथम	84%
4.	एम.बी.ए	2004	आदर्श इंस्टीट्यूट मैनेजमेंट	मानव संसाधन	प्रथम	85%

अन्य संबंधित योग्यताएँ

- कंप्यूटर का अच्छा ज्ञान और अभ्यास (एम.एस. ऑफ़िस तथा इंटरनेट)
- फ्रांसीसी भाषा का कार्य योग्य ज्ञान।

उपलब्धियाँ

- अखिल भारतीय वाद-विवाद प्रतियोगिता (वर्ष 2001) में प्रथम पुरस्कार
- राजीव गाँधी स्मारक निबंध प्रतियोगिता (2002) में प्रथम पुरस्कार
- विद्यालय और महाविद्यालय क्रिकेट टीमों का कप्तान

कार्येत्तर गतिविधियाँ और अभिरुचियाँ

- उद्योग व्यापार संबंधी पत्रिकाओं और अखबारों का नियमित पाठन
- इंटरनेट सर्फ़िंग
- देश भ्रमण का शौक
- फुटबॉल और क्रिकेट में अभिरुचि

संदर्भित व्यक्तियों का विवरण

- श्री जे. रामनाथन, निदेशक, आदर्श इंस्टीट्यूट ऑफ़ मैनेजमेंट, लोदी एस्टेट, नई दिल्ली
- श्री देवेंद्र गुप्ता, प्राध्यापक (मार्केटिंग), आदर्श इंस्टीट्यूट ऑफ़ मैनेजमेंट लोदी एस्टेट, नई दिल्ली

उद्घोषणा

- मैं पुष्टि करता हूँ कि मेरे द्वारा उपर्युक्त दी गई जानकारी पूर्णतः सत्य है।

दिनांक 2 अगस्त, 20XX

स्थान दिल्ली

हस्ताक्षर नरेंद्र कुमार

अभ्यास प्रश्न
(दक्षता आधारित प्रश्नों सहित)

1. आपका नाम सुनीता/सुरेश है। आप राजेंद्र नगर के निवासी हैं। दैनिक समाचार-पत्र से पता चला है कि स्थानीय माध्यमिक विद्यालय में पुस्तकालय अध्यक्ष का पद रिक्त है। आप उक्त पद की योग्यता (बी.लिब./पुस्तकालय विज्ञान में स्नातक) को धारण करते हैं। उक्त रिक्त पद हेतु राजकीय माध्यमिक विद्यालय के विद्यालय प्रमुख को आवेदन भेजने हेतु लगभग 80 शब्दों में अपना एक संक्षिप्त स्ववृत्त लिखिए। **CBSE SQP 2023**

उत्तर सेवा में,

विद्यालय प्रमुख,

राजकीय माध्यमिक विद्यालय,

दिल्ली।

विषय पुस्तकालय अध्यक्ष के पद के आवेदन हेतु।

महोदय,

आज दिनांक 25 मार्च, 20XX को हिंदुस्तान टाइम्स समाचार-पत्र से मुझे यह ज्ञात हुआ है कि आपके राजकीय माध्यमिक विद्यालय में पुस्तकालय अध्यक्ष का पद रिक्त है और मैं उक्त पद की योग्यता को पूर्ण करता हूँ। यदि मुझे आपके द्वारा अवसर दिया जाता है, तो मैं अपने प्रयासों से विद्यालय के पुस्तकालय को समृद्ध करने व ज्ञानवर्धक बनाने का संकल्प रखता हूँ। कृपया आप मुझे उक्त पद के लिए विद्यालय की सेवा करने का अवसर प्रदान करें।

मैं आपको विश्वास दिलाता हूँ कि मैं विद्यालय के लिए सदैव क्रियाशील रहूँगा तथा विद्यालय की उन्नति व विकास के लिए सदैव प्रयासरत् रहूँगा। मैं अपना स्ववृत्त व प्रमाण-पत्र इस पत्र के साथ संलग्न कर रहा हूँ। आशा है आप मेरे आवेदन को स्वीकार करेंगे।

सधन्यवाद।

भवदीय

सुरेश

संलग्न प्रमाण-पत्र

1. दसवीं की अंक तालिका
2. बारहवीं की अंक तालिका
3. बी.ए. की अंक तालिका व प्रमाण-पत्र
4. बी.लिब. की अंक तालिका व प्रमाण-पत्र
5. एम.लिब की अंक तालिका व प्रमाण-पत्र

स्ववृत्त

नाम : सुरेश कुमार

पिता का नाम : रघुवीर कुमार

माता का नाम : प्रीति

जन्म तिथि : 25 मार्च, 1990

वर्तमान पता : डी-41, मॉडल टाउन, दिल्ली

स्थायी पता : उपर्युक्त

मोबाइल नंबर : 94215XXXXX

ई-मेल : abc14@gmail.com

शैक्षणिक योग्यताएँ

परीक्षा/ डिग्री	वर्ष	विद्यालय/बोर्ड/ महाविद्यालय	विषय	श्रेणी	प्रतिशत
दसवीं	2005	केंद्रीय विद्यालय, दिल्ली, सी.बी. एस.ई.	अंग्रेजी, हिंदी, गणित, विज्ञान, सामाजिक विज्ञान, संस्कृत	प्रथम	92%
बारहवीं	2007	केंद्रीय विद्यालय, दिल्ली, सी.बी. एस.ई.	अंग्रेजी, हिंदी, इतिहास, राजनीतिक विज्ञान, अर्थशास्त्र	प्रथम	94%
बी.ए.	2010	दिल्ली विश्व विद्यालय	हिंदी विशेष	प्रथम	84%
बी.लिब.	2013	दिल्ली विश्व विद्यालय	पुस्तकालय विज्ञान	प्रथम	85%
एम.लिब.	2015	दिल्ली विश्व विद्यालय	पुस्तकालय विज्ञान	प्रथम	83%

अन्य संबंधित योग्यताएँ

- हिंदी, अंग्रेजी भाषा में दक्षता।
- कंप्यूटर में एक वर्ष का डिप्लोमा।
- जर्मन भाषा का ज्ञान।

उपलब्धियाँ

- पुस्तकालय विज्ञान (क्विज प्रतियोगिता) में प्रथम पुरस्कार वर्ष 2014

कार्येत्तर गतिविधियाँ एवं अभिरुचियाँ

- डी.ए.वी मॉडल स्कूल, दिल्ली में पुस्तकालय अध्यापक के पद पर 2 वर्ष का कार्य अनुभव।
- शिक्षण में ऐतिहासिक वस्तुओं की खोज में अभिरुचि।
- खेलकूद व योगा में अभिरुचि।

संदर्भित व्यक्तियों का विवरण

- डॉ. सुरेखा वर्मा, एसोसिएट प्रोफेसर, दिल्ली विश्वविद्यालय, दिल्ली।
- डॉ. गुप्ता, प्रोफेसर, दिल्ली विश्वविद्यालय, दिल्ली।

उद्घोषणा

मैं पुष्टि करता हूँ कि मेरे द्वारा उपर्युक्त दी गई जानकारी पूर्णत: सत्य है।

दिनांक 25 मार्च, 20XX

स्थान दिल्ली

हस्ताक्षर सुरेश

2. प्राथमिक कक्षाओं के लिए वर्णमाला से संबंधित गतिविधियों और चार्ट आदि बनाने में आप प्रारंभ से ही निपुण हैं। किसी प्रकाशक को अपनी प्रतिभा से अवगत करवाने और ग्राफिक डिजाइनर के पद के लिए आवेदन करने हेतु एक संक्षिप्त स्ववृत्त (बायोडाटा) लगभग 80 शब्दों में लिखिए। **CBSE SQP (Additional Set) 2023**

उत्तर सेवा में,

अ.ब.स. प्रकाशन,

दरियागंज,

दिल्ली।

विषय ग्राफिक डिज़ाइनर के पद के आवेदन हेतु।

महोदय,

आज दिनांक 15 मार्च, 20XX को नवभारत टाइम्स में आपके द्वारा जारी किए गए विज्ञापन से ज्ञात हुआ कि आपको ग्राफिक डिजाइनर की आवश्यकता है। मान्यवर मैं प्राथमिक कक्षाओं के लिए वर्णमाला से संबंधित गतिविधियों और चार्ट आदि बनाने में बहुत निपुण हूँ। मैंने ग्राफिक डिज़ाइनर के पद पर कुछ महीने कार्य भी किया है। इसके अतिरिक्त मैंने विभिन्न सोशल मीडिया प्लेटफार्म, ब्रांड पहचान आदि के लिए भी डिजाइन विकसित किए हैं। यदि आप मुझे अपने संगठन में उक्त पद के लिए कार्य करने का अवसर प्रदान करते हैं, तो मैं आपको विश्वास दिलाती हूँ कि मैं अपनी लगन व निष्ठा से कार्य करते हुए सदैव क्रियाशील रहूँगी।

आशा है आप मेरे आवेदन को स्वीकार करेंगे। मैं अपना स्ववृत्त इस आवेदन पत्र के साथ संलग्न कर रही हूँ। मेरी योग्यताओं को देखते हुए मुझे विश्वास है आप अवश्य ही साक्षात्कार हेतु बुलावा-पत्र भेजेंगे।

सधन्यवाद।

भवदीय

क.ख.ग.

संलग्न प्रमाण-पत्र

1. दसवीं की अंक तालिका
2. बारहवीं की अंक तालिका
3. बैचलर ऑफ आर्ट्स (बी.ए.) ग्राफिक डिजाइन

स्ववृत्त

नाम : निहारिका शर्मा

पिता का नाम : रोहित शर्मा

माता का नाम : नेहा शर्मा

जन्म तिथि : 15 मार्च, 1993

वर्तमान पता : बी–7, अशोक विहार, दिल्ली।

स्थायी पता : उपर्युक्त

मोबाइल नंबर : 96259XXXXX

ई-मेल : xyz@gmail.com

शैक्षणिक योग्यताएँ

परीक्षा/ डिग्री	वर्ष	विद्यालय/बोर्ड/ महाविद्यालय	विषय	श्रेणी	प्रतिशत
दसवीं	2008	डी.ए.वी. दिल्ली, सी.बी.एस.ई	हिंदी, अंग्रेजी, गणित, विज्ञान, सामाजिक विज्ञान	प्रथम	85%
बारहवीं	2010	डी.ए.वी. दिल्ली, सी.बी.एस.ई	अंग्रेजी, हिंदी, अर्थशास्त्र, बिजनेस, एकाउंटेंसी	प्रथम	95%
बी.ए. ग्राफिक डिजाइन	2012	ग्राफिक माइड कालकाजी	ग्राफिक डिज़ाइन	प्रथम	90%

अन्य संबंधित योग्यताएँ

- इनडिजाइन
- वेब डिजाइन
- गति ग्राफिक्स

उपलब्धियाँ

- सोशल मीडिया प्लेटफार्म पर ग्राफिक कार्य हेतु सम्मान।
- ब्रांड पहचान व ग्राफिक कार्य हेतु सम्मान।

कार्येत्तर गतिविधियाँ एवं अभिरुचियाँ

- केंद्रीय विद्यालय, रोहिणी, दिल्ली में प्राथमिक कक्षाओं के लिए कार्यरत।
- इंटरनेट सर्फिंग।
- देश भ्रमण का शौक।

संदर्भित व्यक्तियों का विवरण

- श्रीमती मीना राय, सीनियर ग्राफिक डिज़ाइनर, इंफोटेक प्रा.लि. दिल्ली।

उद्घोषणा

मैं पुष्टि करती हूँ कि मेरे द्वारा उपर्युक्त दी गई जानकारी पूर्णत: सत्य है।

दिनांक 15 मार्च, 20XX

स्थान दिल्ली

हस्ताक्षर निहारिका

3. आप निभा/निर्भय हैं। आपको अपने मित्र से पता चला है कि स्थानीय नवोदय विद्यालय में सहायक प्राथमिक शिक्षक का पद रिक्त है। आप इस पद के लिए योग्य उम्मीदवार हैं और अपनी सेवा देने के इच्छुक भी हैं। उक्त पद के लिए नवोदय विद्यालय के प्रमुख को आवेदन भेजने हेतु लगभग 80 शब्दों में अपना एक संक्षिप्त स्ववृत्त लिखिए **CBSE 2024**

उत्तर सेवा में,

प्रधानाचार्य जी,

नवोदय विद्यालय,

अ.ब.स. नगर,

दिल्ली।

विषय सहायक प्राथमिक शिक्षक पद के आवेदन हेतु पत्र।

महोदय,

आज दिनांक 25 अप्रैल, 20XX के दैनिक समाचार-पत्र 'नवभारत टाइम्स' से ज्ञात हुआ कि आपके विद्यालय में सहायक प्राथमिक शिक्षक के पद रिक्त हैं। उन रिक्त पदों के लिए आवेदन-पत्र आमंत्रित किए गए हैं। महोदय मैं भी स्वयं को इस पद के उम्मीदवार के रूप में प्रस्तुत करना चाहती हूँ। मैं आपके द्वारा जारी की गई सभी योग्यताओं को भी पूरा करती हूँ। मेरा आपसे अनुरोध है कि आप मेरी योग्यताओं को ध्यान में रखते हुए मुझे अपने विद्यालय में उक्त पद के लिए सेवा का अवसर प्रदान करें। मैं आपके विद्यालय की उन्नति व विकास के लिए सदैव तत्पर रहूँगी। आशा है आप मेरे आवेदन को स्वीकार करेंगे। मेरे प्रमाण-पत्र व स्ववृत्त इस आवेदन-पत्र के साथ संलग्न हैं।

सधन्यवाद।

भवदीया

निभा

संलग्न प्रमाण - पत्र

1. दसवीं की अंक तालिका
2. बारहवीं की अंक तालिका
3. बी. ए. अंग्रेजी विशेष की अंक तालिका व प्रमाण-पत्र
4. एम.ए. अंग्रेजी विशेष की अंक तालिका व प्रमाण-पत्र
5. प्राथमिक टीचर कोर्स की अंक तालिका व प्रमाण-पत्र

स्ववृत्त

नाम	निभा शर्मा
पिता का नाम	श्लोक शर्मा
माता का नाम	अदिति शर्मा
जन्म तिथि	19-08-1991
वर्तमान पता	अ.ब.स. नगर, दिल्ली
स्थायी पता	उपर्युक्त
दूरभाष नंबर	011-12 45XXXX
मोबाइल नंबर	9425XXXXXX
ई-मेल	nibha@gmail.com

शैक्षणिक योग्यताएँ

परीक्षा/ डिग्री	वर्ष	विद्यालय (बोर्ड) महाविद्यालय	विषय	श्रेणी	प्रतिशत
दसवीं	2005	मॉडर्न पब्लिक स्कूल, दिल्ली, सी.बी.एस.ई.	अंग्रेजी, हिंदी, विज्ञान, सामाजिक विज्ञान, संस्कृत	प्रथम	92 %
बारहवीं	2007	मॉडर्न पब्लिक स्कूल, दिल्ली, सी.बी.एस.ई.	अंग्रेजी, हिंदी, अर्थशास्त्र, राजनीति विज्ञान, गणित	प्रथम	94 %
बी. ए.	2010	दिल्ली विश्वविद्यालय	अंग्रेजी	प्रथम	87 %
टीचर्स कोर्स	2012	एम. डी. यू. फरीदाबाद	अंग्रेजी	प्रथम	85%
एम. ए.	2015	दिल्ली विश्वविद्यालय	अंग्रेजी	प्रथम	86 %

अन्य संबंधित योग्यताएँ

- कंप्यूटर का ज्ञान
- जर्मन, फ्रेंच भाषा का ज्ञान
- स्मार्ट बोर्ड कक्षाओं का ज्ञान

उपलब्धियाँ

- सामान्य ज्ञान प्रतियोगिता वर्ष 2012 में प्रथम पुरस्कार
- अंग्रेजी क्विज (राज्य स्तर) प्रतियोगिता में द्वितीय स्थान

कार्येत्तर गतिविधियाँ तथा अभिरुचियाँ

- डी.ए.वी. पब्लिक स्कूल, दिल्ली में 3 वर्ष तक कार्य अनुभव
- नवजीवन पब्लिक स्कूल, दिल्ली में 1 वर्ष का शिक्षण अनुभव
- अंग्रेजी पत्रिकाओं का नियमित पठन व लेखन

संदर्भित व्यक्तियों का विवरण

- श्री आलोक शर्मा प्रिंसिपल डी.ए.वी. पब्लिक स्कूल, दिल्ली।
- रीमा सचदेवा, प्रिंसिपल, नवजीवन पब्लिक स्कूल, दिल्ली।

उद्घोषणा

मैं पुष्टि करती हूँ कि मेरे द्वारा उपयुक्त की गई जानकारी पूर्ण रूप से सत्य है।

दिनांक 25 अप्रैल, 20XX

स्थान दिल्ली

हस्ताक्षर निभा

4. **आप धनुश्री/धनुष हैं। सोशल मीडिया से आपको जानकारी मिली है कि राष्ट्रीय नाट्य विद्यालय में जूनियर कलाकार का पद रिक्त है। आपको लगता है कि आप इस पद के योग्य हैं। राष्ट्रीय नाट्य विद्यालय को भेजने के लिए लगभग 80 शब्दों में अपना एक संक्षिप्त स्ववृत्त लिखिए।** **CBSE 2024**

उत्तर सेवा में,

विद्यालय प्रमुख,
राष्ट्रीय नाट्य विद्यालय,
अ.ब.स. नगर,
दिल्ली।

विषय जूनियर कलाकार के पद हेतु आवेदन।

महोदय,

आज दिनांक 15 अप्रैल, 20XX को सोशल मीडिया पर दिए गए विज्ञापन से मुझे यह जानकारी मिली है कि राष्ट्रीय नाट्य विद्यालय में जूनियर कलाकार के पद रिक्त हैं और उन रिक्त पदों के लिए आवेदन किए गए हैं। महोदय मैं भी जूनियर कलाकार पद के लिए योग्य हूँ तथा आपके द्वारा जारी की गई सभी योग्यताओं को पूरा भी करता हूँ। अतः मेरा आपसे अनुरोध है कि आप मेरी योग्यताओं को ध्यान में रखते हुए मुझे अपने नाट्य विद्यालय में उक्त पद के लिए सेवा का अवसर प्रदान करें। आशा है आप मेरे आवेदन को स्वीकार करेंगे। मेरे प्रमाण-पत्र व स्ववृत्त इस आवेदन-पत्र के साथ संलग्न हैं।

सधन्यवाद।

भवदीय
धनुष

संलग्न प्रमाण-पत्र

1. दसवीं की अंक तालिका
2. बारहवीं की अंक तालिका
3. बी. ए. हिंदी विशेष की अंक तालिका व प्रमाण-पत्र
4. एम. ए. हिंदी विशेष की अंक तालिका व प्रमाण-पत्र
5. नाट्य कला डिप्लोमा का प्रमाण-पत्र
6. रंगमंच अनुभव का डॉक्यूमेंट्री प्रमाण-पत्र
7. नाटक प्रस्तुतियों के प्रमाण-पत्र

स्ववृत्त

नाम	धनुष गुप्ता
पिता का नाम	आलोक गुप्ता
माता का नाम	गीता गुप्ता
जन्म तिथि	10-03-1985
वर्तमान पता	अ. ब. स. नगर, दिल्ली
स्थायी पता	उपर्युक्त
दूरभाष नंबर	-
मोबाइल नंबर	9424XXXXX
ई-मेल	dhanush@gmail.com

शैक्षणिक योग्यताएँ

परीक्षा डिग्री	वर्ष	विद्यालय/ बोर्ड/ महाविद्यालय	विषय	श्रेणी	प्रतिशत
दसवीं	2001	केंद्रीय विद्यालय दिल्ली (सी.बी.एस.ई.)	हिंदी, अंग्रेजी, गणित, सामाजिक-विज्ञान, विज्ञान	प्रथम	91 %
बारहवीं	2003	केंद्रीय विद्यालय दिल्ली (सी.बी.एस.ई.)	हिंदी, अंग्रेजी, अर्थशास्त्र, गृह-विज्ञान, राजनीति शास्त्र	प्रथम	95 %
बी.ए.	2006	दिल्ली विश्वविद्यालय	हिंदी विशेष	प्रथम	82 %

परीक्षा डिग्री	वर्ष	विद्यालय/ बोर्ड/ महाविद्यालय	विषय	श्रेणी	प्रतिशत
नाट्य कला डिप्लोमा	2010	राष्ट्रीय नाट्य विद्यालय, नई दिल्ली	नाट्य कला	प्रथम	80 %
एम.ए.	2012	दिल्ली विश्वविद्यालय	हिंदी विशेष	प्रथम	80 %

अन्य संबंधित योग्यताएँ

नाटक व रंगमंच प्रस्तुति का ज्ञान

- हिंदी व अंग्रेजी भाषा का व्यावहारिक ज्ञान

उपलब्धियाँ

- 6 नाटकों की सफलतम प्रस्तुति
- तीन नाटकों में प्रथम पुरस्कार व तीन नाटकों में द्वितीय पुरस्कार
- वर्ष 2016 में डॉक्यूमेंट्री फिल्म की प्रस्तुति

कार्येत्तर गतिविधियाँ तथा अभिरुचियाँ

- डी.ए.वी. पब्लिक स्कूल में 1 वर्ष नाटक शिक्षण का कार्य अनुभव
- विश्व विद्यालयों में समय - समय पर जागरूकता हेतु नाटक प्रदर्शन का अनुभव
- विभिन्न पुस्तकों के अध्ययन व लेखन कार्य में अभिरुचि

संदर्भित व्यक्तियों का विवरण

- श्रीमती अल्पना जैन (प्रोफेसर, हिंदी विभाग), दिल्ली विश्व - विद्यालय।
- निरंजन कुमार (प्रोफेसर, हिंदी विभाग), दिल्ली विश्व विद्यालय।

उद्घोषणा

मैं पुष्टि करता हूँ कि मेरे द्वारा उपर्युक्त दी गई जानकारी पूर्ण रूप से सत्य है।

दिनांक 15 अप्रैल, 20XX

स्थान दिल्ली

हस्ताक्षर धनुष

5. आप तरुण वैश्य/तरुणा वैश्य हैं। आप बी.एड. कर चुके हैं। आपको विवेक इंटरनेशनल स्कूल, अ.ब.स. नगर में हिंदी अध्यापक/अध्यापिका पद के लिए आवेदन करना है। इसके लिए आप अपना एक संक्षिप्त स्ववृत्त (बायोडाटा) लगभग 80 शब्दों में तैयार कीजिए। **CBSE SQP 2023**

उत्तर सेवा में,

प्रधानाचार्य जी,

विवेक इंटरनेशनल स्कूल,

अ.ब.स. नगर,

दिल्ली।

विषय हिंदी अध्यापक पद के लिए आवेदन हेतु।

महोदय,

आज दिनांक 7 अप्रैल, 20XX को नवभारत टाइम्स में आपके द्वारा प्रकाशित विज्ञापन से ज्ञात हुआ कि आपके विद्यालय में हिंदी अध्यापक पद का स्थान रिक्त है। मैंने दिल्ली विश्वविद्यालय से बी.एड. किया है तथा हिंदी साहित्य में स्नातकोत्तर में प्रथम श्रेणी से उत्तीर्ण किया है। मैं आपके द्वारा जारी की गई सभी योग्यताओं को भी पूरा करता हूँ। मेरा आपसे अनुरोध है कि आप मेरी योग्यताओं को ध्यान में रखते हुए मुझे अपने विद्यालय में उक्त पद के लिए सेवा का अवसर अवश्य प्रदान करेंगे। मैं आपके विद्यालय की उन्नति व विकास के लिए सदैव तत्पर रहूँगा। आशा है आप मेरे आवेदन को स्वीकार करेंगे। मेरे संलग्न प्रमाण-पत्र व स्ववृत्त इस आवेदन पत्र के साथ संलगित है।

सधन्यवाद।

भवदीय

तरुण वैश्य

संलग्न प्रमाण-पत्र

1. दसवीं की अंक तालिका
2. बारहवीं की अंक तालिका
3. बी.ए. हिंदी विशेष की अंक तालिका व प्रमाण-पत्र
4. एम.ए. हिंदी विशेष की अंक तालिका व प्रमाण-पत्र
5. बी.एड. की अंक तालिका एवं प्रमाण-पत्र

स्ववृत्त

नाम	:	तरुण वैश्य
पिता का नाम	:	जगदीश वैश्य
माता का नाम	:	श्रीमती ललिता वैश्य
जन्म तिथि	:	2 अक्टूबर, 1995
वर्तमान पता	:	ए-24, जैन-स्वीट्स, पीर वाली गली, जयपुर
स्थायी पता	:	उपर्युक्त
दूरभाष नंबर	:	0141-9283XXX
मोबाइन नंबर	:	9828XXXXXX
ई-मेल	:	tarun@gmail.com

शैक्षणिक योग्यताएँ

परीक्षा/ डिग्री	वर्ष	विद्यालय/बोर्ड/महाविद्यालय	विषय	श्रेणी	प्रतिशत
दसवीं	2011	महेश्वरी पब्लिक स्कूल, जयपुर सी.बी.एस.ई.	अंग्रेजी, हिंदी, विज्ञान, गणित, सामाजिक, संस्कृत	प्रथम	92%
बारहवीं	2013	महेश्वरी पब्लिक स्कूल, जयपुर सी.बी.एस.ई.	अंग्रेजी, हिंदी, संस्कृत, हिंदी साहित्य, गृह विज्ञान	प्रथम	94%
बी.ए.	2016	महाराजा कॉलेज, जयपुर, राजस्थान विश्वविद्यालय	संस्कृत, हिंदी साहित्य, राजनीति विज्ञान	प्रथम	85%
एम.एस.ई.	2018	राजस्थान विश्वविद्यालय, जयपुर	हिंदी साहित्य	प्रथम	84%
बी.एड.	2020	राजस्थान संस्कृत शिक्षा महाविद्यालय कॉलेज, जयपुर	हिंदी, संस्कृत	प्रथम	83%

अन्य संबंधित योग्यताएँ

- स्मार्ट बोर्ड कक्षाओं का ज्ञान, कंप्यूटर का ज्ञान, संस्कृत भाषा का ज्ञान।

उपलब्धियाँ

- हिंदी क्विज (जिला स्तर) प्रतियोगिता में द्वितीय पुरस्कार वर्ष 2012
- संस्कृत क्विज (विश्वविद्यालय स्तर) प्रतियोगिता में प्रथम पुरस्कार वर्ष 2015

कार्येत्तर गतिविधियाँ तथा अभिरुचियाँ

- सेंट्रल स्कूल, मालवीय नगर, हिंदी अध्यापक पद पर छः माह का शिक्षण अनुभव

- हिंदी प्रदर्शनी का आयोजन
- हिंदी से संबंधित पत्रिकाओं का नियमित पठन

संदर्भित व्यक्तियों का विवरण

- श्री नारायण मिश्रा डंगायच, प्रोफेसर, राजस्थान विश्वविद्यालय, जयपुर
- श्रीमती गायत्री गजावत, प्रिंसिपल, सेंट्रल स्कूल, मालवीय नगर, जयपुर

उद्घोषणा

मैं पुष्टि करता हूँ कि मेरे द्वारा उपर्युक्त दी गई जानकारी पूर्ण रूप से सत्य है।

दिनांक 06.10.20XX

स्थान जयपुर

हस्ताक्षर तरुण वैश्य

6. आपका नाम अमित सिंहा है। भारतीय स्टेट बैंक में (स्केल-4 के लिए) प्रबंधक के पद हेतु नवभारत टाइम्स में विज्ञापन प्रकाशित हुआ है। आप वर्तमान में आई.सी.आई. बैंक में (स्केल-3) प्रबंधक हैं। आप इस पद पर नियुक्ति पाने हेतु जनरल प्रबंधक को एक आवेदन-पत्र लिखिए तथा स्ववृत्त भी तैयार कीजिए।

दक्षता आधारित प्रश्न

उत्तर सेवा में,

श्रीमान जनरल प्रबंधक,
स्टेट बैंक ऑफ इंडिया,
चर्च रोड,
मुंबई-201021

विषय स्केल-4 प्रबंधक के पद के लिए आवेदन-पत्र।

महोदय,

आज दिनांक 9 अक्टूबर, 20XX को दिल्ली के प्रात:कालीन संस्करण नवभारत टाइम्स में भारतीय स्टेट बैंक में वरिष्ठ प्रबंधक (स्केल-4) के लिए विज्ञापन प्रकाशित हुआ है जिससे यह ज्ञात हुआ कि भारतीय स्टेट बैंक में वरिष्ठ प्रबंधक की आवश्यकता है। मैं इस पद के लिए अपना आवेदन-पत्र प्रस्तुत कर रहा हूँ।

मैं अपना अनुभव प्रमाण-पत्र तथा स्ववृत्त आवेदन-पत्र के साथ संलग्न कर रहा हूँ। मैं विज्ञापन में दी गई सभी योग्यताओं को पूरा करता हूँ।

अत: मेरा आपसे अनुरोध है कि उपर्युक्त पद के लिए मेरी योग्यताओं को ध्यान में रखते हुए मुझे स्टेट बैंक ऑफ इंडिया में वरिष्ठ प्रबंधक (स्केल-4) के पद पर साक्षात्कार लेने के पश्चात् नियुक्ति प्रदान करें। मैं आपको विश्वास दिलाता हूँ कि मेरे सानिध्य में बैंक अनवरत् उन्नति के पथ पर अग्रसर होगा।

सधन्यवाद।

भवदीय

अमित सिंहा

सलंग्न प्रमाण-पत्र

1. दसवीं की अंक तालिका
2. बारहवीं की अंक तालिका
3. बी.कॉम की अंक तालिका
4. एम.कॉम. की अंक तालिका
5. एम.बी.ए. की अंक तालिका
6. अनुभव प्रमाण-पत्र

स्ववृत्त

नाम : दीपक सिंहा
पिता का नाम : श्री अजीत सिंहा
माता का नाम : श्रीमती दीप्ति सिंहा
जन्म तिथि : 16 जुलाई, 1983
वर्तमान पता : A-22, सेक्टर-3 रोहिणी, दिल्ली 302034
स्थायी पता : A-121, मानसरोवर जयपुर (राजस्थान)
दूरभाष नंबर : 011725368
मोबाइल नंबर : 8349XXXXXX
ई-मेल : 83amit@gmail.com

अनुभव

- आई.सी.आई. बैंक में दो वर्ष तक प्रोबेशनरी अधिकारी के पद पर कार्यरत्। (2010-2012)
- आई.सी.आई. बैंक में तीन वर्ष (2012-2015) तक प्रबंधक (स्केल-I) के पद पर कार्यरत्।
- आई.सी.आई. बैंक में तीन वर्ष (2015-2018) तक प्रबंधक (स्केल-2) के पद पर कार्यरत्।
- आई.सी.आई. बैंक में तीन वर्ष (2018-2021) तक प्रबंधक (स्केल-3) के पद पर कार्यरत् तथा वर्तमान में भी इसी पद पर कार्यरत् हूँ।
- विदेशी विनिमय शाखा (Foreign Exchange) मुंबई में तीन वर्ष का अनुभव।

शैक्षणिक योग्यताएँ

परीक्षा/डिग्री	वर्ष	विद्यालय/बोर्ड/महाविद्यालय	विषय	श्रेणी	प्रतिशत
दसवीं	1998	महेश्वरी पब्लिक स्कूल, जयपुर, सी.बी.एस.ई.	अंग्रेजी, हिंदी, गणित, संस्कृत, विज्ञान, सामाजिक विज्ञान	प्रथम	68%
बारहवीं	2000	महेश्वरी पब्लिक स्कूल, जयपुर, सी.बी.एस.ई.	अंग्रेजी, हिंदी, अर्थशास्त्र, एकाउंटेंसी बिजनस-एडमिनिस्ट्रेशन	प्रथम	74%
बी.कॉम (ऑनर्स)	2003	स्टेनी मेमोरियल कॉलेज,राजस्थान विश्वविद्यालय	एकाउंटेंसी	प्रथम	84%
एम.कॉम.	2005	कॉमर्स कॉलेज, राजस्थान विश्वविद्यालय	एकाउंटेंसी	प्रथम	86%
एम.बी.ए.	2008	आई.आई.आर.एम. जयपुर	फाइनेंस	प्रथम	92%

अन्य संबंधित योग्यताएँ

- कंप्यूटर का ज्ञान,
- अंग्रेजी भाषा का ज्ञान, मराठी भाषा का ज्ञान

उपलब्धियाँ

- सामान्य ज्ञान प्रतियोगिता (राज्य स्तर व राष्ट्रीय स्तर) में प्रथम व द्वितीय पुरस्कार (वर्ष 1999, 2002)
- कॉमर्स क्विज (विश्व विद्यालयी स्तर) में प्रथम पुरस्कार (2004)
- विद्यालय में वार्षिक प्रदर्शनी का आयोजन

कार्येत्तर गतिविधियाँ तथा अभिरुचियाँ

- पी.एन.बी. बैंक में छः माह की इंटेनशिप
- इकोनॉमिक टाइम्स का नियमित पठन, समाचार-पत्र का नियमित पठन
- विदेशी विनिमय (फॉरेन एक्सचेंज) का ज्ञान

संदर्भित व्यक्तियों का विवरण

- श्री मोहित व्यास, रीजनल मैनेजर, आई.सी.आई. बैंक (एन.सी.आर.)
- श्रीमती रमा पटेल, चीफ मैनेजर, पी.एन.बी. बैंक, जयपुर शाखा।

उद्घोषणा

मैं पुष्टि करता हूँ कि मेरे द्वारा उपर्युक्त दी गई जानकारी पूर्ण रूप से सत्य है।

दिनांक 9 अक्टूबर, 20XX

स्थान दिल्ली।

हस्ताक्षर अमित सिंहा

7. आपका नाम गोविंद सिंह है। के. पी. एम. जी कंपनी में मार्केटिंग एक्जीक्यूटिव की आवश्यकता है। टाइम्स ऑफ इंडिया में इस पद हेतु विज्ञापन प्रकाशित किया गया है। आपने एम. डी. एस. यूनिवर्सिटी, रोहतक से एम.बी.ए. किया हुआ है। आप नौकरी की तलाश में है। अतः आप इस पद पर नियुक्ति पाने हेतु एक आवेदन-पत्र लिखिए तथा स्ववृत्त भी तैयार कीजिए।

दक्षता आधारित प्रश्न

उत्तर सेवा में,

महा प्रबंधक, (मानव संसाधन)
मानव संसाधन विभाग,
के.पी.एम.जी.
111, सेक्टर-5
गुरुग्राम-302034

विषय मार्केटिंग एक्जीक्यूटिव पद के लिए आवेदन-पत्र।

महोदय,

आज दिनांक 17 सितंबर, 20XX को हरियाणा में प्रकाशित टाइम्स ऑफ इंडिया में आपकी कंपनी में मार्केटिंग एक्जीक्यूटिव के रिक्त पद पर नियुक्ति करने हेतु विज्ञापन प्रकाशित हुआ है। मैं इस पद के लिए अपना आवेदन प्रस्तुत कर रहा हूँ।

मैं समाचार-पत्र तथा व्यापारिक पत्रिकाओं का नियमित पाठक हूँ। इन्हीं के माध्यम से मुझे आपकी कंपनी द्वारा बनाई गई महत्त्वाकांक्षी योजनाओं की जानकारी हुई है।

आपसे अनुरोध है कि उपर्युक्त पद के लिए मेरी योग्यताओं को ध्यान में रखते हुए मुझे आपकी कंपनी में मार्केटिंग एक्जीक्यूटिव के पद पर नियुक्ति प्रदान करें। मैं आपको विश्वास दिलाता हूँ कि मैं कंपनी के विकास में अपना सक्रिय योगदान प्रदान करूँगा तथा कंपनी की उन्नति व विकास के लिए निरंतर प्रयासरत रहूँगा।

मैं अपना स्ववृत्त इस आवेदन-पत्र के साथ संलग्न कर रहा हूँ। मैं आपके द्वारा विज्ञापन में वर्णित सभी योग्यताओं व अर्हताओं को पूरा करता हूँ। मेरे स्ववृत्त का अवलोकन करने पर आप मुझे उक्त पद के लिए पूर्णतः उपयुक्त उम्मीदवार पाएँगे।

सधन्यवाद।

भवदीय
गोविंद सिंह

सलंग्न प्रमाण-पत्र

1. दसवीं कक्षा की अंक तालिका
2. बारहवीं कक्षा की अंक तालिका
3. स्नातक की अंक तालिका
4. एम.बी.ए. की डिग्री

स्ववृत्त

नाम	:	गोविंद सिंह
पिता का नाम	:	श्री महेंद्र सिंह
माता का नाम	:	श्रीमती किरण सिंह
जन्म तिथि	:	22 अप्रैल, 1995
वर्तमान पता	:	मकान नंबर 1002, सेक्टर-14 गुरुग्राम (हरियाणा)
स्थायी पता	:	उपर्युक्त
दूरभाष नंबर	:	011247834
मोबाइल नंबर	:	9236XXXXXX
ई-मेल	:	27govind@gmail.com

शैक्षणिक योग्यताएँ

परीक्षा/ डिग्री	वर्ष	विद्यालय/बोर्ड/ महाविद्यालय	विषय	श्रेणी	प्रतिशत
दसवीं	2010	ब्लू बेल्स पब्लिक स्कूल, गुरुग्राम सी.बी.एस.ई.	अंग्रेजी, हिंदी, गणित, संस्कृत, सामाजिक ज्ञान, विज्ञान	प्रथम	83%
बारहवीं	2012	उपर्युक्त	अंग्रेजी, हिंदी, अर्थशास्त्र, एकाउंटेंसी, बिजनेस, एडमिनिस्ट्रेशन	प्रथम	92%
बी.कॉम. (ऑनर्स)	2015	एम.डी.एस. विश्वविद्यालय, रोहतक	बिजनेस एडमिनिस्ट्रेशन	प्रथम	87%
एम.बी.ए.	2017	एम.डी.एस. विश्वविद्यालय, रोहतक	मार्केटिंग (वैकल्पिक विषय)	प्रथम	84%

अन्य संबंधित योग्यताएँ

- अंग्रेजी भाषा का अच्छा ज्ञान
- कंप्यूटर का ज्ञान (इंटरनेट व एम.एस. ऑफिस)

उपलब्धियाँ

- आशुभाषण प्रतियोगिता (राज्य-स्तरीय) द्वितीय पुरस्कार वर्ष 2011।
- अखिल भारतीय वाद-विवाद प्रतियोगिता (2013) में प्रथम पुरस्कार
- विद्यालय में हैड ब्वॉय

कार्येत्तर गतिविधियाँ तथा अभिरुचियाँ

- समाचार-पत्र व व्यापारिक पत्रिकाओं का नियमित पठन
- देश भ्रमण का शौक
- इंटरनेट सर्फिंग

संदर्भित व्यक्तियों का विवरण

- डॉ. रमेश चंद्र शर्मा, प्रोफेसर, एम.डी.एस. विश्वविद्यालय, रोहतक
- श्रीमती रश्मि मिश्रा, प्रिंसिपल, ब्लू बेल्स स्कूल, गुरुग्राम।

उद्घोषणा

मैं पुष्टि करता हूँ कि मेरे द्वारा उपर्युक्त दी गई जानकारी पूर्ण रूप से सत्य है।

दिनांक 17.09.20XX

स्थान गुरुग्राम

हस्ताक्षर महेंद्र सिंह

8. **आप विधू/निखिल हैं। अ.ब.स डेरी फार्म में सुपरवाइजर की आवश्यकता है। आपने इसी वर्ष 12 वीं की परीक्षा विज्ञान विषयों के साथ प्रथम श्रेणी में उत्तीर्ण की है। अपनी शैक्षणिक योग्यता और रुचि का वर्णन करते हुए इस पद के लिए लगभग 80 शब्दों में अपना स्ववृत्त, तैयार कीजिए।** **CBSE 2023**

उत्तर सेवा में,

श्रीमान डेयरी प्रबंधक,
डेयरी फार्म विभाग,
सेक्टर-2, उत्तर प्रदेश।

विषय डेरी फार्म में सुपरवाइज़र के पद के लिए आवेदन।

महोदय,

आज दिनांक 23 मार्च, 20XX को अ.ब.स. डेरी फार्म में सुपरवाइज़र की आवश्यकता है। मैंने इसी वर्ष 12 वीं कक्षा की परीक्षा भी विज्ञान विषय से प्रथम श्रेणी में उत्तीर्ण की है। मैं इस पद के लिए अपना आवेदन-पत्र प्रस्तुत कर रहा हूँ। मैं अपना स्ववृत्त इस आवेदन-पत्र के साथ संलग्न कर रहा हूँ। मैं अ.ब.स डेरी फार्म में दी गई सुपरवाइज़र के पद हेतु योग्यताओं को भी पूरा करता हूँ। मैंने 12 वीं कक्षा विज्ञान विषय के साथ प्रथम श्रेणी में उत्तीर्ण की है। मैं इस पद के लिए अपना आवेदन-पत्र प्रस्तुत कर रहा हूँ।

मैं अपना स्ववृत्त इस आवेदन-पत्र के साथ संलग्न कर रहा हूँ। मैं अ.ब.स डेरी फार्म में सभी योग्यताओं को पूरा करता हूँ। मुझे शुरू से ही विज्ञान विषय में रुचि रही है। मैंने शुरू से ही डेयरी फार्मिंग के व्यवसाय में भी रुचि रखी है, क्योंकि हमारा पारिवारिक कार्य डेयरी फार्मिंग का ही रहा है।

आपसे विनम्र अनुरोध है उपर्युक्त पद के लिए मेरी योग्यताओं पर अवश्य ध्यान देंगे व मुझे साक्षात्कार हेतु बुलावा-पत्र भेजेंगे।

सधन्यवाद।

भवदीय
निखिल

संलग्न प्रमाण-पत्र

1. दसवीं की अंक तालिका
2. बारहवीं की अंक तालिका
3. जाति-प्रमाण पत्र

स्ववृत्त

नाम	:	निखिल
पिता का नाम	:	राजन कुमार
माता का नाम	:	अंजली
जन्म तिथि	:	4 अगस्त, 1999
वर्तमान पता	:	सेक्टर –16, राजेन्द्र नगर, साहिबाबाद
स्थायी पता	:	उपर्युक्त
दूरभाष नंबर	:	01187643291
मोबाइल नंबर	:	9137000000
ई-मेल	:	Nikhilkumar@gmail.com

शैक्षणिक योग्यताएँ

परीक्षा/डिग्री	वर्ष	बोर्ड	विषय	श्रेणी	प्रतिशत
10वीं	2017	सी.बी.एस.ई.	अंग्रेजी, हिंदी, गणित, विज्ञान, सामाजिक विज्ञान, संस्कृत	प्रथम	79%
12वीं	2019	सी.बी.एस.ई.	भौतिक विज्ञान, जीव विज्ञान, रसायन विज्ञान, अंग्रेजी, हिंदी	प्रथम	85%

उद्घोषणा

मैं पुष्टि करता हूँ कि मेरे द्वारा उपर्युक्त दी गई जानकारी पूर्ण रूप से सत्य है।

दिनांक : 23 मार्च, 2023
स्थान : उत्तर प्रदेश
हस्ताक्षर : निखिल

9. **आपका नाम आशीष शर्मा है। आपने अर्थशास्त्र विषय में अधिस्नातक (पोस्ट ग्रेजुएट), की डिग्री प्राप्त की है तथा राजस्थान सरकार में सांख्यिकी अधिकारी के पद के लिए आवेदन भेजना चाहते हैं। स्ववृत्त को संलग्न करते हुए इसके लिए एक आवेदन-पत्र लिखिए।**

उत्तर सेवा में, **दक्षता आधारित प्रश्न**

सांख्यिकी निदेशक महोदय,
सांख्यिकी विभाग,
राजस्थान पब्लिक सर्विस कमीशन सचिवालय, सिविल लाइंस।
जयपुर 302001।

विषय सांख्यिकी अधिकारी पद के लिए आवेदन।

महोदय,

आज दिनांक 6 अक्टूबर, 20XX को जयपुर में दैनिक अखबार राजस्थान पत्रिका में प्रकाशित विज्ञापन द्वारा ज्ञात हुआ है कि राजस्थान सरकार के सांख्यिकी विभाग में सांख्यिकी अधिकारी का पद रिक्त है तथा विभाग द्वारा इस पद की भर्ती के लिए सुनिश्चित आर्हता पर आवेदन-पत्र माँगे गए हैं।

मुझे सामान्य ज्ञान से जुड़ी पत्र-पत्रिकाओं को पढ़ने का शौक है। सरकारी विभागों से संबंधित समाचार-पत्र मैं नियमित रूप से पढ़ता हूँ। आपसे अनुरोध है कि उपर्युक्त तथ्यों व पद के अनुकूल मेरी योग्यताओं को ध्यान में रखते हुए मेरे आवेदन पर सकारात्मक रूप से विचार करें तथा साक्षात्कार हेतु बुलाने के पश्चात् मुझे सांख्यिकी अधिकारी के पद पर नियुक्त करें।

मैं अपना स्ववृत्त इस आवेदन-पत्र के साथ संलग्न कर रहा हूँ। मेरे स्ववृत्त का अवलोकन करने पर आप मुझे इस पद के लिए पूरी तरह से उपयुक्त उम्मीदवार पाएँगे। मैं विज्ञापन में दी गई सभी योग्यताओं व अर्हताओं को पूरा करता हूँ।

सधन्यवाद।

भवदीय
आशीष शर्मा

स्ववृत्त

नाम	:	आशीष शर्मा
पिता का नाम	:	श्री रघु शर्मा
माता का नाम	:	श्रीमती प्रीति शर्मा
जन्म तिथि	:	16 मार्च, 1997
वर्तमान पता	:	डी-31, सोडाला (पिलर 21 मेट्रो स्टेशन के पास) जयपुर।
स्थायी पता	:	उपर्युक्त
दूरभाष नंबर	:	011 5468XX
मोबाइल नंबर	:	78XXXXXXXX
ई-मेल	:	23ashish@gmail.com

शैक्षणिक योग्यताएँ

परीक्षा/ डिग्री	वर्ष	विद्यालय/बोर्ड/ महाविद्यालय	विषय	श्रेणी	प्रतिशत
दसवीं	2013	विश्वविद्यालय राजकीय विद्यालय, सी.बी.एस.ई.	अंग्रेजी, हिंदी, विज्ञान, गणित, सामाजिक विज्ञान,	प्रथम	92%
बारहवीं	2015	विश्वविद्यालय राजकीय विद्यालय, सी.बी.एस.ई.	अर्थशास्त्र, कंप्यूटर, इतिहास, गणित, अंग्रेजी, अर्थशास्त्र,	प्रथम	89%
बी.ए.	2018	राजस्थान कॉलेज, जयपुर	कंप्यूटर, इतिहास, अर्थशास्त्र	प्रथम	87%
एम.ए.	2020	राजस्थान कॉलेज, जयपुर	अर्थशास्त्र	प्रथम	88%

अन्य संबंधित योग्यताएँ

- कंप्यूटर का विशेष ज्ञान और अभ्यास (एम.एस. ऑफिस, एक्सेल, इंटरनेट)
- अंग्रेजी भाषा का ज्ञान

उपलब्धियाँ

- सामान्य ज्ञान प्रतियोगिता (राज्य-स्तरीय वर्ष 2014) में प्रथम पुरस्कार।
- सामान्य ज्ञान प्रतियोगिता (राष्ट्रीय स्तर वर्ष 2017) प्रथम पुरस्कार।

कार्येत्तर गतिविधियाँ और अभिरुचियाँ

- सांख्यिकी विभाग (राज्य सरकार) में तीन माह की जनगणना के आँकड़ों को एकत्र करने तथा उनका विश्लेषण करने से संबंधित प्रोजेक्ट किया।
- सामान्य ज्ञान से संबंधित पत्रिकाओं का नियमित पाठन किया।
- सामान्य पत्र का नियमित पाठन किया।

संदर्भित व्यक्तियों का विवरण

- श्री मोहन लाल शर्मा, प्रिंसिपल, राजकीय विद्यालय, सोड़ाला
- श्री विकल्प गुप्ता, प्रोफेसर, राजस्थान कॉलेज, जयपुर।

उद्घोषणा

मैं पुष्टि करता हूँ कि मेरे द्वारा उपर्युक्त दी गई जानकारी पूर्ण रूप से सत्य है।

दिनांक : 6.10.20XX
स्थान : जयपुर
हस्ताक्षर : आशीष शर्मा

10. **कल्पना कीजिए आप कि रश्मि मिश्रा हैं। आपने रसायनशास्त्र विषय में स्नातकोत्तर (Post Graduation) किया हुआ है तथा पी.एच.डी. कर रही हैं। नवभारत टाइम्स में जयपुर के विद्याश्रय विद्यालय ने केमेस्ट्री पीजीटी के रिक्त पद के लिए स्ववृत्त को संलग्न करते हुए विज्ञापन प्रकाशित किया है। इसके लिए एक स्ववृत्त संलग्न करते हुए आवेदन-पत्र लिखिए।**

उत्तर सेवा में,

श्रीमान सचिव महोदय,
विद्याश्रय विद्यालय,
मालवीय नगर।
जयपुर 302015

विषय केमेस्ट्री विषय में पीजीटी पद के लिए आवेदन।

महोदय,

कल दिनांक 5 अक्टूबर, 20XX को नवभारत टाइम्स में विज्ञापन प्रकाशित हुआ था। जिससे ज्ञात हुआ कि आपके विद्यालय विद्याश्रय की मालवीय नगर शाखा में केमेस्ट्री विषय में पीजीटी पद के लिए शिक्षक की आवश्यकता है। मैं अपना स्ववृत्त इस आवेदन-पत्र के साथ संलग्न कर रही हूँ। मैं विज्ञापन में दी गई योग्यताओं को पूरा करती हूँ।

मुझे विज्ञान से संबंधित पत्र-पत्रिकाओं को पढ़ने का शौक है। मेरे पी.एच.डी का विषय 'पोटेशियम तत्त्व का मानव शरीर पर प्रभाव' है। समय-समय पर मैं अपने समाज के समारोह में विद्यार्थियों के लिए विज्ञान प्रतियोगिता का आयोजन करती हूँ।

अत: आपसे अनुरोध है कि उपर्युक्त पद के लिए मेरी योग्यताओं को ध्यान में रखते हुए मुझे आपके विद्यालय में 'पीजीटी-केमेस्ट्री' के पद पर नियुक्ति प्रदान करें। मैं आपको विश्वास दिलाती हूँ कि मेरे सानिध्य में रहकर विद्यार्थी विज्ञान के क्षेत्र में अपना चहुँमुखी विकास कर पाएँगे।

सधन्यवाद।

भवदीया
रश्मि मिश्रा

संलग्न प्रमाण-पत्र

1. दसवीं की मार्कशीट/अंक तालिका
2. बारहवीं की मार्कशीट
3. स्नातक (Graduation) मार्कशीट
4. बी.एड. मार्कशीट/अंक तालिका
5. परास्नातक-पोस्ट ग्रेजुएशन मार्कशीट/अंक तालिका

स्ववृत्त

नाम	:	रश्मि मिश्रा
पिता का नाम	:	श्री निशांत मिश्रा
माता का नाम	:	श्रीमती शशि मिश्रा
जन्म तिथि	:	2 अक्टूबर, 1995
वर्तमान पता	:	ए-24, गूजर की घड़ी जयपुर (राजस्थान)
स्थायी पता	:	उपर्युक्त
दूरभाष नंबर	:	01419283XX
मोबाइल नंबर	:	9823XXXXXX
ई-मेल	:	25rashmi@gmail.com

शैक्षणिक योग्यताएँ

परीक्षा/डिग्री	वर्ष	विद्यालय/बोर्ड/ महाविद्यालय	विषय	श्रेणी	प्रतिशत
दसवीं	2011	महेश्वरी पब्लिक स्कूल, जयपुर सी.बी.एस.ई.	अंग्रेजी, हिंदी, विज्ञान, गणित,सामाजिक विज्ञान, संस्कृत	प्रथम	92%
बारहवीं	2013	उपर्युक्त	अंग्रेजी, हिंदी, भौतिक विज्ञान, रासायनिक विज्ञान, जीव-विज्ञान	प्रथम	94%
बी.एस.ई.	2016	महारानी कॉलेज, जयपुर राजस्थान विश्वविद्यालय	रसायन विज्ञान, भौतिक विज्ञान, जीव-विज्ञान	प्रथम	85%
एम.एस.ई.	2018	राजस्थान विश्वविद्यालय, जयपुर	रसायन विज्ञान	प्रथम	84%
बी.एड.	2020	पारीक कॉलेज, जयपुर	रसायन विज्ञान, जीव-विज्ञान	प्रथम	83%
पी.एच.डी.	2024 लगातार	राजस्थान विश्वविद्यालय	रसायन विज्ञान	....	....

अन्य संबंधित योग्यताएँ

- स्मार्ट बोर्ड कक्षाओं का ज्ञान, कंप्यूटर का ज्ञान,
- विज्ञान प्रदर्शनी का आयोजन करने में निपुणता

उपलब्धियाँ

- विज्ञान क्विज (जिला स्तर) प्रतियोगिता में द्वितीय पुरस्कार वर्ष 2012
- विज्ञान क्विज (विश्वविद्यालय स्तर) प्रतियोगिता में प्रथम पुरस्कार वर्ष 2015

कार्येत्तर गतिविधियाँ तथा अभिरुचियाँ

- सेंट्रल स्कूल, मालवीय नगर, जयपुर में अवकाश रिक्ति पर पीजीटी केमेस्ट्री पद पर छः माह का शिक्षण अनुभव
- विज्ञान प्रदर्शनी का आयोजन
- विज्ञान से संबंधित पत्रिकाओं का नियमित पठन

संदर्भित व्यक्तियों का विवरण

- श्री राकेश मोहन डंगायच, प्रोफेसर, राजस्थान विश्वविद्यालय जयपुर
- श्रीमती रीमा मजूमदार, प्रिंसिपल, सेंट्रल स्कूल, मालवीय नगर, जयपुर

उद्घोषणा

मैं पुष्टि करता हूँ कि मेरे द्वारा उपर्युक्त दी गई जानकारी पूर्ण रूप से सत्य है।

दिनांक 6.10.20XX

स्थान जयपुर

हस्ताक्षर रश्मि मिश्रा

स्व-मूल्यांकन

1. किसी प्रसिद्ध अखबार में संपादक के पद हेतु आवश्यक आवेदन-पत्र सहित स्ववृत्त का निर्माण कीजिए।
2. प्रसिद्ध मोटर साइकिल कंपनी में लेखकार के पद हेतु स्ववृत्त के साथ आवेदन-पत्र का सृजन कीजिए।
3. सहायक अध्यापक के पद हेतु अपनी योग्यता/पात्रता का वर्णन करते हुए एक आवेदन-पत्र व स्ववृत्त लिखिए जिसमें आपके 3-5 साल का अध्यापन कार्य का भी वर्णन हो।
4. अरिहंत प्रकाशन मंदिर में लेखा प्रबंधक के रिक्त पद हेतु अपनी पात्रता का दावा करते हुए एक आवदेन-पत्र व स्ववृत्त का निर्माण कीजिए जिसमें आपके अनुभव व पात्रता की पूर्ण व संक्षिप्त जानकारी हों।
5. जिला शिक्षा अधिकारी के कार्यालय में अस्थाई लिपिक पद पर नियुक्ति के लिए स्ववृत्त के साथ आवेदन-पत्र लिखिए।
6. इंडिया केमिकल लिमिटेड मुंबई में मार्केटिंग एग्जीक्यूटिव पद की नियुक्ति के लिए स्ववृत्त के साथ आवदेन-पत्र लिखिए।

ई–मेल (ई–पत्र) लेखन

अध्याय 4

ई–मेल (ई–पत्र) लेखन का अर्थ

ई-मेल दो शब्दों के मेल से बना है 'ई + मेल', 'ई' से अभिप्राय है—इलेक्ट्रॉनिक जबकि 'मेल' का हिंदी पर्याय है—डाक। इस प्रकार कहा जा सकता है कि विद्युत के वेग समान भेजी जाने वाली डाक, **इलेक्ट्रॉनिक मेल** अथवा **ई-मेल** कहलाती है।

ऑनलाइन-पत्र भेजने के लिए प्रेषक व प्रेषिती दोनों के पास अपनी वैध 'ई-मेल' आइडी होनी अनिवार्य है। ई-मेल के माध्यम से न केवल संदेशों का बल्कि डिजिटल दस्तावेज़ों, वीडियो आदि को अटैच (संलग्न) करके किसी दूसरे ई-मेल पते पर भेजा एवं प्राप्त किया जाता है। वर्तमान समय में सैकड़ों वेबसाइट हैं जो ई-मेल आइडी बनाने की सुविधा उपलब्ध कराती हैं; जैसे—जी-मेल, याहू, रेडिफ मेल, हॉट मेल आदि।

ई–मेल पते के घटक

ई-मेल पते के तीन घटक होते हैं—यूजर नेम (उपयोगकर्ता का नाम), प्रतीक (@) एवं डोमेन नेम (जी-मेल, याहू, हॉट मेल आदि)। उदाहरण के तौर पर snehagupta@gmail.com में snehagupta यूजर नेम है, @ अपने आप में प्रतीक है, जबकि gmail.com डोमेन नेम है।

ई–मेल के मुख्य भाग

ई-मेल को क्रम के अनुसार प्रस्तुत किया जाता है अथवा लिखा जाता है, वे ई-मेल के भाग कहलाते हैं। सामान्यत: ई-मेल के भाग निम्नलिखित होते हैं

1. **आरंभ** ई-मेल के प्रारंभ में संदेश भेजने वाले का ई-मेल पता 'From' के अंतर्गत लिखा जाता है; जैसे
   From : Riyagupta@gmail.com उसके बाद प्राप्तकर्ता अथवा प्रेषिती का ई-मेल पता लिखा जाता है। 'To' के अंतर्गत जिस व्यक्ति को ई-मेल भेजा जा रहा है उसका ई-मेल पता लिखा जाता है;
   जैसे—To : nehasharma@gmail.com
   कभी-कभी ई-मेल भेजते समय दो या दो से अधिक व्यक्तियों को ई-मेल भेजना होता है ऐसे में तीन स्थितियाँ उत्पन्न होती हैं जो निम्न हैं
   (i) To, इसके अंतर्गत उन व्यक्तियों की ई-मेल आईडी को Type किया जाता है जिनको Direct Mail किया जाता है अर्थात् उनको Mail में किया गया सभी Text और Attachement पूर्ण रूप से प्राप्त होता है।
   (ii) CC का अर्थ है—कार्बन कॉपी (Carbon Copy)। इसके अंतर्गत यदि एक व्यक्ति को ई-मेल भेजना है और यदि आप चाहते हैं कि अन्य दो लोगों को यह पता रहे कि क्या भेजा है तब अन्य दो लोगों का ई-मेल पता CC में डाल सकते हैं, जिससे सबका ई-मेल भी एक-दूसरे को दिख जाएगा।
   (iii) BCC का अर्थ है—ब्लाइंड कार्बन कॉपी (Blind Carbon Copy)। BCC करने से ई-मेल जिस-जिस व्यक्ति को किया गया है वह किसी को भी ज्ञात नहीं होता है अर्थात् गुप्त रहता है।
2. **विषय** ई-मेल के दूसरे भाग विषय अथवा सब्जेक्ट के अंतर्गत जिस संदेश को लिखा जा रहा है उसे संक्षेप में इसके अंतर्गत बताया जाता है; जैसे—होली की शुभकामनाएँ।
3. **संदेश** इसके अंतर्गत मूल विषय का विस्तारपूर्वक वर्णन किया जाता है। मूल विषय ध्यानपूर्वक इसके अंतर्गत लिखा जाता है तथा अनुच्छेदों (पैराग्राफ) के मध्य थोड़ी जगह भी छोड़ी जाती है।
4. **अटैचमेंट** संदेश प्रेषित करते समय यदि किसी दस्तावेज को संदेश अथवा पत्र आदि के साथ संलगित करना होता है तो अटैचमेंट के द्वारा उसे संदेश अथवा पत्र के साथ भेजा जाता है। ध्यान रहे अटैचमेंट का प्रयोग तभी किया जा सकता है जब वह दस्तावेज कम्प्यूटर में सुरक्षित (सेव) हो।
5. **अंत** ई-मेल में अंत में जब संदेश लिखा जा चुका हो तथा आवश्यकता पड़ने पर अटैचमेंट लगाई जा चुकी हो तत्पश्चात् संबंधित व्यक्ति को संदेश प्रेषित करने के लिए सेंड (Send) के विकल्प का प्रयोग किया जाता है। सेंड के एक क्लिक करने से प्रस्तुत ई-मेल संबंधित व्यक्ति/व्यक्तियों तक पहुँच जाएगी जिसका ई-मेल लिखा गया है।

ई–मेल के प्रकार

ई–मेल का प्रयोग वैयक्तिक अथवा निजी प्रयोग हेतु किया जाता है तथा व्यापार एवं कार्यालय के प्रयोग हेतु अपनी शिकायत, समस्या, उत्पाद खरीदन आदि के लिए भी किया जाता है।

ई–मेल के दो प्रकार होते हैं

1. औपचारिक ई–मेल (Formal E-mail)
2. अनौपचारिक ई–मेल (Informal E-mail)

1. औपचारिक ई–मेल

औपचारिक ई–मेल उन लोगों को भेजे जाते हैं जिनसे हमारा कोई निजी या पारिवारिक संबंध नहीं होता। किसी संस्था, अधिकारी, व्यापारियों आदि से संपर्क स्थापित करने के लिए भेजे जाने वाले ऑनलाइन संदेश एवं पत्रों को औपचारिक ई–मेल कहा जाता है।

औपचारिक ई–मेल करते समय ध्यान रखने योग्य बातें

- ई-मेल भेजने के प्रारंभ में जिसे संदेश प्रेषित (send) करना होता है, उसका सही व वैध ई-मेल पता लिखा जाना चाहिए।
- औपचारिक ई-मेल भेजते समय ई-मेल प्राप्तकर्ता के लिए श्रीमान, मान्यवर, महोदय आदि आदर सूचक शब्दों का प्रयोग किया जाता है।
- औपचारिक ई-मेल करते समय विषय-वस्तु को कम शब्दों में लिखने का प्रयास करना चाहिए।
- अनुच्छेद (Paragraph) के बीच में उचित स्थान दिया जाना चाहिए।
- ई-पत्र लिखते समय आवश्यकता पड़ने पर महत्त्वपूर्ण बातों के लिए बुलेट्स आदि का प्रयोग किया जा सकता है।
- ई-मेल द्वारा भेजे गए औपचारिक पत्र में आदर सहित आदि लिखकर पत्र का अंत या समापन करना चाहिए। ई-मेल भेजने से पूर्व अंत में ध्यानपूर्वक पुनः ई-मेल को पढ़ लेना चाहिए।

ई–मेल का प्रारूप (औपचारिक)

प्रश्न नौकरी के लिए आवेदन संबंधी ई-पत्र लिखिए।

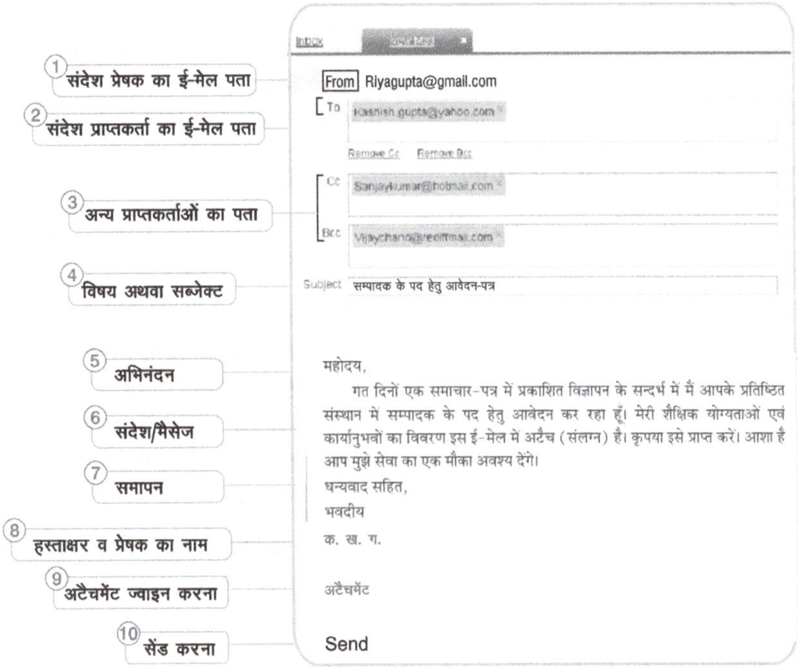

अभ्यास प्रश्न

(दक्षता आधारित प्रश्नों सहित)

1. बैंक ऑफ बड़ौदा की स्थानीय शाखा में लॉकर की सुविधा प्राप्त करने हेतु शाखा प्रबंधक को एक ई-मेल 80 शब्दों में लिखिए। **CBSE SQP (Additional Set) 2023**

उत्तर From : pqr@gmail.com

To : xyz@bob.com

CC : abc@bob.com

BCC : —

विषय लॉकर की सुविधा प्राप्त करने हेतु।

मान्यवर,

आपके बैंक में मेरा बचत खाता नं.- 29427XXXXX है। अब मैं आपके बैंक में लॉकर की सुविधा भी प्राप्त करना चाहता हूँ। कृप्या करके लॉकर खुलवाने हेतु आवश्यक दस्तावेज की जानकारी मुझे शीघ्र ही उपलब्ध करवाएँ, जिससे मैं जल्द-ही आपकी शाखा में अपना लॉकर खुलवा सकूँ।

धन्यवाद।

भवदीय

क. ख. ग.

2. विद्यालय में आप पहली बार 'अंतरराज्यीय हिंदी दिवस प्रतियोगिता का आयोजन करना चाहते हैं। इस संबंध में लगभग 80 शब्दों में प्रधानाचार्या को ई-मेल लिखिए। **CBSE SQP (Additional Set) 2023**

उत्तर From : Nitika14@gmail.com

To : Kvsrohini@gmail.com

CC : abckvs@gmail.com

BCC : —

विषय विद्यालय में 'अंतरराज्यीय हिंदी दिवस प्रतियोगिता' के आयोजन हेतु।

मान्यवर,

जैसा कि हम सभी को भली-भाँति ज्ञात है कि भारत में प्रतिवर्ष 14 सितंबर को राष्ट्रीय हिंदी दिवस मनाया जाता है। महोदय मेरा आपसे यह सुझाव है कि इस दिन हम अपने विद्यालय में भी अंतरराज्यीय हिंदी दिवस प्रतियोगिता का आयोजन कर सकते हैं, जिससे छात्रों का हिंदी और कला क्षेत्र के प्रति रुझान बढ़ेगा।

मेरा आपसे अनुरोध है कि आप मेरे सुझाव पर संज्ञान लेते हुए विद्यालय परिसर में अंतरराज्यीय हिंदी दिवस प्रतियोगिता आयोजित करने की अनुमति अवश्य दें।

धन्यवाद।

आपका आज्ञाकारी शिष्य

क. ख. ग.

3. आपका नाम सुनीता/सुरेश है। आप राजेन्द्र नगर के निवासी हैं। पिछले कुछ दिनों से आपके क्षेत्र में विद्युत आपूर्ति अव्यवस्थित है। अपने क्षेत्र में अनियमित विद्युत आपूर्ति की ओर ध्यान आकर्षित करते हुए राज्य विद्युत आपूर्ति निगम के महानिदेशक के नाम एक शिकायती ई-मेल लिखिए। **CBSE SQP 2023**

उत्तर From : suresh@gmail.com

To : abcndpl@gmail.com

CC : pqr@gmail.com

BCC : xyz@yahoo.com, vivek@gmail.com

विषय अनियमित विद्युत आपूर्ति की शिकायत हेतु।

मान्यवर,

हमारे क्षेत्र राजेन्द्र नगर में अव्यवस्थित विद्युत आपूर्ति की समस्या बहुत बड़ी बन चुकी है। जिसके कारण हमारे दैनिक कार्य प्रभावित हो रहे हैं। बिजली आने का कोई निश्चित समय भी नहीं है। यह अनियमित वोल्टेज हमारे क्षेत्र में उपयोग किए जा रहे इलेक्ट्रॉनिक उपकरणों को नुकसान पहुँचा रहे हैं। यह समस्या बहुत लंबे समय से हो रही है। कई बार शिकायत करने पर भी इस समस्या पर अभी तक कोई कार्यवाही नहीं की गई है।

आपसे निवेदन है कि आप उचित कदम उठाकर इस समस्या को जल्द-से-जल्द ठीक करने के लिए आवश्यक कदम उठाएँ।

धन्यवाद।

भवदीय

सुरेश

(राजेंद्र नगर निवासी)

4. आप निभा/निर्भय हैं। आपने ऑनलाइन खरीददारी करके कुछ कपड़े खरीदे थे। उनकी गुणवत्ता आपकी आवश्यकताओं के अनुकूल न होने के कारण आपने उन्हें वापस कर दिया था। परंतु 10 दिन बीत जाने के बाद भी आपकी रकम वापस नहीं आई। संबंधित कंपनी के ग्राहक सेवा कक्ष (कस्टमर सर्विस सेल) को ई-मेल द्वारा अपनी समस्या से अवगत कराइए **CBSE 2024**

उत्तर From : nirbhay@gmail.com

To : Flipcart@gmail.com

cc : ccs@gmail.com, abc@gmail.com

Bcc :

विषय ऑनलाइन खरीददारी में कपड़े वापस करने के 10 दिन बाद भी रकम वापस न मिलने हेतु पत्र।

मान्यवर,

मैं निर्भय, आपके ऑनलाइन स्टोर से ऑर्डर किए गए कपड़ों के पैसे वापस करने के लिए आपको यह ई-मेल लिख रहा हूँ। मैंने अपने जन्मदिन पर ` 8,000 के कपड़े ऑर्डर किए थे, लेकिन जब मैंने उन्हें प्राप्त किया, तो कपड़ों की गुणवत्ता मेरी आवश्यकतानुसार कम थी। मैं

कपड़ों की सामग्री अथवा गुणवत्ता से संतुष्ट नहीं था, इसलिए मैंने उन्हें वापस कर दिया था।

मैंने इस ई-मेल के साथ आदेश रसीद की प्रति संलगित की है। आप मेरी धनराशि या तो मेरे खाता संख्या - 1428XXXXX में डाल दें अथवा मेरे पते पर एक हस्ताक्षरित चेक भेज दें। मुझे आशा है कि अगली बार आपके स्टोर से मुझे उच्च गुणवत्ता वाले कपड़े व अन्य उत्पाद मिलेंगे। आप शीघ्र ही मेरी इस समस्या पर कार्यवाही करें।

धन्यवाद।

भवदीय

निर्भय

अटेचमेंट - आदेश रसीद की प्रति

5. **ए. टी. एम. कार्ड न मिलने की शिकायत संबंधी ई-मेल लिखिए।** **दक्षता आधारित प्रश्न**

उत्तर From : abc@gmail.com

To : debitcard@bobcard.com

CC : xyz@gmail.com

BCC : rep@gmail.com

विषय ए.टी.एम कार्ड न मिलने की शिकायत हेतु।

मान्यवर,

मेरा खाता नं. 2445XXXXX है। मैंने एक महीने पहले ए.टी.एम. कार्ड के लिए आवेदन किया था, किंतु यह मुझे अभी तक नहीं मिला है। कृपया बताएँ इस देरी की क्या वजह है?

मेरा आपसे विनम्र निवेदन है कि आप मेरा ए.टी.एम. कार्ड शीघ्र से शीघ्र मेरे पते पर भेजने का कष्ट करें।

धन्यवाद।

भवदीय,

क. ख. ग.

6. **अपनी कंपनी के निदेशक को ई-मेल लिखिए, जिसमें ज़रूरी काम निकल आने पर अवकाश लेने हेतु प्रार्थना की गई हो।** **दक्षता आधारित प्रश्न**

उत्तर From : abc@gmail.com

To : shriram@gmail.com

CC : pqr@gmail.com

BCC : —

विषय आवश्यक कार्य हेतु अवकाश लेने के संबंध में।

मान्यवर,

सादर निवेदन इस प्रकार है कि आज शाम को कुछ मेहमान हमारे घर आ रहे हैं। मेहमानों ने मेरे साथ कल दिल्ली घूमने की इच्छा जताई है। चूँकि वे लोग पहली बार घर आ रहे हैं, इसलिए मैं उन्हें इनकार नहीं कर सकता। अत: आपसे निवेदन है कि आप मुझे कल अर्थात् 11 अप्रैल, 20XX का अवकाश प्रदान करने की कृपा करें।

धन्यवाद।

भवदीय

क.ख.ग.

7. **आयकर अधिकारी को ई-मेल लिखिए, जिसमें आयकर से माफ़ी एवं पूर्ण मुक्ति के लिए प्रार्थना की गई हो।** **दक्षता आधारित प्रश्न**

उत्तर From : xyz@yahoo.in

To : Income@yahoo.com

CC : abc@gmail.com

BCC : —

विषय आयकर से माफी व पूर्णमुक्ति हेतु।

मान्यवर,

मुझे दिनांक 29 मार्च, 20XX को आपकी ओर से एक पत्र प्राप्त हुआ, जिसमें वर्ष 20XX-XX के लिए ₹ 5,005 आयकर अदा करने को कहा गया है।

उक्त अवधि में मेरी आय आयकर सीमा से निम्न है, लगता है किसी त्रुटिवश मेरी आय पर आयकर का निर्धारण कर दिया गया है।

आपसे प्रार्थना है कि मेरे खातों की जाँच कर मुझे आयकर से पूर्ण मुक्ति हेतु निर्देश जारी करें।

धन्यवाद।

भवदीय,

हस्ताक्षर .....

क. ख. ग.

8. **आप रॉबर्ट पॉल/डोली डिसूजा हैं। आपने अ.ब.स. प्रकाशन से क.ख.ग. नगर में ऑनलाइन कुछ पुस्तकें मँगवाई थीं। प्रकाशन द्वारा उनमें से दो पुस्तकें किसी अन्य लेखक की भेज दी गई हैं और एक पुस्तक के पहले कुछ पेज फटे हुए हैं। इसकी शिकायत करते हुए तथा इन पुस्तकों को शीघ्र लौटाने और नई पुस्तकें भिजवाने के लिए प्रकाशन के वरिष्ठ प्रबंधक को लगभग 80 शब्दों में एक ई-मेल लिखिए।** **CBSE SQP 2023**

उत्तर From : Dolly@gmail.com

To : abc@gmail.com

CC : xyzpublication@gmail.com

BCC : pqrpublication@gmail.com

विषय गलत लेखक की तथा फटी हुई पुस्तकें भेजने की शिकायत हेतु।

मान्यवर,

मैंने आपके प्रकाशन से कुछ पुस्तकें मँगवाई थीं, जिनमें आपने दो पुस्तकें किसी अन्य लेखक की भेज दी हैं और एक पुस्तक के पहले से ही कुछ पेज फटे हुए हैं। कृपया इस तरह की लापरवाही न बरतें। आपके इस कार्य के कारण मेरे सामने बहुत-सी समस्याएँ पैदा हो गई हैं।

अत: आपसे निवेदन है कि इन पुस्तकों को क.ख.ग. नगर में शीघ्र लौटाने की कृपा करें और नई पुस्तकें भिजवाने का कष्ट करें।

धन्यवाद।

डोली डिसूजा

9. शिपिंग कंपनी से सामान के संबंध में पूछताछ करते हुए ई-मेल लिखिए। **दक्षता आधारित प्रश्न**

उत्तर From : abc@gmail.com
To : M.Indiashiping@gmail.com
CC : xyz@yahoo.in
BCC : —

विषय शिपिंग कंपनी से सामान के संबंध में पूछताछ हेतु।

मान्यवर,

हमें तुर्की स्थित अपने ग्राहक को पीतल के गुलदस्ते भेजने हैं। कृपया आप तुर्की के लिए माल को लेकर जाने वाले अपने अगले जहाज़ का नाम और कार्गो प्राप्त करने की अन्तिम तारीख की सूचना भेजें।

गुलदस्ते गत्ते के 16 डिब्बों (कार्टन) में पैक किए जाएँगे, जिनका माप $3 \times 2 \times 1$ फीट 1/2 होगा और प्रत्येक डिब्बे का वज़न लगभग 12.50 किग्रा होगा।

अपने भाड़े का भी उल्लेख करते हुए पत्र का उत्तर शीघ्र दें।

धन्यवाद।

भवदीय,
हस्ताक्षर
क. ख. ग.

10. भारत संचार निगम लिमिटेड को अपने खराब टेलीफोन की मरम्मत के लिए एक ई-मूल लिखिए। **दक्षता आधारित प्रश्न**

उत्तर From : xyz@gmail.com
To : Bharatsanchar@gmail.com
CC : abc@gamil.com
BCC : —

विषय खराब टेलीफोन की मरम्मत हेतु।

मान्यवर,

मेरा टेलीफोन नं. 12125467 पिछले एक सप्ताह से खराब पड़ा है। एक सप्ताह में चार बार इसकी शिकायत दर्ज करवाई गई है, किंतु भारत संचार निगम लि. (बी. एस. एन. एल.) का कोई कर्मचारी अभी तक इसे ठीक करने के लिए नहीं आया है। फोन खराब होने की वजह से मुझे कठिनाइयों का सामना करना पड़ रहा है।

अत: आपसे निवेदन है कि मेरे उक्त नम्बर के टेलीफोन को शीघ्रातिशीघ्र ठीक करने हेतु अपने कर्मचारियों को त्वरित आदेश दें।

धन्यवाद।

भवदीय,
हस्ताक्षर ....
क. ख. ग.

स्व-मूल्यांकन

1. विद्युत विभाग को एक ई-मेल लिखिए, जिसमें आपके विद्युत के बिल में अत्यधिक चार्ज लगाने की शिकायत की गई है।

2. आप एक अध्यापक हैं। अपनी कक्षा के सभी विद्यार्थियों के परिजनों को आगामी 15 जनवरी को आयोजित एक कार्यक्रम में आमंत्रित करने हेतु एक ई-मेल लिखिए।

3. जिलाधिकारी को एक ई-मेल द्वारा अपने क्षेत्र की खाद्य वितरण सामग्री के वितरक के विरुद्ध शिकायत कीजिए।

4. बेसिक शिक्षा अधिकारी (बी.एस.ए) को एक ई-मेल लिखिए, जिसमें आपकी 10th की मार्कशीट में आपके नाम का मिसप्रिंट की शिकायत की गई हो।

5. शिपिंग कंपनी से सामान के संबंध में पूछताछ करते हुए ई-मेल लिखिए।

6. भारत संचार निगम लिमिटेड को अपने खराब टेलीफोन की मरम्मत के लिए एक ई-मेल लिखिए।

7. नई चेक बुक प्राप्त करने के लिए पंजाब नेशनल बैंक के महाप्रबंधक को ई-मेल लिखिए।

8. अपनी कंपनी के निदेशक को ई-मेल लिखिए, जिसमें ज़रूरी काम निकल आने पर अवकाश लेने हेतु प्रार्थना की गई हो।

9. ध्वनि प्रदूषण की समस्या से अवगत कराते हुए ई-मेल लिखिए।

10. ए. टी. एम. कार्ड न मिलने की शिकायत संबंधी ई-मेल लिखिए।

अध्याय 5

विज्ञापन-लेखन

विज्ञापन लेखन का अर्थ

विज्ञापन दो शब्दों— वि + ज्ञापन से मिलकर बना है। 'वि' का अर्थ है— 'विशेष' तथा 'ज्ञापन' का अर्थ है— 'सार्वजनिक सूचना या जानकारी'। विज्ञापन अंग्रेज़ी शब्द 'एडवरटाइज़िंग' का हिंदी पर्याय है। किसी वस्तु या सेवा की बिक्री बढ़ाने तथा उस वस्तु के गुणों का प्रचार-प्रसार करने के लिए इसका प्रयोग किया जाता है।

विज्ञापन का उद्देश्य उपभोक्ता को शिक्षित व जागरूक बनाना, उत्पादक को लाभ पहुँचाना, विक्रय की सहायता करना, उत्पादक व उपभोक्ता में अच्छे संबंध बनाना आदि हैं। विज्ञापन के माध्यम से उपभोक्ताओं, पाठकों, दर्शकों अथवा श्रोताओं को उस मूलभूत वस्तु, ज्ञान एवं उत्पाद की जानकारी दी जाती है तथा उसका उपभोग करने के लिए भी प्रेरित किया जाता है।

विज्ञापन का उद्देश्य

विज्ञापन का कोई एक उद्देश्य नहीं होता है, बल्कि इसके अनेक उद्देश्य होते हैं, जिनमें निम्न तीन सर्वाधिक महत्त्वपूर्ण हैं

1. **तात्कालिक बिक्री** तात्कालिक रूप से अपने उत्पादों की बिक्री करना भी कंपनियों का महत्त्वपूर्ण कार्य होता है।
2. **बिक्री के लिए प्रेरित करना** कंपनियों का कार्य केवल उत्पाद का उत्पादन करना ही नहीं होता, बल्कि उस उत्पाद की बिक्री करना और बिक्री को बढ़ाना भी होता है।
3. **उत्पाद से लोगों को परिचित कराना** अपने उत्पाद से परिचित कराने, उसके प्रति उत्सुकता जागृत करने, खरीदने की इच्छा जगाने आदि संबंधी कार्य भी महत्त्वपूर्ण हैं।

विज्ञापन के प्रकार

विज्ञापन प्रायः तीन प्रकार से दिए जाते हैं

(i) **मौखिक विज्ञापन** व्यक्तिगत प्रचार, रेडियो, आकाशवाणी आदि के माध्यम से किए जाते हैं। इसके अंतर्गत उत्पाद के बारे में जानकारी केवल बोलकर ही दी जाती है।

(ii) **लिखित विज्ञापन** प्रायः पत्र-पत्रिकाओं, समाचार-पत्रों में प्रकाशित होते हैं। लिखित विज्ञापन में उत्पाद के बारे में जानकारी लिखकर दी जाती है। लिखित विज्ञापन को डिज़ाइनों, रंगों, स्लोगनों आदि के प्रयोग से प्रभावी तथा आकर्षक बनाया जाता है।

(iii) **दृश्य-श्रव्य विज्ञापन** के अंतर्गत प्रायः दूरदर्शन में दिखाए जाने वाले विज्ञापन आते हैं। इन विज्ञापनों में उत्पाद के बारे में जानकारी चलचित्रों के द्वारा अत्यंत आकर्षक ढंग से उपभोक्ताओं तक पहुँचाई जाती है। इस माध्यम की पहुँच सबसे अधिक व्यापक है।

नोट आपके निर्धारित पाठ्यक्रम में लिखित विज्ञापनों को ही सम्मिलित किया गया है।

विज्ञापन लेखन हेतु ध्यान देने योग्य बातें

- विज्ञापन को सर्वथा बॉक्स में बनाकर प्रस्तुत करना चाहिए।
- विज्ञापन प्रस्तुति में नीवनता व अन्य उत्पादों से भिन्नता दिखाई देनी चाहिए।
- विज्ञापन लेखन को आवश्यकतानुसार चित्र आदि के माध्यम से प्रस्तुत करना चाहिए।
- विज्ञापन लेखन में संबंधित वस्तु की विशेषताओं के विषय में अवश्य लिखना चाहिए।
- कम शब्दों में अधिक बात प्रस्तुत करना विज्ञापन लेखन की विशेषता है।
- तुकबंदी वाली पंक्तियों अथवा स्लोगन का प्रयोग करना चाहिए, ताकि उपभोक्ता का ध्यान सहज रूप से आकर्षित हो।

विज्ञापन का प्रारूप

प्रश्न आपके बड़े भाई ने बेकरी की एक दुकान खोली है। उसके लिए लगभग 40 शब्दों में एक आकर्षक विज्ञापन तैयार कीजिए।
CBSE Term II 2022

उत्तर

आकर्षण हेतु पंक्ति — बेकरी पदार्थ और केक के लिए सबसे बढ़िया बेकरी

उत्पाद अथवा संस्था की जानकारी — **टेस्टी केक एंड बेकर्स**

विषय से संबंधित आकर्षक जानकारी — हमारे यहाँ स्वादिष्ट फ्रेश फ्रूट केक, चॉकलेट केक तथा सभी प्रकार के केक मिलते हैं।

स्लोगन अथवा तुकबंदी पंक्तियाँ — एक बार हमारी बेकरी
का केक खाओगे तो
हमेशा केक लेने
यही आओगे।

पता व फोन नम्बर — पता-दुकान नं. -5, रोहिणी, दिल्ली, दूरध्वनि क्रमांक - 182060

अभ्यास प्रश्न
(दक्षता आधारित प्रश्नों सहित)

1. आपकी बहन का एक थिएटर-समूह है। वे इस शहर में अपने नए नाटक का मंचन करने जा रही हैं। उसके प्रचार-प्रसार के लिए लगभग 40 शब्दों में एक आकर्षक विज्ञापन तैयार कीजिए।
CBSE Term II 2022

उत्तर

सरिता थियेटर-समूह
'रंगायन'
द्वारा नाटक की प्रस्तुति

प्रवेश निःशुल्क

ठाकुर का कुआँ
- मूल कहानी - प्रेमचंद
- परिकल्पना एवं निर्देशन : सरिता शर्मा

नाटक का समय : सोमवार सुबह 10 बजे का रहेगा।

स्थान - सरिता थियेटर क. ख. ग. घ नगर
मेल - Sarita 2534@gmail.com दूरध्वनि क्रमांक - 11XXXXXX

2. आपकी सोसायटी के पास ठेले लगाने वाले व्यक्ति का 10 वर्षीय बच्चा गुम हो गया है। उसके लिए अखबार में 'खोया-पाया' कॉलम के अन्तर्गत एक विज्ञापन 40 शब्दों में तैयार कीजिए। **CBSE Term II 2022**

उत्तर

गुमशुदा की तलाश

एक बालक, जिसका नाम राहुल है, उम्र 10 वर्ष, रंग गेहुँआ, कद 3 फीट 5 इंच है। ये बालक सुबह अपने घर D-40 जनकपुरी, दिल्ली से लापता है। यह लड़का सफेद रंग की शर्ट और नीले रंग की जीन्स पहने हुए हैं। इसके पिता जी जनकपुरी बाजार में ठेला लगाते हैं। जिस किसी भी सज्जन को उक्त बालक के विषय में कोई जानकारी प्राप्त हो, तो तुरन्त नीचे दिए गए फोन नंबरों पर सूचना दें।

सूचना देने वाले व्यक्ति को ईनाम दिया जाएगा।

राजकुमार
D-40 जनकपुरी, दिल्ली
-9950XXXXXX/2615XXXXXX

3. महिलाओं की सहायता हेतु स्थापित संस्था 'सहयोगिनी' के प्रचार-प्रसार के लिए लगभग 40 शब्दों में एक आकर्षक विज्ञापन तैयार कीजिए। **CBSE Term II 2022**

उत्तर

महिलाओं की सहायता हेतु एक मात्र 'सहयोगिनी' संस्था

- महिला सशक्तीकरण को मजबूत करना।
- ग्रामीण परिवारों को स्थानीय स्तर पर रोजगार उपलब्ध कराना।

महिलाएँ आत्मनिर्भर बनें।

आत्मनिर्भर नारी से ही बनेगा आत्मनिर्भर समाज

आत्मनिर्भर का राग गाओ
खुद में खूब विश्वास जगाओ।

पता - D - 72 रामपुर, सहयोगिनी संस्था 9254XXXXXX

4. सोलर कूकर बनाने वाली कम्पनी 'रविरश्मि' के लिए लगभग 40 शब्दों में एक आकर्षक विज्ञापन तैयार कीजिए। **CBSE Term II 2022**

उत्तर

रविरश्मि कम्पनी द्वारा निर्मित

"सोलर कुकर लाइए गैस का खर्चा बचाइए।"

- एक परिवार का भोजन बनाने के लिए पर्याप्त।
- शुद्ध स्वादिष्ट एवं पौष्टिक भोजन प्रदूषण रहित पर्यावरण।
- खाना स्वतः धीरे-धीरे पकता है, जलता नहीं है।
- अतः विटामिन, मिनरल आदि नष्ट नहीं होते हैं।

आइए जल्दी आइए हर घर में
होगा अब सोलर कुकर

रविरश्मि कम्पनी द्वारा निर्मित सोलर कुकर
Go Green = Go Solar = SAVE Environment

जल्दी कीजिए स्टॉक सीमित है।

स्थान-रविरश्मि कम्पनी, गाँधीनगर ......
Ravirashi@gmail.com Mobile-921530XXXXXX

5. स्वास्थ्य मंत्रालय की ओर से रक्तदान हेतु जागरुकता फैलाने के लिए लगभग 40 शब्दों में एक आकर्षक विज्ञापन तैयार कीजिए। **CBSE 2024**

उत्तर

रक्तदान–महादान

रक्तदान कर अपने जीवन को धन्य और सार्थक बनाइये।

- रक्तदान महादान है आप हमेशा यूँ ही रक्तदान करके जरूरतमंदों को जिन्दगी का उपहार देते रहें।
- आपके रक्त की कुछ बूँदें किसी को जीवन और उनके परिवार को अपार खुशियाँ दे सकती हैं।
- रक्तदान से दूसरों को जिन्दगी व आपको सच्ची खुशी मिलेगी।

स्वास्थय एवं परिवार कल्याण मंत्रालय भारत सरकार

6. आपके विद्यालय के माली ने फूलों की पौध तैयार की है। उनके नि:शुल्क वितरण के लिए लगभग 40 शब्दों में विज्ञापन तैयार कीजिए। **CBSE 2023**

उत्तर

नि:शुल्क फूल पौधे वितरण का विज्ञापन लेखन।

नि:शुल्क फूल पौधे वितरण
चितरंजन दास सीनियर सेकेंडरी स्कूल की पहल
''हर घर हरियाली ही हरियाली''

उपलब्ध पौधे :
गेंदा, चमेली, गुलाब (पीले, गुलाबी, सफेद,लाल)
डेलहिया, सूरजमुखी, मोगरा, गुल बहार आदि।

दिन की शुरुआत रंग-बिरंगे फूलों के साथ

संपर्क करे- 01191324180-931020XXXX

7. नगर में आयोजित होने वाली भारत की सांस्कृतिक एकता प्रदर्शनी को देखने के लिए लोगों को आमंत्रित करते हुए एक विज्ञापन तैयार कीजिए। **दक्षता आधारित प्रश्न**

उत्तर

भारत का दिल दिल्ली में *"अभिनव ग्रुप" प्रस्तुत करता है*

भारत की सांस्कृतिक एकता प्रदर्शनी

दिनांक 10 फरवरी, 20XX से 14 फरवरी, 20XX तक
स्थान समुदाय भवन सिविल लाइन्स, दिल्ली।
समय प्रात: 10:00 बजे से शाम 6:00 बजे तक

मुख्य आकर्षण

- सांस्कृतिक कार्यक्रमों का आयोजन
- कवि सम्मेलन
- नृत्य व गीत प्रतियोगिता का आयोजन
- भारत के विभिन्न राज्यों की संस्कृति को जानने का अवसर
- राज्य विशेष के स्वादिष्ट व्यंजन

अधिक जानकारी के लिए संपर्क करें-

8. प्रदूषण से बचने के लिए जनहित में जारी एक विज्ञापन पर्यावरण विभाग की ओर से 40 शब्दों में लिखिए। **दक्षता आधारित प्रश्न**

उत्तर

9. आपके शहर में एक नया वाटर पार्क खुला है, जिसमें पानी के खेल, रोमांचक झूलों, मनोरंजक खेलों और खान-पान की व्यवस्था है। इसके लिए एक विज्ञापन का आलेख लगभग 40 शब्दों में तैयार कीजिए।। **दक्षता आधारित प्रश्न**

उत्तर

10. आपके चाचाजी ने रेडीमेड कपड़ों की एक दुकान खोली है। वे प्रचार-प्रसार के लिए स्थानीय समाचार-पत्र में उसका विज्ञापन देना चाहते हैं। आप उनके लिए लगभग 40 शब्दों में एक आकर्षक विज्ञापन तैयार कीजिए। **CBSE SQP 2023**

11. आपके नगर में मिठाई की एक नई दुकान खुली है। इसके प्रचार के लिए एक विज्ञापन लगभग 40 शब्दों में तैयार कीजिए।

12. किसी विद्यालय द्वारा दिए जाने वाले विज्ञापन को 40 शब्दों में तैयार कीजिए।

13. बॉल पेनों की एक कंपनी 'सफल' नाम से बाजार में आई है। उसके लिए एक विज्ञापन लगभग 40 शब्दों में तैयार कीजिए।

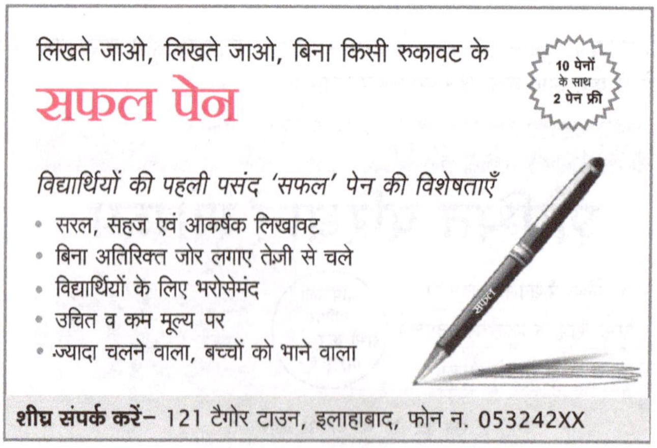

14. आप अपना पुराना स्मार्टफोन बेचना चाहते हैं, उससे संबंधित एक आकर्षक विज्ञापन लिखिए। **CBSE SQP 2023**

स्मार्ट फोन

सैमसंग स्मार्ट फोन

विशेषताएँ

- एंड्रॉयड फोन
- 12.7 सेमी बड़ी स्क्रीन
- 8 मेगा पिक्सेल रियल कैमरा
- डुअल सिम
- 2100 एम ए एच की बैटरी
- 64 जीबी मेमोरी
- सिल्वर रंग
- मल्टी विंडो–नई सुविधाओं के साथ

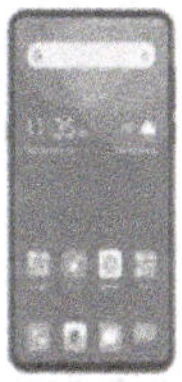

केवल 6 महीने पुराना

सम्पर्क करें – मोबाइल नंबर–94621XXXXX

15. आप 'विहग' नामक स्वयंसेवी संस्था के सदस्य हैं। आपकी संस्था आपके मोहल्ले में एक वृक्षारोपण कार्यक्रम चलाने जा रही है। लोगों को जागरूक करते हुए और कार्यक्रम में आमंत्रित करते हुए 40 शब्दों में एक विज्ञापन लिखिए। **CBSE SQP (Additional Set) 2023**

पेड़ लगाओ पेड़ बचाओ

विहग स्वयंसेवी संस्था

वृक्षारोपण कार्यक्रम -2024

दिनांक 5 जून से 11 जून, 2024

स्थान मॉडल टाउन, डी–पार्क

सभी एक पौधा अवश्य लगाएँ, क्योंकि·······

- ऑक्सीजन का उत्पादन करता है।
- वायु प्रदूषण पर नियंत्रण करना है।
- कार्बन–डाई ऑक्साइड सोखता है
- तापमान को कम करता है।
- पानी की रिसायक्लिंग करता है।

ज्यादा–से–ज्यादा वृक्ष लगाएँ प्रकृति संरक्षण के सहभागी बनें

16. आपके मित्र ने बच्चों व किशोरों के लिए मनोरंजक व ज्ञानवर्धक पुस्तकों की दुकान शुरू की है। इसके लिए प्रचार-प्रसार हेतु 40 शब्दों में विज्ञापन तैयार कीजिए। **CBSE SQP (Additional Set) 2023**

आनंद पुस्तक भंडार

10% की विशेष छूट

- दुर्लभ पुस्तकों का संग्रह
- बच्चों के लिए मनोरंजक पुस्तकें
- सभी प्रकार की परीक्षाओं से संबंधित पुस्तकें
- ज्ञानवर्धक पुस्तकें
- पुरानी पुस्तकों पर 50 % की छूट

अधिक जानकारी के लिए संपर्क करें

पता आनंद पुस्तक भंडार, मुखर्जी नगर **मोबाइल नं.**–9684XXXXXX

17. मुख्य चुनाव आयुक्त की ओर से 40 शब्दों का एक विज्ञापन तैयार कीजिए जिसका विषय है– "मतदान : प्रत्येक नागरिक का अधिकार और कर्त्तव्य"।

दक्षता आधारित प्रश्न

उत्तर

मतदान: प्रत्येक नागरिक का अधिकार और कर्त्तव्य

भारत निर्वाचन आयोग की तरफ़ से सर्वसाधारण से अपील कि जाती है कि आप सभी अपने मत के अधिकार का प्रयोग ज़रूर करें।

छोड़ों अपने सारे काम
पहले चलो करे मतदान

चलो वोट दें।

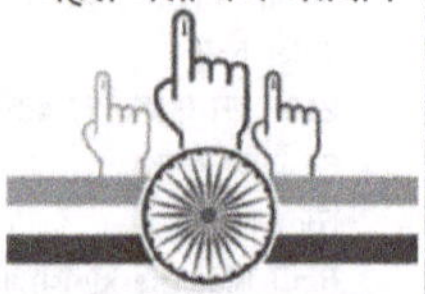

लोकतंत्र का करो सम्मान
शत-प्रतिशत करो मतदान

भारत निर्वाचन आयोग द्वारा जनहित में जारी चुनाव, आयुक्त दिल्ली।

स्व-मूल्यांकन

निम्नलिखित विषयों से संबंधित विज्ञापन लेखन 40 शब्दों में कीजिए।

1. टेस्टी केक एंड बेकर्स की ओर से अपने उत्पादों के लिए एक विज्ञापन तैयार कीजिए।

2. धरती एंटरप्राइज़िज़ नामक कंपनी मिट्‌टी के बर्तनों को शहरों में बेचना चाहती है। उच्च गुणवत्ता वाले इन बर्तनों की बिक्री के लिए 25-50 शब्दों में एक विज्ञापन तैयार कीजिए।

3. एक फाइनेंस कंपनी की ओर से लोगों को ऋण देने का प्रचार करने हेतु विज्ञापन-लेखन कीजिए।

4. आजकल फास्ट फूड के प्रति लोगों के बढ़ते रुझान को देखते हुए उससे होने वाली हानियों से अवगत कराने के लिए आपने एक किताब लिखी है। अपनी किताब के प्रचार के लिए लगभग 50 शब्दों का एक विज्ञापन तैयार कीजिए।

5. एबीसी कंपनी को 1 वर्ष के अनुबंध पर ए सी मैकेनिक की आवश्यकता है। इसके लिए विज्ञापन-लेखन कीजिए।

6. एक सॉफ्टवेयर डेवलपमेंट कंपनी की ओर से कम कीमत में नई वेबसाइट बनाने से संबंधित विज्ञापन-लेखन कीजिए।

7. भ्रामक विज्ञापनों के प्रति लोगों को जागरूक करने हेतु आपके विद्यालय का नाट्‌य समूह एक नुक्कड़ नाटक प्रस्तुत करेगा। इसके लिए लगभग 50 शब्दों में एक विज्ञापन तैयार कीजिए।

8. सर्वोदय विद्यालय, बादली में शिक्षकों की भर्ती हेतु विज्ञापन लिखिए।

9. एयरकंडीशनर बनाने वाली एक कंपनी की ओर से ए. सी. एक्सचेंज मेला आयोजित करने से संबंधित एक विज्ञापन लिखिए।

10. राधिका ऑप्टिकल्स की ओर से कंप्यूटर द्वारा लोगों की मुफ्त नेत्र जाँच करने से संबंधित एक विज्ञापन-लेखन कीजिए।

11. एक कोचिंग संस्थान द्वारा मेडिकल की तैयारी कराने से संबंधित एक विज्ञापन लिखिए।

12. एक सेल्स कंपनी की ओर से गर्मियों के लिए बच्चों हेतु बनाई गई आकर्षक पोशाकों के प्रचार के लिए एक विज्ञापन लिखिए।

13. चित्रकला प्रदर्शनी के आयोजन हेतु विज्ञापन-लेखन कीजिए।

14. किसी प्रकाशक द्वारा अपनी पुस्तकों की बिक्री बढ़ाने के लिए एक विज्ञापन लिखिए।

15. 'समर कैंप' की विशेषताओं एवं मुख्य आकर्षण को स्पष्ट करते हुए लोगों को उसमें भाग लेने के लिए आमंत्रित करने हेतु एक विज्ञापन तैयार कीजिए।

16. आपके शहर में विराट हास्य सम्मेलन आयोजित होने जा रहा है। इसमें देश के प्रसिद्ध हास्य कवि आमंत्रित हैं। इसके प्रचार के लिए एक विज्ञापन लगभग 40 शब्दों में तैयार कीजिए।

17. रजिस्टर एवं कॉपियाँ बनाने वाली 'रचना कंपनी' के लिए उत्पाद प्रचार करने हेतु एक विज्ञापन लगभग 40 शब्दों में तैयार कीजिए।

अध्याय 6

संदेश लेखन

संदेश लेखन का अर्थ संदेश को अंग्रेजी भाषा में 'मैसेज' कहा जाता है। संदेश लेखन का अर्थ है—अभिप्रेरित बात कहना या महत्त्वपूर्ण सूचना संक्षिप्त में देना। किसी व्यक्ति विशेष या समूह द्वारा किसी व्यक्ति को या समूह को बताई जाने वाली अभिप्रेरित बात या महत्त्वपूर्ण संक्षिप्त सूचना को **संदेश** कहते हैं। इस संदेश को लिखित रूप में प्रेषित करना **संदेश लेखन** कहलाता है।

संदेश लेखन के प्रकार

संदेश लेखन के सामान्य तौर पर दो प्रकार हैं

1. **औपचारिक संदेश** ऐसे संदेश, जो कार्यालयी उद्देश्य को ध्यान में रखकर किसी कार्यालय के अधिकारी आदि को लिखे जाते हैं, वे औपचारिक संदेश कहलाते हैं; जैसे— बैंक, कंपनी, मोबाइल, व्यापार संबंधित या प्रधानमंत्री का देश के नाम संदेश आदि।
2. **अनौपचारिक संदेश** ऐसे संदेश, जो अपने सगे संबंधी या मित्र को लिखे जाते हैं, वे अनौपचारिक संदेश कहलाते हैं; जैसे— जन्मदिन, सालगिरह आदि के अवसर पर अपने मित्रों या रिश्तेदारों को शुभकामना संदेश लिखना।

नोट पाठ्यक्रम में मुख्यत: अनौपचारिक संदेशों को शामिल किया गया है, जिसके अंतर्गत हम निम्नलिखित संदेशों का अध्ययन करेंगे

1. **शुभकामना संदेश** जन्मदिवस, किसी प्रतियोगिता में उत्तीर्ण होने पर कक्षा में प्रथम आने पर, पदोन्नति होने पर इत्यादि।
2. **पर्व तथा त्योहारों पर दिए जाने वाले संदेश** स्वतंत्रता दिवस, गणतंत्र दिवस, होली, दीपावली, ईद आदि।
3. **विशेष अवसरों पर दिए जाने वाले संदेश** पुण्यतिथि, शोक संदेश, भागवत कथा का आयोजन, स्वच्छ भारत अभियान, पर्यावरण दिवस आदि।

संदेश लेखन के अंग

संदेश लेखन के निम्नलिखित अंग माने जाते हैं—

1. **शीर्षक** संदेश लेखन में शीर्षक का महत्त्वपूर्ण स्थान है। संदेश लिखते समय सर्वप्रथम शीर्षक लिखा जाता है। शीर्षक सरल तथा संक्षिप्त होना चाहिए; जैसे—जन्मदिवस पर शुभकामना संदेश।
2. **दिनांक** शीर्षक लिखने के बाद दिनांक: को लिखना चाहिए। दिनांक को संदेश लेखन का अनिवार्य अंग माना गया है। दिनांक: लिखने के कई प्रकार हैं; जैसे—2 जनवरी, 20XX, 2-1-20XX, 2/1/20XX आदि।
3. **समय** दिनांक के बाद समय लिखा जाता है। जिस समय संदेश लिखा जाता है, उसी समय का वर्णन किया जाता है; जैसे—प्रात: 6:00 बजे, शाम 4:00 बजे आदि।
4. **अभिवादन** अभिवादन का अर्थ है— श्रद्धापूर्वक किया जाने वाला नमस्कार या वंदना। जिसको संदेश लिखा जा रहा है, उसके प्रति संबंध के अनुसार ही समुचित अभिवादन का प्रयोग करना चाहिए; जैसे— प्रिय मित्र, आदरणीय पिताजी, श्रद्धेय चाचाजी आदि।
5. **मुख्य भाग/विषय-वस्तु** संदेश लेखन के मुख्य भाग में विषय का विस्तार किया जाता है तथा कम-से-कम शब्दों में अपनी बात पूर्ण की जाती है। इस प्रकार, मुख्य भाग में महत्त्वपूर्ण जानकारी का वर्णन किया जाता है।
6. **प्रेषक** का नाम 'प्रेषक' का अर्थ है— भेजने वाला। संदेश भेजने वाले को प्रेषक कहा जाता है। संदेश लेखन में मुख्य भाग के बाद प्रेषक का नाम लिखा जाता है। परीक्षा में प्रेषक के नाम के स्थान पर क. ख. ग. लिखा जाता है।

संदेश लेखन में ध्यान रखने योग्य बातें

- संदेश को हमेशा बॉक्स में लिखा जाना चाहिए।
- बॉक्स के बीचोंबीच सबसे पहले शुभकामना संदेश/शोक संदेश आदि 'शीर्षक' लिखा जाना चाहिए।
- बाईं तरफ दिनांक: तथा उसके नीचे समय लिखना चाहिए।
- उसके बाद अभिवादन; जैसे– प्रिय, मान्यवर आदि।
- इसके नीचे मुख्य विषय का वर्णन करें। ध्यान रखें कि यह वर्णन ज्यादा लंबा न हो।
- अंत में प्रेषक यानी भेजने वाले का नाम लिखना चाहिए।
- संदेश लेखन 40 शब्दों की सीमा में लिखा जाना चाहिए, इसलिए शब्द चयन ऐसा होना चाहिए, जो सरल, संक्षिप्त तथा सारगर्भित हो यानी मुख्य भाव को कम-से-कम शब्दों में प्रस्तुत कर सके। इसमें विषयानुकूल चित्रों का समावेश भी किया जा सकता है।

संदेश लेखन का प्रारूप

प्रश्न आपके मित्र को एक प्रतिष्ठित कॉलेज में दाखिला मिला है और छात्रवृत्ति भी मिली है। उसे बधाई देते हुए 30-40 शब्दों में संदेश लिखिए।

उत्तर

शीर्षक — **बधाई संदेश**

दिनांक — **दिनांक:** 25 अप्रैल, 20XX

समय — **समय:** प्रात: 10 : 00 बजे

अभिवादन — प्रिय मित्र,

मुख्य भाग विषय-वस्तु — 'तुम्हें प्रतिष्ठित कॉलेज में दाखिले व छात्रवृत्ति की बहुत-बहुत बधाई।'

यह बहुत-ही प्रसन्नता का विषय है कि तुम्हें तुम्हारे पसंद के प्रतिष्ठित कॉलेज में दाखिला मिल गया है और छात्रवृत्ति मिलने की भी घोषणा हुई है। तुम जैसे प्रतिभाशाली और योग्य छात्रों को छात्रवृत्ति मिलना सचमुच सामाजिक न्याय एवं प्रोत्साहन की बात है। मेरी ओर से हार्दिक बधाई स्वीकार करो। मैं और मेरा समस्त परिवार तुम्हारे उज्ज्वल भविष्य की कामना करता है।

प्रेषक का नाम — क. ख. ग.

(तुम्हारा अभिन्न मित्र)

अभ्यास प्रश्न

(दक्षता आधारित प्रश्नों सहित)

1. शिक्षा के क्षेत्र में उल्लेखनीय कार्य करने के कारण आपके शिक्षक को 'राष्ट्रीय शिक्षक पुरस्कार' से सम्मानित किया गया है। अपने शिक्षक को बधाई देते हुए लगभग 40 शब्दों में बधाई संदेश लिखिए। **CBSE SQP (Additional Set) 2023**

उत्तर

बधाई संदेश

दिनांक: 20 जनवरी, 20XX

समय: प्रात: 9 : 00 बजे

आदरणीय अध्यापक,

नमस्कार! 'राष्ट्रीय शिक्षक पुरस्कार' से सम्मानित किए जाने पर आपको बहुत-बहुत बधाई। मुझे व विद्यालय के अन्य छात्रों को यह जानकर बहुत प्रसन्नता हुई कि आपको इस विशेष पुरस्कार से सम्मानित किया गया है। आप ऐसी मशाल हैं, जो छात्रों का मार्गदर्शन करते हैं व उन्हें प्रेरणा देते हैं। मैं आपको व देश के अन्य सभी शिक्षकों को भी बधाई देता हूँ तथा आपकी सेवा और समर्पण के प्रति अपना आभार व्यक्त करता हूँ।

क. ख. ग.

(आपका शिष्य)

2. आप ऋषभ/ऋषिका हैं। आपके बड़े भाई पत्रकार हैं। उन्होंने हाल ही में नई दिल्ली में हुए जी-20 समारोह की बहुत अच्छी रिपोर्टिंग की। उन्हें उनकी इस सफलता के लिए लगभग 40 शब्दों में बधाई संदेश लिखिए। **CBSE SQP (Additional Set) 2023**

उत्तर

बधाई संदेश

दिनांक: 18 मार्च, 20XX
समय: प्रातः 10 : 00 बजे

आदरणीय अग्रज,

आपको मेरा सादर प्रणाम! दिल्ली में 9 और 10 सितंबर को आयोजित हुए जी-20 समारोह में आपके द्वारा की गई रिपोर्टिंग की सभी प्रशंसा कर रहे हैं। आपकी लगन व मेहनत का परिणाम आपके द्वारा की गई रिपोर्टिंग में साफ़ दिखाई दे रहा है। आपको इस सफलता के लिए मेरी ओर से बहुत-बहुत बधाई। मैं भी आपसे यह सीख रहा हूँ कि हमें अपने कार्य के प्रति लगन व समर्पण का भाव रखना चाहिए। आशा करता हूँ आप जीवन में सफलता की राह में हमेशा इसी प्रकार अग्रसर होते रहें।

ऋषभ

(आपका छोटा भाई)

3. आप वीणा/विकास हैं। आपकी छोटी बहन के विद्यालय की वार्षिक परीक्षा में पूरे विद्यालय में प्रथम स्थान प्राप्त किया है। उसे बधाई देते हुए 60 शब्दों में एक संदेश लिखिए। **दक्षता आधारित प्रश्न**

उत्तर

बधाई संदेश

दिनांक: 30 मई, 20XX
समय: प्रातः 10 : 00 बजे

मेरी प्यारी छोटी बहन,

बधाई! कल समाचार-पत्र में तुम्हारे दसवीं कक्षा के परीक्षा-परिणाम को देखकर सभी अत्यंत प्रसन्न हुए कि तुम न केवल प्रथम श्रेणी से उत्तीर्ण हुई हो, अपितु पूरे विद्यालय में प्रथम स्थान प्राप्त करके अपने माता-पिता, गुरुजनों व अपने विद्यालय के नाम को भी गौरवान्वित किया है। यह तुम्हारी कड़ी सफलता, मेहनत व लगन का ही परिणाम है। तुम्हारे उज्ज्वल भविष्य की शुभकामनाएँ। ऐसी ही अध्ययनशीलता आगे भी बनाए रखना।

विकास

(तुम्हारा बड़ा भाई)

4. नगर में आयोजित 'विज्ञान प्रदर्शनी' में आपके मित्र ने 'पानी की बचत' विषय पर तकनीकी प्रस्तुति दी थी। प्रथम पुरस्कार प्राप्त करने पर अपने मित्र को बधाई देते हुए लगभग 60 शब्दों में संदेश लिखिए। **दक्षता आधारित प्रश्न**

उत्तर

बधाई संदेश

दिनांक: 18 मई, 20XX
समय: प्रातः 11 : 00 बजे

प्रिय मित्र,

हार्दिक बधाई! आज के समाचार-पत्र में तुम्हारे फोटो के साथ दिया गया समाचार पढ़कर अत्यंत प्रसन्नता हुई कि नगर में आयोजित की गई 'विज्ञान प्रदर्शनी' में तुमने 'पानी की बचत' पर जो तकनीकी प्रस्तुति दी थी, उसमें तुम्हें प्रथम पुरस्कार प्राप्त हुआ है। इसके लिए तुम्हें मेरे और मेरे परिवार की ओर से बहुत-बहुत बधाई। भविष्य में तुम इसी प्रकार सफलता प्राप्त करो इसकी ढेर शुभकामनाएँ।

क. ख. ग.

(तुम्हारा अभिन्न मित्र)

5. आप नंदिनी/नंदन हैं। आपके मित्र का चयन एन.डी.ए. में हो गया है। उसे शुभकामना देते हुए लगभग 40 शब्दों में एक संदेश लिखिए।
दक्षता आधारित प्रश्न CBSE 2024

उत्तर

शुभकामना संदेश

दिनांक 10 अप्रैल, 20XX
समय प्रात: 10 बजे

राष्ट्रीय रक्षा अकादमी (एन. डी. ए.) में चयन की अनंत शुभकामनाएँ

प्रिय मित्र,

एन. डी. ए. में चयन की तुम्हें ढेरों शुभकामनाएँ। तुम्हारी इस सफलता पर मुझे अपार हर्ष हो रहा है। तुमने अपने परिवार का नाम रोशन कर दिया है। सफलता का यह अवसर आपके लिए जीवन में आगे प्रगति करने का अवसर लेकर आया है। ईश्वर से कामना करता हूँ कि मित्र तुम जीवन में निरंतर ऐसे ही आगे बढ़ते रहो। ईश्वर तुम्हें स्वास्थ्य समृद्धि, यश व उन्नति प्रदान करें। पुन: एक बार फिर तुम्हें चयन की तहेदिल से हार्दिक बधाई।

तुम्हारा मित्र

नंदन

6. आपके भाई को राष्ट्रपति द्वारा 'वीर बालक सम्मान' से पुरस्कृत किया गया है, उसे बधाई देने हेतु संदेश लिखिए। **CBSE Term II 2022**

उत्तर

बधाई संदेश

दिनांक: 20 अगस्त, 20XX

समय 7 : 00 बजे प्रात:

प्रिय अनुज!

मुझे यह जानकर अत्यंत प्रसन्नता हुई कि तुमने नदी में कूदकर एक छोटे से बच्चे की जान बचाई। यह अत्यंत सराहनीय कार्य है, जिसके लिए तुम्हें राष्ट्रपति द्वारा 'वीर बालक सम्मान' प्राप्त हुआ है। मेरी तरफ़ से इस सम्मान के लिए तुम्हें ढेर सारी बधाइयाँ। मेरी ईश्वर से कामना है कि तुम जीवन में इसी प्रकार साहसिक कार्य करते रहो और दूसरों के लिए प्रेरणा बनो।

क. ख. ग.
(तुम्हारा अग्रज)

7. आपके मित्र ने नीट की परीक्षा में राज्य में तीसरा स्थान प्राप्त किया है। उसे बधाई देते हुए लगभग 40 शब्दों में एक संदेश लिखिए।
CBSE Term II 2022

उत्तर

बधाई संदेश

दिनांक: 20 मार्च, 20XX
समय प्रात: 9 बजे
प्रिय मित्र,

''तुम्हें नीट की परीक्षा में तीसरा स्थान प्राप्त करने की बहुत-बहुत बधाई।''

सुनकर बड़ा ही हर्ष और गर्व हुआ। मैं तुम्हें इसकी बधाई देता हूँ मुझे तुमसे ऐसी ही उम्मीद थी तथा आशा करता हूँ कि तुम इसके बाद भी ऐसे ही मेहनत करोगे और हर परीक्षा में उत्तीर्ण होगे। इससे विद्यालय, संस्था एवं पूरे परिवार का गौरव बढ़ेगा। मैंने तुम्हारी सफलता की बात अपने परिवार को बताई तथा इस बात को सुनकर सभी बहुत खुश हुए एवं बधाई भी दी।
क. ख. ग.
(तुम्हारा मित्र)

8. चेन्नई निवासी अपने मित्र को पोंगल के अवसर पर लगभग 40 शब्दों में एक बधाई संदेश लिखिए। **CBSE Term II 2022**

उत्तर

बधाई संदेश

दिनांक: 30 जनवरी, 20XX
समय: प्रात: 8 बजे
प्रिय मित्र,
"आज से सूर्य हुए हैं उत्तरायण, शुभ तिथियों का हुआ है आगमन आपके जीवन में शुभ घड़ी आए फैमली के संग पोंगल मनाएँ"
तुम्हें और तुम्हारे सभी परिवारजनों को पावन पर्व पोंगल की हार्दिक शुभकामनाएँ। यह पावन पर्व आपके परिवार में सुख, समृद्धि तथा खुशियाँ लेकर आए।
क. ख. ग.
(तुम्हारा मित्र)

9. विदेश में रहने वाले अपने चाचा-चाची को नव वर्ष की शुभकामना का संदेश लगभग 40 शब्दों में लिखिए। **CBSE Term II 2022**

उत्तर

शुभकामना संदेश

दिनांक: 31 दिसम्बर, 20XX
समय: रात्रि 11:55 बजे
आदरणीय चाचा-चाची,
आपको सपरिवार नूतन वर्ष 2022 की शुभकामनाएँ एवं हार्दिक बधाई।
"नया सवेरा नई किरण के साथ नया दिन एक प्यारी सी मुस्कान के साथ आपको नव वर्ष की हार्दिक शुभकामनाएँ ढेर सारी दुआओं के साथ।"
यह वर्ष आपके जीवन में सुख, समृद्धि, यश, प्रसन्नता और सफलता लेकर आए।
क. ख. ग
(आपका भतीजा)

10. अपनी कक्षा के प्रतिनिधि के रूप में सभी सहपाठियों को आगामी बोर्ड की परीक्षा के लिए शुभकामना का संदेश लगभग 40 शब्दों में दीजिए। **CBSE Term II 2022**

उत्तर

शुभकामना संदेश

दिनांक: 18 मई, 20XX
समय: प्रात: 10 बजे
प्रिय सहपाठियों,
जैसा कि आप सभी जानते हैं कि हमारी कक्षा की बोर्ड परीक्षाएँ शीघ्र ही शुरू होने जा रही हैं। अत: आप सभी को इसके लिए शुभकामनाएँ। परीक्षा के लिए बेहतर से बेहतर तैयारी करे व आत्मविश्वास बनाए रखे। आप सभी की परीक्षाएँ अच्छे से पूर्ण हो जाएँ आप सभी सफलता प्राप्त करें ऐसी ईश्वर से कामना है।
क. ख. ग.
(कक्षा प्रतिनिधि)

11. स्वतंत्रता दिवस के अवसर पर देशवासियों के लिए शुभकामना संदेश लिखिए। **दक्षता आधारित प्रश्न**

उत्तर

स्वतंत्रता दिवस की शुभकामना हेतु संदेश

दिनांक: 15 अगस्त, 20XX

समय: प्रात: 6:00 बजे

सारे जहाँ से अच्छा हिंदोस्ताँ हमारा!!

सभी देशवासियों को स्वतंत्रता दिवस की शुभकामनाएँ। देश को स्वतंत्र करवाने के लिए अनेक वीरों ने अपने प्राणों का बलिदान कर दिया। हमें उन वीरों के बलिदान के महत्त्व को समझते हुए देश की आज़ादी को बनाए रखने का संकल्प लेना चाहिए। आइए इस स्वतंत्रता दिवस के मौके पर हम खुद को अपराध, भ्रष्टाचार, भय और जातिवाद से मुक्त करने का संकल्प लें।

जय हिंद जय भारत

क.ख.ग.
(जिला विधायक)

12. रक्षाबंधन के अवसर पर भाई/बहन को लगभग 40 शब्दों में बधाई-संदेश लिखिए। **CBSE 2023**

उत्तर

बधाई संदेश

दिनांक: 24 मार्च, 20XX

समय: दोपहर 12: 00 बजे

मेरे प्यारे छोटे भाई।

आज रक्षाबंधन का शुभ अवसर है, इस पर्व की तुम्हें बहुत-बहुत शुभकामनाएँ। लेकिन दुख की बात है कि तुम मेरे पास नहीं हो। मुझे तुम्हारी बहुत याद आती है। तुम जल्दी ही घर आ जाओ। इस पावन अवसर पर मैं तुम्हारे कुशलप्रेम, प्रसन्नता और सुरक्षा की कामना करती हूँ। बेशक तुम मुझसे बहुत दूर हो पर मेरे दिल के पास हमेशा रहोगे। मेरी ताकत का स्तंभ बने रहने के लिए तुम्हारा धन्यवाद। तुम छोटे जरूर हो पर मेरा ध्यान हमेशा बड़े भाई की तरह ही रखते हो। मैं बहुत खुशनसीब हूँ कि मुझे तुम्हारे जैसा भाई मिला। आशा करती हूँ कि रक्षाबंधन का त्योहार अगले वर्ष साथ में मिलकर मनाएँगे।

रक्षाबंधन की शुभकामनाएँ।

क.ख.ग
(तुम्हारी बहन)

13. पिताजी की मृत्यु का समाचार देते हुए एक शोक संदेश लिखिए। **दक्षता आधारित प्रश्न**

उत्तर

शोक संदेश

दिनांक: 15 मई, 20XX

समय: मध्याह्न 1:00 बजे

मान्यवर! अत्यंत दु:ख के साथ सूचित करना पड़ रहा है कि मेरे पिताजी अरुण तिवारी का स्वर्गवास दिनांक: 10 मई, 20XX रविवार को हो गया था। उनकी आत्मा की शांति के लिए श्राद्ध का आयोजन 23 मई, 20XX शनिवार को सुनिश्चित किया गया है। अत: आपसे निवेदन है कि आप इस अवसर पर आकर दिवंगत आत्मा की शांति के लिए ईश्वर से प्रार्थना कर हमें कृतार्थ करें।

शोक संतप्त

अजय तिवारी तथा समस्त परिवार

14. हिंदी दिवस के अवसर पर शुभकामना संदेश लिखिए। **दक्षता आधारित प्रश्न**

उत्तर

हिंदी दिवस की शुभकामना हेतु संदेश

"निज भाषा उन्नति अहैं, सब उन्नति को मूल"

दिनांकः 14 सितंबर, 20XX

समयः प्रातः 9:00 बजे

आप सभी देशवासियों को हिंदी दिवस की हार्दिक शुभकामनाएँ। हिंदी हमारी संस्कृति की पहचान है तथा राष्ट्रीय चेतना की भाषा है। हिंदी भाषा के प्रति सम्मान को बनाए रखें तथा हिंदी भाषा का अधिक-से-अधिक प्रयोग करें, ताकि राष्ट्र का गौरव सदैव बना रहे। किसी भी राष्ट्र की पहचान उसकी भाषा होती है। इसीलिए हिंदी का प्रयोग कर भारत की पहचान को बुलंदियों तक पहुँचाएँ।

अखिलेश शर्मा
(हिंदी अध्यक्ष)

15. मामाजी से प्राप्त संदेश को अपनी माताजी को लिखिए।

उत्तर

माताजी को संदेश

दिनांकः 10 मार्च, 20XX

समयः दोपहर 2:00 बजे

आदरणीय माताजी,

आपकी अनुपस्थिति में मामाजी का फोन आया था। उन्होंने कहा कि वे आज शाम के कार्यक्रम में नहीं आ सकेंगे। इसके लिए उन्हें खेद है। वे जल्दी ही हम सबसे मिलने हमारे घर आएँगे। अतः आप स्वयं फोन करके इस संबंध में जानकारी ले लें कि वे किस कारण से नहीं आ पाएँगे।

क. ख. ग.

(आपका पुत्र)

16. आप अपनी कॉलोनी में रात्रि जागरण का आयोजन करने जा रहे हैं। इस संबंध में समस्त कॉलोनीवासियों को आमंत्रित करने हेतु संदेश लिखिए।

उत्तर

रात्रि-जागरण आमंत्रण हेतु संदेश

दिनांकः 15 सितंबर, 20XX

समयः दोपहर 12 बजे

प्रिय कॉलोनीवासियों,
आपको यह बताते हुए मुझे अत्यंत हर्ष हो रहा है कि मैं अपने कॉलोनी में 20 सितंबर, 20XX को रात्रि-जागरण का आयोजन करने जा रहा हूँ। यह जागरण रात्रि 10:00 से प्रातः 3:45 तक चलेगा। इस दिव्य जागरण में आप सभी भक्तगण सादर आमंत्रित हैं।
निर्धारित समयः पर पधार कर माता रानी का आशीर्वाद प्राप्त करें।
समस्त गोयल परिवार
(आयोजक)

17. दीपावली के अवसर पर अपने मित्र को शुभकामना संदेश लिखिए। **दक्षता आधारित प्रश्न**

उत्तर

दीपावली की शुभकामना संदेश

दिनांक: 28 अक्टूबर, 20XX

समय: प्रात: 9:00 बजे

प्रिय मित्र!

दीपावली के इस पावन पर्व की आपको ढेर सारी शुभकामनाएँ। मैं इस अवसर पर कामना करता हूँ कि आपके जीवन में दीपों की तरह प्रकाश-ही-प्रकाश हो और आप सदैव दीपों की रोशनी की तरह जगमगाते रहो। अपने जीवन में प्रगति करो और सफलता प्राप्त करो।

क.ख.ग.
(तुम्हारा मित्र)

18. आपके चाचाजी की सरकारी नौकरी के क्षेत्र में पदोन्नति हुई है। इस अवसर पर उन्हें बधाई देते हुए संदेश लिखिए। **दक्षता आधारित प्रश्न**

उत्तर

बधाई संदेश

दिनांक: 4 अप्रैल, 20XX

समय: दोपहर 2:00 बजे

आदरणीय चाचाजी!

आज आपकी नौकरी के क्षेत्र में हुई पदोन्नति के बारे में ज्ञात हुआ। आपको इस संबंध में बहुत-बहुत बधाई। आपकी कार्य के प्रति एकाग्रता तथा लगन के कारण ही यह संभव हुआ है। मैं आपके इस व्यवहार से बहुत कुछ सीख रहा हूँ। आशा करता हूँ कि आप जीवन में इसी प्रकार पदोन्नति करते जाएँगे।

अंकित वर्मा

(आपका भतीजा)

19. आपके क्षेत्र में श्रीमद् भागवत् कथा का आयोजन होने जा रहा है। इस संबंध में एक संदेश लिखिए। **दक्षता आधारित प्रश्न**

उत्तर

श्रीमद् भागवत् कथा के आयोजन संबंधी संदेश

दिनांक: 15 अक्टूबर, 20XX

समय: प्रात: 9:00 बजे

प्रिय क्षेत्रवासियों!

आपको यह बताते हुए मुझे अत्यंत हर्ष हो रहा है कि हमारे क्षेत्र में 20 अक्टूबर से श्रीमद् भागवत् कथा का आयोजन होने जा रहा है, जो कि 27 अक्टूबर तक दोपहर 3:00 बजे से सायं 6:00 बजे तक चलेगा। इस दिव्य आयोजन में आप सभी भक्त जन सादर आमंत्रित हैं।

समस्त सिंधी परिवार जन
(आयोजक)

20. आप सौम्य गर्ग/सौम्या गर्ग हैं। आपके भैया-भाभी की पहली वैवाहिक वर्षगाँठ (एनिवर्सरी) है। इस अवसर पर उनके लिए लगभग 60 शब्दों में शुभकामना एवं बधाई संदेश लिखिए। **CBSE SQP 2023**

उत्तर

शुभकामना संदेश

दिनांकः 8 मई, 20XX

समयः प्रातः 9:00 बजे

प्रिय भैया-भाभी

आपको अपनी शादी की पहली वैवाहिक वर्षगाँठ की हार्दिक शुभकामनाएँ। ईश्वर से प्रार्थना है कि आपका दांपत्य जीवन सौ वर्षों तक इसी तरह प्रसन्नता और समृद्धि से भरा रहे। आपको अपने जीवन में समस्त सुखों की प्राप्ति हो और आपका परिवार हमेशा हँसी-खुशी से खेलता रहे।

सौम्य गर्ग

(आपका अनुज और देवर)

21. आपके छोटे भाई की पदोन्नति हुई है। उसे बधाई देने हेतु संदेश लिखिए। **दक्षता आधारित प्रश्न**

उत्तर

बधाई संदेश

दिनांकः 10 मई, 20XX

समयः प्रातः 10.00 बजे

प्रिज अनुज। कार्यालय में उच्च पद प्राप्त करने हेतु बहुत-बहुत बधाई। एक साल के भीतर ही पदोन्नति अत्यंत प्रशंसनीय है। तुम्हारे आत्मविश्वास और अथक परिश्रम के कारण ही यह संभव हुआ है। तुम्हारा यह व्यवहार अन्य लोगों के लिए प्रेरणादायी है। ईश्वर तुम्हें जीवन के प्रत्येक कदम पर सफलता प्रदान करे। आशा करता हूँ कि अपनी उच्च चारित्रिक विशेषताओं के बल पर तुम सफलता के शिखर को प्राप्त करोगे।

क. ख. ग.

(तुम्हारा अग्रज)

22. गाँधी जयंती के अवसर पर शुभकामना संदेश लिखिए। **दक्षता आधारित प्रश्न**

उत्तर

गाँधी जयंती हेतु शुभकामना संदेश
जय हिंद जय भारत

दिनांकः 2 अक्टूबर, 20XX

समयः प्रातः 8.00 बजे

आप सभी देशवासियों को गाँधी जयंती की हार्दिक शुभकामनाएँ। देश की स्वतंत्रता में महात्मा गाँधी के योगदान को भारतीय नागरिक कभी नहीं भुला सकते। अपने सत्याग्रह, शांति, अहिंसा जैसे उच्च सिद्धांतों के बल पर उन्होंने देश को आज़ादी दिलाई। आज के दिन गाँधीजी शांति, अहिंसा और सच्चाई के रूप में याद किए जाते हैं। आइए, इस शुभ दिन के अवसर पर हम सत्य, अहिंसा, नैतिकता जैसे महान गुणों को अपनाने का संकल्प लें।

क.ख.ग.

(जिला अध्यक्ष)

23. बाढ़ग्रस्त क्षेत्र में आप सकुशल हैं। अपने पिताजी को अपनी कुशलता का विवरण देते हुए संदेश लिखिए।

उत्तर

पिताजी को संदेश

दिनांक 27 अगस्त, 20XX

समय दोपहर 3:00 बजे

आदरणीय पिताजी,

पिछले कुछ समय: से हमारे क्षेत्र में बाढ़ की स्थिति बनी हुई थी। मूसलाधार और अविराम बारिश के कारण बाढ़ की स्थिति अनियंत्रित हो गई थी। सरकार के सहयोग से बाढ़ग्रस्त क्षेत्रों में रहने वाले लोगों को सुरक्षित स्थान पर पहुँचा दिया गया है। अत: मैं पूर्ण रूप से सुरक्षित हूँ। आप मेरी सुरक्षा की चिंता न करें।

क. ख. ग.

(आपका पुत्र)

24. मातृ दिवस के अवसर पर अपनी माता के लिए शुभकामना संदेश लिखिए।

उत्तर

शुभकामना संदेश

दिनांक 10 मई, 20XX
समय प्रात: 9 : 00 बजे

मेरी गुरु, मेरा आदर्श

पूजनीय माँ,

मातृ-दिवस की हार्दिक शुभकामनाएँ। आपने मुझे बचपन से बहुत प्यार दिया है। आपका स्नेह कभी भुलाया नहीं जा सकता। मातृ-दिवस के अवसर पर मैं ईश्वर को धन्यवाद देना चाहता हूँ कि उन्होंने मुझे आप जैसी स्नेहमयी माँ का साथ दिया। मेरी ईश्वर से प्रार्थना है कि आपका आशीर्वाद हमेशा मुझे मिलता रहे तथा आप स्वस्थ और दीर्घायु रहें।

क. ख. ग.

(आपका पुत्र)

स्व-मूल्यांकन

1. आपके मित्र की टीम ने राज्य स्तर पर होने वाली क्रिकेट प्रतियोगिता में प्रथम पुरस्कार प्राप्त किया है। इस संबंध में अपने मित्र को बधाई संदेश लिखिए।
2. आपकी दीदी भारतीय नौसेना की पायलेट बन गई हैं। उन्हें शुभकामना देने के लिए लगभग 60 शब्दों में संदेश लिखिए।
3. सिटी हॉल में आपके मित्र का पहला म्यूज़िक एलबम प्रदर्शित हुआ है। उन्हें बधाई देते हुए लगभग 60 शब्दों में संदेश लिखिए।
4. 'स्वच्छ भारत अभियान' विषय के संबंध में जागरूक करते हुए क्षेत्र के निवासियों को एक संदेश लिखिए।
5. महात्मा गाँधीजी की पुण्यतिथि के अवसर पर होने वाले कार्यक्रम का विवरण देते हुए एक शोक संदेश लिखिए।
6. धूम्रपान स्वास्थ्य के लिए हानिकारक है। इस संबंध में अपने मित्र को जागरूक करते हुए संदेश लिखिए।
7. कोविड-19 महामारी को फैलने से रोकने हेतु सरकार द्वारा नागरिकों को दिया जाने वाला संदेश तैयार कीजिए।
8. आपके मामाजी को दुर्लभ डाक टिकट जमा करने का शौक है। एक जाने-माने समाचार-पत्र में उनके बारे में एक लेख छपा है। उन्हें बधाई देने के लिए 30-40 शब्दों में संदेश लिखिए।
9. धार्मिक एकता के संबंध में समाज को जागरूक करते हुए एक संदेश लिखिए।
10. डॉ. ए.पी.जे. अब्दुल कलाम प्राविधिक विश्वविद्यालय में अभियांत्रिकी की पढ़ाई हेतु प्रवेश मिलने पर अपनी बड़ी बहन को बधाई देते हुए लगभग 60 शब्दों में संदेश लिखिए।
11. आपके मित्र ने नया लैपटॉप खरीदा है। इस संबंध में उसे बधाई देते हुए एक संदेश लिखिए।
12. आपके चचेरे भाई का एस.एस.सी. परीक्षा के द्वारा क्लर्क पद पर चयन हुआ है। इस संबंध में शुभकामना देते हुए एक संदेश लिखिए।

Allinone

संपूर्ण अध्ययन। संपूर्ण अभ्यास। संपूर्ण मूल्यांकन

पीरियोडिक टेस्ट

प्री-मिड टर्म टेस्ट

अपठित, गद्यांश, व्याकरण, पाठ्यपुस्तक (पद्य भाग तथा गद्य भाग) एवं लेखन खंड के प्रश्नों सहित

{टेस्ट 1}

1. निम्नलिखित गद्यांश को पढ़कर उन पर आधारित बहुविकल्पीय प्रश्नों के उत्तर दीजिए। (½ × 4 = 2)

कई लोग असाधारण अवसर की बाट जोहा करते हैं। साधारण अवसर उनकी दृष्टि में उपयोगी नहीं रहते, परंतु वास्तव में कोई अवसर छोटा-बड़ा नहीं है। छोटे-से-छोटे अवसर का उपयोग करने से, अपनी बुद्धि को उसी में भिड़ा देने से, वही छोटा अवसर बड़ा हो जाता है। सर्वोत्तम मनुष्य वे नहीं हैं, जो अवसरों की बाट देखते रहते हैं, बल्कि वे हैं, जो अवसर को अपना दास बना लेते हैं। हमारे सामने हमेशा ही अवसर उपस्थित होते रहते हैं। यदि हममें इच्छाशक्ति है, काम करने की ताकत है, तब हम स्वयं ही उनसे लाभ उठा सकते हैं। अवसर न मिलने की शिकायत कमज़ोर मनुष्य ही करते हैं।

जीवन अवसरों की एक धारा है। स्कूल, कॉलेज का प्रत्येक पाठ, परीक्षा का समय, कठिनाई का प्रत्येक पल, सदुपदेश का प्रत्येक क्षण एक अवसर है। इन अवसरों से हम नम्र हो सकते हैं, ईमानदार हो सकते हैं, मित्र बना सकते हैं, उत्तरदायित्वों का मूल्य समझ सकते हैं और इस प्रकार उच्च मनुष्यता प्राप्त कर सकते हैं।

ऐसे अनेक लोग हैं, जो अवसर को पकड़कर करोड़पति हो गए, परंतु अवसरों का क्षेत्र यहाँ समाप्त नहीं हो जाता। अवसर का उपयोग करके हम इंजीनियर, डॉक्टर, कला-विशारद (कला में निपुण), कवि और विद्वान् भी बन सकते हैं। यद्यपि अवसरों के उपयोग से धन कमाना अच्छा काम है, परंतु धन से भी कहीं अधिक श्रेष्ठ कार्य समाज में महान् एवं आदर्श व्यक्ति बनना है। धन ही जीवन के प्रयत्नों का अंत नहीं है, जीवन-लक्ष्य की चरम सीमा नहीं है। अवसरों के सदुपयोग से हम सर्वदृष्टि से महत्त्वपूर्ण एवं सफल इंसान बन सकते हैं।

प्रश्न

I. छोटा अवसर भी कब बड़ा और असाधारण हो जाता है?
- (क) जब हममें उससे लाभ उठाने की क्षमता हो
- (ख) जब हम बड़े अवसर की प्रतीक्षा में उसकी उपेक्षा नहीं करते
- (ग) जब आलस्य के कारण उसके उपयोग से वंचित नहीं होते
- (घ) जब हम पूरी लगन से उसका भरपूर उपयोग करते हैं

II. अवसर का लाभ कैसे उठाया जा सकता है?
- (क) अवसर की राह देखने से
- (ख) अनेक अवसरों में उपयोगी अवसर की पहचान से
- (ग) कार्य करने की उत्कट लालसा एवं शक्ति के भरपूर उपयोग से
- (घ) कठिनाइयों को सहन करने से

III. जीवन को 'अवसरों की एक धारा' क्यों कहा गया है?
- (क) धारा जीवन को विनाश की ओर बहा सकती है
- (ख) जीवन की ज़िम्मेदारियों का बोध करा सकती है
- (ग) जीवन में प्रत्येक क्षण अवसर प्राप्त होते रहते हैं
- (घ) धारा जीवन में अच्छे मित्र दे सकती है

IV. उपरोक्त गद्यांश का शीर्षक हो सकता है
- (क) अवसर और मनुष्य
- (ख) जीवन—अवसरों की एक धारा
- (ग) जीवन में अवसरों का महत्त्व
- (घ) अवसर और इच्छाशक्ति

2. निम्नलिखित प्रश्नों के निर्देशानुसार उत्तर दीजिए। (½ × 4 = 2)

(क) माली ने उद्यान में पौधे लगाए। *(कर्मवाच्य में परिवर्तित कीजिए)*
(ख) पंकज से पत्र लिखा गया। *(कर्तृवाच्य में परिवर्तित कीजिए)*
(ग) दिलीप दौड़ा। *(भाववाच्य में परिवर्तित कीजिए)*
(घ) विभोर हँसता है। *(वाच्य का प्रकार बताइए)*

3. निम्नलिखित प्रश्नों को ध्यानपूर्वक पढ़कर उत्तर दीजिए। (½ + ½ = 1)

I. नेताजी की मूर्ति पर दृष्टि पड़ने पर हालदार साहब ने उसकी किस वस्तु में बदलाव देखा और इस संदर्भ में उन्हें क्या कारण बताया गया? (½)

II. चश्मेवाले को लोग किस नाम से पुकारते थे और हालदार साहब की समझ से चश्मे रहित नेताजी की मूर्ति को देखकर उस व्यक्ति को कैसा अनुभव होता होगा? (½)

4. बालगोबिन ने समाज सुधारक की तरह कौन-कौन से कार्य किए? (1)

अथवा

लेखक ने क्या सोचकर सेकंड क्लास का टिकट लिया? (1)

5. निम्नलिखित विषयों पर संकेत बिंदुओं के आधार पर अनुच्छेद लिखिए। (2)

ग्लोबल वार्मिंग

- ग्लोबल वार्मिंग क्या है?
- दुष्परिणाम
- बचाव

अथवा

कंप्यूटर : आज की जरूरत

- परिचय
- कंप्यूटर की उपयोगिता
- कंप्यूटर के हानिकारक प्रभाव

6. अपने विद्यालय के प्रधानाचार्य को एक पत्र लिखिए जिसमें आपके सहपाठी के प्रशंसनीय एवं सराहनीय व्यवहार के लिए उसे सम्मानित करने का अनुरोध हो। (1)

अथवा

किसी प्रतिष्ठित दैनिक समाचार-पत्र के संपादक को सड़क दुर्घटनाओं को रोकने के लिए सुझाव देते हुए पत्र लिखिए। (1)

7. स्वतंत्रता दिवस के अवसर पर देशवासियों के लिए शुभकामना संदेश लिखिए। (1)

अथवा

अपने नाम में संशोधन करने से संबंधित एक राष्ट्रीय दैनिक समाचार-पत्र के लिए विज्ञापन लेखन 25 से 50 शब्दों में कीजिए। (1)

{टेस्ट 2}

1. निम्नलिखित गद्यांश को पढ़कर उन पर आधारित प्रश्नों के उत्तर दीजिए। (½ × 4 = 2)

व्यक्ति चित्त प्रत्येक समय आदर्शों द्वारा चालित नहीं होता। जितने बड़े पैमाने पर मनुष्य की उन्नति के विधान बनाए गए, उतने ही बड़े पैमाने पर लोभ, मोह जैसे विकार भी विस्तृत होते गए, लक्ष्य की बात भूल गए, आदर्शों को मज़ाक का विषय बनाया गया और संयम को दकियानूसी मान लिया गया। परिणाम जो होना था, वह हो रहा है। यह कुछ थोड़े-से लोगों के बढ़ते हुए लोभ का नतीजा है, परंतु इससे भारतवर्ष के पुराने आदर्श और भी अधिक स्पष्ट रूप से महान और उपयोगी दिखाई देने लगे हैं।

भारतवर्ष सदा कानून को धर्म के रूप में देखता आ रहा है। आज एकाएक कानून और धर्म में अंतर कर दिया गया है। धर्म को धोखा नहीं दिया जा सकता, परंतु कानून को दिया जा सकता है। यही कारण है कि जो धर्मभीरू हैं, वे भी त्रुटियों से लाभ उठाने में संकोच नहीं करते।

इस बात के पर्याप्त प्रमाण खोजे जा सकते हैं कि समाज के ऊपरी वर्ग में चाहे जो भी होता रहा हो, भीतर-बाहर भारतवर्ष आज भी यही अनुभव कर रहा है कि धर्म, कानून से बड़ी चीज़ है। आज भी सेवा, ईमानदारी, सच्चाई और आध्यात्मिकता के मूल्य बने हुए हैं। वे दब अवश्य गए हैं, लेकिन नष्ट नहीं हुए हैं। आज भी वह मनुष्य से प्रेम करता है, महिलाओं का सम्मान करता है, झूठ और चोरी को गलत समझता है तथा दूसरों को पीड़ा पहुँचाने को पाप समझता है।

I. मनुष्य ने आदर्शों को मज़ाक का विषय किस कारण बना दिया?

(क) कानून के कारण
(ख) उन्नति के कारण
(ग) लोभ के कारण
(घ) धर्मभीरुता के कारण

II. धर्म एवं कानून के संदर्भ में भारत के विषय में कौन-सा कथन सबसे अधिक सही है?

(क) महिलाओं का सम्मान करना धर्म तो है, पर कानून नहीं है
(ख) धर्म और कानून दोनों को धोखा दिया जा सकता है
(ग) भले लोगों के लिए कानून नहीं चाहिए और बुरे लोग इसकी परवाह नहीं करते हैं
(घ) भारत का निचला वर्ग कदाचित अभी भी कानून को धर्म के रूप में देखता है

III. कथन (A) और कारण (R) को पढ़कर उपयुक्त विकल्प चुनिए।

कथन (A) भारतवर्ष में सेवा, ईमानदारी, सच्चाई और आध्यात्मिकता के मूल्य है।

कारण (R) जो परमार्थ के लिए जीवन की बाजी लगाने वाले व्यक्ति के मन को अभी भी नियंत्रित कर रहे हैं।

(क) कथन (A) गलत है, किंतु कारण (R) सही है।
(ख) कथन (A) और कारण (R) दोनों ही गलत हैं।
(ग) कथन (A) सही है और कारण (R) कथन (A) की सही व्याख्या है।
(घ) कथन (A) सही है, किंतु कारण (R) कथन (A) की सही व्याख्या नहीं है।

IV. भारतवर्ष का बड़ा वर्ग बाहर-भीतर कदाचित क्या अनुभव कर रहा है?

(क) धर्म, कानून से बड़ी चीज़ है
(ख) कानून, धर्म से बड़ी चीज़ है
(ग) संयम अशक्त और अकर्मण्य लोगों के लिए है
(घ) आदर्श और उसूलों से यथार्थ जीवन असंभव है

2. निम्नलिखित वाक्यों के रेखांकित पदों का पद-परिचय लिखिए। (½ × 4 = 2)
(क) विमला कविता लिखती है।
(ख) अरे वाह! तुम भी क्रिकेट खेल सकते हो।
(ग) यह बालक अत्यंत चतुर है।
(घ) आपकी पुस्तकें कहाँ हैं?

3. निम्नलिखित काव्यांशों को पढ़कर उन पर आधारित प्रश्नों के उत्तर दीजिए। (1)
I. गोपियों ने श्रीकृष्ण को अपने हृदय में किस प्रकार बसाया हुआ है? (½)
II. गोपियाँ इस बीमारी को किन्हें सौंप देना चाहती हैं? (½)

4. 'राम-लक्ष्मण-परशुराम संवाद' में किसकी उपमा लौहमयी खाँड़ से दी गई है और क्यों? (1)

अथवा

नए-नए निकले हुए दाँतों वाले बच्चे की मुस्कान देखकर कवि को क्या लगता है? (1)

5. निम्नलिखित विषयों पर संकेत बिंदुओं के आधार पर अनुच्छेद लिखिए। (2)

लोकतंत्र और चुनाव
- लोकतंत्र से तात्पर्य
- चुनाव का महत्त्व
- लोकतंत्र की रक्षा

अथवा

विज्ञापन
- भूमिका
- विज्ञापन से होने वाले लाभ
- विज्ञापन से होने वाली हानियाँ

6. वृक्षों को काटकर बनाए जा रहे शॉपिंग मॉल्स का विरोध करते हुए अपने शहर के प्रतिष्ठित समाचार-पत्र के संपादक को पत्र लिखिए। (1)

अथवा

आप छात्रावास में रहकर पढ़ाई कर रहे हैं। छात्रावास से संबंधित एवं अपनी पढ़ाई से संबंधित जानकारी देते हुए अपने पिताजी को पत्र लिखिए। (1)

7. पिताजी की मृत्यु का समाचार देते हुए एक शोक संदेश लिखिए। (1)

अथवा

त्योहारों के अवसर पर घरेलू उपकरणों की 'सेल' से संबंधित एक विज्ञापन 40 शब्दों में लिखिए। (1)

{टेस्ट 3}

1. निम्नलिखित गद्यांश को ध्यानपूर्वक पढ़कर उन पर आधारित प्रश्नों के उत्तर दीजिए। (½ × 4 = 2)

जो लोग अपनी असफलताओं के लिए या जीवन में गतिरोध के लिए हालातों को जिम्मेदार ठहराते हैं, वे लोग या तो गलत हैं या हालात से डरते हैं। वे या तो जीवन को समझ नहीं पाए या उलझनों में फँसे हुए हैं। वे या तो आलसी हैं या अकर्मण्य हैं। एक कारण और भी हो सकता है कि उनकी नीयत और नीति में मेल न हो। यह अति आवश्यक है कि नीयत और नीति दोनों एक सूत्र में पिरोई हुई हों अर्थात् मेल खाती हों। ऐसा कदापि संभव नहीं है और नीयत मानसिक इच्छा है, जो खोटी भी हो सकती है और खरी भी। खोटी नीयत वाला व्यक्ति कदापि इस संसार में नहीं टिक सकता और यदि टिकेगा, तो बहुत कम समय के लिए, केवल तब तक, जब तक उसकी नीयत खुलकर सामने नहीं आती, क्योंकि नीति की जननी नीयत है और जब जननी में ही दोष है, तो संतान में कोई-न-कोई विकृति अवश्य आ जाएगी।

हालातों को असफलता के लिए जिम्मेदार ठहराना ठीक नहीं लगता, क्योंकि हालात तो उनके साथ भी वही होते हैं या लगभग वही होते हैं, जो सफलता प्राप्त करते हैं। यदि कोई व्यक्ति अपनी असफलताओं की जिम्मेदारी खुद नहीं ले सकता, तो वह अपनी सफलता की जिम्मेदारी लेने के काबिल नहीं है। जीवन का असली आनंद तो तभी है, जब परिस्थितियाँ विषम हों।

I. किस तरह के लोगों की नीयत और नीति में मेल नहीं रहता है?
(क) अकर्मण्य व आलसी लोग
(ख) हालात को जिम्मेदार ठहराने वाले लोग
(ग) जीवन को न समझने वाले लोग
(घ) उपरोक्त सभी

II. खोटी नीयत वाला व्यक्ति इस संसार में क्यों नहीं टिक पाता?
(क) अवगुणों के कारण
(ख) समय अभाव के कारण
(ग) गलत नीयत या नीति के कारण
(घ) अदारता के कारण

III. असफलता के लिए किसे जिम्मेदार ठहराना ठीक नहीं माना गया है?
(क) ईश्वर को (ख) प्रकृति को
(ग) हालातों को (घ) काबिल व्यक्ति को

IV. लेखक ने नीति की जननी किसे कहा है?
(क) व्यवहार को (ख) नीयत को
(ग) समय को (घ) सोच को

2. निर्देशानुसार उत्तर दीजिए। (3)

(क) यमक अलंकार का एक उदाहरण लिखिए। (1)

(ख) श्लेष अलंकार का एक उदाहरण लिखिए। (1)

(ग) मानवीकरण अलंकार का एक उदाहरण लिखिए। (1)

3. निम्नलिखित प्रश्नों के उत्तर दीजिए। (1)

(क) बालगोबिन भगत की दिनचर्या लोगों के अचरज का कारण क्यों थी? (½)

(ख) कभी-कभी संगतकार मुख्य गायक का साथ यों ही क्यों दे देता है? (½)

4. निम्नलिखित संकेत बिंदुओं के आधार पर अनुच्छेद लिखिए। (2)

प्लास्टिक की दुनिया

- प्लास्टिक का आविष्कार और उसका उपयोग
- प्लास्टिक के गुण एवं दोष
- प्लास्टिक का पर्यावरण पर प्रभाव

अथवा

साहित्य का महत्त्व

- साहित्य का सामर्थ्य
- देश की वास्तविक स्थिति का सजीव चित्रण

5. अपने विद्यालय के प्रधानाचार्य को एक प्रार्थना-पत्र लिखिए, जिसमें विद्यालय के पुस्तकालय में हिंदी की पत्रिकाएँ उपलब्ध कराने की माँग की गई हो। (1)

अथवा

छात्रावास में रहते हुए स्वयं द्वारा की गई एक बड़ी गलती के लिए पिताजी से क्षमा माँगते हुए उन्हें एक पत्र लिखिए तथा भविष्य में ऐसी गलती दोबारा नहीं करने का वादा कीजिए। (1)

6. किसी कोचिंग इंस्टीट्यूट की तरफ से बोर्ड परीक्षा की तैयारी के लिए 25 से 50 शब्दों में विज्ञापन तैयार कीजिए। (1)

अथवा

दिवाली के अवसर पर मामा जी से प्राप्त संदेश को अपनी माता जी को लिखिए। (1)

मिड टर्म टेस्ट

अपठित, गद्यांश, व्याकरण, पाठ्यपुस्तक (पद्य भाग तथा गद्य भाग) एवं लेखन खंड के प्रश्नों सहित

{टेस्ट 1}

1. निम्नलिखित को पढ़कर इस पर आधारित प्रश्नों के उत्तर दीजिए। (½ × 4 = 2)

विश्वासपात्र मित्र जीवन की एक औषधि है। हमें अपने मित्रों से यह आशा रखनी चाहिए कि वे उत्तम संकल्पों से हमें दृढ़ करेंगे, दोषों और त्रुटियों से हमें बचाएँगे, हमारे सत्य, पवित्रता और मर्यादा के प्रेम को पुष्ट करेंगे, जब हम कुमार्ग पर पैर रखेंगे, तब वे हमें सचेत करेंगे, जब हम हतोत्साहित होंगे, तब हमें उत्साहित करेंगे। सच्ची मित्रता से उत्तम वैद्य की-सी निपुणता और परख होती है। अच्छी-से-अच्छी माता का-सा धैर्य और कोमलता होती है। ऐसी ही मित्रता करने का प्रयत्न प्रत्येक व्यक्ति को करना चाहिए।

मित्र भाई के समान होना चाहिए, जिसे हम अपना प्रीति पात्र बना सकें। हमारे और हमारे मित्र के बीच सच्ची सहानुभूति होनी चाहिए। ऐसी सहानुभूति जिससे एक के हानि-लाभ को दूसरा अपना हानि-लाभ समझे। मित्रता के लिए यह आवश्यक नहीं कि दो मित्र एक ही प्रकार का कार्य करते हों या एक ही रुचि के हों। प्रकृति और आचरण की समानता भी आवश्यक या वांछनीय नहीं है। दो भिन्न प्रकृति के मनुष्यों में बराबर प्रीति और मित्रता रही है। राम धीर और शांत प्रकृति के थे, लक्ष्मण उग्र और कठोर स्वभाव के थे, पर दोनों भाइयों में अत्यंत प्रगाढ़ स्नेह था। उन दोनों की मित्रता खूब निभी। यह कोई बात नहीं है कि एक ही स्वभाव और रुचि के लोगों में ही मित्रता हो सकती है। समाज में विभिन्नता देखकर लोग एक-दूसरे की ओर आकर्षित होते हैं। जो गुण हम में नहीं हैं, हम चाहते हैं कि कोई ऐसा मित्र मिले जिसमें वे गुण हों। चिंताशील मनुष्य प्रफुल्लित चित्त का साथ ढूँढता है, निर्बल बली का, धीर उत्साही का। उच्च आकांक्षा वाला चंद्रगुप्त युक्ति और उपाय के लिए चाणक्य का मुँह ताकता था। नीति-विशारद अकबर मन बहलाने के लिए बीरबल की ओर देखता था।

प्रश्न

I. गद्यांश के अनुसार मित्र कैसा होना चाहिए?
II. गद्यांश से क्या शिक्षा मिलती है?
III. धीर उत्साही का विलोम शब्द लिखिए।
IV. गद्यांश के लिए उचित शीर्षक बताइए।

2. रेखांकित काव्यांशों में निहित अलंकार का नाम लिखिए। (1)

(i) सुनत जोग लागत है <u>ऐसो ज्यों करूई</u> ककरी।

(ii) मेघ आए बड़े बन-ठन के सँवर के।

3. निम्नलिखित काव्यांश को पढ़कर उन पर आधारित प्रश्नों के उत्तर दीजिए। (1)

मुख्य गायक के चट्टान जैसे भारी स्वर का साथ देती
वह आवाज़ सुंदर कमज़ोर काँपती हुई थी
वह मुख्य गायक का छोटा भाई है
या उसका शिष्य
या पैदल चलकर सीखने आने वाला दूर का कोई रिश्तेदार

प्रश्न

I. मुख्य गायक के स्वर का साथ देती हुई आवाज़ कैसी है?
II. संगतकार और मुख्य गायक का क्या संबंध हो सकता है?

4. निम्नलिखित विषयों पर संकेत बिंदुओं के आधार पर अनुच्छेद लिखिए। (2)

सामाजिक समस्याएँ

- परिचय
- सामाजिक समस्याएँ : आर्थिक असमानता, समाज का नैतिक पतन
- कारण एवं निवारण

अथवा

सदाचार

- सदाचार की आवश्यकता
- सदाचार से लाभ
- आचारहीनता से हानि

5. अपने प्रधानाचार्य को आवेदन-पत्र लिखिए, जिसमें उच्चतर माध्यमिक स्तर पर हिंदी विषय पढ़ाने के लिए निवेदन किया गया हो। (2)

अथवा अपने नगर के स्वास्थ्य अधिकारी को पत्र लिखकर अपने क्षेत्र में खाने की वस्तुओं में मिलावट की घटनाओं के प्रति उनका ध्यानाकृष्ट कीजिए।

6. मानव जीवन में योग का महत्त्व बताते हुए 25 से 50 शब्दों में विज्ञापन तैयार कीजिए। (2)

अथवा हिंदी दिवस के अवसर पर शुभकामना संदेश लिखिए।

{टेस्ट 2}

1. **निम्नलिखित काव्यांश को पढ़कर इस पर आधारित बहुविकल्पीय प्रश्नों के उत्तर दीजिए।** (½ × 4 = 2)

समाज दहेज की कुप्रथा से पीड़ित है और इससे छुटकारा पाना चाहता है। कानून भी बनते हैं, सामाजिक दबाव भी है, फिर भी यह प्रथा फलती-फूलती जा रही है, समाप्त नहीं हो पा रही है-क्यों? आखिर क्या उपाय है इस अभिशाप से मुक्त होने का? कोई इसका उपाय अंतर्जातीय विवाह को बढ़ावा देने को बताता है, तो कोई प्रेम विवाह की चर्चा करता है और कोई दंडात्मक कठोर कानून बनाने को। ये सभी बातें एक सीमा तक ही ठीक हैं। क्या गारंटी है कि अंतर्जातीय तथा प्रेम-विवाह के लिए तैयार होने वालों के दहेज लोभी माँ-बाप उस स्थिति में भी दहेज संबंधी सौदेबाजी नहीं करेंगें? या फिर समाज भी उन्हें स्वीकार कर ही लेगा? कानून उन्हीं का साथ देगा, न कि धन-बल से कानून की धज्जियाँ उड़ाने में समर्थ लोगों का? हमारे विचार में पुरानी पीढ़ी के दकियानूसी लोग किसी भी बात से डरने या पसीजने वाले नहीं और फिर ऐसे विवाह के लिए सामाजिक वातावरण भी सुलभ होना संभव नहीं।

युवक-युवतियाँ दोनों ऐसे परिवारों में विवाह करने से स्पष्ट और आंतरिक दृढ़ता से इनकार कर दें, जहाँ किसी भी रूप में दहेज दिया-लिया जाता हो। युवतियों से भी बढ़कर देश के जागरूक नवयुवकों पर अधिक दायित्व जाता है। जिस दिन युवक अपने माता-पिता से स्पष्ट कह देंगे कि वह दहेज लेकर कतई विवाह नहीं करेंगे, उसी दिन से समस्त दहेजलोभियों की अक्ल ठिकाने लग जाएगी और फिर इस कुप्रथा का अंत हो जाएगा।

प्रश्न

I. समाज छुटकारा पाना चाहता है

(क) अंतर्जातीय विवाह से

(ख) कठोर कानून से

(ग) दहेज जैसी कुप्रथा से

(घ) उपरोक्त में से कोई नहीं

II. दहेज प्रथा के विकराल रूप का कारण है

(क) अन्तर्जातीय विवाह का होना

(ख) प्रेम विवाह का कम होना

(ग) लोगों का दृष्टिकोण नहीं बदलन

(घ) उपरोक्त में से कोई नहीं

III. दहेज प्रथा का अंत किस प्रकार संभव है

(क) युवाओं द्वारा दहेज के खिलाफ विद्रोह करना

(ख) अंतर्जातीय विवाह को प्रोत्साहित करना

(ग) युवाओं द्वारा दहेज लिया जाना

(घ) उपरोक्त में से कोई नहीं

IV. उपरोक्त गद्यांश के लिए उपयुक्त शीर्षक हो सकता है

(क) युवकों का विद्रोह

(ख) दहेजप्रथा—एक अभिशाप

(ग) प्रेम विवाह

(घ) दहेज प्रथा के लिए कानून की आवश्यकता

2. **निम्नलिखित वाक्यों में रेखांकित पदों का पद-परिचय लिखिए।** (½ × 4 = 2)

(क) साहस <u>के बिना</u> सफलता प्राप्त नहीं होती।

(ख) जब <u>हम</u> घर पहुँचे तो माता जी सो रही थीं।

(ग) वह क्या <u>खा रहा</u> है?

(घ) हम रोज़ <u>शाम</u> तेज़-तेज़ चलते हैं।

3. **निम्नलिखित प्रश्नों को ध्यानपूर्वक पढ़कर उत्तर दीजिए।** (1)

I. लेखिका को अपने वज़ूद का अहसास कब हुआ? (½)

II. पिता लेखिका को रसोईघर से दूर क्यों रखना चाहते थे? (½)

4. **निम्नलिखिल प्रश्नों के उत्तर दीजिए।** (1)

I. 'माता का अँचल' शीर्षक की उपयुक्तता बताते हुए कोई अन्य शीर्षक दीजिए। (½)

II. लेखक के अनुसार कृतिकार के स्वभाव और अनुशासन पर बाहरी दबाव का क्या प्रभाव पड़ता है? (½)

5. **निम्नलिखित विषयों पर संकेत बिंदुओं के आधार पर अनुच्छेद लिखिए।** (2)

ई-कचरा

- ई-कचरा से तात्पर्य
- चिंता का कारण
- निपटान के उपाय

अथवा

दूरदर्शन

- दूरदर्शन का आविष्कार
- विभिन्न क्षेत्रों में योगदान
- दूरदर्शन के लाभ
- दूरदर्शन से हानियाँ

6. **चेकबुक गुम हो जाने की शिकायत करते हुए पंजाब नेशनल बैंक, सहारनपुर के प्रबंधक को एक पत्र लिखिए।** (1)

अथवा

समय के सदुपयोग और परिश्रम पर बल देते हुए छोटी बहन को पत्र लिखिए। (1)

7. **किसी घड़ी विक्रेता की ओर से 25 से 50 शब्दों में घड़ियों की सेल के नाम से विज्ञापन तैयार कीजिए।** (1)

अथवा

एस. बी. आई. बैंक खाते से निकाली गई राशि का संदेश बैंक ग्राहक को भेजिए। (1)

{टेस्ट 3}

1. निम्नलिखित काव्यांश को ध्यानपूर्वक पढ़कर इस पर आधारित प्रश्नों के उत्तर दीजिए। (½ × 4 = 2)

किसी भी कार्य की सफलता के लिए ध्येय के प्रति उत्कट लगन, कार्य में अटूट श्रद्धा एवं अपनी शक्तियों में पर्याप्त विश्वास आवश्यक है। विश्वास, एकाग्रता, लगन, संतुलन, श्रद्धा आदि सब साहस के ऊपर निर्भर हैं, क्योंकि मनुष्य का सबसे प्रथम गुण साहस है। साहस अन्य सब गुणों का प्रतिनिधित्व करता है। यदि तन सशक्त हो, मन सशक्त हो, वाणी सशक्त हो तो उनके द्वारा प्राप्त कार्य-शक्ति के आगे भाग्य स्वयं नत-मस्तक हो जाता है।

साहसी की प्रतिभा के सामने शोक, भय भाग जाते हैं। साहसी को संसार भी रास्ता देता है। मनुष्य में सब गुण हों, वह विद्वान् हो, धनवान हो, शक्तिशाली हो, पर यदि उसमें साहस न हो तो वह अपने सद्गुणों का, अपनी योग्यताओं व अपनी शक्तियों का उपयोग नहीं कर सकता। साहस मनुष्य के व्यक्तित्व का नायक है। साहस व्यक्ति को निर्भय बनाता है और जहाँ निर्भयता होती है वहाँ सफलता निश्चित है।

निर्भयता से ही आत्मविश्वास जाग्रत होता है। आत्मविश्वास के अभाव में हम उस प्रत्येक कार्य को करते हुए डरेंगे जो हमने पहले नहीं किया और जो बिलकुल नया है। जिनके संकल्प अधूरे होते हैं, जो संशय-ग्रस्त होते हैं, वे कोई बड़ा काम नहीं कर पाते और कुछ करते भी हैं तो उसमें असफल हो जाते हैं।

प्रश्न

I. मनुष्य का सबसे प्रथम गुण क्या है?

II. साहसी व्यक्तियों के समक्ष नतमस्तक हो जाता है?

III. 'धनवान' शब्द में प्रत्यय है

IV. उपरोक्त गद्यांश का उपयुक्त शीर्षक क्या है?

2. निम्न काव्य-पंक्तियों में निहित अलंकार बताइए। (2)

पट-पीत मानहुँ तड़ित रुचि,
सुचि नौमि जनक सुतावरं।

3. निम्नलिखित प्रश्नों को ध्यानपूर्वक पढ़कर उत्तर दीजिए। (1)

I. लक्ष्मण की बातों का परशुराम पर क्या असर हुआ? (½)

II. लक्ष्मण के अनुसार, श्रीराम शिवजी के धनुष के टूटने के ज़िम्मेदार क्यों नहीं थे? (½)

4. "मातु पितहि जनि सोचबस करसि महीस किसोर" –पंक्ति से कवि का क्या तात्पर्य है? (1)

अथवा

"मन की मन ही माँझ रही" कथन से कवि क्या बताना चाहता है? (1)

5. निम्नलिखित विषयों पर संकेत बिंदुओं के आधार पर अनुच्छेद लिखिए। (2)

साँच को आँच नहीं

- सत्य बोलने का महत्त्व
- सत्य बोलने वालों के उदाहरण
- सत्य न बोलने का परिणाम

अथवा

गरीबी

- गरीबी के कारण
- गरीबी से उत्पन्न मानसिक हीनता
- गरीबी दूर करने के उपाय

6. छात्रवास में रहने वाले छोटे भाई को एक पत्र लिखिए जिसमें योग एवं प्राणायाम का महत्त्व बताया गया हो और नियमित रूप से इनका अभ्यास करने का सुझाव भी दिया गया है। (1)

अथवा

अपने छोटे भाई को पत्र लिखकर उसे स्वास्थ्य का महत्त्व तथा स्वस्थ रहने के उपाय बताइए। (1)

7. किसी NGO की तरफ से जल संरक्षण के संदर्भ में 40 शब्दों में ई-मेल तैयार कीजिए। (1)

अथवा

होली के अवसर पर अपने मित्र को शुभकामना संदेश लिखिए। (1)

पोस्ट-मिड टर्म टेस्ट

अपठित, गद्यांश, व्याकरण, पाठ्यपुस्तक (पद्य भाग तथा गद्य भाग) एवं लेखन खंड के प्रश्नों सहित

{टेस्ट 1}

1. निम्नलिखित गद्यांश को ध्यानपूर्वक पढ़कर उनसे संबंधित पूछे गए प्रश्नों के उत्तर दीजिए। (½ × 4 = 2)

एक ज़माना था जब मोहल्लेदारी पारिवारिक आत्मीयता से भरी होती थी। सब मिल-जुलकर रहते थे। हारी-बीमारी, खुशी-गम सब में लोग एक-दूसरे के साथ थे। किसी का किसी से कुछ छिपा नहीं था। आज के लोगों को शायद लगे कि लोगों की अपनी 'प्राइवेसी' क्या रही होगी, लेकिन इस 'प्राइवेसी' के नाम पर ही तो हम एक-दूसरे से कटते रहे और कटते-कटते ऐसे अलग हुए कि अकेले पड़ गए।

पहले अलग चूल्हे-चौके हुए, फिर अलग मकान लेकर लोग रहने लगे, निजी स्वतंत्रता की अपनी नई परिभाषा देकर यह एकाकीपन हमने स्वयं अपनाया है। मोहल्ले में आपस में चाहे कितनी चखचख हो, यह थोड़े ही संभव था कि बाहर का कोई आकर किसी को कड़वी बात कह जाए! पूरा मोहल्ला टिड्डी-दल की तरह उमड़ पड़ता था। देखते-देखते ज़माना हवा हो गया। मोहल्लेदारी टूटने लगी, आबादी बढ़ी, महँगाई बढ़ी, पर सबसे ज़्यादा जो चीज़ दुर्लभ हो गई वह था आपसी लगाव, अपनापन। लोगों की आँखों का शील मर गया।

देखते-देखते कैसा रंग बदला है! लोग अपने आप में सिमटकर पैसे के पीछे भागे जा रहे हैं। सारे रिश्ते-नातों को उन्होंने ताक पर रख दिया है, तब फिर पड़ोसी से उन्हें क्या लेना-देना है। यह नीरस महानगरीय सभ्यता महानगरों से चलकर कस्बों और देहातों तक को अपनी चपेट में ले चुकी है। मकानों में रहने वाले एक-दूसरे को नहीं जानते। इन जगहों में आदमी का अस्तित्व समाप्त हो गया है। यदि आपको फ्लैट नंबर मालूम नहीं है तो उसी बिल्डिंग में जाकर भी वांछित व्यक्ति को नहीं ढूँढ़ पाएँगे। ऐसी जगहों में किसी प्रकार के संबंधों की अपेक्षा ही कहाँ की जा सकती है?

I. 'प्राइवेसी' से तात्पर्य है

(क) निजता (ख) आत्मीयता
(ग) मेल-जोल (घ) भाईचारा

II. एक जमाना था जब मोहल्लेदारी पारिवारिक आत्मीयता से भरी होती थी।
कथन पढ़कर सही विकल्प का चयन कीजिए।

(i) आपस में मिल-जुलकर रहना
(ii) सुख-दु:ख में साथ देना
(iii) अपनी बात किसी से गुप्त न रखना
(iv) आस-पड़ोस का हस्तक्षेप पसंद न करना

कूट
(क) कथन (i) सही है।
(ख) कथन (i) और (ii) सही हैं।
(ग) कथन (i), (ii), (iii) सही हैं।
(घ) कथन (iii) और (iv) सही हैं।

III. आज के व्यक्ति को 'प्राइवेसी' के नाम पर प्राप्त हुआ है

(क) अलगाव और अकेलापन
(ख) अपने में ही सीमित होने का आनंद
(ग) संयुक्त परिवार की समस्याओं से मुक्ति
(घ) मोहल्ले के झंझटों से छुटकारा

IV. 'ताक पर रखना' का अर्थ है

(क) उपेक्षा करना (ख) आशा रखना
(ग) छोड़ देना (घ) निंदा करना

2. निम्नलिखित प्रश्नों के निर्देशानुसार उत्तर दीजिए। (½ × 4 = 2)

(क) विपिन पानी पीता है। *(कर्मवाच्य में परिवर्तित कीजिए)*
(ख) वह नहीं चलता। *(भाववाच्य में परिवर्तित कीजिए)*
(ग) कवयित्री के द्वारा कविता पढ़ी जाती है। *(वाच्य का प्रकार बताइए)*
(घ) गाय द्वारा खेत में चरा जाता है। *(वाच्य का प्रकार बताइए)*

3. निम्नलिखित प्रश्नों को ध्यानपूर्वक पढ़कर उत्तर दीजिए। (2)

I. लेखिका के पिता लेखिका को घर में होने वाली बहसों में बैठने के लिए क्यों कहते थे? (1)

II. घर के ऐसे वातावरण का लेखिका पर क्या प्रभाव पड़ा? (1)

4. निम्नलिखित विषयों पर संकेत बिंदुओं के आधार पर 80-100 शब्दों में अनुच्छेद लिखिए (2)

विद्यालय का वार्षिक उत्सव

- विद्यालय का जीवन

- वार्षिक उत्सव का दिन
- उत्सव का विवरण

अथवा

अविस्मरणीय घटना
- कब और कहाँ
- आपकी भूमिका
- आप पर प्रभाव

5. 'सामाजिक सेवा कार्यक्रम' के अंतर्गत किसी ग्राम में सफ़ाई अभियान के अनुभवों का उल्लेख करते हुए मित्र को पत्र लिखिए। (2)

अथवा

अपने मित्र के अनुत्तीर्ण हो जाने पर उसे एक संवेदना-पत्र लिखिए। (2)

{टेस्ट 2}

1. निम्नलिखित गद्यांश को पढ़कर इस पर आधारित बहुविकल्पीय प्रश्नों के उत्तर दीजिए। ($\frac{1}{2} \times 4 = 2$)

आज का विद्यार्थी भविष्य की सोच में कुछ अधिक लग गया है। भविष्य कैसा होगा, वह भविष्य में क्या बनेगा? इस प्रश्न को सुलझाने में या स्वप्न लेने में वह बहुत समय नष्ट कर देता है। भविष्य के बारे में सोचिए ज़रूर, लेकिन भविष्य को वर्तमान पर हावी मत होने दीजिए, क्योंकि वर्तमान ही भविष्य की नींव बन सकता है। अतः नींव को मज़बूत बनाने के लिए आवश्यक है कि भान (ज्ञान) तो भविष्य का भी हो, लेकिन ध्यान वर्तमान पर रहे। अतः आपकी सफलता का मूलमंत्र यही हो सकता है कि आप एक स्वप्न लें, सोचें कि आपको क्या बनना है और क्या करना है और स्वप्न के अनुसार कार्य करना प्रारंभ कर दें।

वर्तमान रूपी नींव को मज़बूत करें और यदि वर्तमान रूपी नींव बन गई, तो भविष्य रूपी इमारत भी अवश्य बन जाएगी। जितनी मेहनत हो सके, उतनी मेहनत करें और निराशा को जीवन में स्थान न दें। यह सोचते हुए समय खराब न करें कि हे भगवान! मेरा क्या होगा, मैं सफल भी हो पाऊँगा या नहीं? ऐसा करने में आपका समय नष्ट होगा और जो समय नष्ट करता है, समय उसे नष्ट कर देता है। वर्तमान में, समय का सदुपयोग भविष्य के निर्माण में सदा सहायक होता है।

भविष्य के बारे में अधिक सोच या अधिक चर्चा करने से चिंताएँ घेर लेती हैं। ये चिंताएँ वर्तमान के कर्म में बाधा उत्पन्न करती हैं। मन में लगन कम होती है और लक्ष्य दूर होता चला जाता है। निःसंदेह भविष्य के लिए योजनाएँ बनानी चाहिए, किंतु वर्तमान को विस्मृत नहीं करना चाहिए। भविष्य की नींव बनाने में वर्तमान का परिश्रम भविष्य की योजनाओं से अधिक महत्त्वपूर्ण है।

प्रश्न

I. वर्तमान में विद्यार्थी की अधिक सोच का क्या कारण है?
(क) भविष्य कैसा होगा
(ख) वर्तमान ऐसा क्यों है
(ग) भूतकाल में क्या किया
(घ) उपरोक्त सभी

II. भविष्य रूपी इमारत किस प्रकार मजबूत होगी?
(क) वर्तमान की नींव से
(ख) भूतकाल की यादों से
(ग) अनुभवों के प्रयोग से
(घ) उपरोक्त में से कोई नहीं

III. वर्तमान के कर्म में बाधाएँ उत्पन्न कौन करता है?
(क) भविष्य की चिंता (ख) भूतकाल की यादें
(ग) 'क' और 'ख' दोनों (घ) वर्तमान के कार्य

IV. सफलता का मूल मन्त्र है
(क) मेहनत के साथ-साथ
(ख) मेहनत के साथ-साथ निराश होना
(ग) मेहनत के बाद फल के लिए खाली बैठना
(घ) सब कुछ किस्मत पर छोड़ना

2. निम्नलिखित वाक्यों में अलंकार रस की पहचान कीजिए। (1 + 1 = 2)

(क) बुंदेले हर बोलों के मुँह हमने सुनी कहानी थी,
खूब लड़ी मरदानी वो तो झाँसी वाली रानी थी।

(ख) देख नहीं पाता मैं माँ के नयनों की जलधार।
मेरा हृदय हिला देती है उनकी करुण पुकार।।

3. (क) 'धनुष को तोड़ने वाला कोई तुम्हारा दास होगा'—के आधार पर राम के स्वभाव पर टिप्पणी कीजिए। (1)

(ख) मुख्य गायक एवं संगतकार के मध्य जुड़ी कड़ी अगर टूट जाए तो उसके क्या परिणाम हो सकते हैं? स्पष्ट कीजिए। (1)

4. निम्नलिखित विषयों पर दिए गए संकेत बिंदुओं के आधार पर 80-100 शब्दों में अनुच्छेद लिखिए (2)

आधुनिक जीवन में मोबाइल
- वर्तमान समय में मोबाइल की महत्ता
- मोबाइल फोन द्वारा प्राप्त होने वाली सुविधाएँ
- मोबाइल फोन से होने वाले नुकसान

अथवा

भारत में बाल मजदूरी
- बाल मजदूरी का परिचय
- बाल मजदूरी के कारण
- बाल मजदूरी को दूर करने के उपाय

5. किसी प्रतिष्ठित दैनिक समाचार-पत्र के संपादक को सड़क दुर्घटनाओं को रोकने के लिए सुझाव देते हुए पत्र लिखिए। (2)

अथवा

अनुशासन का महत्त्व बताते हुए अपने मित्र को एक पत्र लिखिए। (2)

{टेस्ट 3}

1. निम्नलिखित गद्यांश को पढ़कर इस पर आधारित बहुविकल्पीय प्रश्नों के उत्तर दीजिए। (½ × 4 = 2)

अंतर्राष्ट्रीय श्रम संगठन के अनुसार, बाल श्रम को इस प्रकार परिभाषित किया गया है–"वह काम जो बच्चों को उनके बचपन, उनकी क्षमता और उनकी गरिमा से वंचित करता है और जो शारीरिक और मानसिक विकास के लिए हानिकारक है।"

एक सामाजिक बुराई के रूप में संदर्भित, भारत में बाल श्रम एक अनिवार्य मुद्दा है जिससे देश वर्षों से निपट रहा है। लोगों का मानना है कि बाल-श्रम जैसी सामाजिक कुरीति को समाप्त करने का दायित्व सिर्फ सरकार का है। यदि सरकार चाहे तो कानून का पालन न करने वालों एवं कानून भंग करने वालों को सजा देकर बाल-श्रम को समाप्त कर सकती है, किंतु वास्तव में ये केवल सरकार की जिम्मेदारी नहीं है, बल्कि इसे सभी सामाजिक संगठनों, मालिकों और अभिभावकों द्वारा भी समाधित करना चाहिए।

हमारे घरों में, ढाबों में, होटलों में, कल-कारखानों में अनेक बाल-श्रमिक मिल जाएँगे, जो कड़ाके की ठंड और तपती धूप की परवाह किए बिना काम करते हैं। विकासशील देशों में गरीबी और उच्च स्तर की बेरोजगारी बाल श्रम का मुख्य कारण है।

प्रश्न

I. बाल-श्रम जैसी सामाजिक कुरीति को समाप्त करने के लिए लोगों की सोच कैसी है?

II. घरों में, ढाबों में, होटलों में, कल-कारखानों में अनेक बाल-श्रमिकों को काम करता देखकर भी हम उदासीन क्यों बने रहते हैं?

III. बाल-श्रम को रोकने के लिए सार्थक प्रयास क्यों किए जाने चाहिए?

IV. बच्चों को बाल-श्रम के लिए क्यों विवश किया जाता है?

2. (क) निम्नलिखित वाक्यों के रेखांकित पदों का पद-परिचय दीजिए। (½ × 2 = 1)

(i) <u>राधा की</u> बहन कक्षा में प्रथम आई।

(ii) सैनिकों ने <u>प्रशंसनीय</u> कार्य किया है।

(ख) निम्नलिखित वाक्यों को भाववाच्य में परिवर्तित कीजिए। (½ × 2 = 1)

(i) मुझसे नहीं चला जा सकता।

(ii) बूढ़े व्यक्ति प्रतिदिन टहलते हैं।

3. प्रकृति ने जल संचय की व्यवस्था किस प्रकार की है? (2)

अथवा

'माता का आँचल' पाठ के आधार पर भोलानाथ के चरित्र की विशेषताएँ बताइए। (2)

4. निम्नलिखित विषयों पर दिए गए संकेत बिंदुओं के आधार पर 80-100 शब्दों में अनुच्छेद लिखिए (2)

समाज पर सिनेमा का प्रभाव

- सिनेमा की आवश्यकता
- सिनेमा के लाभ
- सिनेमा से हानि

अथवा

वनों की उपयोगिता

- प्रकृति की देन
- दैनिक आवश्यकताओं की पूर्ति
- वन संपदा का दोहन
- उपयोगिता एवं संरक्षण

5. आपके कुछ साथी छोटी कक्षाओं के विद्यार्थियों को बहुत सताते हैं। इस समस्या के बारे में प्रधानाचार्य को पत्र लिखकर बताएँ और कोई उपाय भी सुझाइए। (1)

अथवा

आप छात्रावास में रहकर पढ़ाई कर रहे हैं। सीबीएसई द्वारा लागू की गई सीसीई शिक्षा पद्धति के बारे में जानकारी देते हुए अपने पिताजी को पत्र लिखिए।

6. आप रॉबर्ट पॉल/डोली डिसूजा हैं। आपने अ.ब.स. प्रकाशन से क.ख.ग. नगर में ऑनलाइन कुछ पुस्तकें मँगवाई थीं। प्रकाशन द्वारा उनमें से दो पुस्तकें किसी अन्य लेखक की भेज दी गई हैं और एक पुस्तक के पहले कुछ पेज फटे हुए हैं। इसकी शिकायत करते हुए तथा इन पुस्तकों को शीघ्र लौटाने और नई पुस्तकें भिजवाने के लिए प्रकाशन के वरिष्ठ प्रबंधक को लगभग 80 शब्दों में एक ई-मेल लिखिए। (1)

अथवा

आपकी बहन का एक थिएटर-समूह है। वे इस शहर में अपने नए नाटक का मंचन करने जा रही हैं। उसके प्रचार-प्रसार के लिए लगभग 40 शब्दों में एक आकर्षक विज्ञापन तैयार कीजिए।

Allinone®
संपूर्ण अध्ययन। संपूर्ण अभ्यास। संपूर्ण मूल्यांकन

प्रतिदर्श प्रश्न–पत्र (1-5)

प्रतिदर्श प्रश्न–पत्र 1

(व्याख्या सहित)

CBSE कक्षा 10 की बोर्ड परीक्षा के लिए नमूना प्रश्न-पत्र

हिंदी 'अ'

समय : 3 घंटे | पूर्णांक : 80

1. इस प्रश्न-पत्र में चार खंड दिए गए हैं–'क', 'ख', 'ग' और 'घ'।
2. खंड 'क' में बहुविकल्पीय, अतिलघु व लघु उत्तरीय प्रश्न दिए गए हैं।
3. खंड 'ख' में अतिलघु/लघु उत्तरीय प्रश्न दिए गए हैं।
4. खंड 'ग' में बहुविकल्पीय व वर्णनात्मक प्रश्न दिए गए हैं।
5. खंड 'घ' में वर्णनात्मक प्रश्न दिए गए हैं।
6. यथासंभव सभी प्रश्नों के उत्तर क्रमानुसार लिखिए।

खंड (क) : अपठित बोध (14 अंक)

1. निम्नलिखित गद्यांश पर आधारित प्रश्नों के उत्तर दीजिए।

वर्तमान युग कंप्यूटर का युग है। यदि भारतवर्ष पर नजर दौड़ाकर देखें तो हम पाएँगे कि जीवन के लगभग सभी क्षेत्रों में कंप्यूटर का प्रवेश हो गया है। बैंक, रेलवे-स्टेशन, हवाई-अड्डे, डाकखाने, बड़े-बड़े उद्योग-कारखाने, व्यवसाय हिसाब-किताब तथा रुपये गिनने तक की मशीनें कंप्यूटरीकृत हो गई हैं। आज भी कंप्यूटर का प्रारंभिक प्रयोग है तथा आने वाला समय इसके विस्तृत फैलाव का संकेत दे रहा है। प्रश्न उठता है कि क्या कंप्यूटर आज की जरूरत है?

इसका उत्तर है–कंप्यूटर जीवन की मूलभूत अनिवार्य वस्तु तो नहीं है, किंतु इसके बिना आज की दुनिया अधूरी जान पड़ती है। सांसारिक गतिविधियों, परिवहन और संचार उपकरणों आदि का ऐसा विस्तार हो गया है कि उन्हें सुचारु रूप से चलाना अत्यंत कठिन होता जा रहा है।

पहले मनुष्य जीवन-भर में यदि सौ लोगों के संपर्क में आता था, तो आज वह दो-हजार लोगों के संपर्क में आता है। पहले वह दिन में पाँच-दस लोगों से मिलता था, तो आज पचास-सौ लोगों से मिलता है। पहले वह दिन में काम करता था, तो आज रातें भी व्यस्त रहती हैं। आज व्यक्ति के संपर्क बढ़ रहे हैं, व्यापार बढ़ रहे हैं, गतिविधियाँ बढ़ रही हैं, आकांक्षाएँ बढ़ रही हैं तथा साधन बढ़ रहे हैं।

इस अनियंत्रित गति को सुव्यवस्था देने की समस्या आज की प्रमुख समस्या है। कहते हैं 'आवश्यकता आविष्कार की जननी है।' इस आवश्यकता ने अपने अनुसार निदान ढूँढ लिया है।

कंप्यूटर एक ऐसी स्वचालित प्रणाली है, जो कैसी भी अव्यवस्था को व्यवस्था में बदल सकती है। हड़बड़ी में होने वाली मानवीय भूलों के लिए कंप्यूटर रामबाण औषधि है। क्रिकेट के मैदान में अंपायर की निर्णायक भूमिका हो या लाखों-करोड़ों की लंबी-लंबी गणनाएँ, कंप्यूटर पलक झपकते ही आपकी समस्या का हल कर सकता है। पहले इन कामों को करने वाले कर्मचारी हड़बड़ाकर काम करते थे, एक भूल से घबराकर और अधिक गड़बड़ी करते थे। परिणामस्वरूप काम कम, तनाव अधिक होता था। अब कंप्यूटर की सहायता से काफी सुविधा हो गई है।

(क) वर्तमान युग कंप्यूटर का युग क्यों है? (1)

(i) क्योंकि कंप्यूटर के बिना जीवन की कल्पना असंभव-सी हो गई है
(ii) क्योंकि कंप्यूटर ने पूरे विश्व के लोगों को जोड़ दिया हैं
(iii) क्योंकि कंप्यूटर जीवन की अनिवार्य मूलभूत वस्तु बन गई है
(iv) क्योंकि कंप्यूटर मानव सभ्यता के सभी अंगों का अभिन्न अवयव बन चुका है

(ख) कथन (A) और कारण (R) को पढ़कर उपयुक्त विकल्प चुनिए

कथन (A) वर्तमान युग कंप्यूटर का युग है।

कारण (R) इसके बिना आज की दुनिया अधूरी जान पड़ती है। (1)

(i) कथन (A) गलत है, किंतु कारण (R) सही है।
(ii) कथन (A) और कारण (R) दोनों गलत हैं।
(iii) कथन (A) और कारण (R) दोनों सही हैं तथा कारण (R), कथन (A) की सही व्याख्या करता है।
(iv) कथन (A) सही है, किंतु कारण (R), कथन (A) की सही व्याख्या नहीं करता है।

(ग) गद्यांश के अनुसार, किस आवश्यकता ने कंप्यूटर में अपना निदान ढूँढ लिया है? (1)

(i) अनियंत्रित कर्मचारियों को अनुशासित करने की
(ii) अनियंत्रित गति को सुव्यवस्था देने की
(iii) अधिक-से-अधिक लोगों से जुड़ जन-जागरण लाने की
(iv) अधिक-से-अधिक कार्य कभी भी व कहीं भी करने की

(घ) कंप्यूटर के प्रयोग से पहले अधिक तनाव क्यों होता था? (2)

(ङ) कंप्यूटर के बिना आज की दुनिया अधूरी क्यों है? (2)

उत्तर

(क) (i) **क्योंकि कंप्यूटर के बिना जीवन की कल्पना असंभव-सी हो गई है** गद्यांश के आधार पर कह सकते हैं कि वर्तमान युग कंप्यूटर का युग है, क्योंकि कंप्यूटर के बिना जीवन की कल्पना करना असंभव-सा हो गया है। इसके बिना दुनिया अधूरी जान पड़ती है।

(ख) (iii) **कथन (A) और कारण (R) दोनों सही हैं तथा कारण (R), कथन (A) की सही व्याख्या करता है।** वर्तमान युग कंप्यूटर का युग है। कंप्यूटर आज की जरूरत है, क्योंकि इसके बिना जीवन की कल्पना करना असंभव-सा प्रतीत होने लगा है। इसके बिना आज की दुनिया अधूरी जान पड़ती है। सभी क्षेत्रों में इसका प्रयोग किए जाने के कारण यह मनुष्य के जीवन का एक अंग बन गया है।

(ग) (ii) **अनियंत्रित गति को सुव्यवस्था देने की** गद्यांश के अनुसार, अनियंत्रित गति को सुव्यवस्था देने की आवश्यकता ने कंप्यूटर में अपना निदान ढूँढ लिया है।

(घ) कंप्यूटर के प्रयोग से पहले अधिक तनाव इसलिए होता था, क्योंकि पहले काम करने वाले कर्मचारी हड़बड़ाकर काम करते थे, एक भूल से घबराकर और अधिक गड़बड़ी करते थे।

(ङ) कंप्यूटर के बिना आज की दुनिया अधूरी है, क्योंकि सारी व्यवस्था, उपकरण और मशीनें कंप्यूटरीकृत हैं। बैंक, रेलवे-स्टेशन, हवाई अड्डे, डाकखाने, बड़े-बड़े उद्योग तथा रुपये गिनने तक की मशीनें कंप्यूटरीकृत हो गई हैं। परिवहन और संचार उपकरणों आदि का ऐसा विस्तार हो गया है कि उन्हें सुचारु रूप से चलाने के लिए कंप्यूटर आवश्यक हो गया है। इसके अभाव में इन पर नियंत्रण कर पाना कठिन है। कंप्यूटर जीवन की मूलभूत अनिवार्य वस्तु तो नहीं है, किंतु इसके बिना आज की दुनिया अधूरी लगती है।

2. निम्नलिखित पद्यांश पर आधारित प्रश्नों के उत्तर दीजिए।

सच हम नहीं, सच तुम नहीं, सच है महज संघर्ष ही।।
संघर्ष से हटकर जिए तो क्या जिए हम या कि तुम
जो नत हुआ, वह मृत हुआ, ज्यों वृंत से झरकर कुसुम
जो पंथ भूल रुका नहीं, जो हार देख झुका नहीं, जिसने मरण को भी लिया हो जीत, है जीवन वही। सच हम नहीं...
ऐसा करो जिससे न प्राणों में कहीं जड़ता रहे।
जो है जहाँ चुपचाप अपने आपसे लड़ता रहे। जो भी परिस्थितियाँ मिलें, काँटे चुभें, कलियाँ खिलें, टूटे नहीं इनसान, बस संदेश यौवन का यही।। सच हम नहीं... अपने हृदय का सत्य अपने आप हमको खोजना। अपने नयन का नीर अपने आप हमको पोंछना।आकाश सुख देगा नहीं, धरती पसीजी है कहीं। हर एक राही को भटककर ही दिशा मिलती रही।। सच हम नहीं...

(क) इस कविता के केंद्रीय भाव हेतु दिए गए कथनों को पढ़कर सबसे सही विकल्प चुनिए (1)

1. प्रतिकूलता के विरुद्ध जूझते हुए बढ़ना ही जीवन की सच्चाई है।
2. परिस्थितियों से समझौता करके जोखिमों से बचना ही उचित है।
3. लक्ष्य-संधान हेतु मार्ग में भटक जाने का भय त्याग देना चाहिए।
4. जीवन में 'अपने छाले, खुद सहलाने' का दर्शन अपनाना चाहिए।

कूट

(i) केवल कथन 2 सही है।
(ii) कथन 1 और 3 सही हैं।
(iii) कथन 1, 3 और 4 सही हैं।
(iv) कथन 1, 2, 3 और 4 सही हैं।

(ख) 'जिसने मरण को भी लिया हो जीत, है जीवन वही।' का आशय है (1)

(i) साधुता व साधना से अमरत्व प्राप्त करना
(ii) योगाभ्यास व जिजीविषा से दीर्घायु हो जाना
(iii) अर्थ, बल व दृढ़ इच्छाशक्ति से जीवन को कष्टमुक्त करना
(iv) जीवन व जीवन के बाद भी आदर्श रूप में स्मरण किया जाना

(ग) युवावस्था हमें सिखाती है कि (1)

(i) स्वयं को चैतन्य, गतिशील, आत्म-आलोचक व आशावादी बनाए रखें।
(ii) सजग रहें, जीवन में कभी कठिन परिस्थितियाँ उत्पन्न ही न होने दें।
(iii) सुख-दुःख, उतार-चढ़ाव को भाग्यवादी बनकर स्वीकार करना सीखें।
(iv) उपर्युक्त सभी

(घ) जीवन के दुःख दूर कैसे किए जा सकते हैं? (2)

(ङ) अपनी दुर्बलताओं की अनदेखी क्यों नहीं करनी चाहिए? (2)

उत्तर

(क) (iii) **कथन 1, 3 और 4 सही हैं।** मनुष्य को प्रतिकूल परिस्थितियों में कठिनाइयों का सामना करते हुए हमेशा आगे बढ़ते रहना चाहिए। लक्ष्य-संधान हेतु मार्ग में भटक जाने का भय त्याग देना चाहिए। मनुष्य को अपनी परेशानियों का समाधान स्वयं ही ढूँढना चाहिए।

(ख) (iv) **जीवन व जीवन के बाद भी आदर्श रूप में स्मरण किया जाना।** मनुष्य जब तक जीवित है अच्छे कर्म और लोगों की भलाई करनी चाहिए। इस संसार में आप अपने सत्कर्मों से ही पहचाने जाओगे और मृत्यु के पश्चात् भी आपका यश और कीर्ति इस संसार में सदैव बनी रहेगी।

(ग) (i) स्वयं को चैतन्य, गतिशील, आत्म-आलोचक व आशावादी बनाए रखें।

युवावस्था हमें सिखाती है कि हमें स्वयं को चैतन्य, गतिशील, आत्म-आलोचक व आशावादी बनाए रखना चाहिए और प्रतिकूल परिस्थितियों के आगे घुटने नहीं टेकने चाहिए, बल्कि उनका डटकर सामना करना चाहिए।

(घ) हिम्मत और साहस से जीवन के दु:खों का सामना करके हम अपने जीवन के दु:खों को दूर कर सकते हैं।

(ङ) मनुष्य को जीवन में अपनी दुर्बलताओं की अनदेखी इसलिए नहीं करनी चाहिए, क्योंकि दुर्बलताएँ हमारी कमजोरी बन जाती हैं। जिस प्रकार एक छोटा-सा छेद एक बड़े जहाज को डुबो देता है, उसी प्रकार दुर्बलताएँ भी जीवन में लक्ष्य को प्राप्त करने में बहुत बड़ी बाधक होती हैं। जीवन में सफलता प्राप्त करने के लिए अपनी दुर्बलताओं से डरने के बजाय उन्हें दूर कर लक्ष्य की ओर बढ़ना चाहिए।

खंड (ख) : व्यावहारिक व्याकरण (16 अंक)

3. **निर्देशानुसार 'रचना के आधार पर वाक्य भेद' पर आधारित पाँच प्रश्नों में से किन्हीं चार प्रश्नों के उत्तर दीजिए।** (1× 4 = 4)

(क) 'लाभ वाला काम करो।' इस वाक्य का मिश्र वाक्य क्या होगा? (1)

(ख) 'मुझे पुरस्कार मिलने की आशा है। रचना की दृष्टि से वाक्य का कौन-सा भेद है? (1)

(ग) 'मैंने उसे बहुत समझाया पर वह न मानी।' इस वाक्य का सरल वाक्य क्या होगा? (1)

(घ) सरल वाक्य किसे कहते हैं? (1)

(ङ) मिश्र वाक्य और संयुक्त वाक्यों में अंतर को स्पष्ट कीजिए। (1)

उत्तर

(क) 'लाभ वाला काम करो।' का मिश्र वाक्य होगा— ऐसा काम करो, जिसमें लाभ हो।

(ख) 'मुझे पुरस्कार मिलने की आशा है।' रचना की दृष्टि से यह सरल वाक्य है।

(ग) 'मैंने उसे बहुत समझाया पर वह न मानी।' इस वाक्य का सरल वाक्य होगा।— मेरे बहुत समझाने पर भी वह न मानी।

(घ) जिस वाक्य में एक ही उद्‌देश्य और एक ही विधेय होता है, उसे सरल वाक्य कहते हैं; जैसे— राम ने सेब खाया। प्रथम रेखांकित शब्द उद्‌देश्य है और दूसरा रेखांकित शब्द विधेय है।

(ङ) जिस वाक्य में एक प्रधान उपवाक्य होता है और एक या अधिक आश्रित उपवाक्य होते हैं, उसे मिश्र या मिश्रित वाक्य कहते हैं; जैसे— तुम वहीं जाओ, जहाँ तुम्हारा घर है।

जब दो या दो से अधिक समान स्तर के स्वतंत्र और सरल वाक्य और, तथा, एवं, किंतु, परंतु, या, अथवा, लेकिन, इसलिए, अत: आदि समुच्चयबोधक अव्ययों से जुड़े हों और एक वाक्य की रचना करते हों, तो उसे संयुक्त वाक्य कहते हैं; जैसे— सूरज निकला और चिड़िया चहचहाने लगीं।

4. **निर्देशानुसार 'वाच्य' पर आधारित पाँच प्रश्नों में से किन्हीं चार प्रश्नों के उत्तर दीजिए।** (1× 4 = 4)

(क) 'अध्यापक ने आज हमें नया पाठ पढ़ाया।' इस वाक्य को कर्म वाच्य में बदलिए। (1)

(ख) 'पुलिस द्वारा लाठीचार्ज किया गया।' इस वाक्य में वाच्य का कौन-सा भेद है? (1)

(ग) भाववाच्य वाला वाक्य कौन-सा होता है? (1)

(घ) भाववाच्य किसे कहते हैं? (1)

(ङ) वाच्य की परिभाषा दीजिए। (1)

उत्तर

(क) 'अध्यापक ने आज हमें नया पाठ पढ़ाया।' इस वाक्य का कर्मवाच्य में परिवर्तित रूप 'अध्यापक के द्वारा हमें आज नया पाठ पढ़ाया गया' होगा।

(ख) 'पुलिस द्वारा लाठीचार्ज किया गया।' इस वाक्य में कर्मवाच्य है।

(ग) जब वाक्य में भाव की या क्रिया की प्रधानता होती है, तो वह वाक्य भाववाच्य होता है।

(घ) जिन वाक्यों में भाव के अनुसार, क्रिया प्रयोग की जाती है, उन्हें भाववाच्य वाक्य कहते हैं। भाववाच्य में क्रिया के लिंग, पुरुष एवं वचन अन्य पुरुष, एकवचन, पुल्लिंग के होते हैं; जैसे— वृद्धा से चला नहीं जाता।

(ङ) क्रिया के जिस रूप से यह पता चले कि क्रिया का मुख्य विषय कर्ता है, कर्म है अथवा भाव है, उसे वाच्य कहते हैं।

5. **निर्देशानुसार 'पद परिचय' पर आधारित पाँच प्रश्नों में से किन्हीं चार प्रश्नों के उत्तर दीजिए।** (1 × 4 = 4)

(क) हुसैन आज दिल्ली जाएगा। रेखांकित पद का परिचय बताइए। (1)

(ख) बाजार से कुछ सामान ले आओ। रेखांकित पद का परिचय बताइए। (1)

(ग) शब्द पद कब बन जाता है? (1)

(घ) संज्ञा का पद परिचय देते समय किन बिंदुओं का समावेश किया जाना चाहिए। (1)

(ङ) किसी वस्तु या व्यक्ति के गुण, दशा, भाव, अवस्था का बोध किस संज्ञा से होता है? (1)

उत्तर

(क) 'हुसैन आज दिल्ली जाएगा।' रेखांकित का पद परिचय इस प्रकार है- व्यक्तिवाचक संज्ञा, पुल्लिंग, एकवचन-कर्ता कारक।

(ख) 'बाजार से कुछ सामान ले आओ।' रेखांकित का पद परिचय इस प्रकार है— अनिश्चयवाचक सर्वनाम, पुल्लिंग, अनिश्चित परिमाणवाचक विशेषण, विशेष्य सामान।

(ग) वाक्य में प्रयोग किए जाने पर शब्द पद बन जाता है।

(घ) संज्ञा का पद परिचय देते समय संज्ञा के भेद, लिंग, वचन, कारक, क्रिया व अन्य शब्दों से उसके संबंध का समावेश किया जाना चाहिए।

(ङ) किसी वस्तु या व्यक्ति के गुण, दशा, भाव, अवस्था का बोध भाववाचक संज्ञा से होता है।

6. निर्देशानुसार 'अलंकार' पर आधारित पाँच प्रश्नों में से किन्हीं चार प्रश्नों के उत्तर दीजिए (1 × 4 = 4)

(क) 'संदेसनि मधुबन-कूप भरे' में कौन-सा अलंकार है? (1)

(ख) प्रस्तुत में अप्रस्तुत की संभावना को कौन-सा अलंकार कहते हैं? (1)

(ग) अलंकार किसे कहते हैं? (1)

(घ) 'उपमा' अलंकार को उदाहरण सहित समझाइए। (1)

(ङ) शब्दालंकार किसे कहते हैं? (1)

उत्तर

(क) 'संदेसनि मधुबन-कूप भरे' में अतिशयोक्ति अलंकार है, क्योंकि यहाँ एक सखी अपनी दूसरी सखी से कह रही है कि हमारे संदेशों से मथुरा के कुए भर गए अर्थात् उसने अपने संदेशों के बारे में बढ़ा-चढ़ाकर वर्णन किया है।

(ख) प्रस्तुत में अप्रस्तुत की संभावना को उत्प्रेक्षा अलंकार कहते हैं।

(ग) काव्य की शोभा बढ़ाने वाले धर्मों अर्थात् साधनों को अलंकार कहते हैं।

(घ) **उपमा अलंकार** जहाँ किसी वस्तु या प्राणी की तुलना रूप, रंग या गुण के अत्यंत सादृश्य के कारण किसी दूसरी प्रसिद्ध वस्तु या प्राणी से की जाए, वहाँ उपमा अलंकार होता है; जैसे— पीपर पात सरिस मन डोला। यहाँ मन डोलने की तुलना पीपल के पत्ते के डोलने से की गई है।

(ङ) जो अलंकार शब्दों के माध्यम से काव्यों को अलंकृत करते हैं, उन्हें शब्दालंकार कहते हैं।

खंड (ग) : पाठ्यपुस्तक व पूरक पाठ्यपुस्तक (30 अंक)

7. निम्नलिखित पठित गद्यांश पर आधारित बहुविकल्पीय प्रश्नों के सर्वाधिक उपयुक्त विकल्प चुनकर लिखिए। (1× 5 = 5)

फिर एक बार ऐसा हुआ कि मूर्ति के चेहरे पर कोई भी, कैसा भी चश्मा नहीं था। उस दिन पान की दुकान भी बंद थी। चौराहे की अधिकांश दुकानें बंद थीं। अगली बार भी मूर्ति की आँखों पर चश्मा नहीं था। हालदार साहब ने पान खाया और धीरे से पानवाले से पूछा–क्यों भई, क्या बात है? आज तुम्हारे नेताजी की आँखों पर चश्मा नहीं है? पानवाला उदास हो गया। उसने पीछे मुड़कर मुँह का पान नीचे थूका और सिर झुकाकर अपनी धोती के सिरे से आँखें पोंछता हुआ बोला–साहब! कैप्टन मर गया और कुछ नहीं पूछ पाए हालदार साहब। कुछ पल चुपचाप खड़े रहे, फिर पान के पैसे चुकाकर जीप में आ बैठे और रवाना हो गए। बार-बार सोचते, क्या होगा उस कौम का जो अपने देश की खातिर घर-गृहस्थी-जवानी-जिंदगी सब कुछ होम देने वालों पर भी हँसती है और अपने लिए बिकने के मौके ढूँढती है।

(क) एक दिन कस्बे से गुजरते हुए हालदार साहब को चौराहा देखकर आश्चर्य क्यों हुआ? (1)

(i) मूर्ति टूट गई थी

(ii) पानवाला कहीं चला गया था

(iii) मूर्ति पर चश्मा नहीं था और चौराहे की बहुत-सी दुकानें बंद थीं

(iv) कैप्टन चश्मे वाला रो रहा था

(ख) नेताजी की मूर्ति पर चश्मा क्यों नहीं था? (1)

(i) कैप्टन चश्मे वाला मर गया था

(ii) आज कैप्टन चश्मे वाला नहीं आया था

(iii) पानवाले ने सारे चश्मे खरीद लिए थे

(iv) मूर्ति चौराहे से स्थानांतरित कर दी गई थी

(ग) चौराहे की अधिकांश दुकानें क्यों बंद थीं? (1)

(i) पानवाले की मृत्यु के कारण

(ii) कैप्टन चश्मे वाले की मृत्यु का शोक मनाने के कारण

(iii) हालदार साहब की मृत्यु के कारण

(iv) नेताजी की मूर्ति को तोड़ने के विरोध में

(घ) पानवाला एक ········ व्यक्ति था। (1)

(i) सहृदय तथा संवेदनशील (ii) सहृदय तथा निर्दयी

(iii) कठोर तथा कोमल (iv) ये सभी

(ङ) कैप्टन चश्मे वाले की मृत्यु पर हालदार साहब विचलित क्यों हुए? (1)

(i) क्योंकि कैप्टन चश्मे वाला एक गरीब व्यक्ति था

(ii) क्योंकि कैप्टन चश्मे वाला एक सच्चा देशभक्त था

(iii) क्योंकि कैप्टन चश्मे वाले से उन्हें आत्मीयता हो गई थी

(iv) क्योंकि उन्हें कैप्टन चश्मे वाले से चश्मे खरीदने थे

उत्तर

(क) (iii) **मूर्ति पर चश्मा नहीं था और चौराहे की बहुत-सी दुकानें बंद थीं।** एक दिन कस्बे से गुजरते हुए हालदार साहब को चौराहे की दुकानें बंद मिलीं। पानवाले की दुकान भी बंद थी। उन्हें बहुत आश्चर्य हुआ। उस दिन मूर्ति पर चश्मा भी नहीं था। वह सब देखकर हालदार साहब बहुत आश्चर्यचकित हुए।

(ख) (i) **कैप्टन चश्मे वाला मर गया था।** नेताजी की मूर्ति पर चश्मा न होने का कारण यह था कि कैप्टन चश्मे वाला मर गया था। हालदार साहब ने जब अगले दिन पानवाले से पूछा कि आज तुम्हारे नेताजी की आँखों पर चश्मा क्यों नहीं है, तो पानवाले ने उदास होकर उन्हें बताया कि कैप्टन चश्मे वाले की मृत्यु हो गई।

(ग) (ii) **कैप्टन चश्मे वाले की मृत्यु का शोक मनाने के कारण** चौराहे की अधिकांश दुकानें इसलिए बंद थीं, क्योंकि कैप्टन चश्मे वाले की मृत्यु हो गई थी और सबको इस बात का बहुत दुःख था कि उन्होंने एक सच्चे देशभक्त को खो दिया था।

(घ) (i) **सहृदय तथा संवेदनशील** पानवाला एक सहृदय तथा संवेदनशील व्यक्ति था।

(ङ) (ii) **क्योंकि कैप्टन चश्मे वाला एक सच्चा देशभक्त था।** हालदार साहब कैप्टन चश्मे वाले की मृत्यु पर बहुत दुःखी व विचलित हुए, क्योंकि कस्बे ने एक सच्चे देशभक्त को खो दिया था। वे सोच रहे थे कि पहले की तरह चौराहे पर नेताजी की मूर्ति तो होगी, लेकिन उस पर चश्मा लगाने वाला कोई नहीं होगा।

8. **गद्य पाठों के आधार पर निम्नलिखित चार प्रश्नों में से किन्हीं तीन प्रश्नों के उत्तर लगभग 25-30 शब्दों में लिखिए।** $(2 \times 3 = 6)$

(क) आपकी दृष्टि में भगत की कबीर पर श्रद्धा के क्या कारण रहे होंगे? 'बालगोबिन भगत' पाठ के आधार पर उत्तर दीजिए। (2)

(ख) यह कैसे कहा जा सकता है कि बालगोबिन भगत की पतोहू एक आदर्श पतोहू थी? क्या आधुनिक समय में भी इस प्रकार का आदर्श प्रासंगिक माना जा सकता है? (2)

(ग) हालदार साहब का अचानक जीप रुकवाने का क्या कारण था? 'नेताजी का चश्मा' पाठ के आधार पर स्पष्ट कीजिए। (2)

(घ) पाठ 'लखनवी अंदाज़' में नवाब साहब द्वारा लेखक से खीरा खाने के लिए पूछे जाने पर भी उन्होंने खीरा खाने से इंकार क्यों किया? (2)

उत्तर

(क) मेरी दृष्टि में बालगोबिन भगत की कबीर पर अगाध श्रद्धा के निम्नलिखित कारण रहे होंगे

(i) भगत को कबीरदास की सामाजिक कुरीतियों का विरोध करने वाली बातें बहुत पसंद आई होंगी।

(ii) भगत कबीरदास के जाति-पाँति का विरोध करने वाले विचारों से बहुत प्रभावित हुए होंगे।

(iii) भगत को कबीरदास के सत्य का आचरण, झूठ से घृणा, सादा जीवन, उच्च विचार और मितव्ययिता की बातों ने भी बहुत प्रभावित किया होगा, इसलिए उन्होंने स्वयं भी सादा जीवन अपनाया।

(ख) बालगोबिन भगत की पतोहू में एक आदर्श पतोहू की झलक मिलती है, क्योंकि वह भावनात्मक रूप से अपने परिवार से जुड़ी हुई थी। उसे अपने पति के साथ-साथ अपने ससुर की भी चिंता रहती थी, इसलिए वह उनके पास रुककर उनकी देखभाल करना चाहती थी। आधुनिक समय में इस प्रकार का व्यक्तित्व कम ही देखने को मिलता है, परंतु फिर भी इस प्रकार का आदर्श आज भी प्रासंगिक है।

(ग) हालदार साहब सोच रहे थे कि अब जब कैप्टन चश्मेवाला ही नहीं रहा, तो सुभाषचंद्र जी की मूर्ति पर चश्मा भी नहीं होगा, परंतु जैसे ही उनकी जीप कस्बे के चौराहे पर पहुँची, तो उन्होंने देखा कि मूर्ति पर चश्मा लगा हुआ था। वह अत्यंत आनंदित हुए तथा उत्साह में आकर उन्होंने तुरंत जीप रुकवा दी।

(घ) लेखक को अचानक से नवाब साहब का बदला हुआ व्यवहार अच्छा नहीं लगा। उन्होंने डिब्बे में चढ़ते समय लेखक के प्रति अरुचि प्रदर्शित की थी, इसलिए लेखक ने खीरा खाने से इंकार कर दिया। नवाब साहब ने एक बार फिर लेखक से खीरा खाने के लिए कहा, परंतु लेखक ने आत्मसम्मान को बचाए रखने के लिए एक बार फिर मना कर दिया।

9. **निम्नलिखित पठित पद्यांश पर आधारित बहुविकल्पीय प्रश्नों के सर्वाधिक उपयुक्त विकल्प चुनकर लिखिए।** $(1 \times 5 = 5)$

हरि हैं राजनीति पढ़ि आए।
समुझी बात कहत मधुकर के, समाचार सब पाए।
इक अति चतुर हुते पहिलैं ही, अब गुरु ग्रंथ पढ़ाए।
बढ़ी बुद्धि जानी जो उनकी, जोग-सँदेस पठाए।
ऊधौ भले लोग आगे के, पर हित डोलत धाए।
अब अपनै मन फेर पाइ हैं, चलत जु हुते चुराए।
ते क्यौं अनीति करैं आपुन, जे और अनीति छुड़ाए।
राज धरम तौ यहै 'सूर', जो प्रजा न जाहिं सताए।।

(क) मथुरा जाते समय श्रीकृष्ण गोपियों का क्या लेकर गए? (1)

(i) नीति
(ii) मन
(iii) बुद्धि
(iv) उपरोक्त में से कोई नहीं

(ख) 'ऊधौ भले लोग आगे के' पर हित डोलत धाए' इस पंक्ति का क्या आशय है? (1)

(i) पहले के लोग धूर्त थे, जो दूसरों की भलाई नहीं करते थे
(ii) दूसरों की भलाई न करने वाला
(iii) पहले के लोग भले थे, जो दूसरों की भलाई के लिए दौड़े चले आते थे
(iv) उपर्युक्त सभी

(ग) गोपियाँ राजधर्म की बात किससे कहती हैं? (1)

(i) कृष्ण से (ii) उद्धव से
(iii) हरि से (iv) स्वयं से

(घ) गोपियाँ उद्धव की बात सुनकर निराश क्यों हो गईं ? (1)

(i) क्योंकि उद्धव श्रीकृष्ण के आने का समाचार लाए थे
(ii) क्योंकि उद्धव उनके लिए श्रीकृष्ण द्वारा भिजवाया गया योग का सन्देश लेकर आए थे
(iii) क्योंकि उद्धव श्रीकृष्ण से मिलन की सूचना लाए थे
(iv) उपर्युक्त सभी

(ङ) कथन (A) और कारण (R) को पढ़कर उपयुक्त विकल्प चुनकर लिखिए (1)

कथन (A) श्रीकृष्ण बहुत चतुर चालाक थे।

कारण (R) उन्होंने राजनीति शास्त्र भी पढ़ लिया है।

(i) कथन (A) गलत है, किंतु कारण (R) सही है।
(ii) कथन (A) और कारण (R) दोनों गलत हैं।
(iii) कथन (A) और कारण (R) सही हैं तथा कारण (R), कथन (A) की सही व्याख्या है।
(iv) कथन (A) सही है, किंतु कारण (R), कथन (A) की सही व्याख्या नहीं है।

उत्तर

(क) (ii) **मन** काव्यांश में स्पष्ट रूप से बताया गया है कि मथुरा जाते समय श्रीकृष्ण उनके मन को अपने साथ ले गए और अब मथुरा जाकर उन्हें भूल गए हैं।

(ख) (iii) **पहले के लोग भले थे, जो दूसरों की भलाई के लिए दौड़े चले आते थे** गोपियाँ उद्धव से कहती हैं कि पहले के लोग बहुत भले थे, जो दूसरों की भलाई करने के लिए दौड़े चले आते थे, परंतु श्रीकृष्ण तो ब्रह्म एवं योग का संदेश भेजकर उनके साथ अन्याय कर रहे हैं।

(ग) (ii) **उद्धव से** जब उद्धव गोपियों के पास श्रीकृष्ण का योग का संदेश लेकर आते हैं, तब वह राजधर्म की बात उनसे कहती हैं।

(घ) (ii) **क्योंकि उद्धव उनके लिए श्रीकृष्ण द्वारा भिजवाया गया योग का संदेश लेकर आए थे**
गोपियाँ उद्धव की बात सुनकर निराश हो जाती हैं, क्योंकि वे ही श्रीकृष्ण द्वारा भिजवाया गया योग का संदेश लेकर आए थे।

(ङ) (iii) **कथन** (A) **और कारण** (R) **सही हैं तथा कारण** (R), **कथन** (A) **की सही व्याख्या है** गोपियाँ उद्धव से कहती हैं कि श्रीकृष्ण पहले से ही बहुत चतुर और चालाक थे। अब मथुरा पहुँचकर उन्होंने राजनीति शास्त्र भी पढ़ लिया है, जिससे वे और अधिक बुद्धिमान हो गए हैं, जो उन्होंने तुम्हारे द्वारा हमारे लिए योग का संदेश भेजा है।

10. पद्य पाठों के आधार पर निम्नलिखित चार प्रश्नों में से किन्हीं तीन प्रश्नों के उत्तर लगभग 25-30 शब्दों में लिखिए। $(2 \times 3 = 6)$

(क) शिवजी का धनुष टूटने पर क्रोधित परशुराम को शांत करने के लिए लक्ष्मण ने क्या कहा? 'राम लक्ष्मण-परशुराम संवाद' पाठ के आधार पर स्पष्ट कीजिए। (2)

(ख) गोपियों ने श्रीकृष्ण को अपने हृदय में किस प्रकार बसाया हुआ है? 'सूरदास के पद' के आधार पर स्पष्ट कीजिए। (2)

(ग) कवि की आँख फागुन की सुंदरता से क्यों नहीं हट रही है? 'अट नहीं रही है' कविता के आधार पर उत्तर दीजिए। (2)

(घ) जब मुख्य गायक अंतरे की जटिल तानों में खो जाता है, तब संगीतकार अपने कर्त्तव्य को कैसे पूरा करता है? (2)

उत्तर

(क) लक्ष्मण ने अपनी व्यंग्योक्ति (वह उक्ति जिसमें व्यंग्य का भाव हो) द्वारा परशुराम को विनम्रतापूर्वक कहा कि श्रीराम ने तो केवल शिव के पुराने धनुष को मात्र छुआ था, अब यदि वह छूने मात्र से टूट गया, तो इसमें उनका कोई दोष नहीं है। लक्ष्मण ने अपने इस कथन को सत्य ठहराने के लिए इसी प्रकार के अनेक व्यंग्य कथनों का प्रयोग किया।

(ख) गोपियों ने श्रीकृष्ण को अपने हृदय में उसी प्रकार बसाया है, जिस प्रकार हारिल पक्षी अपने पैरों में दबाई लकड़ी को नहीं छोड़ता। उसी प्रकार मन, वचन और कर्म से गोपियों ने श्रीकृष्ण को अपने हृदय में बसाया हुआ है।

(ग) चारों ओर फागुन का सौंदर्य बिखरा हुआ है, जिसे देखकर प्रकृति प्रेमी कवि का मन प्रसन्न हो उठता है। इस समय डालियाँ कहीं लाल तो कहीं हरे-हरे पत्तों से लदी दिखाई देती हैं तथा चारों ओर फूल खिले हैं। इसी कारण कवि की आँखें फागुन की सुंदरता से नहीं हट रही हैं।

(घ) जब मुख्य गायक अंतरे की जटिल तानों में खो जाता है और अपने सुरों से भटक जाता है, तब संगीतकार गायन की स्थायी लय को सँभालता है और गायन के मूल सुरों को पकड़े रखता है। वह मुख्य गायक का साथ देकर कार्यक्रम को सफल बनाने में कोई कसर नहीं छोड़ता। इस प्रकार संगीतकार अपना कर्त्तव्य बखूबी निभाता है।

11. पूरक पाठ्यपुस्तक के पाठों पर आधारित निम्नलिखित तीन प्रश्नों में से किन्हीं दो प्रश्नों के उत्तर लगभग 50-60 शब्दों में लिखिए। $(4 \times 2 = 8)$

(क) परिवेश एवं संगति किस प्रकार बच्चों के चारित्रिक विकास में बाधक एवं साधक हैं? 'माता का अँचल' पाठ के आधार पर अपने विचार व्यक्त कीजिए। (4)

(ख) लेखिका ने कटाओ क्षेत्र का उदाहरण देकर किस समस्या की ओर संकेत किया है? इसके समाधान में नवयुवकों की क्या भूमिका हो सकती है? 'साना-साना हाथ जोडि' पाठ के आधार पर स्पष्ट कीजिए। (4)

(ग) लेखक के अनुसार, कृतिकार के स्वभाव और अनुशासन पर बाहरी दबाव का क्या प्रभाव पड़ता है? (4)

उत्तर

(क) बालमन बहुत कच्चा तथा कोमल होता है। बच्चे जिस परिवेश में रहते हैं, उसी में ढल जाते हैं। सही परिवेश और सही संगति चरित्र को उज्ज्वल बनाते हैं। दूसरी ओर गलत परिवेश एवं गलत संगति अच्छे बालक को भी बुरा बना देते हैं।

प्रस्तुत पाठ में भोलानाथ जैसा भोला-भाला तथा मासूम बच्चा भी अपने उद्दंड (जिसे दंड का भय न हो) मित्रों की संगत में कभी शिक्षकों को चिढ़ाता है, तो कभी जीव-जंतुओं को सताता है। इस प्रकार वह गलत संगति में पड़कर दुर्गुणों का शिकार हो जाता है। अत: परिवेश और संगति बच्चों के चारित्रिक विकास में बाधक भी है और साधक भी।

(ख) लेखिका ने कटाओ क्षेत्र का उदाहरण देकर पर्यटन स्थलों में फैली गंदगी की समस्या की ओर संकेत किया है। पर्यटन स्थलों पर लोगों की भीड़ जाकर वहाँ गंदगी और प्रदूषण फैलाती है, जिसके कारण वहाँ का प्राकृतिक सौंदर्य नष्ट होने लगता है।

इसके समाधान के लिए आज के नवयुवक विशेष अभियान चलाकर प्राकृतिक स्थानों को गंदगी-मुक्त करके अपना योगदान दे सकते हैं। वे दूसरों को जागरूक करने में भी महत्त्वपूर्ण भूमिका निभा सकते हैं।

(ग) लेखक का मानना है कि रचनाओं के निर्माण में कृतिकार के स्वभाव और आत्मानुशासन का बहुत महत्त्व होता है।
कुछ ऐसे आलसी जीव होते हैं कि बिना बाहरी दबाव के लिख ही नहीं पाते। इसी के सहारे उनके भीतर की विवशता स्पष्ट होती है।

इसका उदाहरण देते हुए लेखक कहता है कि जैसे प्रात:काल नींद खुल जाने पर भी कोई बिछौने पर तब तक पड़ा रहता है, जब तक घड़ी का अलार्म न बज जाए।

खंड (घ) : रचनात्मक लेखन (20 अंक)

12. निम्नलिखित तीन विषयों में से किसी एक विषय पर लगभग 120 शब्दों में सारगर्भित अनुच्छेद लिखिए। (6)

(क) **वैश्विक महामारी : कोरोना**

संकेत बिंदु
- प्रस्तावना
- कोरोना वायरस क्या है?
- कोरोना वायरस का संक्रमण हो जाए तब?
- इससे बचाव के उपाय
- मास्क कौन और कैसे पहनें
- उपसंहार

(ख) **लोकतंत्र और चुनाव**

संकेत बिंदु
- भूमिका
- लोकतंत्र में चुनाव की प्रक्रिया
- टिकट पाने की होड़
- अमर्यादित रूप से चुनाव का प्रचार-प्रसार
- उपसंहार

(ग) **इंटरनेट की दुनिया**

संकेत बिंदु
- भूमिका
- भारत एवं विश्व में इंटरनेट की स्थिति
- इंटरनेट के लाभ
- इंटरनेट के दुष्परिणाम
- उपसंहार

उत्तर

(क) **वैश्विक महामारी : कोरोना**

प्रस्तावना कोरोना वायरस बहुत ही सूक्ष्म लेकिन प्रभावी वायरस है। विश्व स्वास्थ्य संगठन (WHO) ने कोरोना वायरस को महामारी घोषित कर दिया है। यह अनेक प्रकार के विषाणुओं का एक समूह है, जो स्तनधारियों और पक्षियों में रोग उत्पन्न करता है, कोरोना महामारी के वायरस को SARS-CoV-2 नाम दिया गया है।

कोरोना वायरस क्या है? कोरोना वायरस (CoV) का संबंध वायरस के ऐसे परिवार से है, जिसके संक्रमण से जुकाम से लेकर साँस लेने में तकलीफ जैसी समस्या तक हो सकती है। ऐसे वायरस को पहले कभी नहीं देखा गया है। इस वायरस का संक्रमण दिसंबर, 2019 में चीन के वुहान शहर में शुरू हुआ था। डब्लूएचओ के अनुसार, इसके संक्रमण के फलस्वरूप बुखार, जुकाम, साँस लेने में तकलीफ, नाक बहना और गले में खराश जैसी समस्याएँ उत्पन्न होती हैं। यह वायरस एक व्यक्ति से दूसरे व्यक्ति में फैलता है।

कोरोना वायरस का संक्रमण हो जाए तब इस समय कोरोना वायरस का कोई इलाज नहीं है, लेकिन इसमें बीमारी के लक्षण कम होने वाली दवाइयाँ दी जा सकती हैं। जब तक आप ठीक न हो जाएँ, तब तक आप दूसरों से अलग रहें। कुछ अस्पताल इसके इलाज में एंटीवायरल दवा का भी प्रयोग कर रहे हैं।

इससे बचाव के उपाय स्वास्थ्य मंत्रालय ने कोरोना वायरस से बचने के लिए दिशा-निर्देश जारी किए हैं। इनके अनुसार, हाथों को बार-बार साबुन से धोना चाहिए तथा अल्कोहल आधारित हैंड रब का प्रयोग करना चाहिए। खाँसते और छींकते समय नाक और मुँह को रूमाल या टिश्यू पेपर से ढँककर रखें। जिन व्यक्तियों में कोल्ड और फ्लू के लक्षण हों, उनसे दूरी बनाकर रखें। मांसाहारी भोजन के सेवन से बचें तथा जंगली जानवरों के संपर्क में आने से बचना चाहिए।

मास्क कौन और कैसे पहनें यदि आप स्वस्थ हैं, तो भी आपको मास्क की जरूरत है। यदि आप किसी कोरोना वायरस से संक्रमित व्यक्ति की देखभाल कर रहे हैं, तो आपको मास्क अवश्य पहनना होगा। जिन लोगों को बुखार, कफ या साँस में तकलीफ की शिकायत है, उन्हें मास्क पहनना चाहिए और तुरंत डॉक्टर के पास जाना चाहिए। कोरोना वायरस को लेकर लोगों में एक अलग ही बेचैनी देखने को मिली है।

उपसंहार विश्व स्वास्थ्य संगठन, पब्लिक हेल्थ इंग्लैंड और नेशनल हेल्थ सर्विस (एनएचएस) के अनुसार, कोरोना वायरस को फैलने से रोकने के लिए एयरपोर्ट पर यात्रियों की स्क्रीनिंग तथा लैब में लोगों की जाँच की जानी चाहिए। सरकार ने कोरोना वायरस से निपटने के लिए अनेक तैयारी की हैं। इसके अतिरिक्त सरकार ने किसी भी तरह की अफवाह से बचने तथा स्वयं की सुरक्षा के लिए कुछ निर्देश जारी किए हैं, जिससे कि कोरोना से निपटा जा सके।

(ख) लोकतंत्र और चुनाव

भूमिका अब्राहम लिंकन ने लोकतंत्र को परिभाषित करते हुए कहा था—"लोकतंत्र जनता के लिए, जनता द्वारा, जनता का शासन है।" लोकतंत्र सर्वोत्तम शासन प्रणाली है, जिसमें जनता की इच्छाओं को साकार करने के लिए जनता के प्रतिनिधि ही शासन संचालित करते हैं।

लोकतंत्र में चुनाव की प्रक्रिया भारतीय लोकतंत्र में जनता प्रत्येक चुनाव से अपने प्रतिनिधियों को प्रत्यक्ष मतदान द्वारा चुनती है। भारत में प्रत्येक 5 वर्ष के अंतराल पर चुनाव आयोजित किए जाते हैं। यह चुनाव का समय ही होता है, जब आसमान में उड़ने वाले सभी नेता वापस धरती पर आ जाते हैं।

टिकट पाने की होड़ आजकल लोकतंत्र की वास्तविकता केवल सिद्धांतों तक सीमित रह गई है, उसका व्यावहारिक पक्ष अत्यंत घृणित एवं खराब हो गया है। सभी अपने-अपने महत्त्व को दिखाने के लिए अपने नेता, अपने गुट एवं दल के सदस्य को चुनाव में खड़ा करते हैं। राष्ट्रीय दलों के प्रत्याशी के रूप में टिकट पाने के लिए अनेक लोगों के बीच प्रतिस्पर्द्धा शुरू हो जाती है। अंतत: टिकट पाने में सफलता प्राप्त करने वाले प्रत्याशी का उत्साह सातवें आसमान पर चढ़ जाता है। चुनाव-प्रचार का अराजकता भरा वातावरण शुरू हो जाता है। संपूर्ण परिवेश रंगीन झंडों, बैनरों, नारों, पोस्टरों, चीखते लाउडस्पीकरों, प्रचार करती गाड़ियों आदि से सराबोर हो जाता है।

अमर्यादित रूप से चुनाव का प्रचार-प्रसार आजकल चुनाव-प्रचार के समय राजनीतिक दलों द्वारा न्यूनतम मर्यादाओं का भी पालन नहीं किया जाता है। सस्ती लोकप्रियता प्राप्त करने के लिए नैतिकता समाप्त होती जा रही है। इसके कारण पूरा वातावरण अत्यंत दूषित हो जाता है।

उपसंहार अनेक सुधारों के पश्चात् भी लोकतंत्र में चुनाव-प्रणाली की जितनी सार्थक भूमिका होनी चाहिए, वह अभी भी नहीं दिखती है। आज भी जाति एवं धर्म के आधार पर मतदान होता है, आज भी बाहुबली जेलों में रहते हुए चुनाव जीत जाते हैं।

(ग) इंटरनेट की दुनिया

भूमिका विज्ञान के कारण पहले कंप्यूटर का जन्म हुआ और फिर कंप्यूटर से इंटरनेट का। इंटरनेट न केवल मानव के लिए अति उपयोगी सिद्ध हुआ है, बल्कि संचार में गति एवं विविधता के माध्यम से इसने दुनिया को बिलकुल बदलकर रख दिया है। इंटरनेट ने भौगोलिक सीमाओं को समेट दिया है।

भारत एवं विश्व में इंटरनेट की स्थिति भारत में इंटरनेट सेवा की शुरुआत बी.एस.एन.एल. (BSNL) ने वर्ष 1995 में की थी। अब एयरटेल, जियो, वोडाफोन जैसी दूरसंचार कंपनियाँ भी इंटरनेट सेवा उपलब्ध कराती हैं। आज विश्व के कुल 6.8 अरब से अधिक लोगों में से लगभग 2 अरब लोग इंटरनेट से जुड़े हुए हैं। पूरे विश्व में इंटरनेट से जुड़ने वाले लोगों की संख्या में तेजी से वृद्धि हो रही है।

इंटरनेट के लाभ इंटरनेट ने खास लोगों से लेकर आम लोगों तक सभी के जीवन को गति प्रदान की है। इससे मानव को अनेक सुविधाएँ प्राप्त हुई हैं; जैसे— पुस्तक ऑर्डर करना, रेल हवाई जहाज की टिकट बुक कराना, मित्रों से आनलॉइन चैटिंग करना आदि। इंटरनेट न केवल हमारे कार्यों को सरल बनाता है, अपितु शिक्षा में भी यह अपनी महत्त्वपूर्ण भूमिका निभाता है। इसका ज्वलंत उदाहरण हम कोरोना महामारी के चलते देख सकते हैं। यदि आज इंटरनेट की सुविधा न होती तो शायद शिक्षक-छात्र आदि कोरोना महामारी के जाने का इंतजार कर रहे होते, किंतु इंटरनेट ने आज घर बैठे छात्रों को शिक्षा ग्रहण करने व शिक्षकों द्वारा शिक्षा देने के काम को भी साकार किया है।

इंटरनेट के दुष्परिणाम जहाँ इंटरनेट के अनेक लाभ हैं, तो इसकी कुछ हानियाँ भी हैं। इसके माध्यम से अश्लील सामग्री की पहुँच बच्चों तक सरल हो गई है। इंटरनेट से जुड़ते समय वायरसों द्वारा सुरक्षित फाइलों के नष्ट या संक्रमित होने का खतरा भी बना रहता है। इन सबके अतिरिक्त बहुत-से लोग इस पर अनावश्यक और गलत आँकड़े एवं तथ्य भी प्रकाशित करते रहते हैं। इस प्रकार इंटरनेट यदि ज्ञान का सागर है, तो इसमें 'कूड़े-कचरे' की भी कमी नहीं है। इसलिए हमें इसका प्रयोग सावधानीपूर्वक करना चाहिए।

उपसंहार इसमें संदेह नहीं है कि इंटरनेट ने अनेक सुविधाएँ उपलब्ध करवाई हैं, परंतु यह आवश्यक है कि मनुष्य इसका सही ढंग से प्रयोग करे। साथ ही इसका विस्तार क्षेत्र पूरे देश में बढ़ाया जाना चाहिए।

13. किसी समाचार-पत्र के संपादक को पत्र लिखिए, जिसमें दिल्ली में बढ़ती हुई अपराध-वृत्ति की ओर अधिकारियों का ध्यान आकृष्ट कराया गया हो। (5)

अथवा

आपका नाम अंकित त्यागी है। आप दुर्घटनाग्रस्त होने के कारण अपने मित्र की बहन के विवाह में उपस्थित नहीं हो सके। इस संबंध में जानकारी देते हुए अपने मित्र को एक बधाई पत्र लिखिए।

उत्तर

परीक्षा भवन,
दिल्ली।

दिनांक 29 मार्च, 20XX

सेवा में,
श्रीमान संपादक महोदय,
दैनिक हिंदुस्तान,
नई दिल्ली।

विषय दिल्ली में बढ़ती अपराध-वृत्ति के संदर्भ में।

महोदय,

मैं आपके प्रतिष्ठित समाचार-पत्र के माध्यम से दिल्ली सरकार के अधिकारियों का ध्यान दिल्ली में बढ़ती हुई अपराध-वृत्ति की ओर आकृष्ट कराना चाहती हूँ।

आशा है कि आप मेरे पत्र को अपने प्रतिष्ठित समाचार-पत्र में प्रकाशित करेंगे। मुझे अत्यंत खेद सहित लिखना पड़ रहा है कि दिल्ली में आजकल गुंडागर्दी, बलात्कार, हत्याएँ, लूटपाट, अपहरण जैसी आपराधिक घटनाएँ नियमित रूप से बढ़ रही हैं। देश की राजधानी दिल्ली 'अमन चैन की राजधानी' न रहकर असामाजिक तत्त्वों व अपराधियों द्वारा 'भय व आतंक के वातावरण की राजधानी' बनकर रह गई है। जहाँ दिन-दहाड़े दुकानदारों से लूट, घरों में चोरी, छोटे बच्चों का अपहरण, लड़कियों से छेड़छाड़ व बलात्कार तो जैसे सामान्य बात हो गई है।

महोदय, दु:ख तो इस बात का है कि अनेक राजनीतिक संगठन, गैर-सरकारी संस्थाओं तथा छात्र संगठनों के द्वारा अनेक बार इस ओर ध्यान दिलाए जाने के पश्चात् भी केंद्र सरकार चुपचाप बैठी है। वह संबंधित पुलिस अधिकारियों को कठोर निर्देश जारी नहीं करती।

मेरा केंद्र सरकार तथा पुलिस के अधिकारियों से अनुरोध है कि वे इस संबंध में कठोरतम कार्यवाही करें, जिससे अपराधियों के मन में भय उत्पन्न हो और वे अपराध करने से पहले दस बार सोचें।

धन्यवाद।
भवदीया
क. ख. ग.

अथवा

परीक्षा भवन,
दिल्ली।

दिनांक 11 मार्च, 20XX

प्रिय मित्र

मधुर स्मृति। मुझे रजनी दीदी के विवाह का निमंत्रण पत्र समय पर मिल गया था। निमंत्रण पत्र पाकर मुझे बहुत प्रसन्नता हुई थी कि मेरे 'एक पंथ दो काज' हो जाएँगे। मैं दीदी के विवाह में भी उपस्थित हो जाऊँगा और अपने अभिन्न मित्रों से भी मिल सकूँगा। मैंने इस विषय में सभी कार्यक्रम भी बना लिए थे, किंतु सड़क दुर्घटना में मेरे पैर में फ्रैक्चर हो गया। ऐसी विवशता आ गई कि चाहकर भी मैं विवाह में उपस्थित नहीं हो सका। इसके लिए मैं क्षमा प्रार्थी हूँ। आशा है कि तुम मेरी विवशता समझ गए होंगे।

इस अवसर पर मेरी परमपिता परमेश्वर से यही प्रार्थना है कि वह रजनी दीदी तथा उसके पति के नव-विवाहित जीवन में सुख-समृद्धि लाए। उन्हें दुनिया की सभी खुशियाँ मिलें। उनका लंबा और सुखी वैवाहिक जीवन हो। घर पर सभी को मेरी ओर से बधाई देना। ईश्वर ने चाहा, तो आप लोगों से शीघ्र ही आकर मिलूँगा।

तुम्हारा मित्र
अंकित त्यागी

14. आप अपने आपको डॉ. अंजली गुप्ता मानते हुए राजस्थान पत्रिका में आए हुए विज्ञापन महिला चिकित्सालय में महिला चिकित्सक (प्रसूति विशेषज्ञ) के पद हेतु आवेदन-पत्र लिखिए। इसके लिए स्ववृत्त भी तैयार कीजिए। (5)

अथवा

अपनी कंपनी के निदेशक को ई-पत्र (ई-मेल) लिखिए, जिसमें जरूरी काम निकल आने पर अवकाश लेने हेतु प्रार्थना की गई हो।

उत्तर

सेवा में,
श्रीमान स्वास्थ्य निदेशक,
स्वास्थ्य विभाग,
सी-स्कीम, जयपुर।
302015

विषय महिला चिकित्सालय में महिला चिकित्सक (प्रसूति विशेषज्ञ) पद के लिए आवेदन।

महोदय,

आज दिनांक 7 अक्टूबर, 2021 को राजस्थान पत्रिका में विज्ञापन प्रकाशित हुआ था। जिससे ज्ञात हुआ है कि राजस्थान के स्वास्थ्य विभाग के अंतर्गत महिला चिकित्सालय में महिला चिकित्सक (प्रसूति विशेषज्ञ) के पद पर चिकित्सक की आवश्यकता है। मैंने एस.एम.एस. मेडिकल कॉलेज से गाइनोकोलॉजी में एम.एस. किया है। मैं इस पद के लिए अपना आवेदन-पत्र प्रस्तुत कर रही हूँ।

मैं अपना स्ववृत्त इस आवेदन-पत्र के साथ संलग्न कर रही हूँ। मैं विज्ञापन में दी गई सभी योग्यताओं को पूरा करती हूँ। मेरा संक्षिप्त विवरण इस प्रकार है

मैंने एस.एम.एस. मेडिकल कॉलेज से गाइनी (प्रसूति) में एम.एस. किया है तथा वर्तमान में मैं एपेक्स हॉस्पिटल में कार्यरत् हूँ। मैंने एम.बी.बी.एस. भी उपर्युक्त कॉलेज से ही किया था।

मैंने फोर्टीज हॉस्पिटल में रेजीडेंट के पद पर भी कार्य किया था।

मैंने स्वास्थ्य विभाग द्वारा आयोजित कैंपों में भी कार्य किया है। इस दौरान ग्रामीण क्षेत्रों में आयोजित कैंपों में महिलाओं को उनके स्वास्थ्य के प्रति सजग करते हुए उनका मार्गदर्शन किया है।

मैंने विद्यालय में अपनी पढ़ाई के दौरान विज्ञान क्विज में भाग लिया तथा अंतर्राष्ट्रीय विज्ञान प्रतियोगिता में द्वितीय पुरस्कार प्राप्त किया।

मुझे बचपन से ही विज्ञान विषय में रुचि रही है। मैंने समय-समय पर आयोजित स्वास्थ्य संबंधी समस्याओं पर आधारित वर्कशॉप्स में भाग लिया है।

आपसे विनम्र अनुरोध है कि उपर्युक्त पद के लिए मेरी योग्यताओं को ध्यान में रखते हुए मुझे साक्षात्कार हेतु बुलावा पत्र भेजें। तदंतर मेरे अनुभव व मेरी योग्यता से संतुष्ट हो जाने पर मुझे उपर्युक्त पद पर नियुक्ति प्रदान करें। मैं सरकारी अस्पताल में कार्य करने की तीव्र इच्छा रखती हूँ। मैं आपको आश्वस्त करती हूँ कि मेरे सानिध्य में मरीजों को उनके इलाज से संबंधित सही मार्गदर्शन प्राप्त होगा।

सधन्यवाद।

भवदीया

डॉ. अजंली गुप्ता

संलग्न प्रमाण-पत्र

1. दसवीं की अंक तालिका
2. बारहवीं की अंक तालिका
3. एम.बी.बी.एस. की अंक तालिका व प्रमाण-पत्र
4. एम.एस. डिग्री का प्रमाण-पत्र
5. कार्यानुभव व प्रमाण-पत्र

स्ववृत्त

नाम	:	डॉ. अंजली गुप्ता
पिता का नाम	:	डॉ. राकेश गुप्ता
माता का नाम	:	श्रीमती प्रीति गुप्ता
जन्म तिथि	:	1 फरवरी, 1991
वर्तमान पता	:	सी-52, सेक्टर सात चित्रकूट कॉलोनी जयपुर
स्थायी पता	:	उपर्युक्त
ई-मेल	:	01anjali@gmail.com

शैक्षणिक योग्यताएँ

क्र. सं.	परीक्षा/ डिग्री	वर्ष	विद्यालय/बोर्ड /महाविद्यालय	विषय	श्रेणी	प्रति-शत
1.	दसवीं	2006	आई.आई.एस जयपुर/ सी.बी.एस.ई	अंग्रेजी, हिंदी, गणित, विज्ञान, सामाजिक विज्ञान, संस्कृत	प्रथम	76%
2.	बारहवीं	2008	आई.आई.एस. जयपुर/ सी.बी.एस.ई.	भौतिक विज्ञान, जीव-विज्ञान, रसायन विज्ञान, हिंदी, अंग्रेजी	प्रथम	83%
3.	एम.बी. बी.एस.	2014	एस.एम.एस. मेडिकल कॉलेज, जयपुर	मेडिकल साइंस	प्रथम	79%
4.	एम.एस. (गाइनी)	2017	एस.एम.एस. मेडिकल कॉलेज, जयपुर	गाइनी (प्रसूति)	प्रथम	82%

तिथि 7.10.2021 डॉ. अंजली गुप्ता

स्थान जयपुर हस्ताक्षर

अथवा

To: ShriRam@gmail.com

Subject: आवश्यक कार्य हेतु अवकाश लेने के संबंध में।

Insert: Attachments Office docs Photos From Bing Emoticons

Tahoma 10 B I U

सेवा में,

निदेशक महोदय,

श्रीराम फर्टीलाइजर्स,

काला आम, आगरा रोड,

बुलंदशहर।

महोदय,

सादर निवेदन यह है कि आज शाम को कुछ मेहमान हमारे घर आ रहे हैं। मेहमानों ने मेरे साथ कल दिल्ली घूमने की इच्छा जताई है। चूँकि वे लोग पहली बार घर आ रहे हैं, इसलिए मैं उन्हें इनकार नहीं कर सकता। अतः आपसे निवेदन है कि आप मुझे कल अर्थात् 11 अप्रैल, 20XX का अवकाश प्रदान करने की कृपा करें।

धन्यवाद।

भवदीय

Send Discard

15. मनस्वी पब्लिक स्कूल में प्राइमरी से पाँचवीं कक्षा तक के प्रवेश शुरू हो चुके हैं। इसके लिए एक आकर्षक विज्ञापन तैयार कीजिए। (4)

अथवा अपनी चचेरी बहन के जन्मदिन पर एक शुभकामना संदेश लिखिए।

उत्तर

अथवा

जन्मदिन हेतु शुभकामना संदेश

दिनांक 5 अप्रैल, 20XX

समय 10:00 बजे प्रात:

प्यारी चचेरी बहन।

आपको जन्मदिन की बहुत-बहुत शुभकामनाएँ। ईश्वर आपको खुश और स्वस्थ रखे। आप दीर्घायु हो। ईश्वर से मेरी यही प्रार्थना है कि आपको जीवन के हर क्षेत्र में खुशियाँ और सफलता मिलें यही मेरी मंगलकामनाएँ हैं। पुनः आपको जन्मदिन की शुभकामनाएँ।

आपका चचेरा भाई

राहुल दिव्य

प्रतिदर्श प्रश्न-पत्र 2 (व्याख्या सहित)

CBSE कक्षा 10 की बोर्ड परीक्षा के लिए नमूना प्रश्न-पत्र

हिंदी 'अ'

समय : 3 घंटे पूर्णांक : 80

1. इस प्रश्न-पत्र में चार खंड दिए गए हैं–'क', 'ख', 'ग' और 'घ'।
2. खंड 'क' में बहुविकल्पीय, अतिलघु व लघु उत्तरीय प्रश्न दिए गए हैं।
3. खंड 'ख' में अतिलघु/लघु उत्तरीय प्रश्न दिए गए हैं।
4. खंड 'ग' में बहुविकल्पीय व वर्णनात्मक प्रश्न दिए गए हैं।
5. खंड 'घ' में वर्णनात्मक प्रश्न दिए गए हैं।
6. यथासंभव सभी प्रश्नों के उत्तर क्रमानुसार लिखिए।

खंड (क) : अपठित बोध (14 अंक)

1. निम्नलिखित गद्यांश पर आधारित प्रश्नों के उत्तर दीजिए।

जिस देश को कभी सोने की चिड़िया कहा जाता था, जहाँ कभी दूध की नदियाँ बहा करती थीं, वहाँ आज असंख्य लोगों को रहने के लिए घर, तन ढकने के लिए वस्त्र और खाने के लिए भोजन भी नहीं मिल पाता। इसका एकमात्र कारण है–जनसंख्या की अत्यधिक वृद्धि। यद्यपि जनसंख्या किसी राज्य का प्रमुख तत्त्व है, उसके बिना किसी राज्य एवं जाति की कल्पना नहीं की जा सकती, किंतु 'अति सर्वत्र वर्जयेत्।' भारतवर्ष में जनसंख्या की अत्यधिक वृद्धि के कुछ विशेष कारण हैं, जिसमें बाल-विवाह, बहु-विवाह, अशिक्षा, रूढ़िवादिता, ग्रामीण-क्षेत्रों में परिवार-नियोजन के नवीनतम साधनों का कम प्रचार व अनभिज्ञता, पुत्र की अनिवार्यता आदि शामिल हैं। जनसंख्या वृद्धि के कारण भारत में सर्वत्र अशिक्षा, गरीबी, बेरोजगारी, निम्न जीवन-स्तर, अस्वस्थता, खाद्यान्न संकट आदि अनेक समस्याएँ निरंतर बढ़ रही हैं। जनसंख्या का यह विस्फोट भारत के लिए अभिशाप बन गया है। प्रसिद्ध अर्थशास्त्री माल्थस का विचार है कि "जनसंख्या की वृद्धि ज्यामितीय गति से होती है, जबकि उत्पादन अंकगणितीय गति से।" प्रथम पंचवर्षीय योजना में परिवार नियोजन कार्यक्रम केवल शहरी अस्पतालों तक ही सीमित रहा। द्वितीय पंचवर्षीय योजना में इन कार्यक्रमों को गाँव तक पहुँचाने की चेष्टा की गई।

(क) कथन पढ़कर सही विकल्प का चयन कीजिए।
आज भारत में बहुत से लोगों को घर, वस्त्र और भोजन की आपूर्ति नहीं हो पाती, क्योंकि (1)

1. जनसंख्या वृद्धि अत्यंत तीव्र गति से हो रही है, जबकि उत्पादन बहुत ही कम मात्रा में हो रहा है।
2. जनसंख्या वृद्धि ज्यामितीय गति से, जबकि उत्पादन अंकगणितीय गति से वृद्धि करता है।
3. नवीनतम साधन अनुपलब्ध हैं।
4. जनसंख्या वृद्धि अंकगणितीय गति से तथा उत्पादन ज्यामितीय गति से वृद्धि करता है।

कूट

(i) केवल कथन 1 सही है। (ii) केवल कथन 3 सही है।
(iii) कथन 2 और 4 सही हैं। (iv) कथन 1 और 3 सही हैं।

(ख) गद्यांश के आधार पर 'अति सर्वत्र वर्जयेत्' का अर्थ बताइए। (1)

(i) किसी भी कार्य में अति नहीं होनी चाहिए
(ii) जनसंख्या वृद्धि नहीं होनी चाहिए
(iii) बहु-विवाह पर रोक होनी चाहिए
(iv) उपर्युक्त में से कोई नहीं

(ग) गद्यांश के आधार पर बताइए कि भारत में जनसंख्या वृद्धि के कारण कौन-सी समस्याएँ उत्पन्न हुई हैं? (1)

(i) अशिक्षा (ii) गरीबी
(iii) बेरोजगारी (iv) ये सभी

(घ) प्रथम पंचवर्षीय योजना के दौरान परिवार नियोजन कार्यक्रम की क्या स्थिति थी? (2)

(ङ) भारत में 'जनसंख्या का विस्फोट' अभिशाप कैसे बन गया? (2)

उत्तर

(क) (i) **केवल कथन 1 सही है।** आज भारत में बहुत से लोगों को घर, वस्त्र और भोजन की आपूर्ति नहीं हो पाती, क्योंकि देश में जनसंख्या वृद्धि अत्यंत तीव्र गति से हो रही है, जबकि उत्पादन बहुत ही कम मात्रा में हो रहा है।

(ख) (i) **किसी भी कार्य में अति नहीं होनी चाहिए।** प्रस्तुत गद्यांश के अनुसार 'अति सर्वत्र वर्जयेत्' का अर्थ है- किसी भी कार्य में अति नहीं होनी चाहिए।

(ग) (iv) **ये सभी** भारत में अपार जनसंख्या वृद्धि के कारण सर्वत्र अशिक्षा, गरीबी, बेरोजगारी, निम्न जीवन स्तर, अस्वस्थता, खाद्यान्न संकट आदि अनेक समस्याएँ उत्पन्न हुई हैं।

(घ) प्रथम पंचवर्षीय योजना के दौरान परिवार नियोजन कार्यक्रम केवल शहरी अस्पतालों तक ही सीमित रहा। द्वितीय पंचवर्षीय योजना में इस कार्यक्रम को गाँवों तक पहुँचाया गया।

(ङ) भारत में 'जनसंख्या का विस्फोट' अभिशाप बनने का मुख्य कारण यह है कि जनसंख्या वृद्धि के कारण भारत में सर्वत्र अशिक्षा, गरीबी, बेरोजगारी, निम्न जीवन स्तर, अस्वस्थता, खाद्यान्न संकट आदि अनेक समस्याएँ निरंतर बढ़ रही हैं।

2. निम्नलिखित पद्यांश पर आधारित प्रश्नों के उत्तर दीजिए।

हे ग्राम देवता! नमस्कार!
सोने-चाँदी से नहीं, किंतु तुमने मिट्टी से किया प्यार।
हे ग्राम देवता! नमस्कार!
जन कोलाहल से दूर कहीं एकाकी सिमटा-सा निवास,
रवि-शशि का उतना नहीं कि जितना प्राणों का होता प्रकाश,
श्रम, वैभव के बल पर करते हो जड़ से चेतन का विकास,
दानों-दानों में फूट रहे सौ-सौ दानों के हरे हास,
यह है न पसीने की धारा, यह गंगा की है धवल धार,
हे ग्राम देवता! नमस्कार!
अधखुले अंग जिनमें केवल, हैं कसे हुए कुछ अस्थि-खंड
जिनमें दधीचि की हड्डी है, यह वज्र इंद्र का है प्रचंड।
जो है गतिशील सभी ऋतु में गर्मी-वर्षा हो या कि ठंड,
जग को देते हो पुरस्कार देकर अपने को कठिन दंड।
झोंपड़ी झुकाकर तुम अपनी ऊँचे करते हो राज-द्वार!,
हे ग्राम देवता! नमस्कार!

(क) प्रस्तुत काव्यांश के आधार पर बताइए कि कवि ने ग्राम-देवता किसे कहा है? (1)

(i) गाँवों के देवता को (ii) किसान को
(iii) गाँव के लोगों को (iv) ईश्वर को

(ख) प्रस्तुत काव्यांश निम्न में से किससे संबंधित है? (1)

(i) ग्रामीण परिवेश से (ii) गाँव की झोंपड़ियों से
(iii) किसान से (iv) इनमें से कोई नहीं

(ग) कथन (A) और कारण (R) को पढ़कर उपयुक्त विकल्प चुनिए

कथन (A) कवि ने कहा किसान ग्राम देवता होते हैं।
कारण (R) वह अपनी मिट्टी से प्रेम करते हैं और अपने श्रम से मिट्टी में अन्न उगाते हैं। (1)

(i) कथन (A) सही है, किंतु कारण (R) गलत है।
(ii) कथन (A) गलत है, किंतु कारण (R) सही है।
(iii) कथन (A) और कारण (R) दोनों सही हैं तथा कारण (R), कथन (A) की सही व्याख्या है।
(iv) कथन (A) और कारण (R) दोनों सही हैं, किंतु कारण (R), कथन (A) की सही व्याख्या नहीं है।

(घ) ग्राम-देवता कहाँ निवास करते हैं? (2)

(ङ) प्रस्तुत कविता में अधखुले अंग किसके बताए गए हैं और क्यों? (2)

उत्तर

(क) (ii) **किसान को** प्रस्तुत काव्यांश में कवि ने ग्राम-देवता किसान को कहा है, क्योंकि किसान धन संपत्ति के स्थान पर मिट्टी से प्रेम करता है तथा वह अपने अथक परिश्रम से संपूर्ण विश्व के लिए अन्न उपजाता है।

(ख) (iii) **किसान से** प्रस्तुत काव्यांश किसान से संबंधित है, क्योंकि इसमें कवि ने किसानों के प्रति सम्मान भाव व्यक्त करते हुए किसान के अथक परिश्रम और सादगीयुक्त जीवन का वर्णन किया है।

(ग) (iii) **कथन (A) और कारण (R) दोनों सही हैं तथा कारण (R), कथन (A) की सही व्याख्या है।** प्रस्तुत काव्यांश में बताया गया है कि किसान ग्राम देवता होते हैं, क्योंकि किसान धन संपत्ति तथा सोने-चाँदी के स्थान पर अपनी मिट्टी से प्रेम करते हैं और सभी ऋतुओं में दिन-रात श्रम करके खेतों में अन्न उगाते हैं।

(घ) ग्राम-देवता ग्राम में बनी अपनी झोंपड़ियों में निवास करते हैं अर्थात् किसान गाँव में अपनी झोंपड़ी में ही रहते हैं।

(ङ) प्रस्तुत कविता में अधखुले अंग किसान के बताए गए हैं, क्योंकि किसान अपने खेतों में दिन-रात मिट्टी और पानी में कार्य करता है। वह गरीबी में जीवनयापन करता है, उसके सामने आर्थिक तंगी होती है, जिसके कारण वह पूरे शरीर को वस्त्रों से नहीं ढँक पाता है।

खंड (ख) : व्यावहारिक व्याकरण (16 अंक)

3. निर्देशानुसार 'रचना के आधार पर वाक्य भेद' पर आधारित पाँच प्रश्नों में से किन्हीं चार प्रश्नों के उत्तर दीजिए। $(1 \times 4 = 4)$

(क) 'तुम घर गए और वह रोने लगी।' इस वाक्य को सरल वाक्य में परिवर्तित कीजिए। (1)

(ख) 'वे बोलते जा रहे थे और पिताजी का चेहरा गर्व से बदलता जा रहा था।' रचना के आधार पर वाक्य का भेद बताइए। (1)

(ग) 'घंटी बजी, छात्र पुस्तकें लेकर कक्षा से बाहर निकले। छात्र घर चले गए।' इस वाक्य का संयुक्त वाक्य क्या बनेगा? (1)

(घ) जब तुम जाओगे तभी मैं जाऊँगा। रेखांकित अंश उपवाक्य का कौन-सा भेद है? (1)

(ङ) उपवाक्य किसे कहते हैं? (1)

उत्तर

(क) प्रस्तुत वाक्य का सरल वाक्य में परिवर्तित रूप है—तुम्हारे घर जाते ही वह रोने लगी।

(ख) 'वे बोलते जा रहे थे और पिताजी का चेहरा गर्व से बदलता जा रहा था।' रचना के आधार पर संयुक्त वाक्य है।

(ग) 'घंटी बजी, छात्र पुस्तकें लेकर कक्षा से बाहर निकले। छात्र घर चले गए।' इस वाक्य का संयुक्त वाक्य बनेगा—घंटी बजी और छात्र पुस्तकें लेकर कक्षा से बाहर निकलकर घर चले गए।

(घ) जब तुम जाओगे तभी मैं जाऊँगा। रेखांकित अंश उपवाक्य क्रियाविशेषण का भेद है।

(ङ) पदों का ऐसा समूह, जिसका अपना अर्थ हो, जो सामान्यतया एक वाक्य का भाग हो तथा जिसमें उद्देश्य एवं विधेय सम्मिलित हों, उपवाक्य कहलाता है।

4. निर्देशानुसार 'वाच्य' पर आधारित पाँच प्रश्नों में से किन्हीं चार प्रश्नों के उत्तर दीजिए। (1× 4 = 4)

(क) 'उसके द्वारा उछलकर पतंग पकड़ ली गई।' इस वाक्य का कर्तृवाच्य क्या होगा? (1)

(ख) कर्तृवाच्य में क्रिया का संबंध किससे होता है? (1)

(ग) भाववाच्य किसे कहते हैं? (1)

(घ) कर्मवाच्य में क्रिया के लिंग, वचन और पुरुष किसके अनुसार होते हैं? (1)

(ङ) कर्तृवाच्य किसे कहते हैं? (1)

उत्तर

(क) 'उसके द्वारा उछलकर पतंग पकड़ ली गई।' इस वाक्य का कर्तृवाच्य होगा—उसने उछलकर पतंग पकड़ ली।

(ख) कर्तृवाच्य में क्रिया का संबंध कर्ता से होता है।

(ग) जहाँ वाक्य में कर्ता या कर्म के स्थान पर क्रिया या भाव की प्रधानता होती है, उसे भाववाच्य कहते हैं।

(घ) कर्मवाच्य मे क्रिया के लिंग, वचन और पुरुष कर्म के अनुसार होते हैं।

(ङ) क्रिया के रूपांतर से जब वाक्य में कर्ता की प्रधानता का बोध होता है अर्थात् जब क्रिया का संबंध कर्ता से हो, तो वह वाच्य कर्तृवाच्य कहलाता है। कर्तृवाच्य मे कर्म की प्रधानता न होकर कर्ता की प्रधानता होती है।

5. निर्देशानुसार 'पद परिचय' पर आधारित पाँच प्रश्नों में से किन्हीं चार प्रश्नों के उत्तर दीजिए। (1× 4 = 4)

(क) 'मैं अपनी मातृभूमि पर मर मिटूँगी।' इस वाक्य में रेखांकित पद का पद परिचय बताइए। (1)

(ख) पद परिचय से क्या अभिप्राय है? (1)

(ग) 'काला घोड़ा तेज भागता है।' इस वाक्य में रेखांकित पद का परिचय बताइए। (1)

(घ) 'माँ ने नौकर से सब्जी मँगवाई।' रेखांकित पद का परिचय दीजिए। (1)

(ङ) विकारी और अविकारी पदों में अंतर को स्पष्ट कीजिए। (1)

उत्तर

(क) 'मैं अपनी मातृभूमि पर मर मिटूँगी।' इस वाक्य में रेखांकित पद अकर्मक क्रिया, स्त्रीलिंग, एकवचन, भविष्यत् काल है।

(ख) पद परिचय से अभिप्राय, वाक्य में आए पदों का विश्लेषण करने से है।

(ग) 'काला घोड़ा तेज भागता है।' इस वाक्य में रेखांकित पद जातिवाचक संज्ञा, पुल्लिंग, एकवचन, विशेष्य कर्ताकारक है।

(घ) 'माँ ने नौकर से सब्जी मँगवाई।' इस वाक्य में रेखांकित पद जातिवाचक संज्ञा, पुल्लिंग, एकवचन, अपादान कारक है।

(ङ) विकारी पद वे होते हैं, जिनमें लिंग, वचन और काल के अनुसार परिवर्तन होता है; जैसे—राम खाना खा रहा है, राधा खाना खा रही है। इन दोनों वाक्यों में क्रिया लिंग के अनुसार परिवर्तित हो रही है।

अविकारी पद वे होते हैं, जिनमें लिंग, वचन और काल के अनुसार कोई परिवर्तन नहीं होता है; जैसे—राम और श्याम खाना खा रहे हैं, राधा और श्यामा खाना खा रही हैं। इन दोनों वाक्यों में और योजक पद में कोई परिवर्तन नहीं हुआ।

6. निर्देशानुसार 'अलंकार' पर आधारित पाँच प्रश्नों में से किन्हीं चार प्रश्नों के उत्तर दीजिए। (1× 4 = 4)

(क) "अब जीवन की कपि आस न कोय।
कनगुरिया की मुदरी कँगना होय।।"
उक्त पद में निहित अलंकार का नाम लिखिए। (1)

(ख) 'हे बसुंधरा बिखेर देती, मोती सबके सोने पर' पंक्ति में कौन-सा अलंकार है? (1)

(ग) अलंकार का काव्य में क्या महत्त्व है? (1)

(घ) शब्दालंकार किसे कहते हैं? (1)

(ङ) अर्थालंकार से आप क्या समझते हैं? (1)

उत्तर

(क) प्रस्तुत पंक्तियों में अतिशयोक्ति अलंकार है। जहाँ किसी वस्तु का वर्णन बढ़ा-चढ़ाकर किया जाता है, वहाँ अतिशयोक्ति अलंकार होता है। इन पंक्तियों में बताया गया है कि कनिष्ठिका उँगली की मुँदरी कंगना हो गई है जो असंभव है।

(ख) 'हे बसुंधरा बिखेर देती, मोती सबके सोने पर' पंक्ति में मानवीकरण अलंकार है, क्योंकि पृथ्वी में मनुष्य का आरोपण किया गया है।

(ग) अलंकार काव्य की सुंदरता बढ़ाने वाले साधन हैं। अलंकारों के बिना काव्य नीरस रहता है। अलंकार के बिना काव्य उसी प्रकार होता है, जिस प्रकार प्राण बिना शरीर।

(घ) जहाँ काव्य में शब्दों के द्वारा चमत्कार उत्पन्न किया जाता है, वहाँ शब्दालंकार होता है।

(ङ) ऐसे शब्द, जो वाक्य में प्रयुक्त होकर उसके अर्थ को चमत्कृत या अलंकृत करते हैं, अर्थालंकार कहलाते हैं। 'अर्थालंकार' की एक विशेषता यह है कि यदि वाक्य से किसी शब्द को हटाकर उसकी जगह उसके पर्याय शब्द को रखा जाए, तब भी अलंकार की प्रवृत्ति में कोई अंतर नहीं आता अर्थात् अर्थालंकार की निर्भरता शब्द पर न होकर शब्द के अर्थ पर होती है।

खंड (ग) : पाठ्यपुस्तक व पूरक पाठ्यपुस्तक (30 अंक)

7. निम्नलिखित पठित गद्यांश पर आधारित बहुविकल्पीय प्रश्नों के सर्वाधिक उपयुक्त विकल्प चुनकर लिखिए। (1× 5 = 5)

पूरी बात तो अब पता नहीं, लेकिन लगता है कि देश के अच्छे मूर्तिकारों की जानकारी नहीं होने और अच्छी मूर्ति की लागत अनुमान और उपलब्ध बजट से कहीं बहुत ज़्यादा होने के कारण काफी समय ऊहापोह और चिट्ठी-पत्री में बरबाद हुआ होगा और बोर्ड की शासनावधि समाप्त होने की घड़ियों में किसी स्थानीय कलाकार को ही अवसर देने का निर्णय किया होगा और अंत में कस्बे के इकलौते हाई स्कूल के इकलौते ड्राइंग मास्टर मान लीजिए, मोतीलाल जी को ही यह काम सौंप दिया गया होगा, जो महीने भर में मूर्ति बनाकर 'पटक देने' का विश्वास दिला रहे थे।

(क) गद्यांश के आधार पर बताइए कि मूर्ति बनाने का अवसर किसे दिया गया? (1)

(i) स्थानीय कलाकार को (ii) मोतीलाल जी को
(iii) सरकारी कार्यालयों को (iv) इनमें से कोई नहीं

(ख) स्थानीय कलाकार को मूर्ति बनाने का कार्य सौंपा गया, क्योंकि .... । (1)

(i) उन्हें देश के अच्छे मूर्तिकारों की जानकारी नहीं थी
(ii) नगरपालिका बोर्ड की शासनावधि समाप्त होने वाली थी
(iii) (i) और (ii) दोनों
(iv) उपर्युक्त सभी

(ग) प्रस्तुत गद्यांश किस पाठ से लिया गया है? इसके लेखक का नाम बताइए (1)

(i) लखनवी अंदाज (यशपाल)
(ii) नेताजी का चश्मा (स्वयं प्रकाश)
(iii) बालगोबिन भगत (रामवृक्ष बेनीपुरी)
(iv) मानवीय करुणा की दिव्य चमक (सर्वेश्वर दयाल सक्सेना)

(घ) मूर्ति बनाने के मार्ग में क्या-क्या परेशानियाँ आई होंगी? (1)

(i) अच्छे मूर्तिकारों का अभाव
(ii) उपलब्ध बजट का कम होना
(iii) (i) और (ii) दोनों
(iv) स्थानीय कलाकार का गुणी होना

(ङ) गद्यांश के आधार पर बताइए कि मोतीलाल जी ने मूर्ति बनाने का कार्य कब पूरा करने का विश्वास दिलाया? (1)

(i) महीने भर में (ii) हफ्ते भर में
(iii) सप्ताह भर में (iv) इनमें से कोई नहीं

उत्तर

(क) (i) **स्थानीय कलाकार को** गद्यांश में स्पष्ट रूप से बताया गया है कि जल्दबाजी में किसी स्थानीय कलाकार को ही मूर्ति बनाने का अवसर दिया गया होगा।

(ख) (iii) **(i) और (ii) दोनों** स्थानीय कलाकार को मूर्ति बनाने का कार्य सौंपा गया होगा, क्योंकि एक तो अधिकारियों को देश के अच्छे मूर्तिकारों की जानकारी नहीं थी, दूसरा नगरपालिका बोर्ड की शासनावधि समाप्त होने वाली थी। इसलिए स्थानीय कलाकार को मूर्ति बनाने का कार्य सौंपा गया होगा।

(ग) (ii) **नेताजी का चश्मा (स्वयं प्रकाश)** प्रस्तुत गद्यांश 'नेताजी का चश्मा' नामक पाठ से उद्धधृत है।

(घ) (iii) **(i) और (ii) दोनों** गद्यांश के आधार पर यह कहा जा सकता है कि मूर्ति बनाने के लिए एक तो अच्छे मूर्तिकारों का अभाव होगा तथा दूसरा, जो बजट दिया गया होगा, वह अच्छी मूर्ति बनाने के लिए पर्याप्त नहीं होगा।

(ङ) (i) **महीने भर में** गद्यांश में कहा गया है कि मोतीलाल जी ने मूर्ति बनाने का कार्यक्रम पूरे एक माह का बताया और विश्वास दिलाया कि एक माह में मूर्ति पूर्ण रूप से तैयार हो जाएगी।

8. गद्य पाठों के आधार पर निम्नलिखित चार प्रश्नों में से किन्हीं तीन प्रश्नों के उत्तर लगभग 25-30 शब्दों में लिखिए। (2 × 3 = 6)

(क) महानगरों में रहने वाले लोग प्राय: 'पड़ोस कल्चर' से वंचित क्यों रह जाते हैं? पाठ के आधार पर स्पष्ट कीजिए। (2)

(ख) कैप्टन चश्मे वाले की मृत्यु पर हालदार साहब की क्या स्थिति थी? 'नेताजी का चश्मा' पाठ के आधार पर स्पष्ट कीजिए। (2)

(ग) 'बालगोबिन भगत' पाठ के आधार पर बताइए कि बालगोबिन भगत की दिनचर्या लोगों के आश्चर्य का विषय क्यों थी? (2)

(घ) 'लखनवी अंदाज' पाठ के आधार पर बताइए कि नमक-मिर्च छिड़कर दिए गए खीरे की फाँकों को देखकर लेखक की क्या स्थिति थी? (2)

उत्तर

(क) महानगरों में रहने वाले लोग प्राय: 'पड़ोस कल्चर' से वंचित रह जाते हैं, क्योंकि उनकी जीवन-शैली अति व्यस्त होती है। उनके पास न स्वयं के लिए समय होता है और न ही अपने परिवार के लिए। ऐसे में वे अपने आस-पड़ोस के लोगों से भी मिल नहीं पाते। वे धन कमाने की दौड़ में सबसे कटते चले जाते हैं।

(ख) हालदार साहब कैप्टन चश्मे वाले की मृत्यु पर दु:खी और विचलित थे। हालदार साहब के अनुसार, कस्बे ने एक सच्चे देशभक्त

को खो दिया था। वे सोच रहे थे कि कस्बे में पहले की भाँति सुभाषचंद्र बोस की मूर्ति अवश्य होगी, परंतु कैप्टन की भाँति मूर्ति को चश्मा पहनाने वाला कोई नहीं होगा और अब मूर्ति बिना चश्मे के ही देखने को मिलेगी।

(ग) बालगोबिन भगत सुबह उठकर स्नान करते और दोनों समय गीत गाते थे। वह हर वर्ष गंगा स्नान के लिए जाते और संत समागम में भाग लेते। वह कबीर को अपना 'साहब' मानते थे, उन्हीं के गीतों को गाते, उन्हीं के आदेशों का पालन करते। ईश्वर की आराधना में डूबे रहने के बाद भी वह अपनी गृहस्थी के कार्यों में लगे रहते थे। वह खेतीबाड़ी का काम भी देखते थे। इतनी आयु होने के बाद भी उनकी अनुशासित दिनचर्या लोगों के आश्चर्य का कारण थी।

(घ) नमक-मिर्च छिड़ककर दिए गए खीरे की फाँकों को देखकर लेखक उन्हें खाने के लिए लालायित हो रहे थे, किंतु वह पहले ही खीरा खाने से इंकार कर चुके थे। अत: उन्होंने उस समय आत्मसम्मान निभाना ही उचित समझा था।

9. निम्नलिखित पठित पद्यांश पर आधारित बहुविकल्पीय प्रश्नों के सर्वाधिक उपयुक्त विकल्प चुनकर लिखिए। (1 × 5 = 5)

तुम्हारी यह दंतुरित मुस्कान
मृतक में भी डाल देगी जान
धूलि-धूसर तुम्हारे ये गात…
छोड़कर तालाब मेरी झोंपड़ी में खिल रहे जलजात
परस पाकर तुम्हारा ही प्राण,
पिघलकर जल बन गया होगा कठिन पाषाण
छू गया तुमसे कि झरने लग पड़े शेफालिका के फूल
बाँस था कि बबूल?

(क) काव्यांश के आधार पर बताइए कि बच्चे की मुस्कान किसे पिघलाने में समर्थ है? (1)

(i) कठोर पत्थर को (ii) पहाड़ को
(iii) कठोर व्यक्ति के मन को (iv) संपूर्ण वातावरण को

(ख) झोपड़ी में कमल खिलने का क्या तात्पर्य है? (1)

(i) झोपड़ी का सुगंधित वातावरण
(ii) गरीबी में भी आनंद की अनुभूति
(iii) आर्थिक संपन्नता
(iv) झोपड़ी में कमल के फूलों की सजावट

(ग) प्रस्तुत काव्यांश में किसकी मुस्कान की विशेषता का वर्णन किया गया है? (1)

(i) बाल शिशु की (ii) प्रसन्नचित बालकों की
(iii) ग्रामीण बालकों की (iv) ये सभी

(घ) काव्यांश के अनुसार, शिशु का शरीर कैसा है? (1)

(i) आभूषणों से युक्त (ii) कमल के फूलों से युक्त
(iii) सूर्य के समान आभायुक्त (iv) धूल से सना हुआ

(ङ) कथन (A) पत्थर भी पिघलकर जल बन गया होगा।
कारण (R) हृदय की कठोरता को त्यागकर विनम्र बनना। (1)

(i) कथन (A) गलत है, किंतु कारण (R) सही है।
(ii) कथन (A) और कारण (R) दोनों गलत हैं।
(iii) कथन (A) और कारण (R) दोनों सही हैं तथा कारण (R), कथन (A) की सही व्याख्या है।
(iv) कथन (A) और कारण (R) दोनों सही हैं, किंतु कारण (R), कथन (A) की सही व्याख्या नहीं है।

उत्तर

(क) (iii) **कठोर व्यक्ति के मन को** काव्यांश के आधार पर बच्चे की मुस्कान कठोर व्यक्ति के मन को पिघलाने में समर्थ है।

(ख) (ii) **गरीबी में भी आनंद की अनुभूति** झोपड़ी में कमल खिलने का तात्पर्य गरीबी में भी आनंद की अनुभूति से है।

(ग) (i) **बाल शिशु की** प्रस्तुत काव्यांश में बाल शिशु की मुस्कान की विशेषता का वर्णन किया गया है।

(घ) (iv) **धूल से सना हुआ** काव्यांश के अनुसार, शिशु का शरीर धूल से सना हुआ है।

(ङ) (iii) **कथन (A) और कारण (R) दोनों सही हैं तथा कारण (R), कथन (A) की सही व्याख्या है।** बच्चे की मुस्कान को देखकर कवि कहता है कि तुम्हें छूकर पत्थर भी पिघलकर जल बन गया होगा अर्थात् पत्थर दिल वाले व्यक्ति ने जब तुम्हारा स्पर्श किया होगा, तो वह भी पत्थर के समान अपनी कठोरता को छोड़कर विनम्र बन गया होगा।

10. पद्य पाठों के आधार पर निम्नलिखित चार प्रश्नों में से किन्हीं तीन प्रश्नों के उत्तर लगभग 25-30 शब्दों में लिखिए। (2 × 3 = 6)

(क) जब परशुराम ने शिव धनुष के टूटने और इसे तोड़ने वाले के विषय में पूछा, तो श्रीराम ने सीधा उत्तर न देकर यह क्यों कहा कि "हे नाथ! शिवजी के धनुष को तोड़ने वाला आपका ही कोई सेवक होगा?" 'राम-लक्ष्मण-परशुराम संवाद' के आधार पर स्पष्ट कीजिए। (2)

(ख) नए-नए निकले हुए दाँतों वाले बच्चे की मुस्कान देखकर कवि को क्या लगता है? (2)

(ग) 'अट नहीं रही है' कविता में कवि ने किस ऋतु का वर्णन किया है? अपने शब्दों में लिखिए। (2)

(घ) गोपियाँ योग की व्याख्या किस प्रकार करती हैं? (2)

उत्तर

(क) श्रीराम परशुराम के क्रोधित स्वभाव से परिचित थे। वे जानते थे कि परशुराम के क्रोध को केवल विनम्रता से ही शांत किया जा सकता है और ऋषि होने के कारण वे त्रुटियों के लिए क्षमा करना भी जानते हैं। इसी कारण श्रीराम ने उत्तर दिया कि "हे नाथ! शिवजी के धनुष को तोड़ने वाला आपका ही कोई सेवक होगा।"

(ख) कवि को लगता है कि नए-नए निकले हुए दाँतों वाले बच्चे की मुस्कान मरे हुए व्यक्ति को भी जीवित कर देने की क्षमता रखती है। उसके धूल से सने शरीर को देखकर कवि को लगता है कि मानो कमल का सुंदर फूल तालाब को छोड़कर उसकी झोंपड़ी में आकर खिल गया हो। यह मुस्कान इतनी मधुर और मन मोहक है कि इसमें कठोर हृदय को भी पिघला देने की शक्ति होती है।

(ग) 'अट नहीं रही है' कविता में कवि ने वसंत ऋतु का वर्णन किया है। वसंत ऋतु की शोभा का वर्णन करते हुए कवि कहता है कि वसंत ऋतु में प्रकृति की सुंदरता अत्यधिक बढ़ गई है तथा चारों ओर फागुन की शोभा समाई हुई है। इस समय चारों ओर फूल खिलते हैं, फूलों की खुशबू प्रकृति को सुगंधित कर देती है। डालियाँ कहीं लाल तो कहीं हरे फूलों से लदी दिखाई देती हैं।

(घ) श्रीकृष्ण ने उद्धव के माध्यम से गोपियों को जो जोग अर्थात् योग का संदेश भिजवाया था, उस योग के संदेश को गोपियाँ पसंद नहीं करतीं, उन्होंने योग को ऐसी बीमारी बताया है, जिसका नाम सुनते ही उन्हें ऐसा लगा, जैसे कड़वी ककड़ी मुँह में चली गई हो। इसीलिए उन्होंने कहा कि हे उद्धव! तुम इस योग को उन्हीं को सौंप देना, जिनका मन चकरी के समान चंचल है।

11. पूरक पाठ्यपुस्तक के पाठों पर आधारित निम्नलिखित तीन प्रश्नों में से किन्हीं दो प्रश्नों के उत्तर लगभग 50-60 शब्दों में लिखिए। (4×2 = 8)

(क) 'माता का अँचल' पाठ के आधार पर पाठ के वाक्य और उनके मूल विचारों का सही मिलान कीजिए और प्रत्येक मिलान के लिए एक-एक वाक्य लिखिए। (4)

	(पाठ के वाक्य)		(मूल विचार)
A.	सादगी का स्थान चकाचौंध और बनावटीपन ने ले लिया है।	1.	संबंधों में अपनत्व का न रहना।
B.	सुख-दुःख में परिवार के सदस्य पहले की तरह एकत्र नहीं हो पाते हैं।	2.	माता-पिता द्वारा अनुनय-विनय द्वारा मनाना।
C.	बच्चे कई बार रूठकर दूर चले जाते हैं और पास नहीं आते हैं।	3.	सादगी के स्थान पर धूर्तता तथा चालाकी का आना।

(ख) "यंत्रों की दुनिया ने मनुष्य को यांत्रिक व भाव शून्य बनाने का कार्य किया है, जबकि यात्राएँ मनुष्य को भाव शून्य होने से रोकती हैं।" 'साना-साना हाथ जोड़ि' पाठ के आधार पर इस कथन के पक्ष या विपक्ष में अपना मत दीजिए। (4)

(ग) लेखक का हिरोशिमा में हुए बम विस्फोट से प्रभावित व्यक्तियों से साक्षात्कार किस प्रकार हुआ, उसे यह सब देखकर कैसा महसूस हुआ? (4)

उत्तर

(क) 'माता के अँचल' पाठ के आधार पर वाक्य और मूल विचारों का सही मिलान A-3, B-1, C-2 है।

- धूर्तता तथा चालाकी का स्थान चकाचौंध और बनावटीपन ने ले लिया है।
- संबंधों में अपनत्व समाप्त हो जाने के कारण सुख-दुःख में परिवार के सदस्य पहले की तरह एकत्र नहीं हो पाते हैं।
- माता-पिता अनुनय-विनय द्वारा रूठे हुए बच्चों को मना लेते हैं।

(ख) "यात्राएँ मनुष्य को भाव शून्य होने से रोकती हैं।" मैं इस कथन से पूर्णतः सहमत हूँ। मनुष्य की नीरस होती जीवन-शैली से मुक्ति दिलाने में यात्राएँ बहुत महत्त्वपूर्ण भूमिका निभाती हैं। 'साना-साना हाथ जोड़ि' पाठ में लेखिका का प्राकृतिक सौंदर्य से अविभूत होकर अर्थात् हिमालय पर गिरी बर्फ, सतत प्रवाहमान झरने, अत्यंत वेग से गिरती तिस्ता नदी, प्रियुता व रूडोडेंड्रो के महकते फूल इत्यादि प्राकृतिक सौंदर्य से आसक्त होकर यह सोचना कि जीवन का आनंद इसी सौंदर्य में है, यह स्पष्ट करता है कि यात्राएँ मनुष्य के जीवन में परिवर्तन लाने में सक्षम हैं।

(ग) एक बार लेखक ने जापान जाने पर हिरोशिमा के उस अस्पताल को भी देखा, जहाँ रेडियोधर्मी पदार्थ से आहत लोग वर्षों से कष्ट पा रहे थे। इस प्रकार उसे इसका प्रत्यक्ष अनुभव हुआ। उसे लगा कि कृतिकार के लिए अनुभव से अनुभूति गहरी चीज है। यही कारण है कि हिरोशिमा में सब देखकर भी उसने तत्काल कुछ नहीं लिखा। फिर एक दिन उसने वहीं सड़क पर घूमते हुए देखा कि एक जले हुए पत्थर पर एक मानव की लंबी उजली छाया है। उसकी समझ में आया कि विस्फोट के समय कोई वहाँ खड़ा रहा होगा और विस्फोट से बिखरे हुए रेडियोधर्मी पदार्थ की किरणों ने उसे भाप बनाकर उड़ा दिया होगा। यह देखकर उसे लगा कि समूची ट्रेजडी जैसे पत्थर पर लिखी गई है। उसी क्षण अणु विस्फोट जैसे उसकी अनुभूति में आ गया और उसे लगा जैसे वह संपूर्ण घटना का दर्शक बन गया है।

खंड (घ) : रचनात्मक लेखन (20 अंक)

12. निम्नलिखित तीन विषयों में से किसी एक विषय पर लगभग 120 शब्दों में सारगर्भित अनुच्छेद लिखिए। (6)

(क) छात्र असंतोष

संकेत बिंदु
- भूमिका
- छात्र असंतोष का प्रभाव
- शिक्षा का महत्त्व
- उपसंहार

(ख) समाज में व्याप्त अंधविश्वास

संकेत बिंदु
- भूमिका
- अंधविश्वास की अवधारणा
- अंधविश्वास पर भरोसा
- उपसंहार

(ग) मुसीबत में ही मित्र की परख होती है

संकेत बिंदु
- भूमिका
- अच्छे मित्र के गुण
- निष्कर्ष

उत्तर **(क) छात्र असंतोष**

भूमिका छात्र असंतोष का आशय है— विद्यार्थियों का वर्तमान शिक्षा एवं शिक्षा प्रणाली से असंतुष्ट होना। विद्यार्थियों की यह असंतुष्टि

पाठ्यक्रम, शिक्षण प्रक्रिया अथवा परीक्षा के मापदंड या किसी भी विषय को लेकर हो सकती है। हम कई बार देखते हैं कि कुछ विद्यार्थियों को उनके पसंदीदा पाठ्यक्रमों अथवा स्थानों में प्रवेश नहीं मिल पाने के कारण भी उनमें असंतोष की भावना उत्पन्न हो जाती है।

छात्र असंतोष का प्रभाव असंतोष की यह स्थिति धीरे-धीरे एक बहुत बड़े विद्यार्थी-समूह को अपनी गिरफ्त में ले लेती है। यह अवस्था बड़ी विकट होती है। पारंपरिक शिक्षा प्राप्त कर उच्च उपाधि प्राप्त करने के पश्चात् भी अधिकतर विद्यार्थी किसी विशेष कार्य के योग्य नहीं होते। इसके कारण शिक्षित बेरोजगारी की स्थिति उत्पन्न हो जाती है। शिक्षा के निजीकरण के कारण उच्च शिक्षा प्रदान करने वाले शिक्षण संस्थानों की संख्या तो बढ़ गई, किंतु इन संस्थानों में विद्यार्थियों का अत्यधिक शोषण होता है। यहाँ शिक्षा के लिए पर्याप्त संसाधनों का भी अभाव होता है। विद्यार्थियों द्वारा विरोध किए जाने पर उन्हें संस्थान से निकाले जाने की धमकी दी जाती है।

शिक्षा का महत्त्व वर्तमान समय में मानवीय विकास हेतु शिक्षा का विशेष महत्त्व है। समाज एवं देश में समय के अनुसार परिवर्तन होते रहते हैं, इसलिए शिक्षा के उद्देश्य में भी समय के अनुसार परिवर्तन होते हैं। उदाहरण के लिए; वैदिककाल में वेद मंत्रों की शिक्षा को पर्याप्त समझा जाता था, किंतु वर्तमानकाल में मनुष्य के विकास के लिए व्यावसायिक शिक्षा पर बल दिया जाना चाहिए।

उपसंहार छात्र असंतोष को दूर करने के लिए सबसे पहले देश की शिक्षा व्यवस्था में सुधार करके इसे वर्तमान समय के अनुरूप बनाना होगा। इसके लिए व्यावसायिक शिक्षा प्रदान करने वाले शिक्षण संस्थानों की स्थापना पर्याप्त संख्या में करनी होगी। इसके अतिरिक्त राजनीति को शिक्षा से दूर रखना होगा और यह सुनिश्चित करना होगा कि इन संस्थाओं में शिक्षक एवं कर्मचारी अपनी मनमानी कर विद्यार्थियों का भविष्य नष्ट न कर पाएँ।

(ख) समाज में व्याप्त अंधविश्वास

भूमिका अंधविश्वास कोई तार्किक विचारधारा नहीं है। किसी भी कार्य के प्रति अतार्किक रूप से लोगों की रूढ़िबद्ध बातों पर विश्वास कर अपने मन में भ्रम उत्पन्न कर लेने का नाम ही अंधविश्वास है।

अंधविश्वास की अवधारणा अंधविश्वास एक ऐसी धारणा है, जिसमें लोग अपने ज्ञान व विवेक का प्रयोग नहीं करते, बल्कि अवैज्ञानिक बातों पर विश्वास करने लगते हैं। अंधविश्वास के उदाहरण आज हम अपने आस-पास अनेक रूपों में देख सकते हैं; जैसे—बिल्ली के रास्ता काटे जाने पर यह सोचना कि आगे कोई दुर्घटना होने वाली है या फिर छत पर कौवे के बोलने पर किसी मेहमान के आने का पूर्वानुमान लगा लेना आदि अंधविश्वास संबंधी धारणाओं को ही दर्शाते हैं।

अंधविश्वास पर भरोसा भूत-प्रेत, टोना-टोटका, स्वर्ग की प्राप्ति आदि धारणाएँ आज के समाज में व्याप्त हैं। अंधविश्वास पर भरोसा करके व्यक्ति रोज अपना राशिफल देखकर ही अपना कार्य प्रारंभ करते हैं। यहाँ तक कि राहु-केतु काल, काल दोष आदि का भय दिखाकर लोगों से पूजा-पाठ करवाने वाले धर्म के ठेकेदारों का व्यापार दिन-दूना रात चौगुना फैलता जा रहा है।

उपसंहार यद्यपि आज भी भारत में अनेक प्रकार के अंधविश्वास व्याप्त हैं। इसके अनेक कारण हैं। एक तो यहाँ शिक्षा का प्रसार उतना नहीं हो पाया है, जितना होना चाहिए था तथा कुछ ऐसे अंधविश्वास भी हैं, जो परंपरा का रूप ले चुके हैं, इसलिए समाज के डर से लोग इसका विरोध नहीं करना चाहते हैं। आज प्रत्येक समझदार एवं जिम्मेदार नागरिक का यह कर्त्तव्य है कि वह अंधविश्वासों की सच्चाई से लोगों को अवगत कराए तथा अंधविश्वास को दूर करके ही एक स्वस्थ एवं प्रगतिशील समाज की रचना करे।

(ग) मुसीबत में ही मित्र की परख होती है

भूमिका सामाजिक प्राणी होने के नाते व्यक्ति समाज में विभिन्न सामाजिक संबंधों को स्थापित करता है और विभिन्न सामाजिक संबंधों की अपनी-अपनी मर्यादाएँ होती हैं, लेकिन इन सभी मर्यादाओं से परे एक संबंध होता है मित्रता का, जहाँ किसी भी प्रकार की मर्यादा या सीमा संबंधी बंधन नहीं होता। सच्चा मित्र निःस्वार्थी होता है, जो अपने मित्र के कष्टों को देखकर अत्यधिक व्यग्र हो उठता है।

अच्छे मित्र के गुण सच्चा मित्र अपने मित्र को गलती एवं पाप करने से रोकता या बचाता है। उसके गुप्त रहस्यों को छिपाकर रखता है और उसके गुणों को सबके समक्ष उजागर करता है। विपत्ति के समय भी उसके साथ खड़ा रहता है और ऐसे समय में उसकी सहायता भी करता है तथा तन-मन-धन देने में भी कोई संकोच नहीं करता। सच्चे मित्र आलोचक की भूमिका भी अच्छी प्रकार से निभाते हैं। सच्चे मित्र हमेशा सही मार्ग पर चलने की ही सलाह देते हैं।

निष्कर्ष भारतीय इतिहास आदर्श मित्रों के उदाहरणों से भरा पड़ा है। कृष्ण-सुदामा, कृष्ण-अर्जुन, कर्ण-दुर्योधन, राम-सुग्रीव, राम-विभीषण, राम-निषादराज गुह आदि की मित्रता इतिहास में प्रसिद्ध है, लेकिन आज के भौतिकवादी युग में सच्चे मित्र मिलना दुर्लभ है। यह सत्य है कि पूर्ण रूप से निर्दोष एवं सर्वगुण संपन्न व्यक्ति कोई भी नहीं होता। प्रत्येक व्यक्ति में कुछ-न-कुछ कमी अवश्य रहती है, इसलिए सोच-समझकर, जाँच-परख कर सच्चे मित्र का चुनाव करना चाहिए। जो विपत्ति में साथ दे वही सच्चा मित्र होता है।

13. चुनाव के दिनों में राजनीतिक कार्यकर्ता घरों, विद्यालयों और मार्गदर्शक चित्रों आदि पर पोस्टर लगा देते हैं। इससे लोगों को होने वाली असुविधा पर अपने विचार व्यक्त करते हुए किसी प्रतिष्ठित दैनिक समाचार-पत्र के संपादक को पत्र लिखिए। (5)

अथवा

अपने मित्र को पत्र लिखकर बताइए कि महानगरीय जीवन किस प्रकार सुखद भी है और दुःखद भी।

उत्तर

परीक्षा भवन,
दिल्ली।

दिनांक 20 मार्च, 20XX

सेवा में,
संपादक महोदय,
दैनिक जागरण,
मेरठ।

विषय पोस्टर लगाने से होने वाली असुविधा हेतु।

मान्यवर,

मैं बेगम बाग का निवासी हूँ तथा आपके लोकप्रिय दैनिक समाचार-पत्र के माध्यम से सरकार का ध्यान चुनाव के दिनों में विभिन्न राजनीतिक दलों के कार्यकर्ताओं द्वारा स्थान-स्थान पर लगाए जाने वाले होर्डिंग्स और कागज के पोस्टरों से उत्पन्न होने वाली समस्या की ओर ले जाना चाहता हूँ।

इस समय चुनाव का माहौल होने के कारण राजनीतिक दलों के कार्यकर्ता दीवारों पर जगह-जगह पोस्टर चिपका देते हैं व नारें लिख देते हैं जिसके कारण पता आदि ढूँढ़ने में काफी परेशानी होती है। चुनाव के बाद भी कोई राजनीतिक दल या सरकारी संस्था इसकी खोज-खबर नहीं लेती है। इस बारे में चुनाव आयोग को आगे आकर इस संदर्भ में कड़ी कार्यवाही करनी चाहिए। जिस राजनीतिक दल का पोस्टर दीवारों या दरवाजों पर लगा हो उससे हर्जाना लिया जाना चाहिए।

मुझे आशा ही नहीं, बल्कि पूरा विश्वास है कि सामान्य जनता के हित में सभी राजनीतिक दल, चुनाव आयोग तथा नगर निगम अपने कर्त्तव्यों का सावधानीपूर्वक निर्वाह करेंगे तथा ऐसा कोई भी कार्य नहीं करेंगे, जो जनता के लिए असुविधापूर्ण हो।

धन्यवाद!
भवदीय
क.ख.ग.

अथवा

परीक्षा भवन,
दिल्ली।

दिनांक 19 अप्रैल, 20XX

प्रिय मित्र
नमस्कार।

बहुत दिनों से तुम्हारा कोई पत्र प्राप्त नहीं हुआ। मैं काफी दिनों से सोच रहा था कि तुम्हें पत्र लिखूँ, लेकिन रोज इतनी भागदौड़ भरी जिदंगी में मैं इसके लिए समय नहीं निकाल पा रहा था।

तुम्हें तो पता है कि दिल्ली भारत की राजधानी है। इसका अपना बहुत पुराना इतिहास है। यह शहर अनेक बार उजड़ा और अनेक बार बसा है। यहाँ भिन्न-भिन्न संस्कृतियों के लोग आए और गए।

यहाँ की चौड़ी सड़कें, ऊँची-ऊँची इमारतें, ऐतिहासिक स्थल आदि मनमोहक दृश्य प्रस्तुत करते हैं। यहाँ सभी प्रकार की सुविधाएँ और जीवन को बेहतर ढंग से जीने के लिए सभी संसाधन मौजूद हैं, लेकिन साथ ही इसका दु:खद पहलू भी है। महानगर होने के कारण यहाँ घंटों जाम रहता है, जिससे समय का अत्यधिक अपव्यय होता है।

यहाँ आवास की भी बड़ी विकट समस्या है एवं पारस्परिक सद्भाव का अत्यधिक अभाव है। जीवन बहुत अधिक यांत्रिक है और निर्धन लोगों का जीवन बहुत दूभर है। आशा करता हूँ कि तुम्हें दिल्ली जैसे महानगरीय जीवन के सकारात्मक एवं नकारात्मक दोनों पक्षों का परिचय मिल गया होगा। शेष सब कुशल है। छोटों को प्यार एवं बड़ों को प्रणाम कहना।

तुम्हारा मित्र
क. ख. ग.

14. **आपका नाम अमित सिंहा है। भारतीय स्टेट बैंक में (स्केल-4 के लिए) प्रबंधक के पद हेतु नवभारत टाइम्स में विज्ञापन प्रकाशित हुआ है। आप वर्तमान में आई.सी.आई. बैंक में (स्केल-3) प्रबंधक हैं। आप इस पद पर नियुक्ति पाने हेतु जनरल प्रबंधक को एक आवेदन-पत्र लिखिए तथा स्ववृत्त भी तैयार कीजिए।** (5)

अथवा

ए. टी. एम. कार्ड न मिलने की शिकायत संबंधी ई-मेल लिखिए।

उत्तर

सेवा में,
श्रीमान जनरल प्रबंधक,
स्टेट बैंक ऑफ इंडिया,
चर्च रोड,
मुंबई-201021

विषय स्केल-4 प्रबंधक के पद के लिए आवेदन-पत्र।

महोदय,

आज दिनांक 9 अक्टूबर, 2021 को दिल्ली के प्रात:कालीन संस्करण नवभारत टाइम्स में भारतीय स्टेट बैंक में वरिष्ठ प्रबंधक (स्केल-4) के लिए विज्ञापन प्रकाशित हुआ है जिससे यह ज्ञात हुआ कि भारतीय स्टेट बैंक में वरिष्ठ प्रबंधक की आवश्यकता है। मैं इस पद के लिए अपना आवेदन-पत्र प्रस्तुत कर रहा हूँ।

मैं अपना अनुभव प्रमाण-पत्र तथा स्ववृत्त आवेदन-पत्र के साथ संलग्न कर रहा हूँ। मैं विज्ञापन में दी गई सभी योग्यताओं को पूरा करता हूँ। मेरा संक्षिप्त विवरण इस प्रकार है

मैंने फाइनेंस विषय में एम.बी.ए. किया है तथा मैं एकाउंटेंसी विषय में अधिस्नातक की डिग्री ले चुका हूँ। वर्तमान में मैं आई.सी.आई. बैंक में प्रबंधक (स्केल-3) के पद पर कार्यरत् हूँ।

देश के विभिन्न स्थानों पर स्थित बैंक की शाखाओं में मैंने काम किया है। मेरी सीधी नियुक्ति प्रोबेशनरी ऑफिसर के पद पर हुई थी। मैंने लगातार उन्नति करते हुए, एक कर्मठ कार्यकर्ता के रूप में कार्य करते हुए 10 वर्ष की लघु अवधि में ही (स्केल-3) मैनेजर के पद पर पहुँच गया हूँ।

बैंक से संबंधित सभी गतिविधियों की मुझे पूर्णत: जानकारी है। मुझे विदेशी विनिमय में भी निपुणता प्राप्त है। मेरे सानिध्य में आई.सी.आई. बैंक की शाखाओं में वार्षिक टर्न ओवर में अप्रत्याशित वृद्धि हुई है।

आपसे अनुरोध है कि उपर्युक्त पद के लिए मेरी योग्यताओं को ध्यान में रखते हुए मुझे स्टेट बैंक ऑफ इंडिया में वरिष्ठ प्रबंधक (स्केल-4) के पद पर साक्षात्कार लेने के पश्चात् नियुक्ति प्रदान करें। मैं आपको विश्वास दिलाता हूँ कि मेरे सानिध्य में बैंक अनवरत् उन्नति के पथ पर अग्रसर होगा।

सधन्यवाद।

भवदीय

अमित सिंहा

सलंग्न प्रमाण-पत्र

1. दसवीं की अंक तालिका
2. बारहवीं की अंक तालिका
3. बी.कॉम की अंक तालिका
4. एम.कॉम. की अंक तालिका
5. एम.बी.ए. की अंक तालिका
6. अनुभव प्रमाण-पत्र

स्ववृत्त

नाम	:	दीपक सिंहा
पिता का नाम	:	श्री अजीत सिंहा
माता का नाम	:	श्रीमती दीप्ति सिंहा
जन्म तिथि	:	16 जुलाई, 1983
वर्तमान पता	:	A-22, सेक्टर-3 रोहिणी, दिल्ली 302034
स्थायी पता	:	A-121, मानसरोवर जयपुर (राजस्थान)
दूरभाष नंबर	:	011725368
मोबाइल नंबर	:	8349XXXXXX
ई-मेल	:	83amit@gmail.com

अनुभव

- आई.सी.आई. बैंक में दो वर्ष तक प्रोबेशनरी अधिकारी के पद पर कार्यरत्। (2010-2012)
- आई.सी.आई. बैंक में तीन वर्ष (2012-2015) तक प्रबंधक (स्केल-I) के पद पर कार्यरत्।
- आई.सी.आई. बैंक में तीन वर्ष (2015-2018) तक प्रबंधक (स्केल-2) के पद पर कार्यरत्।
- आई.सी.आई. बैंक में तीन वर्ष (2018-2021) तक प्रबंधक (स्केल-3) के पद पर कार्यरत् तथा वर्तमान में भी इसी पद पर कार्यरत् हूँ।

विदेशी विनिमय शाखा (Foreign Exchange) मुंबई में तीन वर्ष का अनुभव।

शैक्षणिक योग्यताएँ

क्र.सं.	परीक्षा/डिग्री	वर्ष	विद्यालय/बोर्ड/महाविद्यालय	विषय	श्रेणी	प्रतिशत
1.	दसवीं	1998	महेश्वरी पब्लिक स्कूल, जयपुर, सी.बी.एस.ई.	अंग्रेजी, हिंदी, गणित, संस्कृत, विज्ञान, सामाजिक विज्ञान	प्रथम	68%
2.	बारहवीं	2000	महेश्वरी पब्लिक स्कूल, जयपुर, सी.बी.एस.ई.	अंग्रेजी, हिंदी, अर्थशास्त्र, एकाउंटेंसी बिजनेस-एडमिनिस्ट्रेशन	प्रथम	74%
3.	बी.कॉम (ऑनर्स)	2003	स्टेनी मेमोरियल कॉलेज, राजस्थान विश्वविद्यालय	एकाउंटेंसी	प्रथम	84%
4.	एम.कॉम.	2005	कॉमर्स कॉलेज, राजस्थान विश्वविद्यालय	एकाउंटेंसी	प्रथम	86%
5.	एम.बी.ए.	2008	आई.आई.आर.एम. जयपुर	फाइनेंस	प्रथम	92%

उपलब्धियाँ

- सामान्य ज्ञान प्रतियोगिता (राज्य स्तर व राष्ट्रीय स्तर) में प्रथम व द्वितीय पुरस्कार (वर्ष 1999, 2002)
- कॉमर्स क्विज (विश्व विद्यालयी स्तर) में प्रथम पुरस्कार (2004)
- विद्यालय में वार्षिक प्रदर्शनी का आयोजन

कार्येत्तर गतिविधियाँ तथा अभिरुचियाँ

- पी.एन.बी. बैंक में छ: माह की इंटेनशिप
- इकोनॉमिक टाइम्स का नियमित पठन, समाचार-पत्र का नियमित पठन
- विदेशी विनिमय (फॉरेन एक्सचेंज) का ज्ञान

संदर्भित व्यक्तियों का विवरण

- श्री मोहित व्यास, रीजनल मैनेजर, आई.सी.आई. बैंक (एन.सी.आर.)
- श्रीमती रमा पटेल, चीफ मैनेजर, पी.एन.बी. बैंक, शाखा जयपुर

तिथि 9 अक्टूबर, 2021

अमित सिंहा
स्थान दिल्ली।
हस्ताक्षर

अथवा

To: debitcard@bobcard.com
Subject: ए.टी.एम कार्ड न मिलने की शिकायत हेतु।

मान्यवर,
मेरा खाता नं. 2445XXXXX है। मैंने एक महीने पहले ए.टी.एम. कार्ड के लिए आवेदन किया था, किंतु यह मुझे अभी तक नहीं मिला है। कृपया बताएँ इस देरी की क्या वजह है?
मेरा आपसे विनम्र निवेदन है कि आप मेरा ए.टी.एम. कार्ड शीघ्र से शीघ्र मेरे पते पर भेजने का कष्ट करें।
धन्यवाद।
भवदीय,
क. ख. ग.

15. टेलीविजन के किसी चैनल द्वारा दिखाए जाने वाले कार्यक्रम का विज्ञापन लिखिए। (4)

अथवा आपके मित्र का सरकारी नौकरी के लिए चयन हुआ है। इस अवसर पर उन्हें बधाई देते हुए एक संदेश लिखिए।

उत्तर

लाइफलाइन चैनल प्रस्तुत करता है

असावधानी क्यों ?

हमारे दैनिक जीवन में हमारी थोड़ी-सी भी असावधानी हमें भयंकर स्थिति में डाल सकती है, इससे सतर्क रहने के लिए देखें असावधानी क्यों?

सोमवार से शुक्रवारः रात 10 बजे
सिर्फ लाइफलाइन चैनल पर

अपने आस-पास घटित ऐसी किसी भी घटना की जानकारी देने के लिए संपर्क करें

टोल फ्री नंबर 12000180012XX

अथवा

बधाई संदेश

दिनांक 1 अगस्त, 20XX
समय 2 बजे दोपहर

प्रिय मित्र
आज तुम्हारा सरकारी नौकरी में चयन होने के बारे में पता चला। तुमको इसके लिए बहुत-बहुत बधाई। तुम्हारी कार्य के प्रति एकाग्रता एवं लगन से ही आज यह संभव हो पाया है। आशा करता हूँ कि तुम जीवन में इसी प्रकार उन्नति करते रहोगे।
तुम्हारा मित्र

अ.ब.स.

प्रतिदर्श प्रश्न-पत्र 3 (व्याख्या रहित)

CBSE कक्षा 10 की बोर्ड परीक्षा के लिए नमूना प्रश्न-पत्र

हिंदी 'अ'

समय : 3 घंटे	पूर्णांक : 80

1. इस प्रश्न-पत्र में चार खंड दिए गए हैं–'क', 'ख', 'ग' और 'घ'।
2. खंड 'क' में बहुविकल्पीय, अतिलघु व लघु उत्तरीय प्रश्न दिए गए हैं।
3. खंड 'ख' में अतिलघु/लघु उत्तरीय प्रश्न दिए गए हैं।
4. खंड 'ग' में बहुविकल्पीय व वर्णनात्मक प्रश्न दिए गए हैं।
5. खंड 'घ' में वर्णनात्मक प्रश्न दिए गए हैं।
6. यथासंभव सभी प्रश्नों के उत्तर क्रमानुसार लिखिए।

खंड (क) : अपठित बोध (14 अंक)

1. निम्नलिखित गद्यांश पर आधारित प्रश्नों के उत्तर दीजिए।

पाठक आमतौर पर रूढ़िवादी होते हैं, वे सामान्यतः साहित्य में अपनी मर्यादाओं की स्वीकृति या एक स्वप्न-जगत में पलायन चाहते हैं। साहित्य एक झटके में उन्हें अपने आस-पास के उस जीवन के प्रति सचेत करता है, जिससे उन्होंने आँखें मूँद रखी थीं। शुतुरमुर्ग अफ्रीका के रेगिस्तानों में नहीं मिलते, वे हर जगह बहुतायत में उपलब्ध हैं। प्रौद्योगिकी के इस दौर का नतीजा जीवन के हर गोशे में नकद फसल के लिए बढ़ता हुआ पागलपन है और हमारे राजनीतिज्ञ, सत्ता के दलाल, व्यापारी, नौकरशाह- सभी लोगों को इस भगदड़ में नहीं पहुँचने, जैसा दूसरे करते हैं वैसा करने, चूहादौड़ में शामिल होने और कुछ-न-कुछ हासिल कर लेने को जिए जा रहे हैं।

हम थककर साँस लेना और अपने चारों ओर निहारना, हवा के पेड़ में से गुजरते वक्त पत्तियों की मनहर लय-गतियों को और फूलों के जादुई रंगों को, फूली सरसों के चमकदार पीलेपन को, लिखे मैदानों की घनी हरीतिमा को मर्मर ध्वनि के सौंदर्य, हिमाच्छादित शिखरों की भव्यता, समुद्र तट पर पछाड़ खाकर बिखरती हुई लहरों के घोष को देखना-सुनना भूल गए हैं।

कुछ लोग सोचते हैं कि पश्चिम का आधुनिकतावाद और भारत तथा अधिकांश तीसरी दुनिया के नव-औपनिवेशिक चिंतन के साथ अपनी जड़ों से अलगाव, व्यक्तिवादी अजनबियत में हमारा अनिवार्य बे-लगाम धँसाव, अचेतन के बिंब, बौद्धिकता से विद्रोह, यह घोषणा कि दिमाग अपनी रस्सी के अंतिम सिरे पर है, यथार्थवाद का विध्वंस, काम का ऐंद्रिक सुख मात्र रह जाना और मानवीय भावनाओं का व्यवसायीकरण तथा निम्नस्तरीय - करण इस अंधी घाटी में आ फँसने की वजह है, लेकिन वे भूल जाते हैं कि आधुनिकीकरण इतिहास की एक सच्चाई है, जो नई समस्याओं को जन्म देने और विज्ञान को अधिक जटिल बनाने के बावजूद, एक तरह से, मानव जाति की नियति है।

मेरा सुझाव है कि विवेकहीन आधुनिकता के बावजूद आधुनिकता की दिशा में धैर्यपूर्वक सुयोजित प्रयास होने चाहिए। एक आलोचक किसी नाली में भी झाँक सकता है, पर वह नाली-निरीक्षक नहीं होता। लेखक का कार्य दुनिया को बदलना नहीं, समझना है, साहित्य क्रांति नहीं करता, वह मनुष्यों का दिमाग बदलता है और उन्हें क्रांति की आवश्यकता के प्रति जागरूक बनाता है।

(क) गद्यांश में 'शुतुरमुर्ग' की संज्ञा किसे दी गई है? (1)

(i) लेखक, जो संसार को समझना चाहता है
(ii) राजनीतिज्ञ, जो अपनी स्वार्थ साधना चाहता है
(iii) पाठक, जो सपनों की दुनिया में रहना चाहता है
(iv) नौकरशाह, जो दूसरों जैसा बनने की होड़ में शामिल है

(ख) आधुनिकता की दिशा में सुयोजित प्रयास क्यों होने चाहिए? (1)

(i) इससे जीवन सुगम हो जाएगा तथा मानव प्रकृति का आनंद ले सकेगा
(ii) इससे नई समस्याओं को जन्म लेने से पहले ही रोका जा सकेगा
(iii) आधुनिक होने की प्रक्रिया सदा से मानव सभ्यता का अंग रही है
(iv) इससे विज्ञान सरल और अधिक मानव कल्याणी हो सकेगा

(ग) कथन (A) और कारण (R) को पढ़कर उपयुक्त विकल्प चुनिए

कथन (A) **प्रौद्योगिकी के इस दौर में लोगों का नकद फसल के लिए बढ़ता हुआ पागलपन है।**

कारण (R) **लोग तुरंत व अधिक-से-अधिक लाभ कमाना चाहते हैं।** (1)

(i) कथन (A) गलत है, किंतु कारण (R) सही है।
(ii) कथन (A) और कारण (R) दोनों गलत हैं।

(iii) कथन (A) और कारण (R) दोनों सही हैं तथा कारण (R), कथन (A) की सही व्याख्या है।

(iv) कथन (A) और कारण (R) दोनों सही हैं, किंतु कारण (R), कथन (A) की सही व्याख्या नहीं है।

(घ) पाठक साहित्य से सामान्यतया क्या अपेक्षा रखते हैं? (2)

(ङ) लेखक के अनुसार, हम क्या भूल गए हैं? (2)

2. निम्नलिखित पद्यांश पर आधारित प्रश्नों के उत्तर दीजिए।

थूके, मुझ पर त्रैलोक्य भले ही थूके,
जो कोई जो कह सके, कहे, क्यों चूके।
छीने न मातृपदं किंतु भरत का मुझसे,
रे राम! दुहाई करूँ और क्या तुझसे?
कहते आते थे यही अभी नरदेही,
'माता न कुमाता, पुत्र कुपुत्र भले ही।'
अब कहें सभी यह हाय! विरुद्ध विधाता–
'है पुत्र-पुत्र ही, रहे कुमाता माता।'
बस मैंने इसका बाह्य मात्र ही देखा,
दृढ़ हृदय न देखा, मृदुल गात्र ही देखा।
परमार्थ ने देखा, पूर्ण स्वार्थ ही साधा,
इस कारण ही तो हाय! आज यह बाधा
युग-युग तक चलती रहे कठोर कहानी–
'रघुकुल में भी थी एक अभागिन रानी।'
निज जन्म-जन्म में सुनें जीव यह मेरा–
'धिक्कार !उसे था महास्वार्थ ने घेरा।'
"सौ बार धन्य वह एक लाल की माई,
जिस जननी ने है जना भरत-सा भाई'
पागल-सी प्रभु के साथ सभा चिल्लाई–
"सौ बार धन्य वह एक लाल की माई।"

(क) प्रस्तुत काव्यांश में अपने भावों की अभिव्यक्ति कौन कर रहा है? (1)

(i) भरत (ii) राम
(iii) कौशल्या (iv) कैकेयी

(ख) काव्यांश के आधार पर बताइए कि कैकेयी के कारण माता-पुत्र से संबंधित कौन-सी उक्ति उलट गई है? (1)

(i) पुत्र-पुत्र ही रहता है, माँ कुमाता होती है
(ii) पुत्र कुपुत्र हो सकता है, लेकिन माता कुमाता नहीं
(iii) पुत्र व माता दोनों, कुमाता व कुपुत्र हो सकते हैं
(iv) उपर्युक्त में से कोई नहीं

(ग) प्रस्तुत काव्यांश का मूल विषय किससे संबंधित है? (1)

(i) राम के वन आगमन पर कैकेयी की प्रसन्नता से
(ii) कैकेयी के पश्चाताप से
(iii) भरत के राज-तिलक से
(iv) राम के वन आगमन से

(घ) 'रघुकुल में भी थी एक अभागिन रानी' पंक्ति में अभागिन रानी किसे कहा गया है और क्यों? (2)

(ङ) कवि ने पद्यांश में ऐसा क्यों कहा है कि पुत्र कुपुत्र हो सकता है लेकिन माता कुमाता नहीं? (2)

खंड (ख) : व्यावहारिक व्याकरण (16 अंक)

3. निर्देशानुसार 'रचना के आधार पर वाक्य भेद' पर आधारित पाँच प्रश्नों में से किन्हीं चार प्रश्नों के उत्तर दीजिए। (1× 4 = 4)

(क) 'ऐसा व्यवहार न करो कि हमें आपको रोकना पड़े।' वाक्य का प्रकार बताइए। (1)

(ख) 'मैंने एक बहुत गोरे व्यक्ति को देखा।' इस वाक्य का मिश्र वाक्य में परिवर्तित रूप क्या होगा? (1)

(ग) 'सुनकर सब हताश हो गए और झुँझलाने लगे।' सरल वाक्य में परिवर्तित कीजिए। (1)

(घ) 'श्याम ने बाजार से फल लिए।' इस वाक्य में से उद्देश्य और विधेय छाँटकर लिखिए। (1)

(ङ) संयुक्त वाक्य और मिश्र वाक्य में अन्तर बताइए। (1)

4. निर्देशानुसार 'वाच्य' पर आधारित पाँच प्रश्नों में से किन्हीं चार प्रश्नों के उत्तर दीजिए। (1× 4 = 4)

(क) 'वह दिन में कार्य नहीं करता।' कर्मवाच्य में परिवर्तित कीजिए। (1)

(ख) 'राधा के द्वारा बच्चों को भोजन दिया गया।' कर्तृवाच्य में परिवर्तित कीजिए। (1)

(ग) 'बालक गेंद से खेलता है।' यह वाक्य कौन-सा है? (1)

(घ) जिन क्रियाओं में भाव प्रधान होता है, उसे क्या कहते हैं? (1)

(ङ) भाववाच्य के वाक्यों की विशेषताएँ लिखिए। (1)

5. निर्देशानुसार 'पद परिचय' पर आधारित पाँच प्रश्नों में से किन्हीं चार प्रश्नों के उत्तर दीजिए। (1× 4 = 4)

(क) हम देश पर सर्वस्व न्योछावर करने को तैयार <u>हो जाते</u> हैं। रेखांकित पद का परिचय क्या होगा? (1)

(ख) रजनी <u>मधुर</u> गीत गाती है। रेखांकित पद का परिचय बताइए। (1)

(ग) <u>निरंतर</u> कार्य करने से ही सफलता मिलती है। रेखांकित पद का परिचय लिखिए। (1)

(घ) हाथी <u>धीरे-धीरे</u> चलता है। इस वाक्य में रेखांकित पद का परिचय क्या होगा? (1)

(ङ) वाच्य के कितने भेद होते हैं? उनके नाम भी लिखिए। (1)

6. निर्देशानुसार 'अलंकार' पर आधारित पाँच प्रश्नों में से किन्हीं चार प्रश्नों के उत्तर दीजिए। (1× 4 = 4)

(क) चिरजीवौं जोरी जुरै, क्यों न सनेह गंभीर।

को घटि ए वृषभानुजा, वे हलधर के वीर।।
पंक्ति में कौन-सा अलंकार है? (1)

(ख) सोहत ओढ़े पीत पट स्याम सलोने गात।
मनुहूँ नीलमणि शैल पर आतप परयो प्रभात।।
पंक्ति में कौन-सा अलंकार है? (1)

(ग) 'मेघ आए बन ठन के सँवर के' में कौन-सा अलंकार है? (1)

(घ) शब्दालंकार किसे कहते हैं? (1)

(ङ) झुक कर मैंने पूछ लिया
खा गया मानो झटका
प्रस्तुत पंक्तियों में अलंकार कारण सहित बताइए। (1)

खंड (ग) : पाठ्यपुस्तक व पूरक पाठ्यपुस्तक (30 अंक)

7. निम्नलिखित पठित गद्यांश पर आधारित बहुविकल्पीय प्रश्नों के सर्वाधिक उपयुक्त विकल्प चुनकर लिखिए। (1× 5 = 5)

दो साल तक हालदार साहब अपने काम के सिलसिले में उस कस्बे से गुजरते रहे और नेताजी की मूर्ति पर बदलते हुए चश्मों को देखते रहे। कभी गोल चश्मा होता, तो कभी चौकोर, कभी लाल, कभी काला, कभी धूप का चश्मा, कभी बड़े काँचों वाला गोगो चश्मा...पर कोई-न-कोई चश्मा होता जरूर...उस धूल भरी यात्रा में हालदार साहब को कौतुक और प्रफुल्लता के कुछ क्षण देने के लिए फिर एक बार ऐसा हुआ कि मूर्ति के चेहरे पर कोई भी, कैसा भी चश्मा नहीं था। उस दिन पान की दुकान भी बंद थी। चौराहे की अधिकांश दुकानें बंद थीं। अगली बार भी मूर्ति की आँखों पर चश्मा नहीं था।

(क) गद्यांश के आधार पर बताइए कि कस्बे से गुजरते हुए हालदार साहब किसकी मूर्ति को ध्यान से देखते थे? (1)
(i) नेताजी की (ii) कैप्टन की
(iii) चश्मे वाले की (iv) इनमें से कोई नहीं

(ख) मूर्ति को देखकर हालदार साहब के मन में कैसे भाव उठते थे? (1)
(i) कौतुक और प्रफुल्लता के
(ii) आश्चर्य और चिंतन के
(iii) दुविधा और संशय के
(iv) उपर्युक्त में से कोई नहीं

(ग) गद्यांश के आधार पर बताइए कि नेताजी की मूर्ति पर कैसे चश्मे होते थे? (1)
(i) कभी गोल (ii) कभी चौकोर
(iii) कभी लाल (iv) ये सभी

(घ) हालदार साहब के मन में ········ के भाव उठते थे। (1)
(i) क्रोध और प्रेम (ii) कौतुक और प्रफुल्लता
(iii) रोष और उत्साह (iv) उपर्युक्त सभी

(ङ) प्रस्तुत गद्यांश किस पाठ से लिया गया है? इसके लेखक का नाम भी बताइए। (1)
(i) बालगोबिन भगत (रामवृक्ष बेनीपुरी)
(ii) नेताजी का चश्मा (स्वयं प्रकाश)
(iii) लखनवी अदांज (यशपाल)
(iv) मानवीय करुणा की दिव्य चमक (सर्वेश्वर दयाल सक्सेना)

8. गद्य पाठों के आधार पर निम्नलिखित चार प्रश्नों में से किन्हीं तीन प्रश्नों के उत्तर लगभग 25-30 शब्दों में लिखिए। (2 × 3 = 6)

(क) नवाब साहब ने खीरे में नमक आदि बुरक कर क्या किया? 'लखनवी अंदाज' पाठ के आधार पर उत्तर दीजिए। (2)

(ख) बालगोबिन भगत के संगीत की विशेषताओं का उल्लेख करते हुए बताइए कि अँधेरे में भगत का संगीत क्या भाव जाग्रत करता था? पाठ 'बालगोबिन भगत' के आधार पर उत्तर दीजिए। (2)

(ग) चश्मे वाले को लोग कैप्टन क्यों कहते थे? 'नेताजी का चश्मा' पाठ के आधार पर स्पष्ट कीजिए। (2)

(घ) आप कैसे कह सकते हैं कि अमीरुद्दीन को बचपन में संगीत की प्रेरणा रसूलनबाई और बतूलनबाई से मिली? (2)

9. निम्नलिखित पठित पद्यांश पर आधारित बहुविकल्पीय प्रश्नों के सर्वाधिक उपयुक्त विकल्प चुनकर लिखिए। (1× 5 = 5)

बादल, गरजो!-घेर घेर घोर गगन, धाराधर ओ!
ललित ललित, काले घुँघराले, बाल कल्पना के-से पाले,
विद्युत-छबि उर में, कवि, नवजीवन वाले!
वज्र छिपा, नूतन कविता
फिर भर दो-बादल गरजो!

(क) कवि बादलों से क्या आग्रह कर रहा है? (1)
(i) बरसने का (ii) छाए रहने का
(iii) कड़कड़ाने का (iv) ये सभी

(ख) बादलों के भीतर ······· छिपी होती है। (1)
(i) बिजली की कड़क (ii) पानी
(iii) रहस्य (iv) काली घटा

(ग) कवि ने बादलों को किसके समान सुंदर बताया है? (1)
(i) केशों के
(ii) आसमान के
(iii) वर्षा के
(iv) उपर्युक्त में से कोई नहीं

(घ) प्रस्तुत काव्यांश के आधार पर बताइए कि कवि 'निराला' ने बादलों की तुलना किससे की है? (1)
(i) कवि से (ii) वर्षा से
(iii) सृष्टि से (iv) ये सभी

(ङ) कवि के अनुसार नूतन कविता कैसी होनी चाहिए? (1)

(i) संपूर्ण संसार में जोश भर देने वाली

(ii) संपूर्ण संसार को नीरवता से भर देने वाली

(iii) संपूर्ण संसार का अंत कर देने वाली

(iv) उपर्युक्त में से कोई नहीं

10. पद्य पाठों के आधार पर निम्नलिखित चार प्रश्नों में से किन्हीं तीन प्रश्नों के उत्तर लगभग 25-30 शब्दों में लिखिए। (2 × 3 = 6)

(क) 'अट नहीं रही है' कविता के आधार पर बताइए कि फाल्गुन ऋतु के आने से पेड़ों की डालियों के स्वरूप में क्या परिवर्तन दिखाई देता है? (2)

(ख) सूरदास द्वारा प्रस्तुत 'पदों' के आधार पर गोपियों का योग-साधना के प्रति दृष्टिकोण स्पष्ट कीजिए। (2)

(ग) 'राम-लक्ष्मण परशुराम संवाद' पाठ के आधार पर बताइए कि एक योद्धा के गुण क्या होते हैं? (2)

(घ) कवि अपने आपको 'अन्य' क्यों बता रहा है? ऐसा कहने के पीछे कवि का किस प्रकार का भाव छिपा हुआ है? (2)

11. पूरक पाठ्यपुस्तक के पाठों पर आधारित निम्नलिखित तीन प्रश्नों में से किन्हीं दो प्रश्नों के उत्तर लगभग 50-60 शब्दों में लिखिए। (2 × 4 = 8)

(क) 'माता का अँचल' पाठ के आधार पर बताइए कि बच्चा माता के द्वारा अधिक सजाया-सँवारा जा सकता है या पिता के द्वारा? उदाहरण सहित यह भी बताइए कि भोलानाथ के खाने तथा खेलने हेतु जाने के प्रसंगों से आपको क्या शिक्षा मिलती है? (4)

(ख) पर्यावरण संरक्षण में हमारे रीति-रिवाजों व परंपराओं का महत्त्वपूर्ण योगदान है, इसलिए हमें उन्हें पुनः अपनाने की आवश्यकता है। 'साना-साना हाथ जोड़ि' पाठ के आधार पर इस कथन के पक्ष या विपक्ष में अपना मत प्रकट कीजिए। (4)

(ग) पत्थर पर मानव छाया देखकर लेखक को एक थप्पड़-सा लगा, क्यों? यदि लेखक की जगह आप होते, तो आपकी प्रतिक्रिया क्या होती? अपने शब्दों में लिखिए। (4)

खंड (घ) : रचनात्मक लेखन (20 अंक)

12. निम्नलिखित तीन विषयों में से किसी एक विषय पर लगभग 120 शब्दों में सारगर्भित अनुच्छेद लिखिए। (6)

(क) प्राकृतिक आपदाएँ

संकेत बिंदु
- भूमिका
- प्राकृतिक आपदाओं के कारण
- प्राकृतिक आपदाओं के दुष्प्रभाव
- बचाव के उपाय
- उपसंहार

(ख) दूरदर्शन का समाज पर प्रभाव

संकेत बिंदु
- भूमिका
- दूरदर्शन के लाभ और उपयोगिता
- समाज पर दूरदर्शन का प्रभाव
- दूरदर्शन की कमियाँ
- उपसंहार

(ग) शिक्षक दिवस

संकेत बिंदु
- भूमिका
- शिक्षक दिवस से तात्पर्य
- शिक्षक दिवस की शुरुआत
- शिक्षक दिवस की प्रासंगिकता
- उपसंहार

13. नई बसें आरंभ करने हेतु उत्तर प्रदेश राज्य सड़क परिवहन निगम के महाप्रबंधक को पत्र लिखिए। (5)

अथवा

आप अपने विद्यालय के छात्र-छात्राओं के साथ समाज सेवा के लिए जाना चाहते हो। इस कार्य हेतु अनुमति माँगते हुए अपने पिता को पत्र लिखिए।

14. राजस्थान पत्रिका में आए हुए विज्ञापन महिला चिकित्सालय में महिला चिकित्सक के पद हेतु आवेदन-पत्र लिखिए तथा स्ववृत्त भी तैयार कीजिए। (5)

अथवा

ध्वनि प्रदूषण की समस्या से अवगत कराते हुए अपने क्षेत्र के जिलाधिकारी को ई-पत्र लिखिए।

15. किसी प्रकाशक द्वारा अपनी पुस्तकों की बिक्री बढ़ाने के लिए एक विज्ञापन लिखिए। (4)

अथवा

मेक इन इंडिया अभियान को सफल बनाने हेतु प्रधानमंत्री की ओर से एक संदेश लिखिए।

प्रतिदर्श प्रश्न–पत्र 4

(व्याख्या रहित)

CBSE कक्षा 10 की बोर्ड परीक्षा के लिए नमूना प्रश्न-पत्र

हिंदी 'अ'

समय : 3 घंटे	पूर्णांक : 80

1. इस प्रश्न-पत्र में चार खंड दिए गए हैं–'क', 'ख', 'ग' और 'घ'।
2. खंड 'क' में बहुविकल्पीय, अतिलघु व लघु उत्तरीय प्रश्न दिए गए हैं।
3. खंड 'ख' में अतिलघु/लघु उत्तरीय प्रश्न दिए गए हैं।
4. खंड 'ग' में बहुविकल्पीय व वर्णनात्मक प्रश्न दिए गए हैं।
5. खंड 'घ' में वर्णनात्मक प्रश्न दिए गए हैं।
6. यथासंभव सभी प्रश्नों के उत्तर क्रमानुसार लिखिए।

खंड (क) : अपठित बोध (14 अंक)

1. निम्नलिखित गद्यांश पर आधारित प्रश्नों के उत्तर दीजिए।

हर व्यक्ति चाहता है कि उसे जीवन में कभी निराशा न मिले, वह हमेशा सफलता प्राप्त करे और हर जगह उसे सम्मान और लोकप्रियता मिले, लेकिन यह इतना आसान नहीं है। ये सुख पाने के लिए व्यक्ति को कई प्रकार के जतन करने पड़ते हैं। जैसा कि सभी जानते हैं कि हर सफलता के पीछे एक कठिन परिश्रम और संघर्ष की कहानी छिपी होती है। जो व्यक्ति सामने वाले को प्रभावित कर सकता है, वही सफलता को प्राप्त करता है। सफलता की नई-नई सीढ़ियाँ चढ़ते हुए व्यक्ति लोकप्रियता के मुकाम को पा ही लेता है। उसे समाज में जानने वाले लोगों की संख्या बढ़ती चली जाती है। कौन नहीं चाहता कि उन्हें ज्यादा-से ज्यादा लोग जानें। उनकी सामाजिक पहचान बढ़े। समाज में ज्यादा-से-ज्यादा उनका नाम हो, परंतु इस लोकप्रियता की जो कीमत चुकानी होती है, उसके लिए कम ही लोग तैयार होते हैं। आप चर्चित हैं, तो आपकी सामाजिक जवाबदेही भी अधिक होती है। हर अनुकूल-प्रतिकूल स्थिति के लिए आपको बाकी लोगों से ज्यादा तैयारी करनी पड़ती है। चर्चित होने के बाद खुद के मुताबिक सामान्य जीवन जीना और भी कठिन होता है। चर्चित लोगों से अनौपचारिक बात करें, तो पाएँगे कि ऐसे में वे जो बता रहे हैं, उससे वह अलग है, जो उन्होंने औपचारिक बातचीत के दौरान कही थी।

चर्चित व्यक्तियों की बनी छवि प्रायः सच्चाई से अलग होती है। विडंबना यह है कि वे खुद भी उसी छवि को जीने में लग जाते हैं, जो गढ़ी गई है। अल्बर्ट आइंस्टीन, जिन्हें लोग सुपर मानव कहते हैं, जो अपने जीवन-काल में ही इस दुनिया के सर्वाधिक लोकप्रिय व्यक्ति थे, एक बार उन्होंने कहा था कि "मेरी उपलब्धियों व क्षमताओं के बीच, जो लोगों द्वारा समझी गई हैं और वास्तव में जो मैं हूँ, एक विरोधाभास है।" लोकप्रियता के सामाजिक-नैतिक पहलू पर अध्ययन करने वाले मनोविज्ञानी कहते हैं कि "टिकाऊ लोकप्रियता सही मायने में वही है, जो दिलों पर राज करवाए, न कि चर्चाओं में।" चर्चा में होना सरल है, पर इसकी प्रक्रिया जटिल है, इसलिए लोकप्रिय व्यक्ति प्रायः बदनाम भी जल्द होता है। उसके नकारात्मक पहलू भी जल्द सामने आते हैं। उन पर अहं भी जल्द हावी हो जाता है। ऐसी लोकप्रियता अकसर यह भ्रम देती है कि आप सामान्य से अलग हैं। यह सोच अपनों व दूसरों से बहुत दूर ले जाती है। इसे संतुलित तरीके से न लिया जाए, तो ज्यादातर चर्चित व्यक्तियों के लिए यह दुःखी करने वाली होती है। अंततः यह बात याद रखें कि प्रसिद्ध लोगों को गुमनामी का सम्मान करना और खुद को नैतिक बनाए रखना आना चाहिए। अन्यथा वक्त की हवा के बीच वे तिनके की तरह उड़ा दिए जाएँगे।

(क) अधिक परिचित लोगों की क्या कठिनाई होती है? (1)

(i) उनकी समाज के प्रति जवाबदेही बढ़ जाती है
(ii) प्रत्येक स्थिति में अन्य लोगों की अपेक्षा अधिक तैयार रहना पड़ता है
(iii) वे सामान्य जनता की तरह जीवन नहीं जी पाते
(iv) उपर्युक्त सभी

(ख) हर सफलता के पीछे .... होती है। (1)

(i) कठिन परिश्रम की कहानी
(ii) संघर्ष की कहानी
(iii) (i) और (ii) दोनों
(iv) स्वास्थ्य की कहानी

(ग) कथन (A) और कारण (R) को पढ़कर उपयुक्त विकल्प चुनिए

कथन (A) लोकप्रिय व्यक्ति शीघ्र ही बदनाम हो जाते हैं।

कारण (R) उनमें अहंकार बहुत जल्दी आ जाता है। (1)

(i) कथन (A) गलत है, किंतु कारण (R) सही है।
(ii) कथन (A) और कारण (R) दोनों गलत हैं।

(iii) कथन (A) सही है तथा कारण (R), कथन (A) की सही व्याख्या है।

(iv) कथन (A) और कारण (R) दोनों सही हैं, किंतु कारण (R) कथन (A) की सही व्याख्या नहीं है।

(घ) गद्यांश के अनुसार, प्रत्येक व्यक्ति क्या चाहता है? (2)

(ङ) चर्चित व्यक्तियों की छवि कैसी होती है? (2)

2. निम्नलिखित पद्यांश पर आधारित प्रश्नों के उत्तर दीजिए।

लाल पत्थर, लाल मिट्टी,
लाल कंकड़, लाल बजरी,
लाल फूले ढाक के बन।
डाँग गाती फाग कजरी,
सनसनाती साँझ सूनी।
वायु का कंठला खनकता,
झींगुरों की खंजड़ी पर,
झाँझ सा बीहड़ झनकता।
बीच सूने में
बनैये ताल का फैला
अतल जल,
ये कभी आए यहाँ पर
छोड़ दमयंती दु:खी नल।
भूख व्याकुल ताल से ले
मछलियाँ भी जो पकायीं
शाप के कारण जली हैं,
वे उछल जल में समायीं
हैं तभी से साँवली
सुनसान जंगल की किनारी।

(क) प्रस्तुत काव्यांश के आधार पर बताइए कि साँझ किस प्रकार की है? (1)

(i) सूनी
(ii) सयानी
(iii) रोती
(iv) गाती

(ख) प्रस्तुत पंक्तियों के आधार पर बताइए कि चारों ओर के वातावरण में कौन-सा रंग समाया है? (1)

(i) नीला (ii) लाल
(iii) पीला (iv) काला

(ग) प्रस्तुत काव्यांश में खंजड़ी किसकी बताई गई है? (1)

(i) झींगुरों की
(ii) साँझ की
(iii) पत्थर की
(iv) मिट्टी की

(घ) काव्यांश के अनुसार, मछलियाँ किस कारण जली थीं? (2)

(ङ) 'छोड़ दमयंती दु:खी नल' पंक्ति का क्या आशय है? (2)

खंड (ख) : व्यावहारिक व्याकरण (16 अंक)

3. निर्देशानुसार 'रचना के आधार पर वाक्य भेद' पर आधारित पाँच प्रश्नों में से किन्हीं चार प्रश्नों के उत्तर दीजिए। (1 × 4 = 4)

(क) 'दौड़ता हुआ बच्चा साइकिल से टकराकर गिर पड़ा।' संयुक्त वाक्य में परिवर्तित कीजिए। (1)

(ख) 'जो सत्य बोलते हैं, उन्हें सभी प्यार करते हैं।' रचना के आधार पर वाक्य भेद बताइए। (1)

(ग) 'पिताजी ने मुझे पढ़ाकर पुलिस में भर्ती कराया।' मिश्र वाक्य में परिवर्तित कीजिए। (1)

(घ) मिश्र वाक्य के योजक चिह्न कौन-से हैं? (1)

(ङ) 'रोहन गाना गाता है।' रचना के आधार पर वाक्य का भेद कौन-सा है? (1)

4. निर्देशानुसार 'वाच्य' पर आधारित पाँच प्रश्नों में से किन्हीं चार प्रश्नों के उत्तर दीजिए। (1 × 4 = 4)

(क) 'नीता ने साड़ी खरीदी।' इस वाक्य को कर्मवाच्य में परिवर्तित कीजिए। (1)

(ख) 'युवराज द्वारा पढ़ा जा रहा है।' इस वाक्य के वाच्य का प्रकार बताइए। (1)

(ग) 'जितेंद्र नहीं उठ सकता।' इस वाक्य का भाववाच्य में परिवर्तित रूप क्या होगा? (1)

(घ) वाच्य किसे कहते हैं? उदाहरण भी लिखिए। (1)

(ङ) कर्तृवाच्य किसे कहते हैं? (1)

5. निर्देशानुसार 'पद परिचय' पर आधारित पाँच प्रश्नों में से किन्हीं चार प्रश्नों के उत्तर दीजिए। (1 × 4 = 4)

(क) <u>निर्धन</u> मजदूर अथक परिश्रम कर रहा है। रेखांकित पद का पद परिचय क्या होगा? (1)

(ख) मैं अपनी <u>मातृभूमि</u> पर मर मिटूँगा। रेखांकित पद का पद परिचय बताइए। (1)

(ग) हम रोज शाम को <u>तेज-तेज</u> चलते हैं। रेखांकित पद का परिचय बताइए। (1)

(घ) संबंधबोधक से आप क्या समझते हैं? (1)

(ङ) निपात किसे कहते हैं? ये कौन-से होते हैं? (1)

6. निर्देशानुसार 'अलंकार' पर आधारित पाँच प्रश्नों में से किन्हीं चार प्रश्नों के उत्तर दीजिए। (1 × 4 = 4)

(क) "उस काल मारे क्रोध के तनु काँपने उनका लगा।
मानो हवा के वेग से सोता हुआ सागर जगा।।"
पंक्ति में निहित अलंकार को स्पष्ट कीजिए। (1)

(ख) जहाँ किसी वस्तु की इतनी प्रशंसा की जाए कि लोक-मर्यादा का अतिक्रमण हो जाए, वहाँ कौन-सा अलंकार होता है? (1)

(ग) "रहिमन पानी राखिए, बिन पानी सब सून।
पानी गए न ऊबरे, मोती मानुष चून।।"
उक्त पंक्तियों में अलंकार बताइए। (1)

(घ) उपमा अलंकार किसे कहते हैं? (1)

(ङ) मानवीकरण अलंकार का कोई एक उदाहरण लिखिए। (1)

खंड (ग) : पाठ्यपुस्तक व पूरक पाठ्यपुस्तक (30 अंक)

7. निम्नलिखित पठित गद्यांश पर आधारित बहुविकल्पीय प्रश्नों के सर्वाधिक उपयुक्त विकल्प चुनकर लिखिए। (1 × 5 = 5)

बार-बार सोचते, क्या होगा? उस कौम का जो अपने देश की खातिर घर-गृहस्थी-जीवन-जिंदगी सब कुछ छोड़ देने वालों पर भी हँसती है और अपने लिए बिकने के मौके ढूँढती है। दुःखी हो गए। पंद्रह दिन बाद फिर उसी कस्बे से गुजरे। कस्बे में घुसने से पहले ही ख्याल आया कि कस्बे कि हृदयस्थली में सुभाष की प्रतिमा अवश्य ही प्रतिष्ठापित होगी, लेकिन सुभाष की आँखों पर चश्मा नहीं होगा···! क्योंकि मास्टर बनाना भूल गया।··· और कैप्टन मर गया। सोचा, आज वहाँ रुकेंगे नहीं, पान भी नहीं खाएँगे, मूर्ति की तरफ देखेंगे भी नहीं, सीधे निकल जाएँगे। ड्राइवर से कह दिया, चौराहे पर रुकना नहीं, आज बहुत काम है, पान आगे कहीं खा लेंगे।

(क) गद्यांश के आधार पर बताइए कि हालदार साहब दुःखी क्यों थे? (1)
- (i) कैप्टन की मृत्यु से
- (ii) पान खाने से
- (iii) पान न खाने से
- (iv) उपरोक्त में से कोई नहीं

(ख) प्रस्तुत गद्यांश में किसे संदेश देने का प्रयास किया गया है? (1)
- (i) युवा पीढ़ी को
- (ii) पानवाले को
- (iii) कैप्टन को
- (iv) ये सभी

(ग) प्रस्तुत गद्यांश के आधार पर बताइए कि हमें किसका सम्मान करना चाहिए? (1)
- (i) कैप्टन का
- (ii) फौजी का
- (iii) देशभक्तों का
- (iv) इनमें से कोई नहीं

(घ) देशभक्त अपना पूरा जीवन किसे समर्पित करते हैं? (1)
- (i) देश को
- (ii) ईश्वर को
- (iii) कस्बे को
- (iv) इनमें से कोई नहीं

(ङ) कथन (A) और कारण (R) को पढ़कर उपयुक्त विकल्प चुनिए

कथन (A) आज वहाँ रुकेंगे नहीं।

कारण (R) आज बहुत काम है। (1)
- (i) कथन (A) गलत है, किंतु कारण (R) सही है।
- (ii) कथन (A) और कारण (R) दोनों गलत हैं।
- (iii) कथन (A) और कारण (R) दोनों सही हैं तथा कारण (R) कथन (A) की सही व्याख्या है।
- (iv) कथन (A) और कारण (R) दोनों सही हैं, किंतु कारण (R), कथन (A) की सही व्याख्या नहीं है।

8. गद्य पाठों के आधार पर निम्नलिखित चार प्रश्नों में से किन्हीं तीन प्रश्नों के उत्तर लगभग 25-30 शब्दों में लिखिए। (2 × 3 = 6)

(क) बिस्मिल्ला खाँ के सादगीपूर्ण व्यवहार का एक उदाहरण दीजिए। (2)

(ख) "पानवाला हँसोड़ स्वभाव का अवश्य है, परंतु वह संवेदनशील भी है।" प्रस्तुत कथन को 'नेताजी का चश्मा' पाठ के आधार पर स्पष्ट कीजिए। (2)

(ग) 'लखनवी अंदाज' पाठ के शीर्षक की सार्थकता पर प्रकाश डालते हुए बताइए कि लेखक ने पाठ का शीर्षक यह क्यों रखा होगा? (2)

(घ) 'बालगोबिन भगत' पाठ के आधार पर बताइए कि ग्राम्य जीवन कैसे और किसके समीप होता है? स्पष्ट कीजिए। (2)

9. निम्नलिखित पठित पद्यांश पर आधारित बहुविकल्पीय प्रश्नों के सर्वाधिक उपयुक्त विकल्प चुनकर लिखिए। (1 × 5 = 5)

ऊधौ, तुम हौ अति बड़भागी।
अपरस रहत सनेह तगा तैं, नाहिन मन अनुरागी।
पुरइनि पात रहत जल भीतर, ता रस देह न दागी।
ज्यौं जल माहँ तेल की गागरि, बूँद न ताकौं लागी।
प्रीति-नदी मैं पाउँ न बोरयौ, दृष्टि न रूप परागी।
'सूरदास' अबला हम भोरी, गुर चाँटी ज्यौं पागी।।

(क) गोपियाँ कृष्ण के प्रेम में ········ डूबी रहती हैं। (1)
- (i) चीटियों की भाँति
- (ii) पत्तों की भाँति
- (iii) अनुभूति की भाँति
- (iv) योगी की भाँति

(ख) गोपियाँ उद्धव को बड़भागी कहती हैं, क्योंकि ········। (1)
- (i) वे कृष्ण के सखा हैं
- (ii) वे कृष्ण को गोपियों का संदेश देते हैं
- (iii) वे कृष्ण के समीप रहते थे, फिर भी उनका मन कृष्ण के प्रति आसक्त नहीं हुआ
- (iv) वे उनके विरह में व्याकुल नहीं होते

(ग) प्रस्तुत काव्यांश में गोपियों ने स्वयं को क्या कहा है? (1)
- (i) अबला
- (ii) भोली
- (iii) (i) और (ii) दोनों
- (iv) अनुरागी

(घ) 'दृष्टि न रूप परागी' के माध्यम से गोपियों ने क्या व्यंग्य किया है? (1)
- (i) कृष्ण का रूप सौंदर्य गोपियों को याद नहीं है।
- (ii) उद्धव ने कृष्ण के रूप सौंदर्य को नहीं देखा।
- (iii) कृष्ण ने उद्धव को पारखी नहीं बनाया।
- (iv) उद्धव श्रीकृष्ण के रूप सौंदर्य के पारखी नहीं हैं।

(ङ) गोपियों ने उद्धव की तुलना किससे की है? (1)
- (i) कमल के पत्तों से
- (ii) तेल की गागर से
- (iii) (i) और (ii) दोनों
- (iv) गुड़ के समान

10. पद्य पाठों के आधार पर निम्नलिखित चार प्रश्नों में से किन्हीं तीन प्रश्नों के उत्तर लगभग 25-30 शब्दों में लिखिए। $(2 \times 3 = 6)$

(क) लक्ष्मण ने परशुराम से क्षमा क्यों माँगी? 'राम-लक्ष्मण- परशुराम संवाद' के आधार पर स्पष्ट कीजिए। (2)

(ख) गोपियाँ 'योग' के विषय में क्या कहती हैं? 'पद' पाठ के आधार पर स्पष्ट कीजिए। (2)

(ग) कवि ने शिशु की मुस्कान को दंतुरित मुस्कान क्यों कहा है? कवि के मन पर उस मुस्कान का क्या प्रभाव पड़ा? (2)

(घ) संगतकार द्वारा स्थायी को सँभाले रखने की तुलना किन-किन बातों से की गई है और क्यों? (2)

11. पूरक पाठ्यपुस्तक के पाठों पर आधारित निम्नलिखित तीन प्रश्नों में से किन्हीं दो प्रश्नों के उत्तर लगभग 50-60 शब्दों में लिखिए। $(2 \times 4 = 8)$

(क) 'साना-साना हाथ जोड़ि' पाठ के आधार पर बताइए कि मानवीय मूल्यों का पतन पर्यावरण को किस प्रकार हानि पहुँचा रहा है? (4)

(ख) "सैनिकों द्वारा ब्रह्मपुत्र नदी में बम फेंककर मछलियों को मारना" वर्तमान में मनुष्य की किस प्रवृत्ति की ओर संकेत करता है? (4)

(ग) 'माता का अँचल' पाठ में लेखक तथा उसके कुछ साथियों को क्यों दंडित किया गया? क्या बच्चों को दंड देना उचित है? इस विषय के पक्ष या विपक्ष में अपने विचार व्यक्त कीजिए। (4)

खंड (घ) : रचनात्मक लेखन (20 अंक)

12. निम्नलिखित तीन विषयों में से किसी एक विषय पर लगभग 120 शब्दों में सारगर्भित अनुच्छेद लिखिए। (6)

(क) अध्ययन एक उपयोगी आदत

संकेत बिंदु
- भूमिका
- मानव जीवन में ज्ञान का महत्त्व
- ज्ञान प्राप्ति में पुस्तकों की भूमिका
- अध्ययन की प्रवृत्ति से लाभ
- उपसंहार

(ख) निरक्षरता एक अभिशाप

संकेत बिंदु
- भूमिका
- निरक्षरता से हानि
- निरक्षरता के कारण
- निरक्षरता दूर करने के उपाय
- उपसंहार

(ग) सोशल मीडिया और किशोर

संकेत बिंदु
- भूमिका
- सोशल मीडिया का सकारात्मक प्रभाव
- सोशल मीडिया का नकारात्मक प्रभाव

13. किसी प्रतिष्ठित समाचार-पत्र में छपे एक लेख के संबंध में अपने विचार व्यक्त करते हुए समाचार-पत्र के संपादक को एक पत्र लिखिए। (5)

अथवा

वाद-विवाद प्रतियोगिता में प्रथम आने पर अपने मित्र को बधाई पत्र लिखिए।

14. एक स्कूल में गणित अध्यापक के रिक्त पद हेतु अपना स्ववृत्त प्रस्तुत कीजिए। (5)

अथवा

शहर में लाउडस्पीकर से हो रही परेशानी के संदर्भ में जिलाधिकारी को एक ई-मेल लिखिए।

15. किसी कोचिंग संस्थान द्वारा मेडिकल की तैयारी कराने से संबंधित एक विज्ञापन लिखिए। (4)

अथवा

आपके मित्र ने नई गाड़ी खरीदी है। इस संबंध में उसे बधाई देते हुए एक संदेश लिखिए।

प्रतिदर्श प्रश्न–पत्र 5

(व्याख्या रहित)

CBSE कक्षा 10 की बोर्ड परीक्षा के लिए नमूना प्रश्न-पत्र

हिंदी 'अ'

समय : 3 घंटे	पूर्णांक : 80

1. इस प्रश्न-पत्र में चार खंड दिए गए हैं–'क', 'ख', 'ग' और 'घ'।
2. खंड 'क' में बहुविकल्पीय, अतिलघु व लघु उत्तरीय प्रश्न दिए गए हैं।
3. खंड 'ख' में अतिलघु/लघु उत्तरीय प्रश्न दिए गए हैं।
4. खंड 'ग' में बहुविकल्पीय व वर्णनात्मक प्रश्न दिए गए हैं।
5. खंड 'घ' में वर्णनात्मक प्रश्न दिए गए हैं।
6. यथासंभव सभी प्रश्नों के उत्तर क्रमानुसार लिखिए।

खंड (क) : अपठित बोध (14 अंक)

1. निम्नलिखित गद्यांश पर आधारित प्रश्नों के उत्तर दीजिए।

क्या कोई ऐसा भी मुकदमा या खेल हो सकता है, जिसमें किसी की जीत न होती हो? इस बात पर हम सिर्फ हँस सकते हैं, लेकिन जिंदगी में एक ऐसा भी खेल है, जिसमें किसी की भी जीत या हार नहीं होती है। वह खेल है 'बदला' लेने का खेल। इसमें किसी की जीत और हार नहीं होती। यह एक सामान्य व्यवहार है, हमें दूसरों के साथ ऐसा व्यवहार करना चाहिए, जैसा हम दूसरों से अपने लिए चाहते हैं। यानी हम स्वर्णिम नियम के साथ जीना चाहते हैं, परंतु जब सामने वाला आदमी निष्पक्ष खेल की संहिता का उल्लंघन करता है, तो हम नाराज हो जाते हैं। हम बदला लेना चाहते हैं, लेकिन इस 'बदला लेने वाले' खेल में क्या किसी की जीत होगी? जब हम बदला लेने के बारे में सोचते हैं, तब इस बात पर गौर करना भूल जाते हैं।

प्रतिशोध की यह भावना हमारे अंतर्मन में कहीं–न–कहीं छिपी चिनगारी की तरह दबी रहती है, जैसे ही उसे अवसर मिलता है, वह झट बाहर निकलकर बदले की आग में बदल जाती है। आम जिंदगी में चाहे अधिकारी की कुर्सी पर बैठे लोग हों, पति-पत्नी में तलाक के बाद हिसाब चुकता करने की मानसिकता हो या अबोध बच्चे द्वारा अपने भाई से बदला लेने की बात हो सब जगह यह आग दिखती है। सड़क दुर्घटनाओं में भी यह मानसिकता काम करती है। किसी ड्राइवर को दूसरी गाड़ी वाला कट मारता है और उसे गाड़ी सड़क से नीचे उतारनी पड़ती है। अब वह ड्राइवर कट मारने वाले को सबक सिखाना चाहता है। नतीजा दुर्घटना के रूप में सामने आता है। यह खेल घाटे वाला है। वक्त की बर्बादी, धन की बर्बादी और चित्त की बर्बादी–इन सबका इलाज एक ही है, जिसके लिए महाभारत में वेदव्यास कहते हैं, क्षमा और दया जीवन के ऐसे गहने हैं, जिनको पहनने वाला सबका प्यारा बन जाता है। इनको पहनने से पूरा जीवन ही सुंदर हो जाएगा।

अभी तक किसी महापुरुष के जीवन से ऐसा कोई उदाहरण नहीं मिला जहाँ घृणा, द्वेष, पर दोष दर्शन तथा प्रतिशोध के द्वारा किसी मंगल कार्य की सिद्धि हुई हो। प्रतिशोध से मनुष्य की बुद्धि नष्ट होती है, विवेक चला जाता है जीवन की सारी शांति और आनंद नष्ट हो जाता है। इस तरह के दोषपूर्ण विचार मानवीय प्रगति को रोक देते हैं। मनुष्य न तो सांसारिक उन्नति को पाता है और न ही आध्यात्मिक उद्देश्य पूरा कर पाता है। इससे मानसिक जड़ता आती है और सारी क्रिया–शक्ति बर्बाद हो जाती है।

प्रतिशोध की भावना तब आती है, जब किसी से शत्रुता होती है, किंतु यदि वस्तुतः देखा जाए तो इस संसार में न कोई किसी का शत्रु है न मित्र। स्वार्थपूर्ण प्रवृत्तियों के कारण ही यह विरोधाभास दिखाई देता है। अपने मन और इंद्रियों को नियंत्रण में रखा जा सके, तो यहाँ कोई भी शत्रु नहीं दिखाई देगा। सभी परमात्मा के अंश हैं। एक ही आत्मा के गठबंधन में सब बँधे हुए हैं, जो यह समझ लेता है, वह अपने पूर्व–जन्मों के कर्मों के फल तो इस जीवन में भोगता है, किंतु आगे के लिए इन अनिष्टकारी मनोविकारों को अपने मस्तिष्क में नहीं आने देता है।

(क) लेखक के विचार से किस खेल में जीत–हार नहीं होती? (1)

(i) ऋण का लेन–देन

(ii) बदला लेना

(iii) नियमों के अनुसार खेलना

(iv) मित्रता का व्यवहार रखना

(ख) आशय स्पष्ट कीजिए–"प्रतिशोध की यह भावना हमारे अंतर्मन में कहीं-न-कहीं छिपी चिनगारी की तरह दबी रहती है।" (1)

(i) मनुष्य के मन में बदले की भावना किसी-न-किसी रूप में निहित होती है, जो अवसर पाकर बड़ा अनिष्ट कर देती है

(ii) मनुष्य के मन में बदले की भावना सूक्ष्म रूप से निहित होती है

(iii) मनुष्य के मन में बदले की भावना नहीं होती, यह बाद में अवसर पाकर विकसित होती है

(iv) मनुष्य के मन में हमेशा बदले की भावना पलती रहती है

(ग) कथन (A) और कारण (R) को पढ़कर उपयुक्त विकल्प चुनिए

कथन (A) प्रतिशोध से मनुष्य की बुद्धि नष्ट हो जाती है।

कारण (R) इससे विवेक चला जाता है और मन अशांत हो जाता है। (1)

(i) कथन (A) सही है, किंतु कारण (R) गलत है।

(ii) कथन (A) और कारण (R) दोनों गलत हैं।

(iii) कथन (A) और कारण (R) दोनों सही हैं तथा कारण (R), कथन (A) की सही व्याख्या है।

(iv) कथन (A) और कारण (R) दोनों सही हैं, किंतु कारण (R), कथन (A) की सही व्याख्या नहीं है।

(घ) हम नाराज कब हो जाते हैं? (2)

(ङ) प्रतिशोध की भावना मन में कब उत्पन्न होती है? (2)

2. निम्नलिखित पद्यांश पर आधारित प्रश्नों के उत्तर दीजिए।

एकता में है ताकत मेरे साथियों,
देश को जरूरत है मेरे साथियों।
तोड़ो मजहब की जंजीर-और-दीवार को,
एकता ही मिलाती है संसार को।
एकता की है कीमत मेरे साथियों,
देश को जरूरत है मेरे साथियों।
जब सभी की रगों में लहू लाल है,
जाति बंधन का फिर क्यूँ बिछा जाल है।
एक है सभी की इज्जत मेरे साथियों,
देश को जरूरत है मेरे साथियों।
हम अपनी आजादी लुटने ना देंगे,
इधर उँगली दुश्मन की उठने ना देंगे।
जान अपनी है भारत साथियों,
देश को जरूरत है मेरे साथियों।
एकता में है ताकत मेरे साथियों,
देश को जरूरत है मेरे साथियों।

(क) प्रस्तुत काव्यांश में कवि किसे संबोधित कर रहा है? (1)

(i) भारतवासियों को (ii) दुश्मनों को
(iii) मनुष्य को (iv) इनमें से कोई नहीं

(ख) प्रस्तुत काव्यांश किस विषय से संबंधित है? (1)

(i) एकता से (ii) जाति बंधन से
(iii) मजहब से (iv) स्वतंत्रता से

(ग) काव्यांश के आधार पर बताइए कि दुश्मन को उँगुली उठाने से कैसे रोकेंगे? (1)

(i) दुश्मन को मारकर
(ii) दुश्मन से लड़कर
(iii) दुश्मन को आगे बढ़ने से रोककर
(iv) उपर्युक्त में से कोई नहीं

(घ) कवि की दृष्टि में ताकत किसमें है? (2)

(ङ) 'जब सभी की रगों में लहू लाल हैं' से कवि का क्या आशय है? (2)

खंड (ख) : व्यावहारिक व्याकरण (16 अंक)

3. निर्देशानुसार 'रचना के आधार पर वाक्य भेद' पर आधारित पाँच प्रश्नों में से किन्हीं चार प्रश्नों के उत्तर दीजिए। (1× 4 = 4)

(क) 'अपराधी होने के कारण उसे सजा दी गई।' संयुक्त वाक्य में परिवर्तित कीजिए। (1)

(ख) 'उसने कहा कि वह बाजार अवश्य जाएगा।' इस वाक्य का प्रकार बताइए। (1)

(ग) 'मज़दूर मेहनत करता है, लेकिन उसका लाभ उसे नहीं मिलता।' सरल वाक्य में परिवर्तित कीजिए। (1)

(घ) मिश्र वाक्य किसे कहते हैं? (1)

(ङ) वाक्य की कितनी विशेषताएँ होती हैं? (1)

4. निर्देशानुसार 'वाच्य' पर आधारित पाँच प्रश्नों में से किन्हीं चार प्रश्नों के उत्तर दीजिए। (1× 4 = 4)

(क) 'रोगी उठ नहीं सकता।' इस वाक्य का भाववाच्य क्या होगा? (1)

(ख) 'यह कविता किसने लिखी?' इस वाक्य को कर्मवाच्य में परिवर्तित कीजिए। (1)

(ग) 'राम पाठ पढ़ता है।' का कर्मवाच्य में क्या रूप बनेगा? (1)

(घ) क्रिया का लिंग, वचन, पुरुष कर्म के अनुसार होने पर कौन-सा वाच्य होता है? (1)

(ङ) जब वाक्य में भाव की प्रधानता होती है, तब कौन-सा वाच्य होता है? (1)

5. निर्देशानुसार 'पद परिचय' पर आधारित पाँच प्रश्नों में से किन्हीं चार प्रश्नों के उत्तर दीजिए। (1× 4 = 4)

(क) हमारी बेपढ़ी-लिखी माँ यहाँ रहती है। रेखांकित पद का परिचय दीजिए। (1)

(ख) आज तक मैं उससे उबर नहीं पाई हूँ। रेखांकित पद का परिचय दीजिए। (1)

(ग) स्त्रियों को पढ़ाया जाना चाहिए। रेखांकित पद का परिचय लिखें। (1)

(घ) पद परिचय से क्या आशय है? (1)

(ङ) क्रिया का मूल रूप क्या होता है? (1)

6. निर्देशानुसार 'अलंकार' पर आधारित पाँच प्रश्नों में से किन्हीं चार प्रश्नों के उत्तर दीजिए। (1× 4 = 4)

(क) "सागर के उर पर नाच-नाच करती हैं लहरें मधुर गान।"
उपरोक्त पंक्ति में प्रयुक्त अलंकार का चयन कीजिए। (1)

(ख) "हनुमान की पूँछ में लगन न पाई आग।
लंका सारी जल गई, गए निशाचर भाग।।"
उपर्युक्त पंक्तियों में अलंकार बताइए। (1)

(ग) "बिन घनस्याम धाम-धाम ब्रज मण्डल में, उधौ नित बसति बहार बरसा की है।" इस पंक्ति में प्रयुक्त अलंकार कौन-सा है? (1)

(घ) उपमेय किसे कहते हैं? (1)

(ङ) रूपक अलंकार के बारे में समझाइए। (1)

खंड (ग) : पाठ्यपुस्तक व पूरक पाठ्यपुस्तक (30 अंक)

7. निम्नलिखित पठित गद्यांश पर आधारित बहुविकल्पीय प्रश्नों के सर्वाधिक उपयुक्त विकल्प चुनकर लिखिए। (1× 5 = 5)

हम गौर कर रहे थे, खीरा इस्तेमाल करने के इस तरीके को, खीरे की सुगंध और स्वाद की कल्पना से संतुष्ट होने का सूक्ष्म, नफीस या एब्स्ट्रैक्ट तरीका जरूर कहा जा सकता है, परंतु क्या ऐसे तरीके से उदर की तृप्ति भी हो सकती है? नवाब साहब की ओर से भरे पेट की ऊँची डकार का शब्द सुनाई दिया और नवाब साहब ने हमारी ओर देखकर कह दिया, "खीरा लजीज होता है, लेकिन होता है सकील, नामुराद मेदे पर बोझ डाल देता है।" ज्ञान-चक्षु खुल गए।

(क) नवाब साहब के खीरा खाने की प्रक्रिया को लेखक ने क्या नाम दिया? (1)

(i) तृप्ति (ii) इस्तेमाल
(iii) एब्स्ट्रैक्ट (iv) ये सभी

(ख) नवाब साहब द्वारा डकार लेना क्या दर्शाता है? (1)

(i) पेट भरना (ii) मन भरना
(iii) स्वाद लेना (iv) ये सभी

(ग) नवाब साहब ने लेखक की ओर देखकर क्या कहा? (1)

(i) खीरा लजीज होता है
(ii) सुपाच्य नहीं होता
(iii) मेदे पर बोझ डालता है
(iv) उपर्युक्त सभी

(घ) गद्यांश के आधार पर बताइए कि पेट भरे होने के लिए नवाब साहब की ओर से क्या शब्द सुनाई दिया? (1)

(i) डकार (ii) लजीज
(iii) नामुराद (iv) एब्स्ट्रैक्ट

(ङ) क्या ऐसे तरीके से ······· हो सकती है? (1)

(i) उदर की पूर्ति (ii) उदर की हानि
(iii) आँख की हानि (iv) ये सभी

8. गद्य पाठों के आधार पर निम्नलिखित चार प्रश्नों में से किन्हीं तीन प्रश्नों के उत्तर लगभग 25-30 शब्दों में लिखिए। (2 × 3 = 6)

(क) कार्तिक मास से फागुन मास तक बालगोबिन भगत की दिनचर्या क्या होती थी? बालगोबिन भगत की इस बीच होने वाली गतिविधियों को 'बालगोबिन भगत' पाठ के आधार पर अपने शब्दों में लिखिए। (2)

(ख) हालदार साहब ने नेताजी की मूर्ति पर नए-नए चश्मे लगाने वाले 'कैप्टन' के विषय में पहली बार क्या सोचा था? बाद में उन्हें 'कैप्टन' के विषय में क्या जानकारी मिली? 'नेताजी का चश्मा' पाठ के आधार पर उत्तर दीजिए। (2)

(ग) गाए जा चुके राग को फिर से गाने की पृष्ठभूमि किस प्रकार तैयार होती है? (2)

(घ) 'लखनवी अंदाज' पाठ के आधार पर बताइए कि लेखक के ज्ञान चक्षु किस प्रकार खुल गए? (2)

9. निम्नलिखित पठित पद्यांश पर आधारित बहुविकल्पीय प्रश्नों के सर्वाधिक उपयुक्त विकल्प चुनकर लिखिए। (1× 5 = 5)

ऊधौ! तुम हौ अति बड़भागी।
अपरस रहत सनेह तगा तैं, नाहिन मन अनुरागी।
पुरइनि पात रहत जल भीतर, ता रस देह न दागी।
ज्यौं जल माहँ तेल की गागरि, बूँद न ताकौं लागी।
प्रीति-नदी मैं पाउँ न बोरयौ, दृष्टि न रूप परागी।
'सूरदास' अबला हम भोरी, गुर चाँटी ज्यौं पागी।।

(क) काव्यांश के आधार पर बताइए कि बड़भागी किसे कहा गया है? (1)

(i) उद्धव को
(ii) कृष्ण को
(iii) गोपियों को
(iv) उपर्युक्त में से कोई नहीं

(ख) गोपियाँ कृष्ण के प्रेम में किस प्रकार डूबी रहती हैं? (1)
(i) जैसे चींटियाँ गुड़ से चिपक जाती हैं
(ii) पत्तों की भाँति
(iii) अनुभूति की भाँति
(iv) उपर्युक्त में से कोई नहीं

(ग) प्रस्तुत पद्यांश किस पाठ से लिया गया है? इसके कवि का नाम बताइए। (1)
(i) राम-लक्ष्मण-परशुराम संवाद (तुलसीदास)
(ii) कन्यादान (ऋतुराज)
(iii) पद (सूरदास)
(iv) 'अट नहीं रही' (निराला)

(घ) प्रस्तुत काव्यांश में गोपियों ने स्वयं को क्या कहा है? (1)
(i) अबला (ii) भोली
(iii) (i) और (ii) दोनों (iv) अनुरागी

(ङ) गोपियों ने उद्धव को व्यंग्यात्मक भाषा में ······· कहा है। (1)
(i) दुर्भाग्यशाली (ii) सौभाग्यशाली
(iii) मूर्ख (iv) अचेतन

10. पद्य पाठों के आधार पर निम्नलिखित चार प्रश्नों में से किन्हीं तीन प्रश्नों के उत्तर लगभग 25-30 शब्दों में लिखिए। $(2 \times 3 = 6)$

(क) 'मरजादा न लही' के माध्यम से कौन-सी मर्यादा न रहने की बात की जा रही है? सूरदास के 'पद' के आधार पर लिखिए। (2)

(ख) "हम भी कोई कुम्हड़े की बतिया (छुईमुई की बेल) नहीं हैं, जो तर्जनी उँगुली को देखते ही मर जाएँ।" लक्ष्मण ने ऐसा क्यों कहा? पाठ 'राम-लक्ष्मण-परशुराम संवाद' के आधार पर स्पष्ट कीजिए। (2)

(ग) 'अट नहीं रही है' कविता में कवि ने प्रकृति की व्यापकता का वर्णन किन रूपों में किया है? स्पष्ट कीजिए। (2)

(घ) परशुराम के क्रोध का मूल कारण क्या था? स्पष्ट कीजिए। (2)

11. पूरक पाठ्यपुस्तक के पाठों पर आधारित निम्नलिखित तीन प्रश्नों में से किन्हीं दो प्रश्नों के उत्तर लगभग 50-60 शब्दों में लिखिए। $(2 \times 4 = 8)$

(क) 'माता का अँचल' पाठ के आधार पर बताइए कि आधुनिक जीवन-शैली में हम भोलानाथ के समान प्रकृति का आनंद क्यों नहीं उठा पा रहे हैं? वर्तमान में हम प्रकृति का सामीप्य प्राप्त करने के लिए क्या उपाय कर सकते हैं? (4)

(ख) पर्वतीय क्षेत्रों के सौंदर्य को बनाए रखने के लिए लोगों को स्वयं आगे बढ़कर कार्य करने होंगे। आप इसमें किस प्रकार सहयोग कर सकते हैं? 'साना-साना हाथ जोड़ि' पाठ के अनुसार स्पष्ट कीजिए। (4)

(ग) 'मैं क्यों लिखता हूँ' पाठ के आधार पर बताइए कि विज्ञान के दुरुपयोग से किन मानवीय मूल्यों की क्षति होती है? इसके लिए हम क्या कर सकते हैं? (4)

खंड (घ) : रचनात्मक लेखन (20 अंक)

12. निम्नलिखित तीन विषयों में से किसी एक विषय पर लगभग 120 शब्दों में सारगर्भित अनुच्छेद लिखिए। (6)

(क) **भारतीय समाज पर पाश्चात्य संस्कृति का प्रभाव**

संकेत बिंदु
- भूमिका
- पाश्चात्य संस्कृति का अनुकरण
- भारतीय समाज पर प्रभाव
- उपसंहार

(ख) **गुरु-शिष्य संबंध**

संकेत बिंदु
- भूमिका
- प्राचीन परंपरा
- वर्तमान स्थिति
- उपसंहार

(ग) **ओलंपिक खेल**

संकेत बिंदु
- भूमिका
- आधुनिक ओलंपिक
- भारत की स्थिति
- आयोजन
- उपसंहार

13. अपने प्रधानाचार्य महोदय को पत्र लिखकर विद्यालय के बाहर खड़े रेहड़ी-पटरी वालों की शिकायत कीजिए, ताकि उन्हें हटवाया जा सके। (5)

अथवा

बड़े भाई की ओर से छोटे भाई को कुसंगति की हानियाँ बताते हुए पत्र लिखिए।

14. के. पी. कंपनी में मार्केटिंग मैनेजर के रिक्त पद हेतु एक स्ववृत्त तैयार कीजिए। (5)

अथवा

आपके क्षेत्र में नए पार्क बनाने की योजना को हरी झंडी दिखाने के शुभ कार्य के लिए अपने शहर के जिलाधिकारी को ई-मेल लिखिए।

15. टेस्टी केक एंड बेकर्स की ओर से अपने उत्पादों के लिए एक विज्ञापन तैयार कीजिए। (4)

अथवा

अपने चचेरे भाई के विवाह के उपलक्ष्य में उसे बधाई देते हुए लगभग 30-40 शब्दों में शुभकामना संदेश लिखिए।

बोर्ड प्रश्न-पत्र 2025

CBSE कक्षा 10 की परीक्षा

हिंदी 'अ'

सामान्य निर्देश

(i) इस प्रश्न-पत्र में कुल 15 प्रश्न हैं। सभी प्रश्न अनिवार्य हैं।
(ii) इस प्रश्न-पत्र में चार खंड हैं– खंड 'क', 'ख', 'ग' और 'घ'।
(iii) खंड 'क' में कुल 2 प्रश्न हैं, जिनमें उप-प्रश्नों की संख्या 10 है।
(iv) खंड 'ख' में कुल 4 प्रश्न हैं, जिनमें उप-प्रश्नों की संख्या 20 है।
(v) खंड 'ग' में कुल 5 प्रश्न हैं, जिनमें उप-प्रश्नों की संख्या 21 है।
(vi) खंड 'घ' में कुल 4 प्रश्न हैं।
(vii) यथासंभव सभी खंडों के उत्तर क्रमशः लिखिए।

निर्धारित समय : 3 घंटे **अधिकतम अंक : 80**

सेट-1 (3/4/1)

खंड (क) : अपठित बोध

1. निम्नलिखित गद्यांश को ध्यानपूर्वक पढ़कर उस पर आधारित दिए गए प्रश्नों के उत्तर लिखिए (7)

लोक साहित्य का सृजक लोक ही है इसलिए उसमें लोकजीवन की आत्मगाथा समाहित होती है। लोक साहित्य मानव जीवन जितना ही प्राचीन है। अपने जन्म के साथ ही मनुष्य ने कथाएँ कहनी शुरू कर दी थीं—यथार्थपरक भी और काल्पनिक भी। इन कथाओं में उसके अपने अनुभव की कथाएँ हैं। साथ ही अपने तत्कालीन समय और समाज की घटनाओं तथा कथाओं का समावेश है। समय के साथ-साथ समाज में बदलाव की बयार चलती रहती है और समय के साथ कदमताल करते हुए लोक साहित्य में भी बदलाव होता रहा है। लोक साहित्य समय के साथ यात्रा करता आया है और परिवर्तनों को स्वीकारता रहा है।

लोक साहित्य की यह सबसे बड़ी खूबसूरती है कि वह परंपराओं का ध्यान रखते हुए भी रूढ़ियों को पकड़कर एक जगह ठहरता नहीं। वह समय के साथ चलता है और समय के सच से साक्षात्कार कराते हुए कभी-कभी समय से आगे चलता भी दिखता है। तभी कहा जाता है कि किसी संस्कृति के संबंध में गहराई से जानने के लिए वहाँ के लोक साहित्य को जानना आवश्यक है, क्योंकि उसमें संस्कृति का सच्चा स्वरूप दृष्टिगोचर होता है।

लोक साहित्य में लोकगीत, लोककथा, लोकगाथा, लोकनाट्य आदि सभी रूप शामिल हैं। इनकी भाषा इतनी सहज-सरल-सरस होती है कि वे लोककंठों में बस जाती हैं। आज के आत्ममुग्ध और आत्म-प्रचार के समय में हम लोक साहित्य सृजकों के आत्म-प्रचार से दूर रहने की मनः स्थिति पर विस्मय ही कर सकते हैं। अपनी प्रसिद्धि, मान-सम्मान या अपने नाम के प्रचार की लालसा का भाव उनमें लेशमात्र भी नहीं था। अपनी रचनाओं में भी वे ऐसा संकेत करने से बचते रहे, जिससे उनकी पहचान की जा सके। अपने नाम के प्रचार के मोह से वे पूरी तरह मुक्त थे।

(i) लोक साहित्य में बदलाव क्यों होते रहते हैं? (1)
(a) बदलाव से इनमें नवीनता बनी रहती है।
(b) इसके आधार, समाज में बदलाव होते रहते हैं।
(c) मनुष्य की कल्पनाएँ नए-नए रूप धारण करती हैं।
(d) एक ही तरह का साहित्य नीरसता पैदा करता है।

(ii) लोक साहित्य के संबंध में अनुपयुक्त विकल्प है (1)
(a) लोक साहित्य का संबंध तत्कालीन समाज की परंपराओं से होता है।
(b) लोक साहित्य के माध्यम से किसी समाज-देश की संस्कृति को जाना जा सकता है।
(c) लोक साहित्य का सृजन समाज के एक वर्ग विशेष द्वारा किया जाता है।
(d) लोक साहित्य समय के साथ आ रहे बदलाव के प्रति ग्रहणशील होता है।

(iii) **कथन** लोक साहित्य रूढ़िवाद का समर्थक होता है। (1)

कारण यथार्थ और कल्पना पर आधारित होने के कारण इनमें बदलाव संभव नहीं है।

(a) कथन गलत है, किंतु कारण सही है।

(b) कथन और कारण दोनों ही गलत हैं।

(c) कथन और कारण दोनों सही हैं और कारण कथन की सही व्याख्या है।

(d) कथन सही है, किंतु कारण, कथन की सही व्याख्या नहीं है।

(iv) लोक साहित्य और संस्कृति को अंतर्संबंधित क्यों बताया गया है? किन्हीं दो बिंदुओं का उल्लेख कीजिए। (2)

(v) लोक साहित्य सृजक अन्य साहित्य सृजकों से भिन्न कैसे होते हैं? किन्हीं दो बिंदुओं का उल्लेख कीजिए। (2)

2. निम्नलिखित काव्यांश को ध्यानपूर्वक पढ़कर उस पर आधारित दिए गए प्रश्नों के उत्तर लिखिए (7)

आदमी का स्वप्न? है वह बुलबुला जल का,
आज उठता और कल फिर फूट जाता है,
किंतु फिर धन्य, ठहरा आदमी ही तो
बुलबुलों से खेलता, कविता बनाता है।
मैं न बोला, किंतु मेरी रागिनी बोली
देख फिर से चाँद! मुझको जानता है तू
स्वप्न मेरे बुलबुले हैं? है यही पानी
आग को भी क्या नहीं पहचानता है तू?
मैं न वह जो स्वप्न पर केवल सही करते,
आग में उसको गला लोहा बनाती हूँ,
और उस पर नींव रखती हूँ नए घर की,
इस तरह दीवार फौलादी उठाती हूँ।
मनु नहीं, मनु-पुत्र है यह सामने, जिसकी,
कल्पना की जीभ में भी धार होती है,
बाण ही होते विचारों के नहीं केवल,
स्वप्न के भी हाथ में तलवार होती है।

(i) कॉलम-1 को कॉलम-2 से सुमेलित कीजिए और उचित विकल्प छाँटकर लिखिए (1)

कॉलम-1	कॉलम-2
1. चाँद	I. स्वप्न
2. रागिनी	II. सत्ताधारी निरंकुश शासक
3. बुलबुले	III. लेखनी/कविता

कूट

(a) 1-II, 2-I, 3-III (b) 1-II, 2-III, 3-I

(c) 1-III, 2-I, 3-II (d) 1-I, 2-III, 3-II

(ii) आज का मानव अपने पूर्वजों से भिन्न कैसे है? अनुपयुक्त विकल्प का चयन कीजिए (1)

(a) वह अपनी कल्पना को सच कर सकता है।

(b) वह विचारों से अत्यंत विवेकशील है।

(c) वह अपने सपने को साकार करना जानता है।

(d) वह सिर्फ सपने देखना ही जानता है।

(iii) काव्यांश में 'नए घर की नींव रखने' से क्या अभिप्राय है? (1)

(a) नवीन मान्यताओं को स्वीकारना

(b) नए घर का निर्माण करना

(c) नए घर का आधार बनाना

(d) नए समाज की रचना करना

(iv) काव्यांश का मूल भाव 25-30 शब्दों में लिखिए। (2)

(v) काव्यांश में मानव को धन्य क्यों कहा गया है? किन्हीं दो बिंदुओं का उल्लेख कीजिए। (2)

खंड (ख) : व्यावहारिक व्याकरण

3. निर्देशानुसार 'रचना के आधार पर वाक्य भेद' पर आधारित पाँच प्रश्नों में से किन्हीं चार प्रश्नों के उत्तर लिखिए $(4 \times 1 = 4)$

(i) एक बड़ी बात यह थी कि काशी के पास बिस्मिल्ला खाँ जैसा नायाब हीरा था। (संयुक्त वाक्य में रूपांतरित कीजिए)

(ii) परंपरा को ज्यों-का-त्यों स्वीकार नहीं करना इस लेख की विशेषता है। (मिश्र वाक्य में बदलिए)

(iii) आज से ढाई हजार वर्ष पूर्व सिद्धार्थ ने गृह त्याग दिया था। (रचना की दृष्टि से वाक्य भेद का नाम लिखिए)

(iv) जहाँ तुम्हारा घर है, वहीं पास में मेरा भी घर है। (आश्रित उपवाक्य छाँटकर उसका भेद भी लिखिए)

(v) वह असहयोग आंदोलन से प्रभावित हुए और उन्होंने सरकारी नौकरी से त्यागपत्र दे दिया। (सरल वाक्य में बदलिए)

4. निर्देशानुसार 'वाच्य' पर आधारित पाँच प्रश्नों में से किन्हीं चार प्रश्नों के उत्तर लिखिए $(4 \times 1 = 4)$

(i) चलो, अब चला जाय। (वाच्य पहचानकर वाच्य भेद का नाम लिखिए)

(ii) डॉक्टर साहब द्वारा मन्नू की प्रशंसा की गई। (कर्तृवाच्य में बदलिए)

(iii) कविता प्रकृति की सुंदरता को प्रकट करती है। (कर्मवाच्य में बदलिए)

(iv) जिस वाक्य में क्रिया का केंद्र बिंदु भाव हो, उसमें कौन-सा वाच्य होता है?

(v) लेखिका शाम होने पर घर लौटीं। (कर्मवाच्य में बदलिए)

5. निर्देशानुसार 'पद-परिचय' पर आधारित पाँच प्रश्नों में से किन्हीं चार प्रश्नों के रेखांकित पदों का पद-परिचय लिखिए $(4 \times 1 = 4)$

(i) मध्य सप्तक से नीचे की ध्वनि को मंद सप्तक कहते हैं।

(ii) साहसी युवती अभी बहुत कुछ कहना चाहती थी।

(iii) हालदार साहब पान के पैसे चुकाकर वहाँ आ बैठे।

(iv) सामाजिक विषमता, राजनैतिक पाखंड और रूढ़ियों के खिलाफ उनकी रचनाएँ मुखर हैं।

(v) वे आजकल स्वतंत्र लेखन कर रहे हैं।

6. **निर्देशानुसार 'अलंकार' पर आधारित पाँच प्रश्नों में से किन्हीं चार प्रश्नों की रेखांकित काव्य पंक्तियों में अलंकार पहचानकर लिखिए** $(4 \times 1 = 4)$

(1) अस मन गुनइ राउ नहिं बोला
पीपर पात सरिस मन डोला

(ii) चरण कमल बंदौं हरि राई।
जाकी कृपा पंगु गिरि लंघै।

(iii) 'अतिशयोक्ति अलंकार' का उदाहरण देकर स्पष्ट कीजिए।

(iv) सोहत ओढ़े पीत पट स्याम सलोने गात।
मनहुँ नीलमणि सैल पर आतप पर्यौ प्रभात।

(v) तिनकों के हरे तन पर
हित हरित रुधिर है रहा झलक

खंड (ग) : पाठ्यपुस्तक एवं पूरक पाठ्यपुस्तक पर आधारित

7. **निम्नलिखित पठित गद्यांश पर आधारित बहुविकल्पीय प्रश्नों के सर्वाधिक उपयुक्त उत्तर वाले विकल्प चुनकर लिखिए** $(5 \times 1 = 5)$

काशी संस्कृति की पाठशाला है। शास्त्रों में आनंदकानन के नाम से प्रतिष्ठित। काशी में कलाधर हनुमान व नृत्य विश्वनाथ हैं। काशी में बिस्मिल्ला खाँ हैं। काशी में हजारों सालों का इतिहास है, जिसमें पंडित कंठे महाराज हैं, विद्याधरी हैं, बड़े रामदास जी हैं, मौजुद्दीन खाँ हैं व इन रसिकों से उपकृत होने वाला अपार जन-समूह है। यह एक अलग काशी है, जिसकी अलग तहजीब है, अपनी बोली और अपने विशिष्ट लोग हैं। इनके अपने उत्सव हैं, अपना गम। अपना सेहरा बन्ना और अपना नौहा। आप यहाँ सगीत को भक्ति से, भक्ति को किसी भी धर्म के कलाकार से, कजरी को चैती से, विश्वनाथ को विशालाक्षी से, बिस्मिल्ला खाँ को गंगाद्वार से अलग करके नहीं देख सकते।

(i) **काशी में हनुमान की उपासना किस रूप में होती है?**
(a) कलाओं के स्वामी के रूप में
(b) नृत्य के जनक के रूप में
(c) शिव के अवतार के रूप में
(d) एक अच्छे कलाकार के रूप में

(ii) **गद्यांश के अंतिम वाक्य में काशी की किस विशेषता का उल्लेख किया गया है?**
(a) समन्वयात्मकता (b) संगीतात्मकता
(c) भव्यता (d) सहृदयता

(iii) **इस गद्यांश का उद्देश्य है**
(a) काशी के संगीतकारों का परिचय देना
(b) विभिन्न राग-रागिनियों का परिचय देना
(c) काशी की सांस्कृतिक परंपरा का परिचय देना
(d) बिस्मिल्ला खाँ के धार्मिक-सौहार्द का परिचय देना

(iv) **काशी को 'संस्कृति की पाठशाला' क्यों कहा गया है?**
(a) यहाँ के शिक्षण संस्थान शास्त्रीय गायन को बहुत प्रोत्साहित करते हैं।
(b) यहाँ के प्रत्येक शिक्षण संस्थान में 'संस्कृति' विषय के रूप में पढ़ाया जाता है।
(c) यहाँ के प्रत्येक शिक्षण संस्थान में 'संस्कृत' अनिवार्य विषय के रूप में पढ़ाया जाता है।
(d) यहाँ सर्वत्र भारतीय संस्कृति की छाप देखी जा सकती है।

(v) **कथन** संगीत और संगीत-प्रेम काशी की पहचान है।
कारण काशी को उसकी ऐसी पहचान देने में सिर्फ बिस्मिल्ला खाँ का ही योगदान है।
(a) कथन गलत है, किंतु कारण सही है।
(b) कथन और कारण दोनों सही हैं।
(c) कथन और कारण दोनों सही हैं और कारण, कथन की सही व्याख्या करता है।
(d) कथन सही है, किंतु कारण, कथन की सही व्याख्या नहीं है।

8. **निर्धारित गद्य पाठों के आधार पर निम्नलिखित चार प्रश्नों में से किन्हीं तीन प्रश्नों के उत्तर लगभग 25-30 शब्दों में लिखिए** $(3 \times 2 = 6)$

(i) 'लखनवी अंदाज' पाठ के आधार पर लिखिए कि लेखक का नवाब साहब के प्रति आरंभ से अंत तक व्यवहार अकड़ से भरा क्यों रहा?

(ii) "अपनी जिंदगी खुद जीने के इस आधुनिक दबाव ने महानगरों के फ्लैट में रहने वालों को हमारे इस परंपरागत पड़ोस कल्चर से विछिन्न करके हमें कितना संकुचित असहाय और असुरक्षित बना दिया है।" - 'एक कहानी यह भी' से उद्धृत इस कथन में लेखिका ने किस 'पड़ोस कल्चर' का उल्लेख किया है?

(iii) हालदार साहब का हर बार कस्बे से गुजरते हुए मूर्ति के पास रुकना क्या दर्शाता है? 'नेताजी का चश्मा' पाठ के संदर्भ में लिखिए।

(iv) पुत्र की मृत्यु पर बालगोबिन भगत के शोक मनाने का तरीका सामान्य लोगों के तरीके से सर्वथा अलग कैसे था? स्पष्ट कीजिए।

9. **निम्नलिखित पठित काव्यांश पर आधारित बहुविकल्पीय प्रश्नों के सर्वाधिक उपयुक्त उत्तर वाले विकल्प चुनकर लिखिए** $(5 \times 1 = 5)$

लखन कहा हसि हमरे जाना। सुनहु देव सब धनुष समाना ।।
का छति लाभु जून धनु तोरें। देखा राम नयन के भोरें।।
छुअत टूट रघुपतिहु न दोसू। मुनि बिन काज करिअत रोसू ।।
बोले चितै परसु की ओरा। रे सठ सुनेहि सुभाउ न मोरा।।
बालकु बोलि बधौं नहि तोही। केवल मुनि जड़ जानहि मोही।।
बाल ब्रह्मचारी अति कोही। बिस्वबिदित क्षत्रियकुल द्रोही।।
भुजबल भूमि भूप बिनु कीन्ही। बिपुल बार महिदेवन्ह दीन्ही।।
सहस्रबाहुभुज छेदनिहारा। परसु बिलोकु महीपकुमारा।।

(i) परशुराम ने अपना परिचय क्या कहकर दिया?

(a) मैं क्षत्रिय कुल का प्रसिद्ध संरक्षक हूँ।

(b) मैं अत्यंत उग्र स्वभाव का हूँ।

(c) मैं सहस्रबाहु का संरक्षक हूँ।

(d) मैं ब्राह्मण कुल का संहारक हूँ।

(ii) पद्यांश में 'जड़' का अर्थ है

(a) मूल (b) स्रोत

(c) नींव (d) मूर्ख

(iii) लक्ष्मण की वाणी कैसी थी?

(a) व्यंग्यपूर्ण - भयपूर्ण

(b) गंभीर - भयपूर्ण

(c) व्यंग्यपूर्ण - भयरहित

(d) भयपूर्ण - हास्यपूरित

(iv) पद्यांश में बाल ब्रह्मचारी किसे कहा गया है?

(a) परशुराम को (b) लक्ष्मण को

(c) रघुपति को (d) महिदेव को

(v) निम्नलिखित **कथन** और **कारण** को ध्यानपूर्वक पढ़कर सही विकल्प चुनकर लिखिए

कथन लक्ष्मण का परशुराम के प्रति व्यवहार कोमलता से भरा और विनम्र था।

कारण लक्ष्मण परशुराम के विचार, आचार और व्यक्तित्व से अत्यंत प्रभावित थे।

(a) कथन गलत है, किंतु कारण सही है।

(b) कथन और कारण दोनों गलत हैं।

(c) कथन और कारण दोनों सही हैं और कारण, कथन की सही व्याख्या करता है।

(d) कथन सही है, किंतु कारण, कथन की सही व्याख्या नहीं है।

10. निर्धारित कविताओं के आधार पर निम्नलिखित चार प्रश्नों में से किन्हीं तीन प्रश्नों के उत्तर लगभग 25-30 शब्दों में लिखिए $(3 \times 2 = 6)$

(i) 'संगतकार' कविता से उद्धृत पंक्ति 'वह आवाज सुंदर काँपती हुई थी' में कवि ने संगतकार की आवाज़ सुंदर किंतु काँपती हुई-सी क्यों कहा है?

(ii) 'अट नहीं रही है' कविता का कोई अन्य शीर्षक दीजिए तथा उसका कारण भी स्पष्ट कीजिए।

(iii) कवि ने 'फसल' को पानी का जादू क्यों कहा है?

(iv) 'आत्मकथ्य' कविता में कवि न तो अपने जीवन के दुःख और विफलताओं से दूसरों को परिचित कराना चाहता है और न ही अपनी सुखद स्मृतियों को किसी के साथ साझा करना चाहता है। कवि की इस सोच के पीछे क्या कारण हो सकते हैं?

11. पूरक पाठ्यपुस्तक के निर्धारित पाठों पर आधारित निम्नलिखित तीन प्रश्नों में से किन्हीं दो प्रश्नों के उत्तर लगभग 50-60 शब्दों में लिखिए $(2 \times 4 = 8)$

(i) हिरोशिमा जैसी भयावह घटना/परिस्थिति को रोकने के लिए युवा पीढ़ी क्या कर सकती है? 'मैं क्यों लिखता हूँ' पाठ के संदर्भ में लिखिए।

(ii) यद्यपि पर्वतीय क्षेत्रों के विकास में पर्यटन उद्योग का महत्त्वपूर्ण स्थान है तथापि यही पर्यटन इन क्षेत्रों में बढ़ते प्रदूषण हेतु भी उत्तरदायी है। 'साना-साना हाथ जोड़ि' के आधार पर लिखिए कि इसे कैसे संतुलित किया जा सकता है?

(iii) भोलानाथ और उसके साथियों द्वारा खेले जाने वाले खेलों से, वर्तमान में सोशल मीडिया और ऑनलाइन गेम्स की गिरफ्त में फँसे बच्चे क्या प्रेरणा ले सकते हैं? तर्कसम्मत उत्तर दीजिए।

खंड (घ) : रचनात्मक लेखन

12. निम्नलिखित तीन विषयों में से किसी एक विषय पर संकेत बिंदुओं के आधार पर लगभग 120 शब्दों में एक अनुच्छेद लिखिए (6)

(i) जलवायु परिवर्तन : गहराता संकट

संकेत बिंदु
- जलवायु परिवर्तन क्या है?
- जलवायु परिवर्तन के कारण
- समस्या एवं समाधान

(ii) नारी सशक्तीकरण

संकेत बिंदु
- नारी सशक्तीकरण का अर्थ
- वर्तमान में इसकी आवश्यकता क्यों?
- भारत में स्थिति एवं सुझाव

(iii) नैतिक शिक्षा : आज की आवश्यकता

संकेत बिंदु
- नैतिक शिक्षा का अर्थ
- वर्तमान में इसकी आवश्यकता क्यों?
- प्रभाव एवं सुझाव

13. (i) आप रंजना/राजन हैं। संयमित और स्वस्थ जीवन-शैली का महत्त्व बताते हुए छोटे भाई को लगभग 100 शब्दों में पत्र लिखिए। (5)

अथवा

(ii) आपके पिताजी का स्थानांतरण दूसरे शहर में हो गया है। नए विद्यालय में प्रवेश हेतु आपको चरित्र प्रमाण-पत्र की आवश्यकता है। इस हेतु अपने विद्यालय के प्रधानाचार्य को लगभग 100 शब्दों में पत्र लिखिए। आपका नाम रंजना/राजन है। (5)

14. (i) आप नीलाक्षी/नीलकांत हैं। स्थानीय शॉपिंग सेंटर में कंप्यूटर ऑपरेटर का पद रिक्त है और आप स्वयं को उस पद के योग्य मानते हैं।

उपर्युक्त पद हेतु आवेदन करने के लिए लगभग 80 शब्दों में अपना एक स्ववृत्त तैयार कीजिए। (5)

अथवा

(ii) आप नीलाक्षी/नीलकांत हैं। आपके पिताजी का पैन कार्ड कहीं खो गया है। इस संबंध में आयकर अधिकारी को अपने पिताजी की ओर से लगभग 80 शब्दों में एक ई-मेल लिखिए। (5)

15. (i) ऊर्जा संरक्षण हेतु जागरूकता फैलाने के लिए पेट्रोलियम मंत्रालय की ओर से जनहित में जारी एक आकर्षक विज्ञापन लगभग 40 शब्दों में तैयार कीजिए। (4)

अथवा

(ii) आपकी बड़ी बहन की पदोन्नति कैप्टन से मेजर के रूप में हुई है। उन्हें बधाई देते हुए लगभग 40 शब्दों में संदेश लिखिए। (4)

सेट–2 (3/4/2)

(यहाँ केवल वे प्रश्न दिए गए हैं, जो सेट 1 से Uncommon हैं)

खंड (ख) : व्यावहारिक व्याकरण

3. निर्देशानुसार 'रचना के आधार पर वाक्य-भेद' पर आधारित पाँच प्रश्नों में से किन्हीं चार प्रश्नों के उत्तर दीजिए $(4 \times 1 = 4)$

(i) शहनाई की जादुई आवाज़ का असर हमारे सिर चढ़कर बोलने लगता है। (संयुक्त वाक्य में रूपांतरित कीजिए)

(ii) माना जा सकता है कि वे संस्कृत बोल सकती थीं। (सरल वाक्य में बदलिए)

(iii) वह स्वयं न खाकर दूसरों को खिला दिया करता था। (रचना की दृष्टि से वाक्य-भेद का नाम लिखिए)

(iv) जब मैं घर पहुँची तब रात हो चुकी थी। (आश्रित उपवाक्य छाँटकर उसका भेद भी लिखिए)

(v) 'पानी बचाओ' विषय से जुड़े विज्ञापनों को एकत्रित कीजिए। (मिश्र वाक्य में बदलिए)

4. निर्देशानुसार 'वाच्य' पर आधारित पाँच प्रश्नों में से किन्हीं चार प्रश्नों के उत्तर दीजिए $(4 \times 1 = 4)$

(i) पिताजी ने मन्नू भंडारी को बधाई दी। (कर्मवाच्य में बदलिए)

(ii) उनके दकियानूसी मित्र द्वारा मेरी खूब बुराई की गई। (कर्तृवाच्य में बदलिए)

(iii) तुमसे ठीक से कूदा नहीं जाता। (वाक्य पहचानकर भेद का नाम लिखिए)

(iv) कहानी कवि की सामाजिक चेतना को अभिव्यक्त करती है। (कर्मवाच्य में बदलिए)

(v) किस वाक्य में प्रायः असमर्थता प्रकट करने वाली क्रियाओं का प्रयोग होता है?

5. निर्देशानुसार 'पद-परिचय' पर आधारित पाँच प्रश्नों में से किन्हीं चार प्रश्नों के रेखांकित पदों का पद-परिचय लिखिए $(4 \times 1 = 4)$

(i) <u>उन्होंने</u> बताया कि संगीत एक आराधना है।

(ii) वे बेहद कोमल <u>और</u> संवेदनशील थे।

(iii) '<u>नेताजी का चश्मा</u>' नामक कहानी स्वयं प्रकाश जी ने लिखी है।

(iv) रामवृक्ष बेनीपुरी की भाषा <u>सहज</u>, प्रवाहमयी तथा प्रसगों से भरी हुई है।

(v) पान वाले ने <u>पीछे की तरफ</u> मुड़कर मुँह का पान नीचे थूका।

6. निर्देशानुसार 'अलंकार' पर आधारित पाँच प्रश्नों में से किन्हीं चार प्रश्नों की रेखांकित काव्य पंक्तियों में अलंकार पहचानकर लिखिए $(4 \times 1 = 4)$

(i) उस काल मारे क्रोध के तन काँपने उसका लगा।
<u>मानो हवा के वेग से सोता हुआ सागर जगा।</u>

(ii) <u>धँस गए धरा में सभय शाल</u>

(iii) गुरु <u>चरणकमल बलिहारी</u> रे।
मेरे मन की दुविधा टारी रे।

(v) सागर-सा गम्भीर हृदय हो,
<u>गिरि-सा ऊँचा हो जिसका मन</u>।

खंड (ग) : पाठ्यपुस्तक एवं पूरक पाठ्यपुस्तक पर आधारित

11. पूरक पाठ्यपुस्तक के निर्धारित पाठों पर आधारित निम्नलिखित तीन प्रश्नों में से किन्हीं दो प्रश्नों के उत्तर लगभग 50-60 शब्दों में लिखिए $(2 \times 4 = 8)$

(i) आजकल के बच्चों के खेल भोलानाथ और उसके दोस्तों के खेलों से किस रूप में भिन्न हैं? आपको दोनों में से ज्यादा रुचिकर क्या लगता है? 'माता का अँचल' पाठ के आधार पर तर्कसम्मत उत्तर दीजिए।

(ii) लिखकर स्वयं को कैसे जाना जा सकता है? 'मैं क्यों लिखता हूँ' पाठ के आधार पर उत्तर दीजिए।

(iii) 'साना-साना हाथ जोड़ि...' में लेखिका को कब और क्यों यह अनुभव हुआ कि तमाम भौगोलिक विविधता और वैज्ञानिक प्रगति के बावजूद भारत की आत्मा एक ही है?

सेट-3 (3/4/3)

(यहाँ केवल वे प्रश्न दिए गए हैं, जो सेट 1 और 2 से Uncommon हैं)

खंड (ख) : व्यावहारिक व्याकरण

3. निर्देशानुसार 'रचना के आधार पर वाक्य-भेद' पर आधारित पाँच प्रश्नों में से किन्हीं चार प्रश्नों के उत्तर दीजिए $(4 \times 1 = 4)$

(i) बिस्मिल्ला खाँ की सबसे बड़ी विशेषता यह थी कि उन्होंने 80 वर्ष की अवस्था तक संगीत सीखने की जिजीविषा को बनाए रखा। (संयुक्त वाक्य में रूपांतरित कीजिए)

(ii) यही वह विवेकपूर्ण दृष्टि है, जो संपूर्ण नव-जागरण काल की विशेषता है। (सरल वाक्य में बदलिए)

(iii) कार्ल मार्क्स ने अपना सारा जीवन दु:ख में बिता दिया। (रचना की दृष्टि से वाक्य-भेद का नाम लिखिए)

(iv) जब मैं विद्यालय पहुँची, छुट्टी हो चुकी थी। (आश्रित उपवाक्य छाँटकर उसका भेद भी लिखिए)

(v) काशी में संगीत आयोजन की एक परंपरा है, जो प्राचीन और अद्भुत है। (सरल वाक्य में बदलिए)

4. निर्देशानुसार 'वाच्य' पर आधारित पाँच प्रश्नों में से किन्हीं चार प्रश्नों के उत्तर लिखिए। $(4 \times 1 = 4)$

(i) माताजी द्वारा मेरी प्रशंसा सुनी गई। (कर्तृवाच्य में बदलिए)

(ii) निराला जी विवेकानंद के विचारों से प्रभावित हुए। (वाच्य पहचानकर भेद का नाम लिखिए)

(iii) किस वाच्य में सिर्फ अकर्मक क्रिया का प्रयोग किया जाता है?

(iv) पिताजी के मित्र ने मेरा भाषण सुना। (कर्मवाच्य में बदलिए)

(v) मुझसे चला नहीं जाता। (वाच्य पहचानकर भेद का नाम लिखिए।)

5. निर्देशानुसार 'पद-परिचय' पर आधारित पाँच प्रश्नों में से किन्हीं चार प्रश्नों के रेखांकित पदों का पद-परिचय लिखिए $(4 \times 1 = 4)$

(i) हालदार साहब कुछ पल चुपचुप-से सामने देखते रहे।

(ii) अपनी दादी से उस समय की परिस्थितियों का पता लगाइए।

(iii) उनकी संगठन क्षमता और विरोध का तरीका देखने योग्य था।

(iv) प्राकृत का एक प्रसिद्ध ग्रंथ 'गाथा सप्तशती' है।

(v) वे एक मूक प्रतिनिधि नहीं बन सकती थीं।

6. निर्देशानुसार 'अलंकार' पर आधारित पाँच प्रश्नों में से किन्हीं चार प्रश्नों की रेखांकित काव्य-पंक्तियों में अलंकार पहचानकर लिखिए $(4 \times 1 = 4)$

(ii) मेघ आए बन-ठन के सँवर के
आगे-आगे नाचती-गाती बयार चली।

(iii) मुख बाल रवि सम लाल होकर
ज्वाला-सा बोधित हुआ।

(iv) पायो जी मैंने राम रतन धन पायो,
वस्तु अमोलक दी मेरे सतुगुरु, किरपा कर अपनायो।

खंड (ग) : पाठ्यपुस्तक एवं पूरक पाठ्यपुस्तक पर आधारित

11. पूरक पाठ्यपुस्तक के निर्धारित पाठों पर आधारित निमनलिखित तीन प्रश्नों में से किन्हीं दो प्रश्नों के उत्तर लगभग 50-60 शब्दों में लिखिए। $(2 \times 4 = 8)$

(i) भोलानाथ और उसके साथी खेल-खेल में चिड़ियों-चूहों आदि को तंग किया करते थे। क्या उनका ऐसा करना उचित था? 'माता का अँचल' पाठ के आधार पर तर्कसम्मत उत्तर दीजिए।

(ii) 'मैं क्यों लिखता हूँ' पाठ में लेखक ने विज्ञान के विनाशकारी रूप को विशेषकर उजागर किया है। क्या आप लेखक की दृष्टि से सहमत हैं? स्पष्ट कीजिए।

(iii) गंगटॉक के वर्तमान सुंदर स्वरूप में वहाँ के निवासियों का क्या योगदान है? 'साना-साना हाथ जोड़ि..' के आधार पर लिखिए।

उत्तरमाला

सेट-1 (3/4/1)

1. (i) (b) इसके आधार, समाज में बदलाव होते रहते हैं।

(ii) (c) लोक साहित्य का सृजन समाज के एक वर्ग विशेष द्वारा किया जाता है।

(iii) (b) कथन और कारण दोनों ही गलत हैं।

(iv) लोक साहित्य और संस्कृति को अंतर्संबंधित इसलिए बनाया गया है, क्योंकि

- लोक साहित्य किसी भी संस्कृति के गहन संबंधों के सार को हमारे समक्ष लाता है। यह एक संस्कृति के भीतर की भावनाओं, विश्वासों और सामाजिक मूल्यों को दर्शाता है, जिससे संस्कृति की पहचान होती है।
- लोक साहित्य और संस्कृति साथ-साथ चलते हैं। लोक साहित्य में समयानुसार बदलाव आता है, जोकि संस्कृति में परिवर्तनों को दर्शाता है।

(v) लोक साहित्य सृजक अन्य साहित्य सृजकों से भिन्न होते हैं
- लोक साहित्य सृजक आत्मनिर्भर होते हैं, वे अपने अनुभवों को लोक साहित्यिक रूप में प्रस्तुत करते हैं, जबकि साहित्य सृजक समाज के यथार्थ को ही अपने साहित्य में स्थान देता है।
- लोक साहित्य के सृजक अपनी पहचान को उजागर नहीं करते हैं। वे अपनी रचनाओं को प्रसिद्धि की लालसा व मोह से परे रखते हैं।

2. (i) (d) (1- I), (2- III), (3- II)
(ii) (b) वह विचारों से अत्यंत विवेकशील है।
(iii) (d) नए समाज की रचना करना।
(iv) प्रस्तुत काव्यांश में मनुष्य की सृजनशीलता, कल्पना व विचार शक्ति पर प्रकाश डाला गया है। काव्यांश में मुख्य रूप से कहा गया है कि मनुष्य अपने सपनों को साकार कर सकता है और एक नए समाज की रचना भी कर सकता है।
(v) प्रस्तुत काव्यांश में मानव को धन्य इसलिए कहा गया है, क्योंकि वह अपनी कल्पना द्वारा अद्भुत वस्तुओं का निर्माण कर सकता है तथा उसके विचारों में रचनात्मक शक्ति है।

3. (i) काशी के पास बिस्मिल्ला खाँ जैसा नायाब हीरा था और यह एक बड़ी बात थी।
(ii) यह इस लेख की विशेषता है कि परंपरा को ज्यों-का-त्यों स्वीकार नहीं किया जाता है।
(iii) सरल वाक्य
(iv) **आश्रित उपवाक्य** जहाँ तुम्हारा घर है।
भेद संज्ञा उपवाक्य
(v) असहयोग आंदोलन से प्रभावित होकर उन्होंने सरकारी नौकरी से त्यागपत्र दे दिया।

4. (i) भाववाच्य
(ii) डॉ. साहब ने मन्नू की प्रशंसा की।
(iii) कविता द्वारा प्रकृति की सुंदरता प्रकट की जाती है।
(iv) भाववाच्य
(v) लेखिका द्वारा शाम होने पर घर लौटा गया।

5. (i) **मंद** विशेषण, गुणवाचक विशेषण, एकवचन, पुल्लिंग।
(ii) **युवती** संज्ञा, जातिवाचक संज्ञा, एकवचन, स्त्रीलिंग।
(iii) **वहाँ** अव्यय, क्रिया विशेषण, स्थानवाचक क्रिया विशेषण।
(iv) **और** अव्यय, समुच्चयबोधक अव्यय।
(v) **वे** सर्वनाम, पुरुषवाचक सर्वनाम, बहुवचन, पुल्लिंग।

6. (i) उपमा अलंकार
(ii) रूपक अलंकार
(iii) हनुमान की पूँछ में लगन न पाई आग, लंका सिगरी जल गई, गए निसाचर भाग।
(iv) उत्प्रेक्षा अलंकार
(v) मानवीकरण अलंकार

7. (i) (a) कलाओं के स्वामी के रूप में
(ii) (a) समन्वयात्मकता
(iii) (c) काशी की सांस्कृतिक परंपरा का परिचय देना
(iv) (d) यहाँ सर्वत्र भारतीय संस्कृति की छाप देखी जा सकती है।
(v) (d) कथन सही है, किंतु कारण, कथन की सही व्याख्या नहीं है।

8. (i) 'लखनवी अंदाज' पाठ में लेखक नवाब साहब के प्रति पूर्वाग्रह से प्रभावित थे। लेखक को नवाब साहब की जीवन-शैली की कृत्रिमता और दिखावा पसंद नहीं था, इसलिए उन्होंने शुरुआत में ही डिब्बे में बैठे व्यक्ति को नवाबी नस्ल का सफेदपोश कहा। नवाब साहब का डिब्बे में अकड़ कर बैठना, लेखक के डिब्बे में आ जाने पर विघ्न बाधा भाव प्रदर्शित करना उसके बाद खीरे खाने की इच्छा रखते हुए भी उन्हें नवाबी शान दिखाने के लिए न खाना व फांकों को सूँघकर तृप्त हो जाना उनकी अकड़ व दिखावे के भाव को प्रदर्शित करता है।
(ii) 'एक कहानी यह भी' से उद्धृत प्रस्तुत कथन में लेखिका ने अपने आस-पास के माहौल का जिक्र किया है। मनुष्य के जीवन में आस-पड़ोस का बहुत महत्त्व होता है, किंतु आज के शहरी जीवन में सबसे बड़ी विडंबना यह है कि कोई किसी से मतलब नहीं रखता। बड़े शहरों में लोग 'पड़ोस कल्चर' से वंचित हैं। वे लोग अपने घरों एवं फ्लैट में संकुचित, असहाय और असुरक्षित होकर कैद हो गए हैं। वे एक-दूसरे के लिए संवेदनशील नहीं रहे इसी कारण मनुष्य ने हृदय की उदारता, विशालता, हँसी-मजाक आदि सब कुछ भुला दिया है।
(iii) 'नेताजी का चश्मा' पाठ में हालदार साहब हर बार कस्बे से गुजरते हुए मूर्ति के पास रुकते थे। उनका इस प्रकार हर बार मूर्ति के पास रुककर मूर्ति को देखना देशभक्ति की भावना व नेताजी के प्रति सम्मान को दर्शाता है। हालदार साहब को मूर्ति पर ओरिजनल (वास्तविक) चश्मा देखकर बहुत कौतुहल होता है। वे हर बार चौराहे पर रुककर मूर्ति को निहारते रहते थे। उन्हें आश्चर्य होता था कि चश्मा हर बार कैसे बदल जाता है। उनकी कैप्टन चश्मेवाले के प्रति भी गहन मानवीय संवेदना थी।
(iv) 'बालगोबिन भगत' पाठ में अपने पुत्र की मृत्यु पर शोक मनाने का तरीका आम लोगों से अलग इसलिए था, क्योंकि उनके अनुसार मृत्यु के बाद आत्मा का मिलन परमात्मा से होता है इसलिए उन्होंने शोक मनाने के बजाए उत्सव मनाने के लिए कहा। उन्होंने अपने पुत्र के शरीर को एक चटाई पर लिटा दिया और उसे सफेद चादर से ढक दिया और कबीर के भक्ति गीत गाए साथ ही अपनी पुत्रवधु से भी शोक की जगह उत्सव मनाने के लिए कहा।

9. (i) (b) मैं अत्यंत उग्र स्वभाव का हूँ।
(ii) (a) मूल
(iii) (c) व्यंग्यपूर्ण भयरहित
(iv) (a) परशुराम को
(v) (b) कथन और कारण दोनों गलत हैं।

10. (i) संगतकार कविता से उद्धृत प्रस्तुत पंक्ति में कवि ने संगतकार की आवाज को सुंदर किंतु काँपती हुई इसलिए कहा है, क्योंकि संगतकार मुख्य गायक के साथ चट्टान के समान भारी कठोर आवाज के साथ काँपती हुई आवाज में गाता है। उसकी आवाज में हिचक स्पष्ट दिखाई देती है। संगतकार अपने स्वर को मुख्य गायक के स्वर से ऊँचा नहीं उठने देता इसलिए उसकी आवाज कमजोर व काँपती हुई सुनाई देती है। संगतकार मुख्य गायक की आवाज को ही बुलंदी पर पहुँचने का प्रयास करता है।

(ii) 'अट नहीं रही है' कविता का दूसरा शीर्षक 'वसंत ऋतु की शोभा' हो सकता है, क्योंकि कवि प्रस्तुत कविता में फाल्गुन मास की सुंदरता का वर्णन किया है। फाल्गुन की शोभा अपने में समा नही पा रही है। फाल्गुन का महीना नई ऊर्जा, उमंग व उत्साह से भरपूर होता है। अत: प्रस्तुत कविता में कवि ने वसंत ऋतु की शोभा व प्रकृति की व्यापकता का वर्णन किया है।

(iii) 'फसल' कविता में कवि ने 'फसल' को पानी का जादू इसलिए कहा है, क्योंकि फसल आने के लिए पानी की आवश्यकता होती है और नदियों के पानी का उपयोग करके ही फसलों को सींचा जाता है। सिंचाई के लिए एक नहीं, बल्कि ढेर सारी नदियों के पानी का जादू समाया हुआ होता है। पानी में मिले जीवनदायी तत्त्वों से ही फसल तैयार होती है। अत: फसल को फलने-फूलने में पानी का पूरा योगदान होता है इसलिए फसल को ढेर सारी नदियों के पानी का जादू कहा गया है।

(iv) 'आत्मकथा' कविता में कवि अपने जीवन के दु:ख और विफलताओं से दूसरों को परिचित नहीं कराना चाहता है, क्योंकि वह जानता है कि लोग उसके दु:ख, विफलताओं कमजोरियों को जानकर उसका मजाक बनाएँगें। कवि अपनी सुखद स्मृतियों को भी किसी के साथ साझा नहीं करना चाहता, जो उसने मधुर श्रण अपनी प्रियसी के साथ बिताए हैं, क्योंकि वह सुख तो कवि की बाहों में आने से पहले ही मुस्कुराकर उससे दूर चला गया था इसलिए कवि उन पलों को अपने तक ही सीमित रखना चाहता है।

11. (i) 'मैं क्यों लिखता हूँ' पाठ के संदर्भ में हिरोशिमा जैसी भयावह घटना/परिस्थिति को रोकने के लिए युवा पीढ़ी निम्नलिखित कदम उठा सकती हैं

- युवा पीढ़ी को शांति और अहिंसा जैसे मूल्यों को अपने जीवन में अपनाना चाहिए तथा युद्ध व हिंसा के खतरों के बारे में जागरूकता फैलानी चाहिए।
- युवा पीढ़ी को परमाणु हथियारों के खतरों के विषय में ज्ञान होना चाहिए जिसके लिए उन्हें विभिन्न अभियानों में भाग लेना चाहिए।
- युवा पीढ़ी को सामाजिक न्याय और समानता के मूल्यों को बढ़ावा देना चाहिए।
- पर्यावरण संरक्षण के महत्त्व को समझकर उन्हें स्थायी भविष्य के लिए काम करना चाहिए।
- युवा पीढ़ी को यह समझना चाहिए कि बम विस्फोट व युद्ध जैसी परिस्थितियाँ कितनी हानिकारक है इसके लिए हमें एक-दूसरे के प्रति सहिष्णुता व सम्मान की भावना विकसित करनी चाहिए।

(ii) यद्यपि पर्वतीय क्षेत्रों के विकास में पर्यटन उद्योग का महत्त्वपूर्ण स्थान है, क्योंकि इससे पर्वतीय क्षेत्रों में रोजगार के अवसर पैदा होते हैं, स्थानीय लोगों की आय में वृद्धि होती है व आर्थिक विकास भी होता है तथापि यही पर्यटन इन क्षेत्रों में बढ़ते हुए प्रदूषण के लिए भी उत्तरदायी है, क्योंकि इन क्षेत्रों में प्राकृतिक संसाधनों का अंधाधुंध दोहन होता है, वायु प्रदूषण व ध्वनि प्रदूषण पर्यटकों के वाहनों का ही परिणाम है। प्रदूषण के चलते स्नो फॉल लगातार कम होती जा रही है, जिससे प्राकृतिक सौन्दर्य भी पहले जैसा नहीं रहा है। इसके प्रभाव को रोकने के लिए एक सजग नागरिक के रूप में हम उल्लेखनीय प्रयास कर सकते हैं। हम लोगों को पर्यटक स्थलों के प्राकृतिक वातावरण की सुरक्षा के प्रति जागरूक करने में अहम भूमिका निभा सकते हैं। उन्हें सतत् विकास का महत्त्व समझाकर प्राकृतिक संसाधनों के दुरुपयोग को नगण्य कर सकते हैं। स्थानीय लोगों की सहायता से पर्यटक स्थलों के लिए विशेष सफाई अभियान चलाकर इन क्षेत्रों में फैली गंदगी को मिटा सकते हैं, साथ ही सैलानियों को भी इसके लिए प्रेरित कर सकते हैं। पर्यटन स्थल के लिए बनाए गए नियमों का सख्ती से पालन करने पर भी जोर दिया जाना चाहिए।

(iii) 'माता का आँचल' पाठ में भोलानाथ और उसके साथियों द्वारा खेले जाने वाले खेल प्रकृति के नजदीक होते थे; जैसे- मिट्टी, पानी, पेड़-पौधे आदि इनसे उनका प्रकृति से गहरा संबंध था, जबकि आज के बच्चे ऑनलाइन गेम्स, सोशल मीडिया की गिरफ्त में फँसे होते हैं, जिसके कारण उनका प्रकृति से संपर्क टूट जाता है।

- भोलानाथ और उसके साथी मिलकर खेल खेलते थे, जिससे उनमें सहयोग एकता और सामाजिकता जैसे गुण विकसित होते थे। इससे टीम वर्क व मिलकर काम करने का गुण विकसित होता है, जबकि ऑनलाइन गेम्स अकेले खेले जाते हैं, जिसके कारण बच्चों में अकेलापन और सामाजिक अलगाव जैसे भाव के शिकार हो रहे हैं।
- भोलानाथ और उसके साथी साधारण वस्तुओं के तरह-तरह के खेल बनाते थे, जिससे उनमें कल्पना व रचनात्मक गुणों का विकास होता था, जबकि ऑनलाइन गेम्स में पहले से ही सब कुछ तय होता है, जिससे बच्चों में रचनात्मक गुण विकसित नहीं हो पाते।
- भोलानाथ और उसके साथी दिन भर भाग-दौड़ जैसे खेल खेलते रहते थे, जिससे उनका शारीरिक विकास होता था, जबकि वर्तमान में सोशल मीडिया और ऑनलाइन गेम्स की गिरफ्त में एक जगह बैठकर कंप्यूटर व मोबाइल पर अपना समय नष्ट करते हैं, जिससे उनका शारीरिक विकास प्रभावित होता है।

12. (i) **जलवायु परिवर्तन : गहराता संकट**

जलवायु परिवर्तन आज एक गंभीर वैश्विक चुनौती है, जो हमारे ग्रह के पारिस्थितिकी तन्त्र और मानव जीवन को खतरे में डाल रही है। जब किसी क्षेत्र विशेष के औसत मौसम में परिवर्तन आता है, तो उसे जलवायु परिवर्तन कहा जाता है। पृथ्वी का तापमान लगातार बढ़ता जा रहा है, जो विश्व के लिए एक बहुत बड़ी समस्या है। आधुनिक युग में जैसे-जैसे मानवीय गतिविधियाँ बढ़ रही हैं, वैसे-वैसे ग्रीनहाउस गैसों के उत्सर्जन में भी वृद्धि हो रही है, जिससे वैश्विक तापमान में वृद्धि हो रही है। वाणिज्यिक अथवा निजी प्रयोग हेतु वनों की कटाई भी जलवायु परिवर्तन का एक बहुत बड़ा कारक है। शहरीकरण और औद्योगिकीकरण के कारण लोगों के जीवन जीने के तरीकों में काफी परिवर्तन आया है। सड़कों पर अधिक वाहनों की संख्या के कारण खतरनाक गैसों के उत्सर्जन में काफी योगदान दिया है। जलवायु परिवर्तन की वैश्विक समस्या से निपटने के लिए अनेक प्रयास किए जा रहे हैं; जैसे—कम कार्बन वाले बुनियादी ढाँचे का निर्माण करना,

ऊर्जा की खपत कम करने वाली वस्तुओं को खरीदना, घरों के इन्सुलेशन में सुधार करना, पैट्रोल, डीजल कारों के साथ पर इलेक्ट्रिक कार का इस्तेमाल करना, कचरे का सही प्रबंधन करना, वन एवं महासागरों का संरक्षण करके जलवायु परिवर्तन के गहराते संकट को कम किया जा सकता है।

(ii) **नारी सशक्तीकरण**

स्त्री को सृजन की शक्ति माना गया है, इसलिए इस सृजन की शक्ति को विकसित व परिष्कृत करके उसे सामाजिक, आर्थिक, राजनैतिक न्याय, विचार, विश्वास, धर्म और उपासना की स्वतंत्रता, अवसर की समानता का सुअवसर प्रदान करना ही नारी सशक्तीकरण कहलाता है। वर्तमान समय में नारी सशक्तीकरण की आवश्यकता के अनेक कारण हैं; जैसे- इससे महिलाओं को रोजगार, शिक्षा और आर्थिक तरक्की के बराबर अवसर मिलते हैं, महिलाएँ अपने जीवन के बारे में स्वयं निर्णय लेने में सक्षम बनती है, महिलाओं की क्षमता और प्रतिभा का समाज में योगदान होता है। महिलाओं की क्षमता और प्रतिभा का समाज में योगदान होता है। महिलाएँ अपने परिवार, समुदाय देश के विकास व उत्पादकता में योगदान देती है, इससे लैंगिक असमानता में सुधार आता है व मानव अधिकारों का संरक्षण होता है। साथ ही अंतर्राष्ट्रीय विकास लक्ष्यों को हासिल करने में भी सहायता मिलती है। भारत में महिला सशक्तीकरण में प्रगति हुई है। महिलाओं को शिक्षा, स्वास्थ्य, आवास, उद्यमिता और सुरक्षा को बढ़ावा मिला है। महिलाओं की भागीदारी कॉर्पोरेट जगत, पुलिस, नौसेना, जलसेना, थलसेना जैसे सुरक्षा सेवाओं में बढ़ी है, महिला पुलिसकर्मियों की संख्या में वृद्धि हुई है। विज्ञान एवं प्रौद्योगिकी, इंजीनियरिंग और गणित आदि क्षेत्रों में महिलाओं का नामांकन बढ़ा है। तथापि अभी भी कई क्षेत्र ऐसे हैं, जिसमें महिला सशक्तीकरण हेतु चुनौतियाँ विद्यमान है इसके लिए महिलाओं को अपने अधिकारों और कर्त्तव्यों के प्रति सजग होना चाहिए। घर-परिवार समाज में हो रही हिंसा को समाप्त करके ही हम नारी को सशक्त कर पाएँगे।

(iii) **नैतिक शिक्षा : आज की आवश्यकता**

नैतिक शिक्षा केवल ज्ञान नहीं अपितु अच्छे संस्कार व मानवीय मूल्यों को विकसित करने का माध्यम है। यह जीवन को सही दिशा में ले जाने वाला प्रकाशपुँज है। नैतिक शिक्षा हमें शांति, सद्भाव और मानवीय मूल्यों की ओर अग्रसर करती है। नैतिक शिक्षा को अपनाएँ बिना व्यक्ति वास्तविक सफलता प्राप्त नहीं कर सकता। यह व्यक्ति को अंधकार में डूबने से बचाती है, साथ ही नीति व धर्म का मार्ग दिखाती है। नैतिक शिक्षा बुराई से बचाने व सद्विचारों के मार्ग पर चलने का मार्ग प्रशस्त करती है। एक नैतिकता पूर्ण व्यक्ति समाज में आदर्श बनता है और अपने परिवार, संगठन और देश के लिए महत्त्वपूर्ण योगदान देता है।

नैतिक शिक्षा को समाज में फैलाने के लिए सामाजिक संस्थाएँ, स्कूल और माध्यमिक शिक्षा प्रणाली, परिवार और समाज के नेताओं की सहायता आवश्यक है। स्कूलों में नैतिक शिक्षा के लिए विशेष पाठ्यक्रम और कार्यक्रमों का आयोजन किया जाना चाहिए।

13. (i) परीक्षा भवन,

दिल्ली।

दिनांक 2 मार्च, 20XX

प्रिय भाई,

सप्रेम नमस्कार।

आशा है तुम ठीक होंगे और अपनी पढ़ाई सुचारु रूप से कर रहे होंगे। आज मैं तुम्हें यह पत्र संयमित और स्वस्थ जीवन-शैली का महत्त्व बताने के लिए लिख रही हूँ।

प्रिय अनुज पढ़ाई के साथ-साथ शरीर का स्वस्थ रहना भी अत्यंत आवश्यक है। स्वस्थ रहने के लिए संयमित दिनचर्या का पालन करना बहुत आवश्यक है। समय पर सोना, सुबह जल्दी उठना, व्यायाम करना, पौष्टिक भोजन खाना, यह सब स्वस्थ जीवन के महत्त्वपूर्ण अंग हैं। इससे हम न केवल शारीरिक रूप से स्वस्थ रहेंगे, अपितु हमारा मन भी शांत व सकारात्मक रहेगा। इसके लिए जंक फूड के सेवन से दूर रहना और नियमित रूप से योगा व खेलकूद में भाग लेना।

आशा है तुम मेरी बातों को समझने का प्रयास करोगे और पढ़ाई के साथ-साथ अपने स्वास्थ्य का भी पूरा ध्यान रखोगे।

तुम्हारी बहन,

रंजना।

अथवा

(ii) परीक्षा भवन,

दिल्ली।

दिनांक 2 मार्च, 20XX

सेवा में,

प्रधानाचार्य जी,

बाल भारती पब्लिक स्कूल,

पीतमपुरा,

दिल्ली।

विषय चरित्र प्रमाण-पत्र प्राप्त करने हेतु।

महोदय,

सविनय निवेदन यह है कि मैं आपके विद्यालय में कक्षा दसवीं 'अ' का छात्र हूँ। मेरे पिता जी का स्थानांतरण दूसरे शहर में हो गया है। अत: मुझे नए विद्यालय में प्रवेश लेने के लिए चरित्र प्रमाण-पत्र की आवश्यकता है। महोदय मैंने हमेशा विद्यालय के नियमों का पालन किया है और पढ़ाई के साथ-साथ सभी गतिविधियों में सक्रिय भाग लिया है। मेरा आचरण हमेशा ही सबके प्रति अच्छा रहा है।

अत: मेरा आपसे विनम्र निवेदन है कि मुझे मेरा चरित्र प्रमाण-पत्र प्रदान करने की कृपा करें, ताकि मैं नए विद्यालय में प्रवेश ले सकूँ और अपनी पढ़ाई आगे जारी रख सकूँ।

आपकी अति कृपा होगी।

धन्यवाद।

आपका आज्ञाकारी शिष्य,

राजन

कक्षा-दसवीं 'अ'

अनुक्रमांक-10

14. (i) सेवा में,
मानव संसाधन प्रबंधक,
डीएल एफ मॉल ऑफ इण्डिया
नोएडा सेक्टर-18
नोएडा।

विषय कंप्यूटर ऑपरेटर पद के आवेदन हेतु।

महोदय,

मैं (नीलकांत) आपके शॉपिंग सेंटर में कंप्यूटर ऑपरेटर के पद के लिए आवेदन करना चाहता हूँ। मैंने आपके शॉपिंग मॉल के बारे में बहुत सुना है और मैं आपकी टीम का हिस्सा बनने के लिए उत्साहित हूँ।

महोदय, मेरे पास कंप्यूटर संचालन में पाँच वर्ष का अनुभव है। मैं एमएस ऑफिस, डेटा एंट्री और अन्य कंप्यूटर अनुप्रयोगों में कुशल हूँ। मैं एक मेहनती और विश्वसनीय व्यक्ति हूँ और मैं हमेशा समय पर अपना काम पूरा करता हूँ। मुझे विश्वास है कि मेरे कौशल और अनुभव मुझे आपके शॉपिंग सेंटर के लिए एक मूल्यवान संपत्ति बना देंगे। मैं साक्षात्कार के लिए उपलब्ध हूँ और आपसे जल्द ही यह सुनने की उम्मीद करता हूँ।

धन्यवाद।

भवदीय
नीलकांत

संलग्न प्रमाण-पत्र

1. दसवीं कक्षा की अंक तालिका
2. बारहवीं कक्षा की अंक तालिका
3. स्नातक की अंक तालिका
4. कंप्यूटर एप्लीकेशंस में डिप्लोमा (DCA)
5. कंप्यूटर ऑपरेटर (ADCA) का डिप्लोमा
6. अनुभव प्रमाण-पत्र

स्ववृत्त

नाम : नीलकांत
पिता का नाम : राजन कुमार
माता का नाम : रजनी
जन्म तिथि : 22 अप्रैल, 1995
वर्तमान पता : बी- 18, अशोक नगर, दिल्ली।
स्थायी पता : उपर्युक्त
दूरभाषा नंबर : 011247XXX
मोबाइल नंबर : 981081XXXX
ई-मेल : neelkant@gmail.com

परीक्षा/डिग्री	वर्ष	विद्यालय/बोर्ड/महाविद्यालय	विषय	श्रेणी	प्रतिशत
दसवीं	2010	मॉडर्न पब्लिक स्कूल, दिल्ली	अंग्रेजी, हिन्दी, गणित, संस्कृत, सामाजिक ज्ञान, विज्ञान	प्रथम	79%
बारहवीं	2012	उपर्युक्त	अंग्रेजी, हिंदी, अर्थशास्त्र, इतिहास, भूगोल, कंप्यूटर साइंस	प्रथम	75%
स्नातक	2013	रामजस कॉलेज दिल्ली विश्वविद्यालय	बी.ए. (प्रोग्राम)	प्रथम	70%
DCA	2016	इंडियन कंप्यूटर इंस्टीट्यूट	कंप्यूटर	प्रथम	70%

अन्य संबंधित योग्यताएँ

- अंग्रेजी भाषा पर अच्छी पकड़
- टाइपिंग स्किल का अच्छा ज्ञान

कौशल

- एमएस ऑफिस
- डेटा एंट्री
- कंप्यूटर संचालन
- ग्राहक सेवा

कार्येत्तर गतिविधियाँ तथा अभिरुचियाँ

- समाचार-पत्र व व्यापारिक पत्रिकाओं का नियमित पठन
- देश भ्रमण का शौक
- इंटरनेट सर्फिंग
- टीम के साथ कार्य करना पसंद है।

संदर्भित व्यक्तियों का विवरण

- डॉ समीर गुप्ता प्रोफेसर रामजस कॉलेज, दिल्ली
  मोबाइल नं. 95246XXXXX
- श्री अनिल कुमार इंडियन कंप्यूटर इंस्टीट्यूट अध्यक्ष
  मोबाइल नं. 96249XXXX

उद्घोषणा

मैं पुष्टि करता हूँ कि मेरे द्वारा दी गई उपर्युक्त जानकारी पूर्ण रूप से सत्य है।

दिनांक 2 मार्च, 20XX
स्थान दिल्ली
हस्ताक्षर नीलकांत

अथवा

(ii) from : Neelkant@gmail.com

To : Income@yahoo.com

Cc : manager@yahoo.com

Bcc : —

विषय पैनकार्ड खोने के संबंध में।

मान्यवर,

सविनय निवेदन यह है कि कल दिनांक (2 मार्च, 20XX) को मेरे पिताजी (Rajan Kumar) का पैन कार्ड रेलगाड़ी से यात्रा करने के दौरान कहीं खो गया है। मेरे पिताजी काम के संबंध में बैंगलोर गए थे, जहाँ रास्ते में कहीं उनका पैन कार्ड खो गया है। हमें कर संबंधी व अन्य आवश्यक कार्यों के लिए पैनकार्ड की तत्काल आवश्यकता है।

आपसे अनुरोध है कि कृपया हमें पैन कार्ड की प्रति प्राप्त करने की प्रक्रिया के बारे में मार्गदर्शन करें या एक नया कार्ड जारी करने में हमारी सहायता करें।

आपकी सहायता के लिए हम आभारी रहेंगे।

धन्यवाद।

भवदीय

नीलकांत

मोबाइल नंबर- 94246XXXXX

15. (i)

ऊर्जा बचाओ, भविष्य बनाओ

ऊर्जा संरक्षण हेतु निम्न कार्य करें

- सौर ऊर्जा का प्रयोग करें
- विद्युत उपकरणों को समय पर बंद करें।
- बिजली की बचत करें।
- संसाधनों का कम उपयोग करें।

पेट्रोलियम मंत्रालय द्वारा जनहित में जारी।

अथवा

(ii)

बधाई संदेश

दिनांक 2 मार्च, 20XX

समय प्रात: 9 बजे

मेजर के रूप में पदोन्नति की शुभकामनाएँ

आदरणीय दीदी,

आपकी पदोन्नति पर बहुत-बहुत बधाई! कैप्टन से मेजर बनने तक का सफर आपने बहुत मेहनत लगन और निष्ठा भाव से पूरा किया है। हम सभी को आप पर गर्व है। आगे भी आप ऐसे ही सफलता हासिल करते रहो। ईश्वर आपको स्वास्थ्य, समृद्धि यश व उन्नति सदैव प्रदान करें। पुन: एक बार फिर मेजर बनने की तहेदिल से बधाई।

क. ख. ग.

आपकी छोटी बहन

सेट-2 (3/4/2)

3. (i) शहनाई की जादुई आवाज बजती है और उसका असर हमारे सिर चढ़कर बोलने लगता है।

(ii) उनके द्वारा संस्कृत बोलना माना जा सकता है।

(iii) सरल वाक्य

(iv) **आश्रित उपवाक्य** जब मैं घर पहुँची

भेद क्रिया विशेषण उपवाक्य (कालवाचक)

(v) उन विज्ञापनों को एकत्रित कीजिए, जो 'पानी बचाओ' विषय से जुड़े हैं।

4. (i) पिताजी द्वारा मन्नू भण्डारी को बधाई दी गई।

(ii) उनके दकियानूसी मित्र ने मेरी खूब बुराई की।

(iii) भाववाच्य

(iv) कहानी द्वारा कवि की सामाजिक चेतना अभिव्यक्त की जाती है।

(v) भाववाच्य में

5. (i) **उन्होंने** सर्वनाम, अन्य पुरुष, बहुवचन, कर्ता कारक।

(ii) **और** अव्यय, समुच्चयबोधक, अव्यय, संयोजक।

(iii) **नेताजी का चश्मा** संज्ञा, व्यक्तिवाचक संज्ञा, पुल्लिंग, एकवचन, संबंधकारक।

(iv) **सहज** विशेषण, गुणवाचक विशेषण, पुल्लिंग, एकवचन 'भाषा' शब्द का विशेषण।

(v) **पीछे की तरफ** 'पीछे' क्रियाविशेषण है। 'की तरफ' संबंधबोधक अव्यय, दिशा अथवा स्थिति का बोध करा रहे हैं।

6. (i) उत्प्रेक्षा अलंकार

(ii) अतिशयोक्ति अलंकार

(iii) रूपक अलंकार

(v) उपमा अलंकार

11. (i) भोलानाथ और उसके साथियों के खेल और खेल सामग्री हमारे खेलों से भिन्न है; जैसे-

- भोलानाथ और उसके साथियों के खेल सामूहिक रूप से मिलजुल कर खेले जाते थे। उनके खेलने की सामग्री अधिकतर मिट्टी के खिलौने, लकड़ी, मिट्टी के घड़े के टुकड़े, धूल, पानी, पत्ते और कागज आदि होते थे, जो घर की अनुपयोगी वस्तुएँ होती थी, जबकि आज हम प्लास्टिक के आकर्षक खिलौनों से खेलते हैं, जो संगीत की धुन और बोलने की आवाज भी निकालते हैं।
- टेलीविजन के आने के बाद हम कार्टून नेटवर्क, पोगो डिजनी, निक आदि चैनल देखकर अपना मनोरंजन करते हैं, जबकि भोलानाथ अपने साथियों के साथ शारीरिक गतिविधियों वाले खेल खेलते थे।
- आजकल डिजिटल प्रणाली पर आधारित इलेक्ट्रॉनिक खिलौनों द्वारा हम उन्हीं खेल सामग्रियों से खेलते हैं।
- भोलानाथ जैसे बच्चों की खेल सामग्री आसानी से बिना पैसा खर्च किए प्राप्त हो जाती है, जबकि आज के बच्चों की खेल सामग्री बाजार से खरीदनी पड़ती है।
- इन सभी आधार पर मेरे अनुसार भोलानाथ और उसके दोस्तों के खेल ज्यादा रुचिकर हैं।

(ii) 'मैं क्यों लिखता हूँ' पाठ में लेखक अज्ञेय का मानना है कि लिखकर स्वयं को जानने का सबसे अच्छा तरीका है, अपनी आंतरिक विवशता को समझना। लेखक के अनुसार सच्चा लेखक भीतरी विवशता से ही पैदा होता है। जब तक कवि अथवा लेखक का हृदय पूरी तरह संवेदित नहीं होता, उसमें अभिव्यक्त होने की पीड़ा नहीं अकलाती तब तक वह कुछ नहीं लिख पाता है। लेखक कहते हैं कि मैं स्वयं को जानना चाहता हूँ इसलिए लिखता हूँ। लेखन की प्रक्रिया ही लेखक को उसकी प्रेरणा और विवशता से परिचित कराती है, जब तक वह लिखता नहीं है, तब तक उसे अपने लिखने का वास्तविक कारण समझ में नहीं आता है। लिखकर लेखक अपने भीतर के आंतरिक दबावों और उलझनों को व्यक्त कर पाता है, इस प्रकार लेखन आत्म अन्वेषण और आत्म-मुक्ति का एक साधन बन जाता है।

(iii) 'साना-साना हाथ जोड़ि......' में लेखिका को अनेक स्थानों पर यह आभास हुआ कि तमाम भौगोलिक विविधता और वैज्ञानिक प्रगति के बावजूद भारत की आत्मा एक ही है, जैसे—

- जब लेखिका ने हिमालय की विशालता और प्राकृतिक सौंदर्य को देखा, तो उन्होंने अनुभव किया यह प्राकृतिक सौंदर्य पूरे भारत को एक सूत्र में बाँधता है। हिमालय की बर्फ से ढकी चोटियाँ, बहती नदियाँ, हरी-भरी घाटियाँ ये सभी भारत के विभिन्न हिस्सों में पाए जाने वाले प्राकृतिक सौंदर्य के प्रतीक हैं।
- लेखिका ने सिक्किम के स्थानीय लोगों के सरल और सहज जीवन-शैली को देखा और महसूस किया कि उनकी जीवन-शैली में एक प्रकार की समानता है, जो भारत के विभिन्न ग्रामीण क्षेत्रों में देखी जाती है। वहाँ के लोगों का आपसी सहयोग व मिलजुल कर रहना भारतीय संस्कृति की एकता को दर्शाता है।
- लेखिका ने सिक्किम के लोगों में बौद्ध धर्म के प्रति गहरी आस्था देखी और यह अनुभव किया कि यह आध्यात्मिक आस्था पूरे भारत में व्याप्त धार्मिक ओर सांस्कृतिक विविधता के बावजूद भी लोगों को एकसाथ जोड़ती है। प्रार्थना करते बच्चों को देखकर भी यही अनुभव हुआ कि पूरे भारत की आत्मा एक ही हैं।
- वहाँ के लोगों में अतिथि सत्कार की भावना और एक-दूसरे के प्रति सहायता का भाव पूरे भारत की संस्कृति का प्रतीक है।

सेट-3 (3/4/3)

3. (i) बिस्मिल्ला खाँ की सबसे बड़ी विशेषता संगीत सीखने की थी और उन्होंने 80 वर्ष की अवस्था तक अपनी जिजीविषा को बनाए रखा।

(ii) यही संपूर्ण नव-जागरण काल की विवेकपूर्ण दृष्टि है।

(iii) सरल वाक्य

(iv) **आश्रित उपवाक्य** जब मैं विद्यालय पहुँची
भेद क्रिया विशेषण उपवाक्य (कालसूचक)

(v) काशी में प्राचीन और अद्‌भुत संगीत आयोजन की परंपरा है।

4. (i) माताजी ने मेरी प्रशंसा सुनी। (ii) भाववाच्य (iii) भाववाच्य
(iv) पिताजी के मित्र द्वारा मेरा भाषण सुना गया। (v) भाववाच्य

5. (i) **सामने** क्रिया विशेषण (स्थानवाचक), 'देखते रहे' क्रिया की विशेषता बता रहा है।

(ii) **अपनी** सर्वनाम, निजवाचक सर्वनाम, स्त्रीलिंग, एकवचन।

(iii) **और** अव्यय, समुच्चयबोधक अव्यय, संयोजक।

(iv) **ग्रंथ** संज्ञा, जातिवाचक संज्ञा, पुल्लिंग, एकवचन।

(v) **वे** सर्वनाम, स्त्रीलिंग, एकवचन, कर्ता कारक।

6. (ii) मानवीकरण अलंकार (iii) उपमा अलंकार (iv) रूपक अलंकार

11. (i) प्रस्तुत पाठ में भोलानाथ और उसक साथियों का खेल-खेल में चिड़ियों- चूहों को तंग करना उचित नहीं था क्योंकि

- बच्चों द्वारा किए जाने वाला इस तरह का व्यवहार जीवों के प्रति उनकी असंवेदनशीलता को दर्शाता है। खेल-खेल में किसी भी जीव को तंग करना अथवा पीड़ा पहुँचाना गलत है।
- यह बच्चों के नैतिक मूल्यों के हो रहे ह्रास को दर्शाता है। बच्चों को यह समझना चाहिए कि जीवों को भी जीने का अधिकार है इसलिए बेवजह उन्हें तंग नहीं करना चाहिए।
- बच्चों को प्रकृति के प्रति सम्मान व प्रेम भाव रखना चाहिए। इस प्रकार जीवों को तंग करना बच्चों का प्रकृति के प्रति असम्मान का भाव प्रकट करता है।
- बच्चों द्वारा किया ऐसा व्यवहार बालसुलभ चंचलता को प्रकट करता है, जो जिज्ञासावश व कौतुहलवश ऐसा करते हैं, जोकि अनुचित है।

(ii) 'मैं क्यों लिखता हूँ' पाठ में लेखक ने विज्ञान के विनाशकारी रूप को उजागर किया है। उन्होंने हिरोशिमा के परमाणु बम विस्फोट के भयानक दृश्य का वर्णन किया है, जिससे विज्ञान की विनाशकारी शक्ति का पता चलता है। विज्ञान का प्रयोग मानव जाति के कल्याण के लिए होना चाहिए न कि उसके विनाश के लिए। मैं भी लेखक के विचारों से सहमत हूँ। विज्ञान जोकि एक शक्तिशाली उपकरण है, जिसका प्रयोग अच्छे व बुरे दोनों कार्यों हेतु किया जा सकता है। प्रस्तुत पाठ में परमाणु बम विस्फोट का विंध्वसकारी रूप दिखाया गया है कि विज्ञान द्वारा मानव जीवन को आसानी से नष्ट किया जा सकता है। विज्ञान के दुरुपयोग से पर्यावरण को भी नुकसान पहुँचाया जा सकता है। विज्ञान के विनाशकारी रूप से जन-जीवन प्रभावित होता है इसलिए इसका प्रयोग मानव-कल्याण के लिए किया जाना चाहिए।

(iii) 'साना-साना हाथ जोड़ि......' पाठ में गंगटॉक के वर्तमान सुंदर स्वरूप में वहाँ के निवासियों का योगदान है, जो निम्न है

- गंगटॉक के निवासी पर्यावरण के प्रति विशेष रूप से जागरूक हैं। वे अपने शहर को सुंदर व साफ रखने में मिलकर काम करते हैं। गंदगी न फैलाना व कचरे का सही प्रबंधन करना उनके द्वारा किया गया महत्त्वपूर्ण योगदान है।
- गंगटॉक के निवासी विशेषकर महिलाएँ सड़कों और अन्य बुनियादी ढाँचे के निर्माण व रख-रखाव में मेंहनत करती है। कठोर मौसम में भी पत्थरों को तोड़कर सड़कों को चौड़ा करने का काम करती हैं।
- गंगटॉक के निवासी अपनी संस्कृति व परंपराओं को संरक्षित रखते हैं व अपने पारंपरिक कला व शिल्प को बढ़ावा देते हैं।
- गंगटॉक के निवासी पर्यटकों का गर्मजोशी से स्वागत करते हैं व उन्हें अपने शहर की सुंदरता व संस्कृति से परिचित करवाते हैं।
- गंगटॉक मेहनतकश लोगों का शहर है। वहाँ के निवासियों ने प्रतिकूल परिस्थितियों में भी अपने शहर को विकसित करने में अपना विशेष योगदान दिया है।